# GABLER
# BANK
# LEXIKON

# GABLER
# BANK
# LEXIKON

**Bank, Börse, Finanzierung**

herausgegeben von
**Wolfgang Grill
Ludwig Gramlich
Roland Eller**

11., vollständig neu bearbeitete und
erweiterte Auflage

# K–R

**GABLER**

Die Deutsche Bibliothek – CIP-Einheitsaufnahme

**Gabler-Bank-Lexikon** : Bank – Börse – Finanzierung / hrsg.
von Wolfgang Grill ... – [Taschenbuch-Ausg. in 4 Bd.]. –
Wiesbaden : Gabler.
ISBN 3-409-46147-7
NE: Grill, Wolfgang [Hrsg.]

[Taschenbuch-Ausg. in 4 Bd.]
Bd. 3. K–R – 11., vollst. neu bearb. und erw. Aufl., unveränd.
Nachdr. – 1996
ISBN 3-409-46150-7

Schriftleitung: Prof. Dr. Ludwig Gramlich, Wolfgang Grill (†), Uwe Peter-Egger
Redaktion: Ute Arentzen, Gabriele Bourgon, Ulrike Lörcher, Karlheinz Müssig

| | |
|---|---|
| 1. Auflage 1953 | 7. Auflage 1975 |
| 2. Auflage 1959 | 8. Auflage 1978 |
| 3. Auflage 1961 | 9. Auflage 1983 |
| 4. Auflage 1961 | 10. Auflage 1988 |
| 5. Auflage 1963 | 11. Auflage 1995 |
| 6. Auflage 1969 | |

Ungekürzte Wiedergabe der Originalausgabe 1995

Der Gabler Verlag ist ein Unternehmen der Bertelsmann Fachinformation.

© Betriebswirtschaftlicher Verlag Dr. Th. Gabler GmbH, Wiesbaden 1996

Das Werk einschließlich aller seiner Teile ist urheberrechtlich geschützt. Jede Verwertung außerhalb der engen Grenzen des Urheberrechtsgesetzes ist ohne Zustimmung des Verlags unzulässig und strafbar. Das gilt insbesondere für Vervielfältigungen, Übersetzungen, Mikroverfilmungen und die Einspeicherung und Verarbeitung in elektronischen Systemen.

Höchste inhaltliche und technische Qualität unserer Produkte ist unser Ziel. Bei der Produktion und Verbreitung unserer Bücher wollen wir die Umwelt schonen: Dieses Buch ist auf säurefreiem und chlorarm gebleichtem Papier gedruckt. Die Einschweißfolie besteht aus Polyäthylen und damit aus organischen Grundstoffen, die weder bei der Herstellung noch bei der Verbrennung Schadstoffe freisetzen.

Die Wiedergabe von Gebrauchsnamen, Handelsnamen, Warenbezeichnungen usw. in diesem Werk berechtigt auch ohne besondere Kennzeichnung nicht zu der Annahme, daß solche Namen in Sinne der Warenzeichen- und Markenschutz-Gesetzgebung als frei zu betrachten wären und daher von jedermann benutzt werden dürften.

Umschlaggestaltung: Schrimpf und Partner, Wiesbaden
Satz: Druck- und Verlagsanstalt Konrad Triltsch, Würzburg
Druck und Bindung: Presse-Druck- und Verlags-GmbH, Augsburg
Printed in Germany

3. Band · ISBN 3-409-46150-7
Taschenbuch-Kassette mit 4 Bänden · ISBN 3-409-46147-7

# Verzeichnis der Abkürzungen

| | | | |
|---|---|---|---|
| ABlEG | – Amtsblatt der Europäischen Gemeinschaften | BGBl | – Bundesgesetzblatt |
| Abs. | – Absatz | BGH | – Bundesgerichtshof |
| Abschn | – Abschnitt | BHO | – Bundeshaushaltsordnung |
| AbwAG | – Abwasserabgabengesetz | BImSchG | – Bundesimmissionsschutzgesetz |
| AdK | – Arbeitsgemeinschaft deutscher Kassenvereine | BiRiLiG | – Bilanzrichtlinien-Gesetz |
| | | BMBW | – Bundesminister für Bildung und Wissenschaft |
| AdVermiG | – Adoptionsvermittlungsgesetz | BMF | – Bundesminister der Finanzen |
| AEG | – Allgemeines Eisenbahngesetz | BMWi | – Bundesminister für Wirtschaft |
| a. F. | – alte Fassung | BOKraft | – Betriebsordnung für den Kraftverkehr |
| AFG | – Arbeitsförderungsgesetz | BörsG | – Börsengesetz |
| AG | – Aktiengesellschaft | BPersVG | – Bundespersonalvertretungsgesetz |
| AGB | – Allgemeine Geschäftsbedingungen | BpO (St) | – Betriebsprüfungsordnung (Steuer) |
| AGBG | – Gesetz zur Regelung des Rechts der Allgemeinen Geschäftsbedingungen | BRRG | – Beamtenrechtsrahmengesetz |
| | | BSchG | – Binnenschiffsverkehrsgesetz |
| Aggl. | – Agglomeration | BSG | – Bundessozialgericht |
| AktG | – Aktiengesetz | BSHG | – Bundessozialhilfegesetz |
| AMG | – Arzneimittelgesetz | BSpkG | – Bausparkassengesetz |
| AnfG | – Anfechtungsgesetz | BStBl | – Bundessteuerblatt |
| AnzV | – Anzeigenverordnung | BtmG | – Betäubungsmittelgesetz |
| AO | – Abgabenordnung | BUrlG | – Bundesurlaubsgesetz |
| ArbGG | – Arbeitsgerichtsgesetz | BVerfGG | – Bundesverfassungsgerichtsgesetz |
| Art. | – Artikel | BVerwG | – Bundesverwaltungsgericht |
| AStG | – Außensteuergesetz | BVG | – Bundesversorgungsgesetz |
| AtG | – Atomgesetz | BZBl | – Bundeszollblatt |
| AÜG | – Arbeitnehmerüberlassungsgesetz | BZRG | – Bundeszentralregistergesetz |
| AuslG | – Ausländergesetz | BZÜ | – Belegloser Zahlschein-/Überweisungsverkehr |
| AVB | – Allgemeine Versicherungsbedingungen | | |
| | | DepotG | – Depotgesetz |
| AVG | – Angestelltenversicherungsgesetz | d. h. | – das heißt |
| AWG | – Außenwirtschaftsgesetz | DRiG | – Deutsches Richtergesetz |
| AWV | – Außenwirtschaftsverordnung | DV (DVO) | – Durchführungsverordnung |
| AZO | – Allgemeine Zollordnung | EDV | – Elektronische Datenverarbeitung |
| AZO | – Arbeitszeitordnung | EGAktG | – Einführungsgesetz zum Aktiengesetz |
| BaföG | – Bundesausbildungsförderungsgesetz | EGBGB | – Einführungsgesetz zum Bürgerlichen Gesetzbuch |
| BAnz | – Bundesanzeiger | | |
| BAT | – Bundesangestelltentarif | EGGVG | – Einführungsgesetz zum Gerichtsverfassungsgesetz |
| BBankG | – Gesetz über die Deutsche Bundesbank | | |
| BBankSatzung | – Satzung der Deutschen Bundesbank | EGHGB | – Einführungsgesetz zum Handelsgesetzbuch |
| BBiG | – Berufsbildungsgesetz | | |
| BauGB | – Baugesetzbuch | EGStGB | – Einführungsgesetz zum Strafgesetzbuch |
| BbG | – Bundesbahngesetz | | |
| BBG | – Bundesbeamtengesetz | EnWG | – Energiewirtschaftsgesetz |
| BBergG | – Bundesberggesetz | ErbbRVO | – Erbbaurechtsverordnung |
| BdF | – Bundesminister der Finanzen | ErbStG | – Erbschaftsteuer- und Schenkungsteuergesetz |
| BDSG | – Bundesdatenschutzgesetz | | |
| BefrV | – Befreiungsverordnung | EStDV | – Einkommensteuer-Durchführungsverordnung |
| BetrAVG | – Gesetz zur Verbesserung der betrieblichen Altersversorgung (Betriebsrentengesetz) | | |
| | | EStG | – Einkommensteuergesetz |
| | | EStR | – Einkommensteuer-Richtlinien |
| BetrVG | – Betriebsverfassungsgesetz | EuWG | – Europawahlgesetz |
| BewG | – Bewertungsgesetz | e. V. | – eingetragener Verein; einstweilige Verfügung |
| BfA | – Bundesversicherungsanstalt für Angestellte | | |
| | | EVO | – Eisenbahnverkehrsordnung |
| BFH | – Bundesfinanzhof | ff. | – folgende |
| BFStrG | – Bundesfernstraßengesetz | FGG | – Gesetz über die Angelegenheiten der freiwilligen Gerichtsbarkeit |
| BGB | – Bürgerliches Gesetzbuch | | |

|  |  |
|---|---|
| FGO | – Finanzgerichtsordnung |
| FStrG | – Bundesfernstraßengesetz |
| FVG | – Finanzverwaltungsgesetz |
| GBl | – Gesetzblatt |
| GBO | – Grundbuchordnung |
| GebrMG | – Gebrauchsmustergesetz |
| GenG | – Genossenschaftsgesetz |
| GeschmMG | – Geschmacksmustergesetz |
| GewO | – Gewerbeordnung |
| GewStDV | – Gewerbesteuer-Durchführungsverordnung |
| GewStG | – Gewerbesteuergesetz |
| GewStR | – Gewerbesteuer-Richtlinien |
| GG | – Grundgesetz für die Bundesrepublik Deutschland |
| GKG | – Gerichtskostengesetz |
| GmbH | – Gesellschaft mit beschränkter Haftung |
| GmbHG | – Gesetz, betreffend die Gesellschaften mit beschränkter Haftung |
| GMBl | – Gemeinsames Ministerialblatt |
| GoB | – Grundsätze ordnungsmäßiger Buchführung |
| GO-BT | – Geschäftsordnung des Bundestages |
| GrEStG | – Grunderwerbsteuergesetz |
| GrStG | – Grundsteuergesetz |
| GüKG | – Güterkraftverkehrsgesetz |
| GVG | – Gerichtsverfassungsgesetz |
| GWB | – Gesetz gegen Wettbewerbsbeschränkungen (Kartellgesetz) |
| GwG | – Geldwäschegesetz |
| HandwO | – Handwerksordnung |
| HGB | – Handelsgesetzbuch |
| HGrG | – Haushaltsgrundsätzegesetz |
| h. M. | – herrschende Meinung |
| HypBankG | – Hypothekenbankgesetz |
| i. a. | – im allgemeinen |
| i. d. F. | – in der Fassung |
| i. d. R. | – in der Regel |
| i. e. S. | – im engeren Sinne |
| i. S. | – im Sinne |
| i. V. m. | – in Verbindung mit |
| i. w. S. | – im weiteren Sinne |
| JGG | – Jugendgerichtsgesetz |
| KAGG | – Gesetz über Kapitalanlagegesellschaften (Investmentgesetz) |
| KartellG | – Kartellgesetz (Gesetz gegen Wettbewerbsbeschränkungen) |
| KG | – Kommanditgesellschaft |
| KGaA | – Kommanditgesellschaft auf Aktien |
| KJHG | – Kinder- und Jugendhilfegesetz |
| KO | – Konkursordnung |
| KostO | – Kostenordnung |
| KSchG | – Kündigungsschutzgesetz |
| KStDV | – Verordnung zur Durchführung des Körperschaftsteuergesetzes |
| KStG | – Körperschaftsteuergesetz |
| KUG | – Kunsturhebergesetz |
| KSVG | – Künstlersozialversicherungsgesetz |
| KVStDV | – Kapitalverkehrsteuer-Durchführungsverordnung |
| KVStG | – Kapitalverkehrsteuergesetz |
| KWG | – Kreditwesengesetz |
| LAG | – Gesetz über den Lastenausgleich |
| LHO | – Landeshaushaltsordnung |
| LMBGG | – Lebensmittel- und Bedarfsgegenständegesetz |
| LohnFG | – Lohnfortzahlungsgesetz |
| LStDV | – Lohnsteuer-Durchführungsverordnung |
| LStR | – Lohnsteuer-Richtlinien |
| LZB | – Landeszentralbank |
| MHG | – Gesetz zur Regelung der Miethöhe |
| MitbG (MitbestG) | – Mitbestimmungsgesetz |
| m. spät. Änd. | – mit späteren Änderungen |
| MOG | – Marktordnungsgesetz |
| MoMitbestG | – Montan-Mitbestimmungsgesetz |
| MSchG | – Mutterschutzgesetz |
| MünzG | – Münzgesetz |
| Nr. | – Nummer |
| o. ä. | – oder ähnlich |
| OHG | – offene Handelsgesellschaft |
| OLG | – Oberlandesgericht |
| OWiG | – Ordnungswidrigkeitengesetz |
| PatG | – Patentgesetz |
| PBefG | – Personenbeförderungsgesetz |
| PfandBG | – Pfandbriefgesetz |
| PflVG | – Pflichtversicherungsgesetz |
| PolG | – Polizeigesetz |
| PostG | – Postgesetz |
| PostVerfG | – Postverfassungsgesetz |
| ProdHaftG | – Produkthaftungsgesetz |
| PublG | – Publizitätsgesetz |
| PVG | – Polizeiverwaltungsgesetz |
| RechKredV | – Verordnung über die Rechnungslegung der Kreditinstitute |
| RGBl | – Reichsgesetzblatt |
| RPflG | – Rechtspflegergesetz |
| RVO | – Reichsversicherungsordnung |
| SchG (ScheckG) | – Scheckgesetz |
| SchiffsG | – Schiffsgesetz |
| SchiffsBankG | – Schiffsbankgesetz |
| SchwbG | – Schwerbehindertengesetz |
| SGB | – Sozialgesetzbuch |
| SGG | – Sozialgerichtsgesetz |
| SolZG | – Solidaritätszuschlagsgesetz |
| StabG | – Stabilitätsgesetz |
| StBerG | – Steuerberatungsgesetz |
| StGB | – Strafgesetzbuch |
| StPO | – Strafprozeßordnung |
| str. | – strittig |
| StVG | – Straßenverkehrsgesetz |
| StVO | – Straßenverkehrsordnung |
| StVollzG | – Strafvollzugsgesetz |
| StVZO | – Straßenverkehrs-Zulassungs-Ordnung |
| TVG | – Tarifvertragsgesetz |
| u. a. | – unter anderem |
| u. ä. | – und ähnliches |
| UBGG | – Gesetz über Unternehmensbeteiligungsgesellschaften |
| UmwG | – Umwandlungsgesetz |
| UrhG | – Urheberrechtsgesetz |
| UStDB | – Durchführungsbestimmungen zum Umsatzsteuergesetz |
| UStG | – Umsatzsteuergesetz |
| UStDV | – Umsatzsteuer-Durchführungsverordnung |
| UStR | – Umsatzsteuer-Richtlinien |
| u. U. | – unter Umständen |
| UVPG | – Gesetz über die Umweltverträglichkeitsprüfung |
| UWG | – Gesetz gegen den unlauteren Wettbewerb |
| v. a. | – vor allem |
| VAG | – Versicherungsaufsichtsgesetz |
| VerbrkrG | – Verbraucherkreditgesetz |
| VerglO | – Vergleichsordnung |

| | | | |
|---|---|---|---|
| VerlG | – Verlagsgesetz | WBauG | – Wohnungsbaugesetz |
| VermG | – Vermögensgesetz | WEG | – Wohnungseigentumsgesetz |
| (5.) VermBG | – (Fünftes) Vermögensbildungsgesetz | WeinG | – Weingesetz |
| vgl. | – vergleiche | WG | – Wechselgesetz |
| v. H. | – von Hundert | WPO | – Wirtschaftsprüferordnung |
| VO | – Verordnung | WiStG | – Wirtschaftsstrafgesetz |
| VSF | – Vorschriftensammlung der Bundes-Finanzverwaltung nach Stoffgebieten gegliedert | WuSt | – Wirtschaft und Statistik |
| | | WZG | – Warenzeichengesetz |
| | | z. T. | – zum Teil |
| VStG | – Vermögensteuergesetz | z. Z. | – zur Zeit |
| VStR | – Vermögensteuer-Richtlinien | ZG | – Zollgesetz |
| VVG | – Versicherungsvertragsgesetz | ZGB | – Zivilgesetzbuch (der DDR) |
| VwGO | – Verwaltungsgerichtsordnung | ZPO | – Zivilprozeßordnung |
| VwVfG | – Verwaltungsverfahrensgesetz | ZVG | – Zwangsversteigerungsgesetz |

# Erläuterungen für den Benutzer

1. Die zahlreichen Gebiete des Gabler Bank-Lexikons sind nach Art eines Konversationslexikons in mehr als 8 000 Stichwörter aufgegliedert. Unter einem aufgesuchten Stichwort ist die nur speziell diesen Begriff erläuternde, gründliche Erklärung zu finden, die dem Benutzer sofort erforderliches Wissen ohne mehrmaliges Nachschlagen vermittelt. Die zahlreichen, durch das Verweiszeichen (→) gekennzeichneten Wörter erlauben es dem Leser, der sich umfassend unterrichten will, sich nicht nur über weitere, ihm wesentlich erscheinende Begriffe, sondern auch über die Hauptfragen an Hand größerer Abhandlungen ohne Zeitverlust zu orientieren.

2. Die alphabetische Reihenfolge ist – auch bei zusammengesetzten Stichwörtern – strikt eingehalten. Dies gilt sowohl für Begriffe, die durch Bindestriche verbunden sind, als auch für solche, die aus mehreren, durch Leerzeichen getrennten Wörtern bestehen. In beiden Fällen erfolgt die Sortierung, als wäre der Bindestrich bzw. das Leerzeichen nicht vorhanden. So steht z. B. „Nettoinvestition" vor „Netto-Rendite" und „Gesetzliche Rücklage" vor „Gesetzliches Pfandrecht".

3. Zusammengesetzte Begriffe, wie „Allgemeine Bankrisiken", „Internationale Finanzmärkte" und „Neue Aktien", sind in der Regel unter dem Adjektiv alphabetisch eingeordnet. Wird das gesuchte Wort unter dem Adjektiv nicht gefunden, empfiehlt es sich, das Substantiv nachzuschlagen.

4. Substantive sind in der Regel im Singular aufgeführt.

5. Die Umläute ä, ö, ü wurden bei der Einordnung in das Abc wie die Grundlaute a, o, u behandelt. ß wurde in ss aufgelöst.

6. Mit Ziffern, Zahlen und griechischen Buchstaben beginnende Stichwörter werden durch das jeweilige „Wort" bestimmt (z. B. „1992er Rahmenvertrag" entspricht „Neunzehnhundertzweiundneunziger Rahmenvertrag").

7. Geläufige Synonyme und anglo-amerikanische Termini werden jeweils am Anfang eines Stichwortes aufgeführt. Dabei werden Synonyme in Kursivschrift wiedergegeben. Querverweise gewährleisten auf jeden Fall das Auffinden der Begriffserläuterung.

8. Die häufigsten Abkürzungen, insbesondere von Gesetzen, sind im Abkürzungsverzeichnis enthalten. Allgemeingebräuchliche Textabkürzungen (wie z. B.) wurden in der Regel in das Abkürzungsverzeichnis nicht aufgenommen. Im Bankgeschäft übliche Abkürzungen anderer Art (wie DAX, LIFFE, POS) sind im Lexikon selbst erläutert.

# K

**Kaduzierung**
Die K. beinhaltet, daß ein → Aktionär einer → Aktiengesellschaft oder ein Gesellschafter einer → Gesellschaft mit beschränkter Haftung, der seine → Einlage auch nach Ablauf einer von der Gesellschaft gesetzten Nachfrist nicht leistet, seiner Aktien oder Gesellschaftsanteile für verlustig erklärt und von der Gesellschaft ausgeschlossen werden kann (§§ 21 GmbHG, 64 AktG).

**KAG**
Abk. für → Kapitalanlagegesellschaft.

**KAGG**
Abk. für → Gesetz für Kapitalanlagegesellschaften.

**Kalkulation im Bankbetrieb,** → Kosten- und Erlösrechnung im Bankbetrieb.

**Kalkulationszinsfuß**
Vor Durchführung einer → Investitionsrechnung hat der Investor den Zinssatz festzulegen, den er mindestens von der → Investition als Verzinsung seines → Kapitals fordert (subjektive Mindestverzinsungsanforderung). Er kann aus einem Basiszins und einem Risikozuschlag bestehen. Bei → Finanzierung der Investition mit → Fremdkapital orientiert sich der Investor bei der Festlegung der Kalkulation am Zinssatz des → Kapitalmarktes. Bei Finanzierung einer Investition mit → Eigenkapital und Fremdkapital wird der K. i.d.R. als gewichtetes → arithmetisches Mittel aus dem K. für das Eigenkapital und dem K. für das Fremdkapital errechnet. Gelegentlich wird der K. auch nach Maßgabe der jeweiligen → Opportunitätskosten festgelegt.

**Kalkulatorische Kosten**
Zusatzkosten, die durch eine rein kalkulatorische Bewertung des Güterverkehrs entstehen und daher in der → Gewinn- und Verlustrechnung der Kreditinstitute wie anderer Unternehmen überhaupt nicht oder nicht in vollem Umfang berücksichtigt werden, z.B. → kalkulatorische Zinsen (zusätzlicher Ansatz einer kalkulatorischen Eigenkapitalverzinsung) oder kalkulatorische → Abschreibungen (höhere und damit zusätzliche Abschreibung in der → Kostenrechnung als in der Finanzbuchhaltung; sie werden auch als → Anderskosten bezeichnet).
*Gegensatz:* → Grundkosten.

**Kalkulatorische Zinsen**
In die Kalkulation (→ Kosten- und Erlösrechnung im Bankbetrieb) einzubeziehende → Zinsen. Berechnungsgrundlage ist das → betriebsnotwendige Kapital. Neben dem → Fremdkapital ist auch das → Eigenkapital zu verzinsen, da es alternativ außerhalb des Unternehmens angelegt werden könnte. K.Z. sind Zusatzkosten (→ kalkulatorische Kosten).

**Kangaroo Bond**
In USA begebene → Anleihe in australischen Dollar.

**Kapazität**
Leistungsvermögen eines Unternehmens bei Vollbeschäftigung. Hierbei sind die technische K. (technisch mögliche Maximalleistung), deren Ausnutzung u.U. einen erhöhten Verschleiß hervorruft, und die wirtschaftliche K., bei der eine optimale Kosten-Erlös-Relation besteht, zu unterscheiden. Das Verhältnis zwischen der effektiv in Anspruch genommenen und der vorhandenen K. ist der Kapazitätsausnutzungsgrad.
Bei → Kreditinstituten besteht insbes. das Problem, die Personalkapazitäten der (schwankenden) Nachfrage so anzupassen, daß die Entstehung von Leerkosten vermieden wird.

**Kapazitätseffekt**

**Kapazitätseffekt**
Erhöhung der Produktionskapazitäten (→ Kapazität) durch → Nettoinvestitionen (→ Investition).

**Kapital**
Der Begriff K. wird in verschiedener Bedeutung gebraucht.

*Unternehmungskapital* (auch Erwerbskapital), die Finanzierungsmittel der Unternehmung für → Investitionen (Preiser); es erscheint nach Art seiner Herkunft gegliedert auf der Passivseite der → Bilanz: als → Eigenkapital (in der Praxis oft unrichtig „K." genannt) und → Fremdkapital. Die Aktivseite der Bilanz zeigt die Verwendung des K.: die „Kapitalgüter", unterteilt in stehendes oder → Anlagevermögen (das mehrere Produktionsprozesse überdauert: Gebäude, Maschinen usw.) und umlaufendes oder → Betriebsvermögen (das nur einmal verwandt wird: Rohstoffe, Hilfsstoffe, Geld usw.). K. ist also ein abstrakter Wert, der stets in → Geld ausgedrückt wird. K. wird auch als → Barwert (Kapitalisierung) von Ertragserwartungen bezeichnet, z. B. Wert einer → Aktie oder eines Unternehmens. Wertträger des K. kann jedes Produktionsgut, auch Geld und → Forderungen (oft verbrieft in → Effekten), sein. Eigentümer und → Gläubiger der Unternehmung haben keinen Anspruch auf bestimmte Produktionsmittel, sondern nur Eigentümer- oder Gläubigeransprüche auf K. („Kapitalrechte"). Diese Kapitalrechte sind übertragbar, in besonders leichter Form als Aktien oder Obligationen (→ Anleihen); ihr Markt sind die → Finanzmärkte (→ Geld- und → Kapitalmarkt). Der Preis für die Nutzung der Kapitalrechte ist der → Zins (Kapitalbedarf der Unternehmung).

Im *Kreditverkehr* werden vielfach nur langfristig zur Verfügung stehende Kapitalgüter (Spargelder) oder Kapitalrechte (Aktien, Obligationen, → Hypotheken) als K. bezeichnet. Ihr Markt ist der Kapitalmarkt. Kurzfristig zur Verfügung stehende Kapitalgüter (→ Geldkapital) und Kapitalrechte (→ Wechsel, → Scheck usw.) werden als „Geld" bezeichnet und auf dem → Geldmarkt gehandelt (→ Kredit).

→ *Realkapital* (Sachkapital oder volkswirtschaftliches K.) sind Güter, die die Erzeugung anderer Güter ermöglichen (Maschinen, Rohstoffe usw.) und die durch Arbeitsleistung und Kapitaleinsatz produziert wurden (produzierte Produktionsmittel). Das Realkapital ist neben der Arbeit und dem Boden der dritte → Produktionsfaktor. Je größer das Realkapital einer Volkswirtschaft (der Produktionsfonds), um so größer die Produktion (→ Produktivität).

Das *Eigenkapital* einer AG und einer GmbH besteht aus dem nominellen → Eigenkapital (→ Grundkapital der AG und → Stammkapital der GmbH) zuzüglich nicht ausgeschütteter → Gewinne, der offenen und stillen → Rücklagen und abzüglich etwaiger Verluste (→ haftendes Eigenkapital der Kreditinstitute).

**Kapitaladäquanz-Richtlinie**
In Ergänzung zur → Wertpapierdienstleistungs-Richtlinie ergangener → EG-Rechtsakt vom 15. 3. 1993 „über die angemessene Eigenkapitalausstattung von Wertpapierfirmen und Kreditinstituten", der in Anbetracht des im Vergleich zum → Kreditwesengesetz engeren Begriffs des → Kreditinstituts im → EG-Bankrecht (→ Euro-Kreditinstitute) notwendig wurde, um eine Gleichbehandlung der beiden in direkten → Wettbewerb tretenden Einrichtungen zu erreichen. Die K.-R. entspricht in ihrer bankaufsichtlichen Funktion der → Eigenmittel-Richtlinie sowie der → Solvabilitäts-Richtlinie.

Wertpapierfirmen, die nicht zugleich Kreditinstitute sind, müssen nach der Richtlinie ein bestimmtes Anfangskapital aufweisen. Dieses beläuft sich je nach Art ihrer Tätigkeit auf (den Gegenwert von) 50.000, 125.000 oder – bei Handeln auf eigene Rechnung – 730.000 ECU (→ Europäische Währungseinheit [ECU]) und darf auch später nicht unter den ursprünglichen Betrag sinken. Weiterer Hauptgegenstand der Regelung ist die Deckung der Risiken aus dem → „Wertpapierhandel" und anderen Fremdwährungsgeschäften – → Zinsänderungs-, → Aktienkurs-, → Fremdwährungs-, Abwicklungs- und → Adressenausfallrisiko. Hierfür gelten ständig einzuhaltende Mindestkapitalanforderungen. Für kleinere Transaktionen bleibt die Solvabilitäts-Richtlinie anwendbar. Die Berechnung der Kapitalanforderungen kann sich entweder am Begriff der Eigenmittel im Sinne der betreffenden Richtlinie (→ Eigenkapital) ausrichten oder an einer (im Anhang umschriebenen) alternativen Definition, bei der zusätzlich nachrangige Verbindlichkeiten bis höchstens 250 Prozent des → Kernkapitals

## Kapitalbilanz

einbezogen werden dürfen. Für die Überwachung und Kontrolle von → Großkrediten findet die → Großkredit-Richtlinie Anwendung. Regelmäßig muß auch eine Beaufsichtigung auf konsolidierter Basis erfolgen (→ Konsolidierungs-Richtlinien), außer bei aus reinen Wertpapierfirmen bestehenden Gruppen. Schließlich sind – zu Meldezwecken – die Positionen des Wertpapierhandels täglich zum Marktpreis zu bewerten, und Wertpapierfirmen wie Kreditinstitute müssen periodischen Meldepflichten unterworfen werden, um die Einhaltung der Verpflichtungen aus der K.-R. kontrollieren zu können.

Die K.-R. muß spätestens bis Anfang 1996 in nationales Recht umgesetzt werden.

### Kapitalanlagegesellschaft

*Investmentgesellschaft*; gemäß § 1 des → Gesetzes über Kapitalanlagegesellschaften (KAGG, Investmentgesetz) Unternehmen, dessen Geschäftsbetrieb darauf gerichtet ist, die ihnen von Anlegern zugeflossenen Mittel im eigenen Namen für gemeinschaftliche Rechnung der Einleger nach dem Grundsatz der Risikomischung in nach dem KAGG zugelassenen Vermögensgegenstände gesondert vom eigenen Vermögen in Form von Wertpapier-Sondervermögen (→ Wertpapierfonds), Beteiligungs-Sondervermögen (→ Beteiligungsfonds) oder Grundstücks-Sondervermögen (→ Immobilienfonds) anzulegen und über die hieraus sich ergebenden Rechte der Einleger (Anteilsscheininhaber) Urkunden (→ Investmentzertifikat, → Immobilienzertifikat) auszustellen.

*Ziel:* Ziel der K. ist es, für die Anteilsscheininhaber eine hohe → Wertentwicklung der Anteilscheine (Performance, → Performance-Messung bei Investmentfonds) zu erreichen und durch eine erhöhte Nachfrage nach Anteilsscheinen den eigenen Gewinn zu maximieren.

*Rechtliche Grundlage* für deutsche K. ist das KAGG. Deutsche K. dürfen nur in der Rechtsform der AG oder der GmbH betrieben werden. Zur Übertragung der → Aktien bzw. der Gesellschaftsanteile bedarf es der Zustimmung der Gesellschaft. Bei einer AG müssen es → Namensaktien sein. Eine KAG muß auch als GmbH einen → Aufsichtsrat haben.

Gemäß § 1 KWG zählt das → Investmentgeschäft zu den → Bankgeschäften, so daß K. → Kreditinstitute sind. Das Investmentgeschäft ist den K. vorbehalten und darf nicht in Kombination mit anderen Bankgeschäften betrieben werden. → Geschäftsbanken sind an K. beteiligt und haben Tochtergesellschaften gegründet (→ Allfinanzangebot von Kreditinstituten). Nach dem KAGG beträgt das voll einzuzahlende → Stamm- bzw. → Grundkapital mindestens 500.000 DM. Das → Bundesaufsichtsamt für das Kreditwesen verlangt nach § 32 Abs. 2 KWG (→ Erlaubniserteilung für Kreditinstitute) für eine zu gründende K. ein Mindesteigenkapital von 5 Mio. DM. Diese höheren Anforderungen liegen darin begründet, daß das Eigenkapital bei K. v. a. die Haftungsfunktion zu erfüllen hat. Ferner wird damit der Marktzugang erschwert.

„Kapitalanlagegesellschaft", → Bezeichnungsschutz für Kreditinstitute.

### Kapitalbeschaffung

Sie erfolgt – mit Ausnahme der → Selbstfinanzierung – über die → Kreditmärkte, und zwar das kurzfristige Geldkapital über den → Geldmarkt (vor allem über die → Banken), das langfristige → Kapital über den → Kapitalmarkt (über die → Effektenbörse, die Banken oder den unorganisierten Kapitalmarkt). Die Eigenkapitalfinanzierung kann durch Selbstfinanzierung oder durch → Beteiligungsfinanzierung (Aufnahme von → Eigenkapital) erfolgen, die → Fremdfinanzierung durch Aufnahme von Anlagen- (meist langfristig) und Betriebskrediten (kurzfristig). – Eine bedeutende Form der langfristigen Finanzierung ist die K. durch die Ausgabe von → Wertpapieren, nämlich → Aktien oder → Schuldverschreibungen.

### Kapitalbeteiligung, → Beteiligung.

### Kapitalbeteiligungsgesellschaft

Gesellschaft, deren Zweck auf die Beteiligung an anderen Unternehmen gerichtet ist. Wichtige Form der K. ist die → Unternehmensbeteiligungsgesellschaft.

### Kapitalbilanz

Teilbilanz der → Zahlungsbilanz, in der die Kapitalbewegungen (→ internationale Kapitalbewegungen) gegenübergestellt werden, die Veränderungen der → Forderungen (→ Kapitalexport) und → Verbindlichkeiten

**Kapitalbildung**

(→ Kapitalimport) des Inlands gegenüber dem Ausland darstellen. Häufig wird jedoch die Änderung der Auslandsposition der → Zentralbank (→ Währungsreserven) ausgenommen und in der → Gold- und Devisenbilanz gesondert ausgewiesen.
Diese enger umgrenzte K. wird von der → Deutschen Bundesbank in die Darstellung des *langfristigen* und des *kurzfristigen Kapitalverkehrs* unterteilt, wobei die Grenze i. d. R. bei der (ursprünglichen) → Laufzeit von einem Jahr gezogen wird. Der langfristige Kapitalverkehr umfaßt → Direktinvestitionen, → Portfolioinvestitionen sowie vor allem Finanzierungshilfen an → Entwicklungsländer. Der kurzfristige Kapitalverkehr umfaßt neben den Veränderungen der kurzfristigen Forderungen und Verbindlichkeiten der → Kreditinstitute (auch „Devisenposition der Kreditinstitute" oder „private Devisenreserven" genannt) und der öffentlichen Hand auch die Veränderungen der kurzfristigen Forderungen und Verbindlichkeiten der Unternehmen aus Finanzkrediten sowie die Zielgewährungen und Anzahlungen im Waren- und Dienstleistungsverkehr (Handelskredite). Der kurzfristige Kapitalverkehr wird stark von der jeweiligen Situation an den → Geld- und → Devisenmärkten beeinflußt. Er erfaßt die kurzfristigen Mittelverlagerungen zwischen dem inländischen Markt und dem → Euromarkt.
Neben der Gliederung nach der Fristigkeit wird in der K. auch nach den beteiligten inländischen Sektoren unterschieden, wobei aus geldpolitischer Sicht die Differenzierung zwischen dem Kapitalverkehr der Kreditinstitute und der Nichtbanken besonders wichtig ist (→ Geldmenge).

**Kapitalbildung**

*Begriff:* → Investition von erspartem Geldeinkommen, Erweiterung des volkswirtschaftlichen Produktionsfonds (→ Kapital) durch Neuinvestitionen. Das Verhältnis zwischen dem volkswirtschaftlichen → Realkapital und den Neuinvestitionen kennzeichnet den wirtschaftlichen Fortschritt. K. setzt einen Konsumverzicht (→ Sparen) zugunsten der Produktionsgütererzeugung voraus. Die einzige Quelle der K. ist daher das → Einkommen: Die K. setzt stets einen Sparvorgang voraus.

*Formen:* (1) K. aus bereits verteiltem → Einkommen (Lohn, Gehalt, Zins- oder Unternehmereinkommen); die Ersparnisse werden als langfristige → Kredite (direkt oder über → Kreditinstitute oder durch Kauf von Obligationen) oder als → Beteiligung (z. B. durch Erwerb von → Aktien) der Wirtschaft zur Verfügung gestellt. (2) K. aus noch nicht verteiltem Einkommen oder → Selbstfinanzierung; Gewinne der Unternehmung werden nicht ausgeschüttet, sondern verbleiben zur Produktionserweiterung in der Unternehmung (Erhöhung des → Eigenkapitals, Bildung offener oder → stiller Reserven). – Die Selbstfinanzierung hat große Vorteile (die „klassische" K. der Großindustrie). Der Wiederaufbau der deutschen Wirtschaft nach 1948 wurde fast ganz durch Selbstfinanzierung durchgeführt (Abschreibungsvergünstigungen). Mehr denn je ist aber auch heute K. durch Selbstfinanzierung in der → Marktwirtschaft unerläßlich. (3) K. durch den Staat, größtenteils durch Steuern (Zwangssparen), die Betätigung des Staates in der Produktionswirtschaft führt leicht zu Fehlinvestitionen. – Die K. sollte überwiegend über den → Kredit- und → Kapitalmarkt die Rolle der Kapitallenkung zukommt. Dabei spielen → Kapitalsammelstellen wie Kreditinstitute eine große Rolle, und zwar im Spargeschäft, Hypothekarkreditgeschäft, → Emissionsgeschäft, → Effektengeschäft, → Depotgeschäft. – Der → Zins ist das klassische Mittel zur Lenkung der K., seine Wirksamkeit ist in starken Konjunkturausschlägen aber begrenzt.

**Kapitaldienst**

Bezeichnung für die Durchführung von Zahlungen für → Tilgung (→ Tilgungsdienst) und → Zinsen bei → langfristigen Krediten und bei → Schuldverschreibungen (→ Zinsendienst).

**Kapitalendwert,** → zukünftiger Wert.

**Kapitalerhöhung**

*Eigenkapitalerhöhung;* Maßnahmen der → Finanzierung durch Erhöhung des → Eigenkapitals.
Zu unterscheiden bei den Maßnahmen der K. ist grundsätzlich zwischen → Innenfinanzierung und → Außenfinanzierung. Vor allem bei der Außenfinanzierung sind die Möglichkeiten der Eigenkapitalerhöhung von der Rechtsform des Unternehmens abhängig.
Bei → Personengesellschaften, aber auch bei der GmbH und bei → Genossenschaften wird

das Eigenkapital durch zusätzliche → Einlagen bisheriger Gesellschafter oder durch Einlagen neu hinzukommender Gesellschafter erhöht (→ Beteiligungsfinanzierung), wobei die gesellschaftsrechtlichen Vereinbarungen unter Berücksichtigung der Bestimmungen der → Satzung oder des → Gesellschaftsvertrages weitgehend individuell gestaltet werden können. Hingegen erfolgt die → Kapitalerhöhung der AG im Rahmen der durch das Aktiengesetz vorgegebenen Formen der K.

## Kapitalerhöhung aus Gesellschaftsmitteln

Kapitalberichtigung der AG durch Umwandlung der → Kapitalrücklage und von → Gewinnrücklagen in → Grundkapital (§ 207 Abs. 1 AktG). Die → neuen Aktien (als → Berichtigungsaktien, z. T. [fälschlich] als Gratisaktien bezeichnet) stehen den → Aktionären im Verhältnis ihrer Anteile am bisherigen Grundkapital zu (§ 212 AktG), ohne daß diese eine Gegenleistung erbringen müssen. Grundsätzlich können andere Gewinnrücklagen in voller Höhe, die Kapitalrücklage und die → gesetzliche Rücklage nur, soweit sie zusammen 10% oder den in der → Satzung bestimmten höheren Teil des bisherigen Grundkapitals übersteigen, in Grundkapital umgewandelt werden. Eine Umwandlung von Rücklagen ist ausgeschlossen, soweit in der zugrunde gelegten Bilanz ein → Verlust einschließlich eines → Verlustvortrages ausgewiesen ist. Die K. a. G. ist wirksam, wenn sie mit einer Dreiviertelmehrheit des vertretenen Grundkapitals beschlossen und im → Handelsregister eingetragen wurde (§ 207 Abs. 2 i. V. m. § 182 Abs. 1 AktG; § 211 AktG).

## Kapitalerhöhung der AG

Erhöhung des → Grundkapitals einer AG entweder im Wege einer effektiven Erhöhung des → Eigenkapitals durch Ausgabe → junger Aktien (Durchführung einer → ordentlichen Kapitalerhöhung) oder im Wege einer → Kapitalerhöhung aus Gesellschaftsmitteln durch Umwandlung von → offenen Rücklagen in Grundkapital.
Zu einer Erhöhung des Eigenkapitals führt auch die Durchführung einer → bedingten Kapitalerhöhung, wenn die Inhaber von Wandelschuldverschreibungen (→ Wandelanleihen) ihr Recht auf Umtausch der Obligationen in → Aktien bzw. der Inhaber von → Optionsanleihen ihr → Bezugsrecht auf junge Aktien ausüben. Auch die Ausnutzung eines → genehmigten Kapitals bewirkt eine Erhöhung des Eigenkapitals.

## Kapitalersetzendes Darlehen

→ Darlehen, das ein Gesellschafter einer GmbH anstelle von → Eigenkapital zuführt oder beläßt. Durch die GmbH-Reform von 1980 wurden mit § 32a GmbHG für die GmbH und §§ 129a, 172a HGB für die OHG bzw. KG Vorschriften über kapitalersetzende Gesellschafterdarlehen eingeführt. Im → Konkurs oder im gerichtlichen → Vergleich (→ Vergleichsverfahren, gerichtliches) werden k. D. den Einlagen auf das → Stammkapital gleichgestellt, wenn die Darlehen in einem Zeitpunkt gewährt worden sind, in dem die Gesellschafter als ordentliche Kaufleute der Gesellschaft stattdessen Eigenkapital zugeführt hätten. Gegenüber Forderungen von Drittgläubigern werden kapitalersetzende Gesellschafterdarlehen damit nachrangig behandelt. Auch → Kredite, die von einem → Kreditinstitut an eine GmbH gegeben werden, können als k. D. eingestuft werden, wenn das Kreditinstitut an der GmbH als Gesellschafter beteiligt ist.
Nach § 129a HGB gelten die Vorschriften über k. D. im GmbHG auch für die OHG, bei der kein Gesellschafter eine → natürliche Person ist, und nach § 172a HGB für die KG, bei der kein → persönlich haftender Gesellschafter eine natürliche Person ist.

## Kapitalerträge
### (i. S. des § 43 Abs. 1 EStG)

Die in § 43 Abs. 1 aufgeführten inländischen, in den Fällen der Nr. 7a und Nr. 8 sowie des Satzes 2 auch die ausländischen K. unterliegen einem Abzug von → Kapitalertragsteuer als Quellensteuer (Nr. 1–6) oder als → Zahlstellensteuer (Nr. 7, 8; Satz 2). Dabei ist es ohne Belang, welcher Einkunftsart die K. beim → Gläubiger zuzuordnen sind. Inländische K. liegen vor, wenn der → Schuldner seinen Wohnsitz, seine Geschäftsleitung oder seinen Sitz im Inland hat (§ 43 Abs. 3 EStG).

*K. i. S. des § 43 Abs. 1 Satz 1 Nr. 1 EStG:* Gewinnanteile (→ Dividenden), sonstige Bezüge aus → Aktien, aus → Genußrechten (mit denen das Recht am Gewinn und Liquidationserlös einer → Kapitalgesellschaft ver-

## Kapitalerträge

bunden ist), aus Anteilen an einer GmbH, aus Anteilen an Erwerbs- und Wirtschaftsgenossenschaften, (§ 20 Abs. 1 EStG); Bezüge, die aufgrund einer →Kapitalherabsetzung oder nach Auflösung unbeschränkt steuerpflichtiger →Körperschaften und →Personenvereinigungen anfallen, soweit bei diesen für →Ausschüttungen →verwendbares Eigenkapital i. S. § 29 KStG als verwendet gilt, also keine →Einlagen zurückgewährt werden (§ 20 Abs. 1 Nr. 2 EStG). Besondere Entgelte oder Vorteile, die neben an oder an Stelle der vorgenannten Ausschüttungen gewährt werden (z. B. →verdeckte Gewinnausschüttungen), unterliegen ebenfalls dem Steuerabzug (§ 20 Abs. 2 Nr. 1), des weiteren Bezüge, die nach § 8b Abs. 1 des KStG bei der Ermittlung des Einkommens außer Ansatz bleiben.

*K. i. S. des § 43 Abs. 1 Nr. 2 EStG:* →Zinsen aus →Wandelanleihen, Zinsen aus →Gewinnschuldverschreibungen, Zinsen aus Genußrechten, mit denen nicht das Recht am Gewinn und Liquidationserlös einer Kapitalgesellschaft verbunden ist. Für →Stückzinsen besteht keine KESt-Pflicht.

*K. i. S. des § 43 Abs. 1 Nr. 3 EStG:* Erträge aus der Beteiligung an einem →Handelsgewerbe als stiller Gesellschafter oder aus einem →partiarischen Darlehen, soweit keine →Mitunternehmerschaft vorliegt (§ 20 Abs. 1 Nr. 4 EStG).

*K. i. S. des § 43 Abs. 1 Nr. 4 EStG:* Zinsen aus den Sparanteilen, die in den Beiträgen zu Versicherungen auf den Erlebens- oder Todesfall enthalten sind (§ 20 Abs. 1 Nr. 6 EStG), mit gewissen Einschränkungen.

*K. i. S. des § 43 Abs. 1 Satz 1 Nr. 5 EStG:* Zinsen aus in der BRD oder West-Berlin nach dem 31.3.1952 und vor dem 1.1.1955 ausgegebenen →festverzinslichen (Wert-) Papieren unter bestimmten Voraussetzungen.

*K. i. S. des § 43 Abs. 1 Satz 1 Nr. 6 EStG:* Einnahmen aus der Vergütung von →Körperschaftsteuer (Erhöhungsbetrag) nach § 36e EStG oder nach § 52 KStG. Die Körperschaftsteuervergütung gehört zu den →Einkünften aus Kapitalvermögen, so daß der Steuerabzug notwendig ist, soweit Anteilseigner nicht zur ESt (KSt) zu veranlagen sind (→Vergütungsverfahren bei der Körperschaftsteuer). Die Körperschaftsteuervergütung erfolgt durch das Bundesamt für Finanzen.

*K. i. S. des § 43 Abs. 1 Satz 1 Nr. 7 EStG:* Erträge aus sonstigen Kapitalforderungen jeder Art, wenn die →Rückzahlung des Kapitalvermögens oder ein Entgelt für seine Überlassung zur Nutzung zugesagt oder gewährt worden ist, und unabhängig von der Bezeichnung und der zivilrechtlichen Ausgestaltung der Kapitalanlage (z. B. aus Einlagen und Guthaben bei →Kreditinstituten, aus →Darlehen sowie aus →Anleihen). Ausgenommen bleiben K. i. S. der Nr. 2. Von Nr. 7 erfaßt werden gem. Buchstabe a Zinsen aus Anleihen oder →Forderungen, die in ein öffentliches →Schuldbuch oder in ein ausländisches Register eingetragen oder über die →Sammelurkunden im Sinne des § 9a DepotG oder →Teilschuldverschreibungen ausgegeben sind. Nach Buchstabe b sind zudem alle nicht in Buchstabe a genannten K. betroffen, deren Schuldner ein inländisches Kreditinstitut ist. Erfaßt sind auch inländische →Zweigstellen ausländischer Banken, nicht aber ausländische Zweigstellen eines inländischen Kreditinstituts. Der Steuerabzug muß nicht vorgenommen werden, wenn auch der Gläubiger der Kapitalerträge ein inländisches Kreditinstitut oder eine inländische Zweigstelle einer ausländischen Bank ist, wenn es sich um Kapitalerträge aus →Sichteinlagen (oder aus Guthaben bei einer Bausparkasse) mit einer Verzinsung von höchstens 1 v. H. handelt oder die Kapitalerträge pro Jahr 20 DM nicht übersteigen.

*K. i. S. des § 43 Abs. 1 Satz 1 Nr. 8 EStG:* K. aus der Veräußerung (und Einlösung) von →Zinsscheinen und Zinsforderungen durch den Inhaber oder ehemaligen Inhaber einer →Schuldverschreibung, wenn die dazugehörigen Schuldverschreibungen nicht mitveräußert werden (§ 20 Abs. 2 Nr. 2b EStG) oder wenn das Entgelt für die auf den Zeitraum bis zur Veräußerung der Schuldverschreibungen entfallenden Zinsen des laufenden Zinszahlungszeitraums (Stückzinsen) besonders in Rechnung gestellt ist (§ 20 Abs. 2 Nr. 3 EStG). Ferner werden einbezogen K. nach § 20 Abs. 2 Nr. 4 EStG, also Einnahmen aus der Veräußerung oder →Abtretung von ab- oder aufgezinsten Schuldverschreibungen, →Schuldbuchforderungen und sonstigen Kapitalforderungen

## Kapitalertragsteuer

durch den ersten und jeden weiteren Erwerber.

*K. i. S. des § 43 Abs. 1 Satz 2 EStG:* Neben den in Satz 1 Nr. 1-8 bezeichneten oder an deren Stelle gewährten K. unterliegen dem Steuerabzug auch besondere Entgelte oder Vorteile, die neben den in § 20 Abs. 1 und 2 EStG aufgeführten Einkünften aus Kapitalvermögen gewährt werden.

### Kapitalertragsteuer (KESt, KapESt)

Zwecks Sicherung des Steueraufkommens durch Steuerabzug erhobene → Steuer auf bestimmte in- und in einigen Fällen auch ausländische Kapitalerträge, die eine Vorauszahlung auf die → Einkommensteuer oder die → Körperschaftsteuer des → Steuerpflichtigen, also keine abgeltende Steuer ist. Gem. § 43 Abs. 4 EStG ist es ohne Belang, welcher Einkunftsart die Kapitalerträge beim → Gläubiger zuzuordnen sind (→ Kapitalerträge [i. S. des § 43 Abs. 1 EStG]).

Die KESt ist in § 43 Abs. 1 Satz 1 Nr. 1-8 EStG und Satz 2 EStG geregelt. Auf die in § 43 Abs. 1 Satz 1 Nr. 1-5 aufgeführten Erträge wird die KESt als → Quellensteuer, auf die in § 43 Abs. 1 Satz 1 Nr. 7 und 8 sowie Satz 2 aufgeführten Erträge als → Zahlstellensteuer erhoben (→ Zinsabschlagsteuer). § 43 Abs. 1 Satz 1 Nr. 6 EStG betrifft Einnahmen aus einer Körperschaftsteuervergütung. Hier erfolgt kein Steuerabzug, wenn die KESt im Falle ihrer Einbehaltung nach § 44c Abs. 1 EStG in voller Höhe an den Gläubiger zu erstatten wäre. Im übrigen gilt für die Entrichtung § 45c EStG (→ Vergütungsverfahren bei der Körperschaftsteuer).

*K. als Quellensteuer:* Der → Schuldner der Kapitalerträge behält die KESt ein, ihr Gläubiger bleibt KESt-pflichtig (§ 44 Abs. 1 Satz 1 und 3 EStG). Dies erfolgt z. B. bei → Dividenden, Erträgen aus → Wandelanleihen, → Gewinnschuldverschreibungen und → Genußrechten. Die KESt entsteht grundsätzlich in dem Zeitpunkt, in dem dem Gläubiger der Kapitalertrag zufließt (§ 44 Abs. 1 Satz 2 EStG); Sondervorschriften hierzu sind in § 44 Abs. 2 bis 4 EStG enthalten.

Die innerhalb eines Kalendermonats einbehaltene Steuer ist jeweils bis zum 10. des Folgemonats an das Finanzamt (→ Finanzbehörden) abzuführen, das für die Einkommens-Besteuerung des Schuldners der Kapitalerträge zuständig ist (§ 44 Abs. 1 Satz 5 EStG); zu wenig erhobene KESt hat das Finanzamt vom Gläubiger der Kapitalerträge nachzufordern (§ 44 Abs. 1 Satz 9 EStG). Ihr Schuldner haftet regelmäßig für die KESt, die er einzubehalten und abzuführen hat (§ 44 Abs. 5 EStG). Der zum Abzug Verpflichtete hat innerhalb dieser Frist eine Steueranmeldung nach amtlich vorgeschriebenem Vordruck einzureichen (§ 45a Abs. 1 EStG); dies stellt eine → Steuererklärung dar.

*K. als Zahlstellensteuer:* Die KESt wird im Falle von → Zinsen und zinsähnlichen Erträgen dadurch erhoben, daß die die Kapitalerträge auszahlende Stelle den Steuerabzug für Rechnung des Gläubigers der Kapitalerträge vornimmt. Diese Stelle ist entweder – so die Regel – ein inländisches → Kreditinstitut oder ein anderer Schuldner der Kapitalerträge (§ 44 Abs. 1 Satz 4 EStG).

*Abstandnahme vom Steuerabzug:* Gem. § 44a EStG erfolgt (unter in Abs. 6 näher bestimmten Voraussetzungen) kein Steuerabzug bei Kapitalerträgen i. S. v. § 43 Abs. 1 Satz 1 Nr. 7 und 8 sowie Satz 2 EStG, wenn (1) der Gläubiger unbeschränkt einkommensteuerpflichtig ist und dem zum Abzug Verpflichteten entweder ein → Freistellungsauftrag des Gläubigers oder eine

### Kapitalertragsteuer

| Quellensteuer | Zahlstellensteuer |
|---|---|
| Vorauszahlung auf bestimmte Kapitalerträge (z. B. Dividenden, Erträge aus Wandel- und Gewinnschuldverschreibungen sowie Genußrechten) durch Einbehaltung beim Schuldner der Kapitalerträge. Steuersatz: 25% | Vorauszahlung auf bestimmte Kapitalerträge (Kapitalerträge aus sonstigen Kapitalforderungen) durch Zinsabschlag bei der auszahlenden Stelle (Zinsabschlag, Zinsabschlagsteuer). Steuersatz: 30% (bei Tafelgeschäften 35%) |

## Kapitalertragsteuer-Bescheinigung

→ Nichtveranlagungs-Bescheinigung von dessen Wohnsitzfinanzamt vorliegen. Kein Steuerabzug erfolgt auch, wenn (2) der Gläubiger nachweislich eine von der Körperschaftsteuer befreite inländische → Körperschaft, → Personenvereinigung oder Vermögensmasse oder eine inländische → juristische Person des → öffentlichen Rechts ist. Auch wenn die Kapitalerträge (3) Betriebseinnahmen des Gläubigers sind und die KESt und die → anrechenbare Körperschaftsteuer auf Dauer die gesamte festzusetzende Einkommen- oder Körperschaftsteuer übersteigen würden, erfolgt kein Steuerabzug, wenn dieser Umstand durch eine → Unternehmensbescheinigung i. S. des § 44a Abs. 5 EStG nachgewiesen wird.

*Steuersätze:* Die KESt. beträgt entweder 25 v. H. (im Falle von § 43 Abs. 1 Satz 1 Nr. 1 bis 4 und 6) oder 30 v. H. (bei § 43 Abs. 1 Satz 1 Nr. 5, 7, 8 und Satz 2 EStG). Diese Sätze beziehen sich auf Bruttobeträge (§ 43a Abs. 2 Satz 1 EStG). Übernimmt der Schuldner die KESt., so erhöht sie sich auf $33\frac{1}{3}$ v. H. bzw. 42,85 v. H. des tatsächlich ausgezahlten, also des Nettobetrags. Bei → Tafelgeschäften beträgt der Prozentsatz 35 bzw. 53,84 v. H.

Die KESt soll in fiskalischer Hinsicht Kapitalerträge periodengerecht und vollständig erfassen und eine → Steuerhinterziehung erschweren. Eine Doppelbelastung wird durch die Anrechenbarkeit der KESt auf die Einkommensteuerschuld (nach § 36 Abs. 2 EStG) vermieden.

### Kapitalertragsteuer-Bescheinigung

Bescheinigung des → Schuldners bzw. der auszahlenden Stelle von → Kapitalerträgen, mit der dem Empfänger die Art und Höhe der Kapitalerträge, der Zahlungstag, der Betrag der → anrechenbaren Kapitalertragsteuer sowie das Finanzamt, an das die einbehaltene → Kapitalertragsteuer abgeführt worden ist, bescheinigt wird. Die Steuerbescheinigung enthält außerdem Name und Anschrift des → Gläubigers (§ 45a Abs. 2 EStG).

In der Regel ist weiter erforderlich, daß der Zeitraum vermerkt wird, für den die Erträge gezahlt wurden (→ Körperschaftsteuer-Bescheinigung). Bei Gewinnanteilen (§ 43 Abs. 1 Satz 1 Nr. 1, Satz 2 EStG) ist eine einheitliche Steuerbescheinigung über die anrechenbare KESt und → Körperschaftsteuer zu erstellen (§§ 44, 45 KStG). Werden die Kapitalerträge für Rechnung des Schuldners durch ein inländisches → Kreditinstitut bzw. eine inländische Zweigniederlassung ausländischer Kreditinstitute ausgezahlt, so muß aus der → Steuerbescheinigung auch der Schuldner hervorgehen. Auf die Angabe des Finanzamts, an das die KESt abgeführt wurde, kann in diesen Fällen verzichtet werden (§ 45a Abs. 3 EStG). Kreditinstitute können statt Einzelsteuerbescheinigungen auch eine Jahressteuerbescheinigung erteilen, in der sämtliche abzugspflichtigen Kapitalerträge aufgeführt sind, die dem Inhaber des → Depots innerhalb eines Kalenderjahres gutgeschrieben worden sind. Hierbei sind die in den KSt-Richtlinien als Anlagen ausgewiesenen Muster verbindlich. Die Ausstellung der Steuerbescheinigung des Kreditinstituts erfolgt grundsätzlich auf den Depotinhaber. Bei einem → Gemeinschaftsdepot von Ehegatten kann die Bescheinigung auf beide lautend ausgestellt werden. Bei einem Depot einer → Gesamthandsgemeinschaft oder einer → Bruchteilsgemeinschaft kann die Bescheinigung auf die Gemeinschaft ausgestellt werden, da die Einkünfte gesondert und einheitlich festzustellen sind. Treuhanddepots sind dem Treugeber zuzurechnen. Handelt es sich bei den im Depot verwahrten → Wertpapieren um solche, an denen ein → Nießbrauch bestellt wurde, so kann die Steuerbescheinigung trotzdem auf den Depotinhaber lauten. Dasselbe gilt für Anderdepots von Notaren, Rechtsanwälten, Steuerberatern etc. Die Bescheinigung muß mit entsprechenden Bezeichnungen, wie Nießbrauchdepot, Treuhanddepot, Ander-Depot, kenntlich gemacht sein.

### Kapitalertragsteuer-Erstattung

Natürlichen, unbeschränkt steuerpflichtigen Personen, die → Gläubiger von Kapitalerträgen i. S. des § 43 Abs. 1 Satz 1 Nr. 1 und 2 EStG sind und die einen → Freistellungsauftrag, eine → Nichtveranlagungsbescheinigung oder eine → Unternehmensbescheinigung i. S. des § 44a Abs. 5 EStG vorlegen, wird auf Antrag die einbehaltene und abgeführte → Kapitalertragsteuer erstattet. Dem Antrag muß zudem eine Bescheinigung nach § 45a Abs. 3 EStG beigefügt werden (§ 44b Abs. 1 EStG). § 44b Abs. 4 EStG sieht auch eine nachträgliche Änderung der Steueranmeldung nach § 45a

Abs. 1 EStG oder statt dessen eine entsprechende Kürzung der abzuführenden KESt bei der folgenden Anmeldung vor. Ein Sammelantragsverfahren seitens eines Treuhänders oder des →Arbeitgebers kommt für →Arbeitnehmer (nach § 44 b Abs. 3) und bei Körperschaftsteuervergütungen an Anteilseigner (nach § 44 b Abs. 2 EStG) in Betracht, wenn die Kapitalerträge im Jahr 100 DM nicht übersteigen. Dies kann auch für →Kreditinstitute bedeutsam werden, soweit die Erträge auf von ihnen verwahrte →Wertpapiere entfallen.

Ferner ist eine K. an bestimmte inländische →Körperschaften, →Personenvereinigungen oder Vermögensmassen teils in voller Höhe (§ 44c Abs. 1 EStG), teils zur Hälfte (§ 44c, Abs. 2 EStG) vorgesehen, wenn entweder eine Befreiung von der →Körperschaftsteuer gegeben ist oder es sich um →juristische Personen des →öffentlichen Rechts handelt.

### Kapitalertragsteuer in Doppelbesteuerungsabkommen

Das Recht, →Kapitalerträge (i. S. des § 43 Abs. 1 EStG) zu besteuern, wird im allgemeinen dann eingeschränkt, wenn der →Gläubiger dieser Erträge in einem Land ansässig ist, mit dem die BRD ein →Doppelbesteuerungsabkommen geschlossen hat und die Erträge nicht Einnahmen einer inländischen →Betriebsstätte des Gläubigers sind. Bei →Dividenden wird im allgemeinen die Berechtigung der BRD zur Erhebung der →Kapitalertragsteuer auf einen bestimmten unter 25% liegenden Steuersatz, meist 15%, beschränkt. Bei den →Zinsen entfällt meist für die BRD als Quellenstaat die Berechtigung zum Steuerabzug, selten verbleibt ein Besteuerungsrecht mit einem ermäßigten Steuersatz von 10%.

### Kapitalexport

Übergang von →Kapital vom Inland an das Ausland in Form von Finanz- und Handelskrediten (kurzfristiger Kapitalverkehr) sowie →Direktinvestitionen und →Portfolioinvestitionen (langfristiger Kapitalverkehr) ohne Devisentransaktionen der →Zentralbanken (→Kapitalbilanz).

### Kapitalflucht

(Eilige) Übertragung von Vermögensbesitz, Geld oder Sachwerten vom Inland in das Ausland bzw. in eine andere →Währung aus Gründen, die primär nicht in Zusammenhang mit der →Rentabilität des →Kapitals, sondern mit der Sicherheit der Kapitalerhaltung stehen. Diese kann u. a. gefährdet werden durch politische Unsicherheit, starke →Inflation, extrem hohe Besteuerung, →Devisenbewirtschaftung oder Erwartung einer →Abwertung. Vor allem wegen der Verstärkung von Schwankungen der →Wechselkurse wird die K. als ein internationaler Störfaktor betrachtet.

### Kapitalflußrechnung

Die K. ist ein Instrument zur Beurteilung der finanziellen Lage eines Unternehmens. Sie soll die liquiditätswirksamen Vorgänge eines Zeitraumes erfassen und darstellen. Ausgangspunkt der K. ist die →Bewegungsbilanz, in der auf der einen Seite die Mittelverwendung eines →Geschäftsjahres und auf der anderen Seite die Mittelherkunft dargestellt wird. Teilweise wird von einer K. bereits dann gesprochen, wenn die Bewegungsbilanz nicht nur Bestandsdifferenzen der Jahresbilanz enthält, sondern auch Positionen der →Gewinn- und Verlustrechnung (GuV) der Kreditinstitute oder anderer Unternehmen. Mehrheitlich ist man jedoch der Meinung, daß eine K. vorliegt, wenn aus einer Bewegungsbilanz, die sowohl Positionen aus dem →Anlagespiegel als auch aus der GuV enthält, bestimmte Positionen, die liquiditätswirksam sind, ausgegliedert werden. Diese sogenannten *Fondspositionen* zeigen die Veränderung der →Liquidität des Unternehmens in der vergangenen Periode. Die Ursachen der Veränderung der Liquidität werden an den Positionen erklärt, die als Gegenbestandspositionen in der Bewegungsbilanz verbleiben. Die bekanntesten Fonds sind das Netto-→Umlaufvermögen (Vorräte + kurzfristige →Forderungen + →Wertpapiere + liquide Mittel – kurzfristige →Verbindlichkeiten) und das Netto-→Geldvermögen (kurzfristige Forderungen + Wertpapiere + liquide Mittel – kurzfristige Verbindlichkeiten).

Während der externe Jahresabschlußanalytiker die K. nur mit vergangenheitsbezogenen Daten aufbauen kann, können Unternehmensangehörige die K. auch als *Planungsinstrument* ausgestalten. Die K. erfaßt dann die finanzwirksamen Vorgänge der Planungsperiode und ermöglicht eine Aussage über die voraussichtlichen Zu- und Abflüsse der jeweiligen ausgewählten Fonds.

## Kapitalgesellschaften

### Kapitalgesellschaften

Körperschaftlich verfaßte Personenvereinigungen (→ Gesellschaft) mit eigener Rechtspersönlichkeit. Hierzu zählen die → Aktiengesellschaft (AG), die → Gesellschaft mit beschränkter Haftung (GmbH) und die → Kommanditgesellschaft auf Aktien (KGaA).
Sie sind → juristische Personen und damit rechtsfähig (→ Rechtsfähigkeit). Die Kapitalbeteiligung steht im Vordergrund, die Personen der einzelnen Gesellschafter treten dahinter zurück. Charakteristisch für K. ist die Veräußerbarkeit der Anteile und das Fehlen einer persönlichen → Haftung der Gesellschafter sowie die Möglichkeit, andere als die Gesellschafter als → Geschäftsführer tätig werden zu lassen (→ Drittorganschaft).
*Gegensatz:* → Personengesellschaften.
(→ Unternehmensrechtsformen)

### Kapitalgesellschaft & Co.

Aus zwei oder mehreren Gesellschaftern bestehendes Unternehmen, bei dem keine → natürliche Person → persönlich haftender Gesellschafter ist, z. B. → GmbH & Co. KG.

*Gründung:* Bei einer Neugründung müssen die Hauptgesellschaft (Kapitalgesellschaft & Co.) und die Komplementärgesellschaft (GmbH oder AG) nach den für sie geltenden Vorschriften errichtet werden. Die beiden Gesellschaftsverträge müssen jeweils aufeinander bezogen und abgestimmt werden. Soll aus einer bereits bestehenden GmbH eine GmbH & Co. KG werden, wird zusammen mit den Gesellschaftern die KG errichtet und das Unternehmen auf die Gesellschafter übertragen. Bei der Umwandlung einer OHG oder KG in eine Kapitalgesellschaft & Co. muß die Komplementärgesellschaft gegründet und in die → Personenhandelsgesellschaft aufgenommen werden.

*Organe:* Die Organe der Kapitalgesellschaft & Co. sind die Gesellschafterversammlung und die → Geschäftsführer der Komplementärgesellschaft sowie die Gesellschafterversammlung der Hauptgesellschaft. Unter Umständen kann auch ein → Aufsichtsrat hinzukommen, dessen Besetzung und Zuständigkeit durch die → Gesellschaftsverträge oder gesetzlich bestimmt ist. Gemäß §§ 114 ff., 124 ff., 161 ff. HGB obliegen die Geschäftsführung und die Vertretung der Komplementärgesellschaft. Deren Geschäftsführer sind somit auch Geschäftsführer und Vertreter der Hauptgesellschaft. Die Bestellung der Geschäftsführer erfolgt nach den für die Komplementärgesellschaft geltenden Vorschriften. Für → Schulden der Hauptgesellschaft haftet die Komplementärgesellschaft nach § 128 HGB mit ihrem ganzen Vermögen. Die → Kommanditisten haben die Möglichkeit, ihre Rechte in einer Kommanditistenversammlung auszuüben.

*Beendigungsgründe* sind Auflösung und → Konkurs. (1) Die *Auflösung* erfolgt getrennt nach den für die Gesellschaften geltenden Vorschriften. Die Auflösung der Komplementärgesellschaft ist dabei regelmäßig noch kein Grund für eine Auflösung der Hauptgesellschaft. Auch umgekehrt hat die Auflösung der Hauptgesellschaft nur dann die Auflösung der Komplementärgesellschaft zur Folge, wenn einer der Auflösungsgründe des AktG bzw. des GmbHG vorliegt. (2) Bei der Kapitalgesellschaft & Co. ist der *Konkurs* nicht nur bei → Zahlungsunfähigkeit, sondern auch bei → Überschuldung anzumelden. Die Pflicht zur Stellung des Konkursantrages obliegt den Vertretern der Komplementärgesellschaft. Die Eröffnung des Konkursverfahrens über die Hauptgesellschaft ist Auflösungsgrund nach § 131 Nr. 3 HGB. Zwar hat der Konkurs der Hauptgesellschaft nicht automatisch den Konkurs der Komplementärgesellschaft zur Folge, aufgrund der → Haftung der Komplementärgesellschaft wird diese bei Überschuldung der Hauptgesellschaft aber regelmäßig auch überschuldet sein. Der Konkurs der Komplementärgesellschaft ist Konkursgrund für die Hauptgesellschaft (§ 131 Nr. 5 HGB).

### Kapitalherabsetzung

Verminderung des → gezeichneten Kapitals einer → Kapitalgesellschaft.

*Zweck:* (1) Beseitigung einer → Unterbilanz durch Anpassung des → Grundkapitals oder → Stammkapitals an tatsächliche Vermögensminderung (→ Sanierung). (2) → Rückzahlung eines Teils des Grundkapitals an die → Aktionäre.

Bei der → *Aktiengesellschaft* bestehen drei Formen: (1) *Ordentliche K.* (§§ 222 ff. AktG). Der Zweck muß im Beschluß der →Hauptversammlung (→qualifizierte Mehrheit oder von der →Satzung bestimmte größere Mehrheit) festgelegt werden. Die K. wird bewirkt durch Herabsetzung des Nennbetrages der →Aktien oder Zusammenlegung der Aktien, wenn Mindestnennbetrag nicht eingehalten werden kann. Mit der Eintragung ins →Handelsregister wird die K. wirksam. Den→Gläubigern, die sich binnen sechs Monaten nach Bekanntmachung der Eintragung melden, ist Sicherheit zu leisten, soweit sie nicht Befriedigung verlangen können (§ 225 AktG). Die K. kann unter den zulässigen Mindestnennbetrag des Grundkapitals (100.000 DM; § 7 AktG) gehen, wenn gleichzeitig eine →Kapitalerhöhung beschlossen wurde. (2) *Vereinfachte K.* (§§ 229 ff. AktG). Sie ist nur zulässig, um Wertminderungen auszugleichen, sonstige Verluste zu decken oder Beträge in die→Kapitalrücklage einzustellen. Zuvor müssen die Kapitalrücklage und →gesetzliche Rücklage bis auf 10% des herabgesetzten Grundkapitals aufgelöst werden (§ 229 Abs. 2 GmbHG). →Ausschüttungen an Aktionäre sind erst wieder statthaft, wenn die Kapitalrücklage und gesetzliche Rücklage zusammen 10% des Grundkapitals erreicht haben (§ 233 Abs. 1). Wurde der Verlust zu hoch angenommen, muß der Unterschiedsbetrag in die gesetzliche Rücklage eingestellt werden (§ 232 AktG). Da die vereinfachte K. nur buchmäßig erfolgt, ist Gläubigerschutz weder notwendig noch vorgesehen. (3) *Einziehung von Aktien* (§§ 237 ff. AktG), entweder zwangsweise (unter den im § 237 Abs. 1 Satz 2 genannten Voraussetzungen) oder nach Erwerb durch die AG. Der Gläubigerschutz ist wie bei der ordentlichen K. gewährleistet (→Aktieneinziehung).

Bei der *GmbH*: Der Beschluß muß dreimal in den →Gesellschaftsblättern (§ 30 Abs. 2 GmbHG) veröffentlicht werden mit der Aufforderung an die Gläubiger, sich zu melden (§ 58 Abs. 1 Nr. 1). Gläubiger, die der K. nicht zustimmen, sind zu befriedigen oder sicherzustellen (§ 58 Abs. 1 Nr. 2). Eintragung ins Handelsregister nicht vor Ablauf eines Jahres nach der letzten Veröffentlichung des Beschlusses (§ 58 Abs. 1 Nr. 3).

### Kapitalimport
Übergang von →Kapital vom Ausland an das Inland in Form von Finanz- und Handelskrediten (kurzfristiger Kapitalverkehr) sowie →Direktinvestitionen und →Portfolioinvestitionen (langfristiger Kapitalverkehr) ohne Devisentransaktionen der →Zentralbanken (→Kapitalbilanz).

### Kapitalintensität
Einsatzmengenverhältnis der →Produktionsfaktoren →Kapital und Arbeit im Produktionsprozeß.

### Kapitalisierter Ertragswert, →Kapitalisierung.

### Kapitalisiertes Ergebnis je Aktie
→Barwert des →Ergebnisses je Aktie.

$$\frac{\rightarrow\text{Gewinn je} \rightarrow\text{Aktie} \cdot 100}{\text{Kapitalzins}}$$

Kapitalzins ist der →Zins am →Kapitalmarkt, d. h. Zins für langfristig zur Verfügung gestelltes Geld. Das k. E. j. A. wird mit dem aktuellen →Börsenkurs der Aktie verglichen. Liegt es über dem Börsenkurs, zeigt dies eine Unterbewertung der Aktie, liegt es unter dem Börsenkurs, zeigt dies eine Überbewertung der Aktie.

### Kapitalisierung
Errechnung des →Ertragswertes (gegenwärtiger →Kapitalwert) eines Vermögensobjektes (z. B. Mietgrundstück, →Rente, →Erbbaurecht, Unternehmen) aufgrund der Zukunftserträge, die auf den Berechnungszeitpunkt diskontiert werden (kapitalisierter Ertragswert). Bei festverzinslichen Kapitalanlagen ist die K. einfach. Der Kapitalisierungsfaktor ergibt sich aus dem vereinfachten Zinssatz. Bei schwankenden Erträgen (→Gewinne eines Unternehmens) ist die K. sehr schwierig, da bei der Festlegung des Kapitalisierungsfaktors verschiedene schwer erfaßbare Elemente zu berücksichtigen sind: die Verzinsung (→landesüblicher Zinsfuß) und eine Risikoprämie, die von der Sicherheit der Anlage abhängt.

### Kapitalisierungsgewichteter Aktienindex, →Aktienindex.

### Kapitalistische Kommanditgesellschaft
*Publikums-KG;* →Kommanditgesellschaft, deren Gesellschaftskapital fast ausschließlich von →Kommanditisten gehalten wird. Sie kommt vor allem als Rechtsform von Abschreibungsgesellschaften und →Verlustzuweisungsgesellschaften vor, die für Kommanditisten als Mitunternehmer

**Kapitalkoeffizient**

(→ Mitunternehmerschaft) durch Berücksichtigung von Verlusten über die → Einlage hinaus (→ negatives Kapitalkonto) Steuervorteile bieten.

**Kapitalkoeffizient**
Kehrwert der → Kapitalproduktivität. Der K. entspricht dem Verhältnis des im Produktionsprozeß eingesetzten → Produktionsfaktors → Kapital zum damit erstellten Produktionsergebnis.

**Kapitalkonsolidierung**
Im Rahmen der → Konsolidierung in Form der Vollkonsolidierung von → Bilanzen zur Konzernbilanz werden die Beteiligungen der Ober- oder Muttergesellschaft gegen die entsprechenden Eigenkapitalanteile der Unter- oder Tochtergesellschaften aufgerechnet. Dadurch wird eine doppelte Erfassung der Eigenkapitalien vermieden.

**Kapitalmarkt**
Markt für langfristige Finanzmittelbeschaffung (→ langfristige Kredite und Beteiligungskapital). Der K. kann unterteilt werden in den nichtorganisierten K., der außerhalb von → Banken und → Börsen abgewickelt wird, und den von → Kreditinstituten und → Kapitalsammelstellen getragenen organisierten Markt für langfristiges Kapital (z. B. → Schuldscheindarlehen, → Hypothekarkredit, → Kommunalkredit, → Wertpapiere).

Der *Wertpapiermarkt* (i. e. S. oft synonym für K. verwendet) setzt sich zusammen aus dem → Rentenmarkt (Markt für → Schuldverschreibungen) und dem → Aktienmarkt (Markt für Beteiligungskapital).

Für die vertretbaren Wertpapiere, die an der Börse gehandelt werden (→ Effekten), sind der Primär- und der Sekundärmarkt zu unterscheiden. Der → Primärmarkt (Emissionsmarkt) erfüllt die Mittelbereitstellungsfunktion, der → Sekundärmarkt, auf dem im Umlauf befindliche Wertpapiere gehandelt werden, die Fungibilitätsfunktion (es findet ein Gläubigertausch statt). Aus dem hohen Engagement der Kreditinstitute am → Rentenmarkt resultiert eine enge Verflechtung der Wertpapiermärkte mit den übrigen → Finanzmärkten. Da bei liquiditätsverknappenden Maßnahmen der → Deutschen Bundesbank Banken Wertpapierverkäufe vornehmen bzw. ihre Wertpapierkäufe reduzieren und beim liquiditätsanreichernden notenbankpolitischen Einsatz des Instrumentariums die Wertpapierkäufe i. d. R. zunehmen, spricht man von der „Geldmarktabhängigkeit des K.".

*Teilnehmer* sind als Kapitalgeber Kreditinstitute, Kapitalsammelstellen (Sozialversicherungen, Versicherungsgesellschaften, Investmentgesellschaften), Nichtbankunternehmen und Privatleute; als → Emittenten (Kapitalnehmer) treten Kreditinstitute (z. B. → Bankschuldverschreibungen), → Aktiengesellschaften (→ Aktien, → Industrieobligationen) und die öffentliche Hand (→ Bundesanleihen, → Länderanleihen, → Kommunalanleihen) in Erscheinung. Der K. wird von → Daueremittenten laufend beansprucht, von → Einmalemittenten (Gelegenheitsemittenten) hingegen gelegentlich und in größeren zeitlichen Abständen.

*Internationale K.* sind ausländische K. und der → Euro-Kapitalmarkt.

In Deutschland wird der *Zugang zum K.* grundsätzlich nicht beschränkt. Lediglich das → Stabilitätsgesetz und das Außenwirtschaftsgesetz räumen der Bundesregierung bestimmte Möglichkeiten ein, → Emissionen bzw. deren Erwerb einzuschränken.

Die *wirtschaftliche Bedeutung des K.* liegt darin, daß den Investoren langfristige Mittel als → Eigenkapital bzw. als → Fremdkapital zur Verfügung gestellt werden und die Kapitalgeber hierfür einen primär an der Bonität (→ Kreditwürdigkeit) und Ertragskraft des → Schuldners ausgerichteten variablen Ertrag bzw. einen Festzins erzielen. Von besonderer Bedeutung ist hierbei die Existenz eines Sekundärmarktes. Mit dem Erwerb von Aktien können sich Anleger am Produktivvermögen der Wirtschaft beteiligen.
(→ Finanzmarkt, → Internationale Finanzmärkte).

**Kapitalmarktpapier**
1. → Anleihe (→ Schuldverschreibung), die im Gegensatz zu → Geldmarktpapieren mittelfristige bzw. langfristige → Laufzeiten hat. Dementsprechend werden bei K. medium-term-Papiere (→ Notes) und long-term-Papiere (→ Bonds) an den internationalen Märkten unterschieden. Der Markt für Anleihen wird auch als → Rentenmarkt be-

## Kapitalstruktur

zeichnet. Die Abgrenzungen hinsichtlich der Fristigkeiten sind nicht eindeutig.

2. → Aktien auf dem Markt für Beteiligungskapital.

### Kapitalmarktrendite
→ Umlaufrendite inländischer → festverzinslicher (Wert-)Papiere. Zu unterscheiden sind nominale und reale (preisbereinigte) K. (Realrendite).

### Kapitalmarktzins
1. Allgemein: Zinssatz für langfristige Geldanlagen.

2. Zinssatz, der das Zinsniveau am → Kapitalmarkt ausdrückt; er entspricht der Umlaufrendite festverzinslicher (Wert-) Papiere. Synonyme Bezeichnung: Kapitalzins und Kapitalmarktrendite, z. T. auch landesüblicher Zinssatz. Der K. wird mit dem → Geldmarktzins (z. B. repräsentiert durch den durchschnittlichen Zinssatz für → Dreimonatsgeld) verglichen, um die → Zinsstruktur zu erkennen.

### Kapitalmehrheit
Mehrheit, die sich in der Anzahl der Kapitalanteile an einer → Gesellschaft ausdrückt. Beispiel: Erfordernis der → qualifizierten Mehrheit bei einem satzungsändernden Beschluß bei der → Hauptversammlung einer AG, für den eine Mehrheit von 75% des in der Hauptversammlung vertretenen → Grundkapitals erforderlich ist.

### Kapitalproduktivität
Verhältnis von erzeugter Gütermenge zu der dafür eingesetzten Menge des → Produktionsfaktors → Kapital (→ Produktivität).

### Kapitalrücklagen
Offene Rücklagen von → Kapitalgesellschaften und → Genossenschaften, die nicht wie → Gewinnrücklagen (bzw. → Ergebnisrücklagen bei Genossenschaften) aus → Gewinnthesaurierung (→ Selbstfinanzierung) entstehen, sondern nach § 272 Abs. 2 HGB in besonderen Fällen der → Außenfinanzierung gebildet werden müssen. In die K. sind einzustellen: (1) der Betrag, der bei der Ausgabe von Anteilen einschl. von Bezugsanteilen über den Nennbetrag hinaus erzielt wird (→ Aufgeld), (2) der Betrag, der bei der Ausgabe von → Schuldverschreibungen für Wandlungsrechte und Optionsrechte (→ Wandelanleihen, → Optionsanleihen) zum Erwerb von Anteilen erzielt wird, (3) der Betrag von → Zuzahlungen, die Gesellschafter gegen Gewährung eines Vorzugs für ihre Anteile (→ Vorzugsaktien) leisten sowie (4) der Betrag von anderen Zuzahlungen, die Gesellschafter in das → Eigenkapital leisten (z. B. Nachschüsse von GmbH-Gesellschaftern). K. sind von Kapitalgesellschaften zu bilden. Sie sind Teile des Eigenkapitals.

### Kapitalsammelstellen
Bezeichnung für Institutionen, deren Geschäftstätigkeit in erheblichem Umfang mit der Haltung finanzieller Reserven verbunden ist und die mit diesen Finanzmitteln als Anbieter auf dem → Kapitalmarkt auftreten. Zu den K. zählen vor allem Versicherungsunternehmen, Sozialversicherungsanstalten, → Bausparkassen und Investmentgesellschaften (→ Kapitalanlagegesellschaften).

### Kapitalschnitt
Im Rahmen einer → Sanierung durchgeführte → Kapitalherabsetzung (Herabsetzung des → Grundkapitals oder → Stammkapitals, Auflösung evtl. noch vorhandener → Rücklagen). Zur Aufstockung des benötigten → Eigenkapitals erfolgt danach regelmäßig eine Grundkapital- bzw. Stammkapitalerhöhung.

### Kapitalstock
→ *Realkapital, volkswirtschaftlicher Produktionsapparat*; die Gesamtheit der dauerhaften Produktionsmittel und der Lagerbestände (nichtdauerhafte Produktionsmittel). Zum volkswirtschaftlichen Produktionsapparat zählen alle produzierten Sachgüter, die sich im Bereich der Unternehmen, der → öffentlichen Haushalte und der Organisationen ohne Erwerbszweck befinden.

### Kapitalstruktur
Die Untersuchung der K. einer Unternehmung findet bei der Finanzierungsanalyse im Hinblick auf die Abschätzung von Finanzierungsrisiken statt. Dafür muß eine Analyse über Quellen und Zusammensetzung des → Kapitals vorgenommen werden. Zur Beurteilung von Art und Qualität der Finanzierung dienen vertikale Kennzahlen auf der Passivseite der → Bilanz. Hierbei stehen folgende drei Kennzahlen im Mittelpunkt: Eigenkapitalanteil (Verhältnis von → Eigenkapital zu Gesamtkapital), → Verschuldungsgrad (Verhältnis von → Fremdkapital

**Kapitalstrukturregeln**

zu Eigenkapital), Anspannungsgrad (Verhältnis von Fremd- zu Gesamtkapital) (→ dynamischer Verschuldungsgrad, → Eigenkapitalquote). Soll anhand dieser Kennzahlen ein Urteil über die finanzielle Stabilität eines Unternehmens gefällt werden, so muß notwendigerweise eine bestimmte Vorstellung über das optimale Verhältnis von Eigenkapital zu Fremdkapital bestehen. Da hierzu jedoch keine allgemeine Norm existiert, läßt sich lediglich generell feststellen, daß bei größerem Eigenkapitalanteil die finanzielle Stabilität höher ist und somit bei größerem Ertragsrisiko auch der Eigenkapitalanteil entsprechend höher sein sollte. Jedoch sind Rentabilitäts- und Sicherheitsaspekte gegeneinander abzuwägen. Unter Rentabilitätsaspekten wird ein Unternehmen das Verhältnis von Eigen- und Fremdkapital wählen, das die höchste → Eigenkapitalrentabilität bietet (→ Leverage-Effekt).

**Kapitalstrukturregeln**, → Finanzierungsregeln.

**Kapitalverflechtung**
Kapitalmäßige Beziehung zwischen zwei oder mehreren Unternehmen. Als K. kann zum einen die → Beteiligung einer Gesellschaft am → Stammkapital bzw. am → Grundkapital einer anderen Gesellschaft beschrieben werden. K. kann aber auch über die Gründung eines gemeinsamen Unternehmens (→ Joint-venture) erfolgen.

**Kapitalverkehrskontrollen**
Staatliche Maßnahmen zur Steuerung meist spekulativer → internationaler Kapitalbewegungen (→ Kapitalbilanz) mit dem Ziel, ein → außenwirtschaftliche Absicherung der → Wirtschaftspolitik zu erreichen. Insbes. in Ländern, die in der → Geldwertstabilität das primäre wirtschaftspolitische Ziel sehen, kann dieses vor allem bei → festen Wechselkursen durch eine Anpassungsinflation (→ importierte Inflation) gefährdet werden. K. sollen somit im Falle größerer internationaler Unterschiede in den Inflationsraten ein höheres Maß an nationaler stabilitätspolitischer Autonomie gewährleisten. Der unerwünschte Zufluß von → Liquidität aus dem Ausland kann entweder durch Behinderung von → Kapitalimporten mittels K. vermieden oder durch Förderung von Kapitalexporten (→ Swapgeschäfte der Deutschen Bundesbank) neutralisiert werden. Die Maßnahmen können sowohl beim Kapitalimport als auch bei der Anlage ausländischen → Kapitals ansetzen.
In der Vergangenheit wurden in der BRD zur Abschirmung des inländischen Geldkreislaufs gegen ausländische Liquiditätszuflüsse u. a. folgende K. nach dem AWG ergriffen: (1) Genehmigungspflicht für den Kapitalimport (so z. B. Genehmigungspflicht für den Verkauf von → Geldmarktpapieren und → festverzinslichen (Wert-)Papieren an → Gebietsfremde); (2) ertragsmindernde Maßnahmen für den Kapitalimport (so z. B. Bardepotpflicht [→ Bardepot], Kuponsteuer, Verzinsungsverbot). Insbesondere wegen der vielfältigen Ausweich- und Umgehungsmöglichkeiten der Maßnahmen hat sich eine wirkungsvolle Kontrolle des Kapitalzustroms als nahezu unmöglich erwiesen. Wird die Freizügigkeit des internationalen Kapitalverkehrs als wichtiger Faktor einer weltwirtschaftlich vorteilhaften → Integration angesehen, können K. wegen der für sie typischen Kumulation von Eingriffen („Interventionsketten") zur Desintegration und damit zur Verschlechterung der internationalen Arbeitsteilung führen. Als alternatives Instrument der außenwirtschaftlichen Absicherung haben sich → flexible Wechselkurse durchgesetzt. In den → Europäischen Gemeinschaften sind K. auch gegenüber Drittstaaten seit Inkrafttreten des Unionsvertrags (1.11.1993) nur in Ausnahmefällen zulässig.

**Kapitalverkehrspolitik**
Teil der Außenwirtschaftspolitik, die sich auf die Regelung (Beschränkung [→ Kapitalverkehrskontrollen] oder Förderung) → internationaler Kapitalbewegungen bezieht. Im Rahmen des → Internationalen Währungsfonds unterliegen die Staaten insoweit wenig Bindungen (Art. VI IWF-Abkommen). Innerhalb der OECD sind die Mitgliedsländer verpflichtet, einem Kodex zur Liberalisierung des Kapitalverkehrs zu entsprechen. In der → Europäischen Union gilt seit Eintritt in die zweite Stufe der → Europäischen Wirtschafts- und Währungsunion als Grundsatz die Freiheit des Kapitalverkehrs zwischen den Mitgliedern der EG wie im Verhältnis zu Drittstaaten (Art. 73 b Abs. 1 EG-Vertrag). Jedoch können sich einzelne Mitgliedsstaaten in Krisen- und Notfällen weiterhin auf Schutzklauseln stützen und so zeitweilige Beschränkungen des Kapitalverkehrs einführen (Art. 73 d, g EG-Vertrag). In der BRD

müßte hierfür zudem das Außenwirtschaftsgesetz als Rechtsgrundlage herangezogen werden, etwa § 6a AWG für das → Bardepot, § 22 für den → Kapitalexport, § 23 für den → Kapitalimport. Das EG-Recht läßt ferner Meldeverfahren für den Kapitalverkehr zwecks administrativer oder statistischer Information zu (→ Meldungen über den Außenwirtschaftsverkehr); derartige Bestimmungen finden sich in §§ 55 ff. AWV. Eine Förderung des Kapitalexports erfolgt in den meisten Industrieländern außer durch Steuervergünstigungen im Wege des Abschlusses von völkerrechtlichen Kapitalschutzabkommen vor allem mit → Entwicklungsländern sowie durch staatliche Garantien für Kapitalanlagen im Ausland, die in der BRD ähnlich wie die → Ausfuhrgewährleistungen des Bundes ausgestaltet sind, aber nicht von der → Hermes Kreditversicherungs-AG, sondern von C & L Treuarbeit Deutsche Revision (→ Treuarbeit Aktiengesellschaft) bearbeitet werden.

### Kapitalverkehrsteuern
Gesellschaftsteuer und Börsenumsatzsteuer. Beide Steuern waren im Kapitalverkehrsteuergesetz geregelt, das durch das Erste → Finanzmarktförderungsgesetz aufgehoben worden ist (Gesellschaftsteuer mit Wirkung ab 1.1.92, Börsenumsatzsteuer mit Wirkung ab 1.1.91).

### Kapital-Vermögensstrukturregeln, → Finanzierungsregeln.

### Kapitalversicherungsvertrag nach dem Fünften VermBG
Nach § 25. VermBG ein → Vertrag über eine Kapitalversicherung auf den Erlebens- oder den Todesfall gegen laufenden Beitrag, der für die Dauer von mindestens zwölf Jahren und mit bestimmten, in § 9 Abs. 2 bis 5 5. VermBG bezeichneten Vereinbarungen zwischen dem → Arbeitnehmer und einem inländischen Versicherungsunternehmen abgeschlossen ist. Der Arbeitnehmer verpflichtet sich, als Versicherungsbeiträge → vermögenswirksame Leistungen einzahlen zu lassen oder andere Beträge einzuzahlen.
Die Versicherungsbeiträge enthalten keine Anteile für Zusatzleistungen wie für Unfall, Invalidität oder Krankheit. Der Versicherungsvertrag sieht vor, daß bereits ab Vertragsbeginn ein nicht kürzbarer Anteil von mindestens 50 Prozent des gezahlten Beitrags als Rückkaufswert erstattet oder der Berechnung der prämienfreien Versicherungsleistung zugrunde gelegt wird.
(→ Fünftes Vermögensbildungsgesetz, Anlageformen)

### Kapitalverwässerung
→ Kapitalerhöhung der AG durch Ausgabe von → Berichtigungsaktien (→ Gratisaktien) oder → neuer Aktien bei einer → ordentlichen Kapitalerhöhung unter dem Kurs der alten → Aktien. Eine Ausgabe von Berichtigungsaktien im Zuge einer → Kapitalerhöhung aus Gesellschaftsmitteln wird vorgenommen, wenn Aktien zu „schwer" geworden sind, d.h. wenn der Kurs infolge sehr hoher → Rücklagen der AG (durch → Selbstfinanzierung entstanden) unverhältnismäßig hoch ist. Eine K. kann u.U. durch → Splitting vermieden werden.

### Kapitalwert
Summe der auf den Zeitpunkt einer → Investition diskontierten Nettoeinzahlungen mehrerer Perioden. Er gibt den → Gewinn an, der aus einer Investition resultiert. Der K. unterscheidet sich vom → Barwert dadurch, daß man diesen auf jeden beliebigen Zeitpunkt und Zinssatz beziehen kann. Der K. findet bei der → Kapitalwertmethode Anwendung zur Bestimmung der Vorteilhaftigkeit einer Investition: Ist er positiv, so ist die Verzinsung des durch die Investition gebundenen Kapitals höher als der → Kalkulationszinsfuß.

### Kapitalwertmethode
Dynamische → Investitionsrechnung, bei der alle während der Nutzungsdauer einer → Investition anfallenden Ein- und Auszahlungen auf den Zeitpunkt Null (Investitionsbeginn) abgezinst werden. Lohnend ist eine Investition dann, wenn beim gegebenen → Kalkulationszinsfuß ein barwertiger Überschuß $C_0$ entsteht, der größer oder gleich Null ist ($C_0 \geq 0$). Der barwertige Überschuß heißt → Kapitalwert. Er ergibt sich als Differenz zwischen dem → Barwert aller Einzahlungen $E_0$ und dem Barwert aller Auszahlungen $A_0$. Die Bedingung für die Vorteilhaftigkeit einer Investition kann auch so formuliert werden: $E_0 \geq A_0$.
Problematisch ist, daß die Ermittlung der Einzahlungs- und Auszahlungsbarwerte auf Schätzungen beruht, wie dies bei allen zukunftsorientierten Rechnungen der Fall ist.

## Kapitalwertpapier

Der Investor muß außerdem seinen Kalkulationszinsfuß in sinnvoller Weise festlegen. Sind die jährlichen Ein- und Auszahlungen konstant, läßt sich der Kapitalwert in der Weise ermitteln, daß man die konstanten jährlichen Nettoeinzahlungen $(e-a)$ mit dem → Diskontierungssummenfaktor (DSF) multipliziert, den barwertigen Restwert R addiert und die Anschaffungsauszahlung A subtrahiert: $C_0 = (e-a) \cdot DSF + R \cdot AbF - A$. Bei unterschiedlichen Werten der jährlichen Ein- und Auszahlungen ist zur Kapitalwertermittlung eine Einzeldiskontierung der jeweiligen Jahreswerte mit dem → Abzinsungsfaktor (AbF) vorzunehmen:

$$C_0 = \sum_{k=1}^{n} (e_k - a_k) \cdot (1-i)^{-k} + R(1+i)^{-n} - A$$

wobei: $(e_k - a_k)$ = Nettoeinzahlung des Jahres k; k = 1, 2, 3, ..., n

(→ Investitionsrechnung)

## Kapitalwertpapier

→ Wertpapier, das → Forderungen oder → Teilhaberrechte mit → Anspruch auf laufende → Erträge verkörpert.

## Kapitalwiedergewinnungsfaktor

Finanzmathematischer Faktor. Er verteilt einen jetzt fälligen Geldbetrag $K_0$ unter Berücksichtigung von → Zins und → Zinseszins in gleiche Annuitäten g auf n Jahre (verwandelt „Einmalzahlung jetzt" in eine Zahlungsreihe).
(→ Investitionsrechnung)

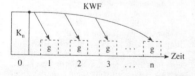

$$g = K_0 \cdot \frac{i(1+i)^n}{(1+i)^n - 1} = K_0 \cdot KWF$$

Kapitalwiedergewinnungsfaktor (KWF)

**Kapitalzins,** → Kapitalmarktzins.

**Kapitalzuwachsanleihe,** → Aufzinsungsanleihe.

**Kappa,** → Vega.

## KAR
Abk. für → Kapitaladäquanz-Richtlinie.

## Karibische Entwicklungsbank
1969 gegründete, subregionale internationale → Entwicklungsbank (→ Internationale Entwicklungsbanken mit regionalem Tätigkeitsbereich). Zweck der → Bank ist es, zum Wirtschaftswachstum und zur wirtschaftlichen Entwicklung in der Karibik beizutragen und die wirtschaftliche Zusammenarbeit der Mitgliedsstaaten zu fördern. Sitz der Bank ist Bridgetown (Barbados).

## Kartell
→ Verträge zwischen Unternehmen oder Beschlüsse von Unternehmensvereinigungen, die in der Verfolgung eines gemeinsamen Zwecks in vorhersehbarer Weise den → Wettbewerb beschränken, weil sie negativ die Produktion oder die Marktverhältnisse für den Verkehr mit Waren oder Dienstleistungen beeinflussen. Das kann etwa durch Preisabsprachen, Ausschreibungsabsprachen (Submissionskartelle), Mengenbeschränkungen, Gebietsabgrenzungen oder auch durch Pooling von Patenten geschehen.

*Verbot:* K. als klassische Form horizontaler → Wettbewerbsbeschränkungen sind grundsätzlich nach dem → Gesetz gegen Wettbewerbsbeschränkungen (GWB) verboten (§ 1). K. gleichgestellt wird das (wirkungsgleiche) abgestimmte Verhalten von Unternehmen (§ 25 Abs. 1) oder entsprechende einseitige Empfehlungen (§ 38 Abs. 1 Nr. 11).

*Ausnahmen:* Im Interesse der Weiterentwicklung des technischen Fortschritts, zur Bewältigung wirtschaftlicher Strukturkrisen, der Förderung mittelständiger Unternehmen als Gegengewicht zu Großunternehmen und der Erhaltung der internationalen Wettbewerbsfähigkeit deutscher Unternehmen enthält das Gesetz zum Kartellverbot zahlreiche Ausnahmetatbestände. Danach sind sog. Konditionen-, Rabatt-, Strukturkrisen-, Rationalisierungs-, Spezialisierungs-, Export- und Notstandskartelle grundsätzlich erlaubt, sofern sie die gesetzlichen Voraussetzungen erfüllen. Zu ihrer Wirksamkeit bedürfen sie einer Erlaubnis durch die Kartellbehörde oder sind dieser gegenüber anzuzeigen (§§ 2–8).

*Aufsicht:* Alle Kartellverträge bzw. -beschlüsse werden in das Kartellregister eingetragen, das vom → Bundeskartellamt geführt wird (§ 9). Die zulässigen K. unterliegen aber der Mißbrauchsaufsicht der Kartellbehörden (§ 12). Verstöße gegen das Kartellverbot stellen eine Ordnungswidrigkeit dar (§ 38 Abs. 1 Nr. 1), die hohe Bußgelder nach sich ziehen kann.

*Bedeutung für die Kreditwirtschaft:* Für → Kreditinstitute gilt nach dem deutschen GWB das Kartellverbot nicht. Treffen aber deutsche Banken Kartellabsprachen mit anderen europäischen Kreditinstituten, findet das europäische Wettbewerbsrecht Anwendung, in dem keine umfassende Freistellung vorgesehen ist.

### Kartengarantierter Scheck
→ Scheck, dessen Einlösung durch eine → Scheckkarte (→ eurocheque-Karte) garantiert wird (→ Scheckkartengarantie).

### Karteninhaber
Fast immer → natürliche Person, die ihren → Zahlungsverkehr ganz oder teilweise über kartengestützte Zahlungssysteme abwickelt. Beispielsweise per → Kreditkarte, → eurocheque-Karte oder → Kundenkarten von Kreditinstituten.

### Kartenländer
Länder, deren → Banken → Scheckgarantiekarten ausgeben, die innerhalb des → eurocheque-Systems verwendet werden dürfen. (→ Einheitliche Kartenländer)

### Kassadevisen
Rasch, nämlich binnen zwei Geschäftstagen nach Abschluß verfügbare Kontoguthaben in fremder → Währung (→ Devisenhandel, → Devisenbörse).

### Kassageschäft
Vertrag über → Kauf oder Verkauf von → Wertpapieren, → Devisen, Finanzinstrumenten oder → Waren, die sofort oder innerhalb ganz kurzer, durch Handels- bzw. Börsenusancen bestimmter Fristen zu erfüllen sind.
*Gegensatz:* → Termingeschäft.

### Kassahandel, → Kassageschäft.

### Kassakurs
Kurs für → Kassageschäfte (→ Devisenhandel, → Devisenkurse).

### Kassamarkt
*Spot-Markt, Spot Market*; Markt, an dem → Verträge über → Kauf oder Verkauf von → Wertpapieren, → Devisen, Finanzinstrumenten oder → Waren geschlossen werden, die sofort oder innerhalb ganz kurzer, durch Handels- oder Börsenusancen bestimmter → Fristen zu erfüllen sind (→ Kassageschäfte). K. können börsenmäßig organisiert sein (Beispiele: → Effektenbörse, → Devisenbörse) oder als freier Handel zwischen den Teilnehmern stattfinden.
*Gegensatz:* → Terminmarkt.

### Kassa-Option
→ Option, die auf einem Instrument des → Kassamarktes basiert und auf die Lieferung einer bestimmten Menge des → Basiswertes ausgerichtet ist.
*Gegensatz:* → Option auf Futures.

### Kassaposition
→ Position, die sich aus einem → Kassageschäft ergibt.

### Kassatitel, → Basiswert.

### Kassawert, → Basiswert.

### Kassenkredite
1. Kurzfristige → Kredite der → Deutschen Bundesbank in Form von → Buchkrediten und → Schatzwechselkrediten an den Bund, → Sondervermögen des Bundes und der Länder, die diesen öffentlichen Verwaltungen nur bis zu festgelegten Höchstgrenzen gewährt werden durften, § 20 Abs. 1 BBankG a.F. Die → Kreditplafonds begründeten keinen Anspruch auf einen Zentralbankkredit in dieser Höhe; sie waren daher nicht als → Kreditlinien aufzufassen. Die Plafonds konnten zur Überbrückung kurzfristiger kassenmäßiger Fehlbeträge im Verlauf des Haushaltsvollzugs herangezogen werden (→ Betriebsmittelkredite). Auf die Kreditplafonds wurde ein etwaiger Umlauf an → Schatzwechseln angerechnet, die die Bundesbank gekauft oder deren Ankauf sie zugesagt hatte (§ 20 Abs. 1 Nr. 1 Satz 2 BBankG). Als Zinssatz für K. der Bundesbank galt seit 1.8.1990 der jeweilige → Lombardsatz. Vorschriften über die → Europäische Wirtschafts- und Währungsunion nötigten zur Streichung dieser besonderen Bestimmung durch das 5. Änderungsgesetz zum BBankG, denn gem. Art. 104, 109e Abs. 3 des EG-Vertrags gilt ab 1. Jan. 1994 ein Kreditauf-

nahmeverbot für die öffentliche Hand sowohl im Hinblick auf die →Europäische Zentralbank als auch auf die →Zentralbanken der EG-Mitgliedstaaten.

2. Kredite, die im Rahmen von →Kommunalkrediten durch Sparkassen, →private Hypothekenbanken und →öffentlich-rechtliche Kreditanstalten gegeben werden.

### Kassenobligation

→Festverzinsliches (Wert-)Papier mit Ursprungslaufzeit von i.d.R. zwei bis vier Jahren, das sowohl von →Banken als auch der öffentlichen Hand (Bund, Bundesbahn, Bundesländer) ausgegeben wird. K. werden als →Inhaberschuldverschreibungen ausgegeben und dienen der →Finanzierung kurz- und mittelfristiger →Kredite. Die →Tilgung erfolgt entweder in einem Betrag am Ende der →Laufzeit (Gesamtfälligkeit) oder in jährlichen gleich hohen Teilbeträgen auf jedes Stück einer →Emission gegen Rückgabe abtrennbarer Abschnitte. Die Verzinsung liegt bei normaler (nicht inverser) →Zinsstruktur zwischen der Verzinsung längerfristig laufender →Schuldverschreibungen und der von →Geldmarktpapieren. K. des Bundes und der →Sondervermögen des Bundes sind ebenfalls mittelfristige festverzinsliche Inhaberschuldverschreibungen mit Laufzeiten von fünf oder von sechs oder sieben Jahren. 1991 sind sie in →Schatzanweisungen (Bundesschatzanweisungen, Bahnschatzanweisungen) umgewandelt worden.

### Katasteramt

Staatliche Behörde, die das →Liegenschaftsbuch zu führen hat, worin die →Grundstücke und Gebäude eines Eigentümers geordnet nach den zum Amtsbezirk gehörenden Gemeinden zusammengefaßt sind.
Zu ihren Aufgaben gehört auch die Führung des Gebäudebuches, in dem die bebauten Grundstücke aufgeführt und näher bezeichnet sind. Für die →Geschäftsbank kann im Einzelfall zur Bearbeitung eines Kreditantrags bei unübersichtlichen Grundbuchblättern (→Grundbuch) oder bei Unkenntnis des Wertes oder der Lage des betreffenden Grundstücks die Vorlage einer Katasterabzeichnung (Flurkarte) sowie von Auszügen aus dem Liegenschafts- und Gebäudebuch erforderlich sein. In solchen Fällen besteht das erforderliche berechtigte Interesse an der Auskunft.

### Kauf

Gegenseitiger, i.d.R. formlos wirksamer →Vertrag, durch den sich der Verkäufer zur Übertragung eines Gegenstandes (→Sache oder →Recht) an den Verkäufer und dieser sich zur Zahlung des vereinbarten Kaufpreises (und zur Abnahme der Kaufsache) an den Verkäufer verpflichtet (§ 433 BGB). Nur beim K. eines →Grundstücks ist die →notarielle Beurkundung des Vertrags erforderlich (§ 313 BGB).

*Arten:* Der Sachkauf bezieht sich auf →bewegliche und unbewegliche Sachen einschl. →Sachgesamtheiten, der Rechtskauf auf alle übertragbaren Rechte, insbesondere →Forderungen. Beim K. von →Wertpapieren (etwa →Wechseln) liegt in erster Linie Rechtskauf, aber zugleich hinsichtlich der Papiere Sachkauf vor. Als Kaufgegenstand kommen alle Gegenstände wirtschaftlichen Tauschverkehrs in Betracht, also auch ein Unternehmen. Kaufsachen können der Gattung nach oder aufgrund individueller Merkmale („Stückkauf") bestimmt sein; hieraus ergeben sich unterschiedliche Rechtsfolgen bei der →Gewährleistung (§ 459 ff., 480 BGB). Bei Barkäufen ist der Kaufpreis Zug um Zug gegen →Übergabe und →Übereignung der Sache zu entrichten, beim Kreditkauf (Zielgeschäft) vereinbarungsgemäß erst später. Bei einem Abzahlungskauf teilt sich der Kaufpreis in mindestens zwei Raten, beim K. unter →Eigentumsvorbehalt (§ 455 BGB) behält sich der Verkäufer das →Eigentum an der beweglichen Sache bis zur vollständigen Bezahlung des Kaufpreises vor.

*Gefahr:* Bereits vor der →Erfüllung der Pflichten des Verkäufers, nämlich mit dem Übergang des →Besitzes, bei Grundstücken auch mit der Eintragung in das →Grundbuch, geht gemäß § 446 BGB die Gefahr des zufälligen Untergangs oder der zufälligen Verschlechterung auf den Käufers über. Noch früher erfolgt dies bei einem Annahmeverzug des Käufer (als Gläubiger des Lieferungsanspruchs) und beim Versendungskauf (§ 447 BGB). Als Folge des Gefahrübergangs muß der Käufer den Kaufpreis selbst dann entrichten, wenn die Kaufsache durch ein Ereignis, das weder er noch der Verkäufer zu vertreten hat (→Verschulden), zerstört oder beschädigt wird.

*Gewährleistung:* Der Zeitpunkt des Gefahrübergangs ist auch für die →Haftung des

## Kaufkraftstabilität

Verkäufers bei nicht ordnungsgemäßer Erfüllung bedeutsam, wenn der Kaufgegenstand mit einem →Rechtsmangel oder mit einem →Sachmangel behaftet ist. Sind solche Fehler bei Vertragsabschluß vorhanden, so können sie noch bis zur Übergabe (§ 459 BGB) bzw. bis zur Übertragung des Rechts korrigiert werden.

→Ansprüche aus Gewährleistung werden häufig vertraglich ausgeschlossen oder eingeschränkt. Außerhalb von →Allgemeinen Geschäftsbedingungen ist dies zulässig, wenn der Verkäufer den Mangel nicht arglistig verschweigt (§§ 443, 476 BGB). In den Allgemeinen Geschäftsbedingungen ist hingegen bei Verträgen über Lieferung neu hergestellter Sachen und Leistungen gemäß § 11 Ziff. 10 AGBG eine Bestimmung unwirksam, die Ansprüche gegen den Verkäufer einschl. etwaiger Nachbesserungs- und Ersatzlieferungsansprüche insgesamt oder bezüglich einzelner Teile ausschließt oder die gesetzlichen Gewährleistungsfristen (→Fristen) verkürzt.

Ansprüche auf →Wandelung, Minderung oder →Schadensersatz verjähren bei beweglichen Sachen in sechs Monaten von der Ablieferung, bei Grundstücken in einem Jahr von der Übergabe an; bei arglistiger Täuschung beträgt die Frist jedoch 30 Jahre (§ 477 BGB).

*Handelskauf:* Nur wenn sowohl Verkäufer als auch Käufer →Kaufmann sind und der K. für beide Teile ein →Handelsgeschäft darstellt, muß der Käufer die →Ware unverzüglich nach Ablieferung durch den Verkäufer, soweit es im Rahmen des ordnungsgemäßen Geschäftsgangs möglich ist, untersuchen und etwaige Mängel dem Verkäufer unverzüglich anzeigen. Außer im Falle arglistiger Täuschung gilt bei Unterlassen der Anzeige die Ware als genehmigt, auch wenn es sich um Falschlieferungen oder falsche Mengen handelt. Bei versteckten Mängeln trifft den Käufer die Anzeigepflicht unverzüglich nach deren Entdeckung (§§ 377, 378, HGB).

### Käuferkredit
Liefergebundener Finanzkredit, z. B. im Rahmen der →Exportfinanzierung durch Kreditinstitute bei →AKA-Krediten und →Krediten der KfW (andere Bezeichnungen: →gebundener Finanzkredit, →Bestellerkredit).

### Kaufkraft
Fähigkeit, mit →Geld Sachgüter und Dienstleistungen erwerben zu können. Die K. des Geldes entspricht dem →Geldwert.

### Kaufkraftparität
→Wechselkurs als Verhältnis zweier →Währungen, bei dem die →Kaufkraft (Geldwert) in beiden Ländern gleich ist. Die K. des Inlands gegenüber dem Ausland gibt also an, wieviel inländische Geldeinheiten im Inland die gleiche Kaufkraft besitzen wie eine ausländische Geldeinheit im Ausland. Die K. werden i. d. R. auf der Grundlage eines in beiden Ländern identischen Warenkorbs ermittelt. Probleme bei der Zusammenstellung eines repräsentativen Warenkorbs sind u. a. unterschiedliche Verbrauchsgewohnheiten, ungleiche Qualitäten sowie die Frage der mengenmäßigen Gewichtung der Güter.

### Kaufkraftparitätentheorie
Theorie, nach welcher der →Wechselkurs einer →Währung gegenüber einer anderen Währung von der Kaufkraftentwicklung (→Kaufkraft) in den beiden Ländern bestimmt wird. In ihrer *absoluten Form* besagt die Theorie, daß der Wechselkurs die Kaufkraftunterschiede zwischen zwei Währungen ausgleiche. Wenn z. B. die Kaufkraft eines US-Dollar zweimal so groß sei wie die einer D-Mark, müsse der Wechselkurs des US-Dollar gegenüber der D-Mark 2 DM betragen. Hiergegen wird eingewandt, daß nicht alle Güter international ausgetauscht werden und daß die Transportkosten, →Zölle und andere →Abgaben zu Kaufkraftunterschieden führen können. In ihrer *modifizierten Form* besagt die Theorie, daß der Wechselkurs von der Veränderung der Preisniveaus bestimmt wird. In dieser Form wird also nicht mehr eine Parität der Kaufkraft in den beiden Ländern, sondern – ausgehend von den Marktkursen zu einem bestimmten Zeitpunkt – eine Parallelität der Wechselkurs- und Kaufkraftentwicklung angenommen. Auch in dieser eingeschränkten Form gilt die K. jedoch nur auf lange Frist. Auf kurze Sicht können andere Faktoren, wie vor allem der Kapitalverkehr, das Übergewicht haben (→Realer Wechselkurs, →Realer Außenwert).

### Kaufkraftstabilität, →Geldwertstabilität.

**Kaufkredit**, → finanzierter Abzahlungskauf.

**Kauf-MACD**
→ MACD-Linie, die Kaufsignale erzeugt. Vgl. → MACD/Signal-Studie.

**Kaufmann**
Gemäß § 1 HGB Abs. 1 derjenige, der ein → Handelsgewerbe betreibt. Unter → Gewerbe versteht man eine selbständige und dauerhafte Tätigkeit mit der Absicht, Gewinn zu erzielen. Mitglieder freier Berufe [z. B. Ärzte, Rechtsanwälte, Steuerberater, Künstler] betreiben kein Gewerbe und sind deshalb keine Kaufleute. Auch wissenschaftliche Tätigkeit ist kein Gewerbe. Besteht die Tätigkeit in einem → Grundhandelsgewerbe, so ist der Gewerbetreibende stets K. („Mußkaufmann"). Er ist → Vollkaufmann, wenn sein → Gewerbebetrieb nach Art oder Umfang einen in kaufmännischer Weise eingerichteten Geschäftsbetrieb erfordert, anderenfalls → Minderkaufmann (§ 4 HGB). Wird kein Grundhandelsgewerbe ausgeübt, kann der Unternehmer „Sollkaufmann" sein, wenn die Unternehmung einen nach Art und Umfang in kaufmännischer Weise eingerichteten Geschäftsbetrieb erfordert. In diesem Falle tritt die Vollkaufmannseigenschaft jedoch erst ein, wenn die → Firma des Unternehmens in das → Handelsregister eingetragen worden ist. Wer ein land- und forstwirtschaftliches Unternehmen betreibt, das nach Art und Umfang einen nach kaufmännischer Weise eingerichteten Geschäftsbetrieb erfordert und im Handelsregister eingetragen ist, ist „Kannkaufmann" (§ 3 HGB). Land- und Forstwirte sind zur Handelsregistereintragung berechtigt, nicht verpflichtet. → Handelsgesellschaften sind gemäß § 6 HGB Formkaufleute, also Kaufleute kraft ihrer Rechtsform. Dies gilt grundsätzlich für → Personengesellschaften ebenso wie für → Kapitalgesellschaften. Für Personengesellschaften ist hier allerdings eine Ausnahme zu machen; handelt es sich um eine → Offene Handelsgesellschaft (OHG), oder eine → Kommanditgesellschaft (KG), so werden sie als solche nur ins Handelsregister eingetragen, wenn der Gewerbebetrieb nach Art und Umfang eine kaufmännische Einrichtung erfordert (§ 4 Abs. 2 HGB). Trifft dies nicht zu, bleibt die Gesellschaft eine → Gesellschaft bürgerlichen Rechts (BGB-Gesellschaft, GbR). Dagegen gelten Kapitalgesellschaften ohne Rücksicht auf Art und Umfang ihres Gewerbebetriebes immer als Vollkaufleute. Die Eintragung ins Handelsregister ist Voraussetzung für ihre Entstehung.

**Kaufmann/-frau für Bürokommunikation,**
→ Ausbildung im Bankensektor.

**Kaufmännische Anweisung**
→ Anweisung i.S. von §§ 783 ff. BGB, die auf einen → Kaufmann ausgestellt ist und sich auf die Leistung von → Geld, → Wertpapieren oder anderen → vertretbaren Sachen bezieht, ohne daß die Leistung von einer Gegenleistung abhängig gemacht ist (§ 363 Abs. 1 Satz 1 HGB). Eine k.A. kann durch → Indossament übertragen werden, wenn sie an Order lautet (→ Orderklausel). Für das Indossament gelten gemäß § 365 HGB die Bestimmungen des Wechselrechts.

**Kaufmännisches Pfandrecht**
→ Gesetzliches → Pfandrecht bestimmter Kaufleute (→ Kommissionär, §§ 397, 398, 404 HGB; → Spediteur, §§ 410, 411 HGB; → Lagerhalter, § 421 HGB; → Frachtführer, § 440 HGB sowie Eisenbahn, § 457 HGB) an ihnen übergebenen → Sachen für ihre → Forderungen aus Versendung, Transport oder Lagerung sowie ihre → Ansprüche auf Vorschuß.
Für → Kreditinstitute ist von Bedeutung, daß die k. P. gutgläubig erworben werden können (§ 366 Abs. 3 HGB), so daß sie auch an ihnen sicherungsübereigneten Sachen entstehen können (→ Sicherungsübereignung). Der Sicherungsgeber muß daher verpflichtet sein, Transport oder Einlagerung des Sicherungsgutes unverzüglich dem Sicherungsnehmer anzuzeigen.

**Kaufmännisches Zurückbehaltungsrecht**
→ Zurückbehaltungsrecht eines → Kaufmanns (§§ 1 ff. HGB), der fällige → Forderungen aus → Handelsgeschäften gegenüber einem anderen Kaufmann besitzt, um ihm überlassenen → beweglichen Sachen und → Wertpapieren des → Schuldners (§§ 369-372 HGB).
Es vermittelt dem → Gläubiger – ähnlich wie ein → Pfandrecht – die Befugnis zur Befriedigung aus der Sache (§ 371 HGB) und im → Konkurs des Schuldners ein Absonderungsrecht gemäß § 49 Abs. 1 Nr. 4 KO (→ Absonderung). Im Gegensatz zum Zurückbehaltungsrecht des BGB (§§ 273, 274) geht es späteren → Pfändungen anderer Gläubiger vor (§ 804 Abs. 2 ZPO). Das k. Z.

endet mit Verlust des →Besitzes (§ 369 Abs. 1 HGB). Erwirbt ein →Kreditinstitut Sicherungseigentum an einer Sache (→Sicherungsübereignung), an der bereits ein k.Z. besteht, die sich also im →Besitz eines anderen Kaufmanns befindet, gilt das Zurückbehaltungsrecht auch gegenüber dem Sicherungsrecht des Kreditinstituts (§ 369 Abs. 2 HGB).

**Kaufoption,** →Call.

### Kaufsignal
In der →technischen Analyse verwendete Bezeichnung für den Hinweis zum Kauf eines →Finanztitels, den ein Chartanalytiker aus einem →Chart herausliest oder der aus →technischen Studien abgeleitet werden kann.
*Gegensatz:* →Verkaufssignal.

### Kautionssparbuch
Ein Sparbuch, das vom Vermieter zugunsten des Mieters (→Miete) angelegt wird. Einlage ist dabei lediglich der vom Mieter an den Vermieter gezahlte Kautionsbetrag. Diese Kaution dient dem Vermieter als Sicherheit für vom Mieter verursachte Schäden an dem von ihm angemieteten Objekt. Die Kaution ist dem Mieter einschließlich banküblicher Verzinsung bei Auszug aus dem angemieteten Objekt und nach Abnahme dieses Objekts durch den Vermieter oder dessen Vertreter auszuzahlen. Die Modalitäten der Verfügbarkeit entsprechen denen der →Verpfändung von Spareinlagen.

### Kautionsversicherung
Sparte der →Kreditversicherung, bei der private Kautionsversicherungsgesellschaften (in Konkurrenz zu →Banken und →Sparkassen) →Garantien und →Bürgschaften zugunsten Dritter abgeben, wenn →Gläubiger für →Forderungen eine Sicherstellung verlangen.

### Kautionswechsel
→Wechsel, der zur Sicherung von →Forderungen von einem →Kreditinstitut in →Verwahrung genommen wird und nach Vereinbarung mit dem →Schuldner nicht in Umlauf gebracht werden darf. Er wird auch als →Depotwechsel bezeichnet.

### Kellerwechsel
→Wechsel, der auf eine fingierte, nicht existierende Person ausgestellt und der gezogen wird. Deren Unterschrift muß gefälscht werden (Urkundenfälschung nach § 267 StGB), um das Papier formgültig zu machen. Der scheinbar Unterzeichnende haftet wegen der Fälschung nicht (Art. 69 WG), wohl aber der Fälscher selbst (Art. 8 WG).

### Kennwortvereinbarung
Sicherungsmaßnahme, um Verfügungen Unbefugter über →Spareinlagen zu verhindern. Das →Kreditinstitut als →Schuldner darf nur nach Maßgabe der vereinbarten Sicherungsvorkehrung leisten. Bei →Sparkassen finden derartige Sicherungen in der Mustersatzung bzw. Sparkassenverordnung (→Sparkassenrecht) ihre rechtliche Grundlage. Neben einer K. bzw. Stichwortvereinbarung kommen als weitere Sicherungsvorkehrungen noch in Frage: Vorlage eines besonderen Ausweises (Sicherungskarte, Kontrollkarte) oder persönliche Unterschriftsleistung durch den im Sparbuch benannten →Gläubiger. I. a. wird im Sparbuch durch einen entsprechenden Vermerk (Stempelabdruck) auf das Vorhandensein einer Sicherungsmaßnahme hingewiesen. Da durch die Sicherungsvorkehrung Verfügungen unbefugter Personen verhindert werden sollen, sind sie ohne Bedeutung, wenn der Gläubiger selbst oder ein Bevollmächtigter →Rückzahlung des Spargsuthabens verlangt. Ebenfalls spielt die Sicherungsabrede keine Rolle für Verfügungen im →freizügigen Sparverkehr, da hier ohnehin nur der Gläubiger selbst zur Verfügung berechtigt ist. Die K. oder sonstige Sicherungsvereinbarung hebt die Legitimationswirkung des Sparbuches gemäß § 808 Abs. 1 BGB nicht auf, sondern schränkt sie lediglich ein. An nicht forderungsberechtigte Buchvorleger kann das Kreditinstitut im Rahmen der versprochenen Leistung nur dann befreiend leisten, wenn der Buchvorleger das verabredete Kennwort benennen oder die Sicherungs- bzw. Kontrollkarte vorlegen kann.

**Kennzahlen,** →Kennzahlen zur Jahresabschlußanalyse.

### Kennzahlen von Zinsinstrumenten
*Rendite:* Zu den klassischen Kennzahlen gehört die →Rendite von →festverzinslichen (Wert-)Papieren. Zwar wird es aufgrund der Vielzahl neuer Anlageformen immer schwieriger, die Rendite zu ermitteln, da beispielsweise das häufig mit dieser Anlageform verbundene Optionsrecht (z. B. bei →Optionsanleihen und →Wandelanleihen, →Anleihen mit Gläubigerkündigungs-

recht) bei der Renditeberechnung nicht berücksichtigt wird, trotzdem dient aber die Rendite als wesentliche Entscheidungsgrundlage für eine Anlageform. I.d.R. wird die Rendite verwendet, um die Unterschiede in den Merkmalen von → Zinsinstrumenten, wie → Nominalzins, → Rückzahlungskurs, → Laufzeit, Anzahl der Kuponperioden (z. B. jährlich, halbjährlich), zu berücksichtigen. Die Rendite ermöglicht dem Anleger, sofern dieselbe Ermittlungsmethode (z. B. → ISMA-Rendite, → Moosmüller-Rendite) verwendet wird, unterschiedliche Anlagemöglichkeiten zu messen und miteinander vergleichbar zu machen. An den internationalen Börsenplätzen werden unterschiedliche Renditeberechnungsmethoden angewandt. Die häufigsten Modelle sind die Current Yield (→ laufende Verzinsung), die Simple-Yield to Maturity (→ Börsenformel) und die → Yield to Maturity.
(→ Renditeberechnungsmethoden für Geld- und Kapitalmarktpapiere)

*Laufzeit von festverzinslichen (Wert-)Papieren*: Laufzeit, → Restlaufzeit und → Duration sind keine Renditemaße, sondern Zeitmaße. Deshalb werden die Rechenergebnisse in der Einheit Jahre ermittelt. Diese Kennzahlen lassen mehr oder weniger präzise Aussagen über den Rückfluß des investierten → Kapitals zu. Während die Laufzeit in der Praxis weitgehend verbreitet ist, findet man die Duration nur vereinzelt zur Beurteilung der zeitlichen Dimension von Zinsinstrumenten.

→ *Duration nach Macaulay und* → *Modified Duration*: Die Duration wurde in den dreißiger Jahren in den Vereinigten Staaten von Macaulay beschrieben. Sie fand allerdings erst nach dem zweiten Weltkrieg verstärkte Aufmerksamkeit. Heute hat sich das Durationskonzept in den USA und Großbritannien durchgesetzt. Auch in der Bundesrepublik Deutschland gewinnt die Duration zunehmend an Bedeutung. Die → Moderne Portfolio-Theorie unterscheidet grundsätzlich zwischen → aktiven Anlagestrategien und → passiven Anlagestrategien. Aktive Strategien verfolgen das Ziel, die zyklische Entwicklung der → Zinsen systematisch zur Performance-Verbesserung zu nutzen. Hier liegt das typische Anwendungsgebiet der Modified Duration. Im Gegensatz dazu verfolgen passive Strategien das Ziel, eine zu einem bestimmten Zeitpunkt gegebene Rendite von den schwankenden Bewegungen der Zinsen an den → Kapitalmärkten unabhängig zu machen, also zu immunisieren (Duration nach Macaulay).
(→ Risikomanagement festverzinslicher Wertpapiere, → Immunisierungsstrategie)

*Aufgeld von Wandel- und Optionsanleihen*: Viele → festverzinsliche (Wert-)Papiere sind mit besonderen Rechten ausgestattet, die einen zusätzlichen Kaufanreiz darstellen sollen. Die bekanntesten Anleihen dieser Art sind Options- und Wandelanleihen. Neben → Straight Bonds und → Aktien stellen diese Papiere eine Mischform aus beiden dar. Sowohl bei → Optionsanleihen Cum und → Optionsscheinen als auch bei Wandelanleihen ist ein klassischer Bewertungsansatz die Ermittlung des → Aufgeldes bzw. der → Wandlungsprämie.

## Kennzahlen zur Jahresabschlußanalyse

Durch die Auswahl zweckmäßiger K. z. J. wird versucht, aus der → Bilanz und der → Gewinn- und Verlustrechnung (GuV) nicht direkt ersichtliche Tatbestände erkennbar zu machen, diese komprimiert darzustellen und die K. z. J. entsprechend zu interpretieren, um so z. B. einen Zeit- oder Branchenvergleich durchzuführen. Man bekommt also einen Einblick in die wirtschaftliche Lage des Unternehmens und sollte durch die K. z. J. in der Lage sein, Entwicklungstendenzen und deren Ursachen zu erkennen (→ Kapitalstruktur).
Als K. z. J. werden in der Jahresabschlußanalyse (→ Bilanzanalyse) absolute Zahlen (z. B. → Gewinn, Bilanzsumme, usw.) und Verhältniszahlen benutzt, wobei die Verhältniszahlen eine Vorrangstellung einnehmen, während absolute Zahlen nicht von allen Autoren als Kennzahlen akzeptiert werden. Bei allen K. z. J. benötigt man Vergleichszahlen, um sinnvolle Aussagen treffen zu können. Verhältniszahlen können Gliederungszahlen, Beziehungszahlen oder Indexzahlen sein. (1) *Gliederungszahlen* zeichnen sich dadurch aus, daß die Größe im Zähler des Quotienten ein Bruchteil des Nenners ist. Gliederungszahlen erscheinen meist in Form von Prozentzahlen und dienen vornehmlich dazu, Teilmengen der Gesamtmenge zu analysieren. (2) *Beziehungszahlen* werden dadurch gebildet, daß verschiedenartige Gesamtheiten aufeinander bezogen werden. Bei der Bildung dieser K. z. J. ist das sogenannte Entsprechungsprinzip zu beachten, d. h. die

Komponenten einer Kennzahl sollen in einem sinnvollen inneren Zusammenhang stehen. Von der sachlogischen Beziehung hängt der Erkenntniswert einer Kennzahl ab. Beziehungszahlen vereinfachen die Wirklichkeit. Es werden nur sogenannte monokausale Erklärungen gegeben. Bei der Umsatzrendite wird z. B. als Ursache der Gewinnerzielung allein der →Umsatz genannt, obwohl vielfältige Faktoren zusammenwirken müssen, damit Gewinn entsteht. (3) *Indexzahlen* sind Meßzahlen, die Daten in ihrer zeitlichen Veränderung dadurch übersichtlicher aufbereiten, daß der Anfangs-, Mittel- oder Endwert einer Reihe als Basiswert oder Grundzahl gleich 100 gesetzt wird und die übrigen Werte im Verhältnis dazu umgerechnet werden.

Der Aussagewert der K. z. J. gilt nur für den konkreten Abschlußstichtag, der bei der Analyse in der Vergangenheit liegt. Die Daten können sich zum Zeitpunkt der Analyse also schon längst wieder verändert haben.

## Kernkapital

Zusammenfassende Bezeichnung für Bestandteile des →haftenden Eigenkapitals der Kreditinstitute, die nach der →Eigenmittel-Richtlinie der EG einem →Kreditinstitut uneingeschränkt und sogleich für die Risiko- oder Verlustabdeckung zur Verfügung stehen, sobald sich die betreffenden Risiken oder Verluste ergeben. Daneben kennt das KWG nunmehr auch →Ergänzungskapital erster und zweiter Klasse. Eine Definition des K. enthält § 10 Abs. 4a Satz 2 Hs. 1 KWG: Danach werden von diesem Begriff erfaßt:

(1) das eingezahlte Geschäftskapital abzüglich →eigener Aktien oder Gesellschaftsanteile sowie der →Vorzugsaktien mit Nachzahlungsverpflichtung und die ausgewiesenen →(offenen) Rücklagen (§ 10 Abs. 2 KWG),
(2) der Reingewinn, soweit seine Zuweisung zum Geschäftskapital, den Rücklagen oder den →Geschäftsguthaben beschlossen ist (§ 10 Abs. 3 KWG),
(3) die Vermögenseinlagen stiller Gesellschafter unter den Voraussetzungen des § 10 Abs. 4 KWG,
(4) der Sonderposten für →allgemeine Bankrisiken nach § 340 g HGB (§ 10 Abs. 4a Satz 1 Nr. 2 KWG),
(5) nachgewiesenes freies Vermögen des Inhabers oder der persönlich haftenden Gesellschafter (→Offene Handelsgesellschaft [OHG]) in einem vom BAK bestimmten Umfang (§ 10 Abs. 6 KWG),
(6) Zwischengewinne, soweit sie nicht für voraussichtliche Gewinnausschüttungen oder Steueraufwendungen gebunden sind (§ 10 Abs. 7 Satz 3 KWG).

Nicht zum K. zählt der →Haftsummenzuschlag (§ 10 Abs. 2 Satz 1 Nr. 3 KWG). Bei der Ermittlung des Nettobetrags sind Verluste sowie →immaterielle Vermögenswert (§ 10 Abs. 6a Satz 1 Nr. 1 KWG) abzuziehen. Macht der Gesamtbetrag des K. danach mindestens 4,4% der entsprechend dem →Grundsatz I des →Bundesaufsichtsamtes für das Kreditwesen nach ihrem Risiko gewichteten →Aktiva der Bank aus, so können dem haftenden Eigenkapital noch nicht realisierte Reserven (→Neubewertungsreserven) als Ergänzungskapital erster Klasse bis zu 1,4% der risikogewichteten Aktiva hinzugerechnet werden.

## Keynes'sche Theorie

Hintergrund: Die Weltwirtschaftskrise Ende der zwanziger und Anfang der dreißiger Jahre dieses Jahrhunderts und ihre Folgen stellten für die →Wirtschaftspolitik und auch für die traditionelle Volkswirtschaftslehre ein bisher unbekanntes Problem dar. Bis dahin waren die Nationalökonomen überwiegend von der Annahme ausgegangen, daß in einem freien, marktwirtschaftlichen System (Typen der →Wirtschaftsordnung) Wirtschaftskrisen sich über die Selbstheilungskräfte des Marktes ohne die Notwendigkeit staatlicher Eingriffe wieder beheben. Als der Zustand der Krise und der Unterbeschäftigung anhielt, konnten die Nationalökonomen dies zunächst nicht erklären.

Erst als 1936 John Maynard Keynes sein für die moderne Volkswirtschaftslehre bahnbrechendes Werk „Allgemeine Theorie der Beschäftigung, des Zinses und des Geldes" veröffentlichte, wurde eine geschlossene theoretische Grundlage für die Erklärung anhaltender Wirtschaftskrisen (→Konjunktur) gelegt. Keynes ging davon aus, daß die Selbstheilungskräfte des Marktes infolge mangelnder Flexibilität der Löhne und Preise (vor allem nach unten) und infolge von Nachfrageausfall versagen können und das Wirtschaftssystem deswegen in einem →Unterbeschäftigungsgleichgewicht verharren kann. Zur Beseitigung dieser Situation wies er dem Staat die Aufgabe zu, durch fallweise, global angelegte wirtschaftspolitische Maßnahmen (→ Interventionismus, → Globalsteuerung) die → gesamtwirtschaftliche Nachfrage zu beeinflussen. Bei dieser → nachfrageorientierten Wirtschaftspolitik soll die Fiskalpolitik (→ Finanzpolitik) die führende Rolle übernehmen, weshalb die Anhänger von Keynes auch als Fiskalisten bezeichnet werden. Die → Geldpolitik soll wegen ihrer indirekten Wirkung auf die gesamtwirtschaftliche Nachfrage und damit verbundenen Wirkungsverzögerungen (→ Geldpolitik der Deutschen Bundesbank) vor allem flankierend wirken. Die Auffassungen der Keynes'schen Schule werden durch die Anhänger des → Monetarismus und der → angebotsorientierten Wirtschaftspolitik kritisiert.

**Key Rate Modified Duration**
→ Modified Duration von → Zinsinstrumenten, bei der eine prozentuale Veränderung des → Dirty Price nicht von der Veränderung der → Rendite, sondern von den mehreren Renditen, d. h. Key Rates, abhängig ist. Im Gegensatz zur Modified Duration wird für jede Key Rate eine K. R. M. D. ermittelt. Die Summe der Key Rate Durations ergibt die Modified Duration. Ändern sich die Key Rates um den gleichen absoluten Betrag, d. h. wird eine → Parallelverschiebung unterstellt, dann sind die geschätzten Kursveränderungen sowohl mit der Modified Duration (Einfaktor-Ansatz) als auch den K. R. M. D. (Key Rate-Ansatz) identisch. Die K. R. M. D. wird v. a. zum Management des → Yield Curve Risks verwendet.

**K%-Fast-Linie**
Synonym für die K%-Linie des → Fast Stochastics.

**KfW**
Abk. für → Kreditanstalt für Wiederaufbau.

**Kfz-Leasing,** → Auto-Leasing.

**KG**
Abk. für → Kommanditgesellschaft.

**KGaA**
Abk. für → Kommanditgesellschaft auf Aktien.

**KGV**
Abk. für → Kurs-Gewinn-Verhältnis.

**KGV-Aktien**
→ Price-Earnings-Ratio (PER), ermittelt für einzelne → Aktien, Branchen oder → Aktienindices (z. B. DAX).
*Gegensatz:* → KGV-Renten.

**KGV-Renten**
→ Price-Earnings-Ratio (PER) für → Rentenindices (z. B. → Umlaufrendite).
*Gegensatz:* → KGV-Aktien.

**Kinderfreibetrag**
Betrag, der bei der Ermittlung des → zu versteuernden Einkommens vom nach § 2 Abs. 4 EStG errechneten Einkommen abgesetzt wird (§ 2 Abs. 5 EStG). Einzelheiten im Hinblick auf die zu berücksichtigenden Kinder des → Steuerpflichtigen sowie die Höhe des K. sind in § 32 Abs. 1 bis Abs. 6 EStG geregelt.

**Kirchensteuer**
Kirchensteuerpflicht entsteht durch die Mitgliedschaft in einer Religionsgemeinschaft, die K. erhebt (Mitgliedsteuer). Berechtigt zur Erhebung von K. sind ausschließlich Religionsgemeinschaften, die den Rechtsstatus einer Körperschaft des öffentlichen Rechts besitzen (Art. 140 GG i. V. m. Art. 137 Abs. 6 Weimarer Reichsverfassung). Bemessungsgrundlage für die K. ist im wesentlichen die Einkommensteuer- bzw. Lohnsteuerschuld. Durch das Steuerreformgesetz von 1990 gilt, daß die festgesetzte → Einkommensteuer bzw. → Lohnsteuer des Veranlagungszeitraums für jedes Kind um 300 DM gekürzt wird. Auf diese Bemessungsgrundlage wird der Kirchensteuersatz angewendet, der in einigen Bundesländern 8% und in anderen 9% beträgt. Auf die pauschalierte Lohnsteuer wird ein anderer Steuersatz angewendet. Im allgemeinen wird die K. bei der Veranlagung zur Einkommensteuer von den Finanzämtern festgesetzt und erhoben. Die Kirchenlohnsteuer wird vom → Arbeitgeber einbehalten und an das Finanzamt abgeführt.

**Kiwi Bond**
Euro-Bond in neuseeländischen Dollars.

**Klassische Immunisierung,** → Immunisierungsstrategie.

**Kleinaktionär**
→ Aktionär mit relativ kleinem Aktienbesitz. Die Ausgabe von → Aktien mit niedri-

gen → Nennwerten (5 DM), die Schaffung von → Volksaktien sowie Maßnahmen zur Förderung der → Vermögensbildung sollen der Förderung dieser Aktionärsgruppe dienen. Dem K. werden durch das Aktiengesetz nicht mehr Rechte gegeben als anderen Aktionären. Eine Reihe von Bestimmungen gewährt den Aktionären, die eine Minderheit darstellen, einen besonderen Schutz (→ Minderheitsrechte).

**Kleine Kapitalgesellschaft,** → Größenklassen der Kapitalgesellschaften.

**Kleinkredit**
Ursprünglich verwendete Bezeichnung für → Ratenkredit (→ Konsumentenkredit), der von → Kreditbanken, → Sparkassen und → Kreditgenossenschaften zur Verfügung gestellt wurde und im Gegensatz zum → Teilzahlungskredit der → Teilzahlungskreditinstitute nicht zweckgebunden war. An die Stelle von K. sind heute → Dispositionskredite getreten.

**Kleinspareinrichtungen der Sparkassen**
Sammelbezeichnung für von → Sparkassen angebotene Sparformen, durch die Sparbeträge von geringerer Betragshöhe angesammelt werden. Dabei werden die Kleinsparbeträge durch besondere Techniken akquiriert. Beim Markenverfahren werden Sparmarken verkauft, in Sparkarten eingeklebt und später nach Einreichung der vollgeklebten Sparkarte zur Gutschrift auf ein → Sparkonto gebracht. Beim Sparschrankverfahren werden Spargelder zunächst in einen Sparschrank eingeworfen und dort bis zur Leerung angesammelt. Erst nach der Kassierung der Spargelder unter Mitwirkung eines Bediensteten der Sparkasse erfolgt die Gutschrift auf einem Sparkonto. Das Betreiben von K. entspricht im besonderen Maße der satzungsmäßigen Aufgabenstellung der Sparkassen, nämlich alle Einrichtungen zu betreiben, die geeignet sind, den Sparsinn in der Bevölkerung zu wecken und zu pflegen. Zu den von den Sparkassen angebotenen Kleinsparverfahren zählt auch das „PS-Sparen und Gewinnen" (→ Gewinnsparen). Weitere Kleinspareinrichtungen bzw. -verfahren waren/ sind das Schulsparen (früher vor allem von Sparkassen und → Kreditgenossenschaften betrieben, heute weitgehend durch andere Akquisitionsaktivitäten wie Durchführung von Jugendsparwochen, Ausgabe von Jugendsparbüchern ersetzt), Vereinssparen (die zu einer Spargemeinschaft zusammengeschlossenen Vereinssparer leisten regelmäßig Sparbeiträge, wobei die Spargelder zunächst in Sparschränken gesammelt werden), Betriebssparen (Sparschrankverfahren) und Abholsparen. Im Rahmen der K. wird auch die Ausgabe von Geschenksparsparscheinen betrieben.

**Kleinste Quadrate**
Statistische Methode zur Bestimmung der Regressionskoeffizienten im Rahmen einer linearen → Regressionsrechnung. Das Prinzip der k.Q. besagt, daß die Regressionsgerade y = a + b · x dann am besten dem Streuungsdiagramm angepaßt ist, wenn die Quadratsumme der Abweichungen minimiert wird. Die Methode der k.Q. wurde von C. F. Gauß zu Beginn des 19. Jahrhunderts konzipiert. Die Methode der k.Q. wird u.a. in der → modernen Portfolio-Theorie zur Ermittlung von → Alpha- bzw. von → Betafaktoren angewandt (→ Index-Modell).

**Knock-in-Level**
Wert, den der → Basiswert bei Knock-in-Optionen oder Knock-in-Optionsscheinen mindestens erreichen muß, damit die Option bzw. der Optionsschein bei → Fälligkeit nicht wertlos verfällt, wenn die Knock-in-Option oder der Knock-in-Optionsschein im Geld (→ In-the-Money) ist.
(→ Barrier Warrant)

**Knock-in-Optionsschein,** → Barrier Warrant.

**Knock-out-Call,** → Barrier Warrant.

**Knock-out-Level**
Wert, den der → Basiswert bei Knock-out-Optionen oder Knock-out-Optionsscheinen mindestens erreichen muß, damit die Option bzw. der Optionsschein vor → Fälligkeit wertlos verfällt.
(→ Barrier Warrant)

**Knock-out-Optionsschein,** → Barrier Warrant.

**Knock-out-Put,** → Barrier Warrant.

**Kollektivsparen**
→ Sparen über die Sozialversicherung (Rentenversicherung), über private Lebensversi-

**Kombinierte Optionsstrategien**

cherungen und Pensionskassen sowie über →Bausparkassen.
*Gegensatz:* individuelles Sparen (Kontensparen, →Wertpapiersparen).

**Kombinierte Optionsstrategien**
→Tradingstrategien mit →Optionen, bei denen Grundpositionen in Optionen miteinander kombiniert werden. K.O. bestehen aus mindestens zwei Optionspositionen. Folgende k.o. können unterschieden werden: →Spreads (→Vertical Spreads, Horizontal Spreads [→Time Spreads], →Diagonal Spreads) und →Volatilitätsstrategien (z.B. →Straddle, →Strangle, →Butterfly, →Condor).
(→Delta einer Gesamtposition)

**Kombinierter Auftrag**
Auftrag, der sich auf mehrere →Optionsserien (z.B. →Straddle, →Strangle, →Bull-Spread, →Bear-Spread) oder →Futures-Kontrakte (z.B. Bund-Bobl Spread Trading Facility) gleichzeitig bezieht. Mit k.A. kann das →Execution Risk ausgeschaltet werden. K.A. bieten den Vorteil, daß beispielsweise Kombinationsstrategien mit →Optionen oder →Futures in einer Transaktion durchgeführt werden können. K.A. müssen bzw. limitierte Aufträge können an der →Deutschen Terminbörse (DTB) mit Ausführungsbeschränkung (eingeschränkt limitiert) versehen werden (→Auftragsarten an der DTB). Die Ausführungsbeschränkung kann entweder →Immediate-or-cancel (IOC) oder →Fill-or-kill (FOK) sein. Die →LIFFE bietet beispielsweise für deutsche →Zinsfutures die Bund-Bobl Spread Trading Facility an.

**Kombizinsanleihe**
Variante einer →Step-Up-Anleihe, die eine Mischung aus Zero Bond (→Nullkupon-Anleihe) und →Hochzinsanleihe ist. K. zahlen wie Zero Bonds während der ersten Jahre keine →Zinsen. Erst im Anschluß an die zinsfreien Jahre erfolgen mehrere Perioden mit relativ hohen Zinszahlungen (z.B. 24%). Im Gegensatz zu K. erfolgen bei →Gleitzinsanleihen bereits in den ersten Jahren Zinszahlungen.

**Komitee zur Bankenaufsicht,** →Baseler Ausschuß für Bankenaufsicht.

**Kommanditaktionär**
→Aktionär einer →Kommanditgesellschaft auf Aktien (KGaA).

**Kommanditanteile**
→Geschäftsanteile des beschränkt haftenden Gesellschafters (→Kommanditist).

**Kommanditgesellschaft auf Aktien (KGaA)**
Mischform von →Kommanditgesellschaft und →Aktiengesellschaft.
Mindestens ein Gesellschafter haftet den Gesellschaftsgläubigern gegenüber unbeschränkt (persönlich haftender Gesellschafter, →Komplementär); die übrigen sind mit →Einlagen an dem in →Aktien zerlegten →Grundkapital beteiligt, ohne persönlich für die →Verbindlichkeiten der Gesellschaft einstehen zu müssen (Kommanditaktionäre). Die Gesellschaft ist rechtsfähig. Die Rechtsstellung der →persönlich haftenden Gesellschafter untereinander und gegenüber den Kommanditaktionären bestimmt sich nach den §§ 161ff. HGB und 278 Abs. 2 AktG. Soweit die Sondervorschriften nichts anderes bestimmen oder sich aus dem Fehlen eines →Vorstandes nicht anderes sich ergibt, gelten die Vorschriften über die AG sinngemäß (§ 278 Abs. 3 AktG).

Die KGaA hat folgende →*Organe:* (1) persönlich haftende Gesellschafter, deren Funktion der des Vorstandes einer AG entspricht (§ 283 AktG). Sie sind als →gesetzliche Vertreter in das →Handelsregister einzutragen (§ 282 AktG); (2) →Aufsichtsrat, der im wesentlichen Kontrollfunktionen ausübt. Persönlich haftende Gesellschafter können nicht Aufsichtsratsmitglieder sein (§ 287 Abs. 3 AktG); (3) →Hauptversammlung, die als oberstes Organ der Kommanditaktionäre ihre Beschlüsse nach Kapitalmehrheiten faßt. Die Komplementäre haben nur für ihre Aktien ein →Stimmrecht. In bestimmten, in § 285 Abs. 1 Nr. 1–6 aufgeführten Fällen haben sie kein Stimmrecht. Die Beschlüsse der Hauptversammlung bedürfen der Zustimmung der Komplementäre bei Angelegenheiten, für die auch bei der Kommanditgesellschaft das Einverständnis der Komplementäre und →Kommanditisten erforderlich ist. Die Komplementäre dürfen Aktien übernehmen und können selbständige Einlagen neben dem Kommanditkapital machen.

*Bedeutung:* Die weitgehend durch Vertragsgestaltung regelbare personenorientierte Unternehmensführung gibt die Möglichkeit, die Stellung und Rolle der Komplementäre zu stärken, insbes. in ihren Geschäftsführungs- und Vertretungsfunktionen. Die aktienrechtliche Kapitalstruktur bietet die Voraussetzung, bei wachsendem Kapitalbedarf einen Zugang zum organisierten → Kapitalmarkt zu schaffen. Obwohl die KGaA nach den gleichen Regeln wie die AG der → Mitbestimmung der → Arbeitnehmer im Aufsichtsrat unterliegt (Mitbestimmung nach BetrVG 1952 und ab 2.000 Arbeitnehmern nach MitbestG 1976), sind aufgrund der gesellschaftsrechtlichen Besonderheiten der KGaA die tatsächlichen Mitbestimmungsrechte der Arbeitnehmer begrenzter als bei der AG. Die Rechtsform der KGaA kann vor allem für → Familiengesellschaften von Bedeutung sein, wenn ein großer Kreis von Gesellschaftern vorhanden ist und gleichzeitig ein hoher Eigenkapitalbedarf die Tendenz zur → Kapitalgesellschaft verstärkt.

**Kommanditgesellschaft (KG)**
→ Personenhandelsgesellschaft, bei der mindestens ein Gesellschafter voll haftet (→ Komplementär) und mindestens ein weiterer Gesellschafter nur mit seiner Kapitaleinlage haftet (→ Kommanditist), § 161 HGB. Die Gesellschaft entsteht durch → Vertrag der Gesellschafter. Sie muß in das → Handelsregister eingetragen werden. Für die KG gelten gemäß § 161 Abs. 2 die Vorschriften über die OHG und ggf. auch die über die → Gesellschaft bürgerlichen Rechts (BGB-Gesellschaft, GbR) (§ 105 Abs. 2 HGB), wenn spezielle Regelungen für die KG in den §§ 161 ff. HGB fehlen. Regelung der → Firma in § 19 HGB.
Der Komplementär hat im wesentlichen die gleiche Rechtsstellung wie der Gesellschafter einer → Offenen Handelsgesellschaft, insbesondere haftet er unmittelbar, unbeschränkt und solidarisch. Der Kommanditist hingegen haftet nur mit der im → Gesellschaftsvertrag festgelegten Einlage. Vor der Eintragung der KG in das Handelsregister haftet jedoch der Kommanditist, wenn die Unternehmung ihre Tätigkeit bereits aufgenommen hat, unbeschränkt wie die sonstigen Gesellschafter (§§ 171, 176 HGB). Wer als Kommanditist in eine bestehende KG eintritt, haftet auch für solche Verbindlichkeiten der Gesellschaft vor seinem Eintritt (§ 173 HGB). Der Kommanditist hat weder ein Recht zur → Geschäftsführung noch zur → Stellvertretung der KG. Am Ende eines → Geschäftsjahres hat er Anspruch auf Einsicht in die Bücher und die → Bilanz. Bei außergewöhnlichen Geschäften hat er darüber hinaus ein Widerspruchsrecht (§ 166, § 164 HGB). Halten die Kommanditisten fast das gesamte Gesellschaftskapital und beherrschen sie die Gesellschafterversammlung, spricht man von einer → kapitalistischen Kommanditgesellschaft (Publikums-KG). Komplementär oder Kommanditist können auch eine → juristische Person oder eine andere Personenhandelsgesellschaft sein. Dagegen kommt für die Position des Kommanditisten keine Gesellschaft bürgerlichen Rechts oder → Erbengemeinschaft in Betracht.
Die Gewinnverteilung ist gesetzlich in ähnlicher Weise geregelt wie bei der OHG. Zunächst werden aus dem → Gewinn 4% als Verzinsung der Kapitaleinlagen verwandt, anschließend erfolgt die Verteilung zwischen Komplementär und Kommanditisten in einem angemessenen Verhältnis (§ 167 ff. HGB). Die Gewinn- und Verlustbeteiligung wird stets vertraglich geregelt.
Die → Kündigung ist dem Kommanditisten zum Ende eines Geschäftsjahres mit einer sechsmonatigen → Frist möglich (§§ 161 Abs. 2, 132 HGB). Die Auflösung erfolgt nach den gleichen Rechtsvorschriften wie bei der OHG.

**Kommanditist**
Gesellschafter einer → Kommanditgesellschaft, der den → Gläubigern der Gesellschaft nur bis zur Höhe seiner → Einlage haftet (§ 171 HGB).
*Gegensatz:* → Komplementär.

**Kommanditrevers**
→ Ersatzsicherheit im Kreditgeschäft, mit der ein → Kommanditist die verbindliche Zusage gibt, seine Kommanditeinlage nicht zu vermindern, → Gewinne nicht zu entnehmen und an die → Kommanditgesellschaft (KG) gewährte → Darlehen nicht zurückzufordern, solange Kreditforderungen bestehen. Der K. beinhaltet auch die Verpflichtung des Kommanditisten, eine Übertragung (→ Abtretung) oder → Verpfändung seiner Kommanditeinlage und seines Darlehens an Dritte zu unterlassen. Der Kommanditrevers ist keine bankmäßige → Kreditsicherheit. Er entbindet das → Kreditinstitut nicht von der Pflicht, die → Offenlegung der wirtschaftlichen Verhältnisse nach § 18 KWG zu verlangen.

**Kommanditwechsel**

**Kommanditwechsel,** →trassiert eigener Wechsel.

**Kommissionär**
Nach § 383 HGB derjenige, der es gewerbsmäßig übernimmt, →Waren oder →Wertpapiere für Rechnung eines anderen im eigenen Namen zu kaufen oder zu verkaufen. Der K. betreibt gemäß § 1 Abs. 2 Nr. 6 HGB ein →Grundhandelsgewerbe und ist verpflichtet, das übernommene Geschäft mit der Sorgfalt eines ordentlichen →Kaufmanns auszuführen. Hierbei hat er das Interesse seines Auftraggebers (→Kommittent) wahrzunehmen und dessen Weisungen zu befolgen. Er hat diesem Rechnung zu legen und ist zur Herausgabe des Erlangten verpflichtet (§ 384 HGB).
Der K. haftet dem Kommittenten für die →Erfüllung des Geschäfts, wenn er ihm nicht zugleich mit der Ausführungsanzeige den Geschäftspartner namhaft macht (Selbsthaftung nach § 384 Abs. 3 HGB). Nach § 394 Abs. 1 HGB hat der K. für die Erfüllung der →Verbindlichkeit des Geschäftspartners einzustehen, wenn er diese →Haftung vertraglich übernimmt oder wenn es am Ort seiner Niederlassung Handelsbrauch ist (sog. →Delkrederehaftung, →Delkredere). Bei einem Kommissionsgeschäft mit Selbsteintrittsrecht nach § 400 Abs. 1 HGB (z. B. beim →Kauf oder Verkauf von →Wertpapieren mit amtlicher Börsen- oder Marktpreisfeststellung) führt der K. den Auftrag dadurch aus, daß er selbst als Käufer oder Verkäufer auftritt. In diesem Falle entfällt die allgemeine Rechenschaftspflicht bis auf den Nachweis, daß bei dem berechneten Preis der zur Ausführungszeit bestehende Börsen- oder Marktpreis eingehalten worden ist (§ 400 Abs. 2 HGB).
(→Kommissionsgeschäfte der Kreditinstitute)

**Kommissionsgeschäft**
→Geschäftsbesorgungsvertrag über gewerbsmäßigen An- und Verkauf von →Waren oder →Wertpapieren, beim uneigentlichen K.(§ 406 BGB) auch von anderen →Gegenständen für Rechnung eines anderen, des →Kommittenten, im Namen des →Kommissionärs (§ 383 HGB). Dieser ist stets →Kaufmann (§ 1 Abs. 2 Nr. 6 HGB). Er wird entweder in Form einer verdeckten →Stellvertretung für seinen Vertragspartner tätig oder nimmt ein Eigengeschäft vor.

Rechtlich ist zwischen dem K. und dem „Ausführungsgeschäft", d. h. dem Vertrag zwischen Kommissionär und einem Dritten, zu unterscheiden. Von erheblicher praktischer Bedeutung sind die →Kommissionsgeschäfte der Kreditinstitute.

**Kommissionsgeschäfte der Kreditinstitute**
Geschäfte der →Banken und →Sparkassen, bei denen diese nach den ab 1. Januar 1995 geltenden Sonderbedingungen für →Wertpapiergeschäfte (Anhang zu den →Allgemeinen Geschäftsbedingungen der Kreditinstitute [zu Nr. 1 Abs. 1 ABG Banken sowie Nr. 1 Abs. 2 AGB Sparkassen]) als →Kommissionäre auftreten. Nach Nr. 1 Abs. 1 dieser Bestimmungen gilt dies bei Aufträgen ihres Kunden zum →Kauf und Verkauf von →Wertpapieren im In- und Ausland. Diese sog. Ausführungsgeschäfte unterliegen den für den Wertpapierhandel am Ausführungsort geltenden Rechtsvorschriften und Geschäftsbedingungen; daneben gelten die AGB Banken und AGB Sparkassen. Nach Nr. 2 darf der Kunde generell den Ausführungsplatz und den Ausführungsort eines Einzelgeschäfts bestimmen. Wird eine Weisung nicht erteilt, werden die Kundenaufträge im Inland abgewickelt, sofern dies möglich ist. In der Regel werden die Aufträge über die →Börse ausgeführt, unter den in Nr. 2 Abs. 3 festgelegten Voraussetzungen ist auch eine außerbörsliche Ausführung möglich. Nach Nr. 3 darf der Kunde der Bank oder Sparkasse bei der Erteilung von Aufträgen Preisgrenzen für das Ausführungsgeschäft vorgeben (preislich limitierte Aufträge). Ein solcher preislich limitierter Auftrag ist nach Nr. 4 Abs. 1 bis zum letzten Börsentag des laufenden Monats gültig. Ein unlimitierter Auftrag (Nr. 4 Abs. 2) gilt dagegen nur für einen Börsentag. – beim →Bezugsrechtshandel nach Nr. 5 für die Dauer des Bezugsrechtshandels. Preislich limitierte Aufträge zum Verkauf oder Kauf von →Bezugsrechten erlöschen mit Ablauf des vorletzten Tages des Bezugsrechtshandels. Bei einer Kursaussetzung erlöschen sämtliche an dieser Börse auszuführenden Kundenaufträge für die betreffenden Wertpapiere (Nr. 6). Banken oder Sparkassen müssen nach Nr. 7 Aufträge zum Kauf oder Verkauf von Wertpapieren oder zur Ausübung von Bezugsrechten ausführen, wenn das Guthaben des Kunden, ein für Wertpapiergeschäfte nutz-

barer →Kredit oder der Depotbestand des Kunden zur →Erfüllung ausreicht.

### Kommittent
Auftraggeber eines →Kommissionärs.

### Kommunalanleihe
→Anleihe (→Schuldverschreibung) von Städten, Gemeinden und Gemeindeverbänden. Im Gegensatz zu →Kommunalobligationen (Kommunalschuldverschreibungen, heute vielfach als →öffentliche Pfandbriefe bezeichnet), die von →öffentlich-rechtlichen Grundkreditanstalten oder →Landesbanken/Girozentralen zur Refinanzierung der Kreditgewährung an →öffentliche Haushalte begeben werden, sind K. →Wertpapiere, die von den kreditaufnehmenden öffentlichen Haushalten selbst emittiert werden.

### Kommunalbanken
Frühere Bezeichnung für →Kreditinstitute, die Gemeinden durch umfassende kreditwirtschaftliche Betreuung bei der Erfüllung öffentlicher Aufgaben unterstützen.

### Kommunaldarlehen, →Kommunalkredit.

### Kommunales Factoring, →kommunale Sonderfinanzierung.

### Kommunales Leasing, →kommunale Sonderfinanzierung.

### Kommunale Sonderfinanzierung
Alternative Finanzierungsmethoden zum klassischen →Kommunalkredit:

a) *Kommunales →Leasing*: Anlagen und Gebäude (z.B. Rathäuser, Kläranlagen) werden von Privaten oder privatrechtlichen Gesellschaften errichtet, finanziert und anschließend an Kommunen oder sonstige Gebietskörperschaften vermietet. Anstatt der Aufnahme eines Kommunaldarlehens zur →Finanzierung und Errichtung des Objektes in eigener Regie durch die Kommune tritt die (langfristige) Anmietung.

b) *Kommunales →Factoring*: Die Kommune oder Gebietskörperschaft gliedert Dienstleistungsbereiche durch Vergabe mit langfristigen →Verträgen an private Unternehmen (z.B. Abfallbeseitigung, Bauhof) aus. Die Finanzierung der von den privaten Auftragnehmern vorzunehmenden →Investitionen (Bau einer Sortieranlage, Bau oder Übernahme des Bauhofes) erfolgt durch Verkauf der gegen die Kommune entstehenden Dienstleistungsforderung an das finanzierende →Kreditinstitut, das die benötigte Finanzierung bis in Höhe des Barwertes dieser →Forderung zur Verfügung stellt.

c) *→Finanzierung über Objektgesellschaften* (Fondsfinanzierung).

### Kommunale Sparkassen
→Öffentlich-rechtliche Sparkassen, die von Gebietskörperschaften, wie Gemeinden, Städten (Stadtgemeinden), Gemeindeverbänden (Ämter, Kreise) und Zweckverbänden getragen werden.

### Kommunalkredit
→Kredit, der →Körperschaften des öffentlichen Rechts und →Anstalten des öffentlichen Rechts gewährt oder von ihnen verbürgt wird, unabhängig davon, in welcher Form und welcher →Laufzeit der Kredit zur Verfügung gestellt wird.

Im Gegensatz zum früheren engen Kommunalkreditbegriff (ausschließlich Kredite an Gemeinden und Gemeindeverbände) werden dem K. heute i.a. alle Kredite zugeordnet, die Körperschaften und Anstalten des öffentlichen Rechts gewährt werden, also auch solche an zentrale Gebietskörperschaften (Bund und Länder) und die →Sondervermögen des Bundes (Bundesbahn (bis 1993), →Deutsche Bundespost (bis 1994), Lastenausgleichsfonds, →ERP-Sondervermögen), Kredite an →Stiftungen des öffentlichen Rechts, an Mitgliedsländer der →Europäischen Gemeinschaften und andere EG-Organisationen sowie Kredite, die von öffentlich-rechtlichen Körperschaften oder Anstalten verbürgt sind (sogenannte unechte K.).

*Bonitätsstandard:* Für K. steht die Einbringlichkeit der Kreditforderungen wegen der besonderen rechtlichen Stellung der kreditnehmenden oder gewährleistenden Personen außer Zweifel. Leistungskraft und öffentliches Ansehen der Kreditnehmer machen daher →Kreditsicherheiten entbehrlich. Für K. haften die Schuldner mit ihrem gesamten →Vermögen und mit dem Steueraufkommen. Die →Kreditwürdigkeit von Bund, Ländern und Gemeinden stützt sich auf das Recht zur Erhebung öffentlich-rechtlicher →Abgaben und auf die Beaufsichtigung des Finanzgebarens. Eine Bonitätsprüfung beschränkt sich daher auf die

# Kommunalkredit

Feststellung der →Zahlungsfähigkeit anhand des Haushaltsplans und der Verpflichtungen aus bestehenden → Schulden (→ Kapitaldienst). Bei der Beurteilung der Finanzsituation einer Gebietskörperschaft sind die Vorschriften des Haushaltsrechts zu beachten. So soll z. B. die Zuführung an den Vermögenshaushalt mindestens die Höhe der Tilgungsverpflichtungen erreichen. Bei anderen Körperschaften und Anstalten ist die nachhaltige Leistungsfähigkeit eingehend zu prüfen. Dazu gehört vor allem die Prüfung der wirtschaftlichen Verhältnisse und der Einkommensgrundlagen. Die Bonitätsprüfung soll sich hier aber nicht nur auf die Haushaltsansätze und den Schuldendienst erstrecken. Es ist unerläßlich, Satzungen und gesetzliche Grundlagen auf ihre Tragfähigkeit hin zu prüfen.

*Arten:* K. werden nach der Laufzeit und nach dem Verwendungszweck eingeteilt. Nach der in der Kreditwirtschaft üblichen Einteilung werden Kredite bis zu einem Jahr Laufzeit als kurzfristig, bei Laufzeit von über einem Jahr bis unter vier Jahre als mittelfristig und bei Laufzeiten von vier Jahren und mehr als langfristig angesehen. Im Gegensatz hierzu werden unter kommunalwirtschaftlichen Gesichtspunkten K. als kurzfristige Kredite betrachtet, wenn ihre Laufzeit weniger als vier Jahre beträgt. Sie gelten als mittelfristig bei Laufzeiten von vier Jahren bis unter zehn Jahren und als langfristig bei zehn Jahren und mehr. Vom Verwendungszweck her gesehen wird zwischen →Kassenkrediten, die in Form des →Kontokorrentkredits aufgenommen werden, und langfristigen K., die als →Investitionskredite in Form von →Schuldscheindarlehen aufgenommen werden, unterschieden. Kassenkredite dienen i. d. R. der Überbrückung kurzfristig auftretender Ungleichgewichte zwischen Einnahmen und Ausgaben. Sie können ohne besondere Genehmigung bis zu einer bestimmten Höhe der im Verwaltungshaushalt veranschlagten Einnahmen aufgenommen werden. Sie werden auch zur →Vorfinanzierung von Ausgaben des Vermögenshaushaltes herangezogen.

*Träger:* Es sind vorrangig die Institute der Sparkassenorganisation, wobei sich der hohe Marktanteil der →Sparkassen zu Gunsten der →Landesbanken/Girozentralen verlagert hat. Das ist auf den erhöhten längerfristigen Kreditbedarf zurückzuführen, der vorwiegend bei Instituten gedeckt werden kann, die über eine beachtliche Plazierungskraft verfügen und auch K. über hohe Beträge geben können. Sparkassen gewähren überwiegend K. an Gemeinden, Zweckverbände sowie an deren →Eigenbetriebe bzw. →Regiebetriebe. Nach dem Sparkassensektor haben die Realkreditinstitute (→private Hypothekenbanken, →öffentlich-rechtliche Grundkreditanstalten) den höchsten Marktanteil, gefolgt von den →Kreditbanken. Auch →Kreditgenossenschaften sind Kreditgeber. K. können darüber hinaus auch bei →Kapitalsammelstellen aufgenommen werden.

*Umfang und Begrenzung* ergeben sich in erster Linie aus den in den Gemeindeordnungen enthaltenen Vorschriften über die Haushaltsführung der Gemeinden, aber auch aus den Haushaltsordnungen des Bundes und der Länder. Danach dürfen Kredite grundsätzlich nur zur Deckung eines unabweisbaren Bedarfs und auch dann lediglich zur →Finanzierung von Investitionsvorhaben aufgenommen werden. Bei Bund und Ländern darf von diesen Grundsätzen nur abgewichen werden, wenn die Kreditaufnahme „zur Abwehr einer Störung des gesamtwirtschaftlichen Gleichgewichts" (Art. 115 Abs. 1 GG) notwendig ist.

*Refinanzierung:* Landesbanken, private Hypothekenbanken und öffentlich-rechtliche Grundkreditanstalten refinanzieren sich durch Ausgabe von →Kommunalobligationen, Sparkassen durch →Spareinlagen, →Sparbriefe/Sparkassenbriefe, →Sparkassenobligationen, →Inhaberschuldverschreibungen usw.

*Unechter (indirekter) K.:* Der durch eine öffentlich-rechtliche Körperschaft verbürgte Kredit an Private hat vor allem Bedeutung für den Wohnungsbau und für die Ansiedlung von Unternehmen in strukturschwachen Regionen. Im Wohnungsbau werden z. B. sogenannte I b-Hypotheken von Landeskreditanstalten oder Wohnungsbauförderungsgesellschaften der Länder übernommen und verbürgt. Bei einem öffentlich verbürgten Wirtschafts- oder Industriekredit tritt die →Bürgschaft oft an die Stelle einer unmittelbaren Kreditgewährung des Bundes oder eines Landes. Bei unechten K. können auch Landesbanken oder Sparkassen Gewährleistungen übernehmen.

*Abwicklung von Kommunalkreditgeschäften*: Bestandteil des → Kreditvertrages sind Hinweise auf Kreditermächtigungen und Genehmigungen der Aufsichtsbehörden. Für die Aufnahme von langfristigen Darlehen benötigen z. B. Gemeinden eine Gesamtgenehmigung ihrer Aufsichtsbehörde, die zusammen mit der Genehmigung der Haushaltssatzung und des Haushalts erteilt wird. Kommunaldarlehen werden durch → Schuldschein geregelt.

*K. und BAK-Grundsätze:* In den → Grundsätzen über das Eigenkapital und die Liquidität der Kreditinstitute wird dem K. eine Sonderstellung eingeräumt. Bei der Berechnung des Kreditvolumens nach dem Eigenkapitalgrundsatz I werden Kredite an inländische Gebietskörperschaften (Bund, Länder, Kommunen) und an Sondervermögen des Bundes nicht einbezogen. Auch anderen inländischen → juristischen Personen des → öffentlichen Rechts gewährte oder von diesen gewährleistete Kredite sind nur zu 20 v. H. anzurechnen. Für alle langfristigen Darlehen im Kommunal- und Realkreditgeschäft, die als Deckung für Schuldverschreibungen dienen, ist eine Berücksichtigung zur Hälfte vorgesehen. Nach den → Liquiditätsgrundsätzen II und III sind K. je nach Fristigkeit einzuordnen. Eine Sonderstellung haben sie grundsätzlich nicht. Langfristige K. müssen beim Grundsatz II insoweit nicht berücksichtigt werden, als sie durch die Begebung einer Schuldverschreibung mit einer Laufzeit von mindestens vier Jahren bzw. durch die Aufnahme von langfristigen Darlehen refinanziert worden sind.

## Kommunalobligation

*Kommunalschuldverschreibung, öffentlicher Pfandbrief*; festverzinsliche → Schuldverschreibung (→ festverzinsliches Wertpapier), die auf der Grundlage des → Hypothekenbankgesetzes von → privaten Hypothekenbanken (→ Realkreditinstitut) und auf der Grundlage des → Pfandbriefgesetzes von → öffentlich-rechtlichen Grundkreditanstalten und von → Landesbanken/Girozentralen als → Inhaberpapier oder – in Ausnahmefällen – als → Namenspapier ausgegeben wird. Nach der Statistik der → Deutschen Bundesbank sind eingeschlossen: Kommunalschatzanweisungen, Landesbodenbriefe, Bodenkulturverschreibungen, kommunalverbürgte → Anleihen für Schiffbaufinanzierung und Schuldverschreibungen mit anderer Bezeichnung, wenn sie nach § 8 Abs. 2 des Gesetzes über die Pfandbriefe und verwandten Schuldverschreibungen öffentlich-rechtlicher Kreditanstalten ausgegeben worden sind. K. sind von den → Kommunalanleihen zu unterscheiden: Bei K. sind → Kreditinstitute → Emittenten; sie verwenden die Mittel für die Vergabe von → Kommunalkrediten. Bei Kommunalanleihen sind Städte und Gemeindeverbände selbst die Emittenten der → Wertpapiere. Sofern die Obligationen von → Schiffspfandbriefbanken auf der Grundlage des → Schiffsbankgesetzes emittiert werden, tragen sie die Bezeichnung → Schiffskommunalschuldverschreibungen.

*Gesetzliche Regelungen zum Schutz der* → *Gläubiger:* (1) *Bezeichnungsschutz:* Den angeführten Instituten ist es vorbehalten, festverzinsliche Wertpapiere mit der Bezeichnung „Kommunalobligation" bzw. „Kommunalschuldverschreibung" zu emittieren.
(2) *Kongruenzprinzip oder Deckungsprinzip:* Der Gesamtbetrag der umlaufenden K. muß gemäß § 41 i. V. mit § 6 Abs. 1 HypBankG bzw. § 8 Abs. 1 i. V. mit § 2 Abs. 1 Pfandbriefgesetz in Höhe des Nennwertes jederzeit durch Kommunaldarlehen von wenigstens gleicher Höhe und gleichem Zinsertrag gedeckt sein (ordentliche Deckung). Die Funktion der ordentlichen Deckung liegt in erster Linie in der Sicherstellung der Zinsansprüche, aber auch der Tilgungsansprüche der Gläubiger der Wertpapiere.
(3) Eine *Ersatzdeckung* ist bis zu 10% des Umlaufs durch Schuldverschreibungen, → Schuldbuchforderungen, → Schatzwechsel und → Schatzanweisungen des Bundes, eines → Sondervermögens des Bundes oder eines Landes und durch Schuldverschreibungen, deren Verzinsung und → Rückzahlung durch den Bund, ein Sondervermögen des Bundes oder ein Land gewährleistet ist, sowie durch Bankguthaben (insbes. Bundesbankguthaben), → Bargeld und → Ausgleichsforderungen möglich (§ 41 i. V. mit § 6 Abs. 4 HypBankG, § 8 Abs. 1 i. V. mit § 2 Abs. 3 Pfandbriefgesetz).
(4) *Deckungsregister:* Alle Kommunaldarlehen und sonstigen Deckungswerte müssen von der Hypothekenbank bzw. der Kreditanstalt einzeln in ein Register (→ Deckungsregister) eingetragen sein (§ 22 Abs. 1 HypBankG, § 3 Pfandbriefgesetz). Der vom BAK gemäß § 29 Abs. 1

**Kommunalschuldverschreibung**

HypBankG bei jeder Hypothekenbank bestellte Treuhänder hat auf das jederzeitige Vorhandensein der vorschriftsmäßigen Deckung, auf die Eintragung der Deckungswerte in das Register sowie auf die Einhaltung der Umlaufgrenzen zu achten (§ 30 HypBankG). Der Treuhänder ist vom Emissionsinstitut und vom BAK unabhängig, er handelt lediglich im Interesse der Wertpapiergläubiger. Für die öffentlich-rechtlichen Kreditanstalten ist ein Treuhänder nicht vorgeschrieben, da die Kontrolle durch die jeweiligen Aufsichtsbehörden für ausreichend angesehen wird. In zahlreichen Fällen bestimmen jedoch die Satzungen, daß ein Treuhänder zu bestellen ist.

(5) *Qualität der Deckungswerte:* Als Kommunaldarlehen gelten Kredite an inländische → Körperschaften des öffentlichen Rechts und → Anstalten des öffentlichen Rechts oder durch solche Körperschaften oder Anstalten verbürgte Kredite. In begrenztem Umfange sind auch grenzüberschreitende Darlehen (z. B. an die → Europäische Wirtschaftsgemeinschaft, die → Europäische Gemeinschaft für Kohle und Stahl) zugelassen; sie dürfen jedoch nur in D-Mark gewährt werden. Durch die Werthaltigkeit der Kommunaldarlehen werden die Risiken für das Emissionsinstitut und damit auch für die Wertpapiergläubiger eingegrenzt.

(6) *Konkursvorrecht:* Im Falle des → Konkurses des Kreditinstituts werden die → Gläubiger aus den im Deckungsregister eingetragenen Werten vorrangig befriedigt (Entsprechung zum Recht der → Absonderung). Die Gläubiger der K. haben untereinander gleichen Rang.

(7) *Umlaufgrenzen:* Der Gesamtbetrag der im Umlauf befindlichen → Hypothekenpfandbriefe und K. einer Hypothekenbank darf den 60fachen Betrag (bei → gemischten Hypothekenbanken gemäß § 46 Abs. 2 HypBankG den 48fachen Betrag) des → haftenden Eigenkapitals der Kreditinstitute nicht übersteigen (§ 7 Abs. 1 HypBankG); dabei sind unter bestimmten Voraussetzungen Gelder anzurechnen, die die Hypothekenbank nach § 5 Abs. 1 Nr. 4 HypBankG als → Einlagen oder → Darlehen angenommen oder aus der Ausgabe von Schuldverschreibungen erhalten hat. Da mit diesen Umlaufgrenzen indirekt das → Kreditgeschäft begrenzt wird, ist es eine Vorschrift, die das gesamte Risikopotential in Relation zum → Eigenkapital limitiert. In der Wirkungsweise ist diese Vorschrift dem → Eigenkapitalgrundsatz I vergleichbar, jedoch sind die Grenzen für das Gesamtkreditvolumen der Hypothekenbanken zum Schutze der Wertpapiergläubiger enger gezogen. Für die öffentlich-rechtlichen Realkreditinstitute und Landesbanken sind Umlaufgrenzen für K. nicht festgelegt.

(8) *Spezialitätsprinzip:* Die „Nebengeschäfte" der privaten Hypothekenbanken werden durch § 5 HypBankG begrenzt.

*Emission:* Die Schuldner der K. sind → Daueremittenten, da die Wertpapiere fortlaufend und ohne förmliche Ankündigung verkauft werden. Die staatliche Emissionsgenehmigung gemäß § 795 BGB durch das Gesetz zur Vereinfachung der Ausgabe von Schuldverschreibungen ist 1990 entfallen. Um den Emissionskredit, d. h. die Absetzbarkeit von K. zu erhalten, betreiben die Emittenten Marktpflege (→ Kurspflege).

→ *Fälligkeit:* Die → Emissionen sind i. d. R. zum festgesetzten Termin in einem Betrag fällig (→ Gesamtfälligkeit).

→ *Mündelsicherheit/Lombardfähigkeit:* K. sind kraft Gesetzes mündelsicher; dies ist jedoch kaum von praktischer Bedeutung, seitdem den → Kapitalsammelstellen eine mündelsichere Anlage nicht mehr vorgeschrieben ist. Nach Börseneinführung nimmt die Bundesbank die K. in die Liste der lombardfähigen Wertpapiere auf (→ Lombardfähigkeit).

**Kommunalschuldverschreibung,** → Kommunalobligation.

**Kommunikation**
Verständigung zwischen verschiedenen → Personen.
In → *Kreditinstituten:* Prozeß, in dem Informationen zum Zwecke der aufgabenbezogenen Verständigung ausgetauscht werden. Arten der K.: (1) Nach dem Inhalt der Aufgabe, in deren Rahmen die K. durchgeführt wird: einzelfallbezogene, sachfallbezogene und routinefallbezogene (programmierte) K. (2) Nach der Regelung der Kommunikationswege: dienstweggebundene und ungebundene (informelle K., Gerüchte) K. (3) Nach der organisatorischen Eingliederung der Kommunikationspartner: innerorganisatorische und organisationsübergrei-

fende K. (4) Nach dem auslösenden Kriterium: durch den Organisationsplan bestimmte formelle K. und im Rahmen zwischenmenschlicher Kontakte stattfindende informelle K. (5) Nach dem Empfänger: Individualkommunikation und Massenkommunikation. (6) Nach der Richtung des Informationsflusses: ein- oder wechselseitige K. (7) Nach der zeitlichen Abstimmung der Kommunikationspartner: synchrone und asynchrone K. (8) Nach den organisatorischen Ebenen, denen die Kommunikationspartner zugeordnet sind: horizontale und vertikale K. (9) Nach den Kommunikationskanälen: mündlich, fernmündlich, schriftlich, elektronische Medien, elektronische Post (E-Mail).

## Kommunikationspolitik

Teilbereich des → Bankmarketing, dessen Aufgabe darin besteht, Informationen über die → Bank und ihre Produkte zu vermitteln sowie das → Corporate Image des Instituts in der Öffentlichkeit positiv zu beeinflussen. Die K. umfaßt → Personal Selling, → Sales Promotion, → Werbung und → Public Relations.

## Kompensationsgeschäft

*Tauschgeschäft*; Austausch inländischer gegen ausländische → Waren, so daß sich → Import und → Export sowohl in bezug auf das Volumen als auch in bezug auf Zahlungen ausgleichen. Neben der Festlegung von Menge und Wert der ausgetauschten Waren sind ggf. Vereinbarungen über den Kurs- und Verlustausgleich sowie über die entstehenden Abwicklungskosten zu treffen.

## Kompensation von Forderungen und Verbindlichkeiten in der Bankbilanz

Verrechnung von → Forderungen und → Verbindlichkeiten ist nach § 246 Abs. 2 HGB grundsätzlich nicht zulässig. Das Verrechnungsverbot wird durch das Kompensationsgebot in § 10 Abs. 1 RechKredV aufgehoben. Nach dieser Vorschrift müssen täglich fällige, keinerlei Bindungen unterliegende Verbindlichkeiten gegenüber einem Kontoinhaber mit täglich fälligen Forderungen und Forderungen, die auf einem Kreditsonderkonto belastet und gleichzeitig auf einem laufenden Konto (→ Kontokorrentkonto) erkannt sind, verrechnet werden, sofern für die Berechnung von → Zinsen und → Provisionen vereinbart ist, daß der Kontoinhaber wie bei Buchung über ein einziges → Konto gestellt wird. Ein Verrechnungsverbot besteht aber für → Kreditinstitute bei Forderungen und Verbindlichkeiten gegenüber einem Kunden in verschiedenen → Währungen. Nicht in die Verrechnung mit einbezogen werden dürfen Sperrguthaben und → Spareinlagen.

## Kompetenz

Befugnis eines Stelleninhabers, Maßnahmen zur Erfüllung von Aufgaben zu ergreifen, für deren Bewältigung der Kompetenzinhaber (Kompetenzträger) die Verantwortung trägt. Die K. kann (mit)entscheidenden, beratenden oder ausführenden Charakter haben. Besonders bei der Vergabe von → Krediten gibt es klare schriftliche Regelungen, welche → Personen bis zu welcher Höhe einzeln oder gemeinsam Kredite bewilligen können.

## Komplementär

Gesellschafter einer → Kommanditgesellschaft (KG) oder → Kommanditgesellschaft auf Aktien, der unbeschränkt mit seinem gesamten → Vermögen für → Verbindlichkeiten der Gesellschaft unmittelbar und solidarisch haftet. Er hat die gleichen Rechte und Pflichten wie ein Gesellschafter der → offenen Handelsgesellschaft.
*Gegensatz:* → Kommanditist.

## Konditionalität

Vom → Internationalen Währungsfonds (IWF) verwendeter Begriff, der die Bindung von Neukrediten des IWF an das Einhalten gesamtwirtschaftlicher Ziele oder die Verfolgung bestimmter Politiken (z. B. Reduzierung des Budget-Defizit, → Inflation, Exporthemmnissen) kennzeichnet.

## Konditionengestaltung bei Darlehen,

→ Darlehen mit Zinsanpassung, → Darlehen mit Zinsfestschreibung, → Konditionengestaltung bei Krediten.

## Konditionengestaltung bei Krediten

Die Gestaltung der Kreditkonditionen bestimmt sich aus (1) externen Faktoren (Zinsniveau an den → Geldmärkten und → Kapitalmärkten), die den Refinanzierungssatz der → Kreditinstitute beeinflussen, (2) der → Konditionenpolitik der einzelnen → Bank (z. B. aggressive Preispolitik zwecks Ausweitung des → Geschäftsvolumens) sowie (3) Art und Fristigkeit des → Kredites, der Bonität des Kreditnehmers, der Art der zur

### Konditionenpolitik

Verfügung gestellten → Kreditsicherheiten, der Höhe und Arbeitsintensität des Kreditengagements.

### Konditionenpolitik

Teilbereich des → Bankmarketing, in dem die Konditionen (→ Zinsen, → Provisionen und → Gebühren) für Kundengeschäfte und Interbankengeschäfte festgesetzt werden. Aus zentralen Zielvorgaben abgeleitete Richtkonditionen haben die Aufgabe, das → Geschäftsvolumen oder die Volumina bestimmter Bilanzposten in eine gewünschte geschäftspolitische Richtung zu lenken. K. wird vielfach mit → Preispolitik gleichgesetzt.
(→ Einlagenpolitik der Geschäftsbanken)

### Konditionsbeitrag

Differenz zwischen der Effektivzinskondition eines abgeschlossenen oder geplanten Kundengeschäftes und dem Zinssatz eines gleichwertigen alternativen Geschäftes am → Geldmarkt oder → Kapitalmarkt. K. werden im Rahmen der → Marktzinsmethode getrennt für → Aktivgeschäfte und → Passivgeschäfte errechnet. Sie zeigen den Beitrag, den ein zinsabhängiges Geschäft zum → Zinsüberschuß (zur → Bruttozinsspanne) liefert.

### Konditionsmarge

In Prozentpunkten ausgedrückter → Konditionsbeitrag (→ Margenkalkulation).

### Konferenz der Vereinten Nationen für Handel und Entwicklung (UNCTAD)

1964 als ständiges, beratendes → Organ der Generalversammlung der Vereinten Nationen (→ UNO) mit dem Ziel gegründet, das internationale Wirtschaftssystem im Hinblick auf die besonderen Interessen und Bedürfnisse der → Entwicklungsländer weiterzuentwickeln, zunächst als Konkurrenzorganisation zum GATT (→ Allgemeines Zoll- und Handelsabkommen). Die Konferenz der UNCTAD tritt i. d. R. alle vier Jahre zusammen. Sie ist das wichtigste Forum des Dialogs zwischen Industrie- und Entwicklungsländern. Wesentliche Erfolge der UNCTAD sind die Einführung eines allgemeinen Zollpräferenzsystems (→ Präferenzzoll, → Europäische Wirtschaftsgemeinschaft), die verstärkten Bemühungen der Industrienationen zur Erhöhung ihrer → Entwicklungshilfe, die Ausweitung der → Zehner-Gruppe im → Internationalen Währungsfonds (IWF) auf einen → Zwanziger-Ausschuß.

### Kongruenzprinzip

Deckungsprinzip, demzufolge der Betrag der Sicherheit dem Betrag der Verpflichtungen entsprechen muß. Das K. oder Deckungsprinzip gilt für → Pfandbriefe und → Kommunalobligationen sowie für → Schiffspfandbriefe und → Schiffskommunalschuldverschreibungen (→ Pfandbriefdeckung).

### Konjunktur

Im allg. Sprachgebrauch die Wechsellagen der wirtschaftlichen Entwicklung. Jahren mit zunehmender wirtschaftlicher Aktivität folgen Jahre mit abnehmender wirtschaftlicher Aktivität. Der Begriff K. steht i. d. R. nicht (wie im allg. Sprachgebrauch) für eine bestimmte Wirtschaftslage, sondern für den zyklischen Ablauf der Wirtschaftsentwicklung. Es wird daher auch von Konjunkturzyklen gesprochen. Zur Erklärung der Ursachen der sich – in entwickelten Volkswirtschaften – alle vier bis sieben Jahre wiederholenden wellenförmigen Entwicklung (Konjunkturschwankungen) existiert eine Vielzahl von Konjunkturtheorien.

*Konjunkturschwankungen:* Beobachtet man die Entwicklung gesamtwirtschaftlicher Größen, wie z. B. Auslastung des → Produktionspotentials, → Sozialprodukt, → Konsum, → Investition, Auftragseingang usw. über einen längeren Zeitraum hinweg, so sind häufig unregelmäßige wellenförmige Veränderungen dieser Wirtschaftsgrößen festzustellen. Zur Analyse der Wachstumsschwankungen trennt man gedanklich zwischen dem langfristigen Trend der Entwicklung, der das → Wirtschaftswachstum bezeichnet, und den Schwankungen um diesen Trend, die man Konjunkturschwankungen oder Konjunkturwellen nennt.

*Konjunkturzyklus:* Das Grundmuster eines Konjunkturverlaufs läßt sich anhand eines Vierphasen-Schemas verdeutlichen, das die in der Realität zu beobachtenden, äußerst vielgestaltigen wirtschaftlichen Vorgänge auf ein überschaubares idealtypisches Abbild reduziert.

Die vier *Phasen* lassen sich durch typische wirtschaftliche Situationen charakterisieren. (1) *Aufschwung:* Erholung der Produktion, zunehmende Auslastung der Wirtschaft, fühlbares Steigen der Beschäftigung

## Konjunkturpolitik

und der Investitionstätigkeit mit der Folge einer vermehrten Kreditexpansion und Spartätigkeit, Produktionsengpässe als Folge der Überschreitung der Normalauslastung der Produktionskapazitäten, Überwälzung von Kostensteigerungen auf Preise bei weiterhin zunehmender Beschäftigung, überproportional steigende Kosten, Druck auf die Gewinnmargen der Unternehmen, Anstieg der →Zinsen (aufgrund der →Geldpolitik) bei nachlassender Kredittätigkeit als Kennzeichnung für das Ende des Aufschwungs. (2) *Oberer Wendepunkt:* Restriktive Geldpolitik, verstärkte Auslandskonkurrenz, dadurch erschwerte Kostenüberwälzung auf Preise und verminderte Ertragserwartungen, Reduzierung der Investitionspläne, Stagnation der Beschäftigung.
(3) *Abschwung:* Sinkende Produktion, Abbau von Überstunden, Normalisierung des Auslastungsgrades der Wirtschaft, sinkende →Einkommen aufgrund zurückgehender Nachfrage, steigende →Arbeitslosigkeit, Beschleunigung der Abwärtsbewegung bei zunehmender Unterauslastung der →Kapazitäten, expansive Geldpolitik zur Verhinderung einer Depression, fallende Zinsen, nachlassender Preisauftrieb. (4) *Unterer Wendepunkt:* Wachsende Gewinnmargen aufgrund der allgemeinen Abnahme des Kostendrucks, verbesserte Ertragserwartungen aufgrund der durch die →Wirtschaftspolitik oder durch das Ausland ausgelösten Nachfrageimpulse, Beginn eines neuen Aufschwungs nach Erreichen der Talsohle.

### Konjunkturausgleichsrücklage
Nach §§ 5ff. des →Stabilitätsgesetzes von Bund und Ländern zur Dämpfung der →gesamtwirtschaftlichen Nachfrage (aus Steuereinnahmen) zu bildende →Rücklage, die in Zeiten wirtschaftlicher Abschwächung wieder aufgelöst werden soll. Die Bildung der K. ist ein Mittel der nachfrageorientierten →Konjunkturpolitik (→nachfrageorientierte Wirtschaftspolitik).

### Konjunkturbeobachtung
Bereitstellung von Informationen über die jeweilige Wirtschaftslage durch statistische Erfassung von Größen, von denen man annimmt, daß in ihren Veränderungen die jeweilige Konjunkturlage zum Ausdruck kommt (→Konjunkturindikatoren). Um rechtzeitig unerwünschte konjunkturelle Entwicklungen (→Konjunktur) zu erkennen, werden entweder sog. Frühindikatoren erfaßt oder mit Hilfe statistischer Prognoseverfahren die Entwicklung wichtiger Wirtschaftsgrößen (z. B. →Konsum, →Investition) geschätzt. Die Ergebnisse der K. werden häufig als Konjunkturbarometer, Konjunkturindex oder Konjunkturindikator zusammengefaßt. Auf der Grundlage ausgewählter saisonbereinigter statistischer Zeitreihen sind verschiedene Konjunkturbarometer konstruiert worden.

### Konjunkturindikator
Wirtschaftliche Größe, die dazu dient, Konjunkturschwankungen (→Konjunktur) zu erkennen und zu messen.
Zu unterscheiden sind:
(1) *Frühindikatoren* sind Größen, die der gesamtwirtschaftlichen Entwicklung stets mit einem genügend großen zeitlichen Abstand vorauseilen und damit geeignet sind, frühzeitig Änderungen der konjunkturellen Entwicklung anzuzeigen. Beispiele: Auftragseingang in der Industrie mit etwa 3,5 Monaten Vorlauf, Hypothekenzusagen für den Wohnungsbau mit etwa 10 Monaten Vorlauf.
(2) *Präsenzindikatoren* sind Größen, die die gegenwärtige konjunkturelle Lage wiedergeben (z. B. Auslastung des →Produktionspotentials, Arbeitslose, offene Stellen).
(3) *Spätindikatoren* zeigen eine bereits vollzogene Entwicklung an z. B. Preisniveau, Tariflohnniveau.

### Konjunkturpolitik
Maßnahmen der →Wirtschaftspolitik zur Verhinderung übermäßiger Schwankungen im Wirtschaftsablauf (Ablauf- oder Prozeßpolitik). K. ist auf Verstetigung des Wirtschaftsablaufs und auf Stabilisierung gerichtet (→Stabilisierungspolitik).

*Ziele:* Die Ziele der K., an denen sich der Mitteleinsatz zu orientieren hat, sind in der BRD durch das →Stabilitätsgesetz in einem wirtschaftspolitischen Zielbündel (Magisches Viereck) festgelegt worden. Danach sind im Rahmen der marktwirtschaftlichen Ordnung gleichzeitig anzustreben: Preisniveaustabilität (→Geldwertstabilität), hoher Beschäftigungsstand (→Beschäftigungspolitik), →außenwirtschaftliches Gleichgewicht und angemessenes und stetiges →Wirtschaftswachstum. Im →Jahreswirtschaftsbericht der Bundesregierung werden Eckwerte für diese Ziele genannt, die Leitfunktionen haben und an denen sich die Maßnahmen der K. orientieren sollen.

## Konjunkturrat

*Instrumentarium:* Im Stabilitätsgesetz wird die Haushaltswirtschaft des Bundes und der Länder (indirekt auch die der Gemeinden) auf eine antizyklische Politik verpflichtet. Zur →Globalsteuerung dienen einerseits Möglichkeiten zur antizyklischen Variation der Staatsnachfrage und andererseits steuerliche Maßnahmen, um auf die private Nachfrage einzuwirken. Die nachfrageorientierte K. stößt an ihre Grenzen, wenn die Wachstumsdynamik der Wirtschaft insgesamt erlahmt ist. Zur Belebung des gesamtwirtschaftlichen Angebots müssen dann die Rahmenbedingungen insgesamt verbessert werden. Durch Kostenentlastungen können die Ertragskraft der Unternehmen gestärkt und die Zukunftserwartungen verbessert werden (Schaffung von Anreizen für neue →Investitionen). Mit Aufkommen des →Monetarismus vollzog sich die Hinwendung zur →angebotsorientierten Wirtschaftspolitik. Das geldpolitische Instrumentarium der Bundesbank (→Geldpolitik der Deutschen Bundesbank), mit dem Einfluß auf die →Bankenliquidität genommen wird, soll nicht i. S. kurzfristig wirksamer K. eingesetzt werden, sondern durch Erhaltung kaufkraftstabilen und knappen →Geldes die Voraussetzung dafür schaffen, daß bei ausreichendem Wirtschaftswachstum auf längere Sicht ein hoher Beschäftigungsstand erreicht und gehalten werden kann. Die →Geldmenge muß zwecks Verstetigung ihres Wachstums kontrolliert werden.

*Absicherung gegen Störung:* Zur lohnpolitischen Absicherung der staatlichen K. sollten die Entscheidungen der Sozialpartner im Rahmen der →Tarifautonomie mit den Zielen der staatlichen K. in Einklang gebracht werden. Im Jahreswirtschaftsbericht hat die Bundesregierung den Sozialpartnern Orientierungsdaten zur Verfügung zu stellen. Eine Strategie zur Steuerung der Binnenkonjunktur kann durch gegenläufige Konjunkturphasen und durch Übertragung von inflationären Entwicklungen im Ausland gestört werden. Feste Wechselkurse erleichtern die Übertragung solcher Störungen, →flexible Wechselkurse können dagegen die →außenwirtschaftliche Absicherung fördern.

## Konjunkturrat

Bei der Bundesregierung nach § 18 StabG gebildetes Gremium, das die Bundesregierung über die zur Erreichung der Ziele des →Stabilitätsgesetzes erforderlichen konjunkturpolitischen Maßnahmen (→Wirtschaftspolitik) und über die Deckungsmöglichkeiten des Kreditbedarfs der →öffentlichen Haushalte beraten soll.

**Konkav,** →negative Convexity.

## Konkurs

Gerichtliches Verfahren, das auf Antrag des →Gemeinschuldners oder eines →Gläubigers durch Eröffnungsbeschluß des Amtsgerichts (Konkursgericht) eröffnet wird (§§ 102 ff. KO) und durch (kollektive) Vollstreckung die gleichzeitige und gleichmäßige Verteilung des →Vermögens eines zahlungsunfähigen →Schuldners unter die →Gläubiger bezweckt. Rechtsgrundlage für das Konkursverfahren ist die →Konkursordnung.

*Konkursantrag:* Antragsberechtigt sind der Gemeinschuldner und die →Konkursgläubiger. Bei Antragstellung durch einen Gläubiger ist kein vollstreckbarer Titel erforderlich. Eine Verpflichtung zur Stellung eines Konkursantrages (bei Vorliegen eines Konkursgrundes) besteht für den →Vorstand einer →Aktiengesellschaft (§ 92 Abs. 2 AktG), die →Geschäftsführer einer →Gesellschaft mit beschränkter Haftung (§ 64 GmbHG) bzw. einer →GmbH & Co. KG und für den Vorstand einer →Genossenschaft (§ 99 GenG).

*Konkursgrund:* Materielle Voraussetzung für die Berechtigung eines Konkursantrages ist →Zahlungsunfähigkeit (§ 102 KO), bei →juristischen Personen und bei der GmbH & Co. KG auch →Überschuldung (§§ 207, 209, 213 KO). Bei einem →Nachlaß ist nur Überschuldung Konkursgrund (§ 215 KO).

*Eröffnung des Konkursverfahrens:* Der Eröffnungsbeschluß, in dem das Amtsgericht auch den vorläufigen →Konkursverwalter ernennt, hat folgende Wirkungen: Nur noch der Konkursverwalter darf das der →Zwangsvollstreckung unterliegende Vermögen des Gemeinschuldners verwalten und darüber verfügen. Rechtshandlungen des Gemeinschuldners sind den Konkursgläubigern gegenüber unwirksam (§ 7 Abs. 1 Satz 1 KO). Rechte an den zur →Konkursmasse gehörenden Gegenständen können wirksam gegenüber den Konkursgläubigern nicht erworben werden (§§ 6 ff. KO). Die → Konkursforderungen sind fristgemäß (§ 138 KO) zur → Konkurstabelle beim Amtsgericht anzumelden und werden in einem Prüfungstermin festgestellt (§§ 138 ff. KO). Einzelvollstreckungen sind während der Dauer des Konkursverfahrens nicht zulässig (§ 14 KO). Der Eröffnungsbeschluß ist öffentlich bekanntzumachen (Gerichtsblatt und → Bundesanzeiger) sowie im → Grundbuch (bei vorhandenem Grundbesitz) und im → Handelsregister einzutragen.

Das Konkursgericht hat die Möglichkeit, die Eröffnung des Konkursverfahrens abzulehnen (§ 107 Abs. 1 KO), wenn eine den Kosten des Verfahrens entsprechende Masse nicht vorhanden ist, es sei denn, der das Konkursverfahren beantragende Gläubiger schießt einen Geldbetrag vor, der die gerichtlichen Verfahrenskosten und die Ausgaben für die Verwaltung, Verwertung und Verteilung der Masse deckt.

*Aussonderung und Absonderung:* Nicht zur Konkursmasse gehören die dem Gemeinschuldner nicht gehörigen → Sachen und → Rechte (z. B. geliehene oder gemietete Sachen). Diese können nach § 43 KO von den Berechtigten herausverlangt werden (→ Aussonderung). Dies gilt auch für den Eigentumsvorbehaltsberechtigten, falls nicht der Konkursverwalter nach § 17 KO in den → Vertrag eintritt, den Restkaufpreis bezahlt und dadurch den → Eigentumsvorbehalt des Veräußerers ausräumt. Gegenstand abgesonderter Befriedigung sind solche Sachen und Rechte des Gemeinschuldners, an denen den Gläubigern bestimmte → Pfandrechte oder Vorzugsrechte zustehen. Die → Absonderung ermöglicht die Verwertung des Sicherungsgutes außerhalb des Konkursverfahrens. Ein Recht auf Absonderung steht Gläubigern zu, die eine → Hypothek oder → Grundschuld, ein rechtsgeschäftliches Pfandrecht an → beweglichen Sachen oder Rechten, ein → gesetzliches Pfandrecht oder ein → Pfändungspfandrecht haben (§§ 47 ff. KO). Der Absonderungsgläubiger kann sich aus den für seine Forderung haftenden Gegenständen befriedigen. Hierzu zählt auch der Sicherungseigentümer (→ Sicherungsübereignung). Er kann vom Konkursverwalter die Herausgabe der zur Sicherung übereigneten Sachen verlangen, die für ihn sodann verwertet werden. Bei → Grundstücken geschieht die Pfandverwertung im Wege der → Zwangsverwaltung und → Zwangsversteigerung.

*Konkursverfahren:* Aus der Konkursmasse sind zunächst die Massekosten (Gerichtskosten, Verwaltungskosten, Unterstützungsleistungen an den Gemeinschuldner) sowie die Masseschulden (Verpflichtungen aus → Rechtsgeschäften des Konkursverwalters, Lohn- und Gehaltsansprüche für die letzten sechs Monate vor Konkurseröffnung usw.) zu bezahlen (§§ 57 ff. KO). Die noch verbleibende Konkursmasse wird vom Konkursverwalter nach der in den §§ 61 ff. KO bestimmten Rangordnung an die Konkursgläubiger verteilt. Bevorzugt zu befriedigen sind bestimmte bevorrechtigte Gläubiger (z. B. Lohn- und Gehaltsforderungen für das letzte Jahr vor Konkurseröffnung, → Steuern, → Kirchensteuer, Arzthonorare u. a. gemäß § 61 Abs. 1 Nr. 1–5 KO). Das Konkursverfahren wird nach der letzten Gläubigerversammlung (Schlußtermin) aufgehoben. Danach können die ganz oder teilweise nicht befriedigten Konkursgläubiger ihre Forderungen im Wege der Einzelvollstreckung unbeschränkt geltend machen (§ 164 Abs. 1 KO). Die Gläubiger können zu diesem Zwecke aufgrund eines vollstreckbaren Auszuges aus der Konkurstabelle die Zwangsvollstreckung gegen den Schuldner betreiben (§ 164 Abs. 2 KO). Ein → Vollstreckungstitel durch ein gerichtliches Klageverfahren ist nicht mehr erforderlich. Das Konkursverfahren wird eingestellt, wenn sämtliche Konkursgläubiger zustimmen oder wenn eine die Verfahrenskosten deckende Masse nicht mehr vorhanden ist (§ 204 KO). Die Möglichkeit der Einstellung des Konkursverfahrens hat das Konkursgericht zu jeder Zeit des Verfahrens, wenn eine entsprechende Masse nicht mehr vorhanden ist. Eine Aktiengesellschaft, → Kommanditgesellschaft auf Aktien oder Gesellschaft mit beschränkter Haftung sowie eine eingetragene → Genossenschaft wird mit Rechtskraft eines solchen Gerichtsbeschlusses aufgelöst. → Kapitalgesellschaften und Genossenschaften werden außerdem durch Konkurseröffnung über ihr Vermögen aufgelöst. → Personenhandelsgesellschaften werden durch Konkurseröffnung über ihr Vermögen und (sofern der → Gesellschaftsvertrag nichts anderes bestimmt) durch den Konkurs eines → persönlich haftenden Gesellschafters aufgelöst. Die → stille Gesellschaft wird

## Konkursanfechtung

durch Konkurs eines Gesellschafters aufgelöst.

*K. eines Kreditinstituts:* Das Konkursverfahren über das Vermögen eines → Kreditinstituts findet im Falle der Zahlungsunfähigkeit oder der Überschuldung statt. Der Antrag auf Konkurseröffnung über das Vermögen des Kreditinstituts kann nur vom → Bundesaufsichtsamt für das Kreditwesen gestellt werden (§ 46 b KWG). Die Geschäftsführer (bei einem in der Rechtsform des → Einzelkaufmanns betriebenen Kreditinstituts der Inhaber) haben den Konkursgrund dem Bundesaufsichtsamt unverzüglich anzuzeigen (§ 46 b KWG). Diese Anzeigepflicht tritt an die Stelle der Antragspflicht nach anderen Rechtsvorschriften. Das Konkursgericht hat dem Antrag des BAK zu entsprechen (→ Bankaufsichtliche Maßnahmen).

Ab 1999 wird eine → Insolvenzordnung an die Stelle der Konkursordnung treten.

(→ Insolvenz, → Gesamtvollstreckungsverfahren)

### Konkursanfechtung

→ Anfechtung unter den Voraussetzungen der §§ 29 ff. KO durch den → Konkursverwalter, sofern ein Anfechtungstatbestand (Benachteiligung der → Konkursgläubiger) nach diesen Bestimmungen vorliegt. Ist eine Anfechtung erfolgt, begründet sich hieraus ein schuldrechtlicher Rückgewähranspruch (§ 37 KO). Außerhalb eines Konkursverfahrens kann aus ähnlichen Gründen nach dem → Anfechtungsgesetz (AnfG) vorgegangen werden.

### Konkursantrag bei Kreditinstituten,
→ bankaufsichtliche Maßnahmen 3.

### Konkursausfallgeld

Geldleistungen gemäß §§ 141 a und 141 b AFG für rückständige Lohnforderungen von → Arbeitnehmern infolge eines → Konkurses oder der Ablehnung eines Antrags auf Konkurseröffnung. K. wird von der → Bundesanstalt für Arbeit gezahlt, die sich ihrerseits durch eine Umlage bei den Berufsgenossenschaften refinanziert. Es stellt einen Ausgleich für ausgefallenes Arbeitsentgelt während der letzten drei Monate vor Konkurseröffnung bzw. bei Ablehnung des Konkursantrages dar.

### Konkursdelikte, → Konkursstraftaten.

### Konkurseröffnung, Folgen für das kontoführende Kreditinstitut

Mit Eröffnung eines → Konkurses über das → Vermögen eines → Bankkunden erlischt der zwischen → Kreditinstitut und Kunde geschlossene → allgemeine Bankvertrag (§ 23 Abs. 2 KO). Das zwischen Kreditinstitut und Kunden bestehende Kontokorrentverhältnis (→ Kontokorrent, → Kontokorrentkonto) erlischt, da der → Konkursverwalter das Kontokorrent nicht fortsetzen kann, sondern nur mit dem Kreditinstitut einen neuen → Vertrag schließen kann. Sofern → Forderungen der Bank bestehen, sind sie als → Konkursforderungen anzumelden. Sind Guthaben auf dem Kontokorrentkonto vorhanden (→ Sichteinlagen), können sie vom Konkursverwalter herausverlangt werden. Bei bestehenden → Spareinlagen oder → Termineinlagen ist die → Fälligkeit der Einlagen abzuwarten. Mit Konkurseröffnung endet die Berechnung von Kontokorrentzinsen (Berechnung von → Zinsen und → Zinseszinsen).

Mit Konkurseröffnung erlischt auch der → Girovertrag, so daß noch nicht ausgeführte Überweisungsaufträge des → Gemeinschuldners grundsätzlich nicht mehr ausgeführt werden dürfen.

Im → Lastschriftverkehr erteilte → Einzugsermächtigungen oder Abbuchungsaufträge erlöschen mit Konkurseröffnung. Das für → Lastschriften im Einzugsermächtigungsverfahren bestehende Widerrufsrecht geht mit Konkurseröffnung auf den Konkursverwalter über.

Mit Konkurseröffnung erlischt auch der → Scheckvertrag. → Schecks, die vor Konkurseröffnung begeben sind, können von dem Kreditinstitut eingelöst werden. Schecks, die nach Eröffnung des Konkursverfahrens begeben worden sind, dürfen nur eingelöst werden, wenn das Kreditinstitut i. S. des § 8 KO in Unkenntnis des Konkurses handelt; das Kreditinstitut wird im Falle eines kreditorischen Kontos dann gegenüber den Konkursgläubigern frei.

→ Eurocheques (ec), die unter Vorlage der → Scheckkarte begeben werden, sind von dem Kreditinstitut einzulösen; dies gilt unabhängig davon, ob die Schecks vor oder nach der Konkurseröffnung ausgestellt bzw. begeben oder vorgelegt werden. Das Kreditinstitut ist aufgrund des Garantievertrages zur Zahlung verpflichtet und wird gegenüber Ansprüchen der Konkursgläubiger frei.

Diskontierte → Wechsel dürfen zurückbelastet werden. Einzugsaufträge für → Inkassowechsel und Inkassoschecks (→ Einzugsscheck) erlöschen mit Konkurseröffnung.

## Konkursforderung
Im → Konkurs angemeldete → Forderung eines → Konkursgläubigers. Keine K. sind rein familienrechtliche Ansprüche.

## Konkursgefahr bei Kreditinstituten,
→ bankaufsichtliche Maßnahmen 3.

## Konkursgläubiger
Alle persönlichen → Gläubiger des → Gemeinschuldners, die gegen ihn einen zur Zeit der Konkurseröffnung begründeten Vermögensanspruch haben (§ 3 Abs. 1 KO, → Konkurs).

## Konkursmasse
Nach § 1 KO das gesamte einer → Zwangsvollstreckung unterliegende → Vermögen des → Schuldners, das ihm bei der Eröffnung des Konkursverfahrens gehört (→ Konkurs).

## Konkursordnung (KO)
Gesetz, das die Gesamtvollstreckung (Vollstreckung in das gesamte → Vermögen des → Schuldners i. S. der KO) regelt und der gemeinsamen, gleichmäßigen Befriedigung der → Gläubiger (grundsätzlich quotenmäßige Befriedigung) dient (→ Konkurs). Daß dieser Zweck des Konkursrechts heute weitgehend nicht mehr verwirklicht werden kann (Ablehnung vieler Konkursanträge mangels → Konkursmasse, Vorliegen von → Eigentumsvorbehalt und Sicherungseigentum (→ Sicherungsübereignung) und dadurch Fehlen einer verteilungsfähigen Masse für nicht gesicherte → Konkursgläubiger) hat zu Reformbestrebungen im Insolvenzrecht geführt. Konkursrecht und Vergleichsrecht (→ Vergleichsordnung) werden ab 1999 in einer → Insolvenzordnung zusammenfassend geregelt (→ Insolvenz).

## Konkursquote
Prozentsatz für die Höhe der nach Verwertung der → Konkursmasse erfolgenden Ausschüttung an die → Konkursgläubiger (→ Konkurs).

## Konkursstraftaten
Straftaten im Zusammenhang mit der Eröffnung oder Abwicklung eines → Konkurses. Sie waren zunächst in der → Konkursordnung (KO) geregelt; die Vorschriften sind aufgrund des 1. Gesetzes zur Bekämpfung der Wirtschaftskriminalität von 1976 in das Strafgesetzbuch eingefügt worden.

*Zu unterscheiden sind:* Bankrott, Verletzung der Buchführungs- und Bilanzierungspflicht, Gläubigerbegünstigung und Schuldnerbegünstigung.
(1) *Bankrott:* Ein → Schuldner wird bei Zahlungseinstellung oder bei Eröffnung des Konkurses über sein → Vermögen nach § 283 StGB wegen Bankrotts mit Freiheitsstrafe bis zu fünf Jahren oder mit Geldstrafe bestraft, wenn er bei → Überschuldung oder drohender → Zahlungsunfähigkeit Vermögensstücke verheimlicht oder beiseite schafft, → Schulden vorgetäuscht oder erdichtete → Rechte anderer anerkannt, gegen die Pflicht zur Buchführung und zur Bilanzierung verstoßen oder seine bestehenden Handelsbücher vor Ablauf der bestehenden Aufbewahrungsfristen (→ Aufbewahrung von Unterlagen) vernichtet, verheimlicht, gefälscht oder unübersichtlich geführt oder in → Bilanzen die Übersicht über seinen Vermögensstand erschwert hat. Gleiches gilt, wenn der Schuldner in einer den Anforderungen einer ordnungsmäßigen Wirtschaft widersprechenden Weise Verlust- oder Spekulationsgeschäfte oder Differenzgeschäfte (→ Differenzarbitrage) mit → Waren oder → Wertpapieren betrieben oder durch unwirtschaftliche Ausgaben, Spiel oder Wette übermäßige Beträge verbraucht hat und insoweit Schulden gemacht hat oder Waren oder Wertpapiere auf → Kredit entnommen und erheblich unter Wert verkauft hat. Gleiches gilt auch, wenn er in einer anderen, den Anforderungen einer ordnungsgemäßen Wirtschaft grob widersprechenden Weise seinen Vermögensstand verringert oder seine wirklichen geschäftlichen Verhältnisse verheimlicht oder verschleiert. Ebenfalls gilt die Strafvorschrift, wenn der Schuldner durch eine der vorstehend aufgeführten Handlungen vorsätzlich seine Überschuldung oder Zahlungsunfähigkeit herbeigeführt hat (§ 283 Abs. 1 und 2 StGB). Nach § 283 Abs. 3 ist bereits der Versuch strafbar. Bei strafbaren fahrlässigen Handlungen ist die Freiheitsstrafe auf zwei Jahre begrenzt (§ 283 Abs. 5 StGB). Ein besonders schwerer Fall des Bankrotts liegt i. d. R. vor, wenn der Täter aus Gewinnsucht handelt oder wissentlich viele Personen in die Gefahr des Verlustes ihrer ihm anvertrauten Vermö-

## Konkurstabelle

genswerte oder in wirtschaftliche Not bringt (§ 283 a StGB).

(2) *Verletzung der Buchführungs- oder Bilanzierungspflicht:* Nach § 283 b StGB ist eine Verletzung der → Buchführungspflichten oder Bilanzierungspflicht (bei Zahlungseinstellung oder bei Konkurseröffnung) auch schon strafbar, wenn zur Tatzeit die → Überschuldung oder → Zahlungsunfähigkeit noch nicht bestand oder noch nicht drohte.

(3) *Gläubigerbegünstigung:* Nach § 283 c StGB wird eine Gläubigerbegünstigung mit einer Freiheitsstrafe bis zu zwei Jahren oder mit einer Geldstrafe bedroht, wenn der Schuldner in Kenntnis seiner Zahlungsunfähigkeit einem → Gläubiger zum Zwecke der Bevorzugung eine Sicherung oder Befriedigung gewährt, auf die der Gläubiger keinen Anspruch hat.

(4) *Schuldnerbegünstigung:* Eine Schuldnerbegünstigung liegt nach § 283 d StGB vor, wenn ein Gläubiger oder ein Dritter im Interesse des Schuldners vorsätzlich in Kenntnis der drohenden Zahlungsunfähigkeit oder nach Zahlungseinstellung oder nach Konkurseröffnung dem Schuldner gehörende, zur → Konkursmasse zu rechnende Vermögensstücke verheimlicht oder beiseite schafft. Sie wird mit Freiheitsstrafe bis zu fünf Jahren oder mit Geldstrafe belegt.

Die Strafvorschriften des StGB gelten auch für Handlungen der → Organe einer → juristischen Person und für Gesellschafter einer → Personenhandelsgesellschaft.

## Konkurstabelle

Vom Amtsgericht (Konkursgericht) geführtes Verzeichnis, zu dem → Konkursforderungen innerhalb einer vom Gericht im Eröffnungsbeschluß festgesetzten Anmeldefrist (zwei Wochen bis drei Monate - § 138 KO) angemeldet werden. Im Prüfungstermin werden die einzelnen → Forderungen überprüft und ggf. anerkannt und damit für das Konkursverfahren endgültig festgestellt. Nachträgliche Anmeldungen zur K. sind nur unter den strengen Voraussetzungen des § 142 Abs. 1 KO und mit den Folgen des § 142 Abs. 3 KO möglich (→ Konkurs). Ein beglaubigter Auszug aus der K. ist ein → Vollstreckungstitel.

## Konkursverwalter

Vom Konkursgericht (Amtsgericht) ernannte → Person, die das → Vermögen des → Gemeinschuldners im → Konkurs verwaltet. Er ist nicht → Vertreter im Sinne der §§ 164 ff. BGB, sondern gesetzlicher Verwalter und übt das Verwaltungs- und Verfügungsrecht des Gemeinschuldners nach § 6 KO aus. Seine Aufgabe ist es, die → Konkursmasse in → Besitz zu nehmen, sie zu sichern, zu verwalten und zu verwerten und schließlich den Erlös nach den Richtlinien der → Konkursordnung unter die → Konkursgläubiger zu verteilen. Er steht unter der Aufsicht des Konkursgerichts (§ 83 KO).

## Konnossement

*Bill of Lading;* Handelsrechtliches Wertpapier (→ Warenwertpapier) und → Traditionspapier, das im Seefrachtgeschäft den Anspruch auf Auslieferung bestimmter zur Beförderung übernommener Güter verbrieft (§§ 642 ff. HGB).

Die Ausstellung erfolgt durch den → Verfrachter (Reeder) oder durch den Schiffsmakler (als Vertreter) gegenüber dem → Ablader (Güterabsender, also Exporteur oder → Spediteur). In vielen Fällen wird das K. gegen Rückgabe eines → Mate's Receipt (Steuermannsquittung) ausgestellt (Bescheinigung über den tatsächlichen Erhalt der → Ware). Dem Importeur wird das K. vom Ablader i. d. R. erst nach Bezahlung ausgehändigt. In den meisten Fällen werden → Banken eingeschaltet, die den Zahlungsanspruch des Exporteurs gegenüber dem Importeur durch ein → Dokumentenakkreditiv oder → Dokumenteninkasso Zug um Zug gegen Aushändigung der K. absichern. Aus Sicherheitsgründen fertigt man mehrere Originalkonnossemente aus, die dem Importeur oder seiner Bank getrennt zugesandt werden. Das K. ist ein gekorenes → Orderpapier (§ 363 Abs. 2 HGB). Es kann auch als → Rektapapier ausgestellt werden. Der Inhalt des K. ist in § 643 HGB geregelt.

Meistens wird das K. „an Order" ausgestellt und blanko indossiert. Bei einem K., das an die Order des Empfängers ausgestellt wird, ist dessen → Indossament für eine Verfügung über die Ware notwendig.

Alle Originalkonnossemente bilden den vollen Satz. Die Anzahl der Originalausfertigungen, die vom Ablader bestimmt wird (§ 642 Abs. 1 HGB), muß im K. angegeben sein (§ 642 Abs. 2 HGB). Jede Originalausfertigung trägt den Stempelaufdruck „Original". Jede einzelne Originalausfertigung beinhaltet das Recht, die Ware im Bestimmungshafen ausgehändigt zu bekommen. Sie enthält daher auch den Hinweis, daß mit der Erfüllung eines der Originale die übrigen erledigt sind. Der Käufer besteht daher darauf, Zahlung nur gegen Aushändigung des vollen Satzes der Originalkonnossemente zu leisten. Konnossementskopien können in beliebiger Zahl ausgestellt werden. Sie sind jeweils als solche zu kennzeichnen („not negotiable copy"). Da das K. den Auslieferungsanspruch auf die Ware im Bestimmungshafen verkörpert, kann es als Inkasso- und Akkreditivdokument verwendet werden (Dokumenteninkasso, Dokumentenakkreditiv). Weil es Traditionspapier ist, eignet es sich als → Kreditsicherheit (→ Exportfinanzierung durch Kreditinstitute). Im Akkreditivgeschäft wird vom Akkreditivauftraggeber i. d. R. vorgeschrieben, daß der Begünstigte einen vollen Satz rein gezeichneter, an Order ausgestellter und blanko indossierter Bordkonnossemente zur Ausnutzung des Akkreditivs vorlegen muß. „Rein" („clean") gezeichnet bedeutet nach den → „Einheitlichen Richtlinien und Gebräuchen für Dokumenten-Akkreditive", daß die Waren vom Verfrachter in äußerlich guter Verfassung und Beschaffenheit übernommen bzw. verschifft worden sind (Art. 32 ERA). Durch negative Vermerke über den äußeren Zustand der Waren oder ihrer Verpackung wird ein K. „unrein" („unclean").

*Arten:* (1) *Bordkonnossement* (An-Bord-K.): Im Bordkonnossement (Shipped on Board B/L) bestätigt der Verfrachter, die bezeichneten Güter tatsächlich an Bord des namentlich genannten Seeschiffes genommen zu haben. (2) *Übernahmekonnossement:* Im Übernahmekonnossement (Received for Shipment B/L) bestätigt der Verfrachter lediglich, daß er die bezeichneten Güter zur Verschiffung übernommen hat. Auch wenn im Übernahmekonnossement bereits ein bestimmtes Schiff genannt ist, bietet dieses K. keine Sicherheit, daß die Güter tatsächlich mit diesem Schiff verladen werden. Ein Übernahmekonnossement kann jedoch nachträglich durch einen vom Frachtführer unterschriebenen oder gezeichneten Vermerk „Goods are actually on board" oder „Shipped on board MS ..." in ein Bordkonnossement umgewandelt werden (§ 642 Abs. 1 und 5 HGB). Das Datum des nachträglichen Vermerks gilt dann als Zeitpunkt der Verladung an Bord des namentlich genannten Schiffes oder der Verschiffung auf diesem (Art. 23 ERA). K., die die Übernahme der Ware oder deren Empfang zur Verladung ausweisen, werden im Akkreditivgeschäft von Banken als Transportdokumente aufgenommen, wenn im Akkreditiv nichts anderes vorgeschrieben ist (Art. 23 ERA). (3) *Combined bzw. Multimodal Transport Document:* Dokumente des kombinierten Transports (Art. 26 ERA) kommen bei sog. „unitisierten Ladungen" vor, d. h. bei Versendungen von Waren auf Paletten und in Containern. Das Transportdokument begleitet die Ware bis zum Empfänger. Es ersetzt die sonst für die einzelnen Abschnitte der Beförderung erforderlichen unterschiedlichen Transportdokumente. (4) *Durchkonnossement:* Ein Durchkonnossement (Through B/L) kommt vor, wenn Ware von mehreren Verfrachtern befördert wird, also Umladungen in Seehäfen erforderlich sind. Auch bei kombinierten See-, Fluß- und Landtransporten können Durchkonnossemente ausgestellt werden. (5) *Charter-K.:* Ein Charter-K. (charter-party B/L) kommt vor, wenn die Ware nicht im Linienverkehr, sondern im Rahmen einer Ganz-, Teil- oder Raumcharter verschifft wird. Ein Charter-K. wird von Banken als Akkreditiv-Dokument zurückgewiesen, sofern im Akkreditiv nichts anderes vorgeschrieben ist (Art. 25 ERA). (6) *Spediteur-K.:* Ein Spediteur-K. ist ein von einem Spediteur ausgestelltes Transportdokument. Soweit im Akkreditiv nichts anderes zugelassen ist, weisen Banken Spediteur-K. zurück, wenn sie nicht den Namen des Spediteurs als → Frachtführer oder Multimodal Transport Operator ausweisen und von ihm – zumindest als Agent für diese Personen – authentisiert sind. Anerkannt wird auch das „FIATA Combined Transport Bill of Lading" (Art. 30 ERA).

Wenn zur Ausnutzung eines Akkreditivs ein Seekonnossement verlangt wird, nehmen Kreditinstitute (sofern im Akkreditiv nichts anderes vorgeschrieben ist) ein K. an, das seiner äußeren Aufmachung nach durch einen namentlich genannten Frachtführer oder dessen Agenten ausgestellt zu sein scheint und ausweist, daß die Waren an Bord eines namentlich genannten Schiffes verladen oder auf einem namentlich genannten Schiff verschifft worden sind, und aus dem vollen Satz der an den Absender ausgestellten Originale besteht (bei Ausstellung mehrerer Originale) und wenn alle anderen Akkreditivbedingungen erfüllt sind (Art. 23 ERA). Ob bei Seeverladungen von den Banken Bordkonnossemente oder auch Übernahme-

**Konnossementsanteilschein**

konnossemente aufgenommen werden, richtet sich nach den Bestimmungen des Akkreditivs. Sofern im Akkreditiv nicht ausdrücklich ein An-Bord-K. vorgeschrieben ist, wird von den Banken auch ein Übernahmekonnossement angenommen (Art. 31 ERA).

**Konnossementsanteilschein,** → Delivery Order.

**Konnossementsgarantie**
→ Bankgarantie, die den → Verfrachter (Garantienehmer) vor → Ansprüchen Dritter schützen soll, wenn er die → Ware im Bestimmungshafen ohne Vorlage eines Originalkonnossements aushändigt. Garantieauftraggeber ist der Importeur, der durch die Verfügung über die Ware vor Eintreffen des → Konnossements → Kosten spart.

**Konsignationsdepot**
→ Depot, aus dem kommissionsweise (→ Kommissionär) verkauft wird. → Kreditinstitute verkaufen → Reiseschecks fremder → Emittenten aus einem K.

**Konsolidation**
Zusammenfall eines → dinglichen Rechts (→ Sachenrecht) mit der Eigentümerposition (→ Eigentum), der bei → beweglichen Sachen zu dessen Erlöschen führt. → Grundstücksrechte bleiben aber zur rangwahrenden Wirkung (→ Rang von Grundstücksrechten) bestehen (§ 889 BGB). So wird etwa eine → Hypothek i. d. R. zu einer → Eigentümergrundschuld.
Der sachenrechtlichen K. entspricht im → Schuldrecht die Konfusion.

**Konsolidierte Bilanz**
Eine k. B. entsteht aus der Zusammenfassung von Einzelbilanzen der Konzernunternehmen zu einer Konzernbilanz (→ Bilanz). Dabei sind die Konsolidierungsgrundsätze zu beachten (→ Konzernabschluß).

**Konsolidierte Bilanz des Bankensystems**
In den → Bankstatistischen Gesamtrechnungen der → Deutschen Bundesbank dargestellte, zusammengefaßte Bilanz von Bundesbank und → Kreditinstituten. Die k. B. d. B. ist eine Bestandsrechnung, die die → Forderungen und → Verbindlichkeiten des Bankensystems gegenüber Nichtbanken zeigt. → Interbankforderungen (Interbankguthaben) und → Interbankverbindlichkeiten sind kompensiert.

**Konsolidierung**
1. Umschuldung, → Umfinanzierung (Umwandlung kurzfristiger in langfristige → Schulden).

2. Zusammenfassung älterer → Anleihen in eine neue Anleihe (→ Konversionsanleihe).

3. Zusammenfassung von → Bilanzen und → Gewinn- und Verlustrechnungen (GuV) in einem → Konzern (konsolidierter → Jahresabschluß).

4. Im Rahmen der → Bankenaufsicht die Zusammenfassung aller von einem → Kreditinstitut und seinen inländischen und ausländischen → Tochtergesellschaften herausgelegten → Kredite (→ Großkredit) und die Zusammenfassung der betreffenden Institute in Anwendung der → Eigenkapitalgrundsätze.

**Konsolidierungsformation,** → trendbestätigende Formation.

**Konsolidierungsgrundsätze,** → Konzernabschluß.

**Konsolidierungs-Richtlinien**
*Entwicklung:* Die Begründung zur ersten → Bankrechtskoordinierungs-Richtlinie unterstrich die Notwendigkeit, wettbewerbsverzerrende Unterschiede zwischen den mitgliedstaatlichen Vorschriften über die aufsichtsrechtliche Stellung von → Kreditinstituten zu beseitigen. Die nächste Stufe zum Ziel, die gesamte Bankenüberwachung den zuständigen Behörden des Herkunfts-Mitgliedstaats zu übertragen, war die „Richtlinie über die Beaufsichtigung der Kreditinstitute auf konsolidierter Basis" vom 13. 6. 1983, die den Aufsichtsbehörden des Mutter-Kreditinstituts die fundierte Beurteilung der finanziellen Situation der Kreditinstituts-Gruppe ermöglichen sollte. Voraussetzung hierfür sollte eine direkte oder indirekte → Beteiligung von mindestens 25% am Kapital eines anderen Kredit- oder Finanzinstituts sein. Die Richtlinie sah außerdem vor, daß im Hinblick auf Kreditinstitute, deren Mutterinstitute ihren Sitz in Drittländern haben, sowie auf Niederlassungen von in der EU ansässigen Banken außerhalb des EG-Gebiets bilaterale Vereinbarungen zwischen den zuständigen Aufsichtsbehörden auf der Grundlage der Gegenseitigkeit getroffen werden sollten. Diesen Anforderungen hat die BRD durch die

KWG-Novelle 1984 Rechnung getragen (→ Bankenaufsicht).
Aufgrund umfangreicher Änderungen durch zwischenzeitlich getroffene Vorschriften des →EG-Bankrechts wurde diese erste durch eine neue Richtlinie vom 6.4.1992 ersetzt. Deren Umsetzung ins nationale Recht erfolgt durch die fünfte Novelle zum KWG.

*Anwendungsbereich:* Die Beaufsichtigung auf konsolidierter Basis wird hierdurch auf alle Unternehmen ausgedehnt, zu deren Bereich ein Kreditinstitut gehört, auch wenn die Konzernspitze selbst kein Kreditinstitut ist. Hierdurch werden nicht nur → Wertpapierhäuser, sondern auch Wertpapierhausgruppen in die → Konsolidierung einbezogen. Die für die Konsolidierung maßgebliche Beteiligungsschwelle wird auf 20 Prozent des → Kapitals oder der Stimmen gesenkt (nach § 10a KWG: bisher 40 Prozent; nach der Richtlinie von 1983: 50 Prozent).

*Konsolidierungsmethoden:* Die Methoden werden stärker vereinheitlicht. Für Mehrheitsbeteiligungen (→ Tochterunternehmen) ist grundsätzlich die → Vollkonsolidierung vorgesehen. Für Minderheitsbeteiligungen muß die → Quotenkonsolidierung angewandt werden, wenn Beteiligungsunternehmen „gemeinsam mit einem oder mehreren nicht in die Konsolidierung einbezogenen Unternehmen geleitet werden". In allen anderen Fällen können die zuständigen Behörden entscheiden, ob und in welcher Form die Konsolidierung zu erfolgen hat. Die Anwendung der Äquivalenzmethode (→ Equity-Methode) wird dabei nicht als Konsolidierung angesehen.
(→ Europäisches Bankenaufsichtsrecht)

**Konsortialführer**
An einem → Konsortium (→ Emissionskonsortium im Verhältnis zum → Emittenten federführend beteiligte → Bank (→ Lead Manager).

**Konsortialgeschäft**
Betätigung eines → Emissionskonsortiums, wobei zwischen dem jeweils durch → Vertrag geregelten Innenverhältnis der beteiligten → Kreditinstitute (Konsorten) untereinander (Konsortialvertrag) und der Außen-Beziehung zum → Emittenten der → Aktien oder anderen → Wertpapiere (Emissionsvertrag) zu unterscheiden ist (→ Emissionsgeschäft).

**Konsortialkredit**
Von einem Bankenkonsortium einer Gesellschaft oder einer Institution gemeinschaftlich eingeräumter → Kredit; beim echten K. werden die Vertragsverhandlungen und die Krediteinräumung führend von einem → Kreditinstitut vorgenommen; dagegen ist der unechte K. ein Parallelkredit mehrerer Banken mit einheitlichen Konditionen. Ein → Konsortium wird i.d.R. dann gebildet, wenn der Kredit wegen der Höhe oder des → Kreditrisikos nicht von einer Bank zur Verfügung gestellt werden kann. Allerdings kann auch auf Wunsch des Kreditnehmers zwischen mehreren → Hausbanken ein Konsortium gebildet werden. Dies geschieht insbes. bei großen Projektfinanzierungen (→ Investment Banking). Ein Kreditinstitut übernimmt die Konsortialführung (→ Lead Manager), manchmal auch mit einer oder zwei Co-Management-Banken. Der Konsortialführer übernimmt die Abstimmung zwischen den Konsorten einerseits und dem Kreditnehmer andererseits. Aufgaben des Konsortialführers sind insbes. die Erarbeitung des Vertragswerkes, Bestellung und Verwaltung der vereinbarten → Kreditsicherheiten, Abstimmung und Anpassung der Konditionen sowie laufende Information über die wirtschaftliche Entwicklung des Kreditnehmers. Für die Erfüllung der Pflichten des Konsortiums haftet der Konsortialführer mit der Sorgfalt eines ordentlichen → Kaufmanns; für die Kreditrisiken haften die Banken entsprechend ihrem Anteil (→ Konsortialquote). In der Bilanzposition „Forderungen an Kunden" werden deshalb auch nur die jeweiligen Kreditanteile ausgewiesen. I.d.R. handelt es sich um offene Konsortien, d.h. der Kreditnehmer kennt die beteiligten Banken und deren Quoten. Bei einem stillen Konsortium hat ein Kreditinstitut ohne Wissen des Kreditnehmers Teilbeträge an befreundete Banken weiterplaciert. Im → Auslandsgeschäft werden auch die benötigten → Garantien z.B. zur Begrenzung des politischen Risikos konsortialiter zur Verfügung gestellt.
(→ Sicherheitenpool mit Saldenausgleichsregelung, → Gemeinschaftskredit, → Metakredit)

**Konsortialquote**
Anteil eines Gesellschafters (Konsorte) an einem dauerhaft (wie beim → Bundesanleihekonsortium) oder nur für eine einzelne → Emission errichteten Konsortium als ei-

**Konsortium**

ner →Gesellschaft bürgerlichen Rechts (BGB-Gesellschaft, GbR).

**Konsortium**
Zusammenschluß mehrerer →Banken zur gemeinsamen Durchführung eines →Konsortialgeschäftes in Form einer Gesellschaft des bürgerlichen Rechts (BGB-Gesellschaft, GbR).

**Konsulatsfaktura**
Papier, das wie die →Zollfaktura der Verzollung im Einfuhrland dient. Die K. wird von dem Konsulat des Einfuhrlandes ausgestellt. Sie enthält neben einer genauen Warenbeschreibung die genaue Wertangabe und das Ursprungsland. In der K. bestätigt das Konsulat die Übereinstimmung des Rechnungswertes mit dem Handelswert im Ausfuhrland.

**Konsum**
Verbrauch von Gütern. Gesamtwirtschaftlicher K.: (1) privater K., (2) staatlicher K. (→Staatsverbrauch).

**Konsumentenkredit**
→Kredit an private Haushalte, der der →Finanzierung des Güterverbrauchs dient (→Verbraucherkredit). Der K. wird entweder als →Ratenkredit über →Darlehenskonten oder als →Dispositionskredit über →Kontokorrentkonten gewährt (→Kreditvertrag).

*Entwicklung*: K. waren ursprünglich →Teilzahlungskredite, bei denen der Kreditbetrag direkt an den Verkäufer geleitet wurde (→finanzierter Abzahlungskauf). Die von →Banken und →Sparkassen (in Konkurrenz zu solchen Abzahlungskrediten der →Teilzahlungskreditinstitute) angebotenen K. wurden zunächst nahezu einheitlich als →Kleinkredit oder als (zweckgebundene) →Anschaffungsdarlehen bezeichnet; beide wurden als Ratenkredite über Darlehenskonten zur Verfügung gestellt. Sie gingen weithin in dem vielfältigen, differenzierten Angebot von K. mit oft unterschiedlichen Produktbezeichnungen auf.

*Arten*: K. werden heute als →persönliche Kredite, Privatkredite, Privatdarlehen, →Allzweckdarlehen o. ä. bezeichnet und in verschiedenen Varianten verfügbar gemacht. Sie entsprechen den gestiegenen Kreditbedürfnissen der privaten Haushalte und dienen der Finanzierung auch hochwer-

tiger Konsumgüter, ohne daß im →Kreditvertrag eine derartige Zweckbindung vereinbart wird. Die Kredithöhe ist i. a. auf 50000 DM begrenzt; bei höheren Beträgen ist eine besondere Sicherung, z. B. durch eine →Grundschuld erforderlich. Die →Laufzeit beträgt i. d. R. höchstens 72 Monate. Parallel zum K. kann eine Kreditlebensversicherung (Restschuldversicherung) Schutz für den Fall des Todes oder der Arbeitsunfähigkeit des Kreditnehmers bieten.

*Kreditbesicherung*: Als →Kreditsicherheiten können eingesetzt werden die →Abtretung des pfändbaren Teils von Lohn- und Gehaltsforderungen, die Übernahme einer →Bürgschaft, bei Ehegatten grundsätzlich die Mitverpflichtung des anderen Partners (etwa durch →Schuldbeitritt). Dispositionskredite sind Überbrückungskredite und i. d. R. ungesichert (→Blankokredite); das festgesetzte →Kreditlimit steht aber in einem bestimmten Verhältnis zur Höhe der regelmäßigen Zahlungseingänge auf dem (Kontokorrent-)Konto, insbes. zur Höhe der monatlichen Lohn- oder Gehaltszahlungen. Zur Beurteilung der Kreditwürdigkeit verlangen die Kreditinstitute vom Kreditnehmer Einkommensnachweise, da die Verpflichtungen aus einem K. in einem angemessenen Verhältnis zum Einkommen und zu laufenden Belastungen stehen und Rückzahlungsraten tragbar sein sollen. Ferner wird eine SchUFA-Auskunft eingeholt (→SchUFA).

*Effektivzinsangaben*: Bei Ratenkrediten gelten die allgemeinen Bestimmungen der →Preisangabenverordnung (§§ 3, 4 Abs. 1–7 PAngV) für Kreditangebote, →Werbung sowie →Preisauskunft. Sie betreffen stets nur (Letzt-)Verbraucher und eine Verwendung für deren private Zwecke (§ 7 Abs. 1 Nr. 1 PAngV). Bei Dispositionskrediten über Kontokorrentkonten sind nicht die Gesamtkosten des Kredits als (anfänglicher) effektiver Jahreszins, sondern der (Nominal-)Zinssatz pro Jahr und die Zinsbelastungsperiode anzugeben, wenn diese nicht kürzer als drei Monate ist und keine weiteren →Kreditkosten anfallen (§ 4 Abs. 9 PAngV; § 5 Abs. 1 VerbrKrG; →Effektivverzinsung von Krediten).

→*Verbraucherkreditgesetz*: Gemäß § 1 Abs. 1, 2 VerbrKrG umfaßt dieses Gesetz, durch das auch das →Abzahlungsgesetz aufgehoben wurde, alle Kreditverträge einer →Person, die in Ausübung ihrer gewerblichen oder beruflichen Tätigkeit handelt, mit einer →natürlichen Person, die den entgeltlichen Kredit nicht für ihre bereits ausgeübte gewerbliche oder berufliche Tätigkeit beansprucht (Verbraucher), sowohl Raten- als auch Kontokorrentkredite sowie deren Verbindung, den Kontokorrentratenkredit, oft als Vario-, Dispo-, Ideal- oder Scheckkredit gekennzeichnet. Voraussetzung ist lediglich, daß der Nettokreditbetrag 400 DM übersteigt (§ 3 Abs. 1 Nr. 1 VerbrKrG).

### Konsumentenkreditgeschäft
Bereich des →Kreditgeschäfts, in dem →Banken und →Sparkassen standardisierte Kredite an private Haushalte zur →Finanzierung des Güterverbrauchs zur Verfügung stellen. Das K. wird auch als Retail Banking bezeichnet.

### Konsumfunktion
Erklärung der Höhe des gesamtwirtschaftlichen →Konsums als Komponente der →gesamtwirtschaftlichen Nachfrage. Danach wird das →Volkseinkommen als maßgeblicher Einflußfaktor auf die Konsumgüternachfrage angesehen. Je höher das Volkseinkommen (Y), desto höher die Konsumgüternachfrage (C): $C=f(Y)$. Ergänzend sind als weitere Bestimmungsfaktoren der gesamtwirtschaftlichen Konsumgüternachfrage vor allem der Wert des angesammelten →Vermögens, die Einkommensverteilung, der →Zins (→Sparfunktion) sowie Preis-, Einkommens- und Konjunkturerwartungen zu berücksichtigen.

### Konsumquote
Prozentualer Anteil des →Konsums am verfügbaren Gesamteinkommen (durchschnittliche K.) oder am Einkommenszuwachs (marginale K.).

### Kontaktmanagement
Effizienzsteigerung in der →Kundenbetreuung durch →Kundensegmentierung. Idee: Die für die Bank profitabelsten Kunden sollen auch am intensivsten betreut und dementsprechend häufig kontaktiert werden.

*Voraussetzung:* Umfangreiche Kundendatei mit allen relevanten Informationen über die Zielpersonen bzw. Zielunternehmen und die darin handelnden verantwortlichen Personen.

### Kontenplan
Systematische Aufstellung sämtlicher →Konten eines Unternehmens, i. d. R. nach dem →Kontenrahmen, der für die einzelnen Wirtschaftszweige ausgearbeitet wird.
Während der →Kontenrahmen das allgemeine Ordnungsgerüst für die mögliche Gruppierung der Konten in den Buchhaltungen eines Wirtschaftsbereiches ist, werden die für die Buchführung des einzelnen Unternehmens notwendigen Konten in einem besonderen Verzeichnis festgehalten. Der K. ist vom Kontenrahmen der Wirtschaftsgruppe abgeleitet. Es bestehen keine wesentlichen Unterschiede hinsichtlich des formalen und materiellen Gehalts. Inhaltlich kann der K. eines Unternehmens völlig mit dem Kontenrahmen übereinstimmen. Es ist andererseits aber auch möglich, im K. die für das (kleinere) Unternehmen nicht notwendigen Konten des Kontenrahmens wegzulassen. Umgekehrt können in den K. für ein (größeres) Unternehmen zusätzlich benötigte Konten aufgenommen werden. Die im Kontenrahmen verzeichneten Konten werden dann lediglich weiter untergliedert. Der K. stellt somit den individuellen Organisationsplan der Buchführung des einzelnen Unternehmens dar.

### Kontenrahmen
*Begriff:* Zusammenstellung aller in der Buchführung der Unternehmen möglicherweise vorkommenden, zweckmäßig gewählten und sinnvoll bezeichneten →Konten (Sachkonten).

*Zweck:* Die systematisch angeordneten Konten sollen die Übersicht gewährleisten und die Buchführung in eine bestimmte organisatorische Gestalt bringen. Durch einen K. wird in einem größeren Bereich der Wirtschaft (Wirtschaftszweig oder Branche) ein Kontensystem angeboten und empfohlen, welches die Voraussetzung für eine formale Ähnlichkeit der einzelnen Buchhaltungen schafft und damit auch Vergleiche im materialen Bereich zwischen den Unternehmen ermöglicht. Das innerhalb eines Wirtschaftszweiges verwendete, als K. bezeichnete Kontenverzeichnis stellt also den einheitlichen Organisationsplan der Buchführung einer Wirtschaftsgruppe dar.
Der →Kontenplan dagegen stellt einen individuellen Organisationsplan der Buchführung des einzelnen Unternehmens dar.

# Kontenrahmen

## Kontenrahmen – Kontenklassen

| Kreditbanken (Großbanken, Regionalbanken, Privatbankiers) (Stand 1993) | Kreditgenossenschaften (Stand 1993) | Sparkassen (Stand 1993) |
|---|---|---|
| 0 Liquide Mittel, Wertpapiere | 0 | 0 Devisenbuchhaltung |
| 1 Gegenstände des Anlagevermögens, Sonstige Vermögensposten | 1 Geldverkehr, Kreditinstitute, Wertpapiere | 1 Spareinlagen, an Kunden verkaufte Schuldverschreibungen |
| 2 Forderungen an und Verbindlichkeiten gegenüber Kreditinstituten | 2 Forderungen und Verbindlichkeiten (Nichtbanken) Treuhandvermögen/-verbindlichkeiten | 2 Andere Verbindlichkeiten gegenüber Kunden, Kontokorrent- und Akzeptkredite, CpD |
| 3 Forderungen/Verbindlichkeiten gegenüber Kunden, sonstige Verbindlichkeiten | 3 Anlagevermögen, Sonstige Vermögenswerte und Verbindlichkeiten, Rechnungsabgrenzung | 3 Kasse, Sorten und Edelmetalle, Zins- und Dividendenscheine |
| 4 Verrechnungs- und Vermerkkonten | 4 Rückstellungen, Wertberichtigungen, Eigenkapital | 4 Forderungen und Verbindlichkeiten an bzw. gegenüber Kreditinstitute(n), an Kreditinstitute verkaufte Schuldverschreibungen, Treuhandverbindlichkeiten, Betriebsverrechnungskonten |
| 5 Zinserträge, Provisionserträge, Erträge aus Finanzgeschäften, sonstige betriebliche Erträge | 5 Eventualverbindlichkeiten, andere Verpflichtungen, Anhangangaben | 5 Wechsel, Schecks und sonstige zum Einzug erhaltene Papiere |
| 6 Zins- und Provisionsaufwendungen, Aufwendungen aus Finanzgeschäften, sonstige betriebliche Aufwendungen | 6 Aufwendungen | 6 Darlehen an Kunden, Treuhandvermögen |
| 7 Allgemeine Verwaltungsaufwendungen | 7 Erträge | 7 Wertpapiere, Devisen, Ausgleichsforderungen |
| 8 Bewertungsaufwendungen/-erträge, Außerordentliche Aufwendungen/Erträge, Ergebnisabhängige Aufwendungen/Erträge, Steuern | 8 Warengeschäft und weitere Geschäftszweige, Neben- und Hilfsbetriebe | 8 Sonstige Vermögensgegenstände, sonstige Forderungen und Verbindlichkeiten |
| 9 Eigenkapital, Risikofonds, Genußrechtskapital, Nachrangige Verbindlichkeiten, Sonderposten mit Rücklageanteil, Rückstellungen, Wertberichtigungen | 9 Interimskonten bei EDV-Anwendung | 9 Haftendes Eigenkapital nach § 10 KWG, Rückstellungen, Wertberichtigungen, Erfolgskonten und Abschlußkonten |

## Kontingentierung

Im *Bereich der Kreditwirtschaft* hat es von Institutsgruppe zu Institutsgruppe unterschiedliche Entwicklungen gegeben. Die längste Tradition findet sich bei den → Sparkassen, deren erster K. auf das Jahr 1933 zurückgeht. 1941 wurde bei allen Volksbanken nach mehrjähriger Erprobung ein eigener K. eingeführt. Bei den anderen Institutsgruppen fanden K. erst nach dem Kriege Anwendung.

(1) Der *K. der Sparkassen* enthält rund 800 Hauptbuchkonten, verteilt auf die Kontenklassen 1 bis 9. Die Hauptbuchkonten werden durch sechsstellige Kontonummern bezeichnet, deren erste Stelle die Zugehörigkeit zur Kontenklasse angibt; i. d. R. geben die ersten zwei Ziffern die Kontengruppe an; die Belegung der weiteren Stellen ist von der Gliederungstiefe abhängig; wird diese nicht ausgeschöpft, werden die weiteren Stellen durch Nullen aufgefüllt.

*Beispiel:*
Kontenklasse 100 000 → Spareinlagen, an Kunden verkaufte → Schuldverschreibungen
Kontengruppe 110 000 Spareinlagen
HK (Hauptbuchkonto) 111 000 Spareinlagen mit vereinbarter Kündigungsfrist von drei Monaten

Der K. war nicht nur stets an den Erfordernissen des → Jahresabschlusses ausgerichtet, sondern ebenso dazu bestimmt, die Voraussetzungen eines alle Sparkassen einbeziehenden → Betriebsvergleichs zu schaffen.

*Weitere K. innerhalb der deutschen Sparkassenorganisation:* 1955 wurde der K. der → Landesbanken/Girozentralen fertiggestellt. Er hat allerdings nie die Bedeutung des Sparkassenkontenrahmens erlangt. Ebenfalls mit dem Ziel, die Voraussetzungen für einen aussagefähigen Betriebsvergleich zu schaffen, ist 1976 ein K. für die Landesbausparkassen (→ öffentlich-rechtliche Bausparkassen) veröffentlicht worden.

*K. des privaten Bankgewerbes* (K. der → Kreditbanken): Der vom → Bundesverband deutscher Banken seinen Mitgliedsinstituten empfohlene K. weist zehn Kontenklassen auf, deren Einteilung nach dem Abschlußgliederungsprinzip erfolgt ist und die mit den Ziffern 0 bis 9 bezeichnet sind. Die Kontengruppen sind mit zweistelligen Ziffern gekennzeichnet; je nach Gliederungstiefe werden die einzelnen Konten mit drei bis vier Ziffern bezeichnet. Die wesentlichen Aufgaben des K. werden in der Schaffung einer gemeinsamen Basis für die → Rechnungslegung der Kreditbanken unter Berücksichtigung der Rechtsform der → Aktiengesellschaft gesehen, wobei eine in wesentlichen Punkten harmonisierte Rechnungslegung in der Weise angestrebt wird, daß auf der Grundlage des vorgelegten K. institutsindividuelle Kontenpläne aufgebaut werden sollten.

(2) *K. für → Kreditgenossenschaften:* Der K. enthält neun Kontenklassen, die sich in Hauptgruppen (zweistellig) und Untergruppen (dreistellig) gliedern; die eigentlichen Sachkonten sind mit vierstelligen Ziffern bezeichnet, von denen die erste Ziffer die Zugehörigkeit zur Kontenklasse angibt.

### Kontensparvertrag nach dem Fünften VermBG

→ Sparvertrag nach § 8 5. VermG zwischen einem → Arbeitnehmer und einem → Kreditinstitut, durch den der Arbeitnehmer im Regelfall verpflichtet wird, einmalig oder für die Dauer von sechs Jahren seit Vertragsabschluß laufend, mindestens aber einmal im Kalenderjahr, als Sparbeiträge → vermögenswirksame Leistungen einzahlen zu lassen oder andere Beträge einzuzahlen und bis zum Ablauf einer Sperrfrist (7 Jahre) die eingezahlten vermögenswirksamen Leistungen bei dem Kreditinstitut festzulegen und die Rückzahlungsansprüche aus dem → Vertrag weder abzutreten noch zu beleihen. Vorzeitige Verfügung ist unter den in § 8 Abs. 3–5 5. VermBG genannten Voraussetzungen zulässig, etwa zur Überweisung der eingezahlten Leistungen auf einen → Bausparvertrag.

### Kontingentierung

In der Außenwirtschaftspolitik eingesetzte Maßnahmen zur wert- oder mengenmäßigen Beschränkung des → Imports oder des → Exports innerhalb eines bestimmten Zeitraumes. Im → Außenhandel sind Importkontingente häufiger anzutreffen als Exportkontingente. Bei → internationalen Kapitalbewegungen werden Kontingente im Rahmen der Devisenbannwirtschaft wie auch der → Devisenbewirtschaftung verwendet. Kontingente können waren- oder länderspezifisch festgesetzt werden. Importkontin-

**Kontinuierliche Verzinsung**

gente schirmen den Inlandsmarkt in stärkerem Maße vom Ausland ab als → Zölle.
Nach dem → Allgemeinen Zoll- und Handelsabkommen (GATT) sind zwar mengenmäßige Beschränkungen im internationalen Handel grundsätzlich verboten (Ausnahmeregelungen gelten bei Zahlungsbilanzschwierigkeiten und für → Entwicklungsländer), doch sind sie ein in vielen Ländern verwendetes Instrument zur Abschirmung des Inlandsmarktes.

**Kontinuierliche Verzinsung,** → stetige Verzinsung.

**Kontinuierliche Zufallsgröße**
*Stetige Zufallsgröße.* Kann eine → Zufallsgröße in einem Intervall unendlich viele Werte annehmen (z. B. alle reellen Zahlen zwischen minus und plus unendlich), dann bezeichnet man sie als k. Z. oder stetige stochastische Variable. Beispiel für eine k. Z. X sind die prozentualen Kursveränderungen eines → Wertpapiers (z. B. → Aktie)
*Gegensatz:* → diskrete Zufallsgröße.

**Konto**
(von italienisch contare = zahlen). Ein K., das auf der Grundlage eines Kontokorrentvertrages gemäß §§ 355–357 HGB von einem → Kreditinstitut geführt wird, kann kreditorisch oder debitorisch sein (→ Kontokorrentkonto). Der Kontoinhaber erhält über die Bestandsveränderungen besondere Mitteilungen, entweder in Form von → Kontoauszügen oder besonders ausgestatteter → Urkunden (Sparbuch). Während in tatsächlicher Hinsicht das K. einen Inbegriff von Buchungsunterlagen darstellt, ist es in rechtlicher Hinsicht Teil der Handelsbücher i. S. von § 238 HGB. Über das von einem Kreditinstitut geführte K. (→ Bankkonto) wird das → Schuldverhältnis zwischen Kreditinstitut und Kunde beschrieben (§ 241 BGB).
Führt das Kreditinstitut für den Kunden ein K. auf *kreditorischer* Basis, so besitzt der Kunde als Inhaber des K. (→ Gläubiger) eine → Forderung (Einlagenforderung) gegenüber dem Kreditinstitut aus § 607 BGB (Rückgewährungsanspruch aus → Darlehen) oder aus § 700 BGB (Rückgewährungsanspruch aus unregelmäßiger → Verwahrung). Ein solches K. nimmt Bestände von → Einlagen und deren Veränderung auf. Bestandsveränderungen entstehen durch Gutschriften (z. B. Bareinzahlungen, Zinsgutschriften) und durch Verfügung. Das K. kann → Einzelkonto oder → Gemeinschaftskonto (Unterscheidung nach der Personenzahl) bzw. → Eigenkonto oder → Fremdkonto (Unterscheidung nach der wirtschaftlichen Berechtigung des Gläubigers/der Gläubiger) sein.
Besitzt dagegen das kontoführende Kreditinstitut ein Forderungsrecht aus § 607 BGB gegenüber dem Kunden, wird das entsprechende Konto *debitorisch* geführt, so handelt es sich um ein → Darlehenskonto. Der Kontoinhaber ist → Schuldner gegenüber dem Kreditinstitut. Das debitorisch geführte K. kann Einzelkonto oder Gemeinschaftskonto sein.

**Kontoauszug**
Abschrift oder Durchschrift der → Umsätze auf den Kontokarten zur Unterrichtung des Kunden über die Kontenbewegungen, in der BRD bei allen Kreditinstituten eingeführt, auch Tagesauszug genannt. Im Zweigangverfahren der Bankbuchhaltung sind mit der Erstellung des K. keine besonderen → Kosten verbunden. – Häufig wird nur monatlich ein K. angefertigt; das ist rationeller und erleichtert die elektronische Datenverarbeitung.
Saldomitteilungen der → Kreditinstitute im Kontoauszug stellen keine Saldierung im Rechtssinne dar, sie haben keine schuldumschaffende Wirkung. Ein im K. dem Kunden mitgeteilter Tagessaldo verschafft dem Kunden eine Dispositionsgrundlage. Die Zinsberechnung erfolgt auf der Grundlage der aus den → Wertstellungen ermittelten → Salden.

**Kontoauszugsdrucker (KAD)**
Im Rahmen der Bankenautomation dem Kunden zugänglich installiertes Selbstbedienungsgerät, das bei Bedarf, nach Eingabe einer → eurocheque-Karte oder Bankkundenkarte als Berechtigungsausweis, den → Kontoauszug erstellt. Die vom System für den Druck des Kontoauszuges benötigten Angaben sind auf dem Magnetstreifen (→ Magnetstreifenkarte) gespeichert, der auf der Karte angebracht ist.

**Kontoeröffnung**
*Prüfungspflicht der Kreditinstitute:* Die Prüfungspflichten des → Kreditinstituts bei K. umfassen (1) Prüfung der Legitimation (Feststellung der Identität des Verfügungsberechtigten), um gemäß § 154 Abs. 2 AO

## Kontoguthabenumstellungsgesetz

dem Grundsatz der Kontowahrheit zu entsprechen (→ Legitimationsprüfung), (2) Prüfung der devisenrechtlichen Stellung, um i. S. von § 4 AWG zwischen → Gebietsansässigen und → Gebietsfremden zu unterscheiden (→ Ausländer-DM-Konten), (3) Prüfung der → Rechtsfähigkeit und der → Geschäftsfähigkeit.

### Kontoerrichtung
*Für geschäftsunfähige und beschränkt geschäftsfähige Personen:* → Kreditinstitute dürfen → Konten für geschäftsfähige Personen (→ Geschäftsfähigkeit) nur durch → gesetzliche Vertreter eröffnen lassen. Verfügungsberechtigt sind die gesetzlichen Vertreter. Eltern können im Rahmen ihres gesetzlichen Vertretungsrechts (→ elterliches Vertretungsrecht) ein Konto für ihr Kind auch auf dessen Namen einrichten. Konten für Geschäftsunfähige müssen in der Kontobezeichnung einen deutlichen Hinweis auf die Geschäftsfähigkeit erhalten.

Kreditinstitute dürfen Konten für beschränkt geschäftsfähige Personen durch den/die gesetzlichen Vertreter oder durch den beschränkt Geschäftsfähigen selbst eröffnen lassen, sofern er die Zustimmung des gesetzlichen Vertreters hat. Hat der gesetzliche Vertreter den beschränkt geschäftsfähigen → Minderjährigen zum Eingehen eines Dienst- oder Arbeitsverhältnisses ermächtigt (§ 113 BGB) und ihm den Lohn generell zur freien Verfügung überlassen, kann dieser Minderjährige selbst ein Konto eröffnen und darüber verfügen. Im Ausbildungsverhältnis (→ Auszubildender) fällt nicht unter die Regelung der erweiterten Geschäftsfähigkeit nach § 113 BGB. Für die Eröffnung eines Kontos, auf dem die Ausbildungsvergütung eingehen soll, und für Vergütungen über dieses Konto ist die Zustimmung des gesetzlichen Vertreters erforderlich. Kreditinstitute haben darauf zu achten, daß Konten von Minderjährigen stets auf Guthabenbasis geführt werden. → Kontoüberziehungen sind → Kredite, zu deren Aufnahme neben der Mitwirkung des gesetzlichen Vertreters die Zustimmung des Vormundschaftsgerichts (→ Vormundschaft) erforderlich ist (§ 1822 BGB). Minderjährige sind nicht scheckfähig (→ Scheckfähigkeit). Für Kreditgewährungen an beschränkt Geschäftsfähige ist die → Einwilligung des gesetzlichen Vertreters (§§ 107, 114 BGB) und die Genehmigung des Vormundschaftsgerichts (§§ 1643, 1822 BGB) erforderlich. Ein ohne diese Voraussetzung geschlossener → Kreditvertrag (die gleiche Rechtslage liegt bei stillschweigend gestatteter Kontoüberziehung vor) ist schwebend unwirksam. Bei Verweigerung der → Genehmigung durch den gesetzlichen Vertreter oder durch das Vormundschaftsgericht ist der Kreditvertrag von Anfang an nichtig.

Auch für die Eröffnung von → Sparkonten benötigt ein beschränkt Geschäftsfähiger die Zustimmung des gesetzlichen Vertreters. Im Rahmen des § 110 BGB ist es möglich, daß ein Minderjähriger ein Sparkonto selbst eröffnen läßt, wenn er darauf lediglich Mittel einzahlt, die ihm zur freien Verfügung überlassen sind.

### Kontoguthabenumstellungsgesetz
Kurzbezeichnung für das „Gesetz über die nachträgliche Umstellung von Mark der Deutschen Demokratischen Republik auf Deutsche Mark für Kontoguthaben natürlicher Personen" vom 24. 7. 1992 (BGBl. I, S. 1389). Das K. (KGUG) verlängerte die Frist für Umstellungsanträge, die nach Art. 5 Abs. 3 der Anlage I zum deutsch-deutschen Staatsvertrag vom 18. 5. 1990 (→ Währungsunion mit der (ehemaligen) DDR) für → natürliche Personen wie für → juristische Personen oder sonstige Stellen in der DDR zum 6. 7. 1990, für Antragsteller außerhalb der DDR nach Art. 5 Abs. 4 zum 13. 7. 1990 ablief. Bei unverschuldeter Fristversäumnis war noch bis 30. 11. 1990 ein Antrag auf Wiedereinsetzung in den vorigen Stand möglich (Art. 5 Abs. 7). § 1 KGUG sieht eine Umstellung des auf Mark der DDR lautenden Guthabens bei einem → Geldinstitut in der DDR zu einem Umstellungssatz von 2 zu 1 bzw. 3 zu 1 vor, wenn das Gesamtguthaben mindestens 500 Mark der DDR betrug und der Antrag bis zum 30. 6. 1993 beim kontoführenden Institut gestellt wurde. Die aus der Umstellung entstehenden → Ausgleichsforderungen werden ab dem 1. Kalendertag des auf die Umstellung folgenden Quartals verzinst. Übersteigt der Betrag 50.000 Mark der DDR, muß das Geldinstitut der Prüfbehörde Währungsumstellung (→ Währungsumstellungsfolgengesetz) eine Abschrift des Umstellungsbescheides zur Prüfung zu übermitteln (§ 2 KGUG). Zur nachträglichen Umstellung von Kontoguthaben hat die → Deutsche Bundesbank Hinweise zusammengestellt.

## Kontokalkulation

### Kontokalkulation

→ Profit-Center-Rechnung, bei der → Erlöse und → Kosten eines einzelnen Kundenkontos gegenübergestellt werden, um den → Deckungsbeitrag des Kontos zum Ergebnis der Bank festzustellen. Die K. stellt somit ein Informationsinstrument dar, das sowohl dem Kundenbetreuer als auch der → Geschäftsführung Entscheidungshilfen zur Verfügung stellt, z. B. für die → Konditionengestaltung.
Grundlage der K. sind die → Marktzinsmethode und die → Standardeinzelkostenrechnung. Die Ergebnisse von K. können zur → Kundenkalkulation (Kalkulation einer Geschäftsverbindung) und zur → Kundengruppenkalkulation zusammengeführt werden.

### Kontokorrent

Laufende Rechnung (ital. conto corrente) auf der Grundlage der §§ 355–357 HGB (→ Kontokorrentkonto). Das K. ist eine Verrechnungsart für die beiderseitigen → Ansprüche aus einer Geschäftsverbindung zwischen zwei Parteien (wobei eine Partei → Kaufmann im Sinne des HGB sein muß) mit der Abrede, daß die Ansprüche in regelmäßigen Zeitabschnitten (Kontokorrentperioden) durch Saldofeststellung in Rechnung gestellt werden (Kontokorrentabrede). Das K. reduziert eine Mehrzahl gegenseitiger Ansprüche auf eine Geldforderung bzw. eine → Geldschuld (→ Saldo). Während der Kontokorrentperioden sind die in das K. eingestellten beiderseitigen Ansprüche gestundet. Die → Verjährung ist gehemmt. Über Einzelansprüche kann nicht verfügt werden. Bei Abschluß der Kontokorrentperiode (Rechnungsabschluß, der mangels anderweitiger Vereinbarungen einmal jährlich erfolgt) tritt an die Stelle der Einzelansprüche der Saldoanspruch (schuldumschaffende Saldierung). Der Saldoanspruch kann durch Zahlung erfüllt werden; dann erlischt das → Schuldverhältnis (§ 362 Abs. 1 BGB). Der Saldoanspruch wird i. d. R. auf neue Rechnung vorgetragen. Durch Saldomitteilungen (bei Rechnungsabschluß) und Saldoanerkennung wird ein Vertrag über ein abstraktes → Schuldanerkenntnis aus §§ 781 und 782 BGB geschlossen (→ Bankkontokorrente). Sicherheiten für einen Einzelanspruch bestehen trotz der schuldumschaffenden Saldierung fort (§ 356 HGB). Der Saldoanspruch ist zu verzinsen (Aufhebung des Zinseszinsverbots nach § 248 BGB). Ein K. kann im Zweifel jederzeit gekündigt werden (§ 355 Abs. 3 HGB).

### Kontokorrentbürgschaft, → Kreditbürgschaft.

### Kontokorrentkonto

*laufendes Konto*; → Konto, das der Verrechnung gegenseitiger → Ansprüche und Leistungen in regelmäßigen Zeitabschnitten dient. Von → Kreditinstituten geführte K. (→ Bankkontokorrente) dienen der Verrechnung beiderseitiger Ansprüche aus der → Geschäftsverbindung; es sind → Kontokorrente i. S. von § 355 HGB. Jedes K. bildet ein selbständiges Kontokorrent. → Einlagen, die auf K. der Kreditinstitute unterhalten werden, sind zwar fällige Einlagen (→ Sichteinlagen). Der Kontoinhaber kann mithin jederzeit über derartige Guthaben verfügen. Kontokorrenteinlagen stellen aber keine täglich fälligen Depositen im Rechtssinne dar, für die i. a. eine → unregelmäßige Verwahrung gemäß § 700 BGB angenommen wird. Das K. dient nicht der → Verwahrung von Einlagen auf Veranlassung und im überwiegenden Interesse des Einlegers. Vielmehr beinhaltet das Kontokorrent ein gegenseitiges Abrechnungssystem gemäß §§ 355ff. HGB. Dabei kann sowohl Guthabensaldo (Kreditsaldo) als auch ein Schuldsaldo (Debetsaldo) auftreten.

*Erteilung des Rechnungsabschlusses:* Gemäß § 355 Abs. 2 HGB muß bei einem K. mindestens einmal jährlich ein Rechnungsabschluß (unter entsprechender Kennzeichnung in den Büchern des Kreditinstituts) vorgenommen werden (→ Rechnungsabschluß bei Kontokorrentkonten). Aus Nr. 7 Abs. 1 AGB Banken (Nr. 7 Abs. 2 AGB Sparkassen) folgt aber, daß das Kreditinstitut den Rechnungsabschluß dem Kunden zu erteilen hat. Das erfordert eine entsprechende Kennzeichnung des Rechnungsabschlusses im → Kontoauszug und Zusendung an den Kunden oder Bereithaltung des im Kontoauszug dokumentierten Rechnungsabschlusses zur Selbstabholung durch den Kunden. In der Praxis der Kreditinstitute wird ein Rechnungsabschluß häufiger als einmal pro Jahr erteilt. Üblich sind Monats- oder Quartalsabschlüsse. Derartige kürzere Zeitabschnitte sind aber vor ihrer Einführung dem Kontoinhaber mitzuteilen.

## Kontokorrentkredit

*Anerkennung des Rechnungsabschlusses:*
Der handelsrechtliche Rechnungsabschluß bedarf zu seiner Verbindlichkeit der Anerkennung des →Saldos durch den Kunden. Diese Saldoanerkennung erfolgt stillschweigend, d. h. durch Unterlassen von schriftlichen Einwendungen innerhalb der Ausschlußfrist von vier Wochen nach Zugang des Rechnungsabschlusses (Nr. 7 Abs. 3 AGB Sparkassen, ähnlich Nr. 7 Abs. 2 AGB Banken). Die Saldoanerkenntnis im Rahmen eines förmlichen Rechnungsabschlusses schafft einen selbständigen, vom früheren Schuldgrund losgelösten Schuldanspruch i. S. von § 781 BGB. Es findet eine Schuldumwandlung statt mit der Konsequenz, daß der sich ergebende Anspruch alle bisherigen gestundeten beiderseitigen Einzelansprüche zum Erlöschen bringt (schuldumschaffende oder novierende Kraft des Saldoanerkenntnisses). Übrig bleibt nur noch ein Anspruch aus dem Saldoanerkenntnis. Dieser festgestellte Saldo kann beispielsweise auch abgetreten (→Abtretung) oder verpfändet (→Pfandrecht an Rechten) werden. Nicht möglich ist dagegen infolge der Bindung der beiderseitigen Ansprüche während einer Kontokorrentperiode eine Abtretung oder →Verpfändung einer kontokorrentzugehörigen Einzelforderung, z. B. aus Überweisungs-, Lastschrift- oder Scheckgutschriften (§ 355 HGB, §§ 399, 1274 Abs. 1 BGB).

*Pfändung, Pfandrecht und Zurückbehaltungsrecht nach AGB:* →Pfändung von Bankkonten, →AGB-Pfandrecht der Kreditinstitute, →Zurückbehaltungsrecht.

### Kontokorrentkredit

→Barkredit in →laufender Rechnung, den →Banken und →Sparkassen auf einem laufenden Konto (→Kontokorrentkonto) zur Verfügung stellen und den der Kreditnehmer innerhalb der vereinbarten →Laufzeit im Rahmen der abgesprochenen →Kreditlinie in Anspruch nehmen kann.

*Arten:* (1) *K. an Unternehmen* sind →Betriebsmittelkredit (→Betriebsmittel), →Saisonkredit, →Überbrückungskredit. Zweck: →Finanzierung der umlaufenden Betriebsmittel und des Produktionsprozesses [Gütererzeugung, Güterbereitstellung]). →Zwischenkredit: →Vorfinanzierung und Zwischenfinanzierung bereits fest zugesagter oder in Aussicht genommener langfristiger Darlehensmittel (z. B. →Hypothekendarlehen) im Rahmen der →Baufinanzierung oder Immobilienfinanzierung. (2) *K. an Privatpersonen* wird als standardisierter →Dispositionskredit zur Verfügung gestellt. Zweck: Konsumfinanzierung (→Konsumentenkredit).

*Kreditbesicherung:* Wird der Kredit nicht ungedeckt (blanko) zur Verfügung gestellt, kommen alle →Kreditsicherheiten in Frage. „Klassische" (aber auch arbeitsaufwendige) Sicherheiten für K. (die in großem Umfange der Finanzierung von Wareneinkäufen und der Kundenforderungen dienen) sind Warenübereignung und die (meist stille) Zession (→Abtretung) von Kundenforderungen.

*Kosten für den Kreditnehmer:* (1) →Zinsen (monatlich oder vierteljährlich nachträglich) auf den in Anspruch genommenen Betrag. Der Zinssatz wird zwischen Kreditinstitut und Kreditnehmer zumeist „bis auf weiteres" vereinbart. Der →Kreditvertrag sieht dann vor, daß bei geänderten Verhältnissen am →Geldmarkt bzw. am →Kapitalmarkt der Zinssatz entsprechend verändert werden kann. Da das Kontokorrent von beiden Seiten jederzeit einseitig aufgehoben werden kann, ist auch der Kreditnehmer in der Lage, Zinssatzänderungen entsprechend seiner Verhandlungsstärke gegenüber dem Kreditinstitut durchzusetzen. (2) →Kreditprovision oder Bereitstellungsprovision auf Höchstinanspruchnahme oder Limit, gerechnet in Höhe des nicht in Anspruch genommenen Kreditbetrages. (3) Kontoführungsgebühren, Bearbeitungsgebühren je nach Anlaß (für Sicherheitenbestellung, -prüfung usw.). (4) →Überziehungsprovision zusätzlich zu a–c, sofern die Bank Inanspruchnahmen oberhalb der vereinbarten Kreditlinie zuläßt.

*Rechtsgrundlagen:* Für die Abwicklung von K. sind neben dem Kreditvertrag die →Allgemeinen Geschäftsbedingungen (AGB) der Kreditinstitute, die Bestimmungen des HGB über das Kontokorrentkonto (§ 355 ff. HGB) und die Bestimmungen des BGB über das →Darlehen (§§ 607 ff. BGB) maßgeblich. Die Entgeltklauseln der →Allgemeinen Geschäftsbedingungen (Nr. 12 AGB Banken, Nr. 17 AGB Sparkassen) unterscheiden zwischen dem Geschäft mit dem →Privat- und dem →Firmenkunden. Der Privatkunde wird auf den →Preisaushang (nach § 3 →Preisangabenverordnung), mit

951

**Kontokorrentvorbehalt**

dem Kreditinstitute über die „Regelsätze im standardisierten Privatkundengeschäft" informieren, und auf das →Preisverzeichnis (freiwillig eingeführt durch Banken und Sparkassen) hingewiesen. Maßgeblich sind die Angaben in der jeweils aushängenden oder ausliegenden Fassung. Im →Firmenkundengeschäft unterliegt die Höhe von →Zinsen und Entgelten der freien Vereinbarung.

**Kontokorrentvorbehalt**
Abrede, wonach bei →Sachsicherheiten die gegebene Sicherheit nicht nur für eine ganz bestimmte →Forderung des →Gläubigers gegen den →Schuldner, sondern für sämtliche, auch künftige Forderungen aus der laufenden Geschäftsverbindung gelten soll. Werden die Forderungen aus der Geschäftsverbindung mit allen Unternehmungen eines →Konzerns einbezogen, spricht man von einem Konzernvorbehalt. Besondere Bedeutung hat der K. für den →Eigentumsvorbehalt (→erweiterter Eigentumsvorbehalt) von Lieferanten, das →AGB-Pfandrecht der Kreditinstitute, die →Sicherungsabtretung, die →Sicherungsübereignung sowie die →Sicherungsgrundschuld.

**Kontokorrentzinsen in einkommensteuerlicher Sicht**
→Schuldzinsen aus der Inanspruchnahme von →Kontokorrentkrediten können nur dann als →Betriebsausgaben abgezogen werden, wenn die Kreditinanspruchnahmen durch betriebliche Zahlungen entstanden sind. Soweit anteilig ein Schuldsaldo (eines gemischten →Kontokorrentkontos) aus privaten Entnahmen herrührt, gehört die Schuld zum Privatvermögen, anteilige Schuldzinsen können dann nicht berücksichtigt werden. Im Falle des Zwei-Konten-Modells werden über ein →Konto alle →Betriebsausgaben, über das zweite Konto alle Betriebseinnahmen sowie alle privaten Ausgaben abgewickelt. Die für das erste Konto anfallenden Schuldzinsen sind danach ausschließlich betrieblich veranlaßt und können voll als Betriebsausgabe abgezogen werden.

**Konto pro Diverse,** →CpD-Konto.

**Kontosperre**
Vertragliche Vereinbarung zwischen →Kreditinstituten und →Gläubigern, →Sichteinlagen oder →Spareinlagen einer Sperrung zu unterwerfen, so daß Verfügungen über das Guthaben nur nach dem Inhalt des Sperrvermerks zulässig sind. Bei →Sparkassen ist die K. für →Sparkonto und Sparbuch in der Mustersatzung/Sparkassenverordnung im einzelnen geregelt. Danach kann die Sparkasse auf Antrag des Berechtigten die Spareinlage bis zu einem bestimmten Zeitpunkt oder bis zum Eintritt eines bestimmten Ereignisses durch Eintragung eines entsprechenden Vermerks in den Kontounterlagen und im Sparkassenbuch sperren. Eine andere Sperrungsmöglichkeit besteht darin, Verfügungen nur mit Zustimmung einer dritten Person zuzulassen. Die Sperre bezieht sich, soweit nichts anderes vereinbart ist, auf das gesamte Spareinguthaben einschließlich →Zinsen. Die Sperre wird unwirksam, wenn die →Person stirbt, zu deren Gunsten der Sperrvermerk eingetragen ist. Sie wird ebenfalls hinfällig, wenn ein bestimmter Zeitpunkt oder ein erwartetes Ereignis eingetragen sind. Stellt sich heraus, daß das Eintreffen des Ereignisses, woran das Freiwerden der Spareinlagen geknüpft ist, objektiv unmöglich geworden ist, so wird die Sperrung ebenfalls unwirksam. In jedem Fall darf die Sperre nur durch eine entsprechende Aufhebungsvereinbarung des Gläubigers mit dem Sparinstitut aufgehoben werden. Während der Sperre der Spareinlage/des Sparkassenbuchs ist die Legitimationswirkung der Sparkassenurkunde aufgehoben. Diese lebt nach Unwirksamwerden der Sperre automatisch wieder auf.
Eine K. beruht nicht immer auf einer freiwilligen vertraglichen Vereinbarung. Gesetzliche (bei Sparkassen außerdem sparkassenrechtliche) Bestimmungen verpflichten die Kreditinstitute, in besonderen Fällen eine K. zu veranlassen. So etwa bei →Mündelgeldern (§ 1809 BGB), im Rahmen von Maßnahmen zur →Devisenbewirtschaftung oder bei einer →Währungsreform. →Konten mit Sperrvermerken, die eine Einschränkung der Verfügungsbefugnis des Kontoinhabers zum Inhalt haben, werden auch als →Sperrkonten bezeichnet.

**Kontoüberziehung**
Inanspruchnahme eines →Kontokorrentkontos über einen mit der →Bank vereinbarten Rahmen hinaus, wobei entweder das →Konto kreditorisch zu führen ist (wie z. B. nach Abschn. II Nr. 3 der AGB der Bundesbank) oder die Obergrenze des →Überziehungskredits (Dispokredits) überschritten

wird („geduldete Kontoüberziehungen" i. S. v. Nr. 18 AGB Sparkassen). Bei einer K. sind nach Nr. 12 Abs. 6 AGB Banken bzw. Nr. 18 AGB Sparkassen im Preisaushang (→ Preisangabenverordnung) aufgeführte → (Überziehungs-)Zinsen zu zahlen. Duldet ein → Kreditinstitut eine K. länger als drei Monate, muß es einen Verbraucher (§ 1 Abs. 1 VerbrKrG) über den Jahreszins, die Kosten sowie die diesbezüglichen Änderungen unterrichten, was auch in Form eines Ausdrucks auf einem → Kontoauszug geschehen kann (§ 5 Abs. 2 VerbrKrG). (→ Überziehungskredit)

### Kontovollmacht

Vom Kontoinhaber einer dritten → Person erteilte → Vollmacht, über das → Bankkonto des Kontoinhabers Verfügungen zu treffen (→ Verfügungsberechtigung über Bankkonten) und sonstige Handlungen vorzunehmen, die im unmittelbaren Zusammenhang mit dem betreffenden → Konto stehen.

*Erteilung:* K. werden überwiegend für → Girokonten erteilt. Für Girokunden vertretungs- oder verfügungsberechtigte Personen sind der Sparkasse gegenüber mit eigenhändigen Unterschriftsproben auf den von der Sparkasse bereitgestellten Vordrucken bekanntzugeben. Ähnlich verfahren die anderen → Kreditinstitute. Soweit im Sparverkehr eine K. erteilt wird, hat das Kreditinstitut zu entscheiden, ob der Bevollmächtigte im Sparbuch eingetragen werden soll. Ein Vermerk im Sparbuch ist im übrigen Voraussetzung für den Fall, daß der Bevollmächtigte auch im → freizügigen Sparverkehr verfügen kann.

*Umfang:* Der Bevollmächtigte besitzt uneingeschränkte Verfügungsbefugnis über das gesamte Kontoguthaben. Bei einem Girokonto kann die Verfügung des Bevollmächtigten auch zu einer Überschreitung eines eingeräumten Kredites oder zu einer → Kontoüberziehung innerhalb gewisser Grenzen führen, wofür der Kontoinhaber haftet. Dagegen ist der Kontobevollmächtigte üblicherweise nicht berechtigt, → Kontokorrentkredite im Namen des Kontoinhabers aufzunehmen. Der Kontobevollmächtigte ist weiterhin berechtigt, Scheckformulare entgegenzunehmen und → Schecks auszustellen. Ihm kann auch eine → Scheckkarte ausgehändigt werden. Schließlich ist er berechtigt, Kontosalden zu bestätigen und → Kontoauszüge entgegenzunehmen.

*Arten:* Der Kontoinhaber kann bestimmen, daß die Vollmacht sofort wirksam wird und über den Tod hinaus weiter gelten soll. Man spricht dann von einer „Vollmacht über den Tod hinaus" (transmortale Vollmacht). Bei einer „Vollmacht für den Todesfall" (postmortale Vollmacht) erlangt der Bevollmächtigte erst nach dem Tode des Kontoinhabers das Verfügungsrecht. In selteneren Fällen gilt die Vollmacht auch nur bis zum Tode des Kontoinhabers. Ist der Kontoinhaber verstorben, so können die → Erben ihrerseits einen Bevollmächtigten bestellen (Erbschaftsvollmacht), der alle in der Nachlaßsache des → Erblassers erforderlichen Verfügungen treffen kann (→ Nachlaßkonto). In der Praxis der Kreditinstitute sind K. meistens Einzelvollmachten, d. h. der Bevollmächtigte kann alleine gegenüber dem Kreditinstitut tätig werden. Bei einer Gemeinschaftsvollmacht wirken mindestens zwei Bevollmächtigte zusammen oder der Bevollmächtigte ist nur berechtigt, mit einem Mitkontoinhaber eines → Gemeinschaftskontos zu handeln.

*Widerruf:* Gemäß Nr. 4 Abs. 1 AGB Sparkassen gilt die K. bis zum Empfang des schriftlichen Widerrufs beim betreffenden Kreditinstitut. Ein Widerruf ist auch dann erforderlich, wenn die vertretungs- bzw. verfügungsberechtigten Personen in einem → öffentlichen Register eingetragen sind und die Änderungen veröffentlicht sind. Das Kreditinstitut kann sich aber nicht auf eine fehlende schriftliche Anzeige des Widerrufs einer K. berufen, wenn ihm das Erlöschen bekannt oder infolge → Fahrlässigkeit nicht bekannt war. Zum Widerruf der K. ist grundsätzlich nur der Kontoinhaber selbst berechtigt; nach seinem Tod die Erben. Widerruft aus einer → Erbengemeinschaft nur ein Miterbe die Vollmacht, so bleibt die Berechtigung des Bevollmächtigten zur Vertretung der übrigen Miterben erhalten.

### Konto zugunsten Dritter

→ Konto, das auf der Grundlage eines → Vertrags zugunsten Dritter (§ 328 BGB) errichtet wird. Der Dritte erwirbt durch den Vertrag zwischen der → Bank oder Sparkasse (Versprechende) und dem Kunden (Versprechensempfänger) ein Forderungsrecht gegen das → Kreditinstitut.
Beispiel: Die Großmutter eröffnet für ihren Enkel (auf dessen Namen) ein → Sparkonto,

### Kontrahentenrisiko bei Devisengeschäften

das sie diesem mit Erreichen des achtzehnten Lebensjahres aushändigt.
(→ Bankkonten)

### Kontrahentenrisiko bei Devisengeschäften

Risiko, daß die Gegenpartei bei einem → Devisengeschäft ausfällt und eine ursprünglich abgesicherte → Position zum aktuellen Marktkurs abgewickelt werden muß. Das Risiko auf die Position ergibt sich somit aus der Differenz zwischen dem ursprünglichen Absicherungskurs und dem aktuellen Marktkurs. Das K. kann bei Terminsicherungen und derivativen Geschäften wie → Optionen und → Swaps auftreten. Bei börsengehandelten Produkten entfällt es hingegen, weil sich die Börsengesellschaft zur Erfüllung der Geschäfte verpflichtet und damit das K. trägt.

### Kontrahierungszwang

Gesetzlich auferlegte Pflicht, das Angebot einer anderen → Person zum Abschluß eines → Vertrages anzunehmen. Im → öffentlichen Recht gibt es neben dem nur einseitigen K. auch für beide Seiten geltende Verpflichtungen zum Eingehen eines → Schuldverhältnisses (Anschluß- und/oder Benutzungszwang z. B. für Wasserversorgung). Angesichts der allgemeinen → Vertragsfreiheit unterliegen auch → öffentliche Banken nur ausnahmsweise einem K. Bei → Sparkassen ergibt sich die in den Sparkassengesetzen normierte Pflicht, → Spareinlagen von jedermann anzunehmen, aus deren öffentlicher Aufgabenstellung, nämlich der Bevölkerung Gelegenheit zur sicheren, verzinslichen Geldanlage zu bieten. Für die → Deutsche Bundespost POSTBANK sah § 8 Abs. 1 PostG einen K. („Zulassungspflicht") sowohl im → Postsparkassendienst als auch im → Postgirodienst vor. Mit der zweiten Postreform wurde diese Pflicht zum 1. 1. 1995 für die → Deutsche Postbank AG aufgehoben.

### Kontrakt

→ Vertrag, bei → Termingeschäften häufig Vertrag mit standardisiertem Inhalt (standardisierter → Terminkontrakt, → Future).

### Kontraktgegenstand, → Basiswert.

### Kontraktspezifikationen

Ausgestaltungsmerkmale von standardisierten → Terminkontrakten, wie → Futures, → Optionen, → Swaps.

### Kontrolliertes Floating, → Floating.

### Kontrollmitteilung

Nach § 194 Abs. 3 AO Feststellung, die ein Mitarbeiter der Finanzverwaltung anläßlich einer → Außenprüfung oder bei einer anderen Gelegenheit über steuerlich relevante Verhältnisse dritter → Personen oder des → Steuerpflichtigen selbst trifft und die den für diese Person zuständigen Finanzämtern oder anderen → Finanzbehörden zur zweckgerechten Verfügung zugestellt werden. → Bankkunden sind nach § 30 a Abs. 3 AO gesetzlich davor geschützt, daß Guthabenkontos oder → Depots, bei deren Errichtung eine → Legitimationsprüfung nach § 154 Abs. 2 AO vorgenommen worden ist, anläßlich der Außenprüfung bei einem → Kreditinstitut zwecks Nachprüfung der ordnungsmäßigen Versteuerung festgestellt oder abgeschrieben werden dürfen. Das Ausschreiben von K. soll insoweit unterbleiben. K. können dagegen aus → CpD-Konten gezogen werden, weil bei ihnen die Legitimationsprüfung entfällt.

### Konvergenz, → Basiskonvergenz.

### Konversion

*Konvertierung*; im wertpapierrechtlichen Sinne die Umwandlung einer → Anleihe (→ Schuldverschreibung) in eine andere mit geänderten Zins- und/oder Tilgungsbedingungen (→ Konversionsanleihe).

### Konversionsanleihe

→ Anleihe (→ Schuldverschreibung), die durch Umwandlung (→ Konversion) der Schuldbedingungen (Zinssatz, → Laufzeit, Tilgungsbedingungen) einer bestehenden Anleihe entstanden ist. Der Anleiheschuldner ist zu einer Konversion berechtigt, wenn ihm eine solche Befugnis ausdrücklich in den Anleihebedingungen eingeräumt oder ihm ein Recht auf → Kündigung der Anleihe zugestanden worden ist. Nach Kündigung kann er die Konversion durch Ausgabe einer neuen Anleihe mit geänderten Bedingungen durchführen. I. a. erfolgt die Konversion durch Kündigung der alten Anleihe seitens des → Schuldners bei deutlich sinkendem → Kapitalmarktzins. Die → Gläubiger entscheiden, ob sie in die Konvertierung einwilligen oder ob sie das gleichzeitig bekanntgegebene Rückzahlungsangebot vorziehen. Eine Konvertierung erfolgt auf freiwilliger Basis. Eine Zwangskonversion kann nur durch Gesetz verfügt werden (z. B. im Zusammenhang mit einer → Währungsreform). Eine „De-facto-Zinskonvertierung" nach unten liegt vor, wenn der Schuldner von einem vorzeitigen Kündigungsrecht Gebrauch macht und den Altobligationären eine neue Anleihe mit niedrigerem → Nominalzins anbietet. Bei Heraufkonvertierungen (Erhöhung der Nominalverzinsung) kann eine Rückfrage bei den Anleihegläubigern entfallen, zumal hierbei die → Rückzahlung des Kapitalbetrages nicht angeboten wird. Eine Heraufkonvertierung kann zum Zwecke der Verbesserung des Emissionskredites erfolgen.

**Konversionsfaktor,** → Preisfaktor.

**Konvertibilität**
*Konvertierbarkeit;* Umtauschfähigkeit einer → Währung in eine andere. Nach Art. VIII des → Bretton-Woods-Abkommens (→ Internationaler Währungsfonds) gilt eine Währung dann als konvertibel, wenn sich das Emissionsland allen Verpflichtungen des Art. VIII voll unterwirft, d. h. vor allem Zahlungen und → Überweisungen für laufende internationale Geschäfte uneingeschränkt zuläßt sowie gewisse Verpflichtungen zum Umtausch seiner in den Händen anderer Länder befindlichen Bestände in seiner Währung übernimmt. Die D-Mark ist seit Anfang 1959 konvertierbar. In wirtschaftlichen Krisenzeiten pflegen Staaten die K. im Rahmen einer → Devisenbewirtschaftung einzuschränken oder völlig abzuschaffen, wie es nach dem Ersten und Zweiten Weltkrieg geschah.

*Einschränkungen:* Man unterscheidet zwischen Ausländer-K. (Umwandlungsmöglichkeit nur für Ausländer) und Inländer-K. (Umwandlungsmöglichkeit nur für Inländer) sowie Teil-K. (Umtauschbarkeit nur in bestimmte Währungen). Die K. von Währungen ist eine Voraussetzung für einen freien internationalen Wirtschaftsverkehr. K. läßt sich auf lange Sicht nur aufrechterhalten, wenn kein Anreiz zur → internationalen Devisenspekulation besteht und → Devisenreserven zum Ausgleich kurzfristiger Ungleichgewichte der → Zahlungsbilanz vorhanden sind.

**Konvertierbarkeit,** → Konvertibilität.

**Konvertierung,** → Konversion.

**Konzern**

**Konvertierungsrisiko**
→ Währungsrisiko, das in zukünftig nicht mehr bestehender → Konvertibilität einer fremden → Währung liegt.

**Konvexität,** → Convexity, → positive Convexity.

**Konzern**
Wirtschaftseinheit, die durch kapitalmäßige, personelle und/oder vertragliche Verbindungen rechtlich selbständig bleibender Unternehmen besteht.

*Konzernbegriff des AktG und aktienrechtliche Konzernarten:* Nach § 18 Abs. 1 AktG liegt ein K. vor, wenn ein herrschendes und ein oder mehrere → abhängige Unternehmen unter der einheitlichen Leitung des herrschenden Unternehmens zusammengefaßt sind. Die einzelnen Unternehmen sind Konzernunternehmen. Im Rahmen der → verbundenen Unternehmen wird mit dem K. ein höchster Intensitätsgrad der Einflußnahme erreicht. Charakteristisches Merkmal ist die Ausübung der einheitlichen Leitung über selbständige Unternehmen. Eine einheitliche Leitung liegt vor, wenn eine planmäßige Koordination und eine entsprechende Einflußnahme auf wesentliche, das Gesamtbild der Unternehmen entscheidend prägende Tätigkeiten durch das leitende Unternehmen erfolgt. Die Zusammenfassung unter einheitlicher Leitung kann vertraglich begründet sein (Vertragskonzern) oder auf tatsächlichen Gegebenheiten beruhen (sog. faktischer K.). Ein Vertragskonzern liegt vor, wenn ein → Beherrschungsvertrag (§ 291 AktG) oder ein Eingliederungsvertrag nach § 319 AktG (→ eingegliederte Gesellschaft) geschlossen worden ist. Von Bedeutung ist die Unterscheidung, ob die Konzernunternehmen von einem anderen Unternehmen abhängig sind, weil das AktG daran die gesetzliche Vermutung für das Vorliegen eines K. knüpft. Darauf aufbauend unterscheidet das Gesetz zwischen dem Unterordnungskonzern (§ 18 Abs. 1 AktG) und dem Gleichordnungskonzern (§ 18 Abs. 2 AktG). Vgl. Abbildung S. 956.

*Rechtsfolgen:* Für den K. gelten alle rechtlichen Bestimmungen über verbundene Unternehmen, soweit sie auf den K. zutreffen. Der → Vorstand hat die Pflicht, dem Aufsichtsratsvorsitzenden von sich aus oder auf dessen Verlangen über alle wichtigen Vorgänge bei verbundenen Unternehmen zu be-

# Konzern

richten (§ 90 AktG) sowie in der → Hauptversammlung Auskunft über die rechtlichen und geschäftlichen Beziehungen der Gesellschaft zu einem verbundenen Unternehmen zu geben. Alle Unternehmen müssen → Forderungen und → Verbindlichkeiten gegenüber verbundenen Unternehmen in der → Bilanz gesondert ausweisen und im → Lagebericht über bestimmte Beziehungen zu verbundenen Unternehmen berichten. Ein abhängiges Unternehmen darf grundsätzlich keine → Aktien der herrschenden Gesellschaft übernehmen (§ 56 AktG). Ebenso sind Beteiligungen an Kapitalgesellschaften in der Bilanz und Veränderungen der → Beteiligungen im Lagebericht anzugeben. Der Schwerpunkt der Bilanzierungsvorschriften ist durch das → Bilanzrichtlinien-Gesetz vom 19.12.1985 in das HGB (§§ 290 ff.) verlagert worden. Weiterhin kann das → Stimmrecht für Aktien, die der Gesellschaft oder einem abhängigen Unternehmen gehören, nicht ausgeübt werden (§ 136 AktG). Im K. kann das herrschende Unternehmen dem abhängigen AG Weisungen erteilen, doch solche, die für die abhängigen Gesellschaften nachteilig sind, nur dann, wenn ein Beherrschungsvertrag vorliegt (Vertragskonzern). Der faktische K., dem kein Beherrschungsvertrag zugrunde liegt und bei dem sich das Beherrschungsverhältnis nur auf Kapitalbeteiligung oder satzungsmäßige Rechte stützt, unterliegt deshalb schärferen Bestimmungen: Er darf den abhängigen Unternehmen keine für diese nachteiligen Weisungen erteilen (§ 311 AktG). Der Vorstand einer abhängigen Gesellschaft eines faktischen K. hat jährlich einen Abhängigkeitsbericht zu erstatten (§ 313 AktG), der vom → Abschlußprüfer und → Aufsichtsrat eingehend zu prüfen ist.

Außerdem unterliegen das herrschende Unternehmen eines faktischen K. und seine → gesetzlichen Vertreter besonders scharfen Haftungsvorschriften (§§ 317 f. AktG). Diese Vorschriften sollen → Gläubiger und → außenstehende Aktionäre schützen.

*Konzernbegriff im HGB:* Das → Handelsrecht geht von dem aktienrechtlichen Konzernbegriff aus, erweitert ihn aber für die Zwecke der → Rechnungslegung. Nach § 290 Abs. 1 HGB hat in einem Konzern eine inländische → Kapitalgesellschaft (→ Mutterunternehmen), die über andere Unternehmen (→ Tochterunternehmen) die einheitliche Leitung ausübt und eine Beteiligung nach § 271 Abs. 1 HGB besitzt, einen → Konzernabschluß und einen Konzernlagebericht aufzustellen. Die Begriffe Mutter- und Tochterunternehmen sind durch das Bilanzrichtlinien-Gesetz in das HGB eingefügt worden.

*Konzernformen in wirtschaftlicher Hinsicht:* Den Zusammenschluß von Unternehmen auf gleicher Marktstufe bezeichnet man als horizontalen K., den Zusammenschluß auf vor- und nachgelagerten Märkten als vertikalen K. Als Mischkonzerne werden Zusammenschlüsse von Unternehmen bezeichnet, die in verschiedenen Wirtschaftszweigen tätig sind. Als Folge solcher → Unternehmenskonzentration können → Wettbewerbsbeschränkungen eintreten. K. können bei Vorliegen bestimmter Voraussetzungen der Fusionskontrolle durch das → Bundeskartellamt unterliegen.

*Konzerne in bankaufsichtlicher Hinsicht:* (1) → Kredite an Konzernunternehmen (kreditgebendes Institut und kreditnehmendes Unternehmen sind untereinander ver-

bunden) sind als → Organkredite (Unternehmensorgankredite) zu behandeln (§ 15 KWG). → Kreditinstitute haben nach § 16 KWG eine Anzeigepflicht für Organkredite. Die Haftungsbestimmung des § 17 KWG ist zu beachten. Organkredite dürfen nur aufgrund eines einstimmigen Beschlusses sämtlicher → Geschäftsleiter des Kreditinstituts und nur mit ausdrücklicher Zustimmung des Aufsichtsorgans gewährt werden.
(2) Konzernunternehmen bilden wegen ihres engen wirtschaftlichen Verbundes eine Risikoeinheit; nach § 19 Abs. 2 KWG gelten Konzernunternehmen als eine Kreditnehmereinheit, auch nach der Neufassung durch die 5. KWG-Novelle (→ Kreditnehmerbegriff des KWG).

### Konzernabschluß

Unter einem → Konzern versteht man die Zusammenfassung rechtlich selbständiger, aber in hohem Maße wirtschaftlich voneinander abhängiger Unternehmen, die wirtschaftlich wie ein einziges Unternehmen geführt werden. Allerdings enthalten weder das HGB noch das → Publizitätsgesetz eine umfassende und abschließende Definition des Konzernbegriffs. Die einzelnen Unternehmen des Konzerns (die sogenannten Konzernunternehmen) sind jeweils zur Aufstellung eines → Jahresabschlusses verpflichtet. Allerdings hat der Einzelabschluß eines einzelnen Konzernunternehmens im Vergleich zum Jahresabschluß eines wirtschaftlich selbständigen Unternehmens nur eine verminderte *Aussagekraft*. Die Beeinträchtigung der Aussagekraft hat im wesentlichen folgende Ursachen: (1) Im Einzelabschluß werden die Lieferungen und Leistungen zwischen den Konzernunternehmen wie Geschäfte mit Dritten behandelt, obwohl der Marktmechanismus ausgeschaltet ist. Dadurch können → Gewinne zwischen Konzernunternehmen verlagert werden, so daß die Darstellung der Ertragslage in den Einzelabschlüssen der Konzernunternehmen wenig aussagefähig ist. (2) Die wirtschaftliche Lage eines einzelnen Konzernunternehmens läßt sich um so weniger beurteilen, je stärker das Konzernunternehmen wirtschaftlich vom Gesamtkonzern abhängig ist. Die finanzielle Lage des Konzernunternehmens läßt sich nur beurteilen, wenn der Konzern als Ganzes betrachtet wird. Daher sind Konzerne zur Erstellung und Offenlegung eines K. verpflichtet (§§ 290–315 HGB und §§ 11–15 PublG). Der K. erfüllt die gleiche Funktion wie der handelsrechtliche Einzelabschluß (Rechenschaftslegung und Kapitalerhaltung). Unter Ausschaltung der konzerninternen Beziehungen wird die Vermögens-, Finanz- und Erfolgslage des gesamten Konzerns dargestellt. Aus § 297 Abs. 2 Satz 2 ergibt sich, daß die für den Einzelabschluß geltenden → Grundsätze ordnungsmäßiger Buchführung (GoB) auch auf den K. anzuwenden sind. Sie werden ergänzt durch spezielle Grundsätze für die → Konsolidierung, die als Grundsätze ordnungsmäßiger Konzernrechnungslegung (GoK) bezeichnet werden.

Die *Konzernrechnungslegungspflicht* setzt zum einen voraus, daß zwischen den Konzernunternehmen ein hierarchisches Verhältnis besteht: Ein Unternehmen – das → Mutterunternehmen – steht zu einem oder mehreren anderen Unternehmen – den → Tochterunternehmen – in einem Überordnungsverhältnis (sogenanntes Mutter-Tochter-Verhältnis). Ein Mutterunternehmen in der Rechtsform einer → Kapitalgesellschaft muß einen K. nach HGB aufstellen, wenn es die einheitliche Leitung ausübt und eine Beteiligung an der Tochter (Konzept der einheitlichen Leitung nach § 290 Abs. 1 HGB) oder die Kontrolle über die Tochter durch Stimmrechtsmehrheit, Organmacht bzw. → Beherrschungsvertrag hat (Control-Konzept nach § 290 Abs. 2 HGB). Für Mutterunternehmen, die keine Kapitalgesellschaft sind, ist die Aufstellungspflicht im PublG geregelt (Konzept der einheitlichen Leitung nach § 11 PublG). Konzerne sind zum anderen nur dann zur Aufstellung eines K. verpflichtet, wenn sie eine bestimmte Mindestgröße überschreiten. Als Größenkriterien werden sowohl in § 293 HGB als auch in § 11 PublG die von den Größenkriterien für Kapitalgesellschaften (§ 267 HGB) bekannten Merkmale Bilanzsumme, Umsatzerlöse und durchschnittliche Arbeitnehmerzahl herangezogen (→ Größenklassen von Kapitalgesellschaften). Ein Mutterunternehmen ist dann aufstellungspflichtig, wenn mindestens zwei der drei angegebenen Grenzwerte an zwei bzw. drei aufeinanderfolgenden Bilanzstichtagen überschritten werden (vgl. Abbildung S. 958).

Bei der Bruttomethode (§ 293 Abs. 1 Nr. 1 HGB) ermittelt man die Bilanzsumme und die Umsatzerlöse, indem die Werte der Einzelabschlüsse der in den K. einzubeziehenden Unternehmen zum Abschlußstichtag des

## Konzernabschluß von Kreditinstituten

### Konzernabschluß – Kriterien bezüglich Aufstellungspflicht

| Rechtsform des Mutterunternehmens | Kapitalgesellschaft (Größenkriterien nach § 293 HGB) | | Nicht-Kapitalgesellschaft (Größenkriterien nach § 11 PublG) |
|---|---|---|---|
| Ermittlungs-Methode | Brutto-Methode | Netto-Methode | Netto-Methode |
| Bilanzsumme in 1.000 DM | 83.720 | 53.100 | 125.000 |
| Umsatzerlöse in 1.000 DM | 127.440 | 106.200 | 250.000 |
| Zahl der Arbeitnehmer | 500 | 500 | 5.000 |
| Erstmalige Aufstellungspflicht bei Überschreiten von 2 Größenkriterien | an 2 aufeinanderfolgenden Abschlußstichtagen | | an 3 aufeinanderfolgenden Abschlußstichtagen |

Mutterunternehmens addiert werden. Bei der Nettomethode (§ 293 Abs. 1 Nr. 2 HGB und § 11 Abs. 1 PublG) werden die Werte des konsolidierten Jahresabschlusses herangezogen, in dem konzerninterne Verflechtungen bereits eliminiert sind. Die Konzernrechnungslegungspflicht entbindet die einzelnen Unternehmen des Konzerns nicht von ihrer Verpflichtung, einen Einzelabschluß zu erstellen und offenzulegen. Der K. besteht wie der Einzelabschluß der Kapitalgesellschaft aus Konzernbilanz, Konzern-Gewinn- und Verlustrechnung (GuV), Konzernanhang und Konzernlagebericht. Die Aufstellung des K. erfordert folgende Arbeitsschritte: Im ersten Schritt werden die Einzelabschlüsse an die konzerneinheitliche Bilanzierung angepaßt und soweit erforderlich in DM umgerechnet. Das Ergebnis sind die → Handelsbilanzen II und die GuV II. Im zweiten Schritt werden die einzelnen Posten der Handelsbilanzen II und der GuV II aller Konzernunternehmen zur Konzern-Summenbilanz und Konzern-Summen-GuV addiert. Im dritten Schritt folgt die Konsolidierung, aus der Summenbilanz und der Summen-GuV werden die konzerninternen Verflechtungen eliminiert.

### Konzernabschluß von Kreditinstituten

→Jahresabschluß eines Bankkonzerns, bestehend aus Konzernbilanz, Konzern-Gewinn- und Verlustrechnung und Konzernanhang (→Konzernbilanz von Kreditinstituten, →Konzern-Gewinn- und Verlustrechnung von Kreditinstituten, →Konzernanhang von Kreditinstituten, →Konzernrechnungslegung der Kreditinstitute).

### Konzernanhang von Kreditinstituten

Teil des →Konzernabschlusses von Kreditinstituten, in dem diese nach § 340i Abs. 2 HGB i. V. mit §§ 313, 314 HGB und nach § 37 i. V. m. §§ 1 bis 36, 39 Abs. 4 und 5 RechKredV insbes. Angaben zu machen haben über die angewandten Bilanzierungs-, Bewertungs- und Konsolidierungsmethoden, über die Abweichungen davon, →Währungsumrechnung in der Bilanz, über den Beteiligungsbesitz und den Konsolidierungskreis (Name, Sitz und Anteil am Kapital für einbezogene →Tochterunternehmen, nicht einbezogene Tochterunternehmen, →assoziierte Unternehmen, Gemeinschaftsunternehmen sowie für andere Unternehmen, an denen eine→Beteiligung von mindestens 20% besteht), über sonstige finanzielle Verpflichtungen, über die nach geographischen Märkten gegliederten Zinserträge, →Erträge aus Anteilsrechten, Provisionserträge, Erträge aus Finanzgeschäften und sonstige betriebliche Erträge, über die durchschnittliche Arbeitnehmerzahl, über die Bezüge des Geschäftsführungs- und Aufsichtsorgans des →Mutterunternehmens, über →Kredite an Mitglieder des Geschäftsführungs- und Aufsichtsorgans des Mutterunternehmens.

Der Konzernanhang hat einen *Konzernanlagespiegel* zu enthalten. Die im Anhang des Einzelinstituts erforderlichen Angaben sind entsprechend auch im Konzernanhang zu machen.

Der Konzernanhang und der Anhang des Jahresabschlusses des Mutterunternehmens (→Anhang zum Jahresabschluß der Kreditinstitute) dürfen zusammengefaßt werden (§ 298 Abs. 3 Satz 1 HGB).

## Konzernbank
Konzerneigene → Bank (Bank eines Nichtbanken-Konzerns), der das gesamte Finanzmanagement für den → Konzern und die Konzernunternehmen obliegt und die Wettbewerber am Markt für → Bankleistungen ist.

## Konzernbilanzrichtlinie
Siebte EG-Richtlinie über den konsolidierten Abschluß von 1983 (→ EG-Rechtsakte). Sie enthält Vorschriften über Aufstellung, Prüfung und Offenlegung des → Konzernabschlusses und des Konzernlageberichtes (→ Konzernbilanz von Kreditinstituten, → Konzernlagebericht von Kreditinstituten, → Konzernrechnungslegung der Kreditinstitute). Die Mitgliedstaaten durften die Pflicht zur Konzernrechnungslegung auf → Mutterunternehmen in der Rechtsform einer → Kapitalgesellschaft beschränken. Die K. diente der Harmonisierung des Konzernabschlusses von Kapitalgesellschaften in der EG. Die Umsetzung in deutsches Recht erfolgte durch das → Bilanzrichtlinien-Gesetz.

## Konzernbilanz von Kreditinstituten
Teil eines → Konzernabschlusses von Kreditinstituten, der von diesen, unabhängig von ihrer Rechtsform und ihrer Größe nach den Vorschriften der §§ 290 bis 315 HGB aufzustellen ist (§ 340i HGB), wenn die in § 290 Abs. 1 und 2 HGB genannten Voraussetzungen erfüllt sind.
(→ Konzernrechnungslegung der Kreditinstitute)

## Konzern-Gewinn- und Verlustrechnung von Kreditinstituten
Teile eines → Konzernabschlusses von Kreditinstituten, der von diesen, unabhängig von ihrer Rechtsform und ihrer Größe nach den Vorschriften der §§ 290 bis 315 HGB aufzustellen ist (§ 340i HGB), wenn die in § 290 Abs. 1 und 2 HGB genannten Voraussetzungen erfüllt sind.
(→ Konzernrechnungslegung der Kreditinstitute)

## Konzernlagebericht von Kreditinstituten
Lagebericht (→ Lagebericht der Kreditinstitute), der im Rahmen der → Konzernrechnungslegung der Kreditinstitute gemäß § 315 HGB aufzustellen ist. Konzernlagebericht und Lagebericht des → Mutterunternehmens dürfen zusammengefaßt werden (§ 315 Abs. 3 HGB).

## Konzernrechnungslegung der Kreditinstitute
→ Kreditinstitute müssen unabhängig von ihrer Rechtsform und ihrer Größe einen → Konzernabschluß und einen Konzernlagebericht nach den Vorschriften der §§ 290 bis 315 HGB aufstellen (§ 340i HGB), wenn die in § 290 Abs. 1 und 2 HGB genannten Voraussetzungen erfüllt sind (vgl. Abbildung S. 960).

*Ziel:* Der Konzernabschluß von Kreditinstituten hat unter Beachtung der Grundsätze ordnungsmäßiger Buchführung ein den tatsächlichen Verhältnissen entsprechendes Bild der Vermögens-, Finanz- und Ertragslage des → Konzerns zu vermitteln (§ 297 Abs. 2 HGB). Die Vermögens-, Finanz- und Ertragslage der einbezogenen Unternehmen ist im Konzernabschluß so darzustellen, als ob diese Unternehmen insgesamt ein einziges Unternehmen wären (§ 297 Abs. 3 HGB).

*Inhalt:* Der Konzernabschluß besteht aus der Konzernbilanz, der Konzern-Gewinn- und Verlustrechnung und dem Konzernanhang, die eine Einheit bilden (§ 297 Abs. 1 HGB). Neben dem Konzernabschluß ist ein Konzernlagebericht gemäß § 315 HGB aufzustellen.

*Vorschriften:* Auf den Konzernabschluß sind, soweit seine Eigenart keine Abweichung bedingt, die §§ 340a bis 340g HGB über den → Jahresabschluß der Kreditinstitute und die für die Rechtsform und für den Geschäftszweig der in den Konzernabschluß einbezogenen Unternehmen geltenden Vorschriften entsprechend anzuwenden, soweit sie für große → Kapitalgesellschaften gelten (§ 340i Abs. 2 HGB). Als weitere spezielle Vorschriften sind die §§ 1 bis 36 sowie § 39 Abs. 4 und 5 Rechnungslegungsverordnung entsprechend anzuwenden (§ 37 RechKredV). Über § 340i Abs. 1 HGB gelten die allgemeinen Vorschriften zum Konzernabschluß von Kapitalgesellschaften, die in den §§ 290 bis 315 HGB enthalten sind. Nicht anzuwenden sind § 293 HGB (größenabhängige Befreiungen), § 298 Abs. 1 und 2 HGB, die bestimmte Erleichterungen erlauben, sowie einige Vorschriften in § 314 HGB zu den sonstigen Pflichtangaben im Konzernanhang.
In die Konzernrechnungslegung einzubeziehen sind auch → Tochterunternehmen von Kreditinstituten, wenn sie eine Tätigkeit

# Konzernrechnungslegung der Kreditinstitute

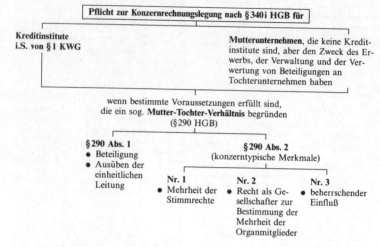

ausüben, „die eine unmittelbare Verlängerung der Banktätigkeit oder eine Hilfstätigkeit für das Mutterunternehmen" darstellen (z. B. →Leasing, →Factoring, Verwaltung von →Investmentfonds oder das Betreiben eines rechtlich selbständigen Rechenzentrums) (§ 340j Abs. 1 i. V. m. § 294 HGB).

→*Konsolidierung:* Nach dem Weltabschlußprinzip gemäß § 294 Abs. 1 HGB sind in den Konzernabschluß neben dem Mutterunternehmen sämtliche inländischen und ausländischen →Tochterunternehmen einzubeziehen, soweit nicht Konsolidierungsverbote (§ 295 HGB) gelten oder von Konsolidierungswahlrechten (§ 296 HGB) Gebrauch gemacht wird. Aufgrund der Einheitstheorie ist der Konzernabschluß als →Vollkonsolidierung durchzuführen, d. h. die Jahresabschlüsse werden zusammengefaßt, wobei die Vermögensgegenstände und die →Schulden der Tochterunternehmen voll in den Konzernabschluß übernommen werden (im Gegensatz zur →Quotenkonsolidierung). „In dem Konzernabschluß ist der Jahresabschluß des Mutterunternehmens mit den Jahresabschlüssen der Tochterunternehmen zusammenzufassen. An die Stelle der dem Mutterunternehmen gehörenden Anteile an den einbezogenen Tochterunternehmen treten die Vermögensgegenstände, Schulden, →Rechnungsabgrenzungsposten, →Bilanzierungshilfen und Sonderposten der Tochterunternehmen, soweit sie nach dem Recht des Mutterunternehmens bilanzierungsfähig sind und die Eigenart des Konzernabschlusses keine Abweichungen bedingt oder in den folgenden Vorschriften nichts anderes bestimmt ist" (§ 300 Abs. 1 HGB). Für die Kapitalkonsolidierung gilt die sog. angelsächsische Methode. Sie wird auch als Methode der Erstkonsolidierung oder als erfolgswirksame Kapitalkonsolidierung bezeichnet. Die Beteiligungsbuchwerte an den in den Konzernabschluß einzubeziehenden Unternehmen werden mit dem jeweiligen anteiligen →Eigenkapital der Tochterunternehmen verrechnet. Das zu konsolidierende Eigenkapital eines Tochterunternehmens kann nach der Buchwertmethode (§ 301 Abs. 1 Satz 2 Nr. 1 HGB) oder nach der Neubewertungsmethode (§ 301 Abs. 1 Satz 2 Nr. 2 HGB) ermittelt werden. Die Konsolidierung von konzerninternen Ausleihungen, →Forderungen, →Verbindlichkeiten und Rechnungsabgrenzungsposten (sog. Schuldenkonsolidierung) erfolgt nach der Einheitstheorie durch Saldierung bei Aufstellung des Konzernabschlusses.

Vermögensgegenstände aus Lieferungen und Leistungen zwischen Konzernunternehmen (z. B. Forderungen, → Wertpapiere, Anteile an anderen Unternehmen, → Sachanlagen), die sich am Konzernbilanzstichtag im Besitz der zu konsolidierenden Unternehmen befinden, sind unter der Fiktion der rechtlichen Einheit zu bewerten. → Gewinne und Verluste aus dem konzerninternen Leistungsverkehr sind grundsätzlich zu eliminieren (Zwischenergebniseliminierung gemäß § 304 Abs. 1 HGB).
→ Assoziierte Unternehmen (Unternehmen, die nach § 311 Abs. 1 HGB nicht in den Konzernabschluß einbezogen sind, auf deren Geschäfts- und Finanzpolitik aber ein nach § 271 Abs. 1 HGB einbezogenes Unternehmen maßgeblichen Einfluß ausübt) sind in den Konzernabschluß einzubeziehen. Hierfür wird die sog. → Equity-Methode angewendet, d. h. der tatsächliche Wert der Beteiligung wird ermittelt und das tatsächlich anteilige Eigenkapital des Beteiligungsunternehmens in der Konzernbilanz angesetzt.

In dem Sonderfall, daß ein in den Konzernabschluß einbezogenes Unternehmen ein anderes Unternehmen gemeinsam mit einem nicht einbezogenen Unternehmen führt (gemeinsame Führung in Form eines → Joint Venture), wird die Quotenkonsolidierung angewendet. Entsprechend dem Konzernanteil erfolgt eine quotale Einbeziehung des Tochterunternehmens (§ 310 HGB).

*Prüfung:* Kreditinstitute müssen neben ihrem Jahresabschluß und auch Lagebericht ihren Konzernabschluß und Konzernlagebericht nach den Vorschriften der §§ 28–30 KWG sowie der §§ 316 bis 324 HGB prüfen lassen (§ 340k Abs. 1 HGB). Für den Konzernprüfungsbericht gelten gemäß § 51 PrüfungsberichtsVO 1994 im wesentlichen die allgemeinen Regeln (→ Jahresabschluß der Kreditinstitute, Prüfung).

*Offenlegung:* Kreditinstitute haben gemäß § 340l HGB neben ihrem Jahresabschluß und ihrem Lagebericht den Konzernabschluß und den Konzernlagebericht und die anderen in § 325 HGB bezeichneten Unterlagen innerhalb der ersten neun Monate des folgenden → Geschäftsjahres offenzulegen.

### Konzernrecht

Bezeichnung für das Recht der durch Kapitalbeteiligung oder durch → Unternehmensverträge entstandenen Unternehmensverbindungen. Es ist nicht nur das Recht der → Konzerne im Sinne von § 18 AktG, sondern umfassend das Recht der → verbundenen Unternehmen. Das im 3. Buch des AktG enthaltene K. ist anzuwenden, wenn → Aktiengesellschaften oder → Kommanditgesellschaften auf Aktien verbundene Unternehmen sind. Die §§ 15 bis 19 AktG, welche die Definitionen der verbundenen Unternehmen enthalten, werden heute als allgemeiner Teil des K. verstanden. Sie können auch dem richterrechtlich entwickelten K. der GmbH und der → Personengesellschaften zugrunde gelegt werden. Das Konzernrecht i. e. S. (Recht der verbundenen Unternehmen) ist Schutzrecht für die abhängige → Aktiengesellschaft, für deren → Aktionäre und für die → Gläubiger (§§ 291 ff. AktG).
Konzernrechnungslegung und → Konzernabschluß sind aufgrund des → Bilanzrichtlinien-Gesetzes im Handelsgesetzbuch geregelt (§§ 290 bis 315). Ergänzende Vorschriften für → Kreditinstitute finden sich in den §§ 340i und j HGB (→ Konzernrechnungslegung der Kreditinstitute).

### Konzernunternehmen
Bezeichnung für Unternehmen, die einem → Konzern angehören.

### Konzernvorbehalt, → Kontokorrentvorbehalt.

### Konzession für Kreditinstitute, → Erlaubniserteilung für Kreditinstitute (Betriebserlaubnis).

### Kooperation
Meist in Form eines → Vertrags zustandekommende Form der (wirtschaftlichen) Zusammenarbeit zwischen verschiedenen → Personen oder Unternehmen. K. kann auch in Gestaltung von → Beteiligungen oder von → Joint Ventures erfolgen.

### Koppelanleihe
→ Zinsinstrument, das mit einem → Rückzahlungswahlrecht, d. h. einer → Option des → Emittenten, ausgestattet sind. Die Option bezieht sich auf den Rückzahlungsbetrag. Der Emittent hat die Möglichkeit, die K. zum → Nennwert zurückzuzahlen, oder aber die → Rückzahlung erfolgt in Abhängigkeit von einem → Aktienindex oder durch Lieferung einer festgelegten Anzahl von Aktien einer bestimmten → Aktiengesellschaft. Das Wahlrecht des Emittenten kann bei ei-

# Körperschaft

## Koppelanleihe – Charakteristika

| Merkmale \ Variante | Emittent hat ein Rückzahlungswahlrecht zum Nennwert oder | |
|---|---|---|
| | Indexabhängige Rückzahlung | Lieferung von Aktien |
| Basiswert | Index | Aktie |
| Beispiel | DAX, Nikkei-225 | Siemens, Commerzbank |
| Erfüllung | Barausgleich | Physische Lieferung der Aktien |

nigen K. verfallen, wenn der Kurs des → Basiswertes einen bestimmten Wert erreicht (Knock-out-Option, → Barrier Warrant). Dann erfolgt die Rückzahlung immer zum Nennwert. Die → Laufzeit der → Emissionen liegen im Regelfall bei ein bis zwei Jahren. K. sind → Finanzinnovationen, bei denen verschiedene Anlageformen miteinander verknüpft worden sind. Zerlegt man K. in einzelne Bausteine (→ Bond Stripping), so besteht eine K. aus einem → Straight Bond und je nach Anleihenvariante aus → Optionen auf einen → Index (→ Aktienindex-Anleihe) oder auf einzelne Aktien. Da der Emittent ein Recht ausüben kann, hat der Emittent eine → Long Position in dieser Option bzw. der Anleger eine → Short Position. Der Optionstyp kann entweder ein → Call oder → Put sein. Da der Anleger i. d. R. eine Short Position in einer Option eingegangen ist, erhält er eine → Prämie in Form eines höheren → Kupons im Vergleich zu Straight Bonds. Der höhere Kupon kann als eine Art Puffer für eventuelle Verluste dienen. Risikofreudige Anleger können mit dem Kauf einer K. eine Spekulation auf eine Index- bzw. Aktienkursentwicklung verbinden. Der höheren → laufenden Verzinsung steht das Risiko eines geringeren Rückzahlungsbetrages gegenüber. Im schlimmsten Fall fällt die Rückzahlung ganz aus (Totalverlust). Der Rückzahlungsbetrag kann sich entweder proportional oder überproportional verringern. Nicht zu verwechseln mit K. sind Bull- und Bear-Anleihen (→ Bull-Bear-Bond), bei denen der Anleger eine Long Position in einer Option hat. Aus Emittentensicht sind K. interessant, da sie zum einen eine günstige Absicherung (→ Hedging) von Aktienbeständen ermöglicht. Zum anderen nutzen viele Emittenten K. aber auch, um die Refinanzierungskosten über eine → Differenzarbitrage zu verbilligen.
(→ Embedded Option, → Condoranleihe)

### Körperschaft
Vom Wechsel der Mitglieder unabhängige → Personenvereinigung. Zu unterscheiden sind öffentlich-rechtlich organisierte K. (→ Körperschaften des öffentlichen Rechts) und privatrechtliche verfaßte K. (→ Kapitalgesellschaften, → Vereine, → Genossenschaften) als K. des privaten Rechts.
Das Einkommen einer K. unterliegt der → Körperschaftsteuer.
(→ Unternehmensrechtsformen)

### Körperschaft des öffentlichen Rechts
Im Unterschied zur → Anstalt des öffentlichen Rechts mitgliedschaftlich organisierte → juristische Person des → öffentlichen Rechts, die öffentliche Aufgaben meist mit hoheitlichen Befugnissen (→ Verwaltungsakt) unter staatlicher (Rechts-)Aufsicht wahrnimmt. Sie kann durch oder aufgrund von Bundes- wie von Landesgesetzen errichtet werden. Bei Gebietskörperschaften ergibt sich die Mitgliedschaft aus dem Wohnsitz (z. B. bei Gemeinden, Landkreisen). Bei Personalkörperschaften folgt sie aus einer Erklärung oder einer bestimmten Eigenschaft einer → Person oder → Personenvereinigung. Es gibt hier Pflicht-Körperschaften (z. B. Industrie- und Handelskammern, Ärzte-, Rechtsanwaltskammern) und freiwillige Körperschaften (z. B. Innungen). Eine körperschaftliche Struktur weisen auch viele juristische Personen des → Privatrechts auf (z. B. → Vereine, → Kapitalgesellschaften).

### Körperschaftskredit
Bezeichnung (vor allem bei Sparkassen) für → Kommunalkredit.

### Körperschaftsteuer
→ Steuer auf das → Einkommen vor allem von → juristischen Personen. Die K. ist eine direkte Steuer, eine Personensteuer, eine Be-

# Körperschaftsteuer

sitzsteuer vom Einkommen, eine gemeinsame Steuer von Bund und Ländern.

*Steuersubjekte* sind → Körperschaften, d. h. → Kapitalgesellschaften, Erwerbs- und Wirtschaftsgenossenschaften (→ Genossenschaften), → Versicherungsvereine auf Gegenseitigkeit, sonstige juristische Personen des privaten Rechts, nicht rechtsfähige → Vereine, → Anstalten, → Stiftungen und andere Zweckvermögen des privaten Rechts, Betriebe gewerblicher Art von juristischen Personen des → öffentlichen Rechts (§ 1 Abs. 1 KStG). Bei Geschäftsleitung oder Sitz im Inland besteht unbeschränkte Körperschaftsteuerpflicht bezüglich sämtlicher Einkünfte (§ 1 Abs. 2 KStG); ansonsten kann beschränkte Steuerpflicht nach § 2 KStG gegeben sein.

*Steuerbefreiungen:* Von der K. befreit sind gem. § 5 KStG die → Deutsche Bundespost (bis Ende 1994), das Bundeseisenbahnvermögen, die → Deutsche Bundesbank, die → Kreditanstalt für Wiederaufbau, die → Deutsche Ausgleichsbank, die → Landwirtschaftliche Rentenbank und andere öffentlich-rechtliche Kreditinstitute, die gesamtwirtschaftliche Aufgaben erfüllen und in § 5 KStG genannt sind (Organe der staatlichen Wohnungsbaupolitik, → Wohnungsbaukreditanstalten) sowie weitere dort aufgeführte Einrichtungen und Unternehmen, insbes. Steuersubjekte, die gemeinnützigen oder kirchlichen Zwecken dienen, ohne daß ein wirtschaftlicher Geschäftsbetrieb unterhalten wird (§ 5 Abs. 1 Nr. 9 KStG).

*Steuergegenstand:* Die unbeschränkte Steuerpflicht erstreckt sich auf sämtliche inländischen und ausländischen Einkünfte, soweit nicht für bestimmte Einkünfte abweichende Regelungen bestehen, z. B. in → Doppelbesteuerungsabkommen und anderen zwischenstaatlichen Vereinbarungen. Sie ist gegeben, wenn die Steuersubjekte ihre Geschäftsleitung oder ihren Sitz im Inland haben. Eine beschränkte Steuerpflicht besteht für Körperschaften, → Personenvereinigungen und Vermögensmassen, die im Inland weder ihre Geschäftsleitung noch ihren Sitz haben. Steuerpflichtig sind bei diesen Steuersubjekten ihre inländischen Einkünfte im Sinne des § 49 EStG.

*Bemessungsgrundlage* ist das → *zu versteuernde Einkommen*, das nach den Vorschriften des EStG und des KStG ermittelt wird (§ 8 Abs. 1 KStG).

*Veranlagung:* Bei unbeschränkt steuerpflichtigen Körperschaften und bei Körperschaften, die nach § 2 Nr. 1 KStG mit ihren inländischen Einkünften beschränkt körperschaftsteuerpflichtig sind, erfolgt eine K.-Veranlagung (§ 49 KStG). Auf die Veranlagung sind die Vorschriften, die für die → Einkommensteuer gelten, entsprechend anzuwenden, soweit sie sich aus Abschn. 26 Abs. 1 KStR ergeben. Die veranlagte K. entsteht in der Regel mit Ablauf des Veranlagungszeitraums. Bei Vorauszahlungen entsteht die K. mit Beginn des Kalendervierteljahres, in dem die Vorauszahlungen zu entrichten sind (§ 48 KStG).

*Steuertarif:* Der allgemeine Steuersatz für einbehaltene Gewinne beträgt 1994 45% (→ Körperschaftsteuertarif). Der ermäßigte Steuersatz für nicht ausschüttungsberechtigte (→ Anrechnungsverfahren bei der Körperschaftsteuer) Körperschaften (z. B. → Landesbanken/Girozentralen, → Sparkassen, öffentlich-rechtliche Versicherungsunternehmen, Versicherungsvereine auf Gegenseitigkeit, Vereine) beträgt 42%. Der Steuersatz ist in § 23 KStG geregelt. Der Körperschaftsteuersatz für ausgeschüttete Gewinnteile beträgt 30% (§ 27 KStG).

*Veranlagungszeitraum, Ermittlungszeitraum:* Die K. ist eine Jahressteuer. Der Veranlagungszeitraum ist das Kalenderjahr, der Ermittlungszeitraum grundsätzlich das Kalenderjahr. Die K. entsteht für die veranlagte Steuer i. d. R. mit Ablauf des Veranlagungszeitraums, für Vorauszahlungen mit Beginn des Kalendervierteljahres, in dem die Vorauszahlungen zu entrichten sind (§ 49 KStG).

Das *Körperschaftsteuergesetz 1977* hat die Doppelbesteuerung der → Gewinne beseitigt. Die Körperschaft, die den Gewinn erwirtschaftet hatte, mußte früher den Gewinn der K. unterwerfen. Daneben mußte der Anteilseigner die Gewinnanteile bei seiner Veranlagung versteuern. Seit 1977 *werden nur noch die nicht ausgeschütteten Gewinne einer Körperschaft mit K. belastet* (→ Tarifbelastung). Die ausgeschütteten Gewinne unterliegen der K.-Belastung von 30% (→ Ausschüttungsbelastung). Beim Anteilseigner wird die Ausschüttungsbelastung durch die „*Steuergutschrift*" zurückgenommen. Die 30%ige Belastung wird auf die Steuerschuld des Anteilseigners *angerechnet* oder wird ihm *vergütet*. Dieses Verfahren bewirkt, daß → Ausschüttungen an die Anteilseigner letztlich ohne Körperschaftsteuerbelastung sind. Die Erträge werden daher beim Anteilseigner entsprechend seiner jeweiligen Steuerbelastung erfaßt. Sie unterliegen bei einem einkommensteuerpflichtigen Anteilseigner der Einkommensteuer, bei Körperschaften als Anteilseigner der K. (→ Anrechenbare Körperschaftsteuer).

*Berechnung der K.:* Der allgemeine Steuersatz wird gegebenenfalls ermäßigt, z. B. bei anzurechnenden ausländischen Steuern nach § 26 KStG. Hierdurch ergibt sich die Tarifbelastung. Diese kann gemindert oder erhöht werden, je nachdem, welches → verwendbare Eigenkapital zur Ausschüttung verwendet wird. Von der so festgesetzten K. wird die anzurechnende Kapitalertragsteuer und K. abgezogen. Es verbleibt eine Körperschaftsteuerschuld oder -überzahlung.

*Besteuerung ausländischer Einkünfte:* Eine inländische Körperschaft, die Einkünfte aus dem Ausland bezieht, ist grundsätzlich in dem jeweiligen ausländischen Staat und in der BRD (Inland) steuerpflichtig. Zur Vermeidung dieser Doppelbelastung gibt es zwei Entlastungsmöglichkeiten:
(1) *Die Feststellungsmethode* (→ internationales Schachtelprivileg) stellt die ausländischen Einkünfte von der deutschen Besteuerung gänzlich frei. → Dividenden, die eine deutsche Muttergesellschaft von ihrer ausländischen → Tochtergesellschaft erhält, sind nach Doppelbesteuerungsabkommen regelmäßig von der deutschen K. freigestellt, wenn die → Beteiligung mindestens ein Zehntel beträgt. Die ausländischen Einkunftsteile werden nicht in die Steuerbemessungsgrundlage eingerechnet: Die Freistellungsmethode gilt sowohl für Einkünfte aus ausländischen → Betriebsstätten als auch für Erträge aus → Schachtelbeteiligungen. Ausländische Verluste würden nach der Freistellungsmethode im Inland nicht berücksichtigungsfähig sein, was gegenüber Nicht-Doppelbesteuerungsabkommen-Ländern eine Schlechterstellung bedeuten würde. Nach dem Gesetz über steuerliche Maßnahmen bei Auslandsinvestitionen der deutschen Wirtschaft (Auslandsinvestitionsgesetz [AIG]) kann die unbeschränkt körperschaftsteuerpflichtige Kapitalgesellschaft beantragen, daß ein in ihrer in einem Staat mit Doppelbesteuerungsabkommen belegenen Betriebsstätte entstandener Verlust bei der Ermittlung ihres im Inland zu versteuernden Einkommens wie ein inländischer Verlust berücksichtigt wird. Ausländische Verluste sind jedoch in den Folgejahren wieder dem zu versteuernden Einkommen hinzuzurechnen, soweit sich bei den Einkünften der ausländischen Betriebsstätte insgesamt in einem der folgenden Veranlagungszeiträume ein positiver Betrag ergibt (§ 2 AIG).
(2) *Die Anrechnungsmethode* beseitigt die → Doppelbesteuerung nicht, mildert sie aber. Die im Ausland gezahlte Steuer wird auf die deutsche K. angerechnet. Nach § 26 Abs. 6 KStG i. V. m. § 34c Abs. 1 EStG ist die Anrechnung von ausländischen Einkünften, die nicht nach einem Doppelbesteuerungsabkommen von der deutschen Besteuerung freigestellt sind, bis zu dem Betrag zulässig, der der deutschen K. auf die betreffenden ausländischen Einkünfte entspricht. Die auf die ausländischen Einkünfte entfallende deutsche K. ist so zu ermitteln, daß die auf das zu versteuernde Einkommen (einschließlich der ausländischen Einkünfte) entfallende K. im Verhältnis dieser ausländischen Einkünfte zum Gesamtbetrag der Einkünfte aufgeteilt wird. Gem. § 26 Abs. 1 KStG erfolgt eine *direkte Anrechnung ausländischer Steuern,* d. h. eine Anrechnung ausländischer Steuern auf die deutsche K., wenn die ausländischen Steuern, zu denen die inländische Körperschaft im Ausland herangezogen wurde, der deutschen Einkommen- oder Körperschaftsteuer entsprechen. Die *indirekte Anrechnung ausländischer Steuern* bezieht sich auf die zusätzliche Anrechnung der ausländischen K. der ausländischen Tochtergesellschaft auf die deutsche K. der Muttergesellschaft. Einzelheiten sind in § 26 Abs. 2–5 KStG geregelt.

*Gesetzliche Grundlagen:* KStG, KStDV, KStR.
(→ Steuern)

### Körperschaftsteuer-Bescheinigung

Bescheinigungen über die KSt-Belastung ausgeschütteter Gewinnanteile. Die auf Gewinnausschüttungen der ausschüttenden Körperschaft lastende → Körperschaftsteuer wird dem anrechnungsberechtigten → Anteilsigner (→ Anrechnungsverfahren bei der Körperschaftsteuer) auf seine →Einkommensteuer nur angerechnet, wenn er eine →Steuerbescheinigung vorlegt. Der Anteilseigner hat i.d.R. gegen die ausschüttende →Körperschaft oder das auszahlende →Kreditinstitut einen Anspruch auf Bescheinigung nach amtlich vorgeschriebenem Muster.

*Bescheinigung durch die ausschüttende Körperschaft* erfolgt, wenn sie die Gewinnanteile dem Anteilseigner selbst auszahlt oder gutschreibt (insbes. bei GmbH). Die Angaben über die →anrechenbare Körperschaftsteuer und über die →anrechenbare Kapitalertragsteuer sind in einer Steuerbescheinigung nach amtlichem Vordruck zusammenzufassen. Die Bescheinigung enthält außerdem den Gesamtbetrag der zu versteuernden Einnahmen. Die ausschüttende Körperschaft darf die Steuerbescheinigung nur an ihre Anteilseigner erteilen. Sind die Kapitalerträge im Sinne des § 20 Abs. 1 Nr. 1 oder 2 EStG (Einkünfte i.S.d. EStG) einem Nießbraucher (→ Nießbrauch) zuzurechnen, gilt er als Anteilseigner. Bei einer → Personengesellschaft als Anteilseigner wird die Bescheinigung auf die Personengesellschaft ausgestellt. Für die Mitunternehmer (→ Mitunternehmerschaft) erfolgt eine gesonderte Feststellung. Die ausschüttende Körperschaft hat die Steuerbescheinigung auch zu erteilen, wenn → verdeckte Gewinnausschüttungen festgestellt werden.

*Bescheinigung durch das auszahlende inländische Kreditinstitut* erfolgt, wenn die Gewinnausschüttung von der Vorlage eines →Dividendenscheines (z.B. bei →Aktien) abhängig ist und für Rechnung der unbeschränkt steuerpflichtigen ausschüttenden Körperschaft erbracht wird. Anstelle dieser *Einzelsteuerbescheinigung* für die im Kalenderjahr zugeflossenen Dividenden etc., die bei den Kunden des Kreditinstituts zur Anrechnung von Körperschaftsteuer und Kapitalertragsteuer führen, kann das Kreditinstitut für jedes von ihm geführte Wertpapierdepot eine *Jahressteuerbescheinigung* nach amtlichem Muster ausstellen, wobei sichergestellt sein muß, daß daneben keine Einzelsteuerbescheinigungen ausgestellt wurden. Legt der Anteilseigner dem Kreditinstitut eine „NV-Bescheinigung" (→ Nichtveranlagungs-Bescheinigung) des Finanzamts vor und beantragt das Kreditinstitut die Vergütung von Körperschaft- und Kapitalertragsteuer, so darf es insoweit keine Steuerbescheinigung ausstellen. Bei → Verwahrung von →Wertpapieren seitens eines Kreditinstituts für ein anderes Kreditinstitut darf das depotführende Kreditinstitut dem anderen eine Steuerbescheinigung nur dann erteilen, wenn es nachweislich Eigentümer dieser Wertpapiere ist. Ist dies nicht der Fall, so hat das andere Kreditinstitut die Steuerbescheinigung zu erteilen.

### Körperschaftsteuer, Freibeträge

Vom → Einkommen der unbeschränkt steuerpflichtigen → Körperschaften, → Personenvereinigungen und Vermögensmassen ist ein → Freibetrag von 7.500 DM, höchstens jedoch in Höhe des Einkommens, abzuziehen (§ 24 KStG). Übersteigt das Einkommen 10.000 DM, wird der Freibetrag um die Hälfte des übersteigenden Betrags gekürzt. Diese Vorschrift gilt nicht für Körperschaften, die unter das Körperschaftsteuer-Anrechnungsverfahren fallen (→ Anrechnungsverfahren bei der Körperschaftsteuer). Der Freibetrag hat beispielsweise für kleinere → Vereine, → Stiftungen und Betriebe gewerblicher Art von → Körperschaften des öffentlichen Rechts Bedeutung. Für Erwerbs- und Wirtschaftsgenossenschaften gilt unter den Voraussetzungen des § 25 KStG ein Freibetrag von 30.000 DM.

### Körperschaftsteuer, Freistellungsmethode

Eine deutsche → Körperschaft, die ausländische Einkünfte i.S. des EStG bezieht, wird nach Bestimmungen des jeweiligen → Doppelbesteuerungsabkommens besteuert. → Dividenden, die eine deutsche Muttergesellschaft von ihrer ausländischen →Tochtergesellschaft erhält, sind nach den Doppelbesteuerungsabkommen regelmäßig von der deutschen → Körperschaftsteuer freigestellt, wenn die → Beteiligung mindestens ein Zehntel beträgt. Die ausländischen Einkunftsteile werden nicht in die Steuerbemessungsgrundlage eingerechnet: Die Freistellungsmethode gilt sowohl für Einkünfte aus ausländischen → Betriebsstätten als auch für Erträge aus → Schachtelbeteiligungen.

Ausländische Verluste würden nach der Freistellungsmethode im Inland nicht berücksichtigungsfähig sein, was gegenüber Nicht-Doppelbesteuerungsabkommen-Ländern eine Schlechterstellung bedeuten

## Körperschaftsteuerguthaben

würde. Nach dem Gesetz über steuerliche Maßnahmen bei Auslandsinvestitionen der deutschen Wirtschaft (Auslandsinvestitionsgesetz [AIG]) kann die unbeschränkt körperschaftsteuerpflichtige →Kapitalgesellschaft beantragen, daß ein in ihrer in einem Staat mit Doppelbesteuerungsabkommen belegenen Betriebsstätte entstandener Verlust bei der Ermittlung ihres im Inland zu versteuernden Einkommens wie ein inländischer Verlust berücksichtigt wird. Ausländische Verluste sind jedoch in den Folgejahren wieder dem zu versteuernden Einkommen hinzuzurechnen, soweit sich bei den Einkünften der ausländischen Betriebsstätte insgesamt in einem der folgenden Veranlagungszeiträume ein positiver Betrag ergibt.

### Körperschaftsteuerguthaben

Teil der zu versteuernden →Kapitalerträge, der gleichzeitig aber als Vorauszahlung (→anrechenbare Körperschaftsteuer) mit der Einkommensteuer- oder Körperschaftsteuerschuld bzw. dem Einkommensteuer- oder Körperschaftsteuererstattungsanspruch zu verrechnen ist (§§ 43 Abs. 1 Satz 1 Nr. 6, 45c EStG).
(→Anrechnungsverfahren bei der Körperschaftsteuer)

### Körperschaftsteuergutschrift durch Kreditinstitute

Gutschrift der →anrechenbaren Körperschaftsteuer bei Gutschrift von Dividendenerträgen (→Steuerbescheinigungen).

### Körperschaftsteuersätze, →Körperschaftsteuertarif.

### Körperschaftsteuer, steuerliche Erfassung der Dividenden/Gewinnanteile beim Anteilseigner

Werden die Anteile der ausschüttenden →Körperschaft im *Privatvermögen* des →Anteilseigners gehalten, so werden diese Einnahmen in dem Kalenderjahr versteuert, in dem sie ihm zugeflossen sind. Im Jahr des Zuflusses der Dividenden/Gewinnanteile ist auch das →Körperschaftsteuerguthaben (→anrechenbare Körperschaftsteuer) zu versteuern. Die Anrechnung der →Körperschaftsteuer und →Kapitalertragsteuer erfolgt zum selben Zeitpunkt. Bei einem Alleingesellschafter einer GmbH ist die Gewinnausschüttung bereits zum Zeitpunkt der Beschlußfassung zugeflossen, dasselbe gilt für beherrschende Gesellschafter. Gehören die Anteile an einer ausschüttenden Gesellschaft zum →*Betriebsvermögen* des Anteilseigners, der seinen Gewinn durch Betriebsvermögensvergleich ermittelt, so gilt das Zuflußprinzip nicht. Der Dividendenanspruch bzw. Anspruch auf Gewinnanteil muß beim Anteilseigner i. d. R. dann bilanziert werden, wenn ein Gewinnverteilungsbeschluß der ausschüttenden Gesellschaft vorliegt. Die anrechenbare Körperschaftsteuer ist wie der zuvor genannte Anspruch zu behandeln.

### Körperschaftsteuertarif

Der allgemeine Körperschaftsteuersatz für einbehaltene →Gewinne betrug bis 1989 56% (→Tarifbelastung). Durch das Steuerreform-Gesetz *1990* wurde die Tarifbelastung abgesenkt: Der allgemeine Steuersatz für →Körperschaften, deren Gewinnausschüttungen bei den Anteilseignern zur Anrechnung von →Körperschaftsteuer berechtigen, wurde auf 50% gesenkt (der Ausschüttungssteuersatz von 36% blieb unverändert). Der ermäßigte Körperschaftsteuersatz für Körperschaften, die nicht in das Anrechnungsverfahren einbezogen sind (öffentlich-rechtliche Kreditinstitute, wie z. B. →Landesbanken/Girozentralen und →kommunale Sparkassen, öffentlich-rechtliche Versicherungsunternehmen, sonstige Betriebe gewerblicher Art von →juristischen Personen des →öffentlichen Rechts, →Versicherungsvereine auf Gegenseitigkeit), wurde von bisher 50% auf 46% gesenkt.
Durch das →Standortsicherungsgesetz wurde 1993 mit Wirkung vom 1.1.1994 der allgemeine Steuersatz auf 45% und der Ausschüttungssteuersatz auf 30% herabgesetzt (§§ 23 Abs. 1, 27 Abs. 1 KStG). Der ermäßigte Steuersatz wurde auf 42% gesenkt (§ 23 Abs. 2 EStG).
(→Körperschaftsteuer)

### Körperschaftsteuervergütung, →Vergütungsverfahren bei der Körperschaftsteuer.

### Korrekturhülle

Beleg, der nach den →Codierrichtlinien für die Berichtigung von Codierungen und für die Weiterleitung von sonst ungeeigneten Zahlungsverkehrsbelegen in automatisierten Verfahren verwendet wird. Die K. muß dem „Merkblatt zur Herstellung und Verwendung automationsgerechter Korrekturhüllen" entsprechen. Auf der K. sind die codierpflichtigen Angaben auf der Codierzeile des Originalbelegs berichtigt wiederzugeben. Jede K. darf nur einen Originalbeleg enthalten.

### Korrelation
Begriff aus der Statistik für den Grad der Abhängigkeit, vornehmlich des linearen Zusammenhangs, zwischen verschiedenen Merkmalen.

### Korrelationskoeffizient
Maßzahl für Widerspiegelung der Intensität von Zusammenhängen zwischen zwei Merkmalen (→ Korrelation). Der lineare K. r (nach Bravais-Pearson) ist eine Maßzahl für metrisch-skalierte Merkmale bzw. Variable; er unterstellt lineare Verbundenheit der Merkmale. Der Rang-K. (nach Spearman) ist eine Maßzahl für mindestens ordinal-skalierte Merkmale bzw. Variable und unterstellt lineare Beziehung der Rangziffern der Merkmale.

### Korrelationsrechnung
Verfahren zur Quantifizierung der Interdependenz zweier Merkmale (→ Korrelation), um Maßzahlen zur Kennzeichnung der Intensität dieses Zusammenhangs zu ermitteln

### Korrespondentenverhältnis zwischen Kreditinstituten
Ständige Geschäftsverbindung zwischen → Kreditinstituten als Grundlage für die Abwicklung von Geschäften nach dem Reziprozitätsprinzip. Ein Korrespondenzverhältnis kann als eine einseitige oder eine zweiseitige Kontoverbindung bestehen. Vor allem im Auslandsgeschäft ist ein Netz von Korrespondenzbankverbindungen erforderlich. Grundlage ist ein → Agency Arrangement. Notwendig ist der Austausch von Kontrolldokumenten (z. B. Unterschriftenverzeichnisse, Telexschlüssel).

### Korrespondenzbank
→ Kreditinstitut, mit dem eine Bank oder Sparkasse ständig in Geschäftsverbindung steht (Korrespondenzverhältnis).

### Kosten
*Allgemein*: Zur Herstellung einer (betrieblichen) Leistung benötigter und bewerteter Faktorverbrauch (→ Kosten im Bankbetrieb, → Kostenarten, → Kostenrechnung).

*Bei Behörden oder Gerichten*: Zusammenfassende Bezeichnung für → Gebühren und Auslagen, die eine → Person für die Inanspruchnahme der staatlichen Einrichtung schuldet (z. B. „Prozeßkosten"). K. fallen aber auch für das Mandat eines Rechtsanwalts oder für die Tätigkeit eines Notars an; hierbei sind sie das Entgelt im Rahmen eines → Werkvertrages bzw. → Geschäftsbesorgungsvertrages.

### Kostenarten
Kosten (→ Kosten im Bankbetrieb), unterteilt nach der Art des Verkehrs mit geldwerten Gütern und Leistungen. Die fundamentalsten Kostengüterarten sind: Werkstoffe, Arbeitsleistung, → Betriebsmittel, → Kapital, von Externen zur Verfügung gestellte Dienstleistungen und → Rechte.
(→ Kostenartenrechnung)

### Kostenartenrechnung
Teilrechnungssystem der Kosten- und Erlösrechnung (→ Kosten- und Erlösrechnung im Bankbetrieb), in dem die → Betriebskosten nach verbrauchsmäßigen Gesichtspunkten (Kostenartenplan) differenziert erfaßt und kontrolliert werden. Bei Kostenbudgetierung (→ Budget-Management) ist eine Soll-/Ist-Abweichungs-Analyse möglich.
Bei *Kostenerfassung* müssen die Kosten aus den → Aufwendungen abgeleitet werden; dabei sind betriebsfremde Aufwendungen zu eliminieren, der → Zweckaufwand periodenrichtig zu erfassen sowie die Zusatzkosten (→ kalkulatorische Kosten) einzubeziehen. Nicht in allen Fällen kalkulieren → Kreditinstitute mit dem Zweckaufwand; auch kalkulatorische Kosten werden nicht immer berücksichtigt.

### Kosten im Bankbetrieb
Als → Kosten bezeichnet man die → Aufwendungen, die dem → Bankbetrieb durch den Einsatz von → Produktionsfaktoren (→ Produktionsfaktoren im Bankbetrieb) bei der Erstellung von → Bankleistungen entstehen.
Abgrenzung zwischen Aufwand und Kosten: vgl. Abbildung S. 968.
In der → Kosten- und Erlösrechnung im Bankbetrieb ist die Abgrenzung von Kosten und → neutralem Aufwand nicht von elementarer Bedeutung. Neutrale Aufwendungen (und → neutrale Erträge) haben eine geringe Bedeutung. In der → Gesamtbetriebskalkulation wird ohnehin das → Betriebsergebnis überwiegend auf der Basis der Zah-

**Kostenrechnung**

### Kosten im Bankbetrieb – Abgrenzung zwischen Aufwand und Kosten

Erfassung in der
Gewinn- und Verlustrechnung
↑

| Aufwendungen | |
|---|---|

| Neutrale Aufwendungen | Zweckaufwendungen (Aufwand = Kosten) | |
|---|---|---|
| | Grundkosten (Kosten = Aufwand) | Zusatzkosten (kalkulatorische Kosten) |

Kosten

Erfassung in der
Kosten- und Erlösrechnung

lenwerte der →Gewinn- und Verlustrechnung (GuV) ermittelt (pagatorische Rechnung). Im handelsrechtlichen →Jahresabschluß wird außerdem nur zwischen Aufwendungen und Erträgen aus der normalen Geschäftstätigkeit (ordentlicher Aufwand/Ertrag) und →außerordentlichem Aufwand und →außerordentlichen Erträgen unterschieden, wobei letztere nur einen sehr geringen Teil der neutralen Erfolge ausmachen.
*Bezogen auf den Dualismus der Bankleistung* ist zwischen →Wertkosten und →Betriebskosten zu unterscheiden (→Wertbereich des Bankbetriebs, →Betriebsbereich des Bankbetriebs).
*Bezogen auf die Zurechenbarkeit von Kosten* ist zwischen →Einzelkosten und →Gemeinkosten zu unterscheiden.
*Bezogen auf die Abhängigkeit der Kostenentstehung von der Beschäftigung (Auslastung der Kapazität)* ist zwischen →Fixkosten und →variablen Kosten zu trennen.
*Im zeitlichen Bezug* lassen sich →Istkosten, →Normalkosten und →Plankosten unterscheiden.
*Im Hinblick auf den Zurechnungsumfang* ist zwischen →Vollkosten und →Teilkosten zu trennen. Die Unterscheidung ist für die verschiedenen Kostenrechnungssysteme der →Vollkostenrechnung und der →Teilkostenrechnung von Bedeutung, wobei in Bankbetrieben die Teilkostenrechnung als →Deckungsbeitragsrechnung bzw. (in spezieller Form) als relative Einzelkostenrechnung (Deckungsbeitragsrechnung mit relativen Einzelkosten) praktiziert wird.

**Kostenrechnung**
Teil des →internen Rechnungswesens, in dem die →Kosten für die betrieblichen Leistungen einer Rechnungsperiode ermittelt und verrechnet werden.
(1) *Im Fertigungsbetrieb* wird zwischen →Kostenartenrechnung, →Kostenstellenrechnung und →Kostenträgerzeitrechnung unterschieden.
(2) *Im Bankbetrieb* ist – bedingt durch den →Dualismus der bankbetrieblichen Leistung – eine Kalkulation im Regelfall (Ausnahme: Dienstleistungen) sowohl im →Betriebsbereich des Bankbetriebs als auch im →Wertbereich des Bankbetriebs notwendig. Das Ziel besteht darin, zunächst die Selbstkosten für →Bankleistungen zu ermitteln. Im Betriebsbereich geschieht dies (traditionell) mittels des Instruments der →Betriebsabrechnung und der →Stückleistungskalkulation bzw. (modern) der →Standard-Einzelkostenrechnung, im Wertbereich mit dem Instrument der →Marktzinsmethode oder (traditionell) der →Teilzinsspannenrechnung. Die Kalkulation im Bankbetrieb bezieht auch die Erlösseite mit ein, was insbes. bei den →Profit-Center-Rechnungen zum Ausdruck kommt. Bankkalkulation ist eine Ergebnisrechnung (→Kosten- und Erlösrechnung im Bankbetrieb).

**Kostenstellen**
Abgegrenzte Verantwortungsbereiche, denen →Kosten nach dem →Verursachungsprinzip zugeordnet werden. K. sind einzelne Abteilungen, Betreuungsgruppen

und Geschäftsstellen eines → Kreditinstituts (organisatorische Teileinheiten des Betriebs, die bestimmte Funktionen ausüben).

### Kostenstellenrechnung

Teilrechnungssystem in der (traditionellen) → Kosten- und Erlösrechnung im Bankbetrieb, das der Zuordnung von → Kosten auf abgegrenzte Verantwortungsbereiche (→ Kostenstellen) nach dem → Verursachungsprinzip dient. Bei verursachungsgerechter Zuordnung dient die K. der Kontrolle der Wirtschaftlichkeit im → Betriebsbereich des Bankbetriebs; sie ist außerdem Grundlage für die → Stückleistungskalkulation und für die → Profit-Center-Rechnungen.

*Kostenstellenplan:* Ein institutsspezifischer Kostenstellenplan ist Grundlage für die K. Er legt fest, wie die in der → Kostenartenrechnung erfaßten → Kostenarten als Stelleneinzelkosten und Stellengemeinkosten ermittelt werden.

Im Kostenstellenplan werden der innerbetriebliche Leistungsbereich und der Marktleistungsbereich unterschieden. Der innerbetriebliche Leistungsbereich umfaßt den Verwaltungsbereich (z. B. → Vorstand, Personalverwaltung, Organisation, → Controlling mit → Rechnungswesen, Marketing usw.), den Hilfsbereich (z. B. Materialverwaltung, Poststelle, soziale Einrichtungen usw.) und den technischen Bereich (Rechenzentrum, Belegbearbeitung, Datenerfassung, Datenkontrolle usw.). Der Marktleistungsbereich setzt sich aus den einzelnen Kundenbetreuungsgruppen, den einzelnen Geschäftsstellen sowie aus Fachabteilungen zusammen. Er kann nach einzelnen Marktleistungsbereichen weiter untergliedert werden.

*Stelleneinzelkosten und Stellengemeinkosten:* Stelleneinzelkosten sind die Kosten, die verursachungsgerecht und nachweisbar durch die Leistungserstellung innerhalb einer Kostenstelle entstanden sind. Stellengemeinkosten sind die Kosten, die durch die Leistungserstellung innerhalb mehrerer Kostenstellen entstanden und durch Kostenschlüsselungen so weit wie möglich verursachungsgerecht auf mehrere Kostenstellen aufgeteilt werden.

**Kostensteuern,** → Steueraufwand in der Gewinn- und Verlustrechnung der Kreditinstitute.

### Kostenträger

I. d. R. → Bankleistungen oder Gruppen von Bankleistungen (Geschäftssparten), denen im Rahmen der Kalkulation → Kosten zugerechnet werden. K. und damit Kalkulationsobjekte können aber auch Geschäftsarten, Geschäftsstellen sowie einzelne Kundenkonten und Kunden sein.

**Kostenträgerrechnung,** → Kostenträgerzeitrechnung, → Kostenträgerstückrechnung.

### Kostenträgerstückrechnung

Unterform der Kostenträgerrechnung; Kalkulation, mit deren Hilfe die Selbstkosten eines einzelnen → Kostenträgers errechnet werden (→ Stückleistungskalkulation).
*Gegensatz:* → Kostenträgerzeitrechnung.

### Kostenträgerzeitrechnung

*Marktleistungsartenrechnung;* Teilrechnungssystem in der (traditionellen) → Kosten- und Erlösrechnung im Bankbetrieb, das die Ermittlung der → Betriebskosten von Produkten oder Produktgruppen (Marktleistungen oder Marktleistungsarten) für einen bestimmten Zeitraum ermöglicht.
Die K. bzw. Marktleistungsartenrechnung ergibt sich aufgrund der anteilmäßigen Umlage der in der → Kostenstellenrechnung ermittelten Betriebskosten (Kostenstellenumlage). Grundlage der K. ist ein Kostenträgerplan.

### Kostenüberwachung

Überprüfung der Kostenplanung durch Vergleich von Ist-Werten und Sollwerten (Kostenbudget). Die laufende Kontrolle der Kostenentwicklung in den einzelnen Bereichen dient der Aufrechterhaltung der Wirtschaftlichkeit (→ Budget-Management).

### Kosten- und Erlösrechnung im Bankbetrieb

*Kosten- und Leistungsrechnung, Bankkostenrechnung, Bankkalkulation;* Instrument des → internen Rechnungswesens, das Informationen für die Steuerung und Kontrolle des Bankbetriebs liefert (Grundlage des → Controlling). Die K. u. E. umfaßt Verfahren zur Gewinnung von Informationen und Analysen über → Kosten und → Erlöse sowie zur Durchführung von kalkulatorischen Erfolgsrechnungen und ist eine wichtige Grundlage des → Bank-Controlling.

# Kostenvergleichsrechnung

*Verfahren*: (1) *Traditionelle Verfahren* fußen im → Wertbereich des Bankbetriebs auf der → Schichtenbilanzmethode als Verfahren zur Ermittlung von Teilzinsspannen (→ Teilzinsspannenrechnung) und im → Betriebsbereich des Bankbetriebs auf der → Betriebsabrechnung mit den Teilrechnungssystemen → Kostenartenrechnung, → Kostenstellenrechnung und → Kostenträgerzeitrechnung. Auf den Ergebnissen der Kostenstellenrechnung baut die → Stückleistungskalkulation auf. Sie ist ein Verfahren zur Ermittlung der Kosten pro Betriebsleistung. In der Stückleistungskalkulation werden die in den Kostenstellen errechneten → Betriebskosten in Beziehung gesetzt zur Stückzahl der erbrachten Leistungen. Sie ist eine → Vollkostenrechnung. Die Zahlen der Teilzinsspannenrechnung und der Stückleistungskalkulation bilden die Grundlage für die verschiedenen Kalkulationen.
(2) *Moderne Verfahren* der Kosten- und Erlösrechnung fußen im Wertbereich auf der → Marktzinsmethode als Verfahren zur Ermittlung der → Zinsmarge (Teilzinsspanne) und im Betriebsbereich auf der → Standard-Einzelkostenrechnung als → Teilkostenrechnung (→ Deckungsbeitragsrechnung mit relativen Einzelkosten). Deckungsbeitragsrechnungen auf den verschiedenen Kalkulationsebenen und die Nettomargenkalkulation (→ Margenkalkulation) stehen im Mittelpunkt der modernen Kosten- und Erlösrechnung.

*Kalkulationsobjekte:* Kalkulationsgegenstand kann ein einzelnes → Bankgeschäft sein, wobei das Ziel ist, die Vorteilhaftigkeit eines solchen Geschäfts aufzuzeigen (Einzelgeschäftskalkulation). Regelmäßig sind die Produkte Kalkulationsobjekte, d. h. die vom Bankbetrieb auf dem Absatzmarkt angebotenen → Bankleistungen (Produktkalkulation oder → Geschäftssartenkalkulation). Auf der Produktkalkulation baut die Geschäftssartenkalkulation auf. Die Kalkulation kann sich darüber hinaus auch auf ein → Konto eines Kunden (→ Kontokalkulation) oder auf alle Konten eines Kunden (→ Kundenkalkulation) oder auf alle Kunden einer Geschäftsstelle bzw. → Filiale (→ Geschäftsstellenkalkulation) beziehen.
Produktkalkulationen, Kundengruppenkalkulationen sowie Geschäftsstellenkalkulationen lassen sich zum Gesamtergebnis im Kundengeschäft zusammenfassen.

*Kalkulationszweck:* Jede Kalkulation im Bankbetrieb soll aufzeigen, welchen Beitrag ein Produkt, ein Kunde oder eine Geschäftsstelle zum Erfolg beiträgt (Ermittlung von → Deckungsbeiträgen). Die Deckungsbeitragsrechnungen sollen die Vorteilhaftigkeit von Produkten, Kundenbeziehungen oder Geschäftsstellen aufzeigen. Für die Zurechnung von Erfolgsbeiträgen werden → Profit-Center gebildet (→ Profit-Center-Rechnung).
Die *Gesamtbetriebskalkulation* hat den Zweck, die Bestandteile des Gesamtbetriebsergebnisses aufzuzeigen (→ Betriebsergebnis der Kreditinstitute). I. S. der Kosten- und Erlösrechnung ergibt sich das Betriebsergebnis als Differenz von Erlösen und Kosten. Dabei können → kalkulatorische Kosten berücksichtigt werden. Als pagatorische Rechnung kann das Betriebsergebnis auf der Grundlage der Zahlen der Gewinn- und Verlustrechnung (→ Gewinn- und Verlustrechnung der Kreditinstitute) ermittelt werden.
(→ Kosten im Bankbetrieb)

## Kostenvergleichsrechnung

Statische → Investitionsrechnung, die auf Zahlungen als Rechnungselemente verzichtet und statt dessen die pro Periode anfallenden → Kosten ins Zentrum der Betrachtung stellt. Sie wird in der Praxis im Rahmen zweier klar voneinander zu unterscheidenden Problemstellungen angewendet: (1) Auswahlproblem (Alternativenvergleich) = Wahlentscheidung zwischen verschiedenen noch anzuschaffenden Anlagen: Eine → Investition I ist einer (gleich teuren oder teureren) Investition II dann vorzuziehen, wenn ihre Jahreskosten $K_I$ geringer sind als $K_{II}$. Allgemein lautet das Kostenkriterium beim Alternativvergleich $K_I < K_{II}$.
(2) Ersatzproblem = Wahlentscheidung zwischen Sofortersatz oder Weiterbetrieb einer technisch noch nutzbaren, im Betrieb befindlichen Altanlage: Eine Altanlage sollte sofort ersetzt werden, wenn ihre → variablen Kosten pro Periode größer sind als die → Betriebskosten und Kapitalkosten der in Frage kommenden Neuanlage. Man fragt also: Welche Kosten fallen bei Sofortersatz der Altanlage weg? Das sind deren Betriebskosten $B_{alt}$, die den Charakter variabler Kosten haben. Welche Kosten entstehen bei Anschaffung der Neuanlage zusätzlich? Das sind deren Betriebskosten $B_{neu}$ und deren Kapitalkosten, der → Kapitaldienst $KD_{neu}$.

Somit lautet das Kostenkriterium beim Ersatzproblem allgemein wie folgt:

$$B_{alt} > B_{neu} + KD_{neu}.$$

Die K. weist die Mängel aller statischen Investitionsrechnungsverfahren auf: fehlende finanzmathematische Basis (keine korrekte Erfassung zeitlicher Unterschiede mittels Auf- und Abzinsens); unzweckmäßige Rechnungselemente (Leistungen und Kosten anstelle von Ein- und Auszahlungen); häufig beschränkt man sich auf eine einperiodische Betrachtung der Kosten des Erstjahres, um so Prognoseprobleme zu umgehen; gerade das Erstjahr ist aber in aller Regel atypisch.
K. bedeutet Beschränkung auf die Kostenseite und Nichtberücksichtigung der Leistungsseite. Die K. ist bei ertragsändernden Investitionen grundsätzlich nicht anwendbar und somit im wesentlichen auf Rationalisierungsinvestitionen beschränkt.

*Bedeutung:* (1) Die → Gewinnvergleichsrechnung beseitigt durch Einbeziehung der Ertragsseite einen wesentlichen Mangel der K. (2) Speziell beim Ersatzproblem findet man bei praktischer Anwendung häufig einen Grundsatzfehler: die Berücksichtigung des Kapitaldienstes der zu ersetzenden Altanlage. Der Altanlagenkapitaldienst gehört aber nicht zu den entscheidungsrelevanten Kosten; er fällt in beiden Situationen (Weiterbetrieb wie Sofortersatz) gleichermaßen an. (3) In der Praxis wendet man heute vermehrt dynamische Methoden an, die die Grundsatzfehler der statischen vermeiden.
(→ Investitionsrechnung)

### Kotieren
Zulassungen eines → Wertpapiers in den → amtlichen (Börsen-)Handel und Aufnahme in das → amtliche Kursblatt. K. wird insbes. in der Schweiz angewandt (franz. cote = Kurszettel).

### Kovarianz
Statistische Kennzahl zur Quantifizierung des Gleichlaufes zweier → Zufallsgrößen. Der Begriff K. ist aus den Begriffen → Korrelation und → Varianz abgeleitet. – Die K. stellt statistisch die Summe der einzelnen Produkte aus den Differenzen zwischen dem → arithmetischen Mittel und den → Merkmalswerten der Zufallsgrößen X und Y, geteilt durch die Anzahl n der Merkmalswerte –1 dar. Die K. wird folgendermaßen ermittelt:

$$\mathrm{Cov}(X,Y) = \left(\sum_{i=1}^{n}(x_i - \bar{x})\cdot(y_i - \bar{y})\right)/(n-1),$$

wobei Cov = K. von X und Y, $x_i$ = Merkmalswerte von X, $\bar{x}$ = arithmetisches Mittel von X, $y_i$ = Merkmalswerte von Y, $\bar{y}$ = arithmetisches Mittel von Y, n = Anzahl der Merkmalswerte. Alternativ kann man die K. auch über die → Standardabweichung bzw. den → Korrelationskoeffizienten ermitteln:

$$\mathrm{Cov}(X,Y) = S(X)\cdot S(Y)\cdot r(X,Y),$$

wobei Cov = K. von X und Y, S(X) = Standardabweichung von X, S(Y) = Standardabweichung von Y, r = Korrelationskoeffizient von X und Y. Die K. ist Null, wenn zwischen zwei Merkmalswerten kein Zusammenhang, d. h. keine Korrelation besteht. Ist sie dagegen positiv, besteht ein Gleichlauf. Bei einer negativen K. besteht eine Gegenläufigkeit. Das Vorzeichen der K. bestimmt das Vorzeichen des Korrelationskoeffizienten, da der Korrelationskoeffizient aus der K. ermittelt wird. Da die K. eine absolute Kennzahl ist, sind Vergleiche verschiedener K. wenig aussagekräftig. Um diesen Nachteil zu umgehen, berechnet man häufig den Korrelationskoeffizienten, der eine relative Gleichlaufkennzahl ist und als normierte K. interpretiert werden kann. – Die K. spielt in der → modernen Portfolio-Theorie eine wichtige Rolle. Markowitz erkannte, daß durch → Diversifikation das → Portefeuillerisiko reduziert werden kann, wenn die → Periodenrenditen möglichst gering oder sogar negativ kovariieren. Das Portefeuillerisiko wird nach Markowitz mit der → Portefeuillevarianz quantifiziert (→ Asset Allocation).

### Kredit
I. e. S. die Überlassung von → Kapital bzw. → Kaufkraft auf Zeit (Kreditgewährung), i. w. S. das Vertrauen in die Fähigkeit und Bereitschaft, Schuldverpflichtungen (Verpflichtung zur → Rückzahlung oder zur Bereitstellung der Deckung [Revaluierung]) zu erfüllen (→ Kreditwürdigkeit). Darüber hinaus wird auch das bei der → Fremdfinanzierung überlassene Kapital selbst als K. bezeichnet.

*Abgrenzung zwischen K. und Darlehen:* K. ist gegenüber → Darlehen der umfassendere

**Kreditabwicklungsfonds**

Begriff, da er sich nicht nur auf die → Geldleihe, sondern auch auf andere Kreditarten, wie → Akzeptkredit und → Avalkredit (Formen der → Kreditleihe) und auch auf den → Diskontkredit erstreckt. Diese Kreditverhältnisse sind rechtlich nicht als Darlehen, sondern als → Geschäftsbesorgungsvertrag, als → Bürgschaft bzw. → Garantie oder als → Kauf zu qualifizieren.

*Kreditbegriff nach → Kreditwesengesetz*: In § 1 KWG wird die Gewährung von Gelddarlehen und Akzeptkrediten als → Kreditgeschäft bezeichnet. → Diskontgeschäft und → Garantiegeschäft (im wirtschaftlichen Sinne Kreditgeschäfte) werden in § 1 Abs. 1 KWG gesondert aufgeführt. Besonders umfassend, um alle denkbaren → Kreditrisiken zu erfassen und damit ggf. einer Meldepflicht zu unterwerfen, ist der bankaufsichtliche → Kreditbegriff des KWG, der in § 19 (und ab 1996 in § 21) KWG umschrieben wird. Hiernach gehören zu den K. 1. Gelddarlehen aller Art, entgeltlich erworbene Geldforderungen, Akzeptkredite sowie Forderungen aus → Namensschuldverschreibungen, 2. die Diskontierung von → Wechseln und → Schecks, 3. die → Stundung von → Forderungen, 4. Bürgschaften, Garantien und sonstige Gewährleistungen für andere, 5. die Verpflichtung, für die Erfüllung entgeltlich übertragener Geldforderungen einzustehen oder sie auf Verlangen des Erwerbers zurückzuerwerben, 6. → Beteiligungen, 7. → Gegenstände, über die ein Kreditinstitut als Leasinggeber Leasing-Verträge (→ Leasing) abgeschlossen hat. Durch die 5. KWG-Novelle neugefaßt wird § 19 KWG. K. i. S. v. §§ 13, 14 KWG sind demgemäß Bilanzaktiva sowie außerbilanzielle bzw. → bilanzunwirksame Geschäfte.

*Volkswirtschaftliche Bedeutung*: Mit K. stellen → Banken und → Sparkassen → Geldkapital zur → Finanzierung der Güterproduktion bereit. Die → Kreditinstitute übernehmen dabei Transformationsfunktionen (→ Funktionen und Struktur des Kreditwesens). Der produktive Einsatz von Geldkapital dient der Erhöhung des → Sozialprodukts und der Beschäftigung.

*Arten*: Die wichtigsten Einteilungsgesichtspunkte sind Fristigkeit (Einteilung in kurzfristige Kredite [→ Laufzeit bis zu einem Jahr], mittelfristige Kredite [Laufzeit von einem Jahr bis zu vier Jahren], → langfristige Kredite [Laufzeit von über vier Jahren]);

Kreditform (→ Geldleihe, Kreditleihe); Kreditzweck (zweckfreier Kredit [z. B. → Allzweckdarlehen], zweckgebundener Kredit [z. B. → Betriebsmittelkredit, Baufinanzierungskredit]); Kreditbesicherung (gesicherter Kredit, teilweise gesicherter Kredit, ungesicherter Kredit [→ Blankokredit]; oft auch Unterscheidung von → Personalkredit und → Realkredit, wobei Realkredit i. e. S. nur der durch → Grundstücke gesicherte Immobiliarkredit ist [in der Praxis sowohl bei Sicherung durch → Grundschuld als auch durch → Hypothek zusammenfassend als → Hypothekarkredit bezeichnet]; bei Sparkassen Unterscheidung in Realkredit, gesicherter Personalkredit und ungesicherter Personalkredit); Kreditnehmer (Kredite an Unternehmen und Selbständige = Produktivkredite [in der Praxis als Firmenkredite bezeichnet], Kredite an → öffentliche Haushalte [als → Kommunalkredite bezeichnet], Kredite an private Haushalte [Konsumkredite, → Konsumentenkredite], wobei als → Verbraucherkredite i. S. d. → Verbraucherkreditgesetzes K. an → natürliche Personen außerhalb ihrer bereits ausgeübten gewerblichen oder selbständigen beruflichen Tätigkeit angesehen werden); Kreditgeber (→ Bankkredit, Sparkassenkredit, → Lieferantenkredit); Zahl der Kreditgeber (Einzelkredit, Gemeinschaftskredit [→ Konsortialkredit]); Form der Kreditgewährung (unverbriefte Kredite, verbriefte Kredite [→ Schuldscheindarlehen, Obligation]).

**Kreditabwicklungsfonds**
Aufgrund von Art. 23 des deutsch-deutschen Einigungsvertrags vom 31. 8. 1990 errichtetes, nicht rechtsfähiges → Sondervermögen des Bundes unter der Verwaltung des Bundesministers der Finanzen. Der K. sollte ursprünglich mit Ablauf des Jahres 1993 aufgelöst werden; dieser Zeitraum wurde jedoch um ein Jahr verlängert. Seine → Forderungen und → Verbindlichkeiten wurden zum 1. 1. 1995 in einen → Erblastentilgungsfonds überführt, anstatt, wie ursprünglich in Art. 27 Abs. 3 des Staatsvertrags zwischen BRD und DDR vom. 18. 5. 1990 vorgesehen, von der → Treuhandanstalt, dem Bund und den neuen Bundesländern (einschl. des Landes Berlin) übernommen zu werden. Der K. hatte nach dem Errichtungsgesetz zum Zweck, (1) die zum 3. 10. 1990 bestehende Gesamtverschuldung des Republikhaushalts der DDR zu

übernehmen, (2) die Verbindlichkeiten aus der Zuteilung von → Ausgleichsforderungen im Zuge der → Währungsunion mit der (ehemaligen) DDR zu tragen, (3) die Verpflichtungen des Bundes aus der → Gewährträgerhaftung für die → Staatsbank Berlin zu erfüllen, (4) die Kosten der Abwicklung von Forderungen und Verbindlichkeiten aus der Wahrnehmung staatlicher Aufgaben der DDR gegenüber dem Ausland (bis zum 1. 7. 1990) und der BRD zu tragen (§ 2). Der Bundesminister der Finanzen durfte für den K. Mittel im Wege des → Kredits beschaffen, sowohl durch Ausgabe von → Schuldverschreibungen, → Schatzanweisungen und → Schatzwechseln nach Maßgabe von § 20 Abs. 2 BBankG (→ Deutsche Bundesbank, Mitwirkung bei Emissionen von öffentlichen Verwaltungen) als auch durch Aufnahme von Darlehen gegen Schuldschein (→ Schuldscheindarlehen). Jeweils die Hälfte der vom K. erbrachten Zinsleistungen waren ihm vom Bund und von der Treuhandanstalt zu erstatten.

## Kreditangebot

*Kreditofferte*; Angebot eines → Kreditinstitutes auf Abschluß eines → Kreditvertrages. Bei Annahme des Kreditangebotes durch den in Aussicht genommenen Kreditnehmer wird ein schuldrechtlicher Kreditvertrag begründet.

*Formen*: (1) *K. unter Vorbehalt*: Das endgültige Zustandekommen des Kreditverhältnisses ist von konkreten Bedingungen, die erfüllt werden müssen, abhängig. Zum Beispiel: Noch beizubringende Unterlagen (→ Bilanzen, Immobilientaxen, Vermögensaufstellungen), die i. d. R. dann vom Kreditinstitut noch geprüft werden und dessen Vorstellungen entsprechen müssen. Genehmigungen von dritter Seite (Bau-, Betriebs- oder sonstige Genehmigungen), Festlegung des Zinssatzes, Konkretisierung der in Aussicht genommenen → Kreditsicherheiten. Unter Umständen sind die Vorbehalte dergestalt, daß durch die Einverständniserklärung des Kunden zu einer bislang nicht hinreichend konkretisierten Bedingung dennoch ein Kreditvertrag unmittelbar zustande kommt.
(2) *K. ohne Vorbehalt*: Beispielsweise Bestätigung einer bereits mündlich gegebenen Zusage, die in vorausgegangenen, sehr konkreten Verhandlungen erteilt wurde. Allgemein handelt es sich um Kreditverlängerungen oder Neukredite an Kunden, deren Bonität zweifelsfrei ist. Zur Begründung eines Vertragsverhältnisses bedarf es einer ausdrücklichen oder konkludenten Annahme seitens des Kunden.

## Kreditanstalt für Wiederaufbau (KfW)

1948 als → Körperschaft des öffentlichen Rechts errichtete Bank mit wirtschaftspolitischer Aufgabenstellung und Sitz in Frankfurt am Main. Die KfW ist eine → Entwicklungsbank für die eigene Volkswirtschaft und für die Wirtschaft der → Entwicklungsländer. Seit 1994 darf sie eine Zweigniederlassung in Berlin unterhalten. Am → Grundkapital der Bank sind der Bund und die Länder beteiligt. Die KfW gilt nicht als → Kreditinstitut i. S. von § 1 KWG. Sie unterliegt aber mit → Millionenkrediten der → Bankenaufsicht nach § 14 KWG (§ 2 Abs. 1 und 2 KWG).

*Organe:* Dies sind der → Vorstand (Geschäftsführung) und der → Verwaltungsrat, in dem der Bund, die Länder, die → Deutsche Bundesbank, die verschiedenen Zweige der Wirtschaft und des Kreditwesens sowie die → Gewerkschaften vertreten sind (Überwachungsorgan).

*Wirtschaftspolitische Aufgabenstellung:* Die KfW ist gegründet worden, um Mittel aus der Marshallplan-Hilfe (European Recovery Program, → ERP-Sondervermögen) zur Finanzierung der Wiederaufbauvorhaben der deutschen Wirtschaft nach dem Zweiten Weltkrieg zur Verfügung zu stellen. Heute fördert die KfW gemäß ihrem gesetzlichen Auftrag und zur Unterstützung der wirtschaftspolitischen Zielsetzungen der Bundesregierung die deutsche Wirtschaft und finanziert förderungswürdige Vorhaben im Ausland, insbes. im Rahmen der → Entwicklungshilfe.

a) Im Rahmen der *Förderung der deutschen Wirtschaft* konzentriert sich die KfW gegenwärtig auf die langfristige Investitionsfinanzierung für Zwecke der Strukturpolitik und auf die Exportfinanzierung. Die KfW unterstützt hierbei die wirtschaftspolitischen Ziele des Bundes. Im einzelnen umfaßt die inländische *Investitionsfinanzierung:*
(1) Kredite an kleine und mittlere Unternehmen. Ziel dieser Kreditgewährung ist es, spezifische Finanzierungsprobleme kleiner und mittlerer Unternehmen zu mildern und damit ihre Lei-

stungs- und Wettbewerbsfähigkeit zu steigern,
(2) Kredite zur Förderung wirtschaftlich benachteiligter Gebiete, in denen neue Beschäftigungsmöglichkeiten geschaffen, bestehende Arbeitsplätze durch →Investitionen oder Auftragsvergabe gesichert werden sollen. Dazu gehörte bis zur Einigung auch die Förderung der Wirtschaftskraft West-Berlins,
(3) Kredite an Gemeinden zur Verstetigung ihrer Investitionstätigkeit und Förderung des gesamtwirtschaftlichen Wachstums,
(4) Kredite für Maßnahmen des Umweltschutzes,
(5) Kredite und →Bürgschaften zur →Finanzierung von Großinvestitionen im Stahl- und Energiebereich,
(6) Kredite und Bürgschaften zur Förderung des Wohnungsbaues.

b) *Exportfinanzierung:* In der Exportfinanzierung (→Exportfinanzierung durch Kreditinstitute) gewährt die KfW langfristige Kredite vornehmlich für Lieferungen in Entwicklungsländer. I. d. R. ist die Indeckungnahme des Exportgeschäfts durch die →Hermes-Kreditversicherungs AG Voraussetzung für die Kreditgewährung. Einen wichtigen Bestandteil der Exportfinanzierung bilden die Kredite zur Finanzierung von Schiffslieferungen sowie die Abwicklung der Werfthilfeprogramme der Bundesregierung. Schließlich vergibt die KfW auch Kredite zur Finanzierung des Absatzes deutscher ziviler Luftfahrzeuge an ausländische Besteller. Zu dem Finanzierungsangebot der KfW für Schiffsexporte und den Absatz ziviler Luftfahrzeuge gehören auch aus öffentlichen Mitteln stammende Zinszuschüsse.

In geeigneten Fällen gewährt die KfW außerdem ausländischen Darlehensnehmern Kredite, die nicht an deutsche Lieferungen gebunden sind (→Finanzkredite an das Ausland). Hierbei handelt es sich meist um Darlehen zur Erschließung von Rohstoffbezugsquellen für die deutsche Wirtschaft. Ferner werden Darlehen für die Errichtung oder Erweiterung von Niederlassungen und →Beteiligungen insbes. kleiner und mittlerer deutscher Unternehmen in Industrie- und Entwicklungsländern gewährt.

c) *Entwicklungshilfe:* Ein weiterer Aufgabenbereich umfaßt die Tätigkeit der KfW im Rahmen der deutschen Finanziellen Zusammenarbeit mit Entwicklungsländern. Ihr obliegt als Entwicklungsbank des Bundes die Prüfung und bankmäßige Abwicklung aller im Rahmen der Finanziellen Zusammenarbeit anfallenden Darlehensgewährungen und – im Falle der am wenigsten entwickelten Länder – Zuschußgewährungen sowie die Kontrolle der Durchführung der Vorhaben.

*Mittelbeschaffung:* Die KfW finanziert ihre Kreditgewährung überwiegend aus eigenen bzw. am →Kapitalmarkt aufgenommenen Mitteln (→Schuldverschreibungen, →Schuldscheindarlehen), zum Teil aus öffentlichen Haushaltsmitteln (Bund und →Sondervermögen des Bundes), die für bestimmte Förderungszwecke bereitgestellt werden, sowie durch Aufnahme von Darlehen.

*Eingliederung der Staatsbank der DDR:* 1994 ging die Staatsbank Berlin, die frühere →Staatsbank der DDR, durch →Fusion in der KfW auf. Die aus den →Währungsreformen 1948 und 1990 verbliebenen Aufgaben der Staatsbank wurden übernommen und sind nunmehr von der KfW zu Ende zu führen.

**Kreditanzeigen nach KWG**
Anzeigen über →Großkredite, →Millionenkredite und →Organkredite, die von →Kreditinstituten abgegeben werden müssen. Rechtsgrundlagen: §§ 13, 14 und 15 KWG, →Anzeigenverordnung und →Befreiungsverordnung. Einzelheiten vgl. Übersicht S. 975.

**Kreditarten nach KWG,** →Kreditbegriff des KWG.

**Kreditauftrag**
→Bürgschaftsähnliche Sicherheit, wodurch der Auftraggeber einen anderen beauftragt, im eigenen Namen auf eigene Rechnung einem Dritten →Kredit zu geben. Hat der Beauftragte den K. angenommen, ist er aus →Vertrag zur Kreditgewährung verpflichtet. Der Auftraggeber haftet dem Beauftragten für die aus der Kreditgewährung entstehenden →Verbindlichkeiten des Dritten als Bürge (§ 778 BGB). Im Firmenkreditgeschäft werden K. von Muttergesellschaften zugunsten von →Tochterunternehmen erteilt.

Im Unterschied zur →Bürgschaft bestehen keine →Formvorschriften. Solange das be-

**Kreditauftrag**

## Kreditanzeigen nach KWG

| Kreditart \ Anzeigeart | Großkredite | | | | | Millionenkredite | Organkredite | |
|---|---|---|---|---|---|---|---|---|
| | Großkredite nach § 13 KWG | Großkredite nach § 13 Abs. 4 KWG | Großkredite nach § 13a KWG | Großkredite nach §§ 13a, 13 Abs. 4 KWG | | nach § 14 Abs. 1 KWG | Personalorgankredite | Unternehmensorgankredite |
| Einzelanzeige | unverzüglich > 15% des haftenden Eigenkapitals und 50 TDM (§ 13 Abs. 1 KWG) | unverzüglich > 50% des haftenden Eigenkapitals (§ 13 Abs. 1 KWG) | unverzüglich > 15% des zusammengefaßten haftenden Eigenkapitals (§§ 13a Abs. 1, 13 Abs. 1 KWG) | unverzüglich > 50% des zusammengefaßten haftenden Eigenkapitals (§§ 13a Abs. 1, § 13 Abs. 1 KWG) | | bis 15.01., 15.04., 15.07. und 15.10. Anzeige derjenigen Kreditnehmer, deren Verschuldung während der letzten drei Monate eine Mio. DM oder mehr betrug | > 250 TDM (§ 16 Nr. 1 KWG) | 5% des haftenden Eigenkapitals und 250 TDM (§ 16 Nr. 2 KWG) |
| Erhöhungsanzeige | unverzüglich > 20% (§ 13 Abs. 1 KWG) | unverzüglich bei jeder Erhöhung (§ 13 Abs. 1 KWG) | unverzüglich > 20% (§§ 13a Abs. 1, 13 Abs. 1 KWG) | unverzüglich bei jeder Erhöhung (§§ 13a Abs. 1, 13 Abs. 1 KWG) | | — | > 20% (§ 4 BetrV) | > 20% (§ 4 BetrV) |
| Sammelaufstellung | jährlich (§ 13 Abs. 1 KWG, § 3 Abs. 2 AnzV) | jährlich (§ 13 Abs. 1 KWG, § 3 Abs. 2 AnzV) | jährlich (§§ 13a Abs. 1, 13 Abs. 1 KWG; § 4 Abs. 2 AnzV) | jährlich (§§ 13a Abs. 1, 13 Abs. 1 KWG; § 4 Abs. 2 AnzV) | | — | alle 5 Jahre (§ 16 KWG, § 7 Abs. 3 AnzV) | alle 5 Jahre (§ 16 KWG, § 7 Abs. 3 AnzV) |

## Kreditausfallrisiko

auftragte → Kreditinstitut dem Dritten den Kredit noch nicht verbindlich zugesagt oder gewährt hat, kann der Auftraggeber seinen Auftrag widerrufen (§ 671 Abs. 1 BGB). Auch das beauftragte Kreditinstitut kann den erteilten Auftrag jederzeit kündigen (§ 671 BGB). Das Kreditinstitut hat – anders als bei der Bürgschaft – das Interesse des Auftraggebers wahrzunehmen, ihn über die → Kreditwürdigkeit des Dritten aufzuklären sowie zu allen den Kredit betreffenden Vereinbarungen sein Einverständnis einzuholen.
(→ Personensicherheit)

**Kreditausfallrisiko,** → Kreditrisiko.

### Kreditauskunft über Firmenkunden
Information über die → Kreditwürdigkeit des → Firmenkunden.

*Arten*: (1) Selbstauskunft des Kunden unter Vorlage aller wichtigen Unterlagen (→ Jahresabschlüsse, Planzahlen, → Steuerbescheide, Vermögensaufstellungen). (2) Inanspruchnahme von Referenzen von anderen → Banken, von Kunden aus der gleichen Branche (Achtung bei direkten Wettbewerbern). (3) Einsichtnahme in → öffentliche Register: → Handelsregister, → Genossenschafts-, Vereins-, Schiffs-, → Güterrechtsregister, → Grundbücher, → Schuldnerverzeichnisse (→ Konkurse, Eidesstattliche Versicherungen im betreffenden Amtsgerichtsbezirk). (4) Auskünfte von Wirtschaftsorganisationen, Industrie- und Handelskammern, Verbänden, Konsulaten und Außenhandelsstellen. (5) K. von Kreditschutzvereinen und Gläubigerschutzvereinen. (6) K. von gewerbsmäßigen Auskunfteien (Bürgel, Creditreform, Schimmelpfeng).

*Handhabung*: Bei Erteilung von → Bankauskünften und Einholung von K. ist das → Bundesdatenschutzgesetz zu beachten, insbes., ob eventuelle Sperren vorliegen. Auskünfte über Freiberufler und nicht im Handelsregister eingetragene → Gewerbebetriebe unterliegen den gleichen Einschränkungen wie → Kreditauskünfte über Privatkunden.

### Kreditauskunft über Privatkunden
Information über die → Kreditwürdigkeit des → Privatkunden.

*Arten*: (1) Selbstauskunft des Kunden anhand eines normierten Formulares unter Beifügung aktueller Vermögens- und Einkommensunterlagen. (2) Einsichtnahme in öffentliche Register: → Güterrechtsregister, → Grundbücher, → Schuldnerverzeichnisse (→ Konkurse, Eidesstattliche Versicherungen im betreffenden Amtsgerichtsbezirk). (3) K. von gewerbsmäßigen Auskunfteien, insbes. → SCHUFA.

*Handhabung*: Bei Erteilung von → Bankauskünften und Einholung von K. ist das → Bundesdatenschutzgesetz zu beachten. Vor Erteilung von Bankauskünften ist die schriftliche Zustimmung der betroffenen Privatkunden einzuholen.

### Kreditbanken
In der → Bankenstatistik der Deutschen Bundesbank verwendete Sammelbezeichnung für → Großbanken, → Regionalbanken und sonstige K., → Zweigstellen ausländischer Banken und → Privatbankiers. Seit 1987 werden in der Gruppe der Regionalbanken und sonstigen K. auch die → Teilzahlungskreditinstitute statistisch erfaßt, ohne daß sie gesondert ausgewiesen werden. (Die Bundesbank veröffentlicht die Zahl der Kreditinstitute im Mehrheitsbesitz ausländischer Kreditinstitute noch eigens. Die Zweigstellen ausländischer Banken und die Kreditinstitute im Mehrheitsbesitz ausländischer Banken ergeben zusammengefaßt die → Auslandsbanken.)

### Kreditbegriff des KWG
Gesetzliche Festlegung des im wirtschaftlichen Sinne mehrdeutigen Begriffs → Kredit. Die Vorschriften der §§ 13 bis 18 KWG über das → Kreditgeschäft (→ Großkredite, → Millionenkredite, → Organkredite, → Offenlegung der wirtschaftlichen Verhältnisse) können nur dann ihren Zweck erfüllen, wenn von einem umfassenden Kreditbegriff ausgegangen wird. Aus diesem Grunde wird der Kreditbegriff in § 19 Abs. 1 KWG durch Aufzählung der einzelnen Geschäftsarten sehr viel weiter gefaßt als der Begriff des → Kreditgeschäfts i. S. des KWG. Umgehungen werden weitgehend erschwert. Die Risiken sollen, unabhängig davon, in welche rechtliche Form die einzelnen Geschäfte gekleidet sind, erfaßt und der Anzeigepflicht unterworfen werden (→ Kreditanzeigen nach KWG).

*Kreditarten nach KWG (§ 19 Abs. 1 KWG)*:
(1) → Gelddarlehen aller Art, entgeltlich erworbene Geldforderungen (→ Factoring),

→ Akzeptkredite, Forderungen aus →Namensschuldverschreibungen (ausgenommen auf den Namen lautende → Pfandbriefe und → Kommunalobligationen), (2) → Diskontkredite, (3) Geldforderungen aus sonstigen Handelsgeschäften der → Kreditinstitute (z. B. → Leasing-Forderungen bei Bilanzierung der Leasing-Gegenstände beim Leasing-Nehmer), (4) → Avalkredite (→ Bürgschaften, → Garantien und sonstige Gewährleistungen, wozu → Euronote-Fazilitäten zählen) sowie die → Haftung eines Kreditinstituts aus der Bestellung von → Kreditsicherheiten für fremde Verbindlichkeiten, (5) unechte → Pensionsgeschäfte, (6) → Beteiligungen des Kreditinstituts an einem Unternehmen eines Kreditnehmers (als Beteiligung im Sinne dieser Vorschrift gilt jeder Besitz von → Aktien oder → Geschäftsanteilen in Höhe von mindestens 25% des → Kapitals) und (7) Leasing-Gegenstände, die beim Kreditinstitut als Leasing-Geber bilanziert werden.

*Einschränkungen* des weiten Kreditbegriffs ergeben sich aus den Ausnahmeregelungen des § 20 KWG bei bestimmten Kreditnehmern und Kreditarten.

*Neuregelung durch die 5. KWG-Novelle:* Ab 1996 lehnt sich eine neue Definition des Kredits in § 19 Abs. 1 KWG an die Merkmale im Grundsatz I des BAK an; sie gilt nur für Groß- und Millionenkredite. Im Hinblick auf §§ 15 bis 18 KWG wird im wesentlichen § 19 Abs. 1 KWG bisheriger Fassung übernommen.

### Kreditbesicherung
Sofern nicht blanko herausgelegt, werden → Kredite ganz oder teilweise durch → Kreditsicherheiten unterlegt, um das → Kreditrisiko für den Kreditgeber überschaubar (lange Kreditlaufzeit) und wirtschaftlich tragbar (hohe Kreditbeträge) zu halten. Im Falle der → Insolvenz des Kreditnehmers soll der wirtschaftliche Ausfall für das → Kreditinstitut möglichst gering gehalten werden.

### Kreditbewertungsagentur, → Rating.

### Kreditbürgschaft
→ Bürgschaft, die sich auf bestehende und künftige → Ansprüche (§ 765 Abs. 2 BGB), gleichgültig aus welchem Rechtsgrund, bezieht. Sie dient dazu, dem → Schuldner einen → Kredit zu verschaffen oder zu erhalten. Sofern sie für einen → Kontokorrentkredit abgegeben wird, spricht man auch von einer Kontokorrentbürgschaft.
Die K. kann auf einen bestimmten Höchstbetrag (→ Höchstbetragsbürgschaft) und auf einen bestimmten Zeitraum (→ Zeitbürgschaft) beschränkt sein. Die Verpflichtung des Bürgen besteht folglich bis zum endgültigen Abschluß des Kreditverhältnisses oder bis zum Ablauf der festgelegten Zeit weiter, auch wenn inzwischen die Hauptschuld des Schuldners getilgt ist. Einen zusätzlichen Sicherungswert stellt dabei auch die Bürgschaftsverpflichtung von → persönlich haftenden Gesellschaftern (→ Personenhandelsgesellschaften) für Kreditaufnahmen der Gesellschaft dar, weil deren → Haftung auch nach ihrem Ausscheiden erst in 30 Jahren verjährt (vgl. §§ 128, 159 HGB).
(→ Bürgschaft)

### Kreditfähigkeit
Fähigkeit, rechtswirksame → Kreditverträge abzuschließen.
Voll geschäftsfähige → natürliche Personen (→ Geschäftsfähigkeit), → juristische Personen sowie die → Personenhandelsgesellschaften sind ohne Einschränkung kreditfähig. Beschränkt geschäftsfähige natürliche Personen bedürfen zur Kreditaufnahme neben der → Genehmigung durch ihre → gesetzlichen Vertreter noch der vormundschaftsgerichtlichen Genehmigung (§§ 1643 Abs. 1, 1822 Nr. 8 BGB). Bei sonstigen nichtrechtsfähigen Personengemeinschaften (vor allem bei → Gesellschaften bürgerlichen Rechts [BGB-Gesellschaften, GbR], → Erbengemeinschaften) ist grundsätzlich die Zustimmung aller Beteiligten erforderlich, die sich insoweit als → Gesamtschuldner verpflichten.

### Kreditfazilität
Bezeichnung für Kreditrahmen i. S. von Kreditmöglichkeit, die bei Bedarf in Anspruch genommen werden kann (→ Kreditlinie).

### Kreditfinanzierte Anleihen
Private Kapitalanleger kaufen mit Mitteln, die über → Darlehen zur Verfügung gestellt sind, → festverzinsliche (Wert-)Papiere, insbes. → Anleihen mit niedriger Nominalverzinsung (→ Niedrigkupon-Titel). Die Vereinnahmung der Kursgewinne bei → Fälligkeit der Anleihe ist steuerfrei. Die für die → Kreditfinanzierung gezahlten → Zinsen

können →Werbungskosten sein, die dann die steuerpflichtigen Zinseinnahmen verringern. Voraussetzung für die Anerkennung der Kreditzinsen als Werbungskosten ist, daß der Überschuß der Zinseinnahmen aus den Wertpapieren über die Zinsausgaben für die →Fremdfinanzierung dauerhaft ist, d. h. für die gesamte Zeit der Kapitalanlage besteht (→Einkünfte aus Kapitalvermögen).

### Kreditfinanzierung

Bei der K. wird →Fremdkapital von außen aufgenommen. Es entstehen →Gläubigerrechte. Das bedeutet: Es entstehen i. d. R. keine Mitspracherechte der Geldgeber beispielsweise bei der →Geschäftsführung eines Unternehmens; die Kreditüberlassung ist befristet; ein Rechtsanspruch auf →Rückzahlung des →Kredits besteht ausschließlich in nomineller Höhe; das Fremdkapital ist i. d. R. nicht am →Gewinn beteiligt (es wird dagegen ein fester →Zins vereinbart); für Kredite zu leistende Zins- und Tilgungszahlungen stellen eine feste Liquiditätsbelastung dar.
(→Finanzierung)

### Kreditgarantiegemeinschaften

Spezialkreditinstitute (→Spezialbanken), in der →Bankenstatistik der →Deutschen Bundesbank als →Bürgschaftsbanken erfaßt, die →Ausfallbürgschaften für langfristige →Investitionskredite übernehmen. Sie sind →Kreditinstitute i. S. von § 1 KWG.

### Kreditgeld

Synonyme Bezeichnung für →Buchgeld bzw. →Giralgeld. Im Kreditwege können →Sichteinlagen (→Geldschöpfung, Kreditschöpfung) geschaffen werden; sie stellen Ansprüche auf →Bargeld dar.

### Kreditgenossenschaften

→Banken, die als eingetragene →Genossenschaften geführt werden (Genossenschaftsbanken). Es sind Gesellschaften mit nicht geschlossener Mitgliederzahl, die durch gemeinschaftlichen Geschäftsbetrieb mit der Abwicklung aller üblichen bankmäßigen Geschäfte den Erwerb und die Wirtschaft ihrer Mitglieder fördern wollen. Für Genossenschaftsbanken gilt somit das förderungswirtschaftliche Prinzip (→Förderungsauftrag der Kreditgenossenschaften).

*Gliederung des kreditgenossenschaftlichen Sektors:* Im meist dreistufigen Aufbau bilden die K. (Volksbanken, →Raiffeisenbanken, Spar- und Darlehenskassen, →Sparda-Banken, genossenschaftliche →Teilzahlungskreditinstitute) auf lokaler Ebene den Unterbau. Sie arbeiten im organisatorischen und finanziellen Verbund mit den →genossenschaftlichen Zentralbanken (regionale Ebene) zusammen. Spitzeninstitut auf überregionaler Ebene ist die →DG BANK Deutsche Genossenschaftsbank.

*Entwicklung:* K. entstanden Mitte des 19. Jahrhunderts, als sich durch die Industrialisierung eine Lücke in der Kreditversorgung der kleineren, kapitalschwächeren landwirtschaftlichen und gewerblichen Betriebe auftat. →Schulze-Delitzsch gründete im Bereich der gewerblichen Genossenschaften Vorschußvereine, deren Geschäftszweck in der Gewährung kurzfristiger →Kredite aus Mitteln der →Geschäftsguthaben der Mitglieder lag (Idee der Selbsthilfe). Diese gewerblichen K. erhielten später die Unternehmensbezeichnung „Volksbanken": Im Bereich der ländlichen K. gründete →Raiffeisen „Hilfsvereine", die zunächst auf dem Prinzip der Wohltätigkeit basierten. Die Fortschritte der gewerblichen K. veranlaßten Raiffeisen später, vom kartitativen Gedanken abzurücken und ebenfalls die Idee der Selbsthilfe aufzugreifen. Aus den Hilfsvereinen entwickelten sich Raiffeisen-Kreditgenossenschaften, die später als Spar- und Kreditbanken firmierten. Die Bemühungen, die Trennung der gewerblichen und der ländlichen K., die in der ideologischen (Selbsthilfe oder Staatshilfe?) und in der historischen Entwicklung sowie im unterschiedlichen Kundenkreis (Stadt oder Land, Gewerbe usw. oder Landwirtschaft) ihren Ursprung hatte, aufzuheben, hatten erst in den siebziger Jahren deutliche Erfolge. 1972 wurde der →Bundesverband der Deutschen Volksbanken und Raiffeisenbanken gegründet.

*Bedeutung:* Die K. sind überwiegend kleinere Institute. Sie verfügen über ein dichtes Bankstellennetz. Die Anzahl der Institute ist aufgrund von →Fusionen stark zurückgegangen. Neben dem Erfordernis, wettbewerbsfähige Institute zu schaffen, übten auch bankaufsichtliche Notwendigkeiten (seit 1976 Vieraugenprinzip in der Geschäftsleitung) Kostendruck und damit Fusionsbereitschaft aus (→Erlaubniserteilung für Kreditinstitute). K. werden heute fast ausschließlich als Genossenschaften mit beschränkter Haftpflicht betrieben. Auf die Nachschußpflicht der Mitglieder wird in der Praxis nicht zurückgegriffen, da im Rahmen der → Einlagensicherung mit dem Garantiefonds und dem Garantieverbund Sicherungseinrichtungen bestehen.

*Eigenkapital:* Das → Eigenkapital der Genossenschaften setzt sich aus den eingezahlten Geschäftsguthaben und den → Rücklagen zusammen. Durch Zu- und Abgänge von Mitgliedern unterliegen die Geschäftsguthaben Schwankungen. Den Rücklagen kommt wegen der Kündbarkeit der Geschäftsguthaben eine besondere Bedeutung zu. Bei → Kündigung von → Geschäftsanteilen werden nur diese ausgezahlt. Rücklagen stehen daher dauerhaft zur Verfügung. Das Genossenschaftsgesetz schreibt → Gewinnthesaurierung vor. Die Bildung einer gesetzlichen Rücklage muß gemäß § 7 GenG durch die → Satzung (Statut) bestimmt sein. Bei Berechnung des für die bankaufsichtlichen Strukturnormen bedeutsamen → haftenden Eigenkapitals der Kreditinstitute wird die Haftpflicht (Nachschußpflicht) der Mitglieder durch einen → Haftsummenzuschlag berücksichtigt.

*Geschäftsstruktur:* Das Leistungsangebot der K. ist universalbanktypisch, vor allem, weil sich die K. auf die Leistungen des → Genossenschaftlichen Verbundes stützen können. Bei der Mittelbeschaffung nehmen aufgrund der Kundenstruktur (Mittelstand) und der großen Bankstellendichte die → Spareinlagen und → Sparbriefe/Sparkassenbriefe eine herausragende Stellung ein. Im Rahmen der Mittelverwendung dominiert das → Kreditgeschäft mit Nichtbanken. Der Anteil der → Forderungen an → Kreditinstitute ist infolge der Anlage liquider Mittel bei den genossenschaftlichen Zentralbanken hoch. Zur Abwicklung des → bargeldlosen Zahlungsverkehrs haben sich die K. mit den genossenschaftlichen Zentralbanken in einem Gironetz zusammengeschlossen (Deutscher Genossenschaftsring, → Gironetz der Kreditgenossenschaften). Auch bei der Abwicklung von → Effektengeschäften und → Auslandsgeschäften nehmen sie die Zentralinstitute in Anspruch. Im → Realkreditgeschäft, insbes. bei der Gewährung → langfristiger Kredite für Wohnungsbau, Gewerbe und Landwirtschaft, bedienen sie sich der Deutschen Genossenschafts-Hypothekenbank AG und der Münchener Hypothekenbank eG.

*Verbandswesen/Verbandsprüfung:* Spitzenverband des Kreditgenossenschaftssektors ist der Bundesverband der Deutschen Volksbanken und Raiffeisenbanken e. V., Bonn, dem auch die genossenschaftlichen Zentralbanken, die Deutsche Genossenschaftsbank und die regionalen Verbände sowie (mittelbar über den → Verband der Post-Spar- und Darlehensvereine e. V.) die → Post-Spar- und Darlehensvereine angehören (→ Verbände und Arbeitsgemeinschaften in der Kreditwirtschaft). Die gesetzlich verankerte genossenschaftliche Verbandsprüfung wird von den → regionalen Genossenschaftsverbänden (→ Prüfungsverbände) durchgeführt und erstreckt sich auf → Jahresabschluß und → Geschäftsführung sowie auf die Beachtung der Prüfungshinweise. Jede Genossenschaft muß einem Verband angehören (zwingende Mitgliedschaft), dem das Prüfungsrecht verliehen ist (Prüfungsverband, § 54 GenG). Mittels der → Prüfungsberichte informiert sich die → Bankenaufsicht über das einzelne Institut.

### Kreditgeschäft

Nach der Definition des § 1 Abs. 1 Satz 1 Nr. 2 KWG nur die Gewährung von → Gelddarlehen und → Akzeptkrediten (→ Kreditgeschäft i.S. des KWG), in einem weiteren Sinne aber auch andere → Bankgeschäfte (z. B. → Diskontgeschäft), bei denen einer anderen Person → Kredit eingeräumt wird (→ Kreditgeschäft, Einteilung).

### Kreditgeschäft auf Termin, → Forward Forward Deposit/Loan.

### Kreditgeschäfte der Deutschen Bundesbank, → Deutsche Bundesbank, Kreditgeschäfte.

### Kreditgeschäfte der Sparkassen

Im sparkassenrechtlichen Sinne → Kreditgeschäft, das die → Sparkassen aufgrund ihrer → Satzung durchführen dürfen und bei denen sie nach Art, Umfang und Besicherung der Kredite an die satzungsmäßigen Bestimmungen gebunden sind (→ Sparkassenkredit).

### Kreditgeschäft, Einteilung

→ Kreditgeschäfte der → Kreditinstitute können nach verschiedenen Gesichtspunkten unterschieden werden. Eine umfassende, an Einteilungsgesichtspunkten der Bankpraxis orientierte Gliederung geben Jährig/Schuck. Danach werden unterschieden: (1) *„Klassisches K."* der Kreditinstitute (Hauptpartner: Firmen, Gewerbetreibende und wirtschaftlich Selbständige): Hierzu zählen der → Kontokorrentkredit, der → Diskontkredit, der → Akzeptkredit und der Privatdiskontkredit, der → Gemeinschaftskredit oder → Konsortialkredit, mittel- und langfristige Tilgungskredite und → Kredite mit Endfälligkeit, wobei i. S. d. klassischen Kreditgeschäfts in erster Linie Kredite zur → Finanzierung von → Anlageinvestitionen verstanden werden (von der Besicherung her gesehen → Realkredite), der → Avalkredit sowie die traditionellen Formen der → Außenhandelsfinanzierung. (2) *Standardisiertes K.*, wozu → Konsumentenkredite (in der Praxis auch als → Ratenkredite, persönliche Kredite, Privatkredite usw. bezeichnet) und standardisierte → Produktivkredite an Selbstän-dige und Gewerbetreibende gehören. (3) → *Bau- und Immobilienfinanzierungen in der Kreditwirtschaft*, die je nach Zweck, Fristigkeit, Art der Besicherung oder Art der zu finanzierenden Objekte unterschiedlich ausgeprägte Kreditformen umfassen. (4) *Finanzierungsgeschäft im Zusammenhang mit → Auslandsgeschäften der Bankkundschaft* (→ Exportfinanzierung durch Kreditinstitute und durch die → Kreditanstalt für Wiederaufbau, → Importfinanzierung durch Kreditinstitute) und das Geschäft im Rahmen internationaler Kreditfinanzierungen, wobei zwischen klassischen Finanzierungsformen des → Euromarktes (→ Eurokredite als Festsatzkredite und → Roll-over-Kredite) und innovativen Finanzierungsformen des Euromarktes (→ Finanzinnovationen) unterschieden wird und ergänzend Instrumente zur Begrenzung von Finanzierungsrisiken (Zins- und/oder Kursrisiken), wie z. B. → Swaps, → Zinscap (→ Cap-Kredit), → Forward-Rate-Agreements, Financial Futures usw. einzubeziehen sind. (5) *Besondere Finanzierungsformen* (Finanzierungsformen, die aufgrund ihrer Besonderheiten schwer einzuordnen bzw. abzugrenzen sind), wie → Leasing, → Factoring, → Projektfinanzierungen, → Schuldscheindarlehen, → Kommunalkredite, Abzahlungsdite, Kredite aus → öffentlichen Kreditprogrammen.

## Kreditgeschäft i. S. des KWG

→ Bankgeschäft (i. S. des Kreditwesengesetzes) (§ 1 Abs. 1 Satz 2 Nr. 2), das „die Gewährung von Gelddarlehen und Akzeptkrediten" umfaßt. Der Begriff → „Gelddarlehen" knüpft hier nicht am wirtschaftlichen, sondern am rechtlichen Kreditbegriff (§ 607 BGB) an (→ Darlehen). → Factoring ist daher kein Kreditgeschäft i. S. von § 1 KWG. Der Erwerber von Darlehensforderungen wird zwar auch → Gläubiger, es liegt jedoch keine „Gewährung" i. S. dieser Vorschrift vor. Kein „Kreditgeschäft" i. S. von § 1 KWG sind ferner das → Diskontgeschäft und das → Garantiegeschäft (aber Kreditgeschäfte im wirtschaftlichen Sinne). → Kreditvermittler betreiben kein Kreditgeschäft i. S. von § 1 KWG, da sie die Darlehen nicht selbst gewähren; darüber hinaus liegt kein Bankgeschäft vor (es sei denn, die Vermittlung ist mit der Übernahme von → Haftungen verbunden). Das Vermitteln von Darlehen zwischen → Kreditinstituten (Geldmaklergeschäft) gehört aber zur Haupttätigkeit von → Finanzinstituten i. S. des KWG (§ 1 Abs. 3 Satz 1 Nr. 10 KWG).

## Kreditinformationssysteme

Statistische Auswertung zur Darstellung der → Kreditrisiken eines Instituts. Sie sind Teil der → Kreditüberwachung und dienen der Risiko-Steuerung des → Kreditgeschäfts. Relevante Daten aus den Kreditengagements werden statistisch erfaßt und ausgewertet.
Im → *Privatkundengeschäft* werden z. B. unter anderem das Alter des Kunden, sein Familienstand, seine Betriebszugehörigkeit, seine Vermögens- und Einkommenssituation und → SCHUFA-Daten (→ Kreditauskunft über Privatkunden) erfaßt und nach Punkten bewertet. Die Summe der erreichten Punkte definiert das rechnerische Kreditrisiko bei diesem speziellen Kunden im Verhältnis zum gesamten Privatkunden-Kreditportefeuille der Bank und entscheidet mit, ob ein beantragter Kredit gewährt wird.
Im → *Firmenkundengeschäft* werden Management, Branche, Rechtsform, bisherige Erfahrungen, wirtschaftliche Verhältnisse, → Kreditbesicherung und Aussichten des Unternehmens und seiner Branche statistisch erfaßt und ausgewertet. Der Kunde wird einer Risikoklasse zugeordnet. Die Gesamtauswertung der Risikoklassen der Bank erlaubt Rückschlüsse auf die Qualität des Firmenkredit-Portfolios.

## Kredit in laufender Rechnung
Deutschsprachige Bezeichnung für →Kontokorrentkredit.

## Kreditinstitut
Unternehmen, das →Bankgeschäfte betreibt, wenn der Umfang dieser Geschäfte einen in kaufmännischer Weise eingerichteten Geschäftsbetrieb erfordert (§ 1 Abs. 1 Satz 1 KWG). Welche Geschäfte als →Bankgeschäfte (i. S. des Kreditwesengesetzes) gelten, ist in § 1 Abs. 1 Satz 2 KWG abschließend aufgezählt. Um K. zu sein, genügt das Betreiben eines Bankgeschäfts. Im → EG-Bankrecht bezieht sich der Begriff K. dagegen nur auf Unternehmen, die sowohl das →Einlagengeschäft als auch das →Kreditgeschäft betreiben.
Für K. i. S. des KWG kommt es nicht darauf an, ob eine Erlaubnis zum Betreiben von Bankgeschäften durch das →Bundesaufsichtsamt für das Kreditwesen (BAK) erteilt wurde (→Erlaubniserteilung für Kreditinstitute) oder ob ein in kaufmännischer Weise eingerichteter Geschäftsbetrieb tatsächlich vorhanden ist. Es ist davon auszugehen, daß Bankgeschäfte bereits bei einem relativ geringen Umfang einer kaufmännischen Ordnung bedürfen, da sich die Beziehungen zu einem Kunden i. d. R. nicht in einem einmaligen Vorgang erschöpfen.
Um eine elastische Handhabung des Gesetzes zu ermöglichen, kann das BAK gemäß § 2 Abs. 4 KWG im Einzelfall Unternehmen von wesentlichen Bestimmungen des KWG freistellen (freigestellte Institute). Wegen der Schutzbedürftigkeit der Gläubiger wird beim Einlagengeschäft eine Freistellung nicht erteilt. Die Freistellungen sind im →Bundesanzeiger bekanntzugeben. Die Vorschriften über →bankaufsichtliche Maßnahmen bei Konkursgefahr sind auf freigestellte Unternehmen nicht anzuwenden, da das BAK in diesen Fällen die notwendigen Erkenntnisse nicht hat.
Nicht als Kreditinstitute i. S. des KWG gelten die →Deutsche Bundesbank, die →Kreditanstalt für Wiederaufbau (KfW), die Sozialversicherungsträger, die →Bundesanstalt für Arbeit, private und öffentlich-rechtliche Versicherungsunternehmen. Unternehmen des Pfandleihgewerbes, soweit sie Darlehen gegen Faustpfand gewähren, sowie anerkannte →Unternehmensbeteiligungsgesellschaften (§ 2 Abs. 1 KWG). Diese Ausnahmen bestehen, weil die Betroffenen entweder öffentliche Funktionen wahrnehmen und einer staatlichen Sonderaufsicht unterliegen (z. B. KfW) oder eine besondere Fachaufsicht vorliegt (z. B. Versicherungen) oder da sie selbst in die →Bankenaufsicht eingeschaltet sind (Deutsche Bundesbank). Einige KWG-Bestimmungen, z. B. über →Millionenkredite, sind jedoch anwendbar (§ 2 Abs. 2 KWG). Die →Deutsche Postbank AG unterliegt ab 1.1.1995 voll den Regelungen des KWG (§ 64 KWG).

## Kreditinstitute mit Sonderaufgaben
→Kreditinstitute, die bestimmte, im gesamtwirtschaftlichen Interesse liegende Aufgaben zu erfüllen haben, die von den übrigen Bankengruppen wegen nicht ausreichender Kapitalkraft, mangelnder →Rentabilität oder zu hohem Risiko nicht oder nicht in erforderlichem Umfang wahrgenommen werden. Sie sind z. T. privatrechtlich (in Form einer GmbH, AG), zum Teil öffentlich-rechtlich organisiert (→Anstalt des öffentlichen Rechts bzw. →Körperschaft des öffentlichen Rechts). K. m. S., die im Besitz der Länder bzw. des Bundes sind, haben in erster Linie sektorale Finanzierungsaufgaben zu erfüllen, z. B. beim Wohnungsbau, bei der Strukturverbesserung in ländlichen Gebieten, bei der →Finanzierung von Erschließungs- und Entwicklungsaufgaben, bei der Industriefinanzierung, bei der Förderung der klein- und mittelständischen Wirtschaft sowie bei der →Exportfinanzierung durch Kreditinstitute und in der finanziellen Zusammenarbeit mit →Entwicklungsländern. Zu den K. m. S. zählen: →Liquiditäts-Konsortialbank GmbH, →Deutsche Ausgleichsbank, →Deutsche Siedlungs- und Landesrentenbank, →Kreditanstalt für Wiederaufbau, →AKA Ausfuhrkredit-Gesellschaft mbH, Privatdiskont-Aktiengesellschaft, →Landwirtschaftliche Rentenbank, →Deutsche Verkehrs-Bank AG, →Industriekreditbank AG – Deutsche Industriekreditbank (IKB), Deutsche Bau- und Bodenbank AG, →Berliner Industriebank AG.

## Kreditinstitutsgruppen i. S. des KWG
→Kreditinstitute gehören einer Kreditinstitutsgruppe an, wenn ein „übergeordnetes" Kreditinstitut bei einem anderen, „nachgeordneten" entweder mindestens 40% (so § 10a Abs. 2 Satz 1 KWG) oder mindestens 50% (so § 13a Abs. 2 Satz 1 KWG) der Ka-

## Kreditinstitutsgruppen i. S. des KWG

pitalanteile (oder → Stimmrechte) unmittelbar oder mittelbar hält.

*Beteiligungskriterien:* Sowohl die erste, „erhebliche", als auch die zweite „maßgebliche" → Beteiligung unterscheiden sich in ihrem Umfang von der → bedeutenden Beteiligung i. S. des KWG (§ 1 Abs. 9 KWG). Gruppenzugehörigkeit besteht ferner bei der Möglichkeit beherrschenden Einflusses eines Kreditinstituts über das andere. Dabei sind einerseits unmittelbar oder mittelbar gehaltene Kapitalanteile oder Stimmrechte sowie Anteile, die einem anderen für Rechnung eines gruppenangehörigen Kreditinstituts gehören, zusammenzurechnen. Auf der anderen Seite bleiben mittelbar gehaltene Kapitalanteile/Stimmrechte bei der Ermittlung der jeweiligen Beteiligungsschwelle außer Betracht, wenn sie entweder durch ein Unternehmen vermittelt werden, an dem das übergeordnete Kreditinstitut – nicht notwendig ein → „Mutterunternehmen" gemäß § 1 Abs. 6 KWG – weniger als 40 oder 50% der Anteile unmittelbar hält oder die Vermittlung durch mehr als ein Unternehmen erfolgt. Als nachgeordnete Kreditinstitute – nicht identisch mit dem Begriff des → „Tochterunternehmens" (§ 1 Abs. 7 KWG) – gelten auch → Finanzinstitute i. S. des KWG, deren Gegenstand auf den entgeltlichen Erwerb von Geldforderungen (§ 1 Abs. 3 Satz 1 Nr. 2 KWG, → Geldschuld, → Factoring) oder den Abschluß von → Leasing-Verträgen gerichtet ist (§ 10a Abs. 2 Satz 5 Nr. 1 und 2, § 13a Abs. 2 Satz 3 KWG). Als nachgeordnete Kreditinstitute anzusehen sind ferner Unternehmen mit Sitz in einem anderen Staat, die entweder ein → Bankgeschäft betreiben oder die zuvor genannten Tätigkeiten eines Finanzinstituts ausüben; ausgenommen bleiben Versicherungsunternehmen und Unternehmen des Pfandleihgewerbes (§ 2 Abs. 1 Nr. 5 und 8 KWG). Auch Banken, die ausschließlich das → Depotgeschäft oder das → Investmentgeschäft betreiben, gelten nicht als nachgeordnete Kreditinstitute (§ 10a Abs. 2 Satz 6 KWG).

*Bedeutung:* Regelungen über Kreditinstitutsgruppen wurden aufgrund der (ersten) → Konsolidierungs-Richtlinie (→ EG-Bankrecht) durch die Dritte KWG-Novelle in das Gesetz aufgenommen, um eine Aufsichtslücke zu schließen, die dadurch entstanden war, daß immer mehr Kreditinstitute Tochtergesellschaften im Ausland gründeten, die nicht der → Bankenaufsicht des Herkunftslandes unterlagen und in den Aufnahmestaaten teilweise erheblich geringere Anforderungen zu erfüllen hatten. Die Gesetzesänderung war auch vom Cooke Committee empfohlen worden (→ Baseler Konkordat).

(1) *Angemessenheit der Eigenkapitalausstattung der Kreditinstitutsgruppe*: Um festzustellen, ob das haftende Eigenkapital der Gruppe (→ haftendes Eigenkapital der Kreditinstitute) insgesamt angemessen ist (§ 10a Abs. 1 KWG), sieht § 10a Abs. 4 Satz 1 (ab 1996: Abs. 8 Satz 1) KWG vor, daß das übergeordnete Kreditinstitut für die Eigenkapitalausstattung der ganzen Gruppe verantwortlich ist. Dabei wird bisher ein quotales Zusammenfassungsverfahren (→ Quotenkonsolidierung) angewendet (§ 10a Abs. 3, → Eigenkapitalgrundsätze); ab 1996 wird jedoch die → Vollkonsolidierung die Regel sein (§ 10a Abs. 6, 7 KWG n. F.). Nachgeordnete Kreditinstitute sind verpflichtet, dem übergeordneten Institut die für die (quotale) Zusammenfassung erforderlichen Angaben zu machen (§ 10a Abs. 5 Satz 1, ab 1996 Abs. 9 Satz 2 KWG).

(2) *Anwendung der Großkreditvorschriften auf Kreditinstitutsgruppen*: Das übergeordnete Kreditinstitut muß den Anzeigepflichten (→ Kreditanzeigen nach KWG) für die von gruppenangehörigen Instituten insgesamt gewährten → Großkredite erfüllen (§ 13a Abs. 4 Satz 1 KWG). Es ist auch dafür verantwortlich, daß diese nachgeordneten Institute insgesamt die Grenzen für alle wie für jeden einzelnen Großkredit (gemäß § 13 Abs. 3 und 4 KWG) einhalten. Da hier die Beschaffung der für die Zusammenfassung solcher Kredite erforderlichen Einzelangaben von den nachgeordneten Kreditinstituten (gemäß § 13a Abs. 5, § 10a Abs. 5 KWG) schwerer ist als die von Globalangaben über das haftende Eigenkapital, wurde die Voraussetzung für die Zusammenfassung höher (mit 50%) angesetzt als bei § 10a KWG. Insoweit bleibt § 13a KWG unverändert.

(3) *Laufende Überwachung von Kreditinstitutsgruppen*: Neben den eigenen → Monatsausweisen müssen übergeordnete Kreditinstitute (i. S. von § 13a Abs. 2 KWG, d. h. ab 50%iger Beteiligung) → quotal zusammengefaßte Monatsausweise bei der → Deutschen Bundesbank einreichen (§ 25 Abs. 2 KWG); dies ändert sich ab 1996. → Bankaufsichtliche Maßnahmen kann das

→ Bundesaufsichtsamt für das Kreditwesen (BAK) freilich nur gegenüber den einzelnen gruppenangehörigen Instituten treffen.
(4) *Sonstige Fälle*: Ein (übergeordnetes) Kreditinstitut muß bei dem Erwerb einer „erheblichen" Beteiligung i. S. des KWG oder „maßgeblichen" Beteiligung i. S. des KWG an einem Kredit- oder Finanzinstitut mit Sitz im Ausland sicherstellen, daß es die erforderlichen Angaben von diesen Unternehmen erhält, um seinen Verantwortlichkeiten nachzukommen (§ 12 a Abs. 1 Satz 1 KWG). Diese Verpflichtung entfällt nur, wenn dem Risiko aus der Unternehmensbeziehung in anderer, gleichwertiger Weise Rechnung getragen wird, was für das BAK überprüfbar sein muß. Im Hinblick auf die Begründung, Veränderung oder Aufgabe solcher erheblichen oder maßgeblichen Beteiligungen besteht eine Pflicht zu unverzüglicher Anzeige an das BAK und die Bundesbank (→ Anzeigen der Kreditinstitute über personelle, finanzielle und gesellschaftsrechtliche Veränderungen). Anzuzeigen haben Kreditinstitute ferner → Millionenkredite, die ihnen nachgeordnete Bank-Unternehmen mit Sitz im Ausland vergeben (§ 14 Abs. 1 Satz 2 KWG); die Beteiligungsschwelle beträgt auch hier wie bei Großkrediten 50%. Das BAK darf bereits bei 40%iger, ab 1996 bei 20%iger Beteiligung bei nachgeordneten ausländischen Bank-Unternehmen die nach dem KWG zulässigen Prüfungen vornehmen und dabei insbes. die Richtigkeit der für die (quotale) Zusammenfassung übermittelten Daten kontrollieren, soweit dies nach dem Recht des Sitzlandes zulässig ist (§ 44 a Abs. 3 KWG). Das BAK ist auch befugt, die Fortführung einer grenzüberschreitenden Beteiligung oder sonstigen Unternehmensbeziehung zu untersagen, wenn das übergeordnete Kreditinstitut die für die Erfüllung seiner Pflichten aus §§ 10 a, 13 a und 25 Abs. 2 KWG notwendigen Angaben vom gruppenangehörigen ausländischen Unternehmens nicht erhält (§ 12 a Abs. 2 Satz 1 KWG).

## Kreditkarte

Instrument des →Zahlungsverkehrs, das Barzahlungen ersetzt und national und international eingesetzt werden kann (→ Akzeptanzstellen).

Die K. dient dem → bargeldlosen Zahlungsverkehr; sie unterscheidet sich aber von dessen Instrumenten, da sie zugleich eine Kreditierungsfunktion besitzt (Zahlungsaufschub für den → Karteninhaber) – für eine Zeitspanne von bis zu sechs Wochen („Charge-Card"). Mit der K. kann sich der Karteninhaber auch → Bargeld beschaffen, i. d. R. bei → Kreditinstituten, z. T. auch bei Geschäftsstellen der Kartenherausgeber und an → Geldausgabeautomaten. Die Leistungen werden von den Kartenanbietern garantiert. In den USA, aber auch Frankreich, Großbritannien und Spanien ist die K. weiter verbreitet als in Deutschland.

*Anbieter (→ Emittenten):* Grundsätzlich ist die K. ein Produkt für gehobene Ansprüche und wird von → Banken und → Sparkassen, aber auch von bankunabhängigen Finanzdienstleistern, in erster Linie vielreisenden Kunden mit gesichertem Einkommen und geordneten Vermögensverhältnissen, angeboten. Führend in der BRD ist die → Eurocard der Banken und Sparkassen; gefolgt von Visa, die ebenfalls von einigen inländischen, v. a. aber von einer ganzen Reihe Auslandsbanken vertrieben wird. Darüber hinaus bieten → Diners Club und → American Express sogenannte Travel-and-Entertainment-Karten (→T&E-Karten). Hier liegen die Einstiegslimits (insbes. das Einkommen) allerdings deutlich über denen bei Visa und Eurocard. Schließlich zählt der Einzelhandel, allen voran C&A (etwa 250 000 Karten) und Hertie (Goldene Kundenkarte) mit gut einer halben Million Karten zu den großen Ausgebern.

*Teilnehmerkreis:* (1) Bei Kunden(Kredit-) Karten sind *zwei Beteiligte* zu unterscheiden. Im Nichtbankenbereich vereinfachen Händler und andere Dienstleistungsunternehmen, die ihren Kunden regelmäßig → Kredit gewähren („Non-Banks"), ihre Kreditgewährung, indem sie mittels der Karten Kundendaten formalisieren und datenverarbeitungsgerecht aufbereiten. Auch bei den → Kundenkarten von Kreditinstituten, die an Geldausgabeautomaten, → Kontoauszugsdruckern und zum → POS-Banking benutzt werden können, liegt ein Zwei-Parteien-System vor. (2) *Drei-Parteien-System:* Zusätzlich zur Kreditkartenorganisation (bei T&E-Karten) bzw. zusätzlich zum Kreditinstitut (bei → Bankkreditkarten) ist ein Handels- oder Dienstleistungsunternehmen (Vertragsunternehmen; Akzeptanzstellen) beteiligt, bei dem der Käufer seine Rechnung mittels K. bezahlt.

**Kreditkarte**

*Rechtsgrundlagen:* Beim Drei-Parteien-System verkörpert die K. die Erklärung des Kreditkartenherausgebers (bei den T&E-Karten, Eurocard, American Express und Diners Club Erklärungen einer Kartenorganisation, bei Visa Erklärung einer Bank), daß der namentlich genannte Karteninhaber am Kreditkartenverfahren teilnimmt und gegenüber den Vertragsunternehmen von der Barzahlungspflicht bei Inanspruchnahme von Leistungen befreit ist. Dem entspricht die Verpflichtung des Vertragsunternehmens, Leistungen unter Verzicht auf Barzahlung zu erbringen, was mit dem → Anspruch gegenüber dem Kreditkartenherausgeber auf Bezahlung der Belastungsbelege (Rechnungen) verbunden ist. Die K. ist eine privatrechtliche → Urkunde. Sie ist nach herrschender Meinung kein → Wertpapier und auch kein → Legitimationspapier. Hierdurch und durch Einhaltung von Formalia, wie Überprüfung der K. und Autorisierungspflicht (→ Autorisierung von Zahlungsvorgängen) ab bestimmten Rechnungsbeträgen, Beachtung von Sperrlisten, die der Kartenherausgeber zur Bedingung für seine Leistungen gegenüber dem Vertragsunternehmen macht, sichert der Kartenherausgeber sich gegen mißbräuchliche Kartenbenutzung. Er sichert sich auch durch die Verpflichtungserklärung des Kartenbenutzers, Einwände aus dem Grundgeschäft (Valutageschäft) nicht im Deckungsverhältnis, d.h. im Verhältnis zum Kreditkartenherausgeber, zu erheben. Der Kreditkartenherausgeber hat das Recht, bei Leistungserbringung für einen Karteninhaber durch ein Vertragsunternehmen dessen Verzicht auf Bargeldzahlung zu verlangen. Das Vertragsunternehmen macht sich schadensersatzpflichtig, wenn es bei Leistung an den Karteninhaber Bargeldzahlung fordert.

*Rechtsbeziehungen:* (1) *Zwischen Kartenherausgeber und Karteninhaber:* → Dauerschuldverhältnis, das von beiden jederzeit aus wichtigem Grund kündbar ist. Es liegt ein → Geschäftsbesorgungsvertrag i. S. von §§ 675, 631ff. BGB vor, der auf Werkleistungen (Bezahlung der → Forderungen des Vertragsunternehmers gegenüber dem Karteninhaber) gerichtet ist. Durch die Vorlage der K. verpflichtet der Karteninhaber den Herausgeber gegenüber dem Vertragsunternehmen. Mit Ausnahme der Bankkreditkarte hat der Karteninhaber i.d.R. bei Universalkreditkarten keinen Anspruch auf Kreditgewährung. Dem steht nicht gegenüber, daß durch den erst später erfolgenden Lastschrifteinzug des verauslagten Betrages (durch den Kreditkartenherausgeber beim Kreditinstitut des Karteninhabers) für eine gewisse Zeit ein Zahlungsaufschub dem Karteninhaber gewährt wird.

Mit der K. kann der Anspruch auf weitere Leistungen verbunden sein, so z. B. der Anspruch auf Erbringung bestimmter Versicherungsleistungen, soweit dafür die Voraussetzungen erfüllt sind. Der Karteninhaber hat die Pflicht zur Zahlung einer → Provision, die i.d.R. nicht umsatzabhängig ist. Er ist zur Sorgfalt im Umgang und für die Aufbewahrung der K. verpflichtet und muß den Herausgeber bei Verlust oder Diebstahl unverzüglich benachrichtigen. I.d.R. erlischt seine → Haftung bei Eingang der Benachrichtigung vom Verlust oder Diebstahl. Die Haftung ist darüber hinaus i.d.R. auf insgesamt 100 DM beschränkt. Der Karteninhaber trägt nicht das Risiko der Fälschung von Belastungsbelegen des Vertragsunternehmens. Bei Ausgabe von → Zusatzkarten oder → Firmenkarten besteht eine gesamtschuldnerische Haftung von Karteninhaber und Zusatzkarteninhaber bzw. von Firma und Firmenkarteninhaber.

(2) *Zwischen Kartenherausgeber und Vertragsunternehmen:* Dauerschuldverhältnis mit der Verpflichtung des Kartenherausgebers gegenüber dem Vertragsunternehmen auf Bezahlung seiner Forderungen gegen Karteninhaber, sofern das Vertragsunternehmen die vorgeschriebenen Kontrollmaßnahmen erfüllt hat. Aufgrund der Verpflichtung des Vertragsunternehmens gegenüber dem Karteninhaber, Leistungen zu Barzahlungspreisen unter Verzicht auf Barzahlung zu erbringen, liegt ein echter → Vertrag zu Gunsten Dritter vor. Für die sofortige Bezahlung der Forderung durch den Kartenherausgeber hat dieser gegenüber dem Vertragsunternehmen den Anspruch auf eine Provision oder auf die Gewährung eines → Disagios. Beim Eurocard-Verfahren tritt das Vertragsunternehmen als Gegenleistung für die Bezahlung der Forderungen diese an den Kartenherausgeber ab, womit der Kartenherausgeber das Risiko der → Zahlungsunfähigkeit, nicht aber das Risiko der Zahlungsverweigerung durch den Karteninhaber übernimmt.

(3) *Zwischen Karteninhaber und Vertragsunternehmen:* → Kauf oder → Dienstvertrag bzw. → Werkvertrag mit Verzicht des Ver-

tragsunternehmens auf Barzahlung. Obwohl kein genereller → Kontrahierungszwang zwischen Karteninhaber und Vertragsunternehmen besteht, kann das Vertragsunternehmen den Vertragsabschluß nicht allein wegen des Einsatzes der K. durch den Karteninhaber ablehnen. Ansprüche aus Sach- und Rechtsmängeln kann der Karteninhaber nur gegen das Vertragsunternehmen geltend machen, nicht gegen den Kartenherausgeber.

*Wirtschaftliche Aspekte:* K. erleichtern Zahlungen in Einzelhandelsgeschäften, in Hotels, bei Flugzeugbuchungen, an Tankstellen usw. Durch die de-facto-Krediteinräumung (Zahlungsaufschub) wird die K. als absatzpolitisches Instrument, das zur Verkaufsförderung dient, eingesetzt. Bei der Bankkreditkarte steht die Förderung des → Kreditgeschäfts mit → Privatkunden und → Firmenkunden (Vertragsunternehmen) im Vordergrund. Bei Bankkreditkarten ergeben sich Erträge aus dem Kreditgeschäft und Provisions- bzw. Disagio-Einnahmen vom Vertragsunternehmen, wobei das Disagio i. d. R. niedriger ist als das bei T&E-Karten. Die Ausgabe von T&E-Karten setzt i. d. R. eine größere → Kreditwürdigkeit der Karteninhaber im Vergleich zu Bank- und Kundenkreditkarten voraus. Erträge erzielt der Kreditkartenherausgeber auch durch die Jahresgebühr, die pro Karte erhoben wird. Das Disagio, das die Vertragsunternehmen an die Kartenherausgeber zu zahlen haben, ist je nach Branche unterschiedlich und nach der Höhe des jährlichen Gesamtumsatzes gestaffelt.

*Geldpolitische Aspekte:* Ein verstärkt kartengesteuerter Zahlungsverkehr kann die aus § 3 BBankG sich ergebende Alleinzuständigkeit der → Deutschen Bundesbank für die Bargeldversorgung und Mitverantwortlichkeit für die Durchführung des unbaren Zahlungsverkehrs berühren. Nach Einschätzung der Bundesbank kann aber eine allmählich größer werdende Kartenintensität allenfalls eine Dämpfung der Bargeldnachfrage nach sich ziehen. Im Zuge der Einführung der bargeldlosen Lohnzahlung, des Lastschriftverfahrens und der → Scheckkartengarantien sei der Anteil des → Bargeldumlaufs am Geldvolumen in der Abgrenzung der Geldmenge M3 (→ Geldmengenbegriffe) gesunken, ohne daß die Wirksamkeit der Geldmenge dadurch erkennbar beeinträchtigt worden wäre. Aufgrund des umfassenden Instrumentariums der Bundesbank (→ Geldpolitik) sei es möglich, etwaige strukturelle Veränderungen der Zahlungsgewohnheiten und einen damit verbundenen Rückgang der → Bargeldquote auszugleichen. Da mit abrupten Entwicklungen kaum zu rechnen sei, brauche die prinzipielle Eignung von Geldmengen als Indikator und als Zwischenziel der Geldpolitik nicht in Frage gestellt zu werden.

### Kreditkartengesellschaft
Unternehmen, welches → Kreditkarten emittiert. Eine K. kann, muß aber kein → Kreditinstitut sein, weil hierbei kein → Bankgeschäft (i.S. des Kreditwesengesetzes) vorliegt; sie steht aber regelmäßig in → Kooperation mit einer Bank.

### Kreditkosten
→ Kosten der Inanspruchnahme eines → Kredits. Sie setzen sich aus → Zinsen, → Provisionen sowie Auslagen und Nebenkosten zusammen. Im Bereich des → Verbraucherkredits (§ 1 Abs. 1 VerbrKrG) schreibt § 4 Abs. 1 Nr. 1b, Abs. 2 Nr. 1b VerbrKrG die Angabe von Zinsen und sonstigen Kosten im schriftlichen → Kreditvertrag vor (→ Verbraucherkreditgesetz). Bei → Überziehungskrediten muß der Verbraucher hingegen nur über die jeweils geltenden Jahreszins unterrichtet werden (§ 5 VerbrKrG). Allgemein sind für → Konsumentenkredite (→ Ratenkredite [→ Teilzahlungskredite] und → Dispositionskredite) die Vorschriften der Preisangabenverordnung zu beachten (→ Preisaushang, Angabe des → Effektivzinses [→ Effektivverzinsung von Krediten]). Diese Bestimmungen gelten jedoch nur im → Privatkundengeschäft; sie betreffen auch nicht die (Kredit-)Leistungen, die von Privatpersonen für selbständige berufliche oder gewerbliche Zwecke verwendet werden (§ 7 Abs. 1 Nr. 1 PAngV). Bei → Kontokorrentkrediten werden Sollzinsen berechnet, die i. a. die → Kreditprovision einschließen; eine gesonderte Bereitstellungsprovision wird nur bei sogenannten → Standby-Linien erhoben. Für → Kontoüberziehungen wird eine → Überziehungsprovision berechnet. Anstelle der früher üblichen Umsatzprovision werden Postengebühren (Buchungsgebühren, Auszugsgebühren) in Rechnung gestellt. Nr. 12 AGB Banken und Nr. 17 AGB Sparkassen unterscheiden bei Zinsen und Entgelten zwischen

985

## Kreditkündigung

→ Privatkunden und Geschäftskunden (→ Firmenkundengeschäft). Bei → Diskontkrediten werden Zinsen in Form des Diskonts berechnet; für besondere Inkassoleistungen können weitere Nebenkosten in Rechnung gestellt werden. Bei → Kreditleihe wird i. d. R. nur eine Provision erhoben. Diskontiert ein Kreditinstitut bei einem → Akzeptkredit das eigene Akzept, stellt es den Diskont in Rechnung. Bei Tilgungskrediten werden neben Zinsen zum Teil Bearbeitungsgebühren und ein → Disagio erhoben. Die Höhe der Zinssätze wird seit Aufhebung der Zinsverordnung 1967 von den Refinanzierungskosten der Banken, d. h. von den Zinssätzen am → Geldmarkt bzw. am → Kapitalmarkt bestimmt. Im Einzelfall hängt die Höhe des einem Kreditnehmer berechneten Zinssatzes auch von seiner Bonität und seiner Position gegenüber dem Kreditgeber ab. Der Zinssatz kann auch eine Risikokomponente enthalten.

## Kreditkündigung

Auf → Vertrag oder → Gesetz beruhendes Recht zur Auflösung eines → Kreditvertrages durch einseitige Erklärung einer Vertragspartei (→ Kündigung).

*Vertragliches Kündigungsrecht*: In erster Linie bestimmt sich das Kündigungsrecht nach den vertraglichen Vereinbarungen zwischen Kreditnehmer und Kreditgeber. Nur wenn vertraglich nichts anderweitiges bestimmt ist, bemißt es sich nach § 609 BGB, wonach die Kündigungsfrist bei Darlehensverträgen, die auf unbestimmte Zeit abgeschlossen sind, i. d. R. drei Monate beträgt. Die → Allgemeinen Geschäftsbedingungen der Kreditinstitute sehen aber vor, daß → Kreditinstitut und Kunde die → Geschäftsverbindung jederzeit kündigen können (Nr. 18 Abs. 1, Nr. 19 Abs. 1 AGB Banken, Nr. 26 Abs. 1 AGB Sparkassen). Die Kündigung durch den Kreditgeber darf allerdings gemäß §§ 675, 671 Abs. 2, 627 Abs. 2 BGB nicht zur Unzeit erfolgen, d. h. dem Kreditnehmer muß eine angemessene Frist zur → Tilgung des → Kredits eingeräumt werden. Bei fester → Laufzeit oder bei zweckbezogener Kreditgewährung können beide Seiten den Kredit innerhalb des zeitlichen Rahmens kündigen, falls ein wichtiger Grund vorliegt. Ein außerordentliches Kündigungsrecht des Kreditinstituts bedingt das Vorhandensein von Gründen in der Person des Kreditnehmers, die eine weitere Gewährung des Kredits wegen der Gefährdung seiner Interessen als nicht mehr zumutbar erscheinen lassen (z. B. die wesentliche Verschlechterung der Vermögensverhältnisse bei nicht ausreichend gesichertem Kredit, Nr. 18 Abs. 3 AGB Banken).

*Gesetzliches Kündigungsrecht des Kreditnehmers*: Der Kreditschuldner hat ein vertraglich nicht ausschließbares oder beschränkbares gesetzliches Kündigungsrecht je nach Zeitpunkt des Abschlusses des Kreditvertrages gemäß § 247 BGB oder § 609a BGB.

*Sonderkündigungsrecht nach § 247 BGB*: Diese Regelung gilt für Altverträge, die bis zum 31.12.1986 abgeschlossen worden sind. Danach hat der Kreditnehmer die Befugnis, das → Darlehen ohne Rücksicht auf dessen Laufzeit nach Ablauf von sechs Monaten mit einer Kündigungsfrist von weiteren sechs Monaten aufzulösen, sofern das Darlehen mit mehr als sechs Prozent jährlich zu verzinsen ist (→ Zinsänderungsrisiko). Das Kündigungsrecht kann ausgeschlossen werden, wenn das Darlehen zu einer nach gesetzlichen Bestimmungen gebildeten Deckungsmasse für → Schuldverschreibungen, worunter auch → Sparkassenobligationen fallen, gehört (§ 247 Abs. 2 BGB).

*Kündigungsrecht gemäß § 609a BGB*: Diese Bestimmung gilt für seit dem 1.1.1987 abgeschlossene Kreditverträge, wobei die Kündigungsbefugnis des Kreditschuldners je nachdem, ob das Darlehen variabel verzinslich oder festverzinslich ist, eine unterschiedliche Ausgestaltung erfährt. Wird der Kredit an den Bund, ein → Sondervermögen des Bundes, ein Land, eine Gemeinde oder einen Gemeindeverband gegeben (→ Kommunalkredite), kann das Kündigungsrecht durch Vertrag ausgeschlossen oder erschwert werden (Abs. 4). Ein Darlehen mit → variablem Zinssatz kann jederzeit unter Einbehaltung einer Kündigungsfrist von 3 Monaten gekündigt werden (Abs. 2). Beim → Festzinsdarlehen besteht kein Kündigungsrecht für die Dauer der jeweiligen Zinsbindung, wobei die Höchstbindungsfrist zehn Jahre nach Auszahlung der Darlehensvaluta beträgt. Danach ist das Kreditverhältnis unter Einhaltung einer Kündigungsfrist von sechs Monaten auflösbar (Abs. 1 Nr. 3). Außerdem können Verbraucherdarlehen (→ Konsumentenkredit), die weder zu beruflichen noch gewerblichen Zwecken dienen (nach einer unkündbaren Vorlaufzeit von sechs Monaten) unter Einhaltung einer dreimonatigen Kündigungsfrist gekündigt werden (Abs. 1 Nr. 2). Das gilt allerdings nicht, sofern das Darlehen durch → Grundpfandrechte oder eine → Schiffshypothek gesichert ist. Festzinsdarlehen mit zeitlich begrenzter Zinsbindung unter zehn Jahre sind zum Ablauf der Zinsbindungsfrist unter Einhaltung einer Kündigungsfrist von einem Monat kündbar; ist eine Anpassung des Zinssatzes in bestimmten Zeiträumen bis zu einem Jahr vereinbart, kann der → Schuldner jeweils nur für den Ablauf des Tages, an dem die Zinsbindung endet, kündigen (Abs. 1 Nr. 1). Kündigungen gemäß § 609a Abs. 1, 2 BGB bleiben nur wirksam, wenn der Kreditnehmer den geschuldeten Betrag innerhalb von zwei Wochen nach Ablauf der Kündigungsfrist zurückzahlt.

### Kreditleihe
Bezeichnung für einen → Kredit, bei dem eine → Bank oder Sparkasse kein → Bargeld oder → Buchgeld im Rahmen eines → Darlehens, sondern – im Rahmen eines → Akzeptkredits oder → Avalkredits – ihre eigene → Kreditwürdigkeit zur Verfügung stellt. Grundlage der K. ist ein → Geschäftsbesorgungsvertrag.
*Gegensatz:* → Geldleihe.

### Kreditleistung
→ Banken stellen im Rahmen ihrer Produktpalette (Finanzierungsleistungen) → Kredite zur Verfügung und werben für die Inanspruchnahme ihrer K. Damit sollen die Mittel, die den → Kreditinstituten durch → Einlagen zufließen, ertragbringend angelegt werden.

### Kreditlimit
Höchstbetrag, der einem Kunden als → Kredit zur Verfügung gestellt wird.
(→ Kreditlinie, → Kreditfazilität)

### Kreditlinie
1. Kreditgrenze, die einem Kreditnehmer von einer → Bank oder Sparkasse eingeräumt wird (Kreditrahmen), oft auch → Fazilität genannt; die Krediteinräumung kann nach außen dokumentiert oder intern festgesetzt worden sein. Eine offene K. bezeichnet ein noch nicht ausgenutztes → Kreditlimit (→ Kreditfazilität).

2. Kreditgrenze zwischen → Kreditinstituten, die im Rahmen eines → Korrespondentenverhältnisses zwischen Kreditinstituten der schnellen und einfachen Abwicklung von Geschäften dient und meistens intern festgesetzt wird.
K. sind besonders für eine beschleunigte Abwicklung von → Auslandsgeschäften wichtig. Für kurzfristige Kontoüberziehungen dienen → Postlaufkredite. Im Rahmen der Abwicklung von Akkreditivgeschäften (→ Dokumentenakkreditiv) werden K. für → Akkreditivbestätigungen und zur → Negoziierung von Dokumenten eingeräumt. Sie sind auch Voraussetzung für die Stellung von indirekten → Garantien im → Außenhandel.
K. bestehen darüber hinaus etwa auch bei Geldmarktkrediten.

**Kreditmakler,** → Finanzmakler.

### Kreditmanagement
1. *K. in Banken:* Vgl. → Kreditüberwachung.

2. *K. in Unternehmen:* Unterstützung des Vertriebes bei der Realisierung auch schwieriger Geschäfte durch laufende Beobachtung und Beurteilung von Kunden- und → Länderrisiken.

### Kreditmarkt
1. Bezeichnung für → Finanzmarkt als Gesamtheit der monetären Märkte.

2. Bezeichnung für den monetären Teilmarkt, auf dem Finanzmittel auf der Basis von → Kreditverträgen angeboten und nachgefragt werden. Abgrenzung gegenüber → Geldmarkt und → Kapitalmarkt ist nur möglich, wenn das Vorhandensein von Kreditverträgen als besonderes Merkmal genommen wird. Analog zum Geld- und Kapitalmarkt kann zwischen nationalem K. und internationalem K. unterschieden werden.

### Kreditnehmerbegriff des KWG
Gesetzliche Festlegung des Begriffs „ein Kreditnehmer" (Kreditnehmereinheit) in § 19 KWG.

*Zweck:* Die bankaufsichtlichen Vorschriften über das → Kreditgeschäft können nur dann ihren Zweck erfüllen, wenn eng verbundene → Schuldner – ungeachtet der Bonitätsbeurteilung jedes einzelnen Schuldners – risikomäßig zusammengefaßt werden. Mit der

## Kreditnehmereinheit

Behandlung mehrerer rechtlich selbständiger Kreditnehmer als ein einziger Kreditnehmer soll dem Risiko Rechnung getragen werden, das in einer engen rechtlichen oder wirtschaftlichen Bindung liegen kann.

*Begriffsumfang:* Nach § 19 Abs. 2 Satz 1 KWG gelten i. S. der §§ 10, 13 bis 18 KWG (→ haftendes Eigenkapital der Kreditinstitute, → Großkredite, → Millionenkredite, → Organkredite, → Offenlegung der wirtschaftlichen Verhältnisse) als ein Kreditnehmer: (1) → Personenhandelsgesellschaften und ihre → persönlich haftenden Gesellschafter, (2) Unternehmen, die demselben → Konzern angehören. Ein Konzernverhältnis nach § 18 AktG liegt vor, wenn mehrere Unternehmen unter einheitlicher Leitung einander unter- oder gleichgeordnet sind. Auf die Beteiligungsverhältnisse kommt es hierbei nicht an. (3) In Mehrheitsbesitz stehende Unternehmen mit deren mehrheitlichen → Anteilseignern. Mehrheitsbesitz i. S. dieser Vorschrift ist die Kapitalmehrheit oder die Stimmenmehrheit, welche als unwiderlegbare Konzernvermutung gilt. Nicht als mehrheitliche Anteilseigner angesehen werden der Bund, die → Sondervermögen des Bundes, die Länder, Gemeinden und Gemeindeverbände, wegen ihrer besonderen Bonität. (4) Durch unbegrenzten → Gewinnabführungsvertrag verbundene Unternehmen.

Durch die *5. KWG-Novelle* werden sowohl die Definition der Kreditnehmereinheit als auch die Ausnahmen hiervon erweitert.
(→ Bankenaufsicht)

**Kreditnehmereinheit,** → Kreditnehmerbegriff des KWG.

## Kreditnehmerstatistik

Nach § 18 BBankG von der → Deutschen Bundesbank angeordnete Erhebung, in deren Rahmen die → Kreditinstitute der Bundesbank vierteljährlich ihre → Kredite an inländische Unternehmen und Privatpersonen, gegliedert nach Fristigkeiten und Kreditnehmergruppen bzw. nach Beleihungsobjekten, melden und Angaben über die darin enthaltenen Kredite für den Wohnungsbau machen müssen. Es sind die „Richtlinien zur vierteljährlichen Kreditnehmerstatistik" zu beachten. Die vierteljährliche K. ist ein Teil der → Bankenstatistik der Deutschen Bundesbank.

(→ Melde- und Anzeigepflichten der Kreditinstitute, → Deutsche Bundesbank, statistische Erhebungen)

**Kreditofferte,** → Kreditangebot.

## Kreditor
Bezeichnung für → Gläubiger.
*Gegensatz:* → Debitor.

## Kreditorganisation

Organisatorischer und personeller Rahmen, innerhalb dessen → Kreditinstitute → Kredite prüfen, bearbeiten, gewähren und während ihrer → Laufzeit überwachen. Zur K. gehören alle → Personen, die Kredite bearbeiten und (mit-)entscheiden. Die Arbeitsabläufe spielen sich überwiegend in Kreditabteilungen ab.

## Kreditorisches Konto

→ Konto, das für einen → Kreditor (Gläubiger) geführt wird. Das Konto weist einen Habensaldo (Credit) aus.
*Gegensatz:* → debitorisches Konto.

## Kreditplafond

1. Einem *öffentlichen* → Schuldner (meist gesetzlich) eingeräumte → Kreditlinie. Die Höhe der K. von Bund und Ländern bzw. den → Sondervermögen des Bundes war bis 1994 im BBankG geregelt (§ 20). Diese K. waren ausnutzbar durch → Kassenkredite oder → Schatzwechselkredite.

2. K. im *privaten Sektor* ist der Gesamtbetrag, der zur Kreditgewährung für bestimmte Zwecke zur Verfügung steht, z. B. die K. A und B der → AKA Ausfuhrkredit-Gesellschaft mbH.

## Kreditplafondierung

Geldpolitisches Instrument einer → Zentralnotenbank zur Begrenzung des → Kreditvolumens der → Banken an Nichtbanken. Die K. ist nach dem BBankG nicht als geldpolitisches Instrument der → Deutschen Bundesbank vorgesehen.

## Kreditpolitik

Gesamtheit aller Maßnahmen einer → Zentralbank zur Regulierung des volkswirtschaftlichen → Kreditvolumens.

*Ziel:* Beeinflussung der Ausgabetätigkeit aller im Staatsgebiet lebenden Privatpersonen und angesiedelten Unternehmen. Damit soll auf Beschäftigung, Wachstum und Preisentwicklung eingewirkt werden.

## Kreditpolitik der Geschäftsbanken

*Instrumente*: Die K. der →Deutschen Bundesbank setzt bei den →Kreditkosten und der Kreditverfügbarkeit an. Damit sollen insbes. die kreditabhängigen →Investitionen beeinflußt werden. Durch zinspolitische Maßnahmen und Eingriffe in die →Liquidität der →Kreditinstitute versucht die Deutsche Bundesbank, die Kreditgewährung an den Nichtbankenbereich nach Preis und Volumen zu steuern. Dazu setzt sie die ihr zur Verfügung stehenden Instrumente: Mindestreservepolitik, Offenmarktpolitik, Diskont- und Lombardpolitik oder Swappolitik ein.

*Beurteilung*: Die Bundesbank-K. ist nicht immer erfolgreich, einmal aufgrund der nicht hinreichenden bzw. mit einem time-lag verbundenen Zinsempfindlichkeit der Investitionen, andererseits aufgrund der mangelnden Steuerbarkeit des Kreditpotentials der Banken.

### Kreditpolitik der Deutschen Bundesbank,
→Geldpolitik der Deutschen Bundesbank, →Deutsche Bundesbank, kreditpolitische Regelungen.

### Kreditpolitik der Geschäftsbanken
*Zielsystem der* →*Geschäftsbanken*: Die K. d. G. dient der Realisierung der geschäftspolitischen Ziele und wird durch die Rahmenbedingungen begrenzt.
Aus dieser Zielbeschreibung ergibt sich die Problematik jeder bankbetrieblichen →Kreditpolitik: Wie lassen sich beim Streben nach Gewinn (→Rentabilität) und Marktanteilen die Risiken im →Kreditgeschäft begrenzen?

*Rahmenbedingungen der Kreditpolitik*:
(1) Allgemeine Rechtsvorschriften (Rechtsgrundlagen für das Kreditgeschäft im →Bürgerlichen Gesetzbuch (BGB), →Handelsgesetzbuch (HGB), →Aktiengesetz, GmbH-, Genossenschafts-, Wechsel-, Scheck-, →Depotgesetz, →Verbraucherkreditgesetz, →Konkursordnung und →Vergleichsordnung [ab 1999: →Insolvenzordnung]; Vorschriften des →EG-Bankrechts); (2) Spezielle Rechtsvorschriften (z. B. §§ 13 ff. KWG, §§ 14 ff. HypBankG, §§ 14 ff. SchiffsbankG; §§ 4, 7 BauSpkG; →Eigenkapitalgrundsätze des →Bundesaufsichtsamts für das Kreditwesen; Bestimmungen der Sparkassengesetze und des sonstigen →Sparkassenrechts); (3) →Wettbewerb in- und ausländischer →Banken; (4) Refinanzierungsmöglichkeiten des Kreditgebers, die von seiner Geschäftsstruktur und der gesamtwirtschaftlichen →Liquidität beeinflußt werden; (5) Kreditnachfrage und -änderungen auf der Bedarfsseite.

Es gibt verschiedene Ansätze, das Optimierungsproblem der Kreditpolitik mit Hilfe mathematischer Modelle zu lösen. Bis heute ist es jedoch noch nicht gelungen, ein geschlossenes Planungsmodell zu entwickeln, das die Unsicherheiten der Erwartungen und die unterschiedlichen Fristigkeiten der Kredite in befriedigender Weise einbezieht. Erfolgversprechender erscheinen sogenannte offene Modelle, die durch Simulation die Reaktionen des Systems auf Veränderungen

**Kreditpolitik der Geschäftsbanken – Zielsystem im Kreditgeschäft**

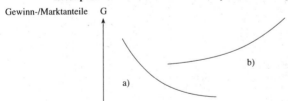

G = Zielbündel quantifizierbar
S = Zielbündel nicht oder schwer quantifizierbar
a) = Normalsituation: Ziele konkurrieren
b) = Ausnahmesituation: Ziele komplementär (z.B. bei inverser Zinssituation)

# Kreditpolitik der Geschäftsbanken

von Variablen analysieren. Allerdings liegt auch hier die Schwierigkeit darin, die Abhängigkeiten der Variablen realitätsnah in mathematische Funktionen zu transformieren.

*Instrumente und Maßnahmen*: Instrumente und Maßnahmen der betrieblichen Kreditpolitik zur Erreichung der Rentabilitäts- und Marktanteilsziele sind die Marketingmaßnahmen. Zur Erreichung der Sicherheitsziele werden risikopolitische Maßnahmen (Risikoverteilung, -abwälzung, -begrenzung, organisatorische und personalpolitische Maßnahmen sowie insbes. die Kreditprüfung und Kreditkontrolle) eingesetzt.

Durch die Wandlung des → Kreditmarktes vom Verkäufer- zum Käufermarkt trat in den letzten Jahren das marktorientierte Denken und Handeln in den Vordergrund.

Instrumente zur Analyse und Beeinflussung der Kreditmärkte sind: (1) Markt- und Motivforschung, (2) Absatzmärkte, Absatzwege, kundenorientierte Mitarbeiter, (3) → Produkt- und Sortimentspolitik, (4) → Konditionenpolitik, insbes. Zins- und Gebührenpolitik sowie (5) → Werbung und → Öffentlichkeitsarbeit.

Beim kombinierten Einsatz der Instrumente, je nach Strategie und Situation, spricht man von *Marketing-Mix*. Aufgrund der allseitigen Marktbezogenheit des → Bankmarketing ergibt sich die Möglichkeit einer problematischen Zweiseitigkeit. Im Streben nach Marktanteilen ist eine Bank z. B. eher bereit, einem Kunden eine → Kreditlinie einzuräumen. Bei angespannter Refinanzierungslage ist die Situation denkbar, daß eine Inanspruchnahme unter Liquiditätsgesichtspunkten vermieden werden sollte.

Die Kreditpolitik muß davon ausgehen, daß es einen homogenen Kreditmarkt nicht gibt. Vielmehr besteht er aus vielen Teilmärkten mit ganz spezifischen Merkmalen. Die Ermittlung von Marktsegmenten (geografische Aspekte, Bedürfnisse, Abnehmergruppen) eröffnet Ansatzpunkte, potentielle Kunden gezielt mit individuellen (bedarfsweckenden) Kreditangeboten anzusprechen (z. B. Autokredit, dynamische → Baufinanzierung, Finanzierung aus einer Hand, Mittelstandskredite, Investitionsfinanzierung, Alternativ-Kreditlinie).

*Kreditrisiko-Politik*: Zur Erreichung der Sicherheitsziele werden die risikopolitischen Maßnahmen eingesetzt. Das Risiko einer Krediteinräumung ist danach zu beurteilen, wie groß die Wahrscheinlichkeit eines Kreditverlustes oder der verspäteten → Rückzahlung ist und welche Gefahren sich daraus für die mögliche → Überschuldung einer Bank ergeben. Die Risiken können dabei in zwei Bereichen auftreten:
(1) Risiken, die aufgrund der Unsicherheit der Zukunft entstehen und zu finanziellen Ausfällen führen.

**Kreditpolitik der Geschäftsbanken – Überblick über die Elemente des Einzelkreditrisikos**

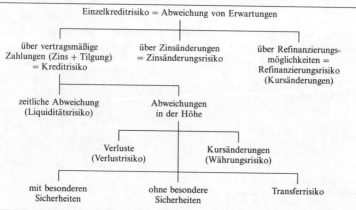

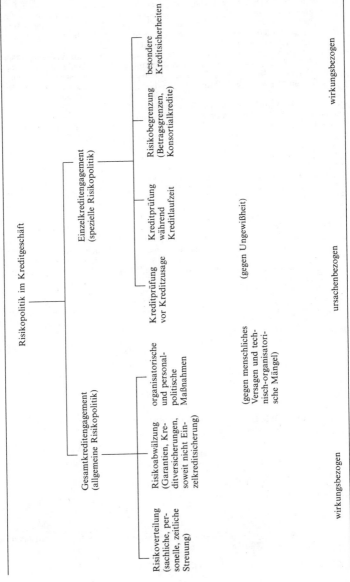

## Kreditpolitik der Geschäftsbanken

(2) Neben dem Verlustrisiko können eine Reihe weiterer Risiken je nach Kreditform entstehen.

Das *Gesamtkreditrisiko* einer Bank ist nicht die Summe der *Einzelrisiken*, denn je weniger die Einzelrisiken voneinander abhängig sind, desto geringer ist das Gesamtrisiko, d. h. durch Streuung von Risiken in bezug auf die Ereignisse, die negative Ereignisse auslösen, kann die Sicherheit erhöht werden.

Das Gesamtkreditrisiko einer Bank ist bestimmt durch die Höhe (Summe) der Einzelkredite, ihren jeweiligen Abweichungswahrscheinlichkeiten (von Erwartungen, vgl. Abbildung S. 990) und den Abhängigkeiten der Einzelkredite untereinander.

Außer der Risikostreuung (sachlich, zeitlich, personell, räumlich) ist es möglich, →Kreditrisiken abzuwälzen (→ Kreditversicherung) oder durch Verbesserung der Organisation (klare Verantwortung, Vier-Augen-Prinzip, →Kreditrevision, EDV-Überwachung) und personalpolitische Maßnahmen (gewissenhafte Auswahl, Höherqualifizierung) einzugrenzen. Hauptinstrumente sind jedoch die Kreditprüfung und Kreditkontrolle. Sie zielen vor allem darauf, Risikoursachen beim Kreditkunden zu erkennen und einzugrenzen. Die →Kreditsicherung ist als wirkungsbezogene Risikopolitik zu bezeichnen, weil sie den Eintritt des Kreditrisikos nicht reduziert, sondern lediglich die Auswirkungen lindert. Vgl. Abbildung S. 991.

Bei steigendem Kreditbedarf der Wirtschaft, Privaten und öffentlichen Hand sowie wachsenden Kreditrisiken ist eine Intensivierung der Risikopolitik im Kreditgeschäft der Banken erforderlich. Dies halten auch der nationale Gesetzgeber und die →Europäische Gemeinschaft (EG) für notwendig. Vor allem die 4. und 5. Novelle des KWG enthalten verschärfte Bestimmungen, etwa für →Großkredite.

Im Rahmen einer dynamischen Geschäftspolitik können Ausfälle nicht gänzlich vermieden werden. Die einzelnen Institute und Institutsgruppen sowie die gesamte Kreditwirtschaft haben deshalb Instrumente entwickelt, die es ermöglichen, Ausfälle aufzufangen, ohne daß Bankgläubiger geschädigt werden und das Kreditwesen einen Vertrauensschaden erleidet (Bildung stiller und offener →Rücklagen, Stärkung des →Eigenkapitals, Mitgliedschaft bei Sicherungs- oder Haftungsfonds (→ Einlagensicherung), Möglichkeit der Liquiditätshilfe durch die →Liquiditäts-Konsortialbank GmbH, Moratorien gemäß § 47 KWG).

*Leitlinien integrierter Kreditpolitik*: Die bisher beschriebenen Elemente einer bankbetrieblichen Kreditpolitik müssen systematisch miteinander verbunden werden. Die Verknüpfung der Ziele, Rahmenbedingungen, Marketingaktivitäten und der Risikopolitik erfolgt durch die Organisation (vgl. Abbildung unten).

Kundenorientiertes Engagement der Mitarbeiter, Verantwortungsfreude und Risikobewußtsein, Anwendung moderner Methoden und Technologien, sowie die Umsetzung aktueller Erkenntnisse und Erfahrungen in gezielte Kreditpolitik wird wesentlich durch die Personalführung beeinflußt. Sie entscheidet letztlich neben den Marktkomponenten über den Erfolg der betrieblichen Kreditpolitik.

**Kreditpolitik der Geschäftsbanken – Elemente integrierter Kreditpolitik**

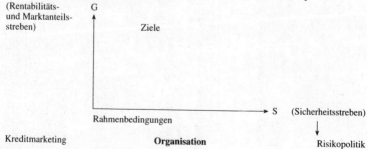

## Kreditpolitische Regelungen der Deutschen Bundesbank, → Deutsche Bundesbank, kreditpolitische Regelungen.

## Kreditportefeuille
*Kreditportfolio*; Bestand an → Krediten einer → Bank. Die Struktur des K. (→ Privat- oder → Firmenkunden, Branchen, Größenordnung, Kreditarten, Kreditsicherheitenstruktur, Risikopotential) steuern die → Kreditinstitute mit Hilfe ihrer Kreditpolitik (→ Kreditpolitik der Geschäftsbanken).

## Kreditprogramm
1. *Öffentliche K.*: Diese werden von der öffentlichen Hand (über Bundes- und Landesinstitute, z. B. → Kreditanstalt für Wiederaufbau (KfW), → Deutsche Ausgleichsbank, → Landesbanken/Girozentralen) zur Förderung strukturschwacher Gebiete und Wirtschaftszweige angeboten. Ebenfalls gefördert werden die Errichtung und Erweiterung von → Betriebsstätten, Betriebsumstellungen oder grundlegende Rationalisierung, Existenzgründungen, Wohnungsbau, → Sanierung, Flurbereinigung, Maßnahmen des Umweltschutzes. Antragsberechtigte sind vorwiegend kleine und mittlere → Gewerbebetriebe, Angehörige freier Berufe, Aus- und Übersiedler, einkommensschwache und junge Familien. Die Fördermittel (→ Investitions- und → Betriebsmittelkredite sowie → Bürgschaften) sind über die → Hausbank zu beantragen, die zumeist die → Haftung für diese Mittel (Ausnahme z. B.: EKH Eigenkapitalhilfedarlehen der Deutschen Ausgleichsbank, Mittelstandskredite der KfW mit Zinsaufschlag) und die kreditmäßige Abwicklung und Verwaltung übernehmen muß. Dafür erhält das Kreditinstitut eine → Marge, weitere → Gebühren sind nicht statthaft. Die Programme wechseln nach den wirtschaftspolitischen Zielsetzungen und auch nach der Verfügbarkeit der Mittel. Förderfähig sind lediglich Maßnahmen, die bei Antragstellung noch nicht begonnen sind. Überblick: Jährlich erscheint im Fritz Knapp Verlag, Frankfurt, „Die Finanzierungshilfen des Bundes, der Länder und der internationalen Institutionen".

2. *Private K.*: → Programmkredit.

## Kreditprovision
→ Provision, die bei der Zusage eines → Kredits als Entgelt für die Liquiditätshaltung berechnet wird. Bei → Kontokorrentkrediten ist die K. i. a. im Zinssatz enthalten (Nettozinssatz).

## Kreditrahmen, → Kreditlinie.

## Kredit-Rating
Bewertungsskala für Kreditnehmer, Eingruppierung in Risikoklassen. Insbes. auf internationalen → Finanzmärkten übliche standardisierte Kennziffer zur Beurteilung und Einstufung der Bonität eines → Schuldners, wobei es sich um ein Land oder einen multinationalen → Konzern oder eine → Bank handeln kann. Grundlage des K. ist die wirtschaftliche Analyse international bedeutender Schuldner durch Rating-Agenturen (z. B. → Standard & Poor's, → Moody's).
(→ Kreditinformationssysteme, → Rating)

## Kreditrationierung
Beschränkung der Kreditgewährung, wenn aufgrund der Marktverhältnisse entweder die Kreditnachfrage nicht voll befriedigt oder das Kreditangebot nicht voll abgesetzt werden kann. Der Begriff wird in der Geldtheorie im Sinne von Zuteilung verwendet, nicht im Sinne von → Kreditplafondierung.

## Kreditrevision
Planmäßige, kritische Untersuchung der Kreditengagements eines → Kreditinstituts sowie Art und Ablauf der Kreditentscheidung, -bearbeitung und → Kreditüberwachung durch die dafür zuständigen Mitarbeiter. Die K. findet routinemäßig in regelmäßigen oder unregelmäßigen Zeitabständen oder aber aus besonderer Veranlassung als Sonderprüfung für einzelne Kreditengagements durch eine neutrale Stelle (interne Revision) statt. Die interne Revision ist direkt der Geschäftsleitung eines Kreditinstitutes angegliedert oder unterstellt. Daneben unterliegen alle Kreditinstitute einer externen K. durch Wirtschaftsprüfungsgesellschaften, → Prüfungsverbände oder Verbandsrevisoren. Durch die K. sollen → Kreditrisiken vermindert und Ausfälle im → Kreditgeschäft minimiert werden.

## Kreditrisiko
→ Forderungsausfallrisiko (Bonitätsrisiko), das in der Gefahr des teilweisen oder vollständigen Ausfalls vertraglich vereinbarter Zins- und Tilgungszahlungen besteht, die ein Kreditnehmer zu erbringen hat (Kreditausfallrisiko). Dem Risiko der Nichterfül-

## Kreditrisiko

lung des Rückzahlungsanspruchs bei einem →Barkredit entspricht bei einer →Kreditleihe das Risiko der Nichterfüllung des →Revalierungsanspruches.

Das K. gilt als das größte und charakteristische Risiko der gesamten Geschäftstätigkeit einer Bank, so daß der Kreditbereich in besonderem Maße risikopolitisch zu beachten ist. Dies gilt vor allem für große Einzelkredite (→Millionenkredite und →Großkredite), die aufgrund ihrer absoluten Kredithöhe (Gewicht für Gesamtkreditvolumen) das K. wesentlich beeinflussen. Für eine gezielte Bekämpfung von K. ist es erforderlich, die einzelnen Elemente des Risikos und die darauf wirkenden Einflußfaktoren zu erkennen.

*Arten* (Aufgliederung nach Honeck, 1986): (1) Einzelrisiken (hierunter sind Engagements zu verstehen, denen erkennbar eine akute oder eine erhöht-latente Ausfallgefahr anhaftet). (2) Volumenrisiken (mit dem Wachstum des →Kreditvolumens steigert eine Bank im allgemeinen und unter sonst gleichen Umständen ihr Risikopotential). (3) Streuungsrisiko (unter sonst gleichen Umständen ist der Risikogehalt eines Kreditbestandes um so höher, je ungünstiger die Ausleihungen gestreut wurden, d. h. je geringer die →Diversifikation bzgl. Kredithöhe, Branchen und Regionen (bei Auslandsengagements: Ländern), sowie Art der Absicherung ist. Man könnte auch von Strukturrisiken sprechen. (4) Expansionsrisiken (je wichtiger für eine Bank das Streben nach Ausweitung ihres →Geschäftsvolumens ist, einen um so größeren Gefährdungsgrad dürfte das Kreditvolumen i. d. R. haben. Häufig wird eine überproportionale Geschäftsausweitung nur unter Inkaufnahme höherer Risiken möglich sein).

*Indikatoren* (nach Honeck, 1986): (1) Einzelrisiken: Bestand an →Einzelwertberichtigungen (EWB)\*); Veränderungen der Einzelwertberichtigungen, ohne Verbrauch\*); Anmerkungsbedürftige Kredite (mit erhöhtlatenten Risiken\*); Risiken in Großkrediten in % des haftenden Eigenkapitals (hEK), soweit nicht durch EWB gedeckt. (2) Volumenrisiken: →Grundsatz I gem. § 10 KWG; →Eigenkapitalquote (hEK in % des Geschäftsvolumens). (3) Streuungsrisiken: (a) Größenstreuung: Streuungsmaß, errechnet aus der Aufgliederung der Kredite nach Größenklassen; Großkredite in Relation zum hEK (§ 13 Abs. 4 KWG); Durchschnittsbetrag der →Forderungen an →Kreditinstitute in % der gesamten →Interbankforderungen. (b) Branchenstreuung: Streuungsmaß, errechnet anhand der Branchengliederung; Kredite an notleidende Branchen im Verhältnis zum hEK. (c) Regionale Streuung (national): Ausleihungen an Schuldner in Gebieten mit schlechter Wirtschaftslage in Prozent der Kundenforderungen; Ausleihungen an Schuldner außerhalb des Geschäftsgebietes in % der Kundenforderungen. (d) Länderstreuung: Kredite an →Entwicklungsländer und →Schwellenländer in % der Kundenforderungen; die fünf höchsten derartigen Länderkredite in % der Kundenforderungen. (e) Streuung nach der Art der Absicherung: →Blankokredite bzw. -anteile in % der Kundenforderungen; Kredite mit zweifelhaften Sicherheiten (z. B. →Sicherungsübereignungen, Forderungsabtretungen) in % der Kundenforderungen; Kredite, die nicht →Realkredite und →Kommunalkredite sind, in Prozent der Kundenforderungen. (4) Expansionsrisiken: Abweichung der Wachstumsrate des Kreditvolumens von der gruppendurchschnittlichen Rate nach oben.

*Inhalt:* Im allgemeinen wird das K. nur in der mangelhaften Bonität des Kreditnehmers bzw. in einer nicht ausreichenden Besicherung gesehen. Dieses Verlustrisiko ist jedoch zu präzisieren und um die Beschreibung weiterer Risiken, die mit einer Krediteinräumung verbunden sein können, zu ergänzen (Einzelrisiken).

Bei Auslandskrediten ist darauf hinzuweisen, daß trotz guter Bonität des Schuldners Verluste entstehen können, wenn ausländische staatliche Stellen den Devisentransfer (→Transferrisiko) für →Zinsen und →Tilgung verbieten oder die Verwertung von Sicherheiten unmöglich gemacht wird.

Ein →Liquiditätsrisiko kann für das Kreditinstitut entstehen, wenn der Kreditnehmer mit seinen Zins- und Tilgungsraten in Verzug gerät. Obwohl Kreditinstitute wegen ihrer vergleichsweise guten Möglichkeiten, sich →Liquidität zu beschaffen (z. B. über →Geldmarkt), dieses Risiko meist auffangen, können sich daraus negative Wirkungen auf die →Rentabilität ergeben. Neben der Gefahr, daß der Kreditnehmer vereinbarte Leistungen nicht termingerecht er-

(\*) in % der Kundenkredite.)

bringt, kann der erwartete Ertrag aus einem Kreditgeschäft auch dadurch gefährdet werden, daß bei fest vereinbarten Kreditzinssätzen durch Verteuerung der →Refinanzierung die Zinsspanne sinkt (→Zinsänderungsrisiko). Dieses Risiko läßt sich durch kongruente Refinanzierung oder Überwälzung auf den Kreditnehmer (→Zinsgleitklausel, →Vorfälligkeitsgebühr/-entgelt) begrenzen.
Gleiches gilt für das →Währungsrisiko, das bei Währungskrediten zum Tragen kommt, wenn am Fälligkeitstag für den Umtausch des Fremdwährungsbetrags in die eigene Währung ungünstigere Kurse zugrunde liegen als erwartet. Für jeden Kredit entsteht auch ein →Refinanzierungsrisiko (Gefahr, daß die notwendigen →Einlagen oder aufzunehmenden Gelder nicht beschafft werden können).

*Einzelrisiken und Gesamtrisiko:* Jedes einzelne Kreditgeschäft kann durch mehrere Faktoren negativ beeinflußt werden. Diese Risikoursachen können einzeln oder in einer bestimmten Kombination zu einem teilweisen oder völligen Kreditausfall führen. Es kann davon ausgegangen werden, daß die in jedem Kredit liegenden Risikoursachen mehr oder weniger voneinander unabhängig sind. Je weniger die Ursachen negativer Abweichungen von Erwartungen bei verschiedenen Kreditnehmern voneinander abhängen und je geringer die Gefahr ist, daß die Ursachen gleichzeitig auftreten, desto geringer sind die Gefahren, die solche Ereignisse für das gesamte Kreditengagement einer Bank hervorrufen. Da in der Praxis kaum alle Abweichungsgefahren gleichzeitig auftreten oder ein vollständiger Zusammenhang von Einzelereignissen, etwa im Sinne einer Kettenreaktion, vorliegen dürfte, ist das Gesamtrisiko stets kleiner als die Summe der durchschnittlichen Einzelrisiken.

*Maßnahmen der Risikovorbeugung:* Kreditwürdigkeitsprüfung, →Kreditbesicherung, Diversifikation, →Kreditversicherung, →Kreditüberwachung.
(→Risikopolitik im Kreditgeschäft, →Risikomanagement)

**Kreditschöpfung,** →Geldschöpfung.

**Kreditschutzvereinigung GmbH**
Schwestergesellschaft der →SCHUFA in den neuen Bundesländern.

**Kreditscoring**
Mathematisch-statistisches Prognoseverfahren, bei dem bestimmte, aussagefähige Risikomerkmale gewichtet, mit Punkten bewertet und diese zu einem Gesamtergebnis, von dem die Kreditentscheidung sowie →Konditionengestaltung abhängt, addiert werden.

*Verfahren:* „Gescort" werden: (1) bei *Privatpersonen:* Persönliche Daten (Alter, Kinderzahl, Ehestand, Beruf, Betriebszugehörigkeit), →Einkommen und →Vermögen (Art und Höhe), Zahlungsverhalten, Kaufverhalten, Kontoumsätze, →Salden/ →Kreditlinien; (2) bei *Gewerbebetrieben:* Persönliche Daten, Einkommen und Vermögen, Bilanzverhältnisse, Zahlungsverhalten, Kontoumsätze (Anzahl, Höhe, Frequenz verschiedener Soll- und Habenumsätze, Zinserträge und -belastungen), Salden/Kreditlinien (Maximal-, Minimal- und Durchschnittskreditinanspruchnahme, Anzahl, Dauer und Höhe von Überziehungen).

*Vorteile:* Zuverlässige Risikoprognose anhand breiter und statistisch einwandfreier Daten-Auswahl. Steuerung von →Rentabilität und Risiko durch Ablehnung ausfallgefährdeter →Kredite, Annahme von Antragstellern mit noch vertretbaren Risiken, die bisher vielleicht abgelehnt wurden. Geringere Bearbeitungszeit in der Antragsphase durch Automation und Standardisierung. Laufende Überwachung von Kontodaten und Kundenverhalten, dadurch gezielte Kreditlimitbemessung, bessere Problemfrüherkennung. K. ist auch Marketinginstrument für gezielte Mailings und für die Konditionengestaltung.

**Kreditsicherheit**
Vermögensgegenstand (→Sachen und →Rechte), der den →Gläubiger gegen das Ausfallrisiko (→Kreditrisiko) aus einer Kreditgewährung absichern soll. Auf Sicherheiten bestehen →Kreditinstitute vor allem im mittel- und langfristigen Bereich, weil dort der Verlaß auf die weiter bestehende →Kreditwürdigkeit (Bonität) des Kreditnehmers angesichts der nicht vorhersehbaren künftigen wirtschaftlichen Entwicklungen oft nicht gegeben und daher die Gewährung eines →Blankokredites mit nicht vertretbaren Risiken verbunden ist.

*Arten* (vgl. Abbildung S. 996): (1) Nach der Art des Sicherungsgegenstandes: →Perso-

**Kreditsicherheit**

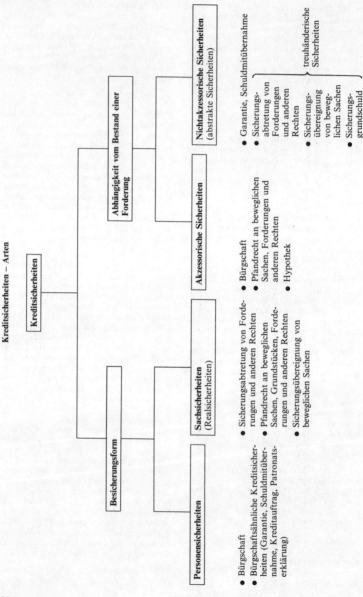

Kreditsicherheit – Arten

nensicherheiten, → Sachsicherheiten; (2) im Hinblick auf die Abhängigkeit von der zu sichernden → Forderung: → akzessorische Sicherheiten, → nichtakzessorische Kreditsicherheiten.

*Qualität*: Bei Personensicherheiten bildet das gesamte der → Zwangsvollstreckung unterliegende → Vermögen (abzüglich der → Schulden) des Sicherungsgebers die Vermögens- und damit Sicherungsgrundlage. Bei Sachsicherheiten entscheidet der zu ermittelnde Wert des Sicherungsgegenstandes. Die Werthaltigkeit soll während der → Laufzeit des → Kredites erhalten bleiben. Die Qualität der Bewertung erweist sich regelmäßig im → Konkurs oder → Vergleichsverfahren. Personensicherheiten versagen im Konkurs des Sicherheitengebers, weil sie nur eine einfache Konkursforderung darstellen, während die Sachsicherheiten ein bevorzugtes Recht in Form der → Absonderung gemäß §§ 48 ff. KO gewähren.

*Ersatzsicherheiten*: Als → Ersatzsicherheiten haben sich → Patronatserklärung, → Organschaftserklärungen sowie → Negativerklärungen und → Positiverklärungen, der → Kommanditrevers und das → Zurücktreten mit Forderungen herausgebildet.

*Überwachung*: Abhängig von der Art des K. wird das Kreditinstitut im Rahmen der → Kreditüberwachung von Zeit zu Zeit untersuchen, ob die Sicherheit noch vorhanden und in gutem Zustand ist und deren Wert überprüfen. Beispiele: Bei → Grundpfandrechten, insbes. bei einschneidenden Veränderungen am Immobilienmarkt, eine zeitnahe Besichtigung und Neubewertung des Beleihungsobjektes erforderlich sein. Sicherungsgüter müssen in relativ kurzen Zeitabständen besichtigt werden, da sie leicht aus den Sicherungsräumen verbracht oder veräußert werden können. Bei → Bürgschaften/→ Garantien wird üblicherweise einmal jährlich die Bonität des Bürgen/Garanten geprüft. Auch die Sicherungsverträge als Rechtsgrundlage sind von Zeit zu Zeit kritisch zu prüfen, ob sie noch den tatsächlichen Verhältnissen (z. B. Lage der Sicherungsräume) oder der aktuellen Rechtsprechung entsprechen.

*Verwertung*: Bei → Insolvenz eines Kreditnehmers und Abwicklung seines Kreditengagements wird die Gläubigerbank die ihr zur Verfügung stehenden Sicherheiten schnellst- und bestmöglich verwerten, um den Ausfall an → Kapital und → Zinsen niedrig zu halten. Die Methode und die Schwierigkeit der → Verwertung ist von der Art der Sicherheit abhängig. Am leichtesten zu liquidieren sind Kontoguthaben, börsengängige → Wertpapiere und abgetretene Rückkaufswerte aus Kapitallebensversicherungen. → Bewegliche Sachen aus → Übereignungen müssen erst sichergestellt und dem Zugriff des → Schuldners entzogen werden. Dieses kann bei umfangreichen Warenlagern, abgesehen von eventuellen Vorbehaltsrechten der Lieferanten, ein Problem sein. Bei der Veräußerung ist die Mithilfe von in der Branche erfahrenen Geschäftspartnern unabdingbar, wenn ein vernünftiger Erlös erzielt werden soll. Still abgetretene Forderungen müssen offengelegt werden, danach kann der → Drittschuldner mit befreiender Wirkung nur noch an das Kreditinstitut zahlen. Auch hier ist oft ein Teil des Erlöses zur Begleichung der Lieferantenrechte notwendig. Oft hat der Schuldner Forderungen (unter Gewährung höherer Nachlässe) bereits abkassiert oder die Drittschuldner machen Mängelrügen, Gegen- oder Schadensersatzforderungen geltend. Am langwierigsten ist die Verwertung eines Grundpfandrechtes. Zunächst muß (zumeist durch Zustellung der vollstreckbaren Grundschuldbestellungsurkunde) ein vollstreckbarer Titel beschafft werden. Danach ist ein Antrag auf → Zwangsversteigerung zu stellen. Mit der Anordnung der Zwangsversteigerung ist das → Grundstück beschlagnahmt. Ein erster Zwangsversteigerungstermin wird – je nach Arbeitsbelastung des zuständigen Amtsgerichtes – nach einigen Monaten angesetzt. Unter bestimmten Voraussetzungen (Marktlage, Objektzustand, Vorlasten) wird das Grundpfandrecht ganz oder teilweise erst nach mehreren Versteigerungsterminen realisiert.

*Maßnahmen der Kreditsicherung*: (1) Kreditprüfung: Prüfung der → Kreditfähigkeit, der → Kreditwürdigkeit des antragstellenden Kreditnehmers und der angebotenen Sicherheiten. (2) Kreditstreuung: Verteilung der Kredite auf unterschiedliche Kunden, Branchen, Kreditarten, Laufzeiten. (3) Kreditlimitierung: Festsetzung von KrediThöchstbeträgen für einzelne Kunden, Kreditarten, Geschäftssparten. (4) → Kreditbesicherung: Vereinbarung von Sicherungsrechten für den Fall der vollständigen oder teilweisen nicht vertragsmäßigen → Erfül-

## Kreditsicherheit – Maßnahmen der Kreditsicherung

**Kreditsicherung**

— **Kreditprüfung**
Prüfung der
- Kreditfähigkeit
- Kreditwürdigkeit
- angebotenen Sicherheiten
des antragstellenden Kreditnehmers

— **Kreditstreuung**
Verteilung der Kredite
auf unterschiedliche
- Kunden
- Branchen
- Kreditarten
- Laufzeiten

— **Kreditlimitierung**
Festsetzung von Kredithöchstbeträgen für
- einzelne Kunden
- Kreditarten
- Geschäftssparten

— **Kreditbesicherung**
Vereinbarung von Sicherungsrechten
für den Fall der
- vollständigen
oder
- teilweisen nicht vertragsgemäßen
Erfüllung des Kreditvertrages

— **Kreditüberwachung**
Überwachung von
- Zinszahlungen
- Tilgungen
- Kreditlimiten
- Sicherheiten
- Kreditwürdigkeit

lung des → Kreditvertrages. (5) → Kreditüberwachung: Überwachung von Zinszahlungen, → Tilgungen, → Kreditlimiten, Sicherheiten, der künftigen Entwicklung der Kreditwürdigkeit des Schuldners. Vgl. auch obenstehende Abbildung.

**Kreditsicherung, Maßnahmen,** → Kreditsicherheit.

**Kreditsicherungsgarantie**
→ Garantie, die ein → Kreditinstitut als bankmäßige → Kreditsicherheit hereinnimmt. Es ist eine → bürgschaftsähnliche Sicherheit, aber eine → nichtakzessorische Kreditsicherheit. Die Garantie verpflichtet den Garanten (ähnlich wie die → Bürgschaft den Bürgen), für die → Erfüllung von → Verbindlichkeiten eines Dritten einzustehen. Im Gegensatz zur Bürgschaft übernimmt der Garant jedoch eine abstrakte Verpflichtung, die nicht wie die Bürgschaft von einer Hauptverbindlichkeit abhängig ist. Der Garant geht die Verpflichtung ein, einen bestimmten Betrag auf Anfordern des Kreditinstituts zu zahlen, wenn das Kreditinstitut mitteilt, daß der Kreditnehmer seinen Verpflichtungen aus dem → Kreditvertrag nicht nachkommt. Im Gegensatz zur Bürgschaft ist eine K. auch bei Nichtigkeit des Grundgeschäftes wirksam.
*Sonderform*: → Ausbietungsgarantie.

**Kreditsicherungsvertrag,** → Sicherungsvertrag.

**Kreditstatus**
Gegenüberstellung des → Vermögens und der → Schulden zu einem nach dem letzten Jahresabschluß liegenden Stichtag mit dem Zweck, den Vermögensstand (Reinvermögen bzw. Unterbilanz) festzustellen. Die Gliederung entspricht zweckmäßigerweise der Gliederung der → Jahresabschlüsse des Unternehmens. Zumeist wird der K. durch eine vorläufige → Gewinn- und Verlustrechnung (GuV) ergänzt. Das → Kreditinstitut möchte bei anstehenden Kreditentscheidungen neben zumeist nicht mehr aktuellen Jahresabschlüssen und als Bindeglied zur eingereichten Unternehmensplanung sich über die aktuelle Geschäftsentwicklung informieren.

**Kredittreuhänder**
→ Kreditinstitute werden bei der Vergabe von staatlichen Mitteln im Rahmen bestimmter → Kreditprogramme als Treuhänder eingeschaltet (→ Treuhand).
*Aufgaben*: Überwachung der → Kreditwürdigkeit des Mittelempfängers, der zweckentsprechenden Verwendung der durchgeleiteten Kreditmittel. Es werden Betriebsprüfungen durchgeführt, in regelmäßigen Abständen → Jahresabschlüsse und sonstige Geschäftsinformationen eingeholt. Ferner haben K. dafür Sorge zu tragen, daß die Sicherheiten stets auf dem erforderlichen Stand gehalten werden.

**Kreditüberwachung**
Laufende Beobachtung, Beurteilung und Auswertung von → Kreditrisiken. Die K. in

## Kreditvermittlungsvertrag

einer →Bank hat eine Informations- sowie eine Sicherungsfunktion. Sie muß sicherstellen, daß negative Entwicklungen von Kreditengagements rechtzeitig erkannt werden. Durch entsprechende Aktivitäten (Krisen-, Sanierungsmanagement) soll das Kreditrisiko dann wieder in den Normalbereich zurückgeführt werden, ansonsten ist die Abwicklung des Engagements erforderlich.

**Kreditverbot,** →bankaufsichtliche Maßnahmen 1.

### Kreditverhältnis
Rahmen, innerhalb dessen ein Kreditengagement geführt wird. Bestandteile des K. sind im einzelnen die Kreditart(en), der Betrag, die →Laufzeit, die Rückzahlungsmodalitäten, der vereinbarte Sollzinssatz, Bereitstellungs- und →Kreditprovisionen, die Sicherheiten, die Art der Inanspruchnahme, der Zeitpunkt, zu dem die Kreditmittel zur Verfügung des Kreditnehmers stehen müssen, der Verwendungszweck (Auflage eines Verwendungsnachweises), der Zeitpunkt, bis zu dem die Bank an ihr →Kreditangebot gebunden ist, der Hinweis auf die →Allgemeinen Geschäftsbedingungen des →Kreditinstitutes.

### Kreditverkauf
Aktives Handeln am Markt zur Ausweitung des →Kreditgeschäftes durch das gezielte Angebot von →Krediten im Gegensatz zur „Kreditgewährung" erst auf Anfrage des Kunden. Phasen: Gesprächseröffnung, Ermittlung des Bedarfes, kundenorientiertes Angebot, Vertragsabschluß. Beispiel: Das →Kreditinstitut nutzt eine in seinen Räumen stattfindende Bauausstellung, indem es die Besucher gezielt auf eine →Baufinanzierung anspricht.

### Kreditvermittler
→Handelsmakler (oder →Zivilmakler, wenn der K. nur vom Verbraucher i. S. v. § 1 Abs. 1 des →Verbraucherkreditgesetzes eine →Provision nimmt), der gegen Entgelt →(Bank-)Kredite (in Form eines →Darlehens gemäß §§ 607ff. BGB, eines Zahlungsaufschubs oder einer sonstigen Finanzierungshilfe) vermittelt. Geschäftsgegenstand sind häufig →Konsumentenkredite und Baukredite, aber auch Gewerbedarlehen. Die Tätigkeit des K. kann in der Vermittlung eines →Kreditvertrages oder auch schon im Nachweis der Abschlußmöglichkeit bestehen. Der K. schließt mit → natürlichen Personen dann einen →Kreditvermittlungsvertrag i.S. v. § 1 Abs. 3 VerbrKrG, wenn der Kredit in deren Privatsphäre fällt; hierfür gelten Sonderregelungen nach §§ 15–17 VerbrKrG. Eine für den Darlehensnehmer entgeltliche Vermittlung von Darlehensgeschäften im Reisegewerbe ist verboten (§ 56 Abs. 1 Nr. 6 der Gewerbeordnung).

### Kreditvermittlung
Vermittlung bzw. Abschluß von →Kreditverträgen, ohne daß eine eigene „Gewährung" von →Kredit vorliegt. K. ist daher kein →Bankgeschäft i. S. des KWG, insbes. kein →Kreditgeschäft, sondern kennzeichnet (als „Geldmaklergeschäft") →Finanzinstitute i. S. des KWG.

### Kreditvermittlungsvertrag
Sonderfall des Maklervertrages, der auf die Vermittlung eines →Bankkredits abzielt. Ist dieser Kredit als →Verbraucherkredit einzustufen, so gilt hierfür das →Verbraucherkreditgesetz. Danach bedarf die K. der Schriftform, wobei in der Vertragsurkunde die Vergütung des →Kreditvermittlers in einem Vom-Hundertsatz des Darlehensbetrages anzugeben ist. Erhält der Kreditvermittler auch vom Kreditgeber eine →Provision, so muß diese ebenfalls genannt werden. Die Vertragsurkunde darf nicht mit dem Antrag auf Hingabe des →Darlehens verbunden werden. Ferner hat der Kreditvermittler dem Verbraucher eine Abschrift der →Urkunde auszuhändigen (§ 15 Abs. 1 VerbrKrG). Verstöße gegen diese gesetzlichen Anforderungen führen zur Nichtigkeit des K. (§ 15 Abs. 2 VerbrKrG).

Die vereinbarte Vergütung hat der Verbraucher erst zu zahlen, wenn infolge der Vermittlung oder des Nachweises des Kreditvermittlers das Darlehen an den Verbraucher ausgezahlt worden ist und ein Widerruf des Verbrauchers nicht mehr möglich ist. Dient das vermittelte Darlehen der Ablösung eines anderen Kredits (Umschuldung), erhält der Kreditvermittler nur eine Vergütung, wenn sich der effektive Jahreszins oder anfängliche effektive Jahreszins (→Effektivverzinsung von Krediten) nicht erhöht, wobei für die Berechnung etwaige Vermittlungskosten außer Betracht bleiben (§ 16 VerbrKrG). Zusätzliche Nebenentgelte, die über die erforderlichen Auslagen des Kreditvermittlers

## Kreditversicherung

hinausreichen, können mit dem Verbraucher nicht wirksam vereinbart werden (§ 17 VerbrKrG).

## Kreditversicherung

Gegenstand einer K. ist die Übernahme des → Kreditrisikos vom Versicherten (→ Gläubiger oder → Schuldner) durch den Versicherer. Bei der → Delkredereversicherung (K. i. e. S.) deckt der Versicherer das Ausfallrisiko eines Kreditgebers, daß dessen → Forderung ordnungsgemäß erfüllt wird. Eine solche Form der K. ist im allgemeinen Handelsverkehr gebräuchlich und bezieht sich auf die Absicherung von → Krediten aus Warenlieferungen und Dienstleistungen, die Unternehmen ihren Kunden als Kreditnehmern einräumen. Da → Kreditinstitute die Möglichkeit haben, bei der Kreditvergabe Sicherheiten zu verlangen (→ Kreditsicherheiten), ist für sie eine K. nicht üblich. Hauptarten der K. sind: (1) → Waren-K., (2) Finanz-K. (z. B. Hypotheken-K.), (3) Investitionsgüter- und Konsumenten-K., (4) Ausfuhr-K. (→ Ausfuhrgewährleistungen des Bundes), auch i. w. S. (5) (Personen-) → Kautionsversicherung, (6) Personengarantieversicherung, (7) Vertrauensschaden- und Computermißbrauchsversicherung.

## Kreditvertrag

→ Vertrag, durch den sich ein → Kreditinstitut (Kreditgeber) gegenüber einer anderen → Person (Kreditnehmer) zur Gewährung eines näher bestimmten → Kredits zu den zwischen beiden Partnern vereinbarten Konditionen verpflichtet.

*Rechtsgrundlagen und Rechtsnatur*: Zwischen Kredit und → Darlehen besteht kein rechtlicher Unterschied, denn alle Arten von Krediten, bei denen → Bargeld oder → Buchgeld zur Verfügung gestellt wird (→ Geldleihe), sind als Darlehen zu qualifizieren und unterliegen den §§ 607–610 BGB. Da diese Vorschriften überwiegend nicht zwingend sind, gehört es zur → Vertragsfreiheit der Kreditinstitute, einen K. durch → Allgemeine Geschäftsbedingungen und einschlägige Formulare (→ Formularverträge) näher auszugestalten. Ein → Ratenkredit als → Konsumentenkredit unterfällt unter Umständen den Schutzvorschriften des → Verbraucherkreditgesetzes (→ Teilzahlungskredit, Abzahlungskredit, → finanziertes Abzahlungsgeschäft). Soll ein Kredit besichert werden, wird (insbes. bei → nichtakzessorischen Kreditsicherheiten bzw. → treuhänderischen Sicherheiten) der K. durch eine → Sicherungsabrede (Zweckerklärung) oder einen → Sicherungsvertrag ergänzt.

*Abschluß*: Bereits die Aufnahme von Verhandlungen über einen K. begründet zwischen den Beteiligten ein vertragsähnliches Vertrauensverhältnis (§ 242 BGB; → Treu und Glauben). Der Abschluß eines K. erfordert eine Einigung über alle wesentlichen Punkte, vor allem Regelungen über eine → Kündigung, die → Kreditkosten, die Besicherung, den → Gerichtsstand sowie die Einbeziehung der AGB. Oft wird ein → Schuldschein ausgestellt, der kein → Wertpapier, aber eine wichtige Beweisurkunde ist.

*Rechte und Pflichten der Beteiligten*: Der Kreditgeber ist verpflichtet, dem Kreditnehmer den Kredit vereinbarungsgemäß für die festgelegte → Laufzeit zur Verfügung zu stellen. Dieser muß den Kredit nicht in Anspruch nehmen, hat in diesem Fall aber (bei Tilgungskrediten, die über → Darlehenskonten abgewickelt werden) u. U. eine vereinbarte Bereitstellungsprovision (→ Kreditprovision) zu zahlen. Ein Widerruf des Darlehensversprechens ist zulässig, wenn in den Vermögensverhältnissen des Kreditnehmers eine wesentliche Verschlechterung eintritt, durch die der → Anspruch auf die Rückerstattung gefährdet wird (§ 610 BGB). Wesentliche Pflichten des Kreditnehmers sind die Zahlung der Kreditzinsen und die Rückführung des Kredits; letzteres ist freilich rechtlich keine Hauptpflicht. Dem Kreditnehmer obliegen bestimmte Nebenleistungen. Bei Krediten für → Privatkunden (→ Privatkundengeschäft) ist die → SCHUFA-Klausel, bei Geschäftskunden (im → Firmenkundengeschäft) die → Negativerklärung bedeutsam. Eine Säumnis des Kreditnehmers bei der Zahlung von → Zinsen oder → Annuitäten löst nur dann die sofortige → Fälligkeit ausstehender Beträge aus, wenn der K. dies vorsieht (Verfallklausel; → Schuldnerverzug).

*Beendigung*: Ein K. mit fester Laufzeit endet grundsätzlich durch Zeitablauf, ansonsten ist eine Kündigung erforderlich (§ 609 Abs. 1 BGB). Ein zeitlich befristeter Kredit kann auch innerhalb der Laufzeit aus außerordentlichem („wichtigem") Grund gekündigt werden (→ Kreditkündigung).

*Mängel des K.*: Wie bei jedem → Rechtsgeschäft können sich Mängel vor allem aus fehlender oder beschränkter →Geschäftsfähigkeit, Fehlern im Hinblick auf die →Stellvertretung oder eine behördliche Genehmigung sowie aus einer wirksamen →Anfechtung ergeben. Zu beachten ist ferner, daß ein Verstoß gegen das Wucherverbot zur Nichtigkeit des K. führt (§ 138 Abs. 2 BGB). Alle Kreditarten mit Ausnahme des →Kontokorrentkredits unterliegen dem Verbot des →Zinseszinses (§ 248 Abs. 1 BGB), welches auch Umgehungsgeschäfte erfaßt, wie vor allem die Abrede, künftiger Zins solle dem →Kapital zugeschlagen werden. Hingegen berühren Überschreitungen der Obergrenzen der §§ 13ff. KWG (→Großkredit, →Millionenkredit, →Organkredit) nach ihrem Schutzzweck nicht das Außenverhältnis zwischen Kreditinstitut und Kreditnehmer; sie führen daher nicht die Unwirksamkeit des K. herbei. Ebensowenig bewirken Verstöße gegen die gesetzlich vorgeschriebenen Angaben des (anfänglichen) jährlichen Effektivzinses nach der →Preisangabenverordnung und nach dem →Verbraucherkreditgesetz die Nichtigkeit des K.

*K. i. S. d. Verbraucherkreditgesetzes:* Dem Anwendungsbereich des VerbrKrG unterfällt nur ein K., durch den ein in Ausübung seiner gewerblichen oder beruflichen Tätigkeit handelnder Kreditgeber einem Verbraucher – d. h. einer → natürlichen Person für einen privaten Zweck – einen entgeltlichen Kredit in Form eines Darlehens, eines Zahlungsaufschubs (von mehr als drei Monaten) oder einer sonstigen Finanzierungshilfe gewährt oder zu gewähren verspricht (§ 1 Abs. 2 VerbrKrG), wenn der auszuzahlende, also Netto-Kreditbetrag oder Barzahlungspreis 400 DM übersteigt (§ 3 Abs. 1 Nr. 1 VerbrKrG). Zusätzlich werden noch Existenzgründungsdarlehen bis zu 100.000 DM einbezogen.
(→Darlehensvertrag)

### Kreditvolumen
1. Umfang der Kreditgewährung des →Bankensystems (→Deutsche Bundesbank und →Kreditinstitute) an inländische Nichtbanken. In den →Bankstatistischen Gesamtrechnungen der Deutschen Bundesbank werden im K. auch →Schatzwechselkredite (Kreditgewährung der Kreditinstitute durch Erwerb von →Schatzwechseln und →unverzinslichen Schatzanweisungen ohne →Mobilisierungspapiere und →Liquiditätspapiere nach § 42 BBankG) und Wertpapierkredite (Kreditgewährung der Kreditinstitute durch Erwerb von →Wertpapieren) erfaßt.

2. In der Jahresbilanz einer Bank (→Jahresabschluß der Kreditinstitute) die Summe aller von dieser gewährten Kredite an Kreditinstitute und an (sonstige) Kunden (einschl. der →Wechselkredite) gem. §§ 13, 14 RechKredV.

### Kreditwesen
→Funktionen und Struktur des Kreditwesens.

### Kreditwesengesetz (KWG)
Kurzbezeichnung für das Gesetz über das Kreditwesen vom 10. 7. 1961 (zuletzt geändert am 21. 12. 1992), das zur Sicherung der Funktionsfähigkeit der Kreditwirtschaft und im Interesse des Gläubigerschutzes einen gewerberechtlichen Rahmen für die Bankentätigkeit bildet. In seinem Mittelpunkt steht die staatliche →Bankenaufsicht durch das →Bundesaufsichtsamt für das Kreditwesen (BAK), mit der →Deutschen Bundesbank zusammenarbeitet (§ 7 KWG). Kennzeichnend hierfür ist zum einen die für die Aufnahme des Geschäftsbetriebs erforderliche →Erlaubniserteilung für Kreditinstitute, zum anderen die laufende Überwachung ihrer Tätigkeit im Wege von →bankaufsichtlichen Auskünften und Prüfungen sowie durch →bankaufsichtliche Maßnahmen. Das KWG enthält sowohl Ordnungsvorschriften als auch →Melde- und Anzeigepflichten der Kreditinstitute sowie →Vorlagepflichten der Kreditinstitute.

*Ordnungsvorschriften:* Sie sind enthalten in den §§ 10 und 10a KWG, die von den Kreditinstituten und →Kreditinstitutsgruppen ein angemessenes haftendes Eigenkapital verlangen (→Eigenkapitalgrundsätze), in § 11 KWG, nach dem Kreditinstitute jederzeit über ausreichende →Liquidität verfügen müssen (→Liquiditätsgrundsätze), in § 12 KWG (→Eigenkapitaldeckung des Anlagevermögens bei Kreditinstituten) und in den §§ 13 bis 20 KWG (Vorschriften über das →Kreditgeschäft). Vorschriften über den Sparverkehr (in §§ 21, 22 KWG) wurden 1993 aufgehoben. Die 4. KWG-Novelle von 1992 brachte andererseits eine Obergrenze (60% des →haftenden Eigenkapitals der Kreditinstitute) für →Beteiligungen von

## Kreditwürdigkeit

Kreditinstituten an Nichtbanken (§ 12 Abs. 5 KWG).

*Melde- und Anzeigepflichten:* Kreditinstitute haben → Kreditanzeigen nach KWG und Anzeigen über personelle, finanzielle und gesellschaftsrechtliche Veränderungen zu erstatten (§ 24 KWG). Daneben bestehen weitere, besondere Melde- und Anzeigepflichten, z. B. bei → bedeutenden Beteiligungen i. S. des KWG (§ 2b KWG) oder der Errichtung von Zweigstellen in einem anderen EG-Mitgliedsland (§ 53b Abs. 3 KWG).

*Vorlagepflichten:* Die Pflicht zur Vorlage bestimmter Unterlagen bezieht sich vor allem auf → Monatsausweise, → quotal zusammengefaßte Monatsausweise, den → Jahresabschluß, den → Lagebericht – ggf. auch → Konzernabschluß und → Konzernlagebericht von Kreditinstituten – sowie → Prüfungsberichte (vom Prüfer einzureichen).

### Kreditwürdigkeit

*Bonität;* traditionell verwendeter Begriff zur globalen Umschreibung der von einem Kreditnehmer erwarteten Eigenschaften und Fähigkeiten. Sie liegt danach vor, wenn eine Kreditvergabe unter persönlichen und sachlichen Gesichtspunkten vertretbar erscheint, d. h. wenn erwartet werden kann, daß der Kreditnehmer den aus dem → Kreditvertrag sich ergebenden Verpflichtungen (Erbringung des → Kapitaldienstes) nachkommt. (→ Kreditwürdigkeitsanalyse)

### Kreditwürdigkeitsanalyse

Verfahren zur Beurteilung der → Kreditwürdigkeit durch Feststellung der mit einer Kreditvergabe verbundenen Risiken.

*Gegenstand:* Die Überprüfung aktiver → Kreditrisiken (→ Liquiditätsrisiko, Ausfallrisiko, Besicherungsrisiko). K. werden im Privatkreditgeschäft (→ Persönlicher Kredit) und im Firmenkreditgeschäft (→ Firmenkredit, → Firmenkundengeschäft) durchgeführt (→ Kreditwürdigkeitsanalyse im Firmenkreditgeschäft).

*Schwerpunkt:* Im Privatkreditgeschäft ist maßgeblich die Analyse des Liquiditäts- und Ausfallrisikos. Im Firmenkreditgeschäft ist sie gleichgewichtig Liquiditätsrisiko-, Ausfallrisiko- und Sicherungsrisikoanalyse. Zunehmend erweitert sich die bankbetriebliche K. über die Risikoanalyse hinaus zu einer kundenbezogenen Potentialanalyse. Unter Marketinggesichtspunkten wird festgestellt, ob und in welchem Umfang dem Kunden im → Cross-selling über den Kreditverkauf hinaus auch andere Bankleistungen angeboten werden können.

*Umfang:* Die K. umfaßt bei Privatkrediten und bei gewerblichen Krediten an Inhaber von Einzelunternehmen und → Personenhandelsgesellschaften die Feststellung und Beurteilung der persönlichen Verhältnisse (→ Rechtsfähigkeit und → Geschäftsfähigkeit, Einkommens- und Vermögensverhältnisse, → Güterstand). Bei Firmenkrediten steht die Beurteilung der wirtschaftlichen und finanziellen Verhältnisse einschließlich der Zukunftsaussichten des Firmenkunden im Vordergrund. Zur Beurteilung der wirtschaftlichen Verhältnisse sind heranzuziehen: a) I. bei Firmenkunden: → Jahresabschlüsse der letzten drei Jahre nebst Erläuterungen durch den Kreditnehmer (bei publizitätspflichtigen Unternehmen [→ Publizitätsgesetz] einschließlich → Anhang und → Lagebericht), Einnahme-Überschußrechnungen (bei Freiberuflern und Kleingewerbetreibenden), unterjährige Zwischenzahlen (→ Kreditstatus), → Steuerbescheide, Planungsunterlagen für kommende → Geschäftsjahre, II. bei Privatkunden: Einkommensnachweise, Vermögensaufstellungen, Steuerbescheide. b) Erkenntnisse aus der bisherigen Führung des Kreditengagements und bereits bestehender → Konten (wenn nicht Neukredit). c) Einsichtnahme in → öffentliche Register (→ Handelsregister, → Genossenschaftsregister, Vereinsregister, → Güterrechtsregister, → Grundbuch) bzw. Einholung von Registerauszügen. d) Auskünfte (→ Bankauskünfte, Auskünfte von gewerblichen Auskunfteien, → SCHUFA-Auskünfte). e) Gutachtliche Stellungnahmen, z. B. von Unternehmensberatern oder Wirtschaftsprüfern. f) Auch auf Umweltrisiken und dadurch eventuell latent erforderliche und vom Kreditnehmer bisher nicht gebildete → Rückstellungen (z. B. wegen Bodenkontamination) oder dadurch erforderliche Abwertung von Sicherheiten wird im Rahmen der K. der Banken verstärkt zu achten sein.

*Prüfungsergebnis:* (1) Es ist festzustellen, ob die Kreditversorgung des Antragstellers unter Berücksichtigung der beantragten Kredite ausreichend ist (Liquiditätsrisiko).

(2) Anhand der Kapitalausstattung des Kunden (und unter Berücksichtigung der gestellten Sicherheiten) will die Bank ihr Ausfallrisiko beurteilen. Dabei sind alle Aktivposten der → Bilanz kritisch auf ihre Bewertung zu durchleuchten und zweifelhafte Positionen (z. B. schwache, nicht wertberichtigte → Debitoren) sind am Kapital abzusetzen. Andererseits können leicht verwertbare → stille Reserven rechnerisch dem Kapital zugeschlagen werden. (3) Durch die Begutachtung der angebotenen Sicherheiten und deren möglichst realistische Bewertung soll das Besicherungsrisiko minimiert werden. (4) Nicht zuletzt steht auch die unternehmerische Qualifikation des Managements des Kreditnehmers und dessen Solidität auf dem Prüfstand.
(→ Bilanzanalyse, → Kreditwürdigkeitsanalyse im Firmenkreditgeschäft, → Kreditrisiko)

## Kreditwürdigkeitsanalyse im Firmenkreditgeschäft

Verfahren zur Ermittlung der aktiven → Kreditrisiken, die mit der Zurverfügungstellung eines → Kredites an einen gewerblichen Kreditnehmer verbunden sein können. Vgl. auch nebenstehende Abbildung.

*Kreditwürdigkeitsanalyse als Teil bankbetrieblicher Informationsverarbeitung:* Die K. i. F. unterscheidet sich von der des Privatkreditgeschäfts dadurch, daß sehr viel intensivere Informationsaktivitäten zu vollziehen sind. Daraus ergibt sich, daß die → Kreditwürdigkeitsanalyse letztlich allen Schwächen subjektgebundener Informationsaufnahme, -auswahl, -bewertung, -weiterleitung und -präsentation unterworfen ist. Zur möglichst weitgehenden Reduzierung solcher Schwächen treffen → Kreditinstitute besondere organisatorische Vorkehrungen: Sie schöpfen möglichst viele, sich gegenseitig kontrollierende Informationsquellen aus. Sie formalisieren die Analyse (EDV-gestützte Analysen, z. B. sogenannte maschinelle Bilanzanalysen) und zwingen zur strikten Beachtung festgelegter Verfahrensregeln. Darüber hinaus kontrollieren sie ihre Kreditbeziehungen periodisch (→ Kreditüberwachung) und schalten aperiodische Kontrollen durch innerbetriebliche Kontrollinstanzen ein.

*Analyse des bisherigen Verhaltens des Kreditnehmers:* Der persönliche Eindruck vom Kreditnehmer (oder seiner Repräsentanten)

**Kreditwürdigkeitsanalyse im Firmenkreditgeschäft – Informationsquellen**

Informationsquellen

Interne Quellen

- Bisheriges Verhalten des Kreditnehmers
  - Verhandlungsverhalten
  - Kreditnutzung
  - Planungsvermögen
  - Zahlungsverkehr und Kontonutzung
- Private Vermögensverhältnisse (z. B. Depots)
- Vergleichsdaten aus der Branche des Kreditnehmers

Externe Quellen

- Auskünfte Dritter
  - Amtliche Auskünfte
  - Auskünfte von Auskunfteien
  - Referenzen
- Selbstauskünfte des Kreditnehmers
  - Persönliche Verhältnisse, Konstitution der Unternehmung
  - Jahresabschlüsse
  - Kreditbesicherungsunterlagen
  - Planungsunterlagen

ist die stärkste Determinante der Kreditbeziehung (→ Blankokredite). Fachliche Qualifikation, Überzeugungskraft, Durchsetzungsvermögen, Delegationsbereitschaft und Leitungsfähigkeit, Hartnäckigkeit, persönliche Einsatzfreude, Übersicht und Zielklarheit, nicht zuletzt physische und psychische Stabilität der maßgeblichen Persönlichkeiten gelten als Voraussetzungen wirtschaftlichen Erfolgs. Sie werden im Verhandlungsverhalten des Kunden offenbar. Aus dem bisherigen Verhalten bei der Kreditnutzung läßt sich ein Schluß auf Zuverlässigkeit und Pünktlichkeit der Kreditbedienung gewinnen. Die Art der Kreditinanspruchnahme zeigt, ob die finanzielle Führung des Kunden solide ist und ob der Kunde bereit und fähig war, dem Kreditinstitut schon bei der Aufnahme der Kredit-

## Kreditwürdigkeitsanalyse im Firmenkreditgeschäft

beziehung seine geschäftliche Lage richtig darzustellen. Hinweise auf ein gutes oder schlechtes Planungsvermögen und Planungsrealisierungsvermögen des Kreditnehmers geben ständige Überziehung, Nachbeantragung, aber auch geringe Ausschöpfung des →Kreditlimits (unzureichende Planung des →Kreditvolumens) oder ständige Kreditnutzung am Rande des Limits. Eine besonders aktuelle Informationsquelle bietet das →Konto des Kunden, zumal, wenn das Kreditinstitut durchzusetzen vermag, daß der Kunde den größten Teil seines →Zahlungsverkehrs darüber abwickelt. Dann lassen sich aus dem Konto wesentliche Einsichten über die Kreditwürdigkeit gewinnen. Interessant sind alle aus der normalen Disposition ausbrechenden, auffälligen Abweichungen des Verhaltens. EDV-gestützte Kontobeobachtung umfaßt insbes. die Ermittlung von Durchschnitts-, Höchst-, Niedrigstsalden, das Erkennen von Überziehungen und die Beobachtung der Konto-zu-Konto-Verfügungen des Kunden.

*Auskünfte über den Kreditnehmer*: Amtliche Auskünfte geben →öffentliche Register (→Grundbuch, →Handelsregister, u. U. auch Schiffsregister und →Güterrechtsregister). Auskünfte von Auskunfteien können Hinweise auf Zuverlässigkeit, geschäftlichen Erfolg und finanzielle Solidität geben.

*Analyse der Jahresabschlüsse des Kreditnehmers*: § 18 KWG verlangt von Kreditinstituten, daß sie sich von Kreditnehmern, denen Kredite von insgesamt mehr als 250.000 DM gewährt werden, die wirtschaftlichen Verhältnisse offenlegen lassen, insbes. durch Vorlage der →Jahresabschlüsse. Hiervon können die Kreditinstitute absehen, wenn das Verlangen nach Offenlegung im Hinblick auf die gestellten Sicherheiten oder auf die Mitverpflichteten offensichtlich unbegründet wäre. Im Vordergrund der Jahresabschlußanalyse (→Bilanzanalyse) steht die →Bilanz (trotz gravierender Einwendungen gegen ihre Verwendung als Datenbasis einer Kreditwürdigkeitsprüfung). Die traditionelle Bilanzanalyse (Jahresabschlußanalyse) versucht, mit einem umfangreichen System von Datengliederungen und Kennzahlen zu einer Beurteilung der wirtschaftlichen Verhältnisse des kreditsuchenden Unternehmens zu gelangen. Sie verknüpft in Zeit- und →Betriebsverglei-

chen punktuelle Erkenntnisse zu einem Gesamturteil. Im Gegensatz dazu ist die moderne Jahresabschlußanalyse (→Erfolgsanalyse der Unternehmung und →Finanzanalyse) vorrangig eine Erfolgsanalyse, wobei die Feststellung der Art und Weise der Erfolgserzielung (Erfolgsquellen) im Vordergrund steht und durch die Ermittlung der Erfolgsverwendung ergänzt wird. Sie ist nachrangig Bilanzstrukturanalyse (Analyse des Anteils der einzelnen Bilanzpositionen an der Bilanzsumme) sowie Wachstums- und Finanzflußanalyse (Analyse der Veränderungen von Vermögens- und Kapitalpositionen während des Betrachtungszeitraumes). Im Unterschied zur traditionellen Bilanzanalyse versucht die moderne Erfolgs- und Finanzanalyse, über ein systematisches Fragekonzept zu einer ganzheitlichen Betrachtung des Unternehmens zu kommen. Sie stellt dabei die notwendigen Ursache-Wirkung-Untersuchungen in den Mittelpunkt.

Außerdem werden vermehrt die Planungen des Kreditnehmers als zukunftsorientierter Aspekt in die Untersuchungen einbezogen.

*Analyse der Kreditbesicherung*: Hat das Kreditinstitut die Erwartungssicherheit, daß der Kunde uneingeschränkt kreditwürdig ist, kann es auf die Stellung von Sicherheiten verzichten. Die Gewährung von Blankokrediten bzw. die Gewährung von Krediten mit Blankoanteilen (Kredite mit teilweiser Sicherung) ist daher zumindest im kurzfristigen Bereich üblich. Im mittel- und langfristigen Bereich wird die Frage der Sicherheitenstellung oftmals unabhängig von der Kreditwürdigkeit des Kunden gesehen. Die Analyse der →Kreditbesicherung hat daher zunächst die Frage zu stellen, ob das Kreditinstitut nach Auswertung aller herangezogenen Informationen überhaupt Sicherheiten verlangen soll. Wenn ja, ist zu klären, in welchem Umfang oder mit welchem Anteil am Kreditbetrag besichert werden soll (Deckungsbedarf). Wenn diese Entscheidung positiv und quantitativ beantwortet ist, gilt es, unter dem Gesichtspunkt der Verwertungskosten und dem der Verwertungserträge abzuwägen, welche Arten von Sicherheiten hereinzunehmen sind. Die Frage, ob die angebotenen Sicherheiten ausreichen, um den Deckungsbedarf zu befriedigen, beinhaltet die Fragen danach, in welcher Form die Sicherheit notfalls verwertet werden kann, ob das Kreditinstitut einen

Einfluß auf die Abwicklung der Sicherheitenverwertung hat, und auf welchen Märkten die Sicherheiten verwertet werden könnten bzw. welche Verwertungspreise zu erwarten sind und welchen Einfluß der Zeitdruck der →Verwertung auf die Verwertungserträge hat.

**Kreditwürdigkeitsprüfung,** →Kreditwürdigkeitsanalyse.

**Kreditzusagenstatistik**
Nach § 18 BBankG von der →Deutschen Bundesbank angeordnete Erhebung, in deren Rahmen die →Kreditinstitute der Bundesbank monatlich Stand und Entwicklung der Zusagen für →Darlehen mit festem Betrag und fester →Laufzeit melden müssen. Es sind die „Richtlinien zur monatlichen Kreditzusagenstatistik" zu beachten. Die K. ist ein Teil der →Bankenstatistik der Deutschen Bundesbank.
(→Melde- und Anzeigepflichten der Kreditinstitute, →Deutsche Bundesbank, statistische Erhebungen)

**Kritischer Wechselkurs,** →Währungs-Break-even-Punkt.

**Kritischer Zinssatz,** →Break-even-Rendite.

**K%-Slow-Linie**
Synonym für die D%-Linie des →Slow Stochastics.

**Kugelportfolio,** →Bullet-Portfolio.

**Kumulative Dividende,** →kumulative stimmrechtslose Vorzugsaktie.

**Kumulative stimmrechtslose Vorzugsaktie**
*Non-Voting Cumulative Preferred Stock;* stimmrechtslose →Vorzugsaktie, die mit einem nachzuzahlenden Dividendenvorzug (kumulative →Dividende) ausgestattet ist.

**Kumulierte standardisierte Normalverteilung, Approximation**
Gibt die →Wahrscheinlichkeit dafür an, daß ein →Merkmalswert kleiner oder gleich als ein bestimmter Wert x ist. Die k. st. N. wird auch als Verteilungsfunktion der Gaußverteilung bezeichnet. Die Verteilungsfunktion der Gaußverteilung stellt graphisch den Inhalt des Flächenstückes unter der →Dichtefunktion der normierten Gaußverteilung mit den Grenzen $-\infty$ und $+\infty$ dar. Die Verteilungsfunktion kann über Integration der →Dichtefunktion ermittelt werden, d. h.

$$f(d) = \int_{-\infty}^{x} f(t) dt$$

Die Dichtefunktion der normierten Gaußverteilung lautet:

$$f(d) = 1 : [(2 \cdot \pi)^{0,5}] \cdot e^{-d} 2^{-2}$$

wobei:
e = Eulersche Zahl 2,71828182...
$d = \dfrac{x - \mu}{\sigma}$
$\pi = 3,14159265$
x = Merkmalswert der Zufallsgröße X
$\mu$ = Arithmetisches Mittel
$\sigma$ = Standardabweichung
Die K. st. N. kann über folgende Formel approximiert werden:

$$y = 1 : [1 + (0,33267 \cdot ABS(d))]$$
$$w = 0,5 - f(d) \cdot (0,436184 \cdot y$$
$$-0,120168 \cdot y^2 + 0,937298 \cdot y^3)$$

$N(d) = 0,5 + w$, wenn $d \geq 0$
$N(d) = 0,5 - w$, wenn $d < 0$
(→Black-Modell, →Black & Scholes-Modell)

**Kündbare Anleihen**
→Zinsinstrumente, die mit einem Kündigungsrecht des →Emittenten (→Anleihen mit Schuldnerkündigungsrecht) und/oder einem Kündigungsrecht des Anlegers (→Anleihen mit Gläubigerkündigungsrecht) ausgestattet sind.
(→Bundesschatzbrief [Typ A und Typ B])

**Kundenansprache**
→Kommunikation mit Kunden kann auf unterschiedliche Art und Weise und bei zahlreichen Anlässen erfolgen. Häufig sind der Telefonkontakt, das persönliche Gespräch in der →Bank oder beim Kunden, Kommunikation anläßlich Veranstaltungen in der Bank oder bei gesellschaftlichen Anlässen. K. sollte bevorzugt seitens der Bank erfolgen zwecks Information der Kunden über neue Produkte und Dienstleistungen, günstige Kreditkontingente, attraktive Geldanlagemöglichkeiten, besondere Entwicklungen an den →Geld-, →Kapital- oder →Devisenmärkten.

**Kundenberatung**

## Kundenberatung

Ansatz für den Verkauf von →Bankprodukten. K. kann gezielt erfolgen, sofern der Kunde seine persönlichen Verhältnisse und seine Bedürfnisse rückhaltlos offenbart. Entsprechend der ermittelten Kundenbedürfnisse können dann die geeigneten Produkte oder Dienstleistungen angeboten werden. Im →Firmenkundengeschäft ergeben sich Anknüpfungspunkte für eine K. zumeist aus den Zahlen des Unternehmens. →Firmenkunden erwarten von ihren Banken (1) Unterstützung bei Marktanalysen und -prognosen, (2) Information über technische Entwicklungen und Innovationen, (3) Beratung bei der persönlichen Zukunftsvorsorge der Unternehmer, (4) Mithilfe/Unterstützung bei der Finanz- und Erfolgsplanung, (5) Begleitung bei Unternehmens(um)organisation und Unternehmensführung, (6) Unterstützung auf Auslandsmärkten. Firmen und →Privatkunden erwarten von ihrer Bank: (1) schnelle (Kredit)Entscheidungen, (2) Flexibilität auch bei der Erfüllung besonderer Wünsche, (3) effiziente moderne Bankleistungen, (4) Qualifikation der Kundenbetreuer sowie Beratungsqualität, (5) faire Konditionen und guten Service.

## Kundenbeschwerde

Bei der Vielzahl und Komplexität bankgeschäftlicher Dienstleistungen werden sich K. nie vollständig vermeiden lassen. Entscheidend ist der richtige Umgang mit der Reklamation. In kleinen Dingen empfiehlt sich immer (schon aus Kostengründen) die Vermeidung längerer Diskussionen oder eines Schriftwechsels mit daraus folgender zwangsläufiger Verärgerung des Kunden. In jedem Fall soll der Bankmitarbeiter Verständnis für die K. zeigen, aufmerksam den Einlassungen des Kunden folgen, sich für die Ausführungen bedanken und ggf. für Fehlleistungen entschuldigen sowie eine Vereinbarung über deren Bereinigung treffen. Einer raschen Streitbeilegung dient nunmehr das →Ombudsmannverfahren.

## Kundenbesuchsplanung

Unerläßliche Vorbereitung zur erfolgreichen →Akquisition neuer Geschäfte oder Festigung bestehender Kundenbeziehungen. Zunächst ist festzulegen, welche Kunden und Nichtkunden in einem zu bestimmenden periodischen Turnus besucht werden sollen. Kriterium ist die wirtschaftliche Bedeutung des zu besuchenden Unternehmens i. a. oder speziell für die →Bank oder auch aktuell anstehende größere →Investitionen, die der →Finanzierung bedürfen. Nach Gesprächsterminvereinbarung sind alle relevanten Unterlagen über den Gesprächspartner zusammenzustellen. Bei Kreditkunden sind alle Unterlagen der Kreditakte zu entnehmen. Informationen auch über Nichtkunden finden sich in (1) →öffentlichen Registern (→Handelsregister, →Güterrechtsregister usw.), (2) Auskünften von Auskunfteien und Banken, (3) firmenbezogenen Veröffentlichungen (örtliche Presse, →Bundesanzeiger, IHK-Mitteilungen, Firmenprospekten, evtl. →Bilanzen). Zur Analyse der Geschäftsmöglichkeiten werden benötigt: (1) Daten des Kunden, wie Rechtsform, Kapitalverhältnisse, Konzernzusammenhänge, Beschäftigtenzahl, Grundbesitz und dessen Belastungen, geplante größere Investitionen, Aussichten der Branche und des Unternehmens, Sortiment, Aktivitäten im Ausland, Zahlungsweise (aus Auskünften oder durch Beobachtung des eigenen →Kontos), aktuelle wirtschaftliche und finanzielle Situation. (2) Informationen über die Unternehmensleitung: Ruf und Ansehen der Geschäftsleitung und der Gesellschafter, Personalfluktuation im Unternehmen. (3) Bankverbindungen des Zielunternehmens.

## Kundenbetreuung

Zeitraumbezogene zielgruppenspezifische Begleitung des Kunden durch einen ihm seitens der Bank zugeteilten Privatkunden- oder →Firmenkundenbetreuer, wobei die Initiative zur K. jeweils vom Betreuer, der sich das Vertrauen seiner Kunden erarbeiten muß, ausgeht. Je nach Eingruppierung der →Firmen- oder →Privatkunden (→Zielgruppenselektion) werden einem Betreuer i. a. zwischen 80 und 200 Kunden zugeordnet. Betreuungsanlässe: (1) *Personenbezogene:* Geburtstag, Heirat, Geburt von Kindern. (2) *Berufsbezogene:* Beförderung, Berufsjubiläum usw. (3) *Produktbezogene:* Konditionen, gesetzliche/steuerliche Änderungen, Fristabläufe (z. B. →Termingelder, →Spareinlagen oder Zinsfestschreibungen), zurückgezahlte →Kredite, neue Produkte und Dienstleistungen, die auf den Zielkunden zugeschnitten sind. (4) *Firmenspezifische* Anlässe: anstehende →Investitionen, Sondergeschäfte oder Großaufträge des Kunden, Störungen in der →Geschäftsverbindung (zwischen Kreditinstitut und dem Kunden), Einbruch von Mitbewerbern in die Kundenverbindung. (→Kundenbesuchsplanung)

### Kundenbindung
Fixierung des →Bankkunden bei qualifizierten →Bankgeschäften auf seine →Hausbank, die ggf. ein Informationsmonopol bei ihm ausübt. Für die Zukunft ist generell aufgrund der anspruchsvolleren Nachfrage und der Zunahme des vagabundierenden Finanzverhaltens der Bankkunden mit einer Abnahme der K. zu rechnen. Dies bedingt eine noch stärkere Intensivierung der →Kundenbetreuung und des →Beziehungsmanagements.

### Kundengeschäft im Devisenhandel
Kauf und Verkauf von →Devisen durch →Kreditinstitute zur Ausführung von Aufträgen ihrer Kunden. Es führt in zwei Formen zum Abschluß von Devisenhandelsgeschäften: (1) Zur Abwicklung von Devisenzahlungen, die über ein DM-Konto abgerechnet werden: Die beauftragten Kreditinstitute kaufen bzw. verkaufen die benötigten Devisenbeträge im →Devisenhandel. Soweit nichts anderes vereinbart ist, wickeln Kreditinstitute in der BRD solche Aufträge nach den →Allgemeinen Geschäftsbedingungen als →Kommissionär durch Selbsteintritt ab (Nr. 40 AGB Sparkassen). Gemäß § 400 Abs. 5 HGB dürfen in diesem Falle ungünstigere Kurse als die amtlich festgestellten (→Devisenbörse) berechnet werden. Größere Aufträge werden häufig aufgrund besonderer Vereinbarung zu für den Kunden günstigeren Kursen abgerechnet. (2) Zur Abwicklung von Auslandszahlungen der Bankkunden über →Fremdwährungskonten: Unternehmen mit größerem Auslandszahlungsverkehr, insbes. wenn dieser in beide Richtungen geht, unterhalten i.d.R. Fremdwährungskonten, über die sie ihren Auslandszahlungen in der jeweiligen →Währung (ohne Abrechnung gegen D-Mark) abwickeln. Die benötigten bzw. überschüssigen Beträge werden von Zeit zu Zeit durch Abschluß von Devisenhandelsgeschäften eingedeckt bzw. verkauft.

Das K.i.D. hat sich zwar parallel zu der verstärkten Außenhandelsverflechtung der Länder absolut vergrößert, seine relative Bedeutung ist jedoch zurückgegangen. Bei größeren Kreditinstituten entfallen heute nur noch 10 bis 20 Prozent der Devisenhandelsumsätze auf das Kundengeschäft. Das K.i.D. erfolgt per Kasse (→Kassageschäft) und per Termin (→Termingeschäft, →Wechselkurssicherung).

### Kundengruppenkalkulation
→Profit-Center-Rechnung, die den Erfolg eines →Kreditinstituts im Kundenbereich, bezogen auf bestimmte Marktsegmente und damit den Beitrag zum Gesamtergebnis ermittelt. Entsprechend den Zielgruppen können Kalkulationsergebnisse zusammengefaßt werden. Dabei werden die Hauptgruppen →Firmenkunden und →Privatkunden nach weiteren institutsseitig festgelegten Kriterien gegliedert. So kann z.B. die Zielgruppe Privatkunden unter Akquisitionsgesichtspunkten nach den Merkmalen Alter und Einkommen unterschieden werden (Privatkunden mit ähnlichem Produktnutzungsverhalten). Die K. ist eine Zielgruppenerfolgsrechnung.
(→Deckungsbeitragsrechnung im Bankbetrieb)

### Kundenkalkulation
→Profit-Center-Rechnung, bei der die →Konten eines Kunden zu einer Geschäftsverbindungskalkulation zusammengefaßt werden, um den Beitrag zu ermitteln, den ein Kunde zum Gesamtergebnis liefert. Die Technik der K. entspricht der →Kontokalkulation.
(→Deckungsbeitragsrechnung im Bankbetrieb)

### Kundenkarten von Kreditinstituten
Von →Banken und →Sparkassen ausgegebene →Zahlungskarten für beleglosen Zahlen. Diese Karten lassen sich ähnlich wie →eurocheque-Karten zur Bargeldbeschaffung über →Geldausgabeautomaten, zur Erstellung von →Kontoauszügen mittels →Kontoauszugsdruckern sowie zum POS-Banking nutzen. Beispiele: →BankCard der →Kreditgenossenschaften, →S-Card der →Sparkassen.
(→Zahlungskarte, →Kreditkarte, →Magnetstreifenkarte, →Chip-Karte)

### Kundenklassifikation, →Kundensegmentierung, →Kontaktmanagement.

### Kundenkreditkarten, →Kreditkarten.

## Kundenorientierung

### Kundenorientierung
1. Art und Weise, in der sich Kunden für die Zusammenarbeit mit einem bestimmten → Kreditinstitut entscheiden.
2. Ausrichtung der Bankorganisation und der Bankdienstleistungen auf die Kundenbedürfnisse. Entscheidend für die K. können sein: (1) Größe des Kreditinstitutes und dessen Image, (2) Nähe der → Bankstelle zum Kunden, (3) institutsspezifische Dienstleistungsangebote (auch Flexibilität), (4) persönliche Kontakte zwischen Kunde und Bankleitung oder Bankmitarbeitern, (5) Kundenfreundlichkeit der Bankmitarbeiter und deren Beratungsqualität, (6) Art und Schnelligkeit der Auftragsabwicklung, (7) Konditionen des Kreditinstituts.

### Kundenpflege, → Kundenbetreuung.

### Kundenportfolio
Zusammensetzung bzw. Struktur der Kunden, die ein → Firmenkundenbetreuer oder Privatkundenbetreuer, aber auch die → Bank in ihrer Gesamtheit zu betreuen hat. Dabei erfolgt die Bewertung nach den Kriterien Kundenattraktivität, Kundenbonität und Wettbewerbsstärke.

### Kundensegmentierung
Eingruppierung vorhandener oder in Aussicht genommener Kunden nach deren Bedeutung für die Ertragsrechnung der → Bank. Kunden werden als A-, B- oder C-Kunden selektiert.
*Einstufungsmerkmale bei* → *Privatkunden*: (1) Ertragspotential, (2) Risikoeinstufung;
*Einstufungsmerkmale bei* → *Firmenkunden*: (1) Umsatzgrößenklasse, (2) Ertragspotential (Produktnutzung, Wachstumsbranche), (3) Risikoeinstufung.

### Kundenveranstaltung
Instrument der → Akquisition und → Kundenbetreuung. Die K. bietet dem → Kreditinstitut die Möglichkeit, die Belange seiner Kunden besser kennenzulernen. In Frage kommen Veranstaltungen, die durch Anwesenheit von Prominenten eine große Zugkraft haben ebenso wie solche zu interessanten fachspezifischen Themen. Für eine erfolgreiche K. werden eine ausreichende Anzahl in Frage kommender Interessenten benötigt. Durch rechtzeitige Planung muß ein reibungsloser Ablauf (Tagesordnung, Bewirtung usw.) der K. gewährleistet sein. Nötig sind ferner für die in Aussicht genommene Zielgruppe interessante Themen, qualifizierte Referenten sowie erforderlichenfalls gut aufbereitete Begleitunterlagen. Der Termin ist so zu legen, daß er nicht in Konkurrenz zu anderen Veranstaltungen, Fernsehsendungen usw. steht. Eine Nachfaß-Aktion sollte in eine angemessene Zeit nach der K. durchgeführt werden.

### Kundenzielgruppe, → Zielgruppenselektion, → Kundensegmentierung.

### Kundenzuordnung
Im → *Privatkundengeschäft:* Je nach Qualifikation des Betreuers werden diesem vermögende → Privatkunden, Kunden mit mittleren → Einkommen oder die sonstigen Privatkunden zur Betreuung bzw. Bearbeitung zugeteilt.
Im → *Firmenkundengeschäft* erfolgt die Zuordnung entsprechend der Qualifikation des → Firmenkundenbetreuers nach Größenordnung des Unternehmens (zumeist Umsatzgröße, Größe des → Geschäftsvolumens bei der → Bank), Ort des Firmensitzes, speziell nachgefragten → Bankprodukten oder -dienstleistungen.
In manchen Fällen ist auch eine Zuordnung nach dem Alphabet oder nach Kontonummern denkbar. Vgl. Übersicht S. 1009.

### Kündigung
Einseitiges empfangsbedürftiges → Rechtsgeschäft mit dem Ziel, ein → Dauerschuldverhältnis (z. B. → allgemeiner Bankvertrag, → Arbeitsvertrag) zu einem bestimmten Zeitpunkt zu beenden. Im Gegensatz zum → Rücktritt vom → Vertrag bewirkt sie keine Rückabwicklung des → Schuldverhältnisses. Neben der an bestimmte Fristen (z. B. §§ 621 ff. BGB) gebundenen ordentlichen K. gibt es die fristlose, außerordentliche K. Sie bedarf i. d. R. (Ausnahme: § 675 i. V. m. § 627 BGB) eines „wichtigen Grundes" (etwa gemäß §§ 626, 723 BGB), d. h. es muß aus objektiver Sicht der kündigenden Partei unzumutbar sein, das Vertragsverhältnis nur bis zum Ablauf der *Kündigungsfrist* fortzusetzen. Hierbei müssen alle Umstände des Einzelfalles berücksichtigt und die Interessen beider Vertragsteile gegeneinander abgewogen werden. Der Grund der K. muß beim Berufsausbildungsverhältnis (§ 15 Abs. 3 BBiG), bei *außerordentlicher K.* nach § 626 Abs. 2 BGB sowie bei einer ordentlichen *betriebsbedingten K.* von → Arbeitnehmern im Hinblick auf § 1 Abs. 3 KSchG an-

## Kündigungsrecht des Kunden

### Kundenzuordnung – Privatkundengeschäft

| | Kundenbezeichnung | Nachfrageschwerpunkt | Betreuungsschwerpunkte |
|---|---|---|---|
| A | Kunden mit hohem Einkommen und/oder größeren Vermögen | Individuelles Vermögensanlage- und Finanzierungsgeschäft | Aktive und individuelle Betreuung durch festen Kundenbetreuer |
| B | Kunden mit mittlerem Einkommen und kleineren Vermögen | Standardisiertes Vermögensanlage- und Kreditgeschäft | Aktive Betreuung durch Kundenbetreuer im Team |
| C | Kunden mit geringerem Einkommen und (ohne) Vermögen | Standardisiertes Geschäft im Spar- und Kreditbereich | Betreuung bei Anfrage des Kunden durch Kundenbetreuer im Team |

### Kundenzuordnung – Firmenkundengeschäft

| | Kundenbezeichnung | Nachfrageschwerpunkt | Betreuungsschwerpunkte |
|---|---|---|---|
| A | Großunternehmen sowie größere mittelständische Unternehmen mit hohem Ertragspotential für die Bank | Individuelles Kredit- und Auslandsgeschäft, spezielle Bankprodukte mit hohem Beratungsbedarf | Aktive Betreuung durch Vorstand, Filialleiter und/oder Senior-Firmenkundenbetreuer |
| B | Unternehmen mittlerer Größe (z. B. mit Umsätzen über 25 Mio. DM bis 100 Mio. DM) | Individuelles Kredit- und Auslandsgeschäft | Aktive Betreuung durch Filialleiter und/oder Firmenkundenbetreuer |
| C | Kleinere Unternehmen und Freiberufler sowie Unternehmen geringerer Bonität | Standardisiertes Kredit- und individuelles Vermögensanlagegeschäft | Betreuung bei Anfrage des Kunden durch Sachbearbeiter oder Junior-Firmenkundenbetreuer |

gegeben werden. Auch sonst hat er angesichts der Voraussetzungen einer Klage des Arbeitnehmers nach dem →Kündigungsschutzgesetz Bedeutung (§ 4 KSchG). In →Kreditinstituten, die durchweg den Bestimmungen des →Betriebsverfassungsgesetzes unterliegen (§§ 1, 5 BetrVG), muß vor Ausspruch einer K. der →Betriebsrat gehört werden. Ein Unterlassen macht die K. unwirksam (§ 102 Abs. 1 BetrVG).

### Kündigungsgeld

Zu den →Termineinlagen zählende →Einlage (→Einlagengeschäft), die aufgrund einer zwischen einem →Kreditinstitut und dem Kunden getroffenen Vereinbarung erst nach →Kündigung und Ablauf der Kündigungsfrist fällig wird. Üblich sind Kündigungsfristen von 30, 60, 90 und 180 Tagen. Soweit nicht eine andere Vereinbarung getroffen worden ist, werden K. nach Eintritt der →Fälligkeit als →Sichteinlagen (täglich fällige Gelder) behandelt. Die Verzinsung richtet sich i. a. nach der Kündigungsfrist und der Betragshöhe. Je länger die Kündigungsfrist und je größer der Anlagebetrag ist, desto höher ist i. a. der Zinssatz. K. kommen relativ selten vor. In aller Regel werden Termineinlagen in Form von →Festgeldern angelegt.
(→Einlagen)

### Kündigungsrecht der Bank

Recht des →Gläubigers, einen von ihm gewährten →Kredit oder eine von ihm gekaufte →Anleihe gemäß der vereinbarten Bedingungen vor Ablauf der eigentlichen →Laufzeit (vor →Fälligkeit) zur →Rückzahlung zu kündigen.

### Kündigungsrecht des Kunden

Recht des →Schuldners, seine →Verbindlichkeit aus →Krediten oder →Anleihen ganz oder teilweise vor Ablauf der eigentlichen →Laufzeit (vor →Fälligkeit) zu kündigen und zurückzuzahlen.

## Kündigungsschutzgesetz

### Kündigungsschutzgesetz (KSchG)
Das 1951 erlassene KSchG enthält neben dem allgemeinen Schutz des → Arbeitnehmers vor ungerechtfertigten → Kündigungen auch Sondervorschriften für bestimmte Personengruppen, etwa Mitglieder des → Betriebsrats (§ 15 KSchG). Das Gesetz gilt für alle → Betriebe und Verwaltungen des privaten und → öffentlichen Rechts, in denen regelmäßig mindestens sechs Arbeitnehmer (ohne → Auszubildende) mit einer Wochenarbeitszeit von zehn oder einer Monatsarbeitszeit von 45 Stunden beschäftigt sind (§ 23 Abs. 1 KSchG); es gilt nicht für → leitende Angestellte i. S. des § 14 KSchG. Gegenüber Arbeitnehmern, deren Arbeitsverhältnis im selben Betrieb oder Unternehmen länger als sechs Monate gedauert hat, ist eine Kündigung nur rechtswirksam, wenn sie sozial gerechtfertigt ist (§ 1 Abs. 1 KSchG). Die Rechtfertigung kann sich aus Gründen in der Person (z. B. körperliche und geistige Eignung, Krankheiten, die die Einsatzfähigkeit erheblich beeinträchtigen) oder im Verhalten (Arbeitsverweigerung, Verstöße gegen die betriebliche Ordnung) des Arbeitnehmers ergeben oder in dringenden betrieblichen Erfordernissen liegen, die auch eine Weiterbeschäftigung an einem anderen Arbeitsplatz nicht zulassen (§ 1 Abs. 2 KSchG). Bei betriebsbedingten Kündigungen muß eine soziale Auswahl unter mehreren Arbeitnehmern mit vergleichbarer Tätigkeit erfolgen. Dabei sind die persönlichen Verhältnisse (Alter, Betriebszugehörigkeit, Familienstand, Kinderzahl, Vermögensverhältnisse usw.) zu berücksichtigen. Daß eine Kündigung sozial ungerechtfertigt ist, muß der Arbeitnehmer im Wege einer Kündigungsschutzklage (§ 4 KSchG) vor dem Arbeitsgericht geltend machen. Bei einer für den → Arbeitgeber unzumutbaren Fortsetzung des Arbeitsverhältnisses kann das Gericht zur Zahlung einer angemessenen Abfindung verurteilen (§§ 9 ff. KSchG). Die Dreiwochenfrist für die Erhebung einer Kündigungsschutzklage gilt auch, wenn ein Arbeitnehmer sich gegen eine außerordentliche Kündigung zur Wehr setzen will (§ 13 Abs. 1 Satz 2 KSchG).

### Kündigungssperrfrist
→ Frist, nach deren Ablauf erst eine → Kündigung zulässig ist. Das Kreditwesengesetz bestimmte bis Mitte 1993, daß bei → Spareinlagen mit vereinbarter Kündigungsfrist eine Kündigung frühestens sechs Monate nach der Einzahlung des Sparbetrages erfolgen darf (§ 22 Abs. 2 Satz 2 KWG a. F.). Die K. kann seither einzelvertraglich vereinbart werden. Die Sperrfrist soll verhindern, daß der Sparer sofort oder schon bald nach dem Einzahlungstag das Guthaben kündigt und damit die Kündigungsspareinlage praktisch zu einer Festgeldanlage (→ Festgeld) wird.

### Kündigung von Anleihen
Die in den Anleihebedingungen vorgesehene Möglichkeit, daß → Anleihen vor → Fälligkeit zurückgezahlt werden. Das Recht zur vorzeitigen Kündigung kann entweder vom → Emittenten (→ Anleihen mit Schuldnerkündigungsrecht) oder Anleger (→ Anleihen mit Gläubigerkündigungsrecht) ausgeübt werden.
(→ Embedded Option)

### Kündigung von Wertpapieren
Vorzeitige Rückgabe von → Anleihen entweder durch den → Emittenten (→ Anleihen mit Schuldnerkündigungsrecht) oder durch den Anleger (→ Anleihen mit Gläubigerkündigungsrecht).
(→ Stripping von Finanzinnovationen, → Embedded Options)

### Kupon
*Coupon*; regelmäßig auf den Inhaber lautendes → Wertpapier, das bei einer → Schuldverschreibung oder → Aktie den jeweiligen Zinsanspruch des Inhabers (→ Zinsschein) oder den jährlichen Gewinnanspruch des → Aktionärs (Gewinnanteilsschein, → Dividendenschein) verbrieft. Zinsscheine besitzen eine gewisse Selbständigkeit, weil sie mangels gegenteiliger Bestimmung gültig bleiben, auch wenn die Hauptforderung erlischt und die Verpflichtung zur Verzinsung aufgehoben oder geändert wird (§ 803 Abs. 1 BGB). Demgegenüber erlischt beim Dividendenschein mit der Kraftloserklärung der Aktie oder des → Zwischenscheins der Anspruch aus den noch nicht fälligen Gewinnanteilsscheinen (§ 72 Abs. 2 AktG). Die Geltendmachung des Zins- bzw. Gewinnanspruchs setzt die Vorlegung der betreffenden → Urkunde voraus. Die Vorlegungsfrist beträgt vier Jahre, sofern der Aussteller der Urkunde dies nicht abweichend regelt (§ 801 Abs. 2 und 3 BGB). Die → Verjährung des Anspruchs tritt zwei Jahre nach Ablauf der Vorlegungsfrist ein.

## Kupon Stripping

Trennung von → Kupon und → Mantel eines → festverzinslichen (Wert-)Papiers und/oder → Aufzinsung mehrerer Kupons auf einen Zinstermin und Verkauf als separat handelbare Zero Bonds (→ Nullkupon-Anleihe). Die entstandenen Zero Bonds werden in den Vereinigten Staaten als → CATS, COUGARs, DINGOs, LIONs, TIGRs und STRIPS bezeichnet. K. St. liegt die Überlegung zu Grunde, daß ein festverzinsliches Papier ein → Portfolio aus Zero Bonds mit unterschiedlichen → Fälligkeiten ist. Beim K. St. kauft ein Wertpapierhandelshaus (z. B. Salomon Brothers, Merrill Lynch) eine bereits emittierte → Anleihe auf und trennt die einzelnen Zinstermine vom Mantel. So besteht beispielsweise ein 30-jähriger US-Treasury-Bond mit → Halbjahreskupons aus 60 Zinszahlungen (Coupon Issues) und einer → Tilgung (Principal Issue). Diese 61 → Cash-flows werden mit der aktuellen → Zinsstrukturkurve abgezinst und als Zero Bond verkauft. Die Zinstermine der 60 Zinszahlungen entsprechen der jeweiligen Fälligkeit der Coupon Issues bzw. die Endfälligkeit der Anleihe der Fälligkeit der Principal Issue. STRIPS werden im Gegensatz zu den anderen Formen gestrippter Papiere direkt vom → Federal Reserve System im Austausch gegen die Originalanleihestücke emittiert. STRIPS sind somit im Gegensatz zu beispielsweise CATS eine direkte → Forderung gegenüber dem US-Schatzamt.
(→ Cum Anleihe)

## Kuponswap

Variante eines → Zinsswap. Bei einem K. werden → Festzinssätze gegen → variable Zinssätze getauscht. Die Bezeichnung K. soll andeuten, daß der Festsatz (Swapsatz) in diesen Zinsswaps der → Rendite bzw. dem → Kupon von Paripapieren entspricht. Kupon ist die Bezeichnung für den Festsatz, den Kassazinsinstrumente zahlen.
Oftmals wird die einfachste Variante des K. auch als Plain Vanilla Swap oder → Generic Swap bezeichnet. Auf Plain Vanilla Swaps lassen sich auch die komplexesten Swapformen zurückführen.
K. werden bei weitem häufiger abgeschlossen als → Basisswaps.
Die Quotierung von K. erfolgt meistens nach folgendem Muster: → Swapsatz (Festsatz) gegen Variablen Satz ohne → Auf- oder → Abschlag (i. d. R. 6-Monats-LIBOR)

*Festsatz*: Die → Tageberechnungsmethode und wie oft jährlich der Swapsatz gezahlt wird, orientiert sich auf den meisten Märkten an den Konventionen für → Staatsanleihen (Domestic Bonds). Deshalb wird der Festsatz für DM-Swaps jährlich und nach der Tageberechnungsmethode E30/360 Tage kalkuliert (→ US-Zinsmethode). Der Festsatz ist ein mittel- oder langfristiger Kapitalmarktsatz in Abhängigkeit von der → Laufzeit des Swaps. Der Festsatz in einem K. wird auch als Swapsatz bezeichnet.

*Variabler Satz*: Die variable Seite des Swaps ist i. d. R. nur der variable Satz (z. B. → LIBOR, → FIBOR) ohne Auf- bzw. Abschlag. Man bezeichnet den variablen Satz deshalb auch als LIBOR bzw. FIBOR flat. In der Bundesrepublik Deutschland ist der variable Satz standardmäßig für mittel- und längerfristige Swaps der 6-Monats-LIBOR. Für kurzlaufende Swaps bis zu zwei Jahren wird der 3-Monats-LIBOR ebenfalls sehr häufig verwendet. Der LIBOR wird nach der Tageberechnungsmethode Echt/360 kalkuliert (→ Euro-Zinsmethode). Der variable Satz ist i. d. R. ein kurzfristiger Geldmarktsatz. Auf Wunsch quotieren → Market-Maker Swaps auch auf FIBOR-Basis. K. werden i. d. R. ab einem Volumen von 5 Mio DM gehandelt. Die Standardstückelung liegt ebenfalls bei 5 Mio DM, so daß folgende Nominalbeträge üblich sind: 5 Mio DM, 10 Mio DM, 15 Mio DM usw. Allerdings können auch ungerade Beträge gehandelt werden, wenn dieser Betrag in → Hedgingstrategien mit Zinsswaps benötigt wird, um beispielsweise eine → Bundesanleihe gegen Kursrisiken abzusichern.

*Geld-Brief-Spanne*: Die Geld-Brief-Spanne eines K. wird auf den Festsatz bezogen. Der → Spread zwischen Geld- und Briefkurs beträgt durchschnittlich fünf → Basispunkte. Der Käufer eines Swaps zahlt immer den höheren Swapsatz. Der Verkäufer erhält dagegen den niedrigeren. In der Bundesrepublik Deutschland werden Swaps All-in-price quotiert, das bedeutet, daß der Swapsatz als absolute Prozentzahl pro Nominal 100 DM angegeben wird.

*Generic Swap, Straight Swap bzw. Plain Vanilla Zinsswap*: Folgende Merkmale klassifizieren einen einfachen Zinsswap:
– Konstanter Kapitalbetrag (z. B. 10 Mio DM).

**Kuponswap, Bewertung**

## Kuponswap

| Kuponswap als aus zwei Kassazinsinstrumente bestehendes Portfolio (Bond Stripping) ||
|---|---|
| Zahler | Empfänger |
| Spekuliert auf steigende Zinsen (Parallelverschiebung) | Spekuliert auf fallende Zinsen (Parallelverschiebung) |
| Zahlt feste Zinsen in den Swap | Zahlt variable Zinsen in den Swap |
| Erhält variable Zinsen | Erhält feste Zinsen |
| Käufer eines Swap Long Swap | Verkäufer eines Swap Short Swap |
| Long Geldmarkt (Variabel verzinsliches Leg) | Short Geldmarkt (Variabel verzinsliches Leg) |
| Short Kapitalmarkt (Festverzinsliches Leg) | Long Kapitalmarkt (Festverzinsliches Leg) |
| Festzinssatzfinanzierung | Variable Finanzierung |
| Kursvolatilität eines langfristigen Passivum und kurzfristigen Aktivum | Kursvolatilität eines langfristigen Aktivum und eines kurzfristigen Passivum |
| Wertentwicklung von Kuponswaps ||
| Long Swap = <br> + Floating Rate Note <br> − Straight Bond | Short Swap = <br> − Floating Rate Note <br> + Straight Bond |
| Long Swap profitiert von: <br> − Parallelverschiebung nach oben <br> − steiler werdenden Renditestrukturkurve <br> − geringer werdendem Spread | Short Swap profitiert von: <br> − Parallelverschiebung nach unten <br> − flacher werdenden Renditestrukturkurve <br> − größer werdendem Spread |

\+ = Long Position
− = Short Position

- Austausch eines Festsatzes gegen einen variablen Satz (6-Monats-LIBOR).
- Konstanter Festsatz.
- Variabler Satz ohne Auf- bzw. Abschlag (LIBOR flat).
- Feststellung des variablen Zinssatzes am Beginn der variablen Periode und Zahlung am Ende der Zinsperiode (nachschüssig).
- Regelmäßige Zahlung der festen bzw. variablen Zinsen.
- Beginn bei Abschluß des → Vertrages.
- Keine anhängenden → Optionen.
- Kein Kapitalaustausch bei Abschluß des Vertrages (Par Value Swap).
(→ Exotic Swaps)

**Kuponswap, Bewertung**
→ Kuponswaps sind eine Variante des → Zinsswaps, bei dem → Festzinssätze gegen → variable Zinssätze getauscht werden. Ein K. kann aber auch nach dem → Duplizierungsprinzip in einen → Straight Bond und → variabel verzinsliche Anleihe aufgesplittet werden. Die Analogie einer Swapposition als → Portfolio mehrerer Kassazinsinstrumente zeigt, daß man die Konzepte zur Analyse und Bewertung (→ Bärwertansatz) von → Geldmarktpapieren und → Kapitalmarktpapieren auf das Management von Swap-Portfolios übertragen kann. Da es sich bei einem Plain Vanilla Swap um den Tausch zweier Papiere handelt, kann jedes getrennt bewertet werden. Unabhängig, ob man einen Swap als Tausch der Zinszahlungen oder als Tausch zweier → Wertpapiere ansieht, die Netto-→ Cash-flows beider Betrachtungsweisen sind identisch. Dieser sehr wichtige Zusammenhang soll an einem Beispiel gezeigt werden: Bank B schließt einen

fünfjährigen K. mit Bank A ab. Bank B ist →Zahler des →Swapsatzes in Höhe von 6,35% und erhält vom →Empfänger den variablen Zinssatz (6-Monats-LIBOR).
Die Cash-flow-Struktur von Plain Vanilla Swaps (allgemein: K.) kann mit Hilfe traditioneller →Zinsinstrumente dupliziert werden, d. h. das Duplizierungsprinzip zeigt, daß K. aus Kassazinsinstrumenten abgeleitet werden können. Deshalb werden Swaps auch als derivative Zinsinstrumente bezeichnet.

*Vorteile gegenüber der Kombination traditioneller Zinsinstrumente*:
(1) Swaps sind im Gegensatz zu der Kombination traditioneller Zinsinstrumente bilanzneutral (→Off-Balance-Sheet-Instrument);
(2) Bei Swaps wird nur ein →Vertrag ausgestellt. Dagegen handelt es sich bei Kassatransaktionen um zwei rechtlich selbständige Verträge. Dies ist ein Grund, warum →Parallel Loans durch Swaps abgelöst wurden.
(3) Das →Counterpart-Risiko ist um ein vielfaches geringer, da nur ein Vertragspartner vorhanden ist und bei diesem einer Zinsforderung eine Zinsverbindlichkeit gegenübersteht, d. h. bei einem Zinsswap erhält man nicht nur Zahlungen, sondern muß auch Zahlungen an den Partner leisten. Ferner ist man grundsätzlich berechtigt, diese einzustellen, wenn der Partner ausfällt. Bei einem Zinsswap werden nur Zinszahlungen und nicht Kapitalbeträge getauscht.
(4) K. können schneller und effizienter abgeschlossen werden als beispielsweise die Emission eines Straight Bond und Anlage in einem Floater (→Floating Rate Note). Darüber hinaus sind die Zahlungstermine des Straight Bond und des Floater exakt aufeinander abgestimmt.
(5) Bei der Emission bzw. bei der Anlage fallen Gebühren an. Swaps können dagegen mit erheblich geringeren Kosten im Vergleich zu Kassamarkttransaktionen abgeschlossen werden.
(6) Einmal getroffene Entscheidungen können über einen →Gegenswap sofort neutralisiert werden, ohne daß hiervon die →Bilanz aufgebläht werden würde. Eine →Anleihe dagegen kann i. d. R. nicht vorzeitig getilgt werden.

*Merkmale*: Steigt die →Renditestrukturkurve des →Swapmarktes parallel, profitiert der Käufer eines K. Denn: Der Anleger ist →Short in einem Straight Bond und →Long in einer Floating Rate Note. Da die →Short Position im Straight Bond eine höhere →Modified Duration im Vergleich zur →Long Position in der Floating Rate Note hat, profitiert der Käufer des Zinsswaps immer von einer →Parallelverschiebung der Renditestrukturkurve nach oben. Für den Verkäufer eines K. gilt, daß er von einer Parallelverschiebung der Renditestrukturkurve nach unten profitiert. Der Verkäufer eines K. ist eine Long Position in einem Straight Bond bzw. eine Short Position in einer Floating Rate Note eingegangen. Auch bei dieser Swap Position ist die Modified Duration des Straight Bond höher im Vergleich zur synthetischen Floating Rate Note. Eine Veränderung der Renditestrukturkurve beeinflußt ebenfalls den aktuellen Wert von K. Von einer steiler werdenden Renditestrukturkurve profitiert der Käufer eines K., da Kursgewinne durch steigende langfristige Renditen erzielt werden können. Wird dagegen die Renditestrukturkurve flacher, realisiert die Short Swap Position des K. Gewinne, da Kursgewinne durch die Verringerung der langfristigen →Zinsen verursacht werden. Wird der →Swap Spread geringer, profitiert der Käufer eines Swaps von dieser Entwicklung. Ein größer werdender Swap Spread ist dagegen für den Verkäufer eines K. interessant, da er durch die fallenden Swapsätze über seine Long Position in dem synthetischen Straight Bond Kursgewinne erzielt.

### Kupontermin
Termin, an dem →Zinsen eines zinstragenden →Zinsinstrumentes gezahlt werden.
(→Jahreskupon, →Halbjahreskupon).

### Kurantmünzen
Vollwertig ausgeprägte →Münzen (→Münzgeld). Der aufgedruckte Wert (→Nennwert) entspricht dem Metallwert. K. kamen früher als Gold- und Silbermünzen vor und waren als unbeschränkt →gesetzliches Zahlungsmittel zirkulierendes →Geld.
*Gegensatz:* →Scheidemünzen.

### Kurs-Chart
Graphische Darstellung des Kursverlaufes, oft ergänzt durch einen →Umsatz-Chart.
*Gegensatz:* →Renditechart.
(→Chart)

# Kursfeststellung

## Kursfeststellung
Kursermittlung und -festsetzung aufgrund von Angebot und Nachfrage, Bezeichnung für die Kursbildung im → amtlichen (Börsen-)Handel. Sie erfolgt durch den → Börsenvorstand gemeinsam mit den Maklern (→ Kursmakler). Rechtliche Regelung in §§ 29 ff. BörsG.

*Methoden:* (1) Bei *variablen oder fortlaufenden Kursen* wird der Preis für jedes zustandegekommene Geschäft fortlaufend notiert (variabler Markt). (2) Beim *Einheitskurs* wird derjenige Kurs festgelegt, zu dem die größtmögliche Zahl von Kauf- und Verkaufsaufträgen abgerechnet werden kann (→ Einheitskursermittlung). Beispiel:

| Kaufaufträge | Verkaufsaufträge |
|---|---|
| 1. 3 000 Stck. billigst | 4. 1 000 Stck. zu 133 |
| 2. 2 000 Stck. zu 132 | 5. 3 000 Stck. zu 132 |
| 3. 4 000 Stck. zu 130 | 6. 3 000 Stck. bestens |

Zum Kurs von 132 können 5 000 Stck. → Aktien umgesetzt werden, d. h., es werden die Aufträge 1., 2., 6. ganz und Auftrag 5. zum Teil ausgeführt. Die K. lautet dann „132 bB" (Kurszusätze und Kurshinweise). Auch im variablen Handel an den deutschen → Börsen gibt es neben dem Kassakurs oder Einheitskurs weitere gerechnete Kurse, so werden z. B. an der Düsseldorfer Börse auch der Eröffnungskurs und der Schlußkurs gerechnet. Starke Kursveränderungen (5 Prozent und mehr) werden an den Maklertafeln durch Plus- oder Minuszeichen angezeigt. Des öfteren wird von → Emittenten unter Einschaltung der → Hausbank eine → Kurspflege oder → Kursregulierung vorgenommen. (3) *Auktionsverfahren*: Es werden laufend Kurse gemacht; die höher limitierte Kauforder hat Vorrang vor der niedrigeren, die niedriger limitierte Verkaufsorder hat Vorrang vor der höher limitierten. Die zuerst eingehende Order hat Vorrang vor der späteren. Die vorliegenden Order werden so weit wie möglich bedient, der Rest wird neu gehandelt. Z. B. an den amerikanischen Börsen gebräuchlich.

## Kurs-Gewinn-Verhältnis
*Price-Earnings-Ratio*; Rentabilitätskennziffer, die im Rahmen der → Aktienanalyse errechnet wird. Sie gibt an, mit welchem Vielfachen des Jahresgewinns eine → Aktie an der → Börse gehandelt wird, d. h. wie oft der → Gewinn im → Börsenkurs der Aktie enthalten ist.

$$K.\text{-}G.\text{-}V. = \frac{\text{Börsenkurs der Aktie (in DM)}}{\text{Gewinn je Aktie (in DM)}}$$

Der Gewinn je Aktie ist in diesem Fall der Gesamtgewinn der → Aktiengesellschaft (Dividendenausschüttungsbetrag + Zuweisung zu den → offenen Rücklagen + Dotierung der → stillen Reserven), bezogen auf eine Aktie. Zur Ermittlung des → Gewinns je Aktie (Ergebnis je Aktie) hat die → Deutsche Vereinigung für Finanzanalyse und Anlageberatung (DVFA) einen festen Gewinnbegriff für Analysezwecke definiert (→ DVFA-Ergebnis). Das K.-G.-V. ist ein Maßstab, um Aktien mit unterschiedlichen Kursen hinsichtlich ihrer Bewertung an der Börse zu vergleichen. Das K.-G.-V. kann auch mit Einbeziehung des → Steuerguthabens (Steuergutschrift) ermittelt werden. Das K.-G.-V. einer Aktie (Einzel-KGV) kann mit dem K.-G.-V. des gesamten → Aktienmarktes (Gesamtmarkt-KGV) verglichen werden. Vergleiche erlauben Aussagen über die Preiswürdigkeit einer Aktie. Preiswerte Aktien sind solche, deren K.-G.-V. niedriger ist als der Durchschnitt des gesamten Aktienmarktes. Der Grad der Preiswürdigkeit einer Aktie oder des gesamten Aktienmarktes verändert sich mit alternativem Zinsniveau (Kapitalzins). Ein bestimmtes K.-G.-V. ist um so attraktiver, je niedriger das Zinsniveau am → Kapitalmarkt ist bzw. je größer die Aussichten auf sinkende → Zinsen sind. Je höher die Zinsen steigen bzw. je größer die Wahrscheinlichkeit steigender Zinsen wird, desto unattraktiver ist ein bestimmtes K.-G.-V. Allein durch Veränderungen des → Kapitalmarktzinses kann bei unverändertem K.-G.-V. eine Aktie oder der ganze Aktienmarkt teurer oder preiswerter sein bzw. werden.

## Kursindex, → Aktienindex.

## Kursmakler
Amtlich (d. h. von der zuständigen Aufsichtsbehörde) bestellte und vereidigte → Handelsmakler, die Geschäftsabschlüsse in → Wertpapieren, → Devisen usw. vermitteln und die amtlichen Börsenpreise feststellen bzw. an der Feststellung mitwirken.

## Kursnotierung
*Notiz*; Festsetzung eines → Börsenkurses.

## Kurspflege

Interventionen in Form von Käufen bzw. Verkäufen am → Kapitalmarkt bzw. an der → Börse, um größere Schwankungen von Kursen bestimmter → Wertpapiere zu verhindern. Die zum Zwecke der Unterbringung abgeschlossenen Konsortialverträge enthalten vielfach Abreden über Umfang und Fristen der K. Bei → Schuldverschreibungen erfolgt die K. i. d. R. auf Rechnung der → Emittenten. → Realkreditinstitute als → Daueremittenten von → Pfandbriefen bzw. → Kommunalobligationen übernehmen vielfach selber die K., um ihren Emissionskredit, d. h. die Absetzbarkeit von Schuldverschreibungen, zu erhalten. Eine Briefnotiz soll vermieden werden, da sie ein sichtbares Zeichen dafür wäre, daß die betreffenden Wertpapiere nicht jederzeit verkäuflich sind. Von besonderer Bedeutung ist die → Kurspflege bei Bundesanleihen und Bundesobligationen.

## Kurspflege bei Bundesanleihen und Bundesobligationen

Bund und Bahn verpflichten sich zur regelmäßigen → Kurspflege im Konsortialvertrag über die Begebung einer → Anleihe bzw. in den Emissionsbedingungen für → Bundesobligationen. Die Durchführung erfolgt für den Bund für Rechnung der → Emittenten durch die → Deutsche Bundesbank. Bundesbahnanleihen werden von der → Deutschen Verkehrs-Bank AG betreut. Die Bundesbank handelt die → Wertpapiere grundsätzlich über die amtlichen Börsenmakler (→ Kursmakler). Sie beteiligt sich nicht an dem bei festverzinslichen (Wert-)Papieren ansonsten sehr umfangreichen außerbörslichen Markt und fördert damit bewußt Transparenz und Aussagekraft der Börsenumsätze und -kurse für → Bundesanleihen und Bundesobligationen. Der Absatz der Wertpapiere an private Sparer (und damit die → Vermögensbildung in breiten Bevölkerungsschichten) sowie Großanleger soll durch einen leistungsfähigen → Sekundärmarkt erleichtert werden. Die Kurspflege wird in Anpassung an die Marktlage betrieben. Minusankündigungen und Plusankündigungen bzw. Briefnotizen sollen weitgehend vermieden werden. Die Kurspflege hat dazu geführt, daß der Markt der Bundesanleihen flexibel und transparent ist. In- und ausländische Großanleger (Banken, → Kapitalanlagegesellschaften, → Kapitalsammelstellen) können auch bei hohen Beträgen den Markt nutzen. Dieser Emissionskredit ist auch für die Emittenten von Vorteil. Die Kurspflege der Bundesbank in → Bundeswertpapieren ist abzugrenzen von der → Offenmarktpolitik der → Deutschen Bundesbank mit Wertpapieren.

## Kursquotierung

*Quotierung, Quotation*; Kursnotierung an Märkten (→ Devisenhandel, → Devisenbörse).

## Kursregulierung

I. a. synonyme Bezeichnung für → Kurspflege; zum Teil wird unter K. auch der Versuch verstanden, unabhängig von der Markttendenz ein bestimmtes Kursniveau aufrecht zu erhalten (Kursstützung, Kursintervention), um unerwünschte starke Kursveränderungen zu verhindern.

## Kurs-Rendite-Kurve

Die K.-R.-K. eines → Zinsinstrumentes (z. B. → Straight Bond, → Anleihe mit Schuldnerkündigungsrecht) zeigt dem Anleger, welcher (theoretische) → Dirty Price bei welcher → Rendite erzielt werden kann. Da die K. R. K. bei Straight Bonds i. d. R. gekrümmt ist, wird die nichtlineare Beziehung zwischen Dirty Price und Rendite auch als (positive) →Convexity bezeichnet (→ negative Convexity, → positive Convexity).

## Kursrisiko bei Devisengeschäften

K. entstehen dadurch, daß sich → Wechselkurse im Zeitablauf ständig verändern, wobei diese Änderungen nicht genügend gut vorhersehbar sind. Damit entstehen im Handel mit dem Ausland Unsicherheiten im Hinblick auf die Höhe von Währungsforderungen bzw. -verbindlichkeiten. Ein Exporteur, der zum Zeitpunkt eines Geschäftsabschlusses seine → Ware in fremder → Währung kalkuliert, geht beispielsweise ein K. ein, da er nicht genau vorhersehen kann, welchen Wert der Währungsbetrag zum Zeitpunkt des Zahlungseingangs haben wird.

Zur Absicherung dienen → Devisentermingeschäfte, → Devisen-Futures und → Devisenoptionen.

## Kurssensitivität

Anfälligkeit des aktuellen Wertes eines Instrumentes gegenüber der Veränderung einer oder mehrerer Einflußgrößen. Die K.

### Kurssicherung

von Instrumenten hat in den letzten Jahren stark zugenommen, sie wird mit → Sensitivitätskennzahlen gemessen.

**Kurssicherung,** → Wechselkurssicherung.

**Kurssicherungsklausel,** → Währungsklausel.

### Kursspanne

Vom → Kursmakler vor Festsetzung des Eröffnungskurses (bei variabler Kursnotierung) und des Einheitskurses (→ Einheitskursermittlung) verkündete Spanne, die zur Unterrichtung über die Marktlage dient (→ Devisenbörse).

**Kursstützung,** → Kursregulierung.

### Kursvolatilität

→ Volatilität (z. B. → historische Volatilität, → implizite Volatilität), die auf Basis der prozentualen Kursveränderungen eines Finanzinstrumentes ermittelt wird. Die K. kann mit der Sensitivitätskennzahl → Modified Duration bzw. → Dollar Duration bei → Zinsinstrumenten in eine → Renditevolatilität umgerechnet werden.

### Kurswertrisiko

Risiko bei kurstragenden Positionen, das in einer aus Kurswertänderungen resultierenden negativen Beeinflussung des geplanten bzw. erwarteten Erfolgs besteht. Für Bankbetriebe ergibt sich das K. insbes. als → Kurswertrisiko börsennotierter Schuldverschreibungen, als → Aktienkursrisiko und als → Devisenkursrisiko (→ Währungsrisiko).

### Kurswertrisiko börsennotierter Schuldverschreibungen

Das K.b.S. besteht in der Gefahr von Kursverlusten dieser Papiere. Kursverluste haben bei bilanzierungspflichtigen Unternehmen als Anlegern einen Abschreibungsbedarf nach dem strengen oder gemilderten → Niederstwertprinzip zur Folge und beeinflussen dadurch den geplanten bzw. erwarteten Erfolg eines Unternehmens negativ.

Das K. b. S. kann eine Form des → Adressenausfallrisikos oder des → Zinsänderungsrisikos sein. Als Ausfallrisiko stellt es sich dar, wenn bei einzelnen börsennotierten → Schuldverschreibungen die Gefahr von Kursverlusten besteht, die von der allgemeinen Marktzinsentwicklung (Entwicklung der → Umlaufrendite) unabhängig ist, vielmehr mit der Verschlechterung der Bonität der → Emittenten begründet werden muß (→ unsystematisches Risiko). Als Zinsänderungsrisiko (Festzinsrisiko) resultiert das K.b.S. aus der Tatsache, daß bei steigenden Marktzinsen die Kurswerte der dann gegenüber dem Marktzinsniveau infolge konstanter Nominalverzinsung (→ Nominalzins) effektiv niedriger verzinslichen → Wertpapiere fallen (→ systematisches Risiko).

### Kursziel

Bei einem Kauf- bzw. Verkaufsignal stellt sich die Frage, wenn die erwartete Kursentwicklung eingetreten ist, wann verkauft bzw. gekauft werden soll. Allgemein kann gesagt werden, daß eine Analyse beispielsweise mittels → Balken- oder → Linienchart hierauf nur die Antwort geben kann, daß bis zum nächsten entgegengesetzten Signal gewartet werden soll. Man kann hier wieder das Grundprinzip der → technischen Analyse erkennen: Man hält so lange an der einmal erkannten Grundtendenz fest, bis man wirklich handfeste Anhaltspunkte hat, daß sich die Gesamttendenz geändert hat.

Häufig stellen Widerstandslinien bei einem Aufwärtstrend bzw. Unterstützungslinien bei einem Abwärtstrend markante K. dar. Bei Dreiecken können i. d. R. K. sehr gut bestimmt werden.

(→ Technische Studie)

### Kurzakzept

→ Akzept auf einem → Wechsel, das nur aus der Unterschrift des → Bezogenen besteht (übliche Form der Wechselakzeptierung).

### Kurzfristige Außenhandelsfinanzierung

→ Finanzierung von Außenhandelsgeschäften mit Zahlungszielen bis zu einem Jahr. Einige Kreditarten kommen sowohl für Exporteure als auch für Importeure in Betracht, nämlich → Kontokorrentkredite, → Akzeptkredite, → Privatdiskonten, → Remburskredite, → Lombardkredite sowie → Kredite am → Euro-Geldmarkt. Für die kurzfristige → Exportfinanzierung durch Kreditinstitute eignen sich die Diskontierung von → Auslandswechseln, → Exportvorschüsse, → Negoziierungskredite, → Exportfactoring, → Forfaitierung sowie → Globalkredite der → AKA Ausfuhrkredit-Gesellschaft mbH. Für die → Importfinanzierung durch

Kreditinstitute sind geeignet: kurzfristige → Bankkredite für die Eröffnung von → Akkreditiven, → Importvorschüsse, Commodity and Trade Financing, Umkehrwechsel und → Importerstfinanzierungen (4 f-Kredite).

## Kurzfristiger Währungsbeistand im EWS
Kurzfristige, im Rahmen des 1970 geschlossenen Abkommens der → Zentralbanken der Länder der → Europäischen Gemeinschaften (EG) über die gegenseitige Einräumung kurzfristiger → Kredite zur Überbrückung von Defiziten in der → Zahlungsbilanz zur Verfügung stehende Finanzierungshilfen. Das Volumen für die Inanspruchnahme ist durch je nach Größe der Mitgliedstaaten unterschiedliche Schuldnerquoten und für die Finanzierung durch unterschiedliche Gläubigerquoten begrenzt. In Sonderfällen können darüber hinausgehende Kredite (Rallongen) gewährt werden. Die → Laufzeit der Kredite, die ohne währungs- und wirtschaftspolitische → Auflagen bis zur Höhe der Schuldnerquote quasi automatisch gewährt werden, beträgt drei Monate und kann um diesen Zeitraum zweimal verlängert werden. Die Verwaltung der Kredite, die zu einem am Markt orientierten Zinssatz zu verzinsen sind, erfolgte über den Europäischen Fonds für Währungspolitische Zusammenarbeit (EFWZ); seit der zweiten Stufe der → Europäischen Wirtschafts- und Währungsunion nimmt das → Europäische Währungsinstitut (EWI) dessen Aufgaben wahr. Im Rahmen des → Europäischen Währungssystems dient der k. W. neben der sehr kurzfristigen Finanzierung der Absicherung des Systems → fester Wechselkurse.

## Kurzfristiger Zinsfuture, → Geldmarkt-Future.

## Kurzfristiges Momentum
→ Momentum, bei dem zur Berechnung historische Kurse verwendet werden, die vor wenigen Tagen gehandelt wurden. Das k. M. dient zur kurzfristigen Kursprognose.
*Gegensatz:* → mittelfristiges Momentum, → langfristiges Momentum.

## Kurzindossament, → Blankoindossament.

## Kurzläufer
→ Zinsinstrumente mit einer kurzen → Restlaufzeit, d. h. kleiner als ein Jahr.

Zu K. werden insbes. → Geldmarktpapiere (z. B. Bulis [→ Bundesbank-Liquiditäts-U-Schätze], Floater [→ Floating Rate Note]) gezählt.
*Gegensatz:* → Langläufer.
(→ Bond Research)

## Kurzläuferfonds
Geldmarktnahe → Wertpapierfonds (→ Geldmarktfonds), dessen Mittel in erster Linie in kurzlaufenden → Schuldverschreibungen und variabel oder → festverzinslichen (Wert-) Papieren mit kurzen → Restlaufzeiten angelegt ist. Ein weiterer Anlageschwerpunkt besteht in Bankguthaben (→ Termineinlagen) und Einlagenzertifikaten von → Kreditinstituten sowie → unverzinslichen Schatzanweisungen und → Schatzwechseln, die in Deutschland nach dem KAGG bis zu 49% der Mittel eines Fondsvermögens erworben werden dürfen.
K. können → Ausschüttungsfonds oder → Thesaurierungsfonds sein. Anleger können steuerfreie Kursgewinne erzielen, sofern die Spekulationsfrist von sechs Monaten verstrichen ist und die Anteile vor einer Ausschüttung oder vor dem Ende des → Geschäftsjahres verkauft werden. Eine Wiederanlage in demselben Fonds wird jedoch steuerlich nicht anerkannt. K. werden i. d. R. mit einem geringen → Ausgabeaufschlag angeboten. Im Gegensatz zu den klassischen Fonds werden in den meisten Fällen Mindestanlagebeträge festgesetzt.

## Kux
Anteilsrecht am → Eigenkapital einer bergrechtlichen → Gewerkschaft. Der K. lautet nicht auf einen bestimmten Nennbetrag, sondern verbrieft einen Anteil am Gesamtvermögen der Gewerkschaft, das in mindestens 100 und höchstens 2.500 K. eingeteilt sein kann. Die Anteilseigner heißen Gewerken und deren Anteile, die K., werden ins Gewerkenbuch eingetragen. Der Gewerke kann ggf. zu weiteren Einzahlungen, zu sog. Zubußen herangezogen werden. Er kann sich dieser Zahlung nur durch kostenlose Rückgabe seines K. an die Gewerkschaft entziehen (→ Abandon). Die Gewinnausschüttung an die Kuxscheininhaber heißt Ausbeute. Über den K. gibt es keine → Urkunde; lediglich auf Antrag wird ein sog. Kuxschein, ein → Rektapapier, ausgestellt. Eine Übertragung des K. kann nur durch Zession (→ Abtretung) und Umschreibung im Gewerkenbuch erfolgen. K.

haben sowohl als Anlagepapier als auch als Mittel zur → Finanzierung keine Bedeutung mehr. Ihre geringe → Fungibilität und der Nachteil, daß die Gewerkschaft bei → Kapitalerhöhungen nicht den → Kapitalmarkt in Anspruch nehmen konnte, haben sich als ausgesprochen nachteilig erwiesen. Seit 1970 werden K. nicht mehr börsenmäßig gehandelt.

**KWG**
Abk. für → Kreditwesengesetz.

# L

**LAB**
Abk. für Lastenausgleichsbank (→ Deutsche Ausgleichsbank).

**Ladder-Call,** → Ladder-Warrant.

**Ladder-Optionsschein,** → Ladder-Warrant.

**Ladder-Put,** → Ladder-Warrant.

**Ladder-Warrant**
→ Exotischer Optionsschein, bei dem der Kurs des → Basiswertes in eine Skala mit Abschnitten gleicher Länge unterteilt wird. Dadurch entsteht eine Leiter (Ladder). Der Abstand zwischen zwei Sprossen beträgt beispielsweise bei L.-W. auf den → Deutschen Aktienindex (DAX) jeweils 100 DAX-Punkte. Der → Basispreis ist im Vergleich zu → Look-back-Optionsscheine über die gesamte → Laufzeit des L.-W. fest. L.-W. können sowohl als → Call-Optionsscheine als auch als → Put-Optionsscheine emittiert werden. Die Leiter-Sprossen des Ladder-Calls werden ermittelt, indem zum Basispreis immer 100 DAX-Punkte addiert werden, d.h. 1. Sprosse Basispreis + 100 DAX-Punkte, 2. Sprosse Basispreis + 200 DAX-Punkte usw. Bei Ladder-Call-Optionsscheinen ist die höchste Sprosse auf beispielsweise Basispreis + 2.000 DAX-Punkte begrenzt. Der Anleger erhält bei → Fälligkeit die Differenz zwischen der höchsten Sprosse, die der Basiswert während der Laufzeit des Ladder-Calls überschreitet, und dem Basispreis (Barausgleich, → Cash Settlement). Fällt der DAX nach Erreichen dieser Sprosse wieder unter diese Marke, bekommt der Anleger auch die Differenz zwischen der höchsten Sprosse und dem Basispreis. Er friert mit Ladder-Call-Optionsscheinen einmal erzielte → Gewinne ein. Dieser für den Anleger positive Effekt muß allerdings im Vergleich zu normalen Optionsscheinen mit einem höheren Optionsscheinkurs bezahlt werden.
Ladder-Put-Optionsscheine zahlen dem Anleger die Differenz zwischen Basispreis und der niedrigsten Sprosse, die der Basiswert während der Laufzeit des Optionsscheines unterschritten hat. Steigt der Basiswert danach wieder über die Marke, erhält der Anleger auch die Differenz zwischen Basispreis und niedrigster Sprosse. Auch hier ist hierum die Auszahlung bei 2.000 DAX-Punkten begrenzt. Ähnlich wie Ladder-Call-Optionsscheine können auch Ladder-Put-Optionsscheine zur Sicherung von bereits erzielten Gewinnen eingesetzt werden. Sollte beispielsweise nach einem starken Kursrückgang eine Aufwärtsbewegung einsetzen, würde bei einem normalen Put-Optionsschein der erzielte Gewinn wieder verloren gehen. Bei einem Ladder-Put-Optionsschein dagegen kann der erzielte Gewinn eingefroren werden. Neben dem Einsatz von Ladder-Put-Optionsscheinen in → Tradingstrategien mit Absicherung von erzielten Gewinnen können Ladder-Put-Optionsscheine auch in → Hedgingstrategien eingesetzt werden.

**Ladeschein**
Handelsrechtliches Wertpapier (→ Warenwertpapier) und → Traditionspapier, das vom → Frachtführer im Binnenschiffahrtsverkehr ausgestellt wird und dessen Verpflichtung zur Auslieferung der zur Beförderung angenommenen Güter verbrieft (§§ 444 ff. HGB). Gesetzliche Regelungen zum L. finden sich auch im Binnenschiffahrtsgesetz. In seiner Funktion und seinen Wirkungen entspricht der L. dem → Konnossement. Er wird deshalb häufig auch als Flußkonnossement bezeichnet.

## Ladungsfrist

Frist im →Zivilprozeß zwischen Zustellung der Ladung und dem Verhandlungstermin. Sie beträgt bei Prozessen mit Anwaltszwang mindestens eine Woche (§ 217 ZPO), im →Wechselprozeß oder →Scheckprozeß bei Zustellung am Ort des Prozeßgerichts einen Tag, in Anwaltsprozessen innerhalb des Landgerichtsbezirks drei Tage, sonst eine Woche (§§ 604 II, 605 a ZPO). Die Nichteinhaltung der L. gibt Anspruch auf Vertagung. Bei Klageerhebung ist eine →Einlassungsfrist zu wahren.

## Lagebericht

Große und mittelgroße →Kapitalgesellschaften (→Größenklassen der Kapitalgesellschaften) haben neben dem →Jahresabschluß, der aus →Bilanz, →Gewinn- und Verlustrechnung (GuV) und →Anhang besteht, einen L. (§ 264 HGB) aufzustellen und ihn beim →Handelsregister einzureichen. Kleine Kapitalgesellschaften brauchen den L. weder erstellen noch offenlegen. Die Vorschriften zum L. sind äußerst knapp gehalten; lediglich das Minimum aus der 4. EG-Richtlinie wurde übernommen. Nach § 289 Abs. 1 HGB ist im L. der Geschäftsverlauf und die Lage der Kapitalgesellschaft so darzustellen, daß ein den tatsächlichen Verhältnissen entsprechendes Bild vermittelt wird. Darüber hinaus soll auf Vorgänge von besonderer Bedeutung, die nach Abschluß des →Geschäftsjahres eingetreten sind, die voraussichtliche Entwicklung der Kapitalgesellschaft und die Forschungs- und Entwicklungstätigkeit eingegangen werden. Die voraussichtliche Unternehmensentwicklung ist zutreffend darzustellen. Diese Information ist für den Gläubigerschutz von wesentlicher Bedeutung und im Konkursfall im nachhinein auf ihre Richtigkeit überprüfbar. Falschangaben können eine persönliche Schadensersatzpflicht der Geschäftsleitung auslösen.
(→Jahresabschluß)

## Lagebericht der Kreditinstitute

Teil der handelsrechtlichen Rechnungslegung eines Unternehmens, der für →Kreditinstitute in § 340 a Abs. 1 HGB ausdrücklich gefordert wird.

*Inhalt:* Kreditinstitute haben im →Lagebericht den Geschäftsverlauf und die Lage des Unternehmens darzustellen. Die Darstellung muß ein den tatsächlichen Verhältnissen entsprechendes Bild vermitteln (§ 289 Abs. 1 HGB). Der Lagebericht soll auch eingehen auf Vorgänge von besonderer Bedeutung, die nach Geschäftsjahresende eingetreten sind, die voraussichtliche Entwicklung des Unternehmens und auf den Bereich Forschung und Entwicklung.

Die Anwendung von § 289 HGB auf den Lagebericht von K. bedeutet nach Göttgens/Schmelzeisen „Bankbilanzrichtlinie-Gesetz", Düsseldorf 1992, S. 62: „Bei der Darstellung des Geschäftsverlaufes und der Lage des Kreditinstitutes sowie der Vorgänge nach dem Bilanzstichtag, die von besonderer Bedeutung sind, könnten Angaben erfolgen zu:

- gesamtwirtschaftliche Entwicklung (Auswirkungen wirtschafts- und währungspolitischer Entwicklungen, wie z. B. auch der Zinsentwicklung, und der Branchenentwicklung auf die Lage des Kreditinstituts),
- Marktstellung und Struktur des Kreditinstituts,
- Beurteilung der finanziellen Lage des Kreditinstituts (z. B. bezüglich Vorhandensein und Höhe von →Zinsänderungs- und →Währungsrisiken),
- Entwicklung des →Kreditgeschäfts und ggf. anderer wichtiger Bereiche des →Aktivgeschäfts,
- Entwicklung des →Passivgeschäfts (z. B. →Einlagengeschäft, →Emission eigener Schuldverschreibungen),
- Änderungen im Dienstleistungsprogramm (z. B. Außenhandels- und Wertpapiergeschäft, Immobilienvermittlung),
- besondere →Investitionen (z. B. im Filialnetz oder in der EDV) und ihre Auswirkungen auf das Kreditinstitut,
- Unternehmensverbindungen (Geschäftsentwicklung bei in- und ausländischen →verbundenen Unternehmen mit Einfluß auf die Lage des Kreditinstituts), Erwerb bzw. Verkauf bedeutender →Beteiligungen,
- rechtliche Verhältnisse (Abschluß/Kündigung wichtiger →Verträge wie z. B. Kooperationsverträge; Auswirkungen wichtiger Prozesse, Straf- oder Bußgeldverfahren),
- ggf. Personal- und Sozialbericht (z. B. wesentliche Veränderungen der Mitarbeiterzahl und ihre Ursachen, Maßnahmen der Mitarbeiterausbildung und -schulung),

- sonstige Angaben (z. B. besondere Verluste, schwebende Geschäfte, Änderungen in der Geschäftsführung).

Zur voraussichtlichen Entwicklung des Kreditinstituts (Prognosebericht) sind qualitative Tendenzaussagen für einen Zeitraum von rd. ein bis zwei Jahren im Hinblick auf die wichtigsten Eckdaten (z. B. aus den Bereichen Aktiv- und Passivgeschäft, Dienstleistungsprogramm, Investitionen) gefordert. Zur Forschung und Entwicklung wird sich die Berichterstattung bei den Kreditinstituten naturgemäß voraussichtlich in engen Grenzen halten. Neben der Erschließung neuer – vor allem geographischer – Märkte dürfte insbesondere auf die Entwicklung und Anwendung neuer Finanzprodukte einzugehen sein." Kreditinstitute binden den Lagebericht zusammen mit dem erweiterten → Jahresabschluß in den → Geschäftsbericht ein.

### Lageparameter
(Statistische) Maßzahl(en) des mittleren Niveaus zur Beschreibung der Lage einer Verteilung in einem Achsensystem, z. B. → arithemisches Mittel, → geometrisches Mittel.

**Lagerhalter**, → Lagerschein.

### Lagerschein
Handelsrechtliches → Wertpapier (→ Warenwertpapier), durch das sich ein Lagerhalter zur Herausgabe der eingelagerten Güter verpflichtet (§ 424 HGB).
Lagerhalter ist, wer gewerbsmäßig die Lagerung und Aufbewahrung von Gütern übernimmt (§ 416 HGB). Er ist → Kaufmann und betreibt gemäß § 1 Abs. 2 Ziff. 6 HGB ein → Grundhandelsgewerbe.
Lautet der L. an Order (Orderlagerschein), gehört er zu den → Traditionspapieren. → Orderlagerscheine dürfen nur von den hierzu staatlich ermächtigten Lagerhaltern ausgestellt werden (§ 363 Abs. 2 HGB). Sie eignen sich besonders gut als → Kreditsicherheit, weil die → Übergabe des Orderlagerscheins die Übergabe der → Ware ersetzt.
Der Namenslagerschein (→ Rektapapier) ist kein Traditionspapier. Die → Übereignung bzw. → Verpfändung der Ware erfordert die → Einigung über den Eigentumsübergang bzw. die Einigung über die Entstehung des → Pfandrechts, die → Abtretung des Herausgabeanspruchs gegen den Lagerhalter und die Übergabe des L. Bei einer Verpfändung muß außerdem der Lagerhalter benachrichtigt werden. Ebenfalls kein Traditionspapier ist der (praktisch bedeutungslose) Inhaberlagerschein (→ Inhaberpapiere).

### Lagging
Verschiebung fälliger Fremdwährungszahlungen bei ungünstigen → Wechselkursen mit dem Ziel, das Währungsgeschäft zu einem späteren Zeitpunkt zu günstigeren Kursen abzuwickeln. Die erwartete Kursverbesserung muß mindestens die → Zinsen für das verlängerte Zahlungsziel kompensieren.
*Gegensatz:* → Leading.

**Lambda**, → Omega.

### Länderanleihe
*Länderobligation;* → Schuldverschreibung bzw. → Schuldbuchforderung (→ Wertrechtsanleihe), die von den Ländern der Bundesrepublik Deutschland als → Einmalemission ausgegeben wird. L. zählen zu den → öffentlichen Anleihen.
An die Stelle der Verbriefung des Rechts durch Wertpapierurkunden ist die Eintragung des Rechts in das → Landesschuldbuch (öffentliches Register) getreten. Es können → Einzelschuldbuchforderungen auf den Namen des Erwerbers bzw. → Sammelschuldbuchforderungen auf den Namen der → Deutscher Kassenverein AG eingetragen werden. Die Nennbeträge lauten über 100 DM oder ein Mehrfaches davon. Die → Laufzeit beträgt bis zu zehn Jahre. Es sind vorwiegend → gesamtfällige Anleihen. Sie haben jährliche Zinstermine (→ Kupontermine). Für die Zulassung zum → amtlichen (Börsen-)Handel an den → Wertpapierbörsen besteht kein Prospektzwang; ein Zulassungsverfahren ist nicht erforderlich. Die Anleihen sind mündelsicher (→ Mündelsicherheit), deckungsstockfähig (→ Deckungsstockfähigkeit) und lombardfähig (→ Lombardfähigkeit). Sie sind durch das gegenwärtige und zukünftige Vermögen und die Steuerkraft des jeweiligen Landes gesichert. Bei Begebung der L. sind die → Landesbanken/Girozentralen als → Konsortialführer tätig. Der → Zins (die → Rendite) der L. liegt am → Primärmarkt und am → Sekundärmarkt u. U. über dem Zins (bzw. über der Rendite) gleichfristiger → Bundesanleihen, was in erster Linie in der herausragenden → Kurspflege der Bundesanleihen, aber auch im geringeren Bekanntheitsgrad der L. im Ausland begründet liegt.

## Länderfonds

### Länderfonds
→ Aktienfonds, der seinen Anlageschwerpunkt in einem bestimmten Land oder einer bestimmten Region hat. Er zählt zu den → Spezialitätenfonds.

### Länderobligation, → Länderanleihe.

### Länder Rating
→ Rating i. S. einer standardisierten Bonitätsbeurteilung (Bonität) von Staaten als Anleiheschuldner. Institutional Investor, ein Bankenmagazin, führt seit 1979 bei 75 bis 100 großen international tätigen → Geschäftsbanken im Abstand von sechs Monaten eine Befragung durch, in der nach der Einschätzung der Bonität der meisten Länder gefragt wird. Die beste Einschätzung eines Landes kann mit 100 Punkten und die schlechteste mit 0 Punkten angezeigt werden. Die Einstufung der Länder kann sich beispielsweise durch einen Kurswechsel in der → Wirtschaftspolitik oder durch weltwirtschaftliche Spannungen jederzeit ändern.
(→ Rating, → Rating Agency, → Bonitätsrisiko, → Emittentenrisiko)

### Länderrisiko
Die für eine Inlandsbank als L. bestehende Gefahr resultiert aus monetären Leistungen an ausländische Marktleistungsnehmer. Es ist eine Form des Ausfallrisikos, insbes. des → Forderungsausfallrisikos. Die Gefahr des vollständigen oder teilweisen Ausfalls der durch einen ausländischen Marktleistungsnehmer zu erbringenden (Gegen-)Leistungen (z. B. vereinbarte Zins- und Tilgungszahlungen) liegt beim L. speziell in den wirtschaftlichen oder politischen Verhältnissen des Landes des Marktleistungsnehmers begründet (wirtschaftliches und politisches L.). Ist das Land selbst (einschließlich staatlicher Einrichtungen) Marktleistungsnehmer und als solcher z. B. zahlungsunfähig oder zahlungsunwillig, so sind die L. und das Ausfallrisiko identisch. Bei privaten ausländischen Marktleistungsnehmern ist das L. dagegen dem Ausfallrisiko vorgelagert: Beschränkt ein Staat z. B. wegen unzureichender → Devisenreserven oder aus primär politischen Gründen (z. B. im Zusammenhang mit inneren Unruhen) den grenzüberschreitenden Zahlungs-, Kredit- und Kapitalverkehr, so kann auch ein betriebswirtschaftlich zahlungsfähiger privater → Schuldner aus diesem Land grenzüberschreitende Zahlungen in → Devisen (z. B. Zins- und Tilgungszahlungen) nicht oder nicht vollständig leisten (→ Konvertierungsrisiko oder → Transferrisiko). Mit Blick auf private Schuldner muß das L. also noch unabhängig von der Bonität des einzelnen Schuldners gesehen werden.

Das L. ist spätestens seit dem Auftreten akuter Schuldendienstschwierigkeiten einzelner → Entwicklungsländer, beginnend etwa mit der Zahlungseinstellung Mexikos im Jahre 1982, für große international tätige Banken von herausragender Bedeutung.

Zur Steuerung des L. dienen das → Länder-Rating und die Vorgabe von Länderlimiten (→ Kreditlimite).

### Länderrisikoverordnung
Verordnung des → Bundesaufsichtsamt für das Kreditwesen (BAK) vom 19.12.1985 (BGBl. I, S. 2497), nach der → Kreditinstitute mit einem → Kreditvolumen von mehr als 500 Mio. DM an bestimmte ausländische Kreditnehmer eine „Meldung zum Auslandskreditvolumen gemäß § 25 Abs. 4 KWG" zu erstatten haben (§ 1 i. d. F. der Verordnung vom 7.6.1994, BGBl. I, S. 1216).

### Landesbanken/Girozentralen
→ Kreditinstitute, die als → Universalbanken tätig sind und insbes. für die jeweils angeschlossenen → Sparkassen die Funktion einer → Zentralbank übernehmen. Sie stellen auf Landesebene den Oberbau des Sparkassensektors dar und stehen in einem Verbund mit den Sparkassen. Die → Deutsche Girozentrale – Deutsche Kommunalbank ist das Spitzeninstitut auf überregionaler Ebene des Bundesgebietes (→ Sparkassenverbund).

*Entwicklung:* 1832 wurden in den preußischen Provinzen Provinzhilfskassen geschaffen, die die Aufgabe hatten, Sparkassengelder als verzinsliche → Einlagen entgegenzunehmen. 1909 kam die Abwicklung des → Zahlungsverkehrs als weitere Aufgabe hinzu, begünstigt durch das dichte Sparkassennetz und die Verleihung der passiven → Scheckfähigkeit an die Sparkassen im Jahre 1908 (damit Aufnahme des Sichteinlagen- und Kontokorrentgeschäfts). Die heutigen L./G. wurden teilweise erst in der Zeit von 1950 bis 1979 gegründet bzw. aus bereits bestehenden Einzelinstituten zusammengeschlossen.

*Rechtsform:* Die L./G. sind öffentlich-rechtliche → Anstalten bzw. öffentlich-rechtliche → Körperschaften (→ juristische Personen des →öffentlichen Rechts). Anteilseigner (Kapitalträger) sind je nach Entstehung der →regionale Sparkassen und Giroverband, die angeschlossenen Sparkassen, das betreffende Bundesland bzw. andere L./G.

*Aufgaben:* (1) Als Landesbanken haben sie die bankmäßigen Geschäfte des Landes zu besorgen. Sie haben zusätzlich den →Kommunalkredit zu pflegen (Kommunalbank), öffentliche Förderungsmaßnahmen durchzuführen und der Wirtschaft des Landes zu dienen (→Geschäftsbank im →Privat- und →Firmenkundengeschäft). (2) Als Girozentralen sind sie die zentralen Kreditinstitute für die Sparkassen des Landes. Sie sind also zentrale Verrechnungsstelle für den bargeldlosen Zahlungsverkehr, wickeln die Effektenkommissions-, →Auslands- und →Devisengeschäfte ab, verwalten die Liquiditätsguthaben der Sparkassen und dienen ihnen als Refinanzierungsstelle. Die Kooperation ist i. d. R. umso ausgeprägter, je kleiner die Sparkassen sind. Den Landesbanken sind oft Landesbausparkassen (→öffentlich-rechtliche Bausparkassen) angegliedert.

*Mittelbeschaffung:* Sie konzentrieren sich auf die Emission von →Inhaberschuldverschreibungen (teilweise →Pfandbriefe bzw. →Kommunalobligationen). Hierbei kommt den L./G. die flächendeckende Verkaufsorganisation der Sparkassen zugute. Die Sparkassen übernehmen in größerem Umfang diese →Wertpapiere in den Eigenbestand. Die zweite wesentliche Refinanzierungskomponente stellen die →Termineinlagen dar, die zum größten Teil von den angeschlossenen Sparkassen stammen. Die Sparkassen sind satzungsgemäß verpflichtet, einen Teil ihrer liquiden Mittel bei der zuständigen L./G. anzulegen.

*Mittelverwendung:* Der größte Teil wird entsprechend der Refinanzierungsstruktur langfristig in Form von Kommunalkrediten, →Realkrediten und →Investitionskrediten herausgelegt. Im kurzfristigen Industriekreditgeschäft haben die L./G. bedeutsame Marktanteile errungen, ebenso wie auch im Auslandsgeschäft. Der erhebliche Mittelzufluß von den Sparkassen führt zu einer starken Gläubigerposition auf dem →Geldmarkt.

*Verbandswesen:* Die L./G. sind gemeinsam mit den regionalen Sparkassen- und Giroverbänden und der Deutschen Girozentrale – Deutsche Kommunalbank im →Deutschen Sparkassen- und Giroverband e. V. zusammengeschlossen (→Verbände und Arbeitsgemeinschaften der Kreditwirtschaft). Die Landesbanken gehören außerdem dem →Verband öffentlicher Banken an.

→*Haftung für Verbindlichkeiten:* Für die L./G. besteht eine →Gewährträgerhaftung. Sie ist ebenso wie die Kapitalträgerschaft bei den einzelnen Instituten unterschiedlich geregelt. Die →Gewährträger, die für die Verbindlichkeiten der Landesbanken unbeschränkt haften, sind die regionalen Sparkassen- und Giroverbände bzw. die Mitgliedssparkassen oder die Regionalverbände zusammen mit den Bundesländern. Als zusätzliche Sicherungseinrichtung haben die L./G. auf der Grundlage eines Umlagesystems eine eigene Sicherungsreserve aufgebaut, die in einem Haftungsverbund mit den Stützungsfonds der Sparkassen steht (→Einlagensicherung).

**Landesbausparkassen,** →öffentlich-rechtliche Bausparkassen.

**Landeskreditanstalten,** →öffentlich-rechtliche Grundkreditanstalten.

**Landesrentenbank,** →Rentenbank.

**Landesschatzanweisung**
→Schatzanweisung eines Bundeslandes (i. a. mit einer →Laufzeit von zehn Jahren), die im →geregelten Markt gehandelt und gesamtfällig ist (→unverzinsliche Schatzanweisung).
(→öffentliche Anleihe)

**Landesschuldbuch**
→Öffentliches Register zur Eintragung und Beurkundung von Darlehensforderungen (→Schuldbuchforderungen) gegen ein Bundesland.
L. werden aufgrund von Ländergesetzen eingerichtet, um zunächst die gesetzlich als Buchschulden zugeteilten →Ausgleichsforderungen eintragen zu können. (Länder-) Schuldbuchvorschriften verbinden echtes Schuldbuchsystem (nach RSchbG) mit allgemeiner Schuldenregistrierung, was aus haushaltsrechtlichen Gründen). L. sind daher nur zum Teil als öffentliche Register eingerichtet. Eintragung von Einzelgläubigern

## Landesüblicher Zinsfuß

ist zwar möglich, bei Wertpapieremissionen i. d. R. jedoch nicht vorgesehen.
Neben dem L. ist in einigen Ländern vom Finanzminister noch ein Hauptbuch der Landesschulden zu führen (z. B. in Niedersachsen).

### Landesüblicher Zinsfuß
Maßgebender Kapitalisierungszinsfuß zur Ermittlung des → Ertragswertes. Dieser Zinssatz bzw. der daraus resultierende Kapitalisierungsfaktor stellt eine variable Größe dar, so daß der Ertragswert von der jeweiligen Zinsentwicklung abhängig ist. In der Praxis wird der l. Z. nach Art des jeweiligen Objekts differenziert.

Früher war es regelmäßig vertretbar, von einem relativ konstanten Kapitalisierungszinssatz von fünf Prozent auszugehen. Die uneinheitliche Zinsentwicklung der letzten Jahrzehnte zwingt allerdings dazu, die langfristigen Zinsentwicklungen zu berücksichtigen. Bei länger anhaltenden ausgeprägten Hochzinsphasen und dem daraus resultierenden hohen Kapitalisierungszinssatz kommt es bei der → Beleihung von Grundstücken zu eingeschränkten Beleihungsmöglichkeiten aufgrund des niedriger anzusetzenden Ertragswertes.

### Landeszentralbanken (LZB)
*Von 1948 bis 1957:* Aufgrund von Landesgesetzen und alliierter Militärgesetzgebung errichtete rechtlich und organisatorisch selbständige → Zentralbanken der Länder (Zuständigkeitsbereich: Geschäfte mit den Ländern und mit den → Kreditinstituten in den Ländern), die in Arbeitsteilung mit der → Bank deutscher Länder (Zuständigkeitsbereich: Notenausgabe, Geschäfte mit Bund und Bundesverwaltungen, → Auslandsgeschäft) ein zweistufiges → Zentralbanksystem bildeten.

*Seit 1957:* Aufgrund von § 8 BBankG entstandene unselbständige Hauptverwaltungen der → Deutschen Bundesbank mit der (heutigen) Bezeichnung „Landeszentralbank für den Bereich des Landes Baden-Württemberg", „Landeszentralbank des Freistaates Bayern" usw., die in Verwaltungsangelegenheiten und in der Durchführung der in ihre Zuständigkeit fallenden Geschäfte eigenständige Befugnisse haben. Sie werden von den Vorständen als regionale Exekutivorgane der Bundesbank geleitet.
(→ Deutsche Bundesbank, Organisationsstruktur)

### Landeszinsfuß
Kapitalisierungszinsfuß zur Ermittlung des → Ertragswertes, meistens als → landesüblicher Zinsfuß bezeichnet.

### Landschaften
Öffentlich-rechtliche Agrarkreditanstalten (→ öffentlich-rechtliche Grundkreditanstalten).

### Landwirtschaftliche Rentenbank
Zentralkreditanstalt der Land- und Ernährungswirtschaft, die 1949 durch Gesetz als → Anstalt des öffentlichen Rechts in Frankfurt errichtet wurde und einen gesetzlichen Förderungsauftrag hat. Das → Eigenkapital stellt ein Stiftungsvermögen der Landwirtschaft dar. Bund und Länder sind am → Kapital nicht beteiligt. Das Kapital wurde durch Zahlung von Rentenbankgrundschuldzinsen aufgebracht.

*Organe:* Der → Vorstand (Geschäftsführungsorgan), der → Verwaltungsrat (Überwachungsorgan, vorwiegend Vertreter der Landwirtschaft) und die Anstaltsversammlung (oberstes Organ, Vertreter der Eigentümer und Pächter der mit Rentenbankgrundschulden belasteten → Grundstücke). Ein von der Bundesregierung bestellter Kommissar übt die Aufsicht über die Bank aus.

*Aufgaben:* Die Aufgabe der Bank ist die Beschaffung und Gewährung von → Krediten für die Land- und Ernährungswirtschaft (einschließlich Forstwirtschaft und Fischerei). Im → Aktivgeschäft liegt das Schwergewicht bei langfristigen → Darlehen mit einer → Laufzeit von über zehn Jahren (hauptsächlich Landeskulturkredite [„grüner Kommunalkredit"], Aussiedlungs- und Aufstockungskredite, auch → Finanzierung von Maßnahmen des Umweltschutzes). Das kurzfristige → Kreditgeschäft dient v. a. der Finanzierung der (früheren) Einfuhr- und Vorratsstellen (die L. R. ist → Konsortialführer beim Ankauf der → Solawechsel der an ihre Stelle getretenen Bundesanstalt für landwirtschaftliche Marktordnung, die 1994 in die Bundesanstalt für Landwirtschaft und Ernährung aufging). Im Rahmen von Sonderprogrammen werden die Kredite vielfach zu Vorzugskonditionen gewährt. Grundsätzlich werden die Kredite nicht direkt an die Endkreditnehmer herausgelegt. Ferner werden auf der Grundlage des → ERP-Sondervermögens nach den Richtlinien des Bundes

## Langfristiger Kredit

→ Bürgschaften für Kredite an kleinere Landwirtschaftsbetriebe, die mangels bankmäßiger Sicherheiten sonst keine Kredite erhielten, gewährt.

*Refinanzierung:* Die Beschaffung der Fremdmittel erfolgt durch Aufnahme langfristiger Darlehen (v. a. ERP-Mittel und Bundesmittel) sowie durch die → Emission mündelsicherer → Schuldverschreibungen und → Kassenobligationen. Auch beschafft sich die Bank Globaldarlehen von → Kapitalsammelstellen (z. B. KfW, → Deutsche Ausgleichsbank), sie refinanziert sich ferner am → Geldmarkt und bei der → Deutschen Bundesbank. Das Depositengeschäft ist beschränkt auf → Einlagen des Bundes und bundesweit tätiger land- und forstwirtschaftlicher Organisationen. Zur Stärkung der Eigenkapitalbasis ist Gewinnerzielung zur Bildung von → Rücklagen notwendig, da die Bank keine Eigenkapitalzufuhr von außen erwarten kann.
(→ Kreditinstitute mit Sonderaufgaben)

### Lanes, George
Erfinder der → Stochastics. Stochastics sind → Indikatoren der → technischen Analyse, die die Verfassung des Marktes (→ überkaufter Markt, → überverkaufter Markt) messen. Stochastics sind → Overbought-/Oversold Systeme (→ technische Studie).

### Lanes Stochastics
Synonym für → Stochastics, benannt nach dem Erfinder der Stochastics → Lanes, George.

### Lange Kasse
Devisenhandelsgeschäfte (→ Devisenhandel), die vom Zeitpunkt der Betrachtung an innerhalb einer Woche fällig werden.

### Langfristiger Kredit
→ Kredit mit einer → Laufzeit von vier Jahren und länger. Nach den Richtlinien der → Deutschen Bundesbank für die Meldungen der → Kreditinstitute zur → monatlichen Bilanzstatistik ist die ursprünglich vereinbarte Laufzeit oder → Kündigungsfrist maßgebend, nicht die → Restlaufzeit am Bilanzstichtag. Als Beginn der vereinbarten Laufzeit gilt die erste Inanspruchnahme, nicht die Zusage.

*Kreditgeber* sind → Sparkassen und → Landesbanken/Girozentralen, → Bausparkassen, → Realkreditinstitute, → Kreditbanken, → Kreditgenossenschaften sowie → Kreditinstitute mit Sonderaufgaben. Außerhalb des Bankenbereichs sind auch die privaten und öffentlich-rechtlichen Versicherungsunternehmen und die Sozialversicherungsträger Kreditgeber.

*Rechtsgrundlagen* für langfristige Kreditgeschäfte sind neben den BGB-Bestimmungen über das → Darlehen und den Bestimmungen über → Grundpfandrechte Gesetze und Verordnungen, die einzelne → Bankengruppen bzw. bestimmte Institute betreffen, wie z. B. die Sparkassengesetze der Länder mit Sparkassenverordnungen bzw. Mustersatzungen (→ Sparkassenrecht), das → Hypothekenbankgesetz, das Gesetz über die Pfandbriefe und verwandten Schuldverschreibungen öffentlich-rechtlicher Kreditanstalten (→ Pfandbriefgesetz), das Gesetz über Schiffspfandbriefbanken (→ Schiffsbankgesetz), das Gesetz über Bausparkassen (→ Bausparkassengesetz), die Verordnung zum Schutz der Gläubiger von Bausparkassen (→ Bausparkassen-Verordnung).

*Arten:* Nach Kreditnehmern bzw. nach dem Kreditzweck können bei l. K. unterschieden werden: → Konsumentenkredite, → Bau- und Immobilienfinanzierung in der Kreditwirtschaft, → Kommunalkredite, → Investitionskredite an Unternehmen und Selbständige, → Exportfinanzierung durch Kreditinstitute.

*Weiterleitungskredite*: Kredite, die von Banken und → Sparkassen aus zweckgebundenen fremden Mitteln (→ Kreditprogramme, Förderungsprogramme) weitergegeben werden, sind → durchgeleitete Kredite oder → Treuhandkredite.

→ *Schuldscheindarlehen*: langfristig laufende → Großkredite.

*Besicherung:* Innerhalb der grundbuchlich gesicherten Kredite (→ Hypothekarkredite) haben die → Realkredite eine besondere Bedeutung. Als besonders sichere langfristige Kredite werden auch die Kommunalkredite angesehen.

*Kosten:* → Kreditkosten im l. K. sind neben den → Zinsen das → Disagio und die Bereitstellungsprovision (→ Kreditprovision).

*Rückzahlung/Tilgung:* L. K. können → Tilgungsdarlehen (→ Annuitätendarlehen oder → Abzahlungsdarlehen) oder → Festdarle-

1025

hen (Fälligkeitsdarlehen, Darlehen mit Endfälligkeit) sein.
*Kündbarkeit:* → Kündigung eines Kredits.
(→ Kredit)

### Langfristiger Zinsfuture
→ Zinsfuture auf langfristige → Zinsinstrumente (z. B. → Bund-Future, → Buxl-Future).
*Gegensatz:* → Geldmarkt-Future.

### Langfristiges Momentum
→ Momentum, bei dem zur Berechnung historische Kurse verwendet werden, die vor mehreren Monaten gehandelt wurden. Das l. M. dient zur langfristigen Kursprognose (→ technische Studie).
*Gegensatz:* → kurzfristiges Momentum, → mittelfristiges Momentum.

### Langfrist-Option, → Long-term Option.

### Langläufer
→ Zinsinstrument, das eine lange → Restlaufzeit hat. Was unter einer langfristigen Restlaufzeit zu verstehen ist, wird an den nationalen Märkten unterschiedlich gesehen; in der BRD versteht man darunter einen Zeitraum von mehreren Jahren.
(→ Short term, → Medium term)

### Large Cap
Kurzbezeichnung für Large Capitalisation Stock. L. C. sind → Aktien mit hoher → Börsenkapitalisierung, d. h. mit einem Volumen von mehr als 1,5 Mrd. US-Dollar. Für L. C. werden eigene → Aktienindices ermittelt (z. B. Deutscher Aktienindex [DAX], Dow Jones Index, S&P 500).
*Gegensatz:* → Small Cap, → Mid Cap.

### Laspeyres-Index
Indexzahl (→ Index), bei der die Gewichte $g_i$ die relativen Wertgrößen (Umsätze) der Basisperiode sind. Die wichtigsten L.-I. sind:
der *Laspeyres-Preisindex*

$$P_{0,t}^L = \frac{\sum_{i=1}^{n} p_t^i q_0^i}{\sum_{i=1}^{n} p_0^i q_0^i}$$

und der *Laspeyres-Mengenindex*

$$Q_{0,t}^L = \frac{\sum_{i=1}^{n} p_0^i q_t^i}{\sum_{i=1}^{n} p_0^i q_0^i}$$

Dabei ist t die Berichtsperiode, 0 die Basisperiode, $p^i$ sind die Preise und $q^i$ die Mengen der Güter i. Vorteilhaft in bezug auf die Erhebungspraxis ist beim L.-I., daß die Gewichte über mehrere Perioden hinweg beibehalten werden; deshalb ist der L.-I. gegenüber dem → Paasche-Index in der Praxis bevorzugt. Da sich die Zusammensetzung des Warenkorbes (Güterqualitäten und -mengen) beim Preisindex bzw. das Preisgefüge beim Mengenindex im Laufe der Zeit verändert, müssen ca. alle 5–10 Jahre neue Gewichte festgelegt werden. Die Vergleichbarkeit der Indexzahlen über längere Zeiträume hinweg wird dadurch erschwert.

### Lastenausgleichsbank
Frühere Bezeichnung für → Deutsche Ausgleichsbank.

### Lastschrift
1. Belastung eines → Kontos (Buchungsvorgang).
*Gegensatz:* → Gutschrift.

2. → Einzugspapier, mit dem ein → Gläubiger (Zahlungsempfänger) über sein → Kreditinstitut (→ erste Inkassostelle) sofort fällige → Forderungen zu Lasten des Kontos seines → Schuldners (Zahlungspflichtiger) bei dessen Kreditinstitut (Zahlstelle) in der Weise einzieht, daß der Forderungsbetrag vom → Girokonto oder → Postgirokonto des Zahlungspflichtigen abgebucht wird.
Eine Ermächtigung zum Einzug einer Forderung mittels L. ist indes nicht zu verwechseln mit der sog. Abbuchungsauftrags-Lastschrift (→ Abbuchungsauftrag). Eine L. kann der Zahlungspflichtige – im Gegensatz zur Abbuchungsauftrags-L. – innerhalb der üblicherweise sechswöchigen Rückgabefrist zurückgeben. Das heißt, er kann von seiner Bank unter Angabe des Grundes verlangen, daß diese ihm den per L. belasteten Betrag gutschreibt.

*Hereinnahme von L.:* Die erste Inkassostelle nimmt → Einzugsermächtigungen und Abbuchungsauftrags-L. herein; erstere müssen (sofern für sie Belege erstellt sind) den Vermerk „Einzugsermächtigung des Zahlungspflichtigen liegt dem Zahlungsempfänger vor" tragen. Fehlt dieser Vermerk, werden sie als Abbuchungsauftrags-L. behandelt. Für beleglose L. gelten die Richtlinien für den → beleglosen Datenträgeraustausch (→ Magnetband-Clearingverfahren). Im übrigen gelten die „→ Richtlinien für ein-

## Lastschriftinkasso

heitliche Zahlungsverkehrsvordrucke" sowie die „Richtlinien für eine einheitliche Codierung von zwischenbetrieblich weiterzuleitenden Zahlungsverkehrsbelegen (→ Codierrichtlinien)". L. sind zahlbar, wenn sie bei der Zahlstelle eingehen. Die Zahlstelle hat den Zahlungspflichtigen unverzüglich nach Kontobelastung, Betrag, Verwendungszweck und Zahlungsempfänger mitzuteilen. Teileinlösungen sind unzulässig.

*Rückgabe von L.:* L., die nicht eingelöst wurden oder denen widersprochen wurde (→ Rücklastschrift), sind mit dem Vermerk „Vorgelegt am... und nicht bezahlt" bzw. „belastet am..., zurück wegen Widerspruchs" sowie mit dem Namen der Zahlstelle, Ort und Datum der Ausfertigung zu versehen und spätestens an dem auf den Eingangstag (Tag, an dem die L. der disponierenden Stelle, ggf. also einer Zweigstelle zugeht) folgenden Geschäftstag an die erste Inkassostelle zurückzugeben.
Freigestellt ist der Weg der Rückgabe. Bei unmittelbarer Rückgabe erfolgt diese mit Vordruck „Rückrechnung für Direktrückgabe", sonst mit Vordruck „Retourenhülle für Einzugspapier". Im beleglosen Verfahren kann auch der Vordruck „Rücklastschrift aus beleglosen Verfahren" verwendet werden. Als Rücklastschriftgebühr wird gemäß dem → Lastschriftabkommen maximal 7,50 DM berechnet. Bei Beträgen von 10 000 DM und darüber kann die Zahlstelle einen Zinsausgleich geltend machen, wenn der Wertstellungsverlust 30 DM oder mehr beträgt. Bei Rücklastschriften ab 2 000 DM und darüber ist die erste Inkassostelle spätestens an dem auf den Eingangstag folgenden Geschäftstag bis spätestens 14.30 Uhr mittels Telex, Telefax, Teletex, Telefon oder Telegramm zu benachrichtigen (Eilnachricht). L. werden nicht eingelöst, wenn sie unanbringlich sind (z. B. bei gelöschtem Konto oder falscher Zahlstellenangabe) oder auf dem Konto des Zahlungspflichtigen keine Deckung vorhanden ist oder bei Abbuchungsauftrags-L. der Zahlstelle kein Abbuchungsauftrag vorliegt. Einzugsermächtigungs-L. kann die Zahlstelle auch zurückgeben und deren Wiedervergütung verlangen, wenn der Zahlungspflichtige der Belastung widerspricht. Die Rückgabe und Rückrechnung ist ausgeschlossen, wenn der Zahlungspflichtige nicht binnen sechs Wochen nach Belastung widerspricht. Schadensersatzansprüche gegenüber der ersten Inkassostelle bleiben hiervon unberührt.

*Fristen:* Für die Berechnung der → Fristen nach dem Lastschriftabkommen ist der Tag der Vorlage (Eingangstag) entscheidend (derjenige Tag, an dem die L. der disponierenden Stelle der in der L. bezeichneten Zahlstelle zugeht). Werden L. über das Rechenzentrum geleitet und dort verbucht, bedeutet dies noch keine Vorlage i. S. des Abkommens, auch dann nicht, wenn das Rechenzentrum die → Kontoauszüge mit den Belastungsbuchungen an die Kunden versendet. Die kontoführende Stelle, der die L. nach der Buchung zur Disposition zugeleitet werden, hat nach Nr. 9 Abs. 2 AGB Banken bzw. AGB Sparkassen das Recht, die Belastungsbuchung bis zum übernächsten Bankarbeitstag zu stornieren (→ Stornoklausel). Erst wenn die betreffende L. bei der disponierenden Stelle eingeht, beginnt die Berechnung für die Fristen zur Rückgabe bzw. zur Eilbenachrichtigung.
(→ Lastschriftverkehr)

### Lastschriftabkommen

Abkommen über den → Lastschriftverkehr, das die → Spitzenverbände der deutschen Kreditwirtschaft, die → Deutsche Bundesbank und die → Deutsche Bundespost zur einheitlichen Abwicklung von Zahlungsverkehrsvorgängen im Zusammenhang mit → Lastschriften geschlossen haben. Grundlage für die Abwicklung des zwischenbetrieblichen Lastschriftverkehrs der → Kreditinstitute auf elektronischem Wege ist das „Abkommen über die Umwandlung beleghaft erteilter Lastschriftaufträge in Datensätze und deren Bearbeitung" (→ EZL-Abkommen).

### Lastschrifteinzug, → Lastschriftinkasso.

### Lastschriftinkasso

*Lastschrifteinzug*; Einzug der Gegenwerte der von Kunden bei einem → Kreditinstitut oder → Postgiroamt zur Gutschrift eingereichten → Lastschriften. Grundlage ist ein Inkassovertrag (→ Geschäftsbesorgungsvertrag). Gutschriften für die Einreicher erfolgen → Eingang vorbehalten (E. v.).
Bei der Ausführung von → Einzugsermächtigungen bedienen sich die Kreditinstitute häufig des → Vereinfachten Scheck- und Lastschrifteinzugs der Deutschen Bundesbank, mit dem die Bundesbank für Kredit-

## Lastschriftrückgabe

institute, die bei ihr ein → Girokonto unterhalten, auf DM lautende Lastschriften auf alle Orte des Bundesgebietes gebühren- und kostenfrei einzieht.
Die Lastschriften müssen auf der Rückseite mit einem Vermerk „An Landeszentralbank" (ohne Angabe des Landes und der Stelle der Bundesbank) versehen sein, der Ort, Name und → Bankleitzahl des Einreichers enthält. Statt eines solchen Vermerks können die Lastschriften auch den Abdruck eines Kontroll- oder Paginierstempels tragen, der den Ort, Namen und die Bankleitzahl des Einreichers wiedergibt.
(→ Lastschriftverkehr, → Zahlungsverkehrsabwicklung über die Deutsche Bundesbank)

## Lastschriftrückgabe

Rückgabe von → Lastschriften, die nach den Vorschriften des Abschnitts II des → Lastschriftabkommens (Nichteinlösung) bzw. nach den Vorschriften des Abschnitts III (Widersprüche des Zahlungspflichtigen) unter Beachtung der für alle → Rücklastschriften geltenden Vorschriften der Anlage durchzuführen ist.
(→ Lastschrift, → Lastschriftverkehr)

## Lastschriftverkehr

Zahlungsverkehrsdienstleistungen, die → Kreditinstitute ihren Girokontoinhabern anbieten. Im Gegensatz zum → Scheck und zur → Überweisung wird der Zahlungsvorgang nicht vom → Schuldner, sondern vom → Gläubiger ausgelöst, der auf der Basis einer besonderen Inkassovereinbarung mit seinem Kreditinstitut mit → Lastschriften nicht terminierte, bei Sicht fällige → Forderungen im Einverständnis mit seinem Schuldner von dessen → Konto bei einem Kreditinstitut (Zahlstelle) einzieht. Das Lastschriftverfahren hat für den Gläubiger betriebswirtschaftliche Vorteile (u. a. sofortige Gutschrift → Eingang vorbehalten (E. v.) des Forderungsbetrages).

*Rechtsgrundlage:* Abkommen über den L. (→ Lastschriftabkommen), das die Rechtsbeziehungen zwischen den beteiligten Kreditinstituten regelt. Die Kreditinstitute der Sparkassenorganisationen haben „Sonderbedingungen für den Lastschriftverkehr" herausgegeben, die als gemeinsame Bestimmungen für Zahlungspflichtige und Zahlungsempfänger bzw. nur für den Zahlungspflichtigen gelten.

*Besondere Bezeichnungen:* Zahlungsempfänger ist der Lastschrifteinreicher (Gläubiger), der beleglos und beleggebunden Lastschriften zum Einzug einreicht. Zahlungspflichtiger ist der Schuldner, von dessen Konto Lastschriften abgebucht werden. → Erste Inkassostelle ist das Kreditinstitut des Zahlungsempfängers, das aufgrund der Inkassovereinbarungen Sammelaufträge zum Einzug hereinnimmt. Zahlstelle ist das Kreditinstitut des Zahlungspflichtigen. Einzugsermächtigung ist die dem Zahlungsempfänger vom Zahlungspflichtigen erteilte, widerrufbare Ermächtigung, von seinem Konto bei der Zahlstelle nicht terminierte, also sofort fällige Forderungen durch Lastschrift einzuziehen. Beleggebundene Einzugsermächtigungslastschriften tragen den Vermerk „Einzugsermächtigung des Zahlungspflichtigen liegt dem Zahlungsempfänger vor". Bei beleglosen Lastschriften sind diese Worte durch den Textschlüssel 05 ausgedrückt (Einzugsermächtigungsverfahren).

*Rückgabe:* Nach dem Lastschriftabkommen sind Rückgabe und Rückrechnung ausgeschlossen, wenn der Zahlungspflichtige nicht binnen sechs Wochen nach Belastung widerspricht. Die sechswöchige Widerspruchsfrist gilt lediglich im Verhältnis der Kreditinstitute untereinander. Die Rechtsposition des Zahlungspflichtigen zur Zahlstelle bleibt hiervon unberührt. Dieses Rechtsverhältnis richtet sich allein nach den Grundsätzen, die sich aus dem Girovertragsverhältnis ergeben. Danach hat der Zahlungspflichtige unverzüglich Widerspruch einzulegen. Die Zahlstelle kann daher auch nach Ablauf von sechs Wochen mit einem Widerspruch konfrontiert werden. Bei unberechtigt ausgestellten Lastschriften haftet die erste Inkassostelle nach Abschnitt I Nr. 4 des Lastschriftabkommens für hieraus entstehende Schäden, auch wenn der Widerspruch erst nach Ablauf von sechs Wochen – jedoch unverzüglich – erhoben wurde (Erläuterungen zum Lastschriftabkommen). Der Widerruf von Einzugsermächtigungen und → Abbuchungsaufträgen ist jederzeit möglich. Einzugsermächtigungen werden ausschließlich gegenüber dem Zahlungsempfänger widerrufen.

*Wahl zwischen Einzugsermächtigungs- und Abbuchungsverfahren:* Im allgemeinen wird das Einzugsermächtigungsverfahren angewendet, insbes. bei Versicherungsprämien und anderen regelmäßigen Zahlungen. Der Zahlungsempfänger kann mit dem Zahlungspflichtigen das Abbuchungsauftragsverfahren vereinbaren, wenn die einzuziehenden Forderungen überwiegend auf größere Beträge lauten.

*Beleglose Lastschrifteinzug:* Belegloser Lastschrifteinzug findet im Datenträgeraustauschverfahren (→ belegloser Datenträgeraustausch) oder im Wege der → Datenfernübertragung (DFÜ) statt. Der beleglose Datenträgeraustausch findet auch zwischen Kreditinstituten und Kunden statt. Für die Kunden der Kreditinstitute ist der Einzug von Lastschriften im DTA-Verfahren sehr rationell. Im zwischenbetrieblichen L. der Kreditinstitute werden Lastschriften, die beleggebunden eingereicht werden, auf EDV-Medien erfaßt und im Verrechnungsverkehr zwischen den Kreditinstituten beleglos abgewickelt (Zahlungsverkehr mit Lastschriften, für den das → EZL-Abkommen gilt).

### Last Trading Day
Letzter Handelstag einer → Option bzw. eines → Futures. Der L. T. D. wird von der → Terminbörse festgelegt.
(→ Post-Trading-Periode)

### Latente Steuern
Wird neben der → Handelsbilanz eine → Steuerbilanz aufgestellt, so weichen Handelsbilanz- und Steuerbilanzgewinn i.d.R. voneinander ab. Der Steueraufwand, der sich aus dem Steuerbilanzgewinn ergibt, wird in die handelsrechtliche → Gewinn- und Verlustrechnung (GuV) übernommen, hat also nicht das Handelsbilanzergebnis zur Grundlage. Durch die *Bilanzierung* von l. S. wird der Steueraufwand an das Handelsbilanzergebnis angepaßt.
Ist aufgrund vorübergehender Gewinnausweisdifferenzen der Handelsbilanzgewinn kleiner als der zu versteuernde → Gewinn, so kann in der GuV durch einen fiktiven Steuerbetrag und die Aktivierung von l. S. in der → Bilanz der Steueraufwand an das niedrigere handelsbilanzielle Gewinnniveau angepaßt werden (*Aktivierungswahlrecht*); ist der Handelsbilanzgewinn größer als der zu versteuernde Gewinn, so muß in der GuV durch einen fiktiven Steueraufwand und die Passivierung von l. S. in der Bilanz der Steueraufwand an das höhere handelsbilanzielle Gewinnniveau angepaßt werden (*Passivierungspflicht*).

Die Bilanzierung von l. S. ist für → Kapitalgesellschaften in § 274 HGB geregelt. Für → Einzelunternehmen und → Personengesellschaften gibt es keine gesetzliche Regelung; sie hätte auch keine Bedeutung, da fast alle Nicht-Kapitalgesellschaften eine → Einheitsbilanz erstellen.
Die *Ursachen für die* → *Aktivierung* von l. S. können im späteren Ausweis von Erträgen in der Handelsbilanz als in der Steuerbilanz liegen oder im früheren Ausweis von → Aufwendungen (z. B. höhere → Abschreibungen in der Handelsbilanz, Bildung von Aufwandsrückstellungen [→ Rückstellung]).
Die *Ursachen für die Passivierung* von l. S. können im früheren Ausweis von Erträgen in der Handelsbilanz als in der Steuerbilanz liegen (z. B. Aktivierung der Aufwendungen für die Ingangsetzung und Erweiterung des Geschäftsbetriebes) oder im späteren Ausweis von Aufwendungen.

### Latino-Anleihe
→ Anleihe lateinamerikanischer → Emittenten (z. B. Argentinien, Brasilien, Mexiko, Chile, Kolumbien, Peru). Die Hauptwährung von L.-A. sind neben dem US-Dollar die D-Mark und der Japanische Yen.

### Laufbahnausbildung für Beamte bei der Deutschen Bundesbank
Eine beamtenrechtlich geregelte Ausbildung führt die → Deutsche Bundesbank in den Laufbahnen des mittleren, gehobenen und höheren Bankdienstes durch (Ausnahmeregelungen für den Beamten des einfachen Dienstes). Die Ausbildungsvoraussetzungen für die jeweiligen Nachwuchskräfte sind in den „Vorschriften über die Vorbildung und die Laufbahnen der Beamten der Deutschen Bundesbank" geregelt.

*Beamte des einfachen Dienstes:* Beamte des einfachen Dienstes werden z. Zt. (Stand: 4/95) ausschließlich im Bereich des Sicherungsdienstes eingesetzt. Voraussetzung für diese Laufbahn ist der erfolgreiche Besuch einer Hauptschule oder ein gleichwertiger Bildungsstand. Nach einer zeitlich befristeten Probezeit werden die Mitarbeiter direkt aus dem Angestelltenverhältnis in den Beamtenstatus übernommen. Beamte des einfachen Dienstes können, wenn sie geeignet sind und sich in ihrer Anstellung bewährt haben, zum Aufstieg in die Laufbahn des mittleren Dienstes zugelassen werden (Aufstiegsbeamte).

## Laufbahnausbildung

*Beamte des mittleren Dienstes:* Bei allen → Landeszentralbanken und beim → Direktorium werden Beamte für die Laufbahn des mittleren Dienstes (Geldbearbeitungs- oder Bankbetriebsdienst) ausgebildet. Voraussetzung für die Einstellung ist u. a. der Realschulabschluß bzw. ein gleichwertiger Bildungsstand. Die ausgewählten Bewerber werden als Bundesbankassistentanwärter unter Berufung in das Beamtenverhältnis auf Widerruf eingestellt. Der praktische und fachtheoretische Vorbereitungsdienst mit einer Dauer von 14 Monaten (Geldbearbeitungsdienst) bzw. zwei Jahren (Bankbetriebsdienst) endet mit der Prüfung für den Geldbearbeitungsdienst bzw. der Prüfung für den Bankbetriebsdienst. Nach ihrem Bestehen werden die Anwärter zu Bundesbankassistenten zur Anstellung ernannt und in das Beamtenverhältnis auf Probe (i. d. R. zwei Jahre) übernommen. Dem erfolgreichen Abschluß der Probezeit folgt die Ernennung zum Bundesbankassistenten und die Übernahme, sofern das 27. Lebensjahr vollendet ist, in das Beamtenverhältnis auf Lebenszeit. Grundsätzlich können besonders befähigte Beamte des mittleren Dienstes unter bestimmten Voraussetzungen zum Aufstieg in die Laufbahn des gehobenen Dienstes zugelassen werden (Aufstiegsbeamte). Die Stellenausschreibungen für die Nachwuchskräfte des mittleren Dienstes werden in größeren Tageszeitungen ausgeschrieben.

*Beamte des gehobenen Dienstes:* Schulische Einstellungsvoraussetzung für die Laufbahn des gehobenen Bankdienstes ist mindestens die Fachhochschulreife bzw. ein gleichwertiger Bildungsstand. Der Vorbereitungsdienst dauert drei Jahre und umfaßt 18 Monate Fachstudien sowie 18 Monate berufspraktische Studienzeiten. Bei Anwärtern mit einer kaufmännischen Ausbildung werden die berufspraktischen Studienzeiten auf zwölf Monate gekürzt. Die Fachstudien, die an der Fachhochschule der Deutschen Bundesbank, Schloß Hachenburg, durchgeführt werden, beziehen sich auf die Studienfächer Allgemeine Betriebswirtschaftslehre und Bankbetriebslehre, Finanzmathematik, Rechnungswesen und Statistik, Volkswirtschaftslehre, Rechts- und Staatsbürgerkunde sowie Aufgaben und Tätigkeiten der Deutschen Bundesbank. Die berufspraktischen Studienzeiten sollen dem Mitarbeiter berufliche Kenntnisse und Erfahrungen als Grundlage für die Fachstudien vermitteln. Ein weiteres Ziel ist die Umsetzung der in den Fachstudien erworbenen Kenntnisse in die Praxis. Bei erfolgreicher Abschlußprüfung am Ende des Vorbereitungsdienstes verleiht die Fachhochschule den Grad „Diplom-Betriebswirt (FH)". Die Anwärter werden nach bestandener Laufbahnprüfung zum Bundesbankinspektor zur Anstellung ernannt und in das Beamtenverhältnis auf Probe übernommen. Nach erfolgreichem Abschluß der Probezeit (Dauer i. d. R. zweieinhalb Jahre), werden die Mitarbeiter im Rahmen der besetzbaren Stellen zum Bundesbankinspektor ernannt und – bei Vollendung des 27. Lebensjahres – in das Beamtenverhältnis auf Lebenszeit übernommen. Besonders geeignete und befähigte Beamte des gehobenen Dienstes werden unter bestimmten Voraussetzungen für die Laufbahn des höheren Bankdienstes zugelassen. Die Stellen für Nachwuchskräfte des gehobenen Bankdienstes werden öffentlich, z. B. in Tageszeitungen oder Fachzeitschriften, ausgeschrieben. Einstellungstermine sind z. Zt. der 1. 4. und 1. 10. jeden Jahres.

*Beamte des höheren Dienstes:* Voraussetzung für die Laufbahn des höheren Bankdienstes ist ein Studium der Rechts- oder Wirtschaftswissenschaften an einer Hochschule mit einer Staats- oder Hochschulprüfung. Geeignete Studiengänge sind insbes. solche, die mit dem Abschluß für Diplom-Kaufleute, Diplom-Volkswirte, Diplom-Ökonomen oder Diplom-Handelslehrer enden oder die mit der ersten juristischen Staatsprüfung abschließen. Ein Fachhochschulstudium oder vergleichbare Studiengänge genügen den Anforderungen nicht. Die als Bundesbankreferendare eingestellten Bewerber müssen außerdem eine kaufmännische Berufsausbildung abgeschlossen oder aber eine gleichwertige Tätigkeit von zwei Jahren absolviert haben.
Die Ausbildung beginnt mit dem zweijährigen Vorbereitungsdienst. Den größten Umfang nimmt die praktische Ausbildung ein, wobei der Anwärter Ausbildungsstationen in einer Zweigstelle, in einer Hauptstelle, bei einer Hauptverwaltung und beim Direktorium durchläuft. Er soll befähigt werden, insbes. fachliche und personelle Entscheidungen, die ihm als zukünftigem Vorgesetzten obliegen, sachkundig zu fällen und die Arbeitsleistung des Personals richtig zu bewerten. Die praktische Ausbildung wird

durch zwei Lehrgänge (Gesamtdauer sechs Wochen) ergänzt. Diese Fachstudien, die in Frankfurt am Main und an der Fachhochschule der Deutschen Bundesbank, Schloß Hachenburg, durchgeführt werden, beziehen sich auf die Studienfächer Volkswirtschaftslehre, Allgemeine Betriebswirtschaftslehre und Bankbetriebslehre sowie Recht und Staatsbürgerkunde.

Der Vorbereitungsdienst wird mit der Prüfung für den höheren Bankdienst abgeschlossen. Nach erfolgreichem Bestehen der Laufbahnprüfung wird der Bundesbankreferendar zum Bundesbankrat zur Anstellung ernannt und in das Beamtenverhältnis auf Probe übernommen. Nach erfolgreicher Probezeit, die i. d. R. drei Jahre dauert, erfolgt die Ernennung zum Bundesbankrat und die Übernahme in das Beamtenverhältnis auf Lebenszeit. Stellen für den höheren Bankdienst werden öffentlich, z. B. in den Tageszeitungen oder Fachzeitschriften, ausgeschrieben. Einstellungstermine für den Vorbereitungsdienst sind der 1. 4., 1. 6., 1. 10. und 1. 12. jeden Jahres.

### Laufende Rechnung
Deutschsprachige, in § 355 Abs. 1 HGB enthaltene Bezeichnung für → Kontokorrent.

### Laufendes Konto, → Kontokorrentkonto, → Girokonto.

### Laufende Verzinsung
*Current Yield*; auf den Kapitaleinsatz eines → Zinsinstrumentes bezogener prozentualer Ertrag (→ Rendite). I. a. wird bei → Schuldverschreibungen von l. V., bei → Aktien von → Dividendenrendite gesprochen. Bei der l. V. von Schuldverschreibungen (synonym: laufende Rendite) bleibt ein → Rückzahlungsgewinn bzw. → -verlust unberücksichtigt. Liegt der Anschaffungskurs → unter pari, so ist die l. V. höher als der → Nominalzins. Liegt der Anschaffungskurs → über pari, so ist die l. V. niedriger als der Nominalzins.

L. V. einer Schuldverschreibung

$$= \frac{\text{Nominalzins} \cdot 100}{\text{Kapitaleinsatz}}$$

Über Veränderungen der → Börsenkurse passen sich umlaufende festverzinsliche Schuldverschreibungen Änderungen des Zinsniveaus am → Kapitalmarkt an. Ein fallendes Zinsniveau führt zu steigenden Börsenkursen und damit zu sinkender Rendite, ein steigendes Zinsniveau zu sinkenden Börsenkursen und damit zu steigender Rendite (→ Umlaufrendite). Sog. → „Langläufer" reagieren dabei stärker als → „Kurzläufer". Im Gegensatz zu → festverzinslichen (Wert-)Papieren verkörpern → Anleihen mit veränderlicher Verzinsung (→ Floating Rate Note) kein Kursrisiko.

### Laufindex
→ Aktienindex, der während des Börsenhandels in sehr kurzen Zeitabständen ständig auf der Grundlage aktueller Kurse berechnet wird und somit bei entsprechender Basis stets die aktuelle Marktsituation widerspiegelt.

### Laufzeit
Zeitraum zwischen der Begründung und der → Fälligkeit bzw. der tatsächlichen → Rückzahlung einer → Schuld, vor allem bei → Wertpapieren und (unverbrieften) → Krediten. Dabei meint Ursprungslaufzeit die Zeit zwischen → Emission und → Tilgung, → Restlaufzeit den ab einem späteren Zeitpunkt noch verbleibenden Zeitraum bis zur Fälligkeit. Vgl. auch → mittlere Laufzeit.

### Laufzeitarbitrage, → Riding-the-Yield-Curve.

### Laufzeitfonds
→ Rentenfonds mit begrenzter → Laufzeit. Der → Investmentfonds wird von vornherein mit einer befristeten Laufzeit, z. B. von sechs Jahren, aufgelegt. Am Ende der Laufzeit wird das gesamte Fondsvermögen aufgelöst und an die Anteilsscheininhaber ausgezahlt. → Erträge werden i. d. R. nicht ausgeschüttet, sondern reinvestiert (→ Thesaurierungsfonds). L. können für Anleger besonders interessant sein, wenn die Vermögensanlage einen bestimmten Zweck hat und von vornherein befristet sein soll. Neue Fondskonstruktionen luxemburgischen Rechts (→ Luxemburger Investmentfonds) sehen Rentenfonds mit synthetischem Aktienanteil vor. Der Fonds ermöglicht Investoren, beispielsweise an der Entwicklung des → Deutschen Aktienindex (DAX) teilzuhaben. Investiert ein L. zum überwiegenden Teil in → Null-Kupon-Anleihen, kann ein solcher Fonds den Anteilsscheininhabern die Möglichkeit bieten, einen Teil ihrer Steuerlast in die Zukunft zu verlagern.

## Law of one Price

### Law of one Price
Prinzip zur Bewertung strukturierter Anleihen und Produkte bzw. derivativer Terminzinsinstrumente (z. B. → Optionen, → Optionsscheine). Das L. o. o. P. besagt, daß ein Produkt unabhängig davon, wie es konstruiert ist, nur einen Preis haben kann. Ein Produkt mit völlig identischen Basiselementen (z. B. Kupon, Laufzeit) muß den gleichen Preis haben, unabhängig davon, wie dieses konstruiert wird. Ist dies nicht der Fall, können Arbitragegewinne erzielt werden. Bei der Bewertung von Optionen und Optionsscheinen wendet man beispielsweise die Put-Call-Parität an, die besagt, daß eine Beziehung zwischen europäischen Calls und Puts mit gleicher Laufzeit bzw. gleichem Basispreis hergestellt werden kann.
(→ Duplizierungsprinzip)

### LC
Abk. für → Letter of Credit.

### LCH
Abk. für → London Clearing House Ltd.

### Leading
Vorauszahlung von Währungsverbindlichkeiten aufgrund günstiger aktueller → Wechselkurse. Alternativ wird die benötigte → Währung vorzeitig eingedeckt und bis zur → Fälligkeit der → Verbindlichkeit verzinslich angelegt.
*Gegensatz*: → Lagging.

### Lead Manager
Federführende Bank oder -führende Banken im → Emissionskonsortium, insbesondere im anglo-amerikanischen Emissionsverfahren (→ Konsortialführer).

### Lean Banking
Grundsatz der → Bankorganisation, die sich an dem aus Japan stammenden Prinzip des Lean Management orientiert und auf Erhöhung der → Produktivität gerichtet ist. Sog. „schlanke Strukturen" (in der → Aufbauorganisation) und entsprechend „schlanke Abläufe" sollen sowohl reduzierten Input (Kosteneinsparungen) als auch erhöhten Output (verbesserte Leistungsqualität und größerer Kundennutzen) bewirken. Ansatzpunkte für L. B. sind (1) ein optimales Schnittstellen-Management, d. h. Installation kostengünstiger Kunde-Bank-Schnittstellen durch Erweiterung der → Selbstbedienung (Computerisierung an den Schnittstellen zwischen Bank und Kunden) – und damit weitere Nutzung des → Electronic Banking – sowie durch verstärktes Bemühen um Einführung von → Telefon-Banking, (2) weitere Standardisierung von → Bankprodukten im → Privatkundengeschäft bei gleichzeitiger Neuausrichtung des Vertriebs (→ Distributionspolitik), d. h. insbes. Neustrukturierung des Filialnetzes. Ein Vertriebsnetz mit – je nach den jeweiligen Kundenbedürfnissen – abgestufter Angebotspalette soll Überkapazitäten abbauen. Voraussetzung für eine Neuausrichtung der Vertriebswege ist ein zielgruppenorientiertes Vertriebskonzept. Kundengruppen mit ähnlichem Produktbedarf müssen identifiziert und beschrieben werden. Entsprechend dem Anteil am Gesamtergebnis aller Kunden kann im → Privatkundengeschäft z. B. nach Betreuungskunden, Standardkunden, Mengenkunden unterschieden werden. Als Betreuungskunden können solche Kunden bezeichnet werden, die einen besonders hohen Beratungsbedarf haben und dem → Kreditinstitut i. a. überdurchschnittliche → Erträge bringen. Als Mengenkunden sind die Kunden anzusehen, die vorwiegend Standardprodukte in Anspruch nehmen. Zwischen Betreuungs- und Mengenkunden stehen die Standardkunden, d. h. ausgewählte ertragsstarke Zielgruppen von Kunden mit mittlerem Beratungsbedarf. Je nach Größe der einzelnen Kundengruppen innerhalb eines Einzugsgebietes werden dann Zweigstellen mit reiner Servicefunktion (SB-Shops) [Dominanz der Mengenkunden], Zweigstellen mit reduziertem Angebot an Standardprodukten [Dominanz der Standardkunden] oder Full-Service-Zentren [Dominanz der Betreuungskunden] eingerichtet. Ergänzend dazu müssen die Arbeitsabläufe im → Back Office standardisiert und damit weiter rationalisiert werden (Bankautomation).

### LEAPS
Abk. für → Long-term-Equity Anticipation Securities.

### Leasing
Gesetzlich nicht geregelter → Vertrag (§ 305 BGB) über die Überlassung von beweglichen oder unbeweglichen Gütern (→ Sachen) durch Finanzierungsinstitute (→ Leasing-Gesellschaften) oder durch die Hersteller der Güter. Die Wirtschaftsgüter

## Leasing – Formen

| Unterscheidung | Bezeichnung |
|---|---|
| Nach der Dauer der Kündbarkeit des Leasing-Vertrages | (1) Operating-Leasing<br>(2) Financial-Leasing |
| Nach der Stellung des Leasing-Gebers | (1) Direktes Leasing (Hersteller-Leasing)<br>(2) Indirektes Leasing |
| Nach der Art des Leasing-Gegenstandes | (1) Mobilien-Leasing<br>(2) Immobilien-Leasing |
| Nach der Art der Vereinbarung von Dienstleistungen | (1) Full-Service-Leasing<br>(2) Teil-Service-Leasing<br>(3) Net-Leasing<br><br>Sonderformen<br>(1) Sale-and-lease-back<br>(2) Revolving-Leasing<br>(3) Special-Leasing |

bleiben juristisch → Eigentum des Vermietenden oder Verpachtenden (Leasing-Geber), werden jedoch dem Mieter oder Pächter (L.-Nehmer) gegen Zahlung einer meist monatlichen L.-Gebühr (L.-Rate) zur wirtschaftlichen Nutzung überlassen.

*Formen:* Vgl. Übersicht oben.

*Bilanzierung des L.-Gegenstandes:* (1) *Operating-L.:* Die Bilanzierung des L.-Gegenstandes erfolgt beim L.-Geber, der ihn auch abschreibt. Beim L.-Nehmer werden die L.-Raten als → Aufwand verrechnet; sie stellen steuerrechtlich → Betriebsausgaben dar. Die Zurechnung des L.-Gegenstandes beim L.-Geber bedeutet, daß der L.-Nehmer die L.-Raten bei den gewinnabhängigen → Steuern (ESt, KSt, GewSt) absetzen kann. Beim L.-Nehmer fallen für den L.-Vertrag keine investitionsbezogenen Steuern (GewKapSt, VSt) an. (2) *Financial-L.:* Da früher im Steuerrecht vom juristischen Eigentum ausgegangen wurde, konnte der L.-Nehmer die L.-Raten voll als Aufwand berücksichtigen. Damit war es möglich, daß dem L.-Nehmer erhebliche Steuerstundungseffekte zugute kamen, wenn innerhalb einer kurzen L.-Zeit sämtliche → Kosten der L.-Gesellschaft durch die L.-Raten abgedeckt wurden, so daß der Mieter danach nur noch einen Anerkennungsbetrag als Kaufpreis zu zahlen hatte. Der L.-Nehmer stellte sich dadurch erheblich besser als ein Käufer, der nur verteilt auf eine wesentlich längere Nutzungsdauer abschreiben durfte. Mit Urteil vom 26. 1. 1970 stellte dann der BFH fest, daß im Steuerrecht vom wirtschaftlichen und nicht vom rechtlichen Eigentumsbegriff auszugehen sei. Das → wirtschaftliche Eigentum liege abweichend vom zivilrechtlichen Eigentum immer dann bei einem Dritten, wenn dieser „den rechtlichen Eigentümer für dauernd von der Einwirkung auf das Wirtschaftsgut wirtschaftlich ausschließen kann, so daß ein Herausgabeanspruch des Eigentümers keine wirtschaftliche Bedeutung mehr hat". Auch nach § 39 Abs. 2 Nr. 1 AO ist die wirtschaftliche Betrachtungsweise maßgebend. Bewegliche → Wirtschaftsgüter sind als L.-Objekte in folgenden Fällen steuerlich dem L.-Nehmer zuzurechnen: (a) Bei Spezial-L. (L.-Objekt ist derart auf die speziellen Anforderungen des L.-Nehmers zugeschnitten, daß eine wirtschaftlich sinnvolle anderweitige Nutzung nach Vertragsablauf nicht möglich erscheint); (b) bei anderen L.-Verträgen, wenn die Grundmietzeit mehr als 90 Prozent der betriebsgewöhnlichen Nutzungsdauer beträgt (L.-Nehmer hat faktisch das Recht auf Nutzung der Totalkapazität des Objektes); (c) bei anderen L.-Verträgen, wenn die Grundmietzeit weniger als 40 Prozent der betriebsgewöhnlichen Nutzungsdauer ausmacht (Unterstellung eines verdeckten Ratenkaufvertrages); (d) bei anderen L.-Verträgen, wenn die Grundmietzeit mindestens 40 Prozent oder höchstens 90 Prozent der betriebsgewöhnlichen Nutzungsdauer beträgt und der L.-Nehmer nach Ablauf der Grundmietzeit (aa) eine Kaufoption derart besitzt, daß der vorgesehene Kaufpreis niedriger ist als der unter Abzug linearer → Abschreibungen nach der amtlichen AfA-Tabelle (→ AfA) ermittelte Buch-

**Leasing**

wert oder ein ggf. geringerer gemeiner Wert im Veräußerungszeitpunkt, (bb) eine Mietverlängerungsoption mit einer Anschlußmiete ausüben kann, die lediglich als Anerkennungsgebühr zu werten ist.

Soweit sich aufgrund der Vertragsgestaltung eine steuerrechtliche Bilanzierungspflicht für den L.-Nehmer ergibt, hat dieser den L.-Gegenstand mit den → Anschaffungskosten bzw. → Herstellungskosten (ggf. anhand von Marktpreisen abzuleiten oder zu schätzen) zuzüglich der Anschaffungsnebenkosten zu aktivieren und gemäß der betriebsgewöhnlichen Nutzungsdauer abzuschreiben. Mit der → Aktivierung des L.-Objektes ist gleichzeitig in entsprechender Höhe eine → Verbindlichkeit gegenüber dem L.-Geber zu passivieren. Die vom L.-Nehmer zu entrichtenden L.-Raten sind in einen als Betriebsausgaben abzugsfähigen Zins- und Kostenanteil sowie einen Tilgungsanteil, der erfolgsneutral mit der Verbindlichkeit zu verrechnen ist, aufzuteilen. Der L.-Geber aktiviert seinerseits in Höhe seiner Anschaffungs- oder Herstellungskosten eine → Forderung gegenüber dem L.-Nehmer.

Wird das L.-Objekt steuerrechtlich dem L.-Geber zugerechnet, so hat dieser es zu aktivieren und abzuschreiben. Für den L.-Nehmer stellen die L.-Raten dann steuerlich abzugsfähige Betriebsausgaben dar.

Die steuerliche Rechtsprechung hat eine Diskussion um die handelsrechtliche Bilanzierung nach sich gezogen. Das Institut der Wirtschaftsprüfer hat sich im Zuge der Fortentwicklung der Grundsätze ordnungsmäßiger Bilanzierung im wesentlichen dem BFH-Urteil angeschlossen und für die Bilanz des L.-Nehmers empfohlen: Aktivierung und gesonderter Ausweis der L.-Gegenstände und Passivierung der entsprechenden Verbindlichkeiten; Vermerk der entsprechenden L.-Verbindlichkeiten unter Angabe der vor Ablauf von vier Jahren fälligen Beträge. L.-Verbindlichkeiten, soweit sie für den Geschäftsverlauf und die Lage eines Unternehmers bedeutsam sind, müssen im → Lagebericht erwähnt werden.

*L. in umsatzsteuerlicher Sicht*: Miet- bzw. Pachtzins: Das L.-Objekt wird beim L.-Geber aktiviert. Die Einnahmen stellen bei ihm Betriebseinnahmen dar, beim L.-Nehmer entsprechend Betriebsausgaben. Umsatzsteuerlich liegt keine Lieferung vor. Kaufverhältnis: Das L.-Objekt wird beim L.-Nehmer aktiviert und abgeschrieben. Die Verbindlichkeit gegenüber dem L.-Geber ist zu passivieren, wobei der Tilgungsanteil der L.-Raten die Verbindlichkeit mindert. Der Rest entspricht dem Zins- und Kostenanteil. Umsatzsteuerlich liegt eine Lieferung vor. Bei einer Lieferung schließt der L.-Vertrag neben der Mietdauer für den L.-Gegenstand, die i.d.R. kürzer ist als die betriebsgewöhnliche Nutzungsdauer, die Möglichkeit ein, die abgelaufene Mietzeit zu verlängern oder den Mietgegenstand kaufen zu können. Desgleichen liegt eine Lieferung vor, wenn die Grundmietzeit und die betriebsgewöhnliche Nutzungsdauer annähernd gleich sind.

*L. in betriebswirtschaftlicher Sicht*: Soweit eine Zurechnung des Mietobjektes zum L.-Nehmer erfolgt, bestehen kaum steuerliche Unterschiede zur Eigeninvestition. Ein rechnerischer Belastungsvergleich (Wirtschaftlichkeitsrechnung) fällt daher in aller Regel zuungunsten des L. aus, da die L.-Gesellschaft außer → Zinsen auch Verwaltungskosten, eine Delkredere-Risikoprämie und einen Gewinnzuschlag kalkulieren wird. Die Entscheidung L. oder → Kauf hängt jedoch nicht allein von Kostenerwägungen ab. So wird vielfach argumentiert, daß mittels L. → Investitionen auch bei fehlenden Eigenmitteln getätigt werden können, während andernfalls eine → Fremdfinanzierung bis zu 60 bis 80 Prozent möglich sei. Eine Vergrößerung des Finanzierungsspielraums ist jedoch nicht generell anzunehmen, weil ein → Kreditinstitut bei einer umfassenden Unternehmensfinanzierung die Verpflichtungen aus Financial-L.-Verträgen berücksichtigen wird. Aber auch L.-Gesellschaften stellen an ihre L.-Nehmer strenge Bonitätsanforderungen. Der L.-Gegenstand muß nicht im voraus bezahlt werden. Die monatlichen L.-Zahlungen können während der gesamten Mietzeit aus den Erträgen, die der Einsatz des L.-Gegenstandes erbringt, geleistet werden. Hiergegen läßt sich einwenden, daß auch bei einem Kauf auf Kredit der Zins- und Tilgungsdienst aus den Erlösen geleistet werden könnte.

L. hat zudem gegenüber der Eigeninvestition den Nachteil, daß keine Abschreibungen (mit Abschreibungsmethoden, die den eigenen Bedürfnissen angepaßt sind) und keine Sonderabschreibungen vorgenommen werden können; die Ersatzentscheidung wird somit u.U. verzögert. Dafür bieten gleichbleibende L.-Raten für die innerbetriebliche Kalkulation eine klare Planungs- und Kostengrundlage.

*Kreditinstitute im L.-Geschäft*: Kreditinstitute sind vielfach unmittelbar oder mittelbar (z. B. über → Teilzahlungskreditinstitute) am Kapital von L.-Gesellschaften beteiligt. L.-Gesellschaften sind → Tochtergesellschaften von → Banken und → Sparkassen. Kreditinstitute refinanzieren i.a. das Geschäft der L.-Gesellschaften. L.-Geschäfte werden nur zum Teil von Kreditinstituten selbst betrieben. L.-Geschäfte werden von → Kreditgenossenschaften und von Sparkassen als Verbundleistungen angeboten (→ genossenschaftlicher Verbund, → Sparkassenverbund).
L. ist kein → Bankgeschäft (→ Kreditgeschäft) i. S. d. § 1 KWG. Damit sind L.-Gesellschaften keine Kreditinstitute und bedürfen keiner bankaufsichtlichen Erlaubnis (→ Erlaubniserteilung für Kreditinstitute). Wird L. im Rahmen eines Kreditinstituts betrieben, so unterliegt auch dieses Geschäft den Vorschriften des KWG. Bezüglich der → Eigenkapitalgrundsätze und der → Großkredite kommen die Konsolidierungsvorschriften des KWG zur Anwendung. Der → Kreditbegriff des KWG (gemäß § 19 und ab 1996 § 21) umfaßt auch das L.-Geschäft. Während L.-Gesellschaften sich zunächst durch Kreditaufnahme gegen → Abtretung der L.-Raten und → Sicherungsübereignung der L.-Objekte refinanzierten, sind sie inzwischen auch dazu übergegangen, L.-Forderungen zu forfaitieren (→ Forfaitierung). Vorbehaltlich der Zustimmung im Einzelfall werden L.-Forderungen unter Übernahme des Delkredererisikos angekauft. Der Kaufpreis entspricht dem → Barwert der L.-Forderungen. Die Abtretung erfolgt in stiller Form. Gemäß § 19 KWG – ab 1996: § 21 Abs. 1, 4 KWG – stellt der regreßlose Ankauf von L.-Forderungen eine Kreditgewährung an den L.-Nehmer dar.

### Leasing-Gesellschaften

→ Absatzfinanzierungsinstitute, die die zeitlich begrenzte, mietweise Überlassung von mobilen und immobilen → Wirtschaftsgütern zum Gebrauch bzw. zur Nutzung (→ Leasing) betreiben. Sie sind keine → Kreditinstitute i. S. des KWG, da Leasing kein Bankgeschäft i. S. von § 1 Abs. 1 KWG (→ Bankgeschäft i. S. des Kreditwesengesetzes) ist, sondern → Finanzinstitut i. S. des KWG. L.-G. werden im allg. als → Kapitalgesellschaften geführt und sind → Tochtergesellschaften von Herstellern (der Leasing-Güter) bzw. von → Banken und → Sparkassen. Interessenvereinigung der L.-G. ist der → Bundesverband Deutscher Leasing-Gesellschaften e. V.

**Lebensversicherungssparen,** → Versicherungssparen.

### Lebensversicherung zu Finanzierungszwecken

Darlehens-Tilgungsinstrument (→ Darlehen). Darlehen werden während ihrer → Laufzeit nicht annuitätisch oder linear getilgt, sondern bei ihrer Endfälligkeit aus der Auszahlung der Versicherungssumme (der zugrundeliegenden Kapitalversicherung) in einem Betrag. Einsatz: Investitionsfinanzierung für die Anschaffung und Herstellung von Anlagegütern und betrieblich oder privat genutzten → Immobilien. Neben der üblichen Besicherung (→ Grundpfandrechte, → Sicherungsübereignung) erfolgt → Sicherungsabtretung einer neu abzuschließenden oder bereits bestehenden Kapitallebensversicherung, deren Höhe und Laufzeit unter Berücksichtigung steuerlicher Möglichkeiten auf die → Investition abgestimmt wird. (Kapital-)Lebensversicherungen können (BMF-Schreiben vom 19.5.1993, BStBl. I S. 406) ohne steuerliche Nachteile (Abzug als → Sonderausgaben gemäß § 10 Abs. 2 Satz 2 EStG) als Sicherheit für → Kredite eingesetzt werden, soweit die abgetretenen Lebensversicherungsansprüche die → Anschaffungs- und → Herstellungskosten des jeweiligen Investitionsgutes nicht übersteigen.

**Leerverkauf,** → Going Short, → Short Sales.

### Leg

Bezeichnung für eine Position in → Spreads mit → Optionen (→ Vertical Spread, Horizontal Spread [→ Time Spread], → Diagonal Spread), → Futures (→ Intramarket Spread, → Intermarket Spread) oder → Swaps.

### Legalzession

Forderungsübergang vom alten auf einen neuen → Gläubiger kraft Gesetzes (im Unterschied zur → Abtretung als → Rechtsgeschäft), vor allem im Zusammenhang mit dem Ablösungsrecht des Eigentümers bei → Hypotheken (§§ 1142 f. BGB), dem → Pfandrecht (§ 1225 BGB), der → Gesamtschuld (§ 426 Abs. 2 BGB) und der → Bürgschaft (§ 774 BGB). Auf die L. finden die Vorschriften über die Abtretung einer → Forderung entsprechende Anwendung (§ 412 BGB).

## Legging

Bei → kombinierten Optionsstrategien, Spread Trading oder → Arbitragestrategien wird ein → Leg sofort eingegangen und das zweite Leg in der Hoffnung verschoben, es zu einem späteren Zeitpunkt zu günstigeren Kursen eingehen zu können, d. h. beim L. werden die beiden Legs nicht gleichzeitig, sondern zeitlich verzögert eingegangen. Beispielsweise kann bei einer → Indexarbitrage mit → Aktienindex-Futures zuerst die → Short Position im → Future und später die → Long Position in → Aktien eingegangen werden. L. kann den erwarteten Ertrag sowohl erhöhen als auch verringern.
(→ Lagging, → Leading, → kombinierter Auftrag)

## Legitimationspapier

→ Urkunde, die den Verpflichteten berechtigt, die versprochene Leistung an jeden Inhaber der Urkunde zu erbringen.
*Einfache L.* sind Urkunden, die den → Gläubiger nicht benennen. Sie werden mit der Bestimmung ausgegeben, daß der → Schuldner eine versprochene Leistung an jeden Inhaber des Papiers erbringen kann. Da diese Legitimationsurkunden keinen Vorlegungszwang besitzen, sind sie auch keine → Wertpapiere. Damit kann der Gläubiger – im Gegensatz zu den mit Wertpapierqualität ausgestatteten L. (z. B. Sparbuch) – im Falle des Verlustes der Urkunde auch ohne Papiervorweis Anspruch auf die versprochene Leistung erheben. Im Streitfall muß er nur sein Recht nachweisen. Legitimationszeichen sind nicht Träger von Forderungsrechten. Sie dienen lediglich der Ausweiserleichterung.
*Qualifizierte L.* sind Urkunden, bei denen der Schuldner an jeden, der das Papier vorweist, mit schuldbefreiender Wirkung leisten kann. Der Schutz des Schuldners besteht darin, daß dieser die Berechtigung des Papiervorzeigers nicht nachzuprüfen braucht, soweit nicht Zweifel hierüber bestehen. Ist darüber hinaus die Urkundenvorlage bei Inanspruchnahme der Leistung zwingend vorgeschrieben, erlangen L. Wertpapierqualität. Sie sind Wertpapiere i. w. S. und L. im Sinne von § 808 BGB (hinkende → Inhaberpapiere). Ähnlichkeiten bestehen zwischen dem qualifizierten L. und einem → Rektapapier: Der Gläubiger ist in der Urkunde benannt. Der Unterschied des qualifizierten L. zum einfachen Rektapapier besteht darin, daß ersteres mit der Bestimmung ausgegeben wird, daß die in der Urkunde versprochene Leistung an jeden Inhaber bewirkt werden kann (§ 808 Abs. 1 BGB). Das gilt für das einfache Rektapapier nicht. Hier darf der Schuldner nur an den in der Urkunde benannten Gläubiger direkt leisten. Der Inhaber eines qualifizierten L. kann nicht auf Leistung bestehen, wenn er seine Berechtigung lediglich auf den Urkundenbesitz stützt. Die Weitergabe derartiger Papiere erfolgt nach schuldrechtlichen Grundsätzen im Wege einer → Abtretung der verbrieften → Forderung (§ 398 BGB). Häufig wird aber in der Urkundenübergabe eine stillschweigend erklärte Abtretung gesehen. Zu den qualifizierten Legitimationsurkunden gehören Sparbücher, Depot- bzw. Hinterlegungsscheine, → Sparkassenzertifikate sowie der Versicherungsschein mit Inhaberklausel.

## Legitimationsprüfung

Feststellung der Identität des Verfügungsberechtigten bei Einrichtung eines → Bankkontos (Laufendes Konto, → Kontokorrentkonto, → Girokonto).
Wer ein → Konto führt, → Geld, → Wertpapiere oder Kostbarkeiten verwahrt oder als Pfand nimmt oder ein Schließfach überläßt, hat sich gemäß § 154 Abs. 2 AO über die → Person und Anschrift des Verfügungsberechtigten Gewißheit zu verschaffen. Damit soll dem Grundsatz der Kontowahrheit gemäß § 154 Abs. 1 AO Rechnung getragen werden, wonach niemand auf einen falschen oder erdichteten Namen für sich oder für einen Dritten ein Konto errichten oder benutzen darf. Der Gesetzgeber will verhindern, daß → Steuerschuldner Gelder der steuerlichen Erfassung entziehen. Ein Verstoß gegen das formale Prinzip der Kontowahrheit stellt eine → Steuerordnungswidrigkeit dar und führt zu einer → Kontosperre (§ 154 Abs. 3 AO). Verfügungen sind dann nur noch mit Zustimmung des zuständigen Finanzamtes zulässig. Nach § 72 AO haftet das → Kreditinstitut, wenn es aufgrund von Auszahlungen entgegen der Kontosperre zu einer Beeinträchtigung der Verwirklichung von → Ansprüchen aus einem Steuerschuldverhältnis kommt.

## Legitimationsprüfung

*Inhalt der L.:* Die L. erstreckt sich auf die Person des Verfügungsberechtigten. Das ist der → Gläubiger der Einlagenforderung. Die Finanzverwaltungen sind aber der Auffassung, daß sich die Legitimationspflicht neben dem Gläubiger auch auf die → gesetzlichen Vertreter (Eltern, Vormund) sowie auf Kontobevollmächtigte (→ Kontovollmacht) als Verfügungsberechtigte i. S. der → Abgabenordnung zu erstrecken hat. Mit anderen Worten: Für gesetzliche und rechtsgeschäftliche Vertreter besteht ebenfalls eine Legitimationsprüfungspflicht. Eine doppelte L. ist vorzunehmen, wenn ein Konto im Wege eines → Vertrags zugunsten Dritter gemäß § 328 BGB auf den Namen eines Dritten eröffnet wird, der sofort mit Kontoeinrichtung Gläubiger werden soll. Das Kreditinstitut hat sich sowohl über die Person des Antragstellers (Kontoeinrichtender) als auch über die Person des Gläubigers (Begünstigter) Gewißheit zu verschaffen. Behält sich aber der Antragsteller bei Kontoeinrichtung auf den Namen eines Dritten das Forderungsrecht vor, so ist beim Dritten lediglich ein Existenznachweis zu führen. Der ausdrücklichen Zustimmung des Dritten zur Kontoeinrichtung auf seinen Namen bedarf es nicht. Nach § 154 Abs. 2 AO hat sich das Kreditinstitut anhand eines amtlichen Lichtbildausweises (z. B. Personalausweis) Gewißheit zu verschaffen. Gewißheit über eine Person besteht i. a. nur, wenn der vollständige Name, das Geburtsdatum und der Wohnsitz bekannt sind. Bei einer → juristischen Person und einer → Personenhandelsgesellschaft reicht die Bezugnahme auf eine amtliche Veröffentlichung oder ein amtliches Register unter Angabe der Register-Nummer aus. Das Kreditinstitut kann einen amtlich beglaubigten Registerauszug verlangen.
Bei Eröffnung eines Kontos auf den Namen eines minderjährigen Kindes (→ Geschäftsfähigkeit) oder eines Mündels durch die Eltern bzw. durch den Vormund (→ Vormundschaft) bezieht sich die L. auf das Kind bzw. auf das Mündel. Zusätzlich ist das Konto durch einen Vermerk deutlich zu kennzeichnen (z. B. Mündelkonto). Behalten sich die Eltern bei Einrichtung eines Kontos für ein minderjähriges Kind das Verfügungsrecht vor, sind sie die Gläubiger. Das Kreditinstitut hat daher ihre Legitimation zu prüfen. Nach dem Wortlaut von § 154 Abs. 2 AO müssen die Identifikationsmerkmale des Verfügungsberechtigten auf dem jeweiligen Konto festgehalten werden. Es ist ausreichend, wenn die Angaben auf den Kontounterlagen (z. B. Kontoeröffnungsantrag) vermerkt werden. Unzulässig ist es jedoch, die Daten des Kontoinhabers lediglich in vertraulichen Listen festzuhalten. Unzulässig ist zudem die Führung von → Nummernkonten.
Die L. ist grundsätzlich vor Kontoeröffnung durchzuführen. Sie ist unverzüglich nachzuholen, wenn das Konto ausnahmsweise ohne abschließende L. eingerichtet wurde. Bis zum Abschluß der L. ist das Konto intern zu sperren. Spätestens bei der ersten Verfügung muß aber die Prüfung der Identität des Kontoinhabers abgeschlossen sein.

*Anwendungserlaß zu § 154 AO:* (1) Das Verbot, falsche oder erdichtete Namen zu verwenden, richtet sich an denjenigen, der als Kunde bei einem anderen ein Konto errichten lassen will oder Buchungen vornehmen läßt. (Wegen des Verbots, im eigenen Geschäftsbetrieb falsche oder erdichtete Namen für Konten zu gebrauchen, Hinweis auf § 146 Abs. 1)
(2) Es ist zulässig, Konten auf den Namen Dritter zu errichten. Hierbei ist die Existenz des Dritten nachzuweisen. Der ausdrücklichen Zustimmung eines Dritten bedarf es nicht.
(3) Jeder, der für einen anderen Konten führt, Wertsachen verwahrt oder von ihm als Pfand nimmt oder ihm ein → Schließfach überläßt, hat sich Gewißheit über die Person des Verfügungsberechtigten zu verschaffen. Die Vorschrift ist nicht auf Kreditinstitute beschränkt, sondern gilt auch im normalen Geschäftsverkehr und für Privatpersonen. Verboten ist die Abwicklung von Geschäften über sog. → CpD-Konten, wenn der Name des Beteiligten bekannt ist oder unschwer ermittelt werden kann und für ihn bereits ein entsprechendes Konto geführt wird.
(4) Das Kreditinstitut hat sich vor der Erledigung von Aufträgen, die über ein Konto abgewickelt werden sollen, bzw. vor Überlassung eines Schließfachs, Gewißheit über die Person und Anschrift des (der) Verfügungsberechtigten zu verschaffen. Gewißheit über die Person besteht i. a. nur dann, wenn der vollständige Name, das Geburtsdatum und der Wohnsitz bekannt sind. Eine vorübergehende Anschrift (Hoteladresse) reicht i. a. nicht aus. Bei einer juristischen Person (→ Körperschaft des öffentlichen Rechts, AG, GmbH usw.) reicht die

**Legitimationsprüfung**

Bezugnahme auf eine amtliche Veröffentlichung oder ein amtliches Register unter Angabe der Register-Nummer aus. Wird ein Konto auf den Namen eines verfügungsberechtigten Dritten errichtet, müssen die Angaben über Person und Anschrift sowohl des Kontoinhabers als auch desjenigen, der das Konto errichtet, festgehalten werden. Steht der Verfügungsberechtigte noch nicht fest (z. B. der unbekannte → Erbe), reicht es aus, wenn das Kreditinstitut sich zunächst Gewißheit über die Person und Anschrift des Konto Errichtenden (z. B. des Nachlaßpflegers) verschafft; die Legitimation des Kontoinhabers ist so bald wie möglich nachzuholen.

(5) Diese Angaben sind auf dem Kontostammblatt zu machen. Es ist unzulässig, Name und Anschrift des Verfügungsberechtigten lediglich in einer vertraulichen Liste zu führen und das eigentliche Konto nur mit einer Nummer zu kennzeichnen. Die Führung sog. Nummernkonten in der Bundesrepublik ist verboten.

(6) Das Kreditinstitut ist nach § 154 Abs. 2 Satz 2 verpflichtet, ein besonderes alphabetisch geführtes Namensverzeichnis der Verfügungsberechtigten zu führen, um jederzeit über die Konten und Schließfächer eines Verfügungsberechtigten Auskunft geben zu können. Eines derartigen Verzeichnisses bedarf es nicht, wenn die Erfüllung der Verpflichtung auf andere Weise sichergestellt werden kann. Die Verpflichtung besteht noch sechs Jahre nach Beendigung der Geschäftsbeziehung, bei Bevollmächtigten sechs Jahre nach Erlöschen der Vollmacht.

(7) Verfügungsberechtigte im Sinne der vorstehenden Nummern sind sowohl der Gläubiger der Forderung und seine gesetzlichen Vertreter als auch jede Person, die zur Verfügung über das Konto bevollmächtigt ist (Kontovollmacht). Dies gilt entsprechend für die Verwahrung von Wertsachen sowie für die Überlassung von Schließfächern. Personen die aufgrund Gesetzes oder Rechtsgeschäfts zur Verfügung berechtigt sind, ohne daß diese Berechtigung dem Kreditinstitut usw. mitgeteilt worden ist, gelten insoweit nicht als Verfügungsberechtigte.

Nach dem Grundsatz der Verhältnismäßigkeit ist nicht zu beanstanden wenn in folgenden Fällen auf die Legitimationsprüfung (Nummern 3 bis 5) und die Herstellung der Auskunftsbereitschaft (Nummer 6) verzichtet wird:

(a) bei Eltern als gesetzliche Vertreter ihrer minderjährigen Kinder, wenn die Voraussetzung für die gesetzliche Vertretung bei Kontoeröffnung durch amtliche Urkunden nachgewiesen werden;
(b) bei Vormundschaften und Pflegschaften einschließlich Amtsvormundschaften und Amtspflegschaften;
(c) bei Parteien kraft Amtes (Konkursverwalter, Zwangsverwalter, Nachlaßverwalter, Testamentsvollstrecker und ähnliche Personen);
(d) bei Pfandnehmern (insbesondere in bezug auf Mietkautionskonten, bei denen die Einlage auf einem Konto des Mieters erfolgt und an den Vermieter verpfändet wird);
(e) bei Vollmachten auf den Todesfall (auch nach diesem Ereignis);
(f) bei Vollmachten zur einmaligen Verfügung über ein Konto;
(g) bei Verfügungsbefugnissen im Lastschriftverfahren (Abbuchungsauftragsverfahren) und Einzugsermächtigungsverfahren;
(h) bei Vertretung juristischer Personen des öffentlichen Rechts (einschließlich Eigenbetriebe);
(i) bei Vertretung von Kreditinstituten und Versicherungsunternehmen;
(j) bei den als Vertretern eingetragenen Personen, die in öffentlichen Registern (Handelsregister, Vereinsregister) eingetragene Firmen oder Personen vertreten;
(k) bei Vertretung von Unternehmen, sofern schon mindestens fünf Personen, die in öffentliche Register eingetragen sind bzw. bei denen eine Legitimationsprüfung stattgefunden hat, Verfügungsbefugnis haben;
(l) bei vor dem 1. Januar 1992 begründeten, noch bestehenden oder bereits erloschenen Befugnissen.

Unberührt bleibt die Befugnis der Finanzämter, im Besteuerungsverfahren schriftliche oder mündliche Auskünfte von Auskunftspersonen (§§ 93, 94) einzuholen und die Vorlage von Unterlagen (§ 97) zu verlangen, sowie in einem Strafverfahren wegen einer Steuerstraftat oder in einem Bußgeldverfahren wegen einer Steuerordnungswidrigkeit die Befugnis zur Vernehmung von Zeugen oder zur Beschlagnahme von Unterlagen (§§ 208, 385, 399 Abs. 2, § 410).

(8) Bei einem Verstoß gegen § 154 Abs. 3 haftet der Zuwiderhandelnde nach Maßgabe des § 72. Waren über ein Konto usw. mehrere Personen verfügungsberechtigt (mit

Ausnahme der in Nummer 7 Satz 4 genannten Fälle), bedarf es u. U. der Zustimmung aller beteiligten Finanzämter zur Herausgabe.
(9) Wegen der Ahndung einer Verletzung des § 154 Abs. 1 als Ordnungswidrigkeit Hinweis auf § 379 Abs. 2 Nr. 2.
10. Die Verletzung der Verpflichtungen nach § 154 Abs. 2 führt allein noch nicht unmittelbar zu einer Haftung oder Ahndung wegen Ordungswidrigkeit. Es kann sich jedoch um eine Steuergefährdung im Sinne des § 379 Abs. 1 Nr. 2 handeln, soweit nicht sogar der Tatbestand des § 370 erfüllt ist. Wird festgestellt, daß die nach § 154 Abs. 2 bestehenden Verpflichtungen nicht erfüllt sind, soll die für Straf- und Bußgeldsachen zuständige Stelle unterrichtet werden. Die Möglichkeit der Erzwingung der Verpflichtungen (§§ 328 ff.) bleibt unberührt.

## Legitimationsschein
Im → Bogen von Wandelschuldverschreibungen enthaltener Schein, der zum Umtausch in → Aktien berechtigt.

## Legitimationsurkunde nach den AGB
→ Urkunde, auf deren Richtigkeit sich ein → Kreditinstitut nach den → Allgemeinen Geschäftsbedingungen im rechtsgeschäftlichen Verkehr verlassen darf. Es kann die in der Urkunde genannten Berechtigten über Vermögenswerte (z. B. → Testamentsvollstrecker, Erbe) verfügen lassen, insbes. mit befreiender Wirkung an diese leisten. Kreditinstitute sind dann für einen Schaden durch unberechtigte Dritte nicht haftbar zu machen, sofern sie nicht fahrlässig handeln. In diesem Fall haftet der Kunde, beispielsweise der Kontoinhaber selbst (Nr. 5 AGB Banken, Nr. 4 Abs. 1 AGB Sparkassen).

*Arten:* → Erbschein, Zeugnis des Nachlaßgerichts über eine fortgesetzte → Gütergemeinschaft, Testamentsvollstreckerzeugnis.

## Lehrinstitut für das kommunale Sparkassen- und Kreditwesen
Kern der → Deutschen Sparkassenakademie, Bonn; besteht seit 1928. Sitz in Bonn (Buschstraße 32, 53113 Bonn). Das Lehrinstitut wurde 1969 in die damals errichtete Deutsche Sparkassenakademie integriert. Mit dem Studiengang zum Diplomierten Sparkassenbetriebswirt (Dipl.-Sparkassenbetriebswirt) verfolgt sie das Ziel, berufliche Erfahrung und wissenschaftliche Weiterbildung in ein ausgewogenes Verhältnis zu setzen.
(→ berufsbegleitende Weiterbildungsmaßnahmen, Sparkassen)

## Leibrente
→ Vertrag, durch den sich der eine Vertragspartner verpflichtet, dem anderen i. d. R. für die Lebensdauer eine → Rente zu zahlen (→ Dauerschuldverhältnis). Das Leibrentenversprechen bedarf der → Schriftform (§ 761 BGB). Keine L. ist i. d. R. eine Leistung aus einem → Altenteil (→ Reallast). L. sind aber im Regelfall Renten aus der gesetzlichen Sozialversicherung und Renten aus privaten Versicherungen. Ein Pensionsversprechen gegenüber einem Angestellten, das im Rahmen des Gesamtvertrages eine Nebenleistung darstellt, ist keine L., sondern Bestandteil des Arbeitsverhältnisses.
L. können der finanziellen Vorsorge für das Alter oder für unvorhergesehene Notfälle (Unfall oder Krankheit) dienen. Sie werden oft als Gegenleistung für die Überlassung oder den Verkauf eines → Betriebes, von Wohngrundstücken oder anderen Vermögenswerten, z. B. eines Wertpapierdepots, gewährt.
L. werden für die Lebenszeit eines Menschen, meist des Empfängers, mitunter aber auch des → Schuldners oder eines Dritten, bestellt (§ 759 Abs. 1 BGB). Sie können auch als abgekürzte L. auf einen bestimmten Zeitraum, z. B. auf 30 Jahre, begrenzt werden. Bei verlängerten L. oder Mindestzeitrenten erlischt die Pflicht zur Rentenzahlung entweder mit dem Tode der bestimmten Person, frühestens jedoch nach Ablauf der vereinbarten Frist. Stirbt der Berechtigte vorher, so geht der Anspruch auf die → Erben über. L. können auch gleichzeitig durch eine Mindest- und eine Höchstzeit begrenzt werden. Verlängerte und abgekürzte L. werden kombiniert.
Private L. unterliegen grundsätzlich als → sonstige Einkünfte i. S. des § 22 EStG der → Einkommensteuer (§ 22 EStG). Sie werden aber nicht voll erfaßt, sondern lediglich mit dem Ertragsanteil angesetzt. Die Höhe des Ertragsanteils richtet sich bei privaten L. ohne zeitliche Begrenzung nach dem Lebensalter des Berechtigten zu Beginn der Rentenzahlung. Je später die Rentenzahlung beginnt, desto niedriger ist der Ertragsanteil. Bei abgekürzten L., deren Zahlung auf einen bestimmten Zeitraum begrenzt ist, wird bei der Ermittlung des Ertragsanteils außer

## Leihe

der Lebenserwartung auch die zeitliche Befristung berücksichtigt. In § 55 EStDV sind die jeweils maßgeblichen Werte aufgeführt. Vom Ertragsanteil der Rente können → Werbungskosten abgesetzt werden.
Der Verpflichtete hat grundsätzlich die Möglichkeit, die laufenden Leistungen als → Betriebsausgaben oder Werbungskosten bei der entsprechenden Einkunftsart bzw. im Rahmen der → Sonderausgaben (§ 10 EStG) steuerlich geltend zu machen. Auch hier ist nur der Ertragsanteil anzusetzen; er wird nach denselben Grundsätzen errechnet wie beim Empfänger (§ 22 EStG).
(→ Renten, → Rentenbesteuerung)

### Leihe

→ Vertrag, durch den jemand eine → Sache einem anderen zum unentgeltlichen Gebrauch überläßt (§ 598 BGB).
*Gegensatz:* → Miete.

### Leihprämie

Die vom Entleiher zu zahlende L. wird bei Abschluß des → Wertpapierdarlehens mit dem Verleiher vereinbart. Diese → Prämie ist von Angebot und Nachfrage in dem entsprechenden → Wertpapier, → Laufzeit und Marktfähigkeit in der Gattung abhängig. Ab dem Liefertag wird die L. für die gesamte Dauer des Leihgeschäftes fällig.
Einige Banken berechnen eine sogenannte Abwicklungspauschale (Minimumgebühr), wenn die L. einen bestimmten Betrag unterschreitet.

*Feste L.:* Generelle Vereinbarung über eine feste L. im Rahmen eines Direktgeschäftes, mit einer offenen oder begrenzten Laufzeit, bei einem Wertpapierdarlehen. Bei anderen Entleihgeschäften kann, unter Einbeziehung der Laufzeit, eine Prämienstaffelung vorab geregelt werden. In Deutschland immer weniger gebräuchlich; da die Wertpapierleihsätze immer stärker schwanken, wird es zunehmend für die Banken schwieriger, diese nutzungsunabhängige Grundgebühr zu kalkulieren. Aufgrund dieses Prämienrisikos wird die feste L. von immer weniger Banken gezahlt bzw. im voraus vereinbart.
(→ Poolprämie)

### Leistung an Erfüllungs Statt

Erbringen einer anderen als der vertraglich geschuldeten Leistung durch den → Schuldner (z. B. Übertragung von → Buchgeld [durch → Überweisung] anstelle von → Bargeld). Wenn der → Gläubiger mit dieser Art der Leistung einverstanden ist, tritt → Erfüllung ein. Der Gläubiger verliert den Anspruch auf die ursprüngliche Leistung gemäß § 364 Abs. 1 BGB. Die Zahlung auf ein → Konto des Gläubigers ist L. a. E. S.; in der Bekanntgabe der Bankverbindung wird im vornherein ein Einverständnis des Gläubigers gesehen.

### Leistung erfüllungshalber

Leistung eines anderen als des geschuldeten → Gegenstandes (z. B. zahlungshalber: Hingabe eines → Schecks anstelle einer Zahlung mit → Bargeld). Die Tilgung des → Schuldverhältnisses tritt erst ein, wenn dem → Gläubiger tatsächlich die gewünschte Leistung zufließt. Bei Hingabe eines → Schecks oder → Wechsels zum Zwecke der → Erfüllung erlischt die ursprüngliche → Forderung erst, wenn der → Bezogene oder ein sonstiger aus dem Scheck oder dem Wechsel Verpflichteter tatsächlich zahlt. Bei Inzahlungnahme durch den Gläubiger und bei Gutschrift durch die mit dem → Inkasso beauftragte Bank erfolgt eine Gutschrift → Eingang vorbehalten (E.v.).

### Leistungsangebot

Produkte und Dienstleistungen eines → Kreditinstitutes, welche bei flexibler Anwendung den Bedarf der definierten Kundenzielgruppen rentabel abdecken sowie umfassende Betreuung der Kundenzielgruppen durch darauf trainierte Kundenbetreuer. Optimalerweise erfolgt die Produktentwicklung oder die Dienstleistungsgestaltung im Dialog mit den Kunden.

### Leistungsbilanz

Teilbilanz der → Zahlungsbilanz: Zusammenfassung von → Handelsbilanz, → Dienstleistungsbilanz und → Übertragungsbilanz. Die L. zeigt, inwiefern ein Land → Importe und geleistete Übertragungen durch → Exporte und empfangene Übertragungen finanzieren kann. Ein → Saldo von Null läßt (transaktionsbedingt) die → Nettoauslandsposition des Landes unverändert. Ein Leistungsbilanzüberschuß bedeutet eine Erhöhung der Nettoauslandsposition. Ein Leistungsbilanzdefizit bewirkt eine Verminderung der Auslandsforderungen bzw. eine Zunahme der → Auslandsverschuldung der Volkswirtschaft.

### Leistungsgarantie
→ Bankgarantie, die den Besteller (Garantienehmer) für den Fall schützen soll, daß der Unternehmer (Garantieauftraggeber) bestimmte vertragliche Leistungen (z. B. Bauleistungen, Montageleistungen) nicht erbringt (→ Bankgarantien im Außenhandel). Die Garantie beläuft sich wie die → Liefergarantie i. d. R. auf 5–10 Prozent des Vertragswertes.

### Leistungsschuldverschreibung, → Aktienzertifikat.

### Leistungsstörungen
Beeinträchtigungen der ordnungsgemäßen → Erfüllung der Pflichten eines → Schuldners aus dem → Schuldverhältnis, in Gestalt der Nicht- oder der Schlechterfüllung. Die L. umfassen Unmöglichkeit der Leistung (Leistung wird nicht erbracht, §§ 275 ff., 323 ff. BGB), → Schuldnerverzug (verspätete Leistung, §§ 284 ff., 326 f. BGB) und → positive Vertragsverletzung (hergeleitet aus → Treu und Glauben [§ 242 BGB], heute kraft → Gewohnheitsrecht anerkannt). Auf ein nicht ausdrücklich geregeltes gesetzliches Schuldverhältnis bezieht sich auch das → Verschulden bei Vertragsschluß, welches ebenfalls zu den L. gezählt wird. Nur bei einigen → Verträgen (→ Kauf, → Miete, → Werkvertrag) gibt es → Ansprüche aus → Gewährleistung bei → Sachmängeln (als einem Fall von Schlechterfüllung). Auf seiten des → Gläubigers kann sich eine L. in der Form des Annahmeverzuges ergeben (§§ 293 ff. BGB); dafür ist ein → Verschulden des Gläubigers nicht Voraussetzung (→ Gläubigerverzug).

### Leitender Angestellter
L. A. sind nach § 5 Abs. 3 BetrVG → Arbeitnehmer, die nach → Arbeitsvertrag und Stellung zur selbständigen Einstellung und Entlassung von Arbeitnehmern berechtigt sind oder → Generalvollmacht oder → Prokura haben (→ handelsrechtliche Vollmachten). Die Prokura von L. A. ist auch im Verhältnis zum → Arbeitgeber von Bedeutung. L. A. können regelmäßig sonstige Aufgaben wahrnehmen, die für den Bestand und die Entwicklung des Unternehmens oder eines → Betriebes von Bedeutung sind und deren Erfüllung besondere Erfahrungen und Kenntnisse voraussetzt, wenn sie dabei entweder die Entscheidungen im wesentlichen frei von Weisungen treffen oder sie maßgeblich beeinflussen (→ Sprecherausschuß der Leitenden Angestellten). In → Kreditinstituten treffen diese Merkmale insbes. auf Filialleiter und Leiter größerer Bereiche zu. Etwas anders als im → Betriebsverfassungsgesetz (BetrVG) ist der Begriff l. A. in § 14 KSchG definiert (→ Kündigungsschutzgesetz).

### Leiter-Warrant, → Ladder-Warrant.

### Leitkurs
Von der Währungsbehörde eines Landes festgelegter Mittelwert der → Währung dieses Landes gegenüber der Währung eines anderen Landes und/oder gegenüber einem Währungskorb (z. B. gegenüber dem → Sonderziehungsrecht [SZR] oder der → Europäischen Währungseinheit [ECU]). Für die D-Mark gibt es seit dem Inkrafttreten des → Europäischen Währungssystems (EWS) L. nur noch gegenüber den EWS-Währungen (→ bilaterale Leitkurse) und dem ECU (→ ECU-Leitkurs). Leitkursänderungen (→ Aufwertung, → Abwertung) sind im EWS ausdrücklich vorgesehen. Die D-Mark hatte (von 1973 bis 1978) auch einen L. gegenüber dem SZR und von Ende 1971 (→ Smithsonian Agreement) bis Mitte März 1973 einen L. gegenüber dem US-Dollar. In der Zeit vor Dezember 1971 galten → Paritäten (→ Wechselkurssystem, → Internationale Währungsordnung, → Internationaler Währungsfonds).

### Leitwährung
Nationale → Währung, die entweder für einen regional begrenzten Wirtschaftsraum oder weltweit im Rahmen der → internationalen Währungsordnung eine dominierende Rolle spielt. Im ersten Fall werden die Währungen vor allem durch eine gemeinsame → Währungspolitik in einem festen Austauschverhältnis (→ feste Wechselkurse) zur L. gehalten (→ Franc-Zone, → Sterling-Zone, → Dollar-Länder). Im internationalen Währungssystem, das mit dem Bretton-Woods-Abkommen (→ Bretton-Woods-System) geschaffen wurde, besaß der US-Dollar bis Ende der sechziger Jahre uneingeschränkt die Funktion einer L. Er dient heute noch vorwiegend zur Fakturierung (Faktura, → Handelsrechnung) und → Finanzierung im → Außenhandel und im internationalen Kapitalverkehr. Die → Zentralbanken der meisten Länder halten einen Großteil ihrer → Währungsreserven in US-

## Leitzinsen

Dollar. Außerdem wurde nach dem ursprünglichen Abkommen über den → Internationalen Währungsfonds (IWF) der Paritätswert von Währungen in US-Dollar (Dollarparität) ausgedrückt. Die Aufrechterhaltung der Paritäten erfolgte im System → fester Wechselkurse durch Dollarinterventionen der Zentralbanken. Allerdings haben neben dem US-Dollar weitere Währungen Funktionen einer L. übernommen, so z. B. die D-Mark im Rahmen des → Europäischen Währungssystems und der Japanische Yen aufgrund der Bedeutung Japans im asiatisch-pazifischen Wirtschaftsraum.

### Leitzinsen

Bezeichnung für den → Diskontsatz und den → Lombardsatz der → Deutschen Bundesbank, weil sich die → Banken und → Sparkassen bei der Festsetzung ihrer Zinssätze im → Kreditgeschäft mit der Nichtbankenkundschaft vielfach an Veränderungen diese Sätze durch die Bundesbank orientieren. Es besteht aber keine Bindung der Zinssätze an den amtlichen Diskont- bzw. Lombardsatz (wie bis 1967 aufgrund des Sollzinsabkommens). Wegen der weitaus größeren Bedeutung der Zinssätze bei → Wertpapierpensionsgeschäften muß die Bezeichnung „L." für Diskont- und Lombardsatz als überholt gelten.

### Lender of last resort

Letzte Refinanzierungsinstanz. Im nationalen Bereich ist die → Zentralbank l. o. l. r. Im internationalen Bereich erfüllt der → Internationale Währungsfonds (IWF) zum Teil diese Aufgabe. Auch die → Bank für Internationalen Zahlungsausgleich (BIZ) darf in ähnlicher Weise als Agent und Korrespondent nationaler Zentralbanken handeln.

### LEOS

Abk. für → Long-term Equity Option.

### LEPO

Abk. für → Low Exercise Price Option.

### Letras

Spanische → Staatsanleihen mit → Laufzeit nicht über zwei Jahre.

### Letter of Credit

Kurzbezeichnung für → Commercial Letter of Credit. In der Literatur wird der Begriff auch noch synonym für → Dokumentenakkreditiv verwendet (→ Documentary Credit).

### Letter of Indemnity

Haftungserklärung, → Bankgarantien im Außenhandel.

### Letzte Inkassostelle

→ Kreditinstitut im → Einzugsverkehr, das ein → Einzugspapier (→ Lastschrift, → Scheck, → Wechsel) zur Einlösung erhält. Die l. I. wird im Scheckeinzug als → Bezogener bezeichnet, im Lastschrifteinzug als Zahlstelle, im Wechseleinzug als Zahl- oder Domizilstelle. Bei einem Wechsel, der im → Abrechnungsverkehr der Deutschen Bundesbank vorgelegt wird, ist das Kreditinstitut, das den Wechsel in die Abrechnung einliefert, l. I.

### Letzter Handelstag, → Last Trading Day.

### Letztwillige Anordnung

Anordnung des → Erblassers in einer Verfügung von Todes wegen. Wichtig für → Kreditinstitute sind die Erbeneinsetzung in ihren verschiedenen Ausgestaltungsformen (wie → Erbengemeinschaft, und die damit zusammenhängende → Teilungsanordnung, → Vor- und Nacherbschaft) sowie die Berufung eines Ersatzerben, die Testamentsvollstreckung, das → Vermächtnis und die → Auflage.

### Leveraged Buy Out, → Management Buy Out.

### Leveraged Floater

Variabel verzinsliches → Zinsinstrument, das in den ersten Jahren mit einem → Festsatz und anschließend mit einem → variablen Zinssatz ausgestattet ist. Der variable Satz wird nach einer Formel errechnet, die vom → Emittenten vorgegeben wird. Die Verzinsung beträgt beispielsweise zweimal 6-Monats-LIBOR minus 6,9%. Sollte der 6-Monats-LIBOR unter 6,9% fallen, beträgt die Verzinsung Null Prozent. Bei L. F. ist die Verzinsung um so höher, je höher der → Referenzzinssatz ist. Liegt der 6-Monats-LIBOR beispielsweise bei 8%, erhält der Anleger 9,1%. Fällt der 6-Monats-LIBOR dagegen auf 5%, zahlt der Emittent einen Zinssatz in Höhe von 3,1%. Sollten die kurzfristigen → Zinsen unter 3,45% fallen, erhält der Anleger keine Verzinsung. Im Extremfall beträgt die → laufende Verzinsung 0%.

Eine negative Verzinsung ist ausgeschlossen. Der Anleger hat ein → variables Zinsrisiko. Die Höhe des → Nominalzinses wird von den kurzfristigen → Geldmarktzinsen beeinflußt.

→ *Bond Stripping eines L.F.*: Im Gegensatz zum Nominalzinssatz wird der aktuelle Kurs eines L. F. insbes. von den langfristigen → Kapitalmarktzinsen beeinflußt. Aus Vereinfachungsgründen werden die ersten beiden Jahre, in denen der Anleger den Festsatz erhält, vernachlässigt. Der L. F. besteht demnach nur noch aus zwei normalen Floatern, die dem Anleger 6-Monats-LIBOR zahlen. Um den Kauf des zweiten Floaters finanzieren zu können, nimmt der Anleger einen Festsatzkredit, d.h. → Straight Bond zu 6,9% für zehn Jahre auf.

Steigen nun beispielsweise die langfristigen → Renditen auf 7,9%, müßte ein neu emittierter L. F. mit einem → Kupon von zweimal LIBOR – 7,9 ausgestattet sein. Da der alte Floater für Anleger wertvoller ist als der neue, muß der Kurs soweit steigen, bis der Anleger in beiden Fällen die gleiche Verzinsung erzielt. Der alte Floater steigt auf ungefähr 107%. Je weiter die langfristigen Renditen steigen, desto weiter steigt der Kurs.

*Modified Duration*: L. F. haben eine negative → Modified Duration, d. h. der Kurs eines L. F. steigt, wenn die Renditen steigen. Fallen allerdings die Renditen, fällt auch der Kurs des L. F. L. F. haben eine → negative Convexity, da die Kursverluste bei fallenden Renditen immer größer sind als die Kursgewinne bei steigenden Renditen. L. F. können entweder in → Tradingstrategien auf steigende Renditen verwendet werden, oder als Hedginginstrument bestehender langlaufender → Anleihen, bei denen der Kurs fällt, wenn die Renditen steigen.

(→ Risikomanagement festverzinslicher Wertpapiere, → Bond Research)

### Leverage-Effekt

Hebelwirkung des → Fremdkapitals, Erhöhung der → Eigenkapitalrentabilität aufgrund einer über dem Fremdkapitalzins liegenden → Gesamtkapitalrentabilität (positiver L.).

$$r_E = r_G + (r_G - i)\frac{FK}{EK}$$

($r_G$ = → Rendite auf das eingesetzte Gesamtkapital, $r_E$ = Rendite auf das eingesetzte → Eigenkapital, i = Fremdkapitalzins, FK = Fremdkapital, EK = Eigenkapital).

Ist die Gesamtkapitalrendite größer als der Fremdkapitalzins i und ist der Fremdkapitalzins i unabhängig von der → Kapitalstruktur bzw. vom → Verschuldungsgrad, steigt die Eigenkapitalrendite linear mit dem Verschuldungsgrad. Gewinnmarge ist die Differenz zwischen Gesamtkapitalrendite $r_G$ und i; das Fremdkapital wird zu i aufgenommen, jedoch zu $r_G$ investiert. Aus der Gleichung kann gefolgert werden: Je höher der Verschuldungsgrad, je höher die Eigenkapitalrentabilität. – Der L. gilt jedoch auch in umgekehrter Richtung: Liegt die Gesamtkapitalrendite unter dem Fremdkapitalzins, sinkt die Eigenkapitalrentabilität linear mit der Kapitalstruktur bzw. mit dem Verschuldungsgrad (negativer L.).

**Leverage-Faktor,** → Hebel.

### Leverage Fund

In Deutschland nicht zulässiger, spekulativ operierender → Investmentfonds, der Anlagen überwiegend mit → Krediten finanziert mit dem Ziel, eine Mehrrendite zu Gunsten der Fondsrendite zu erzielen (→ Leverage-Effekt). Voraussetzung hierfür ist, daß die Zinssätze für die aufgenommenen Kredite niedriger sind als die damit erzielte → Rendite. In Deutschland darf nach § 9 Abs. 4 KAGG eine → Kapitalanlagegesellschaft für einen Investmentfonds kurzfristige Kredite bis zu 10% des Sondervermögens aufnehmen, wenn dies in den Vertragsbedingungen vorgesehen ist und die → Depotbank der Kreditaufnahme zustimmt. Die Depotbank darf nur zustimmen, wenn die Bedingungen der Kreditaufnahme marktüblich sind.

### Liabilities

Bezeichnung für → Verbindlichkeiten (→ Passiva).
*Gegensatz:* → Assets (Vermögenswerte).
(→ Aktiv-Passiv-Management)

### Liability Management

Management von → Verbindlichkeiten.

### Liability Swap

→ Zins-Swap oder → Währungs-Swap, der mit einer → Verbindlichkeit (z. B. → Straight Bond, → Floating Rate Note) verbunden ist. Während → Asset Swaps von Anlegern eingesetzt werden, werden L. S. von → Emit-

# Liberalisierung

## Liability Swap – Grundstruktur

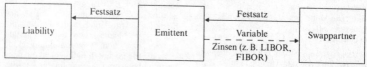

tenten in → Arbitrage- und → Hedgingstrategien eingesetzt. L. S. wurden bereits vor Asset Swaps verwendet.

*Grundstruktur*: Vgl. Abbildung oben.

### Liberalisierung
I. w. S. Befreiung des → Außenhandels von allen Handelshemmnissen und damit Verwirklichung des → Freihandels. I. e. S. Befreiung des internationalen Waren-, Dienstleistungs-, Kapital- und → Zahlungsverkehrs von mengenmäßigen Beschränkungen (→ Kontingentierung).

### Liberalismus
Individuelle Freiheit und Selbstverantwortung betonende Gesellschaftskonzeption. Geistige Wurzeln liegen in der durch die Aufklärung beeinflußten englischen und schottischen Moralphilosophie des 18. Jahrhunderts (u. a. J. Locke, D. Hume, D. Stewart, A. Smith). Entstanden zunächst als politische Bewegung gegen den Absolutismus, wurde der L. bald auch als Gestaltungsprinzip für die → Wirtschaftsordnung aufgegriffen, da den Vertretern des L. zufolge politische Freiheit nur dann realisiert werden kann, wenn auch die Freiheit der wirtschaftlichen Betätigung gewährleistet ist. Demzufolge fordert der L. eine freie → Marktwirtschaft einschl. → Freihandel (→ Ordoliberalismus).

### Liberationspapier
→ Urkunde, die mit der Bestimmung ausgegeben wird, daß sich die in der Urkunde versprochene Leistung nicht nur an den namentlich Berechtigten, sondern auch auf jeden Inhaber erstreckt. In diesem Fall kann der → Schuldner Leistungen mit schuldbefreiender Wirkung an den jeweilig vorlegenden Inhaber der Urkunde erbringen, ohne daß er dessen Berechtigung im einzelnen zu prüfen hat (§ 808 Abs. 1 BGB). Daher wird es auch als qualifiziertes → Legitimationspapier bezeichnet. Der Inhaber ist nicht (wie bei → Inhaberpapieren) berechtigt, die Leistungen zu verlangen. Weil diese Papiere für den Verpflichteten praktisch Inhaberpapiere darstellen, werden sie auch als hinkende Inhaberpapiere bezeichnet. L. sind das Spar(kassen)buch, der Depotschein und der Versicherungsschein mit Inhaberklausel.

### LIBID
Abk. für London Interbank Bid Rate. LIBID ist ein in London festgestellter Geldkurs des → Euro-Geldmarktes, d. h. für die Hereinnahme von → Euro-Geldern. Die Differenz zu → LIBOR beträgt i. d. R. 1/8 Prozentpunkt p. a.

### LIBOR
Abk. für London Interbank Offered Rate. LIBOR ist ein in London festgestellter Briefkurs des → Euro-Geldmarktes, d. h. für die Aufnahme von → Euro-Geldern. Die Differenz zu → LIBID beträgt i. d. R. 1/8 Prozentpunkt p. a. L. dient als → Referenzzinssatz für viele → Zinsinstrumente des → Geldmarktes (z. B. → variabel verzinsliche Anleihen, → Zinsausgleichs-Zertifikate, → Euro-DM-Futures, → Zins-, → Währungs- und → Equity-Swap, FRA's, → Floor, → Caps).
(→ FIBOR)

### LIBOR in Arrears-Swap
*Delayed LIBOR Reset Swap, Back-end Set Swap*; → Kuponswap, bei dem → LIBOR nicht am Anfang der Periode festgelegt wird, sondern erst am Zinszahlungstermin, d. h. sowohl die Zinsfestsetzung als auch die Zinszahlung erfolgen am Ende der Periode (nachschüssige Zinsfestsetzung). LIBOR in Arrears-Swaps sind bei einer sehr positiven → Renditestrukturkurve für den → Empfänger des Festsatzes interessant, wenn dieser erwartet, daß der → Referenzzinssatz (z. B. LIBOR) nicht so stark steigt, wie dies die → Forward Rates prognostizieren.
(→ Spreadlock Swap)

### LIBOR-Zinsstrukturkurve
→ Zinsstrukturkurve, die auf Basis von → LIBOR gebildet wird.

## Lieferantendarlehen
→ Darlehen des Herstellers/Lieferers an seine Abnehmer. Das Lieferantendarlehen ist im Gegensatz zum →Lieferantenkredit ein →langfristiger Kredit. Zweck: →Finanzierung von Einrichtungen, technischen Anlagen usw., damit die vom Hersteller gelieferten Produkte weiterverkauft werden können.

*Betriebswirtschaftliche Bedeutung:* (1) *Aus Sicht des Herstellers:* Absatzpolitisches Instrument („indirekte →Absatzfinanzierung"), welches dem Verkauf der Herstellerprodukte dient. Üblich in *bestimmten Branchen* wie Brauereien („Brauereidarlehen"); Mineralölunternehmen im Großhandel und im Prinzip auch in der Kfz-Branche. Ziel: Sicherung der Absatzwege.
(2) *Aus Sicht des Abnehmers:* Finanzierung des relativ hohen Kapitalbedarfs für die Einrichtung; Übernahme von bestimmten Unternehmensfunktionen, z. B. überregionale →Werbung für die Produkte durch den Hersteller; Standortwerbung (Lichtreklame) usw.
(→Finanzierung).

## Lieferantenkredit
1. →Kredit des Lieferanten an seinen Abnehmer für den Zeitraum zwischen *Lieferung* und *Bezahlung* des Materials bzw. der →Ware.

*Arten des L.:* (1) →Buchkredit (sehr häufig), (2) →Wechselkredit, (3) →Akzeptkredit.

*Betriebswirtschaftliche Bedeutung:* (1) *Allgemein:* Form des →Warenkredits, welcher in Industrie, Handel und Handwerk und fast allen anderen Geschäftszweigen als kurzfristiger Kredit (ein bis drei Monate) eingeräumt wird.
(2) *Für den Lieferanten:* Mittel der Absatzförderung (= absatzpolitisches Instrument). Durch Unterscheidung zwischen *Bar*preis (Skontoabzug) und *Ziel*preis Anreiz für sofortige Rechnungsbegleichung. Skonto muß im Preis einkalkuliert sein, sonst Gewinnschmälerung. Mögliche Zahlungsbedingung: 2% Skonto bei Zahlung innerhalb von 10 Tagen oder innerhalb von 30 Tagen ohne Abzug.
(3) *Für den Abnehmer:* Leichter erhältlich als Bankkredit (formlos; keine →Kreditwürdigkeitsanalyse); keine banküblichen Sicherheiten, wenn dann →Eigentumsvorbehalt; wichtige Quelle der kurzfristigen Finanzierung; hohe Flexibilität; vermeintlich günstiger Kredit, *jedoch:* 2% Skontoverlust für 20 Tage ergibt →Kreditkosten pro Jahr von

$$\frac{360 \cdot 2}{20} = 36\%$$

Damit gehört der Lieferantenkredit zu den teuersten Kreditarten überhaupt. Aus Sicht des Abnehmers lohnt daher Aufnahme eines →Kontokorrentkredites und Zahlung unter Skontoabzug.
Weitere Vorteile der Zahlung unter Skontoabzug: Erhöhung seines Ansehens („Standing"); dadurch Verstärkung seiner Verhandlungsposition (Unabhängigkeit); Liquiditätsreserve („freie Kreditlinie"), da der L. innerhalb kurzer Frist in Anspruch genommen werden kann; gegebenenfalls bessere Lieferungsbedingungen. Im Gegensatz zum Kurzfristcharakter des L. ist das →Lieferantendarlehen ein langfristig angelegter Kredit.

2. Kredit im →Außenhandel, den vor allem die →AKA Ausfuhrkreditgesellschaft mbH deutschen Exporteuren zur →Refinanzierung der Exporteuraufwendungen und/oder der kreditierten Exportforderungen (mittel- und langfristige Kreditgewährung an ausländische Abnehmer zur →Finanzierung von →Kauf- und Werklieferungsverträgen) aus Mitteln ihrer Plafonds A und B (→Kreditplafonds) gewährt (Exporteurrefinanzierung, →AKA-Kredit). Kredite zur Exporteurrefinanzierung werden auch von →Universalbanken gewährt.
*Gegensatz:* →Bestellerkredit.
(→Finanzierung)

## Lieferanzeige von Futures
Bei →Futures mit Physical Delivery (→physische Erfüllung; z. B. →Bobl-Future, →Bund-Future) muß der Inhaber einer →Short Position am letzten Handelstag nach Handelsschluß des fälligen Liefermonats bis zum Ende der →Post-Trading-Periode anzeigen, welche der →lieferbaren Anleihen er zu liefern beabsichtigt.

## Lieferbare Anleihen
Bestimmte →Anleihen, die von der →Terminbörse definiert werden, um die Lieferverpflichtung der →Short Position in →mittelfristigen Zinsfutures (z. B. →Bobl-Future) und langfristigen Zinsfutures (z. B. →Bund-Future, →Buxl-Future) erfüllen zu

## Lieferbare Papiere

können. Von den l. A. ist jene Anleihe eine →CT–0-D-Anleihe, die die höchste →Implied Repo Rate bzw. die geringste →Value Basis hat.

**Lieferbare Papiere,** →lieferbare Anleihen.

## Liefergarantie

*Delivery Guarantee*; →Bankgarantie, die den Käufer (Garantienehmer) für den Fall schützen soll, daß der Verkäufer (Garantieauftraggeber) nicht liefert. Die Garantie beläuft sich i. d. R. auf 5–10 Prozent des Vertragswertes (→Bankgarantie im Außenhandel).

## Liegenschaftsbuch

Das nach Eigentümern in Karteiform angelegte Grundstücksverzeichnis, das bei den Katasterämtern (Kreisbehörde) geführt wird. Alle Flurstücke, die im →Grundbuch in einem Grundbuchblatt verzeichnet sind, werden im Bestandsblatt des Liegenschaftskatasters ausgewiesen. Neben dem Namen des oder der Eigentümer werden die Liegenschaftsbuchnummer, die einzelnen Flurstücke und ihre Größe sowie die Grundbuchbezeichnung im L. verzeichnet. Ein Auszug aus dem L. sowie eine Abzeichnung der zugehörigen Katasterkarte gehören zu den bei einem →Hypothekendarlehen notwendigen Beleihungsunterlagen.

## LIFFE

*London International Financial Future and Options Exchange*; 1982 gegründet, bedeutendste europäische Finanz-→Terminbörse. Angeboten wird eine breite Palette von →Futures und →Optionen auf kurz- und mittelfristige in- und ausländische →Zinstitel, auf →Währungen und →Aktienindices. Seit dem 1992 erfolgten Zusammenschluß mit dem London Traded Options Market, einer bis zu diesem Zeitpunkt selbständigen Einrichtung, werden an der LIFFE auch Optionen auf nationale Aktienwerte angeboten.

**LIKO-Bank,** →Liquiditäts-Konsortialbank GmbH.

## Limean

Mittelkurs aus →LIBID und →LIBOR.

## Limit

Preis- oder Mengengrenze, Grenze für Höchst- oder Tiefstkurse, die ein Auftraggeber zu akzeptieren bereit ist (→Devisenbörse, →Effektenbörse).

## Limited Exercise Option

Synonym für →Bermuda Option.

**Limit Option,** →Barrier Option.

## Lineare Regressionsrechnung

Form der →Regressionsrechnung (→Regressionsanalyse).

## Lineare Verzinsung

*Einfache Verzinsung*; →Zinsen werden am Jahresende (bzw. dem Ende der→Zinsperiode) nicht dem →Kapital zugeschlagen, sondern entweder dem →Gläubiger ausbezahlt oder einem →Konto gutgeschrieben (→Zinsrechnung).

**Lineare Zinsrechnung,** →Zinsrechnung.

**Linechart,** →Linienchart.

## Linie

1. Kurzbezeichnung für →Kreditlinie.
2. Kurzbezeichnung für →Liniensystem in der →Aufbauorganisation.

## Linienchart

*Linechart*; graphische Darstellung der Höchst-, Tiefst- und Schlußkurse einer Berichtsperiode. Die beobachteten Werte (z. B. Kurse) werden nacheinander im →Chart eingezeichnet. Diese Eintragungen werden durch eine Linie verbunden. L. haben den Vorteil, daß der Beschaffungsaufwand für die Daten relativ gering ist, da nur ein Kurs pro Zeiteinheit verwendet wird. Darüber hinaus ist diese Darstellungsart besonders übersichtlich.
(→Balkenchart, →Point & Figure Chart, →Market Profile Chart)

## Linien-System

Hierarchisch strukturiertes Leitungs- und Weisungssystem in der →Aufbauorganisation (→Einlinien-System, →Mehrlinien-System).

## Liquidation

Auflösung einer →Gesellschaft durch Beendigung der laufenden Geschäfte, Einziehung der Außenstände und →Tilgung der

→ Schulden, Verwertung des Gesellschaftsvermögens und anschließende Verteilung des Gesamterlöses unter den Gesellschaftern (§ 49 Abs. 1 BGB, §§ 732–735 BGB, §§ 149–155 HGB, § 161 Abs. 2 HGB, §§ 268–271 AktG, §§ 70–74 GmbHG, §§ 88–93 GenG). Eine L. findet nur statt, wenn die Gesellschafter keine andere Art der → Auseinandersetzung vereinbart haben bzw. vereinbaren.
Die L. wird durch die Liquidatoren durchgeführt. Es handelt sich hierbei i. d. R. um diejenigen Personen, die bisher die Geschäfte der Gesellschaft geführt und sie vertreten haben. Möglich ist auch, daß dritte Personen von einem Gericht, durch Gesellschafterbeschluß, → Gesellschaftsvertrag, Beschluß der → Hauptversammlung oder → Generalversammlung bestellt werden (§§ 48 BGB, 146, 161 Abs. 2 HGB, 265 AktG, 66 GmbHG, 83 GenG).
Während der Liquidationszeit besteht die Gesellschaft (auch eine → juristische Person) als *Abwicklungsgesellschaft* fort.

## Liquidationsvergleich

Gerichtliches → Vergleichsverfahren, bei dem der → Schuldner seinen → Gläubigern sein → Vermögen ganz oder teilweise mit der Vereinbarung überläßt, daß der nicht durch die → Verwertung gedeckte Teil der → Forderung erlassen sein soll (§ 7 Abs. 4 VerglO).

## Liquidität

Begriff, der sich sowohl auf die → Zahlungsfähigkeit von Wirtschaftssubjekten (subjektbezogener L.-Begriff) als auch auf die Geldnähe von Sach- und Finanzaktiva (Vermögensliquidität; objektbezogener L.-Begriff) bezieht. L. im Sinne der Zahlungsfähigkeit ist die Fähigkeit eines Wirtschaftssubjektes, allen Zahlungsverpflichtungen fristgerecht nachkommen zu können.
Bezogen auf die Eigenschaft von Vermögensgegenständen kann zwischen der Selbstliquidationsl. (self liquidating liquidity) und der Liquidierbarkeit („shiftability") unterschieden werden. Die Selbstliquidationsl. ergibt sich aus der Dauer der Wiedergeldwerdung von Vermögensgegenständen im „normalen" Wiedergeldwerdungsprozeß (z. B. entsprechend der Abschreibungsdauer bei → Sachanlagen oder der Kreditlaufzeit). Die Liquidierbarkeit bezieht sich auf die Möglichkeit, Vermögensgegenstände auch vorzeitig (insbes. durch Verkauf oder → Abtretung) in → Zahlungsmittel umzuwandeln (Shiftability-Theorie). Im Sinne der Liquidierbarkeit ist der Liquiditätsgrad der → Aktiva um so höher, je schneller die Umwandlung möglich ist und je geringer damit verbundene Monetisierungsverluste sind. Auf dem Konzept der Liquidierbarkeit beruht die klassische Gruppierung der → Aktiva nach → Liquiditätsgraden, d. h. die Zuordnung aller Vermögensgegenstände zu den Primär-, Sekundär- oder Tertiärliquiditätsreserven als liquiden Mitteln 1., 2. bzw. 3. Ordnung oder zu den illiquiden Aktiva. Dabei ist → Geld das Gut mit dem höchsten Liquiditätsgrad; es verkörpert Primärliquidität.
I. e. S. wird L. auch als die Summe aller flüssigen Mittel (→ Bargeld, → Buchgeld) eines Wirtschaftssubjekts verstanden.

*Betriebswirtschaftliche Bedeutung:* Die Erhaltung der Zahlungsfähigkeit ist für jedes Unternehmen von existenzieller Bedeutung. → Zahlungsunfähigkeit ist ein Konkursgrund und berechtigt bzw. verpflichtet zum Antrag auf Eröffnung des → Konkurses oder des gerichtlichen Vergleichsverfahrens. Aufgabe des → Liquiditätsmanagements ist es, mittels des → Finanzplans und der Instrumente der strukturellen Liquiditätsplanung den Bedarf an finanziellen Mitteln festzulegen und die Bereitstellung zu sichern. Dazu dienen vor allem → Kreditlinien bei → Banken und → Sparkassen. Großunternehmen operieren bei der L.-Beschaffung selbständig am → Geldmarkt. Zur Gewährleistung der Zahlungsbereitschaft im Ausland und in fremden Währungen dienen die internationalen → Geldmärkte (→ internationaler Geldhandel) und Stand-by-Vereinbarungen mit ausländischen Kreditinstituten (→ Stand-by-Linie).
Zwischen den Unternehmenszielen L. und → Rentabilität besteht ein Zielkonflikt: Einerseits ist L. eine notwendige Voraussetzung für Rentabilität, andererseits führen hohe → Liquiditätsreserven zu einer Senkung derselben.
Liquiditätskennzahlen dokumentieren das Verhältnis zwischen liquiden Mitteln (gestaffelt nach liquiden Mitteln 1., 2. und 3. Ordnung) und fälligen → Verbindlichkeiten. Sie werden auch als Liquiditätsgrade bezeichnet. Solche Liquiditätsgrade haben bei der → Kreditwürdigkeitsanalyse Bedeutung.

**Liquidität dritten Grades**

*Volkswirtschaftliche Bedeutung:* In einer Geldwirtschaft ist L. Voraussetzung für die Verfügungsmacht über Güter und bestimmt die wirtschaftliche Entscheidungs- und Handlungsfreiheit. Die Höhe der gesamtwirtschaftlich vorhandenen L. bestimmt sich zum einen nach der Ausstattung der Volkswirtschaft mit →Zentralbankgeld und zum anderen nach der →Geldschöpfung der Kreditinstitute. Der Geldschöpfungs- bzw. Kreditschöpfungsspielraum wird von der Höhe der im Geschäftsbankensystem vorhandenen L. (→Bankenliquidität) bestimmt. Aufgabe der →Zentralbank ist es, die volkswirtschaftliche L. zu steuern. Die →Geldmengensteuerung ist die Hauptaufgabe der →Geldpolitik der Zentralbank zur Sicherung der →Geldwertstabilität.

*Internationale L.:* Die Zahlungsfähigkeit eines Landes im Wirtschaftsverkehr mit anderen Staaten ergibt sich nicht aus den im Inland geschaffenen Zahlungsmitteln. Sie resultiert aus den →Währungsreserven und nicht ausgenutzten internationalen Kreditlinien (z. B. aus den →Ziehungsrechten im Rahmen des →Internationalen Währungsfonds). Lediglich die →Hartwährungsländer können →internationale L. selbst schaffen, da ihre →Währungen als internationale Zahlungsmittel akzeptiert werden.

**Liquidität dritten Grades**
Im Rahmen der Jahresabschlußanalyse (→Bilanzanalyse) verwendete Kennzahl zur Messung der →Liquidität (umsatzbedingte Liquidität); Verhältnis des →Umlaufvermögens zu den kurzfristigen →Verbindlichkeiten. Hierbei wird unterstellt, daß die Liquidisierung des gesamten Umlaufvermögens ausreicht, sämtliche kurzfristigen Verbindlichkeiten zu begleichen. Abgesehen davon, daß ein Teil des Umlaufvermögens oftmals langfristig im Unternehmen gebunden ist („eiserner Bestand"), ist das Umlaufvermögen als Teil der Bilanz eine untaugliche Maßgröße zur Messung der Liquidität. Hierfür ist für einen bestimmten Zeitpunkt ein →Liquiditätsstatus und für einen zukünftigen Zeitraum ein →Liquiditätsplan erforderlich.

**Liquidität einer Bank**
Für eine →Bank ist die Sicherung der →Liquidität ein betriebswirtschaftliches Zentralproblem. Zwischen Zuflüssen und Abflüssen von →Zentralbankgeld muß unter Beachtung der Vorschriften zur Haltung der →Mindestreserve ein Ausgleich hergestellt werden. Liquiditätsüberschüsse (überschüssige Primärliquiditätsreserven) müssen ertragbringend angelegt werden. Auch die Haltung von Sekundärliquidität ist ertragsoptimal zu gestalten (→Liquiditätsmanagement). Die dauerhafte Sicherung der Liquidität des Bankbetriebs schließt begrifflich die Begrenzung bzw. Ausschaltung von →Liquiditätsrisiken ein.

Gesamtwirtschaftlich wird die Liquidität der Kreditinstitute meistens am Liquiditätssaldo oder an der Höhe der freien Liquiditätsreserven gemessen. § 11 S. 1 KWG verlangt, daß die →Kreditinstitute ihre Mittel so anlegen müssen, daß jederzeit eine ausreichende Zahlungsbereitschaft gewährleistet ist. Die Grundsätze II und III (→Liquiditätsgrundsätze) legen im einzelnen das Verhältnis von Mittelverwendung und Art der dafür eingesetzten Finanzierungsmittel fest. Für →Sparkassen enthalten die Sparkassenverordnungen bzw. Mustersatzungen (→Sparkassenrecht) besondere Vorschriften.

Falls erforderlich, kann das →Bundesaufsichtsamt für das Kreditwesen zur Sicherung der Liquidität des Bankbetriebs Entnahmen durch die Inhaber oder Gesellschafter, Gewinnausschüttung und Kreditgewährungen untersagen oder beschränken sowie die Anlage verfügbarer Mittel in →Grundstücken, Gebäuden, Betriebs- und Geschäftsausstattung, →Schiffen, Anteilen an Kreditinstituten und an sonstigen Unternehmen sowie in Forderungen aus Vermögenseinlagen als stiller Gesellschafter (→stille Vermögenseinlagen) und aus →Genußrechten (§ 12 KWG) untersagen (§ 45 Abs. 1 KWG) (→bankaufsichtliche Maßnahmen).

**Liquidität ersten Grades**
Im Rahmen der Jahresabschlußanalyse (→Bilanzanalyse) verwendete Kennzahl zur Messung der →Liquidität (→Barliquidität): Verhältnis des Barvermögens zu den kurzfristigen →Verbindlichkeiten. Diese Kennziffer läßt keine Aussagen über das finanzielle Gleichgewicht eines Unternehmens zu, sondern stellt nur rechnerisch fest, ob das Unternehmen seine kurzfristigen Verbindlichkeiten zu diesem Zeitpunkt begleichen könnte. Eventuelle freie →Kreditlinien bleiben unberücksichtigt.

**Liquiditätsanalyse der Deutschen Bundesbank**
Untersuchung der Bestimmungsgründe für die →Liquidität des →Bankensystems

(→ Bankenliquidität), die die → Deutsche Bundesbank monatlich anhand der Bankstatistischen Gesamtrechnung „Zentralbankgeldbedarf der Banken und liquiditätspolitische Maßnahmen der Deutschen Bundesbank" (→ Bankstatistische Gesamtrechnungen der Deutschen Bundesbank) durchführt.

## Liquiditätsausgleich
Funktion des → Geldmarktes, der Liquiditätsdefizite und Liquiditätsüberschüsse einzelner → Kreditinstitute ausgleicht.

## Liquiditätsbilanz
Eine zur Offenlegung der → Liquidität eines Unternehmens aufgestellte → Bilanz, die auch als → Liquiditätsstatus bezeichnet wird. Sie dient als Unterlage für Maßnahmen der → Finanzierung, insbes. der → Sanierung. Aufgabe der L. ist es, das Maß der Liquidität bzw. → Illiquidität durch Gegenüberstellung von flüssigen → Aktiva und → Verbindlichkeiten ersichtlich zu machen. Die Aktiva werden entsprechend ihrem → Liquiditätsgrad nach mehreren Liquiditätsstufen aufgeteilt. Die → Passiva werden nach Fälligkeiten gegliedert.

## Liquiditätsgrade
Kennzahlen zur Ermittlung der vorhandenen bzw. zukünftig zu erwartenden Fähigkeit eines Unternehmens, seine Zahlungsverpflichtungen zu erfüllen. Liquiditätskennzahlen beziehen sich auf die statische (bilanzielle) → Liquidität. Sie drücken den Versuch aus, die Liquiditätslage aus der Gegenüberstellung der kurzfristig liquidierbaren Vermögenswerte mit den kurzfristig fälligen → Verbindlichkeiten aus der → Bilanz festzustellen. Der Aussagewert für die zukünftige Zahlungsbereitschaft ist stark eingeschränkt, denn bei der Bilanzliquidität handelt es sich lediglich um einen Stichtagswert. Außerdem besteht die Schwierigkeit der Erfassung und Zuordnung der tatsächlichen Fristigkeiten von Vermögenswerten und Verbindlichkeiten für den externen Analytiker. Ebensowenig kann über die Möglichkeit der Liquidierbarkeit von Vermögensgegenständen gesagt werden. Das Unternehmensmanagement benötigt Angaben über die zukünftige Liquidität, die zeigen, ob die zukünftigen Einnahmen ausreichen, um die zukünftigen Ausgaben zu decken. Dieses ist nur anhand eines → Liquiditätsplanes möglich (→ Liquiditätsmanagement).

## Liquiditätsgrundsätze
*Allgemeines:* § 11 KWG schreibt vor, daß die → Kreditinstitute ihre Mittel so anlegen müssen, daß jederzeit eine ausreichende Zahlungsbereitschaft gewährleistet ist. Ob bei einem Kreditinstitut die → Liquidität als ausreichend angesehen werden kann, bemißt sich im Regelfall nach Grundsätzen (→ Grundsätze über das Eigenkapital und die Liquidität der Kreditinstitute), die das → Bundesaufsichtsamt für das Kreditwesen im Einvernehmen mit der → Deutschen Bundesbank nach Anhörung der → Spitzenverbände der deutschen Kreditwirtschaft aufstellt und die im → Bundesanzeiger zu veröffentlichen sind. Für → öffentlich-rechtliche Grundkreditanstalten, → Teilzahlungskreditinstitute, → Bürgschaftsbanken, → private Hypothekenbanken, → Schiffspfandbriefbanken, → Bausparkassen, → Wertpapiersammelbanken und → Kapitalanlagegesellschaften gelten die L. nicht.

*Grundsätze II und III:* Die L. II und III stellen eine Kombination von → Goldener Bankregel und → Bodensatztheorie dar. Gemäß Goldener Bankregel ist eine → Fristenkongruenz zwischen → Aktiv- und → Passivgeschäft herzustellen. Erfahrungsgemäß stehen jedoch die Mittel der Bank länger zur Verfügung als es der vertraglichen Vereinbarung entspricht, so daß ein Bodensatz für die Fristentransformation verwandt werden kann (→ Finanzierungsregeln). Die → Bankenaufsicht steht jedoch vor dem Problem, einen für alle → Geschäftsbanken gültigen Rahmen für die hinzunehmende Fristentransformation so zu bestimmen, daß die Zahlungsbereitschaft nicht gefährdet wird.

| | | | |
|---|---|---|---|
| Grundsatz II: | langfristige Vermögenswerte | ≤ | langfristige Finanzierungsmittel |
| Grundsatz III: | kurz- und mittelfristige Vermögenswerte | ≤ | kurz- und mittelfristige Finanzierungsmittel + nicht durch Grundsatz II beanspruchte langfristige Finanzierungsmittel |

**Liquiditätsgrundsätze**

*Grundsatz II:*
Die Anlagen eines Kreditinstituts abzüglich der → Wertberichtigungen in
(1) → Forderungen an Kreditinstitute und Kunden mit vereinbarter → Laufzeit oder Kündigungsfrist von vier Jahren oder länger,
(2) nicht börsengängigen → Wertpapieren,
(3) → Beteiligungen,
(4) Anteilen an einer herrschenden oder mit Mehrheit beteiligten Gesellschaft,
(5) → Grundstücken und Gebäuden und
(6) der Betriebs- und Geschäftsausstattung
sollen die Summe der nachstehenden langfristigen Finanzierungsmittel nicht übersteigen:
(1) das Eigenkapital (→ haftendes Eigenkapital der Kreditinstitute),
(2) die → Verbindlichkeiten (ohne → Spareinlagen) gegenüber Kreditinstituten und aus dem Bankgeschäft gegenüber anderen Gläubigern mit vereinbarter Laufzeit oder Kündigungsfrist von vier Jahren oder länger,
(3) 10% der Verbindlichkeiten (ohne Spareinlagen) aus dem Bankgeschäft gegenüber anderen Gläubigern mit täglicher → Fälligkeit sowie vereinbarter Laufzeit oder Kündigungsfrist von weniger als vier Jahren,
(4) 60% der Spareinlagen,
(5) die umlaufenden und vorverkauften → Schuldverschreibungen mit einer Laufzeit von mehr als vier Jahren,
(6) 60% der umlaufenden und vorverkauften Schuldverschreibungen mit einer Laufzeit bis zu vier Jahren,
(7) 60% der → Pensionsrückstellungen,
(8) 20% der Verbindlichkeiten gegenüber angeschlossenen Kreditinstituten mit vereinbarter Laufzeit oder Kündigungsfrist von mindestens sechs Monaten, aber weniger als vier Jahren (nur bei Girozentralen und Zentralkassen).
Die vorstehende Begrenzung gilt entsprechend für die Zweigstelle einer Bank mit Sitz in einem anderen EG-Mitgliedsstaat, welches über einen → „Europäischen Paß" verfügt, sowie für die grenzüberschreitenden Tätigkeiten bestimmter → Finanzinstitute i.S. des KWG. Die bis 1993 in § 21 KWG enthaltene Definition der Spareinlage findet sich nunmehr in der auf § 11 Satz 4 KWG gestützten § 21 der Rechtsverordnung über die Rechnungslegung der Kreditinstitute (→ Rechnungslegungsverordnung).

*Grundsatz III:*
(1) 20% der Forderungen an Kreditinstitute mit vereinbarter Laufzeit oder Kündigungsfrist von mindestens drei Monaten, aber weniger als vier Jahren,
(2) die Forderungen an Kunden mit vereinbarter Laufzeit oder Kündigungsfrist von weniger als vier Jahren (einschließlich der Warenforderungen von Kreditinstituten mit Warengeschäft),
(3) die den Kreditnehmern abgerechneten eigenen Ziehungen und von diesen ausgestellten und ihnen abgerechneten → Solawechsel im Bestand (ausgenommen Solawechsel der → Bank für Internationalen Zahlungsausgleich und der Einfuhr- und Vorratsstellen [1]) und Solawechsel, die zur Inanspruchnahme von Krediten der Ausfuhrkredit-Gesellschaft mbH und der → Gesellschaft zur Finanzierung von Industrieanlagen mbH begeben werden) sowie die Eventualforderungen aus solchen Wechseln im Umlauf,
(4) die börsengängigen Anteile und → Investmentanteile,
(5) die „sonstigen → Aktiva" (einschließlich des Warenbestandes von Kreditinstituten mit Warengeschäft)
sollen abzüglich der Wertberichtigungen die Summe der nachstehenden Finanzierungsmittel nicht übersteigen:
(1) 10% der Verbindlichkeiten gegenüber Kreditinstituten mit täglicher Fälligkeit sowie vereinbarter Laufzeit oder Kündigungsfrist von weniger als drei Monaten ohne die von der Kundschaft bei Dritten benutzten Kredite,
(2) 50% der Verbindlichkeiten gegenüber Kreditinstituten mit vereinbarter Laufzeit oder Kündigungsfrist von mindestens drei Monaten, aber weniger als vier Jahren ohne die von der Kundschaft bei Dritten benutzten Kredite,
(3) 80% der Verbindlichkeiten gegenüber Kreditinstituten aus von der Kundschaft bei Dritten benutzten Krediten,
(4) 20% der Spareinlagen,
(5) 60% der sonstigen Verbindlichkeiten aus dem Bankgeschäft gegenüber anderen Gläubigern mit täglicher Fälligkeit sowie vereinbarter Laufzeit oder Kündigungsfrist von weniger als vier Jahren,
(6) 80% der Verpflichtungen aus Warengeschäften und aufgenommenen Warenkrediten ohne die in Nummer 8 enthal-

## Liquiditätskosten

tenen Verpflichtungen von Kreditinstituten mit Warengeschäft,
(7) 20% der umlaufenden und vorverkauften Schuldverschreibungen mit einer Laufzeit bis zu vier Jahren,
(8) 80% der eigenen Akzepte und Solawechsel im Umlauf und der den Kreditnehmern abgerechneten eigenen Ziehungen und von diesen ausgestellten und ihnen abgerechneten Solawechsel im Umlauf (ausgenommen Solawechsel der Bank für Internationalen Zahlungsausgleich und der Einfuhr- und Vorratsstellen[1] und Solawechsel, die zur Inanspruchnahme von Krediten der Ausfuhrkredit-Gesellschaft mbH und der Gesellschaft zur Finanzierung von Industrieanlagen mbH begeben werden), zuzüglich des Finanzierungsüberschusses bzw. abzüglich des Finanzierungsfehlbetrages im Grundsatz II.

---

[1] Umbenannt in Bundesanstalt für landwirtschaftliche Marktordnung, jetzt Bundesanstalt für Landwirtschaft und Ernährung.

---

Aktivposten der → Bilanz, die nicht in den L. II und III genannt werden, stellen liquide Vermögenswerte dar (Kassenbestand, Bundesbank- und Postgiroguthaben, Forderungen an Kreditinstitute mit einer Befristung von weniger als drei Monaten, 80% der Forderungen an Kreditinstitute mit einer Laufzeit von drei Monaten bis unter vier Jahren, → Schecks und → Wechsel (mit bestimmten Ausnahmen), → Schatzwechsel, → unverzinsliche Schatzanweisungen, börsengängige → festverzinsliche (Wert-)Papiere, → Ausgleichsforderungen). Ihr Umfang wird so indirekt ebenfalls bestimmt. Mit den unterschiedlichen Anrechnungssätzen gleichfristiger Bankengelder ist den Kreditinstituten, die ihr Kontokorrentkreditgeschäft vorwiegend mit Bankengeldern finanzieren, im Aufbau des Grundsatzes III von der Bankenaufsicht ein „Zugeständnis" gemacht worden.

Die Einhaltung der Grundsätze entbindet die Kreditinstitute nicht von der Verantwortung, die Liquiditätsvorsorge nach den betrieblichen Notwendigkeiten zu gestalten. Gravierend ist, daß selbst bei Laufzeitkongruenz (Aktiva – Passiva) ein → Zinsänderungsrisiko nicht auszuschließen ist, denn entscheidend für die Ertrags- und damit für die Liquiditätssituation eines Kreditinstituts ist nicht so sehr die fristenkongruente, sondern vielmehr die „zinskongruente" → Refinanzierung. Es gibt bislang keine bankaufsichtliche Strukturnorm, die das Zinsänderungsrisiko erfaßt.

### Liquiditäts-Konsortialbank GmbH (LIKO-Bank)

Nach der Krise um die Herstatt-Bank (1974) auf Initiative der → Deutschen Bundesbank gegründete Bank, deren Aufgabe es ist, bonitätsmäßig einwandfreien → Banken, die unverschuldet in Liquiditätsschwierigkeiten geraten sind, vorübergehend Liquiditätshilfen zu gewähren. Ziel ist es, der Gefahr eines allgemeinen Vertrauensschwundes gegenüber den deutschen → Banken zu begegnen.

Die LIKO-Bank ist gehalten, ihre Mittel flüssig anzulegen (z. B. in → Geldmarktpapieren). Sie müssen schnell mobilisierbar sein. Die Liquiditätskredite an Banken und → Sparkassen werden zu Marktkonditionen gewährt, sollen grundsätzlich besichert sein (z. B. durch Zession von → Forderungen gegen Kunden ohne Übernahme von → Bonitätsrisiken, daher zuweilen Freistellung vom Ausfallrisiko durch den Einlagensicherungsfonds). Die Inanspruchnahme erfolgt als → Buchkredit (soweit auf Eigenmittel zurückgegriffen wird) bzw. durch Diskontierung von an die Order der LIKO-Bank ausgestellten → Solawechseln (soweit auf die Sonderrediskontlinie der Deutschen Bundesbank zurückgegriffen wird). Die Kreditbewilligung erfolgt durch einstimmige Beschlüsse eines Kreditausschusses.

*Gesellschafter:* Deutsche Bundesbank, Mitglieder des → Bundesverbandes deutscher Banken e.V., Mitglieder des → Deutschen Sparkassen- und Giroverbandes e.V., die → DG BANK Deutsche Genossenschaftsbank als Repräsentant des → Bundesverbandes der Deutschen Volksbanken und Raiffeisenbanken e.V. und der → Bankenfachverband e.V. Die Gesellschafterversammlung kann eine bestimmte Nachschußpflicht zur Aufstockung des → Stammkapitals beschließen.

(→ Kreditinstitute mit Sonderaufgaben)

### Liquiditätskosten

→ Kosten im Bankbetrieb, die durch die Haltung von → Mindestreserven und durch die → Liquiditätsgrundsätze des BAK entstehen bzw. kalkulatorisch in Ansatz gebracht wer-

**Liquiditätsmanagement**

den. Die Pflicht zur Haltung von unverzinslichen Mindestreserven erhöht die effektiven Zinskosten. Die nur anteilige Anrechnung bestimmter Gelder als Refinanzierungsmittel durch die Liquiditätsgrundsätze bedingt eine entsprechend höhere Beschaffungsmenge mit der Folge, daß die höheren Einstandskosten nicht den → Aktivgeschäften zugerechnet werden dürfen.

**Liquiditätsmanagement**
Aufgabe des bankbetrieblichen L. ist es, die mit dem Leistungsbeschaffungs-, Leistungskombinations- und Leistungsabsatzprozeß verbundenen Einzahlungen und Auszahlungen (Zahlungsmittelzuflüsse und -abflüsse) so zu planen, zu steuern und zu kontrollieren, daß der → Bankbetrieb zum einen jederzeit zahlungsfähig bleibt und zum anderen verfügbare Zahlungsmittelüberschüsse möglichst rentabel anlegt.
Die → Liquidität i. S. der → Zahlungsfähigkeit von Wirtschaftssubjekten ist für jeden Betrieb aus wirtschaftlichen und rechtlichen Gründen unabdingbar und gilt daher als eine beim Streben nach Zielerreichung (i. d. R. Gewinnerzielung durch Absatz von Marktleistungen) streng einzuhaltende Nebenbedingung. Die Frage nach seiner Zahlungsfähigkeit muß der Betrieb in der Realität als „Ja- oder Nein-Feststellung" (arbeits- bzw. buchungs)täglich positiv beantworten können. Eine dieser Existenzbedingung adäquate Planung der Zahlungsfähigkeit hat möglichst betrags- und zeitpunktgenau diejenigen Größen zu erfassen, die die Zahlungsfähigkeit unmittelbar bestimmen: zukünftige Einzahlungen und Auszahlungen sowie verfügbare Zahlungsmittelbestände (Primärliquiditätsreserven) i. S. der → Barreserve.

*Liquiditätsgrundbedingung:* Das Liquiditätsproblem und die damit verbundenen Einflußgrößen der Planung werden in kumulativ-pagatorischer Darstellungsweise vereinfacht durch die Liquiditätsgrundbedingung ausgedrückt (Zahlungsmittel - Anfangsbestand + kumulierte Einzahlungen - kumulierte Auszahlungen $\geq 0$). Um die Einhaltung dieser Bedingung angemessen planen und steuern zu können, unterteilt man die Ein- und Auszahlungen danach, ob sie im Planungszeitpunkt für die Entscheidungsträger im Sinne von Aktionsparametern noch beeinflußbar (dispositiv) oder als Daten nicht bzw. nicht mehr beeinflußbar (fix) sind. Der Bankbetrieb wird außerdem für das Ende der jeweiligen Planungsperiode einen Sicherheitsbestand an Zahlungsmitteln bzw. (mit Blick auf die Disposition der Mindestreserve) das Mindestreserve-Ist einplanen.
Banken hängen stärker als Nichtbanken „auf beiden Bilanzseiten", d. h. in ihrem → Aktiv- und → Passivgeschäft, von den Dispositionen ihrer Kunden ab. Die nicht disponiblen (fixen) Zahlungen machen - zumindest kurzfristig betrachtet - einen großen Teil der Zahlungen aus und müssen als Erwartungsdaten geschätzt werden (z. B. Zuflüsse zu und Abflüsse aus Nichtbanken-Einlagen, Inanspruchnahme eingeräumter → Kreditlinien durch die Kunden). Dabei ist auch zu berücksichtigen, daß der Bankbetrieb bei der Prognose der erwarteten Einzahlungen und Auszahlungen vielfältigen Gefahren möglicher Fehleinschätzung unterliegt (Formen des → Liquiditätsrisikos).
Auf der Basis des Anfangsbestandes an → Zahlungsmitteln sowie der geschätzten fixen Einzahlungen und Auszahlungen der einzelnen Planungsperioden kann unter Berücksichtigung möglicher Liquiditätsrisiken die zukünftige Einhaltung der Liquiditätsgrundbedingung geplant werden. Der jeweilige → Saldo der fixen Größen der Liquiditätsgrundbedingung bestimmt wesentlich die Tätigung bzw. Unterlassung von dispositiven Einzahlungen und/oder dispositiven Auszahlungen. Unerläßliche Grundlagen für notwendige dispositive Einzahlungen stellen hinreichend hohe Vermögensbestände in Form von Sekundär- und Tertiärliquiditätsreserven sowie verfügbare offene Kreditlinien des Bankbetriebs, insbes. am → Geldmarkt, dar (→ Liquiditätsreserven).

*Finanzplan:* Der → Finanzplan ist das Instrument, mit dem die Sicherung der Zahlungsfähigkeit (Einhaltung der Liquiditätsgrundbedingung) entsprechend geplant, durch Vorgabe der Planwerte gesteuert und durch Vergleich mit den tatsächlich realisierten Zahlungsströmen kontrolliert werden kann. Vereinfacht gesagt, soll er die Elemente der Liquiditätsgrundbedingung (Bestände an Zahlungsmitteln, kumulierte Einzahlungen und Auszahlungen) möglichst vollständig, betrags- und zeitpunktgenau für den Planungszeitraum erfassen. Zu berücksichtigen ist jedoch, daß sich die Prognose der fixen Einzahlungen und Auszahlungen nach Beträgen und Zeitpunkten tendenziell um so ungenauer gestaltet, je weiter die Zahlungen vom Planungszeitpunkt entfernt anfallen. Wegen dieser Kalamität sollte der Finanzplan keine größere Planungsgenauigkeit vortäuschen, als sie tatsächlich gegeben ist. Folglich bleibt diese unmittelbar auf Zahlungsgrößen ausgerichtete Form der Planung auf den kurzfristigen Bereich mit einem → Planungshorizont von maximal einem Jahr beschränkt. Eine weitere Konsequenz ist, daß innerhalb des so abgesteckten Planungszeitraums keine taggenaue Planung erfolgt, sondern (im Rahmen einer im Zeitverlauf fortzuschreibenden Planung) z. B. das Quartal als Planungsperiode gewählt wird. Oft werden das erste Quartal des Gesamtplanungszeitraums zusätzlich nach Monaten und der dem Planungszeitpunkt folgende Monat zusätzlich nach Wochen unterteilt.

Bei der Umsetzung des Finanzplans im Sinne der täglichen Abstimmung von Einzahlungen und Auszahlungen ist zu beachten, daß dann nach einzelnen Zahlungsmittelarten (→ Bargeld, Zentralbankgiralgeld, → Devisen) bzw. → Konten (z. B. LZB-Konto, → Postgirokonto, Konto bei der Girozentrale mit Blick auf → Sparkassen) differenziert werden muß. Insoweit zerfällt die Liquiditätsgrundbedingung in einzelne miteinander vernetzte Zahlungsmittelbedingungen. Dabei ist z. B. die LZB-Giralgeldbedingung täglich zum LZB-Buchungsschluß einzuhalten. Die Kassenhaltungsbedingung muß sogar zu jedem beliebigen Zeitpunkt während der Geschäftszeit erfüllt sein.

*Gelddisposition*: Im Mittelpunkt der täglichen Abstimmung von Einzahlungen und Auszahlungen steht das Zentralbankgiralgeld und damit als „Drehscheibe" das LZB-Konto. Für die hier durchzuführenden Aufgaben der → Gelddisposition (einschließlich Disposition der Mindestreserve) bietet der Finanzplan einen Rahmen, der einerseits für das Handeln des → Gelddisponenten Vorgaben enthält, der andererseits aber noch anhand der konkreten Tagesdaten (z. B. tatsächlich nicht disponible Einzahlungen und Auszahlungen, Geldmarktverfassung, bisheriges Mindestreserve-Ist sowie Mindestreserve-Soll) unter Liquiditäts- und Rentabilitätsgesichtspunkten zu optimieren ist. Diese Optimierung bezieht sich insbesondere auf den Umfang der Mindestreservehaltung zu einzelnen Zeitpunkten und auf Formen des Aufbaus, der Unterhaltung oder des Einsatzes von Liquiditätsreserven.

*Planung der strukturellen Liquidität*: Da die direkte Planung von Zahlungsströmen mittels Finanzplan nur bis zu einem Planungshorizont von maximal einem Jahr sinnvoll erscheint, muß die Planung der zukünftigen Zahlungsfähigkeit längerfristig durch weitere Instrumente ergänzt werden. Es ist zu berücksichtigen, daß z. B. im → Kredit- und → Einlagengeschäft häufig langfristig wirksame geschäftspolitische Entscheidungen getroffen werden, die nicht nur auf erfolgsrechnerischer Ebene (einschließlich eingegangener → Erfolgsrisiken) Daten setzen, sondern zugleich auch zukünftige Einzahlungen und Auszahlungen bestimmen. So weisen z. B. mit Blick auf zu erwartende Einzahlungen Kredite und gehaltene → Schuldverschreibungen für ihre → Restlaufzeiten (Selbstliquidationsperioden) eine bestimmte Einzahlungsstruktur auf. Die Möglichkeit, Aktiva eventuell vor Fälligkeit durch → Abtretung oder Verkauf zu monetisieren (shiftability), kommt in ihrem → Liquiditätsgrad zum Ausdruck. Entsprechend lassen sich Verbindlichkeiten ausgehend von ihren Restlaufzeiten (formelle Fristigkeit) und unter Berücksichtigung der materiellen Fristigkeit auf ihre Abzugsgefahr hin (Auszahlungen) analysieren.

Derartige Informationen dienen bei kurzfristiger Planung auch der Prognose von im Finanzplan zu erfassenden Zahlungsströmen. Bei längerfristiger Planung lassen sie sich zur „Vorstrukturierung" zukünftiger Zahlungsfähigkeit nutzen, indem bei geschäftspolitischen Entscheidungen, insbesondere im Kredit- und Einlagengeschäft, deren Auswirkungen auf spätere Einzahlungen und Auszahlungen mitbedacht werden. Diese Planung erfolgt nicht anhand möglichst zeitpunktgenau erfaßter Zahlungsströme, sondern globaler anhand zukunftsbezogener → Bilanzen, gegebenenfalls unter Einbeziehung zahlungswirksamer Erträge und Aufwendungen aus (Plan-)Gewinn- und Verlustrechnungen. Eine weitere Aufbereitung der Instrumente im Sinne von → Bewegungsbilanzen bzw. von → Kapitalflußrechnungen ist möglich. Der gedankliche Ansatzpunkt dieser bilanzmäßig-summarischen Liquiditätsplanung liegt also im Kern darin, liquiditätsrelevante geschäftspolitische Entscheidungen so zu treffen, daß hieraus in der Zukunft Bilanzstrukturen resultieren, die aufgrund von Erfahrungswerten (z. B. gemessen anhand von Liquiditätskennzahlen) für die zukünftige Sicherung

## Liquiditätsmanagement

der Zahlungsfähigkeit und für die Erhaltung der finanziellen Flexibilität gute Voraussetzungen bieten. Besonderes Augenmerk ist dabei auf hinreichend hohe Sekundär- und Tertiärliquiditätsreserven zu legen.

Die Planung dieser „strukturellen Liquidität" muß im Rahmen der gesamten monetären Leistungsprogrammplanung des Bankbetriebs und der dabei vorzunehmenden Abstimmung zwischen Aktiva und Passiva erfolgen (→ Bilanzstrukturmanagement). Dabei sind nicht nur liquiditätsbezogene Überlegungen anzustellen; vielmehr ist die erfolgsrechnerische, d.h. die gewinnpolitische und die damit verbundene risikopolitische Sichtweise auf der Ebene von → Erträgen und → Aufwendungen oder von → Erlösen und → Kosten (→ Risikomanagement) einzubeziehen.

Theoretische Ansätze, die Aussagen zur Abstimmung von Aktiv- und Passivpositionen mit primär liquiditätsbezogener Blickrichtung beinhalten, sind z.B. die → Goldene Bankregel und die → Bodensatztheorie, auch unter Einbeziehung von Möglichkeiten zur vorzeitigen Monetisierung von Aktiva (shiftability).

*Liquiditätsgrundsätze der Bankenaufsicht*: Die im Anschluß an § 11 KWG aufgestellten → Liquiditätsgrundsätze der → Bankenaufsicht beinhalten bilanzmäßig-summarisch formulierte Vorschriften zur Sicherstellung ausreichender Zahlungsfähigkeit von Kreditinstituten. Vom theoretischen Ansatz her folgen diese einzuhaltenden Liquiditätssicherungsnormen der modifizierten, die Bodensatztheorie berücksichtigenden Goldenen Bankregel: Der Grundgedanke der Goldenen Bankregel kommt darin zum Ausdruck, daß nach → Grundsatz II die langfristigen und nach → Grundsatz III die kurzfristigen Anlagen eines Kreditinstituts nicht größer sein dürfen als die entsprechenden langfristigen bzw. kurzfristigen Finanzierungsmittel. Aspekte der Bodensatztheorie zeigen sich darin, daß z.B. auch → Spareinlagen mit einer Kündigungsfrist von drei Monaten im Grundsatz II zu 60 v.H. als langfristige Finanzierungsmittel gelten.

Die Liquiditätsgrundsätze begrenzen zum einen direkt die Möglichkeiten der Fristentransformation und das damit verbundene Geldanschluß- oder → Refinanzierungsrisiko. Zum anderen sind die in den Grundsätzen II oder III nicht erfaßten Finanzierungsmittel (z.B. 20 v.H. der Spareinlagen) in Vermögenswerte zu lenken, die nicht als Anlageformen im Sinne dieser Grundsätze gelten, so daß indirekt auch das Halten von so spezifisch abgegrenzten Liquiditätsreserven vorgeschrieben ist.

*Liquiditätspolitik:* Der geschäftspolitische Handlungsrahmen, innerhalb dessen sich das L. als technisch-organisatorischer Vorgang zu bewegen hat, ist von der Geschäftsleitung durch strategische Grundsätze und konkretisierte Strategien im Sinne der Liquiditätspolitik vorzugeben. Derartige Vorgaben sind auf alle Entscheidungsfelder des L. zu beziehen. Sie reichen von geschäftspolitischen Handlungsanweisungen für die eher längerfristig orientierte → Planung der strukturellen Liquidität über Strategien zur kurzfristigen Liquiditätsplanung mittels Finanzplan bis zu Regelungen zur Gelddisposition oder zur Kassenhaltung.

Mit Blick auf die Planung der *strukturellen Liquidität* ist z.B. zu entscheiden, inwieweit sich die bankindividuelle Liquiditätspolitik an den Liquiditätsgrundsätzen der Bankenaufsicht orientiert, d.h., ob die Geschäftsleitung die so gegebenen Höchstgrenzen für die Fristentransformation zugrunde legt, ob alternativ niedrigere Grenzen festgesetzt werden oder ob man sich – bei gleichzeitiger strikter Einhaltung der Grundsätze – nach anderen Vorstellungen ausrichtet, z.B. auch im Sinne einer stärkeren Berücksichtigung nicht bilanzwirksamer Geschäfte und damit verbundener Zahlungsanforderungen.

Strategien zur *kurzfristigen Finanzplanung* mittels Finanzplan müssen z.B. Antworten auf die Fragen bieten, welche absolute Höhe vermögensfundierte Liquiditätsreserven und offene Kreditlinien in den einzelnen Planungsperioden – die unterschiedlich stark mit Liquiditätsrisiken belastet sein können – insgesamt haben sollen und welches Gewicht den verschiedenen Gruppen von Liquiditätsreserven (Sekundär- und Tertiärliquiditätsreserven, offene Kreditlinien bzw. abgrenzbare Teilreservoirs innerhalb dieser Gruppe) beizumessen ist. Zu entscheiden ist weiterhin über das Ausmaß, in dem beim tatsächlichen Einsatz derartiger Reserven einzelne Entscheidungskriterien die Reihenfolge des Reserveeinsatzes bestimmen. Entscheidungskriterien sind z.B. effektiv anfallende Kosten bzw. → Opportunitätskosten, Dauer des Zahlungsmittelbedarfs, mögliche Beeinträchtigungen des

## Liquiditätsmäßig-finanzieller Bereich

Standings bei übermäßiger Beanspruchung des →Geldmarktes, Auswirkungen auf das Bilanzbild zum Bilanzierungszeitpunkt oder zu sonstigen Ausweiszeitpunkten. Geschäftspolitische Vorgaben zur Gelddisposition zielen z. B. auf die Abgrenzung des Kreises möglicher Marktpartner am (Handels-)Geldmarkt, auf Obergrenzen für einzelne aktive Geldmarktkredite (Adressenlimits) einerseits und für einzelne passive Geldmarktkredite (Verschuldungsgrenzen) andererseits sowie auf Usancen, die der Gelddisponent aus Standinggründen im Umgang mit Geldhandelspartnern einzuhalten hat.

*Zusammenhänge zwischen L. und Risikomanagement:* Zwischen dem L. bzw. der Liquiditätspolitik in der bankbetrieblichen Zahlungssphäre und dem Risikomanagement bzw. der Gewinnsicherungs- und Schuldendeckungspolitik in der Haftungssphäre bestehen enge wechselseitige Bezüge. Werden z. B. →Forderungsausfallrisiken risikopolitisch nicht hinreichend abgesichert, wirkt sich das nicht nur negativ auf der Erfolgsebene aus, sondern zeigt als erfolgsdeterminiertes Liquiditätsrisiko auch Auswirkungen auf der Zahlungsebene (Ausfall eingeplanter fixer Einzahlungen). Umgekehrt führen Störungen im →liquiditätsmäßig-finanziellen Bereich des Bankbetriebs, die primär von der Zahlungssphäre ausgehen (z. B. Refinanzierungsrisiko oder →Abrufrisiko), auch zu einem liquiditätsdeterminierten Erfolgsrisiko (z. B. höhere Refinanzierungskosten als geplant, Monetisierungsverluste bei notwendiger vorzeitiger Monetisierung von Aktiva, Shiftability-Theorie). Hinsichtlich der Auswirkungen der Gewinnsicherungs- und Schuldendeckungspolitik bzw. hier speziell der Risikopolitik auf das L. folgt aus solchen komplexen Zusammenhängen, daß z. B. bonitätsmäßig einwandfreie Vermögensanlagen oder gut gegen →Zinsänderungsrisiken abgesicherte Bilanzstrukturen entsprechend positive Effekte auf der Zahlungsebene haben (Verringerung der Gefahr von Liquiditätsstörungen). In diesem Sinne ist Risikopolitik zugleich Liquiditätspolitik. Die skizzierten Interdependenzen lassen sich auch anhand der Tatsache zeigen, daß zwischen der Liquiditätsgrundbedingung und der Schuldendeckungsfähigkeitsbedingung (Vermögen − Schulden ≥ 0 bzw. →Eigenkapital ≥ 0) eine „innere Identität" besteht.

Diese Identität kommt bei tatsächlicher oder hypothetisch angenommener →Liquidation des Bankbetriebs zum Ausdruck. Die Schuldendeckungsfähigkeitsbedingung geht dann in die Zahlungsfähigkeitsbedingung über, da alle betrieblichen Vermögenswerte (tatsächlich oder annahmegemäß) zwecks Befriedigung der →Gläubiger monetisiert werden und das Vermögen so nur noch aus Zahlungsmitteln besteht. Die Zahlungsfähigkeit (= Schuldendeckungsfähigkeit in diesem maximalen Haftungsfall) wäre gesichert, wenn die Zuflüsse aus der Monetisierung der Vermögenswerte unter Einbeziehung von Einzahlungen aus der Realisierung nicht betriebsvermögensfundierter Haftungszusagen und des vorhandenen Bestandes an Zahlungsmitteln mindestens so groß sind wie die Zahlungsmittelabflüsse, die sich bei vollständiger Erfüllung der Gläubigeransprüche ergeben. Anders ausgedrückt, dürfen mögliche Monetisierungsverluste des Bankbetriebs sein verfügbares Haftungspotential – im Kern das bilanzielle Eigenkapital – als „Verlustpuffer" (→monetärer Faktor in Haftungsqualität) nicht übersteigen. Auf diesem Grundgedanken basiert die von Stützel formulierte →Maximalbelastungstheorie. Trotz der „inneren Identität" zwischen Liquiditätsgrundbedingung und Schuldendeckungsfähigkeitsbedingung kann die Differenzierung zwischen betrieblicher Zahlungs- und Haftungssphäre bei der bankbetrieblichen Leistungsprogrammplanung im „Going-concern" und der Steuerung damit verbundener Risiken als notwendig und sinnvoll angesehen werden. Dann wäre die Maximalbelastungstheorie allerdings weniger als denkbare Theorie für das L., sondern primär als Theorie für das Management von Erfolgsrisiken im Sinne der Gewinnsicherungs- und Schuldendeckungspolitik aufzufassen.

### Liquiditätsmäßig-finanzieller Bereich des Bankbetriebs

Betrieblicher Leistungsbereich, der (im Gegensatz zum →technisch-organisatorischen Bereich) das monetäre Beziehungsgefüge im→Bankbetrieb, insbes. die Zahlungs- und Haftungszusammenhänge zwischen Angebot von Finanzierungsleistungen und Beschaffung von dafür erforderlichen Finanzierungs- und Haftungsmitteln kennzeichnet.

(→Produktionsfaktoren im Bankbetrieb, →monetärer Faktor)

## Liquiditätspapiere

### Liquiditätspapiere
Auf Initiative der → Deutschen Bundesbank entstandene → Geldmarktpapiere, die für → Offenmarktgeschäfte der Deutschen Bundesbank eingesetzt werden (→ Offenmarktpolitik der Deutschen Bundesbank).

*Zweck:* Um der Bundesbank die Möglichkeit zu geben, unabhängig von den Finanzierungsbedürfnissen der öffentlichen Hand zu geldpolitischen Zwecken Papiere am offenen Markt einzusetzen, bestimmt § 42 BBankG, daß die Bundesbank vom Bund die Aushändigung von → Schatzwechseln und → unverzinslichen Schatzanweisungen bis zum Höchstbetrag von 50 Mrd. DM verlangen kann. Die frühere Unterscheidung zwischen L. i. S. von § 42a BBankG und → Mobilisierungspapieren (§ 42 alter Fassung) ist seit dem 1.11.1992 weggefallen. Mit der Novellierung des BBankG ist auch klargestellt worden, daß L. nicht nur für Offenmarktgeschäfte, sondern auch für die Anlage von DM-Guthaben ausländischer → Zentralbanken und Nichtbanken genutzt werden können. Die Bundesbank vergab zunächst auf der Grundlage von § 42 neuer Fassung → Bundesbank-Liquiditäts-U-Schätze („Bulis"), stellte deren → Emission aber im September 1994 ein, weil sich ihre Absicht, die Offenmarktpolitik hiermit auf eine breitere Basis zu gründen, nicht verwirklichen ließ. Zudem wollte sie nicht selbst Anlagemöglichkeiten für die nach dem zweiten → Finanzmarktförderungsgesetz zulässigen → Geldmarktfonds bieten.

Der Gegenwert aus L. fließt im Gegensatz zu Papieren, die aus effektiven Verschuldungsoperationen des Bundes stammen, nicht dem Bund zu. Der Bund tritt nur formell als → Schuldner auf, während die Bundesbank dem Bund gegenüber verpflichtet ist, alle → Verbindlichkeiten aus den L. zu erfüllen. L. wurden auf den → Kassenkredit des Bundes bei der Bundesbank nicht angerechnet.

*Arten:* Zu unterscheiden sind L., die in die → Geldmarktregulierung der Bundesbank einbezogen, und solchen, die nicht in die Geldmarktregulierung einbezogen sind (sog. → N-Titel). L. mit Geldmarktregulierung werden seit langem nur noch an ausländische Stellen, z. B. an ausländische Zentralbanken, zwecks verzinslicher Anlage von → Währungsreserven sowie an die → Deutsche Bundespost POSTBANK (aufgrund besonderer Anlagevorschriften) abgegeben. Die Bundesbank will damit in ihrer → Geldpolitik den „quasiautomatischen" Zugang der → Kreditinstitute zur Versorgung mit → Zentralbankguthaben, der über die vorzeitige Rückgabe solcher Papiere möglich wäre, unterbinden. Die Bundesbank greift von Zeit zu Zeit auf nicht vorzeitig rückgebbare Schatzwechsel mit einer Laufzeit von wenigen Tagen (i.d.R. drei Tage) zurück. Sie kann damit kurzfristige Liquiditätsüberschüsse der Kreditinstitute absorbieren. N-Titel, für die kein Anspruch besteht, diese Papiere vor → Fälligkeit an die Bundesbank zu verkaufen, weisen zum Ausgleich für den geringeren → Liquiditätsgrad eine höhere Verzinsung auf.

### Liquiditätsplan
*Begriff:* Im Bereich der betrieblichen Teilpläne ist der Liquiditätsplan im Rahmen der Finanzplanung als Einnahmen-/Ausgabenplan einzuordnen, wobei Schnittstellen zum Erfolgs-, Investitions-, Produktions- und Lagerplan bestehen. Aufgrund der von der Unternehmensleitung oder den zuständigen Stabsstellen prognostizierten Vorgaben (→ Umsätze, Zahlungsziele der Kunden und bei Lieferanten, Einkäufe, nicht ausgenutzte → Kreditlinien von Betriebsmittelkrediten, anstehende → Investitionen und noch nicht valutierte → Darlehen, Darlehenstilgungen) wird geplant, im allgemeinen zunächst in der Form eines mittelfristigen (ein bis vier Jahre) Rahmenplans, der alle erwarteten Zahlungsflüsse in der Prognoseperiode aufnimmt. Dabei nimmt die Planungsunsicherheit proportional zur Entfernung der Planperiode vom Planungszeitpunkt zu. Die kurzfristigen L. fügen sich in den Rahmenplan ein; sie werden wochen-, monats-, oder quartalsweise bis zu einem Jahr aufgestellt. Muster vgl. S. 1057/8.

*Zweck:* Jederzeitige Sicherstellung der betrieblichen Zahlungsfähigkeit durch Ergreifen rechtzeitiger Vorsorgemaßnahmen aufgrund sich aus dem L. ergebender Tendenzen. Vorsorgemaßnahmen können sein: (1) Erhöhung von Betriebsmittelkreditlinien, Stellung von Darlehensanträgen, (2) Einflußnahme auf die Zahlungsströme bei Kunden (durch Änderung der Zahlungsbedingungen, z. B. Angebot auf Skontierung) oder bei Lieferanten (Übergang von Scheck- auf Wechselzahlung, Verzicht auf Skontierung, Verlängerung der Zahlungsziele), (3) Hin-

## Liquiditätsplan – Muster

| Liquiditätsplan | Periode (Woche, Monat, Quartal, Jahr) | Periode | Periode | Periode |
|---|---|---|---|---|
| **Vorgaben:** | | | | |
| *Umsatz (o. MwSt)* | | | | |
| *Waren/Materialeinkäufe* | | | | |
| *Kunden-/Lieferantenziel ... Tage* | | | | |
| **Einnahmen und Ausgaben:** | | | | |
| Kundenzahlungen | | | | |
| Sonstige Einnahmen | | | | |
| **Einnahmen (incl. Mehrwertsteuer)** | | | | |
| Roh-, Hilfs- u. Betriebsstoffe | | | | |
| Fremdleistungen | | | | |
| Handelswaren | | | | |
| Bezugskosten | | | | |
| Personalkosten | | | | |
| Mieten/Raumkosten | | | | |
| Verwaltungskosten | | | | |
| Fahrzeugkosten | | | | |
| Vertriebskosten | | | | |
| betriebliche Steuern | | | | |
| Beiträge, Gebühren | | | | |
| Versicherungen | | | | |
| Sonstige Kosten | | | | |
| Kreditkosten | | | | |
| Darlehnstilgungen | | | | |
| Geschäftsführervergütung | | | | |
| Körperschaft-, Gewerbesteuer | | | | |
| Gewinnausschüttung | | | | |
| Umsatzsteuer-Zahllast | | | | |
| Wechseleinlösungen | | | | |

**Liquiditätspolitik**

### Liquiditätsplan – Muster (Fortsetzung)

| Liquiditätsplan | Periode (Woche, Monat, Quartal, Jahr) | Periode | Periode | Periode |
|---|---|---|---|---|
| Privatentnahmen (Personenfirma) | | | | |
| Privatsteuern (Personenfirma) | | | | |
| **Ausgaben (incl. MwSt)** | | | | |
| Investitionen | | | | |
| Darlehensauszahlungen | | | | |
| Anlagenverkäufe | | | | |
| **Außerordentlicher Bereich** | | | | |
| Gesamtsaldo | | | | |
| Liquiditätssaldo-Vortrag | | | | |
| **Liquidtät (kumuliert)** | | | | |

ausschiebung nicht unbedingt notwendiger Ausgaben/Investitionen, usw.

**Liquiditätspolitik,** → Liquiditätsmanagement.

### Liquiditätspolitik der Deutschen Bundesbank

Neben der →Zinspolitik der Deutschen Bundesbank zweiter wesentlicher Bereich der →Geldpolitik der Deutschen Bundesbank. Er erstreckt sich auf Maßnahmen der →Feinsteuerung am Geldmarkt wie auf solche der →Grobsteuerung am Geldmarkt. Letztere umfassen die qualitative und quantitative Lenkung der →Refinanzierung von Kreditinstituten bei der Bundesbank (→Refinanzierungspolitik der Deutschen Bundesbank) durch Festlegung und Veränderung von →Rediskont-Kontingenten sowie der Ankaufsbedingungen für →Handelswechsel (→Diskontpolitik der Deutschen Bundesbank), die Einführung, Modifizierung bzw. Aufhebung einer Obergrenze für →Lombardkredite (→Lombardlinie, →Lombardpolitik der Deutschen Bundesbank) und schließlich Erlaß oder Änderung der →Anweisung der Deutschen Bundesbank über Mindestreserven (AMR) sowie der Mindestreservesätze (→Mindestreserven, → Mindestreservepolitik der Deutschen Bundesbank). Außer im (seltenen) Falle von längeren →Laufzeiten gehören demgegenüber zu den Feinsteuerungsmaßnahmen die →Wertpapierpensionsgeschäfte und →Wechselpensionsgeschäfte (→Offenmarktpolitik der Deutschen Bundesbank, →Pensionsgeschäfte), die kurzfristige Verlagerung der →Sichteinlagen von Bund, Ländern und einigen →Sondervermögen des Bundes in das →Bankensystem (→Einlagenpolitik der Deutschen Bundesbank, →§ 17-Gelder) und der Einsatz devisenpolitischer Instrumente (→geldmarktbezogene Devisenpolitik). Mit ihrer Liquiditätspolitik beeinflußt die Bundesbank die →Bankenliquidität und wirkt indirekt auf die Entwicklung der →Geldmenge ein; sie betreibt also →Geldmengensteuerung. Die systematische Unterscheidung zwischen den beiden geldpolitischen Instrumenten der Bundesbank darf nicht darüber hinwegtäuschen, daß zwischen →Zins und Liquiditätsmengen ein funktionaler Zusammenhang besteht.

### Liquiditätsreserven

→Aktiva, die als →Bargeld bzw. →Buchgeld bereits →Zahlungsmittel sind (Primärliquiditätsreserven) oder sich wahrscheinlich in kürzester Frist in Zahlungsmittel umwandeln lassen (Sekundär- und Tertiärliquiditätsreserven) sowie offene →Kreditlinien als weitere sofort verfügbare Beschaffungsquellen. Dabei liegt der Unterschied zwischen Sekundär- und Tertiärliquiditätsreserven darin begründet, daß sich Sekundärliquiditätsreserven häufig sicherer und unter geringeren Monetisierungsverlusten (→ Disagio) bzw. weiteren Monetisierungskosten (Transaktionskosten) in Zahlungsmittel umwandeln lassen.

*Arten:* (1) *Primärliquiditätsreserven* von → Bankbetrieben umfassen Kassenbestände, Guthaben bei → Zentralnotenbanken (insbes. Bundesbankguthaben) und Postgiroguthaben (→ Barreserve). Sie bilden die „1. Verteidigungslinie" des Bankbetriebs gegen Zahlungsmittelabzüge.
(2) *Sekundärliquiditätsreserven* sind insbes. täglich fällige → Forderungen an → Kreditinstitute (→ Tagesgelder als gewährte aktive Geldmarktkredite), → Geldmarktpapiere und – in Höhe unausgenutzter → Rediskontkontingente bei der Bundesbank – Bestände an → bundesbankfähigen Wechseln. Geldmarktpapiere lassen sich jedoch nur bei Existenz funktionsfähiger → Sekundärmärkte bzw. bei Einbeziehung in die → Geldmarktregulierung der Bundesbank (Zusage auf jederzeitigen Ankauf bzw. Rückkauf ohne Anrechnung auf das Rediskontkontingent der einreichenden Bank) den Sekundärliquiditätsreserven zurechnen. In die Geldmarktregulierung einbezogene Papiere haben aber in Deutschland z. Z. kaum praktische Bedeutung.
(3) *Tertiärliquiditätsreserven* umfassen insbes. Bestände an börsennotierten → Schuldverschreibungen und daneben an → Aktien. Dabei ist innerhalb der Gruppe von Schuldverschreibungen → festverzinslichen [Wert-] Papieren mit kurzer → Restlaufzeit und variabel verzinslichen Wertpapieren wegen der relativ geringen Gefahr von Kursverlusten bei steigendem Zinsniveau der höchste → Liquiditätsgrad beizumessen.

*Finanzierungsfazilitäten:* Offene Kreditlinien am → Geldmarkt bzw. weitere Kreditlinien, wie sie z. B. → Sparkassen oder → Kreditgenossenschaften bei ihren jeweiligen Zentralinstituten haben, können als Möglichkeiten für Geldaufnahmen mit vermögensfundierten Sekundärliquiditätsreserven auf eine Stufe gestellt und insofern mit diesen zu einer „2. Verteidigungslinie" des Bankbetriebs gegen Zahlungsmittelabzüge zusammengefaßt werden.
Eine qualitativ besonders hochwertige Finanzierungsfazilität zur „kurzfristigen Überbrückung eines vorübergehenden Liquiditätsbedürfnisses" stellt für Kreditinstitute der → Lombardkredit der Deutschen Bundesbank dar, weil seine Aufnahme auf der Grundlage von generell an die Bundesbank verpfändeten Wertpapieren (→ Dispositionsdepots) sehr rasch möglich ist. Allerdings werden Lombardkredite bzw. → Sonderlombardkredite gemäß den kreditpolitischen Regelungen der Deutschen Bundesbank „nur nach Maßgabe der allgemeinen kreditpolitischen Lage und nach den individuellen Verhältnissen" des kreditnachsuchenden Kreditinstituts gewährt.
(→ Liquidität, → Bankenliquidität, → Liquiditätsmanagement)

### Liquiditätsreserven der Kreditinstitute
Bestände an liquiden → Aktiva (→ Bankenliquidität). Zu unterscheiden sind die primären → Liquiditätsreserven (Kassenbestände) und → Zentralbankguthaben, soweit sie über das Mindestreservesoll (→ Mindestreserve) hinausgehen (→ Überschußreserven der Kreditinstitute) und die sekundären → freien Liquiditätsreserven (Rückgriffsmöglichkeiten auf die Bundesbank).

### Liquiditätsrisiko
Das L. bezieht sich auf die betriebliche Zahlungsmittelebene und erfaßt begrifflich die Gefahr negativer Abweichungen zwischen tatsächlichen Ein- und Auszahlungen auf der einen und erwarteten Ein- und Auszahlungen auf der anderen Seite (→ bankbetriebliche Risiken). Ursächlich für das L. können im → Aktivgeschäft die Nichteinhaltung vereinbarter Zinszahlungs- und Tilgungstermine (aktivisches Terminrisiko) bis hin zum vollständigen oder teilweisen Ausfall von Zins- und Tilgungszahlungen und im → Passivgeschäft die mit Blick auf vereinbarte Bindungsfristen vorzeitige Verfügung über Einlagen (passivisches Terminrisiko) sein (→ Terminrisiko).
Auch bei vertragsgemäßem Verhalten von Kreditnehmern und Einlegern sind L. gegeben: So besteht im Zusammenhang mit der von Banken betriebenen Fristentransformation das Geldanschlußrisiko (→ Refinanzierungsrisiko). Im Hinblick auf Kreditzusagen liegt insbes. im Großkreditgeschäft ein L. darin, daß → Kreditlinien stärker als erwartet oder → Kredite schneller als erwartet in Anspruch genommen werden (→ Abrufrisiko). L. sind nicht nur für die Zahlungsebene (→ Zahlungsfähigkeit des Bank-

betriebs) von Bedeutung; sie sind als liquiditätsdeterminiertes →Erfolgsrisiko auch auf erfolgsrechnerischer Ebene zu beachten.

### Liquiditätsstatus
Zeitpunktbezogene Gegenüberstellung aller Einzahlungen und Auszahlungen eines Unternehmens (→Liquiditätsbilanz).

### Liquidität zweiten Grades
Im Rahmen der Jahresabschlußanalyse (→Bilanzanalyse) verwendete Kennzahl zur Messung der →Liquidität (einzugsbedingte Liquidität): Verhältnis des Barvermögens sowie der kurzfristig einziehbaren →Forderungen zu den kurzfristigen →Verbindlichkeiten. Diese Kennziffer läßt keine Aussagen über die →Zahlungsfähigkeit des Unternehmens zu, da freie →Kreditlinien nicht berücksichtigt werden. Außerdem handelt es sich um eine Stichtagsliquidität, die keinen Rückschluß auf die zukünftige Entwicklung erlaubt. Diese läßt sich nur an einem →Liquiditätsplan für einen festgelegten Planungszeitraum ablesen.

### LME
Abk. für London Metal Exchange; →Options- und Terminbörsen an den internationalen Börsenplätzen.

### ln
Abk. für Logarithmus naturalis (natürlicher →Logarithmus).

### Loan
1. →Kredit.
2. →Anleihe (→Schuldverschreibung).

### Lock-in-Effekt, →Immunisierungsstrategie.

### Logarithmus
Exponent, mit dem man die Basis potenziert, um den Numerus zu erhalten. Man unterscheidet zwischen natürlichen Logarithmen und dekadischen oder gewöhnlichen Logarithmen. Der natürliche L. ln x (Logarithmus naturalis von x) hat als Basis die Eulersche Zahl e (e = 2,71828182...).
(→Black-Modell, →Black & Scholes-Modell)

### Lognormal-Verteilung
Modifikation der →Normalverteilung. Liegt die Verteilung eines Merkmals nicht symmetrisch um einen Wert oder erstreckt sich der Wertebereich ausschließlich über den nicht-negativen Bereich, dann ist die Zugrundelegung von Normalverteilungen nicht geeignet. Durch das Logarithmieren der Normalverteilung wird eine rechtsschiefe Verteilung im nicht-negativen Wertebereich erreicht. Wegen dieser Eigenschaft eignet sich diese Verteilung für die Darstellung von notierten Wertpapierkursen, die auf der einen Seite im Extremfall auf einen Wert von Null sinken, sich also um 100% verringern, auf der anderen Seite aber auch um weit mehr als 100% steigen können.

### Lohnpolitik, →Einkommenspolitik.

### Lohnsteuer
Erhebungsart der →Einkommensteuer, die gem. § 38 Abs. 1 EStG auf →Einkünfte aus nichtselbständiger Arbeit durch Abzug vom Arbeitslohn erhoben wird, soweit es sich um inländische →Arbeitgeber handelt (→Quellensteuer).
Schuldner der L. ist der →Arbeitnehmer; die L. entsteht in dem Zeitpunkt, in dem ihm der Arbeitslohn zufließt (§ 38 Abs. 2). Die Jahreslohnsteuer bemißt sich nach dem Jahresarbeitslohn (§ 38a Abs. 1); sie wird so bemessen, daß sie der Einkommensteuer entspricht, die geschuldet wird, wenn der Arbeitnehmer ausschließlich Arbeitslohn bezieht. Bei der Ermittlung werden die Besteuerungsgrundlagen des Einzelfalls durch die Einreihung der Arbeitnehmer in Steuerklassen, Aufstellung von Lohnsteuertabellen (§ 38c), Ausstellung von →Lohnsteuerkarten sowie Feststellung von →Freibeträgen berücksichtigt (§ 38a Abs. 4 EStG).
Die Gemeinden sind verpflichtet, den unbeschränkt einkommensteuerpflichtigen Arbeitnehmern für jedes Kalenderjahr unentgeltlich eine Lohnsteuerkarte auszustellen und zu übermitteln (§ 39 EStG). Einzutragen sind insbesondere: Familienstand, Steuerklasse (§ 38b), Zahl der →Kinderfreibeträge. Der Arbeitnehmer kann beim Finanzamt die Eintragung eines Freibetrags auf der Lohnsteuerkarte (§ 39a EStG) beantragen, der u. a. folgende Beträge umfassen kann: →Werbungskosten, die bei den Einkünften aus nichtselbständiger Arbeit anfallen, soweit sie den Arbeitnehmer-Pauschbetrag nach § 9a EStG übersteigen; →Sonderausgaben im Sinne des § 10 Abs. 1 Nr. 1, 1a, 4–8, 10b EStG, soweit sie den Sonderausgaben-Pauschbetrag übersteigen.

## Lohnsteuer-Jahresausgleich

Bis 1992 verwendeter Begriff (in §§ 42, 42a EStG a. F.) für bestimmtes Verfahren der Veranlagung zur → Einkommensteuer bei Bezug von → Einkünften aus nichtselbständiger Arbeit. Besteht das → Einkommen ganz oder teilweise aus solchen Einkünften, von denen ein Steuerabzug (nach § 39b oder § 39c EStG) vorgenommen worden ist, wird eine → Veranlagung von Arbeitnehmern zur Einkommensteuer stets durchgeführt, wenn das Einkommen bei Zusammenveranlagung von Ehegatten 54.000 DM, ansonsten 27.000 DM übersteigt (§ 46 Abs. 1 EStG). Bei niedrigerem Einkommen kann die Veranlagung insbesondere zur Anrechnung der → Lohnsteuer auf die Einkommensteuer beantragt werden (§ 46 Abs. 2 Nr. 8 EStG). Dem Antragsteller wird für das abgelaufene Kalenderjahr der Teil der (nach § 41a EStG) einbehaltenen und abgeführten Lohnsteuer erstattet, der die Jahreslohnsteuerschuld, die nach dem Jahresarbeitslohn berechnet wird, übersteigt. Der Antrag kann bis zum Ablauf des auf den Veranlagungszeitraum folgenden zweiten Kalenderjahres durch Abgabe einer Einkommensteuererklärung gestellt werden. Daneben kann ein L.-J. durch den → Arbeitgeber durchgeführt werden (§ 42b EStG). Er kommt nur für unbeschränkt einkommensteuerpflichtige → Arbeitnehmer in Betracht, die während des Ausgleichsjahres bei ihm beschäftigt waren. Der Arbeitgeber ist dazu verpflichtet, wenn er am 31.12. des Ausgleichsjahrs mindestens 10 Arbeitnehmer beschäftigt. Er darf den Ausgleich aber u.a. nicht durchführen, wenn der Arbeitnehmer dies beantragt, der Arbeitnehmer für das Ausgleichsjahr oder Teile davon nach Steuerklasse V oder VI oder für einen Teil des Ausgleichsjahrs nach den Steuerklassen III oder IV zu besteuern war.

## Lohnsteuerkarte

Die L. dient der Dokumentation der → Lohnsteuer, die ein inländischer → Arbeitgeber (bzw. eine öffentliche Kasse) oder ein ausländischer gewerbsmäßiger Verleiher von Arbeitskräften für Rechnung seines unbeschränkt steuerpflichtigen → Arbeitnehmers durch Abzug vom Arbeitslohn bei jeder Lohnzahlung einzubehalten hat. Sie wird für jedes Kalenderjahr durch die Wohnsitzgemeinde unentgeltlich ausgestellt und dem Arbeitnehmer übermittelt (§ 39 Abs. 1, 2 EStG). Von der Gemeinde sind nach § 39 Abs. 3 EStG außer Adresse und Familienstand einzutragen Steuerklasse (§ 38b) und Zahl der → Kinderfreibeträge; sie hat auch auf Antrag des Arbeitnehmers hin spätere Änderungen einzutragen (§ 39 Abs. 4, 5). Ferner trägt die Gemeinde nach Anweisung des Wohnsitzfinanzamts bestimmte → Freibeträge (Pauschbeträge für Behinderte und Hinterbliebene nach § 33b EStG) in die L. ein (§ 39a Abs. 2, 4a EStG). Die Eintragung anderer Freibeträge (insbesondere für → Werbungskosten und → Sonderausgaben) nimmt das Finanzamt auf Antrag hin vor, der bis zum 30. November des Kalenderjahres gestellt werden kann, für den die L. gilt. Der unbeschränkt einkommensteuerpflichtige Arbeitnehmer muß seinem Arbeitgeber die L. zur Durchführung des Lohnsteuerabzugs vorlegen (§ 39b Abs. 1 EStG); solange die Vorlage schuldhaft unterbleibt, ist die Lohnsteuer nach Steuerklasse VI zu ermitteln (§ 39c Abs. 1 EStG). Vor allem bei kurzfristig und bei in geringem Umfang sowie gegen geringen Lohn Beschäftigten darf der Arbeitgeber die Lohnsteuer pauschalieren (§ 40a EStG). Bei Beendigung des Arbeitsverhältnisses oder am Ende des Kalenderjahres ist regelmäßig auf der L. oder gesondert eine Lohnsteuerbescheinigung auszustellen, die insbesondere Art und Höhe des gezahlten Arbeitslohns sowie die einbehaltene Lohnsteuer angeben muß (§ 41b EStG). Bei beschränkt einkommensteuerpflichtigen Arbeitnehmern tritt an die Stelle der L. auf Antrag eine Bescheinigung des Betriebsstättenfinanzamts (§ 41a Abs. 1 Nr. 1) mit ähnlichen Angaben wie in der L. (§ 39d EStG).

## Lombarddarlehen

→ Darlehen gegen → Verpfändung von → beweglichen Sachen oder → Rechten (→ Lombardkredit).

## Lombardfähigkeit

Verpfändbarkeit von → Wertpapieren und → Schuldbuchforderungen bei der → Deutschen Bundesbank. Die Pfänder werden im „Verzeichnis der bei der Bundesbank beleihbaren Wertpapiere (→ Lombardverzeichnis)" näher bezeichnet. Die Aufnahme ins Lombardverzeichnis verpflichtet die Bundesbank nicht zur Gewährung von → Lombardkrediten. → Aktien und → Investmentzertifikate sind nicht lombardfähig.

## Lombardkontingent

*Lombardfähige Wertpapiere:*
(1) rediskontfähige → Handelswechsel sowie AKA-Wechsel des Plafond A;
(2) → Schatzwechsel des Bundes, seiner → Sondervermögen oder eines Landes;
(3) → unverzinsliche Schatzanweisungen mit einer → Restlaufzeit von maximal einem Jahr;
(4) im → Schuldbuch eingetragene → Ausgleichsforderungen;
(5) → Schuldverschreibungen und Schuldbuchforderungen des Bundes, seiner Sondervermögen oder eines Landes; ferner Schuldverschreibungen anderer → Emittenten gemäß Lombardverzeichnis. Die Beleihungsgrenzen von 90 bzw. 75% wurden 1994 aufgehoben, da ein Sicherheitsabschlag nicht mehr notwendig erscheint, der → Beleihungswert des Pfandbestandes einer Bank vielmehr jederzeit aktuell und zuverlässig bestimmt werden kann.

**Lombardkontingent,** → Lombardlinie.

**Lombardkredit**
Kreditgewährung gegen → Verpfändung von Wertgegenständen.

*L. der* → *Deutschen Bundesbank:* Die Bundesbank gewährt → Kreditinstituten im Rahmen der Lombardpolitik (→ Lombardpolitik der Deutschen Bundesbank, → Refinanzierungspolitik der Deutschen Bundesbank) L. für längstens drei Monate, um ihnen → Zentralbankguthaben gegen Verpfändung von bestimmten, im → Lombardverzeichnis aufgeführten → Wertpapieren und → Schuldbuchforderungen zur Verfügung zu stellen (verzinsliche → Darlehen gegen Pfänder).
Der → *Sonderlombardkredit* ist ein L., den die Bundesbank zu einem → Sonderlombardsatz gewährt. Der Sonderlombardsatz kann täglich geändert und die Bereitschaft zur Gewährung täglich widerrufen werden.
*Pfandobjekte* (§ 19 Abs. 1 Nr. 3 BBankG):
(1) rediskontfähige → Handelswechsel sowie AKA-Wechsel des Plafond A (→ bundesbankfähige Wechsel), → Schatzwechsel des Bundes, seiner → Sondervermögen oder eines Landes mit einer → Restlaufzeit von höchstens drei Monaten;
(2) → unverzinsliche Schatzanweisungen mit einer Restlaufzeit von höchstens einem Jahr;
(3) im → Schuldbuch eingetragene → Ausgleichsforderungen;
(4) → Schuldverschreibungen (einschl. → Null-Kupon-Anleihen und → Anleihen mit variablem Zinssatz) und Schuldbuchforderungen des Bundes, seiner Sondervermögen oder eines Landes, Schuldverschreibungen (einschl. Null-Kupon-Anleihen und Anleihen mit variabler Verzinsung) anderer → Emittenten gemäß Lombardverzeichnis.

Die Bundesbank macht die Gewährung von L. an Kreditinstitute nicht nur von der allgemeinen kreditpolitischen Lage, sondern auch von den individuellen Verhältnissen des Instituts abhängig. Ein L. soll grundsätzlich nur gewährt werden, wenn es sich um die kurzfristige Überbrückung eines Liquiditätsbedürfnisses handelt und die Lombardkreditaufnahme nach Umfang und Dauer angemessen und vertretbar erscheint. Nach ihren → Allgemeinen Geschäftsbedingungen verlangt die Bundesbank, daß die zu verpfändenden Wechsel ein → Blankoindossament des Verpfänders tragen müssen. Das → Indossament an das verpfändende Institut muß ein → Vollindossament sein. Effektive Wertpapiere können der Bundesbank nur verpfändet werden, wenn sie in einem → offenen Depot der Bundesbank verwahrt werden oder sich bei einem anderen Kreditinstitut in → Sonderverwahrung befinden und der Anspruch auf Herausgabe an die Bundesbank abgetreten wird. Aufnahmen und → Rückzahlungen von L. erfaßt die Bundesbank auf einem Lombarddarlehenskonto des Kreditinstituts. L. werden nur in Beträgen von 100 DM oder einem Vielfachen davon gewährt (Lombarddarlehen). Die Darlehen können täglich zurückgezahlt und ohne Kündigungsfrist von der Bundesbank zurückgefordert werden. Eine Sonderform des L. der Bundesbank ist der → Giroüberzugslombard.

*L. der Banken und Sparkassen:* Der echte L. ist ein → Darlehen, das über einen festen Betrag lautet, in einer Summe zur Verfügung gestellt und durch Verpfändung von markt- oder börsengängigen → Sachen oder → Rechten gesichert wird. Im Gegensatz dazu wird der sog. unechte L. als ein durch Verpfändung gesicherter → Kontokorrentkredit gewährt.
*Pfandobjekte:* Als Pfandobjekte (Kriterien: Werthaltigkeit, einfache und schnelle Ver-

## Lombardverzeichnis

wertbarkeit) können in Frage kommen: Waren und → Warendokumente (→ Dokumente im Außenhandel), auch als Warenlombard bezeichnet; Edelmetalle und Schmuck; → Effekten (vgl. im einzelnen → Effektenlombard); → Forderungen aus Lieferungen und Leistungen, Rechte aus Lebensversicherungsverträgen, Forderungen aus → Spareinlagen sowie Lohn- und Gehaltsforderungen; im Rahmen der Lombardpolitik der Bundesbank auch Wechsel (vgl. im einzelnen → Wechsellombard). In der Praxis des Kreditgeschäfts der Banken und Sparkassen ist nur noch die Verpfändung von Effekten von Bedeutung. Bei → Waren und Warendokumenten wird eine → Sicherungsübereignung praktiziert (z. B. bei → Importvorschüssen). Die aufgezählten Forderungen werden zum Zwecke der Kreditsicherung in der Praxis nicht verpfändet, sondern sicherungsweise abgetreten (→ Sicherungsabtretung, → Sicherungsabtretung von Guthabenforderungen aus → Sparkonten, → Sicherungsabtretung von Ansprüchen aus Lebensversicherungsverträgen). Die Publizitätsgebundenheit des → Pfandrechtes hat zur Verbreitung der → publizitätslosen Sicherheiten und damit praktisch zur Bedeutungslosigkeit der L. mit Ausnahme des Effektenlombard geführt.

### Lombardlinie

Grenze, bis zu der die → Deutsche Bundesbank einem Kreditinstitut → Lombardkredit gewährt (Lombardkontingent). Die Bundesbank hat bisher den Lombardkredit nur bei unverhältnismäßig hoher Inanspruchnahme quantitativ begrenzt, um zu verdeutlichen, daß der Lombardkredit nur zum Spitzenausgleich am → Geldmarkt dienen soll.
(→ Lombardpolitik der Deutschen Bundesbank)

### Lombardpolitik der Deutschen Bundesbank

Teilbereich der → Geldpolitik der Deutschen Bundesbank, der sowohl Liquiditätspolitik als auch Zinspolitik sein kann. Im Rahmen ihrer Refinanzierungspolitik gewährt die Bundesbank den → Kreditinstituten auf längstens drei Monate verzinsliche → Darlehen gegen → Verpfändung bestimmter → Wertpapiere und → Schuldbuchforderungen (§ 19 Abs. 1 Nr. 3 BBankG; → Refinanzierungspolitik der Deutschen Bundesbank).

*Instrumente:* Der → Lombardkredit ist kein Mittel der Dauerrefinanzierung. Im Regelfall ist er in seiner Höhe nur durch das Volumen der den Banken zur Verfügung stehenden lombardfähigen Wertpapiere (→ Lombardfähigkeit) innerhalb der → Beleihungswerte begrenzt. Die Bundesbank hat jedoch in der Vergangenheit wiederholt den Lombardkredit kurzfristig ausgesetzt und zeitweise (1973/74, 1981/82) durch einen „teureren" → Sonderlombardkredit ersetzt, vor allem, als erhebliche Bedenken gegen den Zweck der Kreditaufnahme aufkamen; dies war verschiedentlich der Fall, als die Zinssätze am → Geldmarkt den → Lombardsatz überschritten hatten und die Banken dazu übergegangen waren, aus Renditeüberlegungen nachhaltig auf den billigeren Lombardkredit zurückzugreifen.

*Zinswirkung:* Der Zinssatz für Lombardkredite (Lombardsatz) lag bisher stets über dem → Diskontsatz. Er bildet im Regelfall eine Obergrenze für den Zinssatz für → Tagesgeld (Tagesgeldsatz), da die Banken nicht bereit sind, am Geldmarkt höhere Sätze zu zahlen, als sie für den Lombardkredit der Bundesbank zahlen müßten. Der Lombardsatz wird insoweit als Mittel der → Grobsteuerung am Geldmarkt eingesetzt. In Ausnahmefällen, z.B. bei sehr angespannter Geldmarktsituation und bereits hohen Lombardinanspruchnahmen kann sich die Geldmarktlage umkehren; der Tagesgeldsatz liegt dann höher als der Lombardsatz, der zur Untergrenze des Tagesgeldsatzes wird, weil die Banken dann bei sinkendem Tagesgeldsatz zuerst ihre Lombardverschuldung abdecken und so den Geldmarkt wieder verknappen. In solchen Situationen kann für die Bundesbank vorübergehend entweder eine drastische Anhebung des Lombardsatzes oder eine Aussetzung des Lombardkredits angezeigt erscheinen, wenn sie nicht mit Hilfe anderer Instrumente, wie z.B. mit → Pensionsgeschäften, den Geldmarkt verflüssigt und den → Geldmarktzins senkt.

### Lombardsatz

Zinssatz der → Deutschen Bundesbank für Gewährung von Lombardkredit an → Kreditinstitute (→ Lombardpolitik der deutschen Bundesbank).

### Lombardverzeichnis

Im → Bundesanzeiger und in den Mitteilungen der → Deutschen Bundesbank (→ Deut-

1063

**London Clearing House Ltd.**

sche Bundesbank, Veröffentlichungen) veröffentlichte Liste aller für → Lombardkredite beleihbaren Werte (Lombardpfänder). Die Aufnahme eines → Wertpapiers in das L. verpflichtet die Bundesbank nicht zur Gewährung von Lombardkrediten.

**London Clearing House Ltd. (LCH)**
→ Clearingstelle für Geschäfte, die an der International Petroleum Exchange (IPE), London Commodity Exchange (LCE), → London International Financial Futures and Options Exchange (LIFFE) und an der London Metal Exchange (LME) abgeschlossen werden. Das LCH gehört sechs britischen → Banken: Barclays Bank PLC, Lloyds Bank Plc, Midland Bank plc, National Westminster Bank PLC, The Royal Bank of Scotland plc und Standard Chartered Bank.

**Londoner Schuldenabkommen**
1953 in London zur Regelung der deutschen Auslandsschulden zwischen der BRD als Rechtsnachfolgerin des Deutschen Reiches und den USA, Großbritannien und Frankreich (in Anwesenheit weiterer Gläubigerländer) geschlossenes Abkommen. Im L. S. wurden Anerkennung, Verzinsung und → Tilgung öffentlicher und privater Geldverbindlichkeiten (einschl. der verbrieften und unverbrieften → Schulden aus dem → Außenhandel und dem Dienstleistungsverkehr) in deutscher oder ausländischer → Währung geregelt, die vor dem 8.5.1945 entstanden waren. Die Verpflichtungen sind seit 1980 erfüllt. In weiteren Abkommen wurden die Verbindlichkeiten der BRD aus der Wirtschaftshilfe im Rahmen des Europäischen Wiederaufbauprogramms → ERP-Sondervermögen festgelegt. Wiedergutmachungs- sowie Reparationsansprüche wurden im L. S. nicht behandelt.
Das L. S. sah vor, daß im Falle der Wiedervereinigung Deutschlands die Zinsrückstände der Jahre 1945 bis 1952 aus bestimmten → Anleihen des Deutschen Reiches zu bedienen sind (Dawes-Anleihe, Young-Anleihe, Zündholz- oder Kreuger-Anleihe). Über die Summe der neuberechneten Zinsrückstände hat die BRD nach der deutschen Wieder-Vereinigung 1990 → Fundierungsschuldverschreibungen mit einer → Laufzeit von 20 Jahren gegeben. Gleiches gilt für zwei sog. „Äußere Anleihen" des Freistaates Preußen aus den Jahren 1926 und 1927.

**London Interbank Bid Rate,** → LIBID.

**London Interbank Offered Rate,** → LIBOR.

**London International Financial Futures and Options Exchange,** → LIFFE.

**Long**
Verkürzte Bezeichnung für → Long Position.
*Gegensatz:* → Short.

**Long Bond**
30-jähriger → Treasury Bond des amerikanischen Schatzamtes (Treasury). Die Renditeentwicklung des L. B. ist u. a. ein wichtiger Indikator für die Erwartung der Anleger bezüglich der zukünftigen Inflationserwartung.
(→ Bellwether Bond, → Benchmark Bond)

**Long Call**
Bezeichnung für einen erworbenen → Call (erworbene Kaufoption).
*Gegensatz:* → Short Call.

**Long gehen,** → Going Long.

**Long Gilt**
Kurzbezeichnung für den langfristigen Zinsfuture auf → Gilts, der an der → LIFFE gehandelt wird.
*Gegensatz:* Short Sterling (→ Short Sterling Future).

**Long Hedge**
Absicherung (→ Hedging) gegen steigende Kurse, z. B. durch Kauf von → Aktienindex-Futures gegen steigende Aktienkurse oder durch Kauf von → Zins-Futures gegen steigende Rentenkurse, d. h. sinkende → Zinsen.
*Gegensatz:* → Short Hedge.

**Long Position**
1. Fremdwährungs-Plusposition (→ Devisenposition), d. h. die → Forderungen in einer bestimmten → Währung übersteigen die entsprechenden Verpflichtungen (→ Position).

2. Position, die an einem → Kassamarkt durch den Kauf eines → Finanztitels eingenommen wird.

3. Kauf-Position an einem → Futures- oder → Optionsmarkt nach dem Erwerb entsprechender → Kontrakte (→ Future, → Option).
*Gegensatz:* → Short Position.

**Long Put**
Bezeichnung für einen erworbenen → Put (erworbene Verkaufsoption).

**Long Spread mit Optionen,** → Bull-Spread.

**Long Straddle**
→ Long Position in einem → Straddle, d. h. Long Position in einem → Call und → Put mit gleichem → Basispreis und gleicher Fälligkeit.

**Long Strangle,** → Strangle.

**Long Strip**
→ Long Position in mehreren → Euro-DM-Futures mit aufeinander folgenden → Fälligkeiten.
(→ Euro-DM-Future-Strip, → Strip-Yield)

**Long Swap,** → Zahler.

**Long term**
Synonyme Bezeichnung für → Langläufer.
*Gegensatz:* → Short term, → Medium term.

**Long-term Equity Anticipation Securities (LEAPS)**
→ Long-term Options in den USA, die als → Basiswert beispielsweise → Aktien oder → Aktienindices haben. LEAPS auf den S & P 100 Index (→ OEX LEAPS) bzw. S & P 500 Index (→ SPX LEAPS) können eine → Laufzeit bis zu drei Jahren haben.

**Long-term Equity Options (LEOS)**
→ Aktienoption mit einer Laufzeit von mindestens zwei Jahren.

**Long-term Option**
→ Option, die eine → Laufzeit von mindestens zwei Jahren hat.
(→ Short-term Option, → Middle-term Option, → Long-term Equity Anticipation Securities, → Flexible Exchange Option, → Embedded Option, → OEX LEAPS, → SPX LEAPS)

**Long the Basis**
→ Basis Trading mit → Zinsfutures, bei der → lieferbare Anleihen gekauft (→ Long Position) werden und Zinsfutures verkauft (→ Short Position) werden.
*Gegensatz:* → Short the Basis.

**Look-back-Optionsschein**
→ Exotischer Optionsschein, der der → Long Position das Recht gewährt, einen → Call zum niedrigsten und einen → Put zum höchsten Kurs auszuüben, der innerhalb eines bestimmten Zeitraumes, der sogenannten → Look-back-Periode, erreicht wird. Für den Anleger eines L.-b.-O. bedeutet dies, daß immer der günstigste → Basispreis verwendet wird. Im Vergleich zu normalen Optionsscheinen steht bei einem L.-b.-O. der → Basispreis zum Emissionszeitpunkt noch nicht exakt fest. Erst dann, wenn der Zeitraum, innerhalb dessen der Basispreis festgelegt wird, vorbei ist, ist der Basispreis bekannt. Bei einem → Call-Optionsschein profitiert der Anleger eines L.-b.-O. bei einer bestimmten Konstellation auch von fallenden Kursen, wenn beispielsweise der → Basiswert während der Festlegungsfrist des Basispreises fällt und bei → Fälligkeit stark steigt.
(→ Path-dependent-Option, → Chooser-Optionsschein)

**Look-back-Periode**
Zeitraum bei → Look-back-Optionsscheinen, in dem der → Basispreis bei → Call-Optionsscheinen auf den niedrigsten Kurs des → Basiswertes bzw. bei → Put-Optionsscheinen auf den höchsten Kurs angepaßt wird. Die L.-b.-P. ist i. d. R. geringer als die → Laufzeit des → Optionsscheines.

**Look-back-Warrant,** → Look-back-Optionsschein.

**Loroguthaben**
Nicht mehr übliche Bezeichnung für → Forderungen eines → Kreditinstituts, die dadurch entstehen, daß ein fremdes Kreditinstitut Gelder bei diesem kontoführenden Kreditinstitut unterhalten wird (→ Interbankkonto). Für das geldaufnehmende Kreditinstitut entsteht eine → Nostroverbindlichkeit (→ aufgenommene Gelder [und Darlehen]). L. werden unter der Position „Forderungen an Kreditinstitute" ausgewiesen.

**Lorokonto**
Nicht mehr typische Bezeichnung für ein → Konto, das auf Initiative eines fremden → Kreditinstituts bei dem kontoführenden Kreditinstitut unterhalten wird (→ Interbankkonto). Es können sowohl → Loroguthaben als auch → Loroverbindlichkeiten auf einem L. geführt werden. Typisch für das L. ist die Erstellung der → Kontoauszüge und Versendung an das andere Institut durch das kontoführende Kreditinstitut. Das L. gibt die

**Loroverbindlichkeit**

Originalrechnung wieder, während sich die Gegenrechnung auf dem → Nostrokonto der → Korrespondenzbank widerspiegelt.

**Loroverbindlichkeit**

Nicht mehr übliche Bezeichnung für → Verbindlichkeiten, die dadurch entstehen, daß ein anderes → Kreditinstitut die Initiative zur Geldanlage bei dem kontoführenden Kreditinstitut ergreift. Für das geldanlegende Institut entsteht ein → Nostroguthaben.

**Losanleihe,** → Prämienanleihe.

**Lot**

1. Transaktion bei → Optionen und → Futures, die entweder nur eine → Opening Transaction oder nur eine Closing Transaction (→ Glattstellung) beinhaltet.

2. Standardisierte Handelseinheit eines Finanzinstrumentes (z. B. 100 Stück). Grundlage für die Gebührenberechnung an den internationalen → Terminbörsen ist entweder ein L. (z. B. an der → Deutschen Terminbörse [DTB]) oder ein → Round Turn (z. B. an der → LIFFE).

**Lotterieanleihe,** → Prämienanleihe.

**Low-Cost-Option**

→ Option, bei der der Anleger eine geringere → Optionsprämie zahlen muß, d. h. die → Kosten für eine → Long Position in einer Option werden verringert. Der → Optionsmarkt bietet verschiedene Möglichkeiten, die Kosten für eine Optionsposition zu verringern. Zum einen kann eine Kombination (→ kombinierte Optionsstrategien) der Long Position mit einer → Short Position in der gleichen Option eine Verringerung der Optionskosten bedeutet. Ein klassisches Beispiel hierfür sind der → Bull-Spread bzw. → Bear-Spread. Das gleiche Prinzip wird bei → Collared Floatern oder Participating Caps angewendet. Im Extremfall einer Zero-Cost-Strategie fällt überhaupt keine Prämienzahlung an (z. B. → Zero-Cost-Collar). Die Gestaltung einer kombinierten Optionsstrategie hängt zum einen von der Risikobereitschaft des Anlegers, zum anderen von der erwarteten Kursentwicklung ab. Eine weitere Möglichkeit die Optionskosten zu senken, sind → exotische Optionen (z. B. → Average-Rate Options, → Compound Options, → Alternative Options, → Deferred Payment American Options). Mit exotischen Optionen eröffnen sich neue Dimensionen im → Risikomanagement. Beispielsweise können Risiken abgesichert werden, die mit traditionellen Optionen nicht oder nur mangelhaft abgesichert werden konnten.

**Low Exercise Price Option (LEPO)**

→ Callrechte, bei denen der → Basispreis sehr niedrig ist. Beispielsweise werden an der → SOFFEX LEPOs gehandelt, deren Basispreis bei einem Schweizer Franken liegt. Da die → Optionen sehr weit im Geld (→ In-the-Money) sind, wird sich die Option ähnlich wie der → Basiswert verhalten. Der → Delta-Faktor einer LEPA liegt bei 1, und auch die → Optionselastizität hat diesen Wert. LEPOs können als Ersatz zum Basiswert gesehen werden, da auch die → Optionsprämie nahezu dem aktuellen Kurs des Basiswertes entspricht.

**LSE**

Abk. für London Stock Exchange; → Options- und Terminbörsen an den internationalen Börsenplätzen.

**LTOM**

Abk. für London Traded Options Market; → Options- und Terminbörsen an den internationalen Börsenplätzen.

**Luftfrachtbrief**

Von der IATA (International Air Transport Association) geschaffener → Frachtbrief, der in drei Originalen und beliebigen Kopien ausgestellt wird. Das dritte Original erhält der Absender der → Ware als Beweisurkunde. Es gibt ihm wie beim → Frachtbriefdoppel ein nachträgliches Dispositionsrecht über die Ware.

**Lump-sum Payment**

Zahlung des → Festsatzes bei → Zero-Coupon-Swap einmalig bei → Fälligkeit.

**Luxemburger Investmentfonds**

→ Investmentfonds, die nach luxemburgischen Recht von in Luxemburg domizilierenden Investmentgesellschaften (→ Kapitalanlagegesellschaften) aufgelegt werden. Es handelt sich oft um → Kurzläuferfonds (geldmarktnahe Fonds) oder → Laufzeitfonds. Die Fonds profitieren von der Attraktivität des Finanzplatzes Luxemburg, insbes. aber von der fehlenden Zinsbesteuerung in Luxemburg für Ausländer.

### Luxemburger Töchter
In der → Bankenstatistik der Deutschen Bundesbank verwendete Bezeichnung für → ausländische Kreditinstitute im Mehrheitsbesitz deutscher Kreditinstitute (→ Tochtergesellschaften), die als rechtlich selbständige → Kreditinstitute am Bankplatz Luxemburg tätig sind.

### Luxibor
Kurzbezeichnung für Luxembourg Interbank Offered Rate. Briefkurs, der anolog zum → LIBOR in Luxemburg ermittelt wird.

### LZB
Abk. für → Landeszentralbanken.

### LZB-Abrechnung
Verrechnung der täglich zwischen → Kreditinstituten eines → Bankplatzes entstehenden → Forderungen und → Verbindlichkeiten über → Abrechnungsstellen der → Landeszentralbanken, die Abrechnungsstellen i. S. des Art. 38 Abs. 3 WG und des Art. 31 Abs. 2 SchG sind.
(→ Abrechnungsverkehr der Deutschen Bundesbank)

### LZB-Girokonto
→ Girokonto, das von einer → Landeszentralbank geführt wird und nach Nr. 2 Abs. 1 der → Allgemeinen Geschäftsbedingungen der Deutschen Bundesbank kein → Kontokorrentkonto ist.

# M

**M**
Abk. für Money; Symbol für → Geldmenge (bzw. Geldvolumen).

**M 1,** → Geldmengenbegriffe 2.

**M 2,** → Geldmengenbegriffe 3.

**M²**
Kurzbezeichnung für → Dispersion.

**M 3,** → Geldmengenbegriffe 4.

**MA**
Abk. für Moving Average; → gleitender Durchschnitt.

**Macaulay**
Macaulay definierte als erster 1938 die → Duration. Deshalb wird die Duration auch als M. Duration bezeichnet.

**MACD-Crossover**
Signale der → MACD/Signal-Studie, die entweder als → Kaufsignal oder als Verkaufssignal interpretiert werden. Ein Kaufsignal entsteht, wenn die schnelle → MACD-Linie die langsame → Signal-Linie von unten nach oben schneidet. Ein Verkaufssignal wird angezeigt, wenn die schnelle MACD-Linie die langsame Signal-Linie von oben nach unten schneidet (→ technische Studie).

**MACD-Linie**
→ Technische Studie der → MACD/Signal-Studie, die als Differenz zweier → exponentiell gewichteter Durchschnitte ermittelt wird. Die M.-L. stellt die Differenz zwischen einem 12-Perioden exponentiell gewichteten Durchschnitt und einem 26-Perioden exponentiell gewichteten Durchschnitt dar. Die M.-L. wird mit folgender Formel ermittelt:

$$MACD_t = egD_{t,schnell} - egD_{t,langsam},$$

wobei: $MACD_t$ = aktueller Wert des MACD
$egD_{t,schnell}$ = aktueller Wert des schnellen, exponentiell gewichteten Durchschnitts
$egD_{t,langsam}$ = aktueller Wert des langsamen, exponentiell gewichteten Durchschnitts.

**MACD/Signal-Studie**
*Begriff*: → Technische Studie, die von Gerald Appel entwickelt wurde. Die M./S.-S. basiert auf → exponentiell gewichteten Durchschnitten, wobei MACD für Moving Average Convergence Divergence steht und ein Trendfolgesystem ist. Die M./S.-S. ist eine um eine Signal-Studie ergänzte Oszillator-Studie. Die Oszillator-Studie mißt den Abstand von zwei exponentiell gewichteten Durchschnitten und wird wie folgt ermittelt:

$$MACD_t = egD_{t,schnell} - egD_{t,langsam},$$

wobei: $MACD_t$ = aktueller Wert des MACD
$egD_{t,schnell}$ = aktueller Wert des schnellen exponentiell gewichteten Durchschnitts
$egD_{t,langsam}$ = aktueller Wert des langsamen exponentiell gewichteten Durchschnitts. – Die Signal-Studie hat die Aufgabe, die Werte der MACD-Studie zu glätten. Die Signal-Studie ist ein exponentieller Durchschnitt der MACD-Studie. Die → MACD-Linie stellt die Differenz zwischen einem 12-Perioden exponentiell gewichteten Durchschnitt und einem 26-Perioden exponentiell gewichteten Durchschnitt dar. Die Signal-Linie ist ein 9-Perioden exponentiell gewichteter Durchschnitt. – Die M./S.-S. wurde von Appel ursprünglich als Analyseinstrument für den → Aktienmarkt konzipiert. Appel war ein Anhänger der Zyklentheorie und stellte fest, daß ein Zyklus durchschnittlich 26 Perioden lang ist. Nach ungefähr 12 Perioden hat ein Trend die

**MACD-Studie**

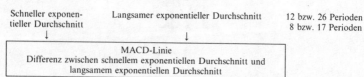

größte Dynamik erreicht. Deshalb wählte Appel als Zeitraum 12 bzw. 26 Perioden. Ursprünglich konzipierte Appel zwei unterschiedliche MACD-Linien. Für die Kaufseite empfahl er einen 8-Perioden exponentiell gewichteten Durchschnitt und einen 17-Perioden exponentiell gewichteten Durchschnitt. Die oben angegebenen Zeiträume von 12 Perioden bzw. 26 Perioden definierte er für die Verkaufseite. Die Signal-Linie verwendet sowohl für die Kaufseite als auch Verkaufseite einen 9-Perioden Zeitraum.

*Signale der MACD/Signal-Studie*: Ein Kaufsignal entsteht, wenn die schnelle MACD-Linie die langsame → Signal-Linie von unten nach oben schneidet. Ein Verkaufsignal wird angezeigt, wenn die schnelle MACD-Linie die langsame Signal-Linie von oben nach unten schneidet. (→ MACD-Crossover).

**MACD-Studie**
Kurzbezeichnung für → MACD/Signal-Studie.

**Macht der Banken**
*Erscheinungsformen:* Eine im Vergleich zu anderen Wirtschaftsunternehmen hervorgehobene Machtposition insbesondere der → Universalbanken – verstanden als Möglichkeit, Entscheidungsprozesse in Gesellschaft und Politik zum eigenen Vorteil zu beeinflussen – kann aus verschiedenen Umständen herrühren. Als Sanktionsmacht kann sie vor allem die „Hausbank"-Beziehungen zu einzelnen Kunden prägen (→ Hausbank), insbesondere im Hinblick auf deren Eigenschaft als Kreditnehmer (Entscheidung über Vergabe/→ Kündigung) oder bezüglich (der Vermittlung) ihres Zugangs zu → Finanzmärkten. Aus der Rechtsstellung der Banken als Eigentümer/Anteilsinhaber anderer Unternehmen wie im Hinblick auf ihr Tätigwerden als Vertreter dieser Kundengruppen (über das → Depotstimmrecht) ergibt sich Legitimationsmacht. Schließlich beruht die M. auf Informationsmacht in Form von spezifischem Wissenserwerb im Rahmen einer Vielzahl von Geschäftsbeziehungen sowie von sonstigen Informationsvorsprüngen gegenüber den Kunden: Banken erlangen aufgrund ihrer Tätigkeit bei der → Finanzierung von Nichtbanken-Unternehmen Informationen über deren Betätigungen, strategische Planungen und Ertragskraft. Seit langem befassen sich daher politische Gremien, nicht zuletzt der Deutsche Bundestag, mit diesem Thema; anläßlich „leichtfertiger Kreditvergabe an dubiose Großschuldner" wird seit Herbst 1994 eine neue Gesetzesinitiative diskutiert, vor allem die problematische Zusammenballung von Einflußmöglichkeiten sowie deren fehlende Durchschaubarkeit, d. h. einen Machtmißbrauch verhindern soll. Nach Auffassung des → Bundesverbandes deutscher Banken e.V. (anläßlich der Anhörung vor dem Wirtschaftsausschuß des Bundestages im Dez. 1993) stehen jedoch schon heute einem Mißbrauch wirtschaftlicher Einflußmöglichkeiten neben dem intensiven, durch die → Europäische Union noch weiter zunehmenden Wettbewerb im Bankensektor und einer kritisch beobachtenden Öffentlichkeit insbesondere die umfassende Reglementierung bankgeschäftlicher Tätigkeiten, vor allem durch das → Kreditwesengesetz, aber auch durch allgemeine gesetzliche Normen (→ Bankenaufsicht), sowie die im Verhältnis zu andern Wirtschaftszweigen starke Einbindung des Kreditgewerbes in die staatliche → Wirtschafts- und → Währungspolitik entgegen.

*Schwerpunkte der M.:* Die Diskussion um die M. konzentriert sich meist um den

## Macht der Banken

Anteilsbesitz an Industrieunternehmen (einschließlich der dazugehörigen Mandate im → Aufsichtsrat) und die wechselseitigen Kapitalverflechtungen/Abhängigkeiten zwischen → Finanzinstituten sowie auf das Depotstimmrecht, also auf Fragen der Legitimationsmacht. Hingegen spielt die kaum weniger bedeutsame, aber eher unterschwellig wirkende Sanktionsmacht in den Debatten eine geringe Rolle, werden die Fragen eines besseren → Verbraucherschutzes im Kredit- und Versicherungswesen meist nur jeweils im Hinblick auf einzelne brisante Vorgänge (insbesondere bei der „Gebühren-" bzw. Preis-Politik der Banken [„Kartell der Kassierer"] oder in bezug auf einen → Kontrahierungszwang für → Girokonten) erörtert. Ähnlich verhält es sich mit den verschiedenen Aspekten der Informationsmacht, die oft lediglich punktuell, etwa bei unzureichender → Anlageberatung oder in bezug auf eine „Regenschirmpolitik", d. h. die Kündigung von → Krediten schon beim Verdacht finanzieller Probleme des Kreditnehmers, thematisiert wird. Auch Vorgänge in diesen beiden Bereichen bewirken jedoch, daß der Vorwurf der Arroganz gegenüber Banken nicht verstummt und ihr Image nicht nur beim breiten Publikum, sondern auch bei Geschäftskunden leidet.

*Wettbewerbsrechtliche Sonderstellung:* Anders als das Recht der → Europäischen Gemeinschaft (Art. 85ff. EG-Vertrag) enthält § 102 GWB eine auf die Kreditwirtschaft zugeschnittene, sachlich begrenzte Sonderregelung im Hinblick auf → Wettbewerbsbeschränkungen. Die Entwicklung vieler moderner Bankdienstleistungen ist ohne eine Zusammenarbeit der beteiligten Kreditinstitute nicht denkbar, insbesondere auf den Gebieten des → Zahlungsverkehrs (etwa ec-System, → Lastschriftverkehr) und des Wertpapiergeschäfts. Weitere Anwendungsbereiche sind Empfehlungen von → Allgemeinen Geschäftsbedingungen, → Einlagensicherung und → Konsortialgeschäfte. In Einzelfällen können hierdurch freilich Marktzugang und → Wettbewerb behindert werden.

*Anteilsbesitz an Industrieunternehmen:* Im Gegensatz zu anderen Staaten (z. B. Belgien, Schweden, Japan, USA) verbietet das deutsche Recht Kreditinstituten nicht, Anteilsbesitz an „sonstigen Unternehmen" (Nichtbanken) zu erwerben, sondern begrenzt derartige Anlagen allgemein lediglich durch die Regeln über das haftende Eigenkapital (§ 12 KWG). Für → Euro-Kreditinstitute schreibt § 12 Abs. 5 KWG (in Umsetzung der (2.) → Bankrechts-Koordinierungsrichtlinie) allerdings vor, den Nennbetrag von → bedeutenden Beteiligungen i. S. des KWG im Einzelfall auf 15 v.H. und insgesamt auf 60 v.H. des → haftenden Eigenkapitals der Kreditinstitute zu begrenzen; diese Anforderung muß spätestens im Jahre 2002 erfüllt werden (§ 64 Abs. 3 KWG). Seit den siebziger Jahren haben die Banken ihren Anteilsbesitz abgebaut; 1993 hielten die zehn größten privaten Banken an allen → Kapitalgesellschaften in der Bundesrepublik nur noch einen Anteil von 0,5%. Allerdings müssen im → Anhang zum → Jahresabschluß der Kreditinstitute nur Name und Sitz anderer Unternehmen angegeben werden, an denen ein Kreditinstitut oder eine für dessen Rechnung handelnde Person mindestens 20 v.H. des Anteils besitzt (§ 340 a Abs. 2 i. V. m. § 285 Nr. 11 HGB). Eine weitergehende Transparenz kann jedoch über eine Aktionärsauskunft gem. § 131 AktG erreicht werden. § 21 des → Wertpapierhandelsgesetzes (Art. 1 des Zweiten → Finanzmarktförderungsgesetzes) sieht ab 1995 vor, daß Mitteilungspflichten des Erwerbers von → Stimmrechten an einer börsennotierten Gesellschaft (dieser und dem → Bundesaufsichtsamt für das Kreditwesen gegenüber) bereits bei 5 v.H. entstehen. Bereits aufgrund von § 24 Abs. 1 Nr. 3 KWG müssen Kreditinstitute dem Bundesaufsichtsamt und der → Deutschen Bundesbank unverzüglich die Übernahme einer unmittelbaren Beteiligung (in Höhe von 10 v.H. des Kapitals oder der Stimmrechte) an einem anderen Unternehmen anzeigen (→ Anzeigen der Kreditinstitute über personelle, finanzielle und gesellschaftsrechtliche Veränderungen). Damit wird künftig der Forderung nach mehr Markttransparenz besser Rechnung getragen. Der Anteilserwerb durch Banken hat bisher kaum Anlaß zu kartellbehördlichem Einschreiten gegeben, da eine Fusionskontrolle nach §§ 23ff. GWB (→ Zusammenschlußkontrolle) erst bei 25 v.H. einsetzt. Hinsichtlich der geschäftspolitischen Motivation muß ohnehin unterschieden werden, ob der Beteiligungserwerb mit dem sonstigen Bankgeschäft in Zusammenhang steht bzw. eine spezielle Bankdienstleistung darstellt oder nicht, also etwa Anteile auch über eine erfolgreiche → Sanierung hinaus gehalten werden. Wie die

1071

## Macht der Banken

Verknüpfung von Kreditvergabe und Beteiligung die M. verstärken kann (Einflußkumulation), ist im einzelnen unklar. Im Verhältnis von Kreditinstitut und Beteiligungsunternehmen können sich positive wie nachteilige Auswirkungen einstellen; im Verhältnis zu den jeweiligen Wettbewerbern können negative Effekte teils durch gesetzliche Regelungen ausgeschaltet werden (Kartellrecht; Insidergesetzgebung). Weitere ordnungspolitische Probleme rühren daher, daß Vertreter der Banken vielfach gleichzeitig Mitglieder des Aufsichtsrates, des Kredit- und →Emissionskonsortiums und Ausübende des Depotstimmrechts sind. Auch insoweit ist jedenfalls bessere Transparenz zur Verhütung von Mißbräuchen geboten.

*Depotstimmrecht:* Aufgrund ihres umfangreichen →Depotgeschäfts sind Kreditinstitute in erheblichem Ausmaß in der Lage, gemäß § 135 AktG das Stimmrecht in der →Hauptversammlung in bezug auf →Inhaberaktien anderer Personen auszuüben, wobei allerdings die →Vollmacht des →Aktionärs befristet ist und dieser berechtigt bleibt, Weisungen zu erteilen. Die Regelung soll der Aktionärsdemokratie dienen, indem Verzerrungen bei der Willensbildung wie vor allem Zufallsmehrheiten, hervorgerufen durch mangelhafte Präsenz (nicht zuletzt der ausländischen und der Klein-Aktionäre), entgegengesteuert wird. Andererseits entstehen hierbei Interessenkonflikte, die letztlich nur durch eine Offenlegung der Beteiligungs- und Einflußverhältnisse eingedämmt werden können. § 22 Abs. 1 Nr. 7 des Wertpapierhandelsgesetzes sieht insoweit vor, daß die Mitteilungspflicht (bei Erwerb von 5 v.H. der Stimmrechte an einer börsennotierten Gesellschaft) auch dann gilt, wenn die Aktien (einer Bank) nur zur →Verwahrung anvertraut sind, sofern diese die Stimmrechte hieraus nach eigenem Ermessen ausüben kann, weil keine besonderen Weisungen des Aktionärs vorliegen. Andere Änderungsvorschläge haben z.B. die Einführung von Einzelvollmachten, die Zulassung brieflicher Stimmabgabe oder gar Abstimmungsverbote beim Bestehen von (engen) Geschäftsbeziehungen zum Inhalt, erscheinen aber nur bedingt praktikabel. Bedenkenswert ist ein Erfordernis der Einzelweisung, wenn über das Depotstimmrecht einem „eigenen" Aufsichtsratsmitglied Entlastung erteilt werden soll.

*Aufsichtsratsmandate:* Insgesamt ist die Zahl der von Bankangehörigen gehaltenen Sitze in Aufsichtsräten anderer Unternehmen relativ niedrig. Auch geht die Initiative zur Übernahme derartiger Mandate häufig von diesen Unternehmen aus, weil sie Beratung und Überwachung insbesondere im Finanzierungsbereich wünschen. Die gesetzlich dem Aufsichtsrat übertragene Aufgabe, den →Vorstand in seinem Verhalten zu kontrollieren, wird praktisch aber oft nicht effektiv genug erfüllt. Gerade Bankenvertreter haben ein finanzielles Interesse an der Beständigkeit des Managements und sind so weniger geneigt, die Interessen der Aktionäre als Maßstab von dessen Überwachung zu wählen. Interessenkollisionen können nur durch gezielte Maßnahmen verhindert werden, wozu etwa Offenlegung und eventuell Stimmverbote, Begrenzung von Aufsichtsratsmandaten (pro Person oder auch pro Kreditinstitut) oder Verbote für Mandate in konkurrierenden Unternehmen dienen könnten. Im Hinblick auf Insiderinformationen unterliegen Aufsichtsratsmitglieder einer Geheimhaltungspflicht nach § 404 AktG. Ferner greifen nunmehr die Insiderüberwachungsvorschriften der §§ 12ff. des Wertpapierhandelsgesetzes ein (→Insider, →Insiderpapiere).

*Kapitalverflechtungen:* In der deutschen Kreditwirtschaft herrscht ein intensiver Wettbewerb; es gibt kein auch nur annähernd marktbeherrschendes Unternehmen. Erheblicher zusätzlicher Konkurrenzdruck ist durch die →Auslandsbanken sowie das Vordringen von Nichtbanken, insbesondere Versicherungen (auch im Rahmen von Allfinanzstrategien) in bankgeschäftliche Betätigungsbereiche entstanden. Allerdings gibt es (nur ungenügend publizierte) wechselseitige Ring- und Überkreuzverflechtungen der wichtigsten deutschen Kreditinstitute, Versicherungs- und Industrieunternehmen, die angesichts des Depotstimmrechts eher verschleiert werden, da ihnen nur relativ niedrige Kapital-Beteiligungen zugrundeliegen; personelle Verflechtungen werden durch § 100 Abs. 2 Nr. 3 AktG eingeschränkt. Die Vernetzung führt zu einer Verringerung der Kontrolle der Unternehmensverwaltungen (Vorstände) durch die Aktionäre; für die Unternehmenspolitik kann dies eine gegenseitige persönliche Abhängigkeit der Unternehmensverwaltungen mit entsprechendem (negativem) Einfluß auf den Wettbewerb zwischen den von ihnen geführten Unternehmen bedeuten, nicht zuletzt eine Abschottung des Führungspersonals von einem Wettbewerb um ihre Positionen und eine damit einhergehende Qualitätsverschlechterung („Nieten in Nadelstreifen"). Ob hieraus weitere Marktzugangsbeschränkungen resultieren, ist ungewiß; von außen erscheint das Geflecht wechselseitiger Beteiligungen jedenfalls wie ein „closed shop", in den ausländische Unternehmen (etwa durch „feindliche Übernahmen") nur schwer eindringen können.

*Konkurrenz und Marktzugang:* Die Existenz und Tätigkeiten → öffentlicher Banken (vor allem der → Landesbanken/Girozentralen und der → Sparkassen) führt zu einer Verstärkung des Wettbewerbs zwischen dieser und den beiden anderen Bankengruppen. Keine der Gruppen hat in den letzten Jahren ihren relativen Anteil am zusammengefaßten → Geschäftsvolumen der Kreditwirtschaft nachhaltig erhöht; lebhafte Konkurrenz besteht nicht nur im → Einlagen- und → Kreditgeschäft, sondern auch im Handels- und Provisionsbereich, verstärkt durch die Aufnahme inländischer Geschäfte durch eine Reihe leistungsstarker Institute aus anderen EG- wie aus Drittländern.

*Öffentliche Banken:* Im Hinblick darauf, daß in Kontrollgremien dieser Banken vielfach nach eher sachfremden Kriterien ausgewählte Nichtfachleute sitzen, ist die Überwachung der Unternehmensführung noch weniger intensiv als beim Aufsichtsrat im allgemeinen; auch aus diesem Grunde ist der Erwerb von Beteiligungen an Nichtbanken hier bedenklicher als sonst. Zudem birgt die Einbeziehung öffentlicher Banken in die Erfüllung staatlicher Aufgaben erhöhte Risiken für den → Gewährträger und damit letztlich die Steuerzahler. Insbesondere aus ordnungspolitischen Erwägungen wird derzeit auch wieder das Betreiben des allgemeinen Bankgeschäfts durch öffentliche Banken – im Unterschied zur Erfüllung spezifischer staatlicher Förderaufträge wie z. B. durch die → Kreditanstalt für Wiederaufbau (KfW) – in Zweifel gezogen und die Forderung nach Privatisierung (der Trägerschaft) erhoben. Ab Anfang 1995 hat im Hinblick auf die → Deutsche Bundespost POSTBANK das Postneuordnungsgesetz mit deren Umwandlung in die → Deutsche Postbank AG diesen weiteren Schritt ermöglicht.

*Möglichkeit von Gegenmaßnahmen seitens der Bankenaufsicht:* Das Bundesaufsichtsamt hat nur geringe Abhilfemöglichkeiten gegenüber Beschwerden im Hinblick auf einen angeblichen Mißbrauch der M. So sind z. B. die Entgelte für Bankleistungen seiner Kontrolle entzogen. Nur dann, wenn das Verhalten eines Kreditinstituts offensichtlich rechtswidrig ist, kommt ein Einschreiten des BAK in Betracht, weil dann Zweifel an der Zuverlässigkeit der → Geschäftsleiter oder an einer ordnungsgemäßen Geschäftsführung bestehen (→ Bankaufsichtliche Maßnahmen). Auch die Pflicht, Mißständen im Kreditwesen entgegenzuwirken (§ 6 Abs. 2 KWG), gibt keine Handhabe, Banken zu einem (eher) verbraucherfreundlichen Verhalten zu zwingen, sondern sie rechtfertigt lediglich (unverbindliche) Mahnungen oder Appelle. Insoweit gilt ebenso wie im Hinblick auf den Gesetzgeber: „Je mehr die Kreditwirtschaft durch Selbstdisziplin und Selbstregulierung zur Stabilität des Kreditwesens beiträgt und je mehr Beachtung sie von sich aus den legitimen Verbraucherinteressen ihrer Kunden schenkt, desto mehr wird der Staat sich mit Regelungen und Eingriffen zurückhalten können" (Artopoeus, derzeitiger Präsident des BAK).

### Macro-Hedge
Absicherung eines → Gesamtrisikos bzw. einer Gesamtposition (→ Hedging).
*Gegensatz:* → Micro-Hedge.

### Maestro
→ Tochtergesellschaft und gleichzeitig Produktname für eine internationale → Debit-Karte des US-Kreditkartenkonzerns Mastercard. Aus europäischer Sicht ist M. im Prinzip nichts anderes als die Ausweitung von → edc auf alle wichtigen Länder der Erde. M. ist für die → Kreditinstitute, die sich für eine weltweite Variante ihrer → eurocheque-Karten oder Kundenkarten (→ Kundenkarten von Kreditinstituten) entscheiden, das Markenzeichen für den außereuropäischen Einsatz. Umgekehrt werben die Länder und Kreditinstitute, die Karten mit dem M.-Zeichen ausgeben, bei ihren Händlern um Akzeptanz für diese Karten.

### Magisches Viereck
Schlagwortartige Bez. für das als unlösbar angesehene Ziel der → Wirtschaftspolitik und → Finanzpolitik, gleichzeitig Preisniveaustabilität (→ Geldwertstabilität), einen

## Magnetband-Clearingverfahren

hohen Beschäftigungsstand (Auslastung des →Produktionspotentials) und →außenwirtschaftliches Gleichgewicht bei stetigem und angemessenem →Wirtschaftswachstum zu erreichen.

## Magnetband-Clearingverfahren

Verfahren zum beleglosen Austausch von Zahlungsverkehrsdaten (Daten aus Überweisungsaufträgen und Einzugsaufträgen für →Lastschriften und →Schecks) mit Hilfe elektronischer Medien. Das M.-C. findet zwischen →Kreditinstituten und Kunden in der Form belegloser Auftragserteilung und im Verkehr zwischen Kreditinstituten in der Form belegloser (elektronischer) Abwicklung und Verrechnung von Zahlungen statt. In das M.-C. werden Massenzahlungen und Individualzahlungen einbezogen.

Nach den Bedingungen für die Beteiligung von Kunden am →beleglosen Datenträgeraustausch nehmen Kreditinstitute zur Vereinfachung des automatischen →Zahlungsverkehrs Magnetbänder, flexible Magnetplatten und Magnetbandkassetten (Datenträger) mit Ausführungsaufträgen für →Überweisungen und Lastschriften entgegen. Für die Auslieferung von Datenträgern an Kunden werden i.d.R. Magnetbänder eingesetzt.

Im M.-C. zwischen Kreditinstituten werden sowohl beleghaft erteilte Aufträge beleglos weitergeleitet (→EZÜ-Überweisungen, →BSE-Zahlungsvorgänge, →EZL-Lastschriften) als auch beleglos erteilte Aufträge abgewickelt (→elektronischer Zahlungsverkehr). Eine Besonderheit des M.-C. besteht in dem Direktwiderruf. Nach der Vereinbarung der Kreditwirtschaft können Rückrufe von einzelnen Zahlungsverkehrsvorgängen nach Anlieferung von Magnetbändern nur außerhalb des M.-C. vorgenommen werden. Das erstbeteiligte Kreditinstitut ist berechtigt, sich unmittelbar mit der Bank des Überweisungsempfängers bzw. des Zahlungspflichtigen bei Lastschriften oder des Scheckausstellers in Verbindung zu setzen. Auch die für die Bankkundschaft geltenden →Sonderbedingungen für den beleglosen Datenträgeraustausch sehen vor, daß Rückrufe von einzelnen Datenträgern nur außerhalb des Datenträgeraustauschverfahrens vorgenommen werden können.

(→Bargeldloser Zahlungsverkehr)

## Magnetstreifenkarte

Bei kartengesteuerten Zahlungssystemen die am weitesten verbreitete Variante. Weltweit sind über eine Mrd. M. für unterschiedliche Zahlungszwecke und Einsatzbereiche im Umlauf. Wesentliches Merkmal der M.: Auf der Rückseite der international genormten →Zahlungskarte (DIN 9785, ISO 3554) ist neben einem Unterschriftsfeld ein besonderer Magnetstreifen aufgeklebt. Auf diesem Streifen können mit handelsüblichen Spezialllesegeräten Informationen (z.B. die Kontonummer des Karteninhabers) gespeichert und rückgelesen werden. Wesentliche Einsatzbereiche von M.: →Kontoauszugsdrucker, →Geldausgabeautomaten, →POS-Banking, →EFTPOS-System.

## Mahnbescheid

Auf Antrag des →Gläubigers einer →Geldschuld (in DM) ergangene Verfügung eines Amtsgerichts im →Mahnverfahren, durch die der →Schuldner (Antragsgegner) aufgefordert wird, innerhalb von zwei Wochen seit der Zustellung des M. entweder die Schuld nebst →Zinsen und Kosten zu bezahlen oder →Widerspruch einzulegen, d. h. dem Gericht mitzuteilen, ob und in welchem Umfang der →Anspruch des Gläubigers bestritten wird (§ 692 ZPO). Ein M. ist nicht zulässig bei Ansprüchen eines Kreditgebers, wenn der nach dem →Verbraucherkreditgesetz anzugebende (anfängliche) effektive Jahreszins den bei Vertragsabschluß geltenden →Diskontsatz der →Deutschen Bundesbank um mehr als zwölf Prozent übersteigt. Im Mahnantrag muß daher in solchen Fällen das Datum des Vertragsabschlusses und der (anfängliche) effektive Jahreszins angegeben werden (§ 690 Abs. 1 Nr. 3 ZPO).

## Mahnung

Formlose, aber meist schriftliche letzte Aufforderung an einen →Schuldner, die aufgrund eines →Schuldverhältnisses gebotene Leistung zu erbringen. Die M. ist kein →Rechtsgeschäft. Regelmäßig muß aber der →Gläubiger seinen Schuldner mahnen, bevor dieser in →Schuldnerverzug kommt (§ 284 Abs. 1 BGB).

## Mahnverfahren

Vereinfachtes gerichtliches Verfahren zur Erlangung eines →Vollstreckungstitels (nach §§ 688 ff. ZPO), mit Hilfe dessen der

→Gläubiger (Antragsteller) die →Zwangsvollstreckung gegen den →Schuldner (Antragsgegner) betreiben kann. Das Gericht prüft nicht, ob dem Antragsteller der geltend gemachte →Anspruch wirklich zusteht.

*Voraussetzungen*: Ein M. ist nur vorgesehen für Ansprüche auf Zahlung eines bestimmten Geldbetrags in inländischer →Währung (DM), wobei entweder keine Gegenleistung geschuldet oder diese bereits erbracht ist (§§ 688 Abs. 1, 2 Nr. 2 ZPO). Es ist ausgeschlossen bei Ansprüchen eines Kreditgebers, wenn der nach dem →Verbraucherkreditgesetz anzugebende (anfängliche) effektive Jahreszins (→Effektivverzinsung von Krediten) den bei Vertragsabschluß geltenden →Diskontsatz der →Deutschen Bundesbank zuzüglich zwölf Prozent übersteigt (§ 688 Abs. 2 Nr. 1 ZPO) oder wenn der Aufenthalt des Schuldners nicht bekannt ist. Auch gegenüber im Ausland ansässigen Schuldnern ist ein M. nur eingeschränkt zulässig (§ 688 Abs. 3 ZPO).

*Ablauf*: Das M. wird eingeleitet durch Antrag des Gläubigers auf Erlaß eines →Mahnbescheids auf hierfür eingeführten Vordrucken (§ 703 c ZPO). Ausschließlich zuständig für das M. ist das Amtsgericht, in dessen Zuständigkeitsbereich der Gläubiger seinen Wohnsitz oder Sitz hat (§ 689 Abs. 2 ZPO); die Entscheidung obliegt nicht dem Richter, sondern einem Rechtspfleger. Mit Zustellung des Mahnbescheids an den Schuldner wird dieser aufgefordert, entweder die Schuld (nebst den geforderten →Zinsen und genau bezeichneten →Kosten) zu bezahlen oder aber →Widerspruch einzulegen (§ 692 Abs. 1 Nr. 3 ZPO). Widerspricht der Antragsgegner nicht (rechtzeitig), so kann der Gläubiger einen →Vollstreckungsbescheid beantragen (§ 699 Abs. 1 ZPO). Hiergegen hat der Schuldner noch die Möglichkeit des Einspruchs. Legt er diesen nicht binnen einer Ausschlußfrist von zwei Wochen nach Zustellung des Vollstreckungsbescheids ein, so steht dieser als Vollstreckungstitel einem Urteil gleich (§ 794 Abs. 1 Nr. 4 ZPO).

Bei rechtzeitigem Widerspruch, worüber das Gericht auch den Gläubiger unterrichtet, gibt das Gericht den Rechtsstreit zur Durchführung eines ordentlichen Zivilprozesses ab, entweder an das im Mahnantrag bezeichnete, nunmehr örtlich und sachlich zuständige Gericht oder an ein anderes, wenn dies beide Parteien übereinstimmend verlangen (§ 696 ZPO). Ebenso wird beim Einspruch gegen den Vollstreckungsbescheid verfahren.

*Verfahren* (§ 700 Abs. 3 ZPO): Ein verspäteter Widerspruch wird, wenn bereits ein Vollstreckungsbescheid ergangen ist, als Einspruch gegen diesen behandelt (§ 694 Abs. 2 ZPO). Eine besondere Art des M. findet in Urkunden-, Wechsel- und Schecksachen statt (§ 703 a ZPO). Das M. kann auch im Wege maschineller Bearbeitung abgewickelt werden.

Widerspruch gegen einen Mahnbescheid kann der Antragsgegner gegen den Anspruch insgesamt oder einen Teil desselben erheben. Dies muß schriftlich bei dem Gericht erfolgen, das den Mahnbescheid erlassen hat. Ein Vordruck hierfür wird bei der Zustellung des Mahnbescheids mitübermittelt. Die Widerspruchsfrist beträgt zwei Wochen ab →Zustellung (§ 692 Abs. 1 Nr. 3 ZPO). Jedoch kann auch noch später Widerspruch eingelegt werden, solange der Vollstreckungsbescheid nicht erlassen ist (§ 694 Abs. 1 ZPO). Wird der Mahnbescheid in einem anderen EG-Mitgliedstaat zugestellt, beträgt die Widerspruchsfrist einen Monat.

Einspruch gegen den Vollstreckungsbescheid kann der Schuldner wieder binnen einer Ausschlußfrist von zwei Wochen einlegen (§ 700 Abs. 1 i. V. m. § 339 Abs. 1 ZPO). Erfolgt die Zustellung im Ausland, so bestimmt das Gericht die Einspruchsfrist im Vollstreckungsbescheid oder nachträglich durch besonderen Beschluß.

**Mailing**
Versand von Werbebriefen im Rahmen einer →Verkaufsförderungsaktion an ausgewählte Kunden und/oder Nichtkunden. Die Auswahl der Empfänger des M. erfolgt u. a. nach geographischen Gesichtspunkten, nach Berufen oder Branchen, nach der Stellung des Empfängers im Unternehmen, nach →Einkommen, →Umsatz oder Interessengebieten. Schwerpunktmäßig wird für eine konkrete Dienstleistung oder ein bestimmtes Produkt (mit besonders günstigen Konditionen) geworben. Einem M. folgt zumeist eine Nachfaß-Aktion (persönlich am Schalter oder per Telefonat).

**Maintenance Margin**
Mindestsicherheitsleistung, die vom Käufer und Verkäufer während des Bestehens einer

## Major Market Index

→ Position im Handel mit → Futures zu halten ist.
(→ Margin, → Future)

### Major Market Index (MMI)
Kursgewichteter → Aktienindex, der aus den Kursen von 20 amerikanischen → Blue Chips errechnet wird. Auf den MMI werden and der CBOT beispielsweise → Aktienindex-Futures gehandelt.

### MAKATEL
Magnetkartentelefon der Telekom AG, das bei Vertragsunternehmen von Kreditkartenherausgebern eingesetzt wird und die Verbindung zu den Rechenzentralen der Kartenherausgeber herstellt. Es ist mit einem Magnetstreifenleser ausgestattet, der die Daten auf der → Kreditkarte automatisch liest und den Autorisierungsvorgang übernimmt.
(→ EFTPOS-System)

### Makler
Derjenige, der eine Gelegenheit zum Vertragsabschluß nachweist oder einen Vertragsabschluß vermittelt. Zu unterscheiden sind → Zivilmakler, für die Vorschriften des → Bürgerlichen Gesetzbuches gelten (§§ 652 ff.), und → Handelsmakler, die den Vorschriften des → Handelsgesetzbuches unterliegen. Der Zivilmakler kann nach § 2 HGB → Kaufmann (Sollkaufmann) sein, der Handelsmakler ist Kaufmann kraft → Gewerbes nach § 1 Abs. 2 Nr. 7 HGB (Mußkaufmann).

### Managed Floating, → Floating.

### Managed Futures
Sammelbezeichnung für Futures Fonds (→ Futures Fund) und privat gemanagte Terminbörsensammelkonten (Futures Pools).

### Management Buy Out
Übernahme von Unternehmen oder Teilen davon durch das angestellte Management, das an die Stelle der bisherigen Eigentümer/Gesellschafter tritt. Zumeist muß zur → Finanzierung hauptsächlich → Fremdkapital eingesetzt werden (Leveraged Buy Out).

### Management-Informationssystem (MIS)
Versorgt alle Entscheidungsträger im → Kreditinstitut mit vergangenen, aktuellen und prognostischen Informationen aus allen Bereichen der Bank. Das MIS dient der Steuerung der Bank.

### Managementqualifikation
Die Fähigkeit einer → Person, ein Unternehmen oder einen Unternehmensbereich aufgrund ihrer fachlichen und menschlichen Fähigkeiten selbständig leiten zu können. M. bedingt a) das rechtzeitige Erkennen von unternehmerischen Chancen und deren Realisierung, von Tendenzen im Markt oder sonstigem Umfeld und deren Auswirkungen auf das → Kreditinstitut (strategisches Denken), b) Befähigung zur Führung und Motivation von Mitarbeitern, c) Kenntnis der den Entscheidungen zugrundeliegenden Materie, d) die zur Leitung eines Bankbetriebs nötige Zulassung seitens des → Bundesaufsichtsamtes für das Kreditwesen. Zu erfüllende Managementfunktionen sind das Entwickeln geschäftspolitischer Ziele, Planen sowie Realisieren der Ziele durch laufend zu treffende Entscheidungen verbunden mit Kontrolle und → Controlling (Soll-Ist-Vergleich).

### Managementrisiko
Risiko, das sich aus dem Einsatz des → Produktionsfaktors dispositive menschliche Arbeit i. S. der Gefahr von Managementfehlern ergibt (→ Strategische Risiken).
(→ Bankbetriebliche (Erfolgs-)Risiken des technisch-organisatorischen Bereichs)

### Mantel
1. Bei → Effekten die → Urkunde, die das Hauptrecht verbrieft (bei → Schuldverschreibungen das Forderungsrecht, bei → Aktien das Mitgliedschaftsrecht, bei → Investmentanteilen das Miteigentumsrecht nach Bruchteilen). Die Bezeichnung M. wurde gewählt, weil früher die Wertpapierurkunde aus einer gefalteten Doppelseite bestand, in die der → Bogen mit den → Zins-, → Gewinnanteils- oder → Ertragsscheinen (→ Kupon) und dem Erneuerungsschein (→ Talon) hineingelegt wurde. Um einen Schutz gegen Fälschungen und Verfälschungen zu gewähren, gibt es „Richtlinien für den Druck von Wertpapieren" (Druckvorschriften für Effekten). Um die → Verwahrung und Verwaltung der Effekten zu vereinfachen, werden vielfach → Sammelurkunden gedruckt. In bestimmten Fällen wird auf die Ausstellung einer Urkunde völlig verzichtet (→ Wertrecht). M. und Bögen sind im Rahmen des → Depotgeschäfts ge-

trennt aufzubewahren. → Nullkupon-Anleihen (Zero Bonds) bestehen nur aus einem M.

2. Bezeichnung für die gesamten Anteilrechte (→ Geschäftsanteile) an einer → Kapitalgesellschaft, z. B. GmbH-Mantel (→ Mantelkauf).

### Mantelkauf
Erwerb aller → Geschäftsanteile an einer abwicklungs- und löschungsreifen Gesellschaft (i. d. R. → Kapitalgesellschaft), die hohe Verlustvorträge hat und unter diesem Mantel (z. B. GmbH-Mantel) durch den Erwerber fortgeführt wird mit der Absicht, durch Geltendmachung des → Verlustvortrags → Steuern zu sparen. Voraussetzung für den späteren Verlustabzug sind nach § 8 Abs. 4 KStG nicht nur die rechtliche, sondern auch die wirtschaftliche Identität der Gesellschaft, die den → Verlust erlitten hat, mit der Gesellschaft, die den Verlust steuerlich geltend macht. Wirtschaftliche Identität liegt nicht vor, wenn folgende Tatbestandsmerkmale erfüllt sind: (1) Einstellung des Geschäftsbetriebs, (2) Übertragung von mehr als 75% der Geschäftsanteile an einen oder mehrere bereits beteiligte Gesellschafter, (3) Zuführung von überwiegend neuem → Betriebsvermögen, (4) Wiederaufnahme des Geschäftsbetriebs.

### Manteltarifvertrag
→ Tarifvertrag zur Feststellung allgemeiner Arbeitsbedingungen, wie Arbeitszeit, Tarifgruppensystem, Sozialzulagen, Urlaub sowie → Kündigung und Entlassung. Im M. ist festgelegt, welche → Personen und Institutionen durch den Tarifvertrag in seinen bindenden Regelungen erfaßt werden. Er grenzt die Tarifbeschäftigten, die übertariflich bezahlten Beschäftigten (die aber durch die Geltungsbereichsregelung des M. erfaßt werden) und die sogenannten außertariflich Beschäftigten ab.

### Mantelvertrag
Rahmensicherungsvertrag für wiederholt vorkommende Sicherungsgeschäfte zwischen → Kreditinstitut und Kreditnehmer. Beispiele: Mantelvertrag für Forderungsabtretungen (→ Mantelzession), Mantelvertrag für Importsicherungen (→ Importvorschüsse), Mantelsicherungsübereignung (→ Raumsicherungsübereignung).

### Mantelzession
→ Sicherungsabtretung, wodurch sich der Sicherungsgeber verpflichtet, nach einer gemäß dem → Sicherungsvertrag beizufügenden Aufstellung oder anliegenden Rechnungsdurchschriften spezifizierte, bestehende oder künftige → Forderungen an den Sicherungsnehmer zu zedieren. Die → Abtretung künftiger Forderungen wird erst wirksam, sobald dem Sicherungsnehmer weitere Aufstellungen oder Rechnungsdurchschriften übermittelt werden. Die M. ist eine Rahmenabtretung mit der Vereinbarung einer Mindestdeckungsklausel; sie wird i. d. R. in stiller Form durchgeführt (→ stille Zession).
Der Unterschied zur → Globalzession liegt darin, daß die Mantelabtretung hinsichtlich künftiger Forderungen nicht als echter Abtretungsvertrag und damit als → Verfügungsgeschäft, sondern nur als → Verpflichtungsgeschäft (obligatorischer Vertrag) anzusehen ist. Die Praxis bevorzugt daher die Globalzession.

### Marchzinsen
Bezeichnung in der Schweiz für → Stückzinsen.

### Marge
Differenz (Spanne) zwischen Kursen, Preisen und Zinssätzen.
*Synonym:* Spread.
(→ Margenkalkulation)

### Margenkalkulation
Kalkulationsverfahren im Rahmen der → Kosten- und Erlösrechnung im Bankbetrieb, das der Beurteilung der → Rentabilität von Kundengeschäften dient.
Ausgangspunkt der M. ist die nach der → Marktzinsmethode ermittelte Konditionsmarge (Differenz zwischen effektivem → Zins des Kundengeschäfts und effektivem Zins eines alternativen Geschäfts am → Geld- oder → Kapitalmarkt). Sie ist eine Bruttomarge. Zur Ermittlung der Nettomarge sind abzuziehen (1) die Risikokostenmarge (auf der Basis von Standard-Risikokosten ermittelte Marge von normalisierten → Risikokosten, um den prozentualen Deckungsbedarf für Risikokosten auszudrücken) und (2) die Betriebskostenmarge (auf der Basis von → Standard-Einzelkosten im Rahmen der → Standard-Einzelkostenrechnung ermittelten Marge, um den prozentualen Deckungsbedarf für → Betriebskosten auszudrücken). Zu addieren ist die Provisionsmarge (in Prozentpunkten ausgedrückte Marge des → Provisionsüberschusses). Betriebskostenmarge und Provisions-

## Margenkredit

marge können als Margen des →Betriebsbereichs des Bankbetriebs saldiert in Ansatz gebracht werden. Das Ergebnis ist die Nettomarge (Nettokonditionsmarge), die um eine Marge zur Abdeckung von →Overhead-Kosten und →Eigenkapitalkosten zu erweitern ist.

## Margenkredit

Gedeckter →Kredit, der vom Kreditnehmer mit →Spar-, →Termineinlagen oder →Wertpapieren des kreditgewährenden Institutes in mindestens gleicher Höhe abgesichert wird. Als Kreditzins wird ein Zinssatz vereinbart, der in Höhe einer auszuhandelnden Marge (z. B. 2,5 Prozent p. a.) über der Kondition liegt, die für die als Sicherheit dienenden →Einlagen oder →Wertpapiere vergütet werden.

## Margin

Sicherheitsleistung für Transaktionen im →Futures-Handel und für bestimmte Transaktionen im →Optionshandel. Für übernommene Verpflichtungen haben Verkäufer und Käufer von →Terminkontrakten und Verkäufer von →Optionen Sicherheit in bar oder in Form von →Wertpapieren an die →Clearing-Stelle der Terminbörse zu leisten.

Zu unterscheiden ist zwischen →Initial M. (Einschüsse), die bei Abschluß eines Geschäftes zu hinterlegen sind, und →Maintenance M. (Mindestsicherheitsleistungen), deren Höhe niedriger ist und das Niveau der aufrechtzuerhaltenden Mindesteinschüsse bezeichnet. Der börsentäglichen Verrechnung von Preisänderungen dienen Variation M. Die Tagesendwerte der einzelnen Positionen ergeben die Veränderungen, die den Teilnehmern belastet oder gutgeschrieben werden und geldmäßig zu regulieren sind. M. Call ist die Aufforderung zur Nachschußzahlung.

## Margin-Analyse

Die Zinszahlungen eines →Plain Vanilla Floaters sind an einen Geld- (z. B. →FIBOR, →LIBOR) oder Kapitalmarktindex (z. B. →CMT-Rendite) gekoppelt. Ein Maßstab zur Bestimmung des Wertes ist demnach eine Kennzahl, die den Rückfluß in Relation zum Index mißt. Die Bewertungsmethode, die diese Differenz (Margin) mißt, wird als M.-A. bezeichnet. Die M.-A. wurde in Europa entwickelt. Dort wird ein Floater (→Floating Rate Note) primär als →Geld-

marktinstrument gesehen. Deshalb repräsentiert die Margin die Differenz zwischen dem Floater und einem vergleichbaren Geldmarktinstrument.

Die einfachsten Methode der M.-A. sind die →Simple Margin und →Adjusted Simple Margin.

## Margin Call, →Margin.

## Mark

Währungseinheit mit →Goldparität (eine M. = 1/2790 kg Feingold), die 1871/1873 im Deutschen Reich geschaffen wurde und bis 1923 bestand (Ablösung durch die →Rentenmark). Die M. war anfangs eine „hinkende" →Goldwährung. Neben Goldmünzen waren auch Silbermünzen ¸gesetzliches Zahlungsmittel. Für die →Banknoten der →Reichsbank, die ab 1909 gesetzliches Zahlungsmittel waren, bestand eine Einlösungspflicht der Reichsbank in „kursfähiges deutsches Geld" (Goldmünzen). Praktisch tauschte die Reichsbank auf Verlangen Banknoten in Gold in einem festen Wertverhältnis (Goldparität) um (→Goldumlaufwährung).

Die Reichsbank war nach den Regelmechanismen der Goldwährung ebenso verpflichtet, Barrengold zu einem festen Preis anzukaufen. Die Ausgabe von auf M. lautenden Banknoten war durch Deckungsvorschriften und durch eine indirekte Kontingentierung begrenzt. Mindestens ein Drittel des Banknotenumlaufs mußte durch Reichskassenscheine oder durch Gold oder Goldmünzen gedeckt sein (sog. Bardeckung). Der Rest mußte in erster Linie durch gute →Handelswechsel gedeckt sein (sog. bankmäßige Deckung). Die Goldparität wurde durch Gesetz vom 4. 8. 1914 aufgehoben.

## Mark der DDR

In der ehemaligen Deutschen Demokratischen Republik seit 1968 offizielle Bezeichnung für die (bis 1990) gültige Währungseinheit (→Währung). Eine Mark (Abkürzung: M) ist in 100 Pfennig (Abkürzung: Pf.) eingeteilt. Die ursprüngliche Bezeichnung (nach der →Währungsreform vom 24. 6. 1948 in der damaligen Sowjetischen Besatzungszone) lautete „Deutsche Mark", später „Mark der →Deutschen Notenbank".

Mit der Errichtung der Währungs-, Wirtschafts- und Sozialunion zwischen der BRD und der DDR zum 1. 7. 1990 wurde die

→ Deutsche Mark gemeinsame Währung des hierdurch geschaffenen einheitlichen → Währungsgebiets. Auf M. d. D. lautende → Verbindlichkeiten und → Forderungen wurden auf DM umgestellt. Lediglich → Münzen der DDR in der Stückelung von 1, 5, 10, 20 und 50 Pf. blieben dort solange → gesetzliches Zahlungsmittel, bis sie zum 1.7.1991 außer Kurs gesetzt und durch entsprechende Bundesmünzen (→ Scheidemünzen) ersetzt wurden.

(→ Währungsunion mit der (ehemaligen) DDR)

### Marked-to-Market-Prinzip

*Daily Settlement*; Prinzip der an → Terminbörsen bestehenden Regelung, börsentäglich durch die → Clearing-Stelle die von den Kontrahenten gestellten Sicherheiten (→ Margin) den Preisveränderungen anzupassen und die entstandenen → Gewinne und → Verluste auf den → Konten der Marktteilnehmer zu verrechnen (Variation Margins). Bei entstandenen Verlusten fordert die Clearingstelle zusätzliche Sicherheiten an bzw. verlangt Zahlungen (Margin Calls).

### Marketing, → Bankmarketing.

### Marketingziel

Der dem Bereich Marketing gesetzte und durch Marketingmaßnahmen beeinflußbare anzustrebende Sollzustand im Rahmen der geschäftspolitischen Konzeption (Strategie) des → Kreditinstitutes.

### Marketmaker

Händler, der für bestimmte handelbare Papiere (z. B. → Futures, → Optionen, → Aktien, → Zinsinstrumente) Geldkurse (→ Bid) und Briefkurse (→ Ask) stellt, zu denen er bereit ist, näher quantifizierte Mengen dieser Papiere für eigene Rechnung zu kaufen oder zu verkaufen. M. stellen Kurse entweder allein oder in Konkurrenz zu anderen M. M. nennen Preise auch auf Anfrage, ohne zu wissen, ob der Anfragende kaufen oder verkaufen will. Der M. stellt sich damit als Kontrahent zur Verfügung. Die Leistung, die er anbietet, wird als „Sofortigkeitsservice" bezeichnet. Deshalb kann ein M. auch als Person definiert werden, die gewerbsmäßig den Sofortigkeitsservice anbietet. Durch seine Bereitschaft, zu den von ihm genannten Preisen – im Idealfall – unbegrenzte Mengen zu kaufen oder zu verkaufen, bringt ein M. zum Ausdruck, daß er seine Geld- und Briefkurse für marktgerecht hält. In dieser Bereitschaft, für eigene Rechnung zu kaufen oder zu verkaufen, zeigt sich die Qualität der Kursstellungen eines M.

Das Anbieten des Sofortigkeitsservice ist die zentrale Leistung eines M. Kann oder will ein Investor mit der Ausführung seines Auftrages nicht warten und liegen keine passenden Gegenaufträge vor, so bietet ihm der M. die Möglichkeit zum sofortigen Abschluß. Dadurch entfällt für den Investor das Suchen nach dem günstigsten Kontrahenten und die Gefahr von Preisänderungen zu seinen Ungunsten. Durch das Anbieten des Sofortigkeitsservice ist ein fortlaufender Handel möglich, und die → Liquidität des Marktes wird erhöht. Gerade diese Leistung eines M. ist zum Vorteil der Investoren und erhöht die Attraktivität des betrachteten Marktes. Deshalb sind Marketmaker auch schon seit langem an → Börsen in Großbritannien und den USA anzutreffen.

Für einen M. können sich aus seinem Sofortigkeitsservice Probleme ergeben, denn es besteht für ihn Ungewißheit über den zukünftigen Auftragseingang und er kennt die Transaktionsmotive – z. B. bessere Informationen (→ Insider) – der Investoren nicht. So kann es vorkommen, daß sich bei einem M. in einem nicht gewünschten Umfang Bestände akkumulieren. Auf jeden Fall stellt die Übernahme einer Marketmakerfunktion den betreffenden Marktteilnehmer (→ Kreditinstitut oder → Makler) vor eine Reihe von Schwierigkeiten.

Das Hauptproblem für einen M. besteht darin, marktgerechte Geld- und Briefkurse für die betreuten → Wertpapiere zu stellen. Sind die Kursgebote eines M. zu weit vom marktgerechten Niveau entfernt, macht er entweder keinen Umsatz, oder er baut → Long- oder → Shortpositionen auf. Ein M. will möglichst viel umsetzen und dabei die → Spanne zwischen Geld- und Briefkurs realisieren. Er will aber keine Bestände führen. Sein Handelsbestand sollte daher im Zeitablauf nur wenig von null abweichen. Das kann er nur erreichen, indem er Kurse stellt, die Investoren als attraktiv empfinden. Dabei hat ein M. „Lage" und „Breite" seiner Spanne im Vergleich zur Spanne seiner Konkurrenten zu beachten. Liegen seine Geld- und Briefkurse zu niedrig oder zu hoch, so wird er mit Kauf- oder Verkaufsanträgen überhäuft, und er baut eine Shortoder Long Position auf. Ist seine Spanne zu breit, wird er keine → Umsätze machen. Dieser Regelmechanismus zwingt einen M., seine Kurse zu korrigieren, sobald sie zu marktfern sind. Der Regelmechanismus zeigt aber auch, daß ein M. mit Hilfe seiner Kurspolitik, d.h. wie er seine Geld- und Briefkurse stellt, bis zu einem gewissen Grad Kauf- oder Verkaufsaufträge bei den Investoren auslösen kann. Dabei sind grundsätzlich zwei Vorgehensweisen denkbar: Im ersten Fall variiert der Marketmaker nur die Höhe seiner Geld-Brief-Spanne und läßt dabei die Breite der Spanne konstant. Im zweiten Fall wird auch die Breite der Spanne variiert.

Betrachtet man die von einem M. gestellte Spanne zwischen Geld- und Briefkurs näher, so kann man folgendes feststellen: Der Geldkurs eines M. wird unterhalb, der Briefkurs wird oberhalb des von ihm angenommenen Gleichgewichtspreises liegen. Die Bereitschaft eines M., zum Geldkurs zu kaufen, kann als Short Position in einer Verkaufsoption aus dem Geld (→ out of the money) und seine Bereitschaft, zum Briefkurs zu verkaufen, kann als Short Position in einer Kaufoption aus dem Geld interpretiert werden. Beide Positionen zusammen können als Short Position in einem → Strangle angesehen werden. Welche → Laufzeit die beiden Optionen haben, hängt von den institutionellen Gegebenheiten und der aktuellen Situation auf dem betrachteten Markt ab. Die Laufzeit der Optionen kann Bruchteile von Sekunden – etwa bis das Ausrufen der Kurse eines M. an der Parkettbörse verhallt ist – bis hin zu Minuten oder gar Stunden – etwa bis ein M. neue Kurse in das System einer Computerbörse eingibt – sein. Wenn sich der Gleichgewichtspreis ändert, ohne daß der M. Geld- oder Briefkurs neu stellt, dann kann eine der beiden Optionen ins Geld (→ in the money) kommen, und andere Marktteilnehmer erhalten eine kostenlose Long Position in einer Kauf- oder Verkaufsoption.

In der Praxis kann unterschieden werden zwischen M., die diese Funktion übernommen haben, ohne dabei ein Regelwerk, das ihre Rechte und Pflichten genau festlegt, zu unterliegen und solchen M., die diese Funktion übernommen haben und dabei einem Regelwerk unterliegen, das auch Sanktionsmöglichkeiten bei Nichteinhaltung der Regeln bereit hält. Zur ersten Gruppe könnten Marktteilnehmer gezählt werden, die für eigene → Emissionen oder im Rahmen eines → Konsortiums eine gewisse Marktpflege betreiben. Solche Marktteilnehmer kann man an den deutschen Kassabörsen finden, auch wenn sie nicht als M. bezeichnet werden und diese Funktion nur zeitweilig ausüben. Zur ersten Gruppe können auch Marktteilnehmer des → Over-the-Counter-Marktes gezählt werden, die vorübergehend eine Marketmakerfunktion übernehmen. Zur zweiten Gruppe gehören diejenigen Börsenteilnehmer der → Deutschen Terminbörse, die eine Marketmakerzulassung haben. Die Handelsbedingungen der DTB sehen vor, daß Marketmaking nur in → Optionskontrakten durchgeführt wird.

## Market Order
Order (Auftrag) für den momentanen bestmöglichen Kauf- bzw. Verkaufskurs.

**Market Return,** → Periodenrendite.

## Markowitz, Harry
M. begründete die → moderne Portfolio-Theorie und veröffentlichte 1959 seine grundlegenden Thesen zur → Portfolio Selection. M. erhielt hierfür 1990 den Nobelpreis für Wirtschaftswissenschaften. Zentrale Aussagen des Portfolio Selection Modells von M. sind, daß für die Portefeuillekonstruktion sowohl Ertragskennzahlen (Erwartungswert) als auch Risikokennzahlen (→ Varianz, → Standardabweichung) maßgeblich sind, und daß eine → Diversifikation aus Gründen der Risikoreduzierung sinnvoll ist. Hierfür ist von zentraler Bedeutung, daß der Korrelatioskoeffizient der → Wertpapiere kleiner als 1 ist, da das → Portefeuille-Risiko sowohl von der Varianz als auch von der Korrelation der → Periodenrenditen und den Anteilen der im Portefeuille beteiligten Papiere beeinflußt wird. Je geringer die Korrelationen sind, desto geringer wird die → Portefeuille-Varianz und damit das Gesamtrisiko. M. bezeichnet solche Portefeuilles als effizient, zu denen es bei gleicher → Rendite kein Portefeuille mit einem geringeren Risiko gibt, oder zu denen es bei gleichem Risiko kein Portefeuille mit einer höheren Rendite gibt (→ Effizienzkurve).

(→ Asset Allocation, → portfolioorientierte Aktienanalyse, → Index-Modell, → Markowitz-Kriterium, → Markt-Modell)

## Markowitz-Kriterium
Methode zur Ermittlung der → Effizienzkurve nach Markowitz, Harry durch Ver-

gleich der beiden Portefeuillekennzahlen Erwartungswert und →Varianz. Das M.-K. basiert auf dem →Mean-Variance-Approach.

## Marktbeherrschende Unternehmen

Unternehmen, die aufgrund ihrer Wirtschaftsmacht besonders leicht →Wettbewerbsbeschränkungen erzielen können. Für sie gelten deshalb besonders strenge Verhaltensrichtlinien nach dem →Gesetz gegen Wettbewerbsbeschränkungen (GWB).

*Definition:* Nach § 22 Abs. 1 und 2 GWB gilt ein Unternehmen als marktbeherrschend, soweit es als Anbieter oder Nachfrager einer bestimmten Art von →Waren oder gewerblichen Leistungen 1. ohne →Wettbewerber ist (→Monopol) oder keinem wesentlichen Wettbewerb ausgesetzt ist (Teilmonopol) oder 2. eine im Verhältnis zu seinen Wettbewerbern überragende Marktstellung hat. Dies bemißt sich hauptsächlich nach seinen Marktanteilen, seiner Finanzkraft, seinem Zugang zu den Beschaffungs- und Absatzmärkten, der Verflechtung mit anderen Unternehmen (→verbundene Unternehmen), den rechtlichen oder tatsächlichen Schranken für den Marktzutritt für andere Unternehmen sowie der Fähigkeit, sein Angebot oder seine Nachfrage auf andere Waren oder gewerbliche Leistungen umzustellen, ohne die Möglichkeit der Marktgegenseite, auf andere Unternehmen auszuweichen (§ 22 Abs. 1). Als marktbeherrschend gelten aber auch mehrere Unternehmen, wenn zwischen ihnen allgemein oder auf bestimmten Märkten kein wesentlicher Wettbewerb mehr besteht (Binnenwettbewerb) oder sie in ihrer Gesamtheit keinem wesentlichen Wettbewerb Dritter (Außenwettbewerb) ausgesetzt sind (→Oligopol nach § 22 Abs. 2). Bei Vorhandensein eines Monopols bzw. eines Oligopols ist nach dem GWB ab einem bestimmten Marktanteil, wenn die Unternehmen einen gesetzlich festgelegten Mindestumsatz aufweisen, von einer marktbeherrschenden Stellung auszugehen (§ 22 Abs. 3). Diese für horizontale Zusammenschlüsse gedachte Regelung wird speziell für den Fall der →Zusammenschlußkontrolle ergänzt bei vertikalen und konglomeraten Zusammenschlüssen (§ 23 a). Zur Ermittlung erheblicher Marktanteile, welche die marktbeherrschende Stellung begründen, muß der relevante Markt abgegrenzt werden. Das geschieht nach dem Prinzip der reaktiven Äquivalenz. Aus dem Blickwinkel des Kunden kommt es darauf an, ob im räumlicher und sachlicher Hinsicht die angebotenen Waren oder Leistungen funktionell austauschbar sind und damit sog. wirtschaftliche Substitutionsgüter oder -leistungen darstellen.

*Kartellrechtliche Mißbrauchsaufsicht:* Neben der Zusammenschlußkontrolle unterliegen m. U. der Mißbrauchsaufsicht durch das →Bundeskartellamt (§ 22 Abs. 4). Diese bezieht sich insbes. auf die mißbräuchliche Ausnutzung der Marktstellung vor allem durch eine erhebliche sachlich ungerechtfertigte Beeinträchtigung der Wettbewerbsmöglichkeiten anderer Unternehmen, durch unbillige Gestaltung von →Allgemeinen Geschäftsbedingungen oder durch Verlangen wettbewerblich ungerechtfertigter Preise. Derartige mißbräuchliche Verhaltensweisen kann die Kartellbehörde untersagen und dadurch zustande gebrachte Verträge oder Vertragsbestandteile für unwirksam erklären (§ 22 Abs. 5). M. U. unterliegen schließlich dem kartellrechtlichen →Diskriminierungsverbot. – Da in der Kreditwirtschaft wegen des →Universalbanksystems von einem einheitlichen Markt auszugehen ist, gelang es bisher weder einer →Bankengruppe noch einem einzelnen →Kreditinstitut, auch nicht den →Großbanken, eine marktbeherrschende Stellung aufzubauen. Es ist jedoch auch in diesem Bereich eine zunehmende Konzentration festzustellen (→Bankenkonzentration).

## Marktbezogenes Risiko, →systematisches Risiko.

## Marktdurchdringung

Penetration eines Marktes oder einer Verbrauchergruppe mit Informationen, Produkten oder Dienstleistungen. Methode zur Bestimmung des Penetrationsgrades: Vergleich des Gesamtpotentials mit dem in der →Bank vorhandenen Kundenbestand insgesamt und je Kundengruppe. Das Gesamtpotential ergibt sich aus der Marktanalyse bezüglich des jeweiligen Einzugsgebietes. Daten liefern insbes. statistische Jahrbücher von Bund, Land, den Kammern oder regionalen Wirtschaftsförderungsgesellschaften.

## Marktformen

Ein Markt ist ein Ort, an dem sich durch Zusammentreffen von Angebot und Nachfrage die Preisbildung vollzieht. Märkte sind In-

**Marktkapitalisierung**

### Marktformen

| Zahl der Anbieter | Zahl der Nachfrager | |
|---|---|---|
| | Einer | Viele |
| Einer | Bilaterales Monopol | → Monopol |
| Wenige | Beschränktes → Monopson | → Oligopol |
| Viele | Monopson | → Polypol |

stitutionen des Austauschprozesses von Gütern und Leistungen.
M. lassen sich nach der Anzahl der Anbieter und Nachfrager unterscheiden (vgl. oben stehende Übersicht).
Diese M. können mit dem Grad der Marktunvollkommenheit kombiniert werden; insbes. beim → Polypol (M. mit vielen [kleinen] Anbietern und vielen [kleinen] Nachfragern) unterscheiden man M. auf dem vollkommenen Markt (vollständige Konkurrenz, atomistische Konkurrenz) und solche auf dem unvollkommenen Markt (monopolistische Konkurrenz).

**Marktkapitalisierung,** → Börsenkapitalisierung.

### Marktkapitalisierung einer Aktiengesellschaft
Kapitalwert einer → Aktiengesellschaft, ermittelt durch Multiplikation der Anzahl der ausgegebenen → Aktien mit dem aktuellen Aktienkurs (→ Börsenkurs).

### Marktmacht
Fähigkeit eines Unternehmens oder einer Gruppe von Unternehmen, sich durch wettbewerbsbeschränkende Maßnahmen Vorteile gegenüber anderen Marktteilnehmern zu verschaffen. Der Einsatz von M. im → Wettbewerb wird im deutschen Wettbewerbsrecht als mißbräuchliche Ausnutzung einer marktbeherrschenden Stellung verfolgt (→ Macht der Banken, → marktbeherrschende Unternehmen).

### Markt-Modell
Weiterentwicklung des Sharpeschen → Index-Modells von 1970, das unterstellt, daß Wertpapierrenditen ausschließlich von der Rendite des Marktportefeuilles (z. B. → Deutscher Aktienindex [DAX]) abhängen. Im Gegensatz zum Index-Modell werden beim M.-M. die → Periodenrenditen errechnet, um die Regressionsgerade aufstellen zu können. Die Zielsetzung des M.-M. besteht darin, zukünftige → Renditen von einzelnen → Wertpapieren in Abhängigkeit vom Marktportefeuille zu bestimmen. Das M.-M. ist ein Ex-ante-Modell, d. h., es wird die künftige Rendite eines Wertpapiers über die erwartete Rendite des Marktportefeuilles ermittelt. Andere zusätzliche Einflußgrößen wie z. B. risikolose Zinssätze bleiben im Gegensatz zum → Capital Asset Pricing Model (CAPM) unberücksichtigt. Das M.-M. wird deshalb auch als Ein-Faktor-Modell bezeichnet. Beim M.-M. wird ein Zusammenhang zwischen der Marktrendite und der Rendite eines Wertpapiers über eine lineare Gleichung hergestellt, deren Regressionskoeffizienten → Alpha ($\alpha$) und → Beta ($\beta$) durch eine lineare Regression ermittelt werden können. Jede → Aktie wird damit durch ihre individuellen Alpha- und Betawerte charakterisiert. Diese bestimmen den Verlauf der Regressionsgeraden, die im M.-M. als → Characteristic Line bezeichnet wird. – Das M.-M. unterstellt, daß die Rendite eines Wertpapiers gedanklich in zwei Komponenten zerlegt werden kann: die unsystematische (wertpapierbezogene) Rendite und die systematische (marktbezogene) Rendite. Die wertpapierbezogene Rendite wird durch das Alpha gemessen, die marktbezogene Rendite wird dagegen durch Beta gemessen. Formal kann dieser Zusammenhang mit folgender Regressionsgleichung dargestellt werden:

$$r_i = d_i + \beta_i r_M + u_i,$$

wobei:

$r_i$ = Rendite des i-ten Wertpapiers,
$d_i$ = unsystematische Rendite (Achsenabschnitt),
$\beta_i$ = Betafaktor des i-ten Wertpapiers,
$r_M$ = Rendite des Marktportefeuilles,
$u_i$ = → Zufallsfehler.

Diese Funktion beschreibt eine Gerade durch eine Punktewolke, die durch die historischen Werte für $r_i$ und $r_M$ ermittelt wird. Hierbei wird unterstellt, daß der durch die Regression gemessene Zusammenhang auch für zukünftige Werte Gültigkeit hat. Wurden sowohl Alpha als auch Beta im Rahmen der Regressionsrechnung ermittelt, benötigt man nur noch eine Schätzung der zukünftigen Rendite des Marktportefeuilles, um zu einer Renditeschätzung des Wertpapiers zu gelangen. Der mit $u_i$ bezeichnete Zufallsfehler (Random Error) beschreibt die einzelnen Ausprägungen der Abweichungen der beobachteten Renditepaare von der Regressionsgeraden. Für zukünftige Werte von $u_i$ wird unterstellt, daß der → Erwartungswert E (Rendite) der Portefeuille-Rendite Null beträgt. Würde der vom M.-M. behauptete lineare Zusammenhang zwischen der Rendite des Marktportefeuilles und der Rendite eines Wertpapiers perfekt stimmen, d. h. $E(u_i)$ ist Null, müßten alle Wertepaare auf der Regressionsgleichung liegen. Da aber die Renditen nur um die Gerade streuen, kann ein perfekter Zusammenhang nicht unterstellt werden. Um die Güte der Regression und damit die Aussagen der M.-M. beurteilen zu können, errechnet man u. a. das Bestimmtheitsmaß $R^2$. Je näher das Bestimmtheitsmaß bei 1 liegt, desto besser wird die Rendite eines Wertpapieres durch die Rendite des Marktportefeuilles beschrieben. – Neben der Aufsplittung der Rendite eines Papiers kann auch das → Gesamtrisiko in ein → unsystematisches Risiko (wertpapierbezogene Komponente) und ein → systematisches Risiko (marktbezogene Komponente) aufgesplittet werden. Praktische Bedeutung hat das M.-M. durch die Verwendung von Betafaktoren in der → Anlageberatung, der Berechnung des → Beta-Hedge und schließlich der Regressionsgleichung als Testgleichung des CAPM. – Eine ähnliche Aufteilung des Risikos findet auch in der → Kapitaladäquanzrichtlinie des Rates der → Europäischen Gemeinschaften statt. Die Ermittlung der Höhe des erforderlichen Eigenkapitals erfolgt nach dem Bausteinverfahren (→ Building-Block-Approach). Es wird hierbei zwischen dem spezifischen oder besonderen Risiko (→ Bonitätsrisiko, unsystematisches Risiko) und dem allgemeinen → Marktrisiko (systematisches Risiko) unterschieden. Dieses Verfahren zur Messung des Preisrisikos von Positionen im → Trading-Book sieht vor, daß das an ein Wertpapier bzw. an einen → Emittenten gekoppelte spezifische Risiko und das allgemeine Risiko getrennt behandelt werden. Beide Risiken zusammen ergeben das → Positionsrisiko.

(→ Risikoarten von Aktien, → Residualvarianz, → Residualvolatilität, → Asset Allocation)

## Marktorientierte Aufbauorganisation in Kreditinstituten

Zweidimensionale Linienorganisation marktorientierter Art, durch Liniendualismus gekennzeichnet.

*Aufgabendualismus:* Vgl. Abbildung S. 1084.
*Liniendualismus:* Vgl. Abbildung S. 1085.

Die Tatsache, daß das Zusammenwirken der beiden grundverschiedenen Liniendimensionen im Dienst des Bankkunden sicherlich Kommunikations-, Kooperations- und Koordinationsprobleme aufwirft, wird im vorliegenden Strukturmodell durch eine Art *Nebenlinie* Rechnung getragen: Verkaufsunterstützende Fachspezialisten – sie stehen der Marketinglinie beispielsweise für Spezialberatung im Emissions-, Immobilien- oder Außenhandelsgeschäft zur Verfügung – sind als verbindende Klammer zwischen den Fachabteilungen der Zentrale und dem Point of Sale (→ Front Office) gedacht. Ihre Bedeutung geht über die Hilfsfunktionen der Stäbe im traditionellen Stab-Linien-System weit hinaus. Ihr Auftrag beschränkt sich nicht auf entscheidungsvorbereitende Hilfestellung. Sie sollten in der Lage sein, sowohl das Fachwissen der Zentrale marktgerecht das zu „transformieren", wie umgekehrt auch die Erfahrungen der Verkaufsfront in die Fachabteilungen hineinzutragen. Außerdem fällt der dezentralen Fachabteilungslinie die Aufgabe zu, den administrativ oft überlasteten Vertrieb entsprechend zu entlasten sowie ggf. für die Zentrale – quasi vor Ort – Steuerungsfunktionen zu übernehmen. Eine (denkbare) *Aufgabenabgrenzung bei zweidimensionaler marktorientierter Organisation* zeigt die Abbildung auf S. 1086.

Die *Folgebearbeitung der Geschäftsvorfälle* ist unterschiedlich organisierbar, entweder *zentralisiert in einem Betriebsbereich* gegliedert nach *Marktleistungsarten* (→ Finanzierung, Anlagen, → Zahlungsverkehr) oder als *dezentralisierte Folgebearbeitung*. Hierbei werden nur die weniger problemhafteten Marktleistungen (wie z. B. der Massenzahlungsverkehr) zentral weiterbearbeitet, während alle übrigen Bankleistungen nach Kundengruppen gegliedert – entsprechend der jeweiligen Organisation im Marktbereich – dezentral organisiert werden. Diese Formen der Folgebearbeitung werden auch mit den Begriffen *Marktfolgebereich* (= marktnaher Betriebsbereich) sowie *zentralisierter Betriebsbereich* um-

**Marktpflege**

## Marktorientierte Aufbauorganisation – Aufgabendualismus

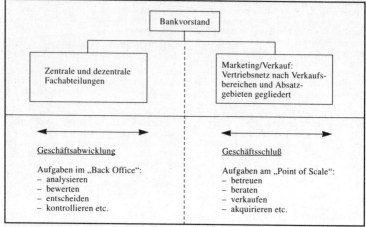

Quelle: Bühler, W., Modelltypen der Aufbauorganisation von Kreditinstituten, in: Handbuch der Bankorganisation, Wiesbaden 1991, S. 112

schrieben. Marktorientierte Bankorganisation liefert auch Lösungsbeiträge zur Integration von *kundenbedienten Datenstationen* wie → Geldausgabeautomaten, → Kontoauszugsdruckern u. ä., welche zur Rationalisierung von bankbetrieblichen Routinegeschäften eingesetzt werden können.

Eine *dreidimensionale Linienorganisation* trennt Marktbereich, Marktfolgebereich und Steuerungsbereich (vgl. Abbildung S. 1087). Die organisatorisch eindeutige Trennung von Marktbereich, Marktfolgebereich und Steuerungsbereich ermöglicht nach Bühler sowohl eine klare, aus Sicherheits- und Kontrollgründen notwendige arbeitsteilige Funktionstrennung als zugleich auch die im Interesse rationeller Arbeitsweise und ökonomischen Einsatzes technischer Hilfsmittel liegende Bündelung gleichgerichteter Tätigkeiten – dies vor allem in den Bereichen der Marktfolgearbeiten und der Steuerungsaufgaben.

Trotz dieser Vorzüge sind die in der „linearen" Struktur dieses Organisationstyps generell liegenden Probleme nicht zu übersehen. Diese zumeist in deren Kommunikations-, Informations-, Entscheidungs- und Kompetenzstruktur zu suchenden Nachteile berühren dabei vor allem Fragen der Koordination und der „Quer-Kommunikation" zwischen den einzelnen Linienformationen. Nach Bühler haben sich als Folge der Nachteile der klassischen Liniensysteme Organisationsformen entwickelt, die den Koordinations-, Flexibilitäts- und Innovationserfordernissen des Marketing in verstärktem Maße Rechnung tragen. Es sind dies vor allem Formen der Matrix- und der Teamorganisation (eingeschränkt hierarchische Systeme).

Bei → *Matrixorganisationen* werden bestimmte organisationsbildende Merkmale, wie Funktionsorientierung, Produktorientierung, Kundenorientierung und Gebietsorientierung unter Marketinggesichtspunkten miteinander kombiniert.

Im Rahmen dreidimensionaler Organisation sind in der Zukunft verstärkt *Überlegungen zur Realisation von Teamkonzeptionen* zu beachten. Mit der Einführung von Teamstrukturen werden Entscheidungsbefugnisse auf Gruppen übertragen (Umwandlung von unipersonalen in multipersonale Instanzen).

**Marktpflege**, → Kurspflege.

**Marktrisiko**

Risiko, das für die Finanzlage eines Institutes aufgrund von negativen Entwicklungen

**Marktrisiko**

## Marktorientierte Aufbauorganisation – Liniendualismus

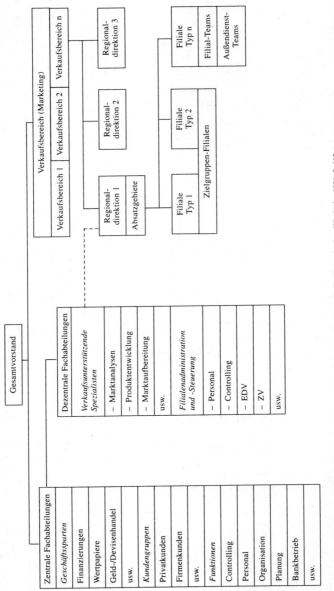

Quelle: Bühler, W., Modelltypen der Aufbauorganisation von Kreditinstituten, in: Handbuch der Bankorganisation, Wiesbaden 1991, S. 113

**Marktrisiko**

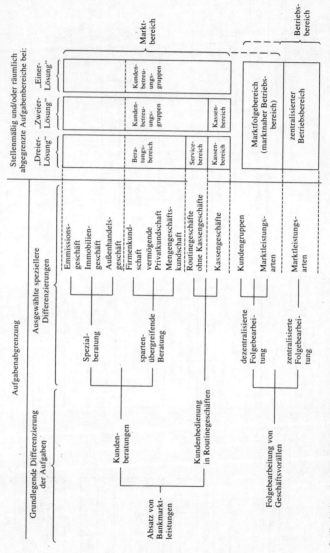

Marktorientierte Aufbauorganisation – Aufgabenabgrenzung als Ausgangspunkt aufbauorganisatorischer Strukturierung des Bankbetriebs

Quelle: Liebau, G., Marktorientierte Organisation in Kreditinstituten, in: Die Bank 5/83, S. 219

**Marktrisiko**

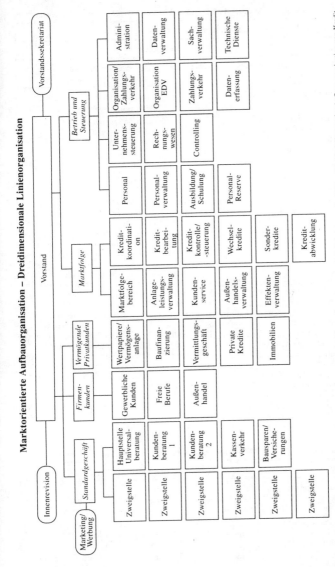

Quelle: Dierolf, G., Marktstrategien im Privatkundengeschäft, Banking & Finance, 1990, Nr. 9, S. 27, zitiert nach: Bühler, W., Modelltypen der Aufbauorganisation von Kreditinstituten, in: Handbuch der Bankorganisation, Wiesbaden 1991, S. 128

**Marktrisiko-Analyse**

### Marktrisiko-Analyse – Marktrisikofaktoren und Marktrisiken bei Zinsinstrumenten

| Marktrisikofaktoren (Welche Faktoren beeinflussen den Wert?) ||
|---|---|
| Renditestrukturkurve | Volatilität |

| Marktrisiken aus Zinsinstrumenten (In welcher Weise beeinflussen Marktrisikofaktoren den Wert eines Zinsinstrumentes?) ||
|---|---|
| Zinsinstrumente an den Kassamärkten | Zinsinstrumente an den Terminmärkten (Derivative Instrumente) |
| – Zinsinduziertes Kursrisiko<br>– Variables Zinsrisiko<br>– Wiederanlagerisiko<br>– Endvermögensrisiko<br>– Spreadrisiko | – Zinsinduziertes Kursrisiko<br>– Variables Zinsrisiko<br>– Wiederanlagerisiko<br>– Spreadrisiko<br>– Basisrisiko<br>– Volatilitätsrisiko |

der Höhe oder der → Volatilität (→ implizite Volatilität) von Marktpreisen entsteht (→ Preisrisiko).
(→ Bond Research, → Risikomanagement festverzinslicher Wertpapiere, → Zinsmanagement)

**Marktrisiko-Analyse**
Veränderung eines oder mehrerer Marktrisikofaktoren (→ Rendite, → Volatilität, Zeitablauf), die entweder den aktuellen Wert (→ Barwert) und/oder den → zukünftigen Wert (Endvermögen) eines → Zinsinstrumentes beeinflussen. Der aktuelle Wert eines Zinsinstrumentes wird verändert, wenn das Instrument täglich bewertet wird (→ Marked-to-Market-Prinzip). Bei der M.-A. wird geklärt, in welcher Art und Weise ein Marktrisikofaktor den Wert eines Zinsinstrumentes beeinflußt. Man kann bei Zinsinstrumenten die in obiger Tabelle aufgeführten Marktrisikofaktoren und → Marktrisiken unterscheiden.

Unter Risikoaspekten sind wesentliche Unterschiede zwischen kurz- (→ Geldmarktpapier) und langfristigen (→ Kapitalmarktpapier) Zinsinstrumenten festzustellen (vgl. unten stehende Tabelle). Während Geldmarktpapiere fast keine → zinsinduzierten Kursrisiken aufweisen, haben Kapitalmarktpapiere sehr hohe zinsinduzierte Kursrisiken. Umgekehrt verhält es sich mit den → Wiederanlagerisiken: Da bei Geldmarktpapieren Kapitalbetrag und → Zinsen i.d.R. nach → Fälligkeit wieder angelegt werden, sind die Wiederanlagerisiken sehr hoch. Bei → Straight Bonds sind dagegen nur laufende Zinszahlungen anzulegen und bei Fälligkeit der Tilgungswert. Wiederanlagerisiken sind bei Zero Bonds (→ Nullkupon-Anleihe) bis zur Fälligkeit gänzlich ausgeschlossen.
(→ Total Return Management festverzinslicher Papiere, → Sensitivitätskennzahlen, → Risikomanagement festverzinslicher Wertpapiere)

### Marktrisiko-Analyse – Kurs- und Wiederanlagerisiken bei kurz- und langfristigen Zinsinstrumenten

| Zinsinstrument | Zinszahlungen | Kursrisiken | Wiederanlagerisiken |
|---|---|---|---|
| (1) Geldmarktpapiere |  |  |  |
| – Bulis | Abschlag | Gering | Sehr hoch |
| – Festgeld | Kupon | Keine | Sehr hoch |
| (2) Kapitalmarktpapiere |  |  |  |
| – Straight Bond (5 Jahre Laufzeit) | Kupon | Mittel | Mittel |
| – Straight Bond (10 Jahre Laufzeit) | Kupon | Hoch | Hoch |
| – Zerobond | Abschlag | Sehr hoch | Keine |

**Marktrisikofaktor**
Marktfaktoren, die den aktuellen Wert (→ Barwert) eines → Zinsinstrumentes beeinflußen können. Die Phase der Risikoidentifikation im → Zinsmanagement beinhaltet in einem ersten Schritt das Erkennen von Marktrisikofaktoren. Die → Marktrisikofaktoren-Analyse geht der Frage nach, welche Marktfaktoren den Wert eines Zinsinstrumentes beeinflußen. Entscheidend für die weitere Effizienz des Zinsmanagement-Prozesses ist es, daß alle wichtigen M. erkannt werden. Obwohl Zinsinstrumente einer Vielzahl von unterschiedlichen Marktrisiken (z. B. → zinsinduziertes Kursrisiko, → Wiederanlagerisiko) ausgesetzt sind, können als M. hauptsächlich folgende genannt werden: (1) → Renditestrukturkurve bzw. Zinsstrukturkurve des Zinsinstrumentes, (2) → Volatilität und (3) Zeitablauf.
(→ Marktrisiko-Analyse, → Risikomanagement, → Value-at-Risk)

**Marktrisikofaktor, Sensitivitätskennzahlen,** → Sensitivitätskennzahlen.

**Marktrisikofaktoren-Analyse**
Die M.-A. geht im Rahmen der Risikoidentifikation im → Zinsmanagement der Frage nach, welche Marktfaktoren den Wert eines → Zinsinstrumentes beeinflussen. Entscheidend für die weitere Effizenz des Zinsmanagement-Prozesses ist es, daß alle wichtigen Marktrisikofaktoren erkannt werden. Obwohl Zinsinstrumente einer Vielzahl von unterschiedlichen → Marktrisiken (z. B. → zinsinduziertes Kursrisiko, → Wiederanlagerisiko) ausgesetzt sind, können im wesentlichen drei Faktoren genannt werden: (1) Renditeveränderung des Zinsinstrumentes, (2) → Volatilität und (3) Zeitablauf.

*Renditeveränderung:* Der Wert eines Zinsinstrumentes wirkt zum einen von den zukünftig erwarteten → Cash-flows, zum anderen von der aktuellen → Rendite beeinflußt (→ Renditestrukturkurve, → Zinsstrukturkurve). Die Cash-flows eines Zinsinstrumentes bilden die Grundlage für die Ermittlung des → Dirty Price. Da bei den meisten Zinsinstrumenten die zukünftigen Cash-flows bekannt sind, ist die Rendite bzw. die Renditeveränderung der eigentliche Marktrisikofaktor.
Die Renditestrukturkurve wird durch die jeweilige Anlagewährung (z. B. US-Dollar, D-Mark) determiniert. Jede Anlagewährung hat eine oder mehrere Renditestrukturkurven, die sich unabhängig voneinander ändern können. Die verschiedenen Renditestrukturkurven werden benötigt, um die Cash-flows der unterschiedlichen Zinsinstrumente exakt bewerten zu können. Sinnvoll können für jede Währung folgende Renditestrukturkurven sein:
(1) Renditestrukturkurve für → öffentliche Anleihen;
(2) Renditestrukturkurve(n) für nicht-öffentliche → Anleihen (z. B. → Pfandbriefe, → Schuldscheindarlehen);
(3) Zinsstrukturkurve aus → LIBOR- bzw. FIBOR-Sätzen (bis ein Jahr);
(4) → Forward Rate-Kurve;
(5) Swaprenditestrukturkurve.

*Volatilität:* Die Kurse von bedingten Termininstrumenten, also → Optionen und optionsähnlichen Instrumente, werden erheblich von Volatilitätsveränderungen beeinflußt. Unter der → historischen Volatilität versteht man die auf das Jahr hochgerechnete → Standardabweichung der prozentualen Kassakursveränderungen. Mit der Optionssensitivitätskennzahl → Vega kann der Einfluß von Volatilitätsänderungen auf den Optionspreis aufgezeigt werden. Die Volatilität beeinflußt neben der → Restlaufzeit, dem risikolosen Zinssatz und dem Optionstyp (europäisch oder amerikanisch) den → Zeitwert einer Option. Optionen, die am → Geld (→ at-the-money) notieren, haben das größte Vega. Desweiteren muß berücksichtigt werden, daß das Vega mit abnehmender → Laufzeit immer geringer wird. Deshalb sind langlaufende Optionen kursreagibler auf eine Veränderung der Volatilität im Vergleich zu Optionen mit einer geringeren Laufzeit. Ein Vega von 0,2 bedeutet, daß sich der Kurs der Option bei einer Veränderung der Volatilität um 100 → Basispunkte um 0,2 DM ändert. Hat beispielsweise eine Option bei einer Volatilität von 8% einen Kurs von 4 DM, steigt der Kurs auf 4,2 DM, wenn die Volatilität 9% steigt; sie fällt auf 3,8 DM, wenn die Volatilität auf 7% fällt. Da sowohl Call- als auch → Put-Optionen im Wert steigen, wenn die Volatilität steigt, ist das Vega für → Long-Positionen (→ Long Call, → Long Put) immer positiv. Für → Short-Positionen (→ Short Call, → Short Put) ist das Vega dagegen immer negativ, da ein Anstieg der Volatilität mit einem Verlust für die Short Position verbunden ist.

# Marktsegmentierung

*Zeitablauf*: Neben Rendite- und Volatilitätsveränderungen kann auch der Zeitablauf den aktuellen oder zukünftigen Wert eines Zinsinstrumentes beeinflussen. Zum einen notieren alle festverzinslichen Papiere mit abnehmender Restlaufzeit gegen →pari und zum anderen können aufgelaufene →Stückzinsen, Zinszahlungen oder →Zinseszinsen den Wert eines Zinsinstrumentes verändern. Auch bei Optionen hat der Zeitablauf einen Einfluß auf den Wert. Sowohl Calls als auch Puts verlieren an Wert, wenn die Laufzeit geringer wird. Das →Theta zeigt den Einfluß von Restlaufzeitveränderungen auf den Optionspreis. Ähnlich wie für das Vega gilt auch für das Theta, daß sich die maximalen Thetawerte für Optionen ergeben, die am Geld notieren. Im Gegensatz zum Vega nimmt das Theta allerdings mit abnehmer Laufzeit zu. Deshalb ist eine Analyse des Theta insbes. bei Long-Positionen mit einer kurzen Laufzeit notwendig. Long-Positionen haben immer ein negatives Theta, da die Laufzeitverkürzung mit einem Verlust verbunden ist. Im Gegensatz hierzu haben Short-Positionen immer ein positives Theta, da eine Laufzeitverkürzung mit einem Gewinn verbunden ist.

Ein weiteres Beispiel für den Einfluß der Laufzeit auf den aktuellen Wert von Zinsinstrumenten sind →Zinsfutures. Bei Zinsfutures besteht die Tendenz, daß die →Basis der →CTD-Anleihe mit Heranrücken der Fälligkeit des Futures gegen Null strebt. Man bezeichnet diesen Sachverhalt als Konvergenz oder → Basiskonvergenz. Als (Gross) Basis versteht man die Differenz zwischen dem aktuellen Kurs einer Anleihe und dem → adjustierten Futureskurs.
(→Marktrisiko-Analyse, →Zinsmanagement)

## Marktsegmentierung

Kundengruppenbezogene Bildung von Geschäftsfeldern. Aufteilung des Gesamtmarktes nach bestimmten Kriterien in Kundengruppen bzw. Kundensegmente, die hinsichtlich ihrer Nachfrage oder kaufverhaltensrelevanter Merkmale in sich möglichst ähnlich und untereinander möglichst unähnlich sein sollen.

*Erforderlich:* Definition der Marktsegmente sowie Entwicklung und Implementierung (im Vertriebsapparat) segmentspezifischer Strategien.

## Markttechnische Analyse, →technische Analyse, →technische Studie.

## Markttransparenz

Durchsichtigkeit des Marktes. Bei m. besitzen alle Marktteilnehmer vollkommene Kenntnis über alle marktbeeinflussenden Faktoren, insbes. über die Faktoren der Preisbildung. Jeder Anbieter besitzt nicht nur vollständige Information über seine eigenen Produktions- und Kostenbedingungen und die der Konkurrenten, sondern ebenso über die Struktur der Nachfrage. Für jeden Nachfrager gilt analog das gleiche. M. ist auch auf den Märkten für →Bankleistungen nicht bzw. nur sehr eingeschränkt vorhanden.

## Marktwirtschaft

→Wirtschaftsordnung mit dezentraler Planung und Lenkung der wirtschaftlichen Prozesse, die über Märkte mittels des Preis-Mechanismus koordiniert werden. Staatliche Mindestaufgaben sind Setzung der Rahmenbedingungen, innerhalb derer die wettbewerbliche Koordination wirkungvoll erfolgen kann, sowie Bereitstellung privatwirtschaftlich unrentabler öffentlicher Güter. Je nach wirtschaftspolitischer Konzeption treten weitere konjunktur-, struktur- oder sozialpolitische Aufgabenbereiche hinzu, wodurch jedoch insgesamt die individuelle Planungsautonomie nicht aufgehoben wird.

*Formen* (entsprechend dem in einer marktwirtschaftlichen Wirtschaftsordnung vorherrschenden Form des Produktionsmitteleigentums): (1) freie („kapitalistische") M. und →Soziale M. (Privateigentum an Produktionsmitteln), (2) →staatssozialistische M. (Staatseigentum).

## Marktzinsmethode

Verfahren im Rahmen der→ Kosten- und Erlösrechnung im Bankbetrieb zur Ermittlung von Rentabilitätsbeiträgen für Wertleistungen. Die M. wird in der Literatur sowohl als Alternative zur →Teilzinsspannenrechnung als auch als modernes Instrument der Teilzinsspannenrechnung bezeichnet. Sie hat mittlerweile die Teilzinsspannenrechnung als Methode zur Bankkalkulation fast vollständig verdrängt. Jedes einzelne Bankgeschäft wird zum Zwecke der Rentabilitätsmessung an alternativ gleichwertigen Anlagegeschäften oder Mittelbeschaffungsgeschäften gemessen. Sie hat ihre theoretische Grundlage im→ Opportunitätsprinzip (→ Opportunitätskosten).

## Marktzinsmethode

Die Zinskondition des →Kreditinstituts für Kundengeschäfte werden mit den am →Geldmarkt oder →Kapitalmarkt gültigen Konditionen für gleichartige Geschäfte verglichen. Die Differenz aus der Kondition für die eigene Leistung und dem Zinssatz für das gleichartige Produkt des Marktes ist der →Konditionsbeitrag. Er ist entscheidend für Veränderungen des Zinsergebnisses bei Vornahme eines bestimmten Kundengeschäftes anstelle eines alternativ möglichen Geschäftes am Geld- oder Kapitalmarkt. Nach Schierenbeck wird er als spezifische Leistungs- und Risikoprämie interpretiert, die über die reine Fristenprämie hinaus von dem Kreditinstitut erwirtschaftet wird. Der Rentabilitätsbeitrag eines Geschäftes wird jedoch nicht nur aufgrund der vereinbarten Konditionen erzielt. Auch die Finanzierungsstruktur ist maßgeblich am Zustandekommen des Erfolgs beteiligt. Der Erfolgsbeitrag, der aus der Fristentransformation des Kreditinstituts resultiert, wird als →Strukturbeitrag bezeichnet.

*Beispiel:* Eine →Festhypothek, die modellhaft als einziges →Aktivgeschäft eines Kreditinstituts betrachtet wird, ist (vorläufig) aus dem Verkauf eines →Sparbriefes/Sparkassenbriefes mit zweijähriger →Laufzeit finanziert worden. Der Zinssatz des Sparbriefes beträgt 6,2%. Am Kapitalmarkt wäre eine Mittelbeschaffung zu 6,5% möglich gewesen. (Die Mindestreservekosten sind im Ansatz des Kapitalmarktsatzes berücksichtigt.) Die Effektivverzinsung der Hypothek beträgt 8,5%. Eine laufzeitgleiche Anlage am Kapitalmarkt würde zur Zeit 7,3% →Zinsen bringen. Damit ergibt sich folgende Rechnung: Zinssatz der →Hypothek: 8,5% ./. Zinssatz der alternativen Marktanlage 7,3% = Konditionsbeitrag 1,2%. Entsprechende Rechnung für die Passivseite: Zinssatz für Sparbrief 6,2% ./. Zinssatz für alternative Mittelbeschaffung am Markt 6,5% = Konditionsbeitrag 0,3%. Die →Bruttozinsspanne beträgt 2,3% (8,5% ./. 6,2%). Die Summe der Konditionsbeiträge der beiden Einzelgeschäfte beträgt 1,5% (1,2% + 0,3%). Der Strukturbeitrag als Differenz zwischen dem (zu Marktzinssätzen bewerteten) Aktivgeschäft und →Passivgeschäft beträgt 0,8% (7,3% ./. 6,5%). Vgl. auch Abbildung unten.

*Bedeutung:* Die M. bietet somit die Möglichkeit, nicht nur die Erfolgsspanne des Kundengeschäfts darzustellen, sondern auch den Erfolgsbeitrag aus dem Fristentransformationsrisiko der getroffenen Finanzierungsentscheidung zu ermitteln. Sie dient darüber hinaus auch der ertragsorientierten Steuerung des Bankbetriebs (→Bank-Controlling). Zur Verfeinerung der Selbststeuerungseffekte kann mit Zuschlägen (Boni) oder →Abschlägen (Mali) gearbeitet werden. Ein →Bonus ist dabei ein Zuschlag, der der →Kundenberatung zusätz-

**Marktzinsmethode – Darstellung von Strukturbeitrag, Konditionsbeitrag und Bruttosparzinsspanne**

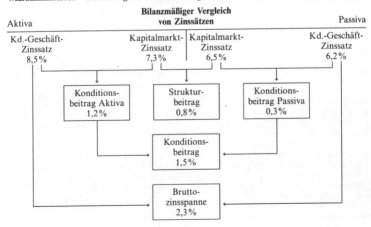

## Massekosten

lich zum Konditionsbeitrag als Steuerungsimpuls „gutgeschrieben" wird. Er wird i. d. R. dann gewährt, wenn ein Konditionsbeitrag negativ ausfällt oder sehr gering ist, so daß für die Kundenberatung kein Anreiz besteht, das betreffende Geschäft zu tätigen, dieses aber geschäftspolitisch (bilanzstrukturpolitisch) sinnvoll und notwendig ist. Ein Malus ist im Gegensatz dazu ein Abschlag vom Konditionsbeitrag eines Geschäftes und soll dem Kundenberater eine entgegengesetzte geschäftspolitische Tendenz signalisieren.
(→ Kosten- und Erlösrechnung im Bankbetrieb)

*Problematik:* Nach Süchting macht die Herausstellung eines „echten" Erfolgsbeitrags mit einer Relativierung durch einen nur schwer nachvollziehbaren Bonus bzw. Malus deutlich, daß mit der M. nicht alle Probleme der Kosten- und Erlösrechnung im Bankbetrieb gelöst werden können. Darüber hinaus stellen – so Süchting – die Differenzen zwischen dem Kundenzins im → Kreditgeschäft bzw. → Einlagengeschäft und dem jeweiligen Marktzins nicht den reinen Erfolgsbeitrag für die Bank dar. Vielmehr sind noch → Risikokosten (im Aktivgeschäft) sowie anteilige Bearbeitungskosten für Kredite bzw. Einlagen und die Gewinnprämie zu berücksichtigen. Bei den → Kostenarten handelt es sich um solche, die den Bezugsobjekten Kredite bzw. Einlagen nur als Gemeinkostenzuschläge zugeordnet werden konnten. Gemeinkostenzuschläge und Gewinnprämie werden in einer Mindestmarge zusammengefaßt. Der Marktzins zuzüglich (im Aktivgeschäft) bzw. abzüglich (im Passivgeschäft) Mindestmarge bezeichnet dann die Preisunter- bzw. -obergrenze, die in Konditionenverhandlungen (→ Konditionenpolitik) mit den Kunden beim Verkauf von Krediten und Einlagen nicht unter- bzw. überschritten werden soll. Ein solches Postulat kann jedoch nur Gültigkeit haben, wenn das Geschäft im → Wertbereich des Bankbetriebs isolierbar ist. Nimmt ein Kunde dagegen auch den Dienstleistungsbereich in Anspruch, so ist die Preisuntergrenze eines Kredit- oder Einlagengeschäfts vor dem Hintergrund des Erfolgs aus der gesamten Kundenverbindung zu würdigen (Ausgleichspreisstellung). Damit zeigt sich, daß die durch → Gemeinkosten auftretenden Zurechnungsprobleme auch durch die M. nicht ausgeräumt werden können.

## Massekosten
Nach § 58 KO die gerichtlichen Kosten für ein Konkursverfahren, die Ausgaben für die Verwaltung, Verwertung und Verteilung der Masse sowie die dem → Gemeinschuldner und seiner Familie zugestandene Unterstützung.
(→ Konkurs)

## Masseneinkommen
→ Verfügbare Einkommen aus unselbständiger Arbeit.

## Masseschulden
→ Ansprüche im Konkursverfahren aus Geschäften oder Handlungen des → Konkursverwalters aus zweiseitigen → Verträgen, deren → Erfüllung zur → Konkursmasse verlangt wird (§ 59 KO), ferner die Ansprüche der beim → Gemeinschuldner angestellten → Arbeitnehmer, der für ihn tätigen → Handelsvertreter, die Ansprüche der Sozialversicherungsträger sowie → Forderungen wegen ungerechtfertigter Bereicherung. M. und → Massekosten sind aus der Konkursmasse vorweg zu berichten (§ 57 KO). Hierbei gehen die M. den Massekosten vor (§ 60 KO).
(→ Konkurs)

## Maßgebliche Beteiligung i. S. des KWG
→ Beteiligung eines → Kreditinstituts (übergeordnetes Kreditinstitut) innerhalb einer → Kreditinstitutsgruppe i. S. des KWG an einem anderen Kreditinstitut (nachgeordnetes Kreditinstitut) in Höhe von mindestens 50% der Kapitalanteile (unmittelbar oder mittelbar gehalten).

## Maßgeblichkeitsprinzip
Das M. besagt, daß die → Handelsbilanz maßgeblich für die → Steuerbilanz ist. Das bedeutet, daß ein → Kaufmann zunächst eine Handelsbilanz erstellt, aus der er die Steuerbilanz ableitet. Zu unterscheiden ist die materielle von der formellen Maßgeblichkeit. Die *materielle Maßgeblichkeit* wird in § 5 Abs. 1 Satz 1 EStG formuliert, nach der bei Gewerbetreibenden für den Schluß des Wirtschaftsjahres das → Betriebsvermögen anzusetzen ist, das nach den handelsrechtlichen → Grundsätzen ordnungsmäßiger Buchführung (GoB) auszuweisen ist. Die *formelle Maßgeblichkeit* (§ 5 Abs. 1 Satz 2 EStG) besagt, daß ein in der Handelsbilanz gewählter steuerrechtlich zulässiger Wertansatz unverändert in die Steuerbilanz

übernommen werden muß. Ein von der Handelsbilanz abweichender Bilanzansatz in der Steuerbilanz ist daher nur möglich, wenn der handelsbilanzielle Wertansatz steuerlich nicht zulässig ist. Von der *umgekehrten Maßgeblichkeit* spricht man (§ 5 Abs. 1 Satz 2 EStG), wenn steuerrechtliche Wahlrechte (z. B. Sonderabschreibungen), die handelsrechtlich nicht begründbar sind, nur ausgeübt werden dürfen, soweit in der Handelsbilanz in gleicher Weise bilanziert wird.

### Matador Bond
→ Zinsinstrument eines ausländischen → Emittenten in spanischen Peseten, das in Spanien emittiert wurde.
(→ Foreign Bond, → Euro-Bond)

### Matched Book
Wertpapier-Handelsstrategie, die durch → Wertpapierleihe unterstützt wird (→ Repo-Geschäft). Eine → Bank leiht sich → Wertpapiere, um diese an einen Kontrahenten weiter zu verleihen. Sie profitiert von der Differenz zwischen Entleih- und Verleihgebühr. Bei gleicher Laufzeit (fristenkongruentes Gegengeschäft) von Entleihe- und Verleihegeschäften (Matchen) bestehen für die Bank kaum Risiken (Kontrahentenrisiko).
*Gegensatz*: → Mismatched Book.

### Mate's Receipt
*Steuermannsquittung*; Bescheinigung über den tatsächlichen Erhalt der → Ware (→ Konnossement).

### Mathematisch-technische(r) Assistent(in),
→ Ausbildung im Bankensektor.

### MATIF
*Marché à terme international de France*; 1986 gegründet, zählt zu den führenden europäischen → Terminbörsen. Gehandelt werden neben → Terminkontrakten und → Optionen auf agrarischen Rohstoffen in erster Linie → Finanz-Terminkontrakte. Umsatzstärkste → Kontrakte sind der langfristige → Zins-Future auf eine synthetische französische → Staatsanleihe, der kurzfristige, auf Dreimonats-Pibor basierende Zins-Future, sowie der Kontrakt auf den Aktienindex → CAC 40.

### Matrix-Organisation
Im Rahmen der → Aufbauorganisation einer → Bank die Verknüpfung der Stellen nach zwei Gestaltungsprinzipien, so z. B. funktionsorientiert (horizontal) und kundenorientiert (vertikal). Beispiel vgl. Abbildung unten. Jeder Kundenberater wird in seiner Tätigkeit koordiniert von einer Objektinstanz (z. B. Leiter Kredit) und in der Ausführung von seinem zuständigen Profit-Center-Verantwortlichen (z. B. Leiter Kundencenter 1).

### Maturity-based Yield Curve
→ Renditestrukturkurve, die auf Basis der → Restlaufzeit von → Straight Bonds erstellt wurde.
*Gegensatz*: → Duration-based Yield Curve.

### Maximalbelastungstheorie
Grundgedanke der von Stützel formulierten M. ist es, die → Zahlungsfähigkeit (→ Liquidität) des Bankbetriebs auch im „maximalen Belastungsfall" sicherzustellen. Dieser Fall ist dann gegeben, wenn hypothetisch

**Matrix-Organisation – Beispiel**

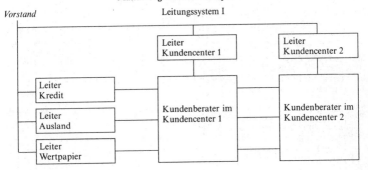

**Maximale Preisspanne**

alle Einleger und sonstigen → Gläubiger des Bankbetriebs ihre Mittel unter Beachtung vereinbarter → Laufzeiten bzw. Kündigungsfristen abziehen. Zwecks Befriedigung der sich so ergebenden Auszahlungsansprüche sollen gemäß M. → Aktiva des Bankbetriebs im notwendigen Umfang vorzeitig verkauft bzw. abgetreten werden. Wegen dieser vorzeitigen Monetisierung sind möglicherweise Monetisierungsverluste (→ Disagios) in Kauf zu nehmen. Als Gründe für (gegenüber ausgewiesenen Handelsbilanzwerten) niedrigere Liquidationswerte der Aktiva berücksichtigt Stützel in der von ihm vorgeschlagenen „Einlegerschutzbilanz" insbesondere das → Forderungsausfallrisiko und das → Zinsänderungsrisiko, wobei mögliche Disagios als Vorsichtsabschreibungen angesetzt werden. Die Grundregel, die sich aus der M. für die Geschäftspolitik bzw. – spezieller – für die Anlagepolitik des Bankbetriebs ableiten läßt, lautet im Kern: Die Summe möglicher Monetisierungsverluste (Disagios), die bei vorzeitiger Monetisierung der Aktiva entstehen, darf nicht größer sein als das verfügbare haftende Eigenkapital des Bankbetriebs. Nur dann bleibt dieser weiterhin schuldendeckungsfähig bzw. kann allen Auszahlungsansprüchen seiner Gläubiger genügen. Da die M. so um die Qualität der Anlagen des Bankbetriebs (Grad der Belastung mit → Bonitätsrisiken und Zinsänderungsrisiken) zentriert, ist sie – differenzierter betrachtet – weniger als Theorie für das → Liquiditätsmanagement, sondern primär als Theorie für das Management von → Erfolgsrisiken (→ Risikomanagement) i. S. der Gewinnsicherungs- und Schuldendeckungspolitik aufzufassen.

**Maximale Preisspanne**
Preisspanne, die die Terminbörse (z. B. → Deutsche Terminbörse [DTB]) zwischen Geldkurs (→ Bid) und Briefkurs (→ Ask) für → Quotes festlegen kann.

**ME**
Abk. für Montreal Exchange; → Options- und Terminbörsen an den internationalen Börsenplätzen.

**Mean-Average Shortfall-Approach**
Weiterentwicklung des → Mean-Variance-Approach zur Optimierung von Aktien- und/oder → Rentenportefeuilles. Während der Mean-Variance-Approach Risiko als Abweichung von einem → arithmetischen Mittel definiert und statistische Kennzahlen wie → Varianz, → Standardabweichung und → Volatilitäten hierfür ermittelt, wird im M.-A. S.-A. das Risiko definiert als die Möglichkeit, einen geringeren → Ertrag als erwartet zu erzielen. Diese Risikodefinition entspricht eher den traditionellen Vorstellungen von Risiko. Risikokennzahlen des M.-A. S.-A. sind sowohl → Shortfall Risk als auch Average Shortfall. Diese Risikokennzahlen werden auch als → Downside Risiko-Kennzahlen im Gegensatz zu den → Gesamtrisiko-Kennzahlen Varianz, Standardabweichung und Volatilität bezeichnet. Während Shortfall Risk die Wahrscheinlichkeit beziffert, einen Mindestertrag nicht zu erzielen, quantifiziert Average Shortfall die durchschnittliche Abweichung vom Mindestertrag für eine Periode. Je höher der Mindestertrag ist, desto höher sind sowohl Shortfall Risk als auch Average Shortfall. Ähnlich wie der Mean-Variance-Approach kann auch der M.-A. S.-A. zur Auswahl → effizienter Portefeuilles verwendet werden.

**Mean Reversion**
→ Zinssätze streben langfristig ihrem Mittelwert (→ arithmetisches Mittel) zu (Mittelwertannäherung). Die M. R. beeinflußt den → Fair Value von langfristigen → Zinsoptionen. Je länger die → Laufzeit einer Zinsoption ist, desto geringer wird die → implizite Volatilität.

**Mean-Variability-Approach,** → Mean-Variance-Approach.

**Mean-Variance-Approach**
Grundmodell von → Markowitz, Harry zur Darstellung und Beurteilung von Anlageentscheidungen unter Ungewißheit, das auf den statistischen Kennzahlen → Erwartungswert E (Rendite) der Portefeuille-Rendite und → Varianz basiert. Im Gegensatz zum M.-V.-A. basiert der → Mean-Average Shortfall-Approach auf den Kennzahlen Erwartungswert und Average Shortfall.
(→ Lageparameter, → Streuungsparameter, → moderne Portfolio-Theorie, → Asset Allocation, → Shortfall Risk, → Index-Modell, → Markt-Modell)

**Measured Volatility,** → historische Volatilität.

**Medaillen**
Münzähnliche metallische Gegenstände, z. B. → Gedenk- oder Schaumünzen, denen

kein → Nennwert aufgeprägt ist und die daher kein → Zahlungsmittel sind. M. werden oft in den Münzstätten hergestellt, die auch → Scheidemünzen ausprägen. Kraft seiner → Münzhoheit hat der Bund Rechtsvorschriften über M. erlassen. Sie sollen der Verwechslungsgefahr mit Bundesmünzen vorbeugen und die Ahndung von Fälschungen wie sonstigen Verstößen bewirken. Rechtsgrundlagen: § 11a MünzG sowie Verordnung über die Herstellung und den Vertrieb von M. und Marken vom 13. 12. 1974 (BGBl. I, S. 3520).

**Medium term**
→ Zinsinstrument, das eine mittlere → Restlaufzeit hat.
(→ Short term, → Long term, → Medium Term Notes, → Euro Medium Term Notes)

**Medium Term Note (MTN)**
Flexible Schuldverschreibungs-Fazilität, bei der → Emittenten zu unterschiedlichen Zeitpunkten ungesicherte Schuldtitel (→ Notes) begeben können. Emissionsvolumen, → Währung und → Laufzeit (Erweiterung der Laufzeit von → Commercial Papers auf ein bis zehn Jahre) können dem Finanzmittelbedarf genau angepaßt werden. Der Zinssatz der Schuldtitel ist fest bzw. variabel (an einen Index gekoppelt). Für den Absatz sorgen je nach Volumen eine oder mehrere Händlerbanken (Dealer). Die beteiligten → Banken übernehmen i.d.R. keine Übernahmeverpflichtung (anders als bei → Euronote-Fazilitäten). Das Plazierungsrisiko bleibt beim Emittenten.

**MEGA-Zertifikat**
Marktabhängiger Ertrag mit garantierter Anlage. → Optionsschein, der dem Anleger sowohl eine Mindestverzinsung als auch Maximalverzinsung garantiert. Die Besonderheit von M.-Z. gegenüber normalen Optionsscheinen liegt darin, daß bei Anleger eine garantierte Mindestverzinsung erzielt, aber nur eine gewisse Maximalverzinsung erreichen kann. Im Gegensatz zu traditionellen Optionsscheinen sind deshalb sowohl Risiken als auch Chancen für den Anleger begrenzt. Ein Totalverlust des eingesetzten → Kapitals, wenn die erwartete Kursentwicklung nicht eintrifft, ist ausgeschlossen. Während der Anleger im schlimmsten Fall nur eine Mindestverzinsung (z. B. 2,5%) erhält, hat er im besten Fall die Möglichkeit, überproportional an der erwarteten Kursentwicklung bis zu einem bestimmten Kurs

zu partizipieren. Im Gegensatz zu → GROI-Optionsscheinen haben M.-Z. eine Maximalverzinsung (z. B. 16,63%). Insofern stellen M.-Z. eine Spekulation mit Sicherheitsnetz, aber auch mit Begrenzung der Chancen dar.
*Stripping eines M.-Z.:* M.-Z. sind ähnlich wie GROI-Optionsscheine und → Money-Back-Optionsscheine hybride Instrumente, d. h. Finanzinstrumente, die aus einer Kombination unterschiedlicher Anlageformen bestehen. Ein M.-Z. besteht im Grunde genommen aus einem Zero Bond (→ Nullkupon-Anleihe), einem → Long Call auf den → Basiswert (z. B. → Deutscher Aktienindex [DAX]) mit einem niedrigen → Basispreis und einem → Short Call auf den gleichen Basiswert mit einem hohen Basispreis. Die beiden Optionen sind eine → kombinierte Optionsstrategie, die als → Bull-Spread bezeichnet wird. Verknüpft man diese drei Komponenten, entsteht ein M.-Z. Ein M.-Z. kann deshalb auch als → Aktienindex-Anleihe interpretiert werden.
(→ Equity Index Participation Note, → Embedded Option)

**Mehrfachabtretung,** → Doppel- oder Mehrfachabtretung.

**Mehrheitsaktionär**
→ Großaktionär, der über einen Anteil von 50% oder mehr des → Grundkapitals einer → Aktiengesellschaft verfügt.

**Mehrheitsbeteiligung im Sinne von § 16 AktG**
Unternehmensverbindung, bei der einem Unternehmen die Mehrheit der Anteile eines rechtlich selbständigen anderen Unternehmens gehört oder ihm die Mehrheit der → Stimmrechte an dem anderen Unternehmen zusteht. Es besteht dann eine Mitteilungspflicht (→ Mitteilungspflicht von Beteiligungen nach §§ 20 ff. AktG).

**Mehrlinien-System**
Im Rahmen der → Aufbauorganisation die Festlegung der rangmäßigen Verbindung der Stellen untereinander (Leitungssystem) in der Weise, daß eine untergeordnete Stelle von mehreren Instanzen (Leitungsstellen) Anordnungen erhalten kann. Gegenüber dem → Einlinien-System sind die Weisungslinien verkürzt. Somit wird eine höhere Flexibilität des Leitungssystems erreicht. Durch die Tatsache, daß gegenüber einer Stelle mehrere Weisungsbefugte vor-

**Mehrstimmrechtsaktie**

handen sind, besteht jedoch die Gefahr der Kompetenzüberschneidung.

**Mehrstimmrechtsaktie**
*Multiple Voting Share*; → Vorzugsaktie, die ihrem Inhaber im Gegensatz zur → Stammaktie ein mehrfaches → Stimmrecht sichert. Sie dient dem Schutz vor Überfremdung. In Deutschland ist die Ausgabe von M. grundsätzlich unzulässig; Ausnahmen können vom Wirtschaftsminister des Bundeslandes, in dem die Gesellschaft ihren Sitz hat, zur Wahrung überwiegend gesamtwirtschaftlicher Interessen gemäß § 12 Abs. 2 AktG zugelassen werden (z. B. bei Versorgungsunternehmen). Mehrstimmrechte, die vor Inkrafttreten des → Aktiengesetzes 1965 geschaffen worden sind, können in Kraft bleiben. In der → Bilanz ist die Gesamtstimmzahl der Mehrstimmrechtsaktien und der anderen → Aktien beim → gezeichneten Kapital zu vermerken.

**Mehrwertsteuer,** → Umsatzsteuer (USt), → Umsatzsteuersysteme.

**Meistbegünstigung**
Vertraglich vereinbarte Verpflichtung eines Staates, einem anderen Staat im → Außenhandel gewährte Einfuhrerleichterungen auch allen weiteren Ländern, mit denen Handelsbeziehungen bestehen, einzuräumen. Die M. ist unbeschränkt, wenn sich zwei Länder gegenseitig alle Vergünstigungen gewähren, die sie mit anderen Ländern vereinbart haben, und unbedingt, wenn die mit einem Land ausgehandelte Vergünstigung automatisch, d. h. ohne Gegenleistung, auch allen anderen Ländern eingeräumt wird. Die M. soll zum → Freihandel führen. Im Rahmen des → Allgemeinen Zoll- und Handelsabkommens (GATT) sind die Vertragsstaaten verpflichtet, die zweiseitig ausgehandelten Zollsenkungen unverzüglich und bedingungslos für alle gleichartigen Waren zu gewähren, die aus den Gebieten der anderen Vertragsstaaten stammen oder für diese bestimmt sind (Art. I). Von dieser Meistbegünstigungsklausel sind → Zollunionen und Freihandelszonen (→ Integration) ausgenommen.

**Melde- und Anzeigepflichten der Kreditinstitute**
Verpflichtungen der → Kreditinstitute zu Meldungen im Rahmen der → Bankenaufsicht an die → Deutsche Bundesbank bzw. an das → Bundesaufsichtsamt für das Kreditwesen (BAK): (1) Meldungen im Rahmen der → Bankenstatistik der Deutschen Bundesbank (→ Deutsche Bundesbank, Statistische Erhebungen) aufgrund § 18 BBankG und § 25 KWG (→ Monatsausweise), (2) → Meldungen über den Außenwirtschaftsverkehr aufgrund der → Außenwirtschaftsverordnung (auch aufgrund § 18 BBankG im Rahmen der Bankenstatistik), (3) Anzeigen nach dem KWG (→ Kreditanzeigen nach KWG, → Anzeigen der Kreditinstitute über personelle, finanzielle und gesellschaftsrechtliche Veränderungen), (4) Meldungen nach § 9 der → Anweisung der Deutschen Bundesbank über Mindestreserven (AMR). Weitere Meldepflichten ergeben sich u. a. aus dem → Hypothekenbankgesetz, dem → Schiffsbankgesetz, dem → Gesetz über Kapitalanlagegesellschaften.

**Meldungen über den Außenwirtschaftsverkehr**
Meldungen, die → Gebietsansässige, darunter insbes. → Kreditinstitute, aufgrund der → Außenwirtschaftsverordnung (Kreditinstitute auch aufgrund § 18 BBankG im Rahmen der → Bankenstatistik) abzugeben haben. Sie dienen zur Beobachtung der wirtschaftlichen Transaktionen zwischen In- und Ausland und als Grundlage für die Erstellung der → Zahlungsbilanz. Neben allgemeinen Meldevorschriften (§§ 59–64 AWV) gibt es für Kreditinstitute („Geldinstitute") in § 69 AWV besondere Bestimmungen.
Für Zahlungen im → Außenwirtschaftsverkehr gelten die in Übersicht S. 1097 aufgeführten Meldevorschriften.
Meldungen können per Vordruck oder mittels Disketten erfolgen (§ 62 Abs. 4 AWV). Im Kapitalverkehr sind vom Ausland sind neben den Zahlungsmeldungen weitere Meldungen zu erstatten (§§ 55–58c AWV).
Nach § 18 BBankG hat die Bundesbank für Kreditinstitute statistische Erhebungen über das → Auslandsgeschäft angeordnet. Im Rahmen der monatlichen Meldung → „Auslandsstatus" haben die Kreditinstitute der Deutschen Bundesbank monatlich den Stand ihrer → Auslandsaktiva und → Auslandspassiva zu melden, gegliedert nach Arten, Fristigkeiten, Wirtschaftssektoren, → Währungen bzw. Edelmetallen sowie Ländern. Die Meldung ist von Kreditinstituten zu erstatten, deren Auslandsaktiva oder -passiva den Wert von 20 Mio. DM überschreiten. Diese Institute haben auch

**Merchant Banks**

## Meldungen über den Außenwirtschaftsverkehr – Meldepflichtige Zahlungen und Meldepflichtige

| Meldepflichtige Zahlungen | Meldepflichtige |
|---|---|
| Ausgehende Zahlungen im Waren-, Dienstleistungs- und Kapitalverkehr (§§ 59 und 60 Abs. 1 AWV) (Meldefreigrenze: 5000 DM) | Banken und Nichtbanken |
| Zahlungsein- und -ausgänge auf Konten bei gebietsfremden Geldinstituten außerhalb des Warenverkehrs – Auslandskontenmeldungen (§ 60 Abs. 2 AWV) | Nichtbanken |
| Ein- und ausgehende Zahlungen nach § 60 Abs. 3 AWV (Meldefreigrenze: 5000 DM) | Banken und Nichtbanken |
| Wertpapiergeschäfte mit Gebietsfremden für eigene und fremde Rechnung (§ 69 Abs. 2 AWV) (Meldefreigrenze: 5000 DM) | Banken |
| Zins- und Dividendenzahlungen an Gebietsfremde auf inländische Wertpapiere (§ 69 Abs. 2 AWV) | Banken |
| Zahlungseingänge und Zahlungsausgänge im Reiseverkehr (§ 69 Abs. 2 AWV) | Banken |
| Zinseinnahmen und Zinsausgaben im Kontokorrent- und Sparverkehr mit Gebietsfremden (§ 69 Abs. 2 AWV) (Meldefreigrenze: 5000 DM) | Banken |

eine bankwöchentliche Kurzmeldung „Auslandsstatus" zu erstatten. Dabei ist das Geschäft der Zweigstellen inländischer Kreditinstitute im Ausland weder einzubeziehen noch wie bei der monatlichen Meldung (für jedes einzelne Sitzland) gesondert anzugeben.

Die Deutsche Bundesbank führt bei den Kreditinstituten ferner statistische Erhebungen über das Geschäft derjenigen ausländischen Banken durch, die sich im Mehrheitsbesitz inländischer Kreditinstitute befinden. Im Rahmen der Erhebung → „Monatliche Bilanzstatistik" (BISTA-Meldungen) haben die inländischen Kreditinstitute monatlich den Stand der → Aktiva und → Passiva der ausländischen Tochterinstitute, gegliedert nach Arten, Fristigkeiten und Wirtschaftssektoren, zu melden. Ferner haben sie Angaben über deren → Eventualverbindlichkeiten sowie die von diesen abgeschlossenen Finanz-Swaps (→ Finanzterminkontrakte) zu machen und über die → Beteiligungen an den ausländischen Tochterinstituten zu berichten. Bei der Erhebung „Monatlicher Auslandsstatus" haben die inländischen Kreditinstitute monatlich den Stand der Aktiva und Passiva der ausländischen Tochterinstitute gegenüber Geschäftspartnern außerhalb der BRD, gegliedert nach Arten, Fristigkeiten, Wirtschaftssektoren, Währung (einschl. internationaler Währungs- und → Rechnungseinheiten sowie Edelmetallen) und Ländern, zu melden. Ferner sind Angaben über deren Eventualverbindlichkeiten gegenüber Geschäftspartnern außerhalb der BRD zu machen und ist der Stand der Fremdwährungsaktiva und -passiva der ausländischen Tochterinstitute gegenüber Geschäftspartnern in der BRD anzugeben.

**Memorial,** → Grundbuch.

**Mengengeschäft**
→ Bankgeschäft mit standardisierter Abwicklung, das vornehmlich mit der breiten Privatkundschaft (→ Privatkunden) betrieben wird.

**Mengennotierung,** → Devisenhandel, → Wechselkurs.

**Mengentender**
→ Ausschreibungsverfahren bei → Pensionsgeschäften (→ Wertpapierpensionsgeschäfte).

**Merchant Banking,** → Merchant Banks.

**Merchant Banks**
→ Banken, die neben → Bankgeschäften → Handelsgeschäfte im Bereich des → Außenhandels (Im- und Exportgeschäfte) betreiben. Die → Privatbankiers (Privatbankhäuser) haben ihren Ursprung in diesen Handelsbanken. M. B. bestehen v. a. in Großbritannien. Ein Teil dieser M. B., die eine besonders bedeutende Stellung als Ak-

zeptbanken bei der Gewährung von →Akzeptkrediten erlangt haben, werden auch als →Accepting Houses bezeichnet. Auch →Issuing Houses zählen in Großbritannien zu den M. B. (→Bankwesen Großbritannien). Als neue Geschäftsfelder haben M. B. auch die Vermittlung von Unternehmungen und Unternehmensbeteiligungen (→Mergers & Acquisitions) übernommen, so daß der Begriff M. B. umfassender zu verstehen ist und Überschneidungen zum →Investment Banking aufweist. In der BRD bestehen noch einige Privatbankhäuser, die M. B. sind.

### Mergers & Acquisitions

Vermittlung von Zusammenschlüssen sowie (in Deutschland zumeist) Aufkäufen von Unternehmen und die damit verbundene Beratung von Käufern und Verkäufern. Die Vermittler sind gegen →Provision bei der Suche nach geeigneten Beteiligungsobjekten (zumeist zum Zwecke der Diversifizierung) sowie der Unterbringung von Beteiligungsangeboten behilflich. In Deutschland wird dieses Geschäft von →Banken, →Tochtergesellschaften von Banken, speziellen Vermittlungsfirmen, WP-Gesellschaften und darauf spezialisierten Unternehmensberatern betrieben.

### Merkmalswerte

In der (deskriptiven) Statistik werden Größen, auf die sich Fragen oder Messungen beziehen, als „Merkmale" bezeichnet; M. sind die Ausprägungen jedes Merkmals an jeder Untersuchungseinheit (Person, Gegenstand).

### Metakredit

Bezeichnung für eine gemeinschaftliche Kreditgewährung von →Kreditinstituten, wobei es sich um einen →Gemeinschaftskredit (→Konsortialkredit) unter besonderer Regelung der Konsortialführung handelt.

### Metallwährung

→Währung, bei der als →gesetzliches Zahlungsmittel wertentsprechendes Metallgeld (→Münzen, deren →Nennwert ihrem Metallwert entspricht) umläuft oder/und →Banknoten an bestimmtes Währungsmetall gebunden sind. Gegensatz zur M. (gebundene Währung) ist die →Papierwährung (ungebundene Währung).

Aufgrund der besonderen Wertschätzung des Goldes war die →Goldwährung die wichtigste Form der M. Die Knappheit des Goldes gewährleistete die →Geldwertstabilität (Konzept des →Goldstandards). Seit dem Zweiten Weltkrieg existieren keine M. mehr.

Grundformen metallischer Währungssysteme sind: (1) Metallumlaufwährung und Metallkernwährung, (2) monometallische Währung (Währung mit einem Währungsmetall, z. B. Goldwährung) und bimetallische Währung (Währung mit zwei Währungsmetallen, z. B. Gold- und Silberwährung). Dabei wird zwischen Doppelwährung (festes Wertverhältnis zwischen den beiden Währungsmetallen) und Parallelwährung (kein festes Wertverhältnis zwischen beiden Währungsmetallen) unterschieden.

### MIB 30-Index

Marktkapitalisierungsgewichteter →Aktienindex (Kursindex), der durch Übernahme des Konzepts des BCI 30-Index durch den →Consiglio di Borsa, Mailand entstanden ist. Beide Aktienindices unterscheiden sich nur durch den Faktor 100, d. h. den MIB 30-I. erhält man, indem man den BCI 30-Index mit 100 multipliziert. Der MIB 30-I. wird minütlich während des Börsenhandels errechnet. Als Basis wurden 10.000 Punkte am 31. 12. 1992 gewählt. Der MIB 30-I. enthält 30 an der Mailänder →Börse notierte italienische →Aktien. Mit Hilfe eines Auswahlverfahrens wird regelmäßig sichergestellt, daß der MIB 30-I. repräsentativ für die Aktienwerte an der Mailänder Börse bleibt, die über die größte →Liquidität und Marktkapitalisierung verfügen. Im MIB 30-I. wurden Finanzwerte stark gewichtet.

### Micro-Hedge

Absicherung eines Einzelrisikos bzw. einer Einzelposition (→Hedging).
*Gegensatz:* →Macro-Hedge.

### Mid Cap

Kurzbezeichnung für Medium Capitalisation Stock. M. C. sind →Aktien mit mittlerer →Börsenkapitalisierung, d. h. zwischen 250 Mio und 1,5 Mrd. US-Dollar. Für M. C. werden eigene →Aktienindices ermittelt (z. B. Russel Mid Cap Index).
*Gegensatz:* →Small Cap, →Large Cap.

### Middle-term-Option

→Option, die eine →Laufzeit zwischen neun Monaten und zwei Jahren hat.

(→ Short-term-Option, → Long-term-Option, → Long-term Equity Anticipation Security, → Flexible Exchange Option, → Embedded Option)

### Miete
Gegenseitiger → Vertrag (Mietvertrag), durch den sich der Vermieter verpflichtet, dem Mieter den Gebrauch eines → Grundstücks, einer → beweglichen Sache oder einer → Sachgesamtheit zu überlassen (im Unterschied zur → Pacht aber nicht auch die → Nutzungen); der Mieter muß hierfür das vereinbarte Eingelt („Mietzins") zahlen (§§ 535 ff. BGB). Ein Mietverhältnis besteht auch bei Überlassung eines → Schrankfaches (Safe); es gelten → Sonderbedingungen der Kreditinstitute. Die besonderen Vorschriften über die M. von Grundstücken gelten, soweit das Gesetz nicht ausdrücklich etwas anderes bestimmt, auch für die M. von Wohnräumen und anderen Räumen (§ 580 BGB). Mit Abschluß eines Mietvertrags wird ein → Dauerschuldverhältnis (→ Schuldverhältnis) begründet. Für den Mietvertrag gelten nur insoweit → Formvorschriften, als bei Grundstücken und Wohnungen für längere Zeiträume als ein Jahr → Schriftform vorgeschrieben ist. Fehlt sie, ist der Vertrag aber wirksam und gilt als für unbestimmte Zeit geschlossen. Der → Kauf eines vermieteten Grundstücks oder Raumes läßt den Mietvertrag unberührt (§ 571 BGB); freilich kann der Käufer sein allgemeines Recht zur → Kündigung ausüben. Gemäß § 559 BGB hat der Vermieter an den eingebrachten Sachen des Mieters ein → Pfandrecht.

### Mietkauf
Mietvertrag (→ Miete) mit dem Recht des Mieters, die gemietete → Sache zu einem festgelegten Preis zu kaufen. Eine Abgrenzung des M. zum → Leasing ist oftmals kaum möglich.

### Mietkautionskonto
→ Konto, das für die Anlage von Mietkautionen für Wohnraum dienen soll (→ Miete). Ein M. kann in unterschiedlicher Weise geführt werden (Abbildung). In jedem Fall soll es einen Ausgleich zwischen dem Sicherheitsbedürfnis des Vermieters und dem Schutzbedürfnis des Mieters herstellen.

### Mietvertrag, → Miete.

### MIGA
Abk. für Multilateral Investment Guarantee Agency, → Multilaterale Investitions-Garantie-Agentur.

### Millionenkredit
Von einem Kreditnehmer (Kreditnehmereinheit; → Kreditnehmerbegriff des KWG) in Anspruch genommener Kredit (→ Kreditbegriff des KWG) in Höhe von drei Millionen DM oder mehr (§ 14 KWG).

*Meldeverfahren:* Die → Kreditinstitute haben der → Deutschen Bundesbank bis zum 15. der Monate Januar, April, Juli und Oktober diejenigen Kreditnehmer anzuzeigen, deren Kreditinanspruchnahme („Verschuldung") bei ihnen zu irgendeinem Zeitpunkt während der dem Meldetermin vorhergehenden drei Kalendermonate drei Millionen DM oder mehr betragen hat (→ Kreditanzeigen nach KWG). Aus der Anzeige muß die Höhe der Verschuldung des Kreditnehmers am Ende der der Anzeige vorangegangenen Monats ersichtlich sein. Übergeordnete Kreditinstitute (→ Kreditinstitutsgruppen i. S. des KWG) haben auch für die bei → Großkrediten konsolidierungspflichtigen Auslandstöchter Millionenkredite in- und aus-

**Mietkautionskonto – Arten**

|  | Einzelkonto | Gemeinschaftskonto |
|---|---|---|
| Eigenkonto | Mietkautionskonto als Eigenkonto des Mieters und Verpfändung an den Vermieter. Mietkautionskonto als Eigenkonto mit Sperrvermerk zugunsten des Vermieters. | Mitkautionskonto als Gemeinschaftskonto (Und-Konto) auf den Namen des Mieters und Vermieters. |
| Fremdkonto | Mietkautionskonto als offenes Fremdkonto des Vermieters | – |

ländischer → Factoring-Institute und → Leasing-Gesellschaften anzuzeigen. Gruppenangehörige inländische Kreditinstitute sind selbst zur Anzeige verpflichtet.
Falls einem Kreditnehmer von mehreren Kreditinstituten oder Auslandstöchtern Kredite gewährt worden sind, so hat die Bundesbank als → Evidenzzentrale die beteiligten Kreditinstitute über die Gesamtverschuldung und über die Anzahl der beteiligten Kreditinstitute zu benachrichtigen. M. nachgeordneter ausländischer Institute gehen in die Rückmeldung ein (die Auslandstöchter erhalten jedoch keine Benachrichtigung). Die Deutsche Bundesbank überwacht im Rahmen der Milllionenkreditanzeigen die Zusammenfassung einzelner Schuldner zu Kreditnehmereinheiten. Um bei der Gesamtverschuldung eines Kreditnehmers eine Doppelerfassung der Kredite zu vermeiden, sind entsprechende Hinweise anzubringen (→ Darlehen, → Bürgschaft, → Rückbürgschaft). Bei → Gemeinschaftskrediten, die als solche zu kennzeichnen sind, erfolgt eine Meldung auch dann, wenn der Anteil der einzelnen Bank die Dreimillionengrenze nicht erreicht. Kredite an die öffentliche Hand werden in das Meldeverfahren nicht einbezogen (§ 20 Abs. 1 Nr. 1, ab 1996: Abs. 2 Nr. 1 KWG). → Beteiligungen werden nicht erfaßt, weil die Banken über die Beteiligungsverhältnisse i. allg. unterrichtet sind. (Der → Kreditbegriff nach des KWG erfaßt dagegen Beteiligungen). Die Sozialversicherungsträger, die → Bundesanstalt für Arbeit sowie die Versicherungsunternehmen werden in das Melde- und Rückmeldeverfahren einbezogen (§ 2 Abs. 2 KWG). Bei der Rückmeldung der Verschuldung konzernangehöriger → Schuldner wird nur die Gesamtverschuldung des → Konzerns sowie die Verschuldung desjenigen Kreditnehmers mitgeteilt, dem das jeweilige Kreditinstitut einen Kredit gewährt hat.

*Zweck:* Die Millionenkreditkontrolle dient in gleicher Weise den Interessen der → Bankenaufsicht an zeitnahen Informationen über die Kreditgewährung einzelner Kreditinstitute (die Bundesbank unterrichtet das BAK) und die Verteilung der Kredite auf die Wirtschaft wie den Interessen der Kreditinstitute an Informationen über die Höhe und Struktur der Verschuldung größerer Kreditnehmer. Damit wird den Kreditinstituten eine laufende Überwachung ermöglicht, ohne daß sie auf Angaben der Kreditnehmer angewiesen sind. Die zeitnahen Daten sind für die Bankenaufsicht insbes. bedeutsam, wenn finanzielle Schwierigkeiten eines Kreditnehmers bekannt werden.
Der Nutzen aus der Millionenkreditkontrolle ist begrenzt. Kreditinstituten, die ein Informationsinteresse bekunden, weil sie z. B. eine Kreditentscheidung treffen wollen, werden keine Auskünfte erteilt. Kredite unterhalb der Meldegrenze werden nicht erfaßt. Kreditnehmer können den Meldezweck durch Aufnahme von Krediten bei mehreren Instituten somit unterlaufen. Das Kreditmeldesystem ist insofern unvollständig, als die Verschuldung von Kreditnehmern bei Kreditinstituten mit Sitz im Ausland, ausgenommen nachgeordnete Unternehmen, nicht erfaßt wird. Die Bundesbank ist ermächtigt, nach Abschluß von internationalen Vereinbarungen oder aufgrund einer EG-Richtlinie (→ EG-Bankrecht) an zwischenstaatlichen Kreditmeldesystemen teilzunehmen (§ 14 Abs. 4 KWG).

### Minderheitsaktionär
→ Aktionär oder Aktionärsgruppe, der bzw. die im Gegensatz zum → Großaktionär nur zu einem geringen Anteil am → Aktienkapital einer Gesellschaft beteiligt ist und damit auch keinen entscheidenden Einfluß auf die Beschlüsse der → Hauptversammlung nehmen kann (→ Minderheitsrechte).

### Minderheitsrechte
Rechte, die das → Aktiengesetz einer bestimmten Minderheit von → Aktionären einräumt, insbes. um → Kleinaktionäre vor dem Einfluß von → Großaktionären zu schützen. Hierzu zählen u. a. die Erleichterung der Einberufung einer → Hauptversammlung durch eine Minderheit (gemäß § 122 Abs. 1 AktG auf Verlangen einer Minderheit mit einem Aktienbesitz von 5% des → Grundkapitals), das → Auskunftsrecht des Aktionärs (§ 131 AktG) und die Rechtsbehelfe bei Auskunftsverweigerung des → Vorstandes (§ 132 AktG), ferner die Bestimmungen über das → Höchststimmrecht (§ 134 AktG) sowie die Bestellung von Sonderprüfern gemäß § 142 Abs. 1 AktG. Jeder Aktionär kann in der Hauptversammlung Gegenanträge stellen.

### Minderjährige
Menschen (→ natürliche Personen) vor Vollendung des 18. Lebensjahrs, wobei M. vor

Vollendung des 7. Lebensjahres geschäftsunfähig (§ 104 BGB), M. vom vollendeten 7. bis zum vollendeten 18. Lebensjahr beschränkt geschäftsfähig (§ 106 BGB) sind. (→ Geschäftsfähigkeit)

### Minderkaufmann

→ Kaufmann, der ein → Grundhandelsgewerbe betreibt, dessen → Gewerbebetrieb nach Art oder Umfang jedoch einen in kaufmännischer Weise eingerichteten Geschäftsbetrieb nicht erfordert (§ 4 HGB). Das → Handelsgesetzbuch stellt grundsätzlich Vollkaufleute und M. gleich. M. dürfen jedoch keine → Firma führen. Daraus folgt, daß M. nicht ins → Handelsregister eingetragen werden. Auch gelten für sie nicht die Vorschriften des Handelsgesetzbuches über Handelsbücher, → Prokura, → Bürgschaft, Vertragsstrafen und → Schuldanerkenntnisse (§ 351 HGB). Ein M. kann sich durch Handlungsbevollmächtigte (→ Handlungsvollmacht) oder durch BGB-Bevollmächtigte (→ BGB-Vollmacht) vertreten lassen. Nach handelsrechtlichen Grundsätzen braucht er kein → Inventar sowie keine → Bilanz aufzustellen. Meistens sind M. aber steuerrechtlich buchführungspflichtig (→ Buchführungspflicht nach Steuerrecht). Ein Minderkaufmann kann nicht als Handelsrichter tätig sein (§ 109 GVG).
*Gegensatz:* → Vollkaufmann.

### Minderung

1. → Preisnachlaß.

2. Bezeichnung des BGB für Herabsetzung des vereinbarten Entgelts bei → Kauf und bei → Werkvertrag aufgrund eines → Sachmangels, der Wert oder Tauglichkeit der → Sache bzw. des Werks erheblich beeinträchtigt (§§ 462, 634 BGB). Einzelheiten der M. sind in §§ 472 ff. BGB geregelt.

### Mindestdividende, → Dividendengarantie.

### Mindestgebot

1. Hälfte des „gewöhnlichen Verkaufswertes" einer → Sache, zu dem diese im Zwangsversteigerungstermin (→ Zwangsversteigerung) mindestens versteigert werden muß. Wird das Mindestgebot im Termin nicht abgegeben, so wird die gepfändete Sache in diesem Termin nicht versteigert.

2. Im *Grundstücks-Zwangsversteigerungsverfahren*: Mindestens zu erreichendes Gebot zur Verhinderung der Verschleuderung von → Grundstücken. Bleiben (im 1. Termin) der Betrag des letzten Gebots und der Kapitalwert der bestehenbleibenden Rechte zusammen unter 7/10 des amtlich festgestellten Grundstückswertes, kann ein Berechtigter, dessen Anspruch nicht voll gedeckt wäre, die Versagung des Zuschlags an den Meistbietenden beantragen (§ 74a ZVG). Bei einem Meistgebot unter 5/10 des Grundstückswertes wird (im 1. Termin) der Zuschlag von Amts wegen versagt (§ 85a ZVG). Es ist dann ein neuer Termin zu bestimmen, in dem vorgenannte Grenzen nicht mehr gültig sind.

### Mindestmargenkalkulation

Rechnung zur Ermittlung des Werterfolgs eines Geschäfts (→ Zinsüberschuß, → Bruttozinsspanne), wobei die Mindestmarge die erforderliche Spanne zwischen Sollzinssatz im → Aktivgeschäft und Habenzinssatz im → Passivgeschäft ist. Sie dient der Ermittlung von Preisuntergrenzen im Aktivgeschäft (bei gegebenen Finanzierungszinssätzen im Passivgeschäft) bzw. der Ermittlung von Preisobergrenzen im Passivgeschäft (bei gegebenen Anlagezinssätzen). Nach dem Konzept der M. sollen → Eigenkapitalkosten, → Liquiditätskosten, → Risikokosten und → Betriebskosten (→ Stückkosten) berücksichtigt werden.

### Mindestreserven

Von → Kreditinstituten bei der → Zentralnotenbank aufgrund gesetzlicher Vorschriften pflichtgemäß zu unterhaltende → Sichteinlagen. Sie dienten ursprünglich zur Sicherung der Zahlungsbereitschaft der Kreditinstitute und sind heute ein Instrument der → Geldpolitik.

*Arten:* Zu unterscheiden sind Passivmindestreserve (Einlagenreserve) und Aktivmindestreserve (Kreditreserve). Beim System der Passivmindestreserve, wie es von der → Deutschen Bundesbank praktiziert wird, sind M. für → Verbindlichkeiten aus dem → Bankgeschäft gegenüber der Nichtbankenkundschaft zu halten. Bei der Aktivmindestreserve sind M. für gewährte → Kredite zu unterhalten.

*Regelung in der BRD:* Die Pflicht zur Unterhaltung von M. ist in Deutschland 1948 nach amerikanischem Vorbild als Passivmindestreserve eingeführt worden. Die → Mindestreservepolitik der Deutschen Bundesbank beruht heute auf § 16 BBankG. Durchführungsbestimmungen enthält die

## Mindestreserven

→ Anweisung der Deutschen Bundesbank über Mindestreserven (AMR), die die Bundesbank auf der Grundlage des § 16 BBankG erlassen hat und die im → Bundesanzeiger zu veröffentlichen ist. Einzelfragen zur Mindestreservehaltung werden durch Stellungnahmen der Bundesbank geklärt.

a) *Reservepflichtige Verbindlichkeiten:* (1) Buchverbindlichkeiten (→ Sichteinlagen, → befristete Einlagen, → Spareinlagen) einschließlich Verbindlichkeiten aus → Namensschuldverschreibungen und → Orderschuldverschreibungen, die nicht Teile einer → Gesamtemission darstellen, mit einer Befristung von weniger als vier Jahren und (2) Verbindlichkeiten aus → Inhaberschuldverschreibungen (und Orderschuldverschreibungen, die Teile einer Gesamtemission darstellen) mit einer Befristung von weniger als zwei Jahren, soweit die unter (1) und (2) genannten Verbindlichkeiten nicht gegenüber selbst reservepflichtigen Kreditinstituten bestehen. Verbindlichkeiten aus → Bauspareinlagen, über die → Bausparer vor Zuteilung der → Bausparsumme nicht verfügen können, sind von der Mindestreservepflicht ausgenommen.

b) *Mindestreservesätze:* Eine Staffelung erfolgt: (1) nach der Art der reservepflichtigen Verbindlichkeiten (Sichtverbindlichkeiten, befristete Verbindlichkeiten, Spareinlagen; damit werden die unterschiedlichen → Liquiditätsgrade der bankgeschäftlichen Verbindlichkeiten berücksichtigt), (2) nach der Herkunft der Verbindlichkeiten (von → Gebietsansässigen oder von → Gebietsfremden). Die Bundesbank hat in der Vergangenheit gelegentlich die Reservesätze für Verbindlichkeiten gegenüber Gebietsfremden höher – zeitweise bis zu 100% – festgesetzt, um den Zufluß von Auslandsgeldern zu bremsen. Die Staffelung nach der Höhe der einzelnen Arten der reservepflichtigen Sichtverbindlichkeiten (Progressionsstufen: bis 10 Mio. DM, über 10 bis 100 Mio. DM, über 100 Mio. DM; damit wird die unterschiedliche Geldschöpfungsfähigkeit von Banken mit geringem bzw. großem Einlagenvolumen berücksichtigt) ist ab 1. März 1994 weggefallen.

Die Festsetzung nach dem Progressionsstaffelverfahren bedeutete, daß für die ersten 10 Mio. DM an reservepflichtigen Verbindlichkeiten der Satz der Progressionsstufe 1, für die nächsten 90 Mio. an reservepflichtigen Verbindlichkeiten der Satz der Progressionsstufe 2 und für die über 100 Mio. DM hinausgehenden Verbindlichkeiten der Satz der Progressionsstufe 3 anzuwenden ist. Bei Verbindlichkeiten gegenüber Gebietsfremden wird für Sichtverbindlichkeiten einheitlich ein Reservesatz angewendet; für befristete Verbindlichkeiten und Spareinlagen gelten z. Z. dieselben Sätze wie bei diesen Verbindlichkeiten gegenüber Gebietsansässigen.

c) *Einzelregelungen:* Das Reserve-Soll kann auf der Basis der Endbestände an vier Stichtagen (23. und Ultimo des Vormonats, 7. und 15. des laufenden Monats) oder aus den Endbeständen der Geschäftstage und geschäftsfreien Tage vom 16. des Vormonats bis zum 15. des laufenden Monats berechnet werden. Die Bundesbank kann aber gemäß § 6 Abs. 2 AMR die Berechnung auf täglicher Basis verlangen. Für Kreditinstitute mit mindestreservepflichtigen Verbindlichkeiten unter 10 Mio. DM gilt der Ultimostand des Vormonats. Das Reserve-Ist wird zum Ende eines Monats als kalendertäglicher Durchschnitt der LZB-Guthaben eines Monats ermittelt (§ 7 AMR) und dem Reserve-Soll gegenübergestellt. Die monatlichen Durchschnittsbestände der Kreditinstitute an inländischen → gesetzlichen Zahlungsmitteln können vom Mindestreserve-Soll bis zu 25% von diesem Betrag abgesetzt werden (§ 5 Abs. 2 AMR). „Ländlichen → Kreditgenossenschaften" ohne eigenes LZB-Konto ist die indirekte Reservehaltung bei ihren → Zentralbanken gestattet (§ 4 AMR).

*Rechenbeispiel* (Abbildung S. 1103): Ein Kreditinstitut hat seine Pflicht zur Unterhaltung von M. erfüllt, wenn das monatliche Durchschnittsguthaben (Ist-Reserve) so hoch ist wie das Reserve-Soll. Es kann niedrige LZB-Guthaben in der ersten Monatshälfte durch entsprechend höhere Guthaben bis zum Monatsende ausgleichen. Die Kreditinstitute sind also nicht gezwungen, zusätzlich zu den M. besondere Guthaben bei der Bundesbank zur Abwicklung des → Zahlungsverkehrs zu unterhalten. Die zur Erfüllung des M.-Solls unterhaltenen Guthaben sind damit gleichzeitig „Arbeitsguthaben".

Gelingt es einem Kreditinstitut nicht, sein Reserve-Soll bis zum Monatsende zu erfüllen, hat es auf den Differenzbetrag, um den das Reserve-Ist das Reserve-Soll unterschreitet, einen Sonderzins in Höhe bis zu

## Mindestreserven – Rechenbeispiel

| Beispiel: | | Mindestreservesoll 100 Mio. DM pro Tag, Monat mit 30 Tagen, Mindestreserve Soll 3 Mrd. DM | | | |
|---|---|---|---|---|---|
| Datum | Tage | MR-Ist pro Tag | MR-Ist Summe | MR-Ist kumuliert | MR-Soll |
| 1. | 1 | 75 | 75 | 75 | |
| 2. | 1 | 105 | 105 | 180 | |
| 3.–5. | 3 | 95 | 285 | 465 | |
| 6.–12. | 7 | 120 | 840 | 1305 | |
| 13. | 1 | 110 | 110 | 1415 | |
| 14.–16. | 3 | 150 | 450 | 1865 | |
| 17.–19. | 3 | 85 | 255 | 2120 | |
| 20.–26. | 7 | 90 | 630 | 2750 | |
| 27.–29. | 3 | 60 | 180 | 2930 | |
| 30. | 1 | 79 | 79 | 3009 | 3000 |
| = 9 Mio. DM zuviel für den ganzen Monat : 30 = 300 TDM zuviel pro Tag | | | | | |

drei Prozentpunkten über dem → Lombardsatz für 30 Tage zu zahlen. Die Bundesbank verlangt stets den Höchstsatz.

*Wirkungsweise:* Die M. hat Bedeutung vor allem als Instrument der → Liquiditätspolitik der Deutschen Bundesbank, daneben hat sie auch Zinswirkungen (→ Mindestreservepolitik der Deutschen Bundesbank).

*Regelungen im Ausland:* Vgl. Übersicht S. 1104/1105.

### Mindestreservepolitik der Deutschen Bundesbank

Teilbereich der → Geldpolitik der Deutschen Bundesbank, der zur Liquiditätspolitik zählt (→ Liquiditätspolitik der Deutschen Bundesbank). Die M. umfaßt Maßnahmen der Bundesbank zur dauerhaften Bindung oder Freigabe von → Zentralbankgeld und damit zur Beeinflussung des Kreditschöpfungsspielraums der → Kreditinstitute durch Veränderung der Prozentsätze für die Unterhaltung von Pflichtguthaben bei der Bundesbank. Die M. ist ein Grobsteuerungsinstrument mit dem Ziel, den Zentralbankgeldbedarf und den Liquiditätsspielraum der Kreditinstitute auf längere Sicht zu steuern.

*Regelungen:* Zur Beeinflussung des Geldumlaufs und der Kreditgewährung kann die Bundesbank verlangen, daß die Kreditinstitute in Höhe eines Vom-Hundert-Satzes ihrer Sichtverbindlichkeiten (→ Sichteinlagen), befristeten Verbindlichkeiten (→ befristete Einlagen) und → Spareinlagen sowie aus aufgenommenen kurz- und mittelfristigen Geldern (mit Ausnahme der Verbindlichkeiten gegenüber anderen mindestreservepflichtigen Kreditinstituten) Guthaben auf → Girokonten bei ihr unterhalten (→ Mindestreserven). Die Bundesbank darf den Vom-Hundert-Satz für Sichtverbindlichkeiten nicht über 30, für befristete Verbindlichkeiten nicht über 20 und für Spareinlagen nicht über zehn festsetzen; für Verbindlichkeiten gegenüber → Gebietsfremden darf sie jedoch den Vom-Hundert-Satz bis zu 100 festsetzen. Innerhalb dieser Grenzen kann sie die Vom-Hundert-Sätze nach allgemeinen Gesichtspunkten, insbes. für einzelne Gruppen von Instituten, verschieden bemessen sowie bestimmte Verbindlichkeiten bei der Berechnung ausnehmen (§ 16 Abs. 1 Satz 1 bis 3 BBankG).

Grundsätzlich sind alle Kreditinstitute verpflichtet, bei der Bundesbank Mindestreserven zu unterhalten; Ausnahmen sind in der → Anweisung der Deutschen Bundesbank über Mindestreserven (AMR) geregelt. Reservepflichtige Verbindlichkeiten sind seit Mai 1986 (1) Buchverbindlichkeiten (einschl. Verbindlichkeiten aus → Namensschuldverschreibungen und Orderschuldverschreibungen, die nicht Teile einer → Gesamtemission darstellen) mit einer Befristung von weniger als vier Jahren und (2) Verbindlichkeiten aus → Inhaberschuldverschreibungen (und Orderschuldverschreibungen, die Teile einer Gesamtemission dar-

**Mindestreservepolitik**

## Mindestreserven – Regelungen im Ausland

| Land | Bemessungsgrundlage: Reservepflichtige Positionen | Dauer der bei der Erhebung zugrundegelegten Periode bzw. Zeitpunkt der Erhebung | Reservehaltung: Reservefähige Bankaktiva | Periode, in der die Reservehaltung erfüllt sein muß |
|---|---|---|---|---|
| Bundesrepublik Deutschland | Einlagen und aufgenommene Gelder (Sicht-, Termin- und Spareinlagen bis unter vier Jahren, Inhaberschuldverschreibungen bis unter zwei Jahren, Nettodevisenposition gegenüber Gebietsfremden) Sichteinlagen, liquide Spareinlagen, Termineinlagen u.ä. bis zwei Jahre | ein Monat | Notenbankguthaben, Kassenbestände | Im Durchschnitt von vier Wochen, wobei die Erfüllungsperiode gegenüber der Erhebungsperiode um zwei Wochen verschoben ist Im Durchschnitt einer Vierwochenperiode, die das betreffende Monatsende überdeckt |
| Frankreich | Sichteinlagen, liquide Spareinlagen, Termineinlagen u.ä. bis zwei Jahre | Monatsende | Notenbankguthaben | Im Durchschnitt einer Vierwochenperiode, die das betreffende Monatsende überdeckt |
| Großbritannien[1] | Bankverbindlichkeiten mit einer Laufzeit bis zwei Jahre in Pfund Sterling | sechs Monate | Notenbankguthaben | Die Guthaben werden während sechs Monaten bei der Bank of England stillgelegt |
| Italien | Veränderungen von Sicht- und Termineinlagen in italienischer Lira und der Nettodevisenposition | Monatsende, z. T. auch ein Monat | Notenbankguthaben | Die Guthaben müssen spätestens zwei Wochen nach Feststellung des Reservesolls bei der Banca d'Italia stillgelegt werden |
| Japan | Termineinlagen und sonstige Einlagen, Wertpapieremissionen, Verbindlichkeiten gegen Off-shore-Zentren | ein Monat | Notenbankguthaben | Im Durchschnitt von vier Wochen um zwei Wochen gegenüber der Erhebungsperiode verschoben |
| Kanada[2] | Sicht- und Termineinlagen | ein Monat | Notenbankguthaben, Kassenbestände | Im Durchschnitt von je zwei 14-tägigen Perioden, die gegenüber der Erhebungsperiode zeitlich verschoben sind |

1104

**Mindestreservepolitik**

| Land | Bemessungsgrundlage | | Reservehaltung | |
|---|---|---|---|---|
| | Reservepflichtige Positionen | Dauer der bei der Erhebung zugrundegelegten Periode bzw. Zeitpunkt der Erhebung | Reservefähige Bankaktiva | Periode, in die die Reservehaltung erfüllt sein muß |
| Niederlande | a) Veränderungen der Nettokreditexpansion (nach Abzug der Geldkapitalbildung), wenn diese eine bestimmte Rate übertrifft b) Bankverbindlichkeiten | drei Monate | Notenbankguthaben Notenbankguthaben | Die Reservehaltung ist nur fiktiv; die Banken werden mit ihrem Kostenäquivalent belastet während vier Wochen |
| Österreich | Sicht-, Termin- und Spareinlagen in Schilling, bestimmte Wertpapieremissionen, Nettodevisenposition | ein Monat | Notenbankguthaben, Guthaben bei Zentralinstituten und der Post, Kassenbestände, z.T. Bundesschatzscheine, Kassenbestände | Im Durchschnitt von vier Wochen, wobei die Erfüllungsperiode gegenüber der Erhebungsperiode verschoben ist |
| Schweiz[3] | Sichteinlagen, Termingelder bis drei Monate, 20 % der Spareinlagen | drei Monate | Notenbankguthaben, Guthaben bei Zentralinstituten und der Post, Kassenbestände | Im Durchschnitt von vier Wochen (vom 20. bis zum 19. des Folgemonats) |
| Spanien | Sicht-, Termin- und Spareinlagen sowie verbriefte Bankverbindlichkeiten inländischer Nichtbanken in Peseten | zehn Tage | Notenbankguthaben | Im Durchschnitt von zehn Tagen, zeitlich gegenüber der Erhebungsperiode um zwei Tage verschoben |
| Vereinigte Staaten von Amerika | Sichteinlagen und sichteinlagenähnliche Gelder; Termineinlagen, die nicht von Privatpersonen gehalten werden mit einer Laufzeit bis unter 1 1/2 Jahre; Euromarktverbindlichkeiten | zwei Wochen | Notenbankguthaben, Kassenbestände | Im Durchschnitt von zwei Wochen, wobei bei Sichteinlagen die Erfüllungsperiode gegenüber der Erhebungsperiode um zwei Tage verschoben ist; bei den anderen reservepflichtigen Verbindlichkeiten folgt die Erfüllungsperiode der Erhebungsperiode nach zwei Wochen |

[1] Die Mindestreserve dient in Großbritannien nicht geldpolitischen Zwecken.
[2] In Kanada wird gegenwärtig aus Wettbewerbsüberlegungen innerhalb des inländischen Finanzsystems die Möglichkeit zur Aufhebung der Mindestreservepflicht erörtert.
[3] In der Schweiz beziehen sich die Angaben auf die Vorschriften zur Kassenliquidität.
Quelle: Deutsche Bundesbank, Monatsbericht März 1990.

## Mindestreservesätze

stellen) mit einer Befristung von weniger als zwei Jahren, soweit die unter (1) und (2) genannten Verbindlichkeiten nicht gegenüber selbst reservepflichtigen Kreditinstituten bestehen. Die Bestimmungen über die Mindestreservehaltung der Kreditinstitute wurden 1986 neu geregelt, um sie an die Entwicklungen an den → Finanzmärkten anzupassen und die Wettbewerbsfähigkeit der inländischen Kreditinstitute auch auf den internationalen Märkten zu stärken. Die Reservesätze für befristete Verbindlichkeiten und für Spareinlagen wurden gesenkt. Die Fremdwährungsverbindlichkeiten der Kreditinstitute (Frendwährungsschuld) gegenüber Gebietsfremden wurden in Höhe der Buchforderungen an Gebietsfremde in fremder → Währung mit einer Befristung von unter vier Jahren von der Mindestreservepflicht freigestellt. In die Kompensationsregelung ist auch der Fremdwährungsanteil von ECU-Positionen einbezogen, da die private Verwendung von ECU (→ Europäische Währungseinheit) in gleicher Weise wie die von Fremdwährungen zulässig ist. In die Mindestreservepflicht einbezogen sind auch DM-Einlagenzertifikate (→ Certificate of Deposit [CD]) sowie alle Inhaberschuldverschreibungen der Kreditinstitute mit einer Befristung von weniger als zwei Jahren. Eine Umschichtung mindestreservepflichtiger Einlagen in kurzlaufende DM-Einlagenzertifikate führt nicht zu einer Vermeidung der Mindestreservepflicht. Die Wirksamkeit der M. bleibt erhalten. 1993 und 1994 erfolgten weitere Senkungen der Reservesätze, um Wettbewerbsnachteile der heimischen Finanzmärkte und damit Anreize zur Umgehung der Mindestreserven abzubauen.

*Bedeutung:* Die Mindestreserveguthaben werden nicht verzinst (§ 19 Abs. 1 Nr. 4 BBankG). Die Kreditinstitute beschränken sich daher auf die vorgeschriebenen Guthaben und versuchen, den Überschuß des Reserve-Ist über das Reserve-Soll so gering wie möglich zu halten. Werden die Mindestreservesätze erhöht, müssen die Banken ihre bei den → Landeszentralbanken zu unterhaltenden monatlichen Durchschnittsguthaben entsprechend heraufsetzen. Damit entsteht für die Kreditinstitute ein Zwang, → Liquiditätsreserven abzubauen (→ Bankenliquidität). Das Geldangebot am → Geldmarkt nimmt ab. Den Kreditinstituten stehen weniger Mittel für die Kreditgewährung zur Verfügung als vorher. Mit Hilfe der M. können auch Vorgänge kompensiert werden, mit denen eine unerwünschte Schaffung von Zentralbankgeld verbunden ist. Dies kann z. B. bei → Interventionen am Devisenmarkt der Fall sein, wenn die Bundesbank aufgrund ihrer Interventionspflicht Fremdwährung aufnehmen und damit DM freisetzen muß. Diese zwangsläufig freigesetzten Beträge kann sie über eine erhöhte Mindestreserve wieder abschöpfen. Die Bundesbank zieht hierfür aber → Pensionsgeschäfte im Rahmen der → Offenmarktpolitik der Deutschen Bundesbank vor (Feinsteuerung). Änderungen der Mindestreserve werden i. d. R. mittelfristig wirksam und haben eine erhebliche Signalwirkung. Sie sind daher als ein sehr wirkungsvolles Instrument der Grobsteuerung anzusehen. Eine Erhöhung der Mindestreservesätze vermindert nicht nur die Liquidität, sondern auch die Erträge der Kreditinstitute, weil die bei der Bundesbank zu unterhaltenden Mindestreserveguthaben nicht verzinst werden. Die Kreditinstitute werden daher, wenn es die Wettbewerbslage zuläßt, diese Belastung über höhere → Zinsen im → Kreditgeschäft an ihre Kunden weitergeben.

**Mindestreservesätze,** → Mindestreserven.

**Mindestzinssatz**
→ Zinssatz, der bei → variabel verzinslichen Anleihen mindestens bezahlt wird. (→ Minimax Floater, → Floor Floater, → Collared Floater, → Zinsausgleichs-Zertifikate, → Hedgingstrategien mit Zinsbegrenzungsverträgen)

**Mindestzins-Zertifikat,** → Zinsausgleichs-Zertifikat.

**Minenfonds**
→ Spezialitätenfonds (→ Aktienfonds) mit Anlageschwerpunkt in Edelmetallwerten. Nach dem → Gesetz über Kapitalanlagegesellschaften (KAGG) dürfen → Wertpapierfonds Edelmetalle und → Zertifikate über Edelmetalle nicht erwerben.

**Minimax Floater**
→ Collared Floater mit einer relativ geringen Bandbreite (z. B. 1 Prozentpunkt) zwischen → Mindestzinssatz und Höchstzinssatz. Durch die relativ geringe Bandbreite schwankt der → variable Zinssatz nur sehr gering. Deshalb ähneln M. F. → Straight Bonds.

## Minimumvarianzportefeuille
Portefeuille (→ Portfolio) auf der → Effizienzkurve, das die niedrigste → Portefeuillevarianz bzw. Portefeuille → Standardabweichung hat. Das M. markiert den Übergang von dominierten Portefeuilles zu (risiko-)effizienten Portefeuilles.

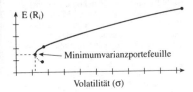

Die Abbildung → Rendite und Risiko möglicher Portefeuilles mit einem → Korrelationskoeffizienten von 0 zeigt, daß das M. auf der Effizienzkurve am äußersten Punkt liegt.
Im Spezialfall mit einem Korrelationskoeffizienten von –1 existiert ein Portefeuille mit einer → Varianz bzw. Standardabweichung von Null. Dieses Portefeuille wird als → Nullvarianzportefeuille bezeichnet. Bei einem Korrelationskoeffizienten von +1 kann ebenfalls ein Nullvarianzportefeuille erreicht werden, wenn Leerverkäufe zugelassen sind.
(→ Moderne Portfolio-Theorie, → Asset Allocation)

**Mischfonds,** → gemischter Fonds.

## Mismatched Book
Wertpapier-Handelsstrategie, die durch → Wertpapierleihe unterstützt wird (→ Repo-Geschäft). Die → Bank, die → Wertpapiere leiht und dann weiterverleiht, profitiert von der Differenz zwischen Entleih- und Verleihgebühr, wobei im Gegensatz zum → Matched Book die → Laufzeiten von Entleihe- und Verleihegeschäft (fristeninkongruentes Gegengeschäft) unterschiedlich sind.

## Mismatched Floating Rate Note
→ Floating Rate Note (→ variabel verzinsliche Anleihe), bei welcher der Zinssatz monatlich auf der Basis des Drei- bzw. Sechsmonats-→ LIBOR festgestellt, jedoch alle drei bzw. sechs Monate gezahlt wird. Durch die Festlegung gleitender Durchschnitte einer kurzen Frist vollzieht die Floating Rate Note (Rolling Rate Note) praktisch jede Veränderung am → Geldmarkt in ihrer Verzinsung nach. In Phasen steigender → Zinsen erhält der Investor eine schnellere Renditenanpassung.

## Mitarbeiterdarlehen
Darlehensforderungen gegen den → Arbeitgeber. Sie werden nach dem → Fünften Vermögensbildungsgesetz und nach § 19a EStG gefördert.
(→ Staatliche Sparförderung, → Vermögenswirksames Sparen, → Vermögensbildung nach § 19a Einkommensteuergesetz, → Fünftes Vermögensbildungsgesetz, Anlageformen)

**Mitarbeiterförderung,** → Personalentwicklung.

## Mitarbeitergenußrecht
→ Genußrecht am Unternehmen des → Arbeitgebers. M. werden nach dem → Fünften Vermögensbildungsgesetz und nach § 19a EStG gefördert.
(→ Staatliche Sparförderung, → Vermögenswirksames Sparen, → Vermögensbildung nach § 19a Einkommensteuergesetz, → Fünftes Vermögensbildungsgesetz, Anlageformen)

## Mitarbeitermotivation
Positive Einstimmung der Mitarbeiter auf die betrieblichen Ziele und deren Realisierung. M. wird erreicht durch entsprechende Einbindung der Mitarbeiter in die betrieblichen Entscheidungsprozesse entsprechend ihren Aufgaben, Fähigkeiten und Kompetenzen sowie durch die richtige Anwendung von → Führungsinstrumenten. M. sowie eine leistungsgerechte Entlohnung führen zu einer entsprechenden Leistungsintensität und geringerem Krankenstand.
(→ Beurteilungswesen, → Führungsfehler)

## Mitbestimmung
Gesetzlich vorgeschriebene Beteiligung der → Arbeitnehmer an personellen, sozialen und wirtschaftlichen Entscheidungen in Betrieben/Unternehmen.

*Rechtsgrundlagen:* → Betriebsverfassungsgesetz (BetrVG) von 1952 und von 1972, Montan-Mitbestimmungsgesetz, Mitbestimmungsergänzungsgesetz und Mitbestimmungsgesetz von 1976 (Betriebsverfassungsrecht).

## Mitbürgschaft

Die *Ausübung* der M. erfolgt durch die → Betriebsräte (gemäß BetrVG 1972) sowie durch die Arbeitnehmervertreter im → Aufsichtsrat. Dabei unterliegen dem MitbG von 1976 → Aktiengesellschaften, → Kommanditgesellschaften auf Aktien, → Gesellschaften mit beschränkter Haftung und → Genossenschaften, sofern sie mehr als 2.000 Arbeitnehmer beschäftigen und nicht bereits dem Montanmitbestimmungsgesetz unterliegen oder Tendenzbetrieb i. S. des § 1 Abs. 4 MitbG sind. Bei den o. g. Rechtsformen (bei GmbH und Genossenschaft erst ab 500 Beschäftigten) muß der Aufsichtsrat nach dem BetrVG 1952 zu einem Drittel aus Vertretern der Arbeitnehmer bestehen. Bei Betrieben mit mehr als 8.000 Arbeitnehmern werden die Arbeitnehmer-Vertreter nach dem Mitbestimmungsgesetz 1976 i. d. R. durch ihrerseits gewählte Wahlmänner in den Aufsichtsrat gewählt. Nach dem Mitbestimmungsgesetz 1976 setzen sich Aufsichtsrat und Vertretungsorgan (→ Vorstand, → Geschäftsführer) wie folgt zusammen: Im Aufsichtsrat sind Arbeitnehmervertreter in gleicher Zahl wie Kapitaleigner vertreten. Im Vertretungsorgan ist ein Mitglied als → Arbeitsdirektor für die besondere Betreuung von Personal- und Sozialfragen tätig. Der Aufsichtsrat ist zwar paritätisch besetzt, diese Regelung bietet jedoch keine vollparitätische M. In Pattsituationen entscheidet nicht (wie nach dem Montan-Mitbestimmungsgesetz) ein „neutraler" Mann, sondern der Aufsichtsratvorsitzende, der bei einer erneuten Abstimmung zwei Stimmen hat und somit der Arbeitgeberseite ein Letztentscheidungsrecht sichert. Nach den Vorschriften des Mitbestimmungsgesetzes 1976 sind die Anteilseigner in der Lage, den Aufsichtsratsvorsitzenden auch gegen den Willen der Arbeitnehmer zu bestimmen.

## Mitbürgschaft

Gemeinschaftliche → Bürgschaft mehrerer → Personen für dieselbe Hauptschuld, wobei es keinen Unterschied macht, ob die Bürgschaften unabhängig, d. h. ohne Wissen voneinander, oder gemeinschaftlich übernommen werden (§ 769 BGB).
Die einzelnen Bürgen haften dem → Gläubiger als → Gesamtschuldner (§§ 421 ff. BGB). Dieser kann von jedem Mitbürgen die → Erfüllung der Bürgschaftsverbindlichkeit in voller Höhe verlangen. Die Zahlung eines Mitbürgen befreit die übrigen Bürgen dem Gläubiger gegenüber (§ 422 Abs. 1 BGB).

Sie sind aber dem Mitbürgen, der an den Gläubiger geleistet hat, ausgleichspflichtig (§§ 774 Abs. 2, 426 BGB).
*Gegensatz:* → Nebenbürgschaft.

## Miteigentum nach Bruchteilen

→ Eigentum an einer → Sache, das mehreren nach Bruchteilen (Bruchteileigentum) zusteht (§ 1008 BGB). Jedem Miteigentümer steht ein ideeller Anteil zu. Er kann über seinen Anteil frei verfügen, z. B. die gemeinschaftliche Sache belasten (auch zugunsten eines anderen Miteigentümers, § 1009 BGB) oder seinen Anteil veräußern. Der → Anspruch gegen einen Dritten auf Herausgabe der Sache kann nur gemäß § 432 BGB geltend gemacht werden, d. h. jeder Miteigentümer kann lediglich Leistung an alle fordern (§ 1011 BGB). Die Miteigentümer bilden eine → Bruchteilsgemeinschaft. (Beispiel: Miteigentum am → Sammelbestand von → Wertpapieren.) → Wohnungseigentum ist eine Kombination von Miteigentum und Sondereigentum.
*Gegensatz:* → Gesamthandseigentum.

## Miteigentumsanteil

Werden → Wertpapiere im Sinne des DepotG in → Sammelverwahrung genommen, so entsteht mit dem Zeitpunkt des Eingangs beim → Sammelverwahrer für die bisherigen Eigentümer → Miteigentum nach Bruchteilen an den zum → Sammelbestand des → Verwahrers gehörenden Wertpapieren derselben Art. Für die Bestimmung des Bruchteils ist der Wertpapiernennbetrag maßgebend, bei Wertpapieren ohne Nennbetrag die Stückzahl.
*Gegensatz:* → Sonderverwahrung.

## Mitgliedschaftspapier, → Teilhaberpapier.

## Mitgliedschaftsrecht, → Teilhaberrecht.

## Mit Opposition belegte Wertpapiere,
→ gutgläubiger Erwerb von Wertpapieren, → Wertpapier-Mitteilungen.

## Mitteilungspflicht von Beteiligungen nach §§ 20 ff. AktG

Größere → Beteiligungen müssen die → Aktionäre, die Unternehmen sind, der → Aktiengesellschaft melden, an der sie durch den Alleinbesitz beteiligt sind. Dadurch sollen Kapitalverschachtelungen leichter durchschaubar gemacht werden. Verfügt ein Unternehmen (gleichgültig in welcher Rechtsform) über eine Kapitalbeteiligung an einer inländischen Aktiengesellschaft von mehr als 25%, so hat es dies der Gesellschaft unverzüglich mitzuteilen. Auch eine → Mehrheitsbeteiligung im Sinne von § 16 AktG ist der AG unverzüglich mitzuteilen. Ebenso ist die Aufgabe einer derartigen Beteiligung der Gesellschaft zu melden. Die Beteiligung sowie die Aufgabe der Beteiligung sind im → Bundesanzeiger und in den → Gesellschaftsblättern bekanntzumachen. Solange die Beteiligung nicht gemeldet ist, können Rechte aus → Aktien oder Anteilen dieser Beteiligung nicht ausgeübt werden. Wechselseitig beteiligte Unternehmen (→ verbundene Unternehmen) müssen sich den jeweiligen Stand der Beteiligungen über 25% gegenseitig unverzüglich mitteilen. Das Bestehen solcher Beteiligungen muß die AG im → Lagebericht bekanntgeben.

### Mittelfristige Finanzplanung
Mehrjährige Planung über Umfang und Zusammensetzung von öffentlichen Einnahmen und öffentlichen Ausgaben für einen fünfjährigen Zeitraum. Sie wurde durch das → Stabilitätsgesetz eingeführt. Mit dieser nicht vollzugsverbindlichen Planung erhoffte man sich eine Einbettung des → öffentlichen Haushalts in mehrjährige Zusammenhänge der wirtschaftlichen Entwicklung, insbes. Informationen zu finanzpolitischen Möglichkeiten, Zielen und Prioritäten der privaten Sektoren.
M. F. wird aber auch in größeren Unternehmen (als Unternehmungsplanung) praktiziert.

### Mittelfristiger Zinsfuture
→ Zinsfuture auf → Zinsinstrumente mit mittleren → Laufzeiten (→ Medium term) (z. B. → Bobl-Future).
(→ Kurzfristiger Zinsfuture, → langfristiger Zinsfuture)

### Mittelfristiges Momentum
→ Momentum, bei dem zur Berechnung historische Kurse verwendet werden, die vor mehreren Wochen gehandelt wurden (z. B. acht Wochen). Das m. M. dient zur mittelfristigen Kursprognose (→ technische Studie).
*Gegensatz*: → kurzfristiges Momentum, → langfristiges Momentum.

### Mittelgroße Kapitalgesellschaft, → Größenklassen der Kapitalgesellschaften.

### Mittelkurs im Devisenhandel
Kurs, der in der Mitte zwischen Geldkurs im Devisenhandel und Briefkurs im Devisenhandel liegt (→ Devisenbörse).

### Mittelwert, → arithmetisches Mittel.

### Mittlere Effektivverzinsung, → Yield-to-average-Life.

### Mittlere Laufzeit
Die m. L. entspricht der → Laufzeit bei → Straight Bonds und wird bei → festverzinslichen Wertpapieren ermittelt, bei denen die → Rückzahlung des → Kapitals nicht in einem Betrag erfolgt (z. B. → Annuitätenanleihen, Ratenpapiere, Vorsorgeanleihen). Der m. L. wird die Fiktion unterstellt, daß die gesamte → Anleihe nach Ablauf der m. L. wie ein Straight Bond auf einmal zurückgezahlt würde. Die Berechnung der m. L. kann nach unterschiedlichen Methoden erfolgen:
(1) *Faustformel:*

M. L. = 1/2

(Zeit bis zur ersten → Fälligkeit + Zeit bis zur letzten Fälligkeit)
(2) *Average Life* (durchschnittliche Laufzeit): M. L. als → arithmetisches Mittel der → Cash-flow Zeitpunkte der Rückzahlungen.

$$\text{M.L.} = \frac{\sum_{i=1}^{n} (\text{Rückzahlungsbetrag}_i \cdot \text{Laufzeit}_i)}{\sum_{i=1}^{n} \text{Rückzahlungsbetrag}_i}$$

Eine Verfeinerung der m. L. stellt die → Duration dar.

### Mitunternehmerschaft
Begriff im Einkommensteuerrecht (§§ 15 Abs. 1 Satz 1 Nr. 2, 18 Abs. 4 EStG): Zusammenschluß von → Personen, die auf gemeinsame Rechnung und Gefahr ein Unternehmen führen, d. h. Unternehmerrisiko tragen, Unternehmerinitiative entfalten.
Als Mitunternehmer werden regelmäßig die Gesellschafter einer Offenen Handelsgesellschaft (OHG) sowie die → Komplementäre und die → Kommanditisten einer → Kommanditgesellschaft (KG) angesehen. Die M. von Kommanditisten besteht trotz ihrer geringen Mitwirkungs- und Kontrollrechte auch bei sog. Abschreibungs- bzw.

## Mitverschulden

→Verlustzuweisungsgesellschaften. Kein Mitunternehmer, sondern steuerlich nur Darlehensgeber ist ein Kommanditist, der keinerlei Unternehmerinitiative entfalten kann. Mitunternehmer sind auch die Gesellschafter einer →Gesellschaft bürgerlichen Rechts (BGB-Gesellschaft, GbR), die gewerblich tätig ist. Ein stiller Gesellschafter (typischer stiller Gesellschafter) ist nicht Mitunternehmer, sondern Darlehensgeber. Im Gegensatz dazu ist aber der atypische Stille Gesellschafter (→ Stille Gesellschaft) Mitunternehmer.
Eine Entscheidung über das Vorliegen von M. ist steuerlich bedeutungsvoll für die Art der Einkünfte. Gewinnanteile eines Mitunternehmers sind →Einkünfte aus Gewerbebetrieb. Die Ermittlung des Gewinnanteils erfolgt vom Finanzamt in einer sog. „Einheitlichen und gesonderten Gewinnfeststellung" (→ Feststellungsbescheid im Steuerrecht). Bei Vorliegen von M. sind →Wirtschaftsgüter im Rahmen der steuerrechtlichen Bewertung dem →Betriebsvermögen (§ 95 ff. BewG) zuzurechnen.

## Mitverschulden

(Fehl-)Verhalten eines →Gläubigers im Rahmen eines →Schuldverhältnisses, welches sich auf die Pflichten des →Schuldners zur Leistung von →Schadensersatz auswirkt und sie verringern, bei weit überwiegendem M. sogar völlig aufheben kann (§ 254, § 846 BGB). M. kann auch in der →Geschäftsverbindung (zwischen Kreditinstitut und dem Kunden bedeutsam werden (Nr. 3 Abs. 1 AGB Banken, Nr. 19 Abs. 1 AGB Sparkassen).

## MLDP

Abk. für Merrill Lynch Derivatives Product.

## MMI

Abk. für →Major Market Index.

## MMY

Abk. für Money Market Yield (→Geldmarktrendite).

## Mobiliarpfandrecht

→Pfandrecht an einer →beweglichen Sache, das entweder durch Verpfändungsvertrag (→Vertragspfandrecht, →Faustpfandrecht) oder durch Gesetz (→gesetzliches Pfandrecht) entsteht.
*Sonderfall:* →Registerpfandrecht an Luftfahrzeugen.
*Gegensatz:* →Grundpfandrecht.

## Mobiliarsicherheit

→Sachsicherheit (Realsicherheit), die sich auf →bewegliche Sachen (Mobilien) bezieht. Dazu zählen das →Mobiliarpfandrecht (→Pfandrecht an beweglichen Sachen) und die →Sicherungsübereignung.
Der Wirtschaftsverkehr versteht darunter auch den →Eigentumsvorbehalt an beweglichen Sachen, der neben dem Wechselakzept (→Wechsel) das typische Sicherungsmittel der Lieferanten bei der Einräumung von Zahlungszielen an ihre Kundschaft (→Lieferantenkredit) darstellt. Für →Banken hat der Eigentumsvorbehalt vor allem bei den Kollisionstatbeständen Bedeutung, da er häufig mit der Sicherungsübereignung und als →verlängerter Eigentumsvorbehalt (Eigentumsvorbehalt mit →Anschlußzession) mit der →Sicherungsabtretung in der Form der →Globalzession zusammentrifft.
Einen Sonderfall bildet das Registerpfandrecht an eingetragenen Schiffen, Schiffsbauwerken und Luftfahrzeugen.
*Gegensatz:* →Immobiliarsicherheit.

## Mobilien-Leasing

→Leasing beweglicher →Wirtschaftsgüter. Das M.-L. umfaßt Konsumgüter und →Investitionsgüter. Die Vermietung einzelner Ausrüstungsgegenstände wird auch als Equipment-Leasing bezeichnet. Eine Sonderform des Kfz-Leasing ist das Flotten-Leasing (Fleet-Leasing), bei dem sich der Vermieter verpflichtet, betriebsfähige Kraftfahrzeuge bis zu einer vereinbarten Anzahl bereitzustellen.
*Gegensatz:* →Immobilien-Leasing.

## Mobilisierungspapier

→Geldmarktpapier, das bis zum 1.11.1992 (Inkrafttreten des 4. BBankGÄndG) nach § 42a BBankG a. F. begeben werden konnte. Mit der Bundesbankgesetz-Novellierung wurde die Unterscheidung zwischen M. und →Liquiditätspapieren aufgegeben.

## Modern Cash

Bezeichnung für den automatischen, d.h. →elektronischen Zahlungsverkehr bei der →Deutschen Postbank AG, der über Btx bzw. Datex-J erfolgt (→Btx-Service der Postbank) und neben beleglosen →Überweisungen und →Lastschriften z. B. auch Abruf von Kontoinformationen ermöglicht. Vorteile sind insbesondere (1) beleglose Überweisungen und Lastschriften; (2) offline-Erfassung der Aufträge; (3) Abruf von Kontoinformationen; (4) Stammdatenverwaltung und (5) Sicherheitsfunktionen. (→ Btx-Service der Postbank)

## Moderne Portfolio-Theorie

*Begriff*: Quantitativ orientierte Bewertung von Wertpapieranlagen unter Berücksichtigung von Rendite- und Risikokennzahlen. Im Gegensatz zur traditionellen fundamentalen und → technischen Aktienanalyse (→ Technische Studie) steht nicht mehr eine einzelne → Aktie im Vordergrund, sondern die Einbettung in ein Aktienportefeuille und die Bewertung des → Portfolios unter Rendite- und Risikoüberlegungen. Während in der traditionellen → Aktienanalyse insbesondere die → Rendite Gegenstand quantitativer Überlegungen war, überwogen qualitative Überlegungen die Portefeuillezusammensetzung. Die Portefeuillebildung wurde durch allgemeine Richtlinien, das Fingerspitzengefühl sowie Erfahrungen des Portefeuille-Managers bestimmt. Die Quantifizierung von Risiken wurde nur sekundär betrachtet. – In den USA veröffentlichten 1952 Roy und Markowitz, Harry unabhängig voneinander Konzepte zur optimalen Portefeuillezusammensetzung. Die Publikation „Portfolio Selection" von Markowitz im Jahre 1959 bildete die Basis für eine Reihe weiterer → Portfolio Selection-Modelle und wird somit als Grundgedanke der m.P.-T. angesehen. Konzeptionell verfolgen alle Modelle das Ziel, mit Hilfe von statistischen Methoden (z.B. → Lageparametern, Streuungsparametern, → Regressionsrechnung, → Korrelationsrechnung) eine Portefeuillezusammenstellung zu errechnen und im Hinblick auf die individuellen Ertrags- und Risikoziele des Investors zu optimieren. – Das Grundmodell von Markowitz versucht eine Beziehung zwischen Risiko und Rendite herzustellen. Die Zusammenstellung optimaler Portefeuilles erfolgt unter der Annahme, daß Anleger bei gleichem erwartetem Ertrag die Anlage mit dem geringeren Risiko bzw. bei gleichem Risiko jene Anlage mit dem höheren erwarteten Ertrag bevorzugen. Der Ertrag wird als → Periodenrendite definiert bzw. das Risiko als → Varianz bzw. → Standardabweichung der Periodenrendite. Hierbei unterstellt Markowitz, daß die zukünftigen Erträge einer Aktie statistisch als → Zufallsgröße zu interpretieren sind, die innerhalb bestimmter Grenzen zufällig schwanken. Als Risiko wird jede Abweichung des tatsächlichen Ertrags vom erwarteten Ertrag angesehen. Wird z.B. eine Rendite von 15% statt erwarteter 10% erzielt, ist dies unter Risikogesichtspunkten genauso zu beurteilen wie eine Rendite von 5%. Risiko wird somit nicht als Verlust, sondern als Ausmaß der Ertragsschwankungen um den erwarteten Ertrag definiert. Je größer die Ertragsschwankungen sind, desto größer werden die statistischen Größen Varianz und Standardabweichung, mit denen das Risiko in der m.P.-T. gemessen wird. Unterstellt wird hierbei, daß die erwarteten Renditen der statistischen → Normalverteilung entsprechen. – Markowitz entwickelte den Grundansatz, daß durch → Diversifikation, d.h. durch Erhöhung der Anzahl der im Portefeuille befindlichen Aktien, das → Gesamtrisiko reduziert werden kann, sofern die Erträge keinen perfekten → Korrelationskoeffizienten von 1 aufweisen. Bestünde ein perfekter Korrelationskoeffizient von +1, wäre eine Risikostreuung nicht möglich. Diversifikation setzt somit einen Korrelationskoeffizienten kleiner als 1 voraus. Im Idealfall bei perfekt negativer Korrelation wäre eine Verminderung der Risiken auf Null bei einer bestimmten Wertpapiermischung möglich, da sich die Renditen gegenläufig entwickeln. Dieses Portefeuille wird als → Nullvarianzportefeuille bezeichnet. Im allgemeinen treten positive Korrelationen auf, die eine Reduzierung des Gesamtrisikos bereits ermöglichen. Je kleiner der Korrelationskoeffizient ist, desto weiter links verläuft die Kurve.

Die Abbildung „Effizienzkurven bei alternativen Korrelationskoeffizienten" zeigt Rendite und Risiko möglicher Portefeuilles

**Effizienzkurven bei alternativen Korrelationskoeffizienten**

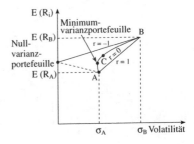

# Moderne Portfolio-Theorie

mit einem Korrelationskoeffizienten der →Wertpapiere A und B von −1, +1 und 0. Bei einer Korrelation von −1 sind die Renditen perfekt negativ korreliert, d.h. die Renditen entwickeln sich gegenläufig. Wertpapier A hat ein geringeres Risiko als Wertpapier B. In diesem Fall kann das Portefeuille-Risiko bei einer bestimmten Mischung (→Nullvarianzportefeuille (NVP)) gänzlich verschwinden und das Portefeuille einen sicheren Ertrag liefern. Die Gerade zwischen NVP und B stellt mögliche effiziente Portefeuilles dar, die durch Einsetzen unterschiedlicher Gewichte gefunden werden können. Portefeuilles auf der Geraden zwischen A und NVP sind keine effizienten Portefeuilles, da diese bei gleichem Risiko eine geringere Rendite erzielen als Portefeuilles auf der Geraden zwischen NVP und B. Welches effiziente Portefeuille der Anleger auswählt, hängt von der persönlichen Risikoneigung ab. – Bei einem Korrelationskoeffizienten von +1 sind die Renditen perfekt positiv korreliert, d.h. die Renditen entwickeln sich identisch. Die Gerade zwischen A und B stellt alle Portefeuilles dar, die ohne Leerverkäufe realisiert werden können. Eine Risikostreuung ist bei einem Korrelationskoeffizienten von Null nicht möglich. Folglich ist auch das Portefeuille, das nur aus Wertpapier A gebildet wird, das risikominimale Portefeuille. Bei einer Korrelation von −1 bzw. +1 besteht ein linearer Rendite-Risiko-Zusammenhang. Für alle anderen Korrelationskoeffizienten existiert dieser lineare Zusammenhang nicht. Liegt der Korrelationskoeffizient zwischen −1 und +1, ist der Weg zwischen A und B eine Kurve. Je kleiner der Korrelationskoeffizient ist, desto weiter links verläuft die Kurve. Die Kurve zeigt, daß bei einem Korrelationskoeffizienten von Null eine Risikominderung möglich ist. Würde der Anleger nur das Wertpapier A kaufen, hätte er im Vergleich zu Portefeuille C bei gleichem Risiko die geringere Rendite. Die Abbildung zeigte, daß das Portefeuille-Risiko abhängig ist von den Varianzen der Portefeuillepapiere, von den prozentualen Anteilen und von der Korrelation der Wertpapierrenditen. Die Abbildung „Risikoreduktion durch Diversifikation" zeigt, daß das Gesamtrisiko eines Portefeuilles durch Erhöhung der Anzahl der Wertpapiere im Portefeuille verringert werden kann. Je mehr Wertpapiere im Portefeuille gehalten werden, desto geringer wird das Gesamtrisiko. Bei einer Erweiterung des Portefeuilles nimmt das Risiko

**Risikoreduktion durch Diversifikation**

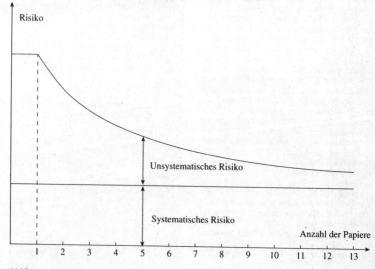

zunächst rasch ab. Ab einer Wertpapieranzahl von ungefähr 10 Werten wird die zusätzliche Risikoreduzierung zunehmend geringer. Werden die Aktien eines Landes isoliert betrachtet, kann nur das titelspezifische Risiko eliminiert werden. Das →systematische Risiko kann nur durch geografische Diversifikation (z. B. Beimischung von Aktien anderer Länder) oder durch andere →Assetklassen (z. B. →Zinsinstrumente, Gold) erreicht werden. Die Abbildung zeigt weiter, daß das gesamte Risiko eines Portefeuilles in zwei Komponenten zerlegt werden kann: Das systematische Risiko und →unsystematische Risiko. Nur das unsystematische, also titelspezifische Risiko kann durch Diversifikation verringert werden. Zurück bleibt das systematische Risiko, das alle Wertpapiere grundsätzlich gleichermaßen trifft (z. B. Crash, Zinsentwicklung).

*Modellbeurteilung*: Das von Markowitz konzipierte Portfolio Selection-Modell berücksichtigt erstmals explizit das Risiko von Wertpapieranlagen. Damit wird die tendenziell eindimensionale Betrachtung der traditionellen Aktienanalyse durch eine zweidimensionale Analyse von Ertrag und Risiko ersetzt. Eine weitere zentrale Aussage des Portfolio Selection-Modells ist, daß für die Diversifikation insbes. die Korrelation der Wertpapierrenditen und nicht primär die Anzahl der Werte entscheidend ist. Es besteht ein Zusammenhang zwischen den Korrelationskoeffizienten und dem Ausmaß der erzielbaren Risikominderung. Ein weiterer Vorteil des Modells liegt darin, daß nicht die isolierte Betrachtung von Wertpapieren, sondern die Portefeuillezusammenstellung im Vordergrund steht. – Praktische Probleme ergeben sich bei der Umsetzung des Modells. Auf Basis historischer Daten können mit Computerunterstützung effiziente Portefeuilles generiert werden. Für den Anleger sind allerdings weniger historisch effiziente Portefeuilles interessant, sondern zukünftige. Allerdings bestehen Unsicherheiten bezüglich der zukünftigen Höhe der Modellparameter (z. B. Wertpapierrenditen, Varianzen, Korrelationen). Diese können entweder aus historischen Daten gewonnen werden oder aber geschätzt werden. Eine Änderung der Modellparameter kann die Struktur der effizienten Portefeuilles teilweise erheblich ändern. Ein weiterer Nachteil des Markowitz-Modells besteht darin, daß keine konkreten →Kauf- bzw. →Verkaufssignale gegeben werden. Zudem erfordert das Modell einen erheblichen Dateninput. Beispielsweise benötigt man bei n Wertpapieren $n \cdot (n-1)/2$ Korrelationskoeffizienten. Bei 30 Aktienwerten benötigt man beispielsweise 435 Korrelationskoeffizienten, 30 Renditen und 30 Varianzen, also insgesamt 495 Inputdaten.

*Weiterentwicklungen*: Um den großen Arbeitsaufwand zu verringern, wurde das Modell von Markowitz weiterentwickelt. W. F. Sharpe entwickelte 1963 das Simplified Model for Portfolio Analysis. Das →Index-Modell von Sharpe ist keine grundlegend neue Methode der optimalen Depotzusammenstellung, sondern nur eine Vereinfachung des Markowitz-Modelles und ermöglicht damit eine Verringerung des Dateninputs. Eine leicht modifizierte Form des Index-Modells ist das →Markt-Modell. Auch das →Capital Asset Pricing Model CAPM) baut konzeptionell auf der grundlegenden Erkenntnissen von Markowitz auf. Das ursprünglich nur für Aktien entwickelte Modell von Markowitz wurde auch auf andere Asset-Klassen (z. B. Zinsinstrumente) übertragen.
(→Asset Allocation, →portfolioorientierte Aktienanalyse)

## Modernisierungs-/Sanierungsmodell
Konzept zum steuerbegünstigten Erwerb eines sanierungsbedürftigen Immobilienobjekts (Alternative zum →Bauherrenmodell). Der steuerliche Abzug von →Werbungskosten und erhöhten Absetzungen aus dem Sanierungsaufwand richtet sich nach dem →Bauherrenerlaß des Bundesministers der Finanzen von 1990.

## Modified Duration
Relative →Sensitivitätskennzahl zur Analyse des →zinsinduzierten Kursrisikos von →Zinsinstrumenten. Wird häufig auch als Adjusted Duration oder als →Volatility (Modified) Duration bezeichnet. Die M. D. ist eine geringfügige Erweiterung der →Duration nach Macaulay. Die M. D. erhält man, indem man die Duration nach Macaulay mit dem Faktor (1/(1+R/100)) multipliziert. Die Formel zur Berechnung der M. D. lautet wie folgt:

M. D.=(Macaulay Duration):( 1+R/100)

wobei: R = →ISMA-Rendite.

# Modified Duration

## Modified Duration – Vergleich Duration und Modified Duration

|  | Duration | Modified Duration |
|---|---|---|
| Beschrieben von | Macaulay | Hicks |
| Bezeichnung | Standard Duration<br>Macaulay Duration | Adjusted Duration<br>Volatility |
| Anlagestrategie | Passive Anlagestrategie | Aktive Anlagestrategie |
| Anwendung | Immunisierungsstrategie | – Sensitivitätskennzahl für prozentuale Kursveränderungen<br>– Relative Kursvolatilität |

Im Grunde genommen handelt es sich bei der M. D. um die erste Ableitung der → Kurs-Rendite-Kurve dividiert durch den → Dirty Price. Die M.D. wird im Gegensatz zum → Price Value of a Basis Point in der Einheit Prozent gemessen.

*Vergleich Duration nach Macaulay und M. D.* (Tabelle oben): Die → moderne Portfolio-Theorie unterscheidet grundsätzlich zwischen → aktiven Anlagestrategien und → passiven Anlagestrategien. Aktive Strategien verfolgen das Ziel, die zyklische Entwicklung der → Zinsen systematisch zur Performance-Verbesserung zu nutzen. Hier liegt das typische Anwendungsgebiet der M.D. Im Gegensatz dazu gehen passive Strategien davon aus, eine zu einem bestimmten Zeitpunkt gegebene → Rendite von den Zinsschwankungen unabhängig zu machen, also zu immunisieren. Eine → Immunisierungsstrategie wird auf Basis der Duration nach Macaulay realisiert (→ Risikomanagement festverzinslicher Wertpapiere).

*Schätzfehler*: Die M. D., bei der ein linearer Zusammenhang zwischen Rendite- und Kursänderung unterstellt wird, eignet sich zur Kursabschätzung für Renditeschwankungen nur bis zu 50 → Basispunkten. Bei größeren Renditeveränderungen ist der lineare Zusammenhang nicht mehr gegeben, so daß die geschätzte Kursentwicklung mit Ungenauigkeiten behaftet ist. Ein Maß für die Ungenauigkeit bei der Analyse größerer Renditeabweichung ist die → Convexity. Je höher die Convexity ist, desto größer ist der mögliche Fehler in der Abschätzung der Kursveränderung mit Hilfe der M.D. Die Convexity ist ein Maßstab für die Nicht-Linearität (oder Krümmung) der Kurs-Rendite-Kurve. Folgende Punkte sind bei der Analyse der M. D. zu beachten.
– Schätzungen mit Hilfe der M. D. sind im Bereich +/– 50 Basispunkte relativ genau.
– Der Schätzfehler wird um so größer, je größer die Zinsänderung und je größer die → Laufzeit des Papiers wird.
– Die Kursschätzung ist bei Renditesteigerungen zu hoch und bei Renditesenkungen zu niedrig.
– Die Schätzfehler sind im positiven und negativen Bereich nicht identisch (Asymmetrie der Kursveränderung).

*Interpretation der M. D.:* die M.D. unterscheidet sich in der Berechnung nur geringfügig von der Duration, wurde aber 1939 von Hicks unabhängig von Macaulay beschrieben. Hicks' Ausführungen können als der Ausgangspunkt für die Anwendung der Duration als Maßstab für das → Marktrisiko gesehen werden. Für eine → Bundesanleihe wurde eine M. D. von 6,08% ermittelt. Im Gegensatz zur Duration wird die M.D. nicht in der Einheit Jahre gemessen, sondern in Prozent. Bei einer Renditeänderung der Anleihe um einen Prozentpunkt, d. h. 100 Basispunkte, würde sich das Papier im Kurs um ungefähr 6,08% vom Dirty Price ändern. Fällt (steigt) die Rendite von aktuell 8,4% auf 7,4% (9,4%), so würde die Anleihe einen geschätzten Kurs von 113,68 (100,65) haben. Die prozentuale Kursveränderung bezieht sich auf den Dirty Price.

*Merkmale*: (1) Die M.D. stellt einen linearen Zusammenhang zwischen Kurs- und Renditeänderung her. Da aber tatsächlich ein nichtlinearer Zusammenhang besteht, kann die M. D. nur als Schätzgröße verstanden werden. Je größer die Renditeänderung wird, desto ungenauer fällt die Schätzung mit Hilfe der M. D. aus.

# Modified Duration

(2) Jede Tangente an der gewölbten Kurs-Rendite-Kurve hat eine andere Steigung und damit eine andere M. D. Je geringer die Rendite wird, desto steiler ist diese Tangente bzw. um so größer wird die M. D. Je höher die Rendite ist, desto flacher wird die Tangente bzw. um so geringer wird die M. D.
(3) Im Zeitablauf verschieben sich sowohl die Form als auch die Position dieser Kurve. Das bedeutet, daß sich die M. D. im Zeitablauf ändert. Alle anderen Faktoren konstant gehalten, bedeutet eine Verkürzung der Laufzeit auch eine Verringerung der M. D. und damit der Kurssensitivität des Papiers.

*Begriffsabgrenzung Duration – M. D.*: Oftmals werden die Begriffe Duration und M. D. synonym verwendet. Häufig wird auch die Duration nach Macaulay als Sensitivitätskennzahl verwendet, da die M. D. nur eine geringfügige Veränderung der Duration ist. Beide Begriffe sollten streng voneinander unterschieden werden, denn während die Duration nach Macaulay nur qualitative Aussagen über die → Kurssensitivität von Zinsinstrumenten zuläßt, kann mit der M. D. quantitativ das Kursrisiko geschätzt werden. Die Duration nach Macaulay kann verwendet werden, wenn beispielsweise festgestellt werden soll, welche Papiere die größten Kursgewinne bei fallenden Zinsen haben. Somit eignet sich die Duration nach Macaulay zur Erstellung einer Rangfolge bzw. Reihenfolge. Die gleichen Aussagen können auch mit der M. D. getroffen werden. Darüber hinaus kann aber auch relativ exakt prognostiziert werden, welche prozentualen Kursbewegungen bei Renditeveränderungen zu erwarten sind. Insofern ist die M. D. besser geeignet, um das zinsinduzierte Kursrisiko zu messen. Diese Aussage trifft insbes. dann zu, wenn Papiere mit langen Laufzeiten beurteilt werden sollen.
Zum besseren Verständnis der Duration bzw. der M. D. ist es sinnvoll, sich die Duration eines → Straight Bond als die Laufzeit eines Zero Bond (→ Nullkupon-Anleihe) vorzustellen. Bei Zero-Bonds gilt bekanntlich, daß Laufzeit und Duration immer identisch sind. Dieses gedankliche Transferieren eines Straight Bond in einen Zero Bond kann auch auf komplexere Papiere und → Finanzinnovationen wie beispielsweise → Optionen, → Future usw. übertragen werden. Beispielsweise können Optionen auf festverzinsliche Papiere Durationswerte von 750 Jahren haben. Diese Zahl ist nun nicht als Laufzeitmaß zu interpretieren, bis die Option fällig wird. Vielmehr bedeutet dies, daß die Option bezüglich des Kursrisikos wie ein 750-jähriger Zero Bond einzuschätzen ist.

*Vergleich zur Restlaufzeit*: In der Praxis wird oftmals die → Restlaufzeit als Risikomaßstab festverzinslicher Papiere angesehen. Dies ist aber nur ein sehr grobes Risikomaß. Dabei wird i. d. R. nicht beachtet, daß zwei weitere Faktoren die Kursbeweglichkeit eines Papiers bestimmten. Dies ist zum einen der → Nominalzins (→ Kupon) und zum anderen die Rendite des Papiers: Je niedriger der Nominalzins bzw. die Rendite eines Papiers ist, desto größer sind die prozentualen Kurswertveränderungen. Deshalb kann nur die M. D. eine Sensitivitätskennzahl sein, da bei der Berechnung dieser Kennzahl die → Laufzeit, der Nominalzins und die Rendite definitionsgemäß gleichzeitig enthalten sind.

*M. D. als Sensitivitätskennzahl*: Die folgende Formel zeigt den linearen Zusammenhang zwischen M. D. und Renditeänderung auf:

$$\text{Prozentuale Kursveränderung} = -D_{Mod} \cdot R$$

wobei:
$D_{Mod}$ = M. D. nach Hicks
$R$ = Renditeänderung

Graphisch kann der Schätzfehler der M. D. als schraffierte Fläche zwischen der gewölbten Kurve und der Geraden dargestellt werden (Abbildung S. 1116). Auch hier wird deutlich, daß die tatsächlichen Kurse immer höher sind als die geschätzten. Dieses Verhalten wird auch als → positive Convexity oder nur als Convexity bezeichnet. Die Bezeichnung Convexity wurde von der Form der gewölbten Kurve abgeleitet.
Die Formel zeigt weiter, daß die prozentualen Kursveränderungen umso größer sind, je größer die M. D. ist. Diese Aussage gilt aber nur bei einer → Parallelverschiebung der → Renditestrukturkurve. Es soll deshalb an dieser Stelle ausdrücklich hingewiesen werden, daß als zweiter wesentlicher Bestimmungsfaktor das Ausmaß der Zinsänderung hinzukommt. Dieser zweite Bestimmungsfaktor gewinnt insbes. vor dem Hintergrund der historischen Renditestrukturveränderung an den internationalen Bond-Märkten an Bedeutung. So zeigten in der Vergangenheit die Kapitalmarktrenditen am kurzen Ende deutlich stärkere Schwankungen als

**Modified Duration to Call**

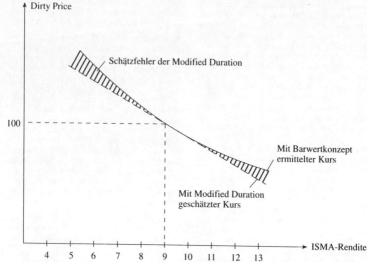

Modified Duration – Graphische Darstellung des Schätzfehlers

die Renditen am langen Ende. Trotz dieser Einschränkung ist die M. D. ein nützliches Instrument zur Analyse des Marktrisikos.

*Beurteilung:* Die M. D. ist eine geringfügige Veränderung der Duration nach Macaulay und wird gewöhnlich als Kennzahl zur Bestimmung der prozentualen Sensitivität festverzinslicher Papiere verwendet. Die M. D. schätzt das prozentuale Kursrisiko bei einer Veränderung der Rendite um 100 Basispunkte. Ein Beispiel: Eine Bundesanleihe mit einer M. D. von 7% hat eine Kursveränderung von 7% bezogen auf den tatsächlichen Kapitaleinsatz, wenn die Rendite um 100 Basispunkte steigt oder fällt. Generell gilt: Ein Papier mit einer höheren M. D. hat auch ein höheres Marktrisiko als ein Papier mit einer geringen M.D. Insofern ist die M. D. zur Risikobegrenzung bei steigenden Renditen bzw. zur Gewinnmaximierung bei fallenden Zinsen eine geeignete Kennzahl. Damit kann die M. D. dazu beitragen, den → (erwarteten) Total Return eines → Rentenportefeuilles zu erhöhen.

Die M. D., bei der ein linearer Zusammenhang zwischen Rendite- und Kursänderung unterstellt wird, eignet sich strenggenommen nur zur Kursabschätzung von Renditeschwankungen bis zu ungefähr 50 Basispunkten. Bei größeren Renditeveränderungen ist der lineare Zusammenhang nicht mehr gegeben, so daß die geschätzte Kursentwicklung mit Ungenauigkeiten behaftet ist. Ein Maß für die Ungenauigkeit bei der Analyse größerer Renditeabweichung ist die Convexity. Dabei gilt generell: Je höher die Convexity ist, desto größer ist der mögliche Fehler in der Abschätzung der Kursveränderung mit Hilfe der M. D. Mit anderen Worten: Die Convexity ist ein Maßstab für die Nicht-Linearität (oder Krümmung) der Kurs-Rendite-Kurve.

(→ Key Rate Modified Duration, → Modified Duration to Call, → Modified Duration to Maturity)

**Modified Duration to Call**
→ Modified Duration einer → Anleihe mit Schuldnerkündigungsrecht unter der Annahme, daß die Call-Option (→ Callrecht) vom → Emittenten ausgeübt und damit das Papier vorzeitig getilgt wird.

(→ Modified Duration to Maturity, → Risikomanagement festverzinslicher Wertpapiere)

## Modified Duration to Maturity
→ Modified Duration einer → Anleihe mit Schuldnerkündigungsrecht unter der Annahme, daß die Call-Option (Callrecht) vom → Emittenten nicht ausgeübt wird und das Papier bis zur → Fälligkeit gehalten wird.
(→ Modified Duration to Call, → Risikomanagement festverzinslicher Wertpapiere)

## Modifizierte Ausfallbürgschaft, → Ausfallbürgschaft.

## Modifiziertes Black-Modell
Modifikation des → Black-Modells, mit dem der → Fair Value von → europäischen Optionen mit → Future-Style-Verfahren ermittelt werden kann.
(→ Optionspreisbewertungsmodelle, → Black & Scholes-Modell)

## MOF
Abk. für → Multiple Option Facility.

## Momentum
→ Technische Studie, die die Schwungkraft einer Kursbewegung mißt. Ein M. kann hinsichtlich seiner Berechnung und Interpretation mit → Oszillatoren verglichen werden. Im Gegensatz zu einem Oszillator basiert ein M. allerdings nicht auf zwei → gleitenden Durchschnitten, deren Abstand berechnet wird, sondern direkt auf den Kursen. Um ein M. zu berechnen benötigt man somit nur die Kurse zu zwei verschiedenen Zeitpunkten und errechnet aus diesen eine absolute Kursdifferenz. Ziel eines M. ist es zum einen, die Schwungkraft, d. h. die Dynamik, eines Trends zu bestimmen. Zum anderen soll das Momentum anzeigen, in welche Richtung der gegenwärtige Trend (z. B. Aufwärtstrend, Abwärtstrend) geht. Deshalb dient das M. primär dazu, um Signale zum Glattstellen einer Long- oder Short-Postition zu geben.
Ein M. kann mit folgender Formel ermittelt werden:

$$M_t = K_t - K_{t-n}$$

wobei:
$M_t$ = Aktueller Wert des M.
$K_t$ = Aktueller Kurs
$K_{t-n}$ = Kurs vor t-n Perioden

Im Gegensatz zu anderen technischen Studien (z. B. RSI) kann das M. negative oder positive Werte annehmen bzw. es kann ansteigen und fallen. Das M. kann nun vier verschiedene Verläufe eines Trends anzeigen: (1) Aufwärtstrend, der an Schwungkraft gewinnt. Ist das M. positiv und weist eine steigende Tendenz auf, so kann dies als Aufwärtstrend interpretiert werden, der an Schwungkraft zunimmt. (2) Aufwärtstrend, der an Schwungkraft verliert. Ist das M. dagegen positiv und zeigt eine fallende Tendenz an, spricht man von einem Aufwärtstrend, der an Schwungkraft verliert. (3) Abwärtstrend, der an Schwungkraft gewinnt. Ein negatives M. mit fallender Tendenz wird als Abwärtstrend interpretiert, der an Schwungkraft gewinnt. (4) Abwärtstrend, der an Schwungkraft verliert. Negatives M., das zu steigen beginnt, wird als Abwärtstrend definiert, der an Schwungkraft verliert. Ändert sich das Vorzeichen des M. fand ein Trendwechsel statt. Wechselt das Vorzeichen von Plus nach Minus, dreht ein Aufwärtstrend in einen Abwärtstrend. Bei einem Wechsel von Minus nach Plus dreht ein Abwärtstrend in einen Aufwärtstrend.

Das M. kann die folgenden *Handelssignale* geben: (1) *Signal zum Eingehen einer Long-Position*: Das M. zeigt ein Signal zum Eingehen einer Long-Position an, wenn die Null-Linie von unten nach oben durchstoßen wird, d. h. es fand ein Trendwechsel von einem Abwärtstrend in einen Aufwärtstrend statt. Das Signal zum Glattstellen der Long-Position ist dann gegeben, wenn das M. positiv ist und einen extremen Umkehrpunkt erreicht hat.
(2) *Signal zum Eingehen einer Short-Position*: Eine Short-Position wird eingegangen, wenn die Null-Linie von oben nach unten durchstoßen wird. Mit anderen Worten, es liegt ein Wechsel von einem Aufwärtstrend in einen Abwärtstrend vor. Die Short-Position wird glattgestellt, wenn das negative M. wiederum einen extremen Umkehrpunkt erreicht hat.
Das M. weist einen relativ schwerwiegenden Nachteil auf, der u. a. Welles Wilder zur Konzeption des → Relative Strength Index (RSI) bewegt hat. Dieser Nachteil ist darin zu sehen, daß die Umkehrpunkte ein extremes Niveau erreicht haben müssen. Damit basiert eine Momentums-Studie auf relativ subjektiven Entscheidungen.
(→ Rate of Chance)

## Mona
Abk. für → Monthly Overnight Average.

## Monatliche Bilanzstatistik (BISTA-Meldungen)
Nach § 18 BBankG von der → Deutschen Bundesbank angeordnete bilanzstatistische

## Monatsausweis

Erhebung, in deren Rahmen die → Kreditinstitute der Bundesbank monatlich den Stand ihrer → Aktiva und → Passiva, gegliedert nach Arten, Fristigkeiten und Wirtschaftssektoren zu melden haben. Sie müssen ferner → Eventualverbindlichkeiten, → Verbindlichkeiten aus → Termingeschäften, andere nicht passivierte Verbindlichkeiten sowie → Verwaltungskredite mitteilen und bestimmte Angaben (Sparverkehr, girale Verfügungen von Nichtbanken, Wechsel- und Scheckproteste, Zahl der ausgegebenen Scheckkarten) machen. Im Rahmen der M. B. haben die inländischen Kreditinstitute monatlich auch den Stand der Aktiva und Passiva ihrer ausländischen Tochterinstitute, gegliedert nach Arten, Fristigkeiten und Wirtschaftssektoren, zu melden („Statistik über → ausländische Kreditinstitute im Mehrheitsbesitz deutscher Kreditinstitute"). Die M. B. ist Teil der → Bankenstatistik. Es sind die „Richtlinien für die Meldung der Kreditinstitute zur Monatlichen Bilanzstatistik" zu beachten. Die Richtlinien zur M. B. lehnen sich an die → Bilanzierungsrichtlinien an; sie stimmen aber inhaltlich nicht gänzlich damit überein. Im Unterschied zu den Bilanzierungsrichtlinien gelten die Richtlinien für die M. B. für alle → Bankengruppen. Die M. B. enthält keine Bewertung der Bestände. Von der Aufstellung der M. B. sind befreit: → Kapitalanlagegesellschaften, → Wertpapiersammelbanken und Kreditinstitute, die das → Garantiegeschäft i. S. von § 1 Abs. 1 Satz 2 Nr. 8 KWG betreiben.
(→ Melde- und Anzeigepflichten der Kreditinstitute, → Deutsche Bundesbank, statistische Erhebungen)

## Monatsausweis

Nach § 25 KWG von → Kreditinstituten i. S. des KWG unverzüglich nach Ablauf eines jeden Monats der → Deutschen Bundesbank einzureichende Meldung über den Stand der → Aktiva und → Passiva unter Beachtung einer bestimmten Gliederung nach Arten, Fristen und Sektoren. Die Bundesbank leitet die M. mit einer Stellungnahme an das → Bundesaufsichtsamt für das Kreditwesen (BAK) weiter (Filterfunktion). Da unabhängig von dieser Vorschrift des KWG die Bundesbank gemäß § 18 BBankG → Monatliche Bilanzstatistiken erhebt, gelten diese Meldungen als M. (um eine doppelte Belastung der Kreditinstitute zu vermeiden). Im Vergleich zum → Jahresabschluß ermöglicht der M. bei einer Reihe von Anlagen einen weitgehenden Einblick in die Struktur der einzelnen Bilanzposten. Der M. enthält keine Ertragsrechnung. Es erfolgt keine Bewertung der Bestände. Auf der Grundlage der M. werden die Kennziffern für die → Eigenkapitalgrundsätze und → Liquiditätsgrundsätze berechnet. Die M. sollen der → Bankenaufsicht einen laufenden Einblick in die geschäftliche Entwicklung eines Kreditinstituts verschaffen, um Schwierigkeiten rechtzeitig erkennen zu können. Übergeordnete Kreditinstitute i. S. des § 13 a Abs. 2 KWG (→ Großkredite; Beteiligungsschwelle 50%) haben außerdem unverzüglich nach Ablauf eines jeden Monats der Bundesbank (quotal) zusammengefaßte Monatsausweise einzureichen, die diese mit einer Stellungnahme an das BAK weiterleitet. Die konsolidierten M. sollen bezüglich einer → Kreditinstitutsgruppe i. S. des KWG Analysen der Geschäftsstruktur, der Finanzierung sowie der Fristentransformation ermöglichen, um Rückschlüsse auf die wirtschaftliche Lage und die Entwicklungstendenzen ziehen zu können.
Von der Einreichung der M. sind → Kapitalanlagegesellschaften, → Wertpapiersammelbanken und Kreditinstitute, die das → Garantiegeschäft i. S. von § 1 Abs. 1 Satz 2 Nr. 8 KWG betreiben, durch Anordnung der Bundesbank freigestellt.
(→ Bankenaufsicht)

## Monatsausweisverordnung

Verordnung des → Bundesaufsichtsamts für das Kreditwesen (BAK) vom 19.12.1985 (BGBl. I, S. 2501), die Ausführungsbestimmungen über die Einreichung von → (quotal) zusammengefaßten Monatsausweisen enthält, die übergeordnete Kreditinstitute für → Kreditinstitutsgruppen i. S. des KWG einreichen müssen (→ Eigenkapitalgrundsätze, → Großkredite).

## Monatsbericht der Deutschen Bundesbank

Von der → Deutschen Bundesbank gemäß § 18 BBankG monatlich herausgegebene und veröffentlichte Berichte, die in einen Textteil und in einen Statistischen Teil gegliedert sind. Der *Text* enthält Erläuterungen und Stellungnahmen der Bundesbank zur monetären und gesamtwirtschaftlichen Situation (monatliche Kurzberichte mit aktuellen Daten). In den Kurzberichten finden sich Ausführungen zu Geld und Kredit, Wertpapiermärkten, öffentlichen Finanzen,

# Monetäre Indikatoren

## Monatscodes für Optionen und Futures

| Optionen ||||||  Futures |
|---|---|---|---|---|---|---|
| Call | Monat | Put | Call | Monat | Put | Monat |
| A | Januar | M | G | Juli | S | H März |
| B | Februar | N | H | August | T | M Juni |
| C | März | O | I | September | U | U September |
| D | April | P | J | Oktober | V | Z Dezember |
| E | Mai | Q | K | November | W | |
| F | Juni | R | L | Dezember | X | |

Konjunkturlage und → Konjunkturindikatoren, → Zahlungsbilanz usw. In Sonderaufsätzen befaßt sich die Bundesbank mit aktuellen wirtschaftspolitischen sowie währungs- und kreditpolitischen Situationen, Problemen und Maßnahmen (→ Gesamtwirtschaftliche Finanzierungsrechnung, private Vermögensbildung und ihre → Finanzierung, Zahlungsbilanz, öffentliche Finanzen, → Jahresabschlüsse der Unternehmen usw.). Spezielle Berichte betreffen den Bankensektor, u. a. eine jährliche Untersuchung zur Ertragslage der → Kreditinstitute, Analysen zum Mittelaufkommen, zu Wertpapieranlagen usw. Der *statistische* Teil hat folgende Gliederung: Wichtige Wirtschaftsdaten, → Bankstatistische Gesamtrechnungen, Deutsche Bundesbank, Kreditinstitute, → Mindestreserven, Zinssätze, → Kapitalmarkt, Öffentliche Finanzen, (Allgemeine) Konjunkturlage, Außenwirtschaft. Detailliertere statistische Angaben als in den Monatsberichten finden sich in den Statistischen Beiheften. Sie umfassen fünf Reihen: „Bankenstatistik nach Bankengruppen", „Kapitalmarktstatistik", „Zahlungsbilanzstatistik", „Saisonbereinigte Wirtschaftszahlen", „Devisenmarktstatistik".

### Monatscodes für Optionen und Futures
Kurzbezeichnung für → Delivery Month von → Optionen und → Futures an Terminbörsen. Vgl. Übersicht oben.

### Monatsgeld
1. Form des → Termingeldes (→ Laufzeit von mindestens 30 Tagen) im → Geldhandel zwischen → Banken.

2. → Termineinlage, die mit einer Laufzeit oder Kündigungsfrist von einem Kalendermonat, nicht aber in jedem Fall ausreichenderweise von 30 Zinstagen angelegt ist. Für die Bemessung der Monatsfrist gilt § 188 Abs. 2 BGB (→ Fristen). Ein z. B. am 31. 12. angelegtes Monatsgeld muß bis 31. 1. terminiert sein; eine Festlegung bis 30. 1. genügt nicht.

### Monetäre Basis
Bezeichnung für Geldbasis (→ Geldmengenbegriffe).

### Monetäre Indikatoren
Bestandsgrößen und Zinssätze (an → Geld- und → Kreditmärkten), die zugleich Zwischenzielgrößen (Orientierungsgrößen) für die → Geldpolitik darstellen. Ein → Indikator muß eine von der Geldpolitik beeinflußte Größe sein und andererseits in einem engen Zusammenhang mit dem Endziel der Geldpolitik (→ Geldwertstabilität) stehen.
Wichtige m. I. sind die → Zentralbankgeldmenge und die Geldmengenaggregate M 1, M 2 und M 3 (→ Geldmengenbegriffe). Die Zentralbankgeldmenge entwickelt sich auf lange Sicht in enger Relation zur Geldmenge M 3 (als Indikator für die Geldbestände der Wirtschaft) und ist zugleich eine von den Maßnahmen der Geldpolitik beeinflußte Bestandsgröße. Die Zentralbankgeldmenge neigt jedoch wegen ihres hohen Bargeldanteils (etwa 50%) dazu, die monetäre Entwicklung verzerrt wiederzugeben, wenn sich der → Bargeldumlauf erheblich stärker oder schwächer als die übrigen Teilaggregate der Zentralbankgeldmenge entwickelt.
Die Geldmengenaggregate M 1, M 2 und M 3 lassen sich aus der → monatlichen Bilanzstatistik entnehmen. Sie werden regelmäßig in den → Monatsberichten der Deutschen Bundesbank ausgewiesen (→ Bankstatistische Gesamtrechnungen).
Die Geldmenge M 3, die seit 1988 im Vordergrund der m. I. der Bundesbank steht, stellt das Geldvolumen dar, das aus der Geldschöpfung von Bundesbank (→ Zentralbankgeld) und Banken (→ Giralgeld,

## Monetärer Faktor

→Geldschöpfung) resultiert. Die Geldschöpfung geht im wesentlichen von einer Zunahme der →Bankkredite (Bundesbank und Kreditinstitute) an inländische Nichtbanken und einer Zunahme der Nettoforderungen gegenüber dem Ausland aus. Ein Teil der aus dieser Kreditgewährung entstandenen Geldbestände von Nichtbanken (Unternehmen, Staat, Private) schlägt sich in der →Geldkapitalbildung (→Geldkapital) nieder und erhöht nicht die kaufkraftwirksame Geldmenge; der übrige Teil trägt – abgesehen von sonstigen, quantitativ wenig ins Gewicht fallenden Einflüssen – zur Bildung der Geldmenge bei. Die relativ größte Parallelität zur Entwicklung der gesamtwirtschaftlichen Ausgaben weist die Geldmenge M 3 auf, so daß diese Geldmenge und die Zentralbankgeldmenge als Indikatoren der monetären Entwicklung besonders geeignet sind, während die Entwicklung des →Kreditvolumens und der Geldkapitalbildung nur mit erheblichen Einschränkungen als Indikatoren der monetären Entwicklung verwendet werden können. Von den *Zinssätzen* an den Kredit- und →Kapitalmärkten gehen deutliche Wirkungen auf die Ausgabeneigung der Wirtschaft aus. Die verschiedenen Zinssätze schwanken jedoch u. U. stark (je nach der Laufzeit der Kredite und in Abhängigkeit von der Zinsentwicklung im Ausland). Außerdem lassen sich die →Zinsen an einigen Märkten nicht eindeutig durch die Bundesbank beeinflussen, so daß sie als Zwischenzielgrößen für die Geldpolitik nur eingeschränkt geeignet sind.

## Monetärer Faktor

Der m. F. wird als der →Produktionsfaktor (→Produktionsfaktoren im Bankbetrieb) verstanden, dessen Zufluß dem →Betrieb die Verfügungsmacht über Zahlungsleistungen (m. F. in Zahlungsqualität) und/oder über Haftungsleistungen (m. F. in Haftungsqualität) verschafft. Er wurde von H.-D. Deppe in die Analyse einzel- und gesamtwirtschaftlicher Leistungsprozesse eingeführt. Der m. F. hat für jeden Betrieb und für jede Art von zu erstellender Marktleistung in der arbeitsteiligen Tauschwirtschaft in Form der Geldwirtschaft die gleiche Eigenschaft prinzipieller Unentbehrlichkeit im Leistungserstellungs- und Leistungsabsatzprozeß wie die von Gutenberg systematisierten nichtmonetären, d. h. technisch-organisatorischen Produktionsfaktoren (z. B. menschliche Arbeitskraft, Werkstoffe): Als wirtschaftliches Gut ist der m. F. Bestandteil betrieblicher Faktorkombination.

Die Begründung der *Produktionsfaktoreigenschaft des m. F. in Zahlungsqualität* knüpft – hier bezogen auf Bankbetriebe – an die Zahlungsmittelfunktion des →Geldes an: Der Bankbetrieb benötigt →Zahlungsmittel (→Zentralbankgeld) und weitere →Liquiditätsreserven (offene →Kreditlinien, kurzfristig monetisierbare →Aktiva) zur →Finanzierung von z. B. Kreditvergaben und der im Betrieb gebundenen Betriebsmittel sowie zur Erfüllung der dem Bankbetrieb wie jedem anderen Betrieb gesetzlich auferlegten Verpflichtung, jederzeit zahlungsfähig zu sein (→Zahlungsunfähigkeit als Konkurs- bzw. Vergleichsgrund). Die Zuführung des m. F. in Zahlungsqualität zum Bankbetrieb setzt die Bereitschaft anderer Wirtschaftssubjekte (z. B. von Einlegern) voraus, zeitlich befristet oder unbefristet Teile eigener Bestände des allgemeinen Tauschmittels Geld für die Bindung in bankbetrieblichen Vermögenswerten jeder Art zur Verfügung zu stellen und insofern für die Dauer der Bindung auf eine andere Nutzung der übertragenen Zahlungsmittel (z. B. zur unmittelbaren persönlichen Bedürfnisbefriedigung durch →Kauf von Konsumgütern) zu verzichten. Der Leistungscharakter und so auch die Produktionsfaktoreigenschaft des m. F. in Zahlungsqualität ist also in produktionstheoretischer Hinsicht zu begründen mit der Verzichtleistung der Geldgeber (Eigen- oder Fremdkapitalgeber) sowie der dadurch möglichen und notwendigen Finanzierung bankbetrieblicher Marktleistungen (z. B. →Kreditgeschäfte, Wertpapieranlagegeschäfte) einschließlich der damit einhergehenden Leistungserstellungsprozesse bei gesicherter Zahlungsfähigkeit.

Die *Produktionsfaktoreigenschaft des m. F. in Haftungsqualität* knüpft an die Risiken im Sinne von Verlustgefahren an, die aus bankbetrieblichen Marktleistungen bzw. den damit verbundenen Leistungserstellungsprozessen zwangsläufig resultieren: Auch im Falle effektiver Verluste des Bankbetriebs aus z. B. Kreditausfällen dürfen die Gläubiger der Bank (z. B. Einleger) gemäß →Wirtschaftsordnung und Vertragsbeziehungen die Erfüllung ihrer vertraglich gesicherten schuldrechtlichen Leistungsansprüche erwarten (z. B. Einlagenrückzahlung). Daher sind in der →Marktwirtschaft Haftungsleistungen für das Einstehen für Schulden, d. h. für die Sicherung von Gläubigeransprüchen durch Auffangen von Verlusten, ein weiteres monetäres Einsatzgut von grundlegender Bedeutung. In produktionstheoretischer Hinsicht kann in Haftungsleistungen, z. B. erbracht durch Reinvermögen, dessen monetäres Äquivalent das →Eigenkapital ist, eine versicherungsähnliche Leistung gesehen werden. Die so abgegrenzten Haftungsleistungen stellen die Vertrauensbasis für die Gewinnung von →Fremdkapital und so von daraus resultierenden Zahlungsmitteln für die Finanzierung des →Aktivgeschäfts dar. Darüber hinaus ist speziell für →Kapitalgesellschaften und gemäß § 46b KWG für Kreditinstitute jeglicher Rechtsform die Verfügbarkeit von Haftungsleistungen auch eine rechtliche Voraussetzung für die Marktleistungserstellung (→Überschuldung als Konkurs- bzw. Vergleichsgrund). Der produktionstheoretische Zusammenhang zwischen Haftungsleistungen als Input und Marktleistungen als Output (z. B. Kreditvergabe, Wertpapiererwerb) ist aufgrund dieser Bezüge in der betrieblichen Haftungssphäre mittelbar gegeben.

*Liquiditäts- und Haftungspotential:* Die dem Bankbetrieb zufließenden und im Leistungserstellungsprozeß einzusetzenden monetären Leistungen (Zahlungs- und Haftungsleistungen) lassen sich rechnungsmäßig als Liquiditätspotential (m. F. in Zahlungsqualität) bzw. als Haftungspotential (m. F. in Haftungsqualität) erfassen. Den Kern der Zuführung von Liquiditätspotential stellt die direkte Zahlungsmittelzuführung aus den verschiedenen Quellen der →Außenfinanzierung (z. B. Einlagen von Nichtbanken, Geldmarktkreditaufnahmen, Erhöhung des →Grundkapitals gegen Einlagen) und der →Innenfinanzierung (z. B. Verkäufe von börsengängigen →Wertpapieren, Rediskontierung von →Wechseln) dar. Darüber hinaus können hier Fazilitäten zur Erhaltung von Zahlungsmitteln (z. B. Verlängerung eigener Kreditinanspruchnahmen, →Leasing) bzw. Beschaffung von Zahlungsmitteln (z. B. offene eigene Kreditlinien, →Liquiditätsreserven in Form von →Geldmarktpapieren und börsengängigen Wertpapieren) einbezogen werden. Den Kern der Zuführung von Haftungspotential macht die Zuführung von nicht mit Gläubigeransprüchen belastetem betrieblichem Reinvermögen (Eigenkapital) aus. Daneben können weitere Haftungsleistungen stehen, wie z. B. →Patronatserklärungen, die Privatvermögenshaftung bei Einzelkaufleuten oder der OHG-Gesellschafter sowie die Nachschußpflichten der Genossen einer →Kreditgenossenschaft. Aus den Erläuterungen zum m. F. folgt, daß z. B. eine Eigenkapitalerhöhung gegen Geldeinlagen dem m. F. sowohl in Zahlungsqualität (Zufluß von Zahlungsmitteln und damit Erhöhung des Liquiditätspotentials) als auch in Haftungsqualität (Zufluß von Reinvermögen und damit Erhöhung des Haftungspotentials) zuführt. Dagegen ist eine →Geldleihe (z. B. Geldmarktkreditaufnahme) nur als Zufluß des m. F. in Zahlungsqualität und eine →Kreditleihe (z. B. Bürgschaftsleistung oder Patronatserklärung zugunsten des betrachteten Bankbetriebs) nur als Zufluß des m. F. in Haftungsqualität zu interpretieren.

**Monetärer Transmissionsprozeß,** →Geldpolitik der Deutschen Bundesbank.

## Monetarismus

Auf der Kritik an der →Keynes'schen Theorie (insbes. an den Folgen des →Interventionismus) aufbauende wirtschaftstheoretische Konzeption, die stärker die Fähigkeit des Marktmechanismus betont, selbsttätig Störungen zu beseitigen, und damit auf liberales Gedankengut sowie auf die Idee der Selbstheilungskräfte des Marktes zurückgreift.

Der M. ist entscheidend mit der wissenschaftlichen Arbeit von Milton Friedman verbunden. Friedman stellte, aufbauend auf empirischen Untersuchungen, für die USA fest, daß eine fallweise →Wirtschaftspolitik, insbes. eine diskretionäre →Geldpolitik infolge der Wirkungsverzögerungen (→Time lag) und der Unvollkommenheit des theoretischen Wissens um die Konjunkturzyklen (→Konjunktur) eher eine verstärkende (prozyklische) Wirkung hatte und zu einer Verunsicherung der privaten Initiative beitrug. Der M. empfiehlt eine wirtschaftspolitische, insbes. konjunkturpolitische Zurückhaltung des Staates und ein konsequentes Bemühen um Erhaltung bzw. Wiederherstellung eines möglichst unreglementierten marktwirtschaftlichen Ordnungsrahmens (→Wirtschaftsordnung). Insofern ergänzt sich der M. mit dem Konzept der →an-

## Money-Back-Optionsschein

gebotsorientierten Wirtschaftspolitik. Für die →Geldpolitik fordert der M. eine verstetigende Geldmengenzielvorgabe (potentialorientierte Geldmengenpolitik). Die Handlungen der →Zentralbanken sollen nicht fallweise ausgerichtet sein; sie haben sich allein auf die Verwirklichung der Geldmengenzielvorgabe (→Geldmengensteuerung), die sich in ihrer Höhe an den mittel- bis langfristigen volkswirtschaftlichen Wachstumsmöglichkeiten orientieren muß, zu konzentrieren (regelgebundene Wirtschaftspolitik). Mit der Vorgabe von Geldmengenzielen seit Mitte der siebziger Jahre und potentialorientierter Geldmengensteuerung hat der M. großen Einfluß auf die praktische Geldmengenpolitik gehabt (→Geldpolitik der Deutschen Bundesbank).

### Money-Back-Optionsschein
→Optionsschein, der dem Anleger das Recht verbrieft, bei →Fälligkeit mindestens den →Emissionskurs zurückerstattet zu bekommen. Das Verlustrisiko für den Anleger bleibt somit auf die gezahlten →Gebühren und entgangene →Zinsen beschränkt. M.-B.-O. können beliebige →Basiswerte (z. B. →Aktien, →Währungen, →Aktienindex) haben. Ist der Basiswert der →Deutsche Aktienindex (DAX), werden M.-B.-O. auch als →DAX-Zertifikate mit garantiertem Rückzahlungsbetrag bezeichnet. Im Vergleich zu →GROI-Optionsscheinen und →MEGA-Zertifikaten liegt die Mindestverzinsung bei M.-B.-O. bei 0%.
(→Embedded Option)

**Money-Back-Warrant,** →Money-Back-Optionsschein.

### Money Market Funds
In den USA Anfang der siebziger Jahre geschaffene →Geldmarktfonds des →Finanzmarktes zur Umgehung der →Regulation Q (Habenzinsbeschränkungen für →Termin- und →Spareinlagen). Die Fonds gehören zur Gruppe der →Investmentfonds (Mutual Funds), investieren jedoch nicht in →Aktien bzw. →Renten, sondern in Geldmarkttiteln, vor allem in →Treasury Bills (Schatzwechsel), →Certificates of Deposit (CD, von Banken entgegengenommene Termingelder, die in handelbaren →Schuldscheinen verbrieft sind), →Bankers Acceptances (Bankakzepte, die vorwiegend der Finanzierung des Außenhandels dienen), →Commercial Papers (wechselähnliche Papiere, die von Industrie- oder Handelsunternehmen ausgegeben werden), Treasury Securities (vom Schatzamt bzw. anderen öffentlich-rechtlichen Institutionen ausgegebene →festverzinsliche Wertpapiere, sofern die →Restlaufzeit 12 Monate nicht übersteigt) und Euro-Dollar-CDs.

**Money Market Instrument,** →Geldmarktinstrument.

### Money Market Spread
Variante eines →Cross Currency Spread mit Zinsfutures, bei dem →Geldmarkt-Futures in verschiedenen →Währungen gleichzeitig gekauft und gleichzeitig verkauft werden. Ein M.M.S. könnte beispielsweise eine →Long Position im →Euro-DM-Future und gleichzeitige →Short Position im →Eurodollar-Future vorsehen.

### Money Market Swap
→Zinsswap mit einer →Laufzeit von maximal drei Jahren.
*Gegensatz:* →Term Swap.

**Money Market Yield,** →Geldmarktrendite.

### Money Order
Vor allem in den USA und Kanada gebräuchliche scheckähnliche →Zahlungsanweisung, die i. d. R. auf einen bestimmten Betrag lautet und durch →Indossament übertragbar ist.

**Money Spread,** →Vertical Spread.

### Monopol
Marktform, bei der ein Anbieter (Monopolist) den Nachfragern gegenübersteht. Aufgrund des Fehlens von Konkurrenten (und damit von →Wettbewerb) entsteht →Marktmacht (Monopoly Power). Sie versetzt den Monopolisten in die Lage, für die von ihm angebotenen Warenmengen höchstmögliche Preise (Monopolpreise) durchzusetzen und dadurch einen Vorzugsgewinn (Monopolgewinn) zu erzielen. Ein solches monopsonistisches Marktverhalten führt zur Ausbeutung der Nachfrageseite (Verbraucher) und wird im Wettbewerbsrecht als Ausnutzung einer marktbeherrschenden Stellung verfolgt (→marktbeherrschende Unternehmen). M. entstehen durch das Vorhanden-

sein von tatsächlichen oder rechtlichen Marktzutrittsschranken und durch Unternehmenszusammenschlüsse (→ Unternehmenskonzentration, → Kartell, → Fusion).

**Monopolistische Konkurrenz**
Bezeichnung der Wirtschaftstheorie für eine Marktform, die dem → Polypol auf dem unvollkommenen Markt entspricht. Ebenso wie bei der → vollständigen Konkurrenz existieren viele kleine Anbieter, die jedoch nicht identische, sondern ähnliche, artverwandte Güter (Substitute) anbieten. Diese können dafür unterschiedliche Preise am Markt erzielen. Sie besitzen also einen begrenzten monopolistischen Spielraum in ihrer Preispolitik. Der Begriff wird häufig weiter gefaßt: Es entsteht monopolistischer Wettbewerb immer dann, wenn sich Konkurrenz- und Monopolelemente im Marktprozeß mischen.

**Monopolkommission**
Fünfköpfiges Sachverständigengremium, dessen Mitglieder über besondere Kenntnisse und Erfahrungen auf wettbewerbspolitischem und wettbewerbsrechtlichem Gebiet verfügen. Gemäß § 24 b des → Gesetzes gegen Wettbewerbsbeschränkungen (Kartellgesetz) soll die M. alle zwei Jahre in Gutachten den jeweiligen Stand der → Unternehmenskonzentration in der BRD sowie deren absehbare Entwicklung unter wirtschafts-, insbes. wettbewerbspolitischen Gesichtspunkten beurteilen und die Anwendung der §§ 22 bis 24 a (Mißbrauchsaufsicht über → marktbeherrschende Unternehmen, → Zusammenschlußkontrolle) würdigen. Sie soll auch nach ihrer Auffassung notwendige Änderungen der einschlägigen Bestimmungen dieses Gesetzes aufzeigen. Im Gutachten von 1992 hat sich die M. auch zur Frage der öffentlichen Leistungserbringung im Bankensektor geäußert (→ Wettbewerb in der Finanzwirtschaft).

**Monopson**
Marktform, bei der ein einziger Nachfrager den Anbietern gegenübersteht. Analog zum → Monopol bestimmt der monopsonistische Nachfrager Preis und Menge der nachgefragten Güter.

**Montanunion**, → Europäische Gemeinschaft für Kohle und Stahl.

**Monte Carlo Simulation**
Methode zur Ermittlung des → Fair Values von → Optionen und optionsähnlichen Zinsinstrumenten (z. B. → Caps, → Floors). Die M. C. S. wurde 1977 erstmals von Boyle vorgeschlagen. Insbes. → Path-dependent-Optionen (z. B. → Average Rate-Option) werden nach der M. C. S. bewertet. Die M. C. S. wird beispielsweise auch angewandt, um das Default Risk von → Financial Swaps zu quantifizieren.
(→ Optionspreisbewertungsmodelle, → Black & Scholes Modell, → Black-Modell)

**Monthly Overnight Average (Mona)**
Tagesgeldindex, der als monatlicher Durchschnittssatz der Sätze für → Tagesgeld von der Deutschen Bank und Reuters ermittelt wird. Mona wird als → Referenzzinssatz in → Basisswaps verwendet, bei denen kurzfristige → Zinsen (bis zwölf Monate) gegen Mona getauscht werden. Da die tägliche Zahlung von Tagesgeldzinsen zu aufwendig ist, wird monatlich der Mona gezahlt.

**Moody's**
→ Rating Agency, die ungefähr 20.000 → Emittenten beurteilt.

*Moody's long-term Rating-Klassen*:

| | |
|---|---|
| Aaa | Beste Qualität des → Schuldners |
| Aa1 | Etwas größeres Ausfallrisiko als Aa2 beim „Top-Rating" |
| Aa3 | |
| A1 | Gute Qualität des Schuldners, |
| A2 | Veränderte Rahmenbedingungen |
| A3 | können die Rückzahlung beeinflussen |
| Baa1 | Durchschnittliche Qualität des |
| Baa2 | Schuldners |
| Baa3 | |
| Ba1 | → Anleihen mit spekulativem |
| Ba2 | Charakter; Gefahr, daß → Zinsen und |
| Ba3 | → Tilgung nicht gezahlt werden. |
| B1 | Sehr spekulativ |
| B2 | |
| B3 | |
| Caa | Hochspekulative Anlage |
| Ca | |
| C | |

(→ Rating, → Emittentenrisiko, → Länder-Rating, → Standard & Poor's, → Fitch, → Duff & Phelps)

**Moosmüller-Kursberechnung**
Die Formel zur Ermittlung des Kurses nach Moosmüller bei → Straight Bonds mit

## Moosmüller-Rendite

→Jahreskupons lautet wie folgt:

$$P_d = \frac{1}{(1+t \cdot i)}$$

$$\cdot \left[ R + \frac{R \cdot \frac{r^{n-1}-1}{i} + 100}{r^{n-1}} \right]$$

wobei: $P_d$ =→ Dirty Price, n = Anzahl ganzer Perioden, t = Teilperiode, r = → Aufzinsungsfaktor, i = → Rendite nach Moosmüller, d. h. r/100, R = Rentenrate, d. h. → Nominalzins.
Für eine → Anleihe mit einem Nominalzins von 5,5% und dem Fälligkeitstermin 2. 11. 1999 beträgt der → Clean Price bei einer → Moosmüller-Rendite von 5,5% am 30. 10. 1994 100%. Die → Restlaufzeit der Anleihe beträgt 5 Jahre und 2 Tage. Die Teilperiode liegt bei 0,00556 (2/360). Der Clean Price wird über den Dirty Price ermittelt:

$$105,47 = \frac{1}{(1+0,00556 \cdot 0,055)}$$

$$\cdot \left[ 5,5 + \frac{5,5 \cdot \frac{1,0554-1}{0,055} + 100}{1,0554} \right]$$

Der Dirty Price beträgt im Gegensatz zur → ISMA-Kursberechnung 105,46777 DM. Um den Clean Price (=100) der Anleihe zu errechnen, werden die positiven → Stückzinsen in Höhe von 5,47 (5,5 · 358/360) vom Dirty Price (= 105,47) abgezogen.
(→ Moosmüller-Rendite)

## Moosmüller-Rendite

Variante der → Yield-to-Maturity, die von Moosmüller, Bereichsleiter Wertpapiere bei der Bayerischen Landesbank, definiert wurde. Bei der M.-R. wird die Teillaufzeit linear (→ lineare Verzinsung) diskontiert. Im Gegensatz wird bei der → ISMA-Rendite die Teillaufzeit exponentiell (exponentielle Verzinsung) diskontiert. Bei vollen Jahren (z. B. 3, 4 oder 5 Jahren) sind ISMA-Rendite und M.-R. identisch. Bei Teillaufzeiten ist die ISMA-Rendite höher als die M.-R. Die M.-R. wird überwiegend im deutschen institutionellen Rentenhandel, bei institutionellen Großanlegern sowie bei den Finanzministerien der Bundesländer verwendet.
(→ Renditeberechnungsmethoden für Geld- und Kapitalmarktpapiere)

## Moral (per) suasion

Appelle der Bundesbank im Rahmen ihrer Geldpolitik (→ Geldpolitik der Deutschen Bundesbank). Adressaten solcher Appelle sind vornehmlich die → Kreditinstitute, aber auch Nichtbanken, etwa Tarifpartner und private wie öffentliche Haushaltsträger. Als sozial-psychologische Einflußnahme sind auch Festlegung und Bekanntgabe des Geldmengenziels zu verstehen. Eine rechtliche Bindung kommt derartigen Verlautbarungen nicht zu.

**Moratorium für Kreditinstitute,** → bankaufsichtliche Maßnahmen.

**Moving Average,** →gleitender Durchschnitt.

**Moving Average Convergence Divergence (MACD),** → MACD/Signal-Studie.

## M/S

Abk. für Zinstermine „März/September" bei → Schuldverschreibungen, d. h. Zinszahlung am 1. März und 1. September.

## MSCI

Abk. für Morgan Stanley Capital International.

## MTN

Abk. für → Medium Term Note.

## MTV

Abk. für → Manteltarifvertrag.

## MultiCash

Vor allem für → Firmenkunden eröffnetes Angebot (z. B. der → Deutschen Postbank AG), den → Zahlungsverkehr (→ Überweisungen, → Lastschriften, → Schecks) auf elektronischem Weg abzuwickeln (→ Electronic Banking). Der Kunde tritt dabei mit seinem Personalcomputer über Datex-J, Datex-P oder ISDN mit dem Rechner seines → Kreditinstituts in Verbindung, um dort Daten abzurufen (→ Kontoauszüge, → Umsätze) und auszuwerten oder Daten zu übermitteln (für den Inlands- und Auslandszahlungsverkehr). M. ist als → Cash-Management-System einsetzbar.

## Multi-Currency-Credit

→ Eurokredit, bei dem dem Kreditnehmer eine Währungsoption (Multicurrency-Clause) eingeräumt wurde. Der Kreditnehmer kann am Ende jeder Refinanzierungsperiode verlangen, daß der Kredit während der nächsten Refinanzierungsperiode in einer anderen als der Basiswährung zur Verfügung gestellt wird. Die → Option kann sich auf eine oder mehrere Fremdwährungen erstrecken. Vorteil für den Kreditnehmer: Möglichkeit der Ausnutzung von Zins- oder Währungskursgefällen oder Abdeckung von → Währungsrisiken (z. B. aus laufendem Geschäft).

### Multilaterale Investitions-Garantie-Agentur
Seit 1988 tätige internationale Organisation der → Weltbankgruppe, die → Investitionen in → Entwicklungsländern fördern soll, indem sie verschiedene nicht-kommerzielle Risiken, jedoch nicht das Wechselkursrisiko (→ Devisenkursrisiko), abdeckt. Damit werden nationale Systeme der Garantien für Kapitalanlagen im Ausland ergänzt.

### Multilateralismus
System enger und vielseitiger außenwirtschaftlicher Beziehungen zwischen mehreren oder allen Ländern, in dem vor allem die Durchsetzung des Prinzips des → Freihandels angestrebt wird und die → Konvertibilität der → Währungen verwirklicht ist.

### Multinationale Unternehmen
Unternehmen, die (abgesehen vom Land mit dem ursprünglichen Firmensitz) in mindestens zwei Ländern über → Tochtergesellschaften, Zweigniederlassungen oder → Betriebsstätten verfügen und ihre Geschäftstätigkeit an internationalen Maßstäben orientieren. Sie entstehen i. d. R. durch → Direktinvestitionen (→ internationale Kapitalbewegungen). *Entstehung und Ausweitung* eines m. U. werden u. a. begünstigt (1) durch internationale Unterschiede in den Lohnkosten, in der Verfügbarkeit von Arbeitskräften, Rohstoffen, Energie und Kapital, in der staatlichen Beeinflussung der nationalen Märkte, z. B. durch → Steuern, Investitionsanreize, → Mitbestimmung, Wettbewerbsgesetzgebung, (2) durch in vielen Ländern ungleiche Behandlung von Warenimporten und Kapitalimporten dergestalt, daß der Marktzugang für ausländische → Waren stärker gehemmt wird als für ausländisches → Kapital, (3) durch Transportkostenersparnisse, Kostenersparnisse bei Übernahme neuer Technologien, (4) durch breitere Risikostreuung vor allem in bezug auf das Problem der Marktsättigung und der Abhängigkeit von konjunkturbedingten Nachfrageschwankungen. Als *positive Wirkungen* werden die Förderung der internationalen Arbeitsteilung, der → Integration der Weltwirtschaft sowie die Anpassung des Entwicklungsniveaus durch internationale Verteilung von Produktionsreserven und -methoden auch bei Überschuß- in Knappheitsregionen genannt. Zu den möglichen *negativen Aspekten* werden u. a. gezählt die Gefährdung von Arbeitsplätzen in der Exportindustrie des Stammlandes des m. U., die Einschränkung des → Wettbewerbs aufgrund u. U. marktbeherrschender Stellungen auf den nationalen Märkten, die durch konzerninterne Verrechnungspreise entstehende Möglichkeit der steuergünstigen Gewinnverlagerung.

### Multiple Option Facility (MOF)
*Multiple Component Facility*; von → Banken den → Schuldnern eingeräumte Rahmenkreditlinien für die Inanspruchnahme unterschiedlicher Finanzierungsinstrumente (→ Euro-Notes, kurzfristige → Bankkredite, → Banker's Acceptances, US → Commercial-Papers usw.). I. d. R. wird eine Inanspruchnahme dieser Paketfinanzierung auch in unterschiedlichen → Währungen vereinbart und bietet dem Kreditnehmer damit ein Maximum an Flexibilität.
(→ Euro-Note-Fazilität)

### Multiple Wechselkurse
Aufgrund einer Teilung des → Devisenmarktes in voneinander abgegrenzte untergeordnete Märkte entstandene unterschiedliche → Wechselkurse. Die der Aufspaltung nach einem → Devisengeschäft zugrunde liegenden außenwirtschaftlichen Beziehungen ermöglichen z. B. abweichende → Wechselkurse für den → Außenhandel und den Kapitalverkehr. Durch Wechselkursdifferenzierung im Außenhandel kann ein Land für bestimmte Importwaren künstliche Wettbewerbsnachteile oder für bestimmte Exportwaren Wettbewerbsvorteile schaffen. Auch durch räumliche Aufspaltung des Wechselkurses können wettbewerbsverzerrende Wirkungen, und zwar gegenüber bestimmten Ländern, eintreten. M. W. erfordern ein umfangreiches Kontrollsystem, weil für jedes Devisengeschäft der Nachweis des Grundgeschäftes zu erbringen ist.

## Multiplier Bunny Bond
→Zinsinstrument, das keine laufenden Zinszahlungen ausschüttet. Im Gegenwert der Zinszahlung werden neue Papiere vom →Emittenten an den Anleger ausgegeben.
(→Bunny Bond)

## Multiplikator
Der M. erklärt die Zunahme des →Volkseinkommens, die durch eine zusätzliche (autonome) Ausgabenerhöhung, z. B. durch zusätzliche Staatsausgaben insgesamt bewirkt wird.
Entsprechend der Sparneigung wird ein Teil des zusätzlich entstandenen →Einkommens gespart, und der andere Teil führt zu zusätzlichem →Konsum. Dieser schafft neues Einkommen, das ebenfalls teilweise gespart und konsumiert wird. Der Prozeß setzt sich über einen längeren Zeitraum fort. Die Summe der durch den Multiplikatorprozeß geschaffenen zusätzlichen Einkommen beträgt ein Vielfaches der auslösenden autonomen Ausgabesteigerung. Im einfachen Modell bestimmt der Kehrwert der →Sparquote die Höhe der Multiplikatorwirkung. Im Zusammenwirken mit dem →Akzelerator können Konjunktur- und Wachstumsschwankungen erklärt werden (→Konjunktur, →Wirtschaftswachstum).

## Multiplikator-Akzelerator-Prozeß
Das Zusammenwirken von →Multiplikator und →Akzelerator kann zur Erklärung von Konjunkturschwankungen (→Konjunktur) und Wachstumsschwankungen herangezogen werden. Nach einer zusätzlichen (autonomen) Ausgabe (z. B. →Investition, Staatsausgabe) steigt das →Volkseinkommen entsprechend dem Multiplikatorprozeß. Die Erhöhung des Volkseinkommens bewirkt entsprechend dem Akzelerator ein Ansteigen der (induzierten) →Investitionen und damit einen weiteren Anstieg des Volkseinkommens, der wiederum einen Multiplikatorprozeß auslöst usw. Multiplikator- und Akzeleratorwirkungen können sich auf diese Weise verstärken, aber auch gegenseitig behindern.

## Mündel
→Minderjähriger, der nicht unter →elterlicher Sorge steht, etwa weil beide Eltern tot sind. Ihm wird daher ein Vormund bestellt (→Vormundschaft), dem auch ein ordnungsgemäßer Umgang mit →Mündelgeld obliegt (§§ 1806ff. BGB; →Mündelsicherheit).

## Mündelgeld
Das aus →Bargeld und →Buchgeld bestehende →Vermögen eines Mündels. Andere nicht geldliche Vermögenswerte stellen kein M. dar. Als Mündel werden →Minderjährige bezeichnet, die nicht unter →elterlicher Sorge stehen (z. B. Tod beider Elternteile) oder bei denen die Eltern weder in den die Person noch in den das Vermögen betreffenden Angelegenheiten zur Vertretung des Minderjährigen berechtigt sind. Derartige Personen sind unter →Vormundschaft gestellt. Sie erhalten einen Vormund, dem die Verwaltung des Mündelvermögens obliegt.

*Anlage:* Der Vormund hat M., das er bei Antritt seiner Vormundschaft vorfindet oder das später zufließt, innerhalb einer angemessenen Frist sicher und verzinslich anzulegen (§§ 1806ff. BGB). Dazu bedarf der Vormund der Genehmigung des Vormundschaftsgerichts bzw. des Gegenvormundes. Die Anlagebestimmung der §§ 1806ff. BGB beziehen sich nicht auf nichtgeldliche Vermögenswerte (→Sachvermögen). Allerdings hat der Vormund nach eigenem pflichtgemäßem Ermessen zu prüfen, ob die vorgefundenen Vermögensanlagen hinsichtlich ihrer Sicherheit im wohlverstandenen Interesse des Mündels liegen. Das Gesetz unterscheidet für die in § 1806 BGB vorgeschriebene Anlage von M. verschiedene Anlageformen.

*Regelmäßige Anlageformen (§ 1807 BGB):* Aufgeführt sind Anlagen: (1) in dinglich besicherten →Forderungen; (2) in verbrieften Forderungen gegen den Bund oder ein Bundesland sowie in →Schuldbuchforderungen gegen den Bund oder ein Bundesland; (3) in verbrieften Forderungen, deren Verzinsung vom Bund oder von einem Bundesland gewährleistet ist; (4) in →Wertpapieren, insbes. →Pfandbriefen, sowie in verbrieften Forderungen einer inländische kommunale →Körperschaft oder deren Kreditanstalt, sofern die →Wertpapiere bzw. Forderungen der Bundesregierung mit Zustimmung des Bundesrates zur Anlegung von M. für geeignet erklärt sind; (5) bei einer inländischen öffentlichen Sparkasse, wenn sie von der zuständigen Behörde des Bundeslandes, in welchem sie ihren Sitz hat, zur Anlegung für geeignet erklärt ist, oder bei einem anderen →Kreditinstitut, das einer für die Anlage ausreichenden Sicherungseinrichtung angehört. Legt ein Vormund M. bei einem Kreditinstitut verzinslich an, so kommt dafür in erster Linie ein →Sparkonto in Betracht. Denkbar wäre es aber auch, →Schuldverschreibungen (→Sparbriefe/Sparkassenbriefe, →Anleihen, →Inhaberschuldverschreibungen) zu erwerben oder →Termineinlagen zu begründen. Soweit ein Sparkonto errichtet wird, hat dieses auf den Namen des Mündels zu lauten. Eine Mündelgeldanlage auf den Namen des Vormundes ist unzulässig.

*Versperrte Anlegung:* Bei der Anlage von M. auf einem Sparkonto ist außerdem § 1809 BGB zu beachten: Der Vormund hat zu erklären, daß für →Rückzahlungen von M. die Genehmigung des Gegenvormundes oder des Vormundschaftsgerichts erforderlich ist. Auf dem Konto ist der Sperrvermerk „M." anzubringen. Ordnet beispielsweise das Vormundschaftsgericht von sich aus eine →Kontosperre an, so ist Ansprechpartner der Vormund, nicht etwa das kontoführende Kreditinstitut. Von einer versperrten Anlage ausgenommen sind sog. Verfügungsgelder, d.h. Gelder, die der Vormund zur Bestreitung demnächst fälliger Ausgaben für den Mündel bereitzuhalten hat (§ 1806 BGB). Ebenfalls ist eine Sperre nicht erforderlich, wenn die Mündelgeldanlage durch einen Amts- oder Vereinsvormund oder durch den befreiten Vormund (§§ 1852 ff. BGB) erfolgt.

*Verfügungen:* Über versperrt angelegte M. darf der Vormund nur mit Genehmigung des Vormundschaftsgerichts oder des kontrollierenden Gegenvormunds und nur nach vorherigem Ausweis über seine Person verfügen. Die Legitimation des Vormunds erfolgt durch Vorlage einer vom Vormundschaftsgericht auszustellenden Bestellungsurkunde (§ 1791 BGB). In bestimmten Fällen kann der Vormund genehmigungsfreie Verfügungen vornehmen. Das ist gemäß § 1813 Abs. 1 Nr. 2 und 3 BGB beispielsweise dann der Fall, wenn der Anspruch nicht mehr als 5.000 DM beträgt oder wenn Geld zurückgezahlt wird, das der Vormund in nicht versperrter Form angelegt hat. Ebenfalls hat die Regelung des § 1813 Abs. 1 Nr. 4 BGB, wonach über →Zinsen aus Mündelgeldanlagen genehmigungsfrei verfügt werden kann, zumindest für Anlagen auf Sparkonten keine praktische Bedeutung. Zinsen werden zum Jahresende kapitalisiert und nehmen damit Kapitalcharakter an. Für Kapitalverfügungen bedarf der Vormund aber stets der besonderen vormundschaftsgerichtlichen Genehmigung. Wenn ein Vormund M. nach § 1809 BGB anlegt, schreiben auch Bestimmungen des →Sparkassenrechts eine Sperrung vor.
Die Vorschriften über M. gelten auch im Falle einer →Betreuung (§ 1908 i BGB).

**Mündelsichere Wertpapiere,** →Mündelgeld.

**Mündelsicherheit**
Bezeichnung für das Erfordernis einer besonderen, nach den Bestimmungen des BGB zulässigen, sicheren Form der Geldanlage. (→Mündelgeld)

**Münzen**
Geprägte Metallstücke, die im Unterschied zu →Medaillen regelmäßig als →Geld (→Geldzeichen) verwendet werden. Ihre stoffliche Grundlage waren von biblischen Zeiten bis in das 20. Jahrhundert die Edelmetalle Gold und Silber (→Goldwährung), deren →Nennwert dem Marktwert der M. entsprechen sollte. Vom ursprünglichen Maßstab Gewicht zeugen noch heute die Namen einiger →Währungen (z. B. Pfund). M. waren vor den →Banknoten die ersten →gesetzlichen Zahlungsmittel. Auch heute gilt für →Scheidemünzen ein beschränkter Annahmezwang. Diese sind jedoch nach dem Münzgesetz nur als unterwertige Prägungen zulässig: Der Metallwert einer Scheidemünze muß niedriger sein als ihr Nennwert. Daher werden als Münzmetalle nurmehr Kupfer, Nickel und Zink (zu Legierungen) benutzt.

**Münzgeld**
→Geld in Form von geprägten Metallstücken (→Münzen), die als unbeschränkte →gesetzliche Zahlungsmittel (→Kurantmünzen) oder als beschränkt gesetzliche Zahlungsmittel (→Scheidemünzen) dienen. →Medaillen sind keine M. Neben den Münzen der →Bank deutscher Länder (Emissionsrecht bis 1950) und den Münzen des Bundes (seit 1950 Bundesmünzen, →Münzhoheit) zirkulieren als Sonderprägungen →Gedenkmünzen und die Olympiamünzen von 1972.

**Münzgesetz,** →Münzhoheit.

## Münzhoheit
Recht des Bundes nach Art. 73 Nr. 4 GG zur ausschließlichen Gesetzgebung über das Münzwesen. Hiervon hat der Bund durch Erlaß des Gesetzes „über die Ausprägung von Scheidemünzen" vom 8.7.1950 (MünzG) Gebrauch gemacht.

## Münzregal
Staatliches Recht, → Münzen zu prägen und in den Verkehr zu bringen. Das M. steht in der BRD dem Bund zu (Art. 73 Nr. 4 GG). Die Münzen werden von der → Deutschen Bundesbank in Umlauf gebracht. Dem Bund steht der (nicht mehr zweckgebundene) Münzgewinn zu, der aus der Differenz zwischen den Nennbeträgen und den Herstellungskosten der → Scheidemünzen resultiert. Die Ausprägung von Bundesmünzen über den Betrag von 20 DM je Kopf der Bevölkerung hinaus bedarf der Zustimmung des → Zentralbankrats der Deutschen Bundesbank (§ 5 MünzG).
Vom M. ist der engere Begriff der → Münzhoheit zu unterscheiden, der das Münzwesen als staatliche Aufgabe kennzeichnet.

**Mustersatzung,** → Sparkassenrecht.

## Mutterunternehmen
*Muttergesellschaft*; Bezeichnung für ein Unternehmen, das aufgrund seines Kapitalbesitzes, Stimmengewichts oder auf andere Weise unmittelbar oder mittelbar einen beherrschenden Einfluß auf andere Unternehmen (→ Tochterunternehmen) ausübt oder ausüben kann. Eine auch für den Bereich des → Kreditwesengesetzes geltende Definition (§ 1 Abs. 6 KWG) enthält § 290 HGB.

## Mutual Funds
US-amerikanische Bezeichnung für offene → Wertpapierfonds.

## Mutual Savings Banks
Genossenschaftlich organisierte → Sparkassen in den USA, die zu den → Thrift Institutions zählen (→ Bankwesen USA).

## MVP
Abk. für → Minimumvarianzportefeuille.

# N

**Nachbesserung**
Beim → Werkvertrag gesetzliche Folge eines → Sachmangels (§ 633 BGB), beim → Kauf durch Vereinbarung der Vertragsparteien im Rahmen der → Vertragsfreiheit mögliche Regelung (§ 476a BGB) beim Vorliegen einer → Leistungsstörung in Form der Schlechterfüllung (→ Gewährleistung). In den → Allgemeinen Geschäftsbedingungen kann deren Verwender die andere Vertragspartei bei → Verträgen über die Lieferung neu hergestellter Sachen oder Leistungen aber nicht wirksam auf das Geltendmachen von Nachbesserungsansprüchen beschränken (§ 11 Nr. 10b] AGB-Gesetz).

**Nachbürgschaft**
→ Bürgschaft, durch die der Nachbürge dem → Gläubiger gegenüber dafür einsteht, daß ein anderer Bürge (Vorbürge, Hauptbürge) seine Verpflichtungen aus dem mit dem Gläubiger abgeschlossenen Bürgschaftsvertrag erfüllt.
Die primäre Bürgschaftsverpflichtung ist „Hauptschuld" der Bürgschaft des Nachbürgen.
*Gegensatz:* → Rückbürgschaft.

**Nachdisposition,** → Einlösen von Lastschriften und Schecks.

**Nachfragelücke,** → deflatorische Lücke.

**Nachfrageorientierte Wirtschaftspolitik**
Auf der → Keynes'schen Theorie beruhende wirtschaftspolitische Schule, die durch → Globalsteuerung und wirtschaftspolitischen → Interventionismus die Höhe der → gesamtwirtschaftlichen Nachfrage beeinflussen will, um so Vollbeschäftigung (Auslastung des → Produktionspotentials), Preisniveaustabilität (→ Geldwertstabilität), → außenwirtschaftliches Gleichgewicht und → Wirtschaftswachstum zu erreichen (→ Wirtschaftspolitik). Beispiele für nachfrageorientierte wirtschaftspolitische Maßnahmen sind zusätzliche Staatsausgaben (z. B. durch Beschäftigungsprogramme), Steuersatzvariationen zur Beeinflussung der Konsum- und Investitionsgüternachfrage sowie staatliche Investitionszulagen (z. B. → Investitionszulagengesetz). Solche Maßnahmen sind in der BRD im → Stabilitätsgesetz verankert.
*Gegensatz:* → angebotsorientierte Wirtschaftspolitik.

**Nachgeordnetes Kreditinstitut,** → maßgebliche Beteiligung i.S. des KWG, → erhebliche Beteiligung i.S. des KWG.

**Nachgeschalteter Eigentumsvorbehalt**
Läuft im Wirtschaftsverkehr eine → Ware über mehrere Handelsstufen, veräußern die beteiligten Unternehmen die → Sache bis zur vollständigen Bezahlung des vereinbarten Kaufpreises jeweils unter → Eigentumsvorbehalt.
Bezieht z. B. A von B Waren unter Eigentumsvorbehalt und veräußert A diese an C wiederum unter Eigentumsvorbehalt, also ohne den noch bestehenden Eigentumsvorbehalt des B gegenüber A offenzulegen, erlischt wegen des guten Glaubens von C das → Eigentum des B nach § 932 BGB bereits, wenn C seine Verpflichtungen aus dem → Kauf gegenüber A erfüllt (→ gutgläubiger Erwerb), und nicht erst bei Zahlung von A gegenüber B. Daher ist es für B angezeigt, sich die Kaufpreisansprüche seiner Abnehmer gegen deren Kunden durch → Abtretung übertragen zu lassen (→ verlängerter Eigentumsvorbehalt, → Anschlußzession).

**Nachindossament**
→ Indossament auf einem notleidenden → Wechsel, das nach Verfall des Wechsels oder nach Protesterhebung mangels Zahlung angebracht worden ist (Art. 20 Abs. 1 WG).

## Nachlaß

Da ein notleidender Wechsel nicht mehr umlauffähig ist, hat das Indossament nur die Wirkung einer gewöhnlichen → Abtretung.

### Nachlaß
→ Vermögen des → Erblassers, das mit dessen Tode auf den/die → Erben übergeht (§ 1922 Abs. 1 BGB). Der Erbe erwirbt die geldwerten → Rechte des Erblassers, nicht aber die höchstpersönlichen Rechte (insbes. nicht die personenbezogenen Familienrechte, wie z. B. die → elterliche Sorge).

### Nachlasskonkurs
→ Konkurs über einen → Nachlaß, Konkursgrund ist → Überschuldung. Zweck ist die Beschränkung der → Erbenhaftung auf den Nachlaß (§§ 214 ff. KO i. V. m. §§ 1975, 1980 BGB).

### Nachlaßkonto
Von einem → Kreditinstitut bei Tod des Kontoinhabers geführtes → Sparkonto oder sonstiges Einlagenkonto bzw. → Depotkonto.

*Erbenlegitimation:* Die → Erben des verstorbenen Kontoinhabers werden Gesamtrechtsnachfolger. Sie rücken damit in die vermögensrechtliche Stellung des Verstorbenen (→ Erblasser) ein (§ 1922 BGB). Will aber der Erbe seine Rechte gegenüber einem Kreditinstitut geltend machen, z. B. über ein N. verfügen, so hat er sich grundsätzlich als Erbe zu legitimieren. Nach den → Allgemeinen Geschäftsbedingungen der Kreditinstitute (vgl. Nr. 5 AGB Banken bzw. AGB Sparkassen) ist das Kreditinstitut immer berechtigt, bei Ableben eines Kunden von den Erben einen → Erbschein zu verlangen. Der Erbschein ist ein amtliches Zeugnis des Nachlaßgerichts. Es gibt Aufschluß über die Erbfolge (wer Erbe ist), über die Erbteile (welchen Umfang das Erbrecht ausmacht) sowie über die vom Erblasser angeordneten Beschränkungen der Erbenstellung, wie z. B. Testamentsvollstreckung (→ Testamentsvollstrecker) oder → Vor- und Nacherbschaft. Der Erbschein genießt gemäß § 2365 BGB die Vermutung der Richtigkeit und Vollständigkeit sowie öffentlichen Glauben (§§ 2366 f. BGB). Schließt ein Kreditinstitut mit einer in einem Erbschein ausgewiesenen Person ein → Rechtsgeschäft ab, so ist das Rechtsgeschäft wirksam, auch wenn die Person nicht Erbe, sondern nur Scheinerbe ist. Wird statt eines Erbscheins von den Erben eine Ausfertigung oder beglaubigte Abschrift einer → Verfügung von Todes wegen (→ Testament, → Erbvertrag) sowie die Niederschrift über die zugehörige Eröffnungsverhandlung vorgelegt, so ist das Kreditinstitut berechtigt, die darin als Erben bezeichneten Personen verfügen zu lassen, insbes. mit befreiender Wirkung an sie zu leisten. Das Kreditinstitut wird aber ein eröffnetes Testament nur dann als ausreichenden Erbnachweis akzeptieren, wenn es inhaltlich eindeutig formuliert ist. Auch hat das Kreditinstitut auf die formale Gültigkeit des Testaments zu achten, da auch ungültige Testamente vom Nachlaßgericht eröffnet werden. Letzteres könnte beispielsweise bei privatschriftlichen Testamenten der Fall sein.

*Kontobelastung aufgrund von lebzeitigen Weisungen des verstorbenen Kontoinhabers:* Der Tod des Kontoinhabers führt nicht automatisch zur Sperrung des → Kontos. Weisungen, die der Kontoinhaber noch zu Lebzeiten getroffen hatte, bleiben generell wirksam, soweit die legitimierten Erben nicht widersprechen. → Schecks, die der Verstorbene ausgestellt hatte, sind auch nach seinem Ableben einzulösen. Das gleiche gilt für → Lastschriften oder die Ausführung von Überweisungsaufträgen. Der Erbe ist generell an → Willenserklärungen gebunden, die der Erblasser noch vor seinem Tode getroffen hatte.

*Auskünfte über N.:* Hinterläßt der Erblasser nur einen Erben, so ist dieser Alleinerbe in demselben Umfang auskunftsberechtigt, wie der Erblasser auskunftsberechtigt war. Dagegen steht einem einzelnen Miterben bei ungeteiltem Nachlaß ein Auskunftsrecht nur gemeinsam mit den übrigen Erben zu. Allerdings kann ein Miterbe alleine das gemeinschaftliche Recht auf Auskunftserteilung geltend machen, da gemäß § 2039 BGB ein Miterbe Leistungen an alle verlangen kann. Das Kreditinstitut muß den einzelnen Miterben und allen weiteren Mitgliedern der → Erbengemeinschaft die verlangten Auskünfte zukommen lassen. Wenn Testamentsvollstreckung, → Nachlaßverwaltung oder → Nachlaßkonkurs angeordnet ist, haben die Erben kein Auskunftsrecht gegenüber dem Kreditinstitut.

*Verfügung über N.:* In seiner Eigenschaft als Gesamtrechtsnachfolger ist der legitimierte Alleinerbe grundsätzlich uneingeschränkt verfügungsberechtigt. Mehrere Erben bilden eine Gesamthandsgemeinschaft (§ 2039 BGB). Verfügungen über N. dürfen daher nur durch alle Miterben gemeinschaftlich vorgenommen werden (§§ 2039 f. BGB). Etwas anderes gilt nur, wenn ein Miterbe von allen anderen Miterben zur alleinigen Verfügung über das betreffende N. bevollmächtigt worden ist. Auch die →Kündigung eines Sparguthabens bedarf grundsätzlich des gemeinschaftlichen Handelns aller Miterben. Soweit auf einem Nachlaß-Sparkonto fällige Beträge stehen, können diese an jeden Buchvorleger aufgrund der Legitimationswirkung des Sparbuchs (§ 808 Abs. 1 BGB) vom kontoführenden Kreditinstitut ausgezahlt werden. Der Vorleger des Sparbuchs könnte auch ein Miterbe sein. Beerdigungskosten in angemessener Höhe können i. a. ohne weiteres zu Lasten des N. durch einen Miterben oder durch eine andere Person beglichen werden. Denn gemäß § 1968 BGB hat der Erbe die Kosten einer standesgemäßen Beerdigung zu tragen. Verfügungsberechtigung über ein N. besitzen ggf. noch Kontobevollmächtigte (→Kontovollmacht), Nachlaßpfleger (→Nachlaßpflegschaft) oder Testamentsvollstrecker. Bei der Vollmacht kann es sich um eine Vollmacht über den Tod hinaus, um eine Vollmacht für den Todesfall oder um Vollmacht des (der) Erben handeln. Das Verfügungsrecht dritter Personen über N. erlischt, wenn Nachlaßverwaltung (§ 1981 ff. BGB) oder der Nachlaßkonkurs (§ 214 ff. KO) eröffnet worden ist.

*Erbfallmeldung:* Gemäß § 33 ErbStG i. V. m. § 5 ErbStDV besteht für Kreditinstitute eine Anzeigepflicht an das zuständige Erbschaftssteuerfinanzamt im Falle des Todes eines Kunden. Die Erbfallmeldung hat innerhalb eines Monats nach Bekanntwerden des Todesfalles zu erfolgen und soll die Erhebung der →Erbschafts- und Schenkungssteuer durch den Fiskus sicherstellen. Zuwiderhandlungen gegen die Anzeigepflicht gelten als →Steuerordnungswidrigkeit und können mit Geldbuße geahndet werden. Die Erbfallmeldung kann unterbleiben, wenn das bei dem einzelnen Kreditinstitut verwaltete Vermögen insgesamt nicht mehr als 2000 DM beträgt. Die Erbfallmeldung erfolgt auf einem besonderen Formular, das dem in § 5 Abs. 1 ErbStDV ausgeführten Muster entspricht (→Anzeigepflicht des Kreditinstitutes beim Tode eines Kunden).

### Nachlaßpflegschaft

Bei Unklarheit in den erbrechtlichen Verhältnissen kann das Nachlaßgericht (Amtsgericht) von Amts wegen oder auf Antrag von Nachlaßgläubigern einen Nachlaßpfleger bestellen. Der Nachlaßpfleger ist →gesetzlicher Vertreter der →Erben. Er hat die Aufgabe, eventuell noch unbekannte Erben zu ermitteln und den →Nachlaß bis zur Annahme der Erbschaft zu sichern und zu verwalten. Bisweilen beinhaltet die N. auch nur Prozeßvertretung (§§ 1960 ff. BGB). Außerdem haftet der Nachlaßpfleger für die Sicherstellung der →Erbschafts- und Schenkungssteuer (§§ 106, 109 AO). Gemäß § 1915 BGB finden für die →Vormundschaft geltenden Vorschriften entsprechende Anwendung. Damit ist der Nachlaßpfleger nur mit Genehmigung des Nachlaßgerichts über →Nachlaßkonten verfügungsberechtigt. Vom Genehmigungsvorbehalt grundsätzlich ausgenommen sind Verfügungen über Nachlaßerträgnisse (§ 1813 Abs. 1 Nr. 4 BGB). Vor jeder Verfügung hat der Nachlaßpfleger eine vom Nachlaßgericht ausgestellte und den Umfang seiner Rechte beschreibende Bestallungsurkunde (§§ 1915, 1791 BGB) vorzulegen. Die N. endet mit Bekanntwerden der Erben durch Aufhebungsbeschluß.

### Nachlaßverwaltung

Besondere Verwaltungsform bei einem nicht-überschuldeten →Nachlaß, mit dem Ziel, die Nachlaßgläubiger zu befriedigen (§§ 1975, 1985 Abs. 1 BGB). Dadurch kann der →Erbe die →Haftung diesen Personen gegenüber auf den Nachlaß beschränken (→Erbenhaftung), weil die durch den Erbfall eingetretene Verschmelzung des →Vermögens des →Erblassers und des Erben rückwirkend aufgehoben wird, so daß der Nachlaß und das Vermögen des Erben wieder zu getrennten Vermögensmassen werden (§§ 1976 f. BGB). Die N. wird auf Antrag des Erben oder eines Nachlaßgläubigers angeordnet (§ 1981 BGB). Der Erbe verliert danach die Befugnis, den Nachlaß zu verwalten und über ein →Nachlaßkonto zu verfügen (§ 1984 Abs. 1 S. 1 BGB). Dieses geht nämlich auf den vom Nachlaßgericht eingesetzten Nachlaßverwalter über (§ 1985 Abs. 1 BGB). Der Nachlaßverwalter muß aber nach herrschender Meinung für →Rechtsgeschäfte, die der vormundschaftsgerichtlichen Genehmigung unterliegen, ebenfalls eine Genehmigung beim Nachlaßgericht einholen. Erst dann kann er alle →Bankgeschäfte mit einem Kreditinstitut tätigen, wobei er sich diesem gegenüber

**Nachrangige Nullkupon-Anleihe**

durch die gerichtliche Bestallungsurkunde legitimiert.
Verfügungen des Erben über Nachlaßgegenstände sind den Nachlaßgläubigern gegenüber unwirksam. Um den Rechtsverkehr auf die damit einhergehenden Verwaltungs- und Verfügungsbeschränkungen hinzuweisen, ist die Anordnung der N. öffentlich bekannt zu machen (§ 1983 BGB).

**Nachrangige Nullkupon-Anleihe**
→ Nachrangige Schuldverschreibung, die als Zero Bond (→ Nullkupon-Anleihe) emittiert wurde.

**Nachrangige Schuldverschreibung**
→ Schuldverschreibung, die im Falle des → Konkurses oder der → Liquidation des → Emittenten erst nach Befriedigung aller nicht nachrangigen → Gläubiger zurückerstattet wird. N. S. haben ein höheres → Bonitätsrisiko.

**Nachrangiges Hypothekendarlehen**
→ Darlehen, das gegen ein → Grundpfandrecht gewährt wird, wobei das Grundpfandrecht an zweiter oder dritter Rangstelle im → Grundbuch eingetragen wird (→ Rang). Ein nachrangiges Darlehen kann noch im Rahmen der Realkreditgrenze (→ Beleihungsgrenze von 60 Prozent des → Beleihungswertes bei einem → Realkredit) liegen, oftmals wird aber die Realkreditgrenze durch das erstrangig eingetragene → Hypothekendarlehen ausgeschöpft.

**Nachrangige Verbindlichkeiten**
→ Verbindlichkeiten, die bei Vorliegen bestimmter Voraussetzungen als haftendes Eigenkapital (→ Ergänzungskapital zweiter Klasse) anerkannt werden (→ haftendes Eigenkapital der Kreditinstitute) und damit die Eigenkapitalbasis des → Kreditinstituts vergrößern.

*Vertragsformen:* N. V. können als Buchverbindlichkeiten oder als → verbriefte Verbindlichkeiten, z. B. durch Ausgabe von nachrangig ausgestalteten → Inhaberschuldverschreibungen, begründet werden. → Spareinlagen oder → Sparbriefe/Sparkassenbriefe können nicht zur Aufnahme n. V. verwendet werden, da nach § 10 Abs. 5a KWG keine Bezeichnung verwendet werden darf, die den Wortteil „Spar" enthält.

*Anrechnungsvoraussetzungen:* Nachrangvereinbarung, d. h. nachrangige Befriedigung bei → Konkurs oder → Liquidation (nicht aber bei → Vergleich); Zurverfügungstellung des → Kapitals mindestens für die Dauer von fünf Jahren; Ausschluß der → Aufrechnung des Rückerstattungsanspruchs gegen → Forderungen, die dem Kreditinstitut gegenüber dem → Gläubiger zustehen; Verzicht auf die Stellung vertraglicher Sicherheiten für die Verbindlichkeit durch das Kreditinstitut oder durch Dritte.

*Bilanzausweis:* Ausweis im Passivposten Nr. 9 der → Bankbilanz.

**Nachrangige Vermögensgegenstände und Schulden**
→ Forderungen und → Verbindlichkeiten, die im Falle der → Liquidation oder des → Konkurses erst nach den Forderungen der anderen → Gläubiger erfüllt werden dürfen (§ 4 Abs. 1 RechKredV). In der → Bankbilanz sind nachrangige Vermögensgegenstände bei dem jeweiligen Posten oder Unterposten gesondert auszuweisen oder im Anhang (→ Anhang zum Jahresabschluß der Kreditinstitute) gesonderte Angaben zu machen. → Nachrangige Verbindlichkeiten werden im Passivposten Nr. 9 ausgewiesen.

**Nachschuß**
Nachträgliche, über die vereinbarte → Einlage hinaus zu erbringende Leistung, z. B. wenn die → Konkursmasse zur Befriedigung der → Gläubiger nicht ausreicht.
Bei → Personengesellschaften besteht keine Nachschußpflicht (§ 707 BGB); sie kann aber im → Gesellschaftsvertrag festgelegt werden. Während bei der → Gesellschaft mit beschränkter Haftung eine Nachschußpflicht nur vorliegt, wenn sie im Gesellschaftsvertrag bestimmt wurde (§ 26 GmbHG), besteht sie bei der → Genossenschaft grundsätzlich, sofern sie nicht durch das Statut ausgeschlossen wurde (§ 105 GenG).
Befreiung von der Nachschußpflicht ist durch Abandonierung (→ Abandon) möglich.

**Nachschüssiger Annuitätenfaktor**
Jährlich in gleicher Höhe anfallender → Cash-flow, der einem → Barwert von 1 DM bei einem Zinssatz von i% entspricht. Der n. A. wird mit folgender Formel ermittelt:

$$A = i \cdot (1 + i)^n : [(1 + i)^n - 1]$$

wobei:

A = jährliche →Annuität
i = Zinssatz, d. h. p/100
n = →Restlaufzeit.

Der n. A. ist der Kehrwert des →nachschüssigen Rentenbarwertfaktors, d. h. die Formel zur Ermittlung des n. A. vereinfacht sich wie folgt:

$$A = 1 : a_n$$

wobei:
A = jährliche Annuität
$a_n$ = Barwert einer nachschüssigen →Rente zum Zeitpunkt n, d. h. heutiger Wert.

### Nachschüssiger Rentenbarwertfaktor

Heutiger Wert einer jährlichen nachschüssigen →Rente von 1 DM. Der n. R. wird mit folgender Formel ermittelt:

$$a_n = [(1 + i)^n - 1] : [i \cdot (1 + i)^n]$$

wobei:
$a_n$ = →Barwert einer nachschüssigen Rente zum Zeitpunkt n, d. h. heutiger Wert
i = Zinssatz, d. h. p/100
n = →Restlaufzeit

*Gegensatz*: →nachschüssiger Rentenendwertfaktor.
(→Barwertformel bei Zinseszinsen, →nachschüssiger Annuitätenfaktor)

### Nachschüssiger Rentenendwertfaktor

→Zukünftiger Wert einer jährlichen nachschüssigen →Rente von 1 DM. Der n. R. wird mit folgender Formel ermittelt:

$$s_n = [(1 + i)^n - 1] : i$$

wobei:
$s_n$ = →Kapital einer nachschüssigen Rente zum Zeitpunkt n, d. h. zukünftiger Wert
i = Zinssatz, d. h. p/100
n = →Restlaufzeit.

*Gegensatz*: →nachschüssiger Rentenbarwertfaktor.
(→Endwertformel bei Zinseszinsen, →nachschüssiger Annuitätenfaktor)

### Nachschüssige Zinsfestsetzung, →LIBOR in Arrears-Swap.

### Nachschüssige Zinsrechnung

Ein →Cash-flow wird am Ende der →Zinsperiode geleistet. Die n. Z. überwiegt an den →internationalen Finanzmärkten.
*Gegensatz*: →vorschüssige Zinsrechnung.
(→LIBOR in Arrears-Swap)

### Nachschußpflicht, →Nachschuß.

### Nachsichtwechsel

→Wechsel, der eine bestimmte Zeit nach Sicht fällig ist. Die Verfallzeit richtet sich bei dem →gezogenen Wechsel nach dem in der Annahmeerklärung (→Wechsel, Annahme) angegebenen Tag. Der →Bezogene hat deshalb das →Akzept zu datieren. Fehlt diese Zeitangabe, so kann sie von dem Wechselgläubiger unter Protest (→Wechselprotest) nachverlangt werden (Art. 35 WG). Die Vorlegung selbst hat wie beim →Sichtwechsel grundsätzlich binnen eines Jahres zu erfolgen (Art. 23 WG). N. sind insbes. bei Außenhandelsgeschäften üblich.

### Nackter Optionsschein

→Emission von →Optionsscheinen, die nicht aus einer →Optionsanleihe oder aus →Genußscheinen mit Optionsrecht stammen, sondern eigenständige Emissionen des →Emittenten sind. Der Emittent geht bei N. O. eine →Stillhalter-Position in →Call- oder →Put-Optionsscheinen ein. N. O., die beim Emittenten durch den →Basiswert (z. B. →Aktien) gedeckt sind und nicht durch andere Hedginginstrumente (→Hedging; z. B. →Futures, →Optionen) abgesichert werden, bezeichnet man als →gedeckte Optionsscheine oder Covered Warrants. Im Gegensatz zu N. O. gehen →Issue linked Warrants aus Optionsanleihen oder Genußscheinen mit Optionsrechten hervor. I. d. R. haben N. O. eine geringere →Laufzeit (ein bis zwei Jahre) als Issue linked Warrants. Ein weiterer Unterschied zu Issue linked Warrants besteht darin, daß N. O. i. d. R. einen Barausgleich (→Cash Settlement) vorsehen.

### Naked Bond Warrant

→Nackter Optionsschein, der als →Basiswert →Zinsinstrumente (z. B. →Straight Bonds, →Nullkupon-Anleihen) hat.

### Naked Warrant, →nackter Optionsschein.

### Namensaktie

*Registered Share*; →Aktie, die auf einen Namen lautet und nach § 67 Abs. 1 AktG unter Bezeichnung des Inhabers nach Namen und Wohnort in das →Aktienbuch der Gesellschaft einzutragen ist. →Aktionärsrechte kann nur der im Aktienbuch eingetragene →Aktionär ausüben. Aktien müssen

**Namensindossament**

gemäß § 10 Abs. 2 AktG als N. ausgestellt sein, wenn sie vor der vollen Zahlung des Nennbetrages oder des höheren Ausgabebetrages ausgegeben werden. Die →Satzung muß im übrigen bestimmen, ob N. oder →Inhaberaktien ausgestellt werden (§ 23 Abs. 3 Nr. 5 AktG). N. sind →geborene Orderpapiere; sie können durch →Indossament übertragen werden. Das Indossament besitzt aber nur die Legitimations- und die Transportfunktion. Es hat keine Garantiefunktion. Die entsprechenden Artikel des →Wechselgesetzes (WG) gelten sinngemäß (§ 68 Abs. 1 AktG). Die →Übertragung einer N. ist gemäß § 68 Abs. 3 AktG bei der Gesellschaft zum Vermerk des Übergangs im Aktienbuch anzumelden. Die Übertragung von N. kann an die Zustimmung der Gesellschaft gebunden sein, so z. B. wenn die Satzung den Aktionären Nebenverpflichtungen gemäß § 55 Abs. 1 AktG auferlegt. Diese Aktien werden als →vinkulierte Namensaktien bezeichnet.

**Namensindossament**
→Indossament, das den →Indossatar benennt (→Vollindossament).
*Gegensatz*: →Blankoindossament.

**Namenspapier**
Auf den Namen einer bestimmten →Person lautendes →Wertpapier (→Rektapapier, →Namensaktie, →Namensschuldverschreibung), das typischerweise nicht zum Umlauf bestimmt ist und durch →Abtretung übertragen wird.
*Gegensatz*: →Inhaberpapier.

**Namenspfandbrief**
→Pfandbrief, der auf den Namen des Erst- oder Zweiterwerbers lautet. N. werden nur in großen Abschnitten (z. B. 10 Mio DM) ausgegeben. N. müssen ähnlich wie →Schuldscheindarlehen bei Kursrückgängen nicht abgeschrieben werden. Der größte Teil der Pfandbriefe wird in →Inhaberpapieren verbrieft.

**Namensschuldverschreibung**
→Schuldverschreibung, die auf eine bestimmte →Person lautet und keine →Orderklausel trägt. Der →Schuldner hat direkt (lat. recta) an den Benannten (oder seinen Rechtsnachfolger) zu leisten; es handelt sich um ein →Rektapapier.
Die Rechte aus der N. können durch den Berechtigten (Altgläubiger, Zedent) an einen neuen →Gläubiger (Zessionar) abgetreten werden. Damit geht das →Eigentum an der N. über (§ 952 Abs. 2 BGB). Das Recht am Papier (Eigentumsrecht an der Urkunde) folgt dem Recht aus dem Papier (Forderungsrecht). N. erfordern eine →Legitimationsprüfung bei Erwerb bzw. Einlösung.
Wegen der erschwerten Übertragbarkeit sind N. nicht für den Börsenhandel geeignet. Hypothekenbanken geben u. a. auch →Namenspfandbriefe und Namenskommunalschuldverschreibungen aus. →Kapitalsammelstellen, die mit festen Anlageplänen arbeiten (z. B. Versicherungsgesellschaften), ziehen N. zuweilen vor, weil dann planmäßig gestaffelte →Fälligkeiten „maßgeschneidert" festlegbar sind. Auch sind die Vorschriften über die bilanzielle →Bewertung beim Gläubiger bedeutsam. Börsenmäßig gehandelte Inhaberschuldverschreibungen sind dem →Umlaufvermögen zuzuordnen (Bewertung zum strengen →Niederstwertprinzip), während N., die mit gleichen Konditionen ausgestattet sind, nicht diesen strengen Wertberichtigungsnotwendigkeiten unterliegen.
→Sparbriefe/Sparkassenbriefe der Banken und →Sparkassen werden i. d. R. als N. ausgegeben. Sparkassen sind jedoch dazu übergegangen, Sparkassenbriefe mit einer Inhaberklausel zu versehen, so daß es sich um hinkende →Inhaberpapiere (qualifizierte →Legitimationspapiere) handelt. Bei diesen Namenspapieren kann die Sparkasse an jeden Inhaber bei Vorlage der Schuldverschreibung mit befreiender Wirkung leisten. Der Inhaber kann jedoch die Leistung nicht ohne Nachweis seiner Berechtigung verlangen.
(→Inhaberschuldverschreibung)

**NASD**
Abk. für National Association of Security Dealers.

**Natürliche Person**
Im Unterschied zur →juristischen Person rechtliche Bezeichnung für jeden Menschen als Träger von →Rechten und Pflichten (→Rechtsfähigkeit) für die Dauer seines Lebens. Eine zur Zeit des Erbfalls bereits erzeugte Leibesfrucht wird mit der Vollendung der (Lebend-)Geburt →Erbe, weil sie als vor dem Tod des →Erblassers geboren und damit als →Person gilt (§ 1923 Abs. 2 BGB).

## NCM
Abk. für Nicht-Clearing-Mitglied.

## NDJA-Index
Abk. für Nikkei Dow Jones Average-Index (→ Nikkei 225 Index).

## Near Banks
Banknahe Institute (Institutionen), die Finanzdienstleistungen anbieten, die keine Bankgeschäfte i.S. von § 1 Abs. 1 KWG (→ Bankgeschäfte i.S. des Kreditwesengesetzes) sind, sondern in § 1 Abs. 3 KWG aufgeführte Leistungen erbringen. Zu den N. B. zählen z. B. Versicherungen, → Leasing-Gesellschaften, → Factoring-Institute und Forfaitierungsinstitute, → Finanzmakler, → Broker, → Kreditkartengesellschaften sowie → Kapitalbeteiligungsgesellschaften, Vermögensverwaltungs- und Anlageberatungsgesellschaften. Soweit sie bestimmte, in § 1 Abs. 3 Satz 1 KWG aufgeführte Haupttätigkeiten ausüben, sind sie → Finanzinstitute i.S. des KWG.

## Nearby Contract,
→ Front Month Futures-Kontrakt.

## Near Money
Synonyme Bezeichnung für → Quasigeld (bzw. Geldsubstitute).

## Nebenbürgschaft
→ Bürgschaft mehrerer → Personen für dieselbe Hauptschuld, wobei die einzelnen Verpflichtungen nach der vertraglichen Vereinbarung dem → Gläubiger gegenüber voneinander unabhängig sein sollen.
Die Leistung die einen Nebenbürgen befreit nicht die anderen. Auch eine Ausgleichspflicht der Nebenbürgen untereinander kann ausgeschlossen werden. Der Unterschied spielt für den Gläubiger keine Rolle, wenn alle Bürgen für die → Verbindlichkeit in voller Höhe haften, ist aber wichtig bei → Teilbürgschaften.
*Gegensatz:* → Mitbürgschaft.

## Nebenplatz
Ort, an dem sich keine → Zweiganstalt der Deutschen Bundesbank (Hauptstelle oder Zweigstelle) befindet.
*Gegensatz:* → Bankplatz.

## Negative Carry, → Carry Basis.

## Negative Convexity
Form der → Convexity einer → Kurs-Rendite-Kurve. Für einen Anleger sind → Zinsinstrumente weniger wertvoll mit einer hohen → Kurssensitivität bei steigenden → Renditen (→ Modified Duration wird höher) und einer geringen Kurssensitivität (Modified Duration wird geringer) bei fallenden Renditen. Dieses Kursverhalten wird durch eine n. C. beschrieben. Je niedriger die Convexity eines Papieres ist, desto negativer wirkt sich dieses Kursverhalten für den Anleger aus. Eine n. C. wird auch als konkav bezeichnet. Negativ hat in diesem Zusammenhang eine zweifache Bedeutung: Zum einen deutet es darauf hin, daß es für einen Anleger in bestimmten Situationen unvorteilhafter ist, ein Papier mit einer hohen n. C. zu kaufen, zum anderen, daß die Modified Duration verringert wird, wenn die Renditen fallen. Der Anleger hat ein Zinsinstrument, das ihm begrenzte Kursgewinne bei fallenden Zinsen, aber hohe Kursverluste bei steigenden Zinsen realisiert (asymmetrisches Kursverhalten).
→ Anleihen mit Schuldnerkündigungsrecht und → Leveraged Floater sind → Zinsinstrumente, die eine n. C. haben.
(→ Risikomanagement festverzinslicher Wertpapiere)

## Negative Orderklausel, → Orderklausel, → Rektaindossament.

## Negativverklärung
Im → Kreditvertrag vom Kreditnehmer gegenüber dem Kreditgeber übernommene Verpflichtung, Vermögenswerte – insbes. → Grundstücke – für die Dauer des Kreditverhältnisses ohne das Einverständnis des → Kreditinstituts weder zu veräußern noch zu belasten. Die N. ist ein rechtsgeschäftliches Veräußerungs- bzw. Verfügungsverbot (§ 137 BGB), das im Falle der Zuwiderhandlung die Wirksamkeit der vertragswidrigen Handlung nicht berührt. Daher wird der Kreditnehmer für solche Fälle verpflichtet, eine Vertragsstrafe (§§ 339 ff. BGB) zu leisten oder den Kredit sofort zurückzuzahlen. Eine N. kann mit der Verpflichtung zur Bestellung einer bankmäßigen → Kreditsicherheit verbunden sein (Negativ-Positiv-Erklärung).

## Negatives Eigenkapital
Liegt vor, wenn die → Schulden das → Vermögen einer Unternehmung übersteigen. Man spricht dann von einer → Unterbilanz.

## Negatives Kapitalkonto
Kapitalkonto eines Mitunternehmers (→ Mitunternehmerschaft), das durch Zu-

1135

## Negatives Schuldanerkenntnis

weisung von → Verlusten negativ geworden ist. Dies gilt trotz § 167 Abs. 3 HGB auch für → Kommanditisten; es eröffnet die Möglichkeit, Kommanditisten als Mitunternehmern Verluste zuzuweisen (Entstehung von Abschreibungs- und → Verlustzuweisungsgesellschaften). Trotz der steuerrechtlich anerkannten Verlustzurechnung wird nach § 15a EStG der Verlust, der für den Kommanditisten zu einem n. K. führt oder das n. K. erhöht, weder mit anderen → Einkünften aus Gewerbebetrieb noch mit Einkünften aus anderen Einkunftsarten ausgleichsfähig. Die angestrebte Steuervergünstigung besteht vielmehr darin, daß die → Gewinne, die der Kommanditist in späteren Jahren aus seiner → Beteiligung erhält, bis zur Höhe des zugewiesenen Verlustes bei der Auffüllung seines n. K. nicht zu versteuern sind. Sonderregelungen für eine Verlustausgleichsbeschränkung ergeben sich aus § 15a EStG.

## Negatives Schuldanerkenntnis

Vereinbarung zwischen → Gläubiger und → Schuldner, in der die Gläubiger anerkennt, daß keine Schuld (mehr) besteht (§ 397 Abs. 2 BGB). Üblich ist dieser → Vertrag bei Beendigung von Arbeitsverhältnissen („Ausgleichsquittung").

## Negative Stückzinsen, → Stückzinsen.

## Negativklausel in Anleihebedingungen

Klausel, mit der sich der → Schuldner von → Anleihen (meist → Industrieobligationen) verpflichtet, entweder
– eine künftige Anleihe höchstens gleichrangig zu besichern oder
– den → Gläubigern einer ohne dingliche Sicherheit ausgegebenen Anleihe nachträglich eine gleichrangige Sicherheit einzuräumen, wenn künftige Anleihen oder → Kredite besichert werden, oder
– wesentliche Teile seines → Vermögens nur mit ausdrücklicher Zustimmung der Treuhänder der Gläubiger der Schuldverschreibung zu belasten oder zu veräußern oder
– weitere Anleihen nur mit Zustimmung der Treuhänder zu begeben.
Die N. wird anstelle einer besonderen Besicherung abgegeben. Vom Markt wird diese „Sicherheit" allerdings nur akzeptiert, wenn bezüglich des → Emittenten keine Bonitätszweifel bestehen.

## Negativmerkmal

Privatkreditnehmer, bei denen ein → Kreditinstitut wegen nicht ordnungsmäßiger Führung des Engagements Maßnahmen (→ Kündigung, Vollstreckungsmaßnahmen) ergreift, werden mit diesen N. der zuständigen → SCHUFA gemeldet. Diese speichert die Maßnahmen und teilt sie wiederum allen Anschlußfirmen mit, die innerhalb eines bestimmten Zeitraumes Daten über den betreffenden Kreditnehmer an die SCHUFA gemeldet haben. Veranlaßt durch diese Nachmeldung von N. kann es auch bei anderen Kreditgebern zu Sicherungsmaßnahmen bezüglich deren → Forderungen gegen den betreffenden → Privatkunden kommen.

## Neglected-firm-Effekt

→ Aktien, die von Wertpapieranalysten vernächlässigt werden, weisen eine bessere Performance (→ Wertentwicklung) aus als Aktien, die systematisch analysiert werden.

## Negotiable Instrument

Handelbares → Wertpapier und wertpapierähnliches Instrument (z. B. Emissionsfazilitäten [wie z. B. RUFs und NIFs] sowie Plazierungsinstrumente [wie z. B. → Euro-Notes und → Commercial Papers]).

## Negoziierung

Im internationalen Dokumenten-/Akkreditivgeschäft für den Ankauf (von Dokumenten begleiteten) → Tratten verwendeter Ausdruck, nunmehr in Art. 10b ERA definiert. N. kommt bei der Finanzierung von Exportgeschäften (→ Exportfinanzierung durch Kreditinstitute) vor: (1) als Ankauf dokumentärer Tratten (→ Wechsel) bei → D/P-Inkassi (Abwicklung: → Exportvorschüsse), (2) als Ankauf von dokumentären Tratten bei → Negoziierungsakkreditiven, (3) bei der Abwicklung von → Negoziierungskrediten (Drawing Authorizations).

## Negoziierungsakkreditiv

→ Dokumentenakkreditiv, bei dem die eröffnende → Bank (bei einem → bestätigten Akkreditiv zusätzlich die bestätigende Bank) verpflichtet ist, bei Vorlage ordnungsmäßiger Dokumente und Erfüllung der Akkreditivbedingungen vom Begünstigten (auf den Akkreditivauftraggeber oder die eröffnende Bank oder einen anderen benannten Bezogenen) ausgestellte → Sichttratten oder Nachsichttratten selbst zu zahlen oder für eine → Negoziierung (Ankauf) durch eine andere Bank zu sorgen und bei nichterfolgter Negoziierung zu bezahlen (Art. 10b ERA). Die Bezahlung durch die verpflichtete Bank hat ohne Rückgriff auf den → Aussteller oder gutgläubigen Inhaber zu erfolgen.

### Negoziierungskredit
In der anglo-amerikanischen Praxis entstandene Abwicklungsform von Dokumentengeschäften auf der Grundlage von → Tratten. Im Unterschied zum → Dokumentenakkreditiv begründen sie keine Leistungsverpflichtung der eröffnenden → Bank. N. dienen dazu, dem Exporteur Zahlung gegen Einreichung der Dokumente zu verschaffen.

*Formen:* Zu unterscheiden sind die Authority to Pay (Authority to Purchase) und die Order to Negotiate (OTN). In beiden Fällen ist der Exporteur zur Ziehung von Tratten (Drawing authorisation) und die Bank des Exporteurs zum Ankauf dieser Tratten (→ Sichttratten) ermächtigt. Bei der Ankaufsermächtigung, die als Authority to Pay bezeichnet wird, sind die Tratten auf den Importeur gezogen (→ Nachsichtwechsel werden vom Importeur akzeptiert). Bei der OTN sind die Tratten auf die Importeurbank gezogen. Der Verkäufer haftet in jedem Fall bis zur Einlösung der → Wechsel, da N. stets mit „Without Recourse"-Tratten abgewickelt werden.

### Nennbetrag eines Wertpapiers, → Nennwert eines Wertpapiers.

### Nennwert
Auf → Wertpapieren (→ Nennwert eines Wertpapiers), insbesondere → Aktien (→ Nennwertaktie), → Scheidemünzen oder → Banknoten aufgedruckter bzw. aufgeprägter Betrag in Geldeinheiten (→ Nominalwert).

### Nennwertaktie
*Summenaktie*; → Aktie, die auf einen bestimmten → Nennwert, nach § 6 AktG auf einen Nennwert in D-Mark, lautet. Das Verhältnis des Nennwertes zum → Grundkapital (als Summe aller Nennwerte der Aktien) ergibt den Umfang der von der Aktie repräsentierten → Beteiligung.
*Gegensatz:* → Quotenaktie (nennwertlose Aktie).

### Nennwert eines Wertpapiers
Der auf dem → Mantel einer → Aktie oder einer → Schuldverschreibung genannte DM-Betrag (Nominalwert, Nennbetrag). Der → Nennwert bezeichnet bei der Aktie den betragsmäßigen Anteil des → Aktionärs am → Grundkapital, bei der Schuldverschreibung die Höhe der → Forderung des → Gläubigers. In Deutschland müssen Aktien einen Nennwert haben (→ Stückelung). Es sind nur → Nennwertaktien zulässig, nicht dagegen → Quotenaktien (nennwertlose Aktien).

### Nennwertlose Aktie, → Quotenaktie.

### Nested Option, → Compound Option.

### Net Basis, → Value Basis.

### Net Carry, → Carry Basis.

### Net-Leasing
→ Leasing ohne Übernahme von Service-Leistungen von seiten des Leasing-Gebers.
*Gegensatz:* → Full-service-Leasing.

### Net Present Value, → Barwert.

### Netting
1. *Allgemein:* Verrechnung von Zahlungsbewegungen, um Anzahl und Volumen von Zahlungsbewegungen innerhalb von nationalen oder multinationalen → Konzernen zu verringern (→ Cash-Management-Systeme).

2. *Verrechnung von Zinszahlungen:* vgl. → Interest Netting.

3. *Verrechnung von sich aufhebenden Positionen* bei → Futures-Kontrakten und → Optionen an → Terminbörsen.

4. *N. von Währungspositionen:* Wird eingesetzt, um gegensätzliche → Währungsrisiken gleicher → Fälligkeit miteinander aufzurechnen und nur die verbleibende Nettoposition kurszusichern. Hierdurch läßt sich das risikobehaftete Fremdwährungsvolumen und damit vermeintlich das Währungsrisiko reduzieren. Da die gegeneinander verrechneten → Forderungen und → Verbindlichkeiten zum Tageskurs gebucht werden müssen, unterliegt die genettete Position dennoch den Schwankungen des Marktkurses. Es kann lediglich die Geld-/Brief-Spanne für Kauf bzw. Verkauf eingespart werden.

### Netting durch Novation
*Netting by novation;* das Ersetzen zweier bestehender → Kontrakte zwischen zwei Parteien über die Lieferung von Beträgen in einer bestimmten → Währung an einem bestimmten Tag durch einen einzigen Kontrakt, durch den die ursprünglichen Kontrakte erfüllt werden und damit erlöschen.

1137

## Netto-Auslandsaktiva

Das Netting kann in verschiedenen Formen ausgestaltet sein: Bilaterales N. d. N. = Netting zwischen nur zwei Parteien (z. B. → FXNET), Multilaterales N. d. N. und Substitution = Netting zwischen mehr als zwei Parteien (eine dritte Partei tritt als → Gläubiger bzw. → Schuldner in die Kontrakte zwischen zwei Parteien ein). Eine rechtlich weniger klar ausgestaltete Form des Netting stellt die → Positionenaufrechnung dar.

### Netto-Auslandsaktiva der Deutschen Bundesbank, → Währungsreserven.

### Netto-Auslandsposition

Summe der → Forderungen der Inländer an Ausländer (= Auslandsforderungen, → Auslandsaktiva) abzüglich der → Verbindlichkeiten von Inländern gegenüber Ausländern (= Auslandsverbindlichkeiten, → Auslandspassiva). Auslandsforderungen und Auslandsverbindlichkeiten werden im → Auslandsvermögensstatus der BRD erfaßt.
Eine Erhöhung der N.-A. eines Landes entspricht dem Überschuß in der → Leistungsbilanz. Die N.-A. kann eine Nettogläubigerposition oder eine Nettoschuldnerposition sein. Forderungen und Verbindlichkeiten gegenüber dem Ausland haben die → Deutsche Bundesbank, die → Kreditinstitute, die Unternehmen (ohne Kreditinstitute) und Privatpersonen sowie die → öffentlichen Haushalte. Hinzu kommen als Verbindlichkeiten die DM-Noten im Ausland. Die größte Forderungsposition besitzt die Bundesbank. Deren jährliche Veränderung ist mit dem Saldo der → Gold- und Devisenbilanz (= Veränderung der Netto-Auslandsaktiva der Bundesbank) identisch. Insgesamt ist der Vermögensstatus der BRD positiv, d. h., er erhöht das Volksvermögen.

### Netto-Auslandsposition der Deutschen Bundesbank

Bestand an Auslandsforderungen (abzüglich -verbindlichkeiten) der → Deutschen Bundesbank.
Wesentliche Komponente sind die → Währungsreserven (netto). Sie ergibt sich, wenn die Nettowährungsreserven der Bundesbank als Bestandsgröße um die nicht kurzfristig verfügbaren Auslandsforderungen ergänzt werden. Zu den → Krediten und sonstigen → Forderungen an das Ausland zählen z. B. Kredite an die → Weltbank (DM-Schuldscheine und Dollarbonds), Kredite im Rahmen des mittelfristigen EG-Währungsbeistands sowie kurzfristig nicht mobilisierbare Kredite an ausländische Währungsbehörden. Die Bewertung der Auslandsposition der Bundesbank erfolgt zu Bilanzkursen. Die Veränderung der Auslandsposition der Bundesbank ist für die → Zahlungsbilanz der BRD von Bedeutung. Bei gesamtwirtschaftlichen Fragen ist die notenbankspezifische Tätigkeit (→ Deutsche Bundesbank, Devisenhandel) von Bedeutung, speziell die Veränderung der offiziellen Währungsreserven, besonders, wenn sie aus Interventionen der Bundesbank am → Devisenmarkt herrührn (→ Wochenausweis der Deutschen Bundesbank, → Deutsche Bundesbank, Jahresabschluß).

### Nettoertrag/Nettoaufwand aus Finanzgeschäften

Spartenübergreifendes saldiertes Ergebnis aus → Eigenhandelsgeschäften der Kreditinstitute mit → Wertpapieren, Finanzinstrumenten (wie z. B. → Futures, → Optionen, → Swaps), → Devisen und Edelmetallen in der → Gewinn- und Verlustrechnung der Kreditinstitute (sog. Finanzgeschäfte). Bei den Wertpapieren handelt es sich ausschl. um → Wertpapiere des Handelsbestandes (Trading Portfolio).
Alle genannten Vermögensgegenstände sind nach § 253 Abs. 3 HGB nach dem strengen → Niederstwertprinzip zu bewerten.
Erträge und Aufwendungen aus Finanzgeschäften (→ Eigenhandelsergebnis) sind zu saldieren. Ein positiver → Saldo wird als „Nettoertrag aus Finanzgeschäften", ein negativer Saldo als „Nettoaufwand aus Finanzgeschäften" ausgewiesen. In den Saldoposten sind nach § 340c Abs. 1 HGB einzubeziehen: Kursgewinne und Kursverluste, → Abschreibungen und Zuschreibungen, Zuführungen zu → Rückstellungen für drohende Verluste aus schwebenden Finanzgeschäften und Auflösung von Rückstellungen für drohende Verluste aus schwebenden Finanzgeschäften.

### Nettoinlandsprodukt

Maßgröße für die gesamtwirtschaftliche Produktion innerhalb eines Landes, wobei durch verbrauchsbedingte → Abschreibungen berücksichtigt wird, daß die dauerhaften Produktionsmittel im Zuge der Produktionstätigkeit abgenutzt werden.
(→ Inlandsprodukt)

### Nettoinvestition

Im volkswirtschaftlichen Sinne zusätzliches → Sachvermögen, das → Anlageinvestition

(Ausrüstungsinvestition und Bauinvestition) sowie → Vorratsinvestition (Lagerinvestition) sein kann. Die N. wirkt auf die Höhe der → gesamtwirtschaftlichen Nachfrage und über den → Investitionsmultikator auf die Höhe des → Volkseinkommens (Einkommenseffekt). Führen → Investitionen zu einer Vergrößerung der gesamtwirtschaftlichen Produktionskapazität, spricht man von Kapazitätseffekt der Investitionen. Ein positiver Kapazitätseffekt liegt vor, wenn die → Bruttoinvestitionen größer sind als die → Ersatzinvestitionen. Die N. sind dann positiv. Werden dagegen in einer Volkswirtschaft Investitionen nur in Höhe der notwendigen Ersatzinvestitionen vorgenommen, haben die N. den Wert Null.

**Nettomarge,** → Simple Margin.

**Netto-Position**
→ Forderungen abzüglich → Verbindlichkeiten.

**Netto-Rendite**
Verzinsung einer Anlage nach Abzug von → Steuern und unter Berücksichtigung aller steuerlich relevanten Vorteile (z. B. steuerfreie Kursgewinne). Auf einigen Märkten, wie beispielsweise Italien, werden die veröffentlichten → Renditen immer als N.-R. ausgewiesen.
(→ Vergleichbare Bruttorendite vor Steuern)

**Nettosatz**
Art der Zinsberechnung bei → Kontokorrentkrediten.
(1) Es wird ein nicht mehr von einem Basiszinssatz (→ Diskontsatz, → Fibor) abhängiger Zinssatz mit dem Kreditnehmer vereinbart mit der Maßgabe, daß eine Änderung jederzeit bei einer Änderung der Geldmarktlage oder der kreditpolitischen Situation möglich ist. Beide Vertragspartner können jederzeit während der → Laufzeit des → Kreditvertrages eine Änderung des Zinssatzes verlangen. Rechtsgrundlage für die → Kreditinstitute sind deren → Allgemeinen Geschäftsbedingungen, die Kunden werden zumeist aufgrund von Konkurrenzangeboten aktiv. Die Zinsvereinbarung in der Kreditzusage lautet zumeist „bis auf weiteres" (b. a. w.).
(2) Es wird ein Basiszinssatz vereinbart, i. d. R. der Diskontsatz der → Deutschen Bundesbank. Der N. wird aus der Summe von Basissatz und einem Zuschlag gebildet (z. B. Diskontsatz zuzüglich X Prozent). Der Zuschlag gilt entwder als für die Gesamtlaufzeit des Kredites fest vereinbart oder aber er ist jederzeit änderbar (bei Veränderungen der Geldmarktlage oder der kreditpolitischen Situation). Im letzteren Fall wird auch hier bezüglich des Zuschlages in die Zusage der Zusatz „b. a. w." aufgenommen.

**Nettosozialprodukt**
Begriff der → Volkswirtschaftlichen Gesamtrechnung. Im Unterschied zum → Nettoinlandsprodukt bezieht sich N. auf das → Inländerkonzept, also auf das Inländern insgesamt zugeflossene (Erwerbs- und Vermögens-)→ Einkommen, unabhängig davon, ob es aus in- oder ausländischen Produktionsaktivitäten stammt. Das → Bruttosozialprodukt vermindert um → Abschreibungen ergibt das N. zu Marktpreisen, dieses abzüglich der → indirekten Steuern, aber zuzüglich der → Subventionen das N. zu Faktorkosten, d. h. das Volkseinkommen.

**Nettoverschuldung,** → Verschuldungsgrad.

**Netto-Währungsreserven,** → Währungsreserven.

**Nettozinsspanne**
Im Rahmen der → Gesamtzinsspannenrechnung durch Subtraktion der Nettobedarfsspanne (Provisionsüberschuß minus Verwaltungsaufwand) von der → Bruttozinsspanne errechnete → Zinsspanne.

**Nettozinsspannenrechnung**
Analog zur → Gesamtbetriebskalkulation kann die → Gesamtzinsspannenrechnung weitergeführt werden, indem die Nettobedarfsspanne abgesetzt und so die → Nettozinsspanne errechnet wird.

    Zinserlöse in % des Geschäftsvolumens
./. Zinskosten in % des Geschäftsvolumens
= Bruttozinsspanne (Zinsüberschuß in % des Geschäftsvolumens)
./. Nettobedarfsspanne (Verwaltungsaufwand ./. Provisionsüberschuß in % des Geschäftsvolumens)
= Nettozinsspanne

**Net Yield,** → Netto-Rendite.

**Neubewertungsreserven**
Als Bestandteil des → Ergänzungskapitals aufgrund der → Eigenmittel-Richtlinie der EG eingeführte, neue Komponente des → haftenden Eigenkapitals der → Kreditinstitute. Bedenken der → Deutschen Bundes-

bank gegen die Anerkennung dieser „nicht realisierten Reserven" als Eigenkapital, weil es sich dabei um instabile Elemente handele, die angesichts unvorhersehbarer Schwankungen in ihrer Höhe keine tragfähige Haftungsbasis für eine Bankentätigkeit sein sollten, trug der Gesetzgeber nur z. T. Rechnung, indem er (in § 10 Abs. 4 a Satz 1 KWG) Abschläge vom Gesamtbetrag dieser Bestandteile vorsieht.

Zu den N. gehören: (1) 45% des Unterschiedsbetrags zwischen Buchwert und → Beleihungswert bei → Grundstücken, grundstücksgleichen Rechten und Gebäuden; (2) 35% der Differenz zwischen Buchwert und Kurswert bei (börsen-)notierten → Wertpapieren; zwischen Buchwert und dem nach dem Bewertungsgesetz festzustellenden Wert bei nicht notierten Wertpapieren, die Anteile an zum Verbund der → Kreditgenossenschaften oder der → Sparkassen gehörenden → Kapitalgesellschaften mit einer Bilanzsumme von mindestens 20 Mio. DM verbriefen; zwischen Buchwert und Rücknahmepreis von Anteilen an einem Wertpapier-Sondervermögen (→ Wertpapierfonds) oder Grundstücks-Sondervermögen (→ offener Immobilienfonds).

Näheres über das Verfahren der Ermittlung von Beleihungs- und Kurswert regeln § 10 Abs. 4 b und 4 c KWG. Die Höchstgrenze für dem Eigenkapital zuzurechnende N. beträgt 1,4% der risikogewichteten → Aktiva, bei einer Untergrenze des → Kernkapitals von 4,4%. Nicht realisierte Reserven können nur berücksichtigt werden, wenn in die Berechnung der Unterschiedsbeträge jeweils sämtliche hierfür in Betracht kommenden Aktiva einbezogen werden. Diese Berechnung ist dem → Bundesaufsichtsamt für das Kreditwesen und der Bundesbank unverzüglich nach ihrem Abschluß unter Angabe der maßgeblichen Wertansätze offenzulegen (§ 10 Abs. 4 a Sätze 2 bis 4). Die Schaffung dieser Eigenkapitalkomponente läßt sich letztlich nur unter dem Gesichtspunkt der Wettbewerbsgleichheit deutscher Banken im internationalen Geschäft rechtfertigen.

### Neue Aktien
Vom → Aktiengesetz verwendete Bezeichnung für → junge Aktien. Es sind → Aktien aus einer Erhöhung des → Grundkapitals, wobei die neuen Aktien eine von den bisher ausgegebenen (alten) Aktien abweichende Dividendenberechtigung haben können (→ Bezugsrechtswert).

### Neugeschäft
Absatz von Produkten und Dienstleistungen im Rahmen vertrieblicher Aktivitäten an Kunden und bisherige Nichtkunden.
(→ Neukundengewinnung)

### Neukundengewinnung
Neben der Intensivierung bestehender Kundenbeziehungen Hauptziel der → Akquisition. N. bedarf erheblich größerer Anstrengungen und Ressourcen als die Intensivierung bestehender Kundenverbindungen. Zum Erhalt einer gesunden Kundenstruktur ist N. für jedes → Kreditinstitut in allen Sparten unabdingbar. Insbes. im → Firmenkundengeschäft sind im Vorfeld umfangreiche Informationsbeschaffungsmaßnahmen über die Zielunternehmen erforderlich.

### 1992er Rahmenvertrag
Die International Swaps and Derivatives Association (ISDA) hat 1992 zwei neue Rahmenverträge vorgestellt, den Rahmenvertrag für grenzüberschreitende → Finanztermingeschäfte (1992 Master Agreement multicurrency cross border) und den Rahmenvertrag für lokale Finanztermingeschäfte in einer → Währung (local currency). 1992 Master Agreement multicurrency cross border wird auch nur kurz als 1992er R. bezeichnet. Der 1992 R. ist eine bereinigte und erweiterte Fassung des ISDA Swap-Rahmenvertrages von 1987. Eine Hauptänderung gegenüber dem 1987er Rahmenvertrag liegt in der Erweiterung auf alle nicht an → Börsen gehandelten Finanztermingeschäfte. Deshalb wurde auch der zentrale Begriff „Swap Transaction" des 1987er → Vertrages durch den neuen neutralen Begriff „Transaction" ersetzt. Im Gegensatz zum Rahmenvertrag für Finanztermingeschäfte und dem BBAISR Terms ist der 1992er R. kein unterschriftsreifer Vertrag, sondern nur ein weitgehend vorformulierter Textvorschlag, über den die Vertragspartner verhandeln müssen.

### 1992 Master Agreement multicurrency cross border
Offizielle Bezeichnung für den → 1992er Rahmenvertrag der International Swaps and Derivatives Association (ISDA).

### 90:10-Strategie
*Portfolio-Insurance mit Calls*; → Portfolio-Insurance mit Call-Optionen (→ Callrecht) und → Zinsinstrumenten, um eine ähnliche, aber risikoärmere Position im → Basiswert

## Nichtakzessorische Kreditsicherheit

herstellen zu können. Bei der 90:10-St. wird beispielsweise eine →Long Position in →Geldmarktpapieren (z. B. →Bundesbank-Liquiditäts-U-Schätze, →Commercial Papers) und eine Long Position in einer Call-Option eingegangen. Die 90:10-St. verfolgt das Ziel, daß im negativen Fall das Anlagekapital erhalten bleibt. Hierzu wird 90% des Portfolios in relativ risikolose Zinsinstrumente und 10% in Calls investiert. Das Aufteilungsverhältnis kann von diesen Prozentsätzen abweichen, um die individuellen Risikovorstellungen des Anlegers berücksichtigen zu können. Finanzinnovationen wie beispielsweise →GROI-Optionsscheine und →MEGA-Zertifikate verfolgen ein ähnliches Ziel.
(→Constant-Proportion Portfolio Insurance (CPPI))

### Neutraler Aufwand
→Aufwendungen, die keine →Kosten sind. Zu ihnen zählen i. S. der Kostenrechnung betriebsfremde Aufwendungen (z. B. Spenden), betrieblich periodenfremde Aufwendungen (z. B. Aufwendungen, die zurückliegende →Geschäftsjahre betreffen) und betrieblich außergewöhnliche Aufwendungen (z. B. Aufwendungen aus Schadensfällen).
*Gegensatz:* →Zweckaufwand.

### Neutraler Ertrag
→Erträge, die keine →Erlöse sind, z. B. Erträge, die zurückliegende →Geschäftsjahre betreffen.
*Gegensatz:* →Zweckertrag.

### Neutrale Zahlungsverkehrsvordrucke
Überweisungs-, Scheck- und Lastschriftvordrucke, bei denen das beauftragte bzw. das bezogene →Kreditinstitut nicht eingedruckt ist. Diese Angaben werden erst bei der Vordruckbeschriftung gemacht. Um die Sicherheit des →bargeldlosen Zahlungsverkehrs nicht zu beeinträchtigen und um die Bearbeitung der Zahlungsträger nicht zu erschweren, wird die Herstellung und Verwendung n. Z. von Abwicklungs- und sicherungstechnischen Bedingungen abhängig gemacht. Sie sind in den →Richtlinien für einheitliche Zahlungsverkehrsvordrucke festgelegt. Besondere Bedeutung hat der neutrale Überweisungs-Zahlscheinvordruck erlangt, den Kontoinhaber verwenden, wenn sie im großen Umfang Zahlungseingänge empfangen und ihren erteilten Rechnungen diese Vordrucke beifügen.

### Nichtabnahmeentschädigung
Schadensersatzforderung seitens des →Kreditinstitutes gegen einen Kreditnehmer wegen Nichterfüllung (§ 326 BGB) bei Nichtabnahme der Kreditvaluta trotz ordnungsgemäß begründeter Kreditvertrags-Beziehung. Die Vereinbarung einer N. erfolgt zumeist in →Darlehensverträgen. Solche Klauseln sind auch nach dem AGBG zulässig.

### Nichtakzessorische Kreditsicherheit
Bezeichnung für →Kreditsicherheit, die in ihrer Entstehung und ihrem Fortbestand von der Existenz eines gesicherten →Anspruchs unabhängig ist (abstrakte Kreditsicherheit). Sie ist entweder als Sicherungsrecht gesetzlich nicht ausgestaltet (z. B. Sicherungseigentum) oder gesetzlich überhaupt nicht geregelt (z. B. →Garantie), so daß ihr Sicherungscharakter eine vertragliche Gestaltung erfordert (sogenannte gekorene Sicherheiten). Hierzu gehören vor allem Garantie, →Schuldbeitritt, →Sicherungsgrundschuld, →Sicherungsübereignung und →Sicherungsabtretung.

*Folgen der Abstraktheit:* Wegen ihrer Abstraktheit können Sicherheit und →Forderung im Unterschied zu den akzessorischen Sicherheiten getrennt übertragen werden. Die →Abtretung (Zession) der Forderung zieht nicht automatisch den Übergang der Sicherheit nach sich; § 401 BGB gilt insoweit nicht. Tritt z. B. der →Gläubiger seine durch eine Garantie gesicherte Forderung gegen den →Schuldner an einen Dritten ab, so geht diese Garantie nicht automatisch auf den neuen Gläubiger über, sondern muß gesondert abgetreten werden. N. S. können zur Sicherung künftiger oder bedingter, auch mehrerer abgrenzbarer Forderungen dienen. Infolge ihrer Unabhängigkeit gehen sie im Zweifel nicht unter, wenn die gesicherte Forderung erlischt; wohl aber hat der Sicherungsgeber gegenüber dem Sicherungsnehmer einen schuldrechtlichen →Anspruch (→Schuldrecht) auf Rückgabe der Sicherheit.

*Treuhänderische Sicherheiten:* Soweit die Verbindung zwischen Sicherheit und Forderung neben der Sicherheitenbestellung durch einen gesonderten Vertrag (→Sicherungsvertrag, →Sicherungsabrede, Zweckerklärung) hergestellt werden muß, bezeichnet man die n. K. als →treuhänderische Sicherheiten. Dazu zählen Sicherungs-

**Nicht bilanzwirksame Geschäfte**

grundschuld, Sicherungseigentum und Sicherungsabtretung (Sicherungstreuhand, → Treuhand).
*Gegensatz:* → akzessorische Sicherheit.
(→ Kreditsicherheit)

**Nicht bilanzwirksame Geschäfte,** → bilanzunwirksame Geschäfte.

**Nicht durch Eigenkapital gedeckter Fehlbetrag,** → Eigenmittel.

**Nichtnotenbankfähige Wechsel**
→ Wechsel, die nicht den sachlichen und förmlichen Voraussetzungen zur → Rediskontierung bei der → Zentralbank entsprechen. Sie werden wie Buchforderungen unter den Aktivposten Nr. 3 „Forderungen an Kreditinstitute" bzw. Nr. 4 „Forderungen an Kunden" bilanziert.

**Nicht realisierte Reserven,** → Neubewertungsreserven.

**Nichtveranlagungsbescheinigung**
Bescheinigung des Wohnsitzfinanzamtes, daß für einen unbeschränkt einkommensteuerpflichtigen → Gläubiger eine Veranlagung zur → Einkommensteuer nicht erfolgen wird (NV-Bescheinigung).

*Zweck der NV-B.:* Die NV-B. soll eine Veranlagung zur Einkommensteuer verhindern, wenn anzunehmen ist, daß diese für eine unbeschränkt steuerpflichtige Person nicht in Betracht kommt (§ 44a Abs. 1 Nr. 2 EStG). Die NV-B. bezieht sich auf alle Einkunftsarten. Sie wird auf drei Jahre befristet und unter Vorbehalt des Widerrufs ausgestellt.

*Vergleich NV-B. und* → *Freistellungsauftrag:* Beide Verfahrensweisen haben den Zweck, einen Steuerabzug bei Kapitalerträgen zu vermeiden. Sie können sowohl im Hinblick auf die → Kapitalertragsteuer (KESt), als auch auf den → Zinsabschlag angewendet werden. Ein Freistellungsauftrag nach § 44a Abs. 2 Nr. 1 EStG dient dem → Steuerpflichtigen dazu, durch Ausnutzung eines ihm zustehenden Freistellungsvolumens (bestehend aus → Sparerfreibetrag und Werbungskostenpauschbetrag nach § 9a Nr. 2 EStG) eine Steuervorauszahlung auf → Einkünfte aus Kapitalvermögen zu vermeiden (§ 44a Abs. 1 Nr. 1 EStG). Für die auszahlende Stelle besteht daher eine Pflicht zur Überwachung des Limits. Bei der NV-B. entfallen die Limitierung und die Überwachungspflicht. Da beim Freistellungsauftrag im Interesse des → Gläubigers der Kapitalerträge auf eine Überprüfung und Bescheinigung der Angaben durch die Finanzverwaltung verzichtet wird und mit einer einfachen Erklärung die Berücksichtigung eines → Freibetrages erreicht wird, sind im EStG bestimmte Kontrollmaßnahmen der → Finanzbehörden vorgesehen (§ 45d Abs. 2 EStG). Hiermit soll sichergestellt sein, daß Sparerfreibetrag und Werbungskostenpauschbetrag nur rechtmäßig in Anspruch genommen werden. Das → Bankgeheimnis nach § 30a AO wird nicht berührt. Das NV-Verfahren ist nicht auf Einkünfte aus Kapitalvermögen beschränkt.

*Wirkung der NV-B.:* Durch Vorlage der NV-B. erreicht der Steuerpflichtige, daß Kapitalerträge vom Abzug der Kapitalertragsteuer als → Quellensteuer und vom Abzug des Zinsabschlags (→ Zahlstellensteuer) verschont bleiben. Einem → Aktionär wird daher gegen Vorlage der NV-B. bei einem → Kreditinstitut die → Dividende ohne Abzug der KESt und zuzüglich → Körperschaftsteuerguthaben (→ anrechenbare Körperschaftsteuer) gutgeschrieben.

*NV-B. bei Kapitalerträgen* → *natürlicher Personen:* (1) Das Nichtveranlagungs-Verfahren ist für natürliche Personen von Bedeutung, deren Einkünfte aus Kapitalvermögen über die Sparerfreibeträge und → Werbungskosten hinausgehen, wenn sie aus anderen Gründen (z.B. wegen der Ausnutzung des Grundfreibetrags) nicht zur Einkommensteuer veranlagt werden. Insbes. kann dies für nicht berufstätige Kinder und für Rentner in Frage kommen, wenn der Ertragsanteil ihrer → Rente eine bestimmte Höhe nicht übersteigt. (2) → Arbeitnehmer werden nicht zur ESt veranlagt, wenn ihr zu versteuerndes Jahreseinkommen 27.000 DM bzw. 54.000 DM (bei zusammen veranlagten Ehegatten) nicht übersteigt (§ 46 Abs. 1 EStG). Als maßgebendes Einkommen gilt die Summe aller Einnahmen (z.B. Jahresarbeitslohn, Kapitalerträge) abzüglich der Werbungskosten, der → Sonderausgaben und der → außergewöhnlichen Belastungen. Voraussetzung ist außerdem, daß die in dem Jahreseinkommen neben dem Arbeitslohn enthaltenen Einkünfte (Nebeneinkünfte) nach Abzug von Werbungskosten (-pauschalen) und besonderen → Freibeträgen (z.B. Sparerfreibetrag) höchstens 800 DM betragen.

NV-Bescheinigungen für → Körperschaften, → Personenvereinigungen und Vermögensmassen, die von der → Körperschaftsteuer befreit sind und ausschließlich und unmittelbar gemeinnützigen, mildtätigen oder kirchlichen Zwecken dienen, sind erforderlich, um bei ihnen den Abzug von 25% KESt und des Zinsabschlags von 30% zu vermeiden. Die NV-B. beruht hier auf § 44a Abs. 4 und auf § 44c Abs. 1 EStG. Berufsverbände, Wirtschaftsverbände, politische Parteien, bestimmte → Genossenschaften und Gebietskörperschaften müssen sich ebenfalls des NV-Verfahrens bedienen. Die NV-B. stützt sich dann auf § 44a Abs. 4 EStG und § 44 Abs. 2 EStG. Sie ist in beiden Fällen auch Grundlage für eine Erstattung der (für Kapitalerträge) einbehaltenen und abgeführten KESt durch das Bundesamt für Finanzen.

### Niederstwertprinzip

Wichtiges Bewertungsprinzip, das Ausdruck des Prinzips der Vorsicht ist. N. besagt, daß für die Bewertung von Vermögensteilen in der → Bilanz von verschiedenen in Frage kommenden Wertansätzen der jeweilig niedrigste zu verwenden ist. In dieser Form gilt das N. für das → Umlaufvermögen (strenges N.). Für das → Anlagevermögen gilt das gemilderte N., das eine außerordentliche → Abschreibung auf den niedrigeren Wert am Bilanzstichtag nur dann fordert, wenn die Wertminderung von Dauer ist (→ Bewertung des Anlage- und Umlaufvermögens).
(→ Bewertungsgrundsätze)

### Niedrigkupon-Titel

→ Anleihen mit niedriger Nominalverzinsung, die in einer Zeit emittiert wurden, als der → Kapitalmarktzins sehr niedrig war. Aufgrund des niedrigen Zinssatzes liegt der Kurs dieser Papiere unter ihrem → Nennwert, die Totalrendite (→ Rendite → festverzinslicher [Wert-]Papiere) i.d.R. in der Nähe der aktuellen → Kapitalmarktrendite. Behält der Anleger die → Wertpapiere bis zur → Fälligkeit, erhält er einen verhältnismäßig hohen steuerfreien Kursgewinn. Aufgrund der Erhöhung der → Sparerfreibeträge für → Einkünfte aus Kapitalvermögen ab 1993 hat die Anlage in N.-T. eine besondere Bedeutung, da bei niedriger Nominalverzinsung ein umso höherer Kapitalbetrag zur Ausnutzung des → Freibetrages eingesetzt werden kann.

### Nießbrauch

Beschränkt → dingliches Recht an einer → Sache oder an einem → Recht, wodurch der Begünstigte (Nießbraucher) → Nutzungen aus dem belasteten Gegenstand ziehen kann (§§ 1030, 1068 BGB). Der N. ist ein höchstpersönliches Recht, daher nicht übertragbar (nur die Ausübung kann aber einem anderen überlassen oder verpfändet werden) und nicht vererblich (§ 1059 BGB). Der N. selbst kann auch nicht verpfändet werden.

*Gegenstände, die einem N. unterliegen können:* Neben → Grundstücken und → beweglichen Sachen können Rechte (§§ 1068 ff. BGB), insbes. → Forderungen und → Wertpapiere, ein → Vermögen (§ 1085 BGB), z. B. an einem → Nachlaß (Erbschaft, § 1089 BGB), oder ein Unternehmen Gegenstand des N. sein. Die Bestellung eines N. kann auch sicherungsweise (analog zur → Sicherungsübereignung) erfolgen (Sicherungsnießbrauch). Die Bestellung des N. erfolgt nach den Grundsätzen, die für die → Übertragung von Sachen und Rechten gelten (§ 1032 BGB, → Übereignung), bei Grundstücken durch → Einigung und Eintragung in Abt. II des → Grundbuchs (§ 873 BGB, → Grundstücksrechte), bei Rechten durch Einigung (§§ 1069, 413, 398 BGB), soweit nicht besondere Voraussetzungen, wie z.B. bei → Grundpfandrechten zu beachten sind.

*Rechtsstellung des Nießbrauchers:* Der Nießbraucher hat das Recht zum → Besitz und zur Nutzung der Sache (§ 1036 BGB). Ihm stehen die → Erträge zu, z. B. die Mieterträge aus einem belasteten Grundstück. Der N. erstreckt sich gemäß § 1031 BGB bei einem Grundstück auch auf das → Zubehör. Der Nießbraucher hat die auf dem Grundstück liegenden → öffentlichen Lasten und die bestehenden privatrechtlichen Lasten (z. B. die → Zinsen für vorrangige Grundpfandrechte) zu tragen (§ 1047 BGB).

*Bedeutung des N. als → Kreditsicherheit:* Ein Sicherungsnießbrauch kann in Kombination mit einer → Sicherungsgrundschuld zur Sicherung eines Kredites dienen. Damit wird sichergestellt, daß der Gläubiger auch Zugriff auf die Nutzungen eines Gegenstandes hat.

*Steuerliche Bedeutung:* Gem. § 39 Abs. 1 AO sind zwar → Wirtschaftsgüter in der Regel dem Eigentümer zuzurechnen. Für den N. können sich jedoch aus § 39 Abs. 2 AO Besonderheiten ergeben, vor allem im Hin-

## Nießbrauchsfonds

blick auf → Einkünfte aus Kapitalvermögen und → Einkünfte aus Vermietung und Verpachtung. Hierbei sind der Zuwendungsnießbrauch und der Vorbehaltsnießbrauch zu unterscheiden. Zuwendungsnießbrauch liegt vor, wenn ein Eigentümer einem Nießbraucher ein dingliches Nutzungsrecht bestellt. Vorbehaltsnießbrauch betrifft die Übertragung des → Eigentums auf einen anderen (vor allem im Wege einer → Schenkung), wenn der bisherige Eigentümer sich den N. vorbehält. Erfolgt der *Zuwendungsnießbrauch* unentgeltlich, so werden Erträge aus Kapitalvermögen dem Eigentümer zugerechnet; ein Abzug von → Werbungskosten sowie eine Anrechnung von → Körperschaftsteuer erfolgen bei ihm (→ Anrechnungsverfahren bei der Körperschaftsteuer). Bei einem Grundstück werden Einnahmen aus Fremdvermietung durch den Nießbraucher bei diesem erfaßt, nicht beim Eigentümer. Wird der Zuwendungsnießbrauch hingegen im Rahmen eines Leistungsaustausches, also entgeltlich eingeräumt, so muß der Eigentümer/Nießbrauchbesteller bei Wertpapieren das Entgelt ggf. als Einkünfte aus Kapitalvermögen versteuern, und nur bei ihm kommt die Anrechnung von Körperschaftsteuer in Betracht. Beim *Vorbehaltsnießbrauch* werden Erträge aus Kapitalvermögen dem Nießbraucher, nicht dem Eigentümer zugerechnet; auch Werbungskostenabzug und Körperschaftsteuer-Anrechnung erfolgt beim Nießbraucher. Beim N. an einem Grundstück werden Einnahmen aus Vermietung durch den Nießbraucher bei diesem erfaßt (nicht beim Eigentümer), ebenso der Gebäude-Aufwand für Abnutzung (AfA) und sonstige Werbungskosten, weil der Berechtigte „wirtschaftlicher" Eigentümer ist.

### Nießbrauchsfonds

Modell zur → Sanierung und Modernisierung von Wohnungen über eine Fondslösung mit langfristigen (mindestens zehn Jahre) → Laufzeiten. Für den Anleger wird ein → Nießbrauch grundbuchlich eingetragen, dafür zahlt der die Wohnungsbaugesellschaft, die Eigentümerin der Wohnungen bleibt, ein jährliches Entgelt. Die Anleger können andererseits den Modernisierungsaufwand in ihren → Steuererklärungen steuermindernd geltend machen.

### NIF

Abk. für → Note Issuance Facility.

### Nikkei Dow Jones Average-Index

Offizielle Bezeichnung für den → Nikkei-Index-225.

### Nikkei-Index-225

Preisgewichteter → Aktienindex, der aus 225 → Blue Chips besteht, die in der ersten Sektion an der Tokyo Stock Exchange (TSE) gehandelt werden. Der Nikkei-Index-225 wurde erstmals am 16. Mai 1949 veröffentlicht.

(→ Nikkei-Index-300)

### Nikkei-Index-300

→ Aktienindex, der aus 300 → Blue Chips besteht, die in der ersten Sektion an der Tokyo Stock Exchange (TSE) gehandelt werden.

(→ Nikkei-Index-225)

### No Brainers

Angelsächsische Bezeichnung für → Indexfonds.

### NOB Spread

Kurzbezeichnung für Spread Trading mit → Zinsfutures, bei dem eine → Long Position (→ Short Position) im mittelfristigen zehnjährigen Treasury Note Future und gleichzeitig eine Short Position (Long Position) im langfristigen 30-jährigen Treasury Bond Future eingegangen wird (→ Spread Trading mit Futures-Kontrakten). Als NOB S. wird nicht nur die aktive Strategie bezeichnet, sondern auch die Kursdifferenz (→ Price Spread) zwischen dem 30-jährigen Treasury Bond Future und dem 10-jährigen Treasury Note Future.

(→ TED Spread)

### Nominale Rendite

→ Rendite am → Geldmarkt, bei der Zinseszinseffekte aus der unterjährigen Zahlung nicht berücksichtigt worden sind. Beispielsweise sind → FIBOR-Sätze für unterschiedliche → Laufzeiten n. R.

### Nominalismus

Grundsatz der → Währungsordnung, daß eine → Geldschuld durch eine bestimmte Anzahl von → Geldzeichen (→ Geld) in Höhe der vereinbarten Geldsumme ohne Rücksicht auf deren Geldwert getilgt wird (→ Erfüllung). Geschuldet wird also der Geldbetrag, auf den die Schuld lautet (Entstehungsbetrag). Zwischenzeitlich eingetretene Änderungen im Geldwert haben daher im Gegensatz zum → Valorismus keinen

Einfluß auf die Leistungshöhe (D-Mark gleich DM = Nennwertprinzip).

*Nennwertprinzip im Schuldrecht:* Der N. ist ein allgemeines Rechtsprinzip dispositiver Charakters. Im Einzelfall können die Vertragsparteien von ihm abweichen. Der geldschuldrechtliche N. gilt nur für die sog. Geldsummenschuld. In der Wirtschaftsverfassung (→ Wirtschaftsordnung) erfüllt der geldschuldrechtliche N. eine ordnungspolitische Funktion; er führt dazu, daß im Zweifel der → Gläubiger einer Geldschuld das Geldentwertungsrisiko zu betragen hat.

*Nennwertprinzip im Währungsrecht:* Der Staat hat den Vertragsparteien eine Abkehr vom N. durch Vereinbarung von → Wertsicherungsklauseln untersagt. Damit ist der N. eine Einschränkung der → Vertragsfreiheit; diese wird aber nach h. M. wegen der destabilisierenden Wirkung einer allgemeinen Ausdehnung von solchen Schutzvereinbarungen auf die → Währung rechtlich für zulässig gehalten. Für die BRD hat § 3 Satz 2 Währungsgesetz Wertsicherungsklauseln unter Genehmigungsvorbehalt gestellt.

*Nennwertprinzip im Steuerrecht:* Von der Maßgeblichkeit des Nennwertprinzips profitiert der Staat als Steuergläubiger, weil bei der Berechnung der zu entrichtenden → Steuer die Nennbeträge und nicht die → Gewinn nach Abzug der Geldentwertung (→ Inflation) zugrunde gelegt werden. Das BVerfG hat diese Handhabung ausdrücklich mit dem Hinweis auf die verfassungsrechtliche Anerkennung des Nennwertprinzips gebilligt.

**Nominalkapital,** → Eigenkapital.

**Nominalprinzip**
Grundsatz gemäß → Währungsgesetz, daß im Zeitablauf, unabhängig von inflationären Entwicklungen, der Schuldinhalt von → Kreditverträgen „Mark gleich Mark" ist und Wertsicherungsklauseln (Geldwertsicherungsklauseln) von der Genehmigung der → Deutschen Bundesbank abhängig sind (→ Nominalismus).

**Nominalwert**
→ Nennwert (Nennbetrag), der auf einer → Schuldverschreibung oder einer → Aktie angegeben ist (→ Nennwert eines Wertpapiers) oder auf → Münzen geprägt ist.

**Nominalwertmethode**
Variante zur Ermittlung des → Hedge Ratio bei → Zinsfutures mit Hilfe des → Nominalwertes. Bei der N. werden die Nominalwerte der → Long Position und → Short Position zueinander in Beziehung gesetzt. Die N. ist die einfachste Variante zur Ermittlung des Hedge Ratio:

$$\text{Hedge Ratio} = \frac{\text{Nominal Kassa}}{\text{Nominal Future}}$$

**Nominalwertprinzip**
Wichtiges Bewertungsprinzip, das besagt, daß ein angeschaffter oder selbst hergestellter Vermögensgegenstand höchstens zu den → Anschaffungskosten oder → Herstellungskosten bewertet werden darf.
(→ Bewertungsgrundsätze)

**Nominalzins**
1. Der auf den → Nennwert eines → Investments (Geldanlage) bzw. auf den Nennbetrag einer Kreditaufnahme bezogene, d. h. der in Prozent des Nennwerts ausgedrückte → Zins.
*Gegensatz:* → Effektivzins.

2. Zins eines Investments oder eines → Kredits ohne Berücksichtigung der Preissteigerungsrate.
*Gegensatz:* → Realzins (preisbereinigter Zins).

**Nominalzinssatz einer Schuldverschreibung**
Der auf den → Nennwert bezogene Zinssatz. Er ist bei → effektiven Stücken auf dem → Zinsschein angegeben.

**Nominelles Eigenkapital,** → Eigenkapital.

**Nonbank Banks**
Finanzdienstleistungsunternehmen in den USA, die aufgrund der begrifflichen Abgrenzung einer → Bank (Institution, die → Sichteinlagen annimmt und auch → Handelskredite gewährt) nicht zu den Banken zählen, wie Versicherungen, Reisedienstleistungsunternehmen, Handelshäuser und → Kreditkartengesellschaft, die auch → Einlagen entgegennehmen (→ Bankwesen USA).

**Non Banks**
Unternehmen des Nichtbankenbereichs, v. a. Anbieter von → Finanzdienstleistungen (z. B. Kaufhäuser, die Kundenkreditkarten ausgeben).

### Non-full-pay-out-Leasing
Leasing-Form (→ Leasing), bei der der Leasing-Geber während der Grundmietzeit aus den vereinbarten Leasing-Raten seine Investitionskosten (→ Anschaffungs- oder → Herstellungskosten, Finanzierungs- und Verwaltungskosten sowie Risiko und Gewinnzuschläge) nicht voll amortisieren kann (Teilamortisationsvertrag).
*Gegensatz:* → Full-pay-off-Leasing.
(→ Financial Leasing)

### Non-generic Swap, → Exotic Swap.

### Non-Spread Futuresposition, → Non-Spread-Position.

### Non-Spread-Position
→ Long Position oder → Short Position in Financial Futures (→ Finanzterminkontrakt) (z. B. → Bobl-Future, → Bund-Future, → DAX-Future) an der → Deutschen Terminbörse (DTB), für die keine → Time Spreads gebildet werden können. N.-S.-P. unterliegen dem vollen Glattstellungsrisiko bis zum nächsten Börsentag; sie müssen daher an der DTB mit der → Additional Margin besichert werden.

### Nonvaleurs
→ Effekten, die keinen Anspruch auf Zins- und Dividendenzahlung bzw. auf → Rückzahlung verbriefen (wertlose Effekten). Hierzu zählen auch die sog. „historischen Wertpapiere", die als Sammlerobjekte gehandelt werden.

### Normale Zinsstruktur
Bezeichnung für eine Finanzmarktsituation, in der die kurzfristigen Zinssätze niedriger sind als die langfristigen bzw. die Geldmarktzinssätze (→ Geldmarkt) unter denen des → Kapitalmarktes liegen.
*Gegensatz:* → inverse Zinsstruktur.

### Normalkosten
Statistische Durchschnittswerte, die sich aus den tatsächlichen → Kosten (Ist-Kosten) mehrerer früherer Perioden ergeben. Im Rahmen moderner Methoden der → Kosten- und Erlösrechnung im Bankbetrieb werden sie im Betriebsbereich als sog. → Standard-Einzelkosten berechnet (→ Standard-Einzelkostenrechnung).
*Gegensatz:* → Istkosten, → Plankosten.

### Normalverteilung
Begriff aus der Wahrscheinlichkeitsrechnung; wichtigste (stetige, durch die Parameter Mittelwert und → Varianz einer → Zufallsgröße beschriebene) Wahrscheinlichkeitsverteilung in der Statistik. Die N. ist symmetrisch und weist eine glockenförmige Gestalt auf. Eine Weiterentwicklung der N. ist die → standardisierte Normalverteilung (→ kumulierte standardisierte Normalverteilung, Approximation). In enger Beziehung zur N. steht auch die → Lognormal-Verteilung.

### Normierte Gaußverteilung, → standardisierte Normalverteilung, → kumulierte standardisierte Normalverteilung, Approximation.

### Normierte Zufallsgröße (Z)
Alle → Normalverteilungen können in normierte oder Standard-Normalverteilungen transformiert werden. An Stelle der normalverteilten → Zufallsgröße X tritt dabei die normierte Zufallsgröße Z. Die normierte Zufallsgröße Z gibt die Werte der normalverteilten Zufallsgröße als Abweichung von ihrem Mittelwert in Einheiten des Verteilungsparameters → Standardabweichung an. Hierfür liegen die Wahrscheinlichkeitswerte mit der Verteilungsfunktion $F(Z; 0; 1)$ in Tabellenform vor. Diese enthalten meistens Werte für $Z \geq 0$, da sich wegen der Symmetrieeigenschaft der Normalverteilung die Verteilungswerte für $Z<0$ relativ leicht ermitteln lassen. Die n.Z. Z dient zur vereinfachten Berechnung der Wahrscheinlichkeitswerte normalverteilter Zufallsgrößen. Sie wird auch als standardisiert normalverteilte Zufallsvariable bezeichnet.
(→ Kumulierte standardisierte Normalverteilung, Approximation)

### Normkontingente, → Rediskont-Kontingente.

### Nostroguthaben
Nicht mehr übliche Bezeichnung für → Forderungen eines → Kreditinstituts, die dadurch entstehen, daß dieses Kreditinstitut auf eigene Initiative Gelder bei einem anderen Kreditinstitut anlegt. Für das geldannehmende und kontoführende Institut entsteht damit eine → Verbindlichkeit, die auch als → Loroverbindlichkeit bezeichnet wird.

### Nostrokonto
Nicht mehr übliche Bezeichnung für ein → Konto, das auf Initiative eines → Kreditinstituts bei einem anderen Kreditinstitut eingerichtet wird und über das sowohl Geldanlagen (→ Nostroguthaben) als auch Geldaufnahmen (→ Nostroverbindlichkeiten, → aufgenommene Gelder [und Darle-

hen]) abgewickelt werden. Aus der Sicht des kontoführenden anderen Kreditinstituts entsteht ein → Lorokonto, welches die Originalrechnung darstellt, während das N. nur die Gegenrechnung spiegelbildlich wiedergibt (→ Interbankkonto).

## Nostroverbindlichkeit
Nicht mehr übliche Bezeichnung für eine Verpflichtung eines → Kreditinstituts, die dadurch entsteht, daß sich das Kreditinstitut auf eigene Initiative bei einem anderen Kreditinstitut verschuldet (→ Aufgenommene Gelder [und Darlehen]).

## Notadresse
Vermerk auf → Wechseln, „im Falle der Not bei...", unter Angabe der Adresse desjenigen, der, wenn ein Wechsel notleidend wird, für den bezeichneten Wechselverpflichteten eintreten soll, um den Rückgriff mangels Annahme oder mangels Zahlung zu vermeiden. Die N. kann jeder Wechselmitverpflichtete angeben.

**Notar-Anderkonto,** → Anderkonto.

## Notarielle Beurkundung
Bei dieser strengen Form wird eine → Urkunde mit ihrem Inhalt durch einen Notar errichtet; für dessen Verfahren ist das Beurkundungsgesetz maßgeblich. Das gesamte Schriftstück erbringt vollen Beweis für den beurkundeten Inhalt (§ 415 ZPO). Die n. B. ersetzt jede andere für ein → Rechtsgeschäft vorgeschriebene Form (→ Formvorschriften). Angebot und Annahme eines → Vertrages können jedoch getrennt beurkundet werden (§ 126 BGB), es sei denn, ein Gesetz verlangt gleichzeitige Anwesenheit der Parteien (wie bei der → Auflassung, §§ 873, 925 Abs. 1 BGB). Wichtige Fälle, in denen n. B. erfolgen muß, sind Schenkungsversprechen [→ Schenkung] (§ 518 Abs. 1 BGB), Grundstückskaufvertrag (§ 313 BGB), → Ehevertrag (§ 1410 BGB), → Erbvertrag (§ 2276 Abs. 2 BGB), bei → Aktiengesellschaften Feststellung der → Satzung (§ 23 Abs. 1 AktG), Niederschrift von Beschlüssen der → Hauptversammlung (§ 310 Abs. 1 AktG), bei Gründung einer GmbH der → Gesellschaftsvertrag (§ 2 GmbHG).

## Note
Mittelfristige → Schuldverschreibung, z. B. → Euro-Note. N. werden gegenüber → Geldmarktpapieren und → Kapitalmarktpapieren (→ Bonds) abgegrenzt.

## Note Issuance Facility (NIF)
Kreditaufnahme über die Ausgabe kurzfristiger Papiere (→ Euro-Notes) mit → Laufzeiten von jeweils bis zu sechs Monaten, wobei gewöhnlich eine → Bankengruppe die Unterbringung der Titel garantiert, d. h. die bei einem → Roll over nicht verkauften Notes übernimmt bzw. im entsprechenden Umfang einen → Kredit gewährt (→ Back up line oder → standby credit).
(→ Revolving Underwriting Facility (RUF), → Transferable Revolving Underwriting Facility (TRUF), → Short Term Note Issuance Facility (SNIF))

**Noten,** → Banknoten.

## Notenausgabemonopol
*Notenprivileg;* ausschließliche Befugnis der → Zentralnotenbank zur Ausgabe von → Banknoten. Das N. in der BRD hat nach § 14 BBankG die → Deutsche Bundesbank. Das Emissionsrecht für → Münzen (→ Münzregal) liegt seit 1950 beim Bund. Von 1948 bis 1957 hatte die → Bank deutscher Länder das N. (und bis 1950 auch das Emissionsrecht für Münzen).

## Notenbank
→ Bank, die das Recht zur Notenausgabe (→ Banknoten) besitzt. N. waren ursprünglich private Banken. Unkontrollierte → Geldschöpfung der → Privatnotenbanken verursachte Funktionsstörungen des Geldwesens und führte zur Übertragung des Notenausgaberechts auf staatliche → Zentralbanken (→ Zentralnotenbanken), die damit i. d. R. ein → Notenausgabemonopol (Notenprivileg) erhielten. Daher erklärt sich auch die synonyme Verwendung der Begriffe N., Zentralbank und Zentralnotenbank.

**Notenbankausweis,** → Wochenausweis der Deutschen Bundesbank.

## Notenbankfähige Wechsel
→ Wechsel, die den sachlichen und förmlichen Voraussetzungen zur → Rediskontierung bei der → Zentralbank entsprechen (rediskontfähige Wechsel).
In der → Bankbilanz werden n. W. als Abschnitte ausgewiesen, die zur Refinanzierung bei Zentralnotenbanken zugelassen sind. Die bei der → Deutschen Bundesbank refinanzierbaren Wechsel sind in einem ausgegliederten Vermerk anzugeben (s. § 13 RechKredV).

## Notenbankgeschichte

**Notenbankgeschichte,** → Zentralbanksystem in Deutschland.

**Notenbankpolitik**
Synonyme Bezeichnung für → Geldpolitik der → Zentralbank bzw. → Zentralnotenbank.

**Notenemission**
Ausgabe von → Banknoten (→ Notenausgabemonopol, → Zentralnotenbank, → Privatnotenbanken).

**Notenprivileg**
Synonyme Bezeichnung für → Notenausgabemonopol.

**Notenstückelung,** → Stückelung, → Banknoten.

**Notierung,** → Kursnotierung, → amtlicher (Börsen-)Handel.

**Notify Address**
Meldeadresse, z. B. auf einem → Konnossement.

**Notional Bond**
Fiktives → festverzinsliches (Wert-)Papier, das als → Basiswert für beispielsweise → mittel- (z. B. → Bobl-Future) und langfristige Zinsfutures (z. B. → Bund-Future, → Buxl-Future) oder synthetische → Rentenindices wie beispielsweise → REX oder BHF-Index verwendet wird.

**Notional Bond Future**
Langfristiger Zinsfuture auf eine fiktive französische 10jährige → Anleihe (→ Straight Bond) mit einem → Nominalzins von 10%, der an der → MATIF in Paris gehandelt wird. Der N. B. F. entspricht dem an der → Deutschen Terminbörse (DTB) bzw. → LIFFE gehandelten → Bund-Future. Die weiteren Kontraktspezifikationen des N. B. F. sind in der untenstehenden Tabelle aufgeführt.

**NPV**
Abk. für Net Present Value (→ Barwert).

**Notional Bond Future – Kontraktspezifikationen**

| Kontrakt | French Medium Term | Notional Bond Future | French Treasury Bond |
|---|---|---|---|
| Terminbörse | MATIF | MATIF | MATIF |
| Basiswert | → BTAN, → OAT | OAT | OAT |
| Lieferbare Anleihen | BTANs und OATs mit einer Restlaufzeit zwischen 3 und 5 Jahren | OATs mit einer Restlaufzeit zwischen 7 und 10 Jahren | OATs mit einer Restlaufzeit von mindestens 15 Jahren |
| Liefermonat | März (H) Juni (M) September (U) Dezember (Z) | März (H) Juni (M) September (U) Dezember (Z) | März (H) Juni (M) September (U) Dezember (Z) |
| Letzter Handelstag | 2 Börsentage vor dem dritten Mittwoch im Liefermonat | 2 Börsentage vor dem dritten Mittwoch im Liefermonat | 2 Börsentage vor dem dritten Mittwoch im Liefermonat |
| Liefertag | 4 Börsentage nach dem letzten Handelstag | 4 Börsentage nach dem letzten Handelstag | 4 Börsentage nach dem letzten Handelstag |
| Preisfaktorberechnung | | | |
| – Rendite | 6% | 10% | 8% |
| – Methode | Annual Yield 2 Börsentage vor dem dritten Mittwoch im Liefermonat | Annual Yield 2 Börsentage vor dem dritten Mittwoch im Liefermonat | Annual Yield 2 Börsentage vor dem dritten Mittwoch im Liefermonat |
| Tageberechnung | Echt/Echt | Echt/Echt | Echt/Echt |
| Nachkommastellen | 4 | 4 | 4 |

**N-Titel**
→ Offenmarktpapier (→ Geldmarktpapier), das die → Deutsche Bundesbank zur Regelung des → Geldmarkts am offenen Markt zu Marktsätzen kaufen und verkaufen darf.

**Nullkupon-Anleihe**
*Zero, Zero Bond, Zero Coupon Bond*; endfällige → Anleihe ohne Zinskupon, deren Verzinsung in der Differenz zwischen Ausgabe (bzw. Kaufpreis) und Einlösungsbetrag (bzw. Verkaufspreis), also dem → Disagio (Diskont) liegt; laufende Zinszahlungen werden nicht geleistet. Die → Laufzeiten liegen zwischen 3 und 35 Jahren; Kündigungsmöglichkeiten stehen weder dem → Emittenten noch dem Erwerber zu (kein Kündigungsrisiko). Zeros wurden erstmals 1981 in den USA und dann am Euro-Markt emittiert. Hauptwährung ist der US-$, auch in D-Mark erfolgten → Emissionen. Zeros werden meist an der → Börse notiert bzw. unter → Banken gehandelt, sind also hochfungibel.

Die Höhe des Ausgabekurses und die künftige Kursentwicklung richtet sich nach der jeweiligen → Kapitalmarktrendite und nach der Laufzeit (je länger die → Restlaufzeit, um so niedriger der Emissionskurs; die herrschenden Marktbedingungen und die Bonität des → Schuldners können zu Abweichungen vom rechnerischen Kurs führen. Am → Sekundärmarkt steigt der Kurs der Anleihe mit dem Näherrücken der Endfälligkeit laufend an, hängt jedoch auch von dem jeweils marktgerechten Zinssatz für Anleihen dieses Schuldners ab. Durch die zum Teil sehr langen Laufzeiten und aufgrund des Zinseszinseffektes unterliegen die Zeros bei sich änderndem Marktzinsniveau erheblichen Kursschwankungen (Chancen und Risiken aufgrund der Hebelwirkung, mit kürzerer Restlaufzeit verringert sich diese). Wird der Ausgabepreis auf 100% festgesetzt und gelangt ein aufgezinster Endwert zur Auszahlung, so bezeichnet man diesen Typ einer N.-A. als → Aufzinsungsanleihe (Capital Growth Bond).

Die Rendite der Zeros liegt i. a. leicht unter dem Marktzinsniveau von → Festzinsanleihen gleicher Fristigkeit, was im fehlenden Kündigungsrecht, in der Wiederanlagegarantie bzw. in den Steuervorteilen der Anleger begründet sein mag.

Während der Laufzeit tragen die Anleger kein → Wiederanlagerisiko: Die gängigen Formeln der Renditeermittlung setzen voraus, daß alle Kuponerlöse während der Laufzeit der Anleihe zum errechneten Zins reinvestiert werden können, für Zeros ist diese → Wiederanlageprämisse (Wiederanlagegarantie zu den Ursprungskonditionen) erfüllt, denn Zins und Zinseszins werden mit Fälligkeit der Anleihe gezahlt. Anleger (insbes. Kleinanleger) sind zudem von dem Problem und den Kosten, für ihre Zinserträge adäquate Anlagemöglichkeiten zu finden, befreit. Zeros sind rückrufsicher, da sie nicht vor Ende der Laufzeit vom Emittenten gekündigt werden können. Dadurch wird ein Reinvestitionsrisiko (welches z. B. bei vorzeitig vom Emittenten kündbaren Festzinsanleihen bei sinkendem → Kapitalmarktzins besteht) ausgeschlossen. Ein Risiko liegt in der möglichen → Zahlungsunfähigkeit des Emittenten, das mit längerer Laufzeit der Zeros größer wird; dieses → Bonitätsrisiko wird durch die extreme Verschiebung der Zinszahlung verstärkt, falls nicht ein vorzeitiger Verkauf geplant ist.

Das → Währungsrisiko (→ Abwertung der ausländischen → Währung) auszuschalten, ist für kürzere Laufzeiten u. U. kostspielig, für lange Laufzeiten am Markte nicht möglich. Es wird vergrößert durch die Endfälligkeit sämtlicher Zahlungen.

*Steuerliche Behandlung:* Soweit die → Steuern aus den Zinseinkünften erst bei Einlösung bzw. Verkauf der Anleihe anfallen, ergibt sich ein Steuerstundungseffekt oder sogar eine Steuerersparnis, wenn der Anleger zu diesem Zeitpunkt mit einem geringeren Steuersatz belastet wird. Die anfänglich vorhandenen steuerlichen Vorteile, die daraus resultieren, daß die Zinszahlungen bei → Fälligkeit als (steuerfreie) Kapitalgewinne galten, sind jedoch in den einzelnen Ländern mehr oder weniger stark eingeschränkt bzw. abgebaut worden. Nach dem deutschen Einkommensteuerrecht gilt das Zuflußprinzip, wonach → Erträge erst dann zu versteuern sind, wenn der Anleger darüber verfügen kann. Somit sind die Zinsen grundsätzlich erst am Ende der Laufzeit steuerpflichtig. Werden Zero Bonds während der Laufzeit veräußert, ist nur der fiktive Zinsertrag anzusetzen, den das Papier aufgrund der Emissionsrendite vom Zeitpunkt des Erwerbs bis zum Verkauf erbringt. Durch Änderung des allgemeinen Zinsniveaus entstandene Kursgewinne bzw. -verluste werden eliminiert (es ist also denkbar, daß bei sinkenden Kursen Zinseinkünfte anfallen,

**Null-Kupon-Swap**

wie umgekehrt Kurssteigerungen nur in geringem Umfange Zinsen enthalten können).

*Nachteile/Vorteile:* Durch das Fehlen der laufenden Zinszahlungen ist das Inflationsrisiko bei Zeros im Vergleich zu Anleihen mit periodischen Zinszahlungen höher einzustufen (eine steigende Inflationsrate vermindert die realen Rückflüsse).

Die Attraktivität für den Emittenten liegt darin, daß selbst bei bilanzieller Vorsorge keine → Liquidität durch laufende Zinszahlungen abfließt, aber je nach Ausgestaltung der Steuergesetzgebung in den einzelnen Ländern i. a. die fiktiven Zinskosten für Steuerzwecke vom Einkommen abgezogen werden dürfen, so daß es zu Steuerstundungs- bzw. Steuervermeidungseffekten (was abhängig von der Gewinn-/Verlustsituation ist) kommen kann.

Die gegenüber Festzinsanleihen niedrigere Rendite kommt den Emittenten zugute.

Das aus dem Zinseszinseffekt resultierende *Wiederanlagerisiko* trägt der *Schuldner*, was bei sinkendem Kapitalmarktzins eine bedeutsame Belastung darstellen kann.

(→ Stripped Bond, → Deep Discount Bond)

**Null-Kupon-Swap,** → Zero-coupon Swap.

**Nullvarianzportefeuille**

Portefeuille (→ Portfolio) auf der → Effizienzkurve, das eine Portefeuillevarianz bzw. Portefeuille-→ Standardabweichung von Null hat. Das → Minimumvarianzportefeuille markiert den Übergang von dominierten Portefeuilles zu (risiko-)effizienten Portefeuilles.

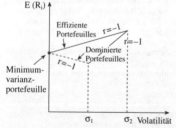

Die obenstehende Abbildung zeigt, daß das Minimumvarianzportefeuille auf der Effizienzkurve im Schnittpunkt mit der Y-Achse liegt. N. werden nur bei einem Korrelationskoeffizienten von −1 erreicht. Bei einem Korrelationskoeffizienten von +1 kann ein N. nur erreicht werden, wenn Leerverkäufe zugelassen sind.

(→ Moderne Portfolio-Theorie, → Asset Allocation)

**Numéraire**

Bezeichnung für → Rechnungseinheit und Währungseinheit. Im → Europäischen Währungssystem dient die → Europäische Währungseinheit (ECU) als N. (Bezugsgröße) für den Wechselkursmechanismus.

**Nummernkonto**

→ Konto, das nicht auf den Namen des oder der Kontoinhaber(s) lautet. Statt dessen trägt das N. zur Wahrung der Anonymität nur Zahlen. N. sind in der BRD nach § 154 AO nicht zulässig.

(→ Bankkonten)

**Nutzungen**

Gemäß § 100 BGB die Früchte (§ 99 BGB) einer → Sache oder eines → Rechts (z. B. → Zinsen auf eine → Spareinlage, → Dividende) sowie die Vorteile, die der Gebrauch einer Sache oder eines Rechts einräumt (etwa → Stimmrecht in einer GmbH).

**Nutzungsdauer**

Zeitspanne, während der ein abnutzbares → Wirtschaftsgut im Betrieb verwendet werden kann (→ Abschreibung). Es gibt keinen einheitlichen Begriff der N., vielmehr unterscheidet man die betriebsgewöhnliche N. im Steuerrecht (ist in → AfA-Tabellen quantifiziert), die technische N. (hängt von Qualität und Beanspruchung des Wirtschaftsgutes ab) und die ökonomische N. (bringt zum Ausdruck, wie lange es wirtschaftlich sinnvoll ist, ein technisch noch brauchbares Gut weiterzunutzen).

**NV-Bescheinigung,** → Nichtveranlagungsbescheinigung.

**NYCE**

Abk. für New York Cotton Exchange; → Options- und Terminbörsen an den internationalen Börsenplätzen.

**NYFE**

Abk. für New York Futures Exchange; → Options- und Terminbörsen an den internationalen Börsenplätzen.

**NYMEX**

Abk. für New York Mercantile Exchange; → Options- und Terminbörsen an den internationalen Börsenplätzen.

**NYSE**

Abk. für New York Stock Exchange; → Options- und Terminbörsen an den internationalen Börsenplätzen.

# O

**OAT**
Abk. für Obligation Assimilable du Trésor; französische → Staatsanleihe mit einer → Laufzeit von mindestens fünf Jahren (→ Notional Bond Future).

**Obbel**
Kurzbezeichnung für → Bundesobligation.

**Obligaciones Del Estado**
Langfristige → Staatsanleihe des Königreichs Spanien.

**Obligation**
*Debenture, Bond*; Instrument mittel- und langfristiger → Kreditfinanzierung (→ Fremdfinanzierung). Synonyme Bezeichnungen sind → *Schuldverschreibung* und → *Anleihe*.

**Obligation Assimilable du Trésor**, → OAT.

**Obligation Linéaire – Lineaire Obligatie,** → OLO.

**Obligatorisches Recht**
Gegensatz zum → dinglichen Recht.

**Obligo**
Verpflichtung, → Verbindlichkeit im kaufmännischen Sprachgebrauch. In der → Freizeichnungsklausel bei weitergegebenen → Wechseln (ohne O.) wird bei Abgabe des → Indossaments keine Gewähr übernommen.
(→ Bezogenenobligo, → Einreicherobligo)

**OCR-A-Schrift**
(OCR-A = Optical Character Recognition Typ A). Nach DIN 66008 für den → bargeldlosen Zahlungsverkehr genormte, maschinenlesbare Klarschrift. Die Grundfläche für jedes Zeichen ergibt sich aus einem aus $5 \cdot 9 = 45$ Teilen bestehenden Elementenraster, auf dem die Zeichenstrukturen durch stilisierte, gut lesbare Kombinationen der rechteckigen Rasterfelder gebildet werden. Das Ableseprinzip des → Beleglesers beruht auf der optischen Abtastung des Schwarz-Weiß-Unterschiedes, wobei die Übereinstimmung mit den Sollmustern geprüft wird und das gefundene Zeichen dann als digitale Signalfolge zum Rechner gelangt.
Entsprechend den → Codierrichtlinien müssen alle Zahlungsbelege vor der Weiterleitung an die betreffenden → Kreditinstitute bzw. an die Abrechnungsstellen der → Landeszentralbanken in der OCR-A-Codierzeile so weit ausgefüllt sein, daß ein automatisches Belegclearing möglich ist.

**ODAX**
Abk. für Option auf den Deutschen Aktienindex (DAX); → DAX-Option.

**Odd First Coupon**
Verkürzter oder verlängerter erster → Kupon bei → Zinsinstrumenten. Im Vergleich zu den weiteren Zinszahlungen ist der erste Kupon geringer bzw. höher.
*Gegensatz*: → Odd Last Coupon.

**Odd Last Coupon**
Verkürzter oder verlängerter letzter → Kupon bei → Zinsinstrumenten. Im Vergleich zu den vorhergehenden weiteren Zinszahlungen ist der letzte Kupon geringer bzw. höher.
*Gegensatz*: → Odd First Coupon.

**Oder-Konto**
→ Gemeinschaftskonto mehrerer → Personen mit Einzelverfügungsberechtigung. Im bankgeschäftlichen Verkehr der → Kreditinstitute ist das O.-K. die Regel. Über Guthaben auf einem Gemeinschaftskonto (bzw.

## Oder-Konto

Wertpapierbestände auf einem →Gemeinschaftsdepot) kann jeder Inhaber nur alleine verfügen, wenn ein derartiges Verfügungsrecht bei der Kontoerrichtung vereinbart wurde. Ohne solche Vereinbarung ist von gemeinschaftlicher Verfügungsberechtigung (→ Und-Konto) auszugehen. Die frühere Regelung, wonach im Zweifel ein O.-K. angenommen werden durfte, ist in der seit 1.1.1993 geltenden AGB-Neufassung nicht mehr enthalten. Die Kontobezeichnung selbst hat keinen Einfluß auf die Art des Gemeinschaftskontos.

*Außen- und Innenverhältnis:* Beim → Schuldverhältnis zwischen Kreditinstitut und Kontoinhabern (Außenverhältnis) handelt es sich beim O.-K. um eine Gesamtgläubigerschaft (→ Gesamtgläubiger) bzw. um ein gesamtgläubigerähnliches Rechtsverhältnis in Anlehnung an § 428 BGB. Abweichung zur Gesamtgläubigerschaft nach § 428 BGB: Kreditinstitute dürfen nicht nach Belieben an jeden Kontomitinhaber leisten. Vielmehr müssen sie an denjenigen leisten, der zuerst Auszahlung des Guthabens verlangt. Jedem Kontomitinhaber steht ein eigenes originäres Verfügungsrecht zu, das nicht von der Rechtsmacht des anderen Kontoinhabers abgeleitet ist. Insoweit handelt ein Kontomitinhaber auch nicht als rechtsgeschäftlicher Vertreter der anderen. Die Rechtsbeziehung der Kontomitinhaber im Verhältnis zueinander (Innenverhältnis) geben Aufschluß über die wirtschaftliche Berechtigung der einzelnen Kontomitinhaber am Kontoguthaben. Soweit nichts anderes vereinbart ist, sind die Gesamtgläubiger zu gleichen Anteilen berechtigt (§ 430 BGB). Verfügt ein Kontoinhaber in höherem Umfang zu seinen Gunsten als ihm anteilsmäßig zusteht, so besteht eine interne Ausgleichspflicht gegenüber den anderen Mitinhabern des O.-K. Dieser Innenausgleich bezweckt, daß jeder Kontomitinhaber einen seiner Berechtigung im Innenverhältnis entsprechenden Anteil des Kontoguthabens vergütet bekommt, unabhängig von der Person des Auszahlungsempfängers im Außenverhältnis. Derartige Ausgleichsansprüche sind auch pfändbar. Von der Berechtigung zu gleichen Teilen können aber von den Kontoinhabern abweichende Sonderregelungen vereinbart werden. Dafür ausschlaggebend ist die besondere Zweckgemeinschaft, in der sich die Gläubigergemeinschaft befindet. Die internen Abreden der Kontomitinhaber sind dem kontoführenden Kreditinstitut i.d.R. unbekannt. Sie haben für die Kontoführung im Außenverhältnis auch keine Bedeutung.

*Verfügungsberechtigung:* Jedem Kontomitinhaber steht ein alleiniges und uneingeschränktes Verfügungsrecht über das gesamte Guthaben zu, unabhängig davon, aus wessen Mitteln das Kontoguthaben begründet wurde (→ Verfügungsberechtigung über Bankkonten). Das uneingeschränkte Verfügungsrecht eines jeden Kontomitinhabers bezieht sich zum einen auf Barauszahlungen, Erteilung von Überweisungs- und Einlösungsaufträgen sowie Scheckausstellungen. Darüber hinaus hat jeder Kontomitinhaber das Recht, seinen → Anspruch ohne Mitwirkung der übrigen Kontoinhaber abzutreten oder zu verpfänden.

*Kontoauflösung und -umschreibung:* Wegen rechtlicher Bedenken (Verstoß gegen § 9 AGBG) sehen die Vordrucke der Kreditinstitute keinen Passus mehr vor, daß ein Kontomitinhaber das O.-K. allein auflösen oder auf seinen Namen umschreiben lassen kann. Eine solche Oder-Klausel wäre zumindest für → Girokonten im Hinblick auf das AGB-Gesetz unwirksam.

*Widerruf des Alleinverfügungsrechts:* Die Kontoeröffnungsanträge oder sonstigen Vordrucke sehen i.a. vor, daß jeder Kontomitinhaber die Einzelverfügungsbefugnis allein widerrufen kann. Das hat zur Folge, daß dann nur noch alle Kontomitinhaber gemeinsam über das Guthaben verfügen können: Das O.-K. wird zum Und-Konto. Ohne Vereinbarung eines solchen Widerrufsrechts ist davon auszugehen, daß eine derartige grundlegende Vertragsänderung der Mitwirkung aller Kontomitinhaber bedarf.

*Erteilung einer → Kontovollmacht:* Zur Vollmachtserteilung über das O.-K. ist die Zustimmung aller Kontomitinhaber erforderlich. Soll ein Kontomitinhaber berechtigt sein, alleine einer dritten Person Kontovollmacht zu erteilen, so muß das bei Kontoeröffnung ausdrücklich vereinbart werden.

*AGB-Pfandrecht:* Das Guthaben auf einem O.-K. haftet nach Nr. 14 Abs. 1 AGB Banken (Nr. 21 Abs. 1 AGB Sparkassen) für gemeinschaftliche Verbindlichkeiten aller Kontomitinhaber und auch für sonstige Verbindlichkeiten, die ein Kontomitinhaber alleine gegenüber dem Kreditinstitut begründet hat.

*Pfändung:* Geht bei dem kontoführenden Kreditinstitut ein → Pfändungs- und Überweisungsbeschluß ein, so ist das Guthaben auf einem O.-K. bereits dann gepfändet, wenn nur ein Kontomitinhaber Pfändungsschuldner ist. Läßt sich der Pfändungsgläubiger das gesamte Guthaben auszahlen, haben die nicht der → Pfändung unterworfenen Gesamtgläubiger i. d. R. Ausgleichsansprüche (gemäß § 430 BGB). Solange das drittschuldnerische Kreditinstitut noch nicht an den Pfändungsgläubiger geleistet hat, können die anderen Kontomitinhaber, die nicht Pfändungsschuldner sind, trotz Pfändung und Überweisung zur Einziehung der Forderung weiterhin über das gesamte Guthaben verfügen.

*Tod eines Kontomitinhabers:* Verstirbt ein Kontomitinhaber, so bleiben die anderen Inhaber des O.-K. uneingeschränkt verfügungsberechtigt. An die Stelle des verstorbenen Kontomitinhabers treten dessen → Erben. Das Gesamtgläubigerverhältnis wird durch den Tod eines Kontomitinhabers nicht berührt.

*Konkurs eines Kontomitinhabers:* Bei → Konkurs eines Kontomitinhabers verliert dieser sein Verfügungsrecht über das Konto. Nur noch der → Konkursverwalter ist berechtigt, die Forderung aus dem Konto für den → Gemeinschuldner geltend zu machen (§ 6 KO). Allerdings bleiben die übrigen Mitinhaber des O.-K. auch nach Eröffnung des Konkursverfahrens gegen einen Kontomitinhaber weiterhin uneingeschränkt verfügungsberechtigt. Das kontoführende Kreditinstitut ist berechtigt, schuldbefreiend an sie zu leisten. Das gilt selbst nach Kenntnisnahme von der Konkurseröffnung. Verfügt der Konkursverwalter für den Gemeinschuldner bzw. einer der übrigen Kontomitinhaber, so kann es zur Begleichung interner Ausgleichsansprüche kommen.

→ *Haftung für Verbindlichkeiten:* In gewissem Umfange kann ein Kontomitinhaber alleine Verpflichtungen zu Lasten der übrigen Mitinhaber auf einem O.-K. eingehen. Die Kontomitinhaber haften dann als → Gesamtschuldner gemäß § 421 BGB wie für gemeinschaftlich begründete Verbindlichkeiten. Eine entsprechende Haftungsklausel enthält auch Nr. 14 Abs. 2 AGB Banken (Nr. 21 Abs. 3 AGB Sparkassen) bzw. die Vordrucke der Kreditinstitute. Dabei handelt es sich aber nur um Verbindlichkeiten aus dem Gemeinschaftskonto, die im Rahmen der regulären Kontoführung entstehen. Gemeint sind damit in erster Linie Verwaltungskosten und vorübergehende → Überziehungskredite, wie sie von den Banken ohne besondere Kreditgewährung gelegentlich zugelassen werden. Für die Kontoinhaber wird dagegen keine gesamtschuldnerische Haftung begründet, wenn ein Kontomitinhaber ein Gemeinschaftskonto alleine unangemessen überzieht oder → Kreditverträge ohne Mitwirkung der weiteren Kontomitinhaber unterschreibt.

**OECD,** → Organisation für wirtschaftliche Zusammenarbeit und Entwicklung.

**OEEC,** → Organisation für Europäische Wirtschaftliche Zusammenarbeit.

**OEX**
Tickersymbol für den S & P 100 Index.

**OEX LEAPS**
→ Long-term Equity Anticipation Securities (LEAPS) auf den S & P 100 Index. O. L. sind → amerikanische Optionen. Sie werden am Samstag nach dem dritten Freitag im → Delivery Month fällig. Bei Fälligkeit wird der → innere Wert mit den Schlußkursen vom → Last Trading Day der 100 → Aktien des S & P 100 Index ermittelt. O. L. werden an der CBOE in Chicago gehandelt.
(→ SPX LEAPS)

**OEX S & P 100 Index Option**
→ Short-term Option an der CBOE auf den S & P 100 Index. Neben den kurzfristigen O. S & P 100 I. O. werden an der CBOE auch → OEX LEAPS, OEX → CAPS und FLEX-Options (→ Flexible Exchange Option) auf den S & P 100 Index gehandelt. OEX-Optionen sind weltweit die erfolgreichsten → Aktienindex-Optionen, die an internationalen → Terminmärkten angeboten werden.

**OFDAX**
Abk. für → Option auf den → DAX-Future.

**Off-Balance-Position**
→ Saldo aus dem Abschluß von → bilanzunwirksamen Geschäften.

## Off-Balance-Sheet-Geschäfte

**Off-Balance-Sheet-Geschäfte,** →bilanzunwirksame Geschäfte.

**Off-Balance-Sheet-Instrument**
Finanzinstrument, das als schwebendes Geschäft zu erfassen und daher bilanzunwirksam ist, d. h. O.-B.-S.-I. schlagen sich nicht in den →Jahresabschlüssen der beteiligten Parteien nieder. Begründet wird die Nicht-Bilanzierung mit den Grundsätzen zur Bilanzierung schwebender Geschäfte, wonach Geschäfte, die von beiden Seiten noch nicht (vollständig) erfüllt sind, nicht bilanziert werden müssen. § 249 Abs. 1 HGB schreibt allerdings eine Rückstellungsbildung für Drohverluste in der Position „Rückstellung für Drohverluste aus schwebenden Geschäften" vor. Zu O.-B.-S.-I. zählt man →derivative (Finanz-)Instrumente, z. B. →Financial Swaps, →Optionen, →Futures. Allerdings werden beispielsweise die Zinszahlungen bei →Kuponswaps an und von der Gegenpartei als Zinsaufwand oder Zinsertrag in der →Gewinn- und Verlustrechnung (GuV) erfaßt. Im Gegensatz zu O.-B.-S.-I. werden →On-Balance-Sheet-Instrumente in der Bilanz erfaßt.

**Offene Devisenposition,** →Offene Position, →Devisenhandel, →Devisenposition.

**Offene Festzinsposition**
Aktivüberhang (offene aktivische Festzinsposition) oder Passivüberhang (offene passivische Festzinsposition) festverzinslicher →Positionen in der →Bilanz gegenüber variabel verzinslichen Positionen.
(→Festzinspositionen)

**Offene Handelsgesellschaft (OHG)**
→Personenhandelsgesellschaft, die von mindestens zwei Gesellschaftern unter gemeinsamer → Firma betrieben wird und bei der alle Gesellschafter mit ihrem gesamten →Vermögen, auch dem Privatvermögen, haften. Rechtsgrundlage: §§ 105–160 HGB; ergänzend §§ 705 ff. BGB über die →Gesellschaft bürgerlichen Rechts (BGB-Gesellschaft, GbR) (§ 105 Abs. 2 HGB). Die unbeschränkte →Haftung der Gesellschafter bedeutet grundsätzlich hohe →Kreditwürdigkeit.

*Errichtung* der OHG erfolgt durch Abschluß eines formfreien →Gesellschaftsvertrages. Sie ist in das →Handelsregister einzutragen. Die Anmeldung ist von allen Gesellschaftern zu bewirken. Die Firma der OHG muß die Namen oder wenigstens den Namen eines Gesellschafters mit einem das Gesellschaftsverhältnis andeutenden Zusatz enthalten. Durch § 124 Abs. 1 HGB ist die OHG einer →juristischen Person angenähert. Sie kann unter ihrer Firma →Rechte erwerben und →Verbindlichkeiten eingehen, →Eigentum und andere →dingliche Rechte an →Grundstücken erwerben, vor Gericht klagen und verklagt werden. Zur →Zwangsvollstreckung in das gesamthänderisch gebundene Gesellschaftsvermögen (→Gesamthandsvermögen) ist ein gegen die OHG gerichteter vollstreckbarer Titel (→Vollstreckungstitel) erforderlich. Aus einem solchen kann aber nicht unmittelbar gegen einen Gesellschafter vollstreckt werden (§ 129 Abs. 4 HGB). Hierzu bedarf es eines gegen den einzelnen Gesellschafter gerichteten Titels.

*Rechte und Pflichten der Gesellschafter:*
→*Einlage:* Die Gesellschafter haben ihre Kapitaleinlage nach dem Gesellschaftsvertrag zu leisten (Bar- oder Sacheinlage). Ein Mindestkapital ist gesetzlich nicht vorgesehen. *Haftung:* Jeder Gesellschafter haftet gemäß § 128 HGB gegenüber den →Gläubigern der Gesellschaft unbeschränkt (mit seinem Geschäfts- und Privatvermögen), unmittelbar (Gläubiger kann seinen Anspruch statt an die OHG an einen Gesellschafter richten und von ihm Befriedigung seiner →Forderung verlangen, es sei denn, daß dem Gesellschafter die Rechte des § 129 Abs. 4 HGB zustehen) und solidarisch (gesamtschuldnerisch i. S. des § 421 BGB). Eine Beschränkung der Haftung ist im Innenverhältnis durch Vereinbarung zwar möglich, Dritten (Gläubigern) gegenüber aber unwirksam. Tritt ein Gesellschafter in eine bereits bestehende OHG ein, haftet er im Außenverhältnis auch für frühere Verbindlichkeiten der Gesellschaft. *Geschäftsführung und Vertretung:* Jeder Gesellschafter ist zur →Geschäftsführung und →Stellvertretung berechtigt und verpflichtet. Wenn im Gesellschaftsvertrag keine andere Vereinbarung getroffen wurde, besteht Einzelgeschäftsführungsbefugnis. Möglich ist, durch Vereinbarung einzelne Gesellschafter von der Geschäftsführung auszuschließen. Derartige Bestimmungen im Gesellschaftsvertrag müssen aber in das Handelsregister eingetragen werden. Für außergewöhnliche Geschäfte ist der Beschluß aller Gesellschafter erforderlich (§ 116 HGB). Zur Bestellung eines →Prokuristen bedarf es im-

mer der Zustimmung aller geschäftsführenden Gesellschafter, es sei denn, daß Gefahr im Verzuge ist. Jeder Gesellschafter kann die OHG einzeln vertreten. Abweichende Regelungen sind möglich. Eine Beschränkung des Umfanges der Vertretungsmacht ist im Innenverhältnis möglich, im Außenverhältnis jedoch unwirksam (§ 125f. HGB). Die Gesellschafter sind ferner verpflichtet, das Wettbewerbsverbot gemäß § 112f. HGB zu beachten. *Gewinnverteilung:* Soweit der Gesellschaftsvertrag nichts anderes bestimmt, erhält jeder Gesellschafter aus dem Jahresgewinn zunächst 4% → Zinsen auf seine Kapitaleinlage. Ein verbleibender Rest wird nach Köpfen verteilt. Reicht der → Gewinn zur Verzinsung des → Kapitals nicht aus, so wird der Gewinn anteilmäßig nach der Kapitaleinlage verteilt. Die Gesellschafter sind ebenfalls am Verlust nach Köpfen beteiligt, wenn nichts anderes vereinbart wurde (§ 121 HGB). Nach § 122 HGB hat der Gesellschafter die Möglichkeit, während des → Geschäftsjahres Entnahmen in Geld oder Sachwerten bis zu 4% der Kapitaleinlage vorzunehmen. Will er die Gesellschaft kündigen, so hat er eine sechsmonatige → Frist zum Geschäftsjahresende gemäß § 132 HGB einzuhalten.

*Auflösung* erfolgt durch Gesellschaftsbeschluß, Eröffnung des → Konkurses über das Vermögen der OHG oder eines Gesellschafters, Tod eines Gesellschafters, → Kündigung (§ 131 HGB). Die Auflösung aus Gründen, die in der Person eines Gesellschafters liegen, kann im Gesellschaftsvertrag durch die Bestimmung ausgeschlossen werden, daß die Gesellschaft unter den übrigen Gesellschaftern fortbestehen soll. Der ausscheidende Gesellschafter wird in Geld abgefunden. Durch die Auflösung wird das Verfahren der → Liquidation eingeleitet. Ansprüche gegen einen Gesellschafter aus Verbindlichkeiten der Gesellschaft verjähren nach fünf Jahren nach der Auflösung der Gesellschaft oder nach seinem Ausscheiden. Die → Verjährung beginnt mit dem Ende des Tages, an welchem die Auflösung der Gesellschaft oder das Ausscheiden des Gesellschafters in das Handelsregister eingetragen ist (§ 159 HGB).

**Offene Position**
→ Position, die ein Risiko (z. B. → Devisenkursrisiko bei einer → Devisenposition) bedeutet, weil einem Aktivum kein entsprechendes Passivum gegenübersteht bzw. umgekehrt.
*Gegensatz:* → geschlossene Position.

**Offene Reserven,** → offene Rücklagen.

**Offener Fonds**
*Open-end Fund*; → Investmentfonds, der laufend Anteilsscheine (→ Investmentzertifikate) ausgibt (laufende Kapitalbeschaffung, variables → Kapital) und auf Verlangen der Zertifikatsinhaber zurücknimmt. In Deutschland sind Investmentfonds nach dem → Gesetz über Kapitalanlagegesellschaften (Investmentgesetz) stets o. F.
*Gegensatz:* geschlossener Fonds (→ Closed-End Fund).

**Offener Immobilienfonds**
→ Immobilienfonds, dessen Vermögen nach § 27 Abs. 1 und 2 KAGG aus → Grundstücken und grundstücksgleichen Rechten in Deutschland und in den EU-Staaten besteht. Die Grundstücke sind i. d. R. gewerblich oder gemischtwirtschaftlich genutzt und auf der Grundlage von Indexklauseln (→ Wertsicherungsklauseln) vermietet. O. I. unterliegen (im Gegensatz zu → geschlossenen Immobilienfonds) dem → Gesetz über Kapitalanlagegesellschaften (Investmentfonds). Das → Sondervermögen steht im Eigentum der → Kapitalanlagegesellschaft (Treuhandlösung). Die Anteilsinhaber haben nur schuldrechtliche → Ansprüche (→ wirtschaftliches Eigentum).

*Wirtschaftlicher Zweck:* O. I. sollen eine sichere, inflationsgeschützte und ertragsorientierte Geldanlage ermöglichen. Bereits mit kleinen Beträgen kann eine (indirekte) Anlage von → Geld in → Immobilien nach dem Prinzip der Risikomischung bzw. Risikobegrenzung durchgeführt werden (→ Investmentsparen).

*Anlagevorschriften:* Eine Kapitalanlagegesellschaft darf für ein Grundstücks-Sondervermögen nach § 27 KAGG nur folgende in einem EU-Mitgliedstaat gelegene Gegenstände erwerben:
a) „(1) Mietwohngrundstücke, Geschäftsgrundstücke und gemischtgenutzte Grundstücke;
(2) Grundstücke im Zustand der Bebauung, wenn die genehmigte Bauplanung den in Nummer 1 genannten Voraussetzungen entspricht und nach den Umständen mit einem Abschluß der Bebauung in angemessener Zeit zu rechnen ist und wenn die → Auf-

## Offene Rücklagen

wendungen für die Grundstücke insgesamt 20 vom Hundert des Wertes des Sondervermögens nicht überschreiten;
(3) unbebaute Grundstücke, die für eine alsbaldige eigene Bebauung nach Maßgabe der Nummer 1 bestimmt und geeignet sind, wenn zur Zeit des Erwerbs ihr Wert zusammen mit dem Wert der bereits in dem Sondervermögen befindlichen unbebauten Grundstücke 20 vom Hundert des Wertes des Sondervermögens nicht übersteigt;
(4) → Erbbaurechte unter den Voraussetzungen der Nummern 1 bis 3.
b) Wenn die Vertragsbedingungen dies vorsehen und die Gegenstände einen dauernden Ertrag erwarten lassen, dürfen für ein Grundstücks-Sondervermögen auch erworben werden
(1) andere in Mitgliedstaaten der → Europäischen Gemeinschaften belegene Grundstücke, Erbbaurechte sowie Rechte in der Form des →Wohnungseigentums, →Teileigentums, Wohnungserbbaurechts und Teilerbbaurechts sowie
(2) außerhalb der Mitgliedstaaten der Europäischen Gemeinschaften belegene Grundstücke der in Absatz 1 Nr. 1 bis 3 bezeichneten Art.
Die Grundstücke und Rechte nach Nummer 1 dürfen nur erworben werden, wenn zur Zeit des Erwerbs ihr Wert zusammen mit dem Wert der bereits in dem Sondervermögen befindlichen Grundstücke und Rechte gleicher Art 10 vom Hundert des Wertes des Grundstücks-Sondervermögens nicht überschreitet. Die Grundstücke nach Nummer 2 dürfen nur erworben werden, wenn zur Zeit des Erwerbs ihr Wert zusammen mit dem Wert der bereits in dem Sondervermögen befindlichen Grundstücke dieser Art 20 vom Hundert des Wertes des Sondervermögens nicht überschreitet. Bei den Grundstücken nach Nummer 2 gelten ferner die Begrenzungen nach Absatz 1 Nr. 2 und 3 mit der Maßgabe, daß an die Stelle des Wertes des Sondervermögens der Wert der Grundstücke nach Nummer 2 tritt.
c) Ein Vermögensgegenstand nach den Absätzen 1 und 2 darf nur erworben werden, wenn der Sachverständigenausschuß ihn zuvor bewertet hat und die aus dem Sondervermögen zu erbringende Gegenleistung den ermittelten Wert nicht oder nur unwesentlich übersteigt. Entsprechendes gilt für Vereinbarungen über die Bemessung des Erbbauzinses und seine etwaige spätere Änderung.

d) Für ein Grundstücks-Sondervermögen dürfen auch Gegenstände erworben werden, die zur Bewirtschaftung der Gegenstände des Grundstücks-Sondervermögens erforderlich sind."
Weitere Anlagevorschriften sind in § 28 KAGG enthalten:
„(1) Das Grundstücks-Sondervermögen muß aus mindestens zehn Grundstücken bestehen.
(2) Keines der Grundstücke darf zur Zeit seines Erwerbs den Wert von 15 vom Hundert des Wertes des Sondervermögens übersteigen."

*Wertermittlung des Anteilsscheins:* Der Wert eines Anteilsscheins sowie der Ausgabe- und Rücknahmepreis ist mindestens jährlich zu ermitteln. Dabei ist der Wert des Grundstücksvermögens durch den Sachverständigenausschuß festzustellen, der von der Kapitalanlagegesellschaft gemäß § 32 KAGG zu bestellen ist.

*Steuerliche Behandlung der Erträge bei den Anteilsscheininhabern:* →Erträge aus o. I. sind bei den Anteilsscheininhabern →Einkünfte aus Kapitalvermögen. Dies gilt auch für Erträge von → Thesaurierungsfonds. Zu unterscheiden sind →ordentliche Erträge, die z. B. durch Miet- und Pachteinnahmen entstehen, und →außerordentliche Erträge, wie z. B. →Veräußerungsgewinne. Ordentliche Erträge sind steuerpflichtige Einnahmen. Steuerfrei bleiben die sog. negativ thesaurierten Erträge (steuerfreier Unterschiedsbetrag zwischen der betriebswirtschaftlichen Ertragsrechnung und der steuerlichen Aufwands- und Ertragsrechnung, der durch Abzug der →AfA von den steuerpflichtigen Einnahmen entsteht). Soweit es sich um im Privatvermögen gehaltene Anteilsscheine handelt, bleiben ausgeschüttete Veräußerungsgewinne aus Grundstücksverkäufen nach Ablauf der Spekulationsfrist von zwei Jahren und Veräußerungsgewinne aus Wertpapierverkäufen steuerfrei. Thesaurierte Veräußerungsgewinne bleiben ebenfalls steuerfrei; sie werden steuerpflichtig, wenn sie durch Anteilsscheinverkauf innerhalb der sechsmonatigen Spekulationsfrist realisiert werden.

### Offene Rücklagen

*Offene Reserven*; Sammelbegriff für alle in der → Bilanz eines Unternehmens offen ausgewiesene → Rücklagen. O. R. sind nach § 272 HGB bei → Kapitalgesellschaften die

## Offenlegung der wirtschaftlichen Verhältnisse

→ Kapitalrücklage und die → Gewinnrücklage. Bei → Genossenschaften treten an die Stelle der Gewinnrücklagen die → Ergebnisrücklagen (§ 337 Abs. 2 HGB).
*Gegensatz:* stille Rücklagen (→ stille Reserven).

### Offenes Depot
→ Wertpapiere werden einem → Verwahrer vom Hinterleger unverschlossen übergeben. Der Verwahrer wird bei einem o. D. nicht nur mit der Aufbewahrung beauftragt, sondern auch mit der Verwaltung. Das o. D. ist der Regelfall nach dem → Depotgesetz. Beim o. D. unterscheidet man zwischen → Sonderverwahrung und → Sammelverwahrung.
*Gegensatz:* → verschlossenes Depot.
(→ Verwahrgeschäft der Kreditinstitute)

### Offenes Treuhanddepot, → Depotsonderformen.

### Offene Terminposition
→ Offene Position, die sich aus → Termingeschäften ergibt und daher ein → Eindeckungsrisiko beinhaltet.

### Offene Währungsposition
Währungsposition (→ Devisenposition), die als → Long Position oder als → Short Position ein → Währungsrisiko ergibt. O. W. (bilanzielle und → Off-Balance-Positionen) werden durch den → Grundsatz Ia des → Bundesaufsichtsamts für das Kreditwesen (→ Eigenkapitalgrundsätze) begrenzt. Zur betrieblichen Steuerung des Währungsrisikos sind Limitvorgaben für Transaktionen erforderlich (Vorgabe von Handelsvolumina, → Laufzeiten, Positionslimite).

### Offene Zession
→ Abtretung, die dem → Schuldner gegenüber angezeigt wird und damit seine schuldbefreiende Leistung an den Zedenten ausschließt (§ 409 BGB).
*Gegensatz:* → stille Zession.

### Offenlegung der wirtschaftlichen Verhältnisse
*Begriff:* In § 18 KWG festgelegte Verpflichtung der → Kreditinstitute, die → Kreditwürdigkeit ihrer Kreditnehmer in ausreichendem Maße anhand von Unterlagen (Kreditunterlagen) zu prüfen.
Das Kreditinstitut muß sich von einem Kreditnehmer, dem insgesamt mehr als 250.000 DM Kredit (→ Kreditbegriff des KWG) eingeräumt wird, die wirtschaftlichen Verhältnisse, insbes. durch Vorlage der → Jahresabschlüsse, offenlegen lassen. Das Kreditinstitut kann hiervon absehen, wenn das Verlangen nach Offenlegung im Hinblick auf die gestellten Sicherheiten oder auf die Mitverpflichteten offensichtlich unbegründet wäre.

*Zweck:* Obwohl eine Kreditwürdigkeitsprüfung im Interesse der Bank liegt, ist die Offenlegungspflicht gesetzlich verankert worden, damit sie unabhängig von der Verhandlungsmacht des Kreditnehmers leichter durchgesetzt werden kann. Die Offenlegungsgrenze ist für alle Kreditinstitute einheitlich festgelegt, damit sie nicht zum Wettbewerbsinstrument wird.

*Zeitraum:* Die Verpflichtung zur O. d. w. V. beschränkt sich nicht auf den Zeitpunkt der Kreditzusage, sondern gilt für die gesamte Kreditlaufzeit. Die Jahresabschlüsse sollten nicht länger als 18 Monate zurückliegen. Um die Unternehmensentwicklung beurteilen zu können, bedarf es der Vorlage mehrerer Jahresabschlüsse. Werden → Konzernabschlüsse erstellt, so sind grundsätzlich auch diese anzufordern. Die Auswertung der Unterlagen ist in der Kreditakte zu dokumentieren. Mit zunehmender Verschlechterung der wirtschaftlichen Verhältnisse des Kreditnehmers sollte das Informationsmaterial zeitnäher sein.
Eine Sonderregelung besteht für das (echte) → Factoring der Kreditinstitute.

*Ausnahmen:* Von der Pflicht der O. d. w. V. werden nach § 20 KWG (ab 1996: § 21 Abs. 2, 3 KWG) insbes. ausgenommen: → Kommunalkredite, Geldmarktkredite, die an andere Kreditinstitute gewährt und gesichert sind, als Guthaben nur der Geldanlage dienen und bis zu drei Monate → Laufzeit haben (bei zentraler Liquiditätshaltung im Sparkassen- bzw. Kreditgenossenschaftssektor kann die Befristung über drei Monate hinausgehen), von Kreditinstituten angekaufte → Wechsel mit → Restlaufzeiten bis drei Monate, sofern diese üblicherweise am → Geldmarkt gehandelt werden, → Realkredite, abgeschriebene Kredite.
Die → Abschlußprüfer haben über die Einhaltung der Vorschriften des § 18 KWG zu berichten.
(→ Bankenaufsicht)

## Offenlegung des Jahresabschlusses, → Jahresabschluß.

## Offenmarktgeschäfte der Deutschen Bundesbank

An- und Verkauf bestimmter → Wertpapiere zur Regelung des → Geldmarktes (§ 21 BBankG) gemäß den wechselnden geldpolitischen Erfordernissen (→ Offenmarktpolitik der Deutschen Bundesbank, → Geldpolitik der Deutschen Bundesbank).

*Liquiditätspapiere:* Die → Deutsche Bundesbank kauft und verkauft für eigene Rechnung → Schatzwechsel und → unverzinsliche Schatzanweisungen, die ihr der Bund auf Verlangen gemäß § 42 BBankG zur Verfügung stellt (→ Liquiditätspapiere). U-Schätze sind dabei im Regelfall vor Fälligkeit nicht rückgebbar (→ N-Titel). Zur → Feinsteuerung am Geldmarkt bietet die Bundesbank (freibleibend) Schatzwechsel mit i. d. R. dreitägiger → Laufzeit an.

*Anleihen:* Wenn und soweit es der Bundesbank aus liquiditätspolitischen Gründen geboten und vertretbar erscheint, kauft und verkauft die Bundesbank → Anleihen des Bundes oder seiner → Sondervermögen für eigene Rechnung. Zur → Kurspflege (d. h. nicht als Offenmarktgeschäft i. S. von § 21 BBankG) kauft und verkauft sie diese Anleihen für Rechnung des → Emittenten.

*Offenmarktgeschäfte über Wertpapiere mit Rückkaufsvereinbarung:* Die Bundesbank kauft im Rahmen von Offenmarktgeschäften von → Kreditinstituten, die der Mindestreservepflicht (→ Mindestreserven) unterliegen, lombardfähige → festverzinsliche (Wert-)Papiere (auch → Null-Kupon-Anleihen und → variabel verzinsliche Anleihen), die an einer → Börse amtlich notiert werden, außerdem auch im → geregelten Markt notierte → Schuldverschreibungen des Bundes, des → Kreditabwicklungsfonds, der Bundesbahn und der Länder sowie unverzinsliche Schatzanweisungen der genannten → Emittenten mit einer → Restlaufzeit bis zu einem Jahr unter der Bedingung, daß der Verkäufer die Wertpapiere gleichzeitig per Termin zurückkauft (→ Wertpapierpensionsgeschäfte). Diese Geschäfte werden i. d. R. im Ausschreibungsverfahren angeboten (→ Tenderverfahren).

*Offenmarktgeschäfte über Wechsel mit Rückkaufsvereinbarung:* Die Bundesbank behält sich vor, bundesbankfähige Inlandswechsel (→ bundesbankfähige Wechsel) außerhalb der → Rediskont-Kontingente am offenen Markt unter der Bedingung anzukaufen, daß der Verkäufer die Wechsel gleichzeitig per Termin zurückkauft (→ Wechselpensionsgeschäfte). Geschäftspartner können nur Kreditinstitute sein, denen Rediskont-Kontingente eingeräumt sind.

## Offenmarktpapier

Bestimmtes → Wertpapier, das von der → Deutschen Bundesbank zur Regelung des → Geldmarktes gemäß den wechselnden geldpolitischen Erfordernissen zu Marktsätzen angekauft und verkauft wird. O. sind in § 21 BBankG aufgezählt (→ Offenmarktgeschäfte der Deutschen Bundesbank, → Offenmarktpolitik der Deutschen Bundesbank).

## Offenmarktpolitik der Deutschen Bundesbank

Teilbereich der → Geldpolitik der → Deutschen Bundesbank, der sowohl Liquiditätspolitik als auch Zinspolitik sein kann (→ Liquiditätspolitik der Deutschen Bundesbank, → Zinspolitik der Deutschen Bundesbank).

*Objekte und Regeln gemäß § 21 BBankG:* Die Deutsche Bundesbank darf zur Regelung des → Geldmarktes am offenen Markt zu Marktsätzen kaufen und verkaufen: → bundesbankfähige Wechsel (→ Handelswechsel), → Schatzwechsel und → Schatzanweisungen des Bundes, seiner → Sondervermögen (früher: Bundesbahn, Bundespost; → Sondervermögen Ausgleichsfonds, → ERP-Sondervermögen) oder der Länder, → Schuldverschreibungen und → Schuldbuchforderungen (der genannten → Emittenten) sowie andere von der Bundesbank bestimmte Schuldverschreibungen. Offenmarktgeschäfte können demzufolge nicht nur mit → Geldmarktpapieren, sondern auch mit → Kapitalmarktpapieren durchgeführt werden. Erlaubt sind sie jedoch nur zur Regelung des Geldmarktes, nicht zur → Kurspflege für → öffentliche Anleihen am → Kapitalmarkt. Ferner verbietet die Vorschrift der Bundesbank, Schuldtitel direkt vom Emittenten zu übernehmen. Die Bundesbank darf nur zu Marktsätzen kaufen und verkaufen und demzufolge nicht willkürlich versuchen, marktferne Sätze durchzusetzen. Damit läßt sich nicht ausschließen, daß sich Zinserwartungen der Marktteilnehmer einstellen und auch ändern, wenn die Bundesbank am offenen Markt tätig wird.

*Formen der Offenmarktgeschäfte:* Die Bundesbank nutzt verschiedene Formen, je nach der gewünschten Wirkung auf die monetären Größen: (1) Die wichtigste Form der Offenmarktgeschäfte stellen die → Wertpapierpensionsvereinbarung dar. Hierbei erfolgen An- und Verkäufe von → Wertpapieren nicht „bis auf weiteres", sondern nur auf bestimmte Zeit, d. h. Käufe werden mit einer Rückkaufsvereinbarung zu einem im voraus festgesetzten Termin gekoppelt, so daß den → Kreditinstituten → Liquidität nur für eine begrenzte Frist zugeführt und evtl. auch entzogen wird. Solche Geschäfte werden regelmäßig mit Wertpapieren getätigt; in der Vergangenheit kamen auch → Wechselpensionsgeschäfte, → Devisenpensionsgeschäfte und Pensionsgeschäfte mit US-Schatzwechseln vor, wobei das letztgenannte Instrument nur in restriktiver Richtung benutzt wurde. (Die Bundesbank überträgt den Kreditinstituten US-Schatzwechsel auf Zeit, wobei die Gegenwerte bei der Bundesbank stillgelegt werden.) (2) Offenmarktgeschäfte mit Kreditinstituten auf der Basis von Geldmarktpapieren, die in die → Geldmarktregulierung durch die Deutsche Bundesbank einbezogen sind. In Frage kommen Schatzwechsel, Schatzanweisungen und → Privatdiskonten (Papiere, die mit einer Ankaufszusage der Bundesbank versehen sind). Die Bundesbank gibt in die Geldmarktregulierung einbezogene Papiere aber seit 1975 nicht mehr ab, da sie einen „quasi-automatischen" Zugang zur Versorgung mit → Zentralbankgeld ermöglichen. (3) Offenmarktgeschäfte mit Kreditinstituten auf der Basis von → N-Titeln (Geldmarktpapiere, die nicht in die Geldmarktregulierung einbezogen sind) und öffentlichen Anleihen. N-Papiere werden i. d. R. besser verzinst als geldmarktregulierende Papiere. Diese Form der Offenmarktpolitik wirkt sowohl auf das Zinsniveau als auch auf die → Bankenliquidität, weil N-Titel keine → Liquiditätsreserven sind. (4) Offenmarktgeschäfte mit Nichtbanken (z. B. mit → Bundesbank-Schätzen und öffentlichen Anleihen). (5) Offenmarktgeschäfte mit in- und ausländischen Banken über → Bundesbank-Liquiditäts-U-Schätze („Bulis") auf der Grundlage von § 42 BBankG neuer Fassung (→ Liquiditätspapiere).

### Öffentliche Anleihe

→ Schuldverschreibung und → Schuldbuchforderung, die vom Bund, den → Sondervermögen des Bundes, den Bundesländern und anderen Gebietskörperschaften ausgegeben wird. Ö. A. dienen zur → Finanzierung von öffentlichen Ausgaben bzw. der Finanzierung der → öffentlichen Haushalte und sind durch das gegenwärtige und zukünftige Vermögen und die Steuerkraft bzw. die Einnahmen der → Aussteller (→ Emittenten) gesichert.

### Öffentliche Banken

→ Kreditinstitute in öffentlich-rechtlicher Organisationsform (→ Anstalt des öffentlichen Rechts bzw. → Körperschaft des öffentlichen Rechts: → Sparkassen, → Landesbanken/Girozentralen, → öffentlich-rechtliche Grundkreditanstalten usw.) sowie Kreditinstitute in privatrechtlicher Organisationsform (→ Aktiengesellschaft, → Gesell-

## Öffentliche Beglaubigung

schaft mit beschränkter Haftung), deren →Kapital mittelbar oder unmittelbar von Bund, Ländern oder anderen Gebietskörperschaften gehalten wird und deren Aufgaben mit denen öffentlich-rechtlicher Kreditinstitute vergleichbar sind: längerfristige Investitionsfinanzierung im Wohnungsbau, in der Wirtschaft und durch die öffentliche Hand, Durchführung öffentlicher Kreditprogramme. Die Finanzierungsmittel hierfür beschaffen sich die ö. B. überwiegend auf dem →Kapitalmarkt durch die →Emission von →Bankschuldverschreibungen (insbes. →Pfandbriefe und →Kommunalobligationen). Zu den ö. B. zählen die Landesbanken/Girozentralen, die öffentlich-rechtlichen Grundkreditanstalten und die meisten →Kreditinstitute mit Sonderaufgaben. Im →Verband öffentlicher Banken sind v. a. die Landesbanken/Girozentralen und die öffentlich-rechtlichen Grundkreditanstalten zusammengeschlossen.

### Öffentliche Beglaubigung

Beglaubigung der Unterschrift unter einer schriftlichen Erklärung durch einen Notar (§ 129 BGB). Die →Urkunde bleibt Privaturkunde (§ 416 ZPO), im Unterschied zum Beglaubigungsvermerk, der bestätigt, daß die Unterschrift des Unterzeichners identisch mit der des →Ausstellers ist. Dieser Vermerk ist auch im Hinblick auf den Zeitpunkt öffentliche Urkunde (§ 415 ZPO, §§ 39, 40 BeurkungsG). Eine Beglaubigung erstreckt sich nicht auf die Richtigkeit des Erklärungsinhalts. Sie ist vorgesehen z. B. bei Anträgen auf Eintragung in das →Handelsregister (§ 12 HGB) oder das Vereinsregister (§ 77 BGB) sowie Erklärungen zwecks Eintragung in das →Grundbuch (§§ 1154, 1155 BGB, 29 Abs. 1 GBO). Sofern im Gesetz amtliche Beglaubigung zugelassen ist (z. B. in § 411 BGB), kann diese auch durch Behörden erfolgen. Eine amtliche Beglaubigung kann in bezug auf Abschriften, Ablichtungen, Vervielfältigungen und Negative (§ 33 VwVfG) sowie auf Unterschriften (§ 34 VwVfG) erfolgen. Mit dieser bezeugt eine Verwaltungsbehörde zum Zwecke der Verwendung im Verwaltungsverfahren oder für sonstige Zwecke die Echtheit einer Unterschrift oder eines Handzeichens oder die Richtigkeit der Abschrift o. ä. einer Urkunde. Die Beweiskraft dieser amtlichen Beglaubigungen beschränkt sich auf den im Beglaubigungsvermerk genannten Verwendungszweck.

### Öffentliche Bürgschaft

→Bürgschaft, die von einer öffentlich-rechtlichen →Körperschaft (Bund, Land, Gemeinde usw.) vor allem im Rahmen der Wirtschaftsförderung, aber auch zur Absicherung von Risiken im Exportgeschäft abgegeben wird.
Die Übernahme der Bürgschaft, auf die grundsätzlich §§ 765 ff. BGB Anwendung finden, erfolgt nach Maßgabe der vom Bürgschaftsgeber aufgestellten „Richtlinien", „Merkblätter" oder „Bedingungen", die sich aus einem Begleitschreiben bei Übersendung der Bürgschaftsurkunde ergeben und die gesetzlichen Bestimmungen nicht unerheblich modifizieren. Sie sind mit den →Allgemeinen Geschäftsbedingungen der →Kreditinstitute vergleichbar und werden Bestandteil des Bürgschaftsvertrages. Die ö. B. wird meist als →Ausfallbürgschaft übernommen, wobei die →Abtretung der verbürgten →Forderung, etwa zur →Refinanzierung, i. d. R. der Zustimmung des Bürgen bedarf.

### Öffentliche Emission von Euro-Anleihen

Das Emissionsverfahren am →Euro-Kapitalmarkt folgt angelsächsischem Vorbild und weicht von dem in der Bundesrepublik Deutschland gebräuchlichen kombinierten Übernahme- und Begebungskonsortium stark ab. Bei der öffentlichen Emission erfolgt das Angebot stets in Zusammenhang mit einem Prospekt (Offering Circular, auch Prospectus genannt), in dem die Emissionsbedingungen und die finanzielle Situation des →Emittenten (Zahlen der Bilanz für die letzten zwei, für die →Gewinn- und Verlustrechnung [GuV] der letzten fünf Jahre) beschrieben werden (Publizitätswirkung). Auch wird die Notierung an mindestens einer →Börse vorgenommen (z. B. London, Luxemburg), da die Börsennennung (das Listing) häufig von wichtigen Käufern, besonders institutionellen Anlegern, zur Voraussetzung für die Kaufentscheidung gemacht wird.
Öffentlich aufgelegte →Euro-Anleihen werden durch ein internationales Bankenkonsortium mit einem dreistufigen Aufbau begeben (Firmencommitment Underwriting). Es setzt sich zusammen aus der Konsortialführung (Management Group), die von einem →Konsortialführer (→Lead Manager) bzw. von einer bis zu 15 Institute umfassenden Konsortialführungsgruppe (falls noch andere Kreditinstitute als Co-

## Öffentliche Emission von Euro-Anleihen

Manager bzw. Managing Underwriters hinzugezogen werden) geführt wird, der Garantiegruppe (Underwriting Group), einer Art Garantiekonsortium, bestehend aus etwa 50 bis 150 Banken und der noch umfangreicheren Verkaufsgruppe (Selling Group). Die Beteiligten sind international tätige → Banken und Wertpapierhandelsfirmen.

Der Lead Manager ist für die Vorbereitung und technische Abwicklung (Dokumentation, Börseneinführung usw.) der Emission verantwortlich, führt die Verhandlungen mit dem Emittenten, organisiert die Bildung des → Konsortiums und stellt ggf. zunächst die Management-Group zusammen. Neben dem Management ist auch die Kontrolle des Syndikats Aufgabe des Lead Managers. Er entscheidet über die Größe der Underwriting und Selling Group. Je größer das Syndikat, um so geringer das Absatzrisiko, um so größer jedoch die Koordinierungs- und Kontrollerfordernisse, ob z. B. von den offiziellen Angebotspreisen gegenüber Anlegern abgewichen wird. In einem Übernahmevertrag (Subscription Agreement) verpflichten sich die Führungsbanken dem Emittenten gegenüber, entweder die Anleihe selbst zu übernehmen oder aber Zeichner zu besorgen. Die Konsortialführung erhält eine von der Fristigkeit der Euro-Anleihe abhängige Führungsprovision (Management Commission, Management Fee).

Da die Konsortialführung das Emissionsrisiko nicht allein übernehmen will, lädt sie vorher eine Anzahl anderer Banken (die erwiesenermaßen über ein gewisses Plazierungspotential verfügen) aus den wichtigsten Ländern, in denen Absatzchancen für die Anleihe bestehen, ein. Mit diesen Banken (Underwriter) schließt die Konsortialführung einen Garantievertrag (Underwriting Agreement), wonach die Underwriter für die → Plazierung derjenigen Quote, die die Führungsbanken nicht selbst übernehmen, garantieren. Im Agreement Among Underwriters wird das Plazierungsrisiko auf die Konsortialinstitute verteilt. Nach der Höhe der Übernahmequote wird die Underwriter in Major (0,6 bis 1%), Submajor (0,3 bis 0,4%) und Minor (0,1 bis 0,3%) unterteilt. Die Underwriters erhalten eine von der Fristigkeit der Euro-Anleihe abhängige Garantieprovision (Underwriting Commission).

Die eigentliche Plazierung von Euro-Anleihen erfolgt über die Selling Banks, welche von der Konsortialführung zum Verkauf der Anleihe eingeladen werden. Sie werden um Mitteilung (Indikation) gebeten, innerhalb der Zeichnungsperiode (z. B. eine Woche) den Betrag, den sie selbst oder über andere Wertpapierhändler plazieren wollen, zu nennen. Aufgrund dieser Indikationen werden die während der Zeichnungsperiode zunächst nur vorläufig vorgegebenen Konditionen überprüft. Stellt sich z. B. eine Überzeichnung der Anleihe heraus, können der Anleihebetrag erhöht, der Ausgabekurs bzw. Zinssatz gesenkt oder die → Laufzeit verlängert werden; ist die Anleihe hingegen sehr schwer zu plazieren, wird der Lead Manager in Verhandlungen mit dem Emittenten eine gegenteilige Änderung der Konditionen herbeizuführen bzw. den Emissionszeitpunkt zu verschieben versuchen. Auf diese Weise erfolgt eine Feinabstimmung der endgültigen Preisfestsetzung. In dem vom Lead Manager bzw. der Management Group mit jedem Verkaufspartner (Selling Bank) einzeln abgeschlossenen Selling Group Agreement werden die Anleihezuteilung garantiert, der Preis, zu dem die Papiere verkauft werden dürfen, und die Verkaufsprovision (Selling Commission) festgelegt. Gelingt es den Selling Banks nicht, die Anleihe vollständig zu plazieren, so müssen die Underwriter die Anleihe gemäß ihren Quoten in den eigenen Bestand übernehmen. Nach Abschluß der Emission (nur zur Information, nicht als Aufforderung zur Zeichnung) werden die wichtigsten Daten der Anleihe und die Mitglieder des Emissionssyndikats in einem sog. „→ Tombstone" (übersetzt: Grabstein) in der Fachpresse veröffentlicht.

Bei der breitgestreuten Syndizierung werden im Rahmen der öffentlichen Emission die Funktionen der Absatzrisikoübernahme (liegt bei der Management bzw. Underwriting Group) und der Distribution (liegt bei der Selling Group) voneinander getrennt. Die Mitglieder der Selling Group wirken in der Garantiegruppe wegen (noch) nicht ausreichenden internationalen Emissionsstandings, wegen rechtlicher Beschränkungen bzw. aufgrund der Unternehmenspolitik nicht mit.

Der größte Teil der Euro-Anleihen wird an einer Börse oder mehreren Börsen eingeführt (London, Luxemburg, New York, Frankfurt, Brüssel, Paris, Schweiz, Singapur, Hongkong). Die Börsennotierung ist ein verbindlicher Preis, hat aufgrund der Veröffentlichungen einen hohen Informationswert und ist ein Indiz für die →Fungibilität der Anleihen.

## Öffentliche Kreditaufnahme
Die von der öffentlichen Hand aufgenommenen und mit einer Rückzahlungs- und Verzinsungspflicht verbundenen →Kredite.

*Wichtigste Formen:* (1) *Briefschulden:* Sie werden über eine gesonderte Schuldenurkunde dokumentiert. Buchschulden: Sie werden ins →Schuldbuch eingetragen. (2) *Nach der Fristigkeit:* →*Geldmarktpapiere* (kurzfristige Verschuldung am →Geldmarkt, z. B. →unverzinsliche Schatzanweisungen, →Finanzierungsschätze, und teilweise →Schatzwechsel). →*Kapitalmarktpapiere* (langfristige Verschuldung am →Kapitalmarkt, z. B. →Kassenobligationen, →Bundesobligationen, →Bundesschatzbriefe, →Anleihen, →Schuldscheindarlehen, Sozialversicherungs- und Versicherungsdarlehen). Die Schuldscheindarlehen sind am bedeutendsten, diese Form der Verschuldung wählen insbes. Kommunen und andere Gebietskörperschaften.

*Ziele:* Die ö. K. dient primär zur →Finanzierung der staatlichen Aufgabenerfüllung (Deckungskredite) oder zur Überbrückung temporärer Liquiditätsengpässe (Kassenverstärkungskredit). Die ö. K. ist aber auch Instrument der →Konjunkturpolitik und Stabilitätspolitik. Zur Verfolgung insbes. wachstumspolitischer Ziele nimmt die ö. K. (in Ergänzung der Steuerpolitik) Einfluß auf die volkswirtschaftliche Kapitalbindung und auf die interaktive Aufteilung der Finanzierungslast zukunftswirksamer →Investitionen.

*Auswirkungen:* Die Nachfrage der öffentlichen Hand nach Kreditmitteln steht in Konkurrenz mit der Nachfrage der übrigen Subjekte der Volkswirtschaft (Unternehmen, Private). Insbes. hohe öffentliche Kreditnachfrage kann Auswirkungen auf das Zinsgefüge haben.

## Öffentliche Last
Kraft Gesetzes (absolut) wirkendes Recht an einem →Grundstück, das nicht im →Grundbuch eingetragen wird (vgl. § 54 GBO), sich aber gleichwohl wertmindernd auswirken kann und daher für den →Realkredit (→Grundpfandrechte) Bedeutung besitzt. Dazu gehören im wesentlichen die →Steuern und sonstigen →Abgaben eines Grundstücks, Baulasten sowie die Erschließungsbeiträge nach dem Baugesetzbuch.
Bei einem Grundstückskauf (→Kauf) haftet der Verkäufer nicht für die Freiheit des Grundstücks von öffentlichen Abgaben und von anderen ö. L. (§ 436 BGB).

## Öffentliche Pfandbriefe mit variablem Zinssatz
Öffentliche →Pfandbriefe, die als →Plain Vanilla Floater emittiert werden.

## Öffentlicher Haushalt
Zusammenstellung von Ausgaben und Einnahmen einer öffentlichen →Körperschaft. Die zu erwartenden Ausgaben und Einnahmen werden im Haushaltsplan, die bereits getätigten in der Haushaltsrechnung dargestellt. Jeder ö. H. durchläuft die Phasen der Aufstellung, des Vollzugs und der Kontrolle. Funktionen der modernen Haushalts sind die finanzwirtschaftliche Ordnungsfunktion (Ausweis der mit der Staatstätigkeit verbundenen Ausgaben und Einnahmen), die politische Programmfunktion ("Regierungsprogramm in Zahlen"), die Kontrollfunktion (Bindung der Exekutive an den Haushalt) und die volkswirtschaftliche Lenkungsfunktion (Haushaltspolitik als wesentlicher Teil der →Finanzpolitik).

## Öffentlicher Pfandbrief
Neue Bezeichnung für →Kommunalobligation.

## Öffentliche Schulden
Von staatlichen Stellen ("Öffentliche Hand") am Markt, d. h. außer bei (im Grundgesetz nicht vorgesehenen) "Zwangsanleihen" nicht aufgrund hoheitlichen Zwangs aufgenommene, mit Tilgungs- und Verzinsungspflichten verbundene →Kredite; Synonym: Staatsschulden. Mit der deutschen Einigung 1990 ist die Höhe der Ö. S. sprunghaft angestiegen, so daß nicht nur im staatlichen Debt Management neue Akzente gesetzt wurden, sondern eine Reduzierung der verschuldungsbedingt angewachsenen Staatsquote (→Volkswirtschaftliche Gesamtrechnung) unerläßlich wird, zumal sich hierfür Anforderungen im Hinblick auf die angestrebte Verwirklichung einer →Europäischen Wirtschafts- und Währungsunion ergeben (Art. 109j Abs. 1 EG-Vertrag).

*Schuldenarten:* Ö. S. können als Briefschulden in gesonderten →Urkunden dokumen-

## Öffentliche Schuldenpolitik

tiert (→ Wertpapier) oder als Buchschulden in ein staatliches → Schuldbuch (des Bundes oder eines Landes) eingetragen werden (→ Bundesschuldbuch, → Bundesschuldenverwaltung). Sie können als → Geldmarktpapiere oder als → Kapitalmarktpapiere ausgestaltet sein; nur letztere sind zum Teil börsenfähig.

*Kreditnehmer und Gläubiger:* Die → Staatsverschuldung verteilt sich auf den Bund, die Länder, die Gemeinden und andere Kommunen sowie → Sondervermögen (insbesondere) des Bundes. Die Struktur der → Gläubiger ist recht unterschiedlich. Einige Arten von Ö. S. können jedermann, auch → Gebietsfremden gegenüber eingegangen werden (z. B. → Bundesobligationen, → Bundesanleihen), andere Formen (etwa U-Schätze [→ unverzinsliche Schatzanweisung], → Kassenobligationen) werden regelmäßig nur von bestimmten → Personen, vor allem von → Banken und institutionellen Anlegern erworben. Ö. S. sind in der Bundesrepublik i. d. R. mittel- oder langfristiger Natur. Aus geldpolitischen Gründen spricht sich die → Deutsche Bundesbank gegen die (in anderen Ländern übliche) Ausgabe kurzfristiger Wertpapiere aus. Dieser Umstand könnte zwar nicht rechtlich, wohl aber ökonomisch die Anlagemöglichkeiten von → Geldmarktfonds begrenzen.

*Emissionsverfahren:* Je nach Schuldart sind → Einmalemissionen oder → Daueremissionen üblich. Außer bei → Schuldscheindarlehen muß bei der Kreditaufnahme gem. § 20 Abs. 2 BBankG die Deutsche Bundesbank eingeschaltet werden, sei es als Konsortialführerin des → Bundesanleihekonsortiums (→ Deutsche Bundesbank, Mitwirkung bei Emissionen von öffentlichen Verwaltungen), sei es durch „stille" → Plazierung über die → Börse. Die Bundesbank wird (als → Hausbank des Bundes) bei Bundesobligationen und Bundesanleihen auch zur → Kurspflege tätig. Hingegen darf sie keine Kursstützung (→ Kursregulierung) betreiben.

*Ziele und Grenzen:* Ö. S. dienen der Erzielung von Einnahmen, um damit die Erfüllung staatlicher Aufgaben zu finanzieren oder Liquiditätsengpässe zu überbrücken. Die Deutsche Bundesbank gewährt jedoch (im Einklang mit Art. 104 EG-Vertrag) seit 1994 keine → Kassenkredite mehr. Eine verfassungsrechtliche Obergrenze für Kreditaufnahmen durch den Bund und das Son-

dervermögen setzt Art. 115 GG fest; die Einnahmen aus Krediten dürfen außer bei der Abwehr einer Störung des → gesamtwirtschaftlichen Gleichgewichts die Summe der im Haushaltsplan veranschlagten Maßnahmen für → Investitionen nicht überschreiten. Im Rahmen der Fiskalpolitik (→ Finanzpolitik) können Ö. S. als Instrument der → Konjunkturpolitik und der Stabilitätspolitik eingesetzt werden.

*Wirkungen:* Ö. S. können nachteilige allokative Effekte hervorrufen, indem sie private Kreditnehmer auf den → Geld- und → Kapitalmärkten verdrängen („crowding out"-Effekt) und zudem öffentliche Lasten auf künftige Generationen verschieben. Eine Zunahme der Ö. S. kann ferner zu negativen distributiven Wirkungen führen, soweit durch die Zins- und Tilgungslast finanziell schwächere Bevölkerungsschichten unverhältnismäßig stark betroffen werden. Die mit der Ausweitung von Ö. S. verbundene Expansion der → Geldmenge ruft auch im Verhältnis zwischen Lohnpolitik (→ Einkommenspolitik) und Finanzpolitik einerseits, der → Geldpolitik andererseits Spannungen hervor, die die Bundesbank in Wahrnehmung ihres Währungssicherungsauftrags (→ Deutsche Bundesbank, Aufgabe nach § 3 BBankG) durch Einsatz ihres Instrumentariums bestrebt sein muß zu verringern bzw. aufzulösen.

### Öffentliche Schuldenpolitik

Teilbereich der → Finanzpolitik bzw. der → Konjunkturpolitik, verstanden als gezielte Planung und Verwirklichung des adäquaten Volumens und der zweckmäßigen Struktur der Staatsverschuldung. Eine bewußte Ö. S. läßt sich am ehesten in Zeiten als notwendig erachteter (Haushalts-)Konsolidierung erkennen. Oft bezeichnet Ö. S. jedoch nur das Gesamtergebnis aus mehr oder minder isoliert voneinander getroffenen steuer- und ausgabenpolitischen Entscheidungen staatlicher Akteure. Nicht zuletzt die institutionelle Trennung zwischen → Geldpolitik (in der Zuständigkeit der → Deutschen Bundesbank) und Staatsverschuldung (als von der Bundesregierung bzw. dem Bundesfinanzminister zu verantwortende Angelegenheit) steht einem bewußten stabilisierungspolitischen Einsatz der Ö. S. entgegen. Zudem haben wirtschaftswissenschaftliche Schuldentheorien die Praxis der Ö. S. nur höchst selten und

## Öffentliches Kreditprogramm

kurzfristig beeinflußt, mit Ausnahme des Zeitraums von 1967–1969, wo sogar diesbezügliche Rechtsvorschriften erlassen oder geändert wurden (→ Stabilitätsgesetz).

## Öffentliches Kreditprogramm

Bereitstellung öffentlicher Mittel zur Förderung bestimmter Wirtschaftszweige oder bestimmter → Investitionen. Die Mittel stammen aus dem Bundeshaushalt bzw. aus den Länderhaushalten sowie aus dem → ERP-Sondervermögen. Die öffentliche Förderung besteht vor allem in der Bereitstellung von zinsgünstigen → Krediten und Zinsbeihilfen sowie in der Bereitstellung von → Bürgschaften (z.B. → Ausfallbürgschaften der → Kreditgarantiegemeinschaften).

Wichtige Förderungszwecke sind Existenzgründung und Existenzsicherung, Betriebserrichtung und Betriebsverlagerung; daneben Technologieförderung, Förderung von Investitionen, Energieeinsparung, Luftreinhaltung, Abwasserreinigung und Abwasserbeseitigung, Regionalförderung, Förderung von Forschung und Entwicklung usw.

Kreditmittel aus ö. K. werden über die → Kreditinstitute mit Sonderaufgaben vergeben, vor allem über die → Kreditanstalt für Wiederaufbau und über die → Deutsche Ausgleichsbank; über diese Institute werden insbes. die Mittel aus dem → ERP-Programm (→ ERP-Darlehen) geleitet. Auch andere Spezialbanken, wie z.B. die → Deutsche Siedlungs- und Landesrentenbank oder die → Landwirtschaftliche Rentenbank können eingeschaltet sein. Die Förderungskredite sind → weitergeleitete Kredite, also → durchgeleitete Kredite oder → Treuhandkredite.

(→ Kreditprogramm)

## Öffentliches Recht

Das Sonderrecht des Staates als Hoheitsträger, d.h. derjenige Teil des → Rechts, der die Organisation des Staates und seiner Behörden, ihre Rechtsbeziehungen zueinander sowie das Verhältnis zwischen staatlichen Stellen und Bürgern sowie anderen (privaten) → Rechtssubjekten regelt.

*Felder des ö. R.:* Zum ö. R. gehören Verfassungs- und Verwaltungsrecht, Prozeßrecht, Straf- und Ordnungswidrigkeitenrecht sowie Steuer-, Sozial- und Teile des Arbeitsrechts. Bereiche des Besonderen Verwaltungsrechts sind etwa Polizeirecht, Kommunalrecht, Beamtenrecht, Schulrecht, Wirtschaftsverwaltungsrecht einschließlich Recht des Kreditwesens (z.B. → Kreditwesengesetz, → Sparkassenrecht, → Börsenrecht).

*Typische Handlungsformen:* Für das öffentliche Recht typisch ist das Subordinationsverhältnis zwischen Staat und Bürger, bei dem der Staat durch → Verwaltungsakt eine einseitige, verbindliche Regelung eines Einzelfalls als Hoheitsträger vornimmt (z.B. Baugenehmigung, Schließung eines → Kreditinstituts durch das → Bundesaufsichtsamt für das Kreditwesen, Bußgeldbescheid). Beim Verwaltungsverfahren ist zu beachten, daß ein wirksamer Verwaltungsakt (§ 43 VwVfG) ohne Rücksicht auf seine Rechtmäßigkeit endgültig verbindlich und vollstreckbar wird, wenn der Betroffene ihn nicht fristgerecht angreift. Im allgemeinen muß er dazu innerhalb eines Monats nach Bekanntgabe (§ 41 VwVfG) → Widerspruch einlegen (§ 70 VwGO). Hierdurch wird eine Selbstkontrolle der Behördenentscheidung im Rahmen eines „Vorverfahrens" ausgelöst (§§ 72, 73 VwGO): Diese endet mit der Abhilfe durch die Ausgangsbehörde oder mit einem Widerspruchsbescheid (i.d.R. durch die nächsthöhere Behörde). Wird dabei der ursprüngliche Verwaltungsakt nicht (vollständig) aufgehoben, so kann der Betroffene wiederum binnen Monatsfrist (§ 74 VwGO) Klage beim zuständigen Verwaltungsgericht erheben.

*Gegenstück* des ö. R. ist das → Privatrecht, welches als die allgemein geltende Ordnung auf der Gleichheit der Rechtssubjekte beruht und für das daher der Abschluß von → Verträgen typisch ist.

## Öffentliches Register

Von Behörden (z.B. von der → Bundesschuldenverwaltung beim → Bundesschuldbuch), meist aber von Gerichten (etwa beim → Handelsregister, → Genossenschaftsregister, → Güterrechtsregister) im Rahmen der → Freiwilligen Gerichtsbarkeit geführte Datensammlungen über bestimmte rechtserhebliche Tatsachen und Umstände. Öffentlich sind die Register, weil jede → Person regelmäßig ohne Nachweis eines speziellen Interesses in die ö.R. Einsicht nehmen kann (z.B. nach § 9 HGB). Teilweise werden die Eintragung auch öffentlich bekanntgemacht. Einige ö.R., vor allem das Handelsregister (§ 15 HGB) und das → Grundbuch (§§ 892 f. BGB), genießen öffentlichen Glauben, d. h. auf die Richtigkeit bzw. Vollständigkeit des dort Eingetragenen darf man vertrauen (→ Grundbuch, Öffentlicher Glaube).

## Öffentliches Schuldbuch
→ Öffentliches Register, in das Darlehensforderungen gegen die Öffentliche Hand (Bund oder Länder) eingetragen und damit beurkundet werden.

*Beispiele:* → Bundesschuldbuch, → Landesschuldbuch.

## Öffentliches Wertpapier
→ Schuldverschreibung der öffentlichen Hand (→ öffentliche Anleihe).

## Öffentlichkeitsarbeit
Informationen der Öffentlichkeit über die geschäftliche, organisatorische und personelle Entwicklung des → Kreditinstitutes, Kontaktpflege der → Organe der Bank zu maßgebenden Persönlichkeiten der Öffentlichkeit, der Presse, zu Radio und Fernsehen, Kammern und anderen Organisationen (z. B. Gewerbevereine, Wirtschaftsförderungsgesellschaften, Bankenvereinigung) sowie Durchführung von Kundenveranstaltungen oder „Tagen der offenen Tür".
(→ Geschäftsbericht, → Kundenveranstaltung, → Pressearbeit, → Public Relations)

## Öffentlich-rechtliche Bausparkassen
→ Bausparkassen, die als selbständige → Anstalten des öffentlichen Rechts, als Abteilungen von → Landesbanken/Girozentralen (bzw. als Abteilungen von → Sparkassen) geführt werden (Landesbausparkassen). Über ihre Rechtsform bestimmen die Länder (§ 2 Abs. 2 Bausparkassengesetz). Die Interessen der Landesbausparkassen werden durch die Bundesgeschäftsstelle der Landesbausparkassen im → Deutschen Sparkassen- und Giroverband e. V. vertreten.

## Öffentlich-rechtliche Grundkreditanstalten
Öffentlich-rechtliche → Spezialbanken, die sich dem → Realkreditgeschäft bzw. dem → Kommunalkredit widmen und sich (teilweise) durch Ausgabe von → Pfandbriefen bzw. → Kommunalobligationen refinanzieren. Sie werden mit den → privaten Hypothekenbanken zur Gruppe der → Realkreditinstitute zusammengefaßt.
Die ö.-r. G. sind → Anstalten des öffentlichen Rechts. Nach der → Bankenstatistik der Bundesbank gehören dieser → Bankengruppe Landschaften, → Ritterschaften und sonstige ö.-r. G. an (Stadtschaften kommen nicht mehr vor). Als Agrarkreditanstalten spielen die Landschaften und Ritterschaften (z. B. Braunschweigisches ritterschaftliches Kreditinstitut, Wolfenbüttel; Schleswig-Holsteinische Landschaft, Kiel) vom Geschäftsvolumen her eine untergeordnete Rolle. Bedeutsam sind die sonstigen ö.-r. G. (z. B. Hamburger Wohnungsbaukreditanstalt, Berliner Pfandbrief-Bank, Landeskreditbank Baden-Württemberg). Die Landeskreditanstalten und Wohnungsbaukreditanstalten dienen der Wohnungsbaupolitik der Länder, die eine → Gewährträgerhaftung übernehmen. Diese Institute geben keine → Schuldverschreibungen aus, sondern leiten öffentliche Mittel weiter (Organe der staatlichen Wohnungsbaupolitik ohne Emissionsrecht).
Die → Deutsche Pfandbriefanstalt (Depfa) betreibt neben dem Hypothekarkreditgeschäft (→ Hypothekarkredit) in beträchtlichem Umfang das Kommunaldarlehensgeschäft. Sie ist – mangels eines öffentlichen Auftrags – in eine → Aktiengesellschaft umgewandelt worden.
Spitzenverband für die ö.-r. G. ist der → Verband öffentlicher Banken e. V.

## Öffentlich-rechtliche Kreditanstalten
Bezeichnung im → Pfandbriefgesetz für → öffentlich-rechtliche Grundkreditanstalten.

## Öffentlich-rechtliche Kreditinstitute, → öffentliche Banken.

## Öffentlich-rechtliche Sparkassen
→ Sparkassen, die als (rechtsfähige) → Anstalten des öffentlichen Rechts geführt sind. Daneben gibt es einige wenige → freie Sparkassen, die privatrechtlich organisiert sind.

## Offered Rate
Verkaufskurs (Briefkurs, → Ask).

## Office Banking
Bezeichnung für Abwicklung von → Bankgeschäften im Bereich von → Firmenkunden.
*Gegensatz:* → Home Banking.

1165

## Offizieller Devisenkurs

→ Devisenkurs, der staatlich festgesetzt wird und ohne Rücksicht auf den → realen Außenwert der → Währung als Umtauschverhältnis angewendet werden muß.
*Gegensatz:* Marktkurs (→ amtlicher Devisenkurs, → Freimarktkurs).
Manchmal werden auch amtliche Devisenkurse als offizielle Kurse angesehen (Teil 9 der Reihe 5 der Statistischen Beihefte zu den Monatsheften der Deutschen Bundesbank).

## Off-Shore-Fund

→ Investmentfonds, der seinen Geschäftssitz i. d. R. in Steuerparadiesen (z. B. Cayman Islands, Panama, Curacao, Isle of Man, Bahamas, Niederländische Antillen) hat. Die Gründungskosten von O.-S.-F. sind aufgrund fehlender gesetzlicher Rahmenbedingungen bezüglich Mindestkapital und Publizitätspflichten geringer als bei → On-Shore-Funds. Des weiteren können auch steuerliche Vorteile mit O.-S.-F. verbunden sein. O.-S.-F. können beispielsweise → Futures Funds oder → Hedge Funds sein.
*Gegensatz:* → On-Shore-Fund.

## Offshore-Märkte

→ Internationale Finanzmärkte mit Handelsplätzen entweder außerhalb des hoheitlichen Geltungsbereichs der gehandelten → Währung (Außengeldmarkt) oder (wenn sie sich innerhalb desselben befinden, wie die → International Banking Facilities in den USA) Märkte, die von bestimmten legislativen und/oder kreditpolitischen Regelungen des betreffenden Staates ausgenommen sind. Allen diesen Märkten gemeinsam ist, daß sie bestimmten Regelungen (Mindestreservepflicht) nicht unterworfen sind. Gemeinsam ist ihnen ferner, daß auf ihnen nur Großbeträge kontrahiert werden. Die Abgrenzung gegenüber dem → Euro-Markt ist schwierig: Hauptsächliches Charakteristikum des O.-M. ist, daß es sich um einen Platz handelt, auf dem weder der Geldgeber noch der Kreditnehmer, auch der heimischen Währung, gebietsansässig ist. Ein Euromarkt zeichnet sich demgegenüber dadurch aus, daß eine Währung außerhalb ihres → Währungsgebietes gehandelt wird; dabei können auch → Gebietsansässige Teilnehmer sein. Wenn nun eine Währung außerhalb des Ursprungslandes zwischen nicht Gebietsansässigen gehandelt wird, kommt es zu Überschneidungen zwischen beiden Begriffen.

*Wichtige Offshore-Zentren:* Bahamas, Cayman Islands, die Bermudas, Panama, Niederländische Antillen, Barbados, die Kanalinseln, Isle of Man, Zypern, Singapur, Hongkong, Vanuatu, die IBFs in den USA, Japan.

## OHG

Abk. für → Offene Handelsgesellschaft.

## „Ohne Kosten"

Vermerk, den der → Aussteller oder ein → Indossant als → Protesterlaßklausel auf einem → Wechsel anbringen kann, um eine Protesterhebung zu vermeiden (→ Wechselprotest).

## OI

Abk. für → Open Interest.

## Ökonometrisches Modell der Deutschen Bundesbank

Ein seit Mitte der siebziger Jahre von der → Deutschen Bundesbank zu gesamtwirtschaftlichen Analysen verwendetes formales Hilfsmittel, das es erlaubt, die interdependente Verknüpfung wirtschaftlicher Entwicklungstendenzen und politischer Maßnahmen in einem Gesamtbild zu erfassen und anschaulich zu machen. Ein wichtiges Anwendungsgebiet des Modells besteht darin, zu kurz- und mittelfristigen Vorausschätzungen der gesamtwirtschaftlichen Entwicklung beizutragen. Die Modellversion besteht aus Verhaltensgleichungen und Definitionsgleichungen. Das Modell enthält einen realwirtschaftlichen (güterwirtschaftlichen) und einen finanzwirtschaftlichen Block. Während im realwirtschaftlichen Block überwiegend die Stromgrößen der vierteljährlichen → Volkswirtschaftlichen Gesamtrechnung verwendet werden, besteht die Datenbasis des finanzwirtschaftlichen Blocks vorwiegend aus den Bestandsdaten der → Bankstatistischen Gesamtrechnungen (der Bundesbank). – Vgl. auch Abbildung S. 1167.

## Oligopol

→ Marktform, bei der wenige, meist relativ große Anbieter (Oligopolisten) vielen Nachfragern gegenüberstehen. Zwischen den Oligopolisten besteht eine oligopolistische Interdependenz, denn der Markterfolg eines Oligopolisten hängt nicht allein von seinem eigenen Angebotsverhalten am Markt, sondern auch direkt vom Verhalten der Konkurrenten ab. Jede marktstrategische Maß-

## Oligopol

**Ökonometrisches Modell der Deutschen Bundesbank – Strukturzusammenhang der Sektoren**

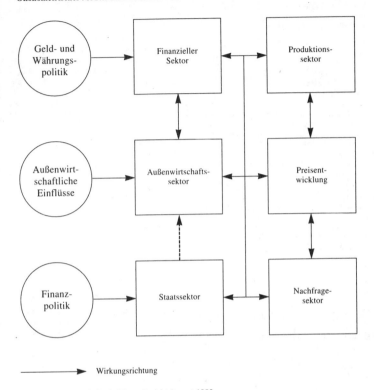

→ Wirkungsrichtung

Quelle: Deutsche Bundesbank, Monatsbericht August 1982

nahme (z. B. Preissenkung) eines Oligopolisten, die den eigenen Erfolg positiv beeinflußt, beeinträchtigt i. d. R. direkt den Erfolg der übrigen Oligopolisten und führt dort zu Gegenreaktionen mit gegenläufigen Wirkungen. Deshalb besteht im O. eine Tendenz zur Ausschaltung dieser Konkurrenzwirkungen durch wettbewerbsbeschränkende Absprachen (kooperatives O.), die nach dem deutschen Wettbewerbsrecht unzulässig sind und von der Kartellbehörde verfolgt werden. Im *engen* O. besteht die Gefahr der → Wettbewerbsbeschränkung und der mißbräuchlichen Ausnutzung marktbeherrschender Stellungen (Mißbrauchsaufsicht). Das *weite* O. ist eine wettbewerbspolitisch erwünschte Marktform, weil die Zahl der Anbieter einerseits groß genug ist, um wettbewerbsbeschränkende Absprachen zwischen den Oligopolisten zu verhindern, andererseits klein genug, um im O. die Vorteile technisch und organisatorisch effizienter Betriebsgrößen zum Wohle der Gesamtwirtschaft zu nutzen. Im weiten O. werden die Wettbewerbsfunktionen bestmöglich erfüllt, weil der einzelne Oligopolist stark genug ist, den technischen Fortschritt durchzusetzen und sich an die Wechsellagen des Marktes rasch anzupassen, aber zu schwach, um selbst eine marktbeherrschende Stellung gegenüber der Konkurrenz zu erlangen (→ marktbeherrschende Unternehmen).

## OLO
Abk. für Obligation Linéaire – Linéaire Obligatie; belgische → Staatsanleihe mit einer → Laufzeit bis zu 20 Jahren.

## OM
Abk. für Options Market (→ Optionsmärkte).

## Ombudsmann(verfahren)
Vom → Bundesverband deutscher Banken e. V. 1992 geschaffene Einrichtung, um Meinungsverschiedenheiten zwischen → Banken und deren (privaten) Kunden außerhalb eines Gerichtsverfahrens rasch, unbürokratisch und kostengünstig beizulegen. Einbezogen sind nicht nur Beschwerden eines Verbrauchers, die nicht dessen gewerblicher oder beruflicher Tätigkeit zuzurechnen sind, sondern auch alle Einwände im Hinblick auf grenzüberschreitende Zahlungsverkehrsaufträge. Nach einer Vorprüfung durch eine Kundenbeschwerdestelle des Bundesverbands ergeht, falls noch erforderlich, ein Schlichtungsspruch des unabhängigen Ombudsmann. Hiergegen kann der Kunde stets, die Bank nur dann die Gerichte anrufen, wenn der Streitwert mehr als 10.000 DM beträgt.

## Omega
*Lambda, Options-Elastizität*; Elastizität einer → Option. Das O. gibt an, um wieviel Prozent sich der Kurs einer Option ändert, wenn sich der Kurs des → Basiswertes um 1 Prozent ändert. Im Gegensatz zum → Hebel wird beim O. der Delta-Faktor der Option berücksichtigt. Das O. wird ermittelt, indem man den → Hebel einer O. mit dem Delta-Faktor multipliziert:

O. = Hebel · Delta-Faktor.

(→ Optionsschein-Omega)

## OMLX
Kurzbezeichnung für The London Securities and Derivatives Exchange; → Options- und Terminbörsen an den internationalen Finanzplätzen.

## O/N
Abk. im Euro-Geldmarkt für overnight (→ Overnight-Money).

## On-Balance-Sheet-Geschäfte,
→ bilanzunwirksame Geschäfte.

## On-Balance-Sheet-Instrument
Kassainstrument (z. B. → Aktien, → festverzinsliche [Wert-]Papiere), die im Gegensatz zu → Off-Balance-Sheet-Instrumenten in den → Jahresabschlüssen bilanziert werden müssen.

## One-Touch Option
Variante einer → Binary Option, bei der die → Long Position einen festen Betrag erhält, wenn der → Basiswert während der → Laufzeit über (→ Call) bzw. unter (→ Put) dem → Basispreis liegt. Im Gegensatz zu All-or-nothing Options werden O.-T. O. sofort ausübt, sobald der Basispreis erreicht wurde.

## On-Shore-Fund
→ Investmentfonds, der seinen Geschäftssitz beispielsweise in den USA oder in der Bundesrepublik Deutschland hat und nicht in Steuerparadiesen (z. B. Cayman Islands, Panama, Curacao, Isle of Man, Bahamas). *Gegensatz*: → Off-Shore-Fund.

## On the same side of the Market,
→ Auf derselben Marktseite.

## OPEC
Abk. für → Organization of Petroleum Exporting Countries.

## Open-End-Funds
→ Investmentfonds, von dem → Anteile jederzeit oder zu bestimmten Terminen (z. B. → Futures Funds) gekauft werden können (→ offener Fonds).
*Gegensatz*: → Closed-End-Funds.

## Opening Transaction
Eröffnung einer → Position in → Optionen oder → Futures (z. B. → Long Call, → Short Put). Bei jedem Auftrag, der an → Terminbörsen (z. B. → Deutsche Terminbörse [DTB]) gegeben wird, muß mitgeteilt werden, ob es sich um eine O. T. oder eine Closing Transaction (→ Glattstellung) handelt.

## Open Interest
Noch ausstehende → Kontrakte an → Optionen und → Futures an einer → Terminbörse.

## Open Outcry,
→ Präsenzbörse.

## Open REPO
→ Repo-Geschäfte, bei denen der Rückkauftermin nicht festgelegt wurde. Ein O. R. kann von jedem Vertragspartner jederzeit gekündigt werden.

**Operate Leasing,** → Operating Leasing.

**Operating Leasing**
*Operate Leasing*; → Leasing mit kurzfristiger Kündbarkeit. Kurzfristig bezieht sich dabei auf das Verhältnis der Mietdauer zur betriebsgewöhnlichen Nutzungsdauer der Mietsache. O.-L.-Verträge können für wenige Stunden, einige Tage, Wochen oder Monate geschlossen werden. Sie werden kaum für länger als ein Jahr geschlossen. Es handelt sich zwar um Mietverträge (→ Miete); sie beinhalten in den meisten Fällen jedoch eine Reihe von mietuntypischen Dienstleistungen, wie z. B. die Übernahme der Betriebskosten, die Stellung von Fachpersonal oder die regelmäßige Wartung.
Die Leasing-Nehmer haben oft nur für kurze Zeit Interesse am Mietgegenstand. Nach Ablauf eines Mietverhältnisses werden die Güter vom Leasing-Geber erneut vermietet oder auf dem Markt für Gebrauchsgüter verwertet. Aus diesem Grunde kommen als Leasing-Objekte nur Standardgüter, wie z. B. Kraftfahrzeuge, Kopiergeräte, Datenverarbeitungs- und Telekommunikationsanlagen und andere nicht speziell auf den Betrieb des Leasing-Nehmers abgestellte Geräte in Frage, die anschließend problemlos wiedervermietet werden können. Das Investitionsrisiko trägt der Leasing-Geber.
*Gegensatz*: → Financial Leasing.

**Opération blanche**
Methode zur Vergrößerung eines Aktienbestandes durch teilweisen Verkauf von → Bezugsrechten, um mit dem vereinnahmten Verkaufsentgelt → neue Aktien ohne zusätzlichen Mitteleinsatz kaufen zu können.

**Operative Bankplanung**
Planung detaillierter operationaler Zielvorgaben und der dazu erforderlichen Instrumente zur Realisierung der in der → Strategischen Bankplanung festgelegten Strategie (s. z. B. → Budgetierung).

**Operative Risiken**
→ Erfolgsrisiken, die sich im → liquiditätsmäßig-finanziellen Bereich des Bankbetriebs und im → technisch-organisatorischen Bereich des Bankbetriebs aus Ausführungsentscheidungen (operative Entscheidungen) ergeben. Da sich die einzelnen Ausführungsentscheidungen innerhalb eines von der Geschäftsleitung durch strategische Grundsätze und operationalisierte Strategien festgelegten Handlungsrahmens zur Globalsteuerung des bankbetrieblichen Leistungsprozesses bewegen (eingeschränkter Handlungsspielraum) und sich primär auf relativ eng abgegrenzte Entscheidungsbereiche beziehen, stellen die mit solchen Entscheidungen verbundenen Risiken i. d. R. weniger existenzielle Gefährdungen des Bankbetriebs dar als → strategische Risiken. Allerdings können auch o. R., z. B. durch Kumulation, eine strategische Dimension erreichen.
(→ Bankbetriebliche Risiken)

**Operatives Controlling**
→ Controlling, das im Sinne einer mehr kurzfristig angelegten ertragsorientierten Feinsteuerung die Geschäftsabläufe optimal lenken und überwachen soll.
(→ Bank-Controlling)

**Operatives Ergebnis**
Bezeichnung für den Erfolg des laufenden Geschäfts (→ Betriebsergebnis der Kreditinstitute).

**Operatives Geschäft**
Bezeichnung für die laufenden Geschäftsaktivitäten.

**Öpfe**
Abk. für Öffentliche Pfandbriefe (→ Kommunalobligation).

**Opportunitätskosten**
1. O. (Alternativkosten) sind allgemein definiert als entgangener Nutzen der besten, nicht gewählten Alternative. Der entgangene Nutzen ist im Einzelfall inhaltlich zu konkretisieren: entgangener → Gewinn, entgangene → Zinsen, entgangener → Deckungsbeitrag.
In der → Kostenrechnung findet sich das Denken in Alternativen, in (verpaßten) Chancen (opportunities) und deren „Kosten", dem entgangenen Nutzen (opportunity costs), in vielen Bereichen. So fußt z. B. die → Marktzinsmethode auf dem → Opportunitätsprinzip.

2. Kalkulatorische Verzinsung des → Eigenkapitals.

**Opportunitätsprinzip**
Prinzip, nach dem der Erfolg eines Geschäfts am Nutzen eines alternativen (entgangenen) Geschäfts gemessen wird (→ Opportunitätskosten als → Kosten des entgan-

## Opportunity Costs

genen Geschäfts). Auf dem O. fußt die → Marktzinsmethode.

## Opportunity Costs

Angelsächsischer Ausdruck für → Opportunitätskosten i. S. vom Nutzenentgang.

## Opposition

1. Bezeichnung für Gegenanträge von → Aktionären in der → Hauptversammlung der AG. Jeder Aktionär hat das Recht, nach Veröffentlichung der Einberufung der HV Gegenanträge zu den Vorschlägen der Verwaltung (→ Vorstand und → Aufsichtsrat) zu stellen, die er in der HV vorbringen will und die den Aktionären mitgeteilt werden müssen.

2. Mit O. belegte → Wertpapiere: → Wertpapier-Mitteilungen.

## Option

Recht, ein nach Preis und Menge bestimmtes Vertragsangebot anzunehmen oder abzulehnen. Zu unterscheiden sind Optionen aus → Optionsgeschäften, wie z. B. → Devisenoption, → Aktienoption und Optionen aus → Optionsscheinen.
(→ börsengehandelte Option)

## Option Adjusted Duration

*Effective Duration*; Berechnung der → Duration eines → Zinsinstrumentes (z. B. → Anleihen mit Schuldnerkündigungsrecht) unter Berücksichtigung der Duration der anhängenden → Option (z. B. Call-Option).
(→ Embedded Option, → Modified Duration, → Key Rate Modified Duration)

## Option-adjusted Spread

*Call-adjusted Spread*; → Spread von → Anleihen mit Schuldnerkündigungsrecht gegenüber → Straight Bonds.
(→ Option Adjusted Duration, → Embedded Option)

## Option auf den Bobl-Future

Recht, nicht aber die Verpflichtung, den → Bobl-Future zu einem bestimmten Preis während einer bestimmten Frist (→ Amerikanische Option) zu kaufen oder zu verkaufen. Der → Basiswert dieser Option ist der → Future auf eine idealtypische mittelfristige Emission des Bundes mit einem → Nominalzins von 6% und → Restlaufzeit von 5 Jahren (Bobl-Future). Mit der O. a. d. B.-F. können bestehende oder geplante Engagements im mittelfristigen Laufzeitenbereich des deutschen → Kapitalmarktes abgesichert (→ Hedgingstrategien) werden, ohne auf Gewinnchancen aus günstigen Marktentwicklungen verzichten zu müssen. Bei einem stagnierenden Markt können Anleger die O. a. d. B.-F. nutzen, um mit Stillhaltergeschäften zusätzliche Erträge zu erzielen. Die → Optionskontrakte stehen für jeden Future-Kontraktmonat zur Verfügung. Die Bobl-Future-Kontraktmonate sind März, Juni, September und Dezember. Es werden Optionen für die jeweils nächsten drei aufeinanderfolgenden Future-Liefermonate gehandelt. Erfüllungstag ist der Börsentag nach dem Ausübungstag. Der letzte Handelstag für O. a. d. B.-F. liegt sechs Börsentage vor dem ersten Kalendertag im Liefermonat des Bobl-Futures. Der Verfalltag einer → Optionsserie ist der auf den letzten Handelstag folgende Börsentag. Die Prämienabrechnung erfolgt im → Future-Style-Verfahren, d. h. die Prämienzahlung erfolgt nicht durch eine einmalige Zahlung nach dem Erwerb der Option, sondern im Rahmen der täglichen Abrechnung während des Bestehens der Optionsposition, die täglich bewertet wird. Die Handelszeit der O. a. d. B.-F. liegt börsentäglich zwischen 8 und 17.30. Die → Basispreise haben feste Preisabstufungen von 0,25, d. h. 97,00, 97,25, 97,50. Neun Basispreise werden für jeden Verfallmonat eingeführt. Ein neuer Basispreis wird eingeführt am Börsentag, nach dem der tägliche Abrechnungspreis des Bobl-Futures mit der kürzesten Restlaufzeit bestimmte Grenzen überschritten hat. Eine neue Optionsserie wird nicht eingeführt, wenn die Restlaufzeit weniger als zehn Börsentage beträgt.

**Option auf den DAX,** → DAX-Option.

## Option auf den Euro-DM-Future

→ Option, die als → Basiswert den → Euro-DM-Future hat.

**Option auf Edelmetalle,** → Edelmetall-Option.

## Option auf Futures

Im Gegensatz zu → Kassa-Optionen, die auf Instrumenten eines → Kassamarktes basieren, liegt diesen → Optionen ein → Basiswert zugrunde, der in Form eines → Futures-Kontrakts an einer → Terminbörse gehandelt wird. Mit einer solchen Option ist für ihren Inhaber das Recht, nicht aber die Verpflich-

1170

## Option

tung verbunden, den zugrundeliegenden →Terminkontrakt zu einem festgelegten Preis zu erwerben oder zu verkaufen. Demzufolge wird im Falle der Optionsausübung für den Inhaber eines →Call eine →Long (Kauf-)Position und für den Verkäufer eine →Short (Verkaufs-)Position in dem jeweiligen →Future eröffnet. Umgekehrt übernimmt der Marktteilnehmer, der einen →Put ausübt, eine Short- und der entsprechende Stillhalter eine Long-Futures-Position. I. d. R. handelt es sich bei O. a. F. um sog. →amerikanische Optionen.

Üblicherweise werden eingegangene →Positionen vor ihrem Verfall durch entsprechende Gegengeschäfte glattgestellt. Der →Gewinn ergibt sich aus der Differenz zwischen dem gezahlten und dem vereinnahmten Optionspreis (→Optionsprämie). Kommt es dennoch zu einer Ausübung, können die zum Basispreis eröffneten Futures-Positionen entweder sofort geschlossen oder aufrechterhalten und zu einem späteren Zeitpunkt liquidiert werden. Ist bis zum Verfalltermin keine Glattstellung durch ein gegenläufiges Geschäft erfolgt, muß das dem Future zugrundeliegende Instrument übernommen bzw. angedient werden. Bei einigen O. a. F. sehen die Kontraktspezifikationen nicht die Lieferung eines Future, sondern einen Barausgleich (→Cash Settlement) vor, so daß die Differenz zwischen dem Basispreis und dem Schlußabrechnungspreis des Future zur Auszahlung gelangt (→Bobl-Future-Option, →Bund-Future-Option).

**Option auf Terminkontrakte,** →Option auf Futures.

**Option (aus Optionsgeschäften)**
Recht, nicht aber Verpflichtung, einen →Basiswert jederzeit während einer bestimmten Frist (→Amerikanische Option) oder zu einem bestimmten Fälligkeitstermin (→Europäische Option) zu einem festgelegten Kurs oder Preis, dem →Basispreis, zu erwerben, d. h. zu erhalten (Kaufoption/Call Option, Kurzbezeichnung: →Call) oder zu verkaufen, d. h. zu liefern (Verkaufsoption/ →Put Option, Kurzbezeichnung: →Put). Für dieses Recht zahlt der Käufer dem Verkäufer einen nicht rückerstattungsfähigen Optionspreis, die sogenannte →Optionsprämie. Im Gegenzug übernimmt der Verkäufer der O. (auch →Stillhalter genannt) die Verpflichtung, den Basiswert bei Ausübung der O. bereitzustellen (Stillhalter in Kaufoptionen) oder zu übernehmen (Stillhalter in Verkaufsoptionen). Liegt der O. ein abstrakter Basiswert zugrunde, der eine →physische Erfüllung ausschließt, erfolgt bei Optionsausübung ein Barausgleich (→Cash Settlement), d. h. der Verkäufer muß dem Käufer die Differenz zwischen dem Basispreis der O. und dem aktuellen Marktpreis zahlen. Kommt es während der →Laufzeit der O. zu keiner Ausübung, da sich die Markterwartungen des Käufers nicht erfüllt haben oder sich seine Interessenlage zwischenzeitlich verändert hat, erlischt das Optionsrecht, und die O. verfällt wertlos. Eine O. ist ein bedingtes →Termingeschäft.

*Arten:* Vgl. Übersicht „Option – Arten" S. 1172.

*Börsengehandelte O.:* O. werden auf eine Vielzahl unterschiedlicher Finanzinstrumente angeboten. Die Palette reicht von →Aktien und →Anleihen über →Währungen und Zinssätze bis hin zu Edelmetallen und →Indices. Sie können an →Terminbörsen ge- und verkauft oder außerbörslich bei →Banken oder →Brokern erworben werden. Börsennotierte O. basieren auf →Kontrakten, die hinsichtlich Basiswert, Größe bzw. Handelseinheit, Basispreis und Laufzeit standardisiert sind. Die Kontraktgröße gibt die Menge des Kassawertes an, die bei Ausübung eines Call oder Put erworben oder verkauft werden kann. Für Calls und Puts werden börsentäglich Optionspreise für unterschiedliche Basispreise und Verfallmonate ermittelt. Die von Optionskäufern zu zahlenden →Prämien können nach zwei unterschiedlichen Verfahren abgerechnet werden. Bei der traditionellen Methode ist die vollständige Call- oder Put-Prämie mit dem Erwerb der Option zu entrichten. Beim →Future-style-Verfahren hingegen, das auch die →Deutsche Terminbörse (DTB) übernommen hat, wird die Prämie erst bei Ausübung oder Verfall des Kontraktes in voller Höhe fällig. Die Bezeichnung Futurestyle leitet sich aus der Tatsache ab, daß – analog zu →Futures – während des Bestehens der Position eine tägliche Verrechnung von →Gewinnen und →Verlusten stattfindet. Mit einer Prämienabschlußzahlung bei Ausübung bzw. Verfall wird der ursprünglich vereinbarte Preis erreicht. Da bei jedem Kauf oder Verkauf eines börsengehandelten Kontraktes eine Clearing-Stelle zwischengeschaltet ist, kann jede Optionsposition vor ihrem Verfalltermin durch ein ge-

1171

**Option**

Option – Arten

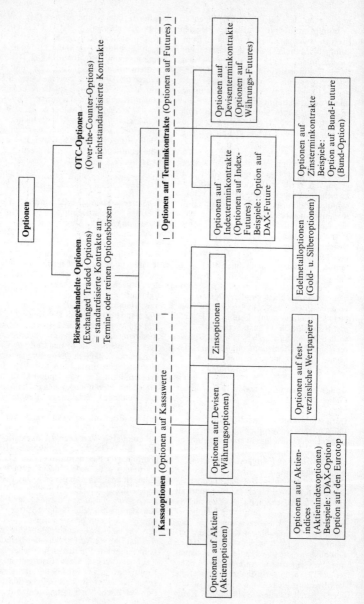

genläufiges Geschäft glattgestellt werden. Privatanleger können Geschäfte an den Optionsbörsen nur über die Clearing-Mitglieder (Banken und Broker-Häuser) abwickeln. Da die Clearing-Stelle aufgrund ihrer Zwischenschaltung letztendlich das →Erfüllungsrisiko trägt, stellt sie an ihre Mitglieder hohe Bonitätsanforderungen. Auch wenn diese Anforderungen von Börse zu Börse variieren, sind eine hohe Eigenkapitalausstattung und eine Verpflichtung zur Leistung von Sicherheiten (Einschüsse) regelmäßig vorgeschrieben. Diese Einschußzahlungen dienen der Besicherung der gesamten Kontraktverpflichtungen eines Clearing-Mitgliedes und sind in der von der Terminbörse festgelegten Höhe in Geld oder in →Wertpapieren zu leisten (→Margins).

*OTC-Optionen:* Unter dem außerbörslichen Optionsgeschäft (Over-the-Counter-Geschäft) ist in erster Linie der Verkauf von O. durch Banken und Brokerhäuser an große →Firmenkunden und institutionelle Anleger zu verstehen, die diese O. zur Absicherung von →Zinsänderungsrisiken, Aktienrisiken und →Währungsrisiken erwerben. Gegenüber den börsengehandelten Kontrakten haben diese OTC-Optionen den Vorteil, daß sie im Hinblick auf Betrag und Laufzeit auf die speziellen Wünsche der Kunden zugeschnitten werden können. Der Abschluß des Optionsgeschäftes basiert somit nicht auf einem standardisierten Kontrakt. Die individuelle Vertragsgestaltung hat andererseits den Nachteil, daß eine vorzeitige Glattstellung der Optionsposition durch ein Gegengeschäft nicht möglich ist. Der Käufer kann den Vertrag nur mit Zustimmung seines Vertragspartners auflösen.

*Anwendungsarten:* Eine Kaufoption (Call) kann gekauft und verkauft werden. Eine Verkaufsoption (Put) kann ebenfalls gekauft und verkauft werden. Entsprechend zu den →Positionen, die ein Marktteilnehmer eingehen kann (→Long Position oder →Short Position), sind vier Geschäftsarten möglich (Übersicht „Option – Anwendungsarten"). Dementsprechend unterscheidet man vier Grundstrategien (→Option, Basisstrategien).

*Optionspreisbildung:* Die Optionsprämie, die der Stillhalter als Ausgleich für das mit dem Optionsverkauf verbundene Risiko erhält, setzt sich entweder aus einem →inneren Wert und einem →Zeitwert zusammen oder verkörpert ausschließlich einen Zeitwert. Der innere Wert einer O. ergibt sich aus der Differenz zwischen dem Kassakurs bzw. Marktpreis des Basiswertes und dem Basispreis. Er ist jedoch nur gegeben, wenn im Fall eines Call der Kassakurs über dem Basispreis liegt (Beispiel: aktueller Kassakurs einer Aktie 300 DM, Basispreis für den Call 280 DM, für den Put 320 DM. Innerer Wert der Call-O.: 20 DM).

O., die über einen inneren Wert verfügen, werden als →In-the-Money (im Geld) Calls oder In-the-Money Puts bezeichnet. Der innere Wert von Calls erhöht sich bei einem steigenden und der von Puts bei einem rückläufigen Kassakurs. Je tiefer eine O. In-the-Money liegt, desto höher der Optionspreis. O. mit einem inneren Wert können mit Gewinn ausgeübt werden, unter der Voraussetzung, daß zumindest die Transaktionskosten abgedeckt sind. Der Zeitwert ergibt sich bei In-the-Money-O. durch Abzug des inneren Wertes vom Optionspreis. O. werden nur mit einem Zeitwert gehandelt, wenn der Kassakurs dem Basispreis entspricht (→At-the-Money/am-Geld-O.) oder bei einem Call unter und bei einem Put über dem Basispreis liegt (→Out-of-the-Money/aus-dem-Geld-O.).

Die Höhe des Zeitwertes wird durch die Laufzeit der O. und durch die →Volatilität

**Option – Anwendungsarten**

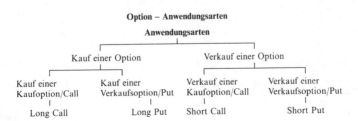

# Option

### Option, Basisstrategien – Arten

| Kauf einer Option | Inhaber des Call (Long Call) | Inhaber des Put (Long Put) |
|---|---|---|
| Verkauf einer Option „Schreiben" | Stillhalter des Call (Short Call) (Stillhalter in Papieren, Stücken) | Stillhalter des Put (Short Put) (Stillhalter im Geld) |

(Kursschwankungsintensität) des Basiswertes bestimmt. Da mit der Laufzeit die Aussichten auf eine profitable Optionsausübung steigen, wird sich auch der Zeitwert und damit der Optionspreis entsprechend erhöhen. Der Zeitwert wächst ferner mit der Volatilität, da sich mit der Wahrscheinlichkeit kräftiger Kursbewegungen die Chancen des Optionsinhabers verbessern. Umgekehrt wird durch einen hohen Zeitwert der Optionsverkäufer für sein mit Laufzeit und Volatilität steigendes Risiko entschädigt. Natürlich wird der Zeitwert zum Verfalltag gegen Null abschmelzen. Die Zeit arbeitet also immer für den Verkäufer einer O.

## Option, Basisstrategien

→ Long Position in einem → Call (Kauf einer Kaufoption) oder → Put (Kauf einer Verkaufsoption) bzw. → Short Position in einem Call (Verkauf einer Kaufoption) oder Put (Verkauf einer Verkaufsoption). Mit diesen Grundpositionen können → kombinierte Optionsstrategien (z. B. → Bull-Spreads, → Bear-Spreads) hergestellt werden. Die Abbildung oben zeigt die vier Basisstrategien.
Je nach der Erwartung über die künftige Kursentwicklung des → Basiswertes bieten sich folgende vier Grundpositionen an (vgl. auch Abbildung S. 1175):

*Long Call*: Der Käufer einer Kaufoption (Long Call) erwartet, daß der → Basiswert innerhalb der → Laufzeit der Option steigt. Der Kurs muß mindestens den → Basispreis erreichen, damit die Option bei → Fälligkeit einen → inneren Wert hat. Der Käufer der Kaufoption wird in jedem Falle auch dann sein Recht ausüben, wenn der aktuelle → Börsenkurs über dem ursprünglich vereinbarten Basispreis liegt. Bei dieser Kurskonstellation reduzieren alle über dem Basispreis liegenden Kurse die ursprünglich aufgewendete → Optionsprämie. Den Bereich zwischen Basispreis und Breakeven-Point nennt man → Zone der verminderten Kosten der Long Position im Call.

*Short Call*: Erwartet der Anleger in der Zukunft gleichbleibende Kurse, kann es sinnvoll sein, die Position eines Verkäufers eines Calls (Short Call) einzunehmen. Den Basiswert hält der Verkäufer in seinem → Portfolio → Covered-Call-Writing. Der Verkäufer der Option erhält vom Käufer die Optionsprämie und erhöht damit seinen laufenden Ertrag. Die gezahlte Optionsprämie stellt ein zusätzliches Einkommen für den Verkäufer der Option dar. Steigt der Basiswert über den Basispreis, muß der Verkäufer den Basiswert zum Basispreis abgeben. Ist der Kurs unter dem Basispreis, wird die Long Position im Call den Basiswert nicht über den → Stillhalter beziehen, da sie den Basiswert billiger über die → Börse kaufen kann.

*Long Put*: Das Motiv eines Käufers einer Verkaufsoption (Long Position in Put) liegt in einem zu erwartenden Kursverfall des Basiswertes. Die Long Position kann Gewinne realisieren, wenn der aktuelle Kurs unter dem Basispreis liegt. Die Long Position kann den Basiswert über die Option teurer verkaufen. Das Gewinnpotential ist theoretisch begrenzt, da der Kurs nicht unter Null fallen kann.

*Short Put*: Ähnlich wie beim Verkauf eines Calls möchte auch der Verkäufer eines Puts (Short) seine Put Rendite durch die vereinnahmte Stillhalterprämie verbessern. Er erhält wiederum von seinem Kontrahenten die Optionsprämie bezahlt. Der Verkäufer des Puts rechnet mit gleichbleibenden bzw. leicht steigenden Kursen bis zur Fälligkeit der Option.
Bei → Aktien bzw. → Währungen werden mit einer Long Position in Calls steigende Kurse bzw. mit Puts fallende Kurse erwartet. Bei → Zinsinstrumenten ist dieser Zusammenhang nicht immer eindeutig, wie folgendes Beispiel zeigt. Eine Bank hat einen Floater (→ Floating Rate Note) emittiert und möchte sich gegen steigende → Geldmarktzinsen absichern. Eine Möglichkeit

1174

## Option, Basisstrategien – Grundpositionen

|  | Long Call | Short Call | Long Put | Short Put |
|---|---|---|---|---|
| Kurseinschätzung des Basiswertes | Steigende Kurse | Neutral bzw. leicht fallend | Fallende Kurse | Neutral bzw. leicht steigend |
| Gewinnpotential | unbegrenzt | begrenzt | nahezu unbegrenzt | begrenzt |
| Verlustpotential | begrenzt | unbegrenzt | begrenzt | nahezu unbegrenzt |

wäre eine Long Position in einen Call auf den 6-Monats-LIBOR. Je höher der 6-Monats-LIBOR steigt, desto wertvoller wird der Call. Basiswert ist ein Zinssatz. Das gleiche Absicherungsergebnis erzielt der →Emittent, wenn er eine Long Position in einem Put auf ein Zinsinstrument eingeht (z. B. 3-Monats-Euro-Future). Der →Future verliert an Wert, wenn die kurzfristigen →Zinsen steigen. Je weiter der Future im Kurs fällt, desto mehr wert wird der Put auf den Future. Der Basiswert ist bei der Long Put Position der 3-Monats-Euro-Future. Das Ergebnis ist mit beiden Strategien erreicht: Die Bank erzielt die gewünschte Absicherung, da sie die höheren Zinsaufwendungen des Floaters durch die Kursgewinne aus der Long Call bzw. Long Put Position ausgleichen kann.

**Option, Kombinationsstrategien,** →kombinierte Optionsstrategien.

**Option mit mehreren Basiswerten**
→Exotische Option, bei der eine eventuelle Ausgleichszahlung (→Cash Settlement) von den Kursen von mindestens zwei →Basiswerten abhängig ist. Die am weit verbreitetsten O. m. m. B. sind zum einen →Outperformance Optionen und zum anderen →Alternative Optionen.

**Option on Spot**
→Option auf Kassawerte (z. B. →Aktienoption an der →Deutschen Terminbörse [DTB]).
*Gegensatz:* →Option auf Futures, Option auf Swaps (→Swaptions).

**Option Pricing Model (OPM),** →Optionspreisbewertungsmodelle, →Black & Scholes-Modell, →Black-Modell, Cox, Ross, Rubinstein-Modell.

**Optionsanleihe**
*Optionsschuldverschreibung, Warrant Bond, Warrant Issue, Bond with Warrants;* →Optionsanleihe Cum, →Optionsanleihe Ex.

**Optionsanleihe Cum**
→Optionsanleihe, bei der der anhängende →Optionsschein noch nicht von der Optionsanleihe getrennt wurde. Für den Anleger bietet eine O.c. den Vorteil einer Spekulation auf höhere Aktienkurse mit Sicherheitsnetz. Steigt die zugrundeliegende →Aktie im Wert, wird auch der Kurs der Optionsanleihe steigen, da das Optionsrecht wertvoller geworden ist. Fällt dagegen die Aktie, und somit das Optionsrecht verfällt, erhält der Optionsanleihenbesitzer immer noch die laufenden Zinszahlungen, so daß mögliche Kursverluste nach unten abgesichert sind.
*Gegensatz:* →Optionsanleihe Ex.

**Optionsanleihe Ex**
→Optionsanleihe, bei der der anhängende →Optionsschein von der Optionsanleihe getrennt wurde.
*Gegensatz:* →Optionsanleihe Cum.

**Optionsarbitrage,** →Arbitrage auf Futures- und Optionsmärkten.

**Optionsbeta**
→Betafaktor einer →Option. Das O. wird ermittelt, indem man die →Optionselastizität mit dem Betafaktor des →Basiswertes multipliziert. Das O. wird für Optionen ermittelt, deren Basiswert entweder →Stammaktien oder →Vorzugsaktien sind. O. sind um den Faktor Optionselastizität größer als der Betafaktor des Basiswertes (Aktien-Beta).

O. = Optionselastizität · Betafaktor.

**Optionsbörse**
Eigener Bereich der →Effektenbörse (in der Bundesrepublik Deutschland die Frankfurter →Wertpapierbörse und die →Deutsche Terminbörse (DTB); zum Ausland vgl. →Options- und Terminbörsen an den internationalen Finanzplätzen), an der verschie-

dene Arten von →Optionen gehandelt werden, etwa Optionen auf Aktien, Optionen auf den DAX, →Optionen auf Futures (börslicher →Optionshandel).

## Optionselastizität
→Sensitivitätskennzahl zur Bewertung der →Kurssensitivität von →Optionen. Die O. gibt an, um wieviel Prozent sich der Kurs einer Option ändert, wenn sich der Kurs des →Basiswertes um 1% verändert. Die O. nimmt im Gegensatz zum →Delta-Faktor absolut betrachtet immer Werte von größer 1 an, d.h. bei einer Call-Option (→Callrecht) bewirkt ein Kursanstieg des Basiswertes um 1% eine theoretische Wertzunahme um mehr als 1% (→Hebeleffekt von Optionen). Je weiter eine Option aus dem Geld (→Out-of-the-Money) ist, desto größer wird die O. Je weiter die Option im Geld (→In-the-Money) ist, desto weiter nähert sich die O. 1 an.
(→Optionsbeta, →Hebel)

## Optionsgenüsse
Kurzbezeichnung für →Optionsgenußscheine.

## Optionsgenußscheine
Verknüpfung des Eigentums an gewinnunabhängig verzinstem Genußscheinkapital mit der Möglichkeit, →Aktien zu einem festgelegten Preis zu erwerben. Dieses Kapitalmarkt-Instrument wurde 1989 von der Bayerischen Hypotheken- und Wechselbank AG geschaffen. Der Anleger kombiniert im Prinzip ein →„festverzinsliches" (Wert-)Papier mit einem →Optionsschein. Zum Emissionszeitpunkt der O. sichert sich der →Emittent für einige Jahre einen attraktiven Bezugskurs, sofern das Optionsrecht ausgeübt werden sollte; erhält ein nicht zurückzuzahlendes Agio bezogen auf das zurückzuzahlende und zu verzinsende →Kapital; bekommt das Genußrechtskapital als haftendes Eigenkapital bei den bankaufsichtlichen Strukturnormen angerechnet (zu den Bedingungen: →haftendes Eigenkapital der Kreditinstitute; bei einer →Optionsanleihe wird hingegen →Fremdkapital aufgenommen); hat den Vorteil, daß die Verzinsung des Genußscheinkapitals als Fremdkapitalzinsen die Steuerbemessungsgrundlage mindern (im Gegensatz zur Dividendenzahlung, die aus einem versteuerten →Gewinn erfolgt); ist dafür bereit, die O. mit einer geringfügig über dem Kapitalmarktzinsniveau liegenden →Rendite auszustatten (wenn bei der Renditeberechnung vom Nennwert der O. – nicht auch vom Agio ausgegangen wird).

## Optionsgeschäft
Bedingtes →Termingeschäft (Geschäft von →Finanzinstituten i.S. des KWG, aber kein →Bankgeschäft [i.S. des Kreditwesengesetzes]). In den →Eigenkapitalgrundsätzen I und I a wird zwischen O. (als →Risikoposition) und Termingeschäft unterschieden.

## Optionshandel
Handel mit →Optionen, z.B. auf →Aktien, auf →Aktienindices oder auf →Futures, überwiegend an einer →Börse, vor allem an der →Deutschen Terminbörse (DTB) (→börsengehandelte Option), teils auch am →Over-the-Counter-Markt (→Optionen (aus Optionsgeschäften)).

## Optionsklasse
Alle →Optionen desselben Optionstyps (→Call oder →Put) auf denselben →Basiswert.

## Optionskontrakt
→Kontrakt über den Abschluß eines →Optionsgeschäftes (→Option).

## Optionslambda, →Optionselastizität.

## Optionsmärkte
Märkte für →Optionen (und – i.w.S. – für →Optionsscheine). Bei den O. i.e.S. sind →Optionsbörsen (Handel mit standardisierten →Kontrakten) und →Over-the-Counter-Märkte (Handel mit nicht standardisierten Kontrakten) zu unterscheiden.
(→Termingeschäfte)

## Options-Omega, →Optionselastizität.

## Optionspositionen, →kombinierte Optionsstrategien.

## Optionsprämie
Preis, den die →Long Position einer →Option an die →Short Position (→Optionsschreiber) zahlen muß. Der Preis bzw. Wert einer Option setzt sich aus zwei Komponenten zusammen. Zum einen aus dem laufzeitunabhängigen →inneren Wert (Intrinsic Value) und dem laufzeitabhängigen äußeren Wert (→Zeitwert, Extrinsic Value). Der innere Wert ist die positive Differenz zwischen dem →Basispreis und dem Kassakurs. Optionen, die →Out-of-the-money oder →At-the-money sind, haben keinen inneren Wert.

Der Zeitwert wird aus der Differenz zwischen → Optionsprämie und dem inneren Wert errechnet. Demnach haben Optionen, die Out-of-the-money oder At-the-money sind, nur einen Zeitwert. Die Optionsprämie für → Aktienoptionen wird i.d.R. über das → Black & Scholes-Modell ermittelt (→ Optionspreisbewertungsmodelle).
(→ Option, Basisstrategien)

**Optionspreis,** → Optionsprämie.

**Optionspreisbewertungsmodelle**
Modelle zur Ermittlung des → Fair Values von → Optionen (z.B. → Aktienindex-Optionen, → Devisenoptionen, → Optionen auf → Futures). O. werden u.a. auch zur Ermittlung der → impliziten Volatilität und der → Sensitivitätskennzahlen von Optionen (z.B. → Delta-Faktor, → Gamma-Faktor) benötigt.
(→ Gleichgewichtsmodelle, → Black & Scholes-Modell, → Black-Modell)(→ Cox, Ross, Rubinstein-Modell, → Garman-Kohlhagen-Modell, → Monte Carlo-Simulation, → Optionselastizität)

**Optionspreiskurve**
Diagramm, das den → Fair Value einer → Option für verschiedene Preise des → Basiswertes oder für andere die → Optionsprämie beeinflussende Faktoren (z.B. → Volatilität) anzeigt.
(→ Optionspreisbewertungsmodelle)

**Optionsschein**
*Warrant*; Berechtigung, einen bestimmten → Basiswert (Bezugsobjekt) zu einem bestimmten Bezugspreis (→ Basispreis) während einer bestimmten Optionsfrist (→ amerikanische Option) oder zu einem bestimmten Termin (→ europäische Option) in einem bestimmten Optionsverhältnis zu kaufen (→ Call-Optionsschein) oder zu verkaufen (→ Put-Optionsschein). O. stellen im Gegensatz zu → Aktien keine Teilhaberschaft an einer → Aktiengesellschaft dar, sondern ein Recht (→ Option). Wird dieses Recht bis zur → Fälligkeit des O. nicht ausgeübt, verfällt es. Der O. ist dann wertlos geworden und der Kapitaleinsatz des Anlegers verloren. Die Inhaber von O. erhalten keine Dividendenzahlungen oder Zinszahlungen, wie bei Aktien oder → Zinsinstrumenten.
O. können entweder Bestandteil einer → Optionsanleihe bzw. eines → Optionsgenußscheines sein (→ Issue linked Warrant) oder als eigenständige → Emission plaziert werden (→ nackter Optionsschein). Issue linked Warrants haben im Gegensatz zu eigenständigen Emissionen längere → Laufzeiten von bis zu zehn Jahren, während nackte O. i.d.R. Laufzeiten bis zu zwei Jahren haben. Issue linked Warrants werden emittiert, um zum Emissionszeitpunkt die Optionsanleihe oder den → Genußschein über einen zusätzlichen Investitionsanreiz für den Anleger interessanter zu gestalten. Die → Erfüllung bei Issue linked Warrants erfolgt i.d.R. physisch, d.h. der → Emittent liefert den Basiswert bei Fälligkeit an den Investor. Der Emittent geht bei nackten O. eine → Stillhalter-Position in Call- oder Put-Optionsscheinen ein. Nackte Optionsscheine, die beim Emittenten durch den Basiswert (z.B. Aktien) abgedeckt sind und nicht durch andere → Hedging-Instrumente (z.B. → Futures, → Optionen) abgesichert werden, bezeichnet man als → gedeckte Optionsscheine, unterlegte O. oder Covered Warrants. Covered Call Warrants sind eine Variante des Covered Calls. Ein weiterer Unterschied zu Issue linked Warrants besteht darin, daß nackte O. i.d.R. einen Barausgleich (→ Cash Settlement) vorsehen.

*Optionsanleihe versus Nackte Optionsscheine*: Traditionell werden O. als Teil einer Optionsanleihe emittiert. Optionsanleihen sind → Anleihen einer → Aktiengesellschaft mit einer festen Verzinsung und → Rückzahlung bei Fälligkeit. Darüber hinaus räumt die Optionsanleihe dem Anleger das Recht ein, während einer bestimmten Frist eine bestimmte Anzahl von Aktien der betreffenden Aktiengesellschaft zu einem bestimmten Kurs zu erwerben. Dieses Optionsrecht wird in einem von der Anleihe getrennten O. garantiert. Optionsanleihen dienen Großunternehmen zur Beschaffung von → Fremd- und → Eigenkapital über die → Börse. Gegenüber → Straight Bonds haben Optionsanleihen für den Emittenten den Vorteil, daß der → Nominalzins niedriger ist und deshalb die Finanzierungskosten geringer sind. Darüber hinaus besteht für den Emittenten die Möglichkeit, zusätzliches Eigenkapital zu erhalten, wenn das Optionsrecht vom Investor ausgeübt wird und der Optionsinhaber Aktien der Gesellschaft erhält. Issue linked Warrants sind deshalb im Zusammenhang mit einer → Kapitalerhöhung der Aktiengesellschaft zu sehen. Für den Anleger bietet eine Optionsanleihe den

**Optionsschein**

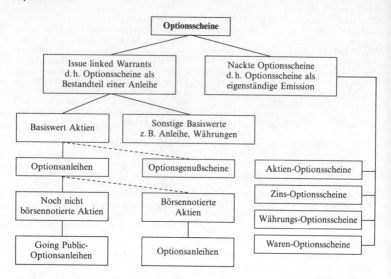

Vorteil einer Spekulation auf höhere Aktienkurse mit Sicherheitsnetz. Steigt die zugrundeliegende Aktie im Wert, wird auch der Kurs der Optionsanleihe steigen, da das Optionsrecht wertvoller geworden ist. Fällt dagegen die Aktie, und das anhängende Optionsrecht verfällt, erhält der Optionsanleihenbesitzer immer noch die laufenden Zinszahlungen, so daß mögliche Kursverluste nach unten abgesichert sind. Vielfach wird der O. bei Optionsanleihen nach der Börseneinführung von der Anleihe abgetrennt. Es entsteht dann ein eigenständiges Papier, das auch gehandelt wird, der O. Verbleibt der O. bei der Optionsanleihe, wird diese → Optionsanleihe Cum genannt. Notiert die Optionsanleihe ohne den O., wird diese Art der Notierung als → Optionsanleihe Ex bezeichnet. Basiswerte von issue linked Warrants sind i. d. R. Aktien der emittierenden Aktiengesellschaft. Allerdings verbriefen einige Optionsanleihen auch ein Optionsrecht auf beispielsweise → Währungen oder Anleihen. Optionsanleihen von nicht börsennotierten Anleihen werden als Going Public Optionsanleihen bezeichnet.

O., die von der Optionsanleihe getrennt und separat an der Börse gehandelt werden, waren bis vor einigen Jahren die einzige Möglichkeit, am deutschen → Kapitalmarkt O. zu kaufen. Neben diesen klassischen issue linked O. existieren auch nackte O. Der Unterschied zu issue linked liegt in der Herkunft der Aktien. Gedeckte O. stammen nicht aus einer Kapitalerhöhung, sondern aus eigenen oder fremden Kundenbeständen von → Banken und Wertpapierhandelshäusern. Durch den Verkauf der gedeckten O. erzielt man einen zusätzlichen Ertrag. Seit der Novellierung des → Börsengesetzes zum 1. 7. 1989 und den damit verbundenen rechtlichen Änderungen zum → Termingeschäft und der → Termingeschäftsfähigkeit wurde eine Vielzahl unterschiedlicher nackter O. emittiert. Im Vergleich zu Issue linked O. werden bei nackten O. eine Vielzahl unterschiedlicher Basiswerte und → exotische Optionsscheine (z. B. → Optionsschein auf Optionsscheine) angeboten. Nackte O. können nach dem Basiswert in → Aktien-Optionsscheine, → Zins-Optionsscheine, → Währungs-Optionsscheine und → Waren-Optionsscheine unterschieden werden.

*O. versus → Traded Optionen*: Nicht zu verwechseln mit O. sind Optionen, die beispielsweise an der → Deutschen Terminbörse (DTB) gehandelt werden. Optionen berechtigen zwar auch beispielsweise zum Kauf von Aktien, doch sind die Laufzeiten von Optionen i. d. R. geringer als die von O. Beispielsweise beträgt die maximale Lauf-

## Optionsschein

zeit von Aktienoptionen an der DTB neun Monate. Im Gegensatz zu Optionen sind O. rechtlich →Wertpapiere, die das Optionsrecht verbriefen. Ein weiterer Unterschied ist zumindest im Vergleich zu Issue linked Warrants zu sehen, daß durch Optionen an der DTB das →Grundkapital der Aktiengesellschaft nicht erhöht wird. Auch sind die Konditionen bei O. nicht standardisiert, wie dies bei Traded Optionen an der DTB üblich ist, sondern individuell vom Emittenten festgelegt.

*Kennzahlen:* Zur traditionellen Bewertung von O. werden →Hebel, →Aufgeld bzw. →jährliches Aufgeld, →innerer Wert und →Zeitwert berechnet. O. sind für Anleger interessant, die mit einem geringen Kapitaleinsatz von einer erwarteten Kursentwicklung profitieren möchten. Der Hebel eines O. gibt an, um wieviel mal mehr der O. im Verhältnis zum Basiswert (z.B. Aktie, →festverzinsliches [Wert-]Papier) steigt oder fällt. Steigt beispielsweise der Basiswert um 10%, so würde rein rechnerisch der O. dieser Aktie bei einem Hebel von vier um 40% steigen. Diese Voraussetzung trifft allerdings in der Praxis nur in den seltensten Fällen zu; dort liegen die Hebel bei O. auf Aktien i.d.R. zwischen eins und drei. O. sind ein spekulatives Instrument, das vor allem für risikofreudige Anleger, die mit einem geringen Kapitaleinsatz überproportionale Gewinne realisieren wollen, geeignet ist. Tritt die erwartete Entwicklung nicht ein, kann ein Totalverlust des eingesetzten Kapitals nicht ausgeschlossen werden. Je höher der Hebel ist, desto risikoreicher wird das →Investment in O. I.d.R. werden deshalb O. unter rein spekulativen Gesichtspunkten gekauft. Zwar bieten sich enorme Gewinnchancen, umgekehrt ist jedoch auch das Verlustrisiko entsprechend hoch, wie am Beispiel des Hebels gezeigt wurde.

Den Hebeleffekt bekommt der Anleger nicht umsonst. Er zahlt ihn indirekt in einem höhen Preis beim Bezug des Basiswertes über den O. im Vergleich zum direkten Erwerb des Bezugsobjektes. Wie teuer ein Kauf über den O. ist, wird mit dem Aufgeld ermittelt. Besitzt beispielsweise ein O. ein positives Aufgeld von 10%, so bedeutet dies, daß ein Erwerb der Aktie über den O. um 10% teurer ist als der direkte Kauf der Aktie über die Börse. Je höher das Aufgeld ist, desto spekulativer wird der O. Gegen Ende der Optionsfrist wird das Aufgeld tendentiell gegen Null gehen. In einigen Fällen kann auch beobachtet werden, daß O. ein geringfügiges negatives Aufgeld aufweisen, d.h. ein Kauf des Basiswertes über den O. wäre billiger als der direkte Erwerb. Konservative Anleger werden O. bevorzugen, bei denen der Basispreis unter dem aktuellen →Börsenkurs der Aktie liegt. Die Aufgelder sind deshalb auch dementsprechend gering, und der Hebel liegt i.d.R. bei höchstens zwei. Bei einem Kursanstieg des Basiswertes sind die Gewinnmöglichkeiten deshalb auch begrenzt. Risikofreudige Anleger werden O. bevorzugen, die eine überdurchschnittliche Hebelwirkung haben. Allerdings sind auch die Risiken bei einem Kursrückgang des Basiswertes entsprechend höher anzusetzen.

Die moderne Bewertung von O. errechnet für O. – ähnlich wie für Optionen – den →Fair Value. Auch bei der Bewertung von O. hat sich u.a. das →Black & Scholes Modell durchgesetzt. Der auf Basis des Black & Scholes Modell errechnete Optionsscheinkurs wird als (theoretischer) Fair Value bezeichnet. Durch Vergleich des Fair Values mit dem tatsächlich gehandelten Optionsscheinkurs kann erkannt werden, ob der O. zu teuer oder zu billig gehandelt wird. Eine weitere Möglichkeit zu erkennen, ob ein O. zu teuer bzw. billig gehandelt wird, besteht darin, die →implizite Volatilität mit der →historischen Volatilität des Basiswertes zu vergleichen. Auf Basis eines →Optionspreisbewertungsmodells können schließlich auch das →Optionsschein-Delta, →Optionsschein-Gamma, →Optionsschein-Rho, →Optionsschein-Vega und →Optionsschein-Omega ermittelt werden. Diese →Sensitivitätskennzahlen zeigen dem Anleger die Kursveränderung des O. an, die sich bei Veränderung der Marktrisikofaktoren (→Marktrisikofaktoren-Analyse) ergeben.

*O. als Anlageinstrument:* In Abhängigkeit von der erwarteten Kursentwicklung des Basiswertes können grundsätzlich zwei Strategien mit O. unterschieden werden:

*1. Long Call-Strategie:* Der Anleger kauft einen Call-O. Er ist damit optimistisch für einen Wert gestimmt und rechnet damit, daß der Kurs steigen wird. Tritt die erwartete Kursentwicklung ein, kann der Optionsscheininhaber Kursgewinne realisieren. Das Gewinn-Verlust-Diagramm eines Call-O. kann grundsätzlich mit dem einer →Long

## Optionsschein auf Aktien

Position in einer Call-Option verglichen werden (→ Optionen, Basisstrategien).

2. *Long Put-Strategie*: Seit einigen Jahren können auch Privatanleger mit Put-O. Kursgewinne realisieren, wenn die Kurse fallen. Put-O. gewinnen ähnlich wie → Put-Optionen an Wert, wenn der Basiswert im Kurs fällt. Rechnet beispielsweise ein Anleger damit, daß die Zinsen steigen, also die Kurse von Anleihen fallen, kann er mit Put-O. an dieser Entwicklung partizipieren. Put-O. sind jedoch nicht nur in → Trading-Strategien interessant, sondern auch in → Hedgingstrategien. Erwartet beispielsweise ein Anleger, daß der deutsche → Aktienmarkt in der Zukunft tendenziell fallen wird und möchte er sein → Aktienportfolio nicht verkaufen, kann mit dem Kauf eines Put-O. auf den → Deutschen Aktienindex (DAX) gegen fallende Kurse abgesichert werden. Das Gewinn-Verlust-Diagramm eines Put-O. kann grundsätzlich mit dem einer Long Position in einer Put-Option verglichen werden. O. können neben den beschriebenen Trading- und Hedgingstrategien auch beispielsweise in Portfolio Insurance-Strategien wie beispielsweise der → 90:10-Strategie eingesetzt werden. (→ Trinkaus und Burkhardt Optionsschein-Index (TUBOS))

### Optionsschein auf Aktien,
→ Warrant auf Aktien.

### Optionsschein auf den DAX,
→ DAX-Warrant.

### Optionsschein auf den Rentenindex REX,
→ REX-Optionsschein.

### Optionsschein auf DM-Swapsätze
→ Optionsschein, der als → Basiswert einen → Forward Swap hat, dessen → Nominalwert auf D-Mark (→ DM-Swapsätze) lautet. Bei Optionsscheinen auf → Swapsätze erfolgt bei → Fälligkeit ein Barausgleich (→ Cash Settlement; europäische Option). Ein Differenzbetrag wird bei Swap-Call-Optionsscheinen gezahlt, wenn der aktuelle Swapsatz unter dem Basissatz und bei Swap-Put-Optionsscheinen über dem Basissatz liegt. Swap-Call-Optionsscheine werden gekauft, wenn der Optionsscheininhaber erwartet, daß die Swapsätze fallen. Swap-Put-Optionsscheine werden dagegen gekauft, wenn der Optionsscheininhaber steigende Swapsätze erwartet. Optionsscheine auf Swapsätze sind verbriefte → Swaptions, d.h.

Swap-Call-Optionsscheine sind Receiver-Swaptions bzw. Swap-Put-Optionsscheine sind Payer-Swaptions.

### Optionsschein auf einen Aktienindex,
→ Aktienindex-Optionsschein.

### Optionsschein auf einen Aktienkorb,
→ Aktienkorb-Optionsschein.

### Optionsschein auf einen DAX-Branchenindex
→ Aktienkorb-Optionsschein, der als → Basiswert einen Branchenindex (z.B. Chemie) des → Deutscher Aktienindex (DAX) hat.

### Optionsschein auf Obligationen
→ Optionsschein, der als → Basiswert eine Obligation (z.B. → Bundesobligation, → Treuhandobligation) hat.

### Optionsschein auf Optionsscheine
→ Exotischer Optionsschein, der als → Basiswert einen → Optionsschein hat. (→ Compound Option)

### Optionsschein auf Terminkontrakte
→ Optionsschein, der als → Basiswert → Futures-Kontrakte (z.B. → Bund-Future, → Euro-DM-Future) hat.

### Optionsschein-Delta
→ Delta-Faktor eines → Optionsscheines.

### Optionsschein-Elastizität,
→ Optionsschein-Omega.

### Optionsschein-Gamma
→ Gamma-Faktor eines → Optionsscheines.

### Optionsschein mit Ausübungswahlrecht
→ Optionsschein, der der → Long Position das Recht gewährt, bei Ausübung der → Option entweder eine Ausgleichszahlung (→ Cash Settlement) zu erhalten oder den → Basiswert bei einem → Call-Optionsschein zu beziehen (→ physische Erfüllung).

### Optionsschein mit Währungsgarantie,
→ Quanto-Optionsschein.

### Optionsschein-Omega
*Optionsschein-Elastizität*; → Optionselastizität (Options-Omega) eines → Optionsscheines. Das O.-O. gibt an, um wieviel Prozent sich der Kurs eines Optionsscheines ändert, wenn sich der Kurs des → Basiswertes um 1% ändert. Im Gegensatz zum → Hebel wird beim O.-O. der → Delta-Faktor des Optionsscheines berücksichtigt. Das O.-O. wird ermittelt, indem man den Hebel eines

Optionsscheines mit dem Delta multipliziert:

O.-O. = Hebel · Delta.

**Optionsschein-Rho**
→ Rho eines → Optionsscheines.

**Optionsschein-Theta**
→ Theta eines → Optionsscheines.

**Optionsschein-Vega**
→ Vega eines → Optionsscheines.

**Optionsschreiber**
Grundposition einer Optionsstrategie, bei der eine → Short Position in einem → Call oder → Put eingegangen wird.

**Optionsschuldverschreibung,** → Optionsanleihe.

**Optionsserie**
Alle → Optionen desselben Optionstyps (→ Call oder → Put) mit Identität von → Basiswert, → Basispreis und Verfall.

**Options-Trader-Chart**
Kurs-Umsatz-Chart unter Einbeziehung von → Optionen; er soll Hinweise auf die künftige Kursentwicklung geben.
(→ Chart)

**Optionstyp**
Kaufoption (→ Call) oder Verkaufoption (→ Put).

**Options- und Terminbörsen an den internationalen Finanzplätzen**
Vgl. Übersicht S. 1182–1189.

**Optionsvega,** → Vega.

**Option-to-Double**
Tilgungsform einer → Anleihe, bei der der → Schuldner das Optionsrecht hat, das Doppelte des in der → Sinking-Fund-Vereinbarung bzw. → Purchase-Fund-Vereinbarung festgesetzten Nominalbetrages der → Anleihe zu tilgen. Dadurch erhält der Anleiheschuldner einen Tilgungsspielraum.

**Option Volatility,** → implizite Volatilität.

**Option Writer,** → Optionsschreiber.

**Optische Speicherkarte**
Zu dieser Kategorie von → Zahlungskarten zählen sogenannte holographische Speicherkarten. Mit Hilfe der Lasertechnik werden bestimmte und festgelegte Objekte durch Rekonstruktion ihres Lichtwellenfeldes abgebildet. Die auf der Karte entstehende Mikrostruktur läßt sich als Speicher für Zahlungseinheiten verwenden. Die verbrauchten Werteinheiten werden in der Karte auf einfache und sichere Weise gelöscht. Einsatzbereiche: Als Wertkarten für öffentliche Einrichtungen oder im öffentlichen Personennahverkehr.

**Ordentliche Deckung,** → Pfandbriefdeckung.

**Ordentliche Erträge eines Investmentfonds**
Von einem → Investmentfonds vereinnahmte → Zinsen, → Dividenden (einschl. → Körperschaftsteuerguthaben bei deutschen → Aktien) oder Mieteinnahmen. → Ordentliche Erträge sind zum Ende des → Geschäftsjahres den Inhabern von → Anteilscheinen zuzurechnen und von den Anteilscheininhabern als → Einkünfte aus Kapitalvermögen zu versteuern. Bei → offenen Immobilienfonds sind Teile der o. E. aufgrund des Abzugs der → AfA steuerfrei.
(→ außerordentliche Erträge)

**Ordentliche Hauptversammlung**
→ Hauptversammlung der AG, die alljährlich stattfindet und auf der u. a. über die Verwendung des → Bilanzgewinns und über die → Entlastung des → Vorstands und des → Aufsichtsrats entschieden wird.

**Ordentliche Kapitalerhöhung**
→ Kapitalerhöhung der AG gegen → Einlagen (§§ 182–191 AktG).
Nach dem → Aktiengesetz erfordert die *Durchführung der o. K.* einen satzungsändernden Beschluß der → Hauptversammlung, in welchem die neue Höhe des → Grundkapitals sowie der Nennbetrag und der Ausgabebetrag der → neuen Aktien bestimmt werden (§ 182). Anschließend ist der Beschluß zum → Handelsregister anzumelden (§ 184). Das weitere Verfahren, Ausgabe der Zeichnungsscheine an Interessenten, insbes. → Aktionäre, und Einzahlung der Einlagen für die gezeichneten Aktien (§§ 185, 188 Abs. 2), ist angesichts der Vielzahl der Interessenten kompliziert und umständlich. Erst danach können → Vorstand und Vorsitzender des → Aufsichtsrats die Durchführung der Kapitalerhöhung zur Eintragung im Handelsregister anmelden (§ 188), nach deren Vollzug die Kapitalerhöhung wirksam wird (§ 189). Zuletzt werden die Aktienurkunden an die neuen Ak-

## Ordentliche Kapitalerhöhung

### Options- und Terminbörsen an den internationalen Finanzplätzen

#### Argentinien

**Bolsa de Comercio de Buenos Aires**
Sarmiento 299,
(1353) Capital Federal
Argentina

Tel: (54-1) 313 7218
(54-1) 313 6636
Fax: (54-1) 313 6636
(54-1) 313 9332

**MERFOX (Mercado de Futuros y Opciones SA)**
Sarmiento 299, 4/460
1353 Buenos Aires
Argentina

Tel: (54-1) 312 5141
(54-1) 312 3679
Fax: (54-1) 311 1541

#### Australien

**Australian Options Market (AOM)**
PO Box H224
Australia Square
Sydney
NSW 2000

Tel: (2) 227 0000
Fax: (2) 251 5525

**Sydney Futures Exchange (SFE)**
30–32 Grosvenor Street
Sydney, NSW 2000
Australia

Tel: (02) 256 0555
Fax: (02) 256 0666
Tlx: AA 1 26713

Überseebüros:
**Chicago**
Trimedia Inc
Suite 702
19 South LaSalle Street
Chicago, Ill 60603

Tel: (312) 236 7676
(800) 362 5813 (toll free)
Fax: (312) 236 7699

#### Belgien

**Belgian Futures & Options Exchange (BELFOX)**
Palais de la Bourse
Rue Henri Maus 2
1000 Brussels
Belgium

Tel: (2) 512 80 40
Fax: (2) 513 83 42

#### Brasilien

**Bolsa Brasileira de Futuros**
Praça XV de Novembro, 20
20010-010 Térreo Rio de Janeiro RJ
Brazil

Tel: (21) 271 1086
Fax: (21) 221 2151
Tlx: (21) 38048

**Bolsa de Mercadorias & Futuros (BM & F)**
Praça Antonio Prado, 48
São Paulo, SP, 01010-901
Brazil

Tel: (5511) 239 5511
Fax: (5511) 34 1534

**Rio de Janeiro Stock Exchange**
Bolsa de Valores do Rio de Janeiro
(BVRJ)
Praça XV de Novembro, 20
20010-010 Rio de Janeiro
Brazil

Tel: (21) 271 1001
Fax: (21) 221 2151
Tlx: (21) 35100

**São Paulo Stock Exchange**
Bolsa de Valores de São Paulo
(BOVESPA)
Rua XV de Novembro, 275
01013-001 São Paulo, SP
Brazil

Tel: (11) 258 7222
Fax: (11) 239 4981

## Ordentliche Kapitalerhöhung

**Options- und Terminbörsen an den internationalen Finanzplätzen** (Fortsetzung)

### China

**Shenzhen Metal Exchange**
First Floor, Block B
Zhongjian Overseas Decoration Bldg.
Hua Fu Road
518031 Shenzhen Special Economic Zone
China
Tel: (86) 755 343502
(86) 755 343481 (information)
Fax: (86) 755 343505

### Dänemark

**FUTOP**
Copenhagen Stock Exchange and the
Guarantee Fund for Danish Options and
Futures (GDOF)
Kompagnistraede 15
Box 2017
DK-1012 Copenhagen K
Denmark
Tel: 3393 3311
Fax: 3393 4980

### Deutschland

**Deutsche Terminbörse (DTB)**
Grueneburgweg 102
D-60076 Frankfurt am Main
Germany
Tel: (69) 153030
Fax: (69) 557492
Tlx: 4175953dtb

### Finnland

**Finnish Options Market (FOM)**
Keskuskatu 7
3rd Floor
Box 926
SF 00101
Helsinki
Tel: 358 0 131211
Fax: 358 0 13121211

### Frankreich

**Marché des Options Négociables de Paris (MONEP)**
Société de Compensation des Marchés
Conditionnels – SCMC
39, Rue Cambon
75001 Paris
France
Tel: (1) 49 27 18 00
Fax: (1) 49 27 18 23
Tlx: 214 538

**MATIF SA**
Marche a Terme International de France
176 Rue Montmartre
75002 Paris
France
Tel: (1) 40 28 82 82
Fax: (1) 40 28 80 01
Tlx: 218362F

### Großbritannien

**International Petroleum Exchange (IPE)**
International House
1 St Katharine's Way
London EI 9UN
UK

Tel: (071) 481 0643
Fax: (071) 481 8485
Tlx: 927479

Überseebüros:

**New York**
11 West 42nd Street
8th Floor
New York
NY 10036

Tel: (212) 764 1748
Fax: (212) 921 1298

**Japan**
c/o Gavin Anderson & Co
Sunrise Building, 2nd Floor
2-11-1 Kanda Surugadai
Tokyo 101

Tel: (813) 2295 7300
Fax: (813) 2295 7269

**London Commodity Exchange (London Fox)**
1 Commodity Quay
St Katharine's Dock
London E1 9AX
UK

Tel: (071) 481 2080
Fax: (071) 702 9923/24
Tlx: 884370

## Ordentliche Kapitalerhöhung

**Options- und Terminbörsen an den internationalen Finanzplätzen** (Fortsetzung)

**London International Financial Futures and Options Exchange (LIFFE)**
Cannon Bridge
London EC4R 3XX
UK

Tel: (071) 623 0444
Fax: (071) 588 3624
Tlx: 893893 Liffe g

**London Metal Exchange (LME)**
E. Wing, 4th Floor
Plantation House
Fenchurch Street
London EC3M 3AP
UK

Tel: (071) 626 3311
Fax: (071) 626 1703
Tlx: 8951367

**OM London (OMLX)**
Milestone House
6th Floor
107 Cannon Street
London EC4N 5AD
UK

Tel: (071) 283 0678
Fax: (071) 283 0504

**Hongkong**

**Hong Kong Futures Exchange Ltd (HKFE)**
5th Floor, Asia Pacific Finance Tower
Citibank Plaza, 3 Garden Road
Hong Kong

Tel: 852 542 9333
Fax: 852 810 5089

**Irland**

**Irish Futures & Options Exchange (IFOX)**
Segrave House
Earlsfort Terrace
Dublin 2
Eire

Tel: (01) 767 413
Fax: (01) 614 645

**Italien**

**Mercato Italiano Futures (MIF)**
Cassa di Compensazione e Garanzia SpA
Via Cavour 71
00184 Rome
Italy

Tel: (06) 48 90 1901/1907/1880
Fax: (06) 48 90 19 08

**Japan**

**Hokkaido Grain Exchange**
3 Odori Nishi 5-chome
Chuo-ku
Sapporo
Hokkaido 060
Japan

Tel: (011) 221 9131
Fax: (011) 221 4964

**Kanmon Commodity Exchange**
1-5 Nabe-cho, Shimonoseki
Yamoguchi Pref 20750

Tel: (0832) 31 1313
Fax: (0832) 23 1947

**Kobe Grain Exchange**
2-4-16 Honmachi
Hyogo-ku
Kobe 652
Japan

Tel: (078) 671 2901
Fax: (078) 671 3937

**Kobe Raw Silk Exchange**
126 Higashimachi
Chuo-ku
Kobe 650
Japan

Tel: (078) 331 7141
Fax: (078) 331 7145

**Kobe Rubber Exchange**
49 Harima cho
Chuo ku
Kobe 650
Japan

Tel: (078) 331 4211
Fax: (078) 332 1622

## Ordentliche Kapitalerhöhung

**Options- und Terminbörsen an den internationalen Finanzplätzen** (Fortsetzung)

**Maebashi Dried Cocoon Exchange**
1-49-1 Furuichi-machi
Maebashi 371

Tel: (0272) 521401
Fax: (0272) 518270

**Nagoya Grain and Sugar Exchange**
2-3-2 Meieki-Minami
Nakamura-ku
Nagoya 450
Japan

Tel: (052) 571 8161
Fax: (052) 581 4653

**Nagoya Textile Exchange**
2-1-5 Nishiki 3
Nakaku
Nagoya 460
Japan

Tel: (052) 951 2171
Fax: (052) 961 6407

**Osaka Grain Exchange**
1-10-14 Awaza, Nisi-ku
Osaka 550

Tel: (06) 531 7931
Fax: (06) 541 9343

**Osaka Securities Exchange (OSE)**
8-16 Kitahama 1-chome
Chuo-ku
Osaka 541
Japan

Tel: (06) 229 8643
Fax: (06) 231 2639
Tlx: 5222215

**Osaka Sugar Exchange**
2-5-28 Kyutaro-machi
Chuo-Ku
Osaka 541
Japan

Tel: (06) 245 2261
Fax: (06) 245 2264

**Osaka Textile Exchange**
2-5-28 Kyutaro-machi
Chuo ku
Osaka 541
Japan

Tel: (06) 253 0031
Fax: (06) 253 0034

**Tokyo Commodity Exchange (TCE, TOCOM)**
10-8, Nihonbashi-Horidome 1-chome
Chuo Ku
Tokyo 103
Japan

Tel: (03) 3661 9191
Fax: (03) 3661 7568

**Tokyo Grain Exchange (TGE)**
1-12-5 Kakigara-cho
Nihonbashi
Chuo-ku
Tokyo 103
Japan

Tel: (03) 3668 9311
Fax: (03) 3668 9566

**Tokyo International Financial Futures Exchange (TIFFE)**
2-2 Otemachi 2-chome
Chiyoda ku
Tokyo 100
Japan

Tel: (3) 3275 2111
Fax: (3) 3275 4840

**Tokyo Stock Exchange (TOSE, TSE)**
2-1, Nihombashi-Kabuto-cho
Chuo-Ku
Tokyo 103
Japan

Tel: (03) 3666 0141
Fax: (03) 3663 0625
Tlx: (02) 522759 tkoseÜberseebüros:

Überseebüros:

**New York**
TSE New York Research Office
12th Floor, 45 Broadway Atrium
New York, NY 10006, USA

Tel: (212) 363 2350
Fax: (212) 363 2354

**London**
TSE London Research Office
76 Cannon Street
London E.C4, UK

Tel: (071) 236 0885
Fax: (071) 489 1273

## Ordentliche Kapitalerhöhung

### Options- und Terminbörsen an den internationalen Finanzplätzen (Fortsetzung)

**Tokyo Sugar Exchange (TOSUG)**
9-4 Koami-cho, Nihonbashi
Chuo-ku
Tokyo 103
Japan

Tel: (03) 3666 0201
Fax: (03) 3661 4564

**Toyohashi Dried Cocoon Exchange**
52-2 Ekimae odori
Toyohashi 440
Japan

Tel: (0532) 526231
Fax: (0532) 551529

**Yokohama Raw Silk Exchange**
Silk Center
1 Yamashita-cho
Naka-ku
Yokohama 231

Tel: (045) 641 1341
Fax: (045) 641 1346

### Kanada

**Montreal Exchange (ME)**
The Stock Exchange Tower
800 Victoria Square
PO Box 61, 4th floor
Montreal, Quebec
Canada H4Z 1A9
Tel: (514) 871 2424
Fax: (514) 871 3533

**Toronto Futures Exchange (TFE)**
2 First Canadian Place
Exchange Tower
Toronto, Ontario
Canada M5X IJ2
Tel: (416) 947 4487
Fax: (416) 947 4272

**Vancouver Stock Exchange (VSE)**
Stock Exchange Tower
PO Box 10333
609 Granville Street
Vancouver, British Columbia V7Y 1H1
Tel: (604) 689 3334
Fax: (604) 688 6051

**Winnipeg Commodity Exchange (WCE)**
500 Commodity Exchange Tower
360 Main St.
Winnipeg, Manitoba
Canada R3C 3Z4
Tel: (204) 949 0495
Fax: (204) 943 5448

### Malaysia

**Kuala Lumpur Commodity Exchange (KLCE)**
4th Floor, Citypoint, Dayabumi Complex
Jalan Sultan Hishamuddin
PO Box 11260
50740 Kuala Lumpur
Malaysia

Tel: (603) 293 6822
Fax: (603) 274 2215
Tlx: MA 31472 klce

### Neuseeland

**New Zealand Futures & Options Exchange (NZFOE)**
PO Box 6734
Wellesley Street
Auckland
New Zealand
10th Level
Stock Exchange Centre
191 Queen St.
Auckland 1
New Zealand

Tel: (9) 309 8308
Fax: (9) 309 8817

### Niederlande

**Agricultural Futures Markets Amsterdam**
Postbus 252
1000 AG Amsterdam

Tel: (020) 550 4390
Fax: (020) 623 9949
Tlx: 16582 nlk nl

**European Options Exchange (EOE)**
EOE-Optiebeurs NV
PO Box 19164
1000 GD Amsterdam
Netherlands

Tel: (31) 20 550 4550
Fax: (31) 20 623 0012
Tlx: 10955/10986

### Norwegen

**Oslo Stock Exchange**
PO Box 460 Sentrum
N-0105 Oslo 1

Tel: (472) 341700
Fax: (472) 416590
Tlx: 77242

## Ordentliche Kapitalerhöhung

**Options- und Terminbörsen an den internationalen Finanzplätzen** (Fortsetzung)

### Österreich
**Österreichische Termin- und Optionsbörse (ÖTOB)**
Charing Bank AG
Strauchgasse 1–3
Postbox 192
A-1014 Vienna
Austria

Tel: (0222) 531 650
Fax: (0222) 532 9740

### Philippinen
**Manila International Futures Exchange (MIFE)**
7th floor
Producers Bank Centre
Paseo de Roxas
Makati
Metro Manila
Philippines

Tel: (632) 818 54 96, (632) 812 77 76
Fax: (632) 818 55 29, (632) 810 57 63
Tlx: 63092 mms pn

### Schweden
**Options Market Stockholm AB (OH, SOM)**
Box 16305
S 103 26 Stockholm
Sweden

Tel: (46) 8 700 06 00
Fax: (46) 8 723 10 92
Tlx: 15394 option s

### Schweiz
**Swiss Options & Financial Futures Exchange (SOFFEX)**
Neumattstrasse 7
CH-8953 Dietikon
Zürich
Switzerland

Tel: (1) 740 30 20
Fax: (1) 740 1776
Tlx: 828393 so fxch

### Singapur
**Singapore International Monetary Exchange (SIMEX)**
1 Raffles Place
07-00 OUB Centre
Singapore 0104

Tel: 65 535 7382
Fax: 65 535 7282
Tlx: 38000 sinmex

**RAS Commodity Exchange**
79 Robinson Road
14-01 CPF Building
Singapore 0106

Tel: (65) 221 9022
Fax: (65) 221 5316/223 9164
Tlx: RS 20554 RASING

### Spanien

**Meff Renta Fija**
Mercado Español de Futuros Finañcieros
Via Laietana, 58
08003 Barcelona, Spain

Tel: (03) 412 1128
Fax: (03) 268 4769

Überseebüro:
**London**
Meff Renta Fija
98 Cannon Street
London EC4N 6EH

Tel: (071) 626 2999
Fax: (071) 626 2661

**Meff Renta Variable**
Torre Picasso, Planta 26
28020 Madrid, Spain

Tel: (01) 585 08 00
Fax: (01) 571 95 42

### Südafrika

**Johannesburg Stock Exchange (JSE)**
Traded Options Market (TOM)
17 Diagonal Street
Johannesburg 2000
South Africa

Tel: (011) 833 6580
Fax: (011) 838 1463

**South African Futures Exchange (SAFEX)**
32 Diagonal Street
Johannesburg 2001

Tel: (11) 836 3311
Fax: (11) 838 4400

## Ordentliche Kapitalerhöhung

### Options- und Terminbörsen an den internationalen Finanzplätzen (Fortsetzung)

**Vereinigte Staaten von Amerika**

**American Stock Exchange (AMEX)**
86 Trinity Place
New York, NY 10006
USA

Tel: (212) 306 1000
Fax: (212) 306 1802
Tel: (212) 306 1640
(PR/Information)
Fax: (212) 306 1644
(PR/Information)
Tlx: 129297

Überseebüro:
**London**
2 London Wall Buildings
London Wall
London EC2M 5SY

Tel: (071) 628 5982
Fax: (071) 628 3220

**Chicago Board Options Exchange (CBOE)**
400 South LaSalle
Chicago, IL 60605
USA

Tel: (312) 786 5600
Fax: (312) 786 7413
(312) 786 7409
Tlx: 201203

**New York Office**
One Liberty Plaza
165 Broadway
31st Floor
New York
NY 10006

Tel: (212) 437 0200

**Chicago Board of Trade (CBOT)**
141 West Jackson Boulevard
Chicago, IL 60604-2994

Tel: (312) 435 3500
Fax: (312) 435 7170
Tlx: 253223

Weitere Büros:
**London**
52/54 Gracechurch Street
London EC3V 0EH
UK

Tel: (071) 929 0021
Fax: (071) 929 0558
Tlx: 9413558

**Asia**
Asia-Pacific Representative Office
Shoyu Keikan Bldg.,
3-3-1 Kasumigaseki
Chiyoda-Ku
Tokyo 100
Japan

Tel: (813) 3595-2251
Fax: (813) 3595-2244

**Chicago Mercantile Exchange (CME)**
30 South Wacker Drive
Chicago
Illinois 60606

Tel: (312) 930 1000
Fax: (312) 930 3439

Weitere Büros:
**London**
27 Throgmorton Street
London EC2N 2AN

Tel: (071) 920 0722

**New York**
67 Wall Street
New York
NY 10005

Tel: (212) 363 7000

**Washington**
2000 Pennsylvania Avenue
Washington D.C. 20006

Tel: (202) 223 6965

**Tokyo**
3-3-1 Kasumigaseki
Chiyoda-ku 100

Tel: (813) 595 2251

**Coffee, Sugar & Cocoa Exchange (CSCE)**
4 World Trade Center
New York, NY 10048

Tel: (212) 938 2800
Fax: (212) 524 9863
Tlx: 217066

**Commodity Exchange (COMEX)**
4 World Trade Center
New York, NY 10048
USA

Tel: (212) 938 2900
Fax: (212) 432 1154
Tlx: 127066

## Ordentliche Kapitalerhöhung

**Options- und Terminbörsen an den internationalen Finanzplätzen** (Fortsetzung)

**Financial Instruments Exchange (FINEX)**
4 World Trade Center
New York
NY 10048
USA

Tel: (212) 938 2633
Fax: (212) 432 0294
Tlx: 961 312 FINEX NYK

**Kansas City Board of Trade (KCBT)**
4800 Main, Suite 303
Kansas City
Missouri 64112

Tel: (816) 753 7500
Fax: (816) 753 3944

**MidAmerica Commodity Exchange
(MACE, MCE, MidAm)**
141 West Jackson Boulevard
Chicago IL 60604
USA

Tel: (312) 341 3000
Fax: (312) 341 3027
Tlx: 253223
Weitere Büros:

**London**
Chicago Board of Trade
52–54 Gracechurch Street
London EC3V OEH

Tel: (071) 929 0021
**Asia**
Chicago Board of Trade
Asia Pacific Representative Office
Shogu Keikan Bldg.,
3-3-1 Kasumigaseki
Chiyoda-ku
Tokyo 100
Japan

**Minneapolis Grain Exchange (MGE)**
400 S 4th St
Minneapolis
MIN 55415
USA

Tel: (612) 338 6212
Fax: (612) 339 1155

**New York Cotton Exchange (CTN)**
4 World Trade Center
New York
NY 10048

Tel: (212) 938 2702
Fax: (212) 488 8135

**New York Futures Exchange (NYFE)**
20 Broad Street
New York
NY 10005
USA

Tel: (212) 656 4949
Fax: (212) 656 2925

**New York Mercantile Exchange
(NYM, NYMEX)**
4 World Trade Center
New York
NY 10048
USA

Tel: (212) 938 2200
Fax: (212) 938 2985
Tlx: 127066 NYMEX

**New York Stock Exchange (NYSE)**
11 Wall Street
New York
NY 10005
USA

Tel: (212) 656 2065
Fax: (212) 269 4830
Tlx: 701 581 5464

**Pacific Stock Exchange (PSE)**
301 Pine Street
San Francisco
CA 94104
USA

Tel: (415) 393 4000
Fax: (415) 393 4018

**Philadelphia Stock Exchange
(PBOT, PHLX)**
1900 Market Street
Philadelphia
PA 19103

Tel: (215) 496 5037
Fax: (215) 496 5653

Weiteres Büro:
**London**
39 King Street
London EC2V 8DQ

Tel: (071) 606 2348
Fax: (071) 606 3548

tionäre ausgegeben (§ 191). Um das Wirksamwerden der Kapitalerhöhung nicht von der Zeichnung der neuen Aktien und der Erbringung der Einlagen durch eine Vielzahl von Interessenten abhängig zu machen, wird heute fast stets ein Bankenkonsortium eingeschaltet, das die Aktien zeichnet und sie anschließend weitergebigt. Dabei hängt es von der Ausgestaltung der vertraglichen Beziehung zwischen der jeweiligen Aktiengesellschaft und dem → Konsortium ab, ob dieses das Plazierungsrisiko übernimmt oder nicht.

*Bezugsrecht der Aktionäre:* Bei der Ausgabe von → jungen Aktien räumt das Aktiengesetz den Aktionären ein → Bezugsrecht entsprechend ihrer bisherigen Beteiligung am Grundkapital ein (§ 186). Dieses ergibt sich aus der Mitgliedschaft des Aktionärs und sichert ihm die Möglichkeit, seine bisherige prozentuale Beteiligung (Besitzverhältnisse, Vermögensverhältnisse, Stimmrechtsverhältnisse) aufrechtzuerhalten. Der Aktionär gleicht damit Vermögenseinbußen aus, die durch einen Kursverlust der Altaktien entstehen, weil die neuen Aktien i.d.R. zu einem günstigeren Kurs ausgegeben werden. Eine Pflicht zum Bezug besteht nicht, so daß der Aktionär sein Bezugsrecht ausüben oder verkaufen kann. Nichtaktionären vermag der Bezug neuer Aktien nur unter dem Vorbehalt des Bezugsrechts der Aktionäre zugesichert zu werden, sobald der Beschluß über die Erhöhung des Grundkapitals gefällt ist (§ 187).

*Bezugsrechtsausschluß:* Die Gesellschaft kann unter bestimmten formellen und inhaltlichen Voraussetzungen das Bezugsrecht ganz oder teilweise ausschließen, etwa dann, wenn die Kapitalerhöhung gegen Bareinlagen 10% des Grundkapitals nicht übersteigt und der Ausgabebetrag den Börsenpreis (→ Börsenkurs) nicht wesentlich unterschreitet. Die Entscheidung darüber ist der Hauptversammlung vorbehalten, sie kann nur zusammen mit dem Beschluß über die Erhöhung des Grundkapitals ergehen und bedarf stets mindestens einer Dreiviertelmehrheit des dort vertretenen Grundkapitals (§ 186 Abs. 3). Zuvor ist der Antrag auf Ausschluß der Bezugsrechte mit der Tagesordnung der Hauptversammlung bekanntzugeben, und der Vorstand hat die Gründe hierfür in einem schriftlichen Bericht niederzulegen (§ 186 Abs. 4). Bestimmte Fälle sind im Gesetz selbst ausdrücklich geregelt: der Erwerb einer → Sachanlage, z. B. eines Unternehmens (§ 183) sowie die Fälle der → bedingten Kapitalerhöhung (Befriedigung des Bezugsrechts aus Wandelschuldanleihen, Abfindung ausscheidender Aktionäre im Zusammenhang mit der Verschmelzung mehrerer Unternehmen [→ Fusion] oder die Befriedigung von Gewinnbeteiligungsansprüchen der → Arbeitnehmer durch Ausgabe von → Belegschaftsaktien [§ 192 Abs. 2 Nr. 1–3]).

*Plazierung über ein Kreditinstitut oder Bankenkonsortium:* Um einen einfachen Weg der Begebung der Aktien über ein → Kreditinstitut oder ein Bankenkonsortium zu ermöglichen, unterwirft das Gesetz diese Vorgehensweise nicht den strengen Anforderungen des Bezugsrechtsausschlusses, sofern sich die Bank oder das Konsortium gegenüber der Gesellschaft verpflichten, die neuen Aktien den Aktionären zum Bezug anzubieten. Der Vorstand hat die Aktionäre über das Bezugsangebot des Kreditinstituts unter Angabe des für die Aktien zu leistenden Entgelts und einer für die Annahme des Angebots gesetzten Frist ordnungsgemäß in den → Gesellschaftsblättern (§ 186 Abs. 5) zu unterrichten.

### Ordentlicher Erfolg
I.S. der → Gewinn- und Verlustrechnung (GuV) sind alle → Aufwendungen und → Erträge, unabhängig davon, ob sie betriebsfremd oder periodenfremd sind, o. E., sofern sie innerhalb der gewöhnlichen (normalen) Geschäftstätigkeit anfallen.
*Gegensatz:* → außerordentlicher Erfolg.

### Ordentlicher Ertrag
Im Sinne des → Handelsrechts bzw. der → Handelsbilanz der → Ertrag, der aus/während der gewöhnlichen Geschäftstätigkeit einer → Handelsgesellschaft anfällt (vgl. § 277 Abs. 1 HGB).
*Gegensatz:* → außerordentlicher Ertrag.

### Orderklausel
Vermerk auf → Wertpapieren, durch den diese zu → Orderpapieren werden und durch → Indossament übertragen werden können (gekorene Orderpapiere); z. B. „an die Order von ... (namentlich genannte Person)" oder „an ... (namentlich genannte Person) oder dessen Order" oder ähnlich (§ 363 HGB). Bei den geborenen Orderpapieren (→ Wechsel, → Scheck, → Namensaktie) wird die O. zuweilen noch in der → Urkunde

erwähnt, sie ist aber überflüssig. Diese Papiere können durch eine negative O. (Rektaklausel: „nicht an Order") zu → Rektapapieren werden. Damit wird eine → Übertragung durch Indossament ausgeschlossen.

### Orderlagerschein
An Order ausgestellter → Lagerschein. Er ist → Warenwertpapier, der die eingelagerte Ware verkörpert (→ Traditionspapier).

### Orderpapier
→ Wertpapier, bei dem eine bestimmte → Person namentlich als Berechtigter genannt wird. Der → Schuldner verspricht (im Unterschied zum → Rektapapier) die Leistung auch an eine Person, die der namentlich Berechtigte ordermäßig bestimmt. Die Order erfolgt durch einen Vermerk auf der Rückseite des Papiers (→ Indossament).

*Rechtswirkungen:* Der Berechtigte wird durch den → Besitz der an ihn indossierten → Urkunde legitimiert. Bei der → Übertragung steht wie beim → Inhaberpapier das → Eigentum an der Urkunde im Vordergrund. Sie erfolgt durch Übereignung des Papiers nach § 929 BGB. Zusätzlich ist aber das Indossament als schriftlicher Begebungsvermerk erforderlich, wodurch die Übertragung nach außen sichtbar gemacht wird. Die Verkehrsfähigkeit der O. wird etwas eingeschränkt, weil der Erwerber bei der Prüfung der formellen Legitimation des Veräußerers auch auf die Lückenlosigkeit der Indossamentenkette zu achten hat. Da die sichtbar gemachten Übertragungsakte eine höhere Verläßlichkeit des Papiers begründen, ist der Gutglaubensschutz bei O. noch umfassender als bei Inhaberpapieren ausgestaltet.

*Arten:* (1) *Geborene O.* sind O. kraft Gesetzes. Eine → Orderklausel ist nicht erforderlich. Zu diesen Papieren zählen → Scheck und → Wechsel sowie die → Namensaktie und das auf den Namen lautende → Investmentzertifikat. (2) *Gekorene O.* erhalten diesen Rechtscharakter erst durch eine positive Orderklausel in der Urkunde (→ Warenwertpapiere).

### Orderscheck
→ Scheck, der an eine bestimmte Person als Schecknehmer, mit oder ohne den ausdrücklichen Vermerk „an Order" (Art. 5 Abs. 1 SchG) ausgestellt ist. Der O. ist die gesetzliche Regelform des Schecks. Das Scheckgesetz sieht aber in Art. 5 Abs. 1 auch vor, daß der Scheck an den Inhaber (→ Inhaberscheck) oder an eine bestimmte Person mit dem Vermerk „nicht an Order" (→ Rektascheck) ausgestellt sein kann. Im Inlandszahlungsverkehr ist der Scheck durchweg → Inhaberpapier. Die Scheckvordrucke der → Kreditinstitute und der → Postgiroämter enthalten die Überbringerklausel (→ Überbringerscheck) und machen so das geborene → Orderpapier zum → Inhaberpapier. Orderscheckformulare werden an Kunden ausgehändigt, die auf besondere Sicherheit Wert legen bzw. Schecks im Auslandszahlungsverkehr verwenden. Der O. wird (wie der Wechsel) durch → Indossament übertragen (Art. 14 Abs. 1 SchG), wobei für den Übergang der Scheckrechte die → Übereignung der Scheckurkunde durch → Einigung und → Übergabe nach § 929 BGB hinzukommen muß. Zur Rationalisierung der Abwicklung im Verkehr mit O. ist von den → Spitzenverbänden der deutschen Kreditwirtschaft das → Orderscheckabkommen geschlossen worden.

### Orderscheckabkommen
Abkommen zur Vereinfachung des Einzugs von → Orderschecks, das von den → Spitzenverbänden der deutschen Kreditwirtschaft, der → Deutschen Bundesbank und der → Deutschen Bundespost geschlossen ist.

*Verfahren:* Die von Kunden zum Einzug übergebenen Orderschecks werden auf der Rückseite zwecks Vereinfachung mit einem Stempelabdruck versehen. Dieser hat den Ort und den Namen des ersten mit dem Einzug beauftragten → Kreditinstituts, im Falle der Weiterleitung an die Deutsche Bundesbank außerdem die → Bankleitzahl zu enthalten. Der Stempelabdruck bedarf keiner Unterzeichnung. Bei → Postgiroämtern eingereichte Verrechnungsschecks werden von diesen auf der Rückseite mit einem Schecknumerierstempel bedruckt. Dieser enthält neben der Tagesangabe die Fernsprechnummer der Scheckeinzugsstelle des Postgiroamtes, um dem bezogenen Institut die Benachrichtigung gemäß → Scheckabkommen zu erleichtern. Der Stempelabdruck soll dasselbe Rechtsverhältnis begründen wie ein Treuhandindossament. Die → erste Inkassostelle ist verpflichtet zu prüfen, daß der Einreicher durch eine ordnungsmäßige Indossamentenkette i. S. von Art. 35 SchG legiti-

miert ist und ihm der Scheck durch → Indossament ohne einschränkenden Zusatz übertragen wurde. Bei unterlassener Prüfung haftet die erste Inkassostelle dem Bezogenen sowie den in der Einzugskette nachfolgenden Institutionen für einen dadurch entstandenen Schaden bis zur Höhe der Schecksumme.
Werden bei Kreditinstituten im Ausland zahlbare Orderschecks von Kreditinstituten im Inland an andere Institute im Inland zum Einzug gegeben, gelten die Bestimmungen des Abkommens für das Verhältnis der inländischen Kreditinstitute untereinander. Der Deutschen Bundesbank zum Einzug gegebene Orderschecks müssen nach den Allgemeinen Geschäftsbedingungen indossiert werden. Bei vom Ausland eingereichten Orderschecks ist erste Inkassostelle das erste am Einzug beteiligte Kreditinstitut im Inland. Nach den Orderscheckbedingungen der Kreditinstitute, die Bestandteile des →Scheckvertrages sind, steht der Aussteller von Orderschecks allen Kreditinstituten, die am Einzug der von ihm begebenen Orderschecks beteiligt sind, für deren Bezahlung ein, sofern die Schecks innerhalb der Vorlegungsfrist vorgelegt und nicht bezahlt worden sind. Das gilt auch für nach Beendigung des Scheckvertrages ausgestellte Orderschecks.

### Orderschuldverschreibung
→ Schuldverschreibung, in der sich der → Schuldner verpflichtet, die in der → Urkunde verbriefte → Forderungen an einen bestimmten Gläubiger oder dessen Order (→ Orderklausel) zu zahlen. Der Berechtigte wird namentlich genannt. Er oder eine von ihm durch → Indossament benannte → Person können das verbriefte Recht geltend machen.
O. sind als kaufmännische Verpflichtungsscheine nach § 363 HGB gekorene → Orderpapiere (also kraft Orderklausel). Ohne Orderklausel wären sie → Rektapapiere (→ Namensschuldverschreibung). Eine O. wird durch Indossament, → Einigung und → Übergabe übertragen. Das Recht aus dem Papier (= Forderungsrecht) folgt dem Recht am Papier (= Eigentumsrecht an der Urkunde). Blanko indossierte O. können wie → Inhaberpapiere gutgläubig erworben werden (§ 367 Abs. 1 HGB), jeder Besitzer der Urkunde ist zur Ausübung des verbrieften Rechts legitimiert. Das Recht aus dem Papier ist durch eine lückenlose Indossamentenkette nachzuweisen, und der Inhaber muß seine Identität mit der auf dem Papier genannten Person nachweisen.
→ Industrieobligationen wurden früher zur Vermeidung einer staatlichen Genehmigung als O. emittiert. → Sparkassenobligationen sind O.
*Gegensatz:* → Inhaberschuldverschreibung, → Namensschuldverschreibung.

### Order to Negotiate, → Negoziierungskredit.

### Ordnungskonformität
Auf den Neo- bzw. → Ordoliberalismus zurückgehende wirtschaftspolitische Maxime, nach der (ausgehend von einer ordnungspolitischen Grundentscheidung) gefordert wird, auftauchende Probleme möglichst im Rahmen der bestehenden Ordnung zu lösen. Damit soll für die Wirtschaftssubjekte eine Vorhersehbarkeit und Stetigkeit der → Wirtschaftspolitik gewährleistet werden, um eine Verunsicherung und Dämpfung privater Initiative zu vermeiden, die als Folge eines nicht ordnungsbezogenen → Interventionismus auftreten kann. O. bedeutet in der marktwirtschaftlichen Ordnung Wettbewerbskonformität (→ Wettbewerb) und eine Vorrangigkeit wettbewerbsnotwendiger (z. B. Einrichtung und Erhaltung von Märkten) und wettbewerbsfördernder Maßnahmen (z. B. Verbesserung der Funktionsfähigkeit des Wettbewerbs durch Förderung der Mobilität der → Produktionsfaktoren). In der → Sozialen Marktwirtschaft geht es um wettbewerbsadäquate Maßnahmen (z. B. Ergänzung der Marktwirtschaft durch → Sozialpolitik nach dem Subsidiaritätsprinzip).

### Ordoliberalismus
Der O. entstand in Deutschland in den zwanziger und dreißiger Jahren dieses Jahrhunderts als geistige Widerstandsbewegung gegen den aufkommenden Nationalsozialismus und gegen marxistisch-leninistisch geprägte Bewegungen in Osteuropa. Gegenüber dem frühen → Liberalismus, dessen Grundprinzipien anerkannt werden, wird in stärkerem Maße die Notwendigkeit gesehen, daß ein starker Staat über konsequente Wirtschaftsordnungspolitik und insbes. über die → Wettbewerbspolitik die Grundlagen der dezentralen → Wettbewerbsordnung zu erhalten hat, weil den Wirtschaftssubjekten ein „tiefer Trieb" zur Beseitigung von Konkurrenz und zum Erwerb von Monopolstellungen (Konzentration, → Wettbewerb) innewohne (Walter Eucken).

# Organisation für Europäische Wirtschaftliche Zusammenarbeit

Staatliche Eingriffe werden als notwendig anerkannt; sie müssen ordnungskonform erfolgen (→ Ordnungskonformität). Der O. ist eine der Grundlagen der in Deutschland verwirklichten Konzeption der → Sozialen Marktwirtschaft (→ Wirtschaftsordnung).

## Organ

Da → juristische Personen zwar → Rechtsfähigkeit, aber nicht – wie → natürliche Personen – auch → Geschäftsfähigkeit besitzen und nicht selbst handeln können, muß eine rechtliche Beziehung („Zurechnung") zwischen juristischen Personen und natürlichen Personen hergestellt werden, die dazu führt, daß ein bestimmtes Verhalten als ein Handeln der juristischen Person zu betrachten ist. In solchen Fällen handeln Menschen als O. der juristischen Person, etwa als → Vorstand einer → Aktiengesellschaft (AG). Durch ihr Verhalten begründen sie Rechte und Pflichten für die juristische Person, sowohl durch die Vornahme von → Rechtsgeschäften (soweit sie die Stellung eines → gesetzlichen Vertreters der juristischen Person haben) als auch durch → unerlaubte Handlungen (→ Haftung auf → Schadensersatz).

## Organgesellschaft

Bezeichnung für eine rechtlich selbständige Gesellschaft, die finanziell, wirtschaftlich und organisatorisch so in ein übergeordnetes Unternehmen (→ verbundene Unternehmen) eingegliedert ist, daß sie nur → Organ des übergeordneten Unternehmens (Organträger) ist. Das Vorliegen einer → Organschaft ist bei der → Körperschaftsteuer, bei der → Gewerbesteuer und bei der → Umsatzsteuer (USt) bedeutsam.
(→ Organschaft)

## Organigramm

Im Rahmen der → Aufbauorganisation graphische Darstellung der hierarchischen Verknüpfung der Stellen. Die Verknüpfungen (Verbindungslinien) stellen Weisungswege (Leitsystem) dar, die eine klare Zuordnung der über- und untergeordneten Stellen erkennen lassen.

## Organisation

System betrieblicher Regelungen in der Form von Anweisungen, Bestimmungen, Übereinkommen etc. sowie die aufgrund dieser Regeln und Bestimmungen zweckgerichtete Kombination der am Leistungsprozeß beteiligten Leistungsfaktoren (→ Produktionsfaktoren) zur Erreichung der Unternehmensziele.

*Arten:* → Aufbauorganisation, mit der festgelegt wird, wie die Aufgaben des → Betriebes auf die einzelnen Stellen, Abteilungen, Zweigstellen usw. aufgeteilt werden, und → Ablauforganisation, mit der der Ablauf der betrieblichen Vorgänge zur Aufgabenerledigung sowie das Zusammenwirken der verschiedenen Abteilungen und ihrer Mitarbeiter geregelt wird. Im Zuge der Aufbauorganisation erfolgt die Aufstellung eines Organisationsplanes (→ Organigramm), der i. d. R. in graphischer Form den Aufbau (Struktur des Betriebes) nach Verantwortungsbereichen sowie deren hierarchische Einordnung aufzeigt (Instanzenaufbau).

*Organisationsstrukturen* werden geprägt (1) unter dem Gesichtspunkt der Kompetenzzuweisung (Weisungs- und Entscheidungsbefugnis), wonach zwischen → Linien-Systemen (→ Einlinien-System und → Mehrlinien-System) und → Stab-Linien-System unterschieden wird, oder (2) durch strukturbildende Merkmale, wie z. B. Funktionsorientierung, Produktorientierung, Kundenorientierung oder Regionalorientierung. Wenn ein Unternehmen konsequent nach einem der zuletzt genannten Merkmale strukturiert ist, liegt eine eindimensionale Aufbauorganisation vor (z. B. traditionelle Bankorganisation mit Produktgruppenorientierung, auch als Spartenorganisation bezeichnet). Eine mehrdimensionale Organisationsstruktur liegt vor, wenn zwei oder mehr der genannten strukturbildenden Merkmale für die Aufbauorganisation prägend sind (z. B. moderne Bankorganisation mit einer individuellen Kombination aufbauorganisatorischer Formen, auch als → Matrixorganisation bezeichnet).
(→ Bankorganisation, Strukturmodelle)

## Organisation für Europäische Wirtschaftliche Zusammenarbeit

*Organization for European Economic Cooperation (OEEC)*; 1948 mit der Konvention für europäische wirtschaftliche Zusammenarbeit geschaffene internationale Organisation (Sitz in Paris), die 1960 durch die → Organisation für wirtschaftliche Zusammenarbeit und Entwicklung (OECD) abgelöst wurde. Ziele der OEEC waren die Förderung der Zusammenarbeit der Mitgliedstaaten beim Wiederaufbau Europas, die Mitwirkung an der Verteilung der amerikanischen

1193

**Organisation für wirtschaftliche Zusammenarbeit und Entwicklung**

Wirtschaftshilfe (Europäisches Wiederaufbauprogramm) sowie die Förderung der → Liberalisierung des → Außenhandels und die Wiedereinführung der → Konvertibilität der europäischen → Währungen (→ Internationale Organisationen und Abkommen im Bereich von Währung und Wirtschaft).

### Organisation für wirtschaftliche Zusammenarbeit und Entwicklung

*Organization for Economic Cooperation and Development (OECD)*; 1961 geschaffene Nachfolgeorganisation der → Organisation für Europäische Wirtschaftliche Zusammenarbeit (OEEC) mit unveränderter Organisationsstruktur (Sitz Paris). Der OECD gehören 25 Staaten als Mitglieder an: Belgien, die BRD, Dänemark, Frankreich, Griechenland, Großbritannien, Irland, Italien, Luxemburg, die Niederlande, Portugal, Spanien, Finnland, Norwegen, Österreich, Schweden, die Schweiz, Australien, Island, Japan, Kanada, Neuseeland, Türkei, USA sowie seit 1994 Mexiko. Ziele der OECD sind die Förderung einer optimalen Wirtschaftsentwicklung in den Mitgliedstaaten und die Ausweitung des Welthandels in einem System des → Multilateralismus.

Die OECD befaßt sich mit der Koordination der → Entwicklungshilfe (→ Entwicklungshilfeausschuß der OECD), vor allem aber ist sie als Diskussionsforum der westlichen Industrieländer mit der Untersuchung und informellen Vorabklärung vieler internationaler Fragen befaßt (→ Internationale Organisationen und Abkommen im Bereich von Währung und Wirtschaft).

### Organisationsentwicklung in Kreditinstituten

Organisationsentwicklung (OE) bezweckt die Effizienzverbesserung, die Erhöhung der Flexibilität und der Innovationsbereitschaft sowie die Beseitigung von Störungen und Problemen in der Organisation des → Kreditinstituts. All dies geschieht in der Absicht, das Unternehmensziel (→ Zielkonzeptionen von Kreditinstituten) zu sichern bzw. den Grad der Zielerreichung zu erhöhen.

Der Begriff „Entwicklung" verdeutlicht dabei eine Beteiligung aller Betroffenen. Die Führungsspitze des Kreditinstituts ist zwar notwendigerweise in den Prozeß einbezogen, aber nicht i. S. des herkömmlichen Managements. Sie gibt Anstöße, koordiniert, steuert und arbeitet teilweise selbst an den Konzeptionen aktiv mit. Meinungsbildung und Vorschläge konkreter Maßnahmen erfolgen durch eine breite Mitarbeitermehrheit. Bei der OE gibt es keine radikalen und für die Mitarbeiter überraschenden Umstrukturierungen mit der Gefahr fehlender Akzeptanz.

*Zu unterscheiden* sind drei Bereiche: → Personalentwicklung (Entwicklung der menschlichen Ressourcen in der Organisation), Systementwicklung (Entwicklung der internen Koordination und Zusammenarbeit) und Entwicklung der Umweltbeziehungen (Entwicklung der Außenbeziehungen der Organisation).

*Bedeutung von OE für Kreditinstitute:* Allen drei Bereichen der OE kommt in der Kreditwirtschaft eine Schlüsselfunktion zu. Aufgrund des Fehlens eines Produktionsbereiches, weitgehende Identität der Angebotspalette und allenfalls partiellen Unterschieden im Konditionenbereich entscheidet weitgehend der Faktor Mensch über Erfolg oder Mißerfolg eines Kreditinstituts. Personalentwicklung – als Teil der OE – bedeutet für die Kreditwirtschaft die optimale Ausschöpfung des vorhandenen Mitarbeiterpotentials unter Einsatz effizienter Weiterbildungsmaßnahmen. Die notwendigen Informationen für den optimalen Mitarbeitereinsatz liefert ein zeitgemäßes → Beurteilungswesen. Auch ein ausreichender Potentialnachschub über spezielle Ausbildungsprogramme gehört zur Personalentwicklung.

Der OE-Bereich Systementwicklung zielt auf Zusammenarbeit, kurze Wege, möglichst geringen bürokratischen Aufwand sowie Identifikation mit dem Kreditinstitut (→ Corporate Identity). Das Kreditinstitut darf sich in erster Linie aber nicht mit sich selbst beschäftigen, sondern muß seine Kräfte auf den dritten OE-Bereich, die Entwicklung der Umweltbeziehungen, richten. Nicht nur durch Personalentwicklung sichergestellte hohe Qualität der → Kundenberatung und -bedienung muß vorhanden sein, sondern auch Freundlichkeit, Höflichkeit und Hilfsbereitschaft.

### Organization of Petroleum Exporting Countries (OPEC)

1960 gegründete Organisation der wichtigsten Exportländer von Erdöl (Sitz in Wien). Ziel der OPEC ist die Kontrolle des internationalen Erdölmarktes, insbes. des Erdölpreises, durch Stärkung der Position der OPEC-Länder gegenüber den Verbraucherländern und den multinationalen Ölgesellschaften.

### Organkredite

→ Kredite (→ Kreditbegriff des KWG) an mit dem → Kreditinstitut eng verbundene → natürliche Personen (Personalorgankredite) oder Unternehmen (Unternehmensorgankredite). Sie bedürfen vor der Kreditzusage grundsätzlich eines einstimmigen Beschlusses sämtlicher → Geschäftsleiter und eines mehrheitlichen Beschlusses des Aufsichtsorgans der Bank (§ 15 KWG) und nach der Kreditzusage gemäß § 16 KWG grundsätzlich einer unverzüglichen Anzeige an das → Bundesaufsichtsamt für das Kreditwesen und die → Deutsche Bundesbank (→ Kreditanzeigen nach KWG). Die Beschlußfassungs- und Anzeigepflichten dienen dem Zweck, daß dem Kreditinstitut nahestehende Personen oder Unternehmen ihren Einfluß nicht mißbrauchen, um Kredite (zu Vorzugskonditionen) eingeräumt zu bekommen.

*Arten:* (1) Zu den *Personalorgankrediten* zählen Kredite an → Geschäftsführer, an → Prokuristen bzw. an zum gesamten Geschäftsbetrieb ermächtigte Handlungsbevollmächtigte (→ Handlungsvollmacht), an Mitglieder des Aufsichtsorgans, an die jeweiligen Ehegatten und minderjährigen Kinder der vorgenannten Personen und an stille Gesellschafter der Bank. Ferner zählen zu den Personalorgankrediten Kredite an → persönlich haftende Gesellschafter, an → Geschäftsführer, an Mitglieder des → Vorstandes oder des Aufsichtsorgans, an Prokuristen und an zum gesamten Geschäftsbetrieb ermächtigte Handlungsbevollmächtigte eines von dem Kreditinstitut abhängigen oder es beherrschenden Unternehmens (→ verbundene Unternehmen) sowie an ihre Ehegatten und minderjährigen Kinder.

(2) Bei den *Unternehmensorgankrediten* werden personelle, haftungsmäßige und kapitalmäßige Verflechtungen erfaßt. Eine relevante personelle Unternehmensverflechtung ist gegeben, wenn ein Geschäftsleiter, ein Prokurist oder ein zum gesamten Geschäftsbetrieb ermächtigter Handlungsbevollmächtigter des Kreditinstituts → gesetzlicher Vertreter oder Mitglied des Aufsichtsorgans eines Unternehmens in der Rechtsform einer → juristischen Person oder Gesellschafter einer → Personenhandelsgesellschaft ist; ferner, wenn ein gesetzlicher Vertreter eines Unternehmens in der Rechtsform einer juristischen Person, ein Gesellschafter einer Personenhandelsgesellschaft, ein Prokurist oder ein zum gesamten Geschäftsbetrieb ermächtigter Handlungsbevollmächtigter dieses Unternehmens dem Aufsichtsorgan des Kreditinstituts angehört. Eine relevante haftungsmäßige Unternehmensverflechtung liegt vor, wenn das Kreditinstitut bzw. ein Geschäftsleiter der Bank persönlich haftender Gesellschafter des Unternehmens (OHG, KG, GbR) ist. Von einer relevanten kapitalmäßigen Unternehmensverflechtung wird ausgegangen, wenn das Kreditinstitut bzw. ein Geschäftsleiter der Bank mit mehr als 10% am Kapital eines Unternehmens bzw. wenn ein Unternehmen bzw. ein gesetzlicher Vertreter eines Unternehmens in der Rechtsform einer juristischen Person oder ein Gesellschafter einer Personenhandelsgesellschaft mit mehr als 10% am Kapital des Kreditinstituts beteiligt ist (die für → Beteiligungen erforderliche Absicht des Dauerbesitzes wird jeweils bei mindestens 25% Kapitalanteil unwiderlegbar vermutet).

*Ausnahmen:* Die Beschlußfassungsvorschriften finden keine Anwendung auf Kredite an Prokuristen, zum gesamten Geschäftsbetrieb ermächtigte Handlungsbevollmächtigte (sowie an deren Ehegatten und minderjährige Kinder), sofern der Kredit ein Jahresgehalt nicht übersteigt, auf Kredite an stille Gesellschafter und Unternehmensorgankredite, wenn der Kredit weniger als 1% des → haftenden Eigenkapitals der Kreditinstitute oder weniger als 100.000 DM beträgt oder Kredite, die um nicht mehr als 10% erhöht werden.

Liegen bei Personalorgankrediten (ausgenommen Kredite an stille Gesellschafter) die notwendigen Beschlüsse nicht vor, so ist der Kredit ohne Rücksicht auf entgegenstehende Vereinbarungen sofort zurückzuzahlen. Bei Unternehmensorgankrediten und bei Krediten an stille Gesellschafter hat § 15 Abs. 5 KWG hinsichtlich der Bestandskraft des → Kreditvertrages dem Rechtsgedanken des Vertrauensschutzes den Vorzug gegeben. Für sie gilt zudem ein engerer Kreditbegriff (§ 20 Abs. 2, ab 1996: § 21 Abs. 3 KWG).

*Anzeigepflicht:* Eine bankaufsichtliche Anzeigepflicht besteht für Personalorgan-

**Organschaft**

kredite, wenn sie 250.000 DM überschreiten, und für Unternehmensorgankredite, wenn der Kredit 5% des haftenden Eigenkapitals des Kreditinstituts übersteigt und mehr als 250.000 DM beträgt.

Auf Verlangen des BAK haben die Kreditinstitute ihm und der Bundesbank alle fünf Jahre eine Sammelaufstellung der anzeigepflichtigen O. einzureichen, damit sich die → Bankenaufsicht ein Bild über deren Stand machen kann.

**Organschaft**

Bezeichnung für ein Unterordnungsverhältnis zwischen Unternehmen, wobei ein oder mehrere rechtlich selbständige → Kapitalgesellschaften (→ Organgesellschaften) in ein übergeordnetes Unternehmen (→ Organträger) eingegliedert sind. Das Vorliegen einer O. hat Bedeutung bei der → Körperschaftsteuer, der → Gewerbesteuer, der → Umsatzsteuer (USt), nicht aber bei der → Vermögensteuer. Steuerrechtlich wird von dem Vorliegen einer O. ausgegangen, wenn nach dem Gesamtbild der tatsächlichen Verhältnisse die Organgesellschaft finanziell, wirtschaftlich und organisatorisch in das Unternehmen des Organträgers eingegliedert ist. Voraussetzung der finanziellen Eingliederung ist, daß der Organträger unmittelbar oder mittelbar mehrheitlich, d. h. zu mehr als 50%, an der Organgesellschaft beteiligt ist. Eine wirtschaftliche Eingliederung liegt vor, wenn die Organgesellschaft nach dem Willen des Organträgers im Rahmen des Gesamtunternehmens, und zwar in engem wirtschaftlichem Zusammenhang mit diesem, es fördernd und ergänzend, wirtschaftlich tätig ist. Die organisatorische Eingliederung ist vor, wenn der Organträger durch organisatorische Maßnahmen sicherstellt, daß in der Organgesellschaft sein Wille auch tatsächlich ausgeführt wird, z. B. durch Personalunion in der → Geschäftsführung.

*O. im Körperschaftsteuerrecht (§§ 14 ff. KStG):* Organgesellschaft kann eine inländische Kapitalgesellschaft sein, Organträger eine → natürliche Person, eine → Personengesellschaft, → Körperschaft, → Personenvereinigung oder Vermögensmasse. Verpflichtet sich eine inländische AG oder eine inländische KGaA (Organgesellschaft) durch einen → Gewinnabführungsvertrag, ihren → Gewinn an ein anderes inländisches gewerbliches Unternehmen abzuführen, so ist das → Einkommen der Organgesellschaft dem Organträger zuzurechnen, wenn folgende Voraussetzungen erfüllt sind: (1) Finanzielle Eingliederung, (2) wirtschaftliche und organisatorische Eingliederung (die organisatorische Eingliederung ist stets gegeben, wenn die Organgesellschaft durch einen → Beherrschungsvertrag die Leitung ihres Unternehmens dem Organträger unterstellt oder wenn die Organgesellschaft eine → eingegliederte Gesellschaft ist), (3) Abschluß und Durchführung des Gewinnabführungsvertrages für mindestens fünf Jahre, (4) Einstellung von Beträgen aus dem → Jahresüberschuß in → freie Rücklagen nur insoweit, als dies bei vernünftiger kaufmännischer Beurteilung wirtschaftlich begründet ist (§ 14 KStG). Für eine GmbH als Organgesellschaft gilt dies entsprechend; weiterhin verlangt § 17 KStG Gewinnabführung und Verlustübernahme gem. §§ 301, 302 AktG.

Die Organgesellschaft hat ihr Einkommen nach den körperschaftsteuerlichen Vorschriften zu ermitteln; es ist aber nicht bei ihr zu versteuern, sondern dem Organträger zuzurechnen. Ausnahmen (gem. § 16 KStG) sind zu beachten für einen → Verlustausgleich und für ein u. U. bestehendes → internationales Schachtelprivileg.

*O. im Gewerbesteuerrecht (§ 2 Abs. 2 Satz 2 u. 3 GewStG):* Hinsichtlich der Voraussetzungen verweist § 2 Abs. 2 Satz 2 GewStb auf § 14 Nr. 1 und 2 KStG. Organgesellschaft muß eine Kapitalgesellschaft sein, Organträger kann jedes inländische gewerbliche Unternehmen sein. Die Organgesellschaft wird gewerbesteuerrechtlich als → Betriebsstätte des Organträgers angesehen. Dennoch sind Gewerbeertrag und Gewerbekapital für Organträger und Organgesellschaft getrennt zu ermitteln und danach zusammenzurechnen. Durch die Zusammenveranlagung wird eine doppelte Besteuerung von Organträger und Organgesellschaft vermieden. Durch die Erfassung aller Gewerbeerträge und Gewerbeverluste beim Organträger kommt es zu einem sofortigen Verlustausgleich.

*O. im Umsatzsteuerrecht (§ 2 Abs. 2 Nr. 2 UStG):* Nach § 2 Abs. 2 Nr. 2 UStG wird eine selbständige gewerbliche oder berufliche, also eine unternehmerische Tätigkeit nicht ausgeübt, wenn O. vorliegt. Organgesellschaft muß eine → juristische Person sein. I. d. R. ist es eine Kapitalgesellschaft. Organträger kann jeder Unternehmer sein. Die untergeordneten juristischen Personen (Organgesellschaften, →Tochtergesellschaften) werden umsatzsteuerrechtlich ähnlich wie Angestellte des übergeordneten Unternehmens (Organträger, Muttergesellschaft) als unselbständig angesehen. →Steuerschuldner ist allein der Organträger. Er hat Voranmeldungen und Jahressteuererklärungen abzugeben. Die Umsätze zwischen Organgesellschaft und Organträger sind als Innenumsätze nicht steuerbar i. S. v. § 1 UStG.

### Organschaftserklärung
→Ersatzsicherheit im Kreditgeschäft, mit der im Bereich eines →Konzerns bei Vorliegen eines →Unternehmensvertrages i. S. d. Aktienrechts die Muttergesellschaft die Kenntnisnahme darüber erklärt, daß das →Tochterunternehmen den Verlustausgleichsanspruch als Sicherheit abgetreten hat. Gemäß § 293 AktG bedürfen Gewinn- und Verlustübernahme-Verträge der Zustimmung der →Hauptversammlung, erst danach sind sie wirksam. Parallel dazu erklärt das Tochterunternehmen, daß es die Verlustausgleichsansprüche aus dem Unternehmensvertrag gegenüber der Muttergesellschaft sicherungsweise abtritt. Grundlage für O. sind also stets Unternehmensverträge, die sowohl mit →Aktiengesellschaften als auch mit →Gesellschaften mit beschränkter Haftung als Untergesellschaften (Tochterunternehmen) geschlossen werden können. Eine O. auf der Grundlage eines Unternehmensvertrages stellt keine bankmäßige →Kreditsicherheit dar. Es entbindet das →Kreditinstitut nicht von seiner nach § 18 KWG bestehenden Pflicht, die →Offenlegung der wirtschaftlichen Verhältnisse des Kreditnehmers und der Obergesellschaft zu verlangen.

### Organträger
Bezeichnung für ein Unternehmen, in das ein anderes, rechtlich selbständiges Unternehmen (→Organgesellschaft) nach dem Gesamtbild der tatsächlichen Verhältnisse finanziell, wirtschaftlich und organisatorisch eingegliedert ist.
(→Organschaft)

### Originäre Instrumente, →Basiswert (Underlying), →derivative (Finanz-)Instrumente.

### OSE
Abk. für Osaka Securities Exchange; →Options- und Terminbörsen an den internationalen Finanzplätzen.

### Osteuropabank, →European Bank for Reconstruction and Development (EBRD).

### Osteuropäische Entwicklungsbank, →European Bank for Reconstruction and Development (EBRD).

### Oszillator
→Technische Studie, die auf zwei einfachen →gleitenden Durchschnitten basiert. Gleitende Durchschnitte zeigen einen bereits vollzogenen Trendwechsel an. Dies hat den Nachteil, daß man immer zu spät reagiert, da der vorangegangene Trend bereits gebrochen ist. Eine optimale Strategie könnte nun vorsehen, den Höchstpunkt (Tiefpunkt) eines Aufwärtstrends (Abwärtstrends) zu erreichen, bevor die Kurse zu fallen (steigen) beginnen. Diese Idee versucht man, mit einer O.-Studie zu realisieren. Eine O.-Studie kann als eine verfeinerte Studie der gleitenden Durchschnitte angesehen werden. Gleitende Durchschnitte haben die Eigenschaft, daß der Abstand am größten ist, wenn ein Trendwechsel vollzogen ist. Mit einem O. wird der Abstand zweier gleitender Durchschnitte gemessen, d. h. ein O. stellt die absolute Differenz zwischen zwei gleitenden Durchschnitten dar. Zur Berechnung eines O. werden ein schneller und langsamer gleitender Durchschnitt verwendet:

$$O_t = glD_{t,\,schnell} - glD_{t,\,langsam}$$

wobei: $O_t$ = Aktueller Wert des Oszillators zum Zeitpunkt t
$glD_{t,\,schnell}$ = Aktueller Wert des schnellen gleitenden Durchschnittes zum Zeitpunkt t
$glD_{t,\,langsam}$ = Aktueller Wert des langsamen gleitenden Durchschnittes zum Zeitpunkt t

Der Begriff „Oszillator" wurde aus der Eigenschaft abgeleitet, daß die Werte des O. um eine Null-Linie schwanken, d. h. oszillieren. Im Gegensatz zu gleitenden Durchschnitten können nun nicht nur Kauf- und Verkaufsignale erkannt werden, sondern auch Signale zum Glattstellen einer Long bzw. Short Position. Signale zum Glattstellen einer Position können aus den Extrempunkten des O. abgeleitet werden. Diese zeigen dem technischen Analysten an, daß die beiden verwendeten gleitenden Durchschnitte sehr weit voneinander entfernt sind und somit eine Möglichkeit zum Glattstellen einer offenen Position gegeben ist.

Die folgenden *Handelssignale* können aus einer O.-Studie abgeleitet werden. Sie ergeben sich aus der Kombination der Signale von gleitenden Durchschnitten und dem O. aus diesen beiden Durchschnitten.

(1) *Signal zum Eingehen einer Long Position*: Ein Signal zum Eingehen einer Long Position wird dann angezeigt, wenn der schnelle gleitende Durchschnitt den langsamen von unten nach oben schneidet. Der O. schneidet hierbei gleichzeitig die Null-Linie von unten nach oben, d. h. er geht vom negativen in den positiven Bereich über. Die Long Position wird dagegen glattgestellt, wenn der O. einen oberen Extremwert erreicht und wieder in Richtung der Null-Linie dreht.

(2) *Signal zum Eingehen einer Short Position*: Ein Signal zum Eingehen einer Short Position wird dagegen dann angezeigt, wenn der schnelle gleitende Durchschnitt den langsamen von oben nach unten schneidet. Der O. schneidet hierbei gleichzeitig die Null-Linie von oben nach unten, d. h., er geht vom positiven in den negativen Bereich über. Die Short Position wird dann glattgestellt, wenn der O. einen unteren Extremwert erreicht und wieder in Richtung der Null-Linie dreht.

Die Analyse von O. ist mit einem Nachteil verbunden. Die oberen und unteren Extrempunkte müssen vom Analysten jeweils aus der Historie abgeleitet werden. Mit anderen Worten: Er muß erkennen, welche Extrempunkte nur vorübergehender Natur sind bzw. welche tatsächliche Extrempunkte sind. O. werden nicht nur bei einer reinen O.-Studie errechnet, sondern auch bei anderen Studien (z. B. → MACD/Signal-Studie).

### O/T

Abk. für „over the turn", d. h. für → Ultimogeld im internationalen → Geldhandel.

### OTC-Instrumente

Bezeichnung für außerbörslich gehandelte Finanzinstrumente. Der Begriff steht für → Optionen und → Optionsscheine auf → Aktien, → Aktienindices, → Anleihen, → Devisen und → Zinstitel sowie für Zinsbegrenzungsvereinbarungen (z. B. → Caps, → Floors) und innovative Finanzkonstruktionen (→ Finanzinnovationen), die entweder von → Banken und → Brokern Investoren angeboten oder unter → Kreditinstituten gehandelt werden. Abschlüsse erfolgen außerbörslich im Over-the-Counter-Geschäft, also ohne die Einschaltung einer → Terminbörse bzw. → Clearing-Stelle. Der Vorteil der OTC-I. gegenüber ihren börsengehandelten Pendants (→ Aktienoption, Aktienindex-Future/-Option, Devisen-Future/Devisenoption, Zins-Future/-Option) liegt in der Möglichkeit, sie hinsichtlich → Laufzeit und Betrag individuell auszugestalten. Dagegen ist mit ihnen im Vergleich zu den an Terminbörsen gehandelten Produkten ein höheres Risiko verbunden, da keine von einem großen Bankenkreis getragene Clearing-Stelle zwischengeschaltet ist. Zudem besitzen OTC-I. zwangsläufig nicht die schnelle Handelbarkeit, die standardisierte und börsennotierte → Kontrakte auszeichnet.
(→ FLEX-Options, → ET-Instruments)

**OTC-Markt**, → Over-the-Counter-Markt.

### OTC-Optionen

→ Optionen, die am → Over-the-Counter-Markt gehandelt werden. Unter dem außerbörslichen Optionsgeschäft (Over-the-Counter-Geschäft) ist in erster Linie der Verkauf von Optionen durch Banken und Broker an große → Firmenkunden und institutionelle Anleger zu verstehen, die diese Optionen zur Absicherung von → Zinsänderungsrisiken und → Währungsrisiken erwerben. Gegenüber den börsengehandelten Optionen haben die OTC-O. den Vorteil, daß sie im Hinblick auf Betrag und → Laufzeit auf die speziellen Wünsche der Kunden zugeschnitten werden können. Der Abschluß des Optionsgeschäftes basiert somit nicht auf einem standardisierten → Kontrakt. Die individuelle Vertragsgestaltung hat andererseits den Nachteil, daß ein vorzeitiges → Glattstellen der Optionsposition (→ Position) durch ein Gegengeschäft nicht möglich ist. Der Käufer kann den Vertrag nur mit Zustimmung seines Vertragspartners auflösen.
(→ FLEX-Options, → ET-Instruments)

### OTN

Abk. für Order to Negotiate (→ Negoziierungskredit).

### ÖTOB

Abk. für Österreichische Termin- und Optionenbörse; → Options- und Terminbörsen an den internationalen Finanzplätzen.

## Out Options – Down-and-out Call

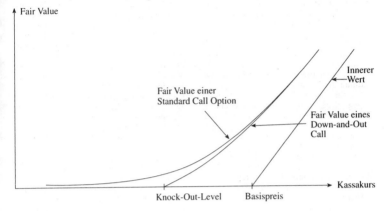

### Out-of-the-Money
*Aus dem Geld*; Verhältnis zwischen dem → Basispreis einer → Option oder eines → Optionsscheines (Warrant) und dem Kurs des → Basiswertes. Bei Out-of-the-Money Calls liegt der Kurs des Basiswertes unter und bei Out-of-the-Money Puts über dem Basispreis.
(→ At-the-Money, → In-the-Money)

### Out Options
Synonym für Knock-Out-Optionen (→ Barrier Optionen), die wertlos verfallen, wenn der → Basiswert das → Knock-Out-Level erreicht. O. O. sind z. B. Down-and-Out Calls bzw. Up-and-Out Puts. Da O. O. bereits vor → Fälligkeit wertlos verfallen können, wenn das Knock-Out-Level erreicht wird, sind O.O. billiger als → europäische Optionen. Die obenstehende Abbildung zeigt den → Fair Value eines Down-and-Out Calls bzw. normalen → Calls in Abhängigkeit vom Kurs des Basiswertes. O.O. sind eine Variante → exotischer Optionen.
(→ Path-Dependent Optionen, → exotische Optionsscheine)

### Outperformance Option
→ Exotische Option, die dem Anleger das Recht gewährt, die Differenz in der → Wertentwicklung zwischen zwei → Basiswerten bei → Fälligkeit der Option zu erhalten. Die Basiswerte können beispielsweise → Aktien bzw. → Aktienindices, → Devisen, → Commodities, → festverzinsliche (Wert-)Papiere oder eine beliebige Kombination zwischen diesen Finanzinstrumenten sein. Bond over Stock Optionen (BOS) orientieren sich an der besseren Wertentwicklung von festverzinslichen Papieren bzw. → Rentenindices gegenüber einer Aktie bzw. Aktienindex. O. O. können auch auf zwei Aktienindices, beispielsweise DAX versus FT-SE 100 abgeschlossen werden. Die Ausgleichszahlung (→ Cash Settlement) bei → Fälligkeit einer O. O. wird um so höher, je größer der → Spread in der Wertentwicklung der beiden Basiswerte wird. Die Ausgleichszahlung kann größer als die Wertentwicklung des besser performenden Basiswertes sein, wenn der schlechter performende Basiswert fällt.

Der Inhaber erhält keine Ausgleichszahlung, wenn der vom Anleger erwartete besser performende Basiswert eine geringere Wertentwicklung hat als der vom Anleger erwartete schlechter performende Basiswert.

Eine O. O. ist eine → kombinierte Optionsstrategie, bei der sowohl eine → Long Position in einem → Call auf den besser performenden Basiswert (z. B. FT-SE 100) als auch eine Long Position in einem → Put auf den schlechter performenden Basiswert (z. B. DAX) eingegangen wird. Im Vergleich zu einer Grundposition in einer Option hat der Anleger sowohl eine positive Erwartung für den FT-SE 100 als auch eine negative Erwartung für den DAX. Die Ausgleichszahlung einer O. O. entspricht in diesem Sze-

## Outright

nario exakt der einer Kombinationsstrategie mit einem Call auf den FT-SE 100 bzw. Put auf den DAX. Performt der DAX besser als der FT-SE 100, erhält der Inhaber der O. O. im Vergleich zur Call-Put-Position keine Ausgleichszahlung. Die →Optionsprämie ist für eine O. O. geringer als die Gesamtprämie für die Call- bzw. Putoption. O. O. sind →Correlation Products, da bei der Ermittlung des →Fair Values die →Korrelation der Basiswerte berücksichtigt wird. Im Gegensatz zu →Alternative Options sind O. O. für Anleger interessant, die erwarten, daß ein Basiswert eine positive und der andere eine negative Wertentwicklung haben wird. Der Käufer einer O. O. muß die Entscheidung, welcher Basiswert die bessere Wertentwicklung erzielen wird, vor dem Kauf der Option treffen, während der Käufer einer Alternative Option diese Entscheidung nicht treffen muß.

## Outright

Eingehen einer →Position am →Kassamarkt oder →Terminmarkt, ohne daß ein entgegengesetztes Geschäft abgeschlossen wird. Eine O.-Position wird beispielsweise eingegangen, wenn eine →Long Position bzw. →Short Position in einem →Future eröffnet wird, ohne daß gleichzeitig eine Short Position bzw. Long Position am Kassamarkt abgeschlossen wird. Eine O.-Position in →Zinsfutures oder Kassazinsinstrumenten unterliegt immer dem →zinsinduzierten Kursrisiko.
(→Devisengeschäft, →Devisenhandel)

## Outsourcing

(Wortbildung aus „Outside" und „Resourcing"). Ausgliederung von bestimmten Unternehmensaktivitäten, z.B. Datenverarbeitung, in der Erwartung, daß diese Leistungen außerhalb des eigenen Unternehmens kostengünstiger erstellt werden, und in der Absicht, die betriebliche Organisationsstruktur zu straffen (→Lean Banking).

## Outstrike, →Knock-out-Level.

## Overbought

Synonym für →überkaufter Markt.
*Gegensatz:* Oversold (→überverkaufter Markt).
(→Overbought-/Oversold-Systeme, →technische Studie)

## Overbought-/Oversold-Systeme

→Indikatoren der →technischen Analyse für einen →überkauften Markt oder einen →überverkauften Markt, d. h. sie messen die Verfassung des Marktes. Das Ende eines Trends geht in der Regel mit einer deutlichen Abschwächung der Marktdynamik einher. Im Gegensatz zu O.-/O.-S. versuchen Trendfolgesysteme (z. B. →Gleitende Durchschnitte, Oszillatoren, Commodity Channel Index) einen Trend möglichst frühzeitig zu identifizieren. O.-/O.-S. liefern Exitlong- bzw. Exitshort-Signale, d. h. Signale, die zum Glattstellen einer Position (→Glattstellung) herangezogen werden.

## Overhead-Kosten

→Betriebskosten im Bankbetrieb (→Gemeinkosten), die dem Bereich der Geschäftsleitung zuzuordnen sind und daher keinem einzelnen →Kostenträger (→Bankleistung oder Gruppe von Bankleistungen) zugerechnet werden können.

## Overnight-Money

→Tagesgeld am →Geldmarkt, insbes. am →Euro-Geldmarkt, das (bei gleichtägiger Valutierung) am Tag nach dem Abschluß zuzüglich der →Zinsen zurückgezahlt wird. Es ist Geld von heute auf morgen.

## Overnight Order

Kauf- oder Verkaufs-Order an eine →Bank, um eine offene →Devisenposition über Nacht in den anderen Zeitzonen zu managen oder eine neue Position einzugehen. Neben dem laufenden Telefonhandel zu aktuellen Kursen gibt es die Möglichkeit, bei der Bank feste Kauf- oder Verkaufsorders bei Erreichen eines bestimmten Kurses zu plazieren. Dies entbindet den Kunden einerseits davon, die aktuelle Kursentwicklung ständig selbst zu verfolgen und gibt ihm andererseits die Gelegenheit, seine Geschäfte über Nacht auf den anderen Märkten auszuführen, wenn dort das gewünschte Kursniveau erreicht wird. In diesem Fall hat der Kunde der Bank mitzuteilen, welchen Betrag in welcher →Währung er bei welchem Kurs kaufen bzw. verkaufen möchte und von wann bis wann die Order gilt. Dieses Verfahren wird häufig angewandt, wenn sich Kunden ein bestimmtes Kursziel für die Ausführung einer Transaktion vorgeben.
Liegt der Order eine sogenannte →„offene Position" zugrunde, unterscheidet man zwischen „Stop Loss" und „Take Profit" Orders.

## Overnightposition
→ Devisenposition (Währungsposition), die über Nacht, also mindestens bis zum nächsten Geschäftstag, gehalten wird.

## Overshooting
Entwicklung eines → Devisenkurses weit über das Niveau hinaus, bei dem die → Leistungsbilanz des betreffenden Landes ausgeglichen ist. O. trat insbes. beim US-Dollarkurs seit dessen Kursfreigabe im März 1973 (→ Floating) in Erscheinung.

## Oversold
Synonym für → überverkaufter Markt.
*Gegensatz:* Overbought (→ überkaufter Markt).
(→ Overbought-/Oversold-Systeme, → technische Studie)

## Over-the-Counter-Interest-Rate-Future,
→ Forward Rate Agreement.

## Over-the-Counter-Markt
*OTC-Markt.* Markt für den außerbörslichen Handel mit → Finanztiteln, einerseits zwischen → Banken, → Brokern und → Wertpapierhäusern (→ Interbankenhandel), andererseits auch zwischen diesen → Finanzinstituten und Investoren. In den USA werden alle nicht zum offiziellen Börsenhandel zugelassenen → Wertpapiere am OTC-Markt gehandelt. Die von der → Securities and Exchange Commission überwachten Wertpapier-Gesetze haben für diesen Markt Geltung.
Auch am → Euro-Kapitalmarkt werden die → Euro-Anleihen (Euro-Bonds) auf dem OTC-Markt gehandelt. Der Markt weist keine bestimmte Lokalisierung und keine engen Handelszeiten auf; er vollzieht sich als internationaler → Freiverkehr per Telekommunikation. Von der AIBD wurde ein Reglement für den Handel mit Euro-Bonds geschaffen. Die Händler handeln entweder als Retailer die Effektenaufträge durch, oder sie agieren als Principals, d. h. sie kaufen und verkaufen im eigenen Namen und auf eigene Rechnung. Dabei konzentrieren sich die Umsätze (i. d. R. großvolumig) bei wenigen Marktführern (→ Market Maker), die eigene Wertpapiere halten, für die sie Kauf- und Verkaufspreise bekanntgeben.
*Gegensatz:* → Terminbörsen als Märkte für standardisierte → Kontrakte (→ OTC-Instrumente, → ET-Instrumente).

## Over-the-Counter-Option, → Devisenoption.

## Over the turn
Bezeichnung im internationalen → Geldhandel für → Ultimogeld.

# P

**p.a.**
Abk. für → pro anno.

**Paasche-Index**
Indexzahl, bei der die Gewichte $g_i$ die (hypothetischen) relativen Wertgrößen (Umsätze) sind, die durch Multiplikation von aktuellen Mengen mit Preisen der Basiszeit (→ Preisindex) bzw. von aktuellen Preisen mit Mengen der Basiszeit (Mengenindex) zustandekommen.

*Wichtigste Beispiele:* (1) *P.-Preisindex:*

$$P_{0,1}^P = \sum \frac{p_1^i}{p_0^i} \cdot g_i$$

$$= \sum \frac{p_1^i}{p_0^i} \cdot \frac{p_0^i q_1^i}{\sum p_0^i q_1^i}$$

$$= \frac{\sum p_1^i q_1^i}{\sum p_0^i q_1^i}$$

(2) *P.-Mengenindex:*

$$P_{0,1}^Q = \sum \frac{q_1^i}{q_0^i} \cdot g_i$$

$$= \sum \frac{q_1^i}{q_0^i} \cdot \frac{q_0^i q_1^i}{\sum q_0^i p_1^i}$$

$$= \frac{\sum q_1^i p_1^i}{\sum q_0^i p_1^i}$$

Dabei ist 1 die Berichtsperiode, 0 die Basisperiode, $p^i$ sind die Preise und $q^i$ die Mengen der Güter i. Problematisch ist, daß die Gewichte mit jeder Berichtsperiode neu ermittelt werden müssen. Deshalb wird in der amtlichen Statistik der → Laspeyres-Index bevorzugt.

**Pacht**
Gegenseitiger → Vertrag, durch den der Verpächter sich verpflichtet, dem Pächter den Gebrauch einer → Sache und den Genuß der Früchte (→ Nutzungen) zu überlassen (§§ 581 ff. BGB). Der Pachtvertrag ist ein → Dauerschuldverhältnis (→ Schuldverhältnis). Von der → Miete unterscheidet sich die P. dadurch, daß dem Pächter auch der Fruchtgenuß gewährt wird. Gemäß § 581 Abs. 2 BGB finden aber auf die P. die Bestimmungen über Miete weithin entsprechend Anwendung. Sonderregeln betreffen die Kündigungsfrist (§ 584) und die Kündigungsmodalitäten (§ 584a BGB) sowie die Erhaltung der Inventarstücke (§§ 582, 582a). Der Verpächter hat (wie der Vermieter) für seine → Forderungen aus dem Pachtverhältnis ein → gesetzliches Pfandrecht an den eingebrachten Sachen des Pächters (→ Verpächterpfandrecht). Auch dem Pächter eines → Grundstücks steht für die Forderungen gegen den Verpächter, die sich auf das mitgepachtete → Inventar beziehen, ein Pfandrecht an den in seinen → Besitz gelangten Inventarstücken zu (§ 583 BGB). Spezielle Vorschriften (§§ 585 ff. BGB) gelten für die Landpacht, bei der ein Grundstück mit den seiner Bewirtschaftung dienenden Wohn- oder Wirtschaftsgebäuden oder auch ohne diese überwiegend zur Landwirtschaft verpachtet wird.

**Pächterpfandrecht**
→ Gesetzliches Pfandrecht des Pächters eines gewerblich oder landwirtschaftlich genutzten → Grundstücks nach §§ 583, 585 Abs. 2 BGB an den in seinen → Besitz gelangten Inventarstücken für seine → Forderungen gegen den Verpächter, die sich auf das mitgepachtete → Inventar (§§ 582, 582a, 585 Abs. 2 BGB) beziehen und zwar unabhängig davon, ob diese → Sachen dem Verpächter gehören oder nicht. Das Pfandrecht erstreckt sich auch auf Sachen, die der Verpächter einer Bank zur Sicherheit übereignet hat (→ Sicherungsübereignung).

## Packaged Asset Swap

### Packaged Asset Swap
*Asset Swap, Synthetic Security*; Variante eines → Asset Swaps. Die Bezeichnung Synthetic Security ist verwirrend, da sowohl das Ergebnis eines P. A. S., d. h. das → synthetische Asset, als auch diese spezielle Form eines Asset Swaps als Synthetic Security bezeichnet wird. P. A. S. umgehen die Nachteile, die mit → Investor Asset Swaps verbunden sind. Im Gegensatz zum Investor Asset Swap übernimmt bei P. A. S. ein → Intermediary alle Aktivitäten, die notwendig sind, um das synthetische Asset herstellen zu können. Das → Asset wird im Bestand des Intermediary gehalten. Der Investor hält dagegen in seinem Bestand nur das synthetische Asset.

*Vorteile*: (1) Investor erhält nur → Cashflows aus dem synthetischen Asset. (2) Der Anleger hat nur das → Counterpart Risiko des Intermediary. (3) Höhere → Liquidität, da der Investor nur das synthetische Asset hält, das an den Intermediary zurückgegeben werden kann.

### Packing Credit
*Anticipatory Credit*; → Dokumentenakkreditiv, bei dem (vor allem im Rohstoffgeschäft mit Ländern des Fernen Ostens) ein → Kreditinstitut im Land des Verkäufers aufgrund einer besonderen Klausel im → Akkreditiv berechtigt, aber nicht verpflichtet ist, dem Akkreditivbegünstigten unter → Haftung der eröffnenden → Bank einen Vorschuß zur Verpackung und zum Versand der → Ware zu gewähren. Die Klausel im Akkreditiv kann als Red Clause oder → Green Clause vorkommen. Beide Klauseln stehen nicht notwendig in der Form zueinander im Gegensatz, daß die Red Clause einen dinglich gesicherten P. C. bezeichnet, die Green Clause dagegen einen P. C., der ohne dingliche Sicherung gegen die bloße schriftliche Verpflichtungserklärung des Verkäufers gegeben wird, umgehend den Versand der Ware vorzunehmen und der Bank die akkreditivgemäßen Dokumente einzureichen.

### Paket
Größerer Nominalbetrag von → Aktien einer Gesellschaft, der sich in einer Hand befindet (→ Aktienpaket). Abschlag oder Zuschlag beim → Kauf bzw. Verkauf eines Aktienpakets werden als Paketabschlag oder Paketzuschlag bezeichnet. Ein Paketzuschlag kann auch gemäß § 11 Abs. 3 BewG für die → Vermögensteuer anzusetzen sein: Ist der gemeine Wert (§ 9 Abs. 2 BewG) einer Anzahl von Anteilen an einer → Kapitalgesellschaft, die einer Person gehören, infolge besonderer Umstände (z. B. weil die Höhe der → Beteiligung die Beherrschung der Kapitalgesellschaft ermöglicht) höher als der Wert, der sich auf Grund der Kurswerte (§§ 11 Abs. 1, 113 BewG) oder der gemeinen Werte für die einzelnen Anteile insgesamt ergibt, so ist der gemeine Wert (§ 9 Abs. 2 BewG) der Beteiligung maßgebend.

### Pakethandel
Handel mit → Aktienpaketen, zumeist außerhalb der → Börsen.

### Paketzuschlag, → Paket.

### Papiergeld, → Papierwährung.

### Papierwährung
→ Währung, bei der → Banknoten (Papiergeld) → gesetzliches Zahlungsmittel sind. Die daneben umlaufenden → Scheidemünzen haben nur im begrenzten Maße Zahlungsmittelfunktion. Neben Papiergeld ist → Giralgeld getreten, ohne daß Giralgeld zum gesetzlichen Zahlungsmittel geworden ist.
Im Gegensatz zur → Goldwährung kann die → Zentralnotenbank, unabhängig von der Knappheit des Währungsmetalls, ihre → Geldpolitik ausschließlich nach gesamtwirtschaftlichen Zielsetzungen ausrichten, wie z. B. die → Deutsche Bundesbank, die die → Geldmenge unter dem Gesichtspunkt der → Geldwertstabilität steuert. Moderne Geldwirtschaften kennen keine Deckungsverpflichtungen. Ihren Zentralnotenbanken „kommt die Aufgabe zu, eigenverantwortlich Maßstäbe und Steuerungsverfahren zu entwickeln, mit deren Hilfe das Wachstum der Geldbestände richtig dosiert und wirksam beschränkt werden kann" (Deutsche Bundesbank, Sonderdruck Nr. 7, 1993, S. 13). Die P. wird daher als eine freie, manipulierbare Währung bezeichnet.

### Parafisci
(Teilweise) autonome → Körperschaften, die öffentliche Aufgaben wahrnehmen und aufgrund eigener Finanzquellen eine gewisse Unabhängigkeit von den → öffentlichen Haushalten aufweisen. Ihres finanziel-

len Gewichts bzw. ihrer Aufgabenstellung wegen müssen sie bei der Betrachtung von Staatstätigkeit und → Finanzpolitik oft einbezogen werden, z. B. → Sondervermögen und Sozialversicherungsträger bei der Verteilungsaufgabe und Stabilisierungsaufgabe des Staates. Da ihre Ausprägungen historisch begründet sind, sind sie nur schwierig abzugrenzen und einzuordnen. Beispiele – neben Sonderfonds und Sozialversicherung – sind etwa Industrie- und Handelskammern, Landwirtschaftskammern und Kirchen.

### Parallelanleihe

Internationale → Anleihe, die mit möglichst gleicher Ausstattung an den → Kapitalmärkten verschiedener Länder in der jeweiligen Landeswährung plaziert wird. Bei gleichem → Nominalzins wird das Zinsgefälle zwischen den Ländern durch den Ausgabepreis bzw. die → Laufzeit ausgeglichen.

### Parallelfonds

→ Investmentfonds, dessen Portefeuille Anteile eines anderen Investmentfonds enthält (→ Dachfonds). Aus steuerlichen Gründen haben P. ihren Sitz i. d. R. in „exotischen Ländern" (→ Offshore Fund). In Deutschland sind P. wegen der geringeren Übersichtlichkeit der Vermögensanlagen und der Mehrfachkosten nicht zulässig. Auch der öffentliche Vertrieb ist nicht statthaft.

### Parallel Loan

Vorgängerprodukt von → Back-to-Back-Krediten und → Währungsswaps.

P. L. wurden entwickelt, um Kapitalverkehrsbeschränkungen der Bank of England zu umgehen, die erst im Jahre 1979 wieder abgeschafft wurden. Ziel der Restriktion war, die → Investitionen britischer Staatsbürger im Ausland zu unterbinden. So konnten benötigte Fremdwährungen (i. d. R. Dollars) nur gegen einen Aufschlag auf den normalen → Wechselkurs erworben werden. Beim Rücktausch wurde darüber hinaus ein Abschlag fällig. Um Kapitalverkehrsrestriktionen zu umgehen, vereinbaren zwei Unternehmen, deren Hauptsitze in unterschiedlichen Ländern liegen (z. B. USA und Deutschland) und die eine → Tochtergesellschaft im Land des Partners haben, den benötigten Betrag in der jeweiligen Landeswährung der Tochtergesellschaft des Partners zu leihen. Das deutsche Unternehmen kann somit seiner Tochtergesellschaft in den USA die benötigten Dollarmittel zur Verfügung stellen, ohne daß ein grenzüberschreitender Kapitalverkehr notwendig würde. Mit P. L. konnten die Kapitalverkehrsbeschränkungen umgangen werden. Ein weiterer Vorteil in dieser Konstruktion ist darin zu sehen, daß beide Unternehmen Zugang zum → Kapitalmarkt in einer ausländischen → Währung erhalten, der auf direktem Wege verwehrt (Kapitalverkehrsbeschränkung) oder wegen des geringeren Standing eines ausländischen Unternehmens verteuert würde.

*Grundstruktur*: vgl. Abbildung unten.

*Probleme*: (1) → *Kreditrisiko*: Bei einem P.L. handelt es sich rechtlich um mindestens zwei getrennte Vereinbarungen, die jeweils die Beziehungen zwischen der Mutter und der Tochter der ausländischen Mutter regelt. Wird eine der beiden Töchter zahlungsunfähig, kann aufgrund der unterschiedlichen Rechtsprechung nicht automatisch die andere Tochter die Zahlungen einstellen. Zwar wird oftmals eine Klausel in die → Verträge aufgenommen, die die Gegenpartei berech-

**Parallel Loan – Grundstruktur**

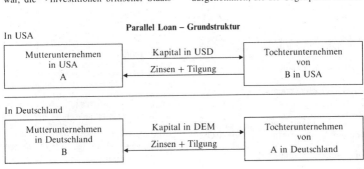

1205

tigt, im Falle der →Zahlungsunfähigkeit die Zahlungen ebenfalls einzustellen, trotzdem ist eine genaue Prüfung der jeweiligen Rechtsverhältnisse unumgänglich.
(2) *Bilanzierung*: Wird die →Bilanz der Tochter mit der Mutter konsolidiert, findet eine Bilanzverlängerung statt. Obwohl sich die beiden Kredite gegenseitig teilweise neutralisieren, werden sie in der Bilanz erfaßt.

## Parallelverschiebung
Eine P. der →Renditestrukturkurve oder →Zinsstrukturkurve bedeutet, daß sich alle →Renditen, unabhängig von der →Laufzeit, um den gleichen absoluten Wert ändern.
(→ Modified Duration)

## Parallelwährung, → Metallwährung.

## Parameteranalyse von Zinsinstrumenten,
→ Total Return Management festverzinslicher Papiere.

## Parcel-Receipt
Dokument, das im Seeverkehr ein Empfangsbekenntnis und einen Auslieferungsanspruch verbrieft. Es ist ein → Legitimationspapier, aber kein → Traditionspapier.

## Pari
Kurs, der dem → Nennwert eines → Wertpapiers entspricht, d. h. 100%.

## Pariser Club
Von den OECD-Staaten geschaffene Institution, in der Neuverhandlungen über bestehende Auslandsschulden durchgeführt werden. Mitglieder dieses Ad-hoc-Gremiums, das in Fällen internationaler → Zahlungsunfähigkeit tätig wird, sind jeweils die Hauptgläubigerländer, der → Internationale Währungsfonds, die → Weltbank und das Schuldnerland, auf dessen Antrag es zusammentritt. Ziel der Verhandlungen ist die Wiederherstellung der →Zahlungsfähigkeit durch Einräumen von Zahlungsmoratorien.

## Paris Interbank Offered Rate, → PIBOR.

## Parität
1. Im Rahmen der → internationalen Währungsordnung festgesetztes Austauschverhältnis zwischen einer → Währung und einer anderen Währung oder zum Gold oder zum → Sonderziehungsrecht (SZR). Nach dem ursprünglichen Abkommen über den → Internationalen Währungsfonds (IWF) mußte jedes Mitgliedsland die P. seiner Währung in Gold (→Goldparität) oder in US-Dollar (Dollarparität) ausdrücken. Nach dieser bis Ende März 1978 gültigen Fassung war jedes Mitgliedsland verpflichtet, mit dem IWF für seine Währung eine P. in einem Goldgewicht oder in US-Dollar mit dessen Feingoldgehalt vom 1. Juli 1944 (also indirekt ebenfalls in Gold) zu vereinbaren. (P. der D-Mark 1952 beim Beitritt zum IWF: 1 DM = 0,211588 g Feingold = 0,238095 US-Dollar oder 4,20 DM = 1 US-Dollar). Ab Dezember 1971 konnte in einer als vorübergehend gedachten Regelung auch ein →Leitkurs festgelegt werden. Hiervon machte die BRD Gebrauch, ohne daß sie die letzte Goldparität formal aufhob. Endgültig weggefallen ist die letzte Goldparität (festgelegt 1969 auf 1 DM = 0,242806 g Feingold) am 01.04.1978. Die Festlegung eines Leitkurses konnte nach dem →Smithsonian Agreement vom 18.12.1971 in Gold, in Werteinheiten von Sonderziehungsrechten (SZR-P.) oder in der Währung eines anderen IWF-Mitglieds erfolgen. Die BRD drückte den Leitkurs der D-Mark in einer Relation zum US-Dollar aus. Daraus wurde die SZR-P. der D-Mark errechnet. Mit der ab April 1978 geltenden zweiten Änderung des IWF-Abkommens (→ Bretton-Woods-Abkommen) haben die Paritätsvereinbarungen mit dem IWF ihre Gültigkeit verloren. Jedes IWF-Mitglied ist in der Wahl seiner Wechselkurssysteme und Wechselkursregelung frei (→ Wechselkurssystem).

2. Im → Devisenhandel wird „P." als terminus technicus verwendet, mit dem eine → Bank zum Ausdruck bringt, daß der ihr auf Anfrage gestellte Kurs mit ihrer eigenen → Kursquotierung übereinstimmt.

## Paritätengitter
*Parity Grid*; im → Europäischen Währungssystem auf der Grundlage der → ECU-Leitkurse ermitteltes bilaterales Verhältnis der →Leitkurse der einzelnen nationalen → Währungen (z. B. D-Mark gegenüber allen anderen beteiligten Währungen).

## Parity
Alternative Bezeichnung für den → inneren Wert einer → Option.

## Parkettbörse
*Präsenzbörse*; → Börse.

## Parkett-DAX
→ Deutscher Aktienindex (DAX), der während der offiziellen Handelszeit zwischen 10.30 Uhr und 13.30 Uhr ermittelt wird.
*Gegensatz*: → IBIS-DAX.

## Par Swap Yield Curve
→ Renditestrukturkurve für → At-the-Market → Kuponswap.

## Parteifähigkeit
Fähigkeit, Beklagter eines → Zivilprozesses zu sein (§ 50 ZPO). Parteifähig ist, wer rechtsfähig ist (→ Rechtsfähigkeit). Nicht rechtsfähige → Gewerkschaften sind nach § 10 ArbGG im Verfahren vor den Arbeitsgerichten parteifähig. Der nichtrechtsfähige → Verein besitzt nach § 50 Abs. 2 ZPO die passive P. Die Vorschriften über P. gelten auch in anderen Prozeßarten, etwa vor den Verwaltungsgerichten (§ 61 Nr. 1 VwGO).

## Partenreederei, → Reederei.

## Partiarisches Darlehen
→ Darlehen an ein Unternehmen, auf das der → Gläubiger statt fester Zinsen eine prozentuale Gewinnbeteiligung erhält. Es ist oft schwer von der → Stillen Gesellschaft zu unterscheiden. Beim p. D. bilden Gesellschafter und darlehensgewährender Gläubiger keine Gesellschaft.

## Participating Floater, → SURF-Anleihe.

## Participating Forward
Absicherungsinstrument bei → Termingeschäften mit Elementen der Terminsicherung und der → Option, wobei dem Kunden ein Mindest- bzw. Höchstkurs garantiert wird. Tritt bis zur → Fälligkeit eine günstige Marktentwicklung ein, kann der Kunde hieran zum Teil partizipieren. Je höher die Partizipation, um so ungünstiger ist der garantierte Kurs.

## Participation, → Partizipationsschein.

## Participation Unit, → Partizipationsschein.

## Partizipationsschein
1. *Beteiligungspapier*, das von Schweizer → Aktiengesellschaften ausgegeben wird P. sind zwar mit Vermögensrechten (Recht am → Gewinn und am → Vermögen sowie Recht auf Bezug neuer Anteile bei → Kapitalerhöhungen) ausgestattet, verbriefen jedoch – im Gegensatz zu → Aktien – keine Mitgliedschaftsrechte (Stimm-, Kontroll- und Anfechtungsrecht). Der Gesellschaft wird einerseits neues risikotragendes → Kapital zugeführt, andererseits wird sie vor unerwünschtem Einfluß oder Überfremdung geschützt. In ihrer rechtlichen Form sind P. mit → Genußrechtskapital vergleichbar.

2. → *Optionsscheine*.

## Partly Assisted Trading System (PATS)
Computerunterstütztes Handelssystem der Wiener → Börse.

## Partly Paid Bond
*Deferred Purchase Bond, Teilzahlungsanleihe*; → Anleihe, bei der der Anleger im Zeitpunkt der → Emission gegen einen Interimsschein nur 10 bis 30% des Emissionspreises bezahlt und damit das Anrecht (eine Art → Option) erwirbt, nach einem bestimmten Zeitraum (3 bis 6 Monate) durch Zahlung eines festgelegten Restbetrages die → Wertpapiere zu beziehen. Bis zu diesem Zeitpunkt wird die Anleihe durch eine → Sammelurkunde, die bei einer → Clearing-Stelle (→ Euroclear in Brüssel, → Cedel in Luxemburg) hinterlegt wird, repräsentiert. Wird der zweite Teilbetrag vom Anleger nicht eingezahlt, verfällt der Anspruch auf → Rückzahlung der ersten Rate, nicht aber der Zinsanspruch hierauf. P. P. B. wurden vornehmlich an den britischen, australischen und US-amerikanischen → Kapitalmärkten sowie am → Euro-Markt emittiert. Große Anleihen können so schonend am Markt untergebracht werden.
Der Anleger erzielt Kursgewinne auf die am → Sekundärmarkt gehandelten Interimsscheine, wenn das Zinsniveau sinkt (Hebelwirkung, → Leverage-Effekt, da der Interimsschein im Kurse ansteigende Anleihen repräsentiert); umgekehrt besteht bei steigendem Marktzins das Risiko stark fallender Interimsscheine, wobei die Hebelwirkung um so größer ist, je kleiner die Anzahlungsrate ausfällt. Auch können für den Anleger Währungsgewinne bzw. -verluste anfallen.
Die Vorteilhaftigkeit für den → Emittenten liegt in der → Prämie, die die Anleger für die anfängliche Kursgewinnchance zu zahlen bereit sind. Diese wird zwar dann am größten sein, wenn der Markt eine Senkung des Zinsniveaus erwartet, in diesem Falle wäre aber auch für den → Schuldner ein Hinaus-

## Partnerschaftsgesellschaft

schieben des Emissionszeitpunktes erwägenswert.
*Gegensatz:* → Tap Issue.

## Partnerschaftsgesellschaft

Ab 1. Juli 1995 mögliche, durch das Partnerschaftsgesellschaftsgesetz (PartGG) vom 25. 7. 1994 (BGBl. I S. 1744) geregelte Form einer → Personengesellschaft, in der sich Angehörige Freier Berufe (§ 1 Abs. 2 PartGG) zur Ausübung ihrer Berufe zusammenschließen. Die P. übt kein → Handelsgewerbe aus. Gesellschafter können nur → natürliche Personen sein (§ 1 Abs. 1). Die P. selbst ist keine → juristische Person. Außer den speziellen Regelungen des PartGG gelten für sie Bestimmungen teils über die → Gesellschaft bürgerlichen Rechts (BGB-Gesellschaft, GbR) (§ 1 Abs. 4), teils über die → Offene Handelsgesellschaft (OHG). Ihr Name muß den Zusatz „und Partner" oder „Partnerschaft" enthalten (§ 2 Abs. 1). Die zur Wirksamkeit Dritten gegenüber notwendige Eintragung in das Partnerschaftsregister beim Amtsgericht entspricht weithin der Eintragung ins → Handelsregister (§§ 4, 5, 7 PartGG).

## Partnership

Teilhaberschaft (Partnerschaft) i. S. einer Business P., z. B. in Form einer → Personengesellschaft.
Bei einer *Limited P.* haften die Beteiligten nur beschränkt.

## Passiva

1. Bezeichnung für Passivposten der → Bilanz.

2. Bezeichnung für Kapitalmittel, insbes. für Fremdmittel/→ Verbindlichkeiten (Liabilities); → Aktiv-Passiv-Management.
*Gegensatz:* → Aktiva.

## Passive Anlagestrategien

Gehen im Gegensatz zu → aktiven Anlagestrategien davon aus, daß Rendite- bzw. Kursveränderungen nicht prognostiziert werden können und es dem Anleger nicht gelingt, seine Erträge mit aktiven Anlagestrategien zu erhöhen. Bei einer p. A. werden → Zinsinstrumente gekauft und bis zur Endfälligkeit gehalten (→ Buy-and-Hold-Strategie). Eine andere Strategie besteht darin, einen repräsentativen → Rentenindex, das sogenannte → Benchmark-Portfolio (z. B. → REX), nachzubilden und damit die → Wertentwicklung des Benchmark-Portfolios zu erhalten. Eine mögliche Abweichung von der Wertentwicklung des Benchmark-Portfolios wird als → Tracking Error bezeichnet. Eine → Indexierungsstrategie kann sowohl auf nationaler wie internationaler Basis erfolgen. Bei p. A. fallen im Vergleich zu aktiven Anlagestrategien geringere Transaktionskosten an. Mit passiven Strategien ist darüber hinaus ein geringerer Informations-, Analyse- und Managementaufwand verbunden.
(→ Bond Research, → Total Return Management, → semiaktive Strategie, → Immunisierungsstrategie, → Bond Swap)

**Passivengpaß,** → Aktivüberhang.

## Passivgeschäft

Alle Maßnahmen zur Beschaffung von Finanzierungsmitteln (→ Kapital), die sich als → Fremdkapital auf der Passivseite einer → Bankbilanz niederschlagen. Da sich das P. der → Kreditinstitute (größtenteils) auf die Fremdkapitalfinanzierung (→ Fremdfinanzierung) erstreckt, werden häufig beide Begriffe synonym verwendet. Zum bilanziell erfaßten Fremdkapital und damit zum P. zählen → Einlagen (→ Einlagengeschäft), eigene → Schuldverschreibungen (→ Bankschuldverschreibungen) sowie → aufgenommene Gelder (und Darlehen).
Im Sparkassensektor werden aufgrund sparkassenrechtlicher Bestimmungen unter der Bezeichnung „Verpflichtungen anderer Art" bzw. „Sonstige Verpflichtungen" noch weitere P. erfaßt (Übernahme von Gewährverpflichtungen, → Bürgschaften durch die Sparkasse zugunsten ihrer Kunden, Ausstellung und Annahme von → Wechseln).
Maßnahmen zur Eigenkapitalbeschaffung (→ Eigenfinanzierung) werden i. a. nicht als P. bezeichnet. Eine Ausnahme bildet die Ausgabe von → Genußrechten sowie → stille Vermögenseinlagen zur Verstärkung des → haftenden Eigenkapitals der Kreditinstitute.
*Gegensatz:* → Aktivgeschäfte.
(→ Bilanzunwirksame Geschäfte)

**Passivisches Festzinsrisiko,** → Zinsänderungsrisiko.

## Passivposten der Bankbilanz

Die Posten (mit Ziffern gekennzeichnet) und die Unterposten (mit kleinen Buchstaben gekennzeichnet) der → Bankbilanz haben bestimmte, in der → Rechnungslegungsverordnung (RechKredV) festgelegte Inhalte auszuweisen.

*Bilanzposten und -vermerke:* Vgl. Übersicht „Passivposten der Bankbilanz – Bilanzposten und -vermerke", S. 1210–1212.

### Passivswap
Synonym für → Payer Swap.

### Passivüberhang
*Aktivengpaß;* Fehlen von Möglichkeiten zur Anlage der verfügbaren Mittel im → Aktivgeschäft.

### Patentanwalt-Anderkonto, → Anderkonto.

### Path-dependent-Option
→ Exotische Option, deren Wert bei → Fälligkeit abhängig ist vom Kursverlauf des → Basiswertes während der → Laufzeit der → Option. Im Gegensatz zu einer P.-d.-O. wird bei einer → europäischen Option der Wert nur vom Kurs des Basiswertes am Ende der Laufzeit bestimmt.
(→ Barrier Option, → Barrier Warrant, → Look-back-Optionsschein, → Asian Option, → Time-dependent-Option, → Chooser-Optionsschein)

### Patronatserklärung
→ Ersatzsicherheit im Kreditgeschäft, mit der im Bereich eines → Konzerns die Muttergesellschaft gegenüber der kreditgewährenden Bank z. B. beurkundet, das kreditaufnehmende → Tochterunternehmen finanziell stets so auszustatten, daß dieses seine Verbindlichkeiten aus dem → Kreditvertrag erfüllen kann. P. werden vom Sicherungsgeber zuweilen der → Bürgschaft, Schuldmitübernahme (→ Schuldbeitritt) oder → Garantie vorgezogen, sofern sie keine Bilanzausweispflicht bzw. Pflicht zur Berichterstattung im → Anhang begründen. Es wird zwischen „weichen" (Erklärungen ohne Sicherheitenwert) und „harten" (Erklärungen mit Sicherheitenwert) P. unterschieden. Aber auch wenn die Muttergesellschaft gegenüber dem → Kreditinstitut die definitive Verpflichtung zu einer entsprechenden Liquiditätsausstattung der Tochtergesellschaft übernimmt, was durch eine entsprechend eindeutige Formulierung sicherzustellen ist, handelt es sich nicht um eine bankmäßige Kreditsicherheit in Form der → Personensicherheit. Die P. hat zwar einen bestimmten Sicherheitenwert; es liegt aber weder eine Bürgschaft noch eine Garantie vor. Auch von einer → bürgschaftsähnlichen Sicherheit kann nur im wirtschaftlichen Sinne gesprochen werden. Eine harte P. begründet eine Verpflichtung der Konzernobergesellschaft (gegenüber der kreditgewährenden Bank) zur Mittelzuführung an das Tochterunternehmen, nicht dagegen eine Verpflichtung des Tochterunternehmens, so daß ein unechter → Vertrag zugunsten Dritter vorliegt. Die Problematik einer harten P. liegt darin, daß aus der Verpflichtung der Konzernmutter, die Tochtergesellschaft stets mit ausreichenden finanziellen Mitteln zu versehen, nicht hervorgeht, in welcher Weise (durch → Darlehen, → Kapitalerhöhung usw.) dies zu erfolgen hat, so daß eine Klage auf → Erfüllung nicht zum Ziel führt; der Kreditgeber kann jedoch → Schadensersatz wegen Nichterfüllung gegen die Muttergesellschaft geltend machen, falls das Tochterunternehmen seine → Schulden bei → Fälligkeit nicht bezahlt.
Eine Befreiung von der Pflicht zur → Offenlegung der wirtschaftlichen Verhältnisse nach § 18 KWG kommt bei Vorliegen einer P. aufgrund von § 19 Abs. 2 KWG (auch nach Inkrafttreten der 5. KWG-Novelle) nicht in Frage.

### PATS
Abk. für → Partly Assisted Trading System.

### Pauschalwertberichtigungen
*Begriff:* Bilanzielle Vorsorge für latente Ausfallrisiken (→ bankbetriebliche Risiken, → Kreditrisiken). P. sind, ebenso wie → Einzelwertberichtigungen, nach § 252 Abs. 1 Nr. 4 HGB und § 253 Abs. 3 HGB notwendig (Vorsichts- und Imparitätsprinzip). Für → Kreditinstitute besteht mit der Aufhebung der Anordnung über die Bildung von Sammelwertberichtigungen durch das → Bundesaufsichtsamt für das Kreditwesen seit dem → Geschäftsjahr 1988 die Verpflichtung, nach diesen handelsrechtlichen Grundsätzen P. unter Berücksichtigung ihrer betriebsindividuellen Gegebenheiten zu bilden.

*Unter steuerlichen Gesichtspunkten* sind die von der Rechtsprechung, insbes. vom Bundesfinanzhof, entwickelten Grundsätze zur Pauschalbewertung von → Forderungen zu beachten: (1) Der Praxisgebrauch, einen Teil der Forderungen einzeln, den Rest pauschal zu bewerten, entspricht den → Grundsätzen ordnungsmäßiger Buchführung (GoB) und ist steuerlich zulässig. (2) Die steuerliche Anerkennung von P. beruht auf der Zusammenfassung gleichartiger → Wirtschaftsgüter oder Risiken und berücksichtigt die

**Pauschalwertberichtigungen**

## Passivposten der Bankbilanz – Bilanzposten und -vermerke

| | |
|---|---|
| 1. **Verbindlichkeiten gegenüber Kreditinstituten** (§ 21 RechKredV) | Verbindlichkeiten aus Bankgeschäften gegenüber inländischen und ausländischen Kreditinstituten ohne verbriefte Verbindlichkeiten gem. § 22 RechKredV |
| a) täglich fällig (gem. § 8 Abs. 3 RechKredV) | Gelder mit jederzeitiger Verfügbarkeit, Tagesgelder, Gelder mit täglicher Kündigung, Gelder mit Laufzeit oder Kündigungsfrist von 24 Stunden |
| b) mit vereinbarter Laufzeit oder Kündigungsfrist | Nicht verbriefte Verbindlichkeiten sowie Verbindlichkeiten aus Namensschuldverschreibungen, Orderschuldverschreibungen, die nicht Teile einer Gesamtemission sind, Namensgeldmarktpapieren, Haben-Salden aus Effektengeschäften und aus Verrechnungskonten sowie Verbindlichkeiten aus verkauften Wechseln einschließlich eigener Ziehungen, die den Kreditnehmern nicht abgerechnet worden sind. |
| | Aufgliederung der Verbindlichkeiten gegenüber Kreditinstituten mit vereinbarter Laufzeit oder Kündigungsfrist im Anhang der Fristen gem. § 9 Abs. 1 und 2 RechKredV. |
| | Für Geschäftsjahre mit Beginn **nach dem 31.12.1992** und vor dem 1. 1. 1998 Aufgliederung nach Ursprungslaufzeiten, d. h. in Forderungen mit ursprünglich vereinbarter Laufzeit oder Kündigungsfrist von |
| | a) weniger als drei Monaten, <br> b) mit mindestens drei Monaten, aber weniger als vier Jahren, <br> c) vier Jahren oder länger. <br> Zusätzliche Angabepflicht gem. § 39 Abs. 5 Satz 1 Nr. 4 RechKredV |
| | Für Geschäftsjahre, die nach dem 1. 1. 1998 beginnen, Aufgliederung nach Restlaufzeiten, d. h. Aufteilung nach Fälligkeitsgruppen: Forderungen mit Restlaufzeiten |
| | 1. bis drei Monate, <br> 2. mehr als drei Monate bis ein Jahr, <br> 3. mehr als ein Jahr bis fünf Jahre, <br> 4. mehr als fünf Jahre. |
| | Angabe der im Gesamtbetrag enthaltenen Verbindlichkeiten von Sparkassen gegenüber der eigenen Girozentrale und von Kreditgenossenschaften gegenüber der zuständigen Zentralbank im Anhang (Pflichtangabe gem. § 35 Abs. 1 Nr. 9 und 11 RechKredV) |
| 2. **Verbindlichkeiten gegenüber Kunden** (§ 21 RechKredV) | Alle Arten von Verbindlichkeiten (bankgeschäftlicher und nichtbankgeschäftlicher Art) gegenüber inländischen und ausländischen Nichtbanken ohne verbriefte Verbindlichkeiten gem. § 22 RechKredV |
| a) Spareinlagen <br> aa) mit vereinbarter Kündigungsfrist von drei Monaten <br> ab) mit vereinbarter Kündigungsfrist | Ausweis von Geldern als Spareinlagen, die den Erfordernissen von § 21 RechKredV entsprechen |

## Pauschalwertberichtigungen

**Passivposten der Bankbilanz – Bilanzposten und -vermerke** (Fortsetzung)

| | |
|---|---|
| b) andere Verbindlichkeiten<br>ba) täglich fällig<br>bb) mit vereinbarter Laufzeit oder Kündigungsfrist | Nicht verbriefte Verbindlichkeiten sowie Verbindlichkeiten aus Namensschuldverschreibungen, Orderschuldverschreibungen, die nicht Teile einer Gesamtemission sind, Namensgeldmarktpapiere, Sperrguthaben und Abrechnungsguthaben der Anschlußfirmen im Teilzahlungsfinanzierungsgeschäft, soweit der Ausweis nicht unter dem Posten „Verbindlichkeiten gegenüber Kreditinstituten" (Passivposten Nr. 1) vorzunehmen ist, sowie „Anweisungen im Umlauf"<br>(Hier auch grds. Ausweis von erhaltenen, aber noch nicht an Kunden weitergeleiteten Treuhandzahlungen)<br>Aufgliederung im Anhang nach Fristen gem. § 9 Abs. 1 und 2 RechKredV<br>(zusätzliche Angabepflicht gem. § 39 Abs. 5 Satz 1 Nr. 4 RechKredV) |
| 3. Verbriefte Verbindlichkeiten<br>(§ 22 RechKredV)<br>a) begebene Schuldverschreibungen | Ausweis von Schuldverschreibungen und anderen Verbindlichkeiten, für die übertragbare, nicht auf den Namen lautende Urkunden ausgestellt sind<br>Ausweis von begebenen börsenfähigen und nichtbörsenfähigen Inhaberschuldverschreibungen und Orderschuldverschreibungen, die Teile einer Gesamtemission sind, unter Absetzung zurückgekaufter, nichtbörsenfähiger eigener Schuldverschreibungen (Ausweis von Null-Kupon-Anleihen einschließlich anteiliger Zinsen) |
| b) andere verbriefte Verbindlichkeiten | Ausweis von begebenen Geldmarktpapieren (z. B. Commercial Papiers, Euronotes, Certificates of Deposit usw.) und von eigenen Akzepten<br>Ausgliederungen: Als Geldmarktpapiere sind nur Inhaberpapiere oder Orderpapiere, die Teile einer Gesamtemission sind, unabhängig von ihrer Börsenfähigkeit zu vermerken. Als eigene Akzepte sind nur Akzepte zu vermerken, die vom Kreditinstitut zu seiner eigenen Refinanzierung ausgestellt worden sind und bei denen es erster Zahlungspflichtiger („Bezogener") ist. Der eigene Bestand sowie verpfändete eigene Akzepte und eigene Solawechsel gelten nicht als im Umlauf befindlich.<br>(Zusätzliche Angabepflicht gem. § 39 Abs. 5 Satz 1 Nr. 2 und 4 RechKredV) |
| 4. Treuhandverbindlichkeiten | Ausweis von Verbindlichkeiten, die ein Kreditinstitut im eigenen Namen, aber für fremde Rechnung eingegangen ist<br>Aufgliederung des Gesamtbetrages im Anhang; Ausgliederung des Betrages der Treuhandkredite<br>(keine Bilanzierung von Verbindlichkeiten, die ein Kreditinstitut im fremden Namen und für fremde Rechnung hält) |
| 5. Sonstige Verbindlichkeiten | Ausweis von Verbindlichkeiten, die einem anderen Posten nicht zugeordnet werden, mit Angabe der wichtigsten, für die Beurteilung wesentlichen Einzelbeträge im Anhang (zusätzliche Pflichtangabe gem. § 35 Abs. 1 Nr. 4 RechKredV) |
| 6. Rechnungsabgrenzungsposten<br>(§ 23 RechKredV) | Ausweis passiver nach § 250 Abs. 2 HGB gebildeter Rechnungsabgrenzungsposten, insbes. Kreditnehmern aus Teilfinanzierungsgeschäften berechnete Zinsen, Provisionen und Gebühren, die künftigen Rechnungsperioden zuzurechnen sind, sowie nach § 340e Abs. 2 HGB gebildeter Posten |

## Pauschalwertberichtigungen

### Passivposten der Bankbilanz – Bilanzposten und -vermerke (Fortsetzung)

| | |
|---|---|
| 7. **Rückstellungen** (§ 24 RechKredV) <br> a) Rückstellungen für Pensionen und ähnliche Verpflichtungen <br> b) Steuerrückstellungen <br> c) andere Rückstellungen | Ausweis von Verbindlichkeiten und Verlustrisiken, deren Entstehung dem abgelaufenen oder einem früheren Geschäftsjahr zuzuordnen ist, die aber hinsichtlich ihres tatsächlichen Bestehens und/oder ihrer tatsächlichen Höhe unbestimmt sind |
| 8. **Sonderposten mit Rücklageanteil** | Ausweis sog. „steuerfreier" Rücklagen gem. §§ 247 Abs. 3, 273 HGB |
| 9. **Nachrangige Verbindlichkeiten** (§ 4 Abs. 1 RechKredV) | Ausweis von Verbindlichkeiten, die im Fall der Liquidation oder des Konkurses erst nach den Forderungen der anderen Gläubiger (zusätzliche Angabepflicht gem. § 35 Abs. 3 RechKredV) erfüllt werden dürfen |
| 10. **Genußrechtskapital** | Ausweis von Kapital, das gegen Gewährung von Genußrechten aufgenommen ist (Ausgliederung der vor Ablauf von 2 Jahren fälligen Genußrechte) |
| 11. **Fonds für allgemeine Bankrisiken** | Sonderposten gem. § 340 g HGB |
| 12. **Eigenkapital** (§ 25 RechKredV) | |
| a) gezeichnetes Kapital | Gezeichnetes Kapital (§ 272 Abs. 1 HGB): Kapital, auf das die Haftung der Gesellschafter für Verbindlichkeiten beschränkt ist (Grundkapital, Stammkapital, Geschäftsguthaben); auch Ausweis von Dotationskapital und Vermögenseinlagen stiller Gesellschafter |
| b) Kapitalrücklage | Kapitalrücklagen: Rücklagen von Kapitalgesellschaften, die im Zuge der Außenfinanzierung gem. § 272 Abs. 2 HGB entstanden sind |
| c) Gewinnrücklagen <br> ca) gesetzliche Rücklage <br> cb) Rücklage für eigene Anteile <br> cc) satzungsmäßige Rücklagen <br> cd) andere Gewinnrücklagen <br> d) Bilanzgewinn/Bilanzverlust | Gewinnrücklagen: Rücklagen von Kapitalgesellschaften, die im Zuge der Innenfinanzierung gem. § 272 Abs. 3 HGB entstanden sind (Gewinneinbehaltung). Hier auch Ausweis der Sicherheitsrücklage der Sparkassen und der Ergebnisrücklagen der Kreditgenossenschaften (genaue Bezeichnung bei a) und c) kann im Einzelfall zusätzlich angegeben werden) |

Schwierigkeiten bzw. die Unzumutbarkeit einer individuellen Behandlung. (3) Der Betrag der P. kann mit einem Hundertsatz des zu bewertenden Forderungsbestandes geschätzt werden. (4) Steuerliche Anerkennung von → Wertberichtigungen ist nach den Verhältnissen des Einzelfalles zu entscheiden. Eine P. ist zulässig, soweit sie insbesondere auf Grund der Forderungsausfälle der letzten Jahre erforderlich ist. (5) Bei der Bemessung des Pauschalsatzes darf nicht von den ungünstigsten Fällen ausgegangen werden; es muß ein angemessener Durchschnittssatz gewählt werden. (6) Auf die in der Vergangenheit gewonnene Erfahrung des einzelnen Kreditinstituts ist besonderes

Gewicht bei der Findung eines Maßstabs für eine objektiv zutreffende Bewertung von Forderungen und Risiken zu legen. In gewissem Umfange ist dabei die künftige Entwicklung zu berücksichtigen. (7) Der pauschalwertberichtigungsfähige Forderungsbestand darf nicht die einzelwertberichtigten Forderungen enthalten; in die Bemessungsgrundlage dürfen auch nicht Forderungen einbezogen werden, bei denen im Hinblick auf die Art des → Schuldners (z. B. öffentlich-rechtliche → Körperschaft) ein Ausfall ausgeschlossen erscheint.

*Verfahren:* Der Bankenfachausschuß des Instituts der Wirtschaftsprüfer hat zum Verfahren folgende Ausführungen gemacht:

a) *Vorbemerkung:* Maßgebend für den Umfang des latenten Risikos sind die Verhältnisse am Bilanzstichtag. Entsprechend dem Charakter des latenten Risikos und mangels zuverlässiger Prognosemöglichkeiten bietet es sich an, der Schätzung Erfahrungswerte der Vergangenheit zugrunde zu legen. In der Praxis sind für einzelne Geschäftsarten auch andere Verfahren zur Ermittlung einer P. erarbeitet worden (z. B. Ermittlung anhand von Wanderungsbewegungen, Ermittlung von Risikomargen). Auch derartige Verfahren können zutreffende Schätzungsergebnisse liefern. Unabhängig von der Wahl des Verfahrens muß gewährleistet sein, daß die Grundsätze der Bewertungsstetigkeit und der Willkürfreiheit eingehalten werden.

b) *Ermittlung des Risikos in der Vergangenheit:* Die in der Vergangenheit akut gewordenen Kreditrisiken waren in aller Regel zuvor bereits latent vorhanden. Sie haben sich in folgenden Nettoaufwendungen niedergeschlagen: Bildung und Auflösung von Einzelwertberichtigungen und Rückstellungen für das → Kreditgeschäft, Ausbuchungen von nicht oder nur teilweise wertberichtigten Forderungen (Direktabschreibungen), Eingänge auf abgeschriebene Forderungen, Überschüsse und → Verluste aus der Verwertung von zur Rettung von Forderungen übernommenen Sicherheiten, außerplanmäßige → Abschreibungen auf bilanzierte Leasinggüter sowie Einziehungs- und Rechtsverfolgungskosten.

c) *Risikobehaftetes Kreditvolumen:* Auszugehen ist vom Gesamtkreditvolumen i. S. von § 19 Abs. 1 KWG (ohne → Beteiligungen, die gesondert zu bewerten sind), erweitert um → Erfüllungsrisiken aus nicht bilanzwirksamen Geschäften. Abzusetzen sind solche Kredite, für die ein latentes Risiko nicht anzunehmen ist. Als nicht betroffen vom latenten Kreditrisiko sind z. B. grundsätzlich Forderungen gegen den Bund, ein Land, eine Gemeinde oder gegen eine sonstige inländische Körperschaft oder → Anstalt des öffentlichen Rechts, für die eine Gebietskörperschaft als → Gewährträger haftet, zu beurteilen. Gleichzustellen sind Forderungen, die durch eine der genannten Stellen verbürgt oder in anderer Weise gewährleistet sind.

d) *Schätzung des latenten Risikos:* Die Schätzung des am Bilanzstichtag bestehenden latenten Risikos geht aus vom maßgeblichen Bestand des hiervon betroffenen Kreditvolumens (vgl. c), vermindert um einzelwertberichtigte Forderungen bzw. um gebildete Einzelwertberichtigungen. (Soweit bei der Vornahme von Einzelwertberichtigungen das auf dem jeweiligen Kreditengagement liegende latente Risiko nicht mitberücksichtigt wurde, unterliegt auch der über die Einzelwertberichtigung hinausgehende Teil noch einem latenten Risiko.) Es ist mit einem Faktor zu multiplizieren, der es gestattet, das beobachtete Risiko der Vergangenheit in die Zukunft fortzuschreiben. Für die Bemessung des Faktors ist zunächst von der für die einbezogenen Vergangenheitsperioden ermittelten Gesamtrisikoquote auszugehen. Dabei wird, um Zufallsergebnisse zu vermeiden, i. d. R. auf einen mehrjährigen Zeitraum abzustellen und eine durchschnittliche Quote zu errechnen sein. Ungewöhnliche und für die gegenwärtigen Verhältnisse nicht oder nicht mehr relevante Umstände sind ggf. außer Betracht zu lassen. Außerdem kann es sinnvoll sein, die Faktoren der jüngeren Vergangenheit stärker zu gewichten oder auch Trendextrapolationen anzustellen, um so den Risikoverhältnissen am Bilanzstichtag möglichst nahe zu kommen. Zu beachten sind ferner Strukturveränderungen im Kreditbestand aufgrund von Änderungen der Kreditvergabepolitik. Durch Multiplikation des so ermittelten Faktors mit dem maßgeblichen Kreditvolumen am Bilanzstichtag läßt sich das latente Risiko der Zukunft schätzen. Dabei ist auch die → Restlaufzeit der Kredite zu berücksichtigen.

e) *Differenzierung nach Risikoklassen:* Das Verfahren sollte im Einzelfall dadurch weiter verfeinert werden, daß das als Basis zugrunde gelegte Kreditvolumen und die zugehörigen latenten Risiken weiter differenziert werden, z. B. nach Kreditarten oder Kreditnehmergruppen. Von Bedeutung für die Bildung solcher Risikoklassen können auch bestehende Sicherheiten oder der Umfang anmerkungsbedürftiger, nicht einzelwertberichtigter Kredite sein. Hierbei ist jedoch zu beachten, daß die gebildeten Gruppen – auch unter Beachtung von interdependenten Risiken – groß genug sein müssen, damit noch statistische Aussagen möglich sind. P. sind aktivisch abzusetzen. Unter → Rückstellungen sind P. auf Eventualforderungen aus Bürgschaftsverbindlichkeiten, → Wechsel- und → Scheckbürgschaften, aus Gewährleistungsverträgen sowie aus → Indossamentsverbindlichkeiten auszuweisen.

**Payer,** → Zahler.

### Payer Swap
*Passivswap*; → Long Position in einem → Kuponswap, d. h. man zahlt an den Swappartner den → Festzinssatz und erhält den → variablen Zinssatz.
*Gegensatz:* → Receiver Swap.

**Payer Swaption,** → Swaption.

**Payment Guarantee,** → Zahlungsgarantie.

### P/E
Synonym für → Price-Earnings-Ratio (PER).

### Penny Stock
US-amerikanische → Aktie, die mit weniger als 5 US-$ pro Stück gehandelt wird. Sie werden meist von jungen, unbekannten, nicht kapitalmarktfähigen Unternehmen für weniger als einen Dollar emittiert. Im Gegensatz zu → Blue Chips weisen P. S. höhere Risiken, aber auch höhere Kurschancen auf. Wegen der geringen Informationen über die Gesellschaften und der Tatsache, daß P. S. nicht offiziell an → Börsen gehandelt werden, eröffnen sich viele Möglichkeiten für Kursmanipulationen. An private Investoren dürfen sie nur noch verkauft werden, sofern diese vorher ausdrücklich schriftlich bestätigten, daß sie auf die Risiken hingewiesen und über die realen Chancen aufgeklärt worden sind.

### Pensionsgeschäfte
*Begriff:* a) Offenmarktgeschäfte mit Rückkaufvereinbarungen. Die → Deutsche Bundesbank führt im Rahmen ihrer Geldpolitik P. zur → Feinsteuerung am Geldmarkt überwiegend mit lombardfähigen festverzinslichen → Wertpapieren, aber auch mit → Wechseln und → Devisen durch (→ Offenmarktpolitik der Deutschen Bundesbank). Als Sonderform der Offenmarktgeschäfte der Bundesbank sind daher → Wertpapierpensionsgeschäfte, → Wechselpensionsgeschäfte und → Devisenpensionsgeschäfte zu unterscheiden.

b) Im Anschluß an Art. 12 Abs. 1 der → Bankbilanzrichtlinie der EG in § 340b Abs. 1 HGB allgemein definiert als „Verträge, durch die ein → Kreditinstitut oder der Kunde eines Kreditinstituts (Pensionsgeber) ihm gehörende Vermögensgegenstände einem anderen Kreditinstitut oder einem seiner Kunden (Pensionsnehmer) gegen Zahlung eines Betrags überträgt und zum gleichzeitig vereinbart wird, daß die Vermögensgegenstände später gegen Entrichtung des empfangenen oder eines im voraus vereinbarten anderen Betrags an den Pensionsgeber zurückübertragen werden müssen oder können". Nicht als P. in diesem Sinne sind → Devisentermingeschäfte, → Börsentermingeschäfte und ähnliche Geschäfte sowie die Ausgabe eigener → Schuldverschreibungen auf abgekürzte Zeit (§ 340b Abs. 6 HGB, → Bankschuldverschreibungen).

*Arten:* (1) Ein *echtes* P. liegt vor, wenn der Pensionsnehmer die Verpflichtung übernimmt, die Vermögensgegenstände zu einem bestimmten oder vom Pensionsgeber zu bestimmenden Zeitpunkt zurückzuübertragen (§ 340b Abs. 2 HGB). (2) Ein *unechtes* P. liegt vor, wenn der Pensionsnehmer lediglich berechtigt, aber nicht verpflichtet ist, die Vermögensgegenstände zu einem vorher bestimmten oder von ihm noch zu bestimmenden Zeitpunkt zurückzuübertragen (§ 340b Abs. 3 HGB).

*Bilanzierung:* Bei echten P. sind die übertragenen Vermögensgegenstände in der → Bilanz des Pensionsgebers auszuweisen. Dieser hat in Höhe des für die Übertragung erhaltenen Betrags eine → Verbindlichkeit gegenüber dem Pensionsnehmer auszuweisen. Der Buchwert der Vermögensgegenstände ist im Anhang (→ Anhang zum Jahresabschluß der Kreditinstitute) anzugeben. Der Unterschiedsbetrag zwischen Verkaufspreis und Rückkaufspreis ist laufzeitbezogenes Entgelt. Der Pensionsnehmer darf die Vermögensgegenstände nicht bilanzieren; er hat in Höhe des für die Übertragung gezahlten Betrags eine →Forderung an den Pensionsgeber auszuweisen (§ 340b Abs. 4 HGB). Bei unechten P. sind die Vermögensgegenstände nicht vom Pensionsgeber, sondern nur vom Pensionsnehmer zu bilanzieren (§ 340b Abs. 5 HGB).

### Pensionsrückstellungen

P. sind wirtschaftlich als Lohn- und Gehaltsbestandteile zu betrachten, die während der Zeit einbehalten und angesammelt werden, in die begünstigten →Arbeitnehmer im →Betrieb sind, um ihnen nach ihrem Ausscheiden als →Rente oder einmalige Kapitalleistung ausgezahlt zu werden (→Aufwand jetzt, Auszahlung später). P. sind vertraglich geregelte →Ansprüche Dritter gegen die Unternehmung, stellen also →Fremdkapital dar. Sie sind daher als ungewisse →Verbindlichkeiten (§ 249 Abs. 1 Satz 1 HGB) zu passivieren. Dieses aus der →Innenfinanzierung stammende Fremdkapital steht den Unternehmungen langfristig und oft in beträchtlichem Umfang zur Verfügung. So übersteigen die P. bei vielen →Kapitalgesellschaften das →Grundkapital.

Steuerlich sind die P. im EStG geregelt. Danach dürfen P. nur gebildet werden (§ 6a Abs. 1 EStG), wenn der Pensionsberechtigte einen Rechtsanspruch auf einmalige oder laufende Pensionsleistungen hat, wenn die Pensionszusage keinen Vorbehalt enthält, daß die Pensionsanwartschaft oder die Pensionsleistung gemindert oder entzogen werden kann, und wenn die Pensionszusage schriftlich erteilt ist.

Eine P. darf gemäß § 6a Abs. 2 EStG erstmals gebildet werden (a) vor Eintritt des Versorgungsfalles für das Wirtschaftsjahr, in dem die Pensionszusage erteilt wird, frühestens jedoch für das Wirtschaftsjahr, bis zu dessen Mitte der Pensionsberechtigte das 30. Lebensjahr vollendet, (b) nach Eintritt des Versorgungsfalles für das Wirtschaftsjahr, in dem der Versorgungsfall eintritt.

Eine P. darf höchstens mit dem Teilwert der Pensionsverpflichtung angesetzt werden (§ 6a Abs. 3 EStG). Bei der Berechnung des Teilwertes sind die anerkannten Regeln der Versicherungsmathematik anzuwenden, und es ist ein Rechenzinsfuß von 6 Prozent zugrunde zu legen. Die Zuführung zu den P. darf in einem Wirtschaftsjahr höchstens dem Unterschiedsbetrag zwischen dem Teilwert am Schluß des Wirtschaftsjahres und dem Teilwert am Schluß des vorangegangenen Wirtschaftsjahres entsprechen (§ 6a Abs. 4 EStG).
(→Rückstellungen)

### Pensionssatz

Verkaufszinssatz für Offenmarktgeschäfte mit Rückkaufsvereinbarung (→Pensionsgeschäfte). Der Gegenwert der von der →Deutschen Bundesbank in Pension genommenen →Wertpapiere, →Wechsel oder →Devisen wird unter Abzug des Zinssatzes für die →Laufzeit des Pensionsgeschäftes, also zum →Barwert, gutgeschrieben. Die Rückzahlung erfolgt zum →Nennwert (→Bundesbankzinssätze).

### PER

Abk. für →Price-Earnings-Ratio.

### Perfect Hedge

Ergebnis einer →Hedgingstrategie mit →Futures-Kontrakten oder →Optionen, bei der →Gewinne bzw. →Verluste der Kassapapiers (z.B. →Bundesanleihe, Siemens-Aktien) durch Verluste bzw. Gewinne der Futures-Position (z.B. →Bund-Future, →DAX-Future) oder der Option (z.B. →Put-Option) vollständig ausgeglichen werden. Ein P.H. wird i.d.R. bei Futures-Kontrakten nicht erreicht, da die →Carry Basis mit zunehmender Laufzeit geringer wird (→Basiskonvergenz).
(→Basisrisiko, →Value Basis)

**Performance,** →Wertentwicklung.

### Performance Bond

→Indexanleihe, deren Verzinsung abhängig ist von der Kursentwicklung einer →Aktie. Die Höhe des →Nominalzins wird nach einer vom →Emittenten vorgegebenen Formel ermittelt, bei der die Kursentwicklung der Aktie berücksichtigt wird. Je höher der Kurs der Aktie steigt, desto höher wird der Nominalzinssatz. Maximal wird allerdings ein Zinssatz von beispielsweise 12% vom Emittenten gezahlt. Sollte der Kurs der Aktie fallen, erhält der Anleger keine Verzinsung.

### Performancefaktor

→Ertragskennzahl, die anzeigt, um wieviel sich ein Kapital innerhalb eines bestimmten Zeitraumes (z.B. Jahr) verviel-

## Performance Fund

facht hat. P. können mit folgender Formel ermittelt werden:

$$P. = 1 + \frac{\text{Performance}}{100}$$

P. werden beispielsweise verwendet, um die → historische Volatilität zu errechnen.

### Performance Fund
→ Investmentfonds, dessen Zielsetzung vornehmlich in einem hohen Wertzuwachs und nicht in möglichst hohen Auschüttungen besteht.

### Performance Guarantee
Bezeichnung, die im Englischen sowohl für → „Liefergarantie" und für → „Leistungsgarantie" als auch für „Vertragserfüllungsgarantie" (→ Gewährleistungsgarantie) verwendet wird.

### Performanceindex
Ein P. soll die längerfristige Entwicklung eines Indexportfolios (→ Portfolio) aufzeigen. Bei der Berechnung eines P. werden im Gegensatz zu einem Kursindex neben der Kursentwicklung (Kursgewinne bzw. Kursverluste) auch Zinszahlungen bei → Rentenpapieren bzw. Dividendenzahlungen bei → Aktien und deren Wiederanlage berücksichtigt. Am deutschen → Rentenmarkt wird beispielsweise ein P. für den → REX, ein P. der BHF-Bank, der Commerzbank und der Deutschen Bank veröffentlicht. Der → Deutsche Aktienindex (DAX) bzw. der → CDAX mißt als P. die Wertentwicklung der 30 DAX-Werte bzw. der ungefähr 320 CDAX-Aktien. Neben dem FAZ-Index wird auch ein FAZ-P. errechnet.

### Performance-Messung bei Investmentfonds
Verfahren zur Messung des Anlageerfolges bzw. der Wertentwicklung von Anteilen eines → Investmentfonds. Zu unterscheiden sind zwei Methoden: die BVI-Performance und die Effektiv-Performance. Bei der BVI-Performance ermittelt der → Bundesverband Deutscher Investmentgesellschaften e.V. (BVI) die Wertsteigerung eines → Investmentanteils unter der Annahme, daß Erwerb und Veräußerung zum Rücknahmepreis und eine Wiederanlage der Ausschüttung zum Anteilswert am Tage der Ausschüttung erfolgen. Der → Ausgabeaufschlag bleibt unberücksichtigt. Bei der Effektiv-Performance wird der Erwerb zum Ausgabepreis und die Veräußerung zum Rücknahmepreis unterstellt. Ebenso wie bei der BVI-Performance wird eine Wiederanlage der Ausschüttung zum Anteilswert am Tage der Ausschüttung unterstellt.

### Performanceprofil,
→ Kurs-Rendite-Kurve.

### Periodenbruchteil
Synonym für Teilperiode (→ gebrochene Periode).

### Periodenrendite
*Market Return, Rate of Return, Total Return*; erzielter Ertrag innerhalb eines Anlagezeitraumes, der sich zum einen aus der Kursveränderung und zum anderen aus vereinnahmten → Dividenden, Zinserträgen und → Zinseszinsen ergibt. Die gewählte Periode kann ein Tag, eine Woche, ein Monat oder ein Jahr sein.

(→ Asset Allocation, → Moderne Portfolio-Theorie)

### Perpetual
→ Zinsinstrument, bei dem der Zeitpunkt der → Rückzahlung in den Emissionsbedingungen nicht festgelegt wird (z.B. → Perpetual Floating Rate Note).
(→ Duration eines Perpetual)

### Perpetual Floating Rate Note
*Perpetual Floater, ewiger Floater*; → Floating Rate Note (variabel verzinsliche Anleihe) ohne Laufzeitbegrenzung. Die → Emission hat keine festgelegte → Fälligkeit, dafür aber eine Kündigungsmöglichkeit für den Investor (→ Put-Option).

### Perpetual Zero Bond
Scherzhaft für zweifelhafte Qualität oder sehr schlechtes → Rating eines → Emittenten. Weder → Zins- noch Kapitalrückzahlung darf erwartet werden.

### Person
Im Rechtssinne derjenige, der Träger von → Rechten und Pflichten sein kann (→ Rechtssubjekt). Zu unterscheiden sind → natürliche Person und → juristische Person; zwischen ihnen stehen die nicht rechtsfähigen → Personenvereinigungen als → Gesamthandsgemeinschaften.

### Personalakte
Über jeden → Arbeitnehmer in der → Personalverwaltung aktenmäßig oder innerhalb einer Datenbank (Personalinformationssystem) geführte Sammlung von Informationen und Urkunden. Zur P. gehören Bewer-

## Personalentwicklung

bungsschreiben, Personalbogen, Lichtbild, Anstellungsvertrag, Zeugnisse vorheriger → Arbeitgeber oder erteilte Zwischenzeugnisse, → Beurteilungsbogen, Belege über Gehaltsveränderungen, Sozialversicherungsunterlagen, → Abmahnungen, Verwarnungen, Urlaubs- und Fehlzeitenkartei.

### Personalbedarfsanalyse
Festlegung des Mitarbeiterpotentials, das ein → Kreditinstitut jetzt bzw. in Zukunft quantitativ und qualitativ benötigt, um die geplanten Aufgaben und Aktivitäten reibungslos zur Kundenzufriedenheit durchführen zu können. Die P. ist wesentlicher Bestandteil der → Personalplanung.
(→ Personalbedarfsplanung)

### Personalbedarfsplanung
Bestimmung der Anzahl, qualitativen Struktur, des zeitlichen sowie auch örtlichen Einsatzes der benötigten Bankmitarbeiter. Daraus ergibt sich eine Sollvorgabe an *Arbeitskapazitäten* (AK), an dem sich alle personalwirtschaftlichen Maßnahmen auszurichten haben. Die Ermittlung der benötigten AK richtet nach folgenden Kriterien: (1) *Arbeitsaufgaben*, deren Inhalt und Mengen; (2) *Arbeitsträger:* Wirksamkeit der technischen Arbeitsmittel und deren zukünftig absehbare Entwicklung, AK als Wirkungsfaktor, Belastbarkeit, Arbeitsbereitschaft, Arbeitsfähigkeit; (3) *Arbeitsbedingungen:* → Ablauf- und → Aufbauorganisation, Führungssystem, räumliche Bedingungen; (4) Planziele des → Kreditinstitutes.

### Personalbeschaffung
Teilbereich des → Personalmanagements mit der Aufgabe, die vom → Kreditinstitut benötigten Mitarbeiter in qualitativer, quantitativer, zeitlicher und örtlicher Hinsicht zu beschaffen. Maßnahmen der P. werden ausgelöst, wenn eine Unterbesetzung festgestellt wird. Dann ist zunächst über die Art der Abdeckung des Bedarfs zu unterscheiden. – *Möglichkeiten:* (1) Anpassung der personellen Kapazität ohne Veränderung des Personalbestandes (Beispiel: Personal-Leasing); (2) Anpassung durch Veränderung des Personalbestandes (Neueinstellung); (3) Besetzung einer offenen Stelle durch einen bereits vorhandenen Mitarbeiter, der bisher an anderem Ort oder in anderer Funktion für das Kreditinstitut tätig war. – *Instrumente der P.:* (1) Anreiz durch materielle und immaterielle Faktoren, wie gute Bezahlung oder freundliches Arbeitsklima; (2) Beschaffung durch persönliche Kontaktaufnahme (direkt oder indirekt über Head-Hunter, Personalberater oder die Arbeitsvermittlung); (3) Kommunikationspolitik/Öffentlichkeitsarbeit: Durch Maßnahmen der Personalwerbung und durch → Public Relations (PR) wird ein größerer potentieller Bewerberkreis angesprochen. Im Zuge eines Auswahlprozesses, z. B. bei Führungskräften auch durch → Assessment-Center, werden die für das Kreditinstitut am besten geeigneten Bewerber herauszufinden sein, denen dann → Arbeitsverträge angeboten werden.

### Personaldisposition
Optimaler Einsatz der Mitarbeiter auf den vorhandenen Stellen. Die Zuordnung erfolgt insbes. nach Eignung, Motivation, Zeit, Wohn- und Arbeitsort, Kosten.

### Personaleinstellung
Begründung eines Arbeitsverhältnisses durch Abschluß eines → Arbeitsvertrages. Maßnahme der → Personalbeschaffung im Rahmen des → Personalmanagements. Aufgrund der Ergebnisse der Bewerbungsgespräche wird der am geeignetsten erscheinende Bewerber eingestellt. Im Rahmen der P. wird ein Arbeitsvertrag – üblicherweise unter Vereinbarung einer Probezeit – abgeschlossen. Die Mitwirkungsrechte des → Betriebsrates sind bei der P. zu beachten. Der → Arbeitgeber hat in Betrieben mit mehr als zwanzig wahlberechtigten Arbeitnehmern vor jeder Einstellung, Eingruppierung, Umgruppierung und Versetzung rechtzeitig schriftlich oder mündlich den Betriebsrat unter Vorlage der Bewerbungsunterlagen des Einzustellenden zu unterrichten und den in Aussicht genommenen Arbeitsplatz und die vorgesehene Eingruppierung bekanntzugeben (§§ 80 Abs. 2, 90, 92, 99, 100, 105 BetrVerfG). Seitens des Einzustellenden sind → Lohnsteuerkarte, Mitgliedsbescheinigung der Krankenkasse, Sozialversicherungsnachweisheft und Zeugnis des vorherigen Arbeitgebers, Urlaubsbescheinigung, polizeiliches Führungszeugnis vorzulegen.

### Personalentwicklung
Teilbereich der bankbetrieblichen → Personalpolitik. Hauptzweck ist die Förderung der Mitarbeiter durch systematisches Erkennen von Mitarbeiterpotentialen, Qualifikationssteigerung sowie Vermittlung von Fähigkeiten zur Führung von Mitarbeitern und Vorbereitung auf höherwertige Aufgaben. Da-

1217

## Personalführung

mit soll neben der Verbesserung der Leistungsfähigkeit der Bestand an → Führungskräften und Spezialisten entsprechend den bankbetrieblichen Notwendigkeiten sichergestellt werden. Voraussetzung für eine wirksame P. ist eine aussagekräftige Aufgabenanalyse (Welche Kenntnisse und Fertigkeiten werden zur Lösung einer konkreten Aufgabe an einem bestimmten Arbeitsplatz benötigt?) und eine aussagefähige Qualifikationsanalyse der vorhandenen Mitarbeiter (Über welche Kenntnisse und Fertigkeiten verfügen die zu entwickelnden Mitarbeiter bereits?) Maßnahmen der P. sind insbes. Analyse des qualitativen und quantitativen Personalbedarfs, Erstellung von oder Mitwirkung an Personalplänen, Entwicklung von Beurteilungssystemen und Programmen für → Assessment-Center, Mithilfe bei der Lösung organisatorischer Probleme im Personalbereich (Erstellung von Stellenbeschreibungen, Festlegung notwendiger Entwicklungsstadien weiter zu fördernder oder auszubildender Mitarbeiter, Mithilfe bei der Erstellung von Kompetenz- und Arbeitsablaufplänen).

Maßnahmen der P. wenden sich an den einzelnen Mitarbeiter (z. B. Sachbearbeiter, Kundenberater) oder an organisatorische Einheiten (z. B. Team einer Geschäftsstelle oder eines → Profit-Centers).

### Personalführung

Beeinflussung des Verhaltens der einer → Führungskraft unterstellten Mitarbeiter durch unmißverständliche und motivierende Darlegung der eigenen Vorstellungen des Vorgesetzten verbunden mit laufender Überprüfung des eigenen Verhaltens und Auftretens. Das persönliche Verhältnis zwischen Führungskraft und zugeordneten Mitarbeitern beruht auf einer durch die Unternehmensstruktur und -hierarchie legitimierten Herrschaft.

### Personalgesellschaft, → Personengesellschaft.

### Personalkörperschaft, → Körperschaft des öffentlichen Rechts.

### Personalkredit

Im sparkassenrechtlichen Sinne kurz- und mittelfristiger → Kredit, der kein → Realkredit oder → Kommunalkredit ist.
Die Sparkassenmustersatzungen bzw. -verordnungen oder -ordnungen unterscheiden zwischen gesicherten und ungesicherten P. Gesicherte P. sind Kredite, die gegen → Grundpfandrechte oder → Pfandrechte an → Wertpapieren, → Wechseln oder an → Waren und sonstigen → beweglichen Sachen gewährt werden, wenn sie die in sparkassenrechtlichen Vorschriften aufgeführten Voraussetzungen erfüllen, außerdem Kredite gegen → Sicherungsübereignung von Waren, → Abtretung oder → Verpfändung von Rechten, gegen → Bürgschaft, Mithaftung oder gegen → Depotwechsel sowie Diskontierung von Wechseln. Ungesicherte P. sind → Blankokredite. Außerhalb des Sparkassenbereichs werden die Begriffe P. und Blankokredit häufig synonym verwendet.

### Personalmanagement

*Begriff:* Gesamtkomplex der mitarbeiterbezogenen Gestaltungsmaßnahmen zur Verwirklichung der strategischen Ziele des → Kreditinstitutes.

*Aufgaben:* Langfristige Sicherstellung der für die Verwirklichung der strategischen Ziele der Bank notwendigen menschlichen Ressourcen in qualitativer, quantitativer, räumlicher und zeitlicher Hinsicht sowie die Lösung der mit dem Einsatz von arbeitenden Menschen zusammenhängenden rechtlichen, sozialen und verwaltungstechnischen Probleme.

*Grundlagen:* (1) → Arbeitsrecht: insbes. → Betriebsverfassungsgesetz, Mitbestimmungsgesetz, Tarifrecht, Arbeitssicherheitsgesetz, Arbeitszeitrecht, Arbeitszeitordnung, → Kündigungsschutzgesetz. (2) *Verfahrenstechniken/Instrumente:* Arbeitsbewertung, → Beurteilungswesen, → Personalplanung, → Personalbeschaffung, Personalauswahl (z. B. → Assessment-Center), → Personalentwicklung, Personal-Informationssysteme, Arbeitsgestaltung usw.

### Personalmarketing

Darstellung des Bankmanagements gegenüber seinen Mitarbeitern oder potentiellen Bewerbern durch sein → Personalmanagement. Besonders bedeutsam für das P. sind Führungsstil, Informationspolitik nach innen und nach außen, Personalauswahl, Mitarbeiterförderung und -motivation.

### Personalorgankredite, → Organkredite.

### Personalplanung

*Zweck:* P. hat dafür zu sorgen, daß die im → Kreditinstitut benötigten Mitarbeiter mit der erforderlichen Qualifikation in hinreichender Quantität zum gewünschten Zeitpunkt am richtigen Ort unter Berücksichtigung der unternehmenspolitischen Ziele des Instituts zur Verfügung stehen. Die P. ist Teil der →Bankplanung und muß mit dieser abgestimmt werden. Ablauf der P.: (1) Ermittlung des Personalbedarfs; (2) Planung der Mitarbeiterbeschaffung; (3) Planung der →Personalentwicklung; (4) Planung des Mitarbeitereinsatzes. Nach § 92 BetrVG ist der →Betriebsrat über die P. zu informieren und beratend zu beteiligen.

## Personalpolitik
Teil der bankbetrieblichen Unternehmenspolitik, dementsprechend zielorientiert und langfristig und systematisch angelegt. Wichtigste Instrumente der P. sind: Führungsstruktur, Führungsgrundsätze, Festlegung des Gehaltsgefüges, Stellenbeschreibung, →Beurteilungswesen, Aus- und Weiterbildung, →Personal(bedarfs)planung, Art und Weise der Mitarbeiterinformation und der betrieblichen Kommunikation, Arbeitsplatzgestaltung, Personal-Informations-System.
(→Personalmanagement)

## Personalrat
Interessenvertretung der →Arbeitnehmer im öffentlichen Dienst. Der P. ist Träger der →Mitbestimmung im öffentlichen Dienst. Rechtsgrundlage für die Bildung von Personalvertretungen und für die Beteiligung des P. sind die Landespersonalvertretungsgesetze und das Bundespersonalvertretungsgesetz. Die Landespersonalvertretungsgesetze regeln die Personalvertretung in →Sparkassen (als →Anstalten des öffentlichen Rechts) und →Landesbanken/Girozentralen.

## Personal Selling
*Persönlicher Verkauf;* Teilbereich der →Kommunikationspolitik. Aus dem Leistungsobjekt „Geld" und der daraus resultierenden Vertrauensempfindlichkeit von Bankdienstleistungen folgt, daß Bankverkäufer ein hohes Maß an Vertrauen und Glaubwürdigkeit ausstrahlen müssen. Die in der Abstraktheit von Bankprodukten begründete Erklärungsbedürftigkeit erfordert darüber hinaus eine umfassende Qualifikation und hohe Problemlösungsfähigkeit der Mitarbeiter im Kundenkontakt.
P. S. stellt insbes. im →Firmenkundengeschäft das zentrale Kommunikationsinstrument dar (→Beziehungsmanagement).

## Personalsteuerung
*Begriff:* Optimaler qualitativer und quantitativer Aufbau von Personalkapazitäten und deren Einsatz im Rahmen des →Personalmanagements, koordinierter Einsatz der Ressourcen unter Berücksichtigung vorhandener oder demnächst zur Verfügung stehender Technik.

*Schritte:* (1) Festlegung der Ziele und der Strategie der Bank; (2) Definition der Stellenanforderungen (Stellenbeschreibung); (3) Feststellung der benötigten Arbeitskapazitäten (qualitativ und quantitativ); (4) Analyse des vorhandenen Mitarbeiterpotentials (quantitativ und qualitativ); (5) Vergleich der vorhandenen Ressourcen mit den Anforderungen unter Berücksichtigung des alternativ möglichen Einsatzes moderner Technik; (6) Festlegung geeigneter und durchführbarer Maßnahmen (Personaleinstellung, -umsetzung oder -entlassung, Durchführung von Investitionen); (7) soweit notwendig, Abstimmung mit der Arbeitnehmervertretung; (8) Durchführung der notwendigen Personalanpassungsmaßnahmen.

## Personalverwaltung
Administrative personalbezogene Maßnahmen des →Kreditinstitutes, insbes. Anwendung und Umsetzung der Regelungen des geltenden Rechts vom Sozialrecht bis zur →Betriebsvereinbarung, Erledigung aller Formalitäten von der →Personaleinstellung bis zur Personalfreisetzung (z. B. Ausfertigung von Anstellungsverträgen, Ausstellung von →Arbeitszeugnissen), Bearbeitung von Mitarbeiteranträgen und Personalkrediten, Führung der Personalakten sowie der Personalstatistiken, Abwicklung der Gehaltsabrechnungen und Gehaltszahlungen, Personalcontrolling.

## Personalwesen
Oberbegriff für die Funktionsbereiche Personalbedarf, Mitarbeiterbeschaffung, Mitarbeitereinsatz, Aus- und Weiterbildung, Personalbeurteilung, →Personalentwicklung, →Personalmarketing, Mitarbeiterbetreuung und →Personalverwaltung.
(→Personalmanagement)

## Personengesellschaft
Zusammenschluß mehrerer Personen zu einer →Gesellschaft, die auf der Mitgliedschaft der einzelnen Gesellschafter beruht. P. sind die →Gesellschaft bürgerlichen

## Personenhandelsgesellschaft

Rechts (BGB-Gesellschaft, GbR), → Offene Handelsgesellschaft (OHG), → Kommanditgesellschaft (KG) und die → Stille Gesellschaft.
Die gesetzlichen Regelungen über P. sind im BGB und HGB enthalten. Die Vorschriften über die Gesellschaft bürgerlichen Rechts finden auch auf die OHG, KG und Stille Gesellschaft Anwendung, soweit das HGB keine Sonderregelung enthält (§§ 105 Abs. 2, 161 Abs. 2 HGB).
Die P. ist im Gegensatz zur → Kapitalgesellschaft keine → juristische Person (→ Selbstorganschaft). OHG und KG sind aber nach §§ 124 Abs. 1, 161 Abs. 2 HGB juristischen Personen angenähert (→ Personenhandelsgesellschaften).
Die Gesellschafter sind stärker an die Gesellschaft gebunden als bei einer Kapitalgesellschaft. Die Haftung der P. ist nicht auf das Gesellschaftsvermögen beschränkt; vielmehr haften alle Gesellschafter (ausgenommen → Kommanditisten) persönlich, unbeschränkt und gesamtschuldnerisch.
Über das Vermögen der P. können alle Gesellschafter nur gemeinsam verfügen (→ Gesamthandsvermögen, § 719 BGB). Ebenso muß bei einer → Zwangsvollstreckung in das Gesellschaftsvermögen gegen jeden Gesellschafter ein → Vollstreckungstitel erwirkt werden (§ 736 ZPO). Bei der OHG oder der KG reicht aber ein Titel gegen die Gesellschaft (§§ 124 Abs. 2, 161 Abs. 2 HGB). Bei Auflösung oder Ausscheiden eines Gesellschafters hat eine → Auseinandersetzung über das Gesellschaftsvermögen zu erfolgen.
Steuerlich ist eine P. → Gewerbebetrieb (→ Gewerbesteuer), sie unterliegt aber nicht selbst der → Einkommensteuer und → Vermögensteuer. Die Steuerpflicht trifft den einzelnen Gesellschafter.
(→ Unternehmensrechtsformen).

### Personenhandelsgesellschaft

→ Personengesellschaft mit (vollkaufmännischem) → Handelsgewerbe (→ Kaufmann). Dazu zählen die → Offene Handelsgesellschaft (OHG) und die → Kommanditgesellschaft (KG).
Die P. sind nicht rechtsfähig (→ Rechtsfähigkeit). Nach §§ 124 Abs. 1, 16, Abs. 2 HGB sind OHG und KG jedoch als quasijuristische Personen zu sehen, da sie unter ihrer → Firma → Rechte erwerben, → Verbindlichkeiten eingehen, → Eigentum und andere → dingliche Rechte an → Grundstücken erwerben sowie vor Gericht klagen und verklagt werden können.

### Personensicherheiten

→ Kreditsicherheiten, bei denen das Sicherungsrecht des → Gläubigers in einem schuldrechtlichen → Anspruch gegen den mit seinem gesamten → Vermögen haftenden Sicherungsgeber besteht (→ Schuldrecht). I. d. R. ist dies ein neben den → Schuldner tretender Dritter, der vertraglich gegenüber dem Gläubiger die Gewähr übernimmt, daß der Schuldner seine Verpflichtung zur → Rückzahlung des → Kredits erfüllt. Dadurch erhält der Gläubiger die Befugnis, sich ggf. aus dem Vermögen dieses Dritten zu befriedigen.

*Arten*: → Bürgschaft und → bürgschaftsähnliche Sicherheiten (→ Garantie, → Schuldbeitritt, → Kreditauftrag), → Depotakzept. Eine → Patronatserklärung ist eine → Ersatzsicherheit im Kreditgeschäft. – Vgl. Abbildung S. 1221.

*Sicherungsqualität*: Bei P. bildet das gesamte, der → Zwangsvollstreckung unterliegende Vermögen des Sicherungsgebers die Sicherheit. Die Sicherungsqualität hängt von der → Kreditwürdigkeit (Bonität) des Sicherungsgebers ab. P. versagen im Falle der → Zahlungsunfähigkeit des Sicherungsgebers, da der Zahlungsanspruch des Sicherungsnehmers (Kreditgeber) eine nicht bevorrechtigte → Konkursforderung i. S. v. § 61 Nr. 6 KO darstellt.
*Gegensatz*: → Sachsicherheit.

### Personenvereinigung

Meist auf Dauer angelegter Zusammenschluß mehrerer → natürlicher Personen zu einer → Personengesellschaft oder einem anderen Verband (z. B. → Verein) mit oder ohne → Rechtsfähigkeit (→ juristische Person). Jede P. dient einem von den Beteiligten festgelegten gemeinsamen Zweck.

### Persönliche Identifikationsnummer, → PIN.

### Persönlicher Kredit

*Privater Kredit*; → Kredit an einen → Privatkunden, der zur Konsumfinanzierung (→ Konsumentenkredit) dient und entweder als → Ratenkredit über → Darlehenskonto oder als → Dispositionskredit über → Kontokorrentkonto abgewickelt wird. Der Kredit ist unter Verzicht auf eine Zweckbindung in erster Linie auf die persönliche → Kreditwürdigkeit abgestellt.

# Persönlicher Kredit

## Personensicherheiten – Arten

**Personensicherheiten**

- **Bürgschaft (§§ 765 ff. BGB)**

  Akzessorisches, d. h. vom Bestand der Hauptschuld abhängiges Sicherungsrecht, durch das der Bürge sich gegenüber dem Kreditinstitut verpflichtet, für die Erfüllung der Verbindlichkeit eines Dritten (Kreditnehmer) einzustehen (§§ 765, 767 BGB)

- **Garantie**

  Nichtakzessorisches (abstraktes), d. h. vom Bestand der Hauptschuld unabhängiges Sicherungsrecht, durch das der Garant (Garantiegeber) dem Kreditinstitut als Gläubiger (Garantienehmer) gegenüber die Gewähr für den Eintritt eines bestimmten Erfolges (z. B. Rückzahlung eines Kredites durch den Schuldner) übernimmt

- **Schuldbeitritt** Schuldmitübernahme

  Sicherungsrecht, durch das der Sicherungsgeber sich gegenüber dem Kreditinstitut verpflichtet, für die Schuld des Primärschuldners gesamtschuldnerisch mitzuhaften (§§ 427, 421–425 BGB)

- **Kreditauftrag (§ 778 BGB)**

  Auftrag an einen anderen, einem Dritten im eigenen Namen und auf eigene Rechnung Kredit zu geben

- **Depotakzept**

  Nichtakzessorisches Sicherungsmittel, bei dem ein Dritter eine wechselrechtliche Verpflichtung zur Sicherung einer Forderung übernimmt

**Persönlicher Verkauf**

**Persönlicher Verkauf,** → Personal Selling.

**Persönliches Darlehen**
*Privates Darlehen;* → Kredit an → Privatkunden, der zur Konsumfinanzierung (→ Konsumentenkredit) dient und über ein → Darlehenskonto abgewickelt wird.

**Persönlich haftender Gesellschafter**
Speziell in der → Kommanditgesellschaft (KG) und der → Kommanditgesellschaft auf Aktien (KGaA) als → Komplementär bezeichnete → Person, die den → Gläubigern der Gesellschaft für deren → Verbindlichkeiten unbeschränkt, also auch mit dem Privatvermögen haftet. P.h.G. ist aber auch jeder Gesellschafter einer → Offenen Handelsgesellschaft (OHG) und einer → Gesellschaft bürgerlichen Rechts (BGB-Gesellschaft, GbR).

**Petrodollars**
Überschüssige US-Dollars, die von den erdölexportierenden Ländern (OPEC, → Organization of Petroleum Exporting Countries) an den → Finanzmärkten der westlichen Industriestaaten angelegt werden.

**Pfandbrief**
Festverzinsliche → Schuldverschreibungen, die auf der Grundlage des → Hypothekenbankgesetzes von → privaten Hypothekenbanken (→ Realkreditinstitute) und auf der Grundlage des Pfandbriefgesetzes von öffentlich-rechtlichen Pfandbriefinstituten (→ öffentlich-rechtliche Grundkreditanstalten) und anderen öffentlich-rechtlichen Kreditanstalten (→ Landesbanken/Girozentralen) als → Inhaberpapier oder – in Ausnahmefällen – als → Namenspapiere ausgegeben werden. P. dienen der → Refinanzierung von → Realkrediten, die gegen → Beleihung von Grundstücken gewährt werden; sofern die P. von → Schiffspfandbriefbanken auf der Grundlage des → Schiffsbankgesetzes emittiert werden (Refinanzierung von hypothekarisch gesicherten Schiffskrediten; → Schiffskreditgeschäft) tragen sie die Bezeichnung → Schiffspfandbriefe.

*Gesetzliche Regelungen zum Schutz der Pfandbriefgläubiger:*
a) *Bezeichnungsschutz:* Den angeführten Instituten ist es vorbehalten, festverzinsliche Wertpapiere mit der Bezeichnung „Pfandbrief" zu emittieren. Die spezielle Bezeichnung → „Hypothekenpfandbrief" bleibt den privaten Hypothekenbanken vorbehalten, wenn bestimmte Bedingungen erfüllt sind.

b) *Kongruenz- oder Deckungsprinzip:* Der Gesamtbetrag der umlaufenden P. muß gemäß § 6 Abs. 1 HypBankG bzw. § 2 Abs. 1 Pfandbriefgesetz in Höhe des → Nennwertes jederzeit durch → Hypotheken oder → Grundschulden von wenigstens gleicher Höhe und gleichem Zinsertrag gedeckt sein (ordentliche Deckung). Die Funktion der ordentlichen Deckung liegt in erster Linie in der Sicherstellung der Zinsansprüche, aber auch der Tilgungsansprüche der Pfandbriefgläubiger.

c) Eine *Ersatzdeckung* ist bis zu 10% des Pfandbriefumlaufs durch → Schuldverschreibungen, → Schuldbuchforderungen, → Schatzwechsel und → Schatzanweisungen des Bundes, eines → Sondervermögens des Bundes oder eines Landes und durch Schuldverschreibungen, deren Verzinsung und → Rückzahlung durch den Bund, ein Sondervermögen des Bundes oder ein Land gewährleistet ist, sowie durch Bankguthaben (insbes. Bundesbankguthaben), → Bargeld und → Ausgleichsforderungen möglich (§ 6 Abs. 4 HypBankG, § 2 Abs. 3 Pfandbriefgesetz).

d) → *Hypothekenregister:* Alle Hypotheken (Grundschulden) und sonstigen Deckungswerte müssen von der Hypothekenbank bzw. der Kreditanstalt einzeln in ein Register (Hypothekenregister) eingetragen sein (§ 22 Abs. 1 HypBankG, § 3 Pfandbriefgesetz). Der vom BAK nach § 29 Abs. 1 HypBankG bei jeder Hypothekenbank bestellte Treuhänder hat auf das jederzeitige Vorhandensein der vorschriftsmäßigen Deckung, auf die Eintragung der Deckungswerte in das Hypothekenregister sowie auf die Einhaltung der Umlaufgrenzen zu achten (§ 30 HypBankG). Er bescheinigt die vorschriftsmäßige Deckung auf den Hypothekenpfandbriefen, ist aber nicht für die Überprüfung der Werthaltigkeit der Deckungswerte zuständig (diese Aufgabe kommt den Jahresabschlußprüfern zu). Der Treuhänder hat die → Urkunden (insbesondere die → Hypotheken- und → Grundschuldbriefe) unter Mitverschluß der Hypothekenbanken zu verwahren (§ 31 Abs. 1 HypBankG). Die Freigabe von Deckungswerten bedarf seiner

**Pfandbrief**

Zustimmung (§ 29 Abs. 4 HypBankG). Der Treuhänder ist vom Emissionsinstitut und vom → Bundesaufsichtsamt für das Kreditwesen (BAK) unabhängig; er handelt lediglich im Interesse der Hypothekenpfandbriefgläubiger. Für die öffentlich-rechtlichen Kreditanstalten ist ein Treuhänder nicht vorgeschrieben, da die Kontrolle durch die jeweiligen Aufsichtsbehörden für ausreichend angesehen wird. In zahlreichen Fällen bestimmt jedoch die → Satzung, daß ein Treuhänder zu bestellen ist.

e) *Qualität der Deckungswerte:* Deckungswerte sind Hypotheken und Grundschulden (§§ 10, 40 Abs. 1 HypBankG). Gemäß §§ 1, 11 und 12 HypBankG dürfen nur inländische Grundstücke beliehen werden, wobei die → Beleihungsgrenze 60% des → Beleihungswertes betragen darf (erststellige Hypotheken im wirtschaftlichen Sinne) und der Beleihungswert den durch sorgfältige Ermittlung festgestellten Verkaufswert nicht überschreiten darf.

f) *Konkursvorrecht:* Im Falle des → Konkurses des Kreditinstituts werden die Pfandbriefgläubiger aus dem im Hypothekenregister eingetragenen Werten vorrangig befriedigt (Entsprechung zum Recht auf → Absonderung). Untereinander haben die Pfandbriefgläubiger den gleichen → Rang.

g) *Umlaufgrenzen:* Der Gesamtbetrag der im Umlauf befindlichen Hypothekenpfandbriefe und Kommunalschuldverschreibungen einer Hypothekenbank darf den 60fachen Betrag (bei → gemischten Hypothekenbanken gemäß § 46 Abs. 2 den 48fachen Betrag) des → haftenden Eigenkapitals der Kreditinstitute nicht übersteigen (§ 7 Abs. 1 HypBankG); dabei sind unter bestimmten Voraussetzungen Gelder anzurechnen, die die Hypothekenbank nach § 5 Abs. 1 Nr. 4 HypBankG als → Einlagen oder → Darlehen angenommen oder aus der Ausgabe von Schuldverschreibungen erhalten hat. Da mit diesen Umlaufgrenzen indirekt das → Kreditgeschäft begrenzt wird, ist es eine Vorschrift, die das gesamte Risikopotential in Relation zum → Eigenkapital limitiert. In der Wirkungsweise ist diese Vorschrift dem → Eigenkapitalgrundsatz I vergleichbar, nur sind die Grenzen für das Gesamtkreditvolumen der Hypothekenbanken zum Schutze der Pfandbriefgläubiger enger gezogen. Für die öffentlich-rechtlichen Grundkreditanstalten und Landesbanken sind Umlaufgrenzen für P. nicht festgelegt. Sie unterliegen dem Eigenkapitalgrundsatz I.

h) *Spezialitätsprinzip:* Die „Nebengeschäfte" der privaten Hypothekenbanken werden durch § 5 HypBankG begrenzt. Die Annahme von Einlagen, Aufnahme von Darlehen und Ausgabe von nicht deckungspflichtigen Schuldverschreibungen (die nicht die Bezeichnung „Pfandbrief" tragen dürfen) ist für private Hypothekenbanken insgesamt auf das Fünffache des haftenden Eigenkapitals beschränkt. Bis zu 15% des Gesamtbetrages der hypothekarischen Beleihungen dürfen auch → Hypothekarkredite, die nicht zur Pfandbriefdeckung geeignet sind, gewährt werden (nachrangige Kredite im Außerdeckungsgeschäft). Durch das Spezialitätsprinzip werden risikobehaftete Geschäfte stark eingeschränkt, z. B. ist das Geschäft mit → Kontokorrentkrediten nicht erlaubt.

i) *Rettungserwerb von Grundstücken:* Werden zur Verhütung eines Verlustes von einer privaten Hypothekenbank oder eines öffentlich-rechtlichen Pfandbriefinstituts Grundstücke erworben, so darf als Deckungswert höchstens die Hälfte des vor dem Erwerb zugrunde gelegten Deckungswertes angesetzt werden (§ 6 Abs. 3 HypBankG, § 2 Abs. 2 Pfandbriefgesetz).

*Emission:* Die staatliche Emissionsgenehmigung für → Inhaberschuldverschreibungen erfolgte bis 31. 12. 1990 gemäß §§ 795 und 808a BGB. Durch das Gesetz zur Vereinfachung der Ausgabe von Schuldverschreibungen wurden die §§ 795 und 808a BGB aufgehoben. Gleichzeitig ist das Gesetz über die staatliche Genehmigung der Ausgabe von Inhaber- und → Orderschuldverschreibungen außer Kraft getreten. Den Belangen des Anlegerschutzes und der Verbraucheraufklärung wird durch das → Wertpapier-Verkaufsprospektgesetz Rechnung getragen. Pfandbriefinstituten ist an einer langfristigen → Plazierung ihrer P. gelegen. Sie gewähren Großanlegern vielfach eine Bonifikation (Behalteprämie) von 1/2 bis 1%; diese ist zurückzuzahlen, wenn die P. vor Ablauf eines Jahres oder von zwei Jahren vom Aussteller zurückgekauft werden. Um den „Emissionskredit" (Absetzbarkeit von P.) zu erhalten, betreiben die Pfandbriefinstitute → Kurspflege. Sie treten als Käufer ihrer Papiere am Markt auf, um zufällige und heftige Kursausschläge zu verhindern (aber

**Pfandbriefanstalten**

nicht, um gegen den Kurstrend zu intervenieren) und um das Funktionieren des Marktes zu sichern.

*Fälligkeit:* Die →Emissionen sind i. d. R. zum festgesetzten Termin in einem Betrag fällig (Gesamtfälligkeit).

→Mündelsicherheit, *Lombardfähigkeit:* Pfandbriefe sind kraft Gesetzes mündelsicher; dies ist jedoch kaum von praktischer Bedeutung, seitdem den →Kapitalsammelstellen eine mündelsichere Anlage nicht mehr vorgeschrieben ist. Nach Börseneinführung nimmt die Bundesbank die Pfandbriefe in die Liste der lombardfähigen Wertpapiere auf (→Lombardfähigkeit).

**Pfandbriefanstalten**
Bezeichnung für →Kreditinstitute, die sich für Ausleihungen im Hypothekarkreditgeschäft (→Hypothekarkredite, →Realkredite) durch Ausgabe von →Pfandbriefen, für Ausleihungen im Kommunalkreditgeschäft (→Kommunalkredite) durch Kommunalschuldverschreibungen refinanzieren. Nach der →Bankenstatistik der Deutschen Bundesbank werden sie als →öffentlich-rechtliche Grundkreditanstalten bezeichnet. Das →Pfandbriefgesetz spricht von →öffentlich-rechtlichen Kreditanstalten.

**Pfandbriefbanken**
Zu den P. zählen neben den →Pfandbriefanstalten auch →private Hypothekenbanken und →Schiffspfandbriefbanken.

**Pfandbriefdeckung**
Bezeichnung für das Vorhandensein von grundpfandrechtlichen Sicherheiten für umlaufende →Schuldverschreibungen von →Realkreditinstituten.

*Grundsatz:* Nach § 6 Abs. 1 HypBankG bzw. § 2 Abs. 1 PfandBG bzw. § 6 Abs. 1 SchiffsBankG muß der Gesamtbetrag der im Umlauf befindlichen →Hypothekenpfandbriefe bzw. der im Umlauf befindlichen →Pfandbriefe oder →Schiffspfandbriefe in Höhe des →Nennwertes jederzeit durch →Hypotheken (bei Schiffspfandbriefbanken durch Darlehensforderungen, die durch →Schiffshypotheken gesichert sind) von mindestens gleicher Höhe und mindestens gleichem Zinsertrag gedeckt sein (ordentliche Deckung). Den Hypotheken stehen →Grundschulden gleich (§ 40 Abs. 1 HypBankG, § 9 Abs. 1 PfandBG), wobei Grundschulden in der Praxis heute als →Kreditsicherheiten eine größere Bedeutung haben als Hypotheken.

*Ordentliche Deckung und Ersatzdeckung:* Als ordentliche Deckung können auch →Ausgleichsforderungen sowie Deckungsansprüche, Deckungsforderungen und Erstattungsansprüche nach verschiedenen Gesetzen herangezogen werden. Die zur Deckung der Pfandbriefe (Schiffspfandbriefe) dienenden Hypotheken bzw. Grundschulden (durch Schiffshypotheken gesicherte Darlehensforderungen) sowie die sonstigen als ordentliche Deckung verwendeten Werte sind von der Bank einzeln in ein Register (→Hypothekenregister) einzutragen; dies gilt ebenfalls für die als Ersatzdeckung anstelle der ordentlichen Deckung unter bestimmten Voraussetzungen zugelassenen Werte, wie z. B. →Schuldverschreibungen, →Schuldbuchforderungen, →Schatzwechsel und →Schatzanweisungen des Bundes und der Länder, →Ausgleichsforderungen, Bundesbank-, Bank- und Sparkassenguthaben wie auch →Bargeld (§ 6 Abs. 4 HypBankG, § 2 Abs. 3 PfandBG, § 6 Abs. 3 SchiffsBankG). Die Ersatzdeckung darf zehn Prozent des Pfandbriefumlaufs nicht übersteigen (§ 6 Abs. 5 HypBankG, § 6 Abs. 4 SchiffsBankG). Bei →öffentlich-rechtlichen Kreditanstalten (→öffentlich-rechtliche Grundkreditanstalten, →Landesbanken/Girozentralen) kann das →Bundesaufsichtsamt für das Kreditwesen (BAK) zulassen, daß die Ersatzdeckung bis zu 20 Prozent der umlaufenden Pfandbriefe beträgt, soweit dies zur Erfüllung von Aufgaben, die im öffentlich-rechtlichen Interesse liegen, erforderlich ist (§ 2 Abs. 4 PfandBG). Die Ersatzdeckung soll die Einhaltung des Deckungsprinzips auch bei unerwarteten Kreditrückzahlungen ermöglichen. Zum anderen wird es einer Bank damit möglich, →Zinsänderungsrisiken einzuschränken. Hypothekarkredite zu Festzinskonditionen werden vielfach von Baubeginn zugesagt, die Deckungswerte sind jedoch erst heranzuziehen, wenn die Eintragung im →Grundbuch und die Auszahlung erfolgt sind. Um ein Zinsänderungsrisiko zu vermeiden, erfolgt die →Emission der Pfandbriefe bei Kreditzusage und nicht bei Auszahlung.

*Treuhänder:* Bei Hypothekenbanken und bei Schiffspfandbriefbanken ist ein Treuhänder (sowie ein Stellvertreter) zu bestellen, der durch das Bundesaufsichtsamt für das Kreditwesen nach Anhörung der Bank berufen wird. Der Treuhänder, ausgestattet mit bestimmten normativen Befugnissen, hat vor allem darauf zu achten, daß die vorschriftsmäßige Deckung für die Pfandbriefe jederzeit vorhanden ist (§§ 29 ff. HypBankG, §§ 28 ff. SchiffsBankG).

*Kommunalschuldverschreibungen:* Werden von einer Hypothekenbank Kommunalschuldverschreibungen (→ Kommunalobligation) nach den Bestimmungen des Hypothekenbankgesetzes ausgegeben, so sind auf diese Schuldverschreibungen und die ihnen zugrunde liegenden Darlehensforderungen besondere Vorschriften des Hypothekenbankgesetzes mit der Maßgabe anzuwenden, daß an die Stelle der Hypothekenpfandbriefe die Kommunalschuldverschreibungen, an die Stelle der Pfandbriefgläubiger die → Gläubiger der Kommunalschuldverschreibungen, an die Stelle der Hypotheken die → Kommunalkredite und an die Stelle des Hypothekenregisters das → Deckungsregister für die zur Deckung der Kommunalschuldverschreibungen bestimmten Kommunaldarlehen und Ersatzwerte treten (§ 41 HypBankG).

*Schiffskommunalschuldverschreibungen:* Werden von einer Schiffspfandbriefbank → Schiffskommunalschuldverschreibungen nach den Bestimmungen des Schiffsbankgesetzes ausgegeben, so sind auf diese Schuldverschreibungen und die ihnen zugrundeliegenden Darlehensforderungen besondere Vorschriften des Schiffsbankgesetzes mit der Maßgabe anzuwenden, daß an die Stelle der Schiffspfandbriefe die Schiffskommunalschuldverschreibungen, an die Stelle der Schiffspfandbriefgläubiger die Gläubiger der Schiffskommunalschuldverschreibungen, an die Stelle der Schiffshypotheken und der durch Schiffshypotheken gesicherten Darlehensforderungen die → Schiffskommunaldarlehen und an die Stelle des Deckungsregisters zur Eintragung der Deckung der Schiffspfandbriefe das Register für die Deckung der Schiffskommunalschuldverschreibungen bestimmten Schiffskommunaldarlehen und sonstigen Werte treten (§ 42 Abs. 1 SchiffsBankG).

## Pfandbriefgesetz
Gesetz über die Pfandbriefe und verwandten Schuldverschreibungen → öffentlich-rechtlicher Kreditanstalten, das die Ausgabe von → Pfandbriefen und Kommunalschuldverschreibungen (→ Kommunalobligation) der → öffentlich-rechtlichen Grundkreditanstalten regelt.
Für die privatrechtlichen Hypothekenbanken (→ private Hypothekenbanken) gilt das → Hypothekenbankgesetz.

**Pfandbriefinstitute,** → Pfandbriefanstalten, → Pfandbriefbanken.

## Pfandbriefprivileg
Gesetzlich geschaffene Berechtigung zur Ausgabe von → Pfandbriefen. Das P. steht den → öffentlich-rechtlichen Grundkreditanstalten sowie den → Landesbanken/Girozentralen nach dem → Pfandbriefgesetz, den → privaten Hypothekenbanken nach dem → Hypothekenbankgesetz sowie den → Schiffspfandbriefbanken nach dem → Schiffsbankgesetz zu.

## Pfandbrief-Richtlinie
In der → Hypothekarkredit-Richtlinie ist vorgesehen, daß ein Aufnahmemitgliedstaat bis zu einer Koordinierung des Pfandbriefrechts verlangen kann, daß die Ausgabe von → Pfandbriefen in seinem Hoheitsgebiet in Übereinstimmung mit den einschlägigen nationalen Bestimmungen erfolgen muß. Der 1987 vorgelegte, aber einstweilen nicht weiter verfolgte Entwurf der EG-Kommission zu einer Richtlinie „über die Ausgabe von Pfandbriefen" sieht eine Harmonisierung der relevanten Vorschriften (→ EG-Bankrecht) nur soweit wie nötig vor (z. B. Mindestanforderungen an Pfandbriefe, Beleihungsgrenze bei Deckungsdarlehen, Bezeichnungsschutz).

## Pfandbriefumlauf
Gesamtbetrag der im Umlauf befindlichen → Pfandbriefe einer → private Hypothekenbank oder einer Schiffspfandbriefbank oder einer → öffentlich-rechtlichen Grundkreditanstalt oder einer → Landesbank/Girozentrale. Veröffentlichungen der → Deutschen Bundesbank darüber erfolgen in den → Monatsberichten der Deutschen Bundesbank.

## Pfanddepot
Synonym für → Depot C (→ Depotsonderformen).

## Pfandindossament
→ Indossament, durch das der → Wechsel verpfändet wird (→ Verpfändung). Es kann ein offenes P. (Indossament mit Zusatz „Wert zum Pfand" o. ä.) sein und berechtigt

**Pfandklausel der AGB**

dann die Pfandgläubiger nur zum Einzug der Wechselforderung (Art. 19 WG). Gebräuchlicher ist dagegen das verdeckte P. (Indossament ohne entsprechenden Zusatz), häufig in der Form des → Blankoindossaments, wie es die → Deutsche Bundesbank für die Gewährung vom → Lombardkredit verlangt. Dann kann der → Gläubiger nach → Pfandreife auch den Wechsel durch Verkauf der Wechselforderung verwerten.

**Pfandklausel der AGB,** → AGB-Pfandrecht der Kreditinstitute.

**Pfandrecht**

Dingliches (absolutes), d. h. gegenüber jedermann wirkendes Verwertungsrecht an einer → Sache oder einem → Recht zur Sicherung einer → Forderung (→ Schuldverhältnis). Das P. gehört einerseits zur Kategorie der beschränkt → dinglichen Rechte, andererseits zur Gruppe der → Sachsicherheiten, wobei alle P. mit Ausnahme der abstrakten → Grundschuld als → akzessorische Sicherheiten ausgestaltet sind. Das P. kann nur an einzelnen Vermögensgegenständen begründet und nur zur Sicherung einzelner bestimmter Forderungen bestellt werden. An demselben Pfandgegenstand können mehrere P. entstehen, deren Rang sich dann nach dem Prioritätsgrundsatz bestimmt. Eine Ausnahme gilt nur für die → gesetzlichen Pfandrechte bestimmter Kaufleute (§ 443 Abs. 1 HGB).

*Arten*: (1) Nach dem Pfandgegenstand werden → Grundpfandrechte (→ Hypothek, → Grundschuld, → Rentenschuld), P. an → beweglichen Sachen (→ Mobiliarpfandrecht, Sonderfälle: → Schiffshypothek und → Registerpfandrecht an Luftfahrzeugen) und → Pfandrechte an Rechten (→ Pfandrecht an Forderungen, P. an sonstigen Rechten, z. B. an GmbH-Anteilen, an Anteilen von → Personengesellschaften) unterschieden. (2) Nach dem Entstehungsgrund werden → Vertragspfandrechte und gesetzliche Pfandrechte unterschieden. (3) Pfandrechtscharakter weist auch das → Pfändungspfandrecht auf, das durch den staatlichen Hoheitsakt der → Pfändung im Wege der → Zwangsvollstreckung entsteht (§§ 803 ff. ZPO).

*Publizität*: Das P. muß nach außen erkennbar sein. Bei beweglichen Sachen wird dies durch Übertragung des Besitzes an den Pfandgläubiger (§§ 1205, 1206 BGB), bei Geldforderungen durch die Verpfändungsanzeige an den → Schuldner der verpfändeten Forderung (§ 1280 BGB) und bei → Grundstücken durch die Eintragung in das → Grundbuch (§ 873 BGB) dokumentiert. Die Publizitätserfordernis ist die Hauptursache dafür, daß das → Faustpfandrecht und das P. an Rechten als Kreditsicherungsmittel keine große Bedeutung haben, sondern weitgehend durch die → Sicherungsübereignung und → Sicherungsabtretung verdrängt worden sind.

**Pfandrecht an Forderungen**

→ Vertragspfandrecht an Geldforderungen, z. B. an → Forderungen aus Guthaben von → Sparkonten oder → Festgeldkonten oder aus → Sparbriefen/Sparkassenbriefen, wobei zur Wirksamkeit die → Verpfändung eine Anzeige an den → Schuldner erforderlich ist (§ 1280 BGB).
(→ Pfandrecht, → Pfandrecht an Rechten)

**Pfandrecht an Rechten**

→ Vertragspfandrecht nach §§ 1273 ff. BGB, auf das die Vorschriften über das → Faustpfandrecht entsprechende Anwendung finden, soweit sich aus den gesetzlichen Vorschriften nicht ein anderes ergibt (§ 1273 Abs. 2 BGB).

*Verpfändungsobjekte* können alle übertragbaren Vermögensrechte sein, z. B. Geldforderungen (→ Forderungen aus Kontoguthaben, Forderungen aus Lieferungen und Leistungen), → Rechte an → Grundstücken, → Beteiligungen an → Gesellschaften.

*Bestellung*: Sie erfolgt nach den für die → Übertragung des Rechtes geltenden Vorschriften (§ 1274 Abs. 1 BGB). Mangels gesetzlicher Sonderbestimmungen genügt ein formloser Verpfändungsvertrag (§§ 398, 413 BGB; wichtige Ausnahmen: → Grundpfandrechte sowie → Inhaberpapiere und → Orderpapiere). Die → Verpfändung von Geldforderungen bedarf zusätzlich der Anzeige des → Gläubigers der Forderung an den → Schuldner (§ 1280 BGB), so daß eine stille Form der Verpfändung wie bei der → Abtretung (→ stille Zession) nicht möglich ist. Die Verpfändung eines Rechts setzt dessen Übertragbarkeit voraus (§§ 1274 Abs. 1, 398, 413 BGB).

Ein → gutgläubiger Erwerb kommt nur bei Inhaberpapieren, Orderpapieren und Grundpfandrechten in Betracht.

*Pfandverwertung*: Die Befriedigung aus einem verpfändeten Recht (z. B. → Grundschuld, Miterbenanteil, Gesellschaftsanteil) erfolgt grundsätzlich nur aufgrund eines → Vollstreckungstitels des Pfandgläubigers gegen den Inhaber des verpfändeten Rechts nach den Vorschriften über die → Zwangsvollstreckung (§ 1277 BGB). Bei Geldforderungen verfügt allerdings der Pfandgläubiger bereits über ein Einziehungsrecht gegenüber dem Schuldner (§ 1282 BGB). Mangels abweichender Vereinbarung zwischen Pfandgläubiger und Gläubiger kann der Schuldner vor → Fälligkeit nur an beide gemeinschaftlich leisten (§§ 1281, 1284 BGB). Bedeutung für die Praxis der Kreditsicherung haben vor allem die Verpfändung von verbrieften Rechten (→ Wertpapieren) sowie die Verpfändung von Anteilen an einer GmbH oder → Personengesellschaft. Bei Geldforderungen ist die Abtretung (→ Sicherungsabtretung) an die Stelle der Verpfändung getreten.

*Bedeutung*: Die Verpfändung von Forderungen aus Kontoguthaben und Wertpapieren dient häufig zur Besicherung von → Kontokorrentkrediten, wobei in den Fällen, in denen das kreditgebende Institut selbst Schuldner ist, eine Verpfändung die einzig zweckmäßige Sicherungsform darstellt (→ AGB-Pfandrecht der Kreditinstitute). (→ Pfandrecht, → Pfandrecht an Forderungen)

### Pfandreife
Voraussetzung für die Verwertung einer → Sache, an der ein → Pfandrecht besteht. Die P. tritt ein, sobald die durch das Pfand gesicherte → Forderung des → Gläubigers ganz oder teilweise fällig ist. Ist die Forderung nicht auf eine Geldzahlung gerichtet, so tritt P. frühestens dann ein, wenn die Forderung in eine Geldforderung übergegangen ist (§§ 1228, 1273, 1282 BGB).

### Pfändung
Hoheitlicher Akt, durch den die → Zwangsvollstreckung wegen Geldforderungen in das bewegliche → Vermögen des → Schuldners erfolgt (→ Pfändung von beweglichen Sachen, → Pfändung von Geldforderungen). Mit der P. wird ein Gegenstand der Verfügungsmacht des Schuldners entzogen, um zugunsten des → Gläubigers verwertet zu werden. Die P. begründet ein Veräußerungsverbot, das eine Verfügung des Schuldners über den gepfändeten Gegenstand dem Gläubiger gegenüber unwirksam macht (§§ 135, 136 BGB). Bei P. von Geldforderungen hat der Pfändungsbeschluß neben dem Verfügungsverbot an den Schuldner auch ein Zahlungsverbot an den → Drittschuldner zu enthalten (§ 829 ZPO). Eine Sonderform der P. ist die → Vorpfändung.

### Pfändung in Bankkonten
Zu unterscheiden ist Pfändung in → Konten, die ausschließlich auf Guthabenbasis geführt sind, sowie in → Kontokorrentkonten.

*Pfändung in Guthabenkonten:* → Sparkonten, → Termingeldkonten.

*Pfändung in Kontokorrentkonten:* Zur Pfändung von → Forderungen ist Zustellung eines gerichtlichen Pfändungsbeschlusses erforderlich. Der Pfändungsbeschluß verbietet dem → Drittschuldner (kontoführendes → Kreditinstitut), an den → Schuldner (Inhaber des Kontokorrentkontos) zu zahlen. Außerdem verbietet es dem Schuldner, über die Forderung zu verfügen (§ 829 Abs. 1 ZPO). Der → Gläubiger kann verlangen, daß der Drittschuldner innerhalb von zwei Wochen nach der Zustellung des Pfändungsbeschlusses die → Drittschuldnererklärung nach § 840 ZPO abgibt. Das Kreditinstitut hat zu erklären, ob und inwieweit es die Forderungen als begründet ansieht. Die Pfändung einer Forderung wird mit Zustellung des Pfändungsbeschlusses an den Drittschuldner wirksam (§ 829 Abs. 3 ZPO).

Der Gläubiger hat das Recht, dem Kreditinstitut schon vor Erlaß des Pfändungsbeschlusses ein vorläufiges Zahlungsverbot (auch → Vorpfändung oder Pfändungsankündigung genannt) zuzustellen, vorausgesetzt, der Gläubiger besitzt einen → Vollstreckungstitel. Aufgrund dieses Titels kann er dem Kreditinstitut durch den Gerichtsvollzieher die Benachrichtigung der bevorstehenden Pfändung zukommen lassen mit der Aufforderung, nicht mehr an den Schuldner (Kontoinhaber) zu zahlen (§ 845 ZPO).

Eine gepfändete Geldforderung wird i.d.R. dem Gläubiger zur Einziehung überwiesen. Mit dem Pfändungsbeschluß ist i.d.R. ein Überweisungsbeschluß verbunden (→ Pfändungs- und Überweisungsbeschluß). Der Gläubiger ist dadurch berechtigt, die überwiesene Forderung im eigenen Namen einzuziehen und sich daraus für seine → Ansprüche zu befriedigen. Gemäß § 835 Abs. 1 ZPO ist dem Gläubiger nach seiner Wahl die gepfändete Geldforderung zur Einziehung

**Pfändung in Bankkonten**

oder an Zahlungs Statt zu überweisen. Das Kreditinstitut darf erst nach →Zustellung des Überweisungsbeschlusses an den Gläubiger leisten (§ 835 Abs. 3 ZPO).
Der *Pfändungsbeschluß* muß die gepfändete Forderung genau beschreiben. Die Identität der Forderung muß zweifelsfrei festgestellt werden können. Kontokorrentzugehörige Einzelforderungen (z. B. Anspruch aus Überweisungseingängen, aus gutzuschreibenden →Schecks) sind nicht pfändbar. Pfändbar ist nur der →Saldo des Kontokorrentkontos (Überschuß, der einer der am Kontokorrent beteiligten Parteien bei Abrechnung zusteht). Regelmäßig erfolgt dies im Rahmen einer sog. *Doppelpfändung* (Pfändung des gegenwärtigen und des zukünftigen Saldos). Pfändbar ist auch der sog. Zustellungssaldo, also der gegenwärtige Saldo, der im Zeitpunkt des Eingangs des Pfändungs- und Überweisungsbeschlusses besteht (§ 357 S. 1 HGB), der nächste periodische Saldo und nach einer BGH-Entscheidung von 1981 auch alle künftigen Salden bis zur vollständigen Befriedigung des Gläubigers. Mit Zulassung der Pfändbarkeit des Auszahlungsanspruchs wird vermieden, daß ein Schuldner durch Abbau vorhandener Guthaben bis zum nächsten Rechnungsabschluß die Saldopfändung ergebnislos werden läßt. Da Eingänge, die nach Zustellung des Pfändungs- und Überweisungsbeschlusses dem Konto gutgeschrieben werden, von der Pfändung erfaßt werden, kann der Kontoinhaber bis zur vollständigen Befriedigung des Pfändungsgläubigers nicht mehr verfügen. Das Kreditinstitut darf zu Lasten des Kundenkontos →Wechsel, →Lastschriften und Schecks sowie andere →Einzugspapiere nicht mehr einlösen (→Einlösen von Lastschriften und Schecks). Hiervon ausgenommen sind scheckkartengarantierte Schecks (→Scheckkartengarantie) im Rahmen der Einlösungsgarantie; auch dann, wenn der Kontoinhaber die Schecks nach Eingang der Pfändung beim ausgestellt hat.
Das Kreditinstitut hat den Saldo des Kontos zu errechnen. Noch nicht gebuchte Gutschriften sind, soweit es sich nicht um E.-v.-Gutschriften (→Eingang vorbehalten) handelt, zuzurechnen. Erfolgte E.-v.-Gutschriften können storniert werden (→Stornierung von Buchungen). Für Forderungen des Kreditinstituts an den Kunden, auch auf Zinsen und Gebühren, hat das Kreditinstitut ein vorrangiges Pfandrecht (Nr. 14 AGB Banken und Nr. 21 AGB Sparkassen). Dieses →AGB-Pfandrecht der Kreditinstitute erfaßt auch Ansprüche des Kreditinstituts, die nach Zustellung der Pfändung entstehen, z. B. Ansprüche aus der Einlösung später vorgelegter scheckkartengarantierter Schecks im Rahmen der Einlösungsgarantie. Nicht ausgeschöpfte →Kreditlinien können zwar gepfändet und damit für den Bankkunden als Schuldner blockiert werden. Eine Überweisung an den Gläubiger lehnt die Rechtsprechung jedoch ab, so daß dieser auch keine Auszahlung an sich erwirken kann.

*Besonderheiten bei Arbeitseinkommen und Sozialleistungen:* Diese Ansprüche des Kunden sind überhaupt nicht oder nur begrenzt pfändbar (→unpfändbare Gegenstände). Mit →Überweisung auf das Konto wandeln sie sich in einen Anspruch gegen das Kreditinstitut um. Um dem Schuldner den Schutz zu erhalten gilt: Bei der Pfändung von Arbeitseinkommen und ähnlichen Einkünften i.S. von § 850 ZPO kann der Schuldner durch das Vollstreckungsgericht die Guthabenpfändung im Rahmen der Pfändungsschutzbedingungen aufheben lassen (§ 850k ZPO). Um ihm genügend Zeit hierfür zu geben, wird die Auszahlung der gepfändeten, aber geschützten Beträge an den Gläubiger für die Dauer von zwei Wochen nach Zustellung des Überweisungsbeschlusses untersagt (§ 835 Abs. 3 S. 2 ZPO). Insoweit hat das Kreditinstitut das Konto zu sperren. Bei der Überweisung von Sozialleistungen i.S. von § 50 SGB (z. B. Wohngeld, Kindergeld, Arbeitslosenhilfe, Sozialhilfe) auf das Konto des Schuldners besteht von Gesetzes wegen für sieben Tage eine Pfändungssperre. Innerhalb dieses Zeitraums kann die Sozialhilfe trotz der Pfändung an den Schuldner ausgezahlt werden, so daß das Kreditinstitut (im Unterschied zum Arbeitseinkommen) die Herkunft der Beträge zu prüfen hat, bevor es eine Verfügung zuläßt.

*Beschränkung bei bestimmten Kontoarten:* Mit der Pfändung kann sich der Gläubiger die Rechtsposition des Schuldners (Kontoinhabers) mit gewissen Beschränkungen verschaffen. Je nach Kontenart kann aber die Rechtsstellung des Kontoinhabers gewissen Beschränkungen unterliegen, z. B. dadurch, daß er nicht alleiniger Kontoinhaber ist (→Gemeinschaftskonten), daß fremde Vermögenswerte auf dem Konto erfaßt werden

## Pfändung von beweglichen Sachen

(→ Fremdkonto, → Anderkonto, → Treuhandkonto), oder daß die gepfändete Forderung noch nicht fällig ist (Sparkonto, Termingeldkonto).

*Zustellung:* Drittschuldner ist das Kreditinstitut, so daß die Zustellung des Pfändungsbeschlusses an die Hauptstelle genügt, falls das gepfändete Konto von der Zweigstelle geführt wird. In diesem Fall ist das Kreditinstitut verpflichtet, unverzüglich die kontoführende Zweigstelle zu benachrichtigen. Nimmt der Schuldner zwischenzeitlich Verfügungen vor, so muß der Gläubiger diese gegen sich gelten lassen, vorausgesetzt, die Mitteilung ist der kontoführenden Stelle ordnungsgemäß zugestellt worden.

**Pfändung in Sparkonten,** → Sparkonto.

**Pfändungsankündigung**
Bezeichnung für die → Vorpfändung, die ein vorläufiges Zahlungsverbot gegenüber dem → Drittschuldner bewirkt.

**Pfändungsbeschluß,** → Pfändung in Bankkonten.

**Pfändungspfandrecht**
→ Pfandrecht des → Gläubigers, das durch den staatlichen Hoheitsakt der → Pfändung entsteht (§ 804 Abs. 1 ZPO) und ihm im Verhältnis zu anderen Gläubigern die gleichen Rechte wie ein → Vertragspfandrecht gewährt (§ 804 Abs. 2 ZPO). Bei gepfändeten → Forderungen benötigt der Gläubiger zusätzlich einen Überweisungsbeschluß (→ Pfändungs- und Überweisungsbeschluß). Wird derselbe Gegenstand mehrmals gepfändet, so bestimmt sich der → Rang nach dem Prioritätsgrundsatz. Ein durch frühere Pfändung begründetes Pfandrecht geht dem später entstandenen Pfandrecht vor (§ 804 Abs. 3 ZPO). Streitigkeiten im Hinblick auf eine gepfändete Sache zwischen mehreren Pfändungspfandgläubigern oder einem Pfändungspfandgläubiger und einem sonstigen besitzlosen Pfandgläubiger lassen sich mit der Klage auf vorzugsweise Befriedigung gemäß § 805 ZPO klären.
(→ Zwangsvollstreckung)

**Pfändungs- und Überweisungsbeschluß**
Verbindung eines Pfändungsbeschlusses mit einem Überweisungsbeschluß bei → Pfändung von Geldforderungen. Beide Beschlüsse haben unterschiedliche Rechtswirkungen, ergehen jedoch regelmäßig gleichzeitig. Der Pfändungsbeschluß enthält ein Verfügungsverbot gegenüber dem → Schuldner und ein Zahlungsverbot gegenüber dem → Drittschuldner. Mit dem Überweisungsbeschluß wird die gepfändete → Forderung verwertet. Dies erfolgt i. d. R. durch Überweisung zur Einziehung an den Gläubiger (§ 835 Abs. 1 ZPO).
(→ Pfändung in Bankkonten)

**Pfändung von Ansprüchen gegen Kreditinstitute**
Folgende Ansprüche des Vollstreckungsschuldners, die ihm gegenüber einem → Kreditinstitut zustehen oder zustehen werden, können gepfändet werden: (1) → Ansprüche aus → Girokonten (→ Kontokorrentkonten), → Sparkonten, → Termingeldkonten (→ Pfändung in Bankkonten); (2) Ansprüche auf Kreditgewährung; (3) Rückgewähr- und Rückübertragungsansprüche; (4) Ansprüche auf Herausgabe der in → Verwahrung befindlichen → Wertpapiere sowie Ansprüche aus → Eigentum bzw. Miteigentum an Wertpapieren; (5) Ansprüche auf Zutritt zu → Schrankfächern.

**Pfändung von beweglichen Sachen**
Maßnahme der → Zwangsvollstreckung wegen einer Geldforderung. Für die P. v. b. S. ist der Gerichtsvollzieher zuständig; sie ist grundsätzlich zulässig, soweit eine → bewegliche Sache pfändbar ist (→ unpfändbare Gegenstände) und der → Schuldner Gewahrsam an der Sache hat (Mobiliarzwangsvollstreckung). Grundstückszubehör (→ Zubehör) unterliegt nicht der Mobiliarzwangsvollstreckung. Befindet sich die zu pfändende Sache im unmittelbaren → Besitz eines Dritten, kann der → Gläubiger, falls Herausgabe nicht zu erlangen ist, den Anspruch des Schuldners gegen den Dritten auf Herausgabe pfänden (z. B. → Wertpapiere im → Depot, §§ 847 ff. ZPO). Gegen unrechtmäßige Pfändung kann der Eigentümer mit Hilfe der → Drittwiderspruchsklage vorgehen (§ 771 ZPO).

*Verfahren:* Leistet der Schuldner auf letztmalige Aufforderung des Gerichtsvollziehers keine Zahlung, führt dieser die → Pfändung durch. → Geld, Wertgegenstände und Wertpapiere (→ Inhaberpapiere, → Orderpapiere) werden dem Schuldner weggenommen und amtlich verwahrt. Andere bewegliche Sachen läßt der Gerichtsvollzieher

1229

grundsätzlich beim Schuldner und macht die Inbesitznahme durch Anbringung eines Pfandsiegels kenntlich. Das Gesetz sieht unterschiedliche Verwertungsformen vor. →Geld hat der Gerichtsvollzieher direkt dem →Gläubiger zu übermitteln (§ 815 ZPO). Wertpapiere, die einen Börsen- oder Marktpreis haben, und Edelmetalle sind vom Gerichtsvollzieher freihändig zum Tageskurs zu verkaufen. Andere →bewegliche Sachen werden vom Gerichtsvollzieher öffentlich nach Maßgabe der §§ 814, 816, 817 ZPO versteigert.

### Pfändung von Geldforderungen

Maßnahme der →Zwangsvollstreckung wegen einer Geldforderung. Weitere Zwangsvollstreckungsmaßnahmen wegen einer Geldforderung können die →Pfändung von beweglichen Sachen oder die →Zwangsvollstreckung in unbewegliches Vermögen sein. Für die P. v. G. ist das Amtsgericht zuständig, bei dem der →Schuldner seinen allgemeinen →Gerichtsstand hat (§ 828 ZPO). Die Durchsetzung der Vollstreckungsmaßnahme erfolgt durch →Pfändungs- und Überweisungsbeschluß. Beide Beschlüsse haben unterschiedliche Rechtswirkung, ergehen jedoch in der Praxis gleichzeitig. Im Antrag des →Gläubigers sind u. a. Schuldner, →Drittschuldner sowie die zu pfändende →Forderung nach Grund und Höhe zu bezeichnen. Der Pfändungsbeschluß wird bei Vorliegen der allgemeinen Voraussetzungen der Zwangsvollstreckung und der Pfändbarkeit erlassen, ohne Rücksicht auf das Bestehen der Forderung. Gleichzeitig ergeht auf Antrag des Gläubigers ein Überweisungsbeschluß, wobei sich der Gläubiger die Forderung i.d.R. zur Einziehung überweisen läßt (§ 835 ZPO). Die Pfändung wird mit Zustellung des Beschlusses an den Drittschuldner wirksam (§§ 829 Abs. 3, 835 Abs. 3 ZPO). Um seinen Rang zu wahren, kann der Gläubiger aber bereits vorher eine →Vorpfändung durchführen lassen. Nach Zustellung des Beschlusses hat der Drittschuldner auf Verlangen des Gläubigers eine sogenannte →Drittschuldnererklärung nach § 840 ZPO abzugeben. Diese Erkärung ist eine reine Wissenserklärung, in der der Drittschuldner angibt, ob und inwieweit er die Forderung als begründet anerkennt und zur Zahlung bereit ist und ob und inwieweit andere Personen Rechte an der Forderung besitzen. Trotz eines Anerkenntnisses kann der Drittschuldner noch aufrechnen (→Aufrechnung). Kreditinstitute werden in der Drittschuldnererklärung auf das →AGB-Pfandrecht der Kreditinstitute oder auf ihr →Zurückbehaltungsrecht hinweisen. Mit dem Überweisungsbeschluß (Überweisung zur Einziehung) erhält der Gläubiger das Recht, alle Maßnahmen zu ergreifen, um sich aus der Forderung zu befriedigen. Er kann vom Schuldner die Herausgabe von →Urkunden, die über die Forderung vorhanden sind (z. B. ein Sparbuch), verlangen (§ 836 Abs. 3 ZPO). Die Herausgabe kann er notfalls mit Hilfe des Gerichtsvollziehers im Wege der Hilfspfändung durchsetzen (→Pfändung in Bankkonten).

### Pfändung von Grundpfandrechten

→Zwangsvollstreckung in →Hypotheken, →Grundschulden und →Rentenschulden. Bei einer Hypothek richtet sich der →Pfändungs- und Überweisungsbeschluß auf die gesicherte →Forderung; die Hypothek ist wegen ihrer Akzessorietät automatisch als mitgepfändet anzusehen. Bei der Grundschuld ist wegen ihrer Abstraktheit neben der Forderung die Grundschuld selbst noch einmal gesondert zu pfänden. Die Pfändung eines Briefrechts erfordert neben dem Pfändungsbeschluß die →Übergabe des Briefes an den →Gläubiger. Im Falle der Weigerung des →Schuldners kann eine Wegnahme des Briefes durch den Gerichtsvollzieher durch eine sogenannte Hilfspfändung erfolgen. Für die Pfändung eines Buchrechts ist neben dem Pfändungsbeschluß die Eintragung in das →Grundbuch erforderlich (§§ 830 Abs. 1, 857 Abs. 6 ZPO).

### Pflegschaft

Begrenzte Fürsorgetätigkeit für einzelne Angelegenheiten, auf die die vormundschaftlichen Bestimmungen entsprechende Anwendung finden, so daß die Vertretungsmacht des Pflegers innerhalb seines Wirkungskreises den gleichen Beschränkungen wie des Vormundes unterliegt (§ 1915 BGB; →Vormundschaft). Die Bestellung erfolgt durch das Vormundschaftsgericht. Die Bestallungsurkunde legt den Wirkungskreis des Pflegers und damit auch den Umfang seiner gesetzlichen Vertretung fest.

*Ergänzungspflegschaft:* Ein Ergänzungspfleger wird eingesetzt, wenn die Eltern oder der Vormund eines →Minderjährigen zu einer Besorgung von Angelegenheiten rechtlich oder tatsächlich, z.B. wegen längerer Krankheit, wegen Interessenkollision oder wegen Ausschluß der Vermögenssorge durch Dritte, verhindert sind (§ 1909 BGB).

*Abwesenheitspflegschaft:* Für den Volljährigen, dessen Aufenthalt unbekannt ist oder bei bekanntem Aufenthalt bis zur Rückkehr und Besorgung seiner Vermögensinteressen, soweit sie der Fürsorge bedürfen (z. B. Zahlungen von → Zinsen und die Erbringung von Tilgungsleistungen bei einem aufgenommenen → Kredit), wird ein Abwesenheitspfleger (§ 1911 BGB) bestellt.

→ *Nachlaßpflegschaft:* Sie dient der Ermittlung unbekannter → Erben sowie der Sicherung und der Erhaltung des → Nachlasses bis zur Annahme der Erbschaft.

### PHLX
Abk. für Philadelphia Stock Exchange (→ Options- und Terminbörsen an den internationalen Finanzplätzen).

**Physical Delivery,** → physische Erfüllung.

### Physische Erfüllung
Erfüllung der Lieferverpflichtung eines → derivativen (Finanz-)Instrumentes (z. B. → Futures-Kontrakte, → Swaptions, → Optionen, → Optionsschein) durch Lieferung des → Basiswertes. Eine p. E. erfolgt beispielsweise bei → mittel- und langfristigen Zinsfutures und → Issue linked Warrants. Im Gegensatz zu diesen Instrumenten erfolgt bei kurzfristigen Zinsfutures (→ Geldmarkt-Future), → Aktienindex-Futures, → Nackten Optionsscheinen und oftmals auch bei Swaptions ein → Cash Settlement (Barausgleich).

**Physische Lieferung,** → physische Erfüllung.

### PIBOR
Abk. für Paris Interbank Offered Rate. → Referenzinssatz des französischen Domestic-Geldmarktes. P. dient als → Referenzzinssatz für viele → Zinsinstrumente des → Geldmarktes (z. B. → variabel verzinsliche Anleihen, → Zinsausgleichszertifikate, → PIBOR-Future, → Zins-Swap, → Währungs-Swap und → Equity-Swap, → Forward Rate Agreements, → Floor, → Caps).
(→ FIBOR, → LIBOR)

### PIBOR-Future
→ Geldmarktfuture, bei dem als → Basiswert der → PIBOR gewählt wurde. Der P.-F. wird an der → MATIF in Paris gehandelt.

**Pick Up,** → Yield Pick Up.

### PIN
Abk. für Persönliche Identifikationsnummer (Geheimzahl, Codezahl); ausschließlich dem Berechtigten (Kontoinhaber) bekannte persönliche Geheimzahl. Gebräuchlichste Einsatzgebiete von PINs im Geldgeschäft: → Kreditkarte, → eurocheque-Karte, → Electronic Banking. Wird heute insbes. bei Abhebevorgängen an → Geldausgabeautomaten und beim → Electronic cash benötigt. Hintergrund: Durch die Pflichteingabe des PIN-Codes soll der Mißbrauch von gestohlenen oder als verloren gemeldeten Karten verhindert, zumindest jedoch stark eingeschränkt werden.
(→ POS-Banking, → EFTPOS-System)

### Pip
*Point*; im → Devisenhandel gebräuchliche Bezeichnung für einen Punkt in der letzten Stelle einer Quotierung. So ist die Differenz zwischen einer Quotierung von 1,8015 und 1,8016 ein P.

### Pips
Ein P. entspricht 1/100 des → Nominalwertes. Im Gegensatz zu Basis Point (→ Basispunkt) bezieht sich das Maß P. immer auf Kurse, d. h. steigt beispielsweise eine → Anleihe von 100 auf 100,50, so entspricht die Kursveränderung 50 P.

**Plafond,** → Kreditplafond.

### Plain Vanilla Caps
Synonym für normale → Caps.

### Plain Vanilla Floater
Normaler Floater (→ Floating Rate Note) ohne Besonderheiten (z. B. → Callrecht, → Mindestzinssatz). Auf P. V. F. können auch komplexe Floater-Konstruktionen, z. B. → Floor Floating Rate Note und → Collared Floater, zurückgeführt werden. → Referenzzinssatz für Floater sind in Deutschland i. d. R. → FIBOR und → LIBOR.
(→ Plain Vanilla Floater, Bewertung, → Reverse Floater)

### Plain Vanilla Floater, Bewertung
Die Bewertung von P. V. F. kann entweder über die Ermittlung des → Return-to-Rollovers oder über die → Margin-Analyse erfolgen. Zwei wesentliche Unterschiede können zwischen beiden Varianten festgestellt

**Plain Vanilla Floor**

werden. (1) Während der Return-to-Rollover nur bis zum nächsten Zinstermin kalkuliert wird, basiert die Margin-Analyse (z. B. → Simple Margin, → Adjusted Simple Margin) auf Basis der Endfälligkeit des Floaters. (2) Der Return-to-Rollover zeigt den absoluten Ertrag (z. B. 9,2%) eines Floaters an, während die Margin den relativen Ertrag im Vergleich zu einem Geld- (z. B. 3-Monats-LIBOR) oder Kapitalmarktindex (z. B. → CMT-Rendite) mißt.

**Plain Vanilla Floor**
Synonym für einen normalen → Floor.

**Plain Vanilla Issue**
→ Zinsinstrument, das mit keinerlei Besonderheiten (z. B. → Callrecht, Ratentilgung usw.) ausgestattet ist. Alle → Finanzinnovationen können auf P. V. I. über → Bond Stripping zurückgeführt werden.
(→ Plain Vanilla Floater, → Plain Vanilla Swap)

**Plain Vanilla Swap**, → Generic Swap.

**Plankosten**
*Standardkosten*; die für einen bestimmten Produktionsprozeß aufgrund der gegebenen und geplanten Kostenbestimmungsfaktoren ermittelten → Kosten (→ Kosten im Bankbetrieb). P. ermöglichen in der Plankostenrechnung durch Ermittlung der Abweichungen von diesen geplanten Kosten das schnelle Aufzeigen derjenigen → Kostenstellen, in denen der Produktionsvorgang andere als die vorausgeplanten Kosten verursacht (→ Standard-Einzelkosten; → Standard-Einzelkostenrechnung).
*Gegensatz*: → Istkosten, → Normalkosten.

**Plant-Leasing**, → Immobilien-Leasing.

**Planung der strukturellen Liquidität**
Instrument des → Liquiditätsmanagements. Da die direkte Planung von Zahlungsströmen mittels → Finanzplan nur bis zu einem → Planungshorizont von maximal einem Jahr sinnvoll erscheint, muß die Planung der zukünftigen → Zahlungsfähigkeit längerfristig durch weitere Instrumente ergänzt werden. Es ist zu berücksichtigen, daß z. B. im → Aktiv- und → Passivgeschäft häufig langfristig wirksame geschäftspolitische Entscheidungen getroffen werden, die nicht nur auf erfolgsrechnerischer Ebene (einschließlich eingegangener → Erfolgsrisiken) Daten setzen, sondern zugleich auch zukünftige Einzahlungen und Auszahlungen bestimmen. So weisen z. B. mit Blick auf zu erwartende Einzahlungen → Kredite und gehaltene → Schuldverschreibungen für ihre → Restlaufzeiten (Selbstliquidationsperioden) eine bestimmte Einzahlungsstruktur auf. Die Möglichkeit, → Aktiva eventuell vor → Fälligkeit durch → Abtretung oder Verkauf zu monetisieren (Shiftability-Theorie), kommt in ihrem → Liquiditätsgrad zum Ausdruck. Entsprechend lassen sich → Verbindlichkeiten ausgehend von ihren → Restlaufzeiten (formelle Fristigkeit) unter Berücksichtigung der materiellen Fristigkeit auf ihre Abzugsgefahr hin (Auszahlungen) analysieren.

Derartige Informationen dienen bei kurzfristiger Planung auch der Prognose von im Finanzplan zu erfassenden Zahlungsströmen. Bei längerfristiger Planung lassen sie sich zur „Vorstrukturierung" zukünftiger Zahlungsfähigkeit nutzen, indem bei geschäftspolitischen Entscheidungen, insbesondere im → Kredit- und → Einlagengeschäft, deren Auswirkungen auf spätere Ein- und Auszahlungen mitbedacht werden. Diese Planung erfolgt nicht anhand möglichst zeitpunktgenau erfaßter Zahlungsströme, sondern globaler anhand zukunftsbezogener → Bilanzen, ggf. unter Einbeziehung zahlungswirksamer → Erträge und → Aufwendungen aus (Plan-) → Gewinn- und Verlustrechnungen (GuV). Eine weitere Aufbereitung der Instrumente im Sinne von → Bewegungsbilanzen bzw. von → Kapitalflußrechnungen ist möglich. Der gedankliche Ansatzpunkt dieser bilanzmäßig-summarischen Liquiditätsplanung liegt also im Kern darin, liquiditätsrelevante geschäftspolitische Entscheidungen so zu treffen, daß hieraus in der Zukunft Bilanzstrukturen resultieren, die aufgrund von Erfahrungswerten (z. B. gemessen anhand von Liquiditätskennzahlen) für die zukünftige Sicherung der Zahlungsfähigkeit und für die Erhaltung der finanziellen Flexibilität gute Voraussetzungen bieten. Besonderes Augenmerk ist dabei auf hinreichend hohe Sekundär- und Tertiärliquiditätsreserven zu legen. Die Planung dieser „strukturellen Liquidität" muß im Rahmen der gesamten monetären Leistungsprogrammplanung des Bankbetriebs und der dabei vorzunehmenden Abstimmung zwischen Aktiva und Passiva erfolgen (→ Bilanzstrukturmanagement). Dabei sind nicht nur liquiditätsbezogene Überlegungen anzustellen; vielmehr ist die erfolgsrechnerische, d. h. die gewinnpolitische und die damit verbundene risikopolitische Sichtweise auf der Ebene von → Erträgen und → Aufwendungen oder von → Erlösen und → Kosten (→ Risikomanagement) einzubeziehen. Theoretische Ansätze, die Aussagen zur Abstimmung von Aktiv- und Passivpositionen mit primär liquiditätsbezogener Blickrichtung beinhalten, sind z. B. die → Goldene Bankregel und die → Bodensatztheorie, auch unter Einbeziehung von Möglichkeiten zur vorzeitigen Monetisierung von Aktiva (Shiftability-Theorie).

### Planungshorizont

Zeitpunkt, bis zu dem ein Anleger über sein eingesetztes → Kapital verfügen möchte. Der P. wird für die Ermittlung des → (erwarteten) Total Returns benötigt.
(→ Immunisierungsstrategie, → Total Return Management)

### Plastikgeld

Bezeichnung für → Kreditkarten, → eurocheque-Karten und → Kundenkarten von Kreditinstituten, kurz: für alle kartengestützten Zahlungssysteme.

### Platinkarte

Edelste Variante einer → Kreditkarte; angeboten vom US-amerikanischen Kartenanbieter → American Express. Die P. ist ausschließlich besonderen Kunden (hoher Karten-Umsatz) vorbehalten. Sie wird verliehen und kann nicht beantragt werden.
(→ Goldkarte)

### Platzüberweisungsverkehr der Deutschen Bundesbank

→ Überweisungsverkehr an einem → Bankplatz (→ Platzverkehr). Die Deutsche Bundesbank führt beleggebundene Überweisungsaufträge im Platzzahlungsverkehr aus, wenn das → Girokonto des Auftraggebers und das Girokonto des Begünstigten bei derselben → Zweiganstalt der Deutschen Bundesbank geführt wird. Nach Belastung der Überweisungsaufträge werden die Gegenwerte den begünstigten Girokonten unmittelbar gutgeschrieben und stehen damit den Girokonteninhabern – im Gegensatz zu den → Überweisungen aus der → LZB-Abrechnung (→ Abrechnungsverkehr der Deutschen Bundesbank) – sofort vorbehaltlos zur Verfügung. Den auftraggebenden Girokonteninhabern ist es jedoch überlassen, ob sie von dieser Möglichkeit Gebrauch machen, oder ob sie, um Sortierarbeiten zu sparen, beleghafte Platzüberweisungen im automatisierten Verfahren des → Fernüberweisungsverkehrs der Deutschen Bundesbank als Teil des Massenzahlungsverkehrs mit ein bis zwei Tagen → Laufzeit ausführen lassen wollen. Statt dessen können von den Banken bereits beleglos eingereichte oder von ihnen in Datensätze umgewandelte Platzüberweisungen entweder zum DTA-Verfahren als Teil des Massenzahlungsverkehrs (1 Tag Laufzeit) oder über den Elektronischen Schalter (ELS) zur taggleichen Abwicklung als telegraphische Überweisungen oder Eilüberweisungen wie bei Fernüberweisungen eingereicht werden.

### Platzverkehr

→ Zahlungsverkehr zwischen → Kreditinstituten am selben → Bankplatz, der als → Abrechnungsverkehr und → Platzüberweisungsverkehr der Deutschen Bundesbank durchgeführt wird.

### Plazierung

Unterbringung (Verkauf) von → Wertpapieren im → Kapitalmarkt oder an einen begrenzten Kreis von Personen oder (institutionellen) Anlegern durch freihändigen Verkauf oder durch öffentliche Zeichnung.
(→ Privatplazierung, → öffentliche Emission)

### Plazierungs- und Übernahmeverpflichtungen

→ Garantien, durch die ein → Kreditinstitut sich verpflichtet, Finanzinstrumente zu übernehmen oder einen → Kredit zu gewähren, wenn die Papiere am Markt nicht plaziert werden können (z. B. RUFs und NIFs).
P. u. Ü. werden unter der → Bilanz im Passivposten 2 b vermerkt.

### Plus-Sparen

Spartechnik (von → Kreditinstituten auch unter der Bezeichnung Überschuß-, Abräum- oder Abschöpfungs-Sparen angeboten), die bezweckt, Kunden zum regelmäßigen Sparen anzuregen, ohne sie von vornherein auf eine genau fixierte Sparrate festzulegen. Der Kunde erteilt den Auftrag, zu einem bestimmten Termin im Monat nicht verbrauchte Restguthaben von seinem → Girokonto auf ein → Sparkonto zu übertragen. Dabei kann vereinbart werden, daß

**Point**

## Point- & Figure Chart

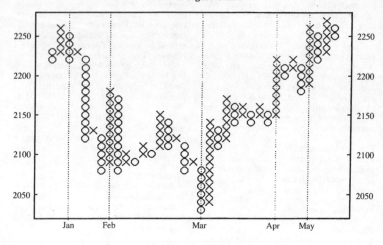

der Umbuchungsbetrag eine bestimmte Höchstgrenze nicht überschreiten darf und auf dem Girokonto ein Mindestbestand als Dispositionsreserve verbleibt.

**Point,** → Pip.

### Point- & Figure-Chart
*P & F-Chart*; graphische Darstellung, die den gesamten Kursverlauf in einzelne Trendphasen auflöst. Jeder Trend wird dabei durch eine senkrechte Säule im → Chart abgebildet. Im Aufwärtstrend wird zur Symbolisierung der Kursspanne eine Säule aus „×" gebildet, im Abwärtstrend eine Säule aus „○". Die Grundstrategie von P. lautet, ein → Kaufsignal ist immer dann anzunehmen, wenn ein Aufwärtstrend das Niveau des vorhergehenden Aufwärtstrends übertrifft. Sinkt ein Abwärtstrend dagegen unter das Niveau seines Vorgängers, so ist ein Verkaufsignal anzunehmen. Beispiel: vgl. Abbildung oben.
(→ Balkenchart, → Linienchart, → Market Profile Chart)

### Policendarlehen
Gewährung von → Darlehen an Versicherungsnehmer von Kapitallebensversicherungen gegen → Abtretung der Rechte und → Ansprüche aus dem Versicherungsvertrag. Darlehensgeber sind → Kreditinstitute oder Versicherungsgesellschaften. P. der Versicherer werden zumeist maximal bis zur Höhe der im → Vertrag angesparten Rückkaufswerte gewährt, dafür liegen i.a. die → Kreditkosten etwas unter dem Marktzins für langfristige Ausleihungen.
(→ Lebensversicherung zu Finanzierungszwecken)

### Polypol
→ Marktform, bei der viele (kleine) Anbieter vielen (ebenfalls kleinen) Nachfragern am Markt gegenüberstehen (→ vollständige Konkurrenz).

**Pooling,** → Cash-Management-Systeme.

### Pool-Leasing
Leasing-Form (→ Leasing), bei der an die Stelle der zeitlich fixierten Nutzung eines Produktes flexible Zugriffsrechte auf einen Pool unterschiedlicher technischer Produktvarianten und Marken treten. Wichtigster Anwendungsbereich bei der Vermietung von Konsumgütern ist das → Auto-Leasing.

**Pool-Methode**
Früher angewandtes Verfahren der → Teilzinsspannenrechnung.

**Poolprämie**
→ Prämie für die Einbringung der gleichen Wertpapiergattung von verschiedenen Verleihern gemäß ihrem Anteil am Gesamtbestand des → Wertpapierleihe-Pools, jedoch unter Ausschluß der Verleiher, die ein Direktgeschäft abgeschlossen haben, da hier eine feste Leihgebühr als Prämie gezahlt wird.

*Berechnung von Pool-Vergütungen* (Beispiel):

Nutzungsquote = (Summe der Nominal/Stücke pro Tag verliehenen → Wertpapiere) : (Summe der Nominal/Stücke der im Pool befindl. Wertpapiere)

Verleihprovision = (Nominal : 100) · (Provisionssatz : 100) · (Leihdauer : 360) · Nutzungsquote · (Kurs : 100).
(Bei → Aktien nur Stückzahl.)
(→ Leihprämie)

**Poolsicherheit**, → Sicherheitenpool.

**Portefeuille**, → Portfolio.

**Portefeuille-Alpha**
→ Alpha eines → Portfolios im → Markt-Modell. Das P. erhält man, indem man die Alphas der einzelnen → Wertpapiere mit dem prozentualen Anteil multipliziert (→ gewichtetes arithmetisches Mittel). Es besteht ein linearer Zusammenhang zwischen dem P. und den Einzel-Alphas. P. können mit folgender Formel ermittelt werden:

$$\alpha_{PF} = \frac{\sum_{i=1}^{n} \alpha_i \cdot x_i}{\sum_{i=1}^{n} x_i}$$

wobei:
$\alpha_i$ = Alpha der i-ten Aktie
$x_i$ = prozentualer Anteil der i-ten Aktie

P. haben die Tendenz, Werte um Null anzunehmen, d. h. die → Rendite eines → Aktienportfolios wird im → Marktmodell nur noch durch die Höhe des → Betafaktors determiniert. Ein → Aktienindex (z. B. → Deutscher Aktienindex [DAX]) hat definitionsgemäß ein Alpha von Null.

**Portefeuille-Rendite**
Synonym für Erwartungswert der Portefeuille-Rendite im Sinne der modernen Portfolio-Theorie.
(→ Asset Allocation, → Moderne Portfolio-Theorie)

**Portefeuille-Risiko**
Quantifiziert das Risiko eines → Portfolios. Das P.-R. wird in der → Modernen Portfolio-Theorie mit der → Varianz bzw. → Standardabweichung der Portfolio-Rendite $\sigma_P^2$ gemessen. Die Varianz der Portfolio-Rendite $\sigma_P^2$ beschreibt das Gesamtrisiko eines Portfolios (z. B. → Aktien). Im Gegensatz zur Portfolio-Rendite muß bei der Ermittlung der Varianz der Portfolio-Rendite die → Kovarianz berücksichtigt werden.
Zur Ermittlung der Varianz der Portfolio-Rendite im Zwei-Anlagen-Fall vgl. im einzelnen → Portefeuillevarianz.
(→ Mean-Average Shortfall-Approach, → Asset Allocation)

**Portefeuillevarianz**
Die P. setzt sich additiv aus den mit den quadrierten Faktoren Anteil → Aktie X bzw. Anteil Aktie Y gewichteten → Varianzen der → Periodenrenditen und der mit dem Faktor 2 · Anteil Aktie X · Anteil Aktie Y gewichteten → Kovarianz zusammen. Formal wird die P. im Zwei-Anlagen-Fall mit folgender Formel ermittelt:

$\sigma_P^2$ = (Anteil Aktie X)² · $\sigma_X^2$
   + (Anteil Aktie Y)² · $\sigma_Y^2$
   + 2 · Anteil Aktie X · Anteil Aktie Y
     · Cov (X, Y) oder $\sigma_P^2$
= (Anteil Aktie X)² · $\sigma_X^2$
   + (Anteil Aktie Y)² · $\sigma_Y^2$
   + 2 · Anteil Aktie X · Anteil Aktie Y
     · $\sigma_X$ · $\sigma_Y$ · $\rho$

wobei:
$\sigma_P^2$ = Varianz der Portefeuille-Rendite,
$\sigma_X^2$ = Varianz der → Rendite von Papier X,
$\sigma_Y^2$ = Varianz der Rendite von Papier Y,
$\sigma_X$ = → Standardabweichung der Rendite von Papier X,
$\sigma_Y$ = Standardabweichung der Rendite von Papier Y,
Cov (X, Y) = Kovarianz von Aktie X und Aktie Y,
$\rho$ = → Korrelationskoeffizient von Aktie X und Aktie Y.

## Portfolio

Ist der Korrelationskoeffizient positiv, so wird die P. größer als im Fall mit einem Korrelationskoeffizienten gleich Null (keine → Korrelation). Ist der → Korrelationskoeffizient dagegen negativ, so verkleinert sich die P. gegenüber dem Fall unkorrelierter → Wertpapiere. Im Extremfall eines negativen Korrelationskoeffizienten von −1 sind die Periodenrenditen vollständig negativ korreliert und das → Portefeuillerisiko bei einer bestimmten Wertpapierzusammensetzung (→ Minimumvarianzportefeuille) auf Null reduziert, d. h. es existiert kein Portefeuillerisiko.
(→ Asset Allocation, → Moderne Portfolio-Theorie)

## Portfolio

1. *Allgemein*: Gesamtheit aller → Assetklassen (z. B. → Aktien, → Zinsinstrumente, → Debitoren, → Beteiligungen, → Immobilien).

2. → *Wertpapiere*: Gesamtbestand von Wertpapieren (z. B. Aktien, → festverzinsliche [Wert-]Papiere.
(→ Asset Allocation, → Moderne Portfolio-Theorie)

## Portfolio-Immunisierung

Immunisierung eines → Rentenportefeuille mit der → Duration nach Macaulay.
(→ Contingent Immunization)

## Portfolio Insurance

Vermeiden von Verlusten aufgrund einer ungünstigen Kursentwicklung, ohne auf sich ergebende Kurschancen verzichten zu müssen. Zu einem → Portfolio aus Papieren wird hierzu eine → Long Position in → Put-Optionen eingegangen. Wenn die Kurse fallen, wird die Long Put Position ausgeübt, und die Papiere können zum → Basispreis verkauft werden. Alternativ kann der Anleger die Papiere im Portfolio lassen und die Kursverluste in der → Kassaposition durch die Kursgewinne in der Long Put Position ausgleichen. In beiden Fällen hat der Anleger das Verlustpotential bei fallenden Kursen begrenzt.
(→ Immunisierungsstrategie)

**Portfolio-Insurance mit Calls,** → 90:10-Strategie.

## Portfolioinvestition

Form inländischer → Investition im Ausland (oder umgekehrt), die renditeorientiert primär in Gestalt des Erwerbs von → Wertpapieren erfolgt. Gegenüber → Direktinvestitionen werden P. nicht nur anhand der Zielsetzung (keine Schaffung dauerhafter Wirtschaftsbeziehungen), sondern auch im Hinblick auf den Umfang der → Beteiligung an ausländischen Unternehmen unterschieden: Sowohl das → Außenwirtschaftsrecht (§ 55 AWV) als auch die → Zahlungsbilanz (→ Kapitalbilanz) erachten eine Direktinvestition hier erst als gegeben, wenn die Beteiligung 20 bzw. 25 Prozent übersteigt.

## Portfolio-Management

Bankbetrieblicher Managementbereich, der die Aufgabe hat, die Marktposition einer → Bank unter Beachtung marktlicher Chancen und Risiken (→ Bankbetriebliche Risiken) zu sichern und zu fördern. Im Rahmen der gewählten Marktstrategien ist das Leistungsprogramm (→ Produkt- und Sortimentspolitik) ertragsorientiert zu steuern (→ Strategisches Controlling) und mit der → Distributionspolitik zu koordinieren.

## Portfolio-Methode

In der → strategischen Bankplanung angewandte Technik (Portfolio-Theorie, → Portfolio Selection) zur Bestimmung von Erfolgspotentialen.

## Portfolio-Optimierung bei festverzinslichen Wertpapieren

Auswahl von → festverzinslichen (Wert-)Papieren und Integration dieser Papiere in ein → Portfolio, um investorspezifische Kriterien, wie beispielsweise → Rendite, → Nominalzins, → laufende Verzinsung, → Modified Duration, PVBP (→ Price Value of a Basis Point), → Convexity, → (erwarteter) Total Return usw., zu minimieren oder maximieren.

## Portfolioorientierte Aktienanalyse

Analyse von → Aktien, bei der nicht die einzelne Aktie im Vordergrund steht, sondern eine mögliche Mischung aus einer Vielzahl von Aktien. Basis der p. A. sind die Erkenntnisse von Markowitz, Harry, der die → moderne Portfolio-Theorie begründete. Die Hauptaussage der modernen Portfolio-Theorie tituliert, daß eine Portefeuillebildung aus Gründen der Risikoreduktion sinnvoll ist. Die traditionelle einzelwertorientierte → Aktienanalyse berücksichtigt diese gegenseitigen Abhängigkeiten im Gegensatz zur p. A. nicht. Die p. A. errechnet ins-

besondere Kennzahlen wie z.B. →Periodenrenditen, →Alpha-Faktoren, →Varianz, →Standardabweichung, →Volatilität, →Residualvolatilität, →Beta-Faktoren, →Kovarianz, →Korrelation, →Shortfall Risk und Average Shortfall.
(→ Asset Allocation)

**Portfolio Selection**
Portfolio-Theorie, von Markowitz, Harry ab 1952 entwickelt. Theorie der unter Diversifikationsaspekten (→Diversifikation) optimalen Zusammenstellung eines Wertpapierdepots. Sie baut auf den Ergebnissen der →Wertpapieranalyse auf. Grundlagen des Modells sind die mathematische Statistik und die Wahrscheinlichkeitstheorie. Mit deren Hilfe werden für einen bestimmten Zeitraum Kombinationen aus einer Anzahl von →Wertpapieren mit jeweils unterschiedlichen →Standardabweichungen ihrer Ergebnisse, Erwartungsrenditen und →Korrelationskoeffizienten derart ermittelt, daß bei vorgegebener Risikostufe der denkbar höchste Ertrag (Gesamtrendite) oder bei gegebenen Ertrags- bzw. Renditeaussichten (-erfordernissen) das jeweils geringste Risiko ausgewiesen wird (ohne Berücksichtigung möglicher Nebenbedingungen). Es wird also eine bestimmte Anzahl von sog. effizienten Portefeuilles gebildet, aus denen der Investor dann ein Portefeuille (→Portfolio) auswählt, welches seinen Risiko- bzw. Nutzenpräferenzen am ehesten entspricht. Wichtig ist, daß man Wertpapiere auswählt, deren zukünftige Renditeentwicklungen nicht vollständig positiv korrelieren. Die Weiterentwicklung der Portfolio-Theorie (von Sharpe, W.F.) baut auf der Beziehung zwischen der Indexbewegung und der Renditeentwicklung der in Frage kommenden Wertpapiere auf. Der Erfolg dieser Theorien hängt jedoch letztlich von der Fähigkeit des Wertpapieranalysten ab, zukünftige Entwicklungsalternativen einer Unternehmung, ihrer Gewinne und Kurse möglichst genau abzuschätzen, sie quantitativ zu erfassen und mit (subjektiven) Eintrittswahrscheinlichkeiten zu gewichten.
(→ Moderne Portfolio-Theorie, → Asset Allocation, →portfolioorientierte Aktienanalyse)

**Portfolio-Sensitivitätsanlyse**
Analyse des →zinsinduzierten Kursrisikos von →Zinsinstrumenten mit der →Sensitivitätskennzahl PVBP (→Price Value of a Basis Point).
(→ Relative Kursvolatilität)

**Portfolio-Theorie,** →Portfolio Selection.

**Portfolio-Total Return**
→(Erwarteter) Total Return, ermittelt für ein →Portfolio.

**POS**
Abk. für Point of Sale (wörtlich „Verkaufspunkt"). Sammelbegriff für das bargeldlose Zahlen von → Waren oder Dienstleistungen an elektronischen Kassen oder Terminals, wobei →Bargeld oder →Scheck durch→ eurocheque-Karte oder →Kreditkarte ersetzt sind. POS-Zahlungen sind beleglose Zahlungsvorgänge an besonders dafür entwickelten Kassenterminals von Handels- und Dienstleistungsunternehmens (→POS-Terminals, →POS-Banking). Der Rechnungsbetrag wird vom →Konto des Kunden abgebucht und dem Konto des Unternehmens gutgeschrieben. Das →Bonitätsrisiko trägt das →Kreditinstitut. Durch elektronisches Zahlen wollen die Kreditwirtschaft und der Einzelhandel eine weitere Rationalisierung des →Zahlungsverkehrs erreichen.

**POS-Banking**
Bargeldloses Bezahlen an elektronischen Ladenkassen mittels →eurocheque-Karte, →Kreditkarte oder→Kundenkarte von Kreditinstituten, die auf der Basis von Magnetstreifen- (→Magnetstreifenkarte) und/oder Chiptechnologien (→Chipkarte) gestaltet sind. POS-B. umfaßt den Zahlungsvorgang des Zahlungspflichtigen an der Kasse des Verkäufers bzw. des Leistenden, den Autorisierungsvorgang und das → Inkasso durch den Zahlungsempfänger. POS-B. wird auch als „Elektronisches Zahlen an der Ladenkasse" bezeichnet (→Electronic cash, →EFTPOS-System).

*Zahlungsvorgang an der Kasse (→ POS-Terminal):* (1) Ermittlung des Rechnungsbetrages; (2) Einführung der ec-Karte in den Magnetstreifenleser der ec-Kasse; (3) Identifizierung/Legitimierung des Inhabers der Karte durch Eingabe der persönlichen Geheimnummer (→PIN); (4) On-line-Autorisierung (bei ec-Karten) über den Netzknotenrechner der GZS Gesellschaft für Zahlungssysteme, der über Datex-P mit den Autorisierungsrechnern der → Kreditinsti-

**Position**

tute/der Verbände der Kreditinstitute bzw. der → Deutschen Bundespost (jetzt: → Deutsche Postbank AG) verbunden ist.

*Autorisierungsvorgang:* Analog zur Autorisierung von Bargeldabhebungen bei → Geldausgabeautomaten erfolgt die Autorisierung durch mehrere Prüfvorgänge (Kontrolle der Geheimzahl, Kontrolle der Echtheit der Karte, Kontrolle eventueller Sperren, Kontrolle der Einhaltung des Verfügungslimits). Ein Verfügungslimit wird z. B. den ec-Karten-Inhabern für Abhebungen am Geldausgabeautomaten und für POS-Zahlungen insgesamt durch das Kreditinstitut eingeräumt (→ Sonderbedingungen für den ec-Service). Entsprechende Regelungen gelten für Kundenkarten der Kreditinstitute bzw. für Kreditkarten. Bei Offline-Autorisierung nimmt der in der Chipkarte eingebaute Mikroprozessor die für die Autorisierung erforderlichen Prüffunktionen selbst wahr. Entsprechend der von dem Kreditinstitut festgelegten Bonität des Karteninhabers werden Verfügungsbetrag und Anzahl der Tagestransaktionen in Verbindung mit der letzten POS-Verfügung geprüft. Wird eine festgesetzte Toleranzschwelle überschritten, muß anstelle der Off-line- eine On-line-Autorisierung stattfinden.

*Inkassovorgang:* Die in der Kasse automatisch ermittelten Forderungen des Zahlungsempfängers werden beleglos über → Datenfernübertragung oder über Datenträgeraustausch (DTA) eingezogen. Das Kreditinstitut des Zahlungsempfängers schreibt die an der Kasse erfaßten → Umsätze in einem Gesamtbetrag gut und zieht im Lastschrifteinzugsverfahren (→ Lastschriftverkehr) die einzelnen Rechnungsbeträge bei den Kreditinstituten der Zahlungspflichtigen ein.

*Vertragliche Grundlagen:* Rahmenvereinbarung zur einheitlichen Abwicklung des POS-B. ist die „Vereinbarung über ein institutsübergreifendes System zur bargeldlosen Zahlung an autorisierten Kassen (POS-System)", das die Spitzenverbände der Kreditwirtschaft, die Deutsche Bundespost und die GZS Gesellschaft für Zahlungssysteme geschlossen haben. Die Rechtsbeziehungen zwischen den einzelnen Handelsunternehmen und der GZS regelt ein POS-Händlervertrag (Vertrag über die Teilnahme am POS-System des deutschen Kreditgewerbes), mit dem die Händler die „Richtlinien für POS-Kassen" anerkennen. Rechte und Pflichten der ec-Karteninhaber sind durch die Sonderbedingungen für den ec-Service festgelegt.
(→ Electronic Banking)

**Position**
Bestand, der sich als → Saldo aus dem Abschluß von Finanzgeschäften ergibt, z. B. eine → Devisenposition oder eine → Festzinsposition. Entsprechend der Unterscheidung von → Kassageschäften und → Termingeschäften gibt es → Kassapositionen und → Terminpositionen. Von einer → Offenen Position wird gesprochen, wenn einem bestimmten Aktivum nicht oder nicht in ausreichender Höhe ein entsprechendes Passivum gegenübersteht bzw. umgekehrt. Es kann dann eine Plusposition (→ Long Position) oder eine Minusposition (→ Short Position) vorliegen. Eine Offene Position ist eine Risikoposition; sie bedeutet für die Bank z. B. ein Wechselkursrisiko (→ Devisenkursrisiko) oder ein → Zinsänderungsrisiko (Gegensatz: → geschlossene Position). Das Schließen einer Position wird auch als → Glattstellen bezeichnet.

**Positionenaufrechnung**
Aufrechnung von → Devisenpositionen zwischen zwei oder mehreren → Banken. Die Banken saldieren hierbei die am Erfüllungstag zwischen ihnen zum Ausgleich anstehenden Beträge und erfüllen die → Kontrakte durch Zahlung des jeweiligen Nettobetrages. Da keine eindeutige Rechtsgrundlage für solche Vereinbarungen besteht, ist unsicher, ob die Geschäftspartner noch weiterhin für die Bruttobeträge haften oder nur für den errechneten Nettobetrag. Im Gegensatz hierzu gehen bei → Netting durch Novation die Einzelkontrakte eindeutig unter. Die P. findet meist auf bilateraler Basis statt. Ein Beispiel für eine multilaterale P. stellt das → ECU-Clearing- und -Abrechnungssystem dar.

**Positionslimit**
Maximale Anzahl der → Optionen, die ein einzelner Investor kaufen bzw. verkaufen kann. Das P. für → Aktienoptionen an der → Deutschen Terminbörse (DTB) richtet sich nach der Höhe des gesamten Aktienkapitals des → Basiswertes. P. dienen zur Verhinderung von Marktmanipulationen und

werden von der → Terminbörse (z. B. DTB) festgelegt.

## Positionsrisiko
Bezeichnung der → Kapitaladäquanzrichtlinie und des → Baseler Ausschusses für Bankenaufsicht für das gesamte Risiko, das aus dem → spezifischen Risiko und dem → allgemeinen Marktrisiko besteht. Das P. wird entweder für den → Building-Block-Approach oder → Comprehensive-Approach ermittelt.

**Positive Carry,** → Carry Basis.

## Positive Convexity
Form der → Convexity einer → Kurs-Rendite-Kurve. Für einen Anleger sind → Zinsinstrumente wertvoll mit einer geringen → Kurssensitivität bei steigenden → Renditen (d. h. → Modified Duration wird geringer) und einer hohen Kurssensitivität (d. h. Modified Duration wird höher) bei fallenden Renditen. Dieses Kursverhalten wird durch eine p. C. beschrieben. Je höher die Convexity eines Papieres ist, desto wertvoller wird dieses Papier für den Anleger. Positiv hat in diesem Zusammenhang eine zweifache Bedeutung: Zum einen deutet es darauf hin, daß es für einen Anleger vorteilhafter ist, ein Papier mit einer höheren p. C. zu kaufen, zum anderen, daß die Modified Duration erhöht wird, wenn die Renditen fallen.
(→ Negative Convexity, → Risikomanagement festverzinslicher Wertpapiere)

## Positiverklärung
Erklärung, die die Verpflichtung beinhaltet, zukünftig eine Sicherheit für einen → Kredit zu bestellen. Sie kann vom Kreditnehmer selbst oder von einem Dritten (z. B. in einem → Konzern von einer Muttergesellschaft für das → Tochterunternehmen) geleistet werden. Die P. wird häufig in Verbindung mit einer → Negativerklärung abgegeben.
(→ Ersatzsicherheiten im Kreditgeschäft)

**Positive Stückzinsen,** → Stückzinsen.

## Positive Vertragsverletzung
Fall der → Leistungsstörung in Gestalt der Schlechterfüllung vertraglicher Pflichten (PVV; gleichbedeutend: positive Forderungsverletzung). Das BGB kennt nur Bestimmungen über Unmöglichkeit der Leistung (Nichterfüllung), → Schuldnerverzug (Zu-Spät-Leistung), → Gläubigerverzug und zur → Gewährleistung. Damit werden die möglichen Pflichtverletzungen eines → Schuldners nicht vollständig erfaßt; die Regelungslücke bei „positiven", aber schlechten Leistungen ist durch → Gewohnheitsrecht geschlossen worden (Analogie zu §§ 280, 286, 325, 326 BGB). Wichtige Anwendungsbereiche für PVV sind z. B. die Erteilung einer falschen → Bankauskunft oder andere Verstöße gegen nicht ausdrücklich geregelte vertragliche Neben- oder Sorgfaltspflichten (z. B. Verletzung des → Bankgeheimnisses). Ein → Anspruch aus PVV setzt voraus: (1) Fehlen eines gesetzlich geregelten Tatbestandes von Leistungsstörungen, (2) Verstoß gegen eine vertragliche Verpflichtung, häufig eine Nebenpflicht, durch den Schuldner, dessen → gesetzliche Vertreter oder → Erfüllungsgehilfen (z. B. Auskunfts-, Anzeige-, Geheimhaltungs-, Obhuts-, Sorgfaltspflichten); (3) Ursachenzusammenhang zwischen Pflichtverletzung und Schaden beim → Gläubiger; (4) → Verschulden. Bei Vorliegen aller Voraussetzungen kann der Gläubiger vom Schuldner → Schadensersatz fordern.

## Postanweisung
Im Rahmen der Gelddienste der → Deutschen Postbank AG zur Geldübermittlung und Auszahlung an den Empfänger ohne → Girokonto verwendetes Formular; kann auch für Zahlungen ins Ausland verwendet werden (→ Gelddienste der Deutschen Bundespost).

**Postbank,** → Deutsche Bundespost POSTBANK; → Deutsche Postbank AG.

## Postbank Card
Von der → Deutschen Postbank AG ausgegebene Kundenkarte im Format einer → eurocheque-Karte bzw. einer → Kreditkarte mit Zahlungsmittelfunktion, die sich auch an → Geldausgabeautomaten des Instituts einsetzen läßt.

## Postbank-Datenschutzverordnung
Von der Bundesregierung nach § 30 Abs. 2 PostVerfG erlassene, bereichsspezifische Rechtsverordnung über den → Datenschutz bei der → Deutschen Bundespost POSTBANK (Abkürzung: PB-DSV), am 1. 7. 1991 (BGBl. I, S. 1387) in Kraft getre-

**Postbankdienste**

ten, mit der (zweiten) Neuordnung des Postwesens und der Telekommunikation zum 1. 1. 1995 wieder aufgehoben.

Die PB-DSV regelte den Schutz personenbezogener Daten (i. S. von § 3 Abs. 1 → Bundesdatenschutzgesetz – BDSG – vom 20. 12. 1990, BGBl. I, S. 2954) bei dem öffentlichen Unternehmen Postbank. Ähnliche Bestimmungen gelten für Deutsche Bundespost POSTDIENST und Deutsche Bundespost TELEKOM. Gem. § 1 Abs. 3 PB-DSV waren ergänzend §§ 27 ff. BDSG heranzuziehen. Diese Vorschriften sind nunmehr allein maßgeblich.

**Postbankdienste**
Sammelbegriff für → Postgirodienst und → Postsparkassendienst (sowie weitere Bank-Dienstleistungen), die von der → Deutschen Bundespost POSTBANK, einem Teilbereich der → Deutschen Bundespost, wahrgenommen wurden und seit 1995 von der → Deutschen Postbank AG (zunächst) weitergeführt werden. Rechtliche Grundlagen bilden (bis 1994) das Postverfassungsgesetz und weiterhin das Postgesetz; in deren Rahmen gelten die → Allgemeinen Geschäftsbedingungen der Postbank.

Bereits die DBP POSTBANK bot zunehmend weitere als die herkömmlichen postalischen Bankdienstleistungen an. Diese Erweiterung des Tätigkeitsfeldes war rechtlich umstritten. Nach § 2 ihrer durch das Postumwandlungsgesetz (erlassen im Rahmen der zweiten Postreform) festgestellten → Satzung darf die Deutsche Postbank AG alle mit ihrer Stellung als → Kreditinstitut zusammenhängenden Tätigkeiten ausüben.

*Anlagegrundsätze:* Für die Anlage der Guthaben aus den P. gelten bislang Grundsätze, die der → Vorstand der POSTBANK gem. § 23 Abs. 5 PostVerfG unter Mitwirkung des → Aufsichtsrates und des Bundesministers für Post und Telekommunikation erließ. Sie lösten Anfang 1992 die bisherigen Bestimmungen über das → Aktivgeschäft der Deutschen Bundespost ab und gliedern sich in 4 Abschnitte. Zunächst wird das Ziel der Anlagenpolitik festgelegt, nämlich bei gleichbleibender hoher Sicherheit eine möglichst hohe Rentabilität zu erzielen, dabei eine ausreichende Mischung und Streuung der Anlagen zu gewährleisten und jederzeit die Einhaltung der → Liquidität sicherzustellen. Sodann bindet sich die POSTBANK bereits seitdem (intern) an die → Liquiditätsgrundsätze des BAK und an §§ 12, 13 KWG. Als zulässige Tätigkeitsfelder werden ausdrücklich aufgeführt die Anlage auf → Geld- und → Kapitalmärkten, sowie die Kreditvergabe an → Tochtergesellschaften und an Schwesterunternehmen (POSTDIENST, TELEKOM) wie an deren direkte oder indirekte Beteiligungsgesellschaften. Auch der Einsatz gewisser → derivativer (Finanz-)Instrumente kommt in Betracht. Schließlich enthalten die Grundsätze Durchführungsbestimmungen in Form von Anlagerichtlinien, um den mit dem operativen Geschäft befaßten Mitarbeitern detaillierte Handlungsanweisungen zu geben.

Der 1992 neu geschaffene Geschäftsbereich „Treasury" besteht aus zwei eigenständigen Abteilungen, „Liquiditätsmanagement und Geldhandel" sowie „Kapitalmarktgeschäfte".

**Postbank Eurogiro**
Eurogiro ist das grenzüberschreitende Zahlungsverkehrs-System der Postbank. Es basiert auf dem beleglosen Datenträgeraustausch, einem schnellen und preiswerten Verfahren des Zahlungsverkehrs. Davon profitieren bereits über 40 Millionen Postbankkunden in ganz Europa und zudem in Japan.

Innerhalb von nur drei Bankarbeitstagen nach Ausführung ist die Gutschrift einer Überweisung auf dem Empfängerkonto. Vorausgesetzt, beide Parteien haben bei einer der Eurogiro-Postbanken ein Konto. Ist die Gegenseite Kunde einer anderen Bank, kann es manchmal etwas länger dauern.

(→ Zahlungsverkehr im EG-Binnenmarkt)

**Postbank Giro**
→ Girokonto bei der → Deutschen Postbank AG, über das der Kunde Barzahlungsverkehr und → bargeldlosen Zahlungsverkehr auch im Wege des → Electronic Banking abwickeln kann.

**Postbank Sparbuch 3000 plus**
Neben hohen Zinsen sichern sich Postbankkunden bei dieser Sparform den Vorteil der schnellen Verfügbarkeit, wie er vom Sparbuch mit 3monatiger Kündigung her bekannt ist. Die höhere Verzinsung wird für das gesamte Guthaben gewährt – vorausgesetzt es beträgt mindestens 3.000 Mark.

Liegt das Spargúthaben unter der besagten Grenze, erhält der Sparer einen etwas niedrigeren Zinssatz. Hat der Anleger auf seinem Konto mehr als 15.000 Mark angesammelt, erhält er von der Postbank automatisch einen attraktiven Anlagevorschlag. Und wie bei allen Sparkonten der Postbank kommen Urlauber auch in vielen Ländern Europas an ihr Geld.

### Postbank-Sparen mit festem Zins
Im Rahmen einer → Spareinlage bei der → Deutschen Postbank AG wird Kunden für Beträge ab 5.000 DM ein jeweils von der → Laufzeit der → Einlage abhängiger höherer → Zinssatz gewährt, der über die gesamte Laufzeit (1, 2 oder 4 Jahre) fest vereinbart ist. Die → Zinsen werden dem → Sparkonto jeweils mit Ablauf eines Sparjahres gutgeschrieben; der Sparer kann dann hierüber verfügen.

### Postbarscheck
→ Postscheck, mit dem ein Postgirokunde bei einer vereinbarten Auszahlungsstelle (Postamt, Poststelle) einen Barbetrag von seinem → Postgirokonto abheben kann. Die Teilnahme am Postbarscheckverfahren sowie die gewünschte Auszahlungsstelle wurde dem → Postgiroamt gegenüber erklärt. Diese übersendet dem Kontoinhaber eine Ausweiskarte, die bei jeder Auszahlung vorzulegen ist. Ausgezahlt wird an jeden, der den ordnungsgemäß unterschriebenen → Überbringerscheck und die zugehörige Ausweiskarte vorlegt. Barabhebungen sind auch mittels von der → Deutschen Postbank AG ausgegebener Auszahlungsscheine möglich.

### Postenstatistik
Erfassung der während eines Zeitraums (i.d.R. ein Monat) bearbeiteten Geschäftsvorfälle nach Art und Anzahl. Die P. liefert Informationen über das Mengengerüst der bankbetrieblichen Leistungserstellung und bildet die Grundlage für kostenrechnerische Analysen (Selbstkostenermittlung für die einzelnen Betriebsleistungen: Stückkalkulation, Selbstkostenkontrolle). Sie wird nach Geschäfts- und Leistungsbereichen gegliedert und je nach Zweck der gewünschten Informationen weiter untergliedert. Die P. ist ein Teil der Betriebsstatistik im → Bankbetrieb (→ Bankstatistik).

### POS-Terminal
Elektronische Datenkasse in Einzelhandels- und Dienstleistungsunternehmen, die aus einer Händlereinheit und einer Kundeneinheit besteht und Voraussetzung für die Entgegennahme bargeldloser Zahlungen mittels → eurocheque-Karten, → Kundenkarten von → Kreditinstituten oder → Kreditkarten innerhalb des → POS-Banking ist. Es kann die meist im Balkencode dargestellten Informationen zu einem Produkt einschließlich Preis lesen, verschiedene Preise addieren und sie dem Kunden und dem Kassierer auf Sichtbildschirmen anzeigen. POS-T. liest die Informationen auf der Karte und belastet das → Konto des Kunden mit der zu zahlenden Summe. Die Produktinformationen gehen an die zentrale EDV des Einzelhandels- oder Dienstleistungsunternehmen und dienen als Grundlage für die Warendisposition.

### Postgiroämter
Ämter der → Deutschen Bundespost POSTBANK zur Abwicklung des Postgirodienstes (Teil der → Postbankdienste), deren Bezeichnung die Herkunft aus der staatlichen Verwaltung deutlich macht. In der BRD arbeiteten 14 P.: Berlin, Dortmund, Essen, Frankfurt am Main, Hamburg, Hannover, Karlsruhe, Köln, Leipzig, Ludwigshafen, München, Nürnberg, Saarbrücken, Stuttgart. Ab 1992 erfolgte eine Neuorganisation als „Niederlassungen" in fünf Regionen des Bundesgebiets; dabei werden die beiden → Postsparkassenämter in Hamburg und München mit den dortigen P. zusammengelegt.

*Gesetzliche Grundlagen:* Für die Tätigkeit maßgeblich war § 4 des Postverfassungsgesetzes (PostVerfG) und ist noch das Gesetz über das Postwesen (Postgesetz). Seit der Änderung des Postgesetzes durch die erste Postreform besteht seit 1.7.1991 ein privatrechtliches Vertragsverhältnis zu den Kunden. → Postgirokonten können für jedermann eingerichtet werden. Der → Kontrahierungszwang nach § 8 PostG ist im Hinblick auf die → Deutsche Postbank AG mit der zweiten Postreform Anfang 1995 weggefallen.

*Aufgaben:* Traditionelle Aufgaben sind die bargeldlose und halbbare Übermittlung von Geldbeträgen (→ Postgirodienst), d.h. Durchführung des → bargeldlosen Zahlungsverkehrs und des bargeldsparenden → Zahlungsverkehrs (Gutbuchen von Zahl-

## Postgirodienst

karten, Zahlscheinen, →Postüberweisungen); Einzug von →Lastschriften und →Schecks; Zahlungen aufgrund von Verfügungen mittels Lastschriften bzw. →Postschecks. Die P. bieten einen Girokontenservice mit den üblichen Zusatzleistungen, wie z. B. →eurocheque, →Geldausgabeautomaten, →Btx-Konto, Datenträgeraustausch. Postgirokonten sollen grundsätzlich auf Guthabenbasis geführt werden. Jedoch kann seit 1991 ein „Dispolimit" zur Überziehung des Kontos eingeräumt werden. In dessen Rahmen muß bei Privatkonten spätestens nach Ablauf von drei Monaten, ansonsten unverzüglich ein Ausgleich erfolgen. Die Guthaben (→Sichteinlagen) werden nicht verzinst. Für die Abwicklung des Postgirodienstes standen neben den P. die Stellen der Deutschen Bundespost POSTDIENST zur Verfügung. Dieser Verbund wird mit der Deutschen Post AG fortgeführt. Bei ihr werden künftig gezielt auch eigene „Blaue Schalter" eingerichtet.

## Postgirodienst

Bargeldlose und halbbare Übermittlung von Geldbeträgen durch die →Deutsche Bundespost. Es gelten die AGB Postbank (Allgemeine Geschäftsbedingungen der Postbank und besondere Bedingungen).

*Zahlungsinstrumente:* →Postüberweisung, →Postscheck, →Zahlungsanweisung und →Lastschrift. Postgiroteilnehmer können am →eurocheque-System teilnehmen und eine →eurocheque-Karte (ec-Karte) erhalten. Lastschriften können von →Postgirokonten abgebucht und zu Gunsten von Postgirokonten eingezogen werden. Der Postgiroteilnehmer kann →Postanweisungen und Zahlungsanweisungen seinem Postgirokonto gutschreiben lassen. Er kann →Verrechnungsschecks und (als Postgiroteilnehmer mit umfangreichem →Zahlungsverkehr) →Lastschriften einziehen lassen (→Scheckinkasso, →Lastschriftinkasso). Mit Zahlkarten oder Zahlscheinen können Bargeldbeträge zu Gunsten von Postgirokonten eingezahlt werden.

*Haftung:* Die Postbank haftet im P. für Schäden, die dem Postgiroteilnehmer durch die nicht ordnungsgemäße Ausführung seiner Aufträge (Überweisungen, Schecks, Lastschriften) durch das Postgiroamt entstehen, nach den allgemeinen gesetzlichen Vorschriften über die →Haftung des →Schuldners für die Erfüllung seiner →Verbindlichkeiten. Für die nicht rechtzeitige Ausführung der Aufträge haftet sie nur bei →Vorsatz und grober →Fahrlässigkeit, es sei denn, daß es sich um →Daueraufträge oder Eilaufträge handelt (§ 19 Postgesetz).

*→Abtretung, →Pfändung und →Verpfändung:* Der →Anspruch des Postgiroteilnehmers auf Auszahlung des Guthabens kann nur abgetreten werden, wenn gleichzeitig das Postgirokonto übertragen wird. Der Anspruch auf Auszahlung des Guthabens kann gepfändet werden. Der Anspruch auf Löschung seines Postgirokontos ist der Pfändung nicht unterworfen. Die Verpfändung des Guthabens ist ausgeschlossen (§ 23 Abs. 3 Postgesetz).

## Postgirokonto

→Girokonto bei einem →Postgiroamt (einer Postbank-Niederlassung). Zwischen dem Kontoinhaber und der →Deutschen Bundespost POSTBANK (bzw. jetzt der →Deutschen Postbank AG) besteht seit 1.7.1991 ein privatrechtlicher →Geschäftsbesorgungsvertrag.

## Postlaufkredit

Kurzfristiger →Kredit, der zwischen in- und ausländischen →Kreditinstituten zur vereinfachten Abwicklung von Aufträgen gewährt wird. Die auftraggebende →Bank überzieht ihr →Konto bei der auftragsausführenden Bank vom Zeitpunkt der Ausführung bis zum Erhalt einer entsprechenden Mitteilung, d. h. für die Dauer des Postlaufs. Es kann auch von vornherein eine bestimmte Frist für die Inanspruchnahme des Kredits vereinbart werden.

**Postnumerando,** →nachschüssige Zinsrechnung.

## Postprotestauftrag

Auftrag an das Zustellpostamt, einen Inlandswechsel bis 3.000 DM zur Zahlung zu präsentieren und, falls Zahlung unterbleibt, Protest mangels Zahlung nach den Vorschriften des →Wechselgesetzes (WG) zu erheben. Der vorzulegende →Wechsel muß an einem bestimmten Kalendertag zahlbar sein. P. nach dem Ausland sind unzulässig. Der P. ist zum 1.1.1995 weggefallen.

## Postscheck

→Scheck, der auf ein →Postgiroamt der →Deutschen Postbank AG gezogen ist.

Rechtsgrundlage ist das → Scheckgesetz; daneben gelten besondere Bedingungen (→ Allgemeine Geschäftsbedingungen der Postbank). Mit einem P. beauftragt ein Postgirokunde im Rahmen des → Postgirodienstes sein Postgiroamt, einen Betrag von seinem → Postgirokonto abzubuchen und auszuzahlen (→ Postbarscheck) oder einem anderen Postgiro- oder Bankkonto gutschreiben zu lassen (→ Verrechnungsscheck). Bei diesem ist auch ein → Scheckinkasso durch das Postgiroamt möglich. Heute besteht kein Unterschied mehr zu anderen Schecks.

### Postsparkassenämter

Ämter der → Deutschen Bundespost POSTBANK zur Wahrnehmung des Postsparkassendienstes (Teil der → Postbankdienste). P. bestanden in Hamburg und München; sie wurden im Laufe der Umorganisation 1992/93 in die dortigen „Niederlassungen" einbezogen.

*Gesetzliche Grundlagen:* Bis 1994 das Postverfassungsgesetz (PostVerfG), auch weiterhin das Postgesetz. → Postsparkonten können, aber müssen seit der zweiten Postreform nicht mehr für jedermann eingerichtet werden.

Zentrale *Aufgabe* bildet die Führung der Sparkonten. Die Angebotspalette im → Postsparkassendienst wurde erheblich ausgeweitet. Auch die Anlage → vermögenswirksamer Leistungen auf Postsparkonten ist möglich. Für die Abwicklung des Postsparkassenverkehrs standen auch Ämter der Deutschen Bundespost POSTDIENST und stehen seit 1995 Stellen der Deutschen Post AG zur Verfügung.

### Postsparkassendienst

Vor der Postreform übliche Bezeichnung für einen Zweig der → Postbankdienste, der bei den → Postsparkassenämtern angesiedelt war und diverse Spar-Formen anbot (→ Spareinlagen, → Sondersparformen). Die → Deutsche Bundespost POSTBANK beseitigte die organisatorische Selbständigkeit des P., erweiterte aber zugleich auch ihre Bankdienstleistungen im Hinblick auf → Spargelder. Der P. wird jedoch noch immer in § 1 Abs. 2 PostG als von der → Deutschen Postbank AG erbrachte „Dienstleistung des Postwesens" angeführt.

### Postsparkonto

→ Sparkonto, das bei der → Deutschen Postbank AG unterhalten wird.

### Post-Spar- und Darlehnsvereine

→ Kreditinstitute, die als Selbsthilfeeinrichtungen der Postbediensteten nach genossenschaftlichen Grundsätzen, aber grundsätzlich in der Rechtsform → wirtschaftlicher Vereine geführt werden und innerhalb des satzungsmäßigen Rahmens Bankleistungen anbieten.

Sie sind in dem → Verband der Post-Spar- und Darlehnsvereine (→ Fachprüfungsverband) zusammengeschlossen und gehören über diesen Verband mittelbar dem → Bundesverband der Deutschen Volksbanken und Raiffeisenbanken an.

### Post-Trading-Periode

Letzte Phase der Börsenzeit an einer → Terminbörse. In der P.-T.-P. steht das elektronische Handelssystem den Teilnehmern weiterhin für Abfragezwecke und zur Abgabe von Orders und → Quotes zur Verfügung. Ein Handel ist nicht mehr möglich. Bis zum Ende der P.-T.-P. am letzten Handelstag (→ Last Trading Day) muß beispielsweise die → Short Position im → Bobl-Future und → Bund-Future anzeigen, welche der → lieferbaren Anleihen sie zu liefern beabsichtigt.
(→ Pre-Trading-Periode, → Eröffnungsphase, → Handels-Periode)

### Postüberweisung

→ Überweisung, mit der ein Postgiroteilnehmer im Rahmen des → Postgirodienstes ein → Postgiroamt beauftragt, einen Betrag von seinem → Postgirokonto abzubuchen und einem anderen Postgirokonto oder einem → Postsparkonto gutzuschreiben. Da → Banken und → Sparkassen bei Postgiroämtern Postgirokonten unterhalten, ist es auch möglich, von einem Postgirokonto Überweisungen auf ein → Bankkonto vorzunehmen. Für die P. finden seit längerem die normalen Zahlungsverkehrsvordrucke Verwendung (→ Zahlungsverkehr).

### Potentialanalyse

Feststellung der Art und Größenordnung des Bedarfs des jeweiligen Kunden an → Bankprodukten. Instrument zum zielgerichteten Einsatz der vorhandenen Betreuungskapazitäten. Die P. wird eruieren, bei welchen Produkten und Produktgruppen seitens des Kunden Bedarf besteht, gegen welche Wettbewerber das → Kreditinstitut konkurriert sowie deren Stärken und Schwächen festhalten und die eigenen Stärken und

**Potentialorientierte Geldpolitik**

Schwächen dagegenstellen. Quellen für die P. sind Kundengespräche, →Geschäftsberichte, →Jahresabschlüsse, Unternehmenspläne, Veröffentlichungen, Marketingberichte.

**Potentialorientierte Geldpolitik,** →Geldpolitik der Deutschen Bundesbank 3 b).

**Power Cap**
→Cap, bei dem die →Long Position im Cap nicht die einfache Zinsdifferenz zwischen dem aktuellen →Referenzzinssatz (z. B. →LIBOR, →FIBOR) und dem →Basispreis am Ende der →abgesicherten Periode erhält, sondern ein Mehrfaches der Zinsdifferenz. Die Ausgleichszahlung (→Cash Settlement) eines normalen Cap wird mit folgender Formel ermittelt:
Ausgleichszahlung = [Nominalbetrag · (Referenzzinssatz − Basispreis) · Tage abgesicherte Periode] : [100 · 360].
Bei einem Squared P. C. wird die mit dieser Formel ermittelte Ausgleichszahlung mit 2 potenziert. Beträgt beispielsweise die Ausgleichszahlung eines normalen Caps 2%, erhält der Käufer eines Squared P. C. 4 ($2^2$)% Ausgleichszahlung. Bei einem Cubed P. C. wird die Ausgleichszahlung mit 3 potenziert. Der Anleger erhält eine Ausgleichszahlung in Höhe von 8 ($2^3$)%. Die →Optionsprämie bei P. C. ist im Vergleich zu einem normalen Cap höher.

**Power Floating Rate Note,** →Leveraged Floater.

**Power Option**
→Exotische Option, die eine nichtlineare Auszahlung vorsieht, wenn der →Basiswert den →Basispreis erreicht. Während bei Standard-Optionen die Ausgleichszahlung (→Cash Settlement) linear mit einem Anstieg des Basiswertes über den Basispreis bei einem →Call bzw. einem Rückgang des Basiswertes unter den Basispreis bei einem →Put steigt, verändert sich die Ausgleichszahlung bei P.O. eventuell exponentiell (z. B. quadratisch).
Beispielsweise erhält der Anleger bei einem →Power Option 4% ausbezahlt, wenn der Basiswert (z. B. →LIBOR) zwei Prozentpunkte im Geld (→In-The-Money) ist. Die Ausgleichszahlung wird ermittelt, indem zwei Prozent ins Quadrat genommen werden, also $2^2$ gerechnet wird.
P.O. haben im Vergleich zu Standard-Optionen für die →Long Position ein höheres

→Counterpart-Risiko. P. O. sind ferner teurer als Standard-Optionen, da eventuelle Ausgleichszahlungen höher sind.

**PPI**
Abk. für Producer Price Index.

**Präferenzzoll**
→Zoll, der bei der →Einfuhr einer →Ware aus einem oder mehreren Ländern erhoben wird und unter dem Zoll gegenüber anderen Ländern liegt, so daß ein nach Herkunftsstaaten differenzierter Zoll für gleiche Güter entsteht (Vorzugszoll). Bei gegenseitiger Gewährung von P. zwischen mehreren Ländern wird eine Präferenzzone als eine Stufe der →Integration gebildet. Im allgemeinen beeinträchtigen P. wegen ihrer wettbewerbsverzerrenden Wirkungen die Vorteile der internationalen Arbeitsteilung. Von der →Konferenz der Vereinten Nationen für Handel und Entwicklung (UNCTAD) sind P. zugunsten der →Entwicklungsländer als Instrument zur Beschleunigung ihrer wirtschaftlichen Entwicklung gefordert worden. Da sie im Gegensatz zur →Meistbegünstigung des →Allgemeinen Zoll- und Handelsabkommens (GATT) stehen, haben die Industrieländer mit deren Einführung gezögert. Die →Europäischen Gemeinschaften (EG) räumen im Rahmen ihrer Assoziierungs-, Freihandels- und Präferenzabkommen einer Reihe von Ländern P. ein.

**Prämie**
1. *Allgemein:* Für eine Vielzahl von Geldleistungen in unterschiedlicher Zusammenhängen verwendete Bezeichnung (z. B. →Optionsprämie, →Prämiensparen), die häufig, aber nicht immer (nicht etwa bei der Versicherungsprämie als der vom Versicherungsnehmer geschuldeten Gegenleistung für die Übernahme eines bestimmten Risikos) auf eine Zusatzleistung des →Schuldners bezogen wird.

2. →*Future:* Vgl. →Aufschlag.

3. →*Wandelanleihe:* Vgl. →Wandlungsprämie.

4. *Optionsscheine:* Die P. eines →Optionsscheines gibt an, um welchen Betrag der Bezug des Basiswertes über den →Call-Optionsschein teurer ist als der direkte →Kauf. Die P. entspricht dem →Zeitwert, wenn der →innere Wert größer oder gleich Null ist.
P. = Aktueller Kurs Optionsschein · Bezugsverhältnis + Bezugspreis − aktueller Kurs Basiswert.

*Interpretation*: Eine P. von Null bedeutet, daß es für den Investor indifferent ist, ob er den Basiswert über den Optionsschein oder direkt an der → Börse kauft. Die P. ist i. d. R. positiv, d. h. ein Kauf des Basiswertes über den Optionsschein ist teurer als ein direkter Kauf. Eine positive P. ist zwangsläufig mit einem → Aufgeld verbunden bzw. eine negative P. mit einem → Abgeld (→ Hebel). Die P. ist nicht zu verwechseln mit dem Optionsscheinkurs, der oftmals auch als P. bezeichnet wird. Nur wenn ein Optionsschein keinen inneren Wert hat, sind P. und Optionsscheinkurs identisch.

### Prämienabrechnung

Methode der Abrechnung von → Optionsprämien. Man unterscheidet das → Stock-Style-Verfahren und → Future-Style-Verfahren. (→ Upfront).

### Prämienabschlußzahlung

Letzte Zahlung, die die → Long Position beim → Future-Style-Verfahren bei → Optionen auf → Futures leisten muß.

### Prämienanleihe

*Lotterieanleihe, Losanleihe*; unverzinsliche oder mit einer niedrigen, nicht marktgerechten Verzinsung ausgestattete → Anleihe. Die durch die geringe oder fehlende Verzinsung eingesparten Beträge werden ganz oder teilweise als Prämien bei der → Tilgung der → Schuldverschreibungen auf einzelne, durch das Los bestimmte → Stücke ausgeschüttet.
Da P. dem Spieltrieb der Käufer Rechnung tragen, ist die Ausgabe dem Staate vorbehalten. Der Bund hat hiervon 1951 durch Ausgabe fünfjähriger zinsloser → Schatzanweisungen Gebrauch gemacht. Diese Prämien-Schatzanweisungen wurden wegen ihrer kleinen Stückelung (10 DM) auch *Baby Bonds* genannt.

### Prämienkonto

→ Konto eines Börsenteilnehmers, über das die → Optionsprämien abgerechnet werden.

### Prämiensparen

1. Staatlich gefördertes Kontensparen zum Zwecke der Bildung von → Geldvermögen. Auf der Grundlage des Sparprämiengesetzes 1982 gewährte der Staat auf einmalige Einzahlungen auf „allgemeine → Sparverträge" oder auf regelmäßig erbrachte Sparleistungen (→ Ratensparverträge) unter bestimmten Einkommensvoraussetzungen und bei Einhaltung einer vorgeschriebenen Anlagedauer im Rahmen bestimmter Höchstsätze → Prämien (prämienbegünstigtes Sparen). Prämiensparverträge sind 1987 ausgelaufen.

2. Sparform, die von → Kreditinstituten als Ersatz des früheren prämienbegünstigten Sparens unter unterschiedlichen Bezeichnungen angeboten wird (z. B. → Sparkassen-Prämiensparen, Bonus-Sparen, Zuschlagssparen, Extra-Sparen (Sparplan mit → Bonus)), wobei an die Stelle der früheren staatlichen Prämiengewährung eine bankseitig einmalig gezahlte Sonderzinsvergütung getreten ist, die als Prämie, Bonus, Zuschlag o. ä. bezeichnet wird. Die Abwicklung der Sparverträge hat (mit Ausnahme der beim prämienbegünstigten Sparen früher bestehenden Einkommensvoraussetzungen) Ähnlichkeit mit der Abwicklung der Prämiensparverträge (z. B. hinsichtlich Anlagedauer, Höhe der Sondervergütung, Einmalanlage oder Sparleistungen auf einen Ratensparvertrag). Auch die → Deutsche Postbank AG bietet besondere Sparformen an und gewährt bei bestimmten Sparformen einen Bonus bzw. eine Prämie.
(→ Sondersparformen, → Sparkassen-Prämiensparen)

**Pränumerando**, → vorschüssige Zinsrechnung.

### Präsenzbörse

Im Unterschied zur automatisierten (elektronischen) Computerbörse die traditionelle, manuell arbeitende (Zuruf, Handschlag), durch persönliche Anwesenheit der Händler und Makler im Börsensaal (als „Parkettbörse") gekennzeichnete → Börse, seit der Novellierung des → Börsengesetzes 1989 nicht mehr die ausschließliche Gestalt organisierter Märkte.

**Präsenzindikator**, → Konjunkturindikator.

### Praxisfinanzierung

→ Finanzierung von Praxisneugründungen, -übernahmen bzw. → Investitionen von Freiberuflern (z. B. Ärzte, Architekten, Anwälte, Steuerberater/Wirtschaftsprüfer). Folgende Grundüberlegungen stellt der Kreditgeber an: (1) zur Person und Qualifikation des Freiberuflers, (2) zum Praxis-Vorhaben/Konzept und eventuellen (gesetzlichen) Rahmenbedingungen, (3) zum Praxisstandort, (4) zum Kosten- und Finanzierungsplan, (5) zur aktuellen wirtschaftlichen

Situation des Freiberuflers, (6) zur Vorlaufkosten-, Ertrags- und Liquiditätsplanung des Praxisinhabers oder Praxisgründers. Praxisgründungen und -übernahmen können durch → öffentliche Kreditprogramme gefördert werden.

**Precious Metal Future,** → Edelmetall-Future.

**Preference Option,** → Chooser Option.

### Preisangabenverordnung
Verordnung zur Regelung der Preisangaben (PAngV) vom 14.3. 1985, die als → Rechtsverordnung des Bundes aufgrund von Art. 1 § 1 des Gesetzes zur Regelung der Preisangaben vom 3. 12. 1984 ergangen ist.

*Allgemeine Pflichten:* Durch die P. werden alle Anbieter von → Waren oder Leistungen verpflichtet, gegenüber den Letztverbrauchern Endpreise anzugeben, d. h. Preise, die einschließlich der → Umsatzsteuer (USt) und sonstiger Preisbestandteile unabhängig von einer Rabattgewährung zu zahlen sind (§ 1 Abs. 1 PAngV). Diese Regelung soll der Unterrichtung und dem Schutz der Verbraucher sowie der Förderung des → Wettbewerbs dienen; sie gilt auch, wenn ein Anbieter unter Angabe von Preisen wirbt. Alle Angaben müssen der allgemeinen Verkehrsauffassung und den Grundsätzen von Preisklarheit und -wahrheit entsprechen; sie müssen dem Angebot oder der Werbung eindeutig zugeordnet, leicht erkennbar und deutlich lesbar oder sonst gut wahrnehmbar sein (§ 1 Abs. 6 PAngV). → Kreditinstitute sind beim Angebot von und bei → Werbung mit ihren Leistungen gemäß § 3 Abs. 1 PAngV verpflichtet, ein → Preisverzeichnis mit den Preisen für ihre wesentlichen Leistungen aufzustellen und am Ort des Leistungsangebots (Schalterräume, zusätzlich auch Schaufenster/Schaukasten) anzubringen (→ Preisaushang). Zu den wesentlichen Leistungen eines Kreditinstituts zählen die im Rahmen des → allgemeinen Bankvertrags bzw. des → Girovertrags regelmäßig vorkommenden Einzelleistungen. Die Bestimmungen der P. betreffen das → Privatkundengeschäft, nicht das → Firmenkundengeschäft (Nr. 12 Abs. 1 AGB Banken, Nr. 17 Abs. 2 AGB Sparkassen). Bei Krediten sind nach der Sondervorschrift des § 4 PAngV „effektive Jahreszinsen" (→ Effektivverzinsung von Krediten) anzugeben; für alle anderen Bankleistungen gelten die allgemeinen Preisangabepflichten. Nicht unter die P. fallen → Einlagen, da hierfür nicht der Kunde, sondern das Kreditinstitut ein Entgelt zahlt. Eine Verpflichtung, auch hierfür Preise (→ Zinsen, → Boni etc.) anzugeben, kann sich aber aus dem Gesetz gegen den unlauteren Wettbewerb ergeben, insbes. aus § 3 UWG. Grundsätze für Mindestangaben in der Werbung für Einlagen hat ferner der → Zentrale Wettbewerbsausschuß aufgestellt.

*Effektivzins-Angaben:* Beim Angebot von und bei der Werbung mit Krediten an Letztverbraucher – die die Leistung nicht in ihrer selbständigen beruflichen oder gewerblichen oder in ihrer behördlichen oder dienstlichen Tätigkeit verwenden (§ 7 Abs. 1 Nr. 1 PAngV) – ist als Preis die Gesamtbelastung pro Jahr in einem Prozentsatz des Kredites anzugeben und als „effektiver Jahreszins" zu bezeichnen. Bei → Darlehen mit veränderbaren Konditionen (etwa vollvariabler Zinssatz oder Zinsbindungsfrist [Zinsfestschreibung] für einen bestimmten Zeitraum) ist der „anfänglicher effektive Jahreszins" anzugeben; zusammen damit ist anzugeben, wann preisbestimmende Faktoren geändert werden können und auf welchen Zeitraum Belastungen, die sich aus einer nicht vollständigen Auszahlung des Kreditbetrags oder aus einem Zuschlag hierzu ergeben, zum Zweck der Preisangabe verrechnet worden sind (§ 4 Abs. 1 PAngV). Zur Ermittlung des (anfänglichen) effektiven Jahreszinses sind alle preisbestimmenden Faktoren zu berücksichtigen, die sich unmittelbar auf den Kredit und seine Vermittlung beziehen und bei regelmäßigem Kreditverlauf anfallen (§ 4 Abs. 2 PAngV), wie z. B. → Nominalzins, Zinssollstellungstermine, jährliche Tilgungshöhe bei planmäßiger → Laufzeit, tilgungsfreie Zeiträume, → Disagio und Agio (→ Aufgeld), Bearbeitungsgebühr, Kreditvermittlungskosten, Zahlungstermine und hiervon abweichende Tilgungsverrechnungszeiträume (vgl. § 4 Abs. 1 VerbrKrG). Ausgenommen sind nur die in § 4 Abs. 3 PAngV aufgeführten Kosten. Bei → Bauspardarlehen ist für die Berechnung des Effektivzinses die Abschlußgebühr entsprechend dem Darlehensanteil der → Bausparsumme zu berücksichtigen (§ 4 Abs. 8 PAngV). Bei → Kontokorrentkrediten kann nach § 4 Abs. 9 PAngV auf die Angabe des effektiven Jahreszinses verzichtet werden, wenn zusätzlich zur nominalen Verzinsung keine weiteren → Kreditkosten anfallen und die Zinsbelastungsperiode (Kontoabschluß) nicht kürzer als drei Monate ist; es genügt dann Angabe des Nominalzinssatzes und der Rechnungsperiode. Bei → Überziehungskrediten an Verbraucher verlangt § 5 Abs. 1 VerbrKrG vor der Inanspruchnahme eine besondere Unterrichtung durch das Kreditinstitut.

*Berechnung des effektiven Jahreszinses*: Nach § 4 Abs. 2 PAngV beziffert der anzugebende (anfängliche) effektive Jahreszins den Zinssatz, mit dem sich der Kredit bei regelmäßigem Kreditverlauf auf der Grundlage taggenauer Verrechnung aller Leistungen und nachschüssiger Zinsbelastung gemäß § 608 BGB staffelmäßig abrechnen läßt (360-Tage-Methode, vgl. § 4 Abs. 5 Nr. 2 PAngV). Der Prozentsatz ist mit der im Kreditgewerbe üblichen Genauigkeit, also mit einer Stelle hinter dem Komma, anzugeben.

## Preisaushang

→ Preisverzeichnis, das nach der → Preisangabenverordnung für → Kreditinstitute im Geschäftsverkehr mit → Privatkunden im Interesse des Verbraucherschutzes vorgeschrieben ist. Die Kreditinstitute haben im P. die Preise für ihre wesentlichen Leistungen anzugeben. Um den Preisaushang übersichtlich und für die Kunden vergleichbar zu machen, haben die → Verbände und Arbeitsgemeinschaften der deutschen Kreditwirtschaft ein „Merkblatt zur einheitlichen Gestaltung des Aushangs von Regelsätzen im standardisierten Privatkundengeschäft der Kreditinstitute" herausgegeben.

Im P. informiert ein Kreditinstitut über Preise (Zinssätze, → Gebühren) bei → Sparkonten und Privatgirokonten (→ Privatkonten), bei → Ratenkrediten (→ Nominalzins, effektiver Jahreszins), → Bankleistungen im → Wertpapiergeschäft, allgemeinen Zahlungsverkehrsleistungen und weiteren Regelleistungen. Er enthält keine Preise für → langfristige Kredite, die zu festen Konditionen für die gesamte → Laufzeit gewährt werden. Die Preise für weitere Dienstleistungen und die Regelungen über → Wertstellungen im Geschäftsverkehr mit Privatkunden werden in einem besonderen Preisverzeichnis aufgeführt, das ergänzend zum P. der Kundschaft zur Verfügung steht.

## Preisfaktoren

P. setzen die → lieferbaren Anleihen bei → mittel- (z. B. → Bobl-Future) und langfristigen Zinsfutures (z. B. → Bund-Future, → Buxl-Future) in das Verhältnis zur fiktiven Anleihe des Futures. Mit Hilfe des P. wird jede mögliche lieferbare Anleihe (→ Basket-Delivery) in der Weise gleichwertig gemacht, als ob sie zur → Fälligkeit des → Futures-Kontraktes die gleiche → ISMA-Rendite erzielen würde wie die fiktive Anleihe. P. werden zur Ermittlung der → Fair Values, der → Sensitivitätskennzahlen des Future-Kontraktes und schließlich des → Hedge Ratios von Futures-Kontrakten benötigt.

*Ermittlung*: a) *P. für Bund-Future*: Der P. stellt den → Börsenkurs einer Anleihe für 1 DM Nennwert dar, wenn die ISMA-Rendite am → Valuta-Tag (10. Tag des Liefermonats, sofern dieser Tag ein Börsentag ist, andernfalls der nächste danach liegende Börsentag) des Futures 6% betragen würde. Er gibt damit den Preis eines Kassainstruments wieder, durch den dieses die → Rendite aufweist, die derjenigen des Futures, der mit 6% standardisiert ist, äquivalent ist.

b) *P. für die lieferbaren Anleihen des Bund-Future*:
Schritt 1: Festlegung des Valuta-Tages.
Schritt 2: Berechnung des Kurses (→ Clean-Price), zu dem die lieferbare Anleihe am Valuta-Tag eine ISMA-Rendite von 6% erwirtschaftet.
Schritt 3: Das Ergebnis aus Schritt zwei wird durch 100 dividiert.
(P. für Bundesanleihen werden auf sechs Nachkommastellen berechnet.)

*Eigenschaften*:
(1) Jede lieferbare Anleihe hat einen eigenen P., der sich von den P. der anderen lieferbaren Anleihen unterscheidet, da die lieferbaren Anleihen unterschiedliche → Restlaufzeiten und → Nominalzinsen haben.
(2) Für jede Kontraktfälligkeit existieren eigene P., die während der gesamten → Laufzeit des → Kontraktes konstant bleiben.
(3) P. werden benötigt, um den Betrag zu ermitteln, den die → Short Position (→ Long Position) des Futures erhält (bezahlt), wenn sie eine Anleihe bei Fälligkeit in den Kontrakt liefert (erhält).
(4) Bei lieferbaren Anleihen, die einen Nominalzins von kleiner als 6% haben, ist der P. auch kleiner als eins. Ist der Nominalzins dagegen größer als 6%, ist der P. auch größer als 1.

**Preisfaktorenmethode**

(5) Der P. spiegelt das Wertverhältnis einer lieferbaren Anleihe zur synthetischen 6%igen Anleihe (→ synthetisches Papier) mit einer Laufzeit von zehn Jahren wider.

**Preisfaktorenmethode**
Variante zur Ermittlung des → Hedge Ratio bei mittel- und langfristigen → Kontrakten mit → Zinsfutures mit Hilfe von → Preisfaktoren. Die P. eignet sich in → Hedgingstrategien mit der → CTD-Anleihe.
Hedge Ratio = (Nominal Kassa : Nominal Futurc) · Preisfaktor
(→ Nominalwertmethode, → relative Volatilitätsmethode)

**Preisfaktor Hedge**, → Preisfaktorenmethode.

**Preisgestaltung im Kreditgeschäft**
1. *Allgemeines:* Die Preisgestaltung ist wesentlicher Bestandteil der → Preispolitik eines → Kreditinstitutes und damit wesentliches Marketing-Instrument. Sie orientiert sich an den geschäftspolitischen Zielen des jeweiligen Institutes. Mittelfristig müssen jedoch alle Kreditinstitute bei bestehendem, gut funktionierendem Wettbewerb ihre Preisgestaltung am Markt orientieren, der sehr stark auch international beeinflußt wird. Alle Kreditanbieter bieten im Prinzip das gleich abstrakte Gut (Kaufkraftüberlassung) an, so daß ein echter Preiswettbewerb möglich ist. Es zeigt sich aber, daß die Kunden nicht generell „Kredit" nachfragen, sondern → Kredite mit sehr unterschiedlichen Merkmalen, z. B.
- Kredithöhe (fester Betrag oder variabel; → Fazilitäten)
- → Laufzeiten, Tilgungsmodalitäten
- Verwendungszweck
- → Kreditsicherheiten
- Währungseinheit
- Abwicklung, Bearbeitungsaufwand
- Konstruktion (steuerliche Aspekte/Projektfinanzierungen)
- Beratung.

Damit wird auch bei dem sonst homogenen Gut „Kredit" ein Qualitätswettbewerb möglich. Die vorgenannten Merkmale beeinflussen neben den volkswirtschaftlichen Zinseinflußfaktoren die Preisgestaltung.
Die Preisgestaltung ist nur schwer von der Kostenseite zu kalkulieren, da der Kreditpreis Kostenelemente enthält, die kaum einzeln zuzurechnen sind. Er enthält Äquivalente für

- Fremdkapitalkosten, einschl. Mindestreservenbelastung und Kosten der Kapitalbeschaffung (z. B. Zweigstellennetz zur Sammlung von → Einlagen)
- Grundsatzbelastungen
- Risikobelastung (Kosten für mögliche Ausfälle)
- Kosten der Kreditbearbeitung und -verwaltung
- Kosten für mittelbare Dienstleistungen (Beratung)
- Gewinnspanne.

Eine exakte Zinskalkulation stößt auch deshalb auf Schwierigkeiten, weil das einzelne → Kreditgeschäft oft nicht isoliert gesehen werden kann, sondern die Preise für Leistungsbündel gestellt werden. Eine Preisuntergrenze ist dort zu ermitteln, wo die Einstandskosten für ein einzelnes Kreditgeschäft zugeordnet werden können (Großkundengeschäft mit festen Terminen). Die Preise für Kredite werden wesentlich bestimmt vom Marktpreis, der wiederum abhängt von der Markttransparenz, den Konkurrenzpreisen und den Präferenzen der Kunden und Banken oder allgemein von der jeweiligen Verhandlungsmacht der Verhandlungspartner. Im Großkreditgeschäft stehen die Kreditinstitute im Durchschnitt einer Kundschaft mit einer ausgeprägten Zinslastempfindlichkeit gegenüber, die außerdem über eine starke Verhandlungsmacht gegenüber den Banken verfügt.
Es ist auch der Zusammenhang zwischen *Zinshöhe und* → *Kreditrisiko* zu beachten. Kreditnachfrager mit unzweifelhafter Bonität verfügen über eine große Verhandlungsmacht, was zu (für sie) günstigen → Kreditkosten führt. Zweifellos bestehen von seiten der Banken gewisse Mindestanforderungen an die Bonität der Kreditnehmer, d. h. Banken gehen immer davon aus, daß ein Kredit vertragsmäßig bedient werden kann. Trotzdem kommt es vor, daß ein Kreditinstitut einen Kredit ablehnt und ein anderes positiv entscheidet. Selbst innerhalb einer Bank können Sicherheitsanforderungen unterschiedlich sein. Die Frage, ob die Variation der Sicherungsansprüche ein Instrument der Bankabsatzpolitik ist, ist in der Literatur umstritten. Krümmel, der nur ausnahmsweise die Variation der Bonitätsanforderungen als absatzpolitisches Instrument gelten läßt, weist aber darauf hin, daß selbst → Spezialbanken, die scheinbar höhere Risiken akzeptieren, das Vorsichtsprinzip nicht verletzen, weil sie über bes-

## Preisgestaltung im Kreditgeschäft

sere Informationen und über Erfahrungen aus anderen vergleichbaren Geschäften verfügen.
Danach können aufgrund gezielterer Informationen und spezieller Erfahrungen Kredite mit vermeintlich größeren Risiken gewährt werden, ohne daß das Kreditrisiko tatsächlich steigt. In der Praxis dürfte es keine bewußte Substitution von Sicherheit durch höhere → Zinsen geben. Unterschiedliche Zinsangebote mehrerer Banken sind vielmehr das Ergebnis unterschiedlicher Zielvorstellungen und Bedingungen eines Institutes sowie der unterschiedlichen Einschätzung der Verhandlungsmacht des Nachfragers. Außerdem erfolgen Preisangaben oft in unterschiedlichen Formen, so daß Preisvergleiche nicht ohne weiteres möglich sind. Damit diese für private Kunden leichter möglich werden, sind ihnen gegenüber die jeweils gebotenen → Effektivzins-Angaben nach → Preisangabenverordnung zu machen.

2. Im *kurzfristigen Kreditgeschäft*, mit variablen Inanspruchnahmemöglichkeiten innerhalb einer Rahmenzusage werden meist → *variable Zinssätze* berechnet. Dabei war bis vor wenigen Jahren eine Kopplung an den Bundesbank-Diskontsatz üblich (D+x%); nachdem sich Diskont- und → Lombardsatz unterschiedlich entwickelten, erfolgte die Kopplung an den jeweiligen Lombardsatz. Als das Geldmarktniveau zeitweise wesentlich über dem Lombardsatz lag, wurde die Kopplung weitgehend aufgegeben, und die Institute passen ihre variablen Zinssätze je nach Marktentwicklung an. Aus Wettbewerbsgründen kommt es zu Verzögerungen bei den Zinsanpassungen.
Auch bei Krediten mit festen Kreditlaufzeiten kann es zur Vereinbarung variabler Zinsen kommen, vor allem wenn Kreditnehmer in Kürze mit einer nachhaltigen Senkung des Zinsniveaus rechnen. Üblicherweise werden aber für Kredite mit festen Inanspruchnahmen und Laufzeiten auch *Festzinssätze* für die gesamte Laufzeit oder einen bestimmten Zeitraum vereinbart. Je nach tatsächlicher Zinsentwicklung kann sich daraus ein Zinsvorteil oder -nachteil gegenüber einem variablen Zins ergeben.
Auch bei festen Zinssätzen kann es zu erheblichen abweichenden Effektivzinssätzen kommen, vor allem wenn unterschiedliche Bearbeitungsgebühren berechnet werden und die Zeitpunkte der Zinsbelastungen (monatlich, viertel- oder halbjährlich erfolgen) und Tilgungsverrechnungstermine variieren.
Auch die Diskontmethode (Zinszahlung im voraus) führt zu einem abweichenden Effektivzinssatz. Beispiel:

DM 100,–, Laufzeit 90 Tage, Zinssatz 10%.
Diskontabrechnung DM 2,50 für DM 97,50 Auszahlungsbetrag.
Effektive Zinsbelastung:
DM 2,50 für DM 97,50 = 10,256%
DM 2,50 für 90 Tage bei 8% = #0,050% (Zwischenanlage)
für 90 Tage Zinssatz = 10,306%
Bei viermaliger → Prolongation
= 11,224% p. a. ohne → Zinseszins.

Im allgemeinen sind Wechseldiskontkredite zinsgünstiger. Allerdings ist der Betrag für die Laufzeit fixiert, so daß bei schwankendem Kreditbedarf der → Kontokorrentkredit günstiger sein dürfte. Dieses einfache Beispiel veranschaulicht, wie schwer im voraus Zinsvergleichsrechnungen anzustellen sind. Neben den Zinsen auf in Anspruch genommene Kredite können auch → *Kreditprovisionen* für zugesagte → Kreditlinien berechnet werden. Da ab 1. 1. 1993 zugesagte Kredite mit einer mehr als 12monatigen → Laufzeit auf den → Grundsatz I voll anzurechnen sind, dürften künftig für derartige Zusagen generell Kreditprovisionen berechnet werden. Ein Kunde wird deshalb keine unnötig hohen Kreditlinien beantragen. Da aber bei einer Inanspruchnahme über die Kreditlinie hinaus meist → Überziehungsprovisionen berechnet werden, ist die Kreditlinie möglichst nahe am tatsächlichen Bedarf zu orientieren. Die bei Kontokorrentkrediten früher übliche Umsatzprovision ist weitgehend durch die Mindest-Kontoführungsgebühr ersetzt worden.
Nachdem die *Wertstellungspraxis* bei den meisten Banken weitgehend vereinheitlicht ist, spielt sie für Kostenvergleiche nur noch eine untergeordnete Rolle. Die Banken orientieren die → Wertstellungen an der tatsächlichen Verfügbarkeit der Beträge.
Der Zinssatz für → Avalkredite ist stets wesentlich niedriger, weil keine → Liquidität zur Verfügung gestellt werden muß (keine Refinanzierungskosten).

3. Die Zinssätze im *langfristigen Kreditgeschäft* werden wesentlich von der Entwicklung auf dem → Kapitalmarkt und den Refinanzierungsmöglichkeiten der einzelnen In-

stitute beeinflußt. Die Länge der Zinsfestschreibungsdauer richtet sich nach der erwarteten Zinsentwicklung und den jeweiligen Refinanzierungsmöglichkeiten, so daß es auch zu variablen oder sehr kurzfristigen Zinsfestschreibungsperioden kommen kann. Das → Zinsänderungsrisiko trägt der Kunde. Wenn sich die Bank jedoch nicht kongruent refinanziert hat, können die Zinsgewinnchancen einer Fristentransformation auch in ein Zinsänderungsrisiko umschlagen. Das gesetzliche Kündigungsrecht, das jedem Kreditnehmer zusteht und vertraglich nicht ausgeschlossen werden kann, ist geregelt in
– § 247 BGB für → Kreditverträge, die bis zum 31. 12. 1986 abgeschlossen wurden
– § 609a BGB für nach dem 1. 1. 1987 geschlossene → Verträge.
Kredite mit variabler Verzinsung können jederzeit mit einer Drei-Monatsfrist gekündigt werden (§ 609a Abs. 2 BGB). Ein eventuell einbehaltenes → Disagio ist anteilig zurückzuvergüten. Festzinskredite können zum jeweiligen Zinsablauftermin gekündigt werden, längstens nach 10 Jahren (§ 609a Abs. 1 BGB). Ein eventuell aus steuerlichen Gründen vereinbartes Disagio gilt als Zinsvorauszahlung und wird in der Effektivzinsberechnung entsprechend berücksichtigt. Für Verträge, die ab dem 1. 1. 1991 abgeschlossen worden sind, gilt zusätzlich der § 609a Abs. 3 BGB, der besagt: Eine → Kündigung des → Schuldners nach den Absätzen 1 oder 2 gilt als nicht erfolgt, wenn er den geschuldeten Betrag nicht binnen zweier Wochen nach Wirksamwerden der Kündigung zurückzahlt. Eine besondere Berechnungsmethode wird bei sogenannten → Roll-over-Krediten vorgenommen. Langfristige Darlehen werden offen kurzfristig refinanziert. Es wird eine feste Marge (z. B. 1% über → LIBOR = London-Interbank Offered-Rate) mit dem Kunden vereinbart und dann alle 3 oder 6 Monate entsprechend verlängert.
Eine Variante für langfristige Kredite mit sehr kurzfristigen Zinsanpassungen ist die Vereinbarung einer Zinsober- und/oder Untergrenze (→ Zinscap). Die Fixierung von Zinsgrenzen schützt den Kunden vor unkalkulierbaren Zinserhöhungen. Hierfür ist eine Cap-Gebühr zu zahlen. Die Höhe der → Gebühr wird beeinflußt vom augenblicklichen Zinsniveau, der vereinbarten Zinsobergrenze, der Laufzeit und vor allem der erwarteten Zinsentwicklung. Bei der Bewertung eines Zinscaps ist die erwartete Zinsentwicklung und die Zinsgrenze (Strikepreis) ausschlaggebend.

**Preisgewichteter Aktienindex,** → Aktienindex.

**Preisindex**
Statistische Meßziffer zur Erfassung von Preisniveausteigerungen (→ Geldwertstabilität, → Inflation). Für ausgewählte Warengruppen werden die Preissteigerungen gegenüber einer Vorperiode (z. B. gegenüber dem Vorjahr) ermittelt und zu einer durchschnittlichen Preissteigerungsrate (Inflationsrate) zusammengefaßt. P. werden vom → Statistischen Bundesamt und auch von den Statistischen Landesämtern errechnet und veröffentlicht.

*Arten:* Bei der Inflationsmessung vielfach verwendet wird der P. für die Lebenshaltung, der die Teuerungsrate der privaten Lebenshaltung messen soll, indem die Preisentwicklung erfaßt wird. Warenkörbe erfaßt wird. In einen Warenkorb gehen nach Art und Menge die → Waren und Dienstleistungen ein, die ein Haushalt für seine Lebenshaltung benötigt. In der BRD werden fünf Lebenshaltungskosten-Indizes ermittelt, und zwar für alle privaten Haushalte (auf diesen Index beziehen sich häufig die Angaben über Inflationsraten), für Vier-Personen-Arbeitnehmerhaushalte (mit mittlerem Einkommen des alleinverdienenden Haushaltsvorstands und zwei im Haushalt lebenden Kindern unter 18 Jahren), für Vier-Personen-Haushalte von Beamten und Angestellten mit höherem Einkommen, für Zwei-Personen-Haushalte von Rentnern und Sozialhilfeempfängern sowie für die einfache Lebenshaltung eines Kindes (bis zum 18. Lebensjahr).
Nebem den P. für die Lebenshaltung gibt es weitere P., wie z. B. den P. für das → Bruttosozialprodukt, den → Index der Erzeugerpreise gewerblicher Produkte im Inlandsabsatz, den Gesamtbaupreisindex für Wohngebäude und den Index der Weltmarktpreise für Rohstoffe. Die → Deutsche Bundesbank veröffentlicht Angaben über Preisindizes in den → Monatsberichten der Deutschen Bundesbank.

*Bedeutung:* Der P. für die Lebenshaltung gilt nicht nur als Beurteilungsmaßstab für die Preisentwicklung und für die Veränderung der → Kaufkraft der D-Mark, sondern dient auch zur Begründung von Maßnahmen der → Wirtschaftspolitik, der → Geldpolitik sowie der → Sozialpolitik und der Lohnpolitik. Der P. für die Lebenshaltung wird von der Bundesregierung, die nach dem → Stabilitätsgesetz auf das wirtschaftspolitische Ziel Preisniveaustabilität verpflichtet ist, von der Bundesbank, die durch das Bundesbankgesetz zur → Währungssicherung verpflichtet ist, und auch vom → Sachverständigenrat zur Begutachtung der gesamtwirtschaftlichen Entwicklung verwendet. Darüber hinaus wird er in privaten → Verträgen benutzt, um den Geldwert regelmäßig wiederkehrender Leistungen zu sichern. → Wertsicherungsklauseln sind jedoch grundsätzlich verboten und bedürfen der ausdrücklichen Genehmigung durch die Bundesbank.

**Preisnachlaß**
1. *Allgemein*: Verringerung des Kaufpreises durch den Verkäufer aufgrund einer Mängelrüge (Minderung) oder aus wirtschaftlichen Gründen (z. B. Lieferung an einen Großabnehmer; Rabatt).

2. *Kreditgewerbe*: P. oder Sonderpreise auf allgemein angekündigte Preise im → Mengengeschäft (Kontoführung, → Konsumentenkredite). Berechnen → Kreditinstitute für im → Preisaushang aufgeführte identische Leistungen einem Teil der Kunden geringere als dort ausgewiesene → Gebühren, ist dieses rabattrechtlich bedenklich. Bei Vorliegen sachlicher Gründe können in Einzelfällen niedrigere Gebühren berechnet werden. Die grundsätzlich unzulässige Gewährung eines Sonderpreises liegt vor, wenn allen Kunden einer bestimmten Berufsgruppe ermäßigte Gebühren im Mengengeschäft in Rechnung gestellt werden.

**Preisniveaustabilität,** → Geldwertstabilität.

**Preisnotierung,** → Devisenhandel, → Wechselkurs.

**Preispolitik**
Teilbereich des → Bankmarketing. Der Markt für → Bankleistungen ist aufgrund mangelhafter Markttransparenz (fehlender Marktübersicht) und des Vorhandenseins von örtlichen sowie persönlichen Präferenzen ein unvollkommener Markt (→ Marktformen). Diese Umstände fördern die → Bankloyalität der Kunden. Bei der → Preisgestaltung im Kreditgeschäft (Konditionengestaltung) haben Banken daher einen gewissen preisautonomen Bereich, dessen Umfang von der Preisempfindlichkeit bzw. vom Informationsstand der Kundschaft abhängig ist. Trotz der bestehenden Preisauszeichnungspflicht (→ Preisverzeichnis, → Preisaushang, → Preisangabenverordnung) muß der sog. reaktionsfreie Bereich der Preis-Absatz-Funktion im → Mengengeschäft sowie im Geschäft mit Kleinunternehmern als relativ breit angesehen werden. Im → Firmenkundengeschäft ist wegen der höher einzuschätzenden Markttransparenz und der gewinnorientierten Denkweise der Nachfrager eine entsprechend hohe Preiselastizität zu unterstellen, welche die Banken zwingt, sich auf Verhandlungen über die zu vereinbarenden Preise einzulassen.
Dabei können sie den notwendigen Gesamtpreisnachlaß möglichst klein halten, wenn sie statt eines Einheitspreises für eine Leistung Teilpreise auf unterschiedlichen Preisbezugsbasen berechnen, da auf diese Weise die Markttransparenz eingeschränkt ist und die Verhandlungsmacht des Kunden vergleichsweise „schneller verbraucht" wird (→ Kundenkalkulation).

**Preisrisiko**
*Marktrisiko*; Risiko, das sich aus der Gefahr der negativen Abweichung zukünftiger tatsächlicher Marktpreise für beschaffte oder abgesetzte monetäre Leistungen von den erwarteten Marktpreisen mit der Folge der Ertragsminderung oder Aufwandserhöhung ergibt.

*Arten*: P. können sowohl aus → bilanzwirksamen Geschäften als auch aus → bilanzunwirksamen Geschäften resultieren (On-balance-Sheet-Risiken und Off-Balance-Sheet-Risiken) (→ Bankbetriebliche (Erfolgs-)Risiken des liquiditätsmäßig-finanziellen Bereichs).

*Bankaufsichtliche Begrenzungsnorm*: → Eigenkapitalgrundsatz I a, der vorschreibt, daß bestimmte, im Grundsatz I a umschriebene → Risikopositionen jeweils einen bestimmten Prozentanteil des haftenden Eigenkapitals der Kreditinstitute und daß diese Risikopositionen insgesamt 42% des haftenden Eigenkapitals täglich bei Geschäftsschluß nicht übersteigen sollen (→ Risikomanagement).

## Preisstabilität
Häufig für Preisniveaustabilität (→ Geldwertstabilität) verwendeter Ausdruck.

## Preisverzeichnis
Verzeichnis, durch das →Banken und →Sparkassen – zusätzlich zu dem durch die →Preisangabenverordnung vorgeschriebenen →Preisaushang – über Preise für Leistungen im normalen Geschäftsverkehr mit privaten Kunden informieren. Auf das P. wird am Ende des Preisaushangs hingewiesen.

## Preiswerte/teure Aktien
Als preiswerte →Aktien bezeichnet man Papiere, deren →Kurs-Gewinn-Verhältnis niedriger ist als der Durchschnitt des gesamten →Aktienmarktes. Als teure Aktien bezeichnet man Papiere, deren Kurs-Gewinn-Verhältnis höher ist als der Durchschnitt des gesamten Aktienmarktes. Die Einstufung „preiswert" bzw. „teuer" muß unter dem Vorbehalt des Vergleichs mit dem Zinsniveau am →Kapitalmarkt (Kapitalzins) gesehen werden. Ein bestimmes Kurs-Gewinn-Verhältnis ist um so attraktiver, je niedriger das Kapitalzinsniveau ist bzw. je größer die Aussichten auf fallende →Zinsen sind. Umgekehrt gilt: Je höher das Kapitalzinsniveau ist bzw. je größer die Wahrscheinlichkeit steigender Zinsen wird, desto unattraktiver ist ein bestimmtes Kurs-Gewinn-Verhältnis.

**Premium,** → Optionsprämie.

## Premium Bond
→ Festverzinsliches (Wert-)Papier, dessen Kurswert (weit) über 100% liegt.

## Premium Convexity
Eigenschaft bei →Optionen, daß die absoluten Kursgewinne um so größer werden, je weiter die Option im Geld (→ In-the-Money) ist, d.h. der →Delta-Faktor zunehmend größer wird. Die untenstehende Abbildung zeigt, daß beispielsweise der Kurs eines →Call, um so größer wird, je weiter der →Basiswert steigt.

Die absolute Kursveränderung einer Option kann mit dem Delta gemessen werden. Die Abbildung auf S. 1253 zeigt, daß das Delta und damit die absoluten Kursveränderungen bei einer konstanten Veränderung des Kurses des Basiswertes um so größer werden, je weiter die Option im Geld ist. Die Veränderung des Deltas wird mit dem →Gamma-Faktor gemessen. Das Delta eines Calls liegt zwischen 0 und 1. Das Delta strebt gegen 1, d.h. die Option hat die größte Kursveränderung, wenn der Call tief im Geld ist. Optionen, die tief im Geld sind, machen absolut

**Premium Convexity – Fair Value eines Calls**

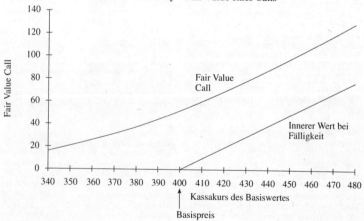

## Premium Convexity – Call-Delta in Abhängigkeit vom Aktienkurs von Volatilitäten von 10%, 25% und 40%

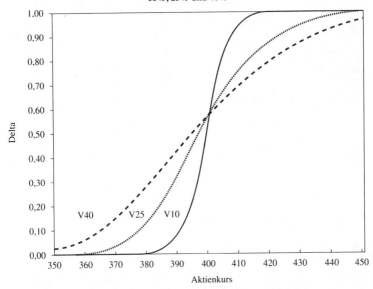

gesehen fast die gleichen Kursbewegungen wie der Kurs des Basiswertes. Delta strebt gegen 0, je weiter der Call aus dem Geld (Out-of-the-Money) kommt. Optionen, die weit aus dem Geld sind, machen absolut gesehen fast keine Kursbewegung bei einer Veränderung des Kurses des Basiswertes. Liegt die Option am Geld (→ At-the-Money), hat Delta einen Wert von 0,5, d.h. ändert sich der Kurs des Basiswertes um 1 DM, ändert sich der Kurs der Option um ungefähr 0,5 DM.

Die P. C. kann mit der → Convexity bei festverzinslichen Papieren verglichen werden.
(→ Convexity, → Optionselastizität)

### Premium Margin

Margin-Art (→ Margin), die vom → Stillhalter einer → Option an der → Deutschen Terminbörse (DTB) als Sicherheit zu hinterlegen ist, wenn die Option im → Stock-Style-Verfahren abgerechnet wird (z. B. → DAX-Option, DTB-Aktienoption). Die P.M. bleibt bis zur Ausübung bzw. dem Verfall der Optionsposition bestehen. Die P.M. deckt → Kosten ab, die entstehen würden, wenn der Stillhalter der Option die Position heute glattstellen würde. Der Käufer einer Option braucht dagegen keine P. M. hinterlegen, da mit Zahlung der → Optionsprämie bereits das maximale Verlustpotential realisiert wurde.

Bei → Optionen auf Futures (z. B. Option auf → DAX-Future, → Option auf den Bobl-Future, Option auf → Bund-Future) im → Future-Style-Verfahren wird keine P.M., sondern eine Variation Margin erhoben; d. h. es erfolgt ein Daily Settlement (tägliche Gewinn- bzw. Verlustrechnung).
(→ DTB-Margin-Arten)

### Present Value (PV), → Barwert.

### Pressearbeit

Kontaktpflege zur Presse, Herausgabe von Pressemitteilungen. P. ist Teil der → Öffentlichkeitsarbeit. Anlässe: Unterrichtung über die Geschäftsentwicklung des → Kreditinstitutes, Stellungnahme der Bankleitung zur Wirtschaftslage, Verbesserung von Konditionen, Aufnahme neuer → Bankprodukte, Bekanntgabe von für die Kunden vorteil-

## Pre-Trading-Periode

haften finanziellen Hinweisen, Ankündigung von Bankveranstaltungen oder Ausstellungen, Preisausschreiben und Wettbewerbe, Veränderungen in Geschäftsführung und → Aufsichtsrat sowie Jubiläen.

### Pre-Trading-Periode

Erste Phase der Börsenzeit an einer → Terminbörse. In der P.-T.-P. steht das elektronische Handelssystem den Teilnehmern für Abfragezwecke und zur Abgabe von Orders und → Quotes zur Verfügung. Ein Handel ist nicht möglich.
(→ Eröffnungsphase, → Handelsphase, → Post-Trading-Periode)

### Price-Earnings-Ratio (PER)

Kennzahl der traditionellen → Aktienanalyse. Das PER wird im Rahmen der fundamentalen Aktienanalyse ermittelt, um Aussagen über die Preiswürdigkeit einer Aktie oder Branche (z.B. Maschinenbau) zu erhalten. Beim PER wird der Quotient aus dem Kurs (aktueller oder historischer Wert) einer Aktie und dem dazugehörigen Gewinn errechnet. Mögliche Berechnungvarianten des PER sehen vor, den letzten berichteten Gewinn, die Gewinnerwartung für das laufende oder die Gewinnschätzung für das nächste Geschäftsjahr zu verwenden. Das PER wird bei der Unternehmensanalyse entweder mit dem Durchschnitts-PER der Branche oder des Gesamtmarktes (z.B. DAX) verglichen. Liegt das PER niedriger, gilt die Aktie als unterbewertet bzw. billig und sollte deshalb verkauft werden. Zusätzlich sollte das PER auch im historischen Vergleich betrachtet werden, um festzustellen, ob Aktien überbezahlt, neutral oder billig sind. Das PER zeigt den Analysten, wie oft der Gewinn im Kurs einer Gesellschaft enthalten ist. Das PER wir mit folgender Formel ermittelt:

$$PER_{Aktien} = \frac{Kurs}{Gewinn\ pro\ Aktie}.$$

PER kann nicht nur für Aktien, sondern auch für → Straight Bonds errechnet werden, indem man den Kehrwert der Umlaufsrendite ermittelt:

$$PER_{Renten} = \frac{100}{Umlaufsrendite}.$$

Setzt man das PER eines Aktienindexes (z.B. DAX) ins Verhältnis zum PER der Umlaufsrendite, können Aussagen über den relativen Wert des Aktienmarktes im Vergleich zur Alternativanlage Straight Bonds im Rahmen der → Asset Allocation getroffen werden.

### Price Risk, → Dollar Duration.

### Price Spread

1. *Allgemein*: Kursdifferenz zwischen zwei Finanzinstrumenten (z.B. CAC-40 versus DAX). Im Vergleich zum → Yield Spread bezieht sich der P.Sp. immer auf den Kurs zweier Finanzinstrumente.
(→ Spread)

2. *Optionshandel*: Alternative Bezeichnung für → Vertical Spread (z.B. → Bull-Spread, → Bear-Spread).

### Price Value of a Basis Point (PVBP)

Absolute → Sensitivitätskennzahl für → Zinsinstrumente zur Analyse des → zinsinduzierten Kursrisikos. Wird häufig auch als Basis Point Value (BPV) oder Dollar Value of a 01 (DV01) bezeichnet. Der PVBP gibt an, um wieviel sich der → Dirty Price eines Papiers ändert, wenn sich die → Rendite um einen → Basispunkt, d.h. um 0,01 Prozentpunkte ändert. Als Vorgehensweisen zur Berechnung sind das Barwertkonzept oder die Berechnung der → Modified Duration möglich.

*Einflußfaktoren auf die Modified Duration und den Dirty Price:* Wenn die Rendite konstant bleibt, verhalten sich beide innerhalb einer Kuponperiode gegensätzlich. Während die Modified Duration während der Kuponperiode abnimmt, steigt der Dirty Price an, da die → Stückzinsen kontinuierlich anwachsen. Dies bedeutet, daß der PVBP im Gegensatz zur Modified Duration keine Sprünge vor der Kuponzahlung aufweist, da der PVBP das Produkt aus beiden Komponenten widerspiegelt. Die Tabelle auf S. 1255 zeigt die Veränderung der wichtigsten Kennzahlen eines → festverzinslichen (Wert-)Papiers innerhalb einer Kuponperiode. Das Papier hat eine Laufzeit von zwei Jahren und ist mit einem → Kupon von 10 Prozent ausgestattet. Das Papier wird ab 28. Oktober „Ex-Kupon" gehandelt. Es wird unterstellt, daß sich die Rendite des Papiers während der Laufzeit nicht ändert.

$$PVBP = (Modified\ Duration \cdot Dirty\ Price) : 10.000$$

Der PVBP wird beispielsweise in → Hedgingstrategien von festverzinslichen Papie-

**Privatbanken**

## Price Value of a Basis Point

|  | 29.10.91 | 29.11.91 | 29.12.91 | 29.01.92 | 29.04.92 | 29.05.92 | 29.09.92 | 28.10.92 | 29.10.92 | 29.11.92 |
|---|---|---|---|---|---|---|---|---|---|---|
| Dirty Price | 100,000 | 100,797 | 101,602 | 102,411 | 104,881 | 105,717 | 109,130 | 109,970 | 100,000 | 100,797 |
| Clean Price | 100,000 | 99,964 | 99,935 | 99,911 | 99,881 | 99,884 | 99,963 | 99,998 | 100,000 | 99,964 |
| Accrued Int. | 0,000 | 0,833 | 1,667 | 2,500 | 5,000 | 5,833 | 9,167 | 9,972 | 0,000 | 0,833 |
| Duration | 1,909 | 1,826 | 1,743 | 1,659 | 1,409 | 1,326 | 0,992 | 0,912 | 1,000 | 0,917 |
| Mod. Duration | 1,735 | 1,660 | 1,585 | 1,508 | 1,281 | 1,205 | 0,902 | 0,829 | 0,909 | 0,834 |
| PVBP | 0,017 | 0,017 | 0,016 | 0,015 | 0,013 | 0,013 | 0,010 | 0,009 | 0,009 | 0,008 |
| Dollar Duration | 1,735 | 1,673 | 1,610 | 1,545 | 1,343 | 1,274 | 0,984 | 0,912 | 0,909 | 0,840 |

ren gegen → Zinsänderungsrisiken mit → Futures-Kontrakten eingesetzt, um das → Hedge Ratio zu ermitteln. PVBP ist auch Basis einer → Portfolio-Sensitivitätsanalyse (→ Risikomanagement festverzinslicher Wertpapiere).

**Price Volatility**, → Kursvolatilität.

**Pricing**
Ermittlung des → Fair Values eines → Straight Bond, → Optionsscheines, → Futures usw.

**Primanote**, → Grundbuch.

**Primäre Kosten**
P. K. sind → Kosten der von außen bezogenen → Wirtschaftsgüter (Kosten der Roh-, Hilfs- und Betriebsstoffe, Personalkosten, Büromaterial). Sie werden in der → Kostenartenrechnung erfaßt. Man bezeichnet die p. K. gelegentlich auch als ursprüngliche oder originäre Kosten.
*Gegensatz:* → sekundäre Kosten.

**Primärmarkt**
*Primary Market*; Teil des → Wertpapiermarkts und damit des → Kapitalmarkts, an dem neu aufgelegte → Wertpapiere (→ Effekten) untergebracht werden.
Er wird in Abgrenzung zum → Sekundärmarkt, an dem im Umlauf befindliche Wertpapiere gehandelt werden, auch als Emissionsmarkt bezeichnet.

**Primärtrend**
In der → Dow-Theorie entscheidende Trendkomponente. Es handelt sich hierbei um ausgedehnte Auf- und Abwärtsbewegungen mit einer Dauer von einem bis zu mehreren Jahren.
(→ Sekundärtrend, → Tertiärtrend)

**Primary Market**, → Primärmarkt.

**Primawechsel**
Bezeichnung für die erste von mehreren Ausfertigungen eines → Wechsels.

**Prime Rate**
Zinssatz großer US-Geschäftsbanken für erstklassige Kreditnehmer, daher eine Art → Leitzins.

**Principal**
Derjenige, der → Wertpapiere aus dem eigenen Bestand oder aus dem anonymen Kundenbestand an Dritte verleiht. Er tritt als Darlehensgeber direkt mit dem Darlehensnehmer (Entleiher) in eine Vertragsbeziehung. Auf dem inländischen Markt treten vorwiegend → Großbanken und amerikanische Investmenthäuser als P. in Erscheinung, diese tragen das entsprechende → Kreditrisiko. Aus bilanztechnischer Betrachtung sind P.-Geschäfte eigenkapitalunterlegungspflichtig.

**Principal Value**, → Nennwert.

**Prioritätsaktie**
→ Vorzugsaktie, die dem → Aktionär eine Dividendenausschüttung vor den übrigen Aktionären gewährt.

**Privatbanken**
I. w. S. Bezeichnung für alle privatrechtlich organisierten → Kreditinstitute, i. e. S. Be-

**Privatbankhäuser**

zeichnung für → Privatbankiers. Kreditinstitute in der Rechtsform des → Einzelkaufmanns, der → Offenen Handelsgesellschaft (OHG) und der → Kommanditgesellschaft (KG) werden üblicherweise als Privatbankiers (so auch in der → Bankenstatistik der Deutschen Bundesbank) bezeichnet.

**Privatbankhäuser,** → Privatbankiers.

**Privatbankiers**
Nach der → Bankenstatistik der Deutschen Bundesbank → Universalbanken, die in der Rechtsform des → Einzelkaufmanns, der → Offenen Handelsgesellschaft (OHG) und der → Kommanditgesellschaft (KG) betrieben werden. Eine Neuzulassung von P. in der Rechtsform des Einzelkaufmanns ist seit 1976 nicht mehr zulässig. Die zu diesem Zeitpunkt bereits existierenden → Kreditinstitute können die Rechtsform des Einzelkaufmanns beibehalten. Im Gegensatz zur statistischen Abgrenzung werden im allg. Sprachgebrauch als P. Einzelunternehmer und die (geschäftsführenden) Gesellschafter von Personengesellschaften bezeichnet.

*Entstehung:* P. sind die ältesten Institute des Kreditgewerbes. Ihre Entstehung ist bis in das Mittelalter zurückzuverfolgen (Übernahme von Geldwechsel- und → Kreditgeschäften durch Handelshäuser und Speditionsunternehmen). Die Zahl der P. hat seit Beginn der Industrialisierung im 19. Jahrhundert bis heute ständig abgenommen (Konkurrenz durch kapitalstarke → Aktienbanken).

*Eigenkapitalbeschaffungen:* P. verfolgen das erwerbswirtschaftliche Prinzip. Die Eigenkapitalbeschaffungsmöglichkeiten sind gegenüber Instituten in der Rechtsform der → Kapitalgesellschaft stark eingeengt, so daß der → Gewinnthesaurierung große Bedeutung zukommt. Eine Erhöhung des für die bankaufsichtlichen Strukturnormen wichtigen → haftenden Eigenkapitals der Kreditinstitute durch Eigenkapitalzuführung von außen ist innerhalb dieser Bankengruppe bei der Rechtsform der Kommanditgesellschaft noch am günstigsten, weil die → Haftung der Kapitalgeber beschränkt bleibt und die → Komplementäre ihre Geschäftsleiterbefugnis nicht einzuschränken brauchen. Die P. betonen die Bedeutung des → Eigenkapitals für die Schaffung von Vertrauen (Werbe- und Repräsentationsfunktion des Eigenkapitals bei Banken).

*Geschäftstätigkeit:* Sie umfaßt grundsätzlich alle für Universalbanken zulässigen Bankgeschäfte, dennoch lassen sich bestimmte geschäftliche Schwerpunkte feststellen (→ Außenhandel, Wertpapierbereich, Großfinanzierungen, → Vermögensverwaltung). Merchant Bankers widmen sich neben Bankgeschäften auch Warenhandelsgeschäften (→ Merchant Banks). Das → Mengengeschäft wird i. d. R. nicht betrieben. Charakteristisch ist auch das grundsätzliche Fehlen eines Zweigstellennetzes. Die besondere Stärke der P. liegt traditionell in der individuellen Betreuung des Kundenkreises (Vertrauensverhältnis, insbes. zu vermögenden → Privatkunden durch persönliche Kontakte und intensive Beratung, durch Spezialisierung auch Angebot an → Finanzdienstleistungen hoher Qualität, Schaffung speziell auf einzelne → Firmenkunden zugeschnittener Problemlösungen). Vielfach werden P. Vermögensverwaltungen übertragen. Sie haben daher auch im Emissionsgeschäft eine relativ große Plazierungskraft.

*Struktur des → Aktiv- und → Passivgeschäfts:* Der Anteil der Geschäfte mit Kreditinstituten (→ Interbankgeschäfte) ist hoch. Zur → Refinanzierung des kurzfristigen Kreditgeschäfts sind P. auf → Bankengelder angewiesen. Zwecks Erfüllung der bankaufsichtlichen → Liquiditätsgrundsätze werden im erheblichen Umfange Durchhandelsgeschäfte am → Geldmarkt notwendig (strukturnormenbedingte Bilanzaufblähung). Neben Bankeinlagen sind die → Termineinlagen von Nichtbanken bedeutsam, die → Sichteinlagen haben ein geringeres Gewicht, die → Spareinlagen (einschl. → Sparbriefe/Sparkassenbriefe) sind von untergeordneter Bedeutung. Bei der Mittelverwendung überwiegen die kurzfristigen Kredite an Nichtbanken.

*Verbandszugehörigkeit:* Die P. sind (mittelbar über Regionalverbände) im → Bundesverband deutscher Banken e. V., Köln, zusammengeschlossen (→ Verbände und Arbeitsgemeinschaften der Kreditwirtschaft). Damit sind sie dem Einlagensicherungsfonds angeschlossen, wonach die nicht in → Wertpapieren verbrieften Einlagen einer einzelnen Nichtbank bis zu 30% des haftenden Eigenkapitals gegen →Verluste gesichert sind (→Einlagensicherung).

### Privatdiskonten
Die bis Ende 1991 von (zum Privatdiskontmarkt zugelassenen) Akzeptbanken begebenen DM-Akzepte, die der →Finanzierung von Einfuhr-, Ausfuhr- und Transithandelsgeschäften oder des grenzüberschreitenden Lohnveredelungsverkehrs dienten, eine bestimmte →Laufzeit hatten und bestimmte sachliche und formale Voraussetzungen erfüllen mußten.
Der Privatdiskontmarkt war ein besonderer von der Privatdiskont AG betreuter Markt für →Bankakzepte, die als →Geldmarktpapiere gehandelt wurden. Börsentäglich wurden an der Frankfurter →Börse für →Bankakzepte ein Ankaufssatz und ein Verkaufssatz festgestellt.

### Private Banken
Kurzbezeichnung für →private Geschäftsbanken.

### Private Bausparkassen
→Bausparkassen, die in der Rechtsform der →Aktiengesellschaft (AG) betrieben werden (§ 2 Bausparkassengesetz). Hauptanteilseigner der privaten deutschen Bausparkassen sind Versicherungsunternehmen und Banken.
Interessenvereinigung ist der →Verband der Privaten Bausparkassen e.V. mit Sitz in Bonn.

### Private Geschäftsbanken
*Private Banken*; Bezeichnung für die privatrechtlich organisierten →Kreditbanken (in Abgrenzung zu →Sparkassen und →Kreditgenossenschaften).

### Private Hypothekenbanken
Privatrechtliche →Spezialbanken (Realkreditinstitute), die sich dem →Realkreditgeschäft (Kredite gegen →Grund- bzw. Schiffspfandrechte) bzw. dem →Kommunalkredit widmen und sich vorwiegend durch Ausgabe von →Pfandbriefen, →Schiffspfandbriefen bzw. →Kommunalobligationen, →Schiffskommunalschuldverschreibungen refinanzieren. Nach der →Bankenstatistik der Deutschen Bundesbank werden Hypothekenbanken und Schiffspfandbriefbanken zur Gruppe der p. H. zusammengefaßt und zusammen mit den öffentlich-rechtlichen Realkreditinstituten den →Realkreditinstituten zugeordnet.
P. H. dürfen nur in der Rechtsform der →Aktiengesellschaft (AG) oder der →Kommanditgesellschaft auf Aktien (KGaA) betrieben werden. Rechtsgrundlagen sind das →Hypothekenbankgesetz und das Gesetz über Schiffspfandbriefbanken (→Schiffsbankgesetz). An Hypotheken- und Schiffsbanken halten →Großbanken und →gemischte Hypothekenbanken (→Regionalbanken) Mehrheitsbeteiligungen oder qualifizierte Minderheitsbeteiligungen. Auch andere →Kreditinstitute und Versicherungen haben sich an p. H. beteiligt. (Großbanken ist die →Emission von Pfandbriefen und Kommunalobligationen nicht erlaubt.) Bedeutsam sind diese Beteiligungsverhältnisse auch für die p. H., da sie selbst kein engmaschiges Filialnetz aufweisen und ihnen über das weitgespannte Zweigstellennetz der Muttergesellschaften im Rahmen der →Verbundfinanzierung das →Kreditgeschäft und über die →Anlageberatung der Absatz von Pfandbriefen und Kommunalobligationen vermittelt wird.
Die p. H. sind über den →Verband deutscher Hypothekenbanken und den →Verband deutscher Schiffsbanken im →Bundesverband deutscher Banken e. V. vertreten.

### Private Kreditversicherung
Versicherung von Kundenforderungen (→Debitoren) gegen den Ausfall aufgrund →Zahlungsunfähigkeit (→Delkredereversicherung) durch die gewerbliche Wirtschaft bei Kreditversicherungsgesellschaften (z. B. Hermes, Allgemeine Kreditversicherung, Gerling). Der Kreditversicherer schließt mit dem Versicherungsnehmer einen Rahmenvertrag, der Rechte und Pflichten aus dem Versicherungsverhältnis regelt. Anhand der Namen und Anschriften der Kunden des Versicherungsnehmers führt der Versicherer eine Bonitätsprüfung durch und legt fest, in welcher Höhe er Kundenforderungen versichert, allgemein mit der Vereinbarung eines Selbstbehalts von 20 bis 30 Prozent auf die Einzelforderung.

### Privater Konsum, →Konsum.

### Privater Kredit, →persönlicher Kredit.

### Privates Bankgewerbe
Bezeichnung für den Bereich der Kreditwirtschaft, der in privatrechtlichen Unternehmungsformen organisiert ist (→Kredit-

**Privates Darlehen**

banken, →private Hypothekenbanken, →private Bausparkassen). Die geschäftspolitische Interessenvertretung liegt weitgehend beim →Bundesverband deutscher Banken e. V. Der →Arbeitgeberverband des privaten Bankgewerbes e. V. nimmt die arbeitsrechtlichen und sozialpolitischen Interessen wahr.

**Privates Darlehen,** →persönliches Darlehen.

**Privatkonto**
→Girokonto (→Kontokorrentkonto), das für →Privatkunden geführt wird.
*Gegensatz:* →Firmenkonto.

**Privatkunden**
Gruppe von →Bankkunden, die sich im Hinblick auf die beanspruchten →Bankleistungen von →Firmenkunden unterscheidet. P. fragen Geldanlagemöglichkeiten (Geldanlageleistungen der →Kreditinstitute) nach, aber auch Finanzierungsleistungen. Das Geschäft mit der breiten Privatkundschaft wird als →Mengengeschäft bezeichnet. Es umfaßt grundsätzlich ein standardisiertes Angebot von Bankleistungen. Das Geschäft mit der vermögenden Privatkundschaft wird i. a. zum Individualgeschäft gerechnet, wobei allerdings auch hier bestimmte Standardisierung in der Abwicklung (als typische Merkmale des Mengengeschäfts) anzutreffen sind.

**Privatkundengeschäft**
Geschäftssparte der →Kreditinstitute, in der alle Aktivitäten im Geschäft mit privaten Verbrauchern gebündelt werden. Das P. umfaßt die →Akquisition sowie die laufende Betreuung und Beratung von →Privatkunden in allen →Bankgeschäften. Die Intensität von Beratung und Betreuung richtet sich nach den persönlichen Vermögens- und Einkommensverhältnissen des Privatkunden und der somit bei ihm erzielbaren Deckungsbeiträge. Zumeist erfolgt eine Aufteilung in Vertrieb (Privatkundenbetreuer, Privatkundenberater) und Bearbeitung (→Back-office). Im Rahmen des P. werden alle →Kredit- (→Wohnungsbaukredite, →Ratenkredite, →Dispositionskredite) und →Einlagengeschäfte (→Spareinlagen, →Termineinlagen, →Sichteinlagen) abgewickelt sowie auch ggf. sonstige Dienstleistungen (Wertpapieran- und -verkäufe, →Vermögensverwaltung, Vermittlung von Versicherungen und →Bausparverträgen usw.) erbracht. Vertriebswege: Stationär über →Filialen oder mobil über Bankaußendienst.
(→Kundensegmentierung, →Kundenzuordnung, →Privatkundenmarketing, →Spartenorganisation in Kreditinstituten, →Standardkunde, →Telefonbanking, →Telefonmarketing)

**Privatkundenmarketing**
Instrument zur effizienten Ausschöpfung der Erfolgspotentiale im →Privatkundengeschäft, basierend auf einem fundierten und ganzheitlichen Marketingkonzept, das als →Bankmarketing gegenüber →Privatkunden in eine für den Kunden attraktive →Unternehmensphilosophie eingebettet ist. *Aufgaben:* (1) Feststellung der eigenen Position des →Kreditinstitutes im Markt und des Potentials seiner Zielgruppe (einschließlich deren genauer Definition); (2) Festlegung konkreter Marketing- und Vertriebsziele; (3) Entwicklung der richtigen Strategie zum Zwecke der Erreichung der →Marketingziele und Vertriebsziele; (4) Begleitung der Privatkundensparte bei der praktischen Umsetzung der Marketing- und Vertriebsziele.

**Privatnotenbanken**
→Private Geschäftsbanken, die das Recht zur Notenausgabe (→Banknoten) hatten. Sie bestanden in Deutschland neben der →Reichsbank als →Zentralnotenbank. Bis 1935 hatten vier Banken das Notenausgaberecht.

**Privatplazierung**
Unterbringung von →Wertpapieren durch den →Emittenten selbst oder durch eine oder mehrere →Banken bei Anlegern, von denen erwartet wird, daß sie die Wertpapiere als Daueranlage behalten.
(→Plazierung)

**Privatplazierung von Euroanleihen**
Bei der →Privatplazierung gibt es keinen öffentlichen →Prospekt wie bei der →öffentlichen Emission von Euro-Anleihen, allenfalls wird ein Plazierungsmemorandum erstellt. Eine Unterwriting Group wird nicht geschaltet, es erfolgt die Direktübernahme der Anleihe durch die Führungsgruppe (u. U. nur ein einziges Institut), die sich beim Absatz meist einer Verkaufsgruppe bedient. Die Anleihe wird nicht öffentlich angeboten, sondern bei einem ausgewählten Kundenkreis untergebracht und auch nicht an einer →Börse zur Notierung eingeführt. Die

→ Stückelung der Papiere ist größer, die → Laufzeit i.d.R. kürzer und der → Zins vielfach um 0,5 bis 1% höher als bei der öffentlichen Emission. Aufgrund der Konditionen gewinnen in angespannten Kapitalmarktsituationen (wenn der öffentliche Markt nicht mehr so ergiebig ist) die Privatplazierungen an Bedeutung.

### Privatrecht
Derjenige Teil des → Rechts, der die Beziehungen zwischen → Rechtssubjekten als gleichberechtigten Partnern regelt. Ihm unterliegen die Rechtsbeziehungen zwischen privaten Personen, z. B. zwischen Kaufleuten oder zwischen → Arbeitgeber und → Arbeitnehmern. Teile des P. sind im → Bürgerlichen Gesetzbuch (BGB) zusammengefaßt. Ein wesentliches Merkmal privatrechtlicher Beziehungen ist der → Vertrag, den die Parteien im Rahmen der Privatautonomie abschließen. Auch der Staat bzw. seine Institutionen können privatrechtliche Beziehungen eingehen, wie z.B. durch → Kauf-, → Miet-, → Kreditverträge. Wenn der Staat privatrechtlich tätig wird, bezeichnet man ihn auch als Fiskus, seine Betätigung als fiskalisches Handeln. Weitere Rechtsgebiete des P. sind: Wechselrecht (→ Wechselgesetz [WG]), Scheckrecht, Patentrecht, Urheberrecht, Wettbewerbsrecht, → Gesellschaftsrecht.
Das Gegenteil zum P. bildet das → öffentliche Recht. Es regelt die Rechtsverhältnisse des Staates und der Träger öffentlicher Gewalt untereinander und zu den Rechtssubjekten. Die Abgrenzung des P. vom öffentlichen Recht ist manchmal nicht einfach. Ein Sachverhalt kann sowohl privatrechtlich als auch öffentlich-rechtlich bedeutsam sein. So kann ein privatrechtliches → Rechtsgeschäft in seiner Wirksamkeit von einer öffentlich-rechtlichen Maßnahme abhängig sein oder öffentlich-rechtliche Konsequenzen haben, z.B. → Gesellschaftsvertrag zur Gründung einer Bank abhängig von der Betriebserlaubnis durch das Bundesaufsichtsamt für das Kreditwesen (→ Erlaubniserteilung für Kreditinstitute). Das → Arbeitsrecht ist ein Rechtsgebiet, das teilweise dem privaten Recht (Arbeitsvertragsrecht), teilweise dem öffentlichen Recht zugeordnet ist.

### Privatscheck
Im Auslandszahlungsverkehr (→ Zahlungsverkehr) verwendete Bezeichnung für einen → Scheck, der im Gegensatz zu einem → Bankscheck keine Bank-auf-Bank-Ziehung, sondern eine Scheckziehung einer Nichtbank auf eine Bank ist.

### Pro anno (p. a.)
Auf das Jahr hochgerechnet (→ Annualisierung).

### Processing
Abwicklung von Umsätzen im Geschäft mit → Kreditkarten und → eurocheques (ec). Wichtige → Processoren in der BRD sind die bankeneigene → GZS Gesellschaft für Zahlungssysteme und die zur Citibank-Gruppe zugehörige Citicorp Kartenservice (CKS). Diese übernehmen die Zahlungsabwicklung zwischen Vertragsunternehmen (Händler, Dienstleister) und → Banken der Karteninhaber. Processoren sind selbst keine → Emittenten von Kreditkarten.

### Processor
Unternehmen, das Umsätze im Geschäft mit → Kreditkarten und → eurocheque-Karten abwickelt.
(→ Processing)

### Produktgruppenkalkulation, → Geschäftsspartenkalkulation.

### Produktionsfaktoren
Die zur Durchführung der betrieblichen Produktion bzw. Leistungserstellung von jedem → Betrieb/jeder Unternehmung benötigten → Wirtschaftsgüter.
In der Volkswirtschaftslehre: Boden, Arbeit (originäre P.) und → Kapital im Sinne von → Realkapital (derivativer abgeleiteter Faktor).
In der Betriebswirtschaftslehre (abgestellt auf Industriebetriebe) menschliche Arbeit, → Betriebsmittel und Werkstoffe als Elementarfaktoren. Die Kombination dieser Leistungsfaktoren ist Aufgabe des dispositiven Faktors, der Geschäfts- und Betriebsleitung (originärer Faktor) sowie der Planung und Organisation (derivative Faktoren).
Zu den Betriebsmitteln zählen Maschinen und technische Anlagen, einschl. der → Grundstücke und Gebäude, welche zur Durchführung des unternehmerischen Leistungsprozesses erforderlich sind.
Unter Werkstoffen (bei Sachgüterbetrieben) versteht man alle für die herzustellenden Erzeugnisse erforderlichen Roh-, Hilfs- und Betriebsstoffe und unfertigen Erzeugnisse; bei Dienstleistungsunternehmen (wie Han-

## Produktionsfaktoren im Bankbetrieb

delsbetrieben) gehören dazu die bezogenen Handelswaren.
Der dispositive Faktor Geschäfts- und Betriebsleitung (Unternehmensleitung) hat die Unternehmensziele festzulegen.

### Produktionsfaktoren im Bankbetrieb

→ Produktionsfaktoren sind für den → Bankbetrieb – wie für jeden anderen → Betrieb – die unabdingbare Basis der Erstellung neuer Leistungen, denn die betriebliche Leistungserstellung beruht auf der Kombination produktiver Faktoren.
Zur *Systematisierung bankbetrieblicher Produktionsfaktoren* kann zwischen den technisch-organisatorischen Faktoren und dem → monetären Faktor unterschieden werden.

Als *technisch-organisatorische (nichtmonetäre) Produktionsfaktoren* werden die Faktoren bezeichnet, die in dem von Gutenberg begründeten und in der Allgemeinen Betriebswirtschaftslehre vorherrschenden betrieblichen Produktionsfaktorsystem erfaßt sind. Diese Faktoren lassen sich in die Elementarfaktoren und den dispositiven Faktor einteilen. Den Elementarfaktoren werden die objektbezogene menschliche Arbeit, → Betriebsmittel, Werkstoffe und Informationen, dem dispositiven Faktor die Betriebsleitung, Planung, Organisation und Überwachung zugeordnet. Das von Gutenberg begründete Produktionsfaktorsystem (System nichtmonetärer Faktoren) und die darauf basierenden weiterführenden Aussagen i. S. einer einzelwirtschaftlichen Theorie des Betriebs (z. B. Produktions- und Kostentheorie) sind im wesentlichen nur auf die „technisch-organisatorische Seite" betrieblicher Leistungserstellungsprozesse ausgerichtet. Keine hinreichende Beachtung würde mithin bei ausschließlicher Zugrundelegung des Systems technisch-organisatorischer Faktoren die „monetäre Seite" betrieblicher Leistungserstellungsprozesse finden. Diese ist aber in der arbeitsteiligen Tauschwirtschaft in Form der Geldwirtschaft von großer Bedeutung und insbes. für Bankbetriebe charakteristisch (z. B. Bindung von → Zahlungsmitteln durch Kreditvergabe). Ohne produktionstheoretische monetäre Basis lassen sich z. B. Zinskosten nicht fundiert begründen. Auch aus einem Grund wurde von H.-D. Deppe der monetäre Faktor als zusätzlicher Produktionsfaktor in das System betrieblicher Produktionsfaktoren eingeführt: Monetäre Leistungen in Form von Zahlungs- und Haftungsleistungen werden als Einsatzfaktoren aus wirtschaftlichen und rechtlichen Gründen für Erstellung und Absatz aller Arten von Marktleistungen benötigt. Bei monetären Marktleistungen, wie sie Bankbetriebe z. B. in Form von Kreditleistungen oder beim Beteiligungserwerb erstellen, werden die auf dem Einsatz des monetären Faktors beruhenden Leistungen (Zahlungsmittelüberlassung bzw. Haftungsübernahme) sogar zu den charakterisierenden, nachfrageauslösenden Marktleistungselementen.
Aus der Differenzierung zwischen monetärem Faktor und technisch-organisatorischen Produktionsfaktoren folgt dann die Abgrenzung von zwei betrieblichen Leistungsbereichen, d. h. des → liquiditätsmäßig-finanziellen Bereichs des Bankbetriebs (LFB) und des → technisch-organisatorischen Bereichs des Bankbetriebs (TOB). Jede Marktleistung des Betriebs (z. B. Kreditleistungen oder Zahlungsverkehrsgeschäfte von Bankbetrieben) kann immer nur das Ergebnis von Teilleistungen aus dem LFB und dem TOB sein.

*Produktionsfaktor Arbeit:* Der für die arbeitsintensiven Bankbetriebe neben dem monetären Faktor sehr bedeutsame Produktionsfaktor „menschliche Arbeitskraft" gliedert sich in die objektbezogene Arbeit und den dispositiven Faktor. Die objektbezogene menschliche Arbeit stellt sich als weisungsgebundene, ausführende Tätigkeit dar, wie sie in Bankbetrieben z. B. ganz oder überwiegend von Mitarbeitern in der Kundenberatung und der Kundenbetreuung in Routinegeschäften oder der Folgebearbeitung von Geschäftsvorfällen (→ Back Office) geleistet wird. Die im dispositiven Faktor zusammengefaßten Tätigkeiten sind betriebsleitender Natur. Gemeint ist die Wahrnehmung von „Managementaufgaben" durch → Führungskräfte i. S. der Festlegung der übergeordneten Zielsetzungen des Bankbetriebs und der geschäftspolitischen Maßnahmen zur Steuerung und Kontrolle des betrieblichen Leistungsprozesses, um bestmögliche Zielerreichung zu gewährleisten. Die Gesamtheit dispositiver Tätigkeiten, d. h. das Treffen von Führungsentscheidungen aller Art, steht „an und für sich und ursprünglich" der Betriebsleitung selbst zu. Werden aus Gründen der begrenzten Arbeitskapazität bzw. begrenzter Leitungs-

und Kontrollspanne einzelne Leitungs- und Lenkungsfunktionen auf nachgelagerte Führungsebenen übertragen, dann handelt es sich bei den so delegierten Führungsaufgaben der Planung, Organisation und Überwachung i. S. Gutenbergs nicht mehr – wie bei der Betriebsleitung selbst – um einen originären, sondern um einen derivativen dispositiven Faktor.

Zur Differenzierung zwischen objektbezogenen und dispositiven Tätigkeiten ist anzumerken, daß stellenmäßig im Bankbetrieb (wie auch in anderen Betrieben) keine strikte Trennung gegeben ist: Vielen Stellen sind sowohl ausführende als auch dispositive Tätigkeiten zugewiesen. Von daher kann mit Blick auf die einzelne Stelle bzw. die Stelleninhaber nur zwischen „Führungskräften mit überwiegend eigenverantwortlichen Aufgaben" und „Personal mit überwiegend weisungsgebundener Tätigkeit" unterschieden werden. Mit Bezug auf die Gruppe der Führungskräfte mit überwiegend eigenverantwortlichen Aufgaben ist bei → Kreditinstituten zu beachten, daß die → Geschäftsleiter von Kreditinstituten in § 1 Abs. 2 KWG definiert sind und „die zur Leitung des Kreditinstituts erforderliche fachliche Eignung" i. S. des § 33 Abs. 1 Nr. 3, Abs. 2 KWG haben müssen. Neben diesen Personen mit sogenannter „Bankleiterqualität" werden zur Gruppe der Führungskräfte mit überwiegend eigenverantwortlichen Aufgaben die sonstigen → leitenden Angestellten gezählt. Die §§ 5 und 6 des → Betriebsverfassungsgesetzes lassen sich hier zur Abgrenzung gegenüber dem Personal mit überwiegend weisungsgebundener Tätigkeit heranziehen.

Dem Elementarfaktor *Betriebsmittel* sind bei Bankbetrieben → Grundstücke und Gebäude sowie die Betriebs- und Geschäftsausstattung (z. B. Büroeinrichtungen, EDV-Anlagen, spezielle Zahlungsverkehrseinrichtungen wie → Geldausgabeautomaten) zuzuordnen.

Zu den *Werkstoffen* werden in der Betriebswirtschaftslehre allgemein Roh-, Hilfs- und Betriebsstoffe gezählt, d. h. eine Faktorgruppe, die für Bankbetriebe praktisch ohne Bedeutung ist.

*Informationen* beziehen sich auf das Wissen über Alternativen und Bedingungen bei der Vorbereitung betrieblicher Entscheidungen aller Art. Dieses „zweckorientierte Wissen"

kann aus externen oder internen Informationsquellen resultieren. Externe Informationen liefern z. B. Marktforschungsinstitute, Statistische Ämter oder Verbände des Bankenbereichs (→ Verbände und Arbeitsgemeinschaften der Kreditwirtschaft), interne Informationen können aus der eigenen → Finanzbuchführung des Bankbetriebs, der → Kosten- und Erlösrechnung im Bankbetrieb (z. B. Kundengesamtinformation), der → Bankstatistik usw. gewonnen werden. (→ Bankbetrieb)

### Produktionsinvestition
Synonym für → Realinvestition und → Sachinvestition.

### Produktionspotential
Das zu einem bestimmten Zeitpunkt realisierbare Leistungsvermögen einer Volkswirtschaft. Die → Deutsche Bundesbank legt ihrer Geldmengenzielvorgabe (→ Geldmenge, → Geldpolitik) Vorausschätzungen der Entwicklung des P. zugrunde. Sie versteht darunter diejenige gesamtwirtschaftliche Produktionsleistung, die mit den verfügbaren → Produktionsfaktoren Arbeit und → Realkapital sowie dem Energieeinsatz unter Berücksichtigung des technischen Fortschritts bei normaler Auslastung erbracht werden kann. Der → Sachverständigenrat zur Begutachtung der gesamtwirtschaftlichen Entwicklung erstellt im Zusammenhang mit seinen Jahresgutachten eigene Potentialrechnungen, bei denen eine Vollauslastung der wirtschaftlichen Produktionskapazitäten unterstellt wird.

### Produktivität
1. In der *Volkswirtschaftslehre* Meßzahl für die technische Effizienz der Produktionsstruktur einer Volkswirtschaft.

a) *Totale P.*: Verhältnis zwischen den Einsatzmengen aller Faktoren und dem Produktionsergebnis (→ Bruttoinlandsprodukt). Da die Faktoren heterogene, nichtaddierbare Größen sind, werden sie mit ihren Faktorpreisen bewertet und zum monetären Bruttoinlandsprodukt in Beziehung gesetzt:

$$\frac{P \cdot Y}{p_1 r_1 + p_2 r_2 + \ldots + p_n r_n}$$

(P =→ Preisindex; Y = reales Bruttoinlandsprodukt; $p_i$ = Faktorpreise; $r_i$ = Faktoreinsatzmengen mit i = 1, ..., n). Totale P. wird daher auch als Wert-P. bezeichnet. Häufige

**Produktivkapital**

Anwendung bei internationalen Effizienzvergleichen. Die Aussagefähigkeit ist bei unterschiedlichem Preisindex und unterschiedlichen Faktorpreisen stark eingeschränkt.

b) *Partielle P.* werden hauptsächlich für die →Produktionsfaktoren Arbeit und →Kapital ermittelt (→ Arbeitsproduktivität, →Kapitalproduktivität). Der gesamte physische oder monetäre →Ertrag wird dem physischen oder wertmäßigen Einsatz eines Faktors zugerechnet (z. B. Ertrag pro eingesetzte Arbeitsstunde, Ertrag pro eingesetzte Kapitaleinheit).

2. In der *Betriebswirtschaftslehre* Meßzahl für die Ergiebigkeit der betrieblichen Faktorkombination. P. ist nicht gleichbedeutend mit Wirtschaftlichkeit, auch nicht mit →Rentabilität, sondern ist das Verhältnis von Output zu Input. Zu messen ist die P. durch Bezugnahme des Ertrages bzw. der Leistung auf eine Einsatzeinheit, z. B. Stück Fahrräder je Arbeitsstunde (technische oder physische P.) oder durch das Verhältnis von Produktionswert zum Kapitaleinsatz (Wertproduktivität) oder zum Arbeitseinsatz (Arbeitsproduktivität).
*Bilanzanalyse:* Kennzahl, bei der der →Umsatz auf den Personalaufwand bezogen wird. Die P. gibt an, wieviel Umsatz mit 1 DM Personalaufwand erzielt wird und ist damit sowohl im Zeitvergleich als auch im internationalen Vergleich eine wichtige Kennzahl der Bilanzanalyse.

**Produktivkapital,** →Realkapital.

**Produktivkredit**
→Kredit zur →Finanzierung der Güterherstellung und Güterbereitstellung. P. sind →Firmenkredite (Kredite an Unternehmen und Selbständige).
*Gegensatz:* →Konsumkredit.

**Produktivvermögen**
Derjenige Teil des reproduzierbaren Sachvermögens (→Vermögen), der der Leistungserstellung im Rahmen der Produktion dient: reproduzierbares →Anlagevermögen (Ausrüstungen und Bauten), auch als →Kapitalstock bezeichnet, Vorratsbestände und Wert des Grund und Bodens. Die Aussage über die Verteilung des P. bezieht sich, abweichend von dieser Definition, auf die Verteilung der Eigentumsansprüche privater Haushalte an gewerbliche Unternehmen.

**Produktkalkulation,** → Geschäftsspartenkalkulation.

**Produktmanagement**
Verantwortlichkeit einer Abteilung oder Stelle im →Kreditinstitut für die Entwicklung von Produkten oder Dienstleistungen bis zu deren Vermarktung.

**Produktmarketing**
Auswahl und Festlegung der Ausstattung von Produkten und Dienstleistungen des →Kreditinstituts für die definierte Kundenzielgruppe.

**Produktnutzung**
Art und Intensität, mit der Bankkunden die Dienstleistungen von →Kreditinstituten nutzen. Schwerpunkte der P. liegen in den Bereichen →Zahlungsverkehr, →Finanzierung, Geld- und Kapitalanlagen sowie →Auslandsgeschäft. Durch gezielte Marketingmaßnahmen (Ausgestaltung einzelner Leistungen, →Preisgestaltung im Kreditgeschäft, Hervorhebung in der →Werbung) kann durch das Institut Einfluß auf die P. seitens der Kunden genommen werden.

**Produkt- und Sortimentspolitik**
Teilbereich des →Bankmarketing, der sich mit der Neuentwicklung von Produkten (Produktinnovation) sowie Aufbau und Gestaltung einer Angebotspalette (Sortimentspolitik) befaßt. Zur Produktpolitik gehörten neben der Innovation von Produkten auch deren Variation und Elimination. P. - u. S. hat ein markt- und erfolgsorientiertes Leistungsprogramm zu ermöglichen (→Portfolio-Management). Je nach Breite der Angebotspalette ist zwischen →Universalbanken und →Spezialbanken zu unterscheiden.

**Profit-Center**
Aus der Sicht des Controlling (→Bank-Controlling) gebildeter Unternehmensbereich, der für die Erzielung von →Erträgen (→Erlösen) verantwortlich ist, dem ein eigener Erfolgsbeitrag zugeordnet werden kann und für den eine eigene Erfolgskontrolle durchgeführt wird. Ein P.-C. hat in bestimmten Rahmen Entscheidungsbefugnisse (→Profit-Center-Konzeption). Beispiel: Unternehmensbereich, der für die Betreuung von →Firmenkunden in Nordbayern verantwortlich ist. Klassisches P.-C. in einem →Bankbetrieb ist eine Geschäftsstelle oder eine →Filiale. Auch Kundenkonten bzw. Kundenverbindungen, Kundengruppen und

Geschäftssparten können P.-C. sein. Die Zielvereinbarungsgrößen für P.-C. sind → Deckungsbeiträge (→ Deckungsbeitragsrechnung, → Profit-Center-Rechnung). Der Erfolg eines P.-C. kann auch an der → Rentabilität gemessen werden.

**Profit-Center-Konzeption**
Konzeption, nach der organisatorische Teileinheiten (Geschäftsstellen, Betreuungsgruppen usw.) im Rahmen weitgehender Delegation von Kompetenzen Selbständigkeit, Entscheidungsbefugnis und Verantwortung erhalten. Die P.-C.-K. ist ein Steuerungsinstrument, das in abgegrenzten Verantwortungsbereichen (→ Filialen, Geschäftsstellen, Abteilungen, Kundenbetreuungsgruppen, Unternehmensbereichen) den Verantwortlichen gemeinsam mit qualifizierten Mitarbeitern selbständig agieren und damit schnell auf Konkurrenzmaßnahmen reagieren läßt.
Die P.-C.-K. soll im Rahmen des Unternehmensgesamtzieles (→ Zielkonzeptionen von Kreditinstituten) die Selbständigkeit einzelner Bereiche fördern, die Mitarbeiter zu entsprechender Einsatzbereitschaft motivieren und damit den Gesamterfolg des → Bankbetriebs erhöhen (→ Profit-Center-Rechnung).

**Profit-Center-Organisation**
Kundenorientierte Organisationsform (→ Bankorganisation, Strukturmodelle), die durch Gliederung nach Kundensegmenten, wie z. B. → Firmenkunden und → Privatkunden (sowie deren weitere Unterteilung z. B. in Mengenkunden und vermögende Privatkunden), gekennzeichnet ist. Im Sinne des → Lean Banking fördert die kundenorientierte P.-C.-O. die Schaffung dezentraler Führungsstrukturen.

**Profit-Center-Rechnung**
Ergebnisrechnung im Rahmen der → Kosten- und Erlösrechnung im Bankbetrieb zur Ermittlung von Teilerfolgen. P.-C.-R. sind die → Kontokalkulation, die → Kundenkalkulation, die → Kundengruppenkalkulation sowie die → Geschäftsspartenkalkulation. P.-C.-R. sind Kalkulationen, die für Teilbereiche eines → Kreditinstituts zur Messung ihres Erfolgsbeitrags durchgeführt werden. (→ Deckungsbeitragsrechnung, → Kosten- und Erlösrechnung im Bankbetrieb)

**Profit-Center-Steuerung**
Die nach betriebswirtschaftlichen und vertrieblichen Gesichtspunkten gebildeten → Profit-Center werden in der Bankerfolgsrechnung gesondert erfaßt, danach werden darauf aufbauende Planungen erstellt, Zielvereinbarungen zwischen Profit-Center-Verantwortlichen und der Geschäftsleitung der Bank getroffen und die erreichten Ergebnisse periodisch gegen die Planzahlen abgeglichen. Abweichungen werden im Rahmen des Vertriebscontrolling diskutiert und erforderliche Steuerungsmaßnahmen (Preisänderungen, Produktänderungen, Kostenreduzierung) ggf. ergriffen.

**Programmkredit**
→ Kredit im Rahmen öffentlicher Förderungsprogramme (→ Kreditprogramm) sowie Kredit, der als sogenannter → standardisierter Kredit in Form eines → Ratenkredits oder → Dispositionskredits gewährt wird.

**Progressionsvorbehalt**
Der P. ist eine spezielle Regelung im Rahmen des → Steuertarifs bei der → Einkommensteuer. Hat ein unbeschränkt → Steuerpflichtiger in § 32b Abs. 1 Nr. 1 EStG näher bestimmte Lohnersatz- oder Sozialleistungen (wie z. B. Arbeitslosengeld, Arbeitslosenhilfe, Kurzarbeitergeld; Krankengeld, Mutterschaftsgeld) bezogen, wird sein nach § 32a Abs. 1 EStG → zu versteuerndes Einkommen (ohne vorgenannte, nach §§ 3 EStG steuerfreie Bezüge) einem besonderen Steuersatz unterworfen. Gleiches gilt für gewisse ausländische Einkünfte, die etwa nach einem → Doppelbesteuerungsabkommen steuerfrei sind (§ 32b Abs. 1 Nr. 2 EStG). Der besondere, erhöhte Steuersatz ergibt sich nach § 32b Abs. 2 EStG durch Einbeziehung dieser Bezüge bei Anwendung der Steuertabelle. Abgezogen wird der Arbeitnehmer-Pauschbetrag, soweit er nicht bei der Ermittlung der → Einkünfte aus nichtselbständiger Arbeit abziehbar ist, bei ausländischen Einkünften die darin enthaltenen außerordentlichen Einkünfte (→ Veräußerungsgewinne).
Für nach dem 31. 12. 1994 zufließende Bezüge gilt der P. auch bei einem beschränkt Steuerpflichtigen, dessen Summe der Einkünfte im Kalenderjahr mindestens zu 90 v. H. der deutschen Einkommensteuer unterliegt, sowie für dessen andere ausländische Einkünfte (i. S. v. § 50 Abs. 4 EStG), wenn deren Summe positiv ist.
Eine → Veranlagung von Arbeitnehmern zur Einkommensteuer findet stets statt, wenn

## Projektfinanzierung

die Summe der Einkünfte und Leistungen, die dem P. unterliegen, mehr als 800 DM beträgt (§ 46 Abs. 2 Nr. 1 EStG).

## Projektfinanzierung

Bezeichnung für die →Finanzierung eines bestimmten Investitionsvorhabens im In- oder Ausland (→internationale Projektfinanzierung). Eine bei größeren Vorhaben eigens für das spezielle Investitionsvorhaben gegründete Projektgesellschaft nimmt die für Bau und Betrieb des Projektes erforderlichen Geldmittel auf. Die Höhe dieser Finanzierungsmittel ist abgestellt auf den aus dem Betrieb des Vorhabens künftig zu erwartenden →Cash-flow. Zweckmäßig ist die Abwicklung über Projektgesellschaften zum Zwecke der Risikoverteilung und/oder Haftungsbeschränkung für den einzelnen Beteiligten bzw. Investor. Der zu erwartende Cash-flow hat auch dadurch für den Geber der P. besondere Bedeutung, da die aus dem Objekt heraus gestellten Sicherheiten für eine volle Absicherung zumeist nicht ausreichen.

## Prokura

Handelsrechtliche →Vollmacht, die nur von Vollkaufleuten erteilt werden kann. Sie ermächtigt zu allen Arten von →Rechtsgeschäften, die der Betrieb eines →Handelsgewerbes mit sich bringt (§ 49 Abs. 1 BGB). Sie ist nach außen nicht beschränkbar. Sie kann nur von dem Inhaber eines Handelsgeschäftes oder von seinem → gesetzlichen Vertreter erteilt werden (§ 48 HGB). Dieser hat ggf. (→elterliches Vertretungsrecht) die →Genehmigung des Vormundschaftsgerichtes einzuholen (§§ 1643 Abs. 1, 1822 Ziff. 11, 1831 BGB). Der →Prokurist ist zu allen Geschäften ermächtigt mit Ausnahme solcher Erklärungen, die der Betrieb eines Handelsgewerbes nicht mit sich bringt (z. B. familienrechtliche Geschäfte; ferner Geschäfte, die nur der Inhaber selbst vornehmen kann (z. B. Prokuraerteilung oder Unterzeichnung einer →Bilanz oder →Steuererklärung sowie Einstellung oder Veräußerung des Unternehmens). Für Veräußerung und Belastungen von →Grundstücken benötigt der Prokurist zusätzlich eine besondere Vollmacht (§ 49 Abs. 2 HGB).
Im *Innenverhältnis* kann eine Vereinbarung über den Umfang der P. getroffen werden (z. B. Verbot, für das Unternehmen →Wechsel zu akzeptieren). Dritte brauchen die Beschränkungen nur dann gegen sich gelten zu lassen, wenn sie arglistig mit dem Prokuristen zum Nachteil des Geschäftsherrn zusammengewirkt haben oder als er vorsätzlich oder grob fahrlässig im Hinblick auf die Nichtberechtigung gehandelt haben. Außer bei solchen Mißbrauchsfällen ist eine Beschränkung unwirksam (§ 50 Abs. 1 und 2 HGB). Zu unterscheiden sind die Einzelprokura als Vollmacht an eine →Person und die Gesamtprokura als Vollmacht an mehrere Personen gemeinschaftlich (§ 48 Abs. 2 HGB). Die Filialprokura erstreckt sich nur auf den Bereich einer von mehreren Niederlassungen, die unter verschiedenen Firmen (→Firma) betrieben werden (§ 50 Abs. 3 HGB). Gesamtprokura und Filialprokura sind Möglichkeiten, die Wirkung der P. nach außen hin zu begrenzen. Bei der Gesamtprokura können nur zwei Prokuristen gemeinschaftlich →Willenserklärungen abgeben.
Bei →Kapitalgesellschaften, →Genossenschaften und →Personenhandelsgesellschaften kann die →Satzung bzw. der →Gesellschaftsvertrag bestimmen, daß einzelne Vorstandsmitglieder, →Geschäftsführer oder Gesellschafter nur gemeinschaftlich mit einem Prokuristen vertretungsberechtigt sein sollen (§ 78 Abs. 3 AktG, § 25 Abs. 2 GenG, § 125 Abs. 3 HGB). Diese Vertretungsregelung wird als gemischte oder unechte Gesamtvertretung bezeichnet, weil der Prokurist an die Stelle des gesetzlichen Vertreters tritt, der durch Gesetz oder Satzung bzw. Gesellschaftsvertrag Gesamtvertretungsbefugnis hat. Die Vertretungsbefugnis des Prokuristen erweitert sich in diesem Fall. Er benötigt zu Grundstücksveräußerungen oder Grundstücksbelastungen keine Sondervollmacht nach § 49 Abs. 2 HGB.

*Erteilung und Löschung* der P. sind zur Eintragung in das →Handelsregister anzumelden (§ 53 Abs. 1 und 3 HGB). Für →Kreditinstitute sind die Handelsregistereintragungen der Erteilung und des Erlöschens der P. bedeutungslos; in den →Allgemeinen Geschäftsbedingungen der Kreditinstitute ist festgelegt, daß alle →Vollmachten (Zeichnungsberechtigung) bis zum schriftlichen Widerruf durch den Kontoinhaber Gültigkeit haben (Nr. 11 Abs. 4 AGB Banken, Nr. 1 Abs. 1 AGB Sparkassen, Nr. 12 AGB Postbank).

## Prokuraindossament

Synonyme Bezeichnung für →Inkassoindossament.

## Prokurist
→ Natürliche Person, der vom Inhaber eines Handelsgeschäfts (→ Kaufmann) oder dessen → gesetzlichem Vertreter nach §§ 48 ff. HGB → Prokura erteilt ist.

## Prolongation
1. *P. eines → Kredits*: Verlängerung der Befristung einer → Kreditlinie. Diese erfolgt bei kurzfristigen Krediten (z. B. → Kontokorrent- oder → Diskontkredit) automatisch seitens der Bank oder aufgrund eines Antrages seitens des Kreditnehmers, sofern dessen Bonität unverändert oder verbessert ist. Übliche Klausel: „Wir verlängern den Kredit bis auf weiteres, zunächst bis zum...".

2. *P. eines → Wechsels*: Die Verlängerung erfolgt durch Akzeptierung eines neuen vom → Aussteller oder letzten Inhaber ausgestellten Wechsels seitens des Wechselschuldners (Prolongationswechsel) gegen Rückgabe des fälligen Wechsels. Anstatt des untergegangenen → Handelswechsels wird damit ein → Finanzwechsel in Umlauf gebracht. Dabei wird die Wechselsumme ggf. um die Diskontspesen erhöht oder um eine Teilsumme (Teilprolongation) ermäßigt. Auf Handelswechseln beruhende Prolongationspapiere werden von der → Deutschen Bundesbank angekauft, sofern die P. nicht auf Zahlungsschwierigkeiten der Wechselverpflichteten beruht.

## Prolongation von Devisen-Positionen
Verlegung der → Fälligkeit einer → Devisen-Position auf einen späteren Termin durch einen → Swap. Analog läßt sich eine Fälligkeit auch auf einen früheren Termin swappen.

## Promissory Note, → Solawechsel.

## Prospekt
Begriff des → Börsenrechts, schriftlicher Bericht mit Angaben, die einem (großen) Personenkreis die Beurteilung von Vermögensanlagen ermöglichen sollen. So sind → Wertpapiere gemäß § 36 Abs. 3 Nr. 2 BörsG zum → amtlichen (Börsen-)Handel regelmäßig nur zuzulassen, wenn dem Zulassungsantrag ein P. zur Veröffentlichung beigefügt ist, der gemäß § 38 BörsG – und der hierauf gestützten BörsZulV – die erforderlichen Angaben enthält, um dem Publikum ein zutreffendes Urteil über den → Emittenten und die → Effekten zu ermöglichen. Ein dem P. ähnlicher „Unternehmensbericht" ist beim Antrag auf Zulassung zum → geregelten Markt vorzulegen (§ 73 Abs. 1 Nr. 2 BörsenG). Eine gegenseitige Anerkennung im Verhältnis der Mitgliedstaaten der → Europäischen Gemeinschaften (EG) und des → Europäischen Wirtschaftsraums (EWR) zueinander sieht § 40a BörsenG vor. Der P. muß – vergleichbar dem → Jahresabschluß nebst → Anhang – ein zutreffendes Bild der Vermögens-, Finanz- und Ertragslage des Emittenten geben; Einzelheiten sind in §§ 14–32 BörsZulV geregelt. Die rechtliche Bedeutung des P. liegt zum einen in der durch § 45 BörsenG vorgesehenen Prospekthaftung, die an Unrichtigkeiten oder Unvollständigkeiten des P. anknüpft; der P. kann ferner Vertragsbestandteil im Verhältnis zwischen Emittent und Käufer eines Papiers oder Emissionsbank und Käufer sein, wenn hierauf Bezug genommen wird.
Ein P. (→ Verkaufsprospekt) ist regelmäßig auch dann zu veröffentlichen, wenn eine → Person erstmals im Inland Wertpapiere öffentlich anbietet, die nicht zum Handel an einer inländischen → Börse zugelassen sind. Die dabei erforderlichen Angaben bestimmen sich nach dem Wertpapier-Verkaufsprospektgesetz vom 13. 12. 1990 und der ergänzenden → Rechtsverordnung (Verkaufsprospekt-Verordnung) vom 17. 12. 1990.

## Prospekthaftung der Kreditinstitute
Gemäß §§ 45, 46 BörsenG sowie – im → geregelten Markt – § 77 BörsenG haften die → Personen, die einen → Prospekt erlassen haben oder von denen dies ausgeht, d. h. die → Emittent, das emissionsbegleitende → Kreditinstitut oder die Mitglieder des → Emissionskonsortiums, bei Inlandsgeschäften als → Gesamtschuldner jedem Besitzer eines zum → amtlichen (Börsen-)Handel oder zum geregelten Markt zugelassenen → Wertpapiers für den Schaden, der dem Inhaber des Papiers daraus entsteht, daß für dessen Beurteilung wesentliche Angaben des Prospektes unrichtig oder unvollständig sind. Der gesetzliche → Anspruch auf → Schadensersatz setzt voraus, daß auf Seiten der Haftungsverpflichteten grobes → Verschulden, d.h. → Vorsatz oder grobe → Fahrlässigkeit, vorliegt und der Geschädigte die Unrichtigkeit oder Unvollständig-

keit des Prospektes weder kannte, noch kennen mußte, also schutzwürdig ist. Die → Haftung greift auch nur dann ein, wenn zwischen dem Erwerb der Wertpapiere und dem fehlerhaften Prospekt ein ursächlicher Zusammenhang besteht. Die P.d.K. gilt nicht für den → Freiverkehr, wohl aber im Anwendungsbereich des Verkaufsprospektgesetzes (§ 13). Sie erstreckt sich andererseits nicht auf alle börsenrechtlichen Publizitätsvorschriften, z. B. nicht auf Verstöße gegen § 44a oder § 44b BörsenG. In solchen Fällen kann allenfalls Schadensersatz aus → unerlaubter Handlung verlangt werden. Eine darüber hinausgehende, allgemeine privatrechtliche P.d.K. (aus → Vertrag) ist bislang nicht anerkannt.

## Protektionismus

Anwendung staatlicher außenhandelspolitischer Maßnahmen mit dem Ziel, inländische Wirtschaftsbereiche vor ausländischer Konkurrenz zu schützen. Gründe können sein: der Aufbau eigener Industrien, die Erhaltung nicht oder nicht mehr konkurrenzfähiger Branchen aus Autarkiebestrebungen heraus oder wegen der Sicherung von Arbeitsplätzen sowie die Erhaltung von strategisch wichtigen Rohstoffquellen oder Industrien.
Protektionistische Maßnahmen: Subventionierung der zu schützenden Bereiche (→ Subventionen), Erhöhung des Inlandspreises der importierten Waren durch → Zölle, mengenmäßige Beschränkung des Imports durch Kontingente (→ Kontingentierung), Errichtung staatlicher Außenhandelsmonopole.

**Protest**, → Wechselprotest.

## Protesterlaßklausel

Bezeichnung für einen Vermerk, den der → Aussteller oder ein → Indossant auf einem → Wechsel mit der Absicht anbringt, eine Protesterhebung zu vermeiden (→ Wechselprotest).

## Protestliste

Von den Bankverbänden aufgestellte vertrauliche Liste mit den Namen der → Bezogenen, die → Wechsel zu Protest (→ Wechselprotest) gehen ließen, nebst deren Anschrift, sowie der → Aussteller dieser Wechsel. Die P. soll auf → Kreditrisiken hinweisen und wird deshalb in den → Kreditinstituten sorgsam ausgewertet. In der P. verzeichnete Bezogene sind als Wechselmitverpflichtete nicht akzeptabel.

## Protesturkunde

Im Rahmen des → Wechselprotests durch einen Notar oder Gerichtsbeamten ausgestellte und von diesem unterschriebene und gesiegelte → Urkunde, in der dokumentiert wird, daß trotz rechtzeitiger Vorlage der Urkunde beim → Bezogenen (zum Zwecke der Annahme oder Zahlung) Akzeptierung oder Zahlung der Wechselsumme nicht erfolgte. Diese Urkunde wird dem → Wechsel (als Allonge) angefügt und muß (Art. 80 WG) folgende Bestandteile enthalten: (1) Namen von Wechselinhaber und Bezogenem, (2) Bestätigung, daß der Wechsel ohne Erfolg zur Zahlung vorgelegt wurde, ggf. daß der Bezogene nicht anzutreffen oder dessen Wohnung nicht zu ermitteln war, (3) Angabe von Tag und Ort der Protesterhebung, (4) Unterschrift des Protestbeamten nebst Amtssiegel.

## Provision

Gemäß § 354 Abs. 1 HGB hat jeder → Kaufmann, der in Ausübung seines → Handelsgewerbes einer anderen → Person Geschäfte besorgt (→ Geschäftsbesorgungsvertrag) oder Dienste leistet, auch ohne besondere Vereinbarung → Anspruch auf die (orts)übliche P. Eine solche Vergütung ist vielfach besonders vorgesehen, z. B. für den → Handelsvertreter (→ Delkredere), → Handelsmakler oder den → Kommissionär.
In einem weiteren Sinn (→ Provisionsgeschäft) bezeichnet P. jedes Entgelt, das → Banken ihren Kunden für bestimmte Leistungen berechnen (etwa → Kreditprovision).

## Provisionsgeschäft(e)

*Dienstleistungsgeschäfte*; Bezeichnung für → Bankgeschäfte, bei denen der Ertrag ausschließlich aus in Rechnung gestellten → Provisionen resultiert (zinsunabhängige Geschäfte, wie z. B. Zahlungsverkehrsgeschäfte, Außenhandelsgeschäfte, Wertpapierkommissionsgeschäfte.
*Gegensatz:* → Zinsgeschäft(e).

## Provisionsüberschuß

Im Rahmen der Betriebsergebnisberechnung (→ Betriebsergebnis der Kreditinstitute) als Ergebnis des nicht zinsabhängigen Dienstleistungsgeschäfts der Kreditinstitute ermittelbarer Saldo aus Provisionserträgen und Provisionsaufwendungen.

## Prozeßbürgschaft

Zeitlich unbegrenzte → Bürgschaft als heutzutage typische Form der → Sicherheitsleistung, sofern der → Gläubiger aus einem für vorläufig vollstreckbar erklärten, aber noch nicht rechtskräftigen Urteil die → Zwangsvollstreckung gegen den → Schuldner betreiben will. P. können auch umgekehrt von Schuldnern zur Abwendung der Zwangsvollstreckung aus einem vorläufig vollstreckbaren Urteil hergegeben werden.
(→ Bürgschaft)

## Prozeßfähigkeit

Fähigkeit einer → Person, einen Prozeß selbst oder durch einen Prozeßbevollmächtigten führen zu können (§§ 51, 52 ZPO). Sie entspricht der → Geschäftsfähigkeit und setzt → Parteifähigkeit voraus. Wie diese hat sie nicht nur im → Zivilprozeß, sondern auch in anderen Rechtsstreitigkeiten (z. B. vor dem Verwaltungsgericht) Bedeutung.

## Prozeßvergleich

Vor einem Gericht während eines anhängigen Prozesses abgeschlossener → Vergleich, der zugleich den Abschluß des Gerichtsverfahrens bewirkt und aus dem gegen den → Schuldner wie aus einem Urteil (→ Vollstreckungstitel) vorgegangen werden kann. Wird der P. widerruflich abgeschlossen, so führt ein rechtzeitiger Widerruf dazu, daß der Prozeß fortgesetzt wird.

## Prüfung des Jahresabschlusses, → Jahresabschlußprüfung.

## Prüfungsbericht

Bericht über die Prüfung des → Jahresabschlusses der Kreditinstitute. Der Jahresabschluß der Kreditinstitute wird insbes. durch den dem → Bundesaufsichtsamt für das Kreditwesen (BAK) einzureichenden P. zur umfassendsten laufenden Erkenntnisquelle, da hierin die Situation des Instituts kritisch zu würdigen ist.

*Inhalt:* Es sind die rechtlichen, wirtschaftlichen und organisatorischen Grundlagen, die geschäftliche Entwicklung, die Vermögenslage (Beurteilung der angewandten → Bewertungsgrundsätze, Art und Umfang → stiller Reserven), die Liquiditätslage (getroffene Liquiditätsvorsorge, offene Refinanzierungslinien, gegenläufige → Geldmarktgeschäfte zur Verbesserung der → Liquiditätsgrundsätze, Rücknahmeverpflichtungen aus → Pensionsgeschäften, → Abrufrisiken aus zugesagten Krediten, Einlagenstruktur, Blockposten bei den → Einlagen, eingeschränkte → Liquidität bei → Wertpapieren, sofern durch Umwidmung vom → Umlauf- zum → Anlagevermögen → Abschreibungen vermieden wurden) und die Ertragslage (Entwicklung der → Zinsmarge und der Quellen des Erfolges, in welchem Umfange durch Umwidmung von Wertpapieren → Wertberichtigungen vermieden wurden) darzustellen.

Ferner ist zu überprüfen, ob das Anzeigewesen (→ Melde- und Anzeigepflichten der Kreditinstitute, → Eigenkapitalgrundsätze, → Liquiditätsgrundsätze, → Großkredite, → Millionenkredite, → Organkredite) ordnungsgemäß gehandhabt werden, die → Eigenkapitaldeckung des Anlagevermögens bei Kreditinstituten eingehalten wird und die Kreditnehmer gemäß § 18 KWG die wirtschaftlichen Verhältnisse offengelegt haben.

*Darstellung des → Kreditgeschäfts:* Es ist auf die wesentlichen strukturellen Merkmale einzugehen, über die Einhaltung der bankaufsichtlichen Ordnungsvorschriften, die Organisation des Kreditgeschäfts, die Verwaltung und Überwachung der → Kreditsicherheiten zu berichten und darzulegen, welche Risiken am Bilanzstichtag erkennbar waren, ob und inwieweit zu ihrer Deckung Wertberichtigungen gebildet wurden und ob diese für ausreichend gehalten werden. Auch über nach dem Bilanzstichtag bekannt gewordene Risiken ist zu berichten. Bemerkenswerte Engagements (Großkredite, Kredite, die von relativ großer Bedeutung sind, auf die in erheblichem Umfange Wertberichtigungen zu bilden waren, bei denen die Gefahr besteht, daß sie mit größeren Teilen notleidend werden) sind einzeln zu besprechen und zu beurteilen (auch die Werthaltigkeit der Sicherheiten).

*Weitere Prüfungskriterien:* Die Prüfer haben ferner zu berichten über die Risiken aus → Termingeschäften, die Beurteilung von → Patronatserklärungen, die Kreditgewährung zu → Festzinssätzen (→ Zinsänderungsrisiko) bzw. an ausländische → Schuldner (→ Länderrisiko), und ob die Ausgestaltung der Innenrevision (Revision) den Anforderungen entspricht.

Für die Beurteilung eines Kreditinstituts ist bedeutsam, ob die Sicherungseinrichtungen

## Prüfungsverband

der Verbände (→ Einlagensicherung) → Bilanzierungshilfen (z. B. → Schuldanerkenntnis, das als → Forderung gegen den Hilfeleistenden aktiviert wird; → Bürgschaft oder → Garantie für einzelne notleidende Forderungen) gewährt haben. Es werden dadurch zwar → Einzelwertberichtigungen vermieden, die Hilfeleistungen werden i. d. R. jedoch nur gegen → Besserungsschein gegeben, wonach die Hilfen aus späteren Gewinnen zurückzuzahlen bzw. in den folgenden Jahren durch Bildung von Einzelwertberichtigungen aufzubauen sind. Damit kann die Kapitalbildungsfähigkeit beeinträchtigt sein.

*Bedeutung des P.:* Werden dem Prüfer bei der Prüfung Tatsachen bekannt, welche die Einschränkung oder Versagung des → Bestätigungsvermerks rechtfertigen, den Bestand des Kreditinstituts gefährden oder seine Entwicklung wesentlich beeinträchtigen können oder schwerwiegende Verstöße der → Geschäftsleiter gegen → Gesetz, → Satzung oder → Gesellschaftsvertrag erkennen lassen, hat er dies unverzüglich dem BAK und der → Deutschen Bundesbank anzuzeigen. Dem BAK und der Bundesbank sind von den Prüfern auch diejenigen P. einzureichen, die aufgrund einer zusätzlichen Prüfung der Sicherungseinrichtung eines Verbandes der Kreditinstitute erstellt wurden. Diese Einlagensicherungs-Prüfungen werden z. T. zu anderen Zeitpunkten als die Abschlußprüfungen vorgenommen und sind daher geeignet, die → Bankenaufsicht frühzeitig über Gefahrenmomente zu unterrichten. Denkbar ist auch, daß man in Bewertungsfragen zu einem anderen Ergebnis kommt.
(→ Bankenaufsicht, → Jahresabschluß der Kreditinstitute, Prüfung)

**Prüfungsverband,** → Genossenschaftlicher Prüfungsverband.

### Prüfungsverband deutscher Banken
1969 von den im → Bundesverband deutscher Banken zusammengeschlossenen → Banken gegründete Prüfungsgemeinschaft, wobei die Mitgliedschaft bei dieser Voraussetzung für die Zugehörigkeit zum Einlagensicherungsfonds (→ Einlagensicherung) ist. Die Prüfungen haben den Zweck, den Einlagensicherungsfonds rechtzeitig über sich anbahnende Schwierigkeiten bei einer Bank zu unterrichten.

### Prüfungsverbände
Verbände im Rahmen des deutschen Genossenschaftswesens, dem nach § 54 GenG das Prüfungsrecht verliehen ist. Dies sind die → regionalen Genossenschaftsverbände sowie die → Fachprüfungsverbände (im Bereich der → Kreditgenossenschaften der → Verband der Sparda-Banken e. V. und der → Verband der Post-Spar- und Darlehnsvereine e. V.).

### PSA
Abk. für Public Securities Association.

### PS-Sparen und Gewinnen, → Gewinnsparen.

### Public Relations
*Öffentlichkeitsarbeit;* → Kommunikationspolitik eines Unternehmens mit dem Ziel, das Ansehen des Unternehmens (→ Corporate Image) in der Öffentlichkeit zu fördern. Instrumente sind z. B. Pressearbeit, „Tage der offenen Tür", → Sponsoring.

### Public-Relations-Maßnahmen
Aktive Presse-, Rundfunk- und Fernseharbeit, Darstellung des → Kreditinstitutes in der Öffentlichkeit durch geeignete und einheitlich gestaltete Publikationen, Veranstaltungen, Ausstellungen, Verkaufsförderungsmaßnahmen sowie Übernahme von öffentlichen und Ehrenämtern durch Mitarbeiter oder → Führungskräfte der Bank.

### Public Warrant
→ Optionsschein, der im Gegensatz zu einer → Privatplazierung öffentlich angekündigt und plaziert wird. P. W. werden i. d. R. an → Börsen zugelassen und auch dort gehandelt.

### Publikumsgesellschaft
Bezeichnung für eine → Personengesellschaft, i. d. R. eine → GmbH & Co. KG, die zur Aufbringung eines hohen → Eigenkapitals eine unbestimmte Vielzahl rein kapitalmäßig beteiligter → Kommanditisten auf der Grundlage eines vorformulierten → Gesellschaftsvertrages aufnimmt. P. werden besonders häufig zur Nutzung steuerlicher Vergünstigungen gegründet (→ Verlustzuweisungsgesellschaften). Die Kommanditisten sind regelmäßig auf Kontrollrechte beschränkt, die sie i. d. R. nur über Vertreter (z. B. Treuhandgesellschaft) und Beiräte ausüben können.

Als P. werden auch → Aktiengesellschaften bezeichnet, deren → Aktien (und damit ihr → Grundkapital) breit gestreut sind.

**Publikums-KG,** → kapitalistische Kommanditgesellschaft.

**Publizitätsgesetz**
Nach dem P. vom 15.8.1969 sind Unternehmen verschiedener Rechtsformen, insbes. → Personengesellschaften, zur Aufstellung, Prüfung und Offenlegung eines → Jahresabschlusses verpflichtet, wenn sie am Abschlußstichtag und zwei darauf folgenden Abschlußstichtagen zwei der folgenden Größenkriterien erreichen: Bilanzsumme > 125 Mio. DM, Umsatzerlöse > 250 Mio. DM, durchschnittliche Arbeitnehmerzahl >5000.

**Publizitätslose Sicherheit**
→ Treuhänderische Sicherheit, wie → Sicherungsübereignung und → Sicherungsabtretung, deren Existenz nach außen hin nicht offengelegt wird.
(→ (publizitätsgebundene) Pfandrechte)

**Publizitätspflicht der Kreditinstitute**
Pflicht zur Offenlegung des → Jahresabschlusses und des → Lageberichts (→ Jahresabschluß der Kreditinstitute, → Lagebericht der Kreditinstitute).

*Ziele:* Nach dem Bericht des Finanzausschusses des Bundestages (1976) ist das Ziel der P., „die Transparenz des für die Gesamtwirtschaft besonders wichtigen Kreditgewerbes zu erhöhen. Die interessierten Wirtschaftskreise, die Presse, aber auch der einzelne Bankkunde sollen die Möglichkeit erhalten, sich anhand der veröffentlichten Unterlagen ein Urteil über die einzelnen Kreditinstitute zu bilden."

*Rechtsgrundlagen:* Durch das Zweite Gesetz zur Änderung des Gesetzes über das Kreditwesen vom 24.3.1976 wurden (mit Ausnahme der → öffentlich-rechtlichen Sparkassen und der → Kreditgenossenschaften) alle → Kreditinstitute durch § 25a KWG unabhängig von ihrer Größe der Pflicht zur Einreichung zum → Handelsregister sowie zur Bekanntmachung ihres Jahresabschlusses im → Bundesanzeiger unterworfen. Öffentlich-rechtliche Sparkassen unterlagen direkt § 9 → Publizitätsgesetz (PublG) und waren dadurch in gleicher Weise publizitätspflichtig. Durch das → Bilanzrichtlinien-Gesetz vom 19.12.1985 wurde die Offenlegungspflicht (hinsichtlich der Bekanntmachung im Bundesanzeiger) auf weitere Unterlagen (insbes. → Anhang und Lagebericht) ausgedehnt. → Kreditinstitute in der Rechtsform der AG, KGaA und GmbH waren seitdem nach § 325 HGB, → Kreditgenossenschaften nach § 339 HGB offenlegungspflichtig. Aufgrund des → Bankbilanzrichtlinie-Gesetzes sind nunmehr gemäß § 340 Abs. 1 HGB alle Kreditinstitute zur Offenlegung gemäß den §§ 325 Abs. 2 bis 5, 328, 329 Abs. 1 HGB verpflichtet.

Die Kreditinstitute müssen spätestens vor Ablauf des 9. Monats nach dem Abschlußstichtag im Bundesanzeiger den mit dem → Bestätigungsvermerk versehenen Jahresabschluß (einschl. Anhang), den Lagebericht, den Bericht des → Aufsichtsrats (bzw. des → Verwaltungsrats bei Sparkassen) sowie den Vorschlag und den Beschluß zur Verwendung des Ergebnisses veröffentlichen und danach beim Handelsregister (bzw. beim → Genossenschaftsregister) einreichen. Kreditinstitute, deren Bilanzsumme am Bilanzstichtag 300 Mio. DM nicht übersteigt, dürfen auf eine Veröffentlichung im Bundesanzeiger verzichten. Sie müssen die offenzulegenden Unterlagen nur beim Handelsregister hinterlegen (§ 3401 Abs. 4 HGB) und gemäß § 325 Abs. 1 HGB im Bundesanzeiger bekanntmachen, bei welchem Handelsregister und unter welcher Nummer die zuvor genannten Unterlagen eingereicht worden sind (sog. Hinweisbekanntmachung). Für die Publizitätspflicht von Zweigstellen ausländischer Banken (→ Auslandsbanken) besteht eine Sonderregelung (→ Bankzweigniederlassungsrichtlinie). Zweigstellen von Banken mit Hauptsitz in einem anderen EG-Staat müssen keinen auf ihre Geschäftstätigkeit in Deutschland bezogenen Jahresabschluß aufstellen, sondern haben die Jahresabschlußunterlagen des Gesamtinstituts offenzulegen.

Vgl. Übersicht „Publizitätspflicht der Kreditinstitute – Unterlagen und Art der Offenlegung".

*Inhaltliche Vorschriften:* Für Veröffentlichung des Jahresabschlusses im Rahmen des → Geschäftsberichts oder in Zeitungen ist § 328 HGB zu beachten. Der Jahresabschluß ist so wiederzugeben, daß er für seine Auf-

**Pull-Back**

### Publizitätspflicht der Kreditinstitute – Unterlagen und Art der Offenlegung

| Bilanzsumme des Kreditinstituts: | > 300 Mio. DM | bis 300 Mio. DM |
|---|---|---|
| Offenzulegende Unterlagen: | – Jahresabschluß (Bilanz, Gewinn- und Verlustrechnung, Anhang)<br>– Lagebericht<br>– Bericht des Aufsichtsrats bzw. Verwaltungsrats<br>– Bestätigungsvermerk des Abschlußprüfers (bzw. des Prüfungsverbandes oder der Prüfungsstelle)<br>– Vorschlag für die Verwendung des Ergebnisses und der Beschluß über seine Verwendung unter Angabe des Jahresüberschusses oder -fehlbetrages (soweit sich diese Angaben nicht aus den eingereichten Unterlagen ergeben) | |
| Art der Offenlegung: | Bundesanzeigerpublizität mit anschließender Handelsregisterpublizität: Veröffentlichung der Unterlagen im Bundesanzeiger, Einreichung der Bekanntmachung zum Handelsregister unter Beifügung der Unterlagen | Registerpublizität mit anschließender Hinweisbekanntmachung im Bundesanzeiger, bei welchem Handels- bzw. Genossenschaftsregister und unter welcher Nummer die Unterlagen eingereicht worden sind |

Die mit kleinen Buchstaben versehenen Posten können in der zur Veröffentlichung bestimmten Bilanz und in der zur Veröffentlichung bestimmten Gewinn- und Verlustrechnung zusammengefaßt werden, wenn sie (1) einen Betrag enthalten, der für die Vermittlung eines den tatsächlichen Verhältnissen entsprechenden Bildes (§ 264 Abs. 2 HGB) nicht erheblich ist, oder (2) dadurch die Klarheit der Darstellung vergrößert wird (§ 2 Abs. 1 Satz 1 RechKredV). Im zweiten Fall müssen die zusammengefaßten Posten im Anhang gesondert ausgewiesen werden

stellung maßgebenden Vorschriften entspricht. Eine verkürzte Wiedergabe ist in der Überschrift entsprechend zu bezeichnen. Es ist anzugeben, ob der Bestätigungsvermerk erteilt worden ist und in welcher Ausgabe des Bundesanzeigers bzw. bei welchem Handelsregister die Offenlegung erfolgt ist. Der Bestätigungsvermerk selbst darf nicht beigefügt werden.

### Pull-Back

Kurzfristiger Rückgang der Kurse nach einem → Kaufsignal. Häufig kann ein P. nach einem Durchbruch durch einen → gleitenden Durchschnitt beobachtet werden. Der aktuelle Kurs schneidet den gleitenden Durchschnitt von unten nach oben (Kaufsignal), und fällt dann wieder auf den gleitenden Durchschnitt zurück, um dann wieder anzusteigen.

### Punktuelles Risikomanagement von Zinsinstrumenten mit Price Value of a Basis Point (PVBP)

*Wandel der Rahmenbedingungen*: Seit Anfang der siebziger und insbes. in den achtziger Jahren haben sich die wirtschaftlichen Rahmenbedingungen für Anlagen in → Zinsinstrumenten (z. B. → festverzinsliche [Wert-]Papiere, → Floating Rate Notes) grundlegend geändert. Daher sind auch neue Anforderungen an das → Risikomanagement von Zinsinstrumenten zu stellen. Im heutigen Anlageumfeld verändern sich die → Renditen nahezu täglich in einem Ausmaß, das vor Jahren noch als undenkbar erschien. Mit den veränderten Rahmenbedingungen sind auch neue Anforderungen an das Risikomanagement von Zinsinstrumenten verbunden:

(1) → *Aktive Anlagestrategien*: Aktive Strategien verfolgen das Ziel, Zinsinstrumente vor → Fälligkeit zu verkaufen. In Phasen eines allgemein steigenden Zinsniveaus kann z. B. durch einen Tausch zwischen lang- und kurzfristigen Papieren der → Ertrag erhöht werden. Damit treten aber anstelle der Rendite andere Ertragskennzahlen (z. B. → [erwarteter] Total Return) in den Vordergrund. Die mit den Renditeveränderungen verbundenen Kurschancen und -risiken von Zinsinstrumenten sind der Ausgangspunkt für die Entwicklung von → Sensitivitätskennzahlen (z. B. → Modified Duration, PVBP [Price Value of a Basis Point]).

(2) *Neuartige Zinsinstrumente* (→ *Finanzinnovationen*): Neben stark schwankenden Renditen führen auch neuartige, teilweise

## Punktuelles Risikomanagement von Zinsinstrumenten

### Sensitivitätskennzahlen zur Risikoquantifizierung von Zinsinstrumenten

| Modified Duration | Price Value of a Basis Point | Dollar Duration (RISK) |
|---|---|---|
| Prozentuale Veränderung des Dirty Price | Absolute Veränderung des Dirty Price | Absolute Veränderung des Dirty Price |
| 100 Basispunkte Renditeveränderung z.B. von 8% auf 9% | 1 Basispunkt Renditeveränderung z.B. von 8% auf 8,01% | 100 Basispunkte Renditeveränderung z.B. von 8% auf 9% |

### Portfolio – Sensitivitätsanalyse

| Laufzeitbänder | Nominal in TSD | Investiert in TSD | Rendite ISMA | Restlaufzeit | Duration | Mod. Duration | PVBP in TSD |
|---|---|---|---|---|---|---|---|
| 1 Jahr  | 62500  | 64486  | 7.528 | 0.98 | 0.40 | 0.37 | 3.020 |
| 2 Jahre | 35500  | 36388  | 7.239 | 1.89 | 1.79 | 1.67 | 6.070 |
| 3 Jahre | 36000  | 36453  | 7.118 | 2.78 | 2.56 | 2.39 | 8.710 |
| 4 Jahre | 29500  | 30528  | 6.826 | 4.06 | 3.52 | 3.29 | 10.050 |
| 5 Jahre | 29500  | 30438  | 6.808 | 4.84 | 4.16 | 3.90 | 11.860 |
| 6 Jahre | 70000  | 72759  | 6.805 | 5.98 | 4.93 | 4.61 | 33.580 |
| 7 Jahre | 35300  | 38052  | 6.752 | 6.71 | 5.40 | 5.06 | 19.250 |
| 8 Jahre | 56000  | 62531  | 7.117 | 8.04 | 6.03 | 5.63 | 35.210 |
| 9 Jahre | 141500 | 156955 | 7.191 | 9.10 | 6.54 | 6.10 | 95.780 |
| 10 Jahre| 10000  | 10207  | 7.284 | 9.68 | 7.12 | 6.64 | 6.770 |
| Summe   | 505800 | 538797 | 7.056 | 5.89 | 4.56 | 4.26 | 230.320 |

sehr komplex strukturierte → Anleihen und Produkte (z. B. → Reverse Floater) zu neuen Risikostrukturen, die bei einer ungünstigen Zinsentwicklung zu einem negativen Ergebnis führen können. Das → Zinsmanagement befaßt sich mit dem Identifizieren, Quantifizieren, Steuern und schließlich Kontrollieren von → Zinsänderungsrisiken, die sich aus Zinsinstrumenten ergeben. Unter Zinsinstrumenten versteht man i.a. Finanzprodukte, deren aktueller Wert, d.h. Kurs, maßgeblich durch eine Veränderung des Zinsniveaus bestimmt wird. Zinsinstrumente können durch die Art und Anzahl der → Cash-flows charakterisiert werden.

Der Risikomanagement-Prozeß beschäftigt sich u.a. mit der Quantifizierung von → zinsinduzierten Kursrisiken. Hierfür werden die Modified Duration bzw. Price Value of a Basis Point (PVBP) errechnet (vgl. Tabelle „Sensitivitätskennzahlen zur Risikoquantifizierung von Zinsinstrumenten").

Der PVBP kann nicht nur für ein einzelnes Zinsinstrument, sondern auch für ein → Portfolio ermittelt werden. Die Abbildung „Portfolio-Sensitivitätsanalyse" zeigt Sensitivitätskennzahlen für ein Portfolio aus → Straight Bonds und → variabel verzinslichen Anleihen.

*Vorgehensweise beim P.R.v.Z. m. PVBP*: Die Risikoanalyse eines → Rentenportefeuille sollte zweistufig erfolgen.

*Schritt 1*: Ermittlung der → relativen Kursvolatilität auf Basis der Modified Duration des Gesamtportfolios. Um das → Kursrisiko im Sinne eines aktiven Risikomanagements zu begrenzen, darf beim sog. → Risk-controlled Bond Management die Modified Duration eines Portfolios (z.B. Handelsbestand, → Sondervermögen eines Fonds) maximal die Modified Duration eines repräsentativen → Index erreichen. Als Index könnte man beispielsweise den → REX-Kursindex verwenden. Diese Strategie wird auch als → semiaktive Anlagestrategie bezeichnet, da ein → Rentenindex nicht exakt nachgebildet wird, sondern dem Anleger nur eine Orientierung in Form einer Risikokennzahl, nämlich der Modified Duration, gibt. Die Modified Duration des REX-Kursindex liegt bei ungefähr 4,36 Prozent. Dies bedeutet, daß sich der REX-Kursindex um 4,36% verändern würde, wenn sich die Rendite des REX um 100 → Basispunkte verändert. Da der REX-Kursindex aus fiktiven Papieren besteht, bei denen keine Laufzeitverkürzung stattfindet, ändert sich die Modified Duration des REX-Kursindex nur geringfü-

## Punktuelles Risikomanagement von Zinsinstrumenten

gig. Die Modified Duration des Portfolios beträgt 4,26%. Um die relative Kursvolatilität des Portfolios zum REX zu ermitteln, wird die Modified Duration des Portfolios in Relation zur Modified Duration des REX gesetzt. Die Formel für die relative → Volatilität lautet: Relative Volatilität zum REX = Modified Duration Portfolio/ Modified Duration REX. Die relative Volatilität des Portfolios beträgt demnach: 4,26/4,36 = 0,977%. Dies zeigt dem Anleger, welches Kursrisiko er im Vergleich zum → Rentenmarkt – gemessen am REX – hat. In diesem Beispiel ist das Kursrisiko (Kurschance) geringer, da die relative Kursvolatilität unter 1 liegt. Das Portfolio hat das 0,977fache Risiko des Marktes. Eine relative Volatilität von 1 bedeutet, daß das Portfolio die Kurssensitivität des Marktes nachgebildet hat. Eine Zahl größer 1 deutet auf eine größere Kurssensitivität als der Markt hin. Mit der Kennzahl relative Volatilität kann der Anleger für Zinsinstrumente – ähnlich wie der → Betafaktor für → Aktien – die Kurssensitivität seines Portfolios im Vergleich zum Markt (REX) quantifizieren. Zwar eignet sich die relative Volatilität zur Quantifizierung nur bei einer → Parallelverschiebung der gesamten → Renditestrukturkurve, doch können über sie bereits erste Aussagen zur Kurssensitivität von Portfolios getroffen werden.

*Schritt 2*: Ermittlung der punktuellen Chancen und Risiken auf Basis des PVBP in Laufzeitenbändern: Die zweite Stufe der Risikoanalyse beschäftigt sich mit der Kennzahl PVBP. Die → Portfolio-Sensitivitätsanalyse zeigt, daß der PVBP des Portfolios bei 230.320 DM liegt. Würde sich die Rendite des gesamten Portfolios um einen → Basispunkt erhöhen (Parallelverschiebung), würde der aktuelle Wert des Portfolios um 230.320 DM fallen. Der aktuelle Wert des gesamten Portfolios liegt bei 538.797.000 DM (inklusive aufgelaufener → Stückzinsen). Da aber in der Praxis eine Parallelverschiebung selten vorzufinden ist, wurde der PVBP darüber hinaus für jedes Laufzeitenband zusätzlich ermittelt. Das Portfolio wurde in insgesamt 10 Laufzeitenbänder unterteilt. Damit kann auch die Prämisse einer Parallelverschiebung aufgehoben werden. Erwartet der Portfolio-Manager z. B. eine Renditeveränderung im fünfjährigen Laufzeitenband von 50 Basispunkten, so kann relativ schnell die absolute Kursveränderung errechnet werden, indem man den PVBP von 11.860 DM mit 50 multipliziert. Die gesamte Kursveränderung im fünfjährigen Laufzeitenband beträgt somit 593.000 DM. Steigen die Renditen dagegen im 10jährigen Laufzeitenband um 80 Basispunkte, beträgt die absolute Kursveränderung in diesem Laufzeitenband 541.600 DM. PVBP kann aber nicht nur im Risikomanagement verwendet werden, sondern auch in → Hedgingstrategien. Da der PVBP für alle → derivativen (Finanz-)Instrumente ermittelt werden kann, kann mit dieser Kennzahl relativ exakt die Anzahl der → Kontrakte bestimmt werden, um eine bestehende oder geplante → Position gegen eine nachteilige Zinsentwicklung abzusichern. Die Ermittlung des → Hedge Ratios sollte mit der Sensitivitätskennzahl PVBP erfolgen, da nur diese Kennzahl absolute Kursveränderungen quantifiziert. Ziel einer Short Hedge Strategie ist es, absolute Kursverluste der → Long Position durch absolute Kursgewinne der → Short Position auszugleichen. Hierfür ist nur der PVBP geeignet. Die Modified Duration sollte nicht zur Ermittlung des Hedge Ratios verwendet werden, da die Modified Duration prozentuale Kursveränderungen quantifiziert. – Die Portfolio-Sensitivitätsanalyse zeigt den PVBP für jedes Laufzeitenband. In der Praxis sollte das Hedge Ratio für jedes Laufzeitenband separat ermittelt werden. Nur beim P. R. v. Z. m. PVBP können auch Veränderungen in der Renditestrukturkurve berücksichtigt werden. Würde man dagegen das gesamte Portfolio mit einer Short Position im → Bund-Future absichern, würde man eine Parallelverschiebung unterstellen, die in der Praxis nur relativ selten anzutreffen sind. Einen weiteren Vorteil bietet das p. R. v. Z. m. PVBP dem Anleger.

*Hedgingstrategien mit → Zinsfutures*: Um das Basisrisiko zu minimieren, sollten Kassazinsinstrumente mit einer → Restlaufzeit zwischen 2 und 7 Jahren mit dem → Bobl-Future bzw. länger laufende Papiere mit dem Bund-Future abgesichert werden. Der Anleger erwartet im 9. Laufzeitenbereich einen starken Renditeanstieg. Um sich gegen Kursrisiken absichern zu können, hedgt er das 9jährige Laufzeitenband mit einer Short Position im Bund-Future (→ Hedgingstrategien mit Zinsfutures). Das → Hedge Ratio nach der PVBP-Methode wird wie folgt berechnet: Hedge Ratio = (Nominal Kassa/Nominal Future) · (PVBP Kassa/PVBP Future). Der →Nominalwert und PVBP des 9jährigen Laufzeitenbandes kann unmittelbar aus der Portfolio-Sensitivitätsanalyse abgelesen werden. Je nominal 100 DM beträgt der PVBP des 9jährigen Laufzeitenbandes 0,06768 DM (95780/1415000). Der Nominalbetrag eines Bund-Future beträgt 250.000 DM. Der PVBP des Futures kann vom PVBP der →CTD-Anleihe abgeleitet werden. Im Beispiel wird unterstellt, daß die CTD die 7,25%ige →Bundesanleihe ist. Diese Bundesanleihe hat folgende Kennzahlen: Aktueller Kurs = 103,394, Stückzinsen = 5,276, Modified Duration = 6,34%, →Preisfaktor = 1,085456. Der PVBP der CTD wird wie folgt ermittelt: PVBP-CTD = (6,34 · (103,394+5,276)/10.000 = 0,06889 DM. Um den PVBP des Futures ermitteln zu können, wird der PVBP der CTD durch den Preisfaktor dividiert, also gilt: PVBP Future = 0,06889/1,085456 = 0,0635 DM. Der PVBP des Futures beträgt 0,0635 DM. Nun kann die Anzahl der Kontrakte für das 9jährige Laufzeitenband ermittelt werden: Hedge Ratio = (141.500.000 · 0,06768)/ (250.000 · 0,0635) = 603 Kontrakte. Der Risikomanager müßte 603 Kontrakte im September Kontrakt des Bund-Futures Short gehen, um das 9jährige Laufzeitenband gegen Kursveränderungen abzusichern.

*Praktische Bedeutung des p.R.v.Z. m. PVBP*: Professionelles Risikomanagement wird für institutionelle Anleger (z.B. →Banken, →Kapitalanlagegesellschaften, Versicherungen, Vermögensverwaltungen) zunehmend zu einem strategischen Wettbewerbsfaktor. Zu den typischen Erfolgsrisiken gehört zweifelsohne das Zinsänderungsrisiko. So führen steigende Renditen bei Zinsinstrumenten zu fallenden Kursen. Um diese zinsinduzierten Kursrisiken effizienter quantifizieren, steuern und kontrollieren zu können, greift man im Rahmen des Risikomanagement-Prozesses (Risikoquantifizierung) auf möglichst einfache Risikokennzahlen zurück. Eine Kennzahl, die sich hierfür eignet, ist der PVBP. Im Rahmen der Risikoquantifizierung werden Sensitivitätskennzahlen verwendet, die eine Veränderung im aktuellen Wert des Zinsinstruments anzeigen, wenn der →Marktrisikofaktor um eine Einheit (z.B. 1 Basispunkt) verändert wird. Obwohl insbes. bei komplexen Zinsinstrumenten (z.B. Reverse Floater, →Leveraged Floater, →Zinsphasenanleihen) eine Vielzahl unterschiedlicher Marktrisikofaktoren einen Einfluß auf den aktuellen Wert haben, wird bei diesen Modellen immer nur ein Marktrisikofaktor verändert. Man bezeichnet diese Sensitivitätsanalysen deshalb auch als →Single-Indikator-Modelle. Im Prinzip werden Schwerpunktrisikofaktoren definiert und alle anderen – zumindestens bei dieser Analysetechnik – außer acht gelassen. Es erfolgt nur eine statische Momentaufnahme ohne Berücksichtigung des Zeitablaufes. Sensitivitätskennzahlen wie PVBP und Risk sind somit immer eine Zeitpunktbetrachtung.

Diese vereinfachte Vorgehensweise hat für den Händler, Portfolio Manager oder Risikomanager den Vorteil, daß die Ergebnisse relativ leicht nachvollziehbar sind. Bei der Interpretation sollte aber berücksichtigt werden, daß sich auch die Sensitivitätskennzahlen ändern können, wenn sich ein Marktrisikofaktor ändert. So steigt z.B. der PVBP einer Anleihe, wenn die Rendite des Papiers fällt. Dieser Sachverhalt wird als →positive Convexity bezeichnet. Eine exakte Berechnung der Kursveränderung kann über die Barwertkalkulation erfolgen. Die PVBP-Betrachtung dürfte den Anforderungen der Praxis in vielen Fällen genügen. Insbesondere bei kurzen →Planungshorizonten (z.B. Tages-, Wochen- und Monatsbetrachtung) kann mit PVBP relativ exakt und schnell die Kursveränderung eines Zinsstrumentes oder eines Portfolios geschätzt werden. Bei längeren Planungshorizonten (z.B. mehrere Monate bzw. Jahre) sollte eine exakte Kalkulation der Kursveränderung über das Barwertkonzept bzw. über eine Simulation erfolgen. In einem integrierten Risikomanagementsystem sollten sich beide Ansätze ergänzen, um zinsinduzierte Kursveränderungen möglichst optimal managen zu können. Bei Zinsinstrumenten, die von mehreren Marktrisikofaktoren (z.B. Inhabersätze, →Swapsätze) beeinflußt werden, sollte für jeden Marktrisikofaktor eine eigene Sensitivitätskennzahl ermittelt werden. Welche Sensitivitätskennzahlen zur Risikoquantifizierung verwendet werden, muß vom Top Management bestimmt werden. Für den Großteil der Zinsinstrumente kann vereinfacht ein linearer Zusammenhang zwischen der Veränderung des Marktrisikofaktors und der Veränderung im aktuellen Wert des Zinsinstrumentes unterstellt werden. Beispiele hierfür sind alle Kassainstru-

**Purchase Fund**

mente, Zins-Futures und →Financial Swaps. Hierfür sind die Kennzahlen Modified Duration und PVBP sehr gut geeignet.

### Purchase Fund

Tilgungsform einer →Euro-Anleihe, bei der der →Schuldner verpflichtet ist, innerhalb einer bestimmten Frist einen bestimmten Anleihebetrag über die →Börse aus dem Markt zu nehmen, sofern sie unter einem bestimmten Wert (i. a. →unter pari) notieren. Im Gegensatz zum →Sinking Fund besteht bei dieser Tilgungsform für den Anleger die Gewißheit, daß bei Notierungen →über pari keine →Tilgung erfolgt.
(→ Option-to-Double)

### Pure Yield Pick Up Swap

Variante eines →Bond Swap, bei dem von einem →festverzinslichen [Wert-]Papier in ein anderes Papier mit einem höheren Ertrag getauscht wird. Ziel eines P. Y. P. U. S. ist es, einen→Yield Pick Up zu erzielen. Ein Yield Pick Up Swap kann entweder durchgeführt werden, um die →laufende Verzinsung oder die →Rendite zu erhöhen. Bei einem P. Y. P. U. S. werden keine Aussagen über die zukünftige Zinsentwicklung getroffen.

### Purgatory and Hell-Bond

Variante eines →Heaven and Hell-Bond, bei dem der →Rückzahlungskurs nach oben begrenzt ist.

### Put

In der Börsenterminologie übliche Kurzbezeichnung für eine Verkaufsoption (→Put Option). Mit einem P. ist für ihren Erwerber das Recht, nicht aber die Verpflichtung verbunden, einen bestimmten Gegenstand (→Basiswert) innerhalb einer festgelegten Frist (→Amerikanische Option) oder zu einem bestimmten Endfälligkeitstermin (→Europäische Option) zu einem spezifizierten Preis zu verkaufen. Im Gegenzug übernimmt der Verkäufer (→Stillhalter) die Verpflichtung, den Basiswert bei Optionsausübung zum vereinbarten →Basispreis zu übernehmen. Die Einräumung des Optionsrechtes vergütet der Käufer dem Verkäufer mit der Zahlung des Optionspreises (→Optionsprämie).
(→Option, →Call, →Option, Kombinationsstrategien)

### Putable Anleihe, →Anleihe mit Gläubigerkündigungsrecht, →Put-Rendite.

### Put-Backspread, →Backspread.

### Put-Call Parity

Feste Preisrelation zwischen europäischen und →Puts (→Europäische Option) mit gleichem →Basispreis und gleicher →Option) Fälligkeit. So kann beispielsweise eine synthetische →Long Position im →Basiswert (→Synthetische Papiere) gebildet werden, indem eine →Long Call Position und eine →Short Put Position eingegangen werden. Ausgehend von dieser Grundgleichung kann dann eine Long Call Position synthetisch gebildet werden, indem eine Long Put Position und eine Long Position im Basiswert kombiniert werden.
(→ Black-Modell, →Black & Scholes-Modell)

### Put Feature, →Anleihe mit Gläubigerkündigungsrecht.

### Put Option

1. *Kündigungsrecht eines Kredit- bzw. Anleihegläubigers:* Die Möglichkeit für Anleger, vom →Emittenten vor Endfälligkeit die →Rückzahlung zu verlangen, wird angewandt, um spezielle Anlegerkreise (z. B. →Notenbanken) für den Erwerb zu gewinnen, oder um eine →Emission (ohne Änderung der sonstigen Konditionen) den erschwerten Marktbedingungen anzupassen.
Bei →Doppelwährungsanleihen wird zuweilen dem Anleger eine P. O. eingeräumt, um das →Währungsrisiko zu begrenzen. Der bei →Kündigung fällige Rückzahlungsbetrag (aus der Sicht des Anlegers i. a. in einer Fremdwährung) wird niedriger als derjenige zur Endfälligkeit sein.
(→ Anleihe mit Gläubigerkündigungsrecht)

2. *Verkaufsoption:* Vgl. →Put.

### Put-Optionsschein

→Optionsschein, der das Recht verbrieft, einen →Basiswert (z. B. →Aktie, →Straight Bond, →Devise) bis zur →Fälligkeit des Optionsscheines (→Amerikanische Option) oder bei Fälligkeit (→Europäische Option) zum →Basispreis zu verkaufen. Für dieses Recht muß der Käufer des P.-O. (→Long Position) an den Verkäufer des P.-O. (→Short Position) einmalig den Optionsscheinkurs zu zahlen. Das Motiv des Käufers eines Put-Optionsscheines liegt in einem zu erwartenden Preisverfall des unterliegenden Basiswertes.

## Put-Ratio
Stimmungsindikator, der den Pessimismus bzw. Optimismus der Marktteilnehmer mißt. Beispielsweise wird das P.-R. der DAX-Optionen an der DTB ermittelt, indem man den Umsatz der Put-Optionen ins Verhältnis zum Gesamtumsatz setzt. Je höher das P.-R. ist, desto größer ist der Pessimismus. Großer Pessimismus deutet auf eine überverkaufte Situation hin und umgekehrt.

## Put-Ratio DAX-Optionen DTB
→ Put-Ratio, das auf Basis der → DAX-Optionen, die an der → Deutschen Terminbörse (DTB) gehandelt werden, ermittelt wird. Das Put-Ratio ist ein Stimmungsindikator, der den Pessimismus der Marktteilnehmer anhand des Umsatzes in → Put-Optionen mißt. Ein hoher Pessimismus deutet auf einen → überverkauften Markt bzw. ein geringer Pessimismus auf einen → überkauften Markt hin.
(→ Technische Studie)

**Put Ratio Vertical Spread,** → Ratio Vertical Spread.

## Putrecht
→ Put-Option, die das Recht des Anlegers einer → Anleihe mit Gläubigerkündigungsrecht (Putable Anleihe) oder eines Festsatzempfängers eines → Swap (Putable Swap) verbrieft, vor → Fälligkeit zu kündigen.
*Gegensatz*: → Callrecht.
(→ Put-Rendite)

## Put-Rendite
→ Rendite, die alle → Cash-flows bis zum Kündigungstermin des Anlegers bei → Anleihen mit Gläubigerkündigungsrecht berücksichtigt. Im Gegensatz zur P.R. wird die → Yield-to-Maturity immer bis zur → Fälligkeit der Anleihe ermittelt.
*Gegensatz*: → Call-Rendite.

## Put Spread
→ Kombinierte Optionsstrategie, die aus einer → Long Position in einer → Put-Option und einer → Short Position in einer Put-Option mit gleicher → Fälligkeit besteht.
(→ Bull-Spread, → Bear Spread)

**Put Swaption,** → Swaption.

## PV
Abk. für Present Value (→ Barwert).

## PV01
Abk. für Price Value of an 01 (→ Price Value of a Basis Point).

## PVBP
Abk. für → Price Value of a Basis Point.

## PVBP-Hedge
Variante der Ermittlung des → Hedge Ratios bei → Zinsfutures. Beim PVBP-H. wird PVPB (→ Price Value of a Basis Point) verwendet. Die Formel für die Ermittlung des Hedge Ratios auf Basis des PVBP lautet:
Hedge Ratio = (Nominal Kassa : Nominal Future) · (PVBP Kassa : PVBP Future).
(→ Duration-Hedge, → Preisfaktorenmethode, → Regressions-Hedge, → punktuelles Risikomanagement mit Zinsinstrumenten mit PVBP)

# Q

**Quadrierte Standardabweichung,** → Varianz.

**Qualifizierte Mehrheit**
1. Eine Mehrheit, die nicht nur mehr als die Hälfte, sondern z. B. mehr als drei Viertel der abgegebenen Stimmen umfassen muß, oder eine Mehrheit, die neben der Mehrheit der abgegebenen Stimmen (Kopfmehrheit) noch eine Mehrheit der durch die Stimmen vertretenen Kapitalbeteiligung oder der Forderungsbeträge erreichen muß.

2. Bei der Beschlußfassung in der → Hauptversammlung einer → Aktiengesellschaft eine Mehrheit, die zum Zustandekommen eines gültigen Beschlusses neben der Stimmenmehrheit drei Viertel des in der Hauptversammlung vertretenen → Grundkapitals umfassen muß (vorgeschrieben u. a. bei Änderung der → Satzung, Abberufung von Aufsichtsratsmitgliedern, → Fusion und Auflösung der Gesellschaft). Wer mehr als 25% des Grundkapitals besitzt, verfügt über eine → Sperrminorität.

**Qualifiziertes Legitimationspapier,** → Legitimationspapier, → Liberationspapier.

**Qualitätsrating**
Einstufung von → Investments hinsichtlich des Investitionsrisikos (→ Rating). Beispiel (Q. deutscher → Aktien durch → Sparkassen):
Q1 = hochqualitativer Anlagewert (sehr geringes Unternehmensrisiko),
Q2 = gute Qualität (geringes Unternehmensrisiko),
Q3 = spekulativ (mittleres Unternehmensrisiko),
Q4 = hochspekulativ (hohes Unternehmensrisiko).

**Quantise**
Denomination eines Finanzinstrumentes (z. B. → Option, → Financial Swap) in einer anderen → Währung, als dieses i. d. R. gehandelt wird. Ein Beispiel ist ein Dollar Quanto Put auf den DAX. Ist der Put bei → Fälligkeit im Geld (→ In-the-Money), wird der → innere Wert in DM mit einem bei Abschluß des Puts fixierten → Devisenkurs in US-Dollars umgerechnet.
(→ Quanto Option, → Quanto Swap, → Quanto-Optionsschein, → Exotische Optionen)

**Quanto Option**
→ Exotische Option mit einem → Basiswert in einer ausländischen Währung, bei der bereits bei Emission der zukünftige Wechselkurs feststeht, zu dem bei Fälligkeit der Option ein eventueller innerer Wert in die Heimatwährung des Anlegers umgerechnet wird. Q.-O. werden auch als Optionen mit Währungsgarantie bezeichnet. Mit einer Q.-O. kann der Optionsinhaber beispielsweise auf die Kursentwicklung eines ausländischen → Aktienindexes (z. B. → CAC-40-Index), einer ausländischen Aktie, eines ausländischen → Zinsinstrumentes (z. B. → BTP) setzen, ohne Wechselkursrisiken eingehen zu müssen. Sowohl Wechselkursrisiken als auch Wechselkurschancen werden mit Q.-O. ausgeschaltet, da der zukünftige Wechselkurs während der gesamten Laufzeit der Option festgeschrieben ist. Q.-O. sind für Anleger interessant, die erwarten, daß das Bezugsobjekt steigt (Call) bzw. fällt (Put), aber zugleich einen Verfall der Fremdwährung, in der das Bezugsobjekt notiert, erwarten. In diesem Szenario erzielen Anleger mit Q.-O. bessere Ergebnisse als mit normalen Optionen ohne Währungssicherung. Q.-O. werden sowohl als Call Option als auch als Put Option angeboten.
(→ Quantise, → Correlation Product, → Quanto-Optionsschein, → Spread Knockout Yield-Optionsschein)

## Quanto-Optionsschein

### Quanto-Optionsschein

→Optionsschein mit Währungsgarantie, →exotischer Optionsschein auf einen →Basiswert in einer ausländischen →Währung, bei dem bereits bei →Emission der zukünftige →Wechselkurs feststeht, zu dem bei →Fälligkeit des Optionsscheines ein →innerer Wert in die Heimatwährung des Anlegers umgerechnet wird. Mit einem Q.-O. kann der Optionsinhaber beispielsweise auf die Kursentwicklung eines ausländischen →Aktienindex (z. B. CAC-40), einer ausländischen →Aktie, eines ausländischen →Zinsinstrumentes (z. B. →BTP) setzen, ohne Wechselkursrisiken (→Devisenkursrisiko) eingehen zu müssen. Sowohl Wechselkursrisiken als auch Wechselkurschancen werden mit Q.-O. ausgeschaltet, da der zukünftige Wechselkurs während der gesamten →Laufzeit des Optionsscheines festgeschrieben ist. Q.-O. sind für Anleger interessant, die erwarten, daß das Bezugsobjekt steigt (→Call) bzw. fällt (→Put), aber zugleich einen Verfall der Fremdwährung, in der das Bezugsobjekt notiert, erwarten. In diesem Szenario erzielen Anleger mit Q.-O. bessere Ergebnisse als mit normalen Optionsscheinen ohne Währungssicherung. Q.-O. werden sowohl als →Call-Optionsscheine als auch →Put-Optionsscheine angeboten.

(→Quantise, →Quanto-Option, →Correlation Product)

### Quanto Produkt

Finanzinstrumente (z. B. →Optionen, →Financial Swaps), die in einer anderen Währung ausgestellt sind, als sie i. d. R. gehandelt werden. Ein Beispiel ist ein Dollar Quanto →Put auf den DAX. Ist der Put bei Fälligkeit →Im Geld, wird der innere Wert in DEM mit einem bei Abschluß des Puts fixierten Devisenkurs in US-Dollars umgerechnet.

(→Quanto Option, →Quanto Optionsschein, →Quanto Swap, →Spread Knockout Yield-Optionsschein)

### Quanto Swap

*Diff-Swap, Rate Differential Swap, Currency Protected Swap*; →Exotic Swap, bei dem Zinszahlungen in verschiedenen →Währungen getauscht werden. Im Gegensatz zu →Währungsswaps beziehen sich Q. S. auf den gleichen →Nominalwert, der nur auf eine Währung lautet (z. B. US-Dollar). Bei einem Q. S. wird ein →Festsatz oder →variabler Zinssatz in der Basiswährung (Base Currency) gegen einen Festsatz oder variablen Satz in einer anderen Währung, der Alternate Currency, getauscht. Der Zinssatz der Alternate Currency wird ebenfalls in der Basiswährung errechnet und gezahlt, d. h. die Alternate Currency wird nicht für die Ermittlung der Höhe der Zinszahlung in der Alternate Currency benötigt. I. d. R. wird vom Alternate Currency →Zinssatz ein →Spread subtrahiert bzw. addiert. Der Spread wird bei Abschluß fixiert und bleibt während der →Laufzeit des Q. S. konstant.

*Grundstruktur*: vgl. Abbildung unten.

Der Payer (→Zahler) eines Q. S. zahlt den Zinssatz in der Base Currency und empfängt den Zinssatz der Alternate Currency in der Base Currency. Der Receiver (→Empfänger) empfängt den Zinssatz der Base Currency und zahlt an den Payer den Zinssatz der Alternate Currency in der Base Currency. Ähnlich wie bei →Generic Swaps erfolgt auch bei Q. S. ein → Interest Netting. Eine Ausgleichszahlung (→Cash Settlement) wird mit folgender Formel ermittelt:

Ausgleichszahlung = Nominalwert in Base Currency · (Zinssatz Base Currency – Zinssatz Alternate Currency) · Tage zwischen Zinsterminen : Jahrestage · 100.

Q. S. werden abgeschlossen, um von unterschiedlichen Zinssätzen verschiedener Währungen zu profitieren, ohne direkt Wechselkursrisiken (→Devisenkursrisiko) eingehen zu müssen.

(→Quanto-Produkte, →Exotische Option, →Quanto-Option, →Quanto-Optionsschein)

**Quanto Swap – Grundstruktur**

| Payer (zahlt den Base Currency Zinssatz) | Base Currency Zinssatz → ← Alternate Currency Zinssatz +/− Spread | Receiver (empfängt den Base Currency Zinssatz) |
|---|---|---|

## Quasi-American Option
Synonym für → Bermuda Option.

## Quasigeld
*Geldsubstitute, Near Money*; geldnahe → Aktiva (Near Money) wie z. B. → Termineinlagen (mit → Laufzeiten unter vier Jahren) und → Spareinlagen (mit dreimonatiger Kündigungsfrist). Q. wird bei Geldmengenberechnungen berücksichtigt (→ Geldmengenbegriffe).

## Quellensteuer
*Abzugssteuer*; → Steuer, die vom → Schuldner bestimmter Leistungen (→ Kapitalerträge i. S. des § 43 Abs. 1 EStG, Lohn) einbehalten und für den steuerpflichtigen Empfänger (Anteilseigner als → Gläubiger der Kapitalerträge, → Arbeitnehmer) an den Staat abgeführt wird. Bei Q. handelt es sich i. d. R. um anrechenbare Steuern, so z. B. um → anrechenbare Kapitalertragsteuer oder um den → anrechenbaren Zinsabschlag.
In den meisten Staaten wird auf Kapitalerträge eine Q. erhoben. Im Sinne des Außensteuerrechts werden als Q. alle Steuern bezeichnet, die von Steuerausländern im Rahmen der beschränkten Steuerpflicht erhoben werden. → Doppelbesteuerungsabkommen mit vielen ausländischen Staaten sorgen dafür, daß die Quellensteuererhebung durch einen ausländischen Staat für einen deutschen Anleger eingeschränkt ist. Entweder erhält der deutsche Anleger eine Ermäßigung der zu zahlenden Q. direkt bei Gutschrift des Kapitalertrages oder im nachhinein auf Antrag. Eine danach noch verbleibende Quellensteuerbelastung (gezahlte, aber nicht erstattungsfähige Q.) kann der deutsche Anleger bis zu einer bestimmten Höchstgrenze auf seine deutsche → Einkommensteuer im Rahmen der Einkommensteuerveranlagung anrechnen lassen.
Auf Antrag kann die gezahlte ausländische Q. auch bei der Ermittlung des Gesamtbetrages der Einkünfte abgezogen werden. Enthält ein Doppelbesteuerungsabkommen eine Regelung über die Anrechenbarkeit von fiktiven Quellensteuern, so kann der deutsche Anleger, der ausländische Zins- und Dividendenerträge ohne Quellensteuerabzug erhalten hat, eine fiktive Q. wie eine gezahlte, aber nicht erstattungsfähige Q. im Rahmen der Anrechnungs- oder Abzugsmethode bei der Einkommensteuerveranlagung geltend machen und damit seine Einkommensteuer mindern (→ fiktive Quellensteuer bei DM-Auslandsanleihen). Für (nachweislich, § 68b EStDV) gezahlte oder fiktive ausländische Q. enthält § 68a EStDV eine Anrechenbarkeitsgrenze. Eine Anrechnung der Q. ist danach nur bis zur Höhe der deutschen Steuer möglich, die auf die Einkünfte aus einem ausländischen Staat entfällt. In Doppelbesteuerungsabkommen getroffene Regelungen gehen der Vorschrift des § 34c EStG über eine → Einkommensteuerermäßigung bei ausländischen Einkünften vor.

## (Quotal) zusammengefaßte Monatsausweise
Konsolidierte → Monatsausweise, die nach § 25 Abs. 2 KWG von übergeordneten Kreditinstituten (i. S. von § 13a KWG) für → Kreditinstitutsgruppen i. S. des KWG einzureichen sind. Für das Verfahren der quotalen Zusammenfassung gilt § 10a Abs. 3 KWG (→ Eigenkapitalgrundsätze). Ausführungsbestimmungen enthält die → Monatsausweisverordnung des → Bundesaufsichtsamts für das Kreditwesen. Nach der 5. KWG-Novelle muß diese → Rechtsverordnung modifiziert werden, um dem Übergang zur → Vollkonsolidierung Rechnung zu tragen.

## Quotation
Quotierung, Kursnotierung an Märkten (→ Devisenhandel, → Devisenbörse).

## Quote
1. Bezeichnung für in → Sonderziehungsrechten ausgedrückte Kapitalanteile beim → Internationalen Währungsfonds.

2. Von einem → Market Maker eingegebene Offerte, bei der gleichzeitig ein Briefkurs (→ Ask) und Geldkurs (→ Bid) gestellt werden.

3. → Konsortialquote bzw. → Anteil.

## Quoted Margin
*Marge*; Auf- bzw. Abschlag, den der → Emittent einer → variabel verzinslichen Anleihe zahlen muß. In den Anleihebedingungen ist festgelegt, um wieviel Prozentpunkte der → Nominalzins einer variabel verzinslichen Anleihe über (positive Quoted Margin) oder unter (negative Quoted Margin) dem jeweiligen → Referenzzinssatz (z. B. → LIBOR) liegt. Q. M. bestimmt die Differenz, mit der der laufende Nominalzinssatz vom Referenzzinssatz abweicht. Q. M. bezieht sich immer auf ein Jahr (p. a.).

**Quotenaktie**

Adjusted Simple Margin (ASM), Discounted Margin.

**Quotenaktie**
*Nennwertlose Aktie*; → Aktie, bei der in der → Urkunde der Anteil am → Grundkapital der → Aktiengesellschaft angegeben wird, z. B. 1/50 000. Q. sind in Deutschland nicht zulässig.
*Gegensatz:* → Nennwertaktie.

**Quotenkonsolidierung**
Bezeichnung für anteilsmäßige → Konsolidierung bei der Konzernrechnungslegung; vgl. im einzelnen → Konzernrechnungslegung der Kreditinstitute.

**Quotes**
Von → Marketmakern z. B. an der → Deutschen Terminbörse (DTB) auf Anforderung oder auch ohne diese gestellte verbindliche Angebots- und Nachfragepreise für alle → Optionsserien der von ihnen betreuten → Basiswerte. Q. können vor Handelsbeginn und während des Handels an der → Börse gestellt werden.

**Quotierung,** → Quotation.

# R

**R²**
Statistische Kurzschreibweise für das → Bestimmtheitsmaß.

**Rabatt,** → Preisnachlaß.

**Rahmenabtretung**
*Rahmenzession*; → Sicherungsabtretung mehrerer → Forderungen in einem → Vertrag in Form der → Globalzession oder der → Mantelzession.
*Gegensatz*: → Einzelabtretung (Einzelzession).
(→ Abtretung)

**Rahmenkredit**
1. Oberbegriff für alle Kreditarten (z. B. Akkreditiv-, → Avalkredit, → Diskontkredit oder → Kontokorrentkredit), die im Rahmen eines im → Kreditvertrag vereinbarten Höchstbetrages vom Kreditnehmer wechselnd in Anspruch genommen werden können.

2. Vereinbarung eines → Kreditlimits zwischen Kunde und Bank, das wahlweise auf verschiedenen → Konten, oftmals aber auch für unterschiedliche Kreditarten oder durch verschiedene Kreditnehmer (z. B. eines → Konzerns), in Anspruch genommen werden kann.

3. *Beispiele*: Ein Kontokorrentkredit wird durch verschiedene Firmen eines Konzerns, der R. seitens eines Unternehmens wahlweise als Buch- oder Avalkredit ausgenutzt.

**Rahmenvertrag für Wertpapierleihgeschäfte**
Vom → Bundesverband deutscher Banken herausgegebener → Vertrag, der die Rechtsbeziehungen bei → Wertpapierdarlehen (→ Wertpapierleihe i. e. S.) regelt. Der R. f. W. wird bei Wertpapierdarlehen unter → Banken eingesetzt. Der R. f. W. vom 26. Juli 1993 regelt folgende Sachverhalte.

§ 1 Vertragsgegenstand
§ 2 Darlehensgegenstand
§ 3 Bestätigung und Inhalt von → Darlehen
§ 4 Lieferung der Darlehenspapiere
§ 5 Sicherheiten
§ 6 Anpassung der Sicherheiten
§ 7 → Verpfändung
§ 8 Entgelte
§ 9 → Zinsen, → Dividenden, → Berichtigungsaktien und → Bezugsrechte
§ 10 Verpflichtung zur vorzeitigen Rückgabe der entliehenen → Wertpapiere
§ 11 Fristgemäße → Kündigung und Rücklieferung
§ 12 Außerordentliche Beendigung aller Darlehen
§ 13 Nicht fristgemäße Rückgabe entliehener Wertpapiere/Sicherheitenverwertung
§ 14 → Steuern und sonstige → Abgaben
§ 15 Zahlungen
§ 16 Kommunikationsmittel
§ 17 Sonstige Bestimmungen.

**Rahmenzession,** → Rahmenabtretung.

**Raiffeisen**
Friedrich-Wilhelm Raiffeisen (1818–1888). Begründer der ländlichen → Genossenschaften, v. a. der ländlichen → Kreditgenossenschaften.

**Raiffeisenbanken**
Als ländliche Kreditgenossenschaften entstandene Genossenschaftsbanken (→ Kreditgenossenschaften).

**Ramschanleihe,** → Junk Bond.

**Random Error**
Synonym für → Zufallsfehler.

**Random-Walk-Hypothese**
Im Jahre 1900 von dem Franzosen Louis Bachelier aufgestellte und in den 50er Jahren

in die Diskussion gelangte Hypothese über die Ursache von Kursänderungen (Kursschwankungen). Investoren bewerten Informationen unterschiedlich, so daß die Informationen als Summe eine zufällige Einflußgröße für den →Börsenkurs einer →Aktie sind.

### Rang

1. Im →*Sachenrecht* Bezeichnung für das Verhältnis zwischen mehreren beschränkt →dinglichen Rechten an einer →Sache, nach welchen sich vor allem die Befriedigung bei der →Verwertung von Sicherheiten richtet. Der R. bemißt sich bei →beweglichen Sachen nach dem Zeitpunkt der Entstehung (Prioritätsprinzip, vgl. § 1209 BGB). Ein bestimmter R. kann auch gutgläubig erworben werden (→gutgläubiger Erwerb).
Zu den Grundstücksrechten: →Rang von Grundstücksrechten.

2. Im →*Konkurs* Bezeichnung für die Reihenfolge, nach der die verschiedenen bevorrechtigten Gläubigergruppen zu befriedigen sind.

### Range

Differenz zwischen dem Höchstkurs (High) und Tiefstkurs (Low) innerhalb eines bestimmten Zeitabschnittes (z.B. Tagesrange).

### Range Forward

Beim R. F. wird der feste →Terminkurs des üblichen →Termingeschäfts durch eine Bandbreite A–B (→Range) ersetzt, innerhalb derer sich der Kurs bei →Fälligkeit bewegen kann. Notiert der Kassakurs bei Fälligkeit unter A, erhält (bzw. bezahlt) der Kunde A, liegt er über B, erhält (bzw. bezahlt) er B. Bei Notierungen zwischen A und B wird zum Kassakurs abgerechnet. Der R. F. entsteht durch die Kombination von Kauf und Verkauf eines Call und Put.

### Range Warrant

→Optionsschein, der dem Anleger einen festen Rückzahlungsbetrag verbrieft, wenn der →Basiswert bei →Fälligkeit in einem bestimmten Kursbereich (→Range) liegt. Im Unterschied zu herkömmlichen →Warrants müssen die Anleger bei R.W. abschätzen, in welchem Kursbereich der Basiswert am Verfallstermin liegt. Deshalb werden R.W. auch als Bandbreiten-Optionsscheine bezeichnet. R.W. werden in mehreren Tranchen mit unterschiedlichen Kursbereichen emittiert. So verbrieft beispielsweise der R.W. der Serie A eines →Emittenten dem Anleger das Recht, 130 Mark zu erhalten, wenn der Basiswert bei Fälligkeit zwischen 175 DM und 375 DM notiert. Liegt der Aktienkurs allerdings außerhalb dieses Intervalls, erhält der Anleger nur den Emissionspreis von 100 DM zurück (→Money-Back-Optionsschein). Bei den Warrants der Serie B liegt die Bandbreite zwischen 375 DM und 450 DM. Die Serie C hat eine untere Intervallgrenze bei 450 DM und eine obere Intervallgrenze bei 900 DM. Auch bei diesen beiden Serien erhält der Anleger nur dann 130 Mark, sofern die →Aktie am Fälligkeitstag innerhalb des jeweiligen Bandbreite notiert. Liegt der Kurs außerhalb der Bandbreite, erhält der Anleger wiederum den ursprünglichen Emissionskurs von 100 DM zurück. R.W. sind eine Spekulation auf die Kursentwicklung des Basiswertes mit einem Sicherheitsnetz. Ein Totalverlust des eingesetzten Kapitals ist im Gegensatz zu herkömmlichen Optionsscheinen ausgeschlossen. Die Gewinnchancen sind jedoch begrenzt.

*R. W. als Anlageinstrument*: Mit R.W. können verschiedene Strategien verfolgt werden: (1) Kauft der Anleger im obigen Beispiel nur einen R.W. (aus einer der Tranchen), liegt der maximale Ertrag, wenn der Kurs innerhalb der gewählten Bandbreite liegt, bei ungefähr 30%. Liegt der Kurs nicht in der Bandbreite, erhält der Anleger 100 DM zurück. (2) Kauft der Anleger zwei R.W., verringert sich der maximal erzielbare Ertrag auf ungefähr 14%, da bei Fälligkeit immer nur eine Tranche innerhalb der Bandbreite notieren kann. (3) Kauft der Anleger alle drei Warrants, liegt der maximale Ertrag bei etwa 8%, wenn der Kurs des Basiswertes zwischen 175 DM und 900 DM bei Fälligkeit notiert. Die Wahrscheinlichkeit, daß die Aktie bei Fälligkeit innerhalb dieser sehr großen Bandbreite liegt, ist sehr hoch. Damit ähnelt der Kauf aller drei Warrants stark der Anlage in einem →festverzinslichen (Wert-)Papier.

### Rang von Grundstücksrechten

Bezeichnung für das Verhältnis zwischen mehreren →Grundstücksrechten an einem →Grundstück, aus dem sich die Reihenfolge ergibt, in welcher die Rechte bei einer →Zwangsversteigerung oder →Zwangsver-

waltung des Grundstücks berücksichtigt und befriedigt werden.
Die Rangordnung hat für die Frage, ob ein →Kredit durch die Bestellung eines →Grundpfandrechts ausreichend besichert ist, größte Bedeutung. Der R. v. G. richtet sich bei der Eintragung in derselben Abteilung des →Grundbuchs (z. B. mehrere →Hypotheken) nach der Reihenfolge der Eintragungen (sogenanntes Locus-Prinzip, § 879 Abs. 1 S. 1 BGB), bei Eintragung in verschiedenen Abteilungen (z. B. →Grundschuld und →Nießbrauch) nach der Entstehungszeit der Rechte, d. h. dem Datum der Eintragungen (§ 879 Abs. 1 S. 2 BGB). Rechte mit gleichem Datum haben deshalb auch gleichen Rang, falls nicht durch einen Rangvermerk ein Recht der Vorrang eingeräumt ist (§ 45 Abs. 2 GBO). Die beim →Grundbuchamt eingehenden Eintragungsanträge sind nach der zeitlichen Reihenfolge des Eingangs zu bearbeiten, weshalb der jeweilige Zeitpunkt (Tag, Stunde, Minute) auf ihnen zu vermerken ist (vgl. § 44 GBO). Insbesondere ist im Zusammenhang mit einem →Realkredit auf noch nicht erledigte Eintragungsanträge zu achten. Bei gleichzeitiger Antragstellung wird bei der Eintragung der Rechte innerhalb derselben Abteilung der gleiche Rang vermerkt (§ 45 Abs. 1 GBO). In verschiedene Abteilungen einzutragende Rechte erhalten das gleiche Datum, so daß sich hieraus ihr gleicher Rang ergibt (§ 879 Abs. 1 S. 2 BGB). Sonderfälle betreffen Teilung und Vereinigung, Zu- und Abschreibung.

*Rangänderung:* Durch rechtsgeschäftliche Vereinbarung kann eine von der gesetzlichen Regelung abweichende Rangfolge festgelegt werden, die aber dann in das Grundbuch einzutragen ist (§ 879 Abs. 3 BGB). Im Falle einer nachträglichen Änderung bedarf es der →Einigung zwischen den zurücktretenden und vortretenden Berechtigten (§ 880 Abs. 1, Abs. 2 BGB). Zusätzlich muß der Eigentümer des Grundstücks zustimmen, falls ein Grundpfandrecht zurücktreten soll (§ 880 Abs. 2 S. 2 BGB). Eine nachträgliche Änderung berührt aber Zwischenberechtigte, also Inhaber von Rechten, die den Rang zwischen den geänderten Rechten haben, nicht (§ 880 Abs. 5 BGB).

*Rangvorbehalt:* Der Eigentümer kann sich bei Belastung eines Grundstücks mit einem Recht (z. B. Nießbrauch) die Befugnis vorbehalten, später ein anderes, dem Umfang nach bestimmtes Recht (z. B. Hypothek) mit dem Rang vor diesem Recht oder mit gleichem Rang eintragen zu lassen (§ 881 Abs. 1 BGB). Dieser Rangvorbehalt bedarf ebenfalls der Eintragung in das Grundbuch und hat bei dem zurücktretenden Recht zu erfolgen (§ 881 Abs. 2 BGB). Zwischenberechtigte werden dadurch nicht betroffen (§ 881 Abs. 4 BGB). Die →Kreditinstitute bevorzugen deshalb die Eintragung einer Vorrangvormerkung (§ 883 BGB, →Vormerkung) oder einer →Eigentümergrundschuld (§ 1196 BGB) wegen ihrer umfassenderen Wirkung.

*Unrichtige Bearbeitung der Eintragungsanträge:* Nimmt das Grundbuchamt die Eintragung in das Grundbuch nicht gemäß den Vorschriften der §§ 17, 45 GBO in der Reihenfolge ihres Eingangs vor, so führt das nicht zur Unrichtigkeit des Grundbuchs (→Grundbuchberichtigung), da für den R. v. G. nach der allein ausschlaggebenden Regelung des § 879 BGB die Reihenfolge der Eintragung im Grundbuch maßgebend ist. Wegen der reinen Ordnungsfunktion der Bestimmungen der GBO besitzt der dadurch benachteiligte Rechtsinhaber auch keinen Anspruch aus →ungerechtfertigter Bereicherung gegenüber dem Inhaber des fälschlich vorrangig eingetragenen Rechts. Vielmehr kann er lediglich vom Staat unter dem Gesichtspunkt der →Amtshaftung Ersatz verlangen.

**Ratchet Option,** →Resetting Strike-Option.

**Rate**
1. Bezeichnung für Teilbetrag, Teilzahlungsbetrag (→Ratenkredit).

2. Englische Bezeichnung für Kurs, insbes. →Wechselkurs, und für (Zins-)Satz.

**Rate Anticipation Swap**
→Aktive Anlagestrategie mit →Zinsinstrumenten, bei der Zinsinstrumente entsprechend einer erwarteten Renditeentwicklung verkauft und neue Papiere gekauft werden. Durch einen R. A. S. möchte der Anleger von der erwarteten Renditeentwicklung profitieren, d. h. Kursverluste verringern bzw. den Total Return erhöhen.

(→Bond Swap, →Bond Research, →Total Return Management, →festverzinsliche Papiere)

1283

## Rate Differential Swap

**Rate Differential Swap,** →Quanto Swap.

### Ratenanleihe
→Anleihe (→Schuldverschreibung), bei der sich der →Emittent verpflichtet, jährlich gleich hohe Beträge zu tilgen. Die Anleihe wird daher bei ihrer →Emission in so viele Serien eingeteilt, wie Tilgungsjahre geplant sind, so daß jedes Jahr nur eine dieser Serien ausgelost werden muß. Da die jährlichen Zinsaufwendungen sinken, ergeben sich fallende Jahresbelastungen. Demgegenüber bleibt die jährliche Gesamtbelastung bei →Annuitätenanleihen gleich. Die R. gehören zu den →Tilgungsanleihen. (→Vorsorgeanleihe)

### Ratenkredit
→Kredit, der als →Darlehen in einer Summe zur Verfügung gestellt und durch Teilbeträge (→Raten) zu tilgen ist. Er kommt als →Konsumentenkredit vor, der an private Haushalte zur →Finanzierung von Konsumgütern gewährt wird (R. i. e. S.), und als →Produktivkredit an Gewerbetreibende und Selbständige zur Finanzierung von →Investitionen (Gegenstände des →Anlagevermögens). Der Begriff R. wird häufig mit dem →Teilzahlungskredit gleichgesetzt. Ein Teilzahlungskredit im ursprünglichen Sinne liegt bei einem →finanzierten Abzahlungskauf (Abzahlungskredit) vor.

*Abwicklung*: R. werden von →Banken und →Sparkassen als →standardisierte Kredite gewährt; sie können zweckgebunden oder zur freien Verfügung gewährt werden. Ihre Abwicklung erfolgt über →Darlehenskonten (im Gegensatz zu →Dispositionskrediten, die als →Kontokorrentkredite über →Kontokorrentkonten abgewickelt werden). Bei Gewährung an Privatpersonen wird ein regelmäßiges, gesichertes →Einkommen vorausgesetzt sowie die Fähigkeit, die vereinbarten monatlichen Ratenzahlungen laufend erbringen zu können. Kredithöhe meistens bis 50 000 DM, →Laufzeit 12 bis 72 Monate. Bei Gewährung von R. an Gewerbetreibende erfolgt die übliche →Kreditwürdigkeitsanalyse.

*Berechnung der →Kreditkosten*: Die Rate als gleichbleibende Monatsleistung enthält Zins-, Kosten- (Kreditgebühr, →Restschuldversicherung, Vermittlungsgebühr u. a.) und Tilgungsanteil. (1) Entweder erfolgt die Zins-, Kosten- und Tilgungsverrechnung wie bei Darlehen unterjährig, zumeist monatlich auf den tatsächlich in Anspruch genommenen →Saldo (→Tilgungsverrechnungsklausel) oder (2) die →Zinsen werden bezogen auf den Anfangskreditbetrag in Prozent/Promille pro Monat abgerechnet. Beispiel für die Umrechnung der Kreditgebühren bei vierjähriger Laufzeit:

Effektivverzinsung
$$= \frac{\text{Monatssatz der Kreditgebühr} \cdot 24 \cdot 48}{49[(\text{Laufzeit in Monaten}) + 1]}$$

*Sicherheiten*: Üblich sind: →„stille" Zession des pfändbaren Teiles des Arbeitseinkommens, Mitverpflichtung des Ehepartners, →Bürgschaften Dritter, Restschuld- oder Risikolebensversicherungen, in Ausnahmefällen aber auch sonstige →Kreditsicherheiten.

### Ratenkreditbanken
Synonyme Bezeichnung für →Teilzahlungskreditinstitute.

### Ratensparvertrag
→Sparvertrag mit der Vereinbarung, daß der →Sparer regelmäßig Sparleistungen (Sparraten) erbringt. R. sind durch das prämienbegünstigte Sparen entwickelt worden und werden nach Wegfall der staatlichen Förderung des Kontensparens im Rahmen besonderer Sparformen der →Kreditinstitute abgeschlossen (→Prämiensparen).

### Rate of Chance
→Technische Studie, die die Schwungkraft einer Kursbewegung mißt. R. o. C. kann hinsichtlich seiner Berechnung und Interpretation mit dem →Oszillator verglichen werden. Im Gegensatz zu einem Oszillator basiert R. o. C. allerdings nicht auf zwei →gleitenden Durchschnitten, sondern direkt auf Kursen. Um R. o. C. zu berechnen benötigt man somit nur die Kurse zu zwei verschiedenen Zeitpunkten und errechnet aus diesen eine relative Kursdifferenz. R. o. C. kann aber ähnlich wie Oszillatoren interpretiert werden. Während Oszillatoren den Abstand zwischen zwei gleitenden Durchschnitten messen, wird beim Momentum die prozentuale Kursdifferenz errechnet. Damit ist R. o. C. auch mit dem →Momentum zu vergleichen. Der Unterschied besteht darin, daß ein Momentum auf absoluten Kursverände-

rungen basiert, während R. o. C. auf prozentuale Kursänderungen abstellt. Ziel des R. o. C. ist es zum einen, die Schwungkraft, d. h. die Dynamik eines Trends zu bestimmen. Zum anderen soll R. o. C. anzeigen, in welche Richtung der gegenwärtige Trend (z. B. Aufwärtstrend, Abwärtstrend) geht. Deshalb dient R. o. c. primär dazu, Signale zum Glattstellen einer Long oder Short Position anzuzeigen.
Die R. o. C.-Studie ist mit der Momentum-Studie verwandt. Der wesentliche Unterschied besteht darin, daß R. o. C. relativ errechnet wird, d. h. der aktuelle Kurs wird ins Verhältnis zu einem historischen Kurs gesetzt. Die Formel hierfür lautet:

$$ROC = \frac{100 \cdot K_t}{K_{t-n+1}}$$

ROC = Rate of Chance
$K_t$ = Aktueller Kurs
$K_{t-n+1}$ = Kurs vor t–n+1 Perioden

Im Vergleich zum Momentum bietet die R. o. C.-Studie den Vorteil, daß die Studie eines Wertes sofort mit der eines anderen Wertes verglichen werden kann.

### Rate of Discount

Prozentualer → Ertrag eines → Abzinsungspapiers bezogen auf den → Nennwert. Im Gegensatz zur → Geldmarktrendite wird die R. o. D. nicht auf das tatsächlich investierte → Kapital bezogen, sondern auf den Nennwert. Abzinsungspapiere, die mit einer R. o. D. gehandelt werden, sind beispielsweise → Finanzierungsschätze, → Treasury Bills, → Commercial Paper in Großbritannien und USA. Die R. o. D. ist keine Kennzahl, um den tatsächlichen Ertrag eines Abzinsungspapiers zu ermitteln, da die R. o. D. den prozentualen Ertrag bezogen auf den Nennwert angibt. Da der Anleger aber nur den niedrigeren Kaufpreis investiert, muß sein tatsächlicher Ertrag höher sein. Um die tatsächliche Verzinsung zu ermitteln, errechnet man aus der R. o. D. die Geldmarktrendite. Der wesentliche Unterschied zwischen beiden Ertragskennzahlen ist darin zu sehen, daß die R. o. D. den prozentualen Ertrag bezogen auf den Nennwert angibt, während die Geldmarktrendite den prozentualen Ertrag bezogen auf das tatsächlich investierte Kapital (Kaufpreis) widerspiegelt.
(→ Renditeberechnungsmethoden für Geld- und Kapitalmarktpapiere, → Abschlag)

### Rate of Return, → Periodenrendite.

### Rat für gegenseitige Wirtschaftshilfe (RGW)

*Council for Mutual Economic Aid (COMECON)*; 1949 in Moskau von Bulgarien, Polen, Rumänien, der (ehemaligen) UdSSR und Ungarn gegründete → Internationale Organisation, der später weitere Staaten beitraten. Als Ziel wurde eine umfassende wirtschaftliche Zusammenarbeit angestrebt, die den Aufbau des Sozialismus und Kommunismus durch Verwirklichung der internationalen sozialistischen Arbeitsteilung fördern sollte. Hauptaufgabe des RGW war dabei die Koordinierung der Wirtschaftspläne der Mitgliedstaaten. 1991 wurde die Organisation aufgelöst.

### Rating

Standardisierte Bonitätsbeurteilung von handelbaren Finanzpapieren (→ Anleihen, → Geldmarktpapiere, die Forderungsrechte verbriefen) und ihrer → Emittenten durch Kreditbewertungsagenturen (R.-Agenturen). Es handelt sich um eine bonitätsmäßige Einstufung von Kreditnehmern bzw. Anleiheschuldnern (Credit Rating, Unternehmensrating) nach einheitlichen und konsistenten Verfahren. Das R. gibt internationalen Investoren gültige Maßstäbe als Grundlagen für Investitionsentscheidungen an die Hand. Damit werden Transparenz und Effizienz des → Kapitalmarkts gesteigert.

*Rating-Agenturen:* Aus der Reihe der international führenden Kreditbewertungsagenturen ragen zwei heraus, die in den USA ihren Sitz haben: → Standard & Poor's Corporation sowie → Moody's Investors Service Inc. Die Bewertungen dieser Agenturen werden im internationalen Finanzgeschäft besonders anerkannt.

*Funktion:* Das R. soll einem Käufer langfristiger Anleihen (→ Bonds) oder kurzfristiger Geldmarktpapiere (→ Commercial Paper [CP], → Certificates of Deposit u. a.) den Grad des Risikos eines → Investments verdeutlichen. Die R.-Agenturen verwenden für die Einstufung von Anleihen (Bonds) andere Symbole als für die Einstufung von Geldmarktpapieren und ähnlichen kurzfristigen → Verbindlichkeiten, z. B. → Banker's Acceptances, → Interbankguthaben und Verpflichtungen aus Devisenhandelsgeschäften. Das R. ist v. a. für Emittenten und → Finanzinstitute wichtig, die an

**Rating Agency**

den → internationalen Finanzmärkten operieren.

*Kurzfristiges und langfristiges R.:* Kurzfristiges R. umfaßt das Commercial Paper Rating (CP-Rating), das Certificates of Deposit Rating (CD-Rating) und das Bond Rating (auch als Longterm Debt Rating bezeichnet). Kurzfristiges R. ist also das R. kurzfristiger Titel und soll Aussagen ermöglichen über die Fähigkeit der → Schuldner, ihre umlaufenden kurzfristigen → Schuldverschreibungen einzulösen. Dabei kann sich das R. auch vornehmlich auf die Bonität des Schuldners konzentrieren. Voraussetzung ist, daß der Emittent einen genügenden Kreditspielraum zur Einlösung fälliger Papiere nachweisen kann. Ihm muß eine Back-up Line of Credit (Vorsorgelinie) zur Verfügung stehen. Für Bond Ratings haben die Agenturen Maßstäbe für verschiedene Schuldnergruppen entwickelt, so z.B. für unabhängige Staaten (Sovereign Governments), vom Staat gestützte Einrichtungen (Sovereign-Supported Entities), Gemeinden (Municipalities), Banken und Industrieunternehmen (Industrial Corporations).

*Rating-Symbole:*

| CP-Ratings | | Bond-Ratings | |
| --- | --- | --- | --- |
| CP's | Moody's | S&P's | Moody's |
| A-1 | P-1 | AAA | Aaa |
| A-2 | P-2 | AA | Aa |
| A-3 | P-3 | A | A |
| B | | BBB | Baa |
| | | BB | Ba |
| C | P=Prime | B | B |
| D | | CCC | Caa |
| | | CC | Ca |
| | | C | C |
| | | D | |

Bei Standard & Poor's können einige Symbole noch mit Plus- oder Minus-Zeichen, bei Moody's mit Ziffern versehen sein. Die Zusätze sollen die relative Bedeutung des Schuldners innerhalb einer Bewertungsstufe hervorheben. Im folgenden werden die Bond-Rating-Symbole erläutert.

Gruppe I: AAA, AA (S&P)/Aaa, Aa (Moody's)
Zu dieser Gruppe zählen allererste Industrie-, Bank- und Staatsadressen bzw. Schuldtitel, die dem Anleger eine risikolose Anlage bieten.

Gruppe II: A, BBB (S&P)/A, Baa (Moody's)
Hierunter fallen Unternehmen mit einem guten bis durchschnittlichen Marktstanding. Deren Schuldtitel sind bei stabilen wirtschaftlichen Verhältnissen i.d.R. als sichere Wertpapieranlage anzusehen.

Gruppe III: BB, B, CCC, CC (S&P)/Ba, B, Caa, Ca (Moody's)
Hier handelt es sich um Papiere mit spekulativem Charakter. Die Emittenten befinden sich in wirtschaftlichen bzw. finanziellen Schwierigkeiten; Zins- und Tilgungszahlungen sind nicht immer gewährleistet.

Gruppe IV: C, D (S&P)/C (Moody's)
Hierunter fallen notleidende Titel.

Schuldner sind bestrebt, ein gutes R. zu erhalten, da es von Einfluß auf die Konditionen des → Geld- bzw. Kapitalmarktes ist. Interne Faktoren (Umbesetzung des Managements usw.) und externe Faktoren (Reaktion der Märkte usw.) können zum Upgrading (zur Höherbewertung) bzw. zum Downgrading (zur Abstufung) führen.

**Rating Agency**
Private Institution, die die am Markt vertretenen → Emittenten hinsichtlich der Bonität (→ Kreditwürdigkeit) beurteilt. Die bekanntesten R.A. sind → Moody's, → Standard & Poor's, → Fitch und → Duff & Phelps. R.A. vergeben → Ratings, mit denen Anhaltspunkte über die Wahrscheinlichkeit der termin- und betragsberechten Zahlung von → Zinsen und → Tilgung gegeben werden. Die besondere Bedeutung einer R.A. liegt in der Tatsache, daß das Rating laufend überwacht wird.
(→ Bonitätsrisiko, → Emittentenrisiko, → Länder-Rating)

**Ratio-Backspread,** → Backspread.

**Rationalisierungsinvestition,** → Realinvestition, → Investition.

**Rationalisierungsschutzabkommen**
Tarifvereinbarung zur Absicherung von Arbeitsplätzen und → Einkommen bei Rationalisierungsmaßnahmen der → Kreditinstitute, die im Bereich des privaten Bankgewerbes und für die → öffentlichen Banken abgeschlossen worden ist (→ Tarifvertrag).

**Ratio Spread**
→ Kombinierte Optionsstrategie (z. B. → Vertical Spread, → Time Spreads, → Diagonal Spreads), bei der die Anzahl der → Long Positionen in → Optionen mit der Anzahl → Short Positionen nicht identisch ist. Ein → Straddle kann beispielsweise auch mit einem → Call und zwei → Puts mit gleichem → Basispreis und gleicher → Fälligkeit konstruiert werden. Diese Variante wird als Strip-Spread bezeichnet (→ Strip). Das Gewinn-Verlust-Diagramm wird beispielsweise bei einem Straddle durch einen R. S. zwar nicht grundlegend verändert, da das Verlustrisiko weiterhin beschränkt ist, während das Gewinnpotential unbeschränkt ist, doch kann der → Break-even-Kurs verändert bzw. das Verlustpotential vergrößert werden.
(→ Strap-Spread, → Ratio Vertical Spreads)

**Ratio Vertical Spread**
Variante eines → Ratio Spread; → Bull-Spread, bei dem mehr → Short Positionen mit einem höheren → Basispreis als → Long Positionen mit einem niedrigeren Basispreis in → Calls (Call Ratio Vertical Spread) oder → Puts (Put Ratio Vertical Spread) eingegangen werden. R. V. S. werden konstruiert, wenn geringe Kursschwankungen erwartet werden. Call R. V. S. (Put R. V. S.) sind → Bull-Spreads mit Calls (Puts), mit einer zusätzlichen Short Position im Call (Put) mit gleichem Basispreis und Fälligkeit. Der maximale Ertrag bei einem C. R. V. S. wird erzielt, wenn der → Basiswert bei Fälligkeit am Basispreis der Short Position in Calls notiert. Sollten die Kurse des Basiswertes über den Basispreis der Short Position steigen, geht der Anleger ein hohes Risiko ein, da er eine größere Anzahl Calls verkauft.
*Gegensatz:* → Backspread.

**Raumarbitrage,** → Devisenarbitrage.

**Raumsicherungsübereignung**
→ Sicherungsübereignung von → Sachgesamtheiten, bei der zur Wahrung des Bestimmtheitsgrundsatzes (Individualisierung der übereigneten → Sachen) eine räumlich gesonderte Lagerung der Gegenstände erfolgt, die im → Sicherungsvertrag entsprechend zu vermerken ist. Raumsicherungsverträge kommen vor allem bei Sicherungsübereignung von → Waren und Maschinen vor. Dabei können auch neben den gegenwärtig vorhandenen künftig einzubringende Sachen sicherungsübereignet werden. Es erfolgt dann eine → Übereignung durch vorweggenommene → Einigung und vorweggenommenes → Besitzkonstitut (antizipierte Sicherungsübereignung). Diese Regelung ist der Mantelsicherungsübereignung, bei der laufend Waren durch Übersendung von Listen übereignet werden (konstitutive Wirkung analog zur → Mantelzession), vorzuziehen. Die bei Raumsicherungsübereignungsverträgen vom Kreditnehmer in regelmäßigen Zeitabständen einzureichenden Bestandsmeldungen haben nur deklaratorische Bedeutung.
Bei R. von Warenlagern mit wechselndem Bestand ist ein Mindestdeckungsbestand einzuhalten (Vereinbarung einer Nachschubklausel), außerdem eine Höchstdeckungsgrenze. Bei Weiterverarbeitung von sicherungsübereigneten Rohstoffen wird durch Vereinbarung einer Verarbeitungs- bzw. Herstellungsklausel sichergestellt, daß sich das Eigentumsrecht des → Kreditinstituts auch auf die neuen Erzeugnisse erstreckt (verlängerte Sicherungsübereignung). Bei Weiterveräußerung von sicherungsübereigneten Waren unter Vereinbarung eines → Eigentumsvorbehalts wird im Sicherungsübereignungsvertrag die → Abtretung der Kaufpreisforderungen gegenüber den Abnehmern vereinbart (→ Anschlußzession). Zu beachten ist, daß sich bei Verarbeitung von Rohstoffen bzw. Weiterverkauf von Waren, die jeweils mit einem → verlängerten Eigentumsvorbehalt von Lieferanten des Sicherungsgebers belastet waren, das Sicherungsrecht der Lieferanten gegenüber der Sicherungsübereignung durchsetzt.
Da die Waren i. d. R. nicht als „sicherungsübereignet" gekennzeichnet sind, ist → gutgläubiger Erwerb von Dritten möglich, d. h. wenn der Verkaufserlös nicht an den Sicherungseigentümer (Bank) gezahlt wird, geht die → Kreditsicherheit verloren.

**Raw Beta,** → Beta.

**Realer Außenwert**
Gewogener → Außenwert einer → Währung nach Ausschaltung der unterschiedlichen Preisentwicklung zwischen In- und Ausland.

**Realer Wechselkurs**
Der um die (seit einem Referenzzeitpunkt) eingetretene Differenz in den Preissteige-

rungsraten (Inflationsrate) bereinigte nominale →Wechselkurs. Die r. W. verändern sich im Zeitablauf somit nur im Ausmaß der unterschiedlichen Preissteigerung. Je nach der zugrunde gelegten Basis (z. B. →Index der Großhandelsverkaufspreise oder →Preisindex für die Lebenshaltung) ergeben sich unterschiedliche Werte. Die ermittelten Kurse sind theoretische Werte (→Kaufkraftparitätentheorie, →realer Außenwert, →Außenwert).

### Realignment
*Wiederausrichtung*; Neufixierung von →Leitkursen und Interventionspunkten gegenüber anderen →Währungen. Gleichzeitige und aufeinander abgestimmte →Auf- und →Abwertung der Währungen mehrerer Länder. Der Begriff wurde erstmals im Dezember 1971 für die damals im Rahmen des →Smithsonian Agreement vorgenommenen Wechselkurskorrekturen einer Reihe von Ländern verwendet. Seitdem wird er vor allem für die Wechselkurskorrekturen der EWS-Währungen (→Europäisches Währungssystem) untereinander benutzt.

### Realinvestition
Synonym für →Produktionsinvestition und →Sachinvestition. R. dienen dazu, den betrieblichen Produktionsprozeß zu verbessern oder/und zu erweitern. Nach dem Zweck der →Investition lassen sich die R. im wesentlichen in Errichtungsinvestitionen, Ersatzinvestitionen, Erweiterungsinvestitionen und Rationalisierungsinvestitionen gliedern. Nach Investitionsobjekten zählen zu den R. auch Ausgaben für →Grundstücke, Maschinen, Werkzeuge, Vorräte und Fremdleistungen. Eine etwas engere Interpretation nimmt das HGB für →Kapitalgesellschaften vor: R. als der Erwerb von →Sachanlagen.

### Realisationsprinzip
Das R. besagt, daß ein →Kaufmann noch nicht realisierte →Gewinne nicht bilanzieren darf. Dagegen muß er erkennbare, aber noch nicht realisierte →Verluste bilanzieren (Imparitätsprinzip). Das R. ist Ausdruck des Vorsichtsprinzips.
(→Bewertungsgrundsätze)

### Realkapital
*Sachkapital, Produktivkapital*; Im volkswirtschaftlichen Sinne – neben Boden und Arbeit – der dritte →Produktionsfaktor (→Kapital, →Kapitalstock). R. sind alle dauerhaften und nicht dauerhaften Produktionsmittel, die im volkswirtschaftlichen Produktionsprozeß eingesetzt sind. Dauerhafte Produktionsmittel werden länger als ein Jahr genutzt und daher aktiviert (Maschinen und maschinelle Anlagen, Fahrzeuge, Betriebs- und Geschäftsausstattung, Ausrüstungsinvestitionen; Gebäude, Straßen, Bauinvestitionen). Nichtdauerhafte Produktionsmittel sind Rohstoffe, Fertigerzeugnisse, unfertige Erzeugnisse usw. (Vorräte).

### Realkredit
1. R. *i. w. S.:* →Kredit, der durch Sachwerte oder →dingliche Rechte besichert ist.

2. R. *i. e. S.:* →Darlehen, die durch →Grundpfandrechte oder Schiffspfandrechte (→Schiffshypothek) gesichert sind und deren Verzinsung und →Rückzahlung jederzeit, unabhängig von der Besonderheit des Kreditnehmers, durch das beliehene →Grundstück, →Schiff oder Schiffsbankwerte gewährleistet ist (Definition nach Stellungnahme des →Bundesaufsichtsamtes für das Kreditwesen vom 25.10.1963). R. müssen den Erfordernissen der §§ 11 und 12 Abs. 1 und 2 HypBankG bzw. den Erfordernissen des § 10 Abs. 1 und 2 S. 1 SchiffsBankG entsprechen. Ein R. liegt nach dem HypBankG dann vor, wenn bei →Hypothekarkrediten die Beleihung die ersten drei Fünftel des Wertes eines →Grundstücks (→Beleihungswert) und der bei der Beleihung angenommene Wert den Verkaufswert (→Verkehrswert) nicht übersteigt. Nach dem →Schiffsbankgesetz ist Voraussetzung, daß nur in einem →öffentlichen Register eingetragene →Schiffe und Schiffsbauwerke beliehen sind, die Beleihung die ersten drei Fünftel des Wertes des Schiffes oder des Schiffsbauwerkes nicht übersteigt und der Kredit in Form eines →Abzahlungsdarlehens zur Verfügung gestellt wird. Die Einengung des Realkreditbegriffs auf Kredite, für die eine den Regelungen des Hypothekenbankgesetzes bzw. des Schiffsbankgesetzes entsprechende Sicherheit bestellt wurde, erfolgt durch § 20 Abs. 2 Nr. 1 KWG (R. im bankaufsichtlichen Sinne). Während bis 1985 ein differenzierter institutsspezifischer Realkreditbegriff Anerkennung fand (z. B. für →Sparkassen nach den für sie maßgeblichen gesetzlichen oder satzungsmäßigen Vorschriften; für →Realkreditinstitute nach dem Hypothekenbankge-

setz oder nach dem Schiffsbankgesetz), wurde mit der zum 1.1.1985 in Kraft getretenen (3.) Novelle zum → Kreditwesengesetz nur noch eine einheitliche Definition für das gesamte Kreditgewerbe, und zwar unabhängig von der Rechtsform eines → Kreditinstituts, bankaufsichtlich festgelegt. Eine Mindestlaufzeit, die in der früheren Fassung des KWG mit vier Jahren reglementiert war, oder eine regelmäßige → Tilgung ist – mit Ausnahme der → Schiffshypothekarkredite – nicht mehr Voraussetzung für die Anerkennung als R. (→ Grundsatz I; → Eigenkapitalgrundsätze).

Ab 1996 ergeben sich unterschiedliche Definitionen im Hinblick auf § 20 Abs. 3 Nr. 4, 5 KWG zum einen, § 21 Abs. 3 Nr. 1 KWG andererseits.

Der *sparkassenrechtliche Realkreditbegriff* geht auf die entwicklungsgeschichtliche und geschäftspolitisch motivierte Unterscheidung des → Kreditgeschäfts der Sparkassen in R., → Personalkredite und → Kommunalkredite zurück. Nach früheren satzungsrechtlichen Grundsätzen war der R. die langfristige Ausleihung von Geld gegen Bestellung bestimmter, je nach dem Beleihungsobjekt (u. U. nur zum Teil) zugelassener grundpfandrechtlicher Sicherheiten an Grundstücken, bestimmten grundstücksgleichen Rechten (→ Wohnungseigentum, → Teileigentum, → Erbbaurecht) und an Schiffen oder Schiffsbauwerken, wobei → Zins und Tilgung aus dem beliehenen Gegenstand (aus den → Erträgen, aus dem → Bauwert und → Bodenwert oder Verkehrswert) gewährleistet sein mußten. Grundsätzlich gilt diese Definition auch heute noch. Novellierungen in den landesrechtlichen Vorschriften haben jedoch eine weitgehende Angleichung an den Realkreditbegriff des KWG gebracht.

### Realkredit, Darlehensabwicklung bei Beleihung von Grundstücken

Im Anschluß an die Kreditvorgespräche und nach Vorlage der notwendigen Unterlagen (Grundbuchauszug, Auszug aus dem → Liegenschaftsbuch, Lageplan, genehmigte Baupläne usw.) erfolgt auf der Grundlage der Beleihungsgrundsätze (bzw. der → Wertermittlungsanweisung oder der internen Wertermittlungsrichtlinien) die Ermittlung und Festsetzung des → Beleihungswertes. Im Rahmen der → Beleihungsgrenze ergibt sich dann der Beleihungsraum für den → Realkredit (60 Prozent des Beleihungswertes), wobei der → Kredit durch Eintragung grundsätzlich an erster Rangstelle als sogenannte → erste Hypothek besichert wird (→ Rang von Grundstücksrechten). Bestehende Vorlasten sind zu berücksichtigen.

Der nach Kreditbewilligung mit dem Kreditnehmer geschlossene → Kreditvertrag enthält u. a. Vereinbarungen über die Verzinsung, bei der eine variable Verzinsung (→ variabler Zinssatz) oder eine Festverzinsung (→ Festzinssatz) vereinbart werden kann. Von dem im Kreditvertrag vereinbarten sogenannten „schuldrechtlichen" Zinssatz ist der im → Grundbuch einzutragende sogenannte „dingliche" Zinssatz zu unterscheiden. Hinsichtlich der Rückzahlung des Realkredits ist zwischen → Tilgungsdarlehen (auch Annuitätendarlehen oder Amortisationsdarlehen genannt), → Abzahlungsdarlehen und → Festdarlehen zu unterscheiden. Der Kreditvertrag enthält Regelungen der Kündigungsmöglichkeiten, für die ggf. auch die gesetzlichen Vorschriften zu beachten sind (→ Kündigung eines Kredits). Die Zurverfügungstellung des Kredites setzt die Bestellung des → Grundpfandrechts voraus, wobei es sich um die unmittelbare dingliche Belastung des → Grundstücks im Wege der rechtsbegründenden Eintragung oder um den Rechtserwerb durch → Abtretung zu Gunsten des Kreditgebers handeln kann.

### Realkreditgeschäft

Gewährung langfristiger → Darlehen (→ Realkredite) zur → Finanzierung von → Immobilien, gewerblichen oder landwirtschaftlichen → Investitionen, die durch → Grundpfandrechte an → Grundstücken abgesichert sind. Auch die Gewährung von Schiffsfinanzierungen fällt unter das R. Daneben wird das Kommunalkreditgeschäft, die Kreditfinanzierung von Investitionen seitens des Bundes, der Länder, Städte, Gemeinden, Gemeindeverbände sowie anderen → Körperschaften und → Anstalten des öffentlichen Rechts dem R. zugerechnet.

### Realkreditinstitute

→ Spezialbanken, die sich dem → Realkreditgeschäft und/oder Kommunalkreditgeschäft widmen und sich i. d. R. vorwiegend durch Ausgabe von → Pfandbriefen bzw. → Kommunalobligationen refinanzieren. Zu R. werden gemäß → Bankenstatistik der Deutschen Bundesbank die → privaten Hypothekenbanken und → Schiffspfandbriefbanken sowie die → öffentlich-rechtlichen

**Realkredit**

Grundkreditanstalten gerechnet. Die →gemischten Hypothekenbanken bzw. die →Landesbanken/Girozentralen betreiben zwar auch die Geschäfte der R. (→ Emission von Pfandbriefen und Kommunalobligationen mit entsprechendem → Aktivgeschäft), werden jedoch als → Universalbanken in der Gruppe der →Regionalbanken bzw. der Landesbanken/Girozentralen erfaßt.

**Realkredit, Rechtsgrundlagen**
Die Rechtsgrundlagen des →Realkredits sind besonders vielfältiger Natur. Über die allgemeinen Vorschriften des BGB (→Rechtsgeschäfte) und über die Vorschriften über das Recht der Schuldverhältnisse (→Darlehen) hinaus sind u. a. die sachenrechtlichen Vorschriften des BGB (§§ 873–902, 925–928, 985–1003) sowie damit im Zusammenhang stehende Bestimmungen anderer Gesetze zu beachten, nämlich →Grundbuchordnung; Erbbaurechtsverordnung; Reichsheimstättengesetz (→Heimstätte); Wohnungseigentumsgesetz (→Wohnungseigentum); Baugesetzbuch samt Bauordnungen (als landesrechtliche Gesetze) und das Grundstücksverkehrsgesetz, das den Rechtsverkehr mit land- und forstwirtschaftlichen →Grundstücken regelt. Für die Kreditgeber im →Realkreditgeschäft gelten außerdem institutsspezifische Gesetze und Vorschriften, wie das →Bausparkassengesetz, sparkassenrechtliche Vorschriften (Sparkassengesetze, Sparkassenverordnungen und -ordnungen sowie Mustersatzungen [→ Sparkassenrecht], Beleihungsgrundsätze für Sparkassen), das →Hypothekenbankgesetz, das →Pfandbriefgesetz und das →Schiffsbankgesetz.

**Reallast**
Beschränkt →dingliches Recht an einem →Grundstück (→Grundstücksrecht), wonach eine bestimmte →natürliche Person oder →juristische Person (sogenannte subjektiv-persönliche R.) oder der jeweilige Eigentümer eines anderen (herrschenden) Grundstücks (sogenannte subjektiv-dingliche R.) aus dem belasteten Grundstück wiederkehrende Leistungen – vor allem Zahlung von Geldbeträgen, Lieferung von →Sachen oder die Verpflichtung zu einem bestimmten Tun wie etwa die Übernahme der Bau- und Unterhaltungslast für einen Weg – verlangen kann (§§ 1105ff. BGB).
Der Eigentümer des belasteten Grundstücks haftet für die während der Dauer seines →Eigentums fällig werdenden Leistungen persönlich (§ 1108 BGB). Je nach Art und Umfang der Leistungen kann die dem Eigentümer auferlegte Belastung zu einer erheblichen Herabsetzung der Verwertbarkeit des Grundstücks führen. Die Ermittlung der Wertminderung erfolgt durch Zusammenstellung der Jahresleistungen oder bei Leistungen auf Lebenszeit durch Berechnung des Kapitalwertes nach § 15 BewG (→Realkredit, →Grundpfandrecht).
(→ Grundbuch).

**Realrendite**
Preisbereinigte → Rendite.

**Realsicherheiten**, →Sachsicherheiten.

**Real Time Settlement (RTS)**
Art der Stückelieferung, die die tagesgleiche Belieferung von Wertpapierleihegeschäften (→Wertpapierleihe) bis um 13.00 Uhr desselben Tages ermöglicht.
*Gegensatz:* →Same Day Settlement (SDS).

**Realverzinsung**
Verzinsung nach Abzug der Inflationsrate (preisbereinigte Verzinsung).
*Gegensatz:* →Nominalverzinsung.

**Realzins**
Der unter Berücksichtigung der Inflationsrate (Preissteigerungsrate) errechnete →Zins für ein →Investment (Geldanlage) oder einen →Kredit (preisbereinigter Zins).

**Rebalancing**
Periodische Anpassung eines →Rentenportefeuille, um →Duration, →Modified Duration, →Price Value of a Basis Point (PVBP), →Convexity usw. an bestimmte Zielvorgaben (Target) anzupassen.

**Rebate**
Rückzahlungsbetrag, den die →Long Position einer →Barrier Option bei → Fälligkeit erhält, wenn eine →Knock-out-Option das Barrier Level erreicht bzw. eine →Knock-in-Option das Barrier Level nicht erreicht. Beide →Optionen sind dann wertlos verfallen. R. kann entweder die gesamte Optionsprämie sein (Capital Protection) oder nur ein Teil der anfänglich gezahlten Optionsprämie. R. schützt den Anleger vor einem Totalverlust der investierten Optionsprämie.

### Receipt
Quittung, die im Dokumentengeschäft (→ Dokumenteninkasso, → Commercial Letter of Credit) anstelle von → Sichttratten verwendet wird, um die (frühere) Wechselsteuer zu sparen.

### Receiver, → Empfänger.

### Receiver Swap
→ Short Position in einem → Kuponswap, d. h. man erhält vom Swappartner den → Festzinssatz und zahlt den → variablen Zinssatz.
*Gegensatz*: → Payer Swap.

### Receiver Swaption, → Swaption.

### Rechenschaftsbericht einer Kapitalanlagegesellschaft
Bericht einer → Kapitalanlagegesellschaft (Investmentgesellschaft) für einen von ihr gehaltenen → Investmentfonds. Der R. muß von der Kapitalanlagegesellschaft für jedes → Sondervermögen für den Schluß eines jeden → Geschäftsjahres erstattet und spätestens drei Monate nach Ablauf des Geschäftsjahres im → Bundesanzeiger bekanntgemacht werden. Er muß einen Bericht über die Tätigkeit der Gesellschaft im abgelaufenen Geschäftsjahr und alle wesentlichen Angaben enthalten, die es den Anteilsinhabern ermöglichen, sich ein Urteil über die Tätigkeit der Kapitalanlagegesellschaft und die Ergebnisse des Sondervermögens zu bilden. Insbes. muß der R. enthalten: eine detaillierte Vermögensaufstellung, die Anzahl der am Berichtsstichtag umlaufenden → Anteile und den Wert eines Anteils, eine gegliederte Ertrags- und Aufwandsrechnung sowie eine vergleichende Übersicht der letzten drei Geschäftsjahre. Der R. und der Halbjahresbericht (→ Zwischenbericht) sind dem → Bundesaufsichtsamt für das Kreditwesen und der → Deutschen Bundesbank einzureichen. Der R. ist durch den → Abschlußprüfer zu prüfen, der den → Jahresabschluß der Kapitalanlagegesellschaft prüft.

### Rechnerischer Wert des Bezugsrechts,
→ innerer Wert eines Bezugsrechts, → Bezugsrechtswert.

### Rechnungsabgrenzungsposten
In der → *Gewinn- und Verlustrechnung* (GuV) wird der Jahreserfolg durch die Gegenüberstellung von → Erträgen und → Aufwendungen ermittelt. In der *Buchhaltung* werden jedoch im laufenden → Geschäftsjahr auch Einzahlungen (Einnahmen) und Auszahlungen (Ausgaben) erfaßt, die erst im nächsten Geschäftsjahr zu Erträgen und Aufwendungen führen. Dazu zählen vorausgezahlte oder erhaltene → Mieten, → Zinsen oder Versicherungsbeiträge. Die R. haben die *Aufgabe*, die Einzahlungen und Auszahlungen, die in der GuV dieses Geschäftsjahres nicht ergebniswirksam werden dürfen, in das nächste Geschäftsjahr hinüberzureichen (transitorische Posten). *Aktive R.* enthalten Leistungsforderungen, *passive R.* Leistungsverbindlichkeiten.
Für *transitorische R.* besteht sowohl in der → Handelsbilanz als auch in der → Steuerbilanz Bilanzierungspflicht. *Antizipative Positionen* dürfen nicht als R. bilanziert werden. Es handelt sich dabei um einen Ertrag (Aufwand) der Abrechnungsperiode, der erst nach dem Abschlußstichtag zu Einzahlungen (Auszahlungen) führt. Diese Vorgänge werden über „sonstige → Forderungen" oder „sonstige → Verbindlichkeiten" erfaßt.

### Rechnungsabschluß, → Kontokorrentkonto.

### Rechnungsabschluß bei Kontokorrentkonten
Nach Nr. 7 AGB der Banken erteilt die Bank bei einem → Kontokorrentkonto, sofern nicht etwas anderes vereinbart ist, jeweils zum Ende eines Kalenderquartals einen R.; dabei werden die in diesem Zeitraum entstandenen beiderseitigen → Ansprüche (einschließlich der → Zinsen und Entgelte der Bank) verrechnet. Die Bank kann auf den → Saldo, der sich aus der Verrechnung ergibt, nach Nr. 12 AGB der Banken oder nach der mit dem Kunden anderweitig getroffenen Vereinbarung Zinsen berechnen.
Einwendungen wegen Unrichtigkeit oder Unvollständigkeit eines R. b. K. hat der Kunde spätestens innerhalb eines Monats nach dessen Zugang zu erheben; macht er seine Einwendungen schriftlich geltend, genügt die Absendung innerhalb der Monatsfrist. Das Unterlassen rechtzeitiger Einwendungen gilt als Genehmigung. Auf diese Folge wird die Bank bei der Erteilung des R. b. K. besonders hinweisen. Der Kunde kann auch nach Fristablauf eine Berichtigung des R. b. K. verlangen, muß dann aber

## Rechnungseinheit

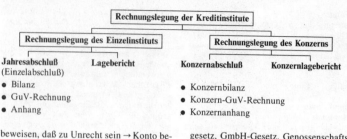

beweisen, daß zu Unrecht sein →Konto belastet oder eine ihm zustehende Gutschrift nicht erteilt wurde.

### Rechnungseinheit

Kursgrundlage für die Abwicklung von →Forderungen und →Verbindlichkeiten, vor allem zwischen Vertragspartnern aus verschiedenen →Währungsgebieten (z. B. →Europäische Rechnungseinheiten). R. haben Bedeutung in der →internationalen Währungsordnung (→Sonderziehungsrechte, →Europäische Währungseinheit, Transfer-Rubel) und als Anleiherechnungseinheiten.

### Rechnungslegung der Kreditinstitute

Die R. d. K. umfaßt den (um den →Anhang erweiterten) →Jahresabschluß und den →Lagebericht (→Jahresabschluß der Kreditinstitute, →Lagebericht der Kreditinstitute, →Anhang zum Jahresabschluß der Kreditinstitute) sowie ggf. den (ebenfalls um den Anhang erweiterten) →Konzernabschluß und den Konzernlagebericht (→Konzernrechnungslegung der Kreditinstitute). Vgl. Abbildung oben.

Kreditinstitute müssen branchenspezifische und branchenunspezifische Rechnungslegungsvorschriften beachten (→Rechnungslegungsrecht der Kreditinstitute). Sie haben hinsichtlich der R. Vorlagepflichten gegenüber dem →Bundesaufsichtsamt für das Kreditwesen (BAK) und der →Deutschen Bundesbank und gegenüber der Öffentlichkeit Offenlegungspflichten zu erfüllen (→Publizitätspflicht der Kreditinstitute).

*Vorschriften des HGB:* Vgl. Übersicht „Rechnungslegung der Kreditinstitute – Vorschriften des HGB", S. 1293.

### Rechnungslegungsrecht der Kreditinstitute

Das R. d. K. beruhte bis zum Inkrafttreten des →Bilanzrichtlinien-Gesetzes (1986) in erster Linie auf Spezialgesetzen (→Aktiengesetz, GmbH-Gesetz, Genossenschaftsgesetz, Sparkassengesetze der Länder). Inhaltlich war das Rechnungslegungsrecht weitgehend vom Aktienrecht geprägt.

1. *Frühere Rechtslage:* Besondere Vorschriften über die →Rechnungslegung der Kreditinstitute enthielt das KWG in den §§ 25a bis 26b. →Kreditinstitute hatten daneben die Verordnung über Formblätter für die Gliederung des Jahresabschlusses von Kreditinstituten (→Formblattverordnung) zu beachten. →Sparkassen und öffentlichrechtliche Banken wurden von der Formblattverordnung nicht erfaßt; die Formblattmuster für diese Institute wurden von den zuständigen Aufsichtsbehörden in Anlehnung an die Formblattverordnung des Bundesjustizministers durch Verordnungen bzw. Erlasse vorgeschrieben. Die Formblattverordnung des Bundesjustizministers wurde durch →Bilanzierungsrichtlinien des →Bundesaufsichtsamts für das Kreditwesen ergänzt (für Sparkassen und öffentlichrechtliche Banken durch entsprechende Richtlinien der Aufsichtsbehörden).

2. *Reform des Rechnungslegungsrechts:* Das am 1. 1. 1986 in Kraft getretene Bilanzrichtlinien-Gesetz, mit dem die Vierte EG-Richtlinie (→Bilanzrichtlinie) in deutsches Recht umgesetzt wurde, sah für Kreditinstitute keine Bereichsausnahme vor, sondern bezog sie grundsätzlich in die Bilanzrechtsreform ein (mit Ausnahme der →Konzernrechnungslegung der Kreditinstitute). Kreditinstitute als Kaufleute nach § 1 HGB haben daher grundsätzlich die Rechnungslegungsvorschriften des HGB zu beachten. Entsprechend ihrer Rechtsform gelten für Kreditinstitute darüber hinaus auch die Regelungen, wie sie im Aktiengesetz, GmbH-Gesetz und Genossenschaftsgesetz rechtsformspezifisch für besondere Probleme der Rechnungslegung dieser →Unternehmensrechtsformen zu finden sind.

# Rechnungslegungsrecht der Kreditinstitute

## Rechnungslegung der Kreditinstitute – Vorschriften des HGB

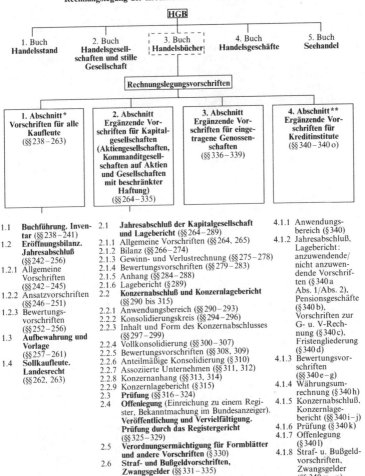

1.1 **Buchführung. Inventar** (§§ 238–241)
1.2 **Eröffnungsbilanz. Jahresabschluß** (§§ 242–256)
1.2.1 Allgemeine Vorschriften (§§ 242–245)
1.2.2 Ansatzvorschriften (§§ 246–251)
1.2.3 Bewertungsvorschriften (§§ 252–256)
1.3 **Aufbewahrung und Vorlage** (§§ 257–261)
1.4 **Sollkaufleute. Landesrecht** (§§ 262, 263)

2.1 **Jahresabschluß der Kapitalgesellschaft und Lagebericht** (§§ 264–289)
2.1.1 Allgemeine Vorschriften (§§ 264, 265)
2.1.2 Bilanz (§§ 266–274)
2.1.3 Gewinn- und Verlustrechnung (§§ 275–278)
2.1.4 Bewertungsvorschriften (§§ 279–283)
2.1.5 Anhang (§§ 284–288)
2.1.6 Lagebericht (§ 289)
2.2 **Konzernabschluß und Konzernlagebericht** (§§ 290 bis 315)
2.2.1 Anwendungsbereich (§§ 290–293)
2.2.2 Konsolidierungskreis (§§ 294–296)
2.2.3 Inhalt und Form des Konzernabschlusses (§§ 297–299)
2.2.4 Vollkonsolidierung (§§ 300–307)
2.2.5 Bewertungsvorschriften (§§ 308, 309)
2.2.6 Anteilmäßige Konsolidierung (§ 310)
2.2.7 Assoziierte Unternehmen (§§ 311, 312)
2.2.8 Konzernanhang (§§ 313, 314)
2.2.9 Konzernlagebericht (§ 315)
2.3 **Prüfung** (§§ 316–324)
2.4 **Offenlegung** (Einreichung zu einem Register, Bekanntmachung im Bundesanzeiger). **Veröffentlichung und Vervielfältigung. Prüfung durch das Registergericht** (§§ 325–329)
2.5 **Verordnungsermächtigung für Formblätter und andere Vorschriften** (§ 330)
2.6 **Straf- und Bußgeldvorschriften, Zwangsgelder** (§§ 331–335)

4.1.1 Anwendungsbereich (§ 340)
4.1.2 Jahresabschluß, Lagebericht: anzuwendende/nicht anzuwendende Vorschriften (§ 340a Abs. 1/Abs. 2), Pensionsgeschäfte (§ 340 b), Vorschriften zur G- u. V-Rechnung (§ 340 c), Fristengliederung (§ 340 d)
4.1.3 Bewertungsvorschriften (§§ 340 e–g)
4.1.4 Währungsumrechnung (§ 340 h)
4.1.5 Konzernabschluß, Konzernlagebericht (§§ 340 i–j)
4.1.6 Prüfung (§ 340 k)
4.1.7 Offenlegung (§ 340 l)
4.1.8 Straf- u. Bußgeldvorschriften, Zwangsgelder (§§ 340 m–o)

\* Der 1. Abschnitt des Dritten Buches enthält die **abschließenden Regelungen für Einzelkaufleute und Personenhandelsgesellschaften** (unterhalb der Größenordnungen des Publizitätsgesetzes). Der 1. Abschnitt ist gleichzeitig **Allgemeiner Teil der Regelungen für Kapitalgesellschaften und Genossenschaften sowie für Kreditinstitute.**
\*\* Nach der Absicht des Gesetzgebers sollen in den 4. Abschnitt alle Vorschriften aufgenommen werden, die für Unternehmen bestimmter Geschäftszweige sowie bestimmter Größe gelten. In diesen Abschnitt wurden auch die Vorschriften für Versicherungsunternehmen aufgenommen, nachdem die EG-Versicherungsbilanzrichtlinie verabschiedet ist und das deutsche Recht an diese Richtlinie angepaßt werden mußte (§§ 341–341 o).

## Rechnungslegungsverordnung

Die zur Ergänzung und Modifizierung der Vierten EG-Richtlinie (Bilanzrichtlinie) und der Siebten EG-Richtlinie (→ Konzernbilanzrichtlinie) am 8.12.1986 verabschiedete EG-Bankbilanzrichtlinie (→ Bankbilanzrichtlinie) wurde in zwei Schritten in deutsches Recht umgesetzt, und zwar durch das → Bankbilanzrichtlinie-Gesetz vom 30.11.1990 (BGBl. I S. 2570) sowie durch die Verordnung über die Rechnungslegung der Kreditinstitute (→ Rechnungslegungsverordnung). Im ersten Schritt der Transformation der Bankbilanz-Richtlinie wurde das 3. Buch des HGB um einen 4. Abschnitt erweitert, der ergänzende Vorschriften für Kreditinstitute umfaßt (§§ 340 bis 340o HGB). Kreditinstitute werden dadurch verpflichtet, rechtsform- und größenunabhängig einen → Jahresabschluß mit → Anhang und einen → Lagebericht sowie, wenn sie → Mutterunternehmen eines → Konzerns sind, einen → Konzernabschluß mit Konzernanhang und einen Konzernlagebericht aufzustellen, prüfen zu lassen und diese Unterlagen offenzulegen. Die Rechnungslegungsverordnung gilt für alle Kreditinstitute (§ 1 RechKredV mit Verweis auf § 340 Abs. 1 HGB) und tritt daher an die Stelle nicht nur der Formblattverordnung sowie der Bilanzierungsrichtlinien des BAK, sondern auch der besonderen aufsichtsbehördlichen Regelungen für Sparkassen und öffentlich-rechtliche Kreditinstitute. Im Hinblick auf die → Anlage zum Jahresabschluß nach § 26 Abs. 1 KWG gelten für Sparkassen und für Kreditgenossenschaften zusätzlich Regeln nach der → JAGSV. Die Anpassung der deutschen Rechnungslegungsvorschriften für Banken und Sparkassen wurde dazu genutzt, einen sehr unübersichtlichen Rechtsbereich neu zu ordnen. Im Grundsatz ergeben sich alle wesentlichen Bestimmungen rechtsformunabhängig aus dem 3. Buch des HGB (Rechnungslegungsvorschriften des HGB) und aus der Rechnungslegungsverordnung, ergänzt um wenige rechtsformspezifische Vorschriften (im Aktiengesetz, GmbH-Gesetz und Genossenschaftsgesetz) sowie um einige Sondervorschriften für → Spezialbanken. Das KWG enthält nur noch solche Vorschriften, die in unmittelbarem Zusammenhang mit der → Bankenaufsicht stehen. Für alle Kreditinstitute gilt gemäß § 340a Abs. 1 HGB rechtsformunabhängig der 4. Abschnitt des 3. Buches des HGB. Auch der 1. Abschnitt des 3. Buches gilt für alle Kreditinstitute, da sie Kaufleute gemäß § 1 HGB sind. Außerdem müssen Kreditinstitute auf ihren Jahresabschluß die für große → Kapitalgesellschaften (§ 267 Abs. 3 HGB) geltenden Vorschriften des 1. Unterabschnittes des 2. Buches anwenden, soweit sie nicht ausdrücklich von bestimmten Regelungen ausgenommen sind oder bankspezifische Vorschriften Vorrang haben (§ 340a Abs. 1 HGB).

*Eckwerte der Reform des Rechnungslegungsrechts (Überblick):*
– Rechtsformunabhängige Geltung der Rechnungslegungsvorschriften des HGB und der Rechnungslegungsverordnung,
– Rechtsformunabhängige und größenunabhängige Pflicht zur Aufstellung eines erweiterten Jahresabschlusses für alle Kreditinstitute,
– Rechtsformunabhängige und größenunabhängige Pflicht zur Aufstellung eines Lageberichts für alle Kreditinstitute,
– Rechtsformunspezifische und grds. institutsgruppenunspezifische Anwendung eines einheitlichen Bilanzformblattes und (wahlweise) Anwendung von zwei Formblättern für die G-u.V-Rechnung (Staffelform oder Kontoform),
– Neue Definitionen und Abgrenzungen für Bilanz und G- u. V-Rechnung (z.B. Verbriefte Verbindlichkeiten, Treuhandvermögen, Plazierungs- und Übernahmeverpflichtungen, Ergebnis aus der normalen Geschäftstätigkeit, außerordentliches Ergebnis),
– Einführung des Restlaufzeitprinzips ab 1998,
– Umfangmäßige Begrenzungen der Bildung von „stillen Vorsorgereserven" bei zulässigen umfangmäßig unbegrenzten „offenen Vorsorgereserven",
– Einschränkung und Erweiterung der Kompensationsmöglichkeiten in der G- u. V-Rechnung, Überkreuzkompensation bestimmter Aufwendungen und Erträge auf eingeschränkter Basis und in eingeschränktem Umfang,
– Rechtsformunabhängige, grundsätzlich uneingeschränkte Publizitätspflicht für alle Kreditinstitute.

### Rechnungslegungsverordnung
Verordnung über die Rechnungslegung der Kreditinstitute (RechKredV) vom 10.2. 1992 (BGBl. I S. 203), geändert durch VO vom 18.6.93 [BGBl. I S. 924]), die in Ergänzung des → Bankbilanzrichtlinie-Geset-

zes vom 30.11.1990 (BGBl. I S. 2570) zur Umsetzung der → Bankbilanzrichtlinie in deutsches Recht dient. Die R. gilt für alle → Kreditinstitute und tritt an die Stelle nicht nur der → Formblattverordnung vom 20.12. 1967 sowie der → Bilanzierungsrichtlinien des → Bundesaufsichtsamts für das Kreditwesen, sondern auch der besonderen aufsichtsbehördlichen Regelungen für → Sparkassen und öffentlich-rechtliche Kreditinstitute (→ Rechnungslegungsrecht der Kreditinstitute). Die Vorschriften der R. sind erstmals auf den → Jahresabschluß des → Geschäftsjahres anzuwenden, das nach dem 31.12.1992 beginnt. Ihren Niederschlag finden die Vorschriften in den → Formblättern für die → Bankbilanz sowie für die → Gewinn- und Verlustrechnung der Kreditinstitute. Die R. enthält drei Formblätter: ein Formblatt für die → Bilanz und zwei Formblätter für die → Gewinn- und Verlustrechnung (GuV). Sie sind von allen Kreditinstituten, unabhängig von ihrer Rechtsform und ihrer geschäftlichen Ausrichtung, anzuwenden. Im Detail ergeben sich voneinander abweichende Ausprägungen, und zwar bedingt durch zahlreiche Fußnoten, die den Besonderheiten einzelner Institutsgruppen Rechnung tragen. Die Aufgliederung von → Forderungen und → Verbindlichkeiten nach → Laufzeiten erfolgen nicht in der Bilanz, sondern im → Anhang zum Jahresabschluß der Kreditinstitute. Die R. läßt für die Gewinn- und Verlustrechnung eine Wahl zwischen Kontoform und Staffelform zu. Bei Anwendung der Staffelform kommt es zu einer Trennung zwischen dem → „Ergebnis der normalen Geschäftstätigkeit" und dem → „Außerordentlichen Ergebnis". Durch Definitionen und Erläuterungen bestimmt die R. die Inhalte der Posten von Bilanz und Gewinn- und Verlustrechnung.

## Rechnungswesen

Alle Verfahren zur zahlenmäßigen Erfassung und Zurechnung betrieblicher Vorgänge: Buchführung (→ Finanzbuchführung) und → Jahresabschluß (Zeitrechnung), Kosten- und Leistungsrechnung (Kalkulation), Statistik (Vergleichsrechnung), Planungsrechnung (Vorschaurechnung). Alle Formen haben eigene Verfahren und Anwendungsgebiete.

Das Rechnungswesen dient folgenden Zwecken *(traditionelle Sicht):* Ermittlung der Bestände sowie des Erfolgs am Jahresende (Jahresabschluß) und während der Geschäftsperiode (kurzfristige Erfolgsrechnung), Ermittlung der Selbstkosten sowie Kosten- und Preisüberwachung, Überwachung der Betriebsgebarung, Disposition und Planung.

*In moderner Sicht* wird zwischen der Dokumentations- und Rechenschaftslegungsfunktion einerseits und der Steuerungs- und Lenkungsfunktion des R. andererseits und demzufolge zwischen → externem Rechnungswesen und → internem Rechnungswesen unterschieden.

(→ Rechnungswesen des Bankbetriebs)

## Rechnungswesen des Bankbetriebs

Instrument zur Dokumentation und zur Bereitstellung von Informationen, die der Steuerung des Bankbetriebs dienen: Analyse erzielter Ergebnisse, Kontrolle der Erreichung von Zielvorgaben, Prognose und Planung.

*Historisch entstandene Einteilung:* (1) Finanzbuchhaltung (mit → Jahresabschluß, → Jahresabschluß der Kreditinstitute), (2) Kosten- und Erlösrechnung (→ Kosten- und Erlösrechnung im Bankbetrieb), (3) Statistik (→ Bankstatistik), (4) Planungsrechnung.

*Gliederung in moderner Sicht:* Innenrechnung (→ internes Rechnungswesen mit Steuerungs- und Lenkungsfunktion, wozu die Kosten- und Erlösrechnung zählt, und Außenrechnung (→ externes Rechnungswesen mit Dokumentations- und Rechenschaftsfunktion), wozu Finanzbuchführung und Jahresabschluß zählen. Statistik unterstützt internes und externes Rechnungswesen. Das interne Rechnungswesen ist Grundlage des Controlling (→ Bank-Controlling), durch das Planung und Kontrolle koordiniert werden mit dem Ziel, den Bankbetrieb zielorientiert zu führen.

## Recht

Im objektiven Sinne die Rechtsordnung, welche das vertragliche Zusammenleben von → Personen untereinander (→ Privatrecht) oder zu Trägern staatlicher Gewalt oder zwischen diesen (→ öffentliches Recht) regelt. Rechtsvorschriften können von staatlichen Stellen aufgestellt sein (geschriebenes R.) oder sich durch langjährige Übung der Betroffenen herausbilden (→ Gewohnheitsrecht, → Rechtsquellen). Im Gegensatz hierzu meint das subjektive R. die Berech-

## Rechtsfähigkeit

tigung einer Person, die sich für diese unmittelbar aus dem objektiven R. ergibt (z. B. →Eigentum) oder die aufgrund des objektiven R. erworben wird (z. B. →Forderung aus →Vertrag). Unterscheiden lassen sich Herrschafts-, Gestaltungsrechte und →Ansprüche (§ 194 BGB). Bei Herrschaftsrechten gibt es absolute (dingliche) R. mit Wirkung gegenüber jedem Dritten und relative (obligatorische) R., die sich nur gegen bestimmte Personen (die andere Vertragspartei) richten. Gestaltungsrechte (wie →Kündigung, →Anfechtung, →Rücktritt vom Vertrag) geben einer Person die Befugnis, einseitig subjektive R. zu begründen, zu verändern oder aufzuheben.

### Rechtsfähigkeit

Fähigkeit, Träger von Rechten und Pflichten zu sein. Die R. des Menschen als →natürliche Person beginnt mit der Vollendung der Geburt (§ 1 BGB) und endet mit dem Tode. Geburt und Tod werden bewiesen durch die bei den Standesämtern geführten Personenstandsbücher; für beide Ereignisse bestehen Anzeigepflichten gemäß §§ 16, 32, PersonenstandsG. Bei Verschollenheit kann eine gerichtliche Todeserklärung nach dem Verschollenheitsgesetz herbeigeführt werden.

Zusammenschlüsse mehrerer natürlicher Personen in Gestalt von →juristischen Personen sind ebenfalls rechtsfähig. Zur Entstehung einer juristischen Person ist eine staatliche Mitwirkung erforderlich. Bei juristischen Personen des →Privatrechts bedarf es zur Erlangung der R. der Eintragung in ein →öffentliches Register (z. B. Eintragung der GmbH in das →Handelsregister). Die R. entfällt mit der Löschung dort. Juristische Personen des →öffentlichen Rechts werden durch →Gesetz oder durch →Verwaltungsakt errichtet und erlangen ihre R. durch diese hoheitlichen Maßnahmen.

### Rechtsgeschäft

Mittel zur Verwirklichung der Privatautonomie (→Vertragsfreiheit), bestehend aus einer oder mehreren →Willenserklärungen, die allein oder in Verbindung mit anderen Merkmalen einen gesetzlichen Tatbestand eine Rechtsfolge herbeiführen, weil diese gewollt ist. Vom R. unterscheiden sich einmal die geschäftsähnlichen Rechtshandlungen (wie →Mahnung oder Fristsetzung), die auf einen tatsächlichen Erfolg gerichtet sind. Keine R. sind ferner Tathandlungen („Realakte"), d. h. auf einen tatsächlichen Erfolg gerichtete Willensbetätigungen wie →Verarbeitung, →Vermischung, →Übergabe.

*Arten:* Bei einseitigen R. werden empfangsbedürftige und nicht empfangsbedürftige R. unterschieden. Da eine →Anfechtung oder eine →Kündigung erst mit Zugang an ihren Empfänger wirksam werden, sind sie empfangsbedürftige Willenserklärungen. Ein nicht empfangsbedürftiges (streng einseitiges) R. ist z. B. das →Testament.

Zu den zwei- oder mehrseitigen R. (→Vertrag) zählen zum einen Beschlüsse einer Personenmehrheit (z. B. im →Gesellschaftsrecht), zum andern Vereinbarungen zwischen zwei oder mehr Vertragsparteien. Hierbei lassen sich weiter einseitig verpflichtende und gegenseitige Verträge unterscheiden.

Bei einseitig verpflichtenden Verträgen fehlt eine Verpflichtung zur Gegenleistung (z. B. →Leihe, zinsloses →Darlehen, →Schenkung, →Bürgschaft).

Wenn hingegen Leistungen gegen Entgelt erbracht werden, stehen sich Hauptleistungspflichten gegenüber; hier sind die Vertragsparteien sowohl →Gläubiger als auch →Schuldner (z. B. →Kauf, →Miete, zu verzinsendes Darlehen, →Arbeitsvertrag, →Werkvertrag).

Bei Verträgen werden ferner →Verpflichtungsgeschäfte und →Verfügungsgeschäfte getrennt. Das Verpflichtungsgeschäft begründet ein →Schuldverhältnis (z. B. Kaufvertrag); durch das Verfügungsgeschäft wird ein Recht übertragen (z. B. →Übereignung der verkauften →Sache), belastet (etwa Bestellung einer →Hypothek oder →Grundschuld), geändert oder aufgehoben. Verfügungsgeschäfte finden sich vor allem im →Sachenrecht, aber auch im →Schuldrecht (z. B. →Abtretung). Im Verhältnis von Verpflichtungs- und Verfügungsgeschäften gilt das →Abstraktionsprinzip.

### Rechtsmangel

Fehler im Hinblick auf die →Erfüllung eines →Rechtsgeschäfts beim →Kauf, der darin besteht, daß der Verkäufer seiner Verpflichtung aus § 434 BGB, dem Käufer den verkauften Gegenstand frei von →Rechten Dritter zu verschaffen, nicht nachkommt. Ein R. kann sich z. B. aus dem Recht des Mieters zum →Besitz der Mietsache ergeben, das dem Erwerber die Nutzung des →Eigentums erschwert. Wenn die →Gewährleistung hierfür nicht wirksam ausgeschlossen oder beschränkt ist (§ 443 BGB), stehen dem Käufer bei R. Rechte aus den §§ 320–327 BGB zu.

### Rechtsobjekt
Gegenstand, auf den sich das subjektive →Recht einer →Person bezieht. Regelmäßig stehen R. bestimmten →Rechtssubjekten zu (Ausnahme: herrenlose →bewegliche Sachen, §§ 958 ff. BGB). R. sind entweder körperliche Gegenstände (→Sachen) oder unkörperliche Gegenstände (→Forderungen und andere Rechte sowie sonstige Vermögenswerte, wie z. B. der →Geschäftswert einer →Firma [Firmenwert]).

### Rechtsquellen
Unter R. werden geschriebenes (positives) →Recht und →Gewohnheitsrecht zusammengefaßt. Geschriebenes Recht umfaßt →Gesetze im formellen und materiellen Sinn, bloß formelle Gesetze sowie Rechtsvorschriften, die nur materiell Gesetzescharakter tragen, d. h. abstrakte und generelle Regelungen treffen.
Gesetze im formellen und materiellen Sinn sind Regelungen, die in einem Gesetzgebungsverfahren von einem Parlament erlassen worden sind und Rechte oder Pflichten einzelner →Personen begründen (z. B. BGB, HGB, KWG). Gesetze im nur formellen Sinn berechtigen oder verpflichten den Einzelnen hingegen nicht unmittelbar, werden aber im Gesetzgebungsverfahren beschlossen (z. B. Haushaltsgesetz und -plan).
Nur materielle Gesetze werden nicht von Parlamenten, sondern von Organen der Exekutive erlassen; sie haben aber unmittelbare Rechtswirkungen gegenüber Einzelpersonen (z. B. EStDV). Dabei dürfen →Rechtsverordnungen nur auf der Grundlage von Parlamentsgesetzen ergehen (Art. 80 GG).
Öffentlich-rechtliche Satzungen werden von →juristischen Personen des öffentlichen Rechts (z. B. von Gemeinden) im Rahmen ihrer Autonomie getroffen und wenden sich nur auf die Mitglieder der jeweiligen →Körperschaft. Mangels Außenwirkung einzelnen Personen gegenüber sind Verwaltungsvorschriften (wie etwa ESt-Richtlinien) kein Recht im formellen und/oder materiellen Sinn; damit sind Gerichte nicht an sie gebunden (Art. 97 Abs. 1 GG). Es handelt sich hierbei um behördliche Ausführungsregelungen mit ausschließlich interner Bindung.

„Richterrecht" als das durch Gerichte im Rahmen zulässiger Rechtsfortbildung geschaffene Recht ist im engeren Sinne weder geschriebenes noch Gewohnheitsrecht; es ist jedoch als R. anerkannt. Auch der Handelsbrauch ist in § 346 HGB als R. anerkannt.

### Rechtsschein
Sammel-Begriff für äußerlich erkennbare und damit leicht nachprüfbare, für den Rechtsverkehr relevante Tatsachen, die den begründeten Anschein einer bestimmten Rechtslage erzeugen. Dabei kommt es nicht darauf an, ob diese vermeintlichen Tatsachen auch wirklich vorhanden sind. Ist der Geschäftspartner gutgläubig, durfte er also bei seinen geschäftlichen Dispositionen auf das Vorhandensein dieser vermeintlichen Tatsachen vertrauen, gelten sie ihm gegenüber als existent.
Rechtsscheintatbestände sichern die Verläßlichkeit wichtiger Geschäftsgrundlagen und ermöglichen dem Wirtschaftsverkehr eine sichere Kalkulation rechtlicher Risiken. Sie sind überwiegend gesetzlich geregelt, können aber auch im Einzelfall auf →Gewohnheitsrecht basieren (→Rechtsquellen). Die wichtigsten Fälle sind: Rechtsscheinswirkung des →Besitzes bei dem →gutgläubigen Erwerb von →beweglichen Sachen, →Inhaberpapieren und →Orderpapieren; die Verläßlichkeit der Eintragungen im →Handelsregister und →Grundbuch durch die Publizitätswirkungen dieser öffentlichen Register; der Schutz des Vertrauens auf die Erbenstellung durch die öffentliche Glaubenswirkung des →Erbscheins; die Verpflichtungswirkung der Unterschrift auf einem →Wechsel trotz des fehlerhaften Begebungsvertrages (→Wechsel, Rechtsscheinshaftung); der durch entsprechendes Verhalten erweckte Glaube an eine in Wirklichkeit nicht vorhandene Kaufmannseigenschaft (Scheinkaufmann) oder →Vollmacht (Anscheinsvollmacht).
Je nach dem Grad der Verläßlichkeit des betreffenden Rechtsscheins sind die konkreten rechtlichen Anforderungen im Hinblick auf die Gutgläubigkeit verschieden ausgestaltet.

### Rechtssubjekte
→Natürliche Personen und →juristische Personen als Träger von →Rechten und Pflichten. Jedem R. kommt →Rechtsfähigkeit sowie im Prozeß →Parteifähigkeit zu.

## Rechtsverhältnis

### Rechtsverhältnis
Eine durch →Gesetz oder →Vertrag geregelte Beziehung zwischen mindestens zwei →Personen. Ein R. kann auch durch →Verwaltungsakt begründet werden. Ein R. wird je nach seinem Inhalt („Gegenstand") dem →Privatrecht (z. B. →Darlehensvertrag zwischen Bank und Kreditnehmer) oder dem→öffentlichen Recht zugeordnet (Sonderprüfung eines→Kreditinstituts durch das→Bundesaufsichtsamt für das Kreditwesen).

### Rechtsverordnungen
Als →Gesetze im nur materiellen Sinn (→Rechtsquellen) werden R. auf der Ebene des Bundes wie der Länder erlassen. Gemäß Art. 80 Abs. 1 GG sind zum Erlaß von R. des Bundes nur die Bundesregierung, ein Bundesminister oder Landesregierungen befugt. Sie können nur aufgrund eines Parlaments-Gesetzes ergehen, das Inhalt, Zweck und Ausmaß der Ermächtigung näher bestimmt. Eine Weiterübertragung der Ermächtigung (Subdelegation) ist zwar zulässig, aber selten (z. B. Ermächtigung der →Deutschen Bundesbank zur Festlegung des Satzes beim →Bardepot nach § 6 a AWG). Während das ermächtigende formell-materielle Gesetz die „wesentlichen" Regelungen enthält, werden in die R. zumeist Durchführungsbestimmungen eingestellt. In den in Art. 80 Abs. 2 GG aufgeführten Fällen, vor allem dann, wenn R. aufgrund von ihrerseits zustimmungsbedürftigen Bundesgesetzen ergehen, ist für ihren Erlaß die Zustimmung des Bundesrates erforderlich. Wegen Art. 105 Abs. 3 und Art. 106 GG gilt dies etwa für die Einkommensteuer- und Gewerbesteuer-Durchführungsverordnungen.

### Record Date
Stichtag, an dem man Wertpapiereigentümer sein muß, um dividendenberechtigt zu sein.

### Red Clause, →Packing Credit.

### Redemption Yield, →Yield-to-equivalent-Life.

### Rediskontfähiger Wechsel, →bundesbankfähiger Wechsel, →notenbankfähiger Wechsel.

### Rediskontierung
→Refinanzierung durch Weiterverkauf diskontierter →Wechsel. Die →Deutsche Bundesbank rediskontiert von →Kreditinstituten Wechsel im Rahmen einer festgesetzten quantitativen Begrenzung (→Rediskont-Kontingente).

### Rediskont-Kontingente
Kreditlinien, die den Umfang der →Refinanzierung der →Kreditinstitute durch Wechseldiskontierung bei der Bundesbank (→Refinanzierungspolitik der Deutschen Bundesbank) quantitativ begrenzen. Die Festsetzung der R.-K. ist eine Maßnahme im Rahmen der→Diskontpolitik; sie ist ein Teil der Liquiditätspolitik (→Liquiditätspolitik der Deutschen Bundesbank).

*Berechnung:* Die R.-K. werden in ihrer Gesamthöhe für alle →Kreditinstitute vom →Zentralbankrat der Deutschen Bundesbank festgesetzt. Für das einzelne Kreditinstitut wird innerhalb dieses Gesamtrahmens das Normkontingent ermittelt. In die Berechnung des Normkontingents gehen folgende Komponenten ein: das →haftende Eigenkapital der Kreditinstitute (davon werden wesentliche →Beteiligungen an anderen Kreditinstituten abgesetzt; ferner wird das Eigenkapital bei höheren Beträgen degressiv angerechnet), der Anteil des kurz- und mittelfristigen →Kreditgeschäfts mit Nichtbanken am →Geschäftsvolumen des Kreditinstituts, der Einheitsmultiplikator, mit dem der Zentralbankrat den Gesamtumfang der R.-K. regelt.

Auf der Grundlage des Normkontingents wird für jedes Kreditinstitut von den Vorständen der →Landeszentralbanken bzw. vom Direktorium der Deutschen Bundesbank ein individuelles R.-K. festgesetzt. Hierbei können Kürzungen bei mangelnder Bonität oder Ordnung im →Bankgeschäft bzw. bei Nichteinhaltung der Mindestreservepflicht (→Mindestreserve) oder der Grundsätze des →Bundesaufsichtsamts für das Kreditwesen (BAK) über das Eigenkapital und die Liquidität (→Eigenkapitalgrundsätze, →Liquiditätsgrundsätze) in Betracht kommen.

*Wirkungen:* Senkt die Bundesbank das Gesamtvolumen der R.-K., indem sie den Einheitsmultiplikator senkt, können die Banken weniger Wechsel zum Rediskont einreichen; ihre →Zentralbankguthaben nehmen entsprechend weniger zu. Die →Bankenliquidität sinkt, und damit nimmt das Geldangebot am →Geldmarkt ab. Umgekehrt können die Banken ihr Rediskontvolumen ausweiten, wenn die Bundesbank den Einheitsmultiplikator erhöht. Eine Änderung der R.-K. kann sich aber auch bei jedem Kreditinstitut individuell aus einer Änderung des haftenden Eigenkapitals oder des Anteils des kurz- und mittelfristigen Kreditgeschäfts mit Nichtbanken am Geschäftsvolumen ergeben. Mit der Änderung der R.-K. ändert die Bundesbank zugleich auch ihre grundsätzliche Refinanzierungsbereitschaft. Wegen der Berechnungsart der Kontingente kann sie hierbei nicht auf kurzfristige Liquiditätsänderungen im Bankensystem reagieren, so daß dieses Instrument in erster Linie zur → Grobsteuerung am Geldmarkt eingesetzt wird.

Neben den allgemeinen R.-K. kann die Bundesbank für → Kreditinstitute mit Sonderaufgaben besondere Plafonds festsetzten. Hierzu gehört der Plafond B der → AKA Ausfuhrkredit-Gesellschaft mbH.

### Rediskontkredit
→ Kredit der → Deutschen Bundesbank an → Kreditinstitute auf der Grundlage des Ankaufs von → Wechseln.

### Red Months
Erste vier → Delivery Months von → Optionen und → Futures, die nach den → Front Months an den internationalen → Terminbörsen gehandelt werden.
(→ Green Months, → Blue Months, → Gold Months)

### Red-Warrant
→ Aktienkorb-Optionsschein, der das Recht verbrieft, → Aktien von Unternehmen zu kaufen bzw. verkaufen, die von der Öffnung Osteuropas profitieren.

### Reeder
Nach § 484 HGB Eigentümer eines Schiffes, das ihm zum Erwerb durch die Seefahrt dient. Er ist → Kaufmann nach § 1 Abs. 2 Nr. 5 HGB.

### Reederei
Besondere Form der → Gesellschaft, bei der mehrere → Personen (Mitreeder) ein ihnen gemeinschaftlich gehörendes → Schiff für gemeinsame Rechnung zum Erwerb durch Seefahrt verwenden (§ 489 HGB). Die Gesellschaft wird auch als Partenreederei bezeichnet. Der → Anteil eines Mitreeders am Schiff heißt Schiffspart.

### Re-Export
Wiederausfuhr von zuvor eingeführten → Waren, die in das → Eigentum eines → Gebietsansässigen übergegangen waren.

### Referenzwährung
Bezeichnung für eine → Währung, die außerhalb des eigenen → Währungsgebietes Funktionen wahrnimmt, welche die dort geltende Währung praktisch – wenngleich nicht rechtlich – (teilweise) eingebüßt hat. Zu diesen gehören insbes. die Verwendung als → Zahlungsmittel zwischen Privaten und als die Einheit, in der der Betrag von → Geldschulden ausgedrückt wird. So ist etwa die DM in ost- und südosteuropäischen Ländern seit 1989 zunehmend zu einer R. geworden. (→ Deutsche Mark, internationale Bedeutung)

### Referenzzinssatz
Vereinbarter kurz- bzw. mittelfristiger Zinssatz als Grundlage für andere Zinssätze, so bei → variabel verzinslichen Anleihen (→ Floating Rate Notes), bei → Euro Commercial Paper Programs, bei → Note Issuance Facilities und → Euro-Krediten. → Schuldner und → Gläubiger einigen sich über eine periodisch vorzunehmende Anpassung eines Zinssatzes in der Weise, daß der R. plus Aufschlag für eine bestimmte → Laufzeit als vereinbart gilt. Längerfristige Anlagen oder Kreditaufnahmen erfahren dadurch eine Bindung an den → Geldmarkt.
Wichtige R. sind → LIBOR und → FIBOR, außerdem die → Prime Rate englischer und US-amerikanischer → Kreditinstitute sowie andere Interbank Offered Rates.

### Refinanzierung
1. Aus der Sicht von → Kreditinstituten Mittelbeschaffung zur Gewährung von → Krediten bzw. Rückfinanzierung für bereits gewährte Kredite. R. ist für Kreditinstitute → Fremdfinanzierung (Aufnahme von Fremdkapital, z. B. durch → Lombardkredite, durch Ausgabe von → Schuldverschreibungen [→ Bankschuldverschreibungen] oder → Sparbriefen/Sparkassenbriefen) oder → Umfinanzierung (Vermögensumschichtung durch → Rediskontierung von → Handelswechseln, durch → Wertpapierpensionsgeschäfte mit der → Deutschen Bundesbank).

2. Die Deutsche Bundesbank versteht unter R. ihre Kreditgewährung an Kreditinstitute durch Ankauf von → Wechseln (Rediskontkredit) und durch Beleihung von → Wertpapieren (→ Lombardkredit).
(→ Finanzierung der Kreditinstitute)

## Refinanzierungslinien

**Refinanzierungslinien bei der Deutschen Bundesbank**
→ Rediskont-Kontingente und Linien ankaufsfähiger → Geldmarktpapiere.

**Refinanzierungspolitik der Deutschen Bundesbank**
Teilbereich der → Geldpolitik der Deutschen Bundesbank, der sowohl Liquiditätspolitik als auch Zinspolitik sein kann (→ Liquiditätspolitik der Deutschen Bundesbank, → Zinspolitik der Deutschen Bundesbank).
→ Refinanzierung ist Kreditgewährung der Bundesbank an → Kreditinstitute, wobei sie entweder → Wechsel ankauft (→ Rediskontkredit) oder → Wertpapiere beleiht (→ Lombardkredit), um auf diesem Wege den einzelnen Banken liquide Mittel zu verschaffen. Die Bundesbank erhöht mit Refinanzierungen die Menge des umlaufenden → Zentralbankgeldes. Ein → Anspruch der einzelnen Bank auf Refinanzierung besteht nicht; die Bundesbank unterliegt keinem → Kontrahierungszwang. Refinanzierungspolitik ist Liquiditätspolitik, wenn es sich um Veränderungen der → Rediskont-Kontingente und/oder der Ankaufsbedingungen für Diskontwechsel (→ Diskontpolitik der Deutschen Bundesbank) oder um Einführung, Veränderung oder Aufhebung einer Lombardkreditobergrenze (→ Lombardpolitik der Deutschen Bundesbank) handelt. Refinanzierungspolitik ist Zinspolitik, wenn es sich um Änderungen des → Diskontsatzes (Diskontpolitik) oder um Änderungen des → Lombardsatzes (Lombardpolitik) handelt.

**Refinanzierungsrisiko**
→ Liquiditätsrisiko, das sich aus der von → Banken betriebenen Fristentransformation ergibt und in der Gefahr besteht, daß eine notwendige → Anschlußfinanzierung nicht oder nur zu für die Bank ungünstigeren Konditionen durchgeführt werden kann.

**Refix-Klausel**
Vertragsbedingung, beispielsweise bei → Optionsscheinen oder → Optionsanleihen, die die Neufestsetzung von Bezugskurs und Optionsverhältnis an einem bestimmten Termin vorsieht.

**Regiebetrieb**
Form des öffentlichen Unternehmens; → Betrieb, der aus der öffentlichen Verwaltung ausgegliedert und verselbständigt worden ist.

*Gegensatz:* → Eigenbetrieb.
(→ Unternehmensrechtsformen)

**Regionalbanken**
→ Universalbanken, die als → Kapitalgesellschaften betrieben werden und in der → Bankenstatistik der Deutschen Bundesbank als → Bankengruppe „Regionalbanken und sonstige Kreditbanken" geführt werden. (Die → Großbanken werden gesondert erfaßt.)

*Entstehung:* Ein großer Teil der R. wurde im 19. Jahrhundert gegründet, als bei hohen Kreditanforderungen infolge der Industrialisierung die → Privatbankiers an die Grenzen ihrer Kapitalkraft stießen. Zur Gruppe der R. gehören auch die → gemischten Hypothekenbanken. Diese Sonderstellung erhielten sie mit dem Inkrafttreten des Hypothekenbankgesetzes 1899, da sie seinerzeit bereits beide Geschäftsbereiche auf sich vereinigten.

*Rechtsform:* R. werden als → Aktiengesellschaften, → Kommanditgesellschaften auf Aktien und → Gesellschaften mit beschränkter Haftung geführt. Sie verfolgen das → erwerbswirtschaftliche Prinzip (→ Zielkonzeptionen von Kreditinstituten). Soweit es sich nicht um börsennotierte → Publikumsgesellschaften handelt, sind R. zur Aufstockung des für die bankaufsichtlichen Strukturnormen bedeutsamen → haftenden Eigenkapitals der Kreditinstitute verstärkt auf → Gewinnthesaurierung angewiesen (→ Eigenkapitalgrundsätze).

*Geschäftsstruktur:* Sie ähnelt derjenigen der Großbanken, jedoch verdeckt die Bankenstatistik, in der alle R. und sonstige → Kreditbanken (neuerdings auch die → Teilzahlungskreditinstitute) enthalten sind, die Unterschiede in den geschäftlichen Schwerpunkten innerhalb der Gruppe. Die R. sind von sehr unterschiedlicher Größe.

*Verbandszugehörigkeit:* Die R. sind fast ausschließlich im → Bundesverband deutscher Banken e. V., Köln, zusammengeschlossen (mittelbar über Regionalverbände) (→ Verbände und Arbeitsgemeinschaften der Kreditwirtschaft). Im Bereich dieses Verbandes sind sie dem Einlagensicherungsfonds angeschlossen, wonach die nicht in → Wertpapieren verbrieften → Einlagen jeder einzelnen Nichtbank bis zu 30% des haftenden Eigenkapitals gegen Verluste gesichert sind (→ Einlagensicherung).

### Regionale Genossenschaftsverbände

Auf regionaler Ebene tätige Verbände der deutschen Genossenschaftsorganisation. Die Verbände sind eingetragene → Vereine (Sollvorschrift) nach § 63b Abs. 1 GenG: Badischer Genossenschaftsverband – Raiffeisen-Schulze-Delitzsch – e. V., Karlsruhe; Genossenschaftsverband Bayern (Raiffeisen-Schulze-Delitzsch) e. V., München; Berliner Genossenschaftsverband (Schulze-Delitzsch) e. V., Berlin; Genossenschaftsverband Niedersachsen e. V., Hannover; Genossenschaftsverband Hessen/Rheinland-Pfalz (Raiffeisen/Schulze-Delitzsch) e. V., Frankfurt; Raiffeisenverband Kurhessen e. V., Kassel; Norddeutscher Genossenschaftsverband Schleswig-Holstein und Hamburg (Raiffeisen-Schulze-Delitzsch) e. V., Kiel; Genossenschaftsverband Rheinland e. V., Köln; Saarländischer Genossenschaftsverband e. V., Saarbrücken; Raiffeisen-Genossenschaftsverband Weser-Ems e. V., Oldenburg; Westfälischer Genossenschaftsverband e. V., Münster; Württembergischer Genossenschaftsverband Raiffeisen/Schulze-Delitzsch e. V., Stuttgart; Genossenschaftsverband Sachsen (Raiffeisen/Schulze-Delitzsch) e. V., Dresden. Die Volksbanken und → Raiffeisenbanken aus Mecklenburg-Vorpommern, Sachsen-Anhalt und Thüringen wurden von den westlichen Anrainerverbänden aufgenommen. Die Mitgliedschaft in den Prüfungsverbänden eröffnet den ostdeutschen → Kreditgenossenschaften die Mitgliedschaft im BVR und damit auch in den Sicherungseinrichtungen. Daneben arbeiten im Bereich der Kreditgenossenschaften zwei zentrale Fachprüfungsverbände: → Verband der Post-Spar- und Darlehnsvereine e. V., Bonn, und → Verband der Sparda-Banken e. V., Frankfurt am Main (→ Prüfungsverbände). Zweck eines Verbandes darf nach § 63b Abs. 4 GenG nur die Prüfung der Mitglieder (Prüfungsverband) und die gemeinsame Wahrnehmung der Mitgliederinteressen sein. Die Kreditgenossenschaften müssen nach § 54 GenG einem Prüfungsverband angehören.

### Regionale Sparkassen- und Giroverbände

Auf regionaler Ebene tätige Verbände der → Deutschen Sparkassenorganisation, in denen die → öffentlich-rechtlichen Sparkassen sowie die → Gewährträger von Sparkassen Mitglieder sind (zwingende Mitgliedschaft). Mitglieder im einzelnen vgl. Übersicht zu → Deutscher Sparkassen- und Giroverband e. V. Die Verbände sind i. d. R. → Körperschaften des öffentlichen Rechts. Sie unterhalten Prüfungsstellen, denen die gesetzlich vorgeschriebenen → Jahresabschlußprüfungen und → Depotprüfungen sowie Prüfungen nach aufsichtsbehördlichen Vorschriften obliegen.

### Regionalprinzip

Aus der kommunalen Verbundenheit und der Gebietsbezogenheit staatlicher Macht sich ergebender Zuständigkeitsgrundsatz des Sparkassenrechts, nach dem der Geschäftsbetrieb einer kommunalen Sparkasse auf das Gebiet ihres → Gewährträgers (→ Gewährträgerhaftung) beschränkt bleibt, damit eine horizontale Arbeitsteilung der Sparkassen erreicht und eine konkurrierende Betätigung weitgehend vermieden wird. Sparkassen dürfen Zweigstellen grundsätzlich nur im Gebiet ihres Gewährträgers errichten. Das R. setzt den Sparkassen im Hinblick auf das Kundenpotential, die Betriebsgröße und das Wachstum Grenzen. Vom R. gibt es bestimmte gesetzliche und satzungsmäßige Ausnahmen. Abweichungen vom R. werden auch unter dem Gesichtspunkt des Bestandsschutzes für zulässig gehalten.

### Registered Bond

(Vinkulierte) Obligation (→ Schuldverschreibung), bei der der Name des Erwerbers in einem vom → Emittenten geführten Register (Schuldbuch) eingetragen wird. Die → Übertragung der Rechte aus dem → Wertpapier ist nur durch ein → Indossament des registrierten Inhabers und nach Änderung des Namens auf den neuen Inhaber der → Anleihe möglich. Der Anleiheschuldner sichert sich dadurch ein Einspruchsrecht beim Verkauf der Anleihe am → Sekundärmarkt.
Im Gegensatz zu den Eurobonds (→ Euro-Anleihen), die → Inhaberpapiere sind, ist die Anonymität z. B. bei den „Targeted Registered Bonds" des US-Schatzamtes nicht voll gewährleistet.

### Registerpfandrecht an Luftfahrzeugen

→ Pfandrecht, das zu seiner Entstehung eine Eintragung in das Register für → Pfandrechte an Luftfahrzeugen erfordert (geführt beim Amtsgericht Braunschweig für Luftfahrzeuge, die in der Luftfahrzeugrolle beim Luftfahrt-Bundesamt [Braunschweig] ein-

getragen sind). Das R. a. L. ist rechtlich ähnlich wie die → Schiffshypothek ausgestaltet (§ 5 LuftfzG); es hat ebenso wie die Schiffshypothek die Rechtsnatur einer → Sicherungshypothek (§ 3 LuftfzG).
Wie bei eingetragenen → Schiffen ist auch bei eingetragenen Luftfahrzeugen eine → Sicherungsübereignung möglich. Ein nichteingetragenes Luftfahrzeug kann nur als → bewegliche Sache sicherungsübereignet oder verpfändet werden.

**Regreß,** → Wechselrückgriff.

**Regressionsanalyse**
Darstellung des Zusammenhangs von → Zufallsgrößen in Form einer funktionalen Beziehung auf der Grundlage einer Stichprobe. Im Falle einer linearen Einfachregression handelt es sich um eine Regressionsgerade:
$$Y = a + b \cdot X.$$

**Regressionsgerade,** → Regressionsanalyse.

**Regressions-Hedge**
Variante der Ermittlung des → Hedge Ratios bei → Zinsfutures. Beim R. wird mit Hilfe der → Regressionsanalyse ein Regressionskoeffizient ermittelt. Die Formel für die Ermittlung des Hedge Ratios auf Basis des Regressionskoeffizienten lautet:
Hedge Ratio = Nominal Kassa : Nominal Future · Regressionskoeffizient.
(→ Duration-Hedge, → Preisfaktorenmethode, → PVBP-Hedge, → punktuelles Risikomanagement von Zinsinstrumenten mit PVBP)

**Regressionsrechnung**
Im Unterschied zur → Korrelationsrechnung, bei der ein quantitatives Maß für einen Zusammenhang ermittelt werden soll, dient die R. dazu, einen funktionalen Zusammenhang zweier oder mehrerer Merkmale zu spezifizieren. Der Zusammenhang kann linear oder nichtlinear sein. Den Zusammenhang zwischen R. und Korrelationsrechnung stellt das → Bestimmtheitsmaß her.

**Regulation Q**
Regelung in den USA (Glass Steagall Act von 1933), wonach die → Zinsen für → Sparund → Termineinlagen beschränkt und die Verzinsung der → Sichteinlagen (bis 29 Tage → Laufzeit) verboten war. Es sollten ruinöse Konkurrenzkämpfe und eine damit verbundene steigende Risikobereitschaft der Institute verhindert werden. Die Habenzinsbeschränkungen führten dazu, daß die Gelder verstärkt zum → Euro-Markt abwanderten, da sich hier die Zinssätze aufgrund von Angebot und Nachfrage ohne staatliche Einflußnahme bilden konnten. Mit dem Depository Institutions Deregulation and Monetary Control Act von 1980 wurde eine stufenweise Aufhebung der Höchstzinsgrenzen bis zum 31.3.1986 in die Wege geleitet (→ Bankwesen USA, → International Banking Facilities).

**Reichsbank**
→ Zentralnotenbank des Deutschen Reiches von 1876 bis 1945 (gesetzliche → Liquidation 1961). Die R. entstand 1875 durch Umwandlung der Preußischen Bank und begann ihre Tätigkeit am 1.1.1876. Neben der R. bestanden → Privatnotenbanken. Die R. war eine einstufig, öffentlich-rechtlich organisierte → Zentralbank mit einem in handelbare Anteilscheine aufgeteiltem → Grundkapital. Sie unterhielt ein ausgedehntes Filialnetz (Reichsbankanstalten).

**Reichsheimstättengesetz,** → Heimstätte.

**Reichsmark**
Währungseinheit, die 1924 im Deutschen Reich zur Ablösung der → Rentenmark geschaffen wurde und bis 1948 bestand (Ablösung durch die → Deutsche Mark in Westdeutschland aufgrund der → Währungsreform am 21.6.1948). Die R. war eine → Goldwährung. Der Notenumlauf der → Reichsbank mußte nach dem Bankgesetz von 1924 eine Deckung von mindestens 40% in Gold (mindestens 75% der Gesamtdeckung) und → Devisen haben (→ Golddevisenstandard). Ab 1930 bestand für die → Banknoten eine Goldeinlösungspflicht; bis zum 1.9.1938 mußten alle Goldmünzen an die Reichsbank abgeliefert werden.

**Reihenregreß**
Rückgriff des Wechselgläubigers auf seinen Vorgänger (→ Wechselrückgriff).

**Re-Import**
Wiedereinfuhr von zuvor ausgeführten → Waren, die in das → Eigentum eines → Gebietsfremden übergegangen waren.

**Reiner Währungsswap,** → Currency Swap.

**Reinvermögen**
Differenz zwischen → Vermögen (Bruttovermögen) und → Verbindlichkeiten, betriebswirtschaftlich als → Eigenkapital bezeichnet.

**Reinvestition,** → Investition.

**Reisescheck**

An eigene Order ausgestellter → Scheck i. S. von Art. 1 SchG, der in erster Linie der Bargeldbeschaffung dient. DM-R. lauten über 50, 100, 200 und 500 DM. Sie sind unbegrenzt gültig. R. werden von → Kreditinstituten und von der → Deutschen Postbank AG gegen sofortige Zahlung des Gegenwertes verkauft. Die Unterschriften des Käufers begründen daher keine scheckrechtliche Ausstellerhaftung i. S. Art. 12 SchG; sie dienen vielmehr nur der Legitimation. Kreditinstitute führen ein → Konsignationsdepot und verkaufen kommissionsweise DM-R. und Fremdwährungs-R., z. B. R., die von American Express Company (Amexco-Schecks) und Thomas Cook verkauft werden.

*Abwicklung:* Beim → Kauf ist auf jedem R. eine erste Unterschrift zu leisten. Bei Auszahlung muß eine zweite Unterschrift auf dem Scheck (Kontrollunterschrift) erfolgen. Die auszahlende Stelle kann die Legitimation des Vorlegers prüfen, z. B. wenn beim Vergleich der Unterschriften Zweifel auftauchen. R. werden z. T. auch von Hotels und Einzelhandelsunternehmen in Zahlung genommen. Die ausgezahlten Gegenwerte werden im → Lastschriftinkasso eingezogen. DM-R. sind auch für den → vereinfachten Scheck- und Lastschrifteinzug der Deutschen Bundesbank zugelassen. Im Auslandsreiseverkehr werden auch Travellercheques ausländischer Kreditinstitute von deutschen → Banken und → Sparkassen angeboten. Diese Fremdwährungs-R., die über fremde → Währungen oder über die → Europäische Währungseinheit (ECU) lauten, werden ebenfalls kommissionsweise verkauft.

*Vorteil* von R. für den Bankkunden: Verliert dieser z. B. während einer Urlaubsreise seine R., kann er sich am Urlaubsort gegen Vorlage der Quittung Ersatzschecks aushändigen lassen.

**Reisezahlungsmittel**

Von Deutschen bei Auslandsreisen und von Ausländern beim Aufenthalt in der BRD verwendete → Zahlungsmittel, entweder → Bargeld (in der Landes- oder einer → Hartwährung) oder bargeldnahe Zahlungsmittel, wie → Eurocheques (ec), → Kreditkarten, → Reiseschecks. Daneben zählen hierzu Reisekreditbriefe, Auszahlungen im → freizügigen Sparverkehr oder zu Lasten von Bankguthaben der Reisenden im jeweiligen Aufenthaltsland. → Überweisungen ins Ausland (→ Zahlungen ins Ausland, → Zahlungen aus dem Ausland, → Zahlungsauftrag im Außenwirtschaftsverkehr) spielen eine Rolle, wenn die Reisenden einen Teil der → Kosten bereits in ihrem Wohnsitzland zu entrichten haben, z. B. an Reiseveranstalter oder bei Vorauszahlung an Vermieter von Ferienwohnungen. Inländische → Kreditinstitute haben insbes. Zahlungsein- und -ausgänge im Reiseverkehr zu melden (→ Meldungen über den Außenwirtschaftsverkehr).

**Reitwechsel,** → Wechsel- und Scheckreiterei.

**Rektaindossament**

Negative → Orderklausel, die vom → Indossanten beim → Indossament angebracht wird. Der → Wechsel bleibt ein → Orderpapier, denn ein verbotswidriges Indossament ist voll wirksam. Der Nachfolger des Indossanten kann den Wechsel zwar weiter indossieren, jedoch haftet der Indossant, der die Rektaklausel angebracht hat, den Nachfolgern seines → Indossatars nicht (Art. 15 Abs. 2 WG). Das bedeutet im Falle des Rückgriffs, daß er von späteren Inhabern nicht im Wege des → Sprungregresses in Anspruch genommen werden kann und im Falle des → Reihenregresses, wenn der Wechsel wieder in die Hände seines Gläubigers gelangt, diesem nicht die durch die verbotenen Indossamente entstandenen Mehrkosten (Erhöhung der Rückgriffsumme durch → Zinsen, → Provision usw.) zu zahlen hat. Das Indossament besitzt also volle Legitimations- und Transportwirkung, jedoch nur eingeschränkte Garantiewirkung. Ein R. ist auch beim → Scheck möglich (Art. 18 Abs. 2 ScheckG).

**Rektaklausel,** → Rektaindossament.

**Rektapapier**

→ Wertpapier, bei dem der → Schuldner die Leistung nur an eine bestimmte, namentlich in der → Urkunde als berechtigt genannte → Person verspricht (Beispiel: → Grundschuldbrief). R. sind deshalb nicht zum Umlauf bestimmt. Die Übertragung erfolgt durch → Abtretung des verbrieften Rechts. Das → Eigentum an der Urkunde geht mit der Rechtsübertragung auf den Erwerber über (§ 952 BGB). Ein → gutgläubiger Erwerb ist nicht möglich.

## Rektascheck

In der Praxis nicht vorkommende Sonderform des →Schecks, bei dem der →Aussteller durch eine negative →Orderklausel die wertpapierrechtliche Übertragung durch →Indossament ausgeschlossen und damit den Scheck zu einem →Rektapapier umgewandelt hat. Solche Rektapapiere können nur in der Form mit den Wirkungen einer gewöhnlichen →Abtretung übertragen werden (Art. 14 Abs. 3 SchG).

## Rektawechsel

→Wechsel, der durch die negative →Orderklausel („nicht an Order") zum →Rektapapier wird. Er kann nicht durch →Indossament, sondern nur durch bürgerlich-rechtliche →Abtretung des →Anspruches übertragen werden (Art. 11 Abs. 2 WG). Dadurch wird seine Weitergabe sehr erschwert. R. sind nicht umlaufsfähig und daher nur als →Kautionswechsel gebräuchlich.

## Relationship Banking

Tätigung der →Bankgeschäfte bei dem →Kreditinstitut, zu dessen Mitarbeitern der Kunde eine persönliche Vertrauensbeziehung entwickelt hat, auch wenn ihm dort u. U. nicht die günstigsten Konditionen geboten werden.
*Gegensatz:* →Transaction Banking
(→Bankloyalität, →Hausbank)

## Relative Kursvolatilität

Zinsinduzierte →Kurssensitivität eines →Rentenportefeuilles im Vergleich zu einem repräsentativen →Rentenkursindex (z. B. →REX), der als →Benchmark verwendet wird. Ist die R. K. geringer als 1, hat das Rentenportefeuille eine geringere Kurssensitivität im Vergleich zur Risikobenchmark. Eine R. K. von 1 bedeutet, daß das Portefeuille die gleiche Kursbeweglichkeit hat wie der Kursindex. Eine Zahl größer als 1 deutet auf eine größere Kurssensitivität des Portefeuilles hin. Mit der Kennzahl R. K. kann für →festverzinsliche (Wert-)Papiere – ähnlich wie mit dem →Betafaktor für →Aktien – die Kurssensitivität im Vergleich zum Markt (z. B. REX) quantifiziert werden. Zwar eignet sich die relative →Volatilität zur Quantifizierung nur bei einer →Parallelverschiebung der gesamten →Renditestrukturkurve, doch können über sie bereits Aussagen zur Kurssensitivität von Portefeuilles getroffen werden. Die R. K. eines Rentenportefeuilles wird ermittelt, indem die Portfolio Modified Duration ins Verhältnis zur →Modified Duration des Rentenkursindexes (z. B. REX) gesetzt wird.
R. K. (zum REX) = Portfolio Modified Duration : Modified Duration REX.
(→Risikomanagement festverzinslicher Wertpapiere, →Risk-controlled Bond Management)

## Relative Stärke

→Indikator, der das Kursverhalten einer einzelnen →Aktie gegenüber dem Gesamtmarkt (→Aktienindex) mißt. Er soll Aufschluß geben, ob sich die Aktie im Vergleich zum Gesamtmarkt stärker oder schwächer entwickelt. Von einer Aktie mit einer hohen r. S. erwartet man, daß sie von einem prognostizierten Kursaufschwung im Gesamtmarkt überproportional profitieren wird. Mit der relativen Stärke kann auch das Kursverhalten der Aktien einer Branche gegenüber dem Gesamtaktienmarkt gemessen werden.

## Relative Strength Index (RSI)

→Technische Studie, die anzeigt, ob ein Markt überkauft bzw. überverkauft ist. Der RSI wurde von J. Welles Wilder konzipiert und ist vermutlich der beliebteste Overbought-/Oversold-Studie. Der RSI soll ähnlich wie →Stochastics anzeigen, ob ein Markt überkauft bzw. überverkauft ist. Basis des RSI ist der Trendfolgeindikator →Momentum. Allerdings erkannte Wilder, daß ein absolutes Momentum zwei Nachteile hat: Zum einen beeinflußen extreme Kursausschläge das Momentum, da das Momentum als Differenz zweier Kurse ermittelt wird. Fehlsignale sind deshalb sehr häufig zu finden. Zum anderen fehlt eine Vergleichbarkeit des Momentums verschiedener Werte, da die Y-Achse unterschiedlich skaliert ist. Diese Nachteile veranlaßten Wilder das RSI zu konzipieren. Wilder erkannte, daß während eines Aufwärtstrends die Schlußkurse in der Regel auf einem höheren Niveau notieren. Deshalb ist die Differenz zwischen zwei Schlußkursen immer positiv. Das Gegenteil beobachtete er bei einem Abwärtstrend. Hier notieren die Schlußkurse auf niedrigen Niveau und die Kursdifferenz zweier Schlußkurse ist demnach negativ. Liegen nun über mehrere Perioden betrachtet mehrere positive Kursdifferenzen vor, so, folgert Wilder, liegt ein Aufwärtstrend vor. Ist nun das Verhältnis positiver zu negativer

Kursdifferenz relativ groß, so Wilder, gilt der Markt als überkauft und eine technische Reaktion oder sogar ein Trendwechsel ist zu erwarten. Das umgekehrte gilt bei einem Abwärtstrend. Hier überwiegen über mehrere Perioden die negativen Kursdifferenzen und das Verhältnis der positiven Kursdifferenzen zu den negativen Kursdifferenzen wird relativ klein. Es liegt dann eine überverkaufte Situation vor und Wilder erwartet wiederum eine Gegenreaktion.

Basis des RSI sind die absoluten Kursdifferenzen zwischen Schlußkursen. Der RSI berechnet das Verhältnis der Aufwärts- und Abwärts-Schlußkurse über eine ausgewählte Zeitperiode. Im Gegensatz zum Momentum ist der RSI allerdings normiert auf die Bereiche zwischen 0 und 100. Werte bei Null bedeuten, daß der Markt überverkauft ist. Werte bei 100 deuten an, daß der Markt übergekauft ist. Als Zeitperiode empfahl Wilder den Einsatz einer 14-Tage-Periode, das entspricht ungefähr dem halben Zyklus, den er bei den meisten Rohstoffen erkannte. Sobald der RSI über 70 liegt, kann erwartet werden, daß der Markt ein zyklisches Hoch erreicht, wenn er unter 30 notiert, daß ein Tief erreicht wird. Allerdings sind diese Grenzen nicht so starr anzusehen. Bei einem volatilen Papier sollten die Grenzen bei 80 bzw. 20 liegen und bei einem relativ kursstabilen Wert bei 60 bzw. 40. Der RSI kann sowohl zur Gewinnmitnahme (Exitlong- bzw. Exitshort-Signal) als auch zur *Verfeinerung* des Markteinstiegs, der durch andere Indikatoren ausgelöst wurde, verwendet werden.

Zur Berechnung des RSI sind folgende Rechenschritte notwendig: (1) Ermittlung der absoluten Kursdifferenzen; (2) Addition der positiven Kursdifferenzen (UP); (3) Division des Ergebnisses aus Schritt 2 und die Anzahl der Perioden (Das Ergebnis dieses Schrittes kann als Aufwärtsdurchschnitt für n Handelsperioden (U) interpretiert werden); (4) Addition der negativen Kursdifferenzen (DN); (5) Division des Ergebnisses aus Schritt 4 durch die Anzahl der Perioden (Das Ergebnis dieses Schrittes kan als Abwärtsdurchschnitt für n Handelperioden (D) ermittelt werden); (6) Division Schritt 3 durch Schritt 5 (Das Ergebnis dieses Schrittes ist die Relative Stärke (RS)); (7) Ermittlung des RSI:

$$RSI_t = 100 - \frac{100}{1 + RS_t}.$$

Alternativ kann der RSI auch über folgende Formel ermittelt werden, die intuitiv leichter zu interpretieren ist:

$$RSI_t = \frac{U \cdot 100}{U + D}.$$

*Handelssignale durch das RSI*: Der RSI ist ein Oberbought-/Oversold-Studie. Idealerweise werden deshalb auch die Handelssignale des RSI verwendet, um eine bestehende Position glattzustellen. Nach Wilder sollte eine Long Position glattgestellt werden, wenn sich der RSI im überkauften Bereich befindet und nach unten dreht. Eine Short Position sollte dagegen glattgestellt werden, sobald sich der RSI im überverkauften Bereich befindet und nach oben dreht.

Eine Besonderheit des RSI ist bei → Zinsinstrumenten zu beachten, die auf Renditebasis gehandelt werden. Während ein Kurs RSI über 70 beispielsweise eine überkaufte Situation signalisiert, ist ein Wert über 70 bei einem Rendite-RSI als überverkaufte Zone zu interpretieren. Eine ähnliche Interpretation gilt bei Werten unter 30. Ein Kurs-RSI wird als überverkauft bzw. ein Rendite-RSI als überkauft interpretiert.

### Relative Volatilitätsmethode
Variante zur Ermittlung des → Hedge Ratio bei → Futures-Kontrakten mit Hilfe verschiedener → Sensitivitätskennzahlen. Bei → Aktienindex-Futures verwendet man den → Betafaktor (→ Beta-Hedge), um das Hedge Ratio zu ermitteln. Bei → Zinsfutures wird dagegen die → Duration, → Modified Duration oder → Price Value of a Basis Point (PVBP) verwendet.

Hedge Ratio = (Nominal Kassa : Nominal Future) × Relative Volatilität.

(→ Nominalwertmethode, → Preisfaktorenmethode, → Risikomanagement festverzinslicher Wertpapiere, → punktuelles Risikomanagement von Zinsinstrumenten mit PVBP)

### Rembours
Der einem → Kreditinstitut aufgrund einer weisungsgemäß ausgeführten Leistung zustehende Erstattungsanspruch (→ Remboursieren, → Rembourskredit).

**Remboursbank**, → Remboursieren.

**Remboursgeschäft**, → Rembourskredit, → Rembours.

## Remboursieren

### Remboursieren
Im Auslandszahlungs- und -finanzierungsgeschäft der → Kreditinstitute verwendeter Ausdruck für „erstatten", „ersetzen" (frz. rembourser). → Rembours ist der Erstattungsanspruch für eine ausgeführte Leistung, so z. B. beim → Rembourskredit, beim → Dokumentenakkreditiv („Remboursanspruch" nach Art. 19 ERA, den die remboursberechtigte Bank gegen eine andere Stelle [„Remboursbank"] oder gegen die eröffnende Bank aufgrund einer Zahlung, Akzeptleistung oder → Negoziierung hat). Eine Remboursermächtigung ist dementsprechend die Ermächtigung eines Kreditinstituts an ein anderes Kreditinstitut, für seine Rechnung einem dritten Kreditinstitut eine bestimmte Leistung zu erbringen und dafür den Remboursanspruch geltend zu machen. Rembourszusagen im Akkreditivgeschäft sind Zusagen für einen zu gewährenden „Remboursschutz".

### Rembourskredit
Sonderform des → Akzeptkredits (dokumentärer Akzeptkredit), bei dem auf der Grundlage eines → Dokumentenakkreditivs die Bank des Exporteurs oder eine dritte Bank im Auftrag der eröffnenden Bank gegen Einreichung akkreditivgemäßer Dokumente eine → Tratte (Zieltratte) des Exporteurs akzeptiert. Voraussetzungen sind ein → Akzeptierungsakkreditiv und eine → Kreditlinie (Fazilität) zwischen der eröffnenden Bank und der Akzeptbank (Remboursbank). Als Remboursbanken sind häufig → Euro-Banken tätig. Die Bereitstellung der notwendigen Barmittel erfolgt durch Diskontierung der → Wechsel durch die Remboursbank. Mit R. können Exporteure Außenhandelsgeschäfte kostengünstig finanzieren, z. B. (früher) bei Privatdiskontfähigkeit (→ Privatdiskont) der Bankakzepte oder bei Abrechnung der Euro-Banken auf der Basis von → LIBOR; der Importeur hat den Vorteil der Zieleinräumung. R. sind Instrumente kurzfristiger → Import- und → Exportfinanzierung durch Kreditinstitute.

### Rembourswechsel
→ Tratte des Verkäufers im Rahmen eines Remboursgeschäftes, die die Bank des Importeurs/Käufers gegen Übergabe der Dokumente akzeptiert.

### Remittent
(Nicht mehr gebräuchliche) Bezeichnung für den Wechselnehmer.

### Rendite
Gesamterfolg einer Geld- oder Kapitalanlage, gemessen an der → Effektivverzinsung; Maßstab für die Beurteilung der → Rentabilität einer Anlage.

### Renditeberechnungsmethoden für Geld- und Kapitalmarktpapiere
Die Renditeberechnung für → Geldmarktpapiere und → Kapitalmarktpapiere erfolgt nach unterschiedlichen Zinsrechenarten. Während man am → Geldmarkt im allgemeinen ohne → Zinseszinsen (lineare Zinsrechnung) rechnet, wird am → Kapitalmarkt – zumindest bei der Methode Moosmüller und ISMA – immer mit → Zinseszinsen gerechnet (→ ISMA-Kursberechnung, → Moosmüller-Kursberechnung). Die untenstehende Tabelle gibt eine Übersicht über die verschiedenen Renditeberechnungsmethoden bei Kapitalmarktpapieren (→ Rendite, Interpretation).

### Rendite bis zum nächsten Zinstermin,
→ Return-to-Rollover.

### Renditechart
→ Chart, bei dem → Nominalzinsen oder → Renditen grafisch dargestellt werden. R. können ähnlich wie traditionelle → Kurscharts analysiert werden.
(→ Volatilitätschart)

### Rendite, Interpretation
Die Rendite- bzw. Kursberechnung von → Kapitalmarktpapieren ist i. d. R. komplexer als bei → Geldmarktpapieren, da bei Kapitalmarktpapieren (z. B. → Straight Bonds) mehrere → Cash-flows in der Zukunft anfal-

**Renditeberechnungsmethoden bei Kapitalmarktpapieren**

| Statische Methoden | Dynamische Methoden |
|---|---|
| – Zinseszinseffekt wird nicht berücksichtigt<br>– Nominalzins<br>– Laufende Verzinsung<br>– Börsenformel | – Zinseszinseffekt wird berücksichtigt<br><br>– Rendite nach ISMA<br>– Rendite nach Moosmüller |

## Rendite, Interpretation

| Rendite als Diskontierungszinssatz | Rendite als Verzinsung des jeweils gebundenen Kapitals | Rendite als Wiederanlagesatz | Rendite als Verzinsung des eingesetzten Kapitals |
|---|---|---|---|
| Barwertansatz | Barwertansatz oder Endwertansatz | Endwertansatz | Endwertansatz (synthetischer Zero Bond) |
| Einmalige Zeitpunktbetrachtung | Mehrmalige Zeitpunktbetrachtung | Mehrmalige Zeitraumbetrachtung | Einmalige Zeitraumbetrachtung |
| Mit Zinseszinsen wird gerechnet | Mit Zinseszinsen wird gerechnet | Mit Zinseszinsen wird gerechnet | Mit Zinseszinsen wird gerechnet |
| Keine explizite Berücksichtigung der Wiederanlage von Cash-flows | Keine explizite Berücksichtigung der Wiederanlage von Cash-flows | Berücksichtigung der Wiederanlage von Cash-flows | Berücksichtigung der Wiederanlage von Cash-flows |

len. Die → Rendite eines Straight Bond kann unterschiedlich interpretiert werden (Abbildung oben).

*Rendite als Diskontierungszinssatz:* Ausgangspunkt der Renditeberechnung ist die Kurs- oder Barwertermittlung. Hierbei dient die Rendite als Diskontierungssatz (Abzinsungssatz) für zukünftige Cash-flows. Die Rendite wird deshalb auch wie folgt definiert: Rendite ist jener Zinssatz, mit dem alle Zins- und Tilgungszahlungen auf den Kauftag diskontiert werden, damit die Summe der → Barwerte dem Kurs zuzüglich → Stückzinsen entspricht (Barwert der Auszahlungsreihe = Barwert der Einzahlungsreihe). Oder: Der Kurs eines → festverzinslichen (Wert-)Papiers ist der Preis, den man heute zahlen muß, um ein Anrecht auf zukünftige Zins- und Tilgungszahlungen (Cash-flows) zu erhalten (→ ISMA-Kursberechnung, → Moosmüller-Kursberechnung).

*Rendite als Verzinsung des jeweils gebundenen Kapitals:* Die Rendite kann alternativ auch wie folgt definiert werden: Die Rendite eines Papiers ist der Zinssatz, mit dem das jeweils gebundene → Kapital auf einem → Konto verzinst werden muß, so daß die vereinbarten Zins- und Tilgungszahlungen bezahlt werden können und bei → Fälligkeit des Papiers das Konto auf Null gesetzt wird, d. h. ausgeglichen ist.

*Rendite als Wiederanlagesatz bzw. als Verzinsung des eingesetzten Kapitals:* Während mit den ersten beiden Interpretationen der Rendite keine Aussagen über die Wiederanlage der zwischenzeitlichen Cash-flows getroffen wurden, wird bei der Rendite als Wiederanlagesatz explizit die Wiederanlage der Cash-flows berücksichtigt. Im Gegensatz zu den beiden anderen Definitionen werden mit der Rendite als Wiederanlagesatz Aussagen über den → zukünftigen Wert eines festverzinslichen Papiers getroffen. Die Definition der Rendite lautet demnach auch: Die Rendite eines Papiers ist jener Zinssatz, mit dem man die zwischenzeitlichen Zins- und Tilgungszahlungen (Cash-flows) bis zur Fälligkeit des Papiers anlegen muß, um den gleichen Effekt zu erzielen, als wenn man am Kauftag das eingesetzte Kapital mit der Rendite anlegen würde.

### Rendite mit Stückzinsen
→ Stückzinsen werden bei der Ermittlung der → Rendite berücksichtigt (→ Renditeberechnungsmethoden für Geld- und Kapitalmarktpapiere).

### Rendite nach Steuern, → Netto-Rendite.

### Rendite, steuerliche Aspekte, → Netto-Rendite, → vergleichbare Bruttorendite vor Steuern.

### Renditestrukturkurve
Zweidimensionale Darstellung des Zusammenhangs zwischen Renditen und Restlaufzeit von → Straight Bonds oder → Kuponswaps. Werden zur Konstruktion einer R. Straight Bonds verwendet, deren Kurse bei → Pari liegen, wird die R. auch als Par Yield Curve bezeichnet.
*Gegensatz:* → Zinsstrukturkurve.

### Renditevolatilität
*Yield Volatility*; → Volatilität (z.B → historische Volatilität, → implizite Volatilität), die auf Basis der prozentualen Renditeveränderungen eines Finanzinstrumentes ermittelt wird. Die R. wird für → Zinsinstrumente ermittelt. Alternativ kann die R. mit der → Sensitivitätskennzahl → Modified Duration bzw. → Dollar Duration über die → Kursvolatilität ermittelt werden. Die Faustformel für die Ermittlung der R. aus der Kursvolatilität lautet:
R. = (100 · Kursvolatilität) : (Rendite · Modified Duration).

### Rentabilität
Verhältnis zwischen einer Erfolgsgröße und dem eingesetzten → Kapital. So wird in der → Bilanzanalyse eine Erfolgsgröße (→ Jahresüberschuß, → Cash flow) auf eine diesen Erfolg mitbestimmende Einflußgröße bezogen (Kapital, → Umsatz).
Die geläufigsten Rentabilitätskennziffern sind:
(1) → *Eigenkapitalrentabilität* = (Jahresüberschuß/Eigenkapitalrentabilität) · 100. Die Eigenkapitalrentabilität weist aus, ob sich der Einsatz des → Eigenkapitals gelohnt hat. Man fordert, daß das eingesetzte Eigenkapital eine gewisse Mindestverzinsung erfährt, die sich aus dem → landesüblichen Zinsfuß, einer Risiko- und Kapitalerhaltungsprämie zusammensetzt.
(2) → *Gesamtkapitalrentabilität* = [(Jahresüberschuß + Fremdkapitalzinsen)/Gesamtkapital] · 100. Die Gesamtkapitalrentabilität ist Ausdruck für die Leistungsfähigkeit des im Unternehmen arbeitenden Kapitals. → Gewinn und Fremdkapitalzinsen werden zu einer Größe zusammengefaßt und auf das durchschnittlich gebundene Kapital (d. h. Bilanzsumme) bezogen. Das Prozentergebnis zeigt den Erfolg des gesamten Kapitaleinsatzes. Durch die Einbeziehung der Fremdkapitalzinsen werden unterschiedliche Finanzierungsstrukturen einander angeglichen und der zwischenbetriebliche Vergleich erleichtert. Ferner zeigt die Gesamtkapitalrendite den Grenzzinssatz an, der für zusätzliches → Fremdkapital erwartet werden kann. Die Eigenkapitalrentabilität kann nämlich so lange gesteigert werden, wie der Zinssatz für Fremdkapital unter der R. des Gesamtkapitals liegt (→ Leverage-Effekt). Sinkt die Gesamtkapitalrendite nachhaltig unter den Fremdkapitalzins, ist das ein wichtiges Warnsignal.

(3) → *Umsatzrentabilität* = (Jahresüberschuß/Umsatzerlöse) · 100. Die Umsatzrendite ist neben dem Kapitalumschlag Einflußfaktor auf den → Return on investment (ROI). Sie sollte branchenbezogen eine → Rendite widerspiegeln, die multipliziert mit dem Kapitalumschlag eine vernünftige Gesamtkapitalrentabilität entstehen läßt.
(→ Erfolgsanalyse)

### Rentabilitätsbedarfsrechnung im ROI-Konzept einer Bank
Basiert auf dem Grundschema der ROI-Kennzahlenhierarchie, das weitgehend mit den Komponenten der → Gesamtzinsspannenrechnung übereinstimmt. Vgl. Abbildung S. 1309.
Im ROI-Kennzahlensystem nach Schierenbeck wird die → Eigenkapitalrentabilität als oberste Zielgröße in ihre Ergebniskomponenten zerlegt. Der Eigenkapitalrentabilitätsbedarf nach Steuern berechnet sich als Verhältnis von geplantem Reingewinn zu geplantem → Eigenkapital. Diese Nachsteuergröße ist in eine Vorsteuergröße umzurechnen, da auch die Gewinnsteuern erwirtschaftet werden müssen. Während sich diese Rentabilitätskennzahl auf das Eigenkapital bezieht, wird der Bedarf an Reingewinn in Relation zur Bilanzsumme ausgedrückt. Um die Verbindung zwischen den beiden Kennzahlen herzustellen, wird die Reingewinnspanne durch Division mit der → Eigenkapitalquote umdimensioniert. Der Bedarf an Reingewinnspanne läßt sich demnach durch Multiplikation des Eigenkapitalrentabilitätsbedarfs vor Steuern mit der geplanten Eigenkapitalquote ermitteln. Dieser Wert setzt sich zusammen aus dem Nettozinsspannenbedarf (→ Nettozinsspannenrechnung) und der Risikobedarfsspanne. Mit der Risikobedarfsspanne werden die aus dem Eintreten von Ausfallrisiken resultierenden Kosten abgebildet. Der Risikodeckungsbedarf muß aus dem → Betriebsergebnis abgedeckt werden und ist somit eine wesentliche Determinante der erforderlichen Nettozinsspanne. Indem die Risikobedarfsspanne vom Bedarf an Reingewinnspanne subtrahiert wird, erhält man den Bedarf an Nettozinsspanne, die sich wiederum aus dem Verhältnis von absolutem Betriebsergebnis zur Bilanzsumme ergibt. Das Betriebsergebnis stellt die Summe aus den Ergebnisbeiträgen des Kundengeschäfts, des → Eigengeschäfts sowie den → Overhead-Kosten dar. Um die Nettozinsspanne zu berechnen, kann der Be-

**Rentabilitätsbedarfsrechnung**

**Rentabilitätsbedarfsrechnung im ROI-Konzept einer Bank**

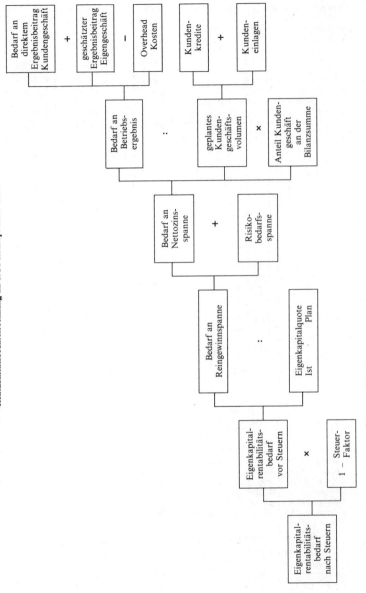

**Rentabilitäts-Management**

triebsergebnisbedarf zum einen direkt durch die Bilanzsumme geteilt werden. Der gleiche Effekt wird aber auch erreicht, indem das Betriebsergebnis durch das Kundengeschäftsvolumen dividiert und anschließend mit dem Anteil des Kundengeschäfts an der Bilanzsumme multipliziert wird. Dabei setzt sich das geplante Kundengeschäftsvolumen aus den Kundenkrediten und -einlagen zusammen. Durch entsprechende Rückrechnung wird zunächst der Betriebsergebnisbedarf und anschließend der noch unbekannte Bedarf an direktem Ergebnisbeitrag aus dem Kundengeschäft ermittelt.

### Rentabilitäts-Management

Steuerung des Bankbetriebs im Sinne der Gewinnung und Erhaltung einer bestimmten → Rentabilität. Rentabilitätssteuerung und Risikosteuerung (→ Risikomanagement) werden im Rahmen des → Bank-Controlling als Elemente eines dualen Steuerungssystems gesehen.

### Rentabilitätsrechnung

Statische → Investitionsrechnung, bei der man die durchschnittliche jährliche Verzinsung des eingesetzten → Kapitals ermittelt. Sie wird in der Praxis zur Lösung unterschiedlicher Entscheidungssituationen eingesetzt: Einzelinvestition, Alternativenvergleich, Ersatzproblem:
Eine Einzelinvestition gilt als vorteilhaft, wenn ihre → Rentabilität einen bestimmten, von der Unternehmungsleitung festgelegten Mindestwert erreicht oder überschreitet. Beim Alternativenvergleich entscheidet man sich für das Objekt mit der höheren Rentabilität, wobei nur solche Objekte in den Vergleich einbezogen werden, deren Rentabilität den Mindestwert nicht unterschreiten. Im Rahmen des Ersatzproblems gelten die → Investitionen als vorteilhaft, deren Minderkosten eine den Mindestwert nicht unterschreitende Verzinsung des Kapitaleinsatzes gewährleisten.
Die Rentabilität Rent ermittelt man bei Erweiterungsinvestitionen als Quotient von → Gewinn und Kapitaleinsatz, bei Rationalisierungsinvestitionen treten die Minderkosten an die Stelle des Gewinns:

$$\text{Rent} = \frac{\text{Gewinn}}{\text{Kapitaleinsatz}} \quad \text{(Erweiterungsinvestition)}$$

$$\text{Rent} = \frac{\text{Minderkosten}}{\text{Kapitaleinsatz}} \quad \text{(Rationalisierungsinvestition)}$$

Sachlich gibt es zwischen den beiden Ansätzen keinen Unterschied, da Minderkosten unmittelbar zu Gewinnerhöhungen führen und als Gewinnänderung $\Delta G$ auf den Kapitaleinsatz, das durchschnittlich gebundene Kapital DGK bezogen werden können:

$$\text{Rent} = \frac{\Delta G}{\text{DGK}}$$

$$= \frac{\text{investitionsbedingte Gewinnveränderung}}{\text{durchschnittlich gebundenes Kapital}}$$

Die R. weist die Mängel aller statischen Investitionsrechnungsmethoden auf, nämlich fehlende finanzmathematische Basis (keine korrekte Erfassung zeitlicher Unterschiede mittels Auf- und Abzinsens); unzweckmäßige Rechnungselemente (Leistungen und → Kosten oder → Erträge und → Aufwendungen anstelle von Ein- und Auszahlungen); häufig beschränkt man sich auf eine einperiodische Betrachtung der Rechnungselemente des Erstjahres, um Prognoseprobleme zu umgehen; gerade das Erstjahr ist aber in aller Regel atypisch.
Spezielle Mängel der R. sind die schematische Festlegung des Kapitaleinsatzes (entspricht meist nicht der tatsächlichen Kapitalbindung); Probleme bei der inhaltlichen Ausfüllung des Gewinnbegriffs.
Die R. darf keinesfalls mit der → internen Zinsfußmethode verwechselt werden. Rentabilität ist ein statischer Begriff und gibt die durchschnittliche jährliche Verzinsung des durchschnittlich gebundenen Kapitals an. Der → interne Zinsfuß ist ein dynamischer Begriff und gibt an, wie hoch die Effektivverzinsung der jeweils im Investitionsobjekt tatsächlich gebundenen Beträge ist. Betriebliche Investitionsentscheidungen sollten besser am internen Zinsfuß orientiert werden: Er erfaßt korrekt die Zeitunterschiede im Zahlungsanfall, basiert auf den richtigen Rechnungselementen (Zahlungen) und erfaßt die jeweils noch im Objekt gebundenen Beträge als Verzinsungsbasis. In der Praxis wird die (statische) R. zunehmend durch dynamische Rechnungen ersetzt.
(→ Investitionsrechnung)

### Renten

1. Periodisch wiederkehrende Leistungen in → Geld oder → vertretbaren Sachen, in gleichbleibender Höhe (→ Wertsicherungsklauseln sind unschädlich), mit längerer → Laufzeit (mindestens zehn Jahre) oder als → Leibrente auf der Grundlage eines Rechtsanspruchs (→ Gesetz, → Vertrag, letztwillige

Verfügung usw.). Die Leistungen müssen Früchte eines selbständigen Rentenstammrechtes sein. Die Versorgung des Rentenberechtigten steht im Vordergrund.

a) *Arten von R. nach ihrer Laufzeit:* (1) Leibrenten sind R., die an das Leben einer oder mehrerer → natürlicher Personen geknüpft sind. (2) Zeitrenten sind R., die auf einen bestimmten Zeitraum abgestellt sind (mindestens zehn Jahre). (3) Abgekürzte Leibrenten sind Leibrenten, bei denen eine Höchstlaufzeit festgesetzt ist, z. B. Laufzeit der R. bis zum Tode (höchstens 15 Jahre). (4) Verlängerte Leibrenten sind R., bei denen die Rentenzahlung entweder mit dem Tode der bestimmten Person, frühestens jedoch nach Ablauf der vereinbarten Frist endet.

b) *Arten von R. nach ihrem Grunde:* Zu unterscheiden sind Geldrenten aus der sozialen Rentenversicherung und der Knappschaftsversicherung, Geldrenten aus der Unfallversicherung, private Veräußerungsrenten (z. B. Verkauf eines → Grundstücks im Privatvermögen gegen Leibrente), betriebliche Veräußerungsrente (z. B. Verkauf eines → Gewerbebetriebs gegen Leibrente), private Versorgungsrenten (z. B. Überlassung eines Gewerbebetriebs gegen Leibrente), betriebliche Versorgungsrenten (z. B. Versorgungszahlungen eines Unternehmens an Angestellte) und private Unterhaltsrenten, die ohne Gegenleistung erbracht werden.
(→ Rentenbesteuerung)

2. → Rentenpapier (Rentenwert).

**Rentenanalyse,** → Wertpapieranalyse, → Bond Research.

**Rentenanleihe**

→ Schuldverschreibung, bei der sich der → Emittent lediglich zur Verzinsung, nicht aber zur Rückzahlung des Anleihebetrages verpflichtet (→ ewige Anleihe). R. werden in Deutschland nicht mehr emittiert und sind von Rentenwerten (bzw. → Rentenpapieren) und → Rentenschuldverschreibungen zu unterscheiden.

**Rentenbank**

*Bodenrentenbank, Landesrentenbank;* Bezeichnung für → Kreditinstitut, das schwerpunktmäßig im landwirtschaftlichen → Realkreditgeschäft tätig ist und sich durch Ausgabe von → Schuldverschreibungen, insbes. in Form von → Pfandbriefen, refinanziert. Schuldverschreibungen wurden/werden als sog. Rentenbriefe bzw. → Rentenschuldverschreibungen ausgegeben. Die Bezeichnung R. findet sich z. B. noch in der → Landwirtschaftlichen Rentenbank und der → Deutschen Siedlungs- und Landesrentenbank.

**Rentenbarwert**
→ Barwert, d. h. heutiger Wert einer → Rente.
*Gegensatz:* → Rentenendwert.

**Rentenbesteuerung**
Für die Besteuerung von → Renten durch → Einkommensteuer gilt:
(1) Geldrenten der sozialen Rentenversicherung und der Knappschaftsversicherung werden beim Empfänger mit dem Ertragsanteil als → Leibrente besteuert (§ 22 Nr. 1 Satz 1, 3 EStG). Geldrenten aus der gesetzlichen Unfallversicherung sind steuerfrei (§ 3 Nr. 1 EStG).
(2) Bei *privaten Veräußerungsrenten* (Rentenzahlung gegen Veräußerung eines → Wirtschaftsgutes aus dem Privatvermögen) hat der Berechtigte den Ertragsanteil zu versteuern (§ 22 Nr. 1 Satz 1, 3 EStG), der Verpflichtete darf diesen Anteil als → Werbungskosten (§ 9 Abs. 1 Satz 2 EStG) in Abzug bringen.
(3) Bei einer *betrieblichen Veräußerungsrente* (Rentenzahlung gegen Veräußerung eines Betriebs) kann der Berechtigte erhaltene Zahlungen, die die Buchwerte überschreiten, als nachträgliche Einkünfte (§ 24 Nr. 2, §§ 13, 15, 18 Abs. 1 EStG) oder den Unterschiedsbetrag zwischen Buchkapital und → Rentenbarwert als → Veräußerungsgewinn (§§ 14, 16, 18 Abs. 3 EStG) sowie die Rentenzahlungen mit dem Ertragsanteil versteuern. Für den Verpflichteten ist die Zahlung → Betriebsausgabe.
(4) Bei einer *privaten Versorgungsrente* (Rente mit Gegenleistung) hat der Berechtigte den Ertragsanteil zu versteuern, der Verpflichtete darf den Ertragsanteil als → Sonderausgaben abziehen (§ 10 Nr. 1 a EStG).
(5) *Private Unterhaltsrenten* ohne Gegenleistung sind nicht abzugsfähig. U. U. ist eine → außergewöhnliche Belastung geltend zu machen. Bei Unterhaltsrenten an geschiedenen oder dauernd getrennt lebenden Ehegatten ist Sonderregelung (Realsplitting) möglich (§ 10 Abs. 1 Nr. 1 EStG).

### Rentenbrief

**Rentenbrief,** → Rentenschuldverschreibung.

### Rentenendwert
→ Zukünftiger Wert einer → Rente (→ Endwertformel einer Rente).
*Gegensatz:* → Rentenbarwert.

### Rentenfonds
→ Investmentfonds, dessen Anlageschwerpunkt bei → Schuldverschreibungen (→ Bundeswertpapiere, → Pfandbriefe, → Kommunalobligationen, → Bankschuldverschreibungen, → DM-Auslandsanleihen, → Fremdwährungsanleihen usw.) liegt. Anlageziel des Käufers von → Anteilsscheinen eines R. ist ein gleichbleibender, möglichst hoher Ertrag. Für die Performance (→ Wertentwicklung) mitentscheidend ist neben der Auswahl der → Wertpapiere die Laufzeitgestaltung des Fonds.
Besondere Fondsarten sind der R. mit kurzer → Laufzeit (als → Kurzläuferfonds oder als geldmarktnaher Fonds bezeichnet) und der R. mit begrenzter Laufzeit (auch → Laufzeitfonds genannt).
(→ Geldmarktfonds)

### Rentenindex
Kennziffer zur Darstellung der Kursentwicklung bestimmter → Rentenpapiere (→ festverzinsliche [Wert-]Papiere). Er kann Kursindex (ohne Bereinigung von Zinserträgen), z. B. → REX, oder → Performance-Index (mit Bereinigung von Zinserträgen, d. h. Annahme der Wiederanlage der Zinserträge), z. B. → REX-P, sein.

### Rentenkursindex
Zeigt die Kursentwicklung eines bestimmten Segmentes eines → Rentenmarktes an (Orientierungsfunktion). Beispiele für Rentenindices in der BRD sind DG-Bank-Index, BHF-Index, → Commerzbank-Index, Deutsche Bank-Index und → REX. Darüber hinaus werden auch → Performanceindices (z. B. → REX-P) ermittelt.
(→ Relative Kursvolatilität)

### Rentenmark
1923 aufgrund der Reformpläne zur Überwindung der → Inflation geschaffene Währungseinheit. Die R. sollte in verzinsliche Rentenbriefe einlösbar sein, die durch grundbuchliche Absicherung des Grund- und Gewerbevermögens zu Gunsten der Deutschen Rentenbank gesichert waren. Die R. wurde am 30. 8. 1924 durch die → Reichsmark abgelöst.

### Rentenmarkt
*Anleihemarkt*; Markt für → Gläubigerpapiere mit mittel- und langfristigen → Laufzeiten, → Schuldverschreibungen, → Rentenpapiere. Er wird oft auch als Anleihemarkt bezeichnet und umfaßt die Ausgabe von festverzinslichen und variabel verzinslichen Gläubigerpapieren (→ Primärmarkt) sowie den Handel (i. e. S. den börsenmäßigen Handel) mit diesen Papieren. Der R. ist ein Teil des → Wertpapiermarktes und damit des → Kapitalmarkts. Internationale R. sind die (nationalen) Märkte für → Auslandsanleihen und der Euro-Bonds-Markt (Markt für → Euro-Anleihen).
Gläubigerpapiere können → öffentliche Anleihen, → Pfandbriefe und → Kommunalobligationen sowie andere Schuldverschreibungen von → Kreditinstituten, Industrieunternehmen und sonstigen Wirtschaftsunternehmen sein. Sie kommen als Inlandsanleihen und → Auslandsanleihen vor.
Ein großer Teil der Umsätze in Rentenpapieren wird ohne Einschaltung der → Börsen gehandelt, da die → Kapitalsammelstellen ihre Großrentengeschäfte unter Vermittlung der Kreditinstitute direkt abschließen (Telefon-Handel) und das gesamte → Emissionsgeschäft außerhalb der Börse abgewickelt wird. Über die Börse werden im wesentlichen Aufträge von Privatkunden ausgeführt. Gemessen an den Umsätzen ist der R. in Deutschland viermal so groß wie der Aktienmarkt: → Emittenten am deutschen Rentenmarkt.

### Rentenoption
Recht, nicht aber Verpflichtung, eine bestimmte Anzahl von → Rentenpapieren zu kaufen (Kaufoption, Call-Option) oder zu verkaufen (Verkaufsoption, → Put-Option). Der Verkäufer der → Option (→ Stillhalter) verpflichtet sich, die den → Kontrakten zugrundeliegenden Renten bei Optionsausübung bereitzustellen oder zu übernehmen.
Der Rentenoptionshandel hat in Deutschland keine Bedeutung erlangt. Im Gegensatz zu → Aktienoptionen werden R. nicht an der → Deutschen Terminbörse (DTB), sondern an den → Wertpapierbörsen in Frankfurt am Main und Düsseldorf gehandelt.

### Rentenpapier
*Rente, Rentenwert*; synonyme Bezeichnung für → festverzinsliches (Wert-)Papier. Aus R. fließt dem Inhaber ein regelmäßiges Zins-

einkommen (Rente) zu. Der Handel mit R. ist Teil des börsenmäßig organisierten → Kapitalmarktes.
R. sind von → Rentenanleihen und → Rentenschuldverschreibungen zu unterscheiden.
(→ Bond Research)

### Rentenportefeuille
→ Portfolio, das aus → Zinsinstrumenten besteht. Zur Ertrags- und Sensitivitätsanalyse von R. werden u. a. die → Rendite, → Duration, → Modified Duration, PVBP (→ Portfolio Sensitivitätsanalyse), → Convexity und der (erwartete) Total Return des Portefeuilles ermittelt.
(→ Risikomanagement festverzinslicher Wertpapiere, → punktuelles Risikomanagement von Zinsinstrumenten mit PVBP)

### Rentenschuld
Sonderform der → Grundschuld, wobei aber das → Grundstück nicht für eine bestimmte einmalige Geldsumme, sondern für regelmäßig wiederkehrende, gleichhohe Geldbeträge (→ Rente) haftet (§§ 1199ff. BGB). Der Unterschied gegenüber → Hypothek und Grundschuld liegt also darin, daß das Grundstück nicht mit einem → Kapital, sondern mit einer Geldrente belastet wird. Zwar ist auch bei der Bestellung einer R. ein bestimmter Betrag im → Grundbuch einzutragen (§ 1199 Abs. 2 BGB). Durch die Zahlung dieser Summe kann die R. vom Eigentümer abgelöst werden. Der Grundpfandgläubiger kann aber ihre Zahlung regelmäßig nicht verlangen (§ 1201 BGB). Demnach ist die R. als Kreditsicherungsmittel für die Banken nicht geeignet, die gerade auf die Zahlung des Kapitals im Falle der Gefährdung ihrer → Forderungen angewiesen sind. In der Praxis dient sie vornehmlich der Sicherung von Abfindungen und → Leibrenten, vor allem im Zusammenhang mit dem → Altenteil oder dem Verkauf eines Grundstücks auf Rentenbasis.

### Rentenschuldverschreibung
*Rentenbrief;* zur → Finanzierung der ländlichen Siedlung und der Eingliederung vertriebener oder geflüchteter Landwirte von der → Deutschen Siedlungs- und Landesrentenbank (DSL-Bank) ausgegebene → Schuldverschreibung. Sie ist zu unterscheiden von → Rentenanleihen und → Rentenpapieren.

### Rentenwert, → Rentenpapier.

### Repartierung, → Wertpapierpensionsgeschäfte, → Tenderverfahren.

### REPO-Geschäft
(REPO = Abk. für Repurchase Agreement) Verkauf von → Wertpapieren gegen → Liquidität mit der gleichzeitigen Vereinbarung, Wertpapiere gleicher Art und Menge zu einem zukünftigen Termin mit einem festgesetzten Preis zurückzukaufen. Rechtliche Grundlage bilden zwei → Kaufverträge nach § 340b, Abs. 4(1) HGB. Der Käufer eines REPOs erhält zwischenzeitlich einen festgelegten Zinssatz als Verzinsung für sein investiertes Kapital, die → REPO Rate. Der Verkäufer (Pensionsgeber) erzielt seinen → Ertrag aus der Differenz der Wiederanlageverzinsung am → Geldmarkt abzüglich der von ihm an den Pensionsnehmer zu entrichtenden REPO Rate. Die aufgelaufenen Stückzinsen bei Renten werden und die REPO Rate werden miteinander über den Terminkurs verrechnet. Vorteil gegenüber einem Wertpapierleih-Geschäft liegt für den Pensionsgeber in der Zahlung des Kaufpreises durch den Pensionsnehmer, dieser Kaufpreis dient dem Pensionsgeber als Barsicherheit. Somit wird eine Bonitätsprüfung nicht mehr erforderlich. REPO-G. sind im inländischen Interbankenhandel mindestreservefrei. Mit Einführung der neuen → Kapitaladäquanz-Richtlinie der Europäischen Union Anfang 1996 werden REPO-Geschäfte zur Beschaffung von Wertpapieren sowie zur Begrenzung von Kreditrisiken wahrscheinlich stärker genutzt werden. Derzeit werden Geldmarktgeschäfte i. d. R. unbesichert abgewickelt, dies belastet jedoch das Eigenkapital. Bei einem REPO-G. dient die Wertpapierunterlegung als Sicherheit, somit wird das Eigenkapital nicht beansprucht. Die Anforderungen an das Eigenkapital werden in Zukunft durch diese Kapitaladäquanz-Richtlinie steigen, so daß REPO-G. als eigenkapitalschonende Art des Geldhandels an Bedeutung gewinnen können.

REPO-G. gleichen → Wertpapierpensionsgeschäften, lassen sich aber nach der gegenwärtigen Rechtsprechung weder eindeutig als „unechtes" noch als „echtes" → Pensionsgeschäft beschreiben. Echte Pensionsgeschäfte erfordern die Rückgabe desselben (nicht des gleichen) → Gegenstandes, was in der Praxis aufgrund der üblichen Weiterlie-

ferung des Wertpapiers unmöglich ist. Unechte Pensionsgeschäfte beinhalten für den Käufer der Wertpapiere ein Wahlrecht, entweder die Papiere bei →Fälligkeit an den Verkäufer zu liefern oder den entsprechenden Kapitalbetrag zu zahlen. Auch dieses Wahlrecht trifft nicht für REPO-G. zu.
Gegenwärtig wird vom Fachkreis Wertpapieranleihe, dem zahlreiche Banken in Deutschland angehören, ein Standard-REPO-Rahmenvertrag erarbeitet und geprüft; dieser wird dem Rahmenvertrag für das Wertpapiergeschäft gleichen. Nach dem ersten Entwurf sollen REPO-G. dann als echte Pensionsgeschäfte behandelt werden. Die Einführung eines solchen REPO-Rahmenvertrages ist im Verlauf des Jahres 1995 geplant.
*Gegensatz:* →Reverse REPO-Geschäft.

### REPO-Geschäft (US-Style)
Im Gegensatz zu dem üblichen →REPO-Geschäft werden beim REPO-G. (US-Style) die →Stückzinsen und der REPO-Zins nicht miteinander verrechnet. Verkaufspreis und Rücknahmepreis sind identisch, sofern die REPO-Verzinsung separat überwiesen wird. Die anfallende REPO-Verzinsung kann jedoch auch einen Teil des Rücknahmepreises bilden. Ein Vorteil gegenüber dem Sell-Buy Back besteht darin, daß bei diesem Geschäft die →Laufzeit – mit der Ankündigungsfrist von beispielsweise zwei Tagen – offen gelassen werden kann. Auch besteht die Möglichkeit, durch Lieferung zusätzlicher →Wertpapiere oder Freigabe von Wertpapieren auf Marktveränderungen zu reagieren (Sicherheitsanpassung).

### REPO-Rate
Zinssatz der →Finanzierung einer Geldaufnahme im Rahmen eines →Wertpapierpensionsgeschäftes (→REPO-Geschäft). Die REPO-R. wird durch Angebot und Nachfrage des →Geldmarktes gebildet. Sie steht in keiner Relation zur →Rendite des als Sicherheit gestellten →Wertpapiers. Die REPO-R. liegt i. d. R. unter der Geldmarktverzinsung und ermöglicht dem Pensionsgeber (Verkäufer) somit, aus der Differenz einen Ertrag zu erzielen. Eine negative REPO-R. ergibt sich z. B. aus der Tatsache, daß ein Wertpapier als „Cheapest to deliver" zur Einlieferung in einen Future-Kontrakt stark gesucht wird und der Pensionsnehmer (Käufer) bereit ist, mehr als den Geldmarktzins hierfür zu bezahlen.

### Report
Aufschlag auf den →Devisenkassakurs zur Errechnung des →Devisenterminkurses (→Swapsatz, →Swapgeschäft).

### REPO-Satz
*REPO-Zins;* →REPO-Rate.

### Repräsentanzen
1. *R. ausländischer Banken:* Vertretungen ausländischer →Banken in der BRD. Gemäß § 53 a KWG sind Errichtung, Verlegung und Schließung von R. ausländischer Banken dem →Bundesaufsichtsamt für das Kreditwesen und der →Deutschen Bundesbank vom Leiter der R. unverzüglich anzuzeigen. Eine R. einer ausländischen Bank wird bankaufsichtlich nicht überwacht (→Bankenaufsicht), weil sie nicht der Durchführung von Bankgeschäften dient. Werden jedoch ganz oder teilweise Bankgeschäfte durchgeführt, so handelt es sich um eine Zweigstelle einer ausländischen Bank, die gemäß § 53 a KWG eine Erlaubniserteilung (Betriebserlaubnis) benötigt (→Auslandsbanken), sofern für sie nicht die Regelung des § 53 b KWG eingreift (→„Europäischer Paß").

2. *R. inländischer Banken:* Vertretungen von inländischen →Kreditinstituten in anderen Staaten. Die Tätigkeit von R. ist nicht auf die Abwicklung, sondern auf die Anbahnung von Bankgeschäften gerichtet. Ihre Aufgabe besteht in der Beschaffung von Informationen und in der Kontaktpflege.

### Research
Untersuchung im Rahmen von →Wertpapieranalyse bzw. Investmentanalyse (→Finanzanalyse).
(→Bond Research)

### Reservepositionen im IWF
→Währungsreserven, die i. a. aus →Ziehungsrechten (→Kredite im Rahmen der Reservetranche) gegenüber dem →Internationalen Währungsfonds bestehen, darüber hinaus aber auch Kredite des IWF aufgrund besonderer Kreditvereinbarungen umfassen können.

### Reservewährung
Nationale →Währung, die von den →Zentralbanken anderer Länder zur Bildung von →Währungsreserven herangezogen wird. Diese Währung kann aufgrund internationaler Abkommen die Funktion einer →Leit-

währung und auch aufgrund einer dominierenden wirtschaftlichen Vorrangstellung des betreffenden Landes die Funktion einer international anerkannten und gebräuchlichen →Rechnungs- und Zahlungseinheit im Welthandel ausüben. Für das Reservewährungsland entstehen Auslandsverbindlichkeiten, wenn seine Währung Reservefunktion in anderen Ländern erfüllt; andererseits stellt die R. in diesen Ländern eine Auslandsforderung dar (→ Nettoauslandsposition).
Vor allem der US-Dollar erfüllt die Funktionen einer R.; er löste nach dem Zweiten Weltkrieg mehr und mehr das britische Pfund ab. Seit Anfang der siebziger Jahre wird auch die D-Mark als R. von ausländischen Zentralbanken gehalten (→ Deutsche Mark, internationale Bedeutung).

### Reset-Anleihe
→Zinsinstrument, dessen →Nominalzins an einen →DM-Swapsatz gekoppelt ist. Die →Laufzeit von R.-A. kann bis zu zehn Jahren betragen. Im ersten Jahr erhält der Anleger i. d. R. einen →Festzinssatz. Die Höhe der weiteren Zinszahlungen steht bei →Emission noch nicht fest. Der Zinssatz für die →Restlaufzeit wird nach einer Formel ermittelt, die vom →Emittenten individuell bei jeder Emission vorgegeben wird. Im Gegensatz zu →Reverse Floatern wird der Nominalzinssatz nicht periodisch angepaßt, sondern nur einmal nach der Festzinssatzperiode und verändert sich nicht mehr während der Laufzeit der R.-A.

### Reset-Bond, →Reset-Anleihe.

### Resettable Call
→Exotischer Optionsschein, bei dem der →Basispreis während der Laufzeit des →Call-Optionsscheins verringert wird, wenn der Kurs des →Basiswertes (z. B. Treuhandanleihe) an einem bestimmten Tag unter dem aktuellen Basispreis (z. B. 101%) notiert. Der neue Basispreis ist der an diesem Tag gültige Kurs. Im Gegensatz zu Standard-Optionsscheinen kann sich der Basispreis bei R. C. ändern. Der Anleger profitiert bei R. C. von zunächst fallenden Kursen und dann steigenden.
Das amerikanische Investmenthaus Goldman Sachs emittiert im November 1994 R. C. Der Basispreis des R. C. beträgt 101%. Notiert allerdings der Einheitskurs der Treuhandanleihe am 24. Februar 1995 unter 101%, entspricht der Basispreis ab diesem Tag diesem Kurs.
(→ Resetting Strike-Option, → Deferred Strike-Option)

### Resetting Strike-Option
*Cliquet-Option, Ratchet-Option*; →exotische Option, bei der die →Basispreise periodisch an den aktuellen Kurs des →Basiswertes angepaßt werden. Eine R. St.-O. mit einer Gesamtlaufzeit von beispielsweise zwölf Monaten gewährt dem Anleger eine Ausgleichszahlung (→ Cash Settlement) bei →Fälligkeit, die aus den kumulierten Ausgleichszahlungen der letzten vier Quartale ermittelt wird. R. St.-O. ermöglichen dem Anleger, den erzielten Gewinn während der →Laufzeit der →Option einzufrieren. Steigt beispielsweise der Basiswert bei einem Basispreis von 100 auf 110, erzielt der Anleger in der ersten Periode einen →Gewinn von 10 DM. Der Basispreis für die nächste Periode wird bei 110 festgesetzt. Fällt der Basiswert in der nächsten Periode auf 97, wird der Basispreis für die nächste Periode auf 97 festgesetzt. R. St.-O. sind ein →Portfolio aus vier Optionen mit – in diesem Beispiel – jeweils einer Laufzeit von drei Monaten, wobei die zweite, dritte und vierte Option → Deferred Strike-Optionen sind.
(→ Ladder-Warrant)

### Residual Risk, →unsystematisches Risiko.

### Residual Standard Deviation
Synonym für Residual-Standardabweichung (→ Standardabweichung).

### Residualvarianz
Mißt den unsystematischen Teil des Gesamtrisikos von →Finanzanlagen (→unsystematisches Risiko). Die R. wird ermittelt, indem vom →Gesamtrisiko ($\sigma_i^2$) das →systematische Risiko ($\beta_i^2 \sigma_m^2$) abgezogen wird. Die Wurzel aus der R. bezeichnet man als →Residualvolatilität. Die Formel für die Ermittlung der R. lautet:

$$R. = \sigma_i^2 - \beta_i^2 \sigma_m^2$$

wobei:

$\sigma_m^2$ = → Varianz p.a. der → Periodenrenditen des → Aktienindex

$\sigma_i^2$ = Varianz p.a. der Periodenrenditen der → Aktie i

$\beta_i$ = → Betafaktor.

Alternativ kann die R. auch über das →Bestimmtheitsmaß zwischen Aktie und

## Residualvolatilität

Aktienindex ermittelt werden:

$$R. = \sigma_i^2 \cdot (1 - R^2)$$

wobei:
$\sigma_i^2$ = Varianz p.a. der Periodenrenditen der Aktie i
$R^2$ = Bestimmtheitsmaß.

(→ Moderne Portfolio-Theorie, → Asset Allocation)

## Residualvolatilität

Mißt den unsystematischen Teil des → Gesamtrisikos von → Finanzanlagen (→ unsystematisches Risiko). Wurzel aus der → Residualvarianz. Je höher die R. ist, desto höher ist das titelspezifische unsystematische Risiko. Die Formel für die Ermittlung der R. lautet:

$$R. = \sigma_i = \sqrt{\sigma_i^2 - \beta_i^2 \, \sigma_m^2}$$

wobei:
$\sigma_m^2$ = → Varianz p.a. der → Periodenrenditen des → Aktienindex
$\sigma_i^2$ = Varianz p.a. der Periodenrenditen der → Aktie i
$\beta_i$ = → Betafaktor.

Alternativ kann die Residualvolatilität auch über das → Bestimmtheitsmaß (Korrelationsfaktor) zwischen Aktie und Aktienindex ermittelt werden:

$$R. = \sqrt{\sigma_i^2 \times (1 - R^2)}$$

wobei:
$\sigma_i^2$ = Varianz p.a. der Periodenrenditen der Aktie i
$R^2$ = Bestimmtheitsmaß.

(→ Moderne Portfolio-Theorie, → Asset Allocation)

## Residuen
Synonym für → Zufallsfehler.

## Respekttage
Frist, innerhalb der ein → Wechsel nach → Fälligkeit noch ohne nachteilige Rechtsfolgen für den Wechselschuldner eingelöst werden kann. Die Wechselstrenge (Art. 74 WG) gebietet grundsätzlich Einlösung des Wechsels am Fälligkeitstage. Dennoch besteht je nach Inkassoweg des fälligen Wechsels für den → Bezogenen die Möglichkeit, einen Wechsel noch einen oder zwei Werktage nach dem Zahlungstag ohne Protest beim Wechselinhaber einzulösen.

## Restlaufzeit
Anzahl der Jahre vom jetzigen Datum bis zur → Rückzahlung des Betrags zum → Nennwert (Teil der → Laufzeit). Bei Nicht-Bullet-Anleihen (z. B. Ratenpapieren) wird anstatt der R. die → mittlere Laufzeit errechnet.

## Restposten der Zahlungsbilanz
In der → Zahlungsbilanz der BRD ausgewiesener → Saldo der nicht erfaßten Posten und Ermittlungsfehler im Leistungs- und Kapitalverkehr mit dem Ausland als Differenz zwischen dem Saldo der → Gold- und Devisenbilanz (einschl. der → Ausgleichsposten zur Auslandsposition der Deutschen Bundesbank) und dem zusammengefaßten Saldo der → Leistungsbilanz und → Kapitalbilanz. Die Zahlungsbilanz wird durch die R. buchungstechnisch ausgeglichen. Ein R. entsteht dadurch, daß bei einem → Auslandsgeschäft Leistung (z. B. → Export einer → Ware) und Gegenleistung (Bezahlung durch den ausländischen Käufer) nicht gemeinsam in den Ermittlungszeitraum der Zahlungsbilanz fallen oder eine Seite des Auslandsgeschäfts nur unvollständig ermittelt werden kann. Schwankungen in der Höhe des Saldos sind insbes. auf Veränderungen in den Zahlungsbedingungen der Auslandsgeschäfte (→ Terms of Payment) zurückzuführen.

## Restschuldversicherung
Risikoversicherung mit fallender Versicherungssumme zur Sicherung der Restschuld von → Tilgungsdarlehen (→ Hypotheken- oder → Bauspardarlehen, → Ratenkrediten im → Konsumentenkreditgeschäft) bei Tod oder Berufsunfähigkeit des → Schuldners. Die Versicherungssumme paßt sich permanent der Restschuld an, die → Prämie wird jährlich berechnet und bezahlt, bei Ratenkrediten im voraus bei Abschluß des Darlehens- und Versicherungsvertrages bezahlt. Versicherungsdauer maximal 35 Jahre. Bei Tod oder Berufsunfähigkeit tritt bezüglich der Restschuld die Versicherungsgesellschaft ein.

## Restwertverteilungsfaktor
Finanzmathematischer Faktor. Er verteilt eine nach n Jahren fällige Einmalzahlung $K_n$ unter Berücksichtigung von → Zins und → Zinseszins auf die → Laufzeit von n Jahren (verwandelt „Einmalzahlung nach

### Restwertverteilungsfaktor

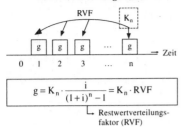

$$g = K_n \cdot \frac{i}{(1+i)^n - 1} = K_n \cdot RVF$$

↳ Restwertverteilungsfaktor (RVF)

n Jahren" in Zahlungsreihe). Vgl. Abbildung oben.
(→ Investitionsrechnung)

### Retail Banking
Bezeichnung für → Privatkundengeschäft, auch → Mengengeschäft.
*Gegensatz:* → Wholesale Banking.

### Retail Banks
Bezeichnung für → Kreditinstitute, die das → Mengengeschäft betreiben; in Großbritannien (→ Bankwesen Großbritannien) auch zusammenfassende Bezeichnung für die Bankengruppen, die keine → Merchant Banks sind.

### Retractible Bond
*Retractibles*; → Euro-Anleihe, bei der sowohl dem Anleger als auch dem → Emittenten ein vorzeitiges Kündigungsrecht (z. B. zu → pari zu bestimmten → Kuponterminen) eingeräumt wird. Die → Laufzeit verlängert sich um einen festgesetzten Zeitraum (z. B. 3, 4 oder 5 Jahre), sofern die → Kündigung nicht ausgesprochen wird, meist in Verbindung mit einer gleichzeitigen Neufestsetzung der Konditionen durch den Emittenten, während der Anleger entweder den neuen Zinssatz akzeptiert oder die → Rückzahlung zum Nennbetrag verlangen kann und damit die ursprünglich vereinbarte Laufzeit verkürzt. Der Zweck ist eine flexible Anpassungsmöglichkeit der Emission an veränderte Marktverhältnisse. Laufzeitverkürzungen sind etwa bei → Floating Rate Notes anzutreffen.
*Gegensatz:* → Extendible Bond (Extendibles).
(→ Festzinsanleihen, → Anleihen mit Gläubigerkündigungsrecht, → Anleihen mit Schuldnerkündigungsrecht)

### Return on Investment (RoI)
Bezeichnet die → Rentabilität des gesamten Kapitaleinsatzes. Dabei kann sich die Rentabilitätsrechnung sowohl auf die ganze Unternehmung als auch auf Teilbetriebe, Abteilungen, Produktbereiche, Produkte und sogar auf die Vorteilhaftigkeit einzelner Projekte beziehen. Im Rahmen der Analyse von Kennzahlen errechnet sich das RoI üblicherweise aus dem Verhältnis des gesamten investierten → Kapitals und des → Umsatzes zum → Gewinn:

$$RoI = \frac{Gewinn}{Umsatz} \cdot \frac{Umsatz}{gesamtes\ investiertes\ Kapital}$$

= Umsatzerfolg · Umschlag des investierten Kapitals

Der RoI kann aber auch mit dem → Cash-flow als Erfolgskennzahl gebildet werden.

$$RoI = \frac{Cash\text{-}flow}{Umsatz} \cdot \frac{Umsatz}{gesamtes\ investiertes\ Kapital}$$

Generell werden bei der Berechnung des investierten Kapitals Bruttoanlagewerte (→ Anschaffungskosten) wie auch Nettoanlagewerte (Anschaffungskosten minus → Abschreibungen) verwendet. Die Nettoanlagewerte werden vorwiegend bei der Ermittlung der → Rendite der gesamten Unternehmung zugrundegelegt. Die Bruttoanlagewerte dagegen meist intern für die Ermittlung des RoI einzelner Unternehmensbereiche und Abteilungen herangezogen, da im Falle, daß Nettoanlagewerte verwendet würden, Abteilungen, die mit voll abgeschriebenen Maschinen arbeiten, gegenüber Abteilungen, die neue Maschinen einsetzen, im Vorteil wären. Sie würden wegen des geringeren Kapitaleinsatzes einen ungerechtfertigt hohen RoI aufweisen.
Einzelne Kennzahlen besitzen dennoch nur eine begrenzte Aussagefähigkeit. Deshalb gibt es verschiedene Ansätze, aus den zunächst ungeordnet nebeneinanderstehenden Kennzahlen Systeme zu bilden, die bestimmten Zielsetzungen gerecht werden (→ RoI-Kennzahlenhierarchie).

### Return-to-Rollover
Prozentualer Ertrag eines → Plain Vanilla Floaters bis zum nächsten → Kupontermin. Die Ermittlung der → Rendite für Plain Va-

**Revalierungsanspruch**

nilla Floater ist mit einigen Unsicherheiten behaftet, die bei anderen → Geldmarktpapieren nicht vorhanden sind. Da die Höhe der zukünftigen → Kupons mit Ausnahme des nächsten nicht bekannt ist, versagen die herkömmlichen Methoden der Renditeberechnung. Deshalb wird bei Floatern nur der Ertrag bis zum nächsten Kupontermin, d. h. der R.-t.-R. ermittelt, der dann schließlich mit den Konditionen für alternative Anlagen (z. B. → Festgeld, kurzlaufende → Bundesanleihen) verglichen werden kann. Bei dieser Methode wird beim nächsten Kupontermin ein Kurs von 100 oder ein geschätzter Erfahrungswert angenommen. Hier liegt ein Unsicherheitsfaktor. Je nachdem, welcher Kurs angesetzt wird, wird eine höhere oder niedrigere Rendite ermittelt. Da der Zeitraum bei Floatern mit vierteljährlicher Zinsanpassung maximal drei Monate beträgt, haben bereits geringe Kursveränderungen einen sehr großen Einfluß auf die Rendite.

*Ermittlung*: Der R.-t.-R. eines Floaters kann mit folgender Formel ermittelt werden:

RR = (→ Kapital Z − Kapital E) :
  Kapital E · (360 : Tage) · 100

RR = Return to Rollover
Kapital Z = Kapital zum nächsten Zinstermin
Kapital E = Kapitaleinsatz incl. aufgelaufende → Stückzinsen (→ Dirty Price)
Tage = Anzahl Tage von Kauftag bis zum nächsten Zinstermin

(→ Simple Margin, → Adjusted Simple Margin, → Renditeberechnungsmethoden für Geld- und Kapitalmarktpapiere, → Bond Research)

**Revalierungsanspruch**
→ Anspruch einer → Bank bzw. Sparkasse auf Deckung des für Rechnung eines Kunden akzeptierten → Wechsels, die spätestens einen Bankarbeitstag vor Verfall im Besitz des → Kreditinstituts sein sollte (→ Akzeptkredit).

**Revalvation**
*Revaluation*; → Aufwertung.

**Reversal-Swap**, → Umkehr-Swap.

**Reverse-Call-Optionsscheine**
Synonym für → Short-Optionsscheine des Schweizer Bankenvereins (SBV).

**Reverse Cash & Carry Arbitrage**
→ Ausgleichsarbitrage zwischen mittel- und langfristigen → Zinsfutures der Cheapest-to-Deliver (CTD). Bei der R. C. & C. Arbitrage werden Kursungleichgewichte zwischen Kassa- und Terminmarkt ausgenützt. Entfernt sich der tatsächliche Futurespreis von seinem rechnerischen Kurs, d. h. von dem Kassakurs der CTD zuzüglich den Refinanzierungskosten minus den Zinseinnahmen, setzen Arbitrageprozesse ein. Bei der R. C. & C. Arbitrage wird die teure CTD verkauft (Short Anleihe), die entsprechende Anzahl von Futures gekauft (Long Futures). Befindet sich die Kassaposition nicht im Bestand des Arbitrageurs, so müssen die Papiere über beispielsweise → Wertpapierpensionsgeschäfte entliehen werden. Die nachfolgende Abbildung zeigt den gesamten Vorgang:

**Reverse Cash & Carry Arbitrage**

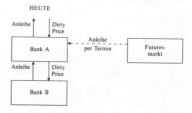

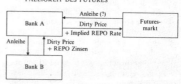

Die Abbildung zeigt, daß Bank A die Anleihe per Kassa zum → Dirty Price verkauft hat. Bank B erhält hierfür den → Dirty Price. Um die Lieferverpflichtung aus dem Kassaverkauf erfüllen zu können, schließt sie mit Bank B ein Wertpapierpensionsgeschäft ab. Bank A ist nun Pensionsnehmer bzw. Bank B Pensionsgeber. Bank A stellt Bank B die liquiden Mittel aus dem Verkauf der Anleihe zur Verfügung. Der Ertrag, den Bank A hierfür erhält, wird durch den REPO Satz (→ REPO-Rate) festgelegt. Das Pensionsgeschäft läuft ebenfalls bis zur Fälligkeit des Futures.

Auf der anderen Seite kauft Bank A die Anleihe über den Future per Termin. Bank A ist Long im Future und hat damit eine Kaufverpflichtung per Termin begründet. Bei Fälligkeit des Futures erhält A die Anleihe aus dem Future und kann die Anleihe an Bank B somit zurückliefern. Der Ertrag, der sich aus dieser R.C.&C. Arbitrage ergibt, kann über die → Implied REPO Rate (IRR) ermittelt werden. Die Implied REPO Rate entspricht aber bei einer Reverse Cash & Carry Arbitrage den Kosten der synthetischen Kreditaufnahme. Bei der R.C.&C.A. werden zwei Zinssätze miteinander verglichen. Bei R.C.&C.A. sind das die Implied REPO Rate und die REPO-Rate. Liegt die Implied REPO Rate unter der REPO Rate lohnt sich die Arbitrage. Der Arbeitragegewinn errechnet sich aus der Differenz zwischen der Implied REPO Rate und dem REPO Satz.

Allerdings ist diese Strategie im Gegensatz zur → Cash & Carry Arbitrage mit einer Unsicherheit behaftet. Bank A hat eine Long Position im Future. Die Gegenseite (Short Future) hat aber bei Fälligkeit des Futures die Wahlmöglichkeit eine beliebige Anleihe aus dem Korb der lieferbaren Anleihen zu liefern. Bei Fälligkeit wird das in der Regel die Cheapest to Delivery sein. Die CTD ändert sich oftmals während der Laufzeit des Futures. Bank A, der Pensionsnehmer, kennt somit nicht mit absoluter Sicherheit die Anleihe, die er bei Fälligkeit des Futures erhält. Deshalb muß die Reverse Cash and Carry Arbitrage nicht immer mit einem Arbitragegewinn verbunden sein.

*Gegensatz:* → Cash & Carry Arbitrage.
(→ Basishandel)

### Reverse Floater

*Begriff:* R. F. sind auch als umgekehrte Floater oder Bull Floater bezeichnete Zinspapiere mit einer variablen Verzinsung. Ähnlich den normalen Floatern (→ Plain Vanilla Floater, → Floating Rate Note) werden die → Zinsen in regelmäßigem Rhythmus an die aktuellen → Geldmarktzinsen angepaßt. Als Maßstab dienen in der Regel LIBOR (London Interbank Offered Rate) oder → FIBOR (Frankfurt Interbank Offered Rate). Während normale Floater für den Anleger um so interessanter werden, je höher die Geldmarktsätze sind, profitieren R. F. von fallenden Zinsen. Denn: Bei R. F. wird der Geldmarktsatz von einem festen Basiszinssatz abgezogen. Je geringer nun die Geldmarktzinsen sind, desto höhere Zinsen kann der Anleger kassieren. Ein fallender (steigender) LIBOR führt demnach zu höheren (geringeren) Zinserträgen. Im Extremfall, nämlich dann, wenn der → Referenzzinssatz die Höhe des Basiszinssatzes erreicht, ist die Verzinsung sogar Null. Deshalb auch der Name R. F. oder Umgekehrter Floater. Während bei normalen Floatern nur geringe Kursschwankungen zu erwarten sind, haben R. F. große Kursbewegungen. Neben den höheren Zinseinnahmen profitiert der Anleger auch von überdurchschnittlichen Kursgewinnen bei Zinssenkungen. Die Kursgewinne sind bei R. F. im Vergleich zu → Straight Bonds (z. B. → Bundesanleihen) höher. Die Abbildung auf S. 1320 oben zeigt die Unterschiede zwischen Plain Vanilla Floatern und R. F.

R. F. haben verglichen mit Plain Vanilla Floatern eine sehr hohe → Duration. Diese hohen Durationswerte von bis zu 20 Jahren können mit → Bond Stripping erklärt werden. Aus Vereinfachungsgründen wird unterstellt, daß der R. F. bereits in der variablen Periode ist und noch eine → Restlaufzeit von 10 Jahren hat. Der → Nominalzins soll 16 – LIBOR s. a., aber mindestens null Prozent betragen. S. a. ist die Abkürzung für Semiannually und bedeutet, daß die Zinszahlungen halbjährlich erfolgen. Die Abbildung auf S. 1320 unten zeigt die Zahlungsströme zwischen → Emittent und Anleger. Gedanklich kann der R. F. in zwei Zahlungsströme aufgespalten werden. Der Emittent zahlt an den Anleger den → Festsatz in Höhe von 16 Prozent bzw. der Anleger zahlt an den Emittenten den variablen LIBOR-Satz. Der Austausch des Festsatzes gegen den variablen Satz erfolgt nach dem Zinsnetting-Verfahren, d. h. de facto wird nur die Differenz zwischen beiden Sätzen ausgetauscht, also 16 – LIBOR. Da der Mindestzinssatz eines R. F. bei Null Prozent liegt und eine negative Verzinsung vom Emittenten in den Emissionsbedingungen ausgeschlossen wurde, wird immer vom Emittenten an den Anleger ein Betrag überwiesen. Dieser liegt zumindestens im theoretischen Extremfall bei 16%, wenn der LIBOR bei 0% liegen sollte. Steigt der LIBOR dagegen auf 16%, würde die Verzinsung des R. F. 0% betragen. Bei einem LIBOR von z. B. 18% müßte der Anleger 2% (16%–18%=2%) an den Emittenten zahlen! Aus moralischen und technischen Gründen wurde deshalb die Mindestverzinsung auf

## Reverse Floater

### Reverse Floater – Unterschiede zu Plain Vanilla Floatern

| Instrument<br>Merkmale | Plain Vanilla Floater | Reverse Floater |
|---|---|---|
| Alternative Bezeichnung | (Normaler) Floater | Inverser Floater, Umgekehrter Floater, Bull Floater |
| Referenzzinssatz | Geldmarktsatz | Geldmarktsatz |
| Kupon | Referenzzinssatz ± Abschlag | 1) Festsatzperiode: Festsatz<br>2) Variable Periode: Festsatz – Referenzzinssatz |
| Beispiel für Höhe des Kupons | LIBOR +0,10 | 1) Festsatzperiode: 8%<br>2) Variable Periode: 16 – LIBOR |
| Laufzeit | Bis zu 10 Jahren | Bis zu 10 Jahren |
| Höhe des Kupons | Um so höher, je höher der Referenzzinssatz | Um so höher, je niedriger der Referenzzinssatz |
| Einflußfaktoren auf Kursbildung | Aktueller Referenzzinssatz | Langfristige Kapitalmarktsätze und aktueller Referenzzinssatz |
| Kursschwankungen | Gering | Sehr hoch |
| Zinserwartungen<br>– Daueranleger<br>– Trader | Steigender Referenzzinssatz<br>Nicht geeignet, da nur sehr geringe Kursschwankungen | Fallender Referenzzinssatz<br>Fallende Kapitalmarktrenditen |
| Duration | Maximal 0,5 Jahre | Bis zu 20 Jahren |
| Anlegertyp | Risikoscheu | Risikofreudig |

Null Prozent begrenzt. Die untenstehende Abbildung zeigt das Zinsnetting zwischen Emittent und Anleger.

*Stripping eines R. F.:* Ein R. F. besteht aus den in der Abbildung auf S. 1321 oben dargestellten Bausteinen einer → Long Position in zwei Straight Bonds, einer → Short Position in einem Plain Vanilla Floater und einer Long Position in einem → Cap. Jede Position hat einen Nominalwert von 100 DM.

(1) *Long Position in Straight Bonds:* Der Anleger erhält jährlich aus der Long Position 8% Zinsen. Die Zinsen werden halbjährlich gezahlt. Da der → Nominalwert beider Positionen DM 200 beträgt, erhält der Investor jährlich 16 DM Zinsen. Für die spätere Risikobetrachtung ist besonders wichtig, daß der Anleger zwei Anleihen mit jeweils einem Nominalzinssatz von 8% gekauft hat. Die Portfoliobetrachtung 1 (vgl. Tabelle auf S. 1321 unten) zeigt, daß der Anleger im Nominalwert von 200 DM Straight Bonds gekauft hat. Die Nominalverzinsung des Portfolios – bestehend aus zwei Straight Bonds – beträgt 8%. Der aktuelle Kurswert beider Papiere liegt bei ebenfalls 200 DM, die Laufzeit 10 Jahre, die Portfoliorendite

### Reverse Floater – Zahlungsströme

| Emittent | →16→<br>←LIBOR← | Anleger |

### Reverse Floater – Zinsnetting

| Emittent | →16 – LIBOR→ | Anleger |

## Reverse Floater – Stripping

| + Reverse Floater | = | + Straight Bond | + Straight Bond | – Plain Vanilla Floater | + Cap |
|---|---|---|---|---|---|
| 16 – LIBOR mindestens 0% | | 8% Kupon | 8% Kupon | LIBOR | 16% Strike |
| Laufzeit 10 Jahre | | Laufzeit 10 Jahre | Laufzeit 10 Jahre | Laufzeit 10 Jahre | Laufzeit 10 Jahre |

wobei

+ = Long Position, d.h. Kauf dieser Position
– = Short Position, d.h. Verkauf dieser Position

8,16% und die Portfolioduration 7.07 Jahre.
(2) *Short Position in Plain Vanilla Floaters*: Die Short Position im Plain Vanilla Floater kann als gedankliche Kreditaufnahme interpretiert werden. Mit anderen Worten bedeutet dies, daß der Anleger für die Finanzierung der zweiten Position im Straight Bond einen Kredit in Höhe von DM 100 Nominalwert aufnimmt. Der Anleger erhält DM 100 und zahlt hierfür halbjährlich den 6-Monats-LIBOR.
Die Portfoliobetrachtung 2 (vgl. Tabelle unten) zeigt, daß der Anleger unter Berücksichtigung der variablen Kreditaufnahme nur noch einen effektiven Kapitaleinsatz von 100 DM hat. Bezogen auf diesen Kapitaleinsatz beträgt der laufende Ertrag aus den beiden Long Positionen in den Straight Bonds bzw. der Short Position in dem Plain Vanilla Floater 2 · 8 – LIBOR oder 16 – LIBOR. Die Anlage hat mit diesen Bausteinen exakt den R. F. mit dem Kupon von 16 – LIBOR nachgebildet. Das → Stripping zeigt, daß ein R. F. ein → Portfolio ist, das aus zwei Straight Bonds und einem Plain Vanilla Floater zusammengesetzt wurde. Die → Duration des R. F. beträgt 13,64 Jahre. Diese kann als gewichteter Durchschnitt der drei Bausteine mit folgender Formel ermittelt werden: Duration des R. F. = (100 · 7,07+100 · 7,07–100 · 0,5)/ (100+100–100). Die Duration des R. F. liegt

## Reverse Floater – Portfoliobetrachtung 1

| Instrument: | Nennwert | Kupon | Kurs | Laufzeit | Rendite | Duration |
|---|---|---|---|---|---|---|
| Kennzahlen: | (1) | (2) | (3) | (4) | (5) | (6) |
| *Bausteinbetrachtung:* | | | | | | |
| + Straight Bond | 100 | 8% s.a. | 100 | 10 Jahre | 8,16% | 7,07 Jahre |
| + Straight Bond | 100 | 8% s.a. | 100 | 10 Jahre | 8,16% | 7,07 Jahre |
| + Straight Bond | 200 | 8% s.a. | 200 | 10 Jahre | 8,16% | 7,07 Jahre |

wobei:
s.a. = Semiannually (Halbjährliche Zinszahlung)

## Reverse Floater – Portfoliobetrachtung 2

| Instrument: | Nennwert | Kupon | Kurs | Laufzeit | Rendite | Duration |
|---|---|---|---|---|---|---|
| Kennzahlen: | (1) | (2) | (3) | (4) | (5) | (6) |
| *Bausteinbetrachtung:* | | | | | | |
| + Straight Bond | 100 | 8% s.a. | 100 | 10 Jahre | 8,16% | 7,07 Jahre |
| + Straight Bond | 100 | 8% s.a. | 100 | 10 Jahre | 8,16% | 7,07 Jahre |
| – Floater | –100 | 6-Monats-LIBOR | –100 | –10 Jahre | –LIBOR | –0,5 Jahre |
| *Portfoliobetrachtung:* | | | | | | |
| + Reverse Floater | 100 | 16 – 6-Monats-LIBOR | 100 | 10 | | 13,64 |

**Reverse Floater**

also bei 13,64 Jahren, obwohl der R. F. in 10 Jahren fällig wird. Dieser auf den ersten Blick erscheinende Widerspruch kann folgendermaßen aufgeklärt werden: Hinter einem R. F. verbirgt sich ein synthetischer Zero Bond (→ Nullkupon-Anleihe) mit einer → Laufzeit von 13,64 Jahren. Wie oben bereits angedeutet, transformiert die Duration alle Zinsinstrumente in synthetische Zero Bonds. So auch R. F. Mit der Duration besteht erstmals die Möglichkeit, Zinspapiere trotz unterschiedlicher Ausstattung miteinander zu vergleichen. Bekanntlich haben langlaufende Zero Bonds besonders hohe Kursschwankungen. Dieser Effekt kann auch auf R. F. übertragen werden. Die Tabelle unten zeigt die teilweise extrem hohen Kursverluste von R. F. im Gegensatz zu den geringen Kursveränderungen von Plain Vanilla Floatern.

Die Tabelle zeigt, daß R. F. in der ersten Jahreshälfte 1994 im Durchschnitt Kursverluste von 9,18% verbuchen mußten. Zum Vergleich: Die Kursveränderungen von Plain Vanilla Floatern lagen bei durchschnittlich −0,58%. Exakter als über die Duration kann die → Kurssensitivität eines Zinsinstrumentes über die → Modified Duration (Adjusted Duration) geschätzt werden. Die Modified Duration gibt die prozentuale Kursveränderung des → Dirty Price (Kurs inclusive der aufgelaufenen → Stückzinsen) an, wenn sich die Rendite des Zinspapiers um 100 Basispunkte verändert. Die Modified Duration wird über die Duration nach Macaulay nach folgender Formel ermittelt: Modified Duration = Duration nach Macaulay/(1+r/100), mit r = → ISMA-Rendite. Für den R. F. beträgt die Modified Duration demnach 13,64/(1+8/100) = 12,63%. Bei einer Veränderung der Rendite des R. F. um 100 → Basispunkte (= 1 Prozentpunkt) würde sich der Dirty Price um 12,63% verändern. Es sei an dieser Stelle darauf hingewiesen, daß die Modified Duration nur eine Kursschätzung ermöglicht. Die exakt ermittelten Kurse mit Hilfe des Barwertkonzeptes werden in der Tabelle auf S. 1323 dargestellt.

*Eigenschaften von R. F.*: (1) *überproportionale Kursveränderungen*: Die Tabelle zeigt, daß R. F. überproportionale Kursschwankungen haben. Dieser für viele Anleger erstaunliche Effekt kann mit dem Ergebnis des → Bond Strippings erklärt werden. Ein R. F. besteht aus zwei Long Positionen in Straight Bonds und einer Short Position in einem Plain Vanilla Floater. Da ein R. F. aus zwei Straight Bonds besteht, müssen auch die Kursschwankungen doppelt so hoch sein wie bei einem Straight Bond, da der Anleger nicht den doppelten Kapitaleinsatz, sondern den gleichen wie bei einer Position in einem Straight Bond hat. Dieser Effekt wird erreicht, weil die zweite Position im Straight Bond mit einer Short Position (Kreditaufnahme) in einem Plain Vanilla Floater finanziert wird.

(2) *Bestimmung von Kursschwankungen durch die Änderung der langen Zinsen*: Die Höhe des laufenden Zinsertrages orientiert sich bei einem R. F. am aktuellen LIBOR. Allerdings ist für die Kursentwicklung die Renditeentwicklung am langen Ende, d. h. die Renditeentwicklung der beiden Straight Bonds, entscheidend. Diesen

| WKN | Papier | Kurs 22. 03. 93 | Kurs 30. 12. 93 | Kurs 08. 07. 94 | Kursveränderung gegenüber 30. 12. (%) |
|---|---|---|---|---|---|
| *Reverse Floater:* | | | | | |
| 401320 | Nord LB 90/97 | 110,00 | 114,75 | 109,50 | −4,58 |
| 401115 | Europarat 90/00 | 114,90 | 121,35 | 112,00 | −7,70 |
| 401145 | Daimler Benz | 113,00 | 120,00 | 107,00 | −10,83 |
| 211452 | Bay. Landesanst. f. Aufb. | 111,25 | 117,75 | 106,75 | −9,34 |
| 403135 | Eurofima | 112,75 | 118,75 | 106,00 | −10,74 |
| 263160 | Hamburgische Landesb. | 110,75 | 120,00 | 105,75 | −11,88 |
| Durchschnittliche Kursveränderung | | | | | −9,18 |
| *Plain Vanilla Floater:* | | | | | |
| 113478 | Bund Floater | 98,68 | 99,94 | 99,27 | −0,67 |
| 115079 | Bahn Floater | 99,15 | 99,93 | 99,26 | −0,67 |
| 116066 | Post Floater | 100,00 | 100,23 | 99,84 | −0,39 |
| Durchschnittliche Kursveränderung | | | | | −0,58 |

**Reverse Floater**

| Renditenniveau Geldmarkt / Renditenniveau Kapitalmarkt | 6-Monats-LIBOR 7% (1) | 6-Monats-LIBOR 8% (Zinsniveaus zum Emissionszeitpunkt) (2) | 6-Monats-LIBOR 9% (3) |
|---|---|---|---|
| 10jährige Renditen 7% (1) | 107,02 + 107,02 − 100,48 = 113,56 | 107,02 + 107,02 − 100 = 114,04 | 107,02 + 107,02 − 99,52 = 114,52 |
| 10jährige Renditen 8% (Zinsniveau zum Emissionszeitpunkt) (2) | 100,00 + 100,00 − 100,48 = 99,52 | 100,00 + 100,00 − 100,00 = 100,00 | 100,00 + 100,00 − 99,52 = 100,48 |
| 10jährige Renditen 9% (3) | 93,58 + 93,58 − 100,48 = 86,68 | 93,58 + 93,58 − 100,00 = 87,16 | 93,58 + 93,58 − 99,52 = 87,64 |

Zusammenhang verdeutlicht auch die Tabelle oben.
Die Tabelle zeigt auf der horizontalen Ebene unterschiedliche Szenarien des 6-Monats-LIBOR's bzw. auf der vertikalen Ebene verschiedene Szenarien der 10jährigen Renditen. Insgesamt werden neun verschiedene Zinsszenarien unterschieden. In der ersten Zeile jeder Zelle sind jeweils die Kurse der beiden Straight Bonds bzw. in der zweiten Zeile der Kurs der Short Position im Plain Vanilla Floater dargestellt. Die dritte Zeile enthält den Kurs des R. F., der durch Addition der drei Bausteine ermittelt werden kann. Der Emissionskurs liegt bei 100%. Zum Zeitpunkt der Emission wird unterstellt, daß sowohl der kurzfristige 6-Monats-LIBOR als auch die 10-jährigen Renditen bei 8% notieren. Die Ermittlung der Kurse erfolgt unter der Prämisse, daß die Renditen am gleichen Tag von 8% auf 9% steigen bzw. von 8% auf 7% fallen. In Spalte 3 und Zeile 1 ist der Best Case beschrieben. Der Kurs des R. F. würde auf 114,52% steigen. Dieses Szenario sieht vor, daß die langlaufenden Renditen von 8% auf 7% fallen und der 6-Monats-LIBOR auf 9% steigt. Die beiden Straight Bonds würden jeweils auf 107,02 DM steigen bzw. der Floater auf 99,52 fallen. Addiert man die Kurse der drei Bausteine, erhält man den Kurs des R. F. aus: 107,02+107,02−99,52=114,52. Dieses Beispiel zeigt, daß die Kursentwicklung eines R. F. insbesondere von der Änderung des langfristigen → Kapitalmarktes beeinflußt wird und nicht von der Veränderung des aktuellen LIBOR-Satzes, d. h. des kurzfristigen → Geldmarktes. Der Worst Case würde bei einem Anstieg der langen Zinsen bzw. rückläufigen Geldmarktzinsen eintreffen. Der Kurs des R. F. läge dann bei 86,68 DM. Auch bei diesem Szenario wird die Kursentwicklung des R. F. maßgeblich vom langen Ende beeinflußt.
(3) *Notwendigkeit zum richtigen Timing von R. F.*: Erfahrene Aktienanleger wissen, daß der richtige Kauf- bzw. Verkaufszeitpunkt entscheidend für den Erfolg bzw. Mißerfolg ist. Diese Handelsregel gilt im besonderen Maße auch für R. F., die in Phasen rückläufiger Kapitalmarktrenditen ein äußerst interessantes Instrument sind, um an fallenden Renditen *überproportional* zu partizipieren. Die hohe Duration von 13,64 Jahren untermauert diese Aussage. Im Vergleich zu Straight Bond mit gleicher Restlaufzeit haben R. F. annähernd die doppelten Kursschwankungen. Das Risiko eines R. F. liegt eindeutig in steigenden Kapitalmarktrenditen.
(4) *Abhängigkeit der Höhe des Kupons von den Geldmarktzinsen*: Bei einem unveränderten Kapitalmarktniveau profitiert der Anleger von fallenden Geldmarktzinsen, da bei einem nahezu unveränderten Kurs der → Kupon des R. F. um so höher wird, je weiter der 6-Monats-LIBOR fällt, da der Anleger eine Short Position in einem Floater eingegangen ist. Je weiter die Geldmarktzinsen fallen, desto geringer werden die Refinanzierungskosten der Short Position im Plain Vanilla Floater. Diesen Zusammenhang verdeutlicht auch die Tabelle auf S. 1324 oben. Die Tabelle zeigt, daß bei steigenden 6-Monats-Sätzen der Kupon des R. F. geringer wird. Bei einem 6-Monats-LIBOR von 16% wäre der Zinssatz des R. F. Null. Würde der 6-Monats-LIBOR z. B. 17% betragen, wäre

1323

# Reverse Floater

| 6-Monats-LIBOR | Nominalzins: 16 − 6-MONATS-LIBOR |
|---|---|
| 3  | 13 |
| 4  | 12 |
| 5  | 11 |
| 6  | 10 |
| 7  | 9 |
| 8  | 8 |
| 9  | 7 |
| 10 | 6 |
| 11 | 5 |
| 12 | 4 |
| 13 | 3 |
| 14 | 2 |
| 15 | 1 |
| 16 | 0 |
| 17 | −1, tatsächlich aber 0 Prozent |
| 18 | −2, tatsächlich aber 0 Prozent |

der Kupon sogar negativ, d. h. der Anleger müßte an den Emittenten 1% Zinsen zahlen. De facto beträgt aber bei einem LIBOR von 17% die Verzinsung Null Prozent. Um diesen Effekt zu erzielen besteht der R. F. aus einem weiteren Baustein, der bisher noch nicht besprochen wurde: Einem → Zinscap. Ein Cap ist eine Vereinbarung zwischen dem Verkäufer des Caps (Short Cap) und dem Käufer (Long Cap) darüber, daß bei Steigen eines festgelegten Marktzinssatzes (z. B. 6-Monats-LIBOR) über eine vereinbarte Zinsobergrenze der Verkäufer (Emittent) dem Käufer (Anleger) den Differenzbetrag bezogen auf einen vereinbarten Nominalbetrag erstattet. Caps werden insbes. zum Hedging von Zinsänderungsrisiken eingesetzt, die sich aus variablen Finanzierungen (z. B. Floating Rate Notes) ergeben. Die Zinsobergrenze wird entsprechend der Analogie zu → Zinsoptionen auch als → Strike Price oder → Basispreis bezeichnet. Der Basispreis des Caps liegt bei unserem R. F. bei 16%. Im 6-Monats-Rhythmus wird der 6-Monats-LIBOR mit der Zinsobergrenze von 16% verglichen. Liegt der 6-Monats-LIBOR über 16%, erhält der Anleger von seinem Vertragspartner – dem Emittenten – die Differenz zwischen dem 6-Monats-LIBOR und 16%. Ist der 6-Monats-LIBOR dagegen niedriger, erfolgt keine Ausgleichszahlung. An einigen Zinsszenarien soll die Wirkungsweise von Caps gezeigt werden. Der aktuelle LIBOR liegt bei 17%. Der Anleger erhält die Differenz zwischen aktuellem LIBOR und Zinsobergrenze, d. h. 17%−16% = 1%.

Gleichzeitig erhält der Anleger die Differenz zwischen 16% und dem aktuellen LIBOR 17%, also −1%. Er müßte 1% an den Emittenten zahlen. Vgl. die beiden Abbildungen unten.

Da aber auch der Emittent an den Anleger 1% zahlen müßte, können beide Zahlungen gegeneinander aufgerechnet werden, so daß per Saldo keine Zahlungen zwischen den beiden getauscht werden. Die Verzinsung des R. F. beträgt Null Prozent.

Die Tabelle auf S. 1325 oben zeigt nochmals die Zahlungsströme aus den beiden Straight Bonds bzw. dem Plain Vanilla Floater (Spalte 2), dem Cap (Spalte 3) und dem R. F. (Spalte 4).

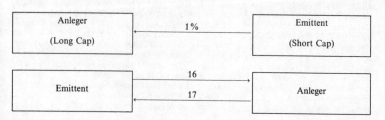

**Reverse Floater**

| 6-Monats-LIBOR Reverse | 16-LIBOR | Ausgleichszahlung des Caps | Kupon des Floaters |
|---|---|---|---|
| (1) | (2) | (3) | (4) |
| 3 | 13 | 0 | 13 |
| 4 | 12 | 0 | 12 |
| 5 | 11 | 0 | 11 |
| 6 | 10 | 0 | 10 |
| 7 | 9 | 0 | 9 |
| 8 | 8 | 0 | 8 |
| 9 | 7 | 0 | 7 |
| 10 | 6 | 0 | 6 |
| 11 | 5 | 0 | 5 |
| 12 | 4 | 0 | 4 |
| 13 | 3 | 0 | 3 |
| 14 | 2 | 0 | 2 |
| 15 | 1 | 0 | 1 |
| 16 | 0 | 0 | 0 |
| 17 | −1 | 1 | 0 |
| 18 | −2 | 2 | 0 |
| 19 | −3 | 3 | 0 |
| 20 | −4 | 4 | 0 |

Hinweis: Spalte vier erhält man durch Addition von Spalte 2 und 3.

Zusammenfassend läßt sich festhalten, daß ein R. F. eine komplexe Finanzkonstruktion ist, die aus mehreren elementaren Anlageformen besteht. Ein R. F. mit dem Kupon 16-LIBOR und einer Mindestverzinsung von Null Prozent besteht aus zwei Long Positionen in Straight Bonds, einer Short Position in einem Plain Vanilla Floater und einer Long Position in einem Zinscap. Eine spekulative Variante eines R. F. sind solche R. F. mit dem Kupon: Festsatz − zweimal Geldmarktsatz. Eine Analyse dieses Typs zeigt, daß sich hinter diesem R. F. folgende elementaren Anlageformen verbergen (vgl. Abbildung unten).

Die Duration dieses Turbo R. F. ohne Berücksichtigung der Duration der beiden Zinscaps beträgt 20,21 Jahre. Die Duration kann mit der nachstehenden Formel ermittelt werden: Duration R. F. = $(100 \cdot 7{,}07 + 100 \cdot 7{,}07 + 100 \cdot 7{,}07 - 100 \cdot 0{,}5 - 100 \cdot 0{,}5)/(100+100+100-100-100) = 20{,}21$ Jahre. Gedanklich verbirgt sich hinter diesem Turbo R. F. ein Zero Bond, der in 20,21 Jahren fällig wird. Die Modified Duration dieses Papiers liegt bei 18,71%

| + Reverse Floater =<br>24 − LIBOR<br>mindestens 0% | + Straight Bond<br>8% Kupon | + Straight Bond<br>8% Kupon | + Straight Bond<br>8% Kupon |
|---|---|---|---|
| Laufzeit<br>10 Jahre | Laufzeit<br>10 Jahre | Laufzeit<br>10 Jahre | Laufzeit<br>10 Jahre |
|  | − Plain Vanilla Floater<br>LIBOR<br>Laufzeit 10 Jahre |  | − Plain Vanilla Floater<br>LIBOR<br>Laufzeit 10 Jahre |
|  | + Cap<br>16% Strike<br>Laufzeit<br>10 Jahre | + Cap<br>16% Strike<br>Laufzeit<br>10 Jahre |  |

wobei:
+ = Long Position, d.h. Kauf dieser Position
− = Short Position, d.h. Verkauf dieser Position

**Reverse FRN**

(20,12/1,08). Je höher die Modified Duration eines Zinspapiers ist, desto größer sind die damit verbundenen Kurschancen bzw. -risiken. Verglichen mit einem Straight mit gleicher Restlaufzeit hat der R. F. ungefähr den dreifachen → Hebel.
(→ Bond Research)

**Reverse FRN**
Abk. für Reverse Floating Rate Note (→ Reverse Floater).

**Reverse-Put-Optionsschein**
Synonym für → Short-Optionsschein des Schweizer Bankvereins (SBV).

**Reverse REPO-Geschäft**
Umkehrung eines → REPO-Geschäftes, d. h. Kassakauf eines → Wertpapieres und Terminverkauf des Wertpapieres.

**Revocable Credit**
Widerrufliches → Dokumentenakkreditiv.

**Revolvierendes Akkreditiv**
*Revolving Credit;* → Dokumentenakkreditiv, das nach Inanspruchnahme automatisch ein- oder mehrmals für den Begünstigten wieder verfügbar wird, bis ein bestimmter Höchstbetrag erreicht ist (Akkreditiv mit Mehrfachausnutzung). Das Akkreditiv kann kumulativ oder nicht kumulativ revolvierend sein.

**Revolving Credit,** → revolvierendes Akkreditiv.

**Revolving-Geschäft**
→ Bankgeschäft, das gem. § 1 Abs. 1 Satz 2 Nr. 7 KWG in der „Eingehung der Verpflichtung, Darlehensforderungen vor → Fälligkeit zu erwerben" besteht, etwa die → Refinanzierung eines → langfristigen Kredits mit kurzfristigen Mitteln, die von einer Vielzahl von Kreditgebern stammen (Revolving-System). Wenn die Kreditgeber ihre Gelder zurückrufen, werden die entsprechenden Mittel durch neu hinzutretende Kapitalgeber ersetzt. Durch das laufende Wechseln findet so die Fristentransformation zwischen den kurzfristig angelegten Mitteln und dem langfristigen → Darlehen statt. Der Vermittler trägt das Transformationsrisiko und i. d. R. auch das → Zinsänderungsrisiko.

**Revolving Underwriting Facility (RUF)**
Auf revolvierender Basis begebene kurzfristige → Euronotes, die von einem → Underwriter plaziert werden. Können die Euronotes nicht plaziert werden, verpflichten sich die Underwriter, die nichtplazierten Papiere selbst zu übernehmen.

**Reward-to-Variability-Ratio**
Synonym für → Sharpe-Maß.

**REX**
Abk. für Deutscher Rentenindex. Am 11. 6. 1991 wurde der Deutsche Rentenindex (REX) erstmals von der → Deutschen Börse AG errechnet. Der REX basiert auf 30 synthetischen Anleihen und gibt als objektiver Maßstab die tägliche Markttendenz am deutschen → Rentenmarkt wieder. Seit dem 27. 4. 1992 veröffentlicht die Deutsche Börse AG neben dem REX-Kursindex auch den REX-Performanceindex (→ REX-P), der den Anlageerfolg am → Rentenmarkt messen soll. Da es allerdings „den" Rentenmarkt nicht gibt, muß der → Index auf einen repräsentativen Teilmarkt eingegrenzt werden (→ Emittentengruppen am deutschen Rentenmarkt). Deshalb wurde der REX auf das Marktsegment der → Bundesschatzanweisungen, → Treuhandobligationen, → Bundesobligationen, Treuhandanleihen und → Bundesanleihen beschränkt. Zum einen ist sichergestellt, daß alle Papiere eine einheitliche, gute Bonität haben. Zum anderen ist durch die tägliche → Kurspflege der → Deutschen Bundesbank gewährleistet, daß marktgerechte, realistische Kurse zur Verfügung stehen.

*Ermittlung (Schritte):* (1) *Berechnung der Renditen der umlaufenden Bundespapiere:* Zunächst einmal werden für alle umlaufenden Bundesschatzanweisungen, Bundesobligationen, Treuhandobligationen, Treuhandanleihen und Bundesanleihen die aktuellen → ISMA-Renditen berechnet. Basis sind die Kassakurse dieser Papiere an der Frankfurter → Börse.
(2) *Berechnung der Renditestrukturkurve:* Im nächsten Schritt wird mit Hilfe der ermittelten → Renditen der Bundespapiere eine → Renditestrukturkurve berechnet.
(3) *Ermittlung der Renditen und Kurse der 30 synthetischen Wertpapiere:* Wurde die Renditestrukturkurve berechnet, kann in einem weiteren Schritt die Ermittlung der Renditen und Kurse der synthetischen An-

leihen erfolgen. Man nimmt dazu die aktuelle, täglich ermittelte Renditestrukturkurve und leitet aus dieser die Renditen für die fiktiven Papiere ab. Vereinfacht ausgedrückt bedeutet dies: Man nimmt die Restlaufzeit des fiktiven Papiers und errechnet mit Hilfe der Renditestrukturkurve die entsprechende Rendite des fiktiven Papiers. Über diesen Umweg kann man die Renditen der fiktiven Papiere ermitteln, ohne daß diese Papiere tatsächlich gehandelt werden. Wurde die Rendite bestimmt, kann nun schließlich noch für jedes → synthetische Papier der Kurs ermittelt werden.

Das REX-Konzept sieht vor, daß grundsätzlich drei verschiedene Kuponklassen existieren, nämlich 6%er, 7,5%er und 9%er. Das bedeutet, daß die synthetischen Papiere einen → Kupon von 6%, 7,5% oder 9% haben. Außerdem wurden noch die → Laufzeiten festgelegt. Die Papiere haben ganzzahlige Laufzeiten von ein bis zehn Jahren. Also ein Jahr, zwei Jahre, drei Jahre, ... und schließlich zehn Jahre. Zu jeder Laufzeitklasse gibt es drei Papiere, jeweils mit einem Kupon von 6%, 7,5% und 9%. Insgesamt besteht der REX-Kursindex aus 30 Papieren (drei Kuponklassen mit jeweils zehn verschiedenen Laufzeiten). Die verschiedenen Kuponklassen wurden gewählt, um den Kuponeffekt zu berücksichtigen. Dieser besagt, daß → festverzinsliche (Wert-)Papiere unterschiedliche Renditen für gleiche → Restlaufzeiten, aber verschiedene Kuponhöhen mit sich bringen. Der Kuponeffekt ist am deutschen → Kapitalmarkt u. a. zu beobachten, da Privatanleger nur den → Nominalzins versteuern müssen, der Kursgewinn aber steuerfrei ist. Deshalb bevorzugen Privatanleger mit einer hohen Steuerprogression Anleihen mit einem niedrigen Kupon. Denn: Je niedriger der Kupon ist, desto größer ist der steuerfreie Kursgewinn. Diese Papiere haben i. d. R. etwas geringere Renditen vor → Steuern.

(4) *Multiplikation jeder der 30 synthetischen Anleihen mit ihrem Gewicht*: Der R. soll trotz Konstanthaltens seiner Struktur dennoch den deutschen Rentenmarkt möglichst genau widerspiegeln. Deshalb wurden umfangreiche Marktstrukturuntersuchungen im Zeitraum 1966 bis 1991 vorgenommen, um eine zeitliche Vergleichbarkeit des R. sowohl in Hoch- als auch in Niedrigzinsphasen zu ermöglichen. Das Ergebnis sind Gewichtungsfaktoren für jedes Papier, die die Marktrepräsentativität bei der Indexbildung berücksichtigen. Damit ist sichergestellt, daß beispielsweise der 6%er mit zehn Jahren Laufzeit ein stärkeres Gewicht hat als der 9%er mit zehn Jahren.

(5) *Addition der gewichteten Kurse zum REX-Kursindex (durchschnittlicher Kurs)*: Im letzten Schritt wird schließlich der REX-Kursindex ermittelt. Er ergibt sich unter Verwendung der Gewichte und Kurse jedes Papiers als Durchschnitt der mit den Faktoren gewichteten Kurse der synthetischen Wertpapiere. Damit stellt der REX-Kursindex nichts anderes dar als den Kurs eines durchschnittlichen Papieres des Bundes.

*Vergleich mit alternativen → Rentenindices*: In der BRD existieren noch weitere → synthetische Kursindices, der BHF-Bank-Index und der → Commerzbank-Index. Der Commerzbank-Index basiert allerdings ausschließlich auf Neuemissionen von → Bankschuldverschreibungen. Im Gegensatz dazu legt die BHF-Bank Bundes- und Bahnanleihen zugrunde. Bei beiden Indices sind Bonitätsunterschiede zwischen den verschiedenen Papieren (z. B. BHF-Index zwischen Post- und Bundanleihen) nicht auszuschließen, die den Index verzerren können. Ein weiterer Unterschied zum BHF-Index besteht bei der Auswahl der verwendeten fiktiven Papiere und in der Berechnung der Renditestrukturkurve. Im Gegensatz zu den oben erwähnten Indices werden der Index der Deutschen Bank und der → DG Bank, Deutsche Genossenschaftsbank auf Basis von börsennotierten Anleihen ermittelt.

*Anwendungsgebiete*: Der REX-Kursindex kann – sowohl als Gesamtindex als auch als Subindex – für verschiedene Aufgaben eingesetzt werden: (1) zum Aufzeigen der Markttendenz (Orientierungsfunktion); (2) als Analyseinstrument zur technischen Rentenmarktanalyse (Prognosefunktion); (3) als → Benchmark zur Begrenzung des zinsinduzierten Marktrisikos (Benchmarkfunktion); (4) als Basisobjekt für → derivative (Finanz-)Instrumente (z. B. → REX-Optionsschein).

(→ Synthetischer Kursindex, → relative Kursvolatilität)

## REX-Optionsschein

→ Optionsschein, der als → Basiswert den → REX hat.

## REX-Performanceindex

Nationaler →Performanceindex, der die Wertentwicklung am deutschen →Rentenmarkt aufzeigen soll. Der REX-P. ist eine Weiterentwicklung des →REX, da der REX-P. aus dem REX abgeleitet wird. Für die Konstruktion eines Performanceindexes sind zwei Ertragskomponenten zu berücksichtigen. Zum einen Kursveränderungen, die sich aus der Veränderung der →Rendite und Verkürzung der →Restlaufzeit ergeben. Zum anderen der Zinsertrag, der durch fällige Zinszahlungen und deren Wiederanlage entsteht. Basis für Kursveränderungen ist der REX-Kursindex, der seit Juni 1991 börsentäglich von der →Deutschen Börse AG ermittelt wird und die Kurstendenz am deutschen Rentenmarkt unverzerrt darstellt.

Werden Zinserträge in einem Performanceindex ermittelt, sind folgende *Grundsatzfragen* vorher zu klären: (1) Welche Zinserträge entstehen, und in welche Papiere werden diese wiederangelegt? (2) Wann werden die Zinserträge wiederangelegt?

Prinzipiell sollte die Zuordnung der fälligen Zinszahlungen nach dem Grundsatz „Zuordnung der Erträge zu der Quelle, aus der sie kommen" erfolgen. Konkret bedeutet dies für den REX-P., daß die Zinszahlungen aus den 30 verschiedenen Papieren auch in das jeweils ausschüttende Papier wieder angelegt werden sollten. Diese Vorgehensweise würde langfristig allerdings zu einer Verzerrung führen, da Papiere mit einem hohen →Kupon übergewichtet würden: Je höher der Kupon eines Papiers ist, desto mehr könnte wieder in dieses Papier investiert werden. Deshalb entschied man sich beim REX-P. für die Wiederanlage des durchschnittlichen Kupons in Höhe von 7,443 Prozent.

Die zweite Frage zielt auf den Wiederanlagerhythmus der fälligen Zinszahlungen ab. Grundsätzlich kann die Wiederanlage täglich, wöchentlich, monatlich oder jährlich erfolgen. Beim REX-P. wird unterstellt, daß die →Zinsen – anders als in der Realität, in der üblicherweise einmal im Jahr Zinsen gezahlt werden – täglich zufließen und auch täglich wiederangelegt werden. Die tägliche Wiederanlage kann zu einer chronischen Überbewertung des Index führen. Um diesem systembedingten Effekt gegenzusteuern, wurde beim REX ein einfaches finanzmathematisches Verfahren eingesetzt. Die tägliche Reinvestition im Basisportfolio wurde unterstellt, um in der Berechnung des REX-P. Verzerrungen zu vermeiden. Würde man beispielsweise eine jährliche Wiederanlage unterstellen, würde die Anlage eines hohen aufgelaufenen Betrages zu Ausschlägen im Performanceindex führen.

*Vergleich zu anderen →Rentenindices*: Neben dem REX-P. werden am deutschen Markt eine Vielzahl weiterer Performanceindices ermittelt. Folgende Institute bieten Performanceindices an: BHF-Bank, Commerzbank, Deutsche Bank, J.P. Morgan, Merrill Lynch und Salomon Brothers (→Salomon Brothers DM Government Bond Index).

Während der Performanceindex der BHF-Bank und Commerzbank auf →synthetischen Papieren basieren, werden die Indices der restlichen Banken auf tatsächlich gehandelten Papieren ermittelt.

*Anwendungsgebiete*: Der REX-P. kann – sowohl als Gesamtindex als auch als Subindex – für verschiedene Aufgaben eingesetzt werden: (1) Maßstab für die Messung des Anlageerfolges (Orientierungsfunktion); (2) Vergleichsmaßstab für die Beurteilung von →Investmentfonds (Benchmarkfunktion); (3) Vergleichsmaßstab für Aktien- und Renteninvestments (Vergleichsfunktion); (4) →Indexierungsstrategie, mit der die Marktperformance dupliziert werden soll (Indexierungsfunktion).

*Charakteristika*: vgl. Übersicht S. 1329.

### REX-Rendite

→Rendite des →REX, berechnet aus den →Cash-flows der zugrundeliegenden Papiere. Im Gegensatz zur →Bundesbank-Rendite, die als →gewichteter Durchschnitt ermittelt wird, wird die REX-Rendite mathematisch exakt über den Kurs des REX und den Cash-flows ermittelt.
(→Synthetischer Kursindex)

### Rezession

Konjunkturphase (→Konjunktur), die durch eine leichte Abschwächung der wirtschaftlichen Aktivitäten in allen Bereichen der Volkswirtschaft gekennzeichnet ist (starke Abschwächung = →Depression).

### Rho

1. *Allgemein*: Griechischer Buchstabe für R.

2. *Statistik*: Statistische Kurzschreibweise für →Korrelationskoeffizient. Vgl. auch

**REX-Performanceindex**

| | |
|---|---|
| Basisdatum: | 30.12.1987 |
| Basiswert: | 100 |
| Gesamtverzinsung: | — Durchschnittlicher Kupon<br>— Wiederanlage in das Basisportfolio<br>— Kursveränderungen |
| Wiederanlagerhythmus: | Täglich |
| Historische Zeitreihen: | Monatsendstände 1967–1987 |
| Zeitreihen: | Tagesschlußstände ab 30.12.1987 |
| Performance-Subindices: | Für 30 idealtypische Anleihen des REX<br>Für die Laufzeitklassen ein bis zehn Jahre |
| Berechnungsintervall: | Täglich zum Börsenschluß |
| Publikation: | Kurs-Informations-Service-System (KISS)<br>Börsenzeitung, FAZ, Handelsblatt<br>Datastream<br>Reuters<br>Telerate<br>Euro American Group<br>Fides<br>ICV-Comstock<br>SWF über Videotext |
| Wertpapier-Kennummern: | 846911 REX-Performanceindex<br>846913 Einjähriger REX-P.<br>846921 Fünfjähriger REX-P.<br>846929 Zehnjähriger REX-P. |

→ moderne Portfolio-Theorie, → Asset Allocation.

3. → *Optionspreisbewertungsmodelle*: Das Options-Rho bzw. → Optionsschein-Rho zeigt die Veränderung des → Fair Values einer → Option bzw. eines → Optionsscheines, wenn sich der risikolose Zinssatz um 100 → Basispunkte ändert.
(→ Black-Modell, → Black & Scholes-Modell)

**Rho-squared**
Statistische Kurzschreibweise für das → Bestimmtheitsmaß. Wird auch als R-squared bezeichnet.

**Richtlinien für den Druck von Wertpapieren,** → Druckvorschriften für Effekten.

**Richtlinien für einheitliche Zahlungsverkehrsvordrucke**
Durch Vereinbarung der → Spitzenverbände der deutschen Kreditwirtschaft und der → Deutschen Bundesbank festgelegte gemeinsame Vorschriften für einheitliche und → neutrale Zahlungsverkehrsvordrucke, sowie besondere Vorschriften über Überweisungsvordrucke, Scheckvordrucke und für Lastschriftvordrucke. Die Richtlinien legen u.a. Papierspezifikationen, Format und drucktechnische Anforderungen, Gebrauchsformen, Inhalt des Vordruckkopfes und des Vordruckfußes usw. fest, um einheitlich gestaltete, automationsfähige Vordrucke zur Verfügung zu haben.
(→ Abkommen zum bargeldlosen Zahlungsverkehr)

**Richtlinien für Vertragsgarantien**
Regelwerk der → Internationalen Handelskammer zu Paris zur Vereinheitlichung von Textfassungen der → Bankgarantien im Außenhandel. Die Richtlinien haben international keine Anerkennung gefunden, da sie die → Garantie „auf erstes Anfordern" nicht regeln.

**Riding-the-Yield-Curve**
*Laufzeitarbitrage*; → aktive Anlagestrategie mit → festverzinslichen (Wert-)Papieren,

bei der eine nicht fristenkongruente Anlage liquider Mittel erfolgt. Bei einem →Planungshorizont von beispielsweise einem Jahr werden die liquiden Mittel nicht in einjährige Papiere investiert, sondern in Papiere mit längerer →Restlaufzeit. Das Papier mit der längeren →Laufzeit wird zum Planungshorizont verkauft. Ausgangsbasis für R.-the-Y.-C. ist die Tatsache, daß am Kapitalmarkt für verschiedene Restlaufzeiten unterschiedlich hohe →Renditen existieren. Bei einer normalen →Renditestrukturkurve sind die Renditen um so höher, je länger die Restlaufzeit des festverzinslichen Papiers ist. R.-the-Y.-C. ist nur bei einer positiven Renditestrukturkurve sinnvoll, da durch die Laufzeitverkürzung mit dem Papier eine geringere Rendite erzielt werden kann und somit zusätzliche Kursgewinne entstehen. Um den erwarteten Ertrag dieser Strategie unter der Annahme, daß sich die Renditestrukturkurve nicht verändert, quantifizieren zu können, wird der →(erwartete) Total Return ermittelt. Der ermittelte Total Return wird auch als →Rolling Yield bezeichnet (→Rolling Yield Curve). Zusätzlich zur Rolling Yield wird eine →Break-even-Rendite errechnet, um das Risiko eines möglichen Renditeanstiegs abschätzen zu können. Diese Risikoanalyse ist notwendig, da das Papier vor →Fälligkeit am Planungshorizont verkauft wird und ein Renditeanstieg mit eventuellen Kursverlusten verbunden sein kann. Zur Abschätzung →zinsinduzierter Kursrisiken kann auch die →Modified Duration verwendet werden.
(→Total Return Management, →Bond Research)

## Rimesse
(Kaum noch gebräuchliche) Bezeichnung für einen →Wechsel, der vom →Aussteller an den Wechselnehmer geschickt wird. Früher z. T. auch Bezeichnung für Wechsel oder →Schecks, die einem →Kreditinstitut zum Einzug (→Scheckinkasso) gegeben wurden.

## Ringgironetz, →Gironetz der Kreditgenossenschaften.

## Ringhauptstellen
Bezeichnung für →genossenschaftliche Zentralbanken als Verrechnungsstellen (→Clearingstellen) im Zahlungsverkehrsnetz der Kreditgenossenschaften (→Gironetz der Kreditgenossenschaften).

## Ringstellen
Bezeichnung für Volksbanken, →Raiffeisenbanken und andere →Kreditgenossenschaften als Teilnehmer (auf örtlicher Ebene) im Zahlungsverkehrsnetz der Kreditgenossenschaften (→Gironetz der Kreditgenossenschaften).

## Risiko, →bankbetriebliche Risiken.

## Risikoaktiva
Bezeichnung im →Eigenkapitalgrundsatz I für Aktivpositionen einer Bank, die mit Risiken (→Bankbetriebliche Risiken) behaftet sind. Der Grundsatz I schreibt vor, daß das →haftende Eigenkapital der Kreditinstitute mindestens 8% der nach ihrem Risiko gewichteten →Aktiva betragen muß (→Solvabilitätskoeffizient).

*Arten:* (1) Bilanzaktiva, (2) außerbilanzielle Geschäfte (→bilanzunwirksame Geschäfte), (3) Finanzswaps (→Financial Swap) und (4) →Finanz-Termingeschäfte und Optionsrechte (→Optionen).

*Als Bilanzaktiva im Sinne des Grundsatzes I gelten:* Guthaben bei →Zentralnotenbanken und →Postgiroämtern, →Schuldtitel öffentlicher Stellen und →Wechsel, die zur →Refinanzierung bei Zentralnotenbanken zugelassen sind, Einzugswerte, für die entsprechende Zahlungen bereits bevorschußt wurden, →Forderungen an Kreditinstitute, Forderungen an Kunden, →Schuldverschreibungen und andere →festverzinsliche (Wert-)Papiere (ohne Papiere, die Rechte aus Finanz-Termingeschäften und Optionsrechte verbriefen), →Aktien und andere nicht festverzinsliche Wertpapiere (ohne Papiere, die Rechte aus Finanz-Termingeschäften und Optionsrechte verbriefen), der Warenbestand von →Kreditgenossenschaften, →Beteiligungen, →Anteile an verbundenen Unternehmen, →Sachanlagen, Gegenstände, über die ein Kreditinstitut als Leasinggeber Leasingverträge (→Leasing) abgeschlossen hat, sonstige Vermögensgegenstände und →Rechnungsabgrenzungsposten.
Die anzurechnenden Bilanzaktiva sind entsprechend der →Rechnungslegungsverordnung definiert (→Aktivposten der Bankbilanz). Nicht anzurechnende Bilanzaktiva sind z. B. Forderungen an den Bund sowie

an die jeweiligen → Sondervermögen und an → Eigenbetriebe und → Regiebetriebe der öffentlichen Hand.
Risikoaktiva sind von den → Risikopositionen (Bezeichnung im → Eigenkapitalgrundsatz I a) zu unterscheiden.

### Risikoarten von Aktien
Das → Capital Asset Pricing Model (CAPM) unterstellt, daß das → Gesamtrisiko von → Aktien zum einen in das → systematische Risiko und zum anderen in das → unsystematische Risiko aufgespalten werden kann. (→ Varianz der Portfolio-Rendite, → Standardabweichung der Portfolio-Rendite, → Moderne Portfolio-Theorie)

### Risikokapital
(Engl.: Risk Capital). Andere Bezeichnung für → Eigenkapital. Der Begriff verdeutlicht, daß Eigenkapital das Risiko der Minderung und der völligen Aufzehrung durch Verluste trägt. R. wird auch als → Haftungskapital oder haftendes Eigenkapital bezeichnet.

### Risikokennzahlen festverzinslicher Wertpapiere,
Kennzahlen → festverzinslicher (Wert-)Papiere.

### Risikokosten
→ Kosten, die als zusätzliche Kosten (→ kalkulatorische Kosten) für Ausfallrisiken in die → Kosten- und Erlösrechnung im Bankbetrieb einbezogen werden. Die R. sind → Wertkosten; sie lassen sich nach Geschäftsarten (Risikokosten des → Kreditgeschäfts, Risikokosten des → Auslandsgeschäfts), Kundengruppen (→ Bonitätsrisiko), aber auch nach Regionen (→ Länderrisiko) gliedern.
Die Ist-R. einer Rechnungsperiode werden aus dem Bedarf an → Einzelwertberichtigungen und direkten → Abschreibungen auf Forderungen unter Berücksichtigung einzelwertberichtigter und abgeschriebener Forderungen ermittelt. Für die → Margenkalkulation werden Standard-R. als normalisierte Ist-R. erfaßt (Errechnung einer Risikomarge).

### Risikokredit
Gefährdetes Engagement, bei dem sich die wirtschaftliche und finanzielle Situation des Kreditnehmers so verschlechtert haben bzw. die → Kreditsicherheiten in ihrem Wert so verfallen sind, daß für die bestehenden Kreditinanspruchnahmen ein (zumindest teilweises) → Adressenausfallrisiko zu befürchten ist. Üblicherweise werden R. im Rahmen der internen oder externen → Kreditrevision oder im Rahmen der allgemeinen → Kreditüberwachung erkannt. Die Bearbeitung von R. ist oft sehr aufwendig und erfordert Spezialkenntnisse. → Kreditinstitute werden versuchen, durch → Risikomanagement und möglichst Sicherheitenverstärkung das Risiko sukzessive wieder abzubauen.

### Risikolebensversicherung als Kreditsicherheit
Die R. deckt – zeitlich begrenzt – das Todesfallrisiko des Kreditnehmers ab, sofern dieser versicherte Person ist. Im Gegensatz zur Kapital-Lebensversicherung fallen keine oder nur geringe Rückkaufswerte an. Sinnvoll ist die R. a. K. (möglichst verbunden mit einer Berufsunfähigkeits-Zusatzversicherung) im standardisierten → Kreditgeschäft oder in personenbezogen geführten Unternehmen (bei denen mit dem Inhaber das Geschäft steht oder fällt) zur Abdeckung der Kreditvaluta für den Todesfall oder (falls versichert) den Fall der Berufsunfähigkeit. (→ Restschuldversicherung)

### Risikomanagement
Mit Blick auf → Erfolgsrisiken ist es Aufgabe des R. von Bankbetrieben, die beim Streben nach Zielerreichung (Gewinnerzielung durch Absatz von Marktleistungen) gegebenen (Erfolgs-)Risiken, d. h. die Gefahren negativer Abweichung des zukünftig realisierten Erfolgs vom erwarteten Erfolg (→ Gewinn) bis hin zur Verlustgefahr, zu erkennen, zu steuern und zu kontrollieren (→ bankbetriebliche Risiken). (Das → Liquiditätsmanagement bzw. die Liquiditätspolitik zur Steuerung und Kontrolle des → „Liquiditätsrisikos" im Sinne der Gefahr von Störungen in der betrieblichen Zahlungsebene [Ebene von Einzahlungen und Auszahlungen] wird hier nicht einbezogen.)

*Informations- und Prognosephase:* Das Erkennen von Risiken und ihrer möglichen negativen Wirkungen auf den erwarteten Erfolg – bzw. bei Verlustgefahren auf das vorhandene bankbetriebliche Haftungspotential (im Kern: → Eigenkapital) – beschränkt sich nicht auf die grundsätzliche Wahrnehmung von Risiken im liquiditätsmäßig-finanziellen und technisch-organisatorischen

## Risikomanagement

Leistungsprozeß (Beschaffung, Kombination sowie Absatz von Leistungen) oder auf das genauere Verständnis der jeweils gegebenen, häufig komplexen Ursache-Wirkungszusammenhänge. Ebenso wichtig ist es in dieser Informations- und Prognosephase, erkannte Risiken genauer dahingehend zu prüfen, inwieweit sie sich messen, d. h. quantitativ hinreichend exakt erfassen lassen. Wenn die Messung grundsätzlich als möglich und wegen der quantitativen Bedeutung des jeweiligen Risikos auch als sinnvoll angesehen wird, sind entsprechende Meßkonzepte zu entwickeln bzw. auszuwählen, auf deren Basis die Quantifizierung von Risiken vorgenommen wird.

Mit der Beurteilung von Meßkonzepten bzw. der konkreten Quantifizierung von Risiken verbinden sich vielfältige ökonomische Überlegungen: Zu entscheiden ist z. B. über Prognosemethoden für → Forderungsausfallrisiken auf wahrscheinlichkeitstheoretischer Basis bis hin zu Konzepten wie dem → Kreditscoring oder der → Diskriminanzanalyse. Mit Blick auf → Preisrisiken sind Ansätze zur Prognose der Entwicklung von Marktpreisen (z. B. Zinssätze, → Devisenkurse und Aktienkurse) zu beurteilen. Auch die unterschiedliche Meßgenauigkeit verschiedener Meßverfahren stellt sich als Problem dar (z. B. → Zinsbindungsbilanz, → Zinselastizitäten oder → Duration mit Blick auf das → Zinsänderungsrisiko). Zu befinden ist weiterhin über einzubeziehende Umweltszenarien i. S. von „worst cases" (z. B. angenommene Höchst- oder Niedrigstwechselkurse mit Blick auf das aktivische und passivische → Devisenkursrisiko). Im Vorfeld der → Risikosteuerung und -kontrolle muß zudem über die Analyse der Risiken hinaus die systematische Gewinnung und Auswertung von Informationen zum Schutz gegen Risiken und zur Vorsorge für schlagend werdende Risiken stehen. So sind z. B. die mit vielen risikopolitischen Schutzmaßnahmen verbundenen → Aufwendungen bzw. → Kosten (z. B. für Versicherungen oder wegen Ausbaus bzw. Intensivierung der internen Betriebsrevision) sowie die gegebenenfalls verminderten Ertragschancen (z. B. wegen Schließung offener Zins- oder Devisenpositionen, → offene Positionen) zu beurteilen und gegenüber dem Zuwachs an Sicherheit für den angestrebten Erfolg abzuwägen. Auf der Gesamtheit der Informationen zu den Risiken selbst und zu den möglichen Schutz- bzw. Vorsorgemaßnahmen gründen sich dann die betriebliche Steuerung und Kontrolle der Risiken. Dabei ist die Risikoaversion bzw. -freudigkeit der Bankleitung ein wichtiger Einflußfaktor für das angestrebte Sicherheitsniveau und damit für die konkrete Sicherheitspolitik als Kern der bankbetrieblichen Gewinnsicherungs- und Schuldendeckungspolitik.

Mit der Gewinnsicherungs- und Schuldendeckungspolitik wird für die konkrete Durchführung der Risikosteuerung und -kontrolle, d. h. für das R. als einem technisch-organisatorischen Vorgang, der geschäftspolitische Handlungsrahmen im Sinne zu beachtender risikobezogener strategischer Grundsätze und konkretisierter Strategien (→ Bankbetrieb [Leistungsbereiche und Steuerungsbereich]) festgelegt. Das Begriffselement „Gewinnsicherungspolitik" zielt auf das Bemühen, durch risikopolitische Maßnahmen den mittels Markt- bzw. Gewinnpolitik angestrebten positiven Erfolg (erwarteter Gewinn) gegen Risiken abzusichern. Das Element „Schuldendeckungspolitik" nimmt dagegen primär auf die Gefahr negativer Abweichung vom erwarteten Erfolg in der speziellen Ausprägung von Verlustgefahren Bezug und betont den mit dem R. besonders verbundenen Gläubigerschutzgedanken im Sinne zu erhaltender Schuldendeckungsfähigkeit des Bankbetriebs.

Die *Sicherheitspolitik* läßt sich in die Risikopolitik und die Haftungsreservepolitik gliedern. Die Risikopolitik dient dem Schutz gegen Risiken i. S. der Gefahr negativer Abweichung des zukünftig realisierten Erfolgs vom erwarteten Erfolg (Gewinn) bis hin zur Verlustgefahr. Die Haftungsreservepolitik hat die Vorsorge für nicht im Rahmen der Risikopolitik abgesicherte Risiken durch Aufbau von Haftungspotentialen zum Ziel. Gründe für risikopolitisch nicht abgesicherte Risiken können z. B. sein: Einzelne Risiken werden nicht erkannt bzw. falsch gemessen, in Marktpreise (z. B. Kreditzinssätze) einzukalkulierende Risikokostenzuschläge sind am Markt nicht durchsetzbar, i. S. des Risk Taking wird bewußt auf spezielle risikopolitische Maßnahmen verzichtet (z. B. wegen zu hohen Aufwands oder zu starker Einschränkung von Ertragschancen bei gleichzeitig überschaubarem Risiko) oder einzelne Risiken sind nicht prognostizierbar und von daher unvermeidlich. Mit

## Risikomanagement – Entscheidungsfelder der Gewinnsicherungs- und Schuldendeckungspolitik von Bankbetrieben

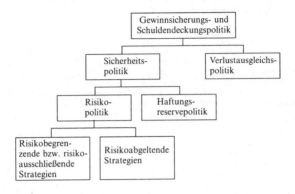

Blick auf Strategien zum konkreten Ausgleich drohender oder eingetretener Verluste ist die Sicherheitspolitik noch um die Verlustausgleichspolitik zu ergänzen.

Mit der *Risikopolitik* kann sich der Bankbetrieb gegen die Gefahr negativer Abweichung des zukünftig realisierten Erfolgs vom erwarteten Erfolg sowohl durch risikobegrenzende oder sogar risikoausschließende Strategien als auch durch risikoabgeltende Strategien schützen. Risikobegrenzende bzw. risikoausschließende Strategien sollen Einzel- und/oder → Gesamtrisiken im liquiditätsmäßig-finanziellen und technisch-organisatorischen Leistungsprozeß – soweit wie möglich bzw. soweit dieses als geschäftspolitisch sinnvoll erachtet wird – begrenzen (z. B. → Kreditlimite) oder ganz ausschließen (z. B. vollständiger Verzicht auf einzelne Geschäfte mit sehr hohem Risiko). Solche Strategien wirken häufig aufwandserhöhend (z. B. Abschluß von Versicherungen gegen technisch-organisatorische Risiken, Intensivierung der → Kreditwürdigkeitsanalyse und der laufenden → Kreditüberwachung) oder ertragslimitierend (z. B. Begrenzung offener Festzins- und Währungspositionen und damit Begrenzung von Ertragschancen). Der nach Durchführung dieser risikopolitischen Maßnahmen noch zu erwartende Erfolg liegt damit auf einem niedrigeren Niveau. Andererseits verringert sich die Gefahr der negativen Abweichung zwischen tatsächlich realisiertem und dem so erwarteten Erfolg. Dem Ziel, den Bankbetrieb vor negativen Abweichungen zwischen zukünftig realisiertem und erwartetem Erfolg zu schützen, dient auch die Risikoabgeltung als ertragssteigernde Maßnahme i. S. der Einrechnung von → Risikokosten in die Preise der abzusetzenden Marktleistungen. Diese Risikokosten sind als „Prämie für eine Art von Selbstversicherung gegen gut kalkulierbare Risiken" (z. B. wahrscheinlichkeitstheoretisch bestimmbare Kreditausfallquoten) zu interpretieren. Die Gegenwerte kalkulatorischer Risikokosten werden hier innerhalb des einzelnen → Geschäftsjahres als Risikodeckungspotentiale aufgefaßt, die – bildlich gesprochen – vor dem Haftungspotential stehen. Dabei ist der im Geschäftsjahr erwartete Erfolg (Gewinn) in das Haftungspotential einzubeziehen: Durch „innerbetrieblichen Verlustausgleich" innerhalb einer Geschäftssparte (z. B. Privatkundenkreditgeschäft) oder zwischen einzelnen Geschäftssparten (z. B. Privatkunden- und Firmenkundenkreditgeschäft) wird für den Bankbetrieb als Gesamtheit das Risiko i. S. negativer Abweichung des realisierten vom erwarteten Erfolg begrenzt und insoweit der geplante Gewinn bzw. das vorhandene Haftungspotential vor Inanspruchnahme als „Risikopuffer" geschützt. Soweit diese Risikodeckungspotentiale „Gegenwerte kalkulatorischer Risikokosten" innerhalb des Geschäftsjahres durch tatsächlichen Eintritt von Risiken aufgezehrt werden, stel-

## Risikomanagement

len sie eine Komponente des im Geschäftsjahr erzielten Gewinns dar.
Konkrete Strategien zum Schutz gegen Risiken, insbes. risikobegrenzender Art, lassen sich exemplarisch für das Kreditausfallrisiko (→ Kreditrisiko) und das Festzinsrisiko skizzieren: Strategien gegen Kreditausfallrisiken, die beim einzelnen Kredit ansetzen, zeigen sich z. B. in geschäftspolitischen Regelungen der Bankleitung zur Kreditwürdigkeitsprüfung, zur laufenden Kreditüberwachung und zur Besicherung von Krediten durch →Sachsicherheiten (z. B. →Pfandrechte und →Sicherungsabtretung) oder durch →Personensicherheiten (z. B. →Bürgschaften und →Garantien, auch in speziellen Formen wie →Hermes-Deckungen im Exportkreditgeschäft). Hinzuweisen ist ferner auf die Festlegung von Kreditobergrenzen für den einzelnen Kreditkunden (z. B. Kontokorrentkreditlinien, Geldmarktkreditlinien für andere Kreditinstitute), auf absolute Kreditobergrenzen i. S. v. →Großkrediten, die Risikoteilung mit anderen Kreditgebern bei →Konsortialkrediten bzw. →Metakrediten und auf die Einrechnung von nach Bonitätsmerkmalen gestaffelten Risikokosten in die Sollzinssätze der Kredite, wobei diese risikoabgeltende Maßnahme zwar beim Einzelkredit ansetzt, aber auf Gesamtrisiken aus dem Kreditgeschäft zielt. Eine Strategie gegen Kreditausfallrisiken i. S. v. Gesamtrisiken ist die →Diversifikation des Kreditportefeuilles anhand verschiedener Kriterien, d. h. die Kreditstreuung z. B. nach Kreditarten, Branchen und Regionen bzw. (mit Blick auf das →Länderrisiko) nach Ländern. Die Höhe der Kreditbeträge in den so abgegrenzten Kreditgruppen könnte zudem limitiert werden (z. B. Länderlimite). Besondere Bedeutung erlangen Diversifizierungsstrategien bei der Sicherung gegen →Kurswertrisiken i. S. d. →unsystematischen Risikos (z. B. unsystematisches →Aktienkursrisiko).

Risikopolitische Strategien gegen Zinsänderungsrisiken zielen primär auf die Begrenzung des Gesamtrisikos aus zinstragenden Aktiv- und Passivpositionen des Bankbetriebs. Die Risikosteuerung muß hier im Rahmen der gesamten monetären Leistungsprogrammplanung und der dabei vorzunehmenden Abstimmung zwischen Aktiva- und Passivastruktur erfolgen (→Bilanzstrukturmanagement). Die erfolgsrechnerische Basis kann die →Marktzinsmethode sein. Mit Blick auf diese Leistungsprogrammplanung sind nicht nur erfolgsrechnerische, d. h. gewinnpolitische und damit verbundene risikopolitische Überlegungen anzustellen, vielmehr ist auch die liquiditätspolitische Sichtweise einzubeziehen, z. B. bezugnehmend auf die Fristentransformation und die damit einhergehende Gefahr von Liquiditätsstörungen i. S. d. Geldanschlußrisikos (Liquiditätsrisiko). Festzinsrisiken können z. B. mit Hilfe der Zinsbindungsbilanz oder (bei gleichzeitiger Einbeziehung des variablen Zinsänderungsrisikos) mit der Zinselastizitätenbilanz gemessen werden. Festzinsrisikobegrenzende Strategien zielen dann primär ab auf die Limitierung →offener Festzinspositionen, d. h. (je nach Zinssituation bzw. Zinserwartungen) auf die Limitierung von Passivüberhängen festverzinslicher Positionen mit Blick auf das aktivische Festzinsrisiko bzw. von Aktivüberhängen festverzinslicher Positionen mit Blick auf das passivische Festzinsrisiko. Strategien zur Beeinflussung der Höhe offener Festzinspositionen und damit des Festzinsrisikos setzen bei den sie verursachenden (ungleichgewichtigen) fest bzw. variabel verzinslichen Positionsblöcken auf der Aktivseite oder der Passivseite an: Je nach Zinssituation und Zinserwartungen sind die einzelnen Positionsblöcke (fest oder variabel verzinslich) quantitativ (Höhe) und evtl. qualitativ (z. B. Zinsbindungsdauer bei festverzinslichen Krediten) zu verändern. Beim Neuabschluß von →Kredit- und →Einlagengeschäften bestehen z. B. preispolitische und weitere konditionenpolitische Steuerungsmöglichkeiten mit Blick auf die relative Verbesserung bzw. Verschlechterung von Konditionen festverzinslicher Kredite oder Anlagen gegenüber variabel verzinslichen (z. B. Veränderung der Zinssatzdifferenz zwischen fest und variabel verzinslichen Baudarlehen). Quantitativ bedeutsame Gestaltungsmöglichkeiten bietet auch das eigene Wertpapierportefeuille (Kauf bzw. Verkauf von fest oder variabel verzinslichen Wertpapieren). Darüber hinaus ist das breite Spektrum entsprechender →Finanzinnovationen zur Veränderung von Zinspositionsblöcken bzw. zur Risikokompensation durch Gegengeschäfte (→Hedging) zu erwähnen. Beispiele dafür sind →Zinsswaps, →Zinstermingeschäfte, insbes. börsenmäßig gehandelte Formen (→Zins-Futures), und →Zins-Optionsgeschäfte.

## Risikomanagement

Die *Haftungsreservepolitik* bezieht sich auf Situationen, in denen der Bankbetrieb seine im Normalfall positiven Erfolgserwartungen nicht realisieren kann, sondern aus Risiken → Verluste entstehen. Zur monetären Vorsorge sind dafür entsprechende Haftungspotentiale aufzubauen. Der Aufbau von Haftungspotentialen als Zuführung des → monetären Faktors mit Haftungsqualität ist geschäftspolitisch mit quantitativ und qualitativ ausgerichteten Fragestellungen verbunden. In quantitativer Hinsicht muß darüber entschieden werden, welche Höhe des Haftungspotentials für erkannte, aber nicht im Rahmen der Risikopolitik abgesicherte, sowie für nicht erkannte Risiken absolut gesehen als ausreichend erscheint. Qualitativ ausgerichtete Überlegungen zum Aufbau des Haftungspotentials zielen ab auf Fragen der Strukturierung, d. h., in welchen Formen Haftungsreserven gehalten werden sollen (z. B. → Grundkapital, → Kapitalrücklagen und → Gewinnrücklagen, → Genußrechtskapital bei Sparkassen, anerkanntes → freies Vermögen bei → Privatbankiers oder → Fonds für allgemeine Bankrisiken) und wie die einzelnen Teilpotentiale in Relation zueinander zu dimensionieren sind. Ursächlich für solche Fragestellungen ist, daß sich diese Teilpotentiale qualitativ in vielerlei Beziehung unterscheiden. Zu nennen sind z. B. Gesichtspunkte wie der Dividendenanspruch (z. B. Grundkapital versus → Rücklagen), die Betriebsvermögensfundierung (z. B. Geschäftskapital versus anerkanntes freies Vermögen beim Privatbankier), die Dauer der Verfügbarkeit (z. B. Grundkapital versus Genußrechtskapital), die Teilnahme am laufenden Verlust (z. B. Vermögenseinlagen stiller Gesellschafter gem. § 10 Abs. 4 KWG versus → nachrangige Verbindlichkeiten) oder die Offenlegung zu bereinigender Verluste (z. B. → offene Rücklagen versus → stille Reserven).

Die *Aufgabe sicherheitspolitischer Strategien im Rahmen der Risiko- und Haftungsreservepolitik* ist es, insgesamt gesehen, mit dem bankbetrieblichen Leistungsprozeß verbundene Risiken, für deren Höhe insbesondere Umfang und Zusammensetzung des Marktleistungsvolumens wichtige Einflußgrößen sind, auf ein vertretbares Ausmaß zu beschränken. Gliedert man die nicht durch risikopolitische Maßnahmen abgesicherten Risiken nach mehr oder weniger großer Eintrittswahrscheinlichkeit in Risikokategorien auf, so sollten bei Einbeziehung aller Risiken, d. h. hier auch solcher mit geringster Eintrittswahrscheinlichkeit, diese Risiken nicht höher sein als die Gesamthöhe des Haftungspotentials (Überschuldungsgefahr). Mit zunehmender Eintrittswahrscheinlichkeit sollten sich die mit diesen Risiken zu belegenden Teile des Haftungspotentials stufenweise verengen. Als mögliche Stufungen bieten sich hier, in der Reihenfolge zunehmender Eintrittswahrscheinlichkeit der Risiken, an: Teile der offenen Rücklagen, die stillen Reserven und der erwartete Gewinnbetrag nach Abzug eines „Mindestgewinns". Treten tatsächlich größere Verluste auf, so ist – ex post betrachtet – die Haftungsreserve nur unter den folgenden Voraussetzungen angemessen dimensioniert gewesen: Im „going-concern-Fall" blieb trotz der abzudeckenden Verluste der Abstand zur Überschuldungsgrenze hinreichend groß (z. B. gemessen an den Mindesteigenkapitalanforderungen des Gesetzgebers bzw. der → Bankenaufsicht gemäß den → Eigenkapitalgrundsätzen I und I a). Im „maximalen Haftungsfall" mit drohender → Liquidation wurde die Überschuldungsgrenze nicht überschritten. Der Bankbetrieb selbst gewährleistete also den Gläubigerschutz, d. h. dieser mußte nicht erst durch z. B. Einrichtungen der → Einlagensicherung wiederhergestellt werden.

Zum Stellenwert der beim R. einzuhaltenden risikobeschränkenden Regelungen des Gesetzgebers bzw. der Bankenaufsicht für Kreditinstitute (z. B. § 10 KWG i. V. m. den Eigenkapitalgrundsätzen I und Ia, §§ 10a, 12, 13 und 13a KWG) ist anzumerken, daß diese Regelungen schon wegen der ihnen fehlenden Spezifizierung (bezogen auf die individuelle Risikosituation des jeweiligen Kreditinstituts) sicherheitspolitische Strategien des Bankbetriebs nicht ersetzen können. Die aufsichtsrechtlichen Bestimmungen zielen zudem primär nur auf äußerste Grenzen der Risikoübernahme und das für diese maximalen Risiken als noch „angemessen" angesehene haftende Eigenkapital im Sinne von § 10 KWG ab. Das R. hat sie als Daten bzw. Rahmenbedingungen, die aus übergeordneten gesamtwirtschaftlichen Interessen notwendig sind, aber uneingeschränkt zu beachten.

*Verlustausgleichspolitik:* Für den Fall, daß Verluste tatsächlich drohen oder sogar eintreten, sind Strategien des Haftungsreserveeinsatzes zu entwickeln. Es ist zu entschei-

1335

den, welche Teilpotentiale der Haftungsreserve in der konkreten Situation zum Verlustausgleich herangezogen werden. Darüber hinaus gilt, daß der Einsatz vorhandenen Haftungspotentials, insbes. in Form stiller Reserven, aber schon geboten sein kann, um bei sich abzeichnender Gefahr zu starker Abweichung des zukünftig dann noch realisierbaren vom erwarteten Gewinn einen „Mindestgewinn" ausweisen bzw. ausschütten zu können (z. B. aus Gründen der Erhaltung des Standings mit Blick auf geplante Eigenkapitalbeschaffungsmaßnahmen).

*R. als technisch-organisatorischer Vorgang:* Der geschäftspolitische Handlungsrahmen, den die Gewinnsicherungs- und Schuldendeckungspolitik (Risiko- und Haftungsreservepolitik als Sicherheitspolitik sowie Verlustausgleichspolitik) für die konkrete Durchführung der Risikosteuerung und -kontrolle (R. als technisch-organisatorischer Vorgang) darstellt, ist für die verschiedensten Tätigkeiten und Ausführungsentscheidungen auf allen Ebenen der Betriebshierarchie relevant (z. B. Durchführung der Kreditwürdigkeitsprüfung oder der internen Revision, Treffen konditionenpolitischer Einzelentscheidungen im Kredit- und Einlagengeschäft). So gesehen kann man die Risikosteuerung und -kontrolle auch nicht als eindeutig abgegrenzten Problemkomplex i. S. eines isolierten Entscheidungsfeldes behandeln, mit dem sich nur einzelne Personen oder Personengruppen im Bankbetrieb zu befassen hätten. Andererseits muß das Entscheidungsfeld „Risiko und Maßnahmen gegen Risiken" aber auch zentral koordiniert gesteuert und kontrolliert werden, zumal Abstimmungen mit anderen bankbetrieblichen Entscheidungsfeldern (z. B. Marktleistungsprogramm, Liquiditätssicherung) erforderlich sind. Hierfür bieten sich das → strategische Controlling und das → operative Controlling als Ausgangspunkt an (→ Bank-Controlling).

## Risikomanagement festverzinslicher Wertpapiere

Die → Renditen bzw. Kurse → festverzinslicher (Wert-)Papiere unterliegen immer stärkeren Schwankungen. Während man vor einigen Jahren bei Kursverlusten vor allem an → Aktien dachte, hat sich das Image der relativ risikolosen → Assetklasse festverzinsliche Papiere in den letzten Jahren zunehmend verändert. Festverzinsliche Papiere sind in zunehmendem Maße Kursrisiken ausgesetzt. Dieses Risiko wird als → zinsinduziertes Kursrisiko bezeichnet. Das → Marktrisiko enthält i. d. R. das größte Risikopotential, dem Anleger mit festverzinslichen Papieren ausgesetzt sind. Um diese Risiken besser einschätzen zu können, werden folgende → Sensitivitätskennzahlen eingesetzt: → Modified Duration, → Price Value of a Basis Point (PVBP) und → Convexity.

**Risikomarge,** → Risikokosten, → Margenkalkulation.

## Risikopolitik im Kreditgeschäft

Gesamtheit aller Maßnahmen, um im → Kreditgeschäft Verlustgefahren transparent zu machen, den Eintritt möglicher Verluste zu verhindern oder möglichst gering zu halten. Die Kreditrisikopolitik ist Bestandteil der → Kreditpolitik und damit des → Risikomanagements (→ Kreditrisiko). Ursachenbezogene R. zielt auf Risikovermeidung; wirkungsbezogene R. will die Folgen eingetretener Kreditrisiken abfedern/begrenzen.

*Übersicht:* vgl. S. 1337.

## Risikopositionen

Bezeichnung im → Eigenkapitalgrundsatz I a für bestimmte mit → Preisrisiken behaftete → Positionen eines → Kreditinstituts.

*Arten der R. nach Grundsatz I a:* (1) Die Summe der nach den Vorschriften des Grundsatzes I a Abs. 3 und 4 ermittelten Unterschiedsbeträge zwischen Aktiv- und Passivpositionen in fremder → Währung sowie in Edelmetallen (Gold, Silber oder Platinmetalle), (2) die Summe der nach den Vorschriften des Grundsatzes I a Abs. 5 bis 7 ermittelten Risikomeßzahlen für die Anrechnung risikoerhöhender Positionen aus → Zinstermingeschäften und → Zinsoptionsgeschäften (Zinsgeschäftspositionen) und (3) die Summe der nach Grundsatz I a Abs. 8 ermittelten Unterschiedsbeträge zwischen Lieferansprüchen und Lieferverpflichtungen aus → Termingeschäften und → Optionsgeschäften mit sonstigem Preisrisiko.

*Bankaufsichtliche Begrenzung:* Grundsatz I a bestimmt, daß die R. insgesamt 42% des → haftenden Eigenkapitals der Kreditinstitute täglich bei Geschäftsschluß nicht übersteigen sollen. Die R. nach (1) sollen

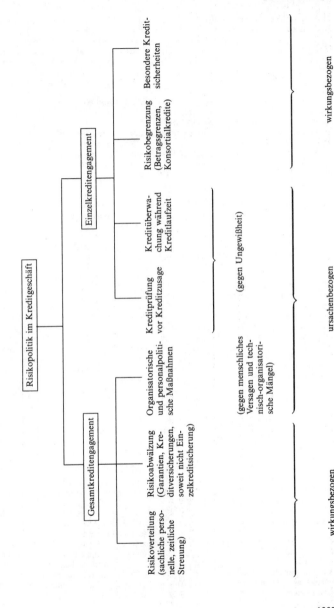

## Risikosteuerung

21%, die Risikopositionen nach (2) 14% und die R. nach (3) 7% des haftenden Eigenkapitals täglich bei Geschäftsschluß nicht übersteigen.
R. sind von → Risikoaktiva (Bezeichnung im Eigenkapitalgrundsatz I) zu unterscheiden.

## Risikosteuerung

Management und Steuerung der → bankbetrieblichen Risiken. Insbes. im → Kreditgeschäft erfolgt die R. durch → Kredit-Informationssysteme und Risikoklassifizierung der Kreditkunden.
(→ Steuerung von Bonitätsrisiken im Firmenkundengeschäft, → Steuerung des Zinsänderungsrisikos)

## Risikostreuung

Synonym für → Diversifikation. Vgl. auch → moderne Portfolio-Theorie.

## Risikovorsorge

1. Bildung von Vorsorgereserven für allgemeine Bankrisiken und Vorsorgereserven für Ausfallrisiken der Kreditinstitute.

2. Bezeichnung für einen Posten im Rahmen der Berechnung des → Betriebsergebnisses, der sich als → Saldo aus → Abschreibungen und → Wertberichtigungen auf → Forderungen und → Wertpapiere der Liquiditätsreserve, Zuführungen zu → Rückstellungen im → Kreditgeschäft (z. B. des außerbilanziellen Bereichs), Bildung von Vorsorgereserven, → Erträgen aus Zuschreibungen zu Forderungen und Wertpapieren der Liquiditätsreserve, → Veräußerungsgewinnen und → -verlusten aus Wertpapieren der Liquiditätsreserve, Erträgen aus dem Eingang abgeschriebener Forderungen und der Auflösung von Rückstellungen im Kreditgeschäft sowie aus Erträgen aus Auflösungen von Vorsorgereserven bezieht.

## Rising Star

→ Emittent, dessen → Rating sich deutlich verbessert hat.
*Gegensatz:* → Fallen Angel.

**Risk,** → Dollar Duration.

## Risk-altering Bond Management

Aktive Bond Portfolio Management-Strategie, bei der die → Modified Duration des → Rentenportefeuille an die erwartete Zinsentwicklung angepaßt wird (→ aktive Anlagestrategien). Eine Renditeverringerung bedeutet, daß im entsprechenden Laufzeitenbereich Papiere gekauft werden, die eine hohe Modified Duration haben. Erwartet der Portfolio Manager dagegen steigende → Zinsen, so wird die Modified Duration des Portfolios verkürzt.
(→ Risk-controlled Bond Management)

## Risk Based Margining

Verfahren zur Ermittlung der erforderlichen Marginleistungen (Spread Margin, → Additional Margin, → Premium Margin) für alle Optionspositionen und Futurespositionen eines Börsenteilnehmers an der → Deutschen Terminbörse (DTB). Grundlage des R. B. M. ist die Verknüpfung der Marginleistungen mit dem konkreten Glattstellungsrisiko der bestehenden → Position. Hierfür wird die → historische Volatilität des jeweiligen → Basiswertes errechnet. Auf Basis der historischen Volatilität wird die ungünstigste Marktentwicklung des Basiswertes für den nächsten Tag unterstellt und hieraus die notwendige → Additional Margin errechnet. Beispielsweise ist die Additional Margin beim → DAX-Future größer als die des → Bund-Futures.

## Risk-controlled Bond Management

Semiaktive Bond Portfolio Management-Strategie (→ semiaktive Anlagestrategie). Ziel des R. C. B. M. ist, das → zinsinduzierte Kursrisiko eines → Rentenportefeuille zu steuern und damit zu begrenzen. Bei dieser Strategie wird das → Marktrisiko durch die → Modified Duration gemessen. Als Markt wird i. d. R. ein bestimmter → Index definiert, und damit kann auch die Modified Duration des Marktes definiert werden. In der BRD bietet sich hierfür der → REX an. Der REX hat eine Modified Duration von ungefähr 4,4%. Diese würde bedeuten, daß ein Bond-Portfolio, das auf Basis dieser Strategie gemanagt werden würde, ungefähr auch eine maximale Modified Duration von 4% haben sollte. Durch geschickte Wertpapierauswahl und Sektorenrotation versucht der Portfolio-Manager, den Ertrag seines Portfolios zu erhöhen, ohne aber dabei die Modified Duration zu verändern. Ein Investmentziel könnte darin liegen, die → Convexity des → Portfolios zu maximieren, um von einer bestimmten Zinsentwicklung (z. B. → Parallelverschiebung, inverse → Renditestrukturkurve) zu profitieren. Im Vergleich zu → Indexierungsstrategien wird der Index nicht exakt abgebildet, sondern nur

sein Risikoprofil über die Modified Duration.
(→ Risk-altering Bond Management, → Risikomanagement festverzinslicher Wertpapiere)

**Ritt auf der Renditestrukturkurve,**
→ Riding-the-Yield-Curve.

**Ritterschaften**
Bezeichnung für öffentlich-rechtliche Agrarkreditanstalten (→ öffentlich-rechtliche Grundkreditanstalten).

**Rohbasis,** → Basis.

**Rohergebnis**
*Rohgewinn*; das R. ist vornehmlich im Handel eine wichtige betriebswirtschaftliche Größe. Das R. ergibt sich aus der Gegenüberstellung von Warenumsatz und Wareneinsatz und dient der Deckung der Handlungskosten des Händlers. Nach § 276 HGB dürfen kleine und mittelgroße → Kapitalgesellschaften (→ Größenklassen der Kapitalgesellschaften) in der → Gewinn- und Verlustrechnung (GuV) bei Anwendung des → *Gesamtkostenverfahrens* die Positionen Umsatzerlöse, Bestandsveränderungen, aktivierte Eigenleistungen, sonstige betriebliche → Erträge minus Materialaufwand zum R. zusammenfassen. Bei Anwendung des → *Umsatzkostenverfahrens* umfaßt das R. die Positionen Umsatzerlöse, sonstige betriebliche Erträge minus → Herstellungskosten der zur Erzielung der Umsatzerlöse erbrachten Leistungen.

**Rohstoffabhängige Finanzierungsform**
→ Indexanleihe, bei der Zinszahlungen und/oder die → Rückzahlung von der Preisentwicklung der Rohstoffe (z.B. Öl, Metalle) abhängig gemacht wird.
(→ Koppelanleihe)

**Rohstoffonds**
→ Aktienfonds mit Anlageschwerpunkt in Rohstoff- und Edelmetallwerten. Als → Branchenfonds zählt er zu den → Spezialitätenfonds.

**RoI-Kennzahlenhierarchie**
Ein integratives Kennzahlensystem, in dem die wichtigsten gesamtgeschäftsbezogenen Ergebniskomponenten festgestellt und so definiert werden, daß sie in einer eindeutigen arithmetischen Verknüpfung zueinander stehen. Hierauf aufbauend lassen sich auch für die verschiedenen Ergebnisstufen einer → Bank Rentabilitätsziele formulieren (→ Rentabilitätsbedarfsrechnung im RoI-Konzept einer Bank).

**Roller Coaster Swap**
→ Exotic Swap, der aus einer Kombination eines Accruing Swaps und → Amortizing Swaps besteht. Bei R.C.S. steigt der Nominalbetrag zunächst nach einem festgelegten Plan an und fällt bis zur → Fälligkeit des R.C.S. wieder ab.

**Rolling Over**
Ersetzen einer → Option durch eine Option mit gleichem → Basispreis, aber anderer → Fälligkeit.

**Rolling Yield**
→ (Erwarteter) Total Return eines → Zinsinstrumentes, wenn das Papier am Ende des → Planungshorizontes verkauft wird und die → Renditestrukturkurve gleichbleibt. Bei einer normalen Renditestrukturkurve erzielt der Anleger einen Ertrag, der höher als die → Rendite des Papiers ist, da sich die → Restlaufzeit um die Anlagedauer verkürzt. Da bei einer normalen Renditestrukturkurve die Rendite mit abnehmender Restlaufzeit geringer wird, erzielt der Anleger einen zusätzlichen Kursgewinn. Dieser Effekt wird bei der → aktiven Anlagestrategie → Riding-the-Yield-Curve ausgenützt.
(→ Rolling Yield Curve, → Break-even-Rendite, → Break-even-Renditestrukturkurve)

**Rolling Yield Curve**
→ Rolling Yield für → Zinsinstrumente mit unterschiedlicher → Restlaufzeit. Die R.Y.C. wird in → aktiven Anlagestrategien (z.B. → Riding-the-Yield-Curve) errechnet, um Aussagen über den → (erwarteten) Total Return zu treffen, wenn die → Renditestrukturkurve unverändert bleibt.
(→ Break-even-Rendite, → Break-even-Renditestrukturkurve)

**Rollover**
Im → Devisenhandel die Verlängerung eines fällig werdenden Geschäftes durch Abschluß eines → Swapgeschäftes, dessen Kassaseite der → Glattstellung des fällig werdenden Abschlusses dient und dessen Terminseite die → Position wieder aufbaut. Der Begriff bezeichnet auch die Verlängerung

einer fälligen →Einlage sowie den Termin der Neufestsetzung des Zinssatzes bei einem →Roll-over-Kredit.

**Roll-over-Kredit**
Mittel- bis langfristiger →Kredit, insbes. am →Euro-Geldmarkt, mit spezieller Zinsvereinbarung. Der Zinssatz wird nicht für die gesamte Kreditlaufzeit festgelegt, sondern periodisch an den Markt(Referenz-)zinssatz (z. B. →FIBOR, →LIBOR) angepaßt. Die Kreditlaufzeit wird in Zinsperioden unterteilt (Länge zumeist einen bis 12 Monate). Während der Periode bleibt der Zinssatz unverändert. Nach Ablauf der Zinsperiode findet erneut eine Anpassung für die nächste Zinsperiode statt. Das →Zinsänderungsrisiko trägt der Kreditnehmer. Die Art der Zinsvereinbarung erleichtert dem Kreditgeber die →Refinanzierung, da veränderte Geldmarktbedingungen nach Ablauf der Zinsperiode auf den →Schuldner übergewälzt werden können. Somit ist auch bei an sich langfristigen Krediten eine kurzfristige →Refinanzierung seitens des Kreditgebers möglich.

*Arten*: (1) Vereinbarung eines festen Darlehensbetrages, der zu einem festen Zeitpunkt in einer Summe ausgezahlt wird. (2) Für den Kreditnehmer ist variable Kreditinanspruchnahme möglich, lediglich ein Höchstkreditlimit ist vereinbart. Auch bei vollständiger zwischenzeitlicher Rückzahlung bleibt das Vertragsverhältnis bestehen. (3) Für den Fall unvorhergesehenen Finanzierungsbedarfs oder eventuell auftretender Kapitalmarktengpässe wird vorsorglich die Bereitstellung der erforderlichen Kreditmittel vereinbart (Stand-by-roll-over-Kredit).

*Bedeutung*: R.-o.-K. sind auf den Eurogeldmärkten dominierend. Der Nutzen für die →Kreditinstitute besteht in der →Marge zwischen dem Interbanksatz und dem Kreditnehmer berechneten Zinskondition.

**Roly Polys**
Für einen Teil der →Laufzeit wird der Zinssatz bei →Emission der →Anleihe fixiert und für spätere mittel- bis langfristige Zeiträume zu bestimmten Terminen neu fixiert. R. P. wurden erstmals 1981 begeben. Die Laufzeit beträgt z. B. 16 Jahre, der Zinssatz wird alle vier Jahre an den Marktzins angepaßt. Ein →Emittent kann dadurch in einer Phase der Zinsstabilität eine vergleichsweise lange Laufzeit erreichen.

**Round Turn**
Komplette Transaktion bei →Optionen und →Futures, die sowohl eine →Opening Transaction als auch später eine Closing Transaction beinhaltet. Die →Gebühren an den internationalen →Terminbörsen können beispielsweise für einen R. T. oder →Lot berechnet werden.

**Royal Bubble**
Festverzinslicher DM-Eurobond, der von Großbritannien emittiert wurde.

**RPI**
Abk. für Retail Price Index (→Preisindex).

**R-Quadrat**
Statistische Kurzschreibweise für das →Bestimmtheitsmaß.

**RSI**
Abk. für →Relative Strength Index.

**R-squared**
Statistische Kurzschreibweise für das →Bestimmtheitsmaß. Wird auch als Rho-squared bezeichnet.
(→Rho)

**Rückbürgschaft**
→Bürgschaft, durch die der Rückbürge einem anderen Bürgen (Hauptbürgen) gegenüber die →Haftung übernimmt, daß der Hauptschuldner dessen Rückgriffsansprüche erfüllt.
Die Gefahr der →Zahlungsunfähigkeit des Hauptschuldners trägt somit der Rückbürge. Bezahlt der Rückbürge den Hauptbürgen, so erhält er nicht kraft Gesetzes die auf den Bürgen übergegangene →Forderung des →Gläubigers gegenüber dem Hauptschuldner (§ 774 Abs. 1 S. 1 BGB), da er sich nicht gegenüber dem Gläubiger verpflichtet hat. Der Hauptbürge ist aber verpflichtet, diese Forderung an den Rückbürgen abzutreten (→Abtretung).
*Gegensatz*: →Nachbürgschaft.

**Rückgriff,** →Wechselrückgriff.

**Rückindossament**
→Indossament an eine bereits aus dem →Wechsel oder →Orderscheck verpflichtete Person (früherer →Indossant, →Aussteller, Wechsel- bzw. Scheckbürge, beim Wechsel auch der Akzeptant) mit eingeschränkter Garantiefunktion (Art. 11 Abs. 3

WG, Art. 14 Abs. 3 ScheckG). Nach allgemeiner Ansicht hat der Rückindossatar keinerlei Regreßansprüche gegen diejenigen, denen er selbst durch seine frühere Unterschrift verpflichtet ist. Diese Beschränkung entfällt allerdings, wenn er den Wechsel an einen anderen weiterindossiert. Dem Erwerber gegenüber haften dann alle Vorindossanten.

### Rückkaufangebot
Angebot einer Anleiheschuldnerin an die Anleihegläubiger, umlaufende → Schuldverschreibungen vor → Fälligkeit zurückzukaufen. Ein R. kann mit einem Umtauschangebot verbunden sein.

### Rücklagen
*Reserven*; Kapitalfonds des Unternehmens, der zum Ausgleich von → Verlusten oder für Sonderzwecke bestimmt ist (offene R.). In der → Bilanz von → Kapitalgesellschaften, auch von → Kreditinstituten dieser Rechtsform, werden → *Kapitalrücklagen* sowie → *Gewinnrücklagen* unterschieden. Als Kapitalrücklage ist u.a. der Gegenwert eines bei der → Emission von Anteilen (→ Aktien, GmbH-Anteile) erzielten → Aufgeldes (Agio) auszuweisen (→ Außenfinanzierung). Aus dem Ergebnis gebildete R. (Ergebnisverwendung, → Innenfinanzierung) sind als → Gewinnrücklagen zu bilanzieren und dabei zu untergliedern in die gesetzliche R. (§ 150 AktG), die R. für eigene Anteile, satzungsmäßige R. sowie andere Gewinnrücklagen. Kreditinstitute in der Rechtsform der → Personengesellschaft (OHG, KG) dürfen bei der Offenlegung der Bilanz die R., die Kapitalanteile der Gesellschafter, einen → Gewinn/Verlust sowie einen → Gewinn-/→ Verlustvortrag zu einem Posten „→ Eigenkapital" zusammenfassen (§ 9 Abs. 3 PublG). → Offene Rücklagen gehören zum → haftenden Eigenkapital der Kreditinstitute gemäß § 10 KWG. Neben offenen R. verfügen Unternehmen häufig über → stille Reserven.

### Rücklagen der Kreditinstitute
Teile des → Eigenkapitals der Kreditinstitute. → Rücklagen werden in der → Bankbilanz als → Kapitalrücklage und als → Gewinnrücklagen (aufzugliedern in die → gesetzliche Rücklage, → Rücklagen für eigene Anteile, satzungsmäßige Rücklage und andere Gewinnrücklagen), bei → Kreditgenossenschaften als Kapitalrücklage und → Ergebnisrücklagen (aufzugliedern in gesetzliche Rücklage und andere Ergebnisrücklagen), bei → Sparkassen als → Sicherheitsrücklage und anderen Rücklagen ausgewiesen. Im Bilanzformblatt ersetzen Kreditgenossenschaften Gewinnrücklagen durch Ergebnisrücklagen. Bei Sparkassen tritt der Begriff „Sicherheitsrücklage" an die Stelle von „gesetzliche Rücklage" und „andere Rücklagen" an die Stelle von „anderen Gewinnrücklagen", (→ Formblatt nach der → Rechnungslegungsverordnung).

### Rücklagen für eigene Anteile
Art der → Gewinnrücklagen. Gemäß § 272 Abs. 4 HGB ist in der R. f. e. A. ein Betrag einzustellen, der dem auf der Aktivseite der → Bilanz für die eigenen → Anteile einzusetzenden Betrag entspricht. Diese → Rücklage muß bereits bei Aufstellung der Bilanz gebildet werden. Als Quellen kommen der → Jahresüberschuß, der → Gewinnvortrag oder Mittel aus anderen Gewinnrücklagen (freiverfügbare Gewinnrücklagen) in Frage. Mit der Pflicht, für eigene Anteile Rücklagen zu bilden, wird in Höhe der eigenen Anteile (GmbH-Anteile, → Aktien) eine Ausschüttungssperre bewirkt. Der Erwerb eigener Anteile soll nicht zur Rückzahlung von → Stammkapital oder → Grundkapital führen.

### Rücklastschrift
→ Lastschrift, die „unanbringlich" (nicht buchbar) ist, für die in der Zahlstelle kein → Abbuchungsauftrag vorliegt, ausreichende Deckung nicht vorhanden ist oder bei der Zahlungspflichtige der Belastung widersprochen hat.
(→ Lastschriftverkehr)

**Rücklastschriftgebühr,** → Lastschrift, → Lastschriftrückgabe, → Lastschriftverkehr.

### Rücknahmesätze
Zinssätze der → Deutschen Bundesbank für in die → Geldmarktregulierung einbezogene → Geldmarktpapiere, die von → Kreditinstituten vor → Fälligkeit zurückgegeben werden. Eine Festsetzung erfolgt z. Zt. nicht, da die Bundesbank an Kreditinstitute nur Geldmarktpapiere abgibt, die nicht in die Marktregulierung einbezogen sind.

**Rückscheckgebühr,** → Scheckrückgabe, → Scheckabkommen.

1341

## Rückstellungen

**Rückstellungen**
*Begriff*: Passive Bilanzposition für bestimmte → Verbindlichkeiten, → Aufwendungen oder Verlustrisiken, über deren Eintritt und deren Höhe am Bilanzstichtag noch keine Sicherheit besteht. – Arten der R. bei → Kreditinstituten: R. für → Pensionsrückstellungen, → Steuern, für Inanspruchnahme aus → Avalkrediten, sonstigen → Bürgschaften und → Indossamentsverbindlichkeiten, ferner für Risiken aus laufenden Prozessen u. a. ungewisse Verbindlichkeiten. Insbes. werden hier auch die vorgeschriebenen Sammelwertberichtigungen ausgewiesen, soweit sie nicht von Aktivposten abgesetzt werden können. Die R. haben also im Gegensatz zu den → Rücklagen den Charakter echter Verbindlichkeiten. Gemäß § 266 HGB sind Pensionsrückstellungen, Steuerrückstellungen und sonstige R. in der → Bilanz gesondert auszuweisen (→ Bankbilanz).

*Bedeutung*: R. haben die Aufgabe, den → Aufwand unabhängig vom Zahlungsvorgang dem Wirtschaftsjahr zuzuordnen, zu dem er wirtschaftlich, d. h. seiner Verursachung entsprechend, gehört. Sie sind Ausdruck des Vorsichtsprinzips, das einen Unternehmer verpflichtet, erkennbare oder zu erwartende zukünftige Verluste bereits heute zu bilanzieren, um das → Vermögen und den → Gewinn nicht zu hoch auszuweisen (→ Bewertungsgrundsätze). Das HGB regelt Passivierungspflicht, -wahlrecht und -verbot von R. in § 249 (vgl. Tabelle unten). Pensionszusagen sind kein besonderer Rückstellungsgrund (Pensionsrückstellungen). Sie rechnen daher zu den ungewissen Verbindlichkeiten, für die ein Rückstellungsgebot besteht.

*Arten*: R. lassen sich grundsätzlich einteilen in solche, bei denen eine Verbindlichkeit gegenüber Dritten vorliegt, und in

**Bilanzierung der Rückstellungen**

| Rückstellungsgrund | Passivierungsgebot | Passivierungswahlrecht | Passivierungsverbot |
|---|---|---|---|
| 1. Ungewisse Verbindlichkeiten | × | | |
| 2. Drohende Verluste aus schwebenden Geschäften | × | | |
| 3. Im Geschäftsjahr unterlassene Aufwendungen für Instandhaltung, die im folgenden Geschäftsjahr | | | |
| a) innerhalb von drei Monaten nachgeholt werden | × | | |
| b) später als nach drei Monaten nachgeholt werden | | × | |
| 4. Im Geschäfsjahr unterlassene Aufwendungen für Abraumbeseitigung, die im folgenden Geschäftsjahr nachgeholt werden | × | | |
| 5. Gewährleistungen, die ohne rechtliche Verpflichtung erbracht werden | × | | |
| 6. Dem Geschäftsjahr oder einem früheren Geschäftsjahr zuzuordnende Aufwendungen (z. B. Großreparaturen), die am Abschlußstichtag wahrscheinlich oder sicher, hinsichtlich ihrer Höhe oder des Zeitpunkts ihres Eintritts aber unbestimmt sind | | × | |
| 7. Für andere Zwecke | | | × |

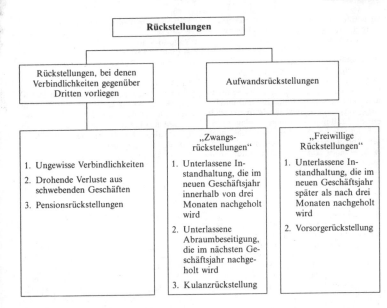

solche ohne Pflichten gegenüber Dritten (Aufwandsrückstellungen; vgl. Abbildung oben).
R., bei denen eine Verbindlichkeit gegenüber Dritten vorliegt, und Aufwandsrückstellungen, die wirtschaftlich geboten sind („Zwangsrückstellungen"), unterliegen dem Passivierungsgebot. Sie sind aufgrund des → Maßgeblichkeitsprinzips grundsätzlich auch in der → Steuerbilanz anzusetzen. Besteht für R. in der → Handelsbilanz ein Passivierungswahlrecht („Freiwillige Aufwandsrückstellungen"), gilt für sie in der Steuerbilanz ein Bilanzierungsverbot. Nach § 253 Abs. 1 Satz 2 HGB sind R. in Höhe des Betrages anzusetzen, der nach vernünftiger kaufmännischer Beurteilung notwendig ist. Das räumt dem Unternehmer einen erheblichen Schätz- und Ermessensspielraum ein, den er für bilanzpolitische Entscheidungen nutzen kann.

### Rücktritt vom Vertrag
Einseitiges, empfangsbedürftiges → Rechtsgeschäft, durch das ein → Schuldverhältnis in ein anderes, sog. Rückgewährschuldverhältnis umgewandelt wird, um den ursprünglichen Zustand wiederherzustellen (§§ 346 ff. BGB). In der Voraussetzung eines wirksamen Vertrags unterscheiden sich R. und → ungerechtfertigte Bereicherung. Ein Rücktrittsrecht kann auf → Vertrag oder auf → Gesetz beruhen; die für das vertragliche Rücktrittsrecht geltenden Vorschriften (§§ 346 ff. BGB) sind aber auch auf den R. kraft gesetzlicher Bestimmung anwendbar. Dies gilt etwa gemäß § 327 BGB bei den Rechten des → Gläubigers im Fall des → Schuldnerverzugs oder der Unmöglichkeit (§§ 325, 326 BGB), aber auch bei der → Wandelung eines → Kaufs (§§ 462, 467 BGB).

### Rückwechsel
→ Wechsel, den ein Rückgriffsberechtigter eines zu Protest gegangenen Wechsels (→ Wechselprotest) auf einen seiner Vormänner zieht. Der R. muß auf Sicht lauten und am Wohnort des Vormannes zahlbar sein (Art. 52 Abs. 1 WG). Gegen Zahlung der Rückgriffssumme ist diesem der ursprüngliche Wechsel mit der → Protesturkunde sowie eine quittierte Rechnung (Rückrechnung) auszuhändigen. Diese → Urkunden müssen dem R. beigefügt werden. Das Recht auf Ziehung eines R. kann durch Vermerk

## Rückzahlung

ausgeschlossen werden. Im Bankverkehr werden auch Retourwechsel (nicht eingelöste Wechsel) als R. bezeichnet.

## Rückzahlung

→ Tilgung des → Nominalwertes eines → Zinsinstrumentes durch den → Emittenten. Die Tilgung kann beispielsweise in einem Betrag erfolgen (Bullet Bond, Bullet Issue), von einem bestimmten Zeitpunkt nach einem bestimmten → Tilgungsplan (z. B. → Ratenanleihe, → Annuitätenanleihe) oder in Abhängigkeit von einem → Index (z. B. → Index-Anleihe, → Aktienindex-Anleihe, → Koppelanleihe, → Bull-Bear-Bond, → Heaven-and-Hell Bond).
(→ Embedded Option, → Embedded Exotic Option, → Bond Stripping)

## Rückzahlungsgewinn

→ Gewinn, der sich aus der Differenz zwischen dem niedrigeren → Emissionskurs oder Kaufkurs und dem höheren → Rückzahlungskurs ergibt. Der R. wird bei der Simple Yield-to-Maturity (→ Börsenformel) und → Yield-to-Maturity berücksichtigt.
(→ Rückzahlungsverlust, → Deep Discount-Anleihe)

## Rückzahlungskurs

Kurs, zu dem ein → Zinsinstrument bei → Fälligkeit getilgt wird. I.d.R. erfolgt die Rückzahlung zu → pari, d. h. zum → Nennwert.

## Rückzahlungsverlust

Verlust, der sich aus der Differenz zwischen dem höheren → Emissionskurs oder Kaufkurs und dem niedrigeren → Rückzahlungskurs ergibt. Der R. wird bei der Simple Yield-to-Maturity (→ Börsenformel) und → Yield-to-Maturity berücksichtigt.
*Gegensatz*: → Rückzahlungsgewinn

## Rückzahlungswahlrecht

Recht des → Emittenten eines → Zinsinstrumentes, die → Rückzahlung zum → Nennwert oder in Abhängigkeit von einem bestimmten → Index vorzunehmen.
Eine Anleihe mit R. wird auch als → Koppelanleihe bezeichnet.
(→ Condoranleihe)

## RUF

Abk. für → Revolving Underwriting Facility.

## Running Yield, → laufende Verzinsung.

## Russel 2000 Index

Kapitalisierungsgewichteter amerikanischer → Aktienindex, der 1984 von der Frank Russel Company konzipiert wurde. Der R. 2000 I. besteht aus 2000 kleineren amerikanischen → Aktiengesellschaften (→ Small Caps). Auf den R. 2000 I. werden an der CBOE sowohl → Short-term Options (→ Russel 2000 Index Option) als auch → Long-term Equity Anticipation Securities (LEAPS) gehandelt.

## Russel 2000 Index Option

→ Short-term Option an der CBOE auf den → Russel 2000 Index. Neben den kurzfristigen R. 2000 I. O. werden an der CBOE auch Russel LEAPS gehandelt.